武進年鉴

2017

WUJIN YEARBOOK

常州市武进区人民政府 主办
常州市武进区地方志办公室 编

方志出版社
Publishing House of Local Records

图书在版编目（CIP）数据

武进年鉴．2017／常州市武进区地方志办公室编．
--北京：方志出版社，2017.9
ISBN 978-7-5144-2574-1

Ⅰ.①武… Ⅱ.①常… Ⅲ.①区（城市）-常州-2017-年鉴 Ⅳ.①Z525.34

中国版本图书馆CIP数据核字（2017）第247288号

武进年鉴（2017）

编　　者：常州市武进区地方志办公室
责任编辑：刘　珊
出 版 人：冀祥德
出 版 者：方志出版社
地址　北京市朝阳区潘家园东里9号（国家方志馆4层）
邮编　100021
网址　http://www.fzph.org
发　　行：方志出版社图书经销中心
电话（010）67110500
经　　销：各地新华书店
印　　刷：常州市武进第三印刷有限公司
开　　本：889×1194　1/16
印　　张：26.75
字　　数：971千字
版　　次：2017年9月第1版　2017年9月第1次印刷
印　　数：0001～3200册

ISBN 978-7-5144-2574-1　定价：180.00元

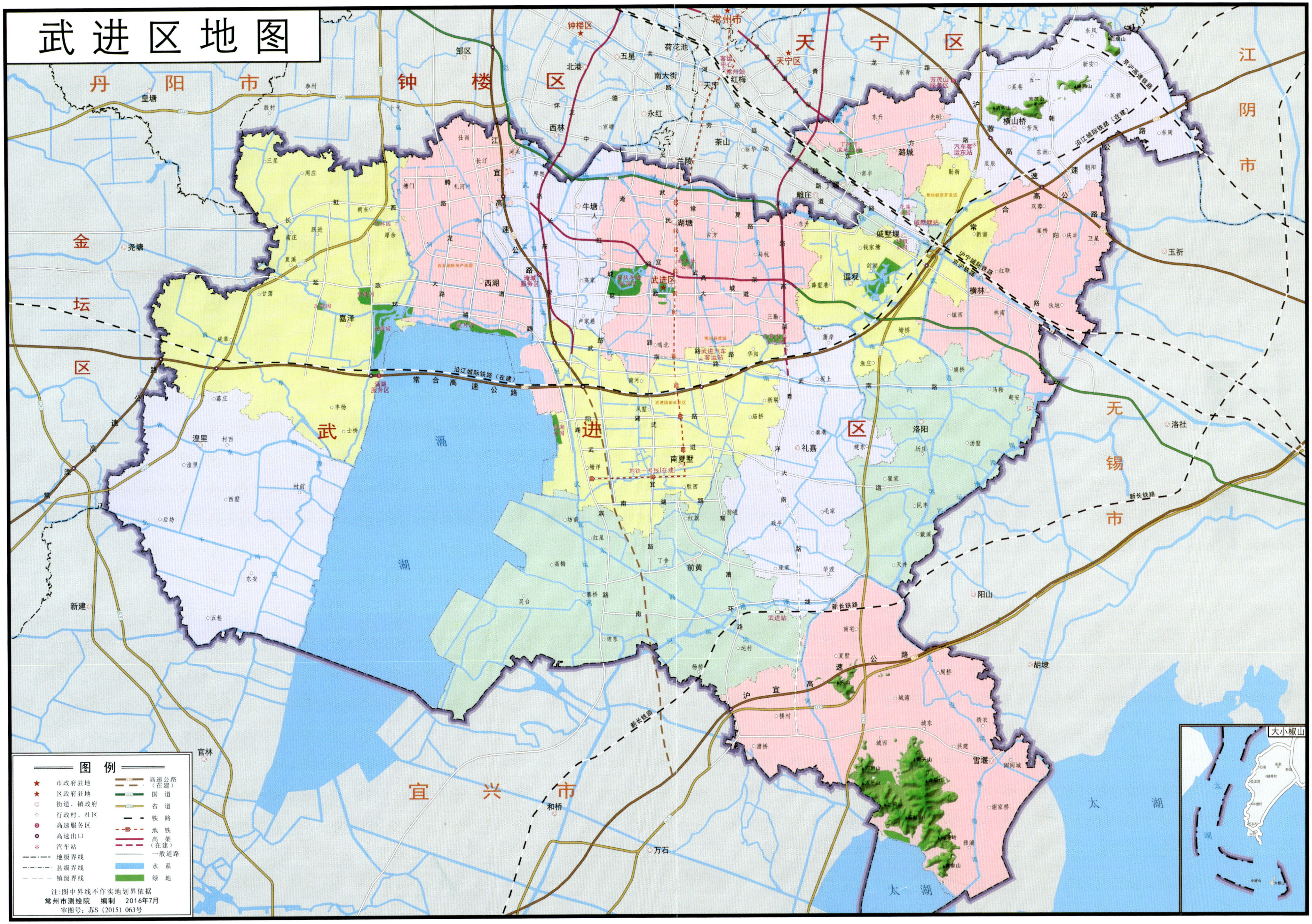
武进区地图
丹阳市
钟楼区
天宁区
常州市
江阴市
金坛区
无锡市
宜兴市
武进区
滆湖
太湖
大小椒山
湟里
嘉泽
牛塘
湖塘
西湖
武进区
南夏墅
礼嘉
洛阳
遥观
横林
戚墅堰
横山桥
前黄
雪堰
沿江城际铁路（在建）
常合高速公路
新长铁路
沪宁城际铁路
京沪高速铁路
沪宜高速公路
武进站
武进汽车客运站
地铁一号线(在建)
图例
市政府驻地
区政府驻地
街道、镇政府
行政村、社区
高速服务区
高速出口
汽车站
地级界线
县级界线
镇级界线
高速公路（在建）
国道
省道
铁路
地铁
高架（在建）
一般道路
水系
绿地
注:图中界线不作实地划界依据
常州市测绘院 编制 2016年7月
审图号:苏S（2015）063号

武进旅游交通图
江阴市
丹阳市
金坛市
无锡市
宜兴市
武进乌瞰
"花都水城、浪漫武进"旅游节
淹城新春灯会
中华孝道园"孝心节"
杨桥庙会
春秋淹城旅游区地图
淹城遗址
太湖湾旅游度假区地图
太湖
小椒山
大椒山
花博园地图
西太湖
武进在长三角区位简图
大小椒山
图例
市政府驻地
区政府驻地
街道、镇政府驻地
旅游景点
医院
学校
酒店宾馆
商场、市场
地级市界线
县(市)、区界线
镇界线
高速公路
国道
省道
高架
铁路
比例尺:1∶100000
注:图中界线不作实地划界依据
审图号：苏S（2015）028号

年度荣誉 2016

NIAN DU RONG YU

中国中小城市综合实力百强区（全国科学发展百强区）第三名

中国中小城市创新创业百强区第一名

中国最具投资潜力中小城市百强区第一名

中国中小城市新型城镇化质量百强区第三名

全国首批双创区域示范基地

国家级产城融合示范区

全国国土资源节约集约模范区

数说武進 2016

SHUSHUO WUJIN

总面积 1065.26 平方千米
耕地面积 3.19 万公顷
国家级高新区 1 个
省级高新区 1 个（筹）
省级经济开发区 2 个
综合保税区 1 个
省级旅游度假区 1 个
省级现代农业产业园 1 个
年末户籍人口 94.32 万人
年末常住人口 144 万人
常住人口城镇化率 67%
年末就业人数 87.7 万人
地区生产总值 1968.99 亿元
第一产业增加值 40.22 亿元
第二产业增加值 1074.23 亿元
第三产业增加值 854.54 亿元
三次产业比例 2.04∶54.56∶43.4
人均地区生产总值 13.69 万元
固定资产投资总额 1029.41 亿元
社会消费品零售总额 530.51 亿元
进出口总额 94.77 亿美元
实际利用外商直接投资 8.5 亿美元
地方公共财政预算收入 147.52 亿元
地方公共财政预算支出 145.44 亿元
国家税收收入 60.15 亿元
地方税收收入 62.22 亿元

旅游总收入 207 亿元
城镇登记失业率 1.92%
最低生活保障标准 730 元 / 月
全社会用电量 170.65 亿千瓦时
公园绿地面积 549 万平方米
城镇绿化覆盖率 38.88%
货运周转量 6.36 亿吨千米
客运周转量 1.88 亿人千米
港口货物吞吐量 1045 万吨
本外币存款余额 2453.34 亿元
人民币贷款余额 1839.03 亿元
人口自然增长率 3.13‰
教育总支出 213136 万元
科学技术支出 74341 万元
文化体育与传媒支出 9285 万元
医疗卫生支出 85458 万元
医疗卫生机构 344 个
医疗技术人员 6512 人
医院、卫生院床位数 5193 张
全社会研究与试验发展经费 (R&D) 支出占地区生产总值 (GDP) 比重 2.77%
授权专利 9621 件
人才资源总量 21 万人
在校学生数 16.59 万人
城镇居民家庭人均总收入 54057 元
城镇居民家庭人均总支出 38285 元
城镇居民家庭人均可支配收入 48203 元
农村居民家庭人均总收入 48323 元
农村居民家庭人均总支出 48157 元
农村居民家庭人均可支配收入 25392 元
城镇居民家庭人均住房面积 55.88 平方米
农村居民家庭人均住房面积 69.71 平方米
城乡居民社会养老保险人数 72891 人
企业养老保险人数 488286 人
城镇职工医疗保险人数 527704 人
城乡居民医疗保险人数 488499 人
养老、医疗、失业三大保险综合覆盖率 98.8%
获地（市）级以上体育竞赛金牌数 175 枚

年度十大新闻2016

NIANDU SHIDA XINWEN

武进区成功实现“十三五”发展的精彩开篇

“十三五”开局之年，全区“一中心、三片区、特色镇”的总体发展格局基本形成，城市功能形象进一步提升；常州经开区高起点规划，发展活力逐步释放；武进高新区智能装备制造、新能源汽车、电子信息等产业蓬勃发展，并被认定为国家新型工业化产业示范基地，产业集聚度、辐射带动力进一步增强；西太湖科技产业园苏澳合作园区、海峡两岸（常州）健康产业合作区顺利落户，石墨烯产业集聚80多家企业；各镇特色强镇建设的目标定位也更加清晰。

全力实施“五大工程”探索开启基本实现现代化新征程

区第十二次党代会胜利召开，明确提出今后五年全区将全力实施创新提效、产业提质、融合提速、生态提升、民生提标“五大工程”，区域综合实力将持续增强，地区生产总值比2010年翻一番以上，人均地区生产总值超16万元，城乡居民收入水平较2010年翻一番以上，实现经济强、百姓富、环境美、社会文明程度高的目标，加快打造全省领先、全国一流的创新创业活力区、智能制造实力区、生态宜居魅力区。

转型升级步伐加快 发展质效持续提升

武进区转型升级成效显著，省标战略性新兴产业产值、高新技术产业产值占规模以上工业总产值的比重分别达到31.4%和45.2%；服务业增加值占GDP的比重提高到43.2%，春秋淹城旅游区通过国家AAAAA级景区初评，国家现代农业示范区建设全面推进，戚研所捧回我国工业最高荣誉“中国工业大奖”。武进区连续四年荣获中国中小城市综合实力百强区第三名，连续八届评为中国最具投资潜力中小城市百强区第一名。

武进积极探索创新创业“新苏南模式”

积极探索“新苏南模式”，入选全国首批“双创”区域示范基地，建设国家创新型科技园区，形成石墨烯新材料、智能装备、节能环保、健康、互联网、轨道交通等特色新兴产业。设立总规模100亿元的中以创新发展基金，组建武进在常高校产学研战略合作联盟，中俄科技产业园落户西太湖科技产业园，武进荣获中国中小城市创新创业百强区第一名。

苏澳合作园区成功落户 对外开放呈现新气象

江苏省政府与澳门特别行政区政府签订联合筹建苏澳合作园区备忘录，共同决定在常州西太湖科技产业园合作开发建设苏澳合作园区。重大项目推进年活动扎实开展，引进瑞声3D曲面玻璃及射频模组、车和家智能电动汽车、台湾加贺芯片载带等重大项目，北汽新能源常州高端产业基地首辆纯电动汽车下线，西太湖影视基地等竣工投运。完成固定资产投资1030亿元，实际到账外资8.5亿美元，实现进出口总额95亿美元。核准境外投资项目44个，中方协议投资额4.4亿美元。

“创森”任务全面完成 生态环境稳步改善

推进土地利用方式和经济增长方式根本转变，节约集约用地，武进被国土资源部评为第三届国土资源节约集约模范县（市）。推进美丽乡村和城镇森林建设，全区造林超万亩，公园绿地服务半径覆盖率达到80%以上，全面完成“创森”任务，入围省海绵城市建设试点区，武进创成全国生态文明建设示范区。

国家农村改革试验区工作有序推进

农村土地征收、集体经营性建设用地入市、宅基地制度三项试点改革取得阶段性成效。农村宅基地制度改革试点形成可复制试点实践样本，改革成果得到中央深改组、国土部等高度肯定。以农村改革为引领，有效落实供给侧、“放管服”等改革举措，累计调整权力事项230项，为企业减轻经营负担33亿元。

社会事业协调发展 民生福祉持续提升

凭借苦干实干的为民情怀，全区十大类36件为民办实事项目全面完成。城乡居民人均可支配收入同比增长7.6%。社会保险扩面提标，市、区城乡基本医疗保险差异进一步缩小，慈善基金、光彩基金总量均迈上新的台阶，教育、卫生、文化、体育等社会事业协调发展，民生福祉持续提升。武进连续第12次获评全省平安区。

武进文明新高度

全区以建设全国文明城市为抓手，培育、发展了一批志愿服务品牌和基层志愿公益组织。城市文明程度指数测评位列全市第一。余美芳家庭当选首届“全国文明家庭”。1978年起，她的公公先后无偿赡养5位无血缘关系的老人，并为3位老人养老送终。2007年，余美芳与丈夫刘伟一起从父亲手里接过赡养老人的接力棒。2015年10月，余美芳家庭被评为全国孝老爱亲“最美家庭”。余美芳家庭的事迹，折射出武进的文明高度。

扎实推进“两学一做”学习教育 作风效能得到转变

全区各级扎实推进“两学一做”学习教育。武进区委加强党的建设，强化主体责任担当，抓好主体责任关键，不断提高党风廉政建设的科学化水平，广大党员争做“四讲四有”合格党员的意识明显增强。全区上下目标明确、凝聚共识，建立实施支持和鼓励党员干部改革创新、干事创业的机制，激励担当、允许试错、宽容失误的氛围浓厚。

花都水城
HUA DU SHUI CHENG

影像 | 武進
YINGXIANG WUJIN
【产业强区】

常州经开区重点发展先进轨道交通装备、新型特种材料和智能电力装备三大主导产业，提升发展绿色电机、绿色家居和绿色能源三大绿色产业。2016 年，实现地区生产总值 663 亿元，一般公共预算收入 31 亿元，190 个重点项目完成投资 185 亿元。

1. 中车戚墅堰机车车辆工艺研究所有限公司（简称“中车戚研所”）“高铁列车高可靠性齿轮传动系统研发及产业化”项目获中国工业大奖（组图）
2. 5 月 19 日，国内外轨道交通产业专家汇聚常州经开区
3. 中车戚研所齿轮箱驱动装置智能组装车间
4. 中国轨道交通装备定点生产企业——今创集团有限公司车间
5. 中车戚墅堰机车有限公司高速列车整车车间
6. 常州经开区首家主板上市企业神力电机产品
7. 3 月 22 日至 24 日，第十届（中国·横林）地板博览会在上海新国际博览中心开幕
8. 江苏长海复合材料股份有限公司生产的新型复合玻纤制品

2

3

5

6

7

4

8

花都水城
HUA DU SHUI CHENG

影像 | 武进

YINGXIANG WUJIN

【产业强区】

武进高新区抢抓苏南国家自主创新示范区建设机遇，全力推进重大项目招引，经济指标、科技创新、转型升级、平台建设、综合实力不断提升。产业集聚度、辐射带动力增强，被认定为国家新型工业化示范基地、省级高端装备特色产业基地，引领园区电子信息、机器人和新能源汽车等产业的发展。科技部火炬中心2016年度国家高新区评价通报，武进高新区综合实力名列全国146个国家高新区第54位，居全省县级市（区）国家高新区第一。

1. 江苏华凌机电科技有限公司“机器换人”
2. 安川（中国）机器人有限公司第10000台机器人出货
3. 全球领先的通信、IT微型元器件供货商瑞声科技光电车间一角
4. 国家半导体照明产品质量检验中心
5. 江苏南方轴承股份有限公司江苏省高精密轴承工程技术研究中心
6. 光宝光电（常州）有限公司LED元件及模块产品制造车间

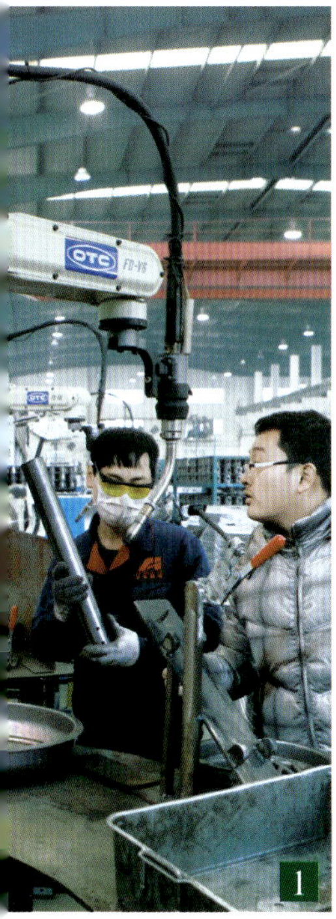
1

3

2

4

5

6

花都水城
HUA DU SHUI CHENG

影像|武進
YINGXIANG WUJIN
【产业强区】

2015 年 4 月 18 日，总投资 100 亿元的北汽新能源常州高端产业基地项目落户武进高新区。2016 年 9 月 13 日，首台北汽新能源车下线，武进实现整车制造“零突破”。

北汽项目还带来引领效应。整体投资 50 亿元的车和家智能汽车项目，总投资 3.7 亿元的北京西门子汽车电驱动项目，总投资 7500 万欧元的贝内克汽车内饰材料项目先后落户高新区。加上园区斯太尔发动机、龙城精锻、南方轴承等汽车零部件企业，武进初步形成一条完整的汽车产业链。

1. 首台北汽新能源车在武进高新区下线
2. 中国汽车工程研究院华东院项目在武进高新区奠基
3. 8 月 10 日，一期投资 20 亿元、设计产能 30 万辆 / 年的车和家智能汽车在武进高新区奠基
4. 北京西门子汽车电驱动系统（常州）有限公司投产
5. 贝内克长顺生态汽车内饰材料（常州）有限公司投产
6. 江苏龙城精锻有限公司汽车零部件二期扩产项目投产

2

3

筑卫蓝梦 建设新常州
新能源常州高端产业基地首辆纯电动汽车下线仪式
EV Changzhou Industrial Base 1st Electric Vehicle Line-off Ceremony
2016.9 中国·常州
共筑卫蓝梦
北汽新能源常州高端产业基
BAIC BJEV Changzhou Industrial Base
2016.9
常00001

1

5

6

花都水城
HUA DU SHUI CHENG

影像 | 武進

YINGXIANG WUJIN

【产业强区】

2016年是常州西太湖科技产业园（江苏武进经济开发区）成立10周年。西太湖科技产业园踏准时代发展节拍，产业在转型中成长，在升级中跨越，基本形成石墨烯产业、健康产业、互联网产业、文化旅游产业及中以国际合作的"4＋1"特色产业发展格局。新华石墨烯发展研究院挂牌，石墨烯产业走在全国最前列，形成贯通石墨烯产业上下游的完整产业链。

1.7月28日，江苏省委书记李强（右三）调研常州西太湖科技产业园石墨烯产业发展
2.5月19日，2016中国—欧盟石墨烯高峰论坛在常州西太湖科技产业园举行
3.石墨烯产业园碳元科技股份有限公司车间一角
4.9月26日，2016海峡两岸（常州）健康产业交流会在常州西太湖科技产业园举行
5.1月16日，2016中国（常州）西太湖跨境电商高峰论坛
6.8月15日，江苏西太湖影视产业基地开园
7.常州西太湖科技产业园石墨烯小镇远眺

2016海峡两岸（常州）健康产业交流对接会

4

2016中国（常州）西太湖跨境电商高峰论坛
2016 China (Changzhou) West Taihu Lake Cross-Border E-commerce Summit Forum
中国·常州·西太湖
2016年5月20日

5

江苏西太湖影视产业基地开园仪式
中国 · 常州

6

常州大学科技园

7

花都水城
HUA DU SHUI CHENG

影像|武進
YINGXIANG WUJIN
【产业强区】

2016年，常州西太湖科技产业园（江苏武进经济开发区）中以常州创新园累计引进项目56个，涵盖健康医疗、电子信息、新材料及科技服务等诸多领域。园区以色列中心集高科技成果转化、高科技创新孵化、科技金融资本汇集、高端人才聚集和以色列文化旅游展示推广五大中心为一体。以方建成中以合作高端医疗项目孵化平台、中以现代农业技术展示转移及交易平台等创新载体，中方发起设立100亿元中以创新发展基金，重点布局生命科学、通信、IT、企业软件服务、农业科技、清洁技术及其他高增长行业。

1. 9月20日，以色列驻华大使马腾一行考察中以两国共建园区
2. 12月15日，中国以色列先进制造业（常州）技术对接会在武进举行，对接机器人、传感器、大数据等高端制造业
3. 西太湖14公里黄金岸线效果图

2016年10月21日，江苏省人民政府与澳门特别行政区政府签署备忘录，决定在江苏省常州西太湖科技产业园共同开发建设苏澳合作园区。苏澳合作园区将充分发挥"一国两制"的制度优势和各自的独特优势，实现互补共赢、创新发展，为激荡的滆江、柔情的西太湖共同迎来历史性机遇。

苏澳双方将全面对接、服务澳门的发展战略，加强旅游会展、金融服务、跨境电商、健康医疗等现代高端服务业的紧密合作，努力将园区建设成为"四个平台"——苏澳全面深化合作的实践平台、中国与葡语国家合作项目的承接平台、澳门青年在内地创业创新的落地平台、苏澳青年公务人员交流学习和提升专业能力的锻炼平台，实现区域产业多元发展的战略构想。

1. 10月21日，江苏省省长石泰峰（左）与澳门特别行政区行政长官崔世安（右）在澳门签署关于联合筹建苏澳合作园区备忘录
2. 12月19日，江苏省副省长张雷（前中）专题调研苏澳合作园区建设

花都水城
HUA DU SHUI CHENG

影像|武進
YINGXIANG WUJIN
【产业强区】

2016 年，武进绿建区突出产业集聚和示范引领，聚焦“重点项目、重大活动、重要平台”，加快把品牌影响力转化为现实生产力，基本形成以绿色建筑产业现代服务业为主导，先进制造业为支撑的格局。全年新增注册企业超 100 家，吸引中科院、中国建科院、上海建科院、香港科技大学等 20 多家科研机构入驻。

1. 6 月 23 日，第八届中国房地产科学发展论坛暨第三届中美房地产高峰论坛在武进绿建区开幕
2. 5 月 20 日，美国贝赛尔中国产业基地奠基
3. 5 月 19 日，“极客车间”青年众创空间运营
4. 武进绿建区北京太空板业项目
5. 绿和建筑垃圾资源化利用项目
6. 绿建区绿色建筑展示体验项目——江苏省绿色建筑博览园

1

2

3

4

5

6

花都水城
HUA DU SHUI CHENG

影像 | 武进

YINGXIANG WUJIN

【产业强区】

2016 年，武进区深入推进农业供给侧改革，积极探索农业转方式、调结构，加大观光农业、农业电商扶持力度，扶持方式由普惠制向带动式转变，优质稻米、花卉苗木、经济林果、设施蔬菜、高效水产和健康畜牧六大基础产业稳步发展，农林牧渔总产值 68.63 亿元，同比增长 3.75%。

水稻育种是武进的一块"金"字招牌。至 2016 年，江苏（武进）水稻研究所育成并经省级鉴定新品种 40 多个，累计在全国推广面积 2666.67 万公顷，增产稻谷 120 亿千克，实现经济效益 200 亿元，全国十大常规稻高产品种有 4 个出自武进。

1. 2016 年，江苏（武进）水稻研究所推出 3 个"武育粳"水稻新品种，其中武育粳 25 号单产 697.4 千克
2. 水稻育种专家观察新品种长势
3. 君辰农业服务专业合作社推广"一地四用"：6 月在大棚葡萄架下育秧，9 月、10 月分别再种一季香瓜和蔬菜，增加土地产出
4. 金种子农业服务专业合作社用无人机喷洒农药、化肥，安全、节本，效率是人工喷洒的 10 倍
5. 武南现代农业产业园薰衣草庄园
6. "中国花木之乡"嘉泽镇夏溪花木市场一年一度的"花朝节"
7. 省级金奖水果——1600 公顷阳湖牌水蜜桃喜获丰收

2

3

4

5

1

6

7

花都水城
HUA DU SHUI CHENG

影像武进

YINGXIANG WUJIN

【产业强区】

2016年，全区旅游业投入7.8亿元，推进9个重点项目建设，实施武进太湖湾旅游度假区提升工程、国家智慧旅游公共服务平台和春秋淹城旅游区景区改造提升工程。全年接待旅客1700万人次，实现旅游收入207亿元。

1. 圩墩遗址公园湿地花溪（组图）
2. 8月30日，2016常州太湖湾农渔生态美食节启动仪式
3. 太湖湾旅游度假区景区环球动漫嬉戏谷
4. 太湖湾旅游度假区全省省级旅游度假区综合排名第一，图为竺山湖小镇

1

2

3

4

花都水城
HUA DU SHUI CHENG

影像 | 武进

YINGXIANG WUJIN

【产业强区】

春秋淹城旅游区核心资源是春秋时期的淹城遗址，为全国重点文物保护单位。淹城“三城三河”的建筑形制，在国内乃至世界都是独一无二的。旅游区囊括了淹城遗址公园、淹城博物馆、淹城春秋乐园、淹城野生动物世界、宝林禅寺和传统商业街等主题板块。2016年12月通过国家AAAAA级旅游景区初评。

1

2

3

1. 淹城遗址公园
2. 淹城传统市井商街
3. 来自美国、波兰、坦桑尼亚等国家的留学生参加春秋文化研学之旅
4. 宝林禅寺始建于南朝梁武帝年间，2015 年重建开放。“宝林观音阁”高 91.9 米，供奉 39.9 米三面十方观世音菩萨
5. 淹城野生动物园展出来自世界各地的珍稀野生动物 200 余种近万头（只），以生态散养、自驾观赏和国际马戏演艺为特色（组图）
6. 春秋乐园宫廷乐舞表演
7. 野生动物园马戏表演

4

5

6

7

花都水城
HUA DU SHUI CHENG

影像|武進

YINGXIANG WUJIN

【宜居家园】

武进区交通优势明显，高速铁路、高速公路和快速水运、航空组成区域大交通体系，城乡公交、快速公交等机动化出行分担率达 47.1%，公共自行车解决公众出行“最后一公里”需求。多元化绿色交通，一体化综合衔接，让市民出行便捷。

1. 城区高架快速道与快速公交交错畅行
2. 与高速公路及常州空港互通的青洋路高架公路
3. 省级四好镇村公路
4. 市民公共自行车绿色出行
5. 京沪高铁、沪宁城际铁路穿越武进
6. 京杭大运河武进段三级航道
7. 9 月 17 日，常州市轨道交通 1 号线一期工程沿江城际站—科教城站区间右线（上行线）贯通

1

3

4

5

2

6

7

花都水城
HUA DU SHUI CHENG

影像|武進
YINGXIANG WUJIN
【宜居家园】

武进区以建设国家生态文明先行示范区和低碳试点城市为契机，探索产业低碳节能、生活绿色环保、人与自然和谐共处的生态城市发展模式，把"生态绿城、人居典范"建设作为一项重要的民生实事工程和常态性工作来抓。

1. 武进被评为国际花园城市，休闲景观广场与现代都市风貌相得益彰
2. 淹城樱花林拥抱城市楼宇，宛如水墨画一般
3. 市民在圩墩遗址公园拍摄鸢尾花
4. 西太湖步行道上市民纳凉散步赏夜景
5. 新天地公园银杏林，休闲的人们不时驻足，与金色秋天合影
6. 皑皑白雪覆盖下的西太湖雅集园

2

3

1

4

5

6

花都水城
HUA DU SHUI CHENG

影像 | 武進
YINGXIANG WUJIN
【宜居家园】

武进区于2014年启动“创建国家森林城市”工作，至2016年年末，全区造林面积800公顷，完善农田林网控制面积7466.67公顷，建成省级绿化示范村69个，建成省、市级湿地公园4个，建成一大批森林廊道、健康绿道和风景林地，超额完成“创森”任务，群众参与森林建设和生态建设的热情不断增强。

1. 省级低碳科普示范公园——滆湖湿地公园
2. 西太湖花鸟园主题餐厅
3. 武进湿地、森林公园生态环境不断改善，吸引候鸟成群栖息、繁衍（组图）
4. 蜿蜒的盘山公路掠过一碧湖水、山花锦簇的太湖湾城湾山
5. 横山桥镇新安村新农村美景
6. 遥观镇临宋剑湖湿地公园而建的美丽乡村

1

4

2

3

5

6

花都水城
HUA DU SHUI CHENG

影像|武進
YINGXIANG WUJIN

【幸福民生】

2016年，武进不断实现好、维护好、发展好全区最广大人民根本利益，通过深化改革、创新驱动，完善为民、强农惠农富农政策体系，加快农业、就业、创业、物业“四业”富民，增加农民经营性、保障性、财产性收入，促进居民收入持续增长。一项项扎实的民生举措，一笔笔沉甸甸的民生投入，让百姓的认同感、获得感、幸福感与日俱增。

1. 小庙农贸市场顾客使用支付宝扫码支付菜款
2. 武进第二家大润发超市落户遥观镇
3. 8月6日，30万平方米的星河国际风情广场暨麦德龙武进商场开业
4. 区就业服务中心举办2016校园招聘会
5. 湖塘学府名门花苑居民余美芳家庭当选首届全国文明家庭
6. 武进区“圆梦行动”贫困大学生救助金发放仪式
7. 3月3日，区红十字会组织区机关单位工作人员献血42850毫升
8. 2016年，全区2500个因病致贫的困难家庭每户得到5000元大病慈善救助金
9. 重阳节，常裕大酒店与南夏墅街道南周股份合作社宴请全社398位70岁以上老年人

1

2

3

5

7

6

8

4

9

花都水城
HUA DU SHUI CHENG

影像 | 武進
YINGXIANG WUJIN
【幸福民生】

2016年，武进区以市民艺术节、文化周末“周周演”活动为主要载体，创新文化惠民表现形式。凤凰谷大剧院、文化馆百相阁的专业惠民演出和业余群众文化团队展演，激发了全区群众的文化参与热情，涌现出一批社区文化活动达人。

1. 清英外国语学校为音乐教师举办个人演唱会
2. 社区达人秀刘静二度唱上央视舞台
3. 区文化馆百相阁业余文化团队展演
4. 精彩江苏——文化民生基层文艺巡演武进专场
5. 全区职工象棋赛
6. 新城域社区书吧
7. 区委老干部局配乐诗朗诵表演
8. 社区流行广场舞

5

3

6

4

7

8

花都水城
HUA DU SHUI CHENG

影像 | 武進

YINGXIANG WUJIN

【幸福民生】

2016年，武进区深化公共体育服务体系示范区建设，提升城乡一体“十分钟健身圈”服务功能。全区举办各类全民健身活动和综合性体育赛事35次，承办国际性比赛3次、全国性比赛6次，促进群众体育与竞技体育融合发展。

1. 8月18日，武进选手赵帅在里约奥运会上夺得中国男子跆拳道首金，实现武进选手奥运赛场金牌零的突破
2. 8月21日，中天钢铁女子排球俱乐部输送3名队员助中国女排夺得冠军
3. 9月26日，中天钢铁董事局主席董才平为俱乐部奥运“姐妹花”惠若琪（右）、张常宁（中）和龚翔宇（左）颁“中天国手”奖
4. 市民在新天地公园体验“通心瑜伽 show”
5. 群众性体育活动——毅行
6. 江苏省第七届全民健身运动会暨省老年人体育节在武进启动
7. 全区全民健身运动蓬勃开展
8. 草根篮球赛有了现场直播
9. 全国青少年校园足球特色学校——礼嘉中心小学球员在训练

4

7

2

3

6

8

9

“影像武进”图片摄影：刘建中、高岷、陆新等

地　址　江苏省常州市武进区行政中心1号楼东侧二楼　　邮政编码　213159
电　话　(0519) 86310155　86310472　86312826　86310473（传真）
网　址　www.wjsz.org.cn　　邮　箱　wjnj88@163.com

《武进年鉴》审稿人

（按姓氏笔画排列）

丁 涛	万宣东	马 旦	马建平	王文展
王红明	王阿娣	王贤方	王国波	王明源
王洪新	王勤建	毛 兴	毛 佳	毛福群
卞曙光	龙万春	卢中英	包寅峰	冯 民
冯 宇	冯海华	吕 平	吕宏操	朱小平
朱志伟	朱宏英	朱建刚	朱建康	庄 跃
庄 铿	刘 团	刘 炜	刘建庆	刘建荣
许建勋	阮 靖	孙 秦	孙荣华	严 征
严 琳	李 甜	李 婷	李云峰	李文俊
杨 铭	杨丹珂	杨亚萍	吴 玲	吴 婷
吴丹萍	吴汉忠	羌云庆	沈 叶	沈 轲
沈 俊	沈 霞	沈旭东	沈建平	宋春花
张 俊	张永相	张永璧	张彤韵	张宏茂
张英娟	张金龙	张建刚	张建明	张映霞
陆建松	陆炳云	陈 剑	陈 莺	陈 萍
陈 敏	陈 鹰	陈宇辰	陈志斌	陈斌南
范正洪	林芝耀	罗君贤	周文彬	周伟成
周法根	周嫣倩	居静波	孟凡柏	孟玉兰
赵 英	赵 盟	赵菊明	荆浩良	胡文伟
查伟明	皇甫海鸥	费爱民	姚绍洋	都蕾蕾
莫健新	夏建飞	顾 芳	顾 青	顾枫华
顾中琪	顾树民	柴正一	钱文玉	钱如玉
钱国金	钱晓阳	倪耀忠	徐 宁	徐 洁
徐亚娟	徐国琴	徐建良	奚向宁	奚惠芳
翁路英	高立华	席伟新	唐 俊	曹雄伟
崔晓宇	符 伟	龚青大	章佳英	巢丽云
巢剑锋	董瑞峰	蒋文华	蒋国明	蒋金标
蒋振峰	黄铁梅	韩毅伟	曾文军	谢伟洪
蒲启城	管向阳	谭文俊	潘 琪	薛亚清
戴彩莲				

武进区主要机构全称、简称对照表

全　　称	简　称	全　　称	简　称
中共常州市武进区委员会	区委	武进区环境保护局	区环保局
常州市武进区人民代表大会常务委员会	区人大常委会	武进区安全生产监督管理局	区安监局
常州市武进区人民政府	区政府	武进区城市管理局	区城管局
政协常州市武进区委员会	区政协	武进区文化广电新闻出版局	区文广新局
中共常州市武进区纪律检查委员会	区纪委	武进区卫生和计划生育局	区卫计局
武进区人民法院	区法院	中共江苏常州经济开发区工作委员会	常州经开区党工委
武进区人民检察院	区检察院	江苏常州经济开发区管理委员会	常州经开区管委会
武进区人民武装部	区人武部	中共武进高新技术产业开发区工作委员会	武进高新区党工委
武进区委办公室	区委办		
武进区委组织部	区委组织部	武进高新技术产业开发区管理委员会	武进高新区管委会
武进区委宣传部	区委宣传部	中共常州西太湖科技产业园（江苏武进经济开发区）工作委员会	西太湖科技产业园（武进经发区）党工委
武进区委农村工作办公室	区委农工办		
武进区精神文明建设指导委员会办公室	区文明办	常州西太湖科技产业园（江苏武进经济开发区）管理委员会	西太湖科技产业园（武进经发区）管委会
武进区委统一战线工作部	区委统战部		
武进区委政法委员会	区委政法委	中共常州市武进绿色建筑产业集聚示范区工作委员会	武进绿建区党工委
武进区机构编制委员会办公室	区编办		
武进区委区级机关工作委员会	区级机关工委	武进绿色建筑产业集聚示范区管理委员会	武进绿建区管委会
武进区委党校	区委党校	常州市国土资源局武进分局	武进国土分局
武进区委党史工作委员会	区委党史工委	常州市规划局武进分局	武进规划分局
武进区地方志办公室	区地方志办	武进区市场监督管理局	区市场监管局
武进区关心下一代工作委员会	区关工委	常州市武进区国家税务局	区国税局
武进区人大常委会办公室	区人大办	常州市武进地方税务局	区地税局
武进区政府办公室	区政府办	共青团武进区委员会	团区委
武进区政府法制办公室	区法制办	武进区妇女联合会	区妇联
武进区政府外事办公室	区外事办	武进区科学技术协会	区科协
武进区政府侨务办公室	区侨办	武进区归侨侨眷联合会	区侨联
武进区政府台湾事务办公室	区台办	武进区文学艺术界联合会	区文联
武进区民族宗教事务局	区民宗局	武进区工商业联合会	区工商联
武进区发展和改革局	区发展改革局	武进区残疾人联合会	区残联
武进区经济和信息化局	区经信局	中国国民党革命委员会武进区支部	民革武进区支部
武进区信息化办公室	区信息化办	中国民主同盟武进区基层委员会	民盟武进区基层委员会
武进区科学技术局	区科技局	中国民主建国会武进区基层委员会	民建武进区基层委员会
常州市公安局武进分局	武进公安分局	中国民主促进会武进区基层委员会	民进武进区基层委员会
武进区人力资源和社会保障局	区人社局	中国农工民主党武进区委员会	农工党武进区委
武进区住房和城乡建设局	区住建局	中国人民银行常州市武进支行	人民银行武进支行

编辑说明

1.《武进年鉴》是中共武进区委领导、武进区人民政府主办、武进区地方志办公室编纂的综合性资料工具书。创刊于1988年，一年出版一卷，国内外公开发行。旨在全面系统地记载武进年度经济社会的基本情况和发展状况，为决策者提供参考依据，为社会多层面提供资讯，是了解和研究武进的窗口。

2.《武进年鉴（2017)》采用分类编辑法。主体内容分为栏目、分目、子分目、条目4个层次结构，部分信息资料较少的行（事）业合设一个栏目，部分分目设子分目，以条目为记述内容的主要形式。分目、子分目一般设概况条目，分目、子分目、条目字体分别以四号黑体、小四号楷体、小五号宋体表示。本卷年鉴卷首设数说武进、年度武进十大新闻、影像武进，有栏目39个、分目（子分目）236个，收录条目1263个、照片311幅、表格113个、图表4个。

3.《人物》栏目“新任区级领导”分目收录2016年3月31日至2017年3月31日任职的武进区委、人大、政府、政协领导。“新闻人物”分目收录在武进做出突出贡献，在2016年度受到国家部、委、办、局、行和江苏省委、省政府表彰的先进人物，以及“武进区有突出贡献科技人员”。《组织机构与领导人名录》栏目收录时间下限为2017年3月31日。

4. 本卷年鉴稿件、资料全部由区各级、各部门、驻武进单位提供，部门和单位负责人审稿，经武进年鉴编纂委员会和区委保密委员会办公室审核。“统计资料”采用法定计量单位，由武进区统计局提供，地区生产总值、增加值、工农业产值（除注明者外）均为按当年价计值。因统计口径原因，《武进年鉴（2017)》中部门提供的个别数据与区统计部门的统计数据或不一致。

5. 本卷年鉴卷首编有要目、目录和栏目、分目英文目录，卷中编有横向参见，卷末编有主题分析索引及人名、地名、书名索引。

6. 本年鉴配套出版电子版（光盘），基本内容在武进史志网(www.wjsz.org.cn）上推出。

要　目 / MAIN CONTENTS

特　载 …… 1
Special Articles
武进概览 …… 5
General Situation of Wujin
大事记 …… 12
Chronicle of Main Events
中共武进区委员会 …… 17
Wujin District Committee of the Communist Party of China
武进区人民代表大会 …… 34
Wujin District Standing Committee of People's Congress
武进区人民政府 …… 37
Wujin District People's Government
政协武进区委员会 …… 50
Wujin District Committee of the Chinese People's Political Consultative Conference
民主党派 · 工商联 · 无党派人士联谊会 …… 54
Democratic Parties · The Association of Industry · Commerce the Association of Non-party Personages
工会 · 共青团 · 妇联 …… 58
Federation of Trade Unions · The Communist Youth League · Women's Federation
法　治 …… 65
Government by law
军　事 …… 75
Military
开发园区 …… 78
Economic Development Park
农　业 …… 96
Agriculture
工　业 …… 110
Industry
商贸流通业 …… 130
Commodity and Currency Trade
开放型经济 …… 139
The Open Economy
旅　游 …… 144
Tourism
建筑业 · 房地产业 …… 153
Construction Industry · Real Estate
金　融 …… 160
Financial Industry
水利 · 水务 …… 170
Water Conservancy · Water Affairs
生态环境保护 …… 174
Protection of Natural Environment
城乡建设与管理 …… 179
Construction and Management of the City and Towns
交　通 …… 188
Communications
信息化建设 …… 192
Information Construction
财政 · 税务 · 审计 …… 198
Finance · Taxation · Auditing
综合管理 …… 204
Comprehensive Management
科学技术 …… 222
Science and Technology
教　育 …… 241
Education
文化 · 大众传媒 …… 254
Culture · Public Medium
体　育 …… 264
Sports
医疗卫生 …… 267
Medical and Health Work
社会生活 …… 274
Social Life
镇 · 街道 …… 287
Towns · Streets
组织机构与负责人名录 …… 326
Organizations and Name List of Leaders
人　物 …… 339
Figuers
荣誉栏 …… 347
Honor Roll
文　献 …… 353
Documents
统计资料 …… 371
Statistical Data
附　录 …… 376
Appendix
索　引 …… 382
Index

目 录 / CONTENTS

武进区地图
Map of Wujin District
武进旅游交通图
Tourist Traffic Map of Wujin District
武进年度荣誉 …… 图 5
Wujin Honor of the Year
数说武进 …… 图 6
Figures about Wujin
武进年度十大新闻 …… 图 8
Wujin Top 10 News of the Year
影像武进 …… 图 10
Video about Wujin
● **产业强区** …… 图 10
To Make the District Strong by Industry
● **宜居家园** …… 图 28
Livable Home
● **幸福民生** …… 图 34
The Happy People's livelihood

特 载
Special Articles

"产业转型升级、产城融合发展、生态文明提速、改革创新攻坚"四大战役 …… 1
Four campaigns, i.e. Industrial transformation and upgrading, Integration of Industry and City Development, Speeding up of Ecological Civilization, the Assault of Reform and Innovation
武进区苏南国家自主创新示范区建设 …… 3
The Southen Jiangsu Construction of Independent Innovation Demonstration Area of State Level in Wujin District
表 1 武进区苏南国家自主创新示范区各子园区空间布局规划情况 …… 3
表 2 2016年武进区苏南国家自主创新示范区目标任务完成情况 …… 4

武 进 概 览
General Situation of Wujin

自然地理 …… 5
Natural Geography
地理位置 …… 5
自然资源 …… 5
气 候 …… 5
历史文化 …… 5
History and Culture
建置沿革 …… 5
武进地名由来 …… 6
风景名胜 …… 6
历史名人 …… 6
区划 · 人口 …… 7
Administrative Divisions and Population
行政区划 …… 7
人 口 …… 7
表 3 2016 年武进区行政区划和人口情况 …… 7
地方特产 …… 7
Local Special Products
淡水鱼类 …… 7
太湖"三白" …… 7
茶 叶 …… 7
水蜜桃 …… 7
葡 萄 …… 7
农家招牌菜和特色菜 …… 7
经济建设 …… 7
Economic Construction
经济总量 …… 7
农 业 …… 8
工 业 …… 8
服务业 …… 8
开放型经济 …… 8
开发区建设 …… 9
政治建设 …… 9
Political Construction
人民代表大会制度建设 …… 9
协商民主制度建设 …… 9
法治和平安建设 …… 9
文化建设 …… 9
Culture Construction
武进区第四届市民艺术节 …… 9
省公共文化服务体系示范区创建 …… 10
社会建设 …… 10
Social Construction
城镇建设 …… 10
改革创新 …… 10
教 育 …… 10

卫　生……10
体　育……11
人民生活……11
生态文明建设……11
Construction of Ecological Civilization
环境质量……11
生态文明提速战役……11
武进区领导人名录……11
Name List of Leaders in Wujin
中共武进区委员会……11
武进区人大常委会……11
武进区人民政府……11
政协武进区委员会……11

大　事　记
Chronicle of Main Events

1 月……12
2 月……12
3 月……12
4 月……13
5 月……14
6 月……14
7 月……14
8 月……15
9 月……15
10 月……15
11 月……16
12 月……16

中共武进区委员会
Wujin District Committee of the Communist Party of China

区委重要会议……17
Important Meetings of the District Committee
“重大项目推进年”暨四大战役动员大会……17
中国共产党常州市武进区第十二次代表大会……17
领导干部研讨会……18
区委十二届二次全体（扩大）会议……18
区委决策部署……18
Decisions and Arrangements of the District Committee
改革创新攻坚战役工作要点……18
产业转型升级战役工作要点……18
产城融合发展战役工作要点……18
生态文明提速战役工作要点……19
区委重要活动……19
Important Activities of the District Committee
省委书记调研武进区……19
区委理论学习中心组“两学一做”专题教育……19
纪检监察……19
Discipline Inspection and Supervision
概　况……19
践行监督执纪“四种形态”……20
“两个责任”项目化管理……20
纪律审查……20
探索建立容错纠错机制……20
党员领导干部防止利益冲突的相关规定出台……20
作风建设主题实践活动……20
纪检监察队伍建设……21
“武廉网+”党风廉政品牌建设……21
反腐倡廉宣传教育……21
清风问纪站成立……21
组　织……21
Organization Work
概　况……21
“两学一做”学习教育……21
《武进区科级非领导职务配备办法》出台……22
《武进区推进干部能上能下实施细则》出台……22
领导干部培训锻炼……22
干部日常管理规范化……22
基层党建强基工程……22
人才工作量质并举……22
区镇村三级领导班子集中换届……23
宣　传……23
Propaganda Work
概　况……23
理论学习教育……23
重大主题宣传……23
新闻舆论宣传……24
文化惠民工程……24
精神文明建设活动……24
Activities of Spiritual Civilization Construction
概　况……24
社会主义核心价值观培育和践行……25
道德讲堂建设……25
志愿服务……25
身边好人评选……25
未成年人思想道德建设……25
统一战线……26
United Front Work
概　况……26
《中国共产党统一战线工作条例（试行）》贯彻落实……26
非公经济人士理想信念教育……26
“12511”党外人才培养工程……26
“三进三送”社会服务行动……27
同心共建光彩事业……27
港澳台及海外统战活动……27
老干部工作……27
Work for the Aged Cadres

概 况……27
离退休干部服务管理……27
“桑榆”工作品牌拓展……28
农村工作……28
Rural Affairs
概 况……28
基本完成全国农村改革试验区改革任务……28
农村金融服务创新……28
农村土地承包经营权确权登记颁证……28
农村产权交易市场建设……29
农村集体经济提速增效……29
美丽乡村建设……29
扶贫开发……29
农村生态保护补偿……29
村级“四有一责”建设……29
新型农业经营主体培育发展……30
政策性农业保险实施……30
农村集体资产清理登记颁证试点……30
农村公共服务运行维护机制建设试点……30
史志工作……30
Work about History Writing and Annals Compiling
概 况……30
《中国共产党武进历史（1921—2002）》获全省优秀著作奖……31
《武进年鉴（2016）》文图一体化改版……31
党校工作……31
Work about the Party School
概 况……31
干部教育培训……31
主题理论宣讲 200 场……32
新疆尼勒克县干部人才培训班……32
区级机关党建……33
The Work about Party Construction of the Departments of the Distric
概 况……33
区级机关“两学一做”学习教育……33
省“书香机关”建设示范点创建……33
党员干部学习培训……33
党群统筹共建……33

武进区人民代表大会
Wujin District Standing Committee of People's Congress

人大重要会议……34
Important Meetings of the People's Congress
区第十五届人民代表大会第五次会议……34
区十五届人大常委会会议……34
区十五届人大常委会主任会议……35
人大主要工作……35
Main Work of the People's Congress
代表建议意见督办……35
调研考察活动……35
表 4 2016 年区十五届人大第五次会议优秀代表建议……35
保障代表履职发挥作用……36
执法检查……36
区镇人大换届选举……36

武进区人民政府
Wujin District People's Government

政府重要会议与活动……37
Important Meetings and Activities of the Government
区政府常务会议……37
经济协作与招商活动……38
南北挂钩……39
体制改革……39
The Reform of Organization System
基本完成全国农村改革试验区改革任务……39
行政审批制度改革……39
政府职能“放管服”改革……39
行政执法体制改革……39
援 疆……40
The Work about Supporting Xinjiang
概 况……40
援疆资金确保基层和民生需求……40
产业援疆……40
人才援疆……41
智力援疆……41
“小援疆”打造“双百双千”新品牌……41
机构编制管理……42
Management of Government Institutions
概 况……42
行政审批制度改革……42
政府职能“放管服”改革……42
行政执法体制改革……42
行政事业单位管理改革与创新……42
人才 · 人事……42
Talents and Personnel Quotas
概 况……42
“招才引智”渠道拓展……43
人才扶持政策落实……43
高技能人才培养……43
机关事业单位人事管理……43
机关事业单位福利调整……44
军转干部安置与解困……44
信 访……44
Work for Dealing with the Masses' Letters and Visits
概 况……44
信访积案化解……44
信访法治建设……44
信访信息化建设……44

外　事……45
Work about Foreign Affairs
概　况……45
招商引资政府组团活动……45
对外友好交流与合作……45
涉外服务管理……45
台湾事务……45
Taiwan Affairs
概　况……45
武进台湾经贸科技交流合作……45
海峡两岸（常州）健康产业合作区获批设立……46
武进台湾青年创业交流……46
宜兰县大同乡乡长陈成功率团访问武进城西回民村……46
武进区台资企业联谊会换届……46
武进区台属联谊会换届……47
侨　务……47
Overseas Chinese Affairs
概　况……47
国务院侨办第 27 期海外华侨华人专业人士回国创业研习班在武进举行……47
“四季四送”活动……47
澳洲常武同乡会跨境联谊会……47
永定社区获“全国社区侨务工作示范单位”称号……47
省华侨文化交流基地落户宝林寺……48
武进区侨商联合会活动……48
武进区侨界青年联谊会活动……48
第九届相聚武进共谋发展——海外人才创业论坛……48
福隆控股集团获“中国侨界贡献（创新企业）奖”……48
应急管理……48
The Management of Urgent Affairs
概　况……48
应急演练……48
档案管理……49
Archives Work
概　况……49
档案资源建设……49
重要领域和重大项目档案管理……49
基层档案室星级测评……49
“智慧档案工程”全面推进……49

政协武进区委员会
Wujin District Committee of the Chinese People's Political Consultative Conference

政协重要会议……50
Important Meetings of the People's Political Consultative Conference
政协常州市武进区第十三届委员会第五次会议……50
政协武进区常委会议……50
政协主要工作……51
The Main Work of the People's Political Consultative Conference
政协委员工作……51
政协专题调研……51
政协提案督办……51
政协专题考察活动……52
政协社情民意办理……52
政协民主监督活动……52
教育及医疗问题听政议政……52
政协优秀提案……53
表 5　2016 年度政协武进区第十三届委员会优秀提案……53
“推进绿色发展”专题协商议政……53
《武进历史文化丛书》合集正式出版……53

民主党派 · 工商联 · 无党派人士联谊会
Democratic Parties · The Association of Industry · Commerce the Association of Non-party Personages

民主党派 · 无党派人士联谊会……54
Democratic Parties the Association of Non-party Personages
概　况……54
表 6　2016 年武进区民主党派、无党派人士联谊会基本情况……55
“博爱”系列活动……55
助残公益品牌服务……55
“同心护蕾”行动……55
文教共建活动……55
关爱空巢老人及“失独”家庭同心驿站活动……56
健康共建系列活动……56
武进区工商业联合会……56
Wujin District Association of Industry and Commerce
概　况……56
区工商联第十次会员代表大会……56
非公有制经济代表人士理想信念教育实践活动……56
企情调研……56
经济转型升级服务……57
基层商会规范化建设……57
光彩事业……57
8 家武进企业入围中国民营企业 500 强……57

工会 · 共青团 · 妇联
Federation of Trade Unions · The Communist Youth League · Women's Federation

武进区总工会……58
Federation of Trade Unions of Wujin District
概　况……58
关爱职工行动……58
职工创新创业工程服务……59
武进区职工创新创业基地揭牌……59
“争创模范职工之家、争做优秀工会工作者”活动……59

尼勒克武进职工服务中心落成……59
武进职工心理服务中心成立……59
武进区五一劳动奖状（奖章）评选……60
共青团武进区委员会……60
Wujin District Committee of the Communist Youth League of China
概 况……60
共青团武进区第二十一次代表大会……60
共青团工作改革……61
“青字品牌”工程……61
《武进青年“创业合伙人”（2014—2016）三年行动计划》收官……61
青少年思想引领工程……61
“双青互动”精准服务模式创建……62
重点青少年群体成长护航工程通过市级考核验收……62
少先队“五彩靓武进”四大行动……62
《共青团武进志（1926—2014）》出版……62
武进区妇女联合会……62
Women's Federation of Wujin District
概 况……62
妇女创业就业……63
家庭建设行动……63
巾帼志愿行动……63
妇女儿童维权行动……63
妇女儿童关爱行动……63
关爱儿童幸福成长系列活动……64
“幸福花都·女子学堂”品牌建设……64
“圆梦微心愿”行动……64
“爱心储蓄罐，传承好家风”系列活动……64
武进区通过全国妇女儿童“两纲”中期评估督导……64

法 治
Government by law

综 述……65
Summary
概 况……65
矛盾纠纷化解……66
“平安卡”工程试点推行……66
禁毒体制机制创新……66
法治为民十大项目……66
法治政府建设……66
The Government of the Rule of Law Construction
概 况……66
简政放权……67
区政府法律顾问委员会成立……67
政府公权力公开透明运行……67
行政执法体制改革……67
行政执法监督……67
行政复议和应诉……67
矛盾调处机制完善……68
公 安……68
Public Security
概 况……68
治安管控能力提升……68
公安基层基础夯实……68
公安专项行动……69
出入境管理……69
道路交通治安管理……69
消防管理……69
武进高新区消防中队组建运行……70
检 察……70
Procuratorial Work
概 况……70
法律监督……70
区检察院获评“全国先进基层检察院”……70
检察官员额制改革……71
职务犯罪和预防……71
“三四五”环境资源类办案机制探索建立……71
法 院……72
Judgment
概 况……72
刑事审判……72
民事审判……72
商事审判……72
知识产权审判……72
行政审判……72
司法为民……73
法官员额制改革……73
“执行难题”破解……73
司法行政……73
Judicial Administration
概 况……73
武进区获“六五”普法全国宣传教育先进区称号……73
诉调和公调对接……74
社区矫正人员监管……74
法律服务完善……74
公 证……74

军 事
Military

人民武装……75
People's Armed Forces
概 况……75
思想政治建设……75
基层武装工作规范化建设……75
征兵工作“五率”量化考评……75
军事斗争准备质量提升……76

新质民兵组织建设……76
国防教育……76
双拥共建……76
人民武警……76
People's Armed Police
概　况……76
执勤安全根基牢固……76
人民防空……76
Civil Air Defense
概　况……76
人防工程建设管理……77
人防指挥通信能力提升……77
“长城—2016”演习……77
区民防局获“全国人民防空先进单位”称号……77

开发园区

Economic Development Park

江苏常州经济开发区……78
Jiangsu Changzhou Economic Development Zone
概　况……78
高铁传动系统项目获中国工业大奖……79
高端智能纺纱成套装备项目新基地等项目开工或入驻……79
首台 EPS 无刷电机下线……79
神力股份等 4 家企业挂牌上市……79
常州经开区产业基金设立……79
常州市生产力促进中心经开区分中心成立……80
常州经开区重大产学研活动……80
《常州经开区》杂志创刊……80
武进高新技术产业开发区……80
Jiangsu Province Wujin High & New-tech Industrial Development Zone
概　况……80
领导考察和调研武进高新区……81
快克股份等 9 家企业挂牌上市……81
中德高新绿项目合作活动……82
武进高新区列入全国科技服务业区域试点单位……82
武进高新区产学研活动……82
武进高新区网格化环境监管体系实施……82
武进高新区微循环交通专线开通运行……83
武进高新区众创服务中心启用……83
中欧人工湿地技术研发中心揭牌……83
武进高新区消防中队入驻……83
高端装备产业·轨道交通产业……83
High-end Equipment Industry Rail · Transportation Industry
概　况……83
高端装备产业项目建设……83
2016 中国挖掘机械行业第二十届年会在武进召开……83
电子信息产业……84
Electronic Information Industry
概　况……84
电子信息产业项目建设……84
节能环保产业……84
Energy Saving and Environmental Protection Industry
概　况……84
武进高新区新光源产业集群被认定为省特色产业集群……84
节能环保产业项目建设……84
机器人产业……84
Robot Industry
概　况……84
机器人产业项目建设……85
2016 常州·长三角智造峰会暨高工机器人产业洽谈会在武进举行……85
智电汽车产业……85
Intelligent Electric Car Industry
概　况……85
智电汽车产业项目建设……85
2016 智电汽车投资者大会在武进召开……86
武进综合保税区……86
Wujin Comprehensive Bonded Zone
概　况……86
武进综保区新增进区企业 3 家……86
武进综保区企业转型升级促经济增长……86
常州西太湖科技产业园（江苏武进经济开发区）……87
Changzhou West Lake Science and Technology Industrial Park (Wujin Economy Development Zone, Jiangsu Province)
概　况……87
领导考察和调研西太湖科技产业园……87
苏澳合作园区选址定于西太湖科技产业园……87
西太湖科技产业园深化机构改革……88
山由帝奥等 2 家企业挂牌上市……88
上海交大科技园慧创空间获批省级众创空间……88
常州大学西太湖校区一期工程开工……88
蠡河中心公园开工……88
石墨烯产业……88
Graphene industry
概　况……88
新华石墨烯应用发展研究院落户……88
石墨烯项目签约入驻或投产……88
长三角石墨烯产业联席会议机制建立……88
中国—欧盟石墨烯高峰论坛等重大活动举办……89
中以常州创新园……89
Sino-Israel Changzhou Innovation Park
概　况……89
“中以常州创新园共建计划”揭牌……89
中以创新发展基金设立……90
中以常州创新园知识产权服务中心开业……90
中以合作项目签约或开工（业）……90
中以高技术合作重点领域年度工作经验交流会等召开……90

常州以色列文化俱乐部成立……………………………90
健康产业……………………………………………91
Health Industry
概 况……………………………………………91
健康产业项目（公司）签约或开业…………………91
健康产业展示馆开馆…………………………………91
海峡两岸（常州）健康产业交流对接会等活动举行…………91
互联网产业…………………………………………91
Internet Industry
概 况……………………………………………91
西太湖互联网创新创业孵化园成立…………………92
互联网产业项目签约入驻……………………………92
2016 中国（常州）西太湖跨境电商高峰论坛 …………92
文化旅游产业………………………………………92
Cultural and Tourism Industry
概 况……………………………………………92
江苏西太湖影视产业基地一期运营…………………92
2016 年国际艾美奖半决赛中国区评选活动在西太湖影视
产业基地举行……………………………………92
油灯博物馆开馆试运营………………………………93
滆湖（西太湖）省级水利风景区创成 ………………93
重大体育赛事承办……………………………………93
住房和城乡建设部（武进）绿色建筑产业集聚示范区……93
Green Building Industry Agglomeration Demonstration Area of
Ministry of Housing and Urban-rural Development (Wujin)
概 况……………………………………………93
领导考察和调研武进绿建区…………………………93
武进国家高新技术产业开发区绿色建筑产业园管理办公室
设立……………………………………………93
绿谷创新园项目获批住房和城乡建设部科技示范工程
项目……………………………………………93
绿色建筑项目建设……………………………………93
“极客车间”青年众创空间启动运营 …………………94
武进绿建区与五星控股集团签署战略合作协议…………94
江苏省绿色建筑产业技术研究院揭牌暨常州市绿色建筑
产业技术创新战略联盟成立………………………94
江苏省绿色建筑博览园获省科普教育基地称号…………94
第八届中国房地产科学发展论坛暨第三届中美房地产高峰
论坛等重大会议在武进举行 ………………………95
镇产业集聚区……………………………………95
The Town Industrial Zone
概 况……………………………………………95
表 7 2016 年武进区各镇产业集聚区基本情况…………95

农 业

Agriculture

综 述……………………………………………96
Summary
概 况……………………………………………96
表 8 2016 年武进区农业和农村经济主要指标…………96
国家现代农业示范区建设启动…………………………96
表 9 2016 年武进区实施重点农业项目情况……………97
农业综合开发土地治理项目申报实施 8 个……………97
农业品种（技术）引进推广……………………………97
品牌农产品新增 26 个 ………………………………97
表 10 2016 年武进区通过认证的绿色食品、无公害
农产品情况 …………………………………98
阳湖村获评全国一村一品示范村………………………99
农业物联网建设………………………………………99
武进智慧农业研究院成立………………………………99
淘宝·特色中国常州馆线上线下馆开馆 ………………99
新型职业农民培育……………………………………99
农产品质量安全抽检合格率 99.04% …………………99
省农产品质量安全追溯管理示范单位新增 5 家………… 100
农产品质量安全网格化监管体系建设………………… 100
农业抗灾救灾………………………………………… 100
粮油作物种植业…………………………………… 100
Cereals and Oils Planting Industry
概 况…………………………………………… 100
表 11 2016 年武进区粮油作物生产情况 …………… 100
“武运粳 32 号”通过省级审定………………………… 101
稻麦病虫害专业化统防统治覆盖率 73% …………… 101
林果蔬菜业………………………………………… 101
Forestry, Fruit and Vegetables Industry
概 况…………………………………………… 101
表 12 2016 年武进区林木果茶主要指标完成情况 …… 101
表 13 2016 年武进区十佳“阳湖”果品基地 ………… 102
武进区完成国家森林城市创建任务…………………… 102
区森林消防专业队成立……………………………… 102
全市首套森林防火智能监测指挥系统投用…………… 102
区林业科技发展中心开工建设……………………… 102
林木种质资源调查…………………………………… 102
古树名木普查………………………………………… 103
“阳湖”果品获省级评比奖项 6 项 ………………… 103
花木业…………………………………………… 103
Flowers and Trees Industry
概 况…………………………………………… 103
花木电子商务交易额超 2 亿元……………………… 103
武进苗木花卉星创天地获国家级认定备案…………… 103
2016 国际家庭花卉园艺展览会暨第十六届中国花卉
零售业交流会在武进举办………………………… 103
2016 中国（夏溪）花木节 ………………………… 104
畜牧业…………………………………………… 104
Animal Husbandry
概 况…………………………………………… 104
武进区创成国家畜禽产业综合标准化示范区………… 104
表 14 2016 年武进区畜牧业生产情况 ……………… 104
常州红旗畜禽养殖专业合作社创成省级畜牧生态健康
养殖示范场……………………………………… 105

区畜禽养殖信息系统投入使用…… 105
渔　业…… 105
Fishing Industry
概　况…… 105
水产良种引进推广…… 105
表 15　2016 年武进区渔业发展情况 …… 105
池塘工业化生态养殖系统建设…… 106
武进渔业信息智能化管控平台启用…… 106
水产品药残快检与病防服务…… 106
渔政监督管理…… 106
农业产业化…… 106
The Industrialization of Agriculture
概　况…… 106
农业产业化项目实施 5 个…… 107
江苏嬉乐湾生态农业示范园开园…… 107
表 16　2016 年武进区省级及以上农业龙头企业情况…… 107
雪堰镇两村获评省休闲观光农业示范村…… 107
生态农业…… 108
The Ecology Agriculture
概　况…… 108
自然湿地保护…… 108
畜禽养殖场关停 1343 户 …… 108
秸秆资源综合利用率 96.78% …… 108
农药包装废弃物回收利用试验示范项目实施…… 108
农业机械化…… 109
Agricultural Mechanization
概　况…… 109
区新型农机具展示中心投入使用…… 109
农机社会化维修服务能力提升…… 109
农机合作社服务能力提升…… 109
粮食烘干机械化服务…… 109

工　业

Industry

工业经济运行…… 110
Industrial Economic Operation
概　况…… 110
区工业重点项目投资额超 200 亿元…… 110
万元 GDP 能耗下降 4% …… 110
3 个产品获省首届工业设计奖项 …… 111
2 家企业及 3 名企业家获省级表彰 …… 111
表 17　2016 年武进区 60 家重点工业企业（集团）主要经济指标完成情况 …… 111
工业转型升级…… 113
Industrial Transformation and Upgrading
概　况…… 113
《武进区智能制造三年行动计划（2016—2018 年）》…… 113
表 18　2016 年武进区省级及以上特色、示范产业基地情况 …… 113
《武进区“互联网 + 工业”三年行动纲要（2016—2018 年）》 …… 114
军民融合发展推进…… 114
五洋纺机有限公司获评 2015 年工业品牌培育示范企业…… 114
2 家企业入选全国首批制造业单项冠军示范（培育）单位…… 114
省科技小巨人企业新增 3 家…… 115
省级企业技术中心新增 9 家…… 115
12 个车间获省级示范智能车间认定 …… 116
省中小企业专精特新产品新增 3 个…… 116
11 项（个）新技术新产品入选省重点推广目录 …… 116
表 19　2016 年武进区获省重点推广应用的新技术新产品情况 …… 116
工业生产服务…… 117
Industrial Production Service
概　况…… 117
6 家企业入选省首批服务型制造示范单位 …… 117
工业企业经营管理人才培训…… 117
省标战略性新兴产业…… 117
Provincial Strategic Emerging Industry
概　况…… 117
智能电网产业产值超 50 亿元 …… 117
海洋工程装备产业产值超 4.9 亿元 …… 117
3 个项目获批省级战略性新兴产业专项资金项目 …… 117
新能源产业…… 117
New Energy Industry
概　况…… 117
武进高新区新光源产业集群成为省特色产业集群…… 118
2 个新能源产品通过省级新技术鉴定 …… 118
龙腾公司一项目入选中国首批光热发电示范项目…… 118
航海用探照灯获实用新型专利授权…… 118
2 家新能源企业获批建设省级工程技术研究中心 …… 119
吉鑫风能公司风电装备零部件项目竣工…… 119
赛拉弗光伏公司三倍 IEC 标准高效能太阳能组件研究与产业化四期项目竣工…… 119
生物技术及新医药产业…… 119
Biotechnology and New Pharmaceutical Industry
概　况…… 119
“璟云”平台上线 …… 119
亚邦天龙公司医用新型材料项目竣工…… 119
华森医疗公司骨科器械项目竣工…… 119
益得康公司医疗器械项目竣工…… 119
节能环保产业…… 119
Energy-saving and Environmentally Friendly Industry
概　况…… 119
光大环保公司 750 吨 / 天机械往复式垃圾焚烧炉投产 …… 120
美淼环保公司净水设备项目竣工…… 120
新材料产业…… 120
New Material Industry
概　况…… 120

石墨烯产业产值超20亿元 …… 120
龙骏天纯环保公司“可生物降解淀粉树脂关键技术研发及产业化”项目通过省级新技术鉴定 …… 120
富桐纤维公司有色超细旦海岛纤维项目竣工 …… 120
百佳薄膜公司中厚型特种功能性聚酯薄膜项目竣工 …… 120
新一代信息技术和软件产业 …… 120
A New Generation of Information Technology and Software Industry
概　况 …… 120
武进高新区成为电子信息（新型电子元器件）国家新型工业化产业示范基地 …… 121
常州友晟电子有限公司获2016中国企业社会责任奖 …… 121
柒捌光电智能交通控制系统研发成功 …… 121
兴勤电子公司电子传感器项目竣工 …… 121
瑞声公司电子元器件扩能项目竣工 …… 121
高端装备制造产业 …… 121
High-end Equipment Manufacturing Industry
概　况 …… 121
轨道交通装备业产值超200亿元 …… 122
新誉集团有限公司牵头承担国家重点研发计划先进轨道交通重点专项 …… 122
“高铁列车高可靠性齿轮传动系统研发及产业化”项目获中国工业大奖 …… 122
10个产品获省首台（套）重大装备或关键部件认定 …… 122
恒立液压公司“挖掘机专用高压油缸生产线技术改造”项目获评省技术改造示范项目 …… 122
268英寸幅宽提花经编机研发成功 …… 122
智能装备制造业10个新产品通过省级鉴定 …… 122
恒立液压公司参加BAUMA展 …… 124
南车公司低地板车辆项目一期项目竣工 …… 124
龙城精锻公司高压共轨喷射系统精锻件项目竣工 …… 124
广宇花辊公司花辊机械及零部件项目竣工 …… 124
快克锡焊工业机器人项目竣工 …… 124
新能源汽车产业 …… 124
New Energy Automotive Industry
概　况 …… 124
新能源汽车充电设施信息消费运营监控平台获评智慧江苏信息化试点工程 …… 124
江苏万帮德和新能源科技有限公司获批组建省级工程中心 …… 124
2个新能源汽车项目在武进高新区奠基 …… 125
优势传统产业 …… 125
Dominant Traditional Industry
纺织业 …… 125
Textile Industry
概　况 …… 125
湖塘镇再获“中国织造名镇”称号 …… 125
湖塘镇纺织企业参加中国国际纺织面料及辅料（秋冬）博览会 …… 125
江苏旷达汽车织物集团股份有限公司获中国工业大奖提名奖 …… 125
武进纺织工业园获评省两化融合示范区 …… 125
半刚性玻璃纤维网格基布应用于“天宫二号” …… 125
江苏众恒染整有限公司2个新产品通过省级鉴定 …… 125
嘉发纺织公司纺织新材料项目竣工 …… 126
丽泰针织公司车用高档织物面料项目竣工 …… 126
群达纺织公司OE转杯纺纱项目竣工 …… 126
冶金业 …… 126
Metallurgy Industry
概　况 …… 126
中天钢铁集团优特钢产品占比超60% …… 126
东方特钢公司煤气综合利用发电工程项目竣工 …… 126
万盛铸造公司铸造线智能化改造项目竣工 …… 126
金属制品业 …… 126
Metal products
概　况 …… 126
2家钢管企业参与制订国标 …… 127
运河焊材公司药芯焊丝扩能项目竣工 …… 127
宏亿钢管公司精密钢管扩能项目竣工 …… 127
地板制造业 …… 127
Floor Board Manufacturing Industry
概　况 …… 127
第十届（中国·横林）国际地板博览会 …… 127
重点企业选介 …… 127
Key Groups and Enterprises
中天钢铁集团有限公司 …… 127
今创集团有限公司 …… 128
瑞声科技控股有限公司 …… 128
旷达控股集团有限公司 …… 128
常州腾龙汽车零部件股份有限公司 …… 129
江苏恒立液压股份有限公司 …… 129
江苏长海复合材料股份有限公司 …… 129
江苏龙城精锻有限公司 …… 129
江苏南方通信科技有限公司 …… 129

商贸流通业

Commodity and Currency Trade

综　述 …… 130
Summary
概　况 …… 130
预付卡管理 …… 130
酒类流通管理 …… 130
超市肉菜流通追溯体系运行管理 …… 131
再生资源回收经营者备案登记及换证 …… 131
第四届武进“汽车下乡”巡展活动 …… 131
春节假期消费品市场销售增长 …… 131
中心城区商贸流通体系完善 …… 131
路劲又一城商业综合体项目二期开业 …… 131
星河国际风情广场暨麦德龙武进商场开业 …… 132

供销合作…… 132
The Management of Supply and Marketing
概　况…… 132
江苏明都汽车集团实现年销售总额 90.23 亿元…… 132
明都超市实现年零售总额近 10 亿元…… 132
信特超市实现年销售总额 5 亿元…… 132
武农农资实现年销售总额 2.18 亿元…… 133
烟草专卖…… 133
Tobacco Monopoly Management
概　况…… 133
烟草市场监管…… 133
卷烟营销精益管理…… 133
粮食购销…… 133
Cereals Trade
概　况…… 133
夏秋两季粮食收购…… 133
物流业…… 134
Logistics Trade
概　况…… 134
武进粮食物流园（中心库）一期项目开工…… 134
恒耐物流园发展电商物流…… 134
易得利公司实现年交易总额 9.36 亿元…… 134
餐饮业…… 134
Catering Trade
概　况…… 134
首届“武进十佳土菜馆”评选…… 134
表 20　2016 年武进区主要餐饮企业情况…… 135
表 21　2016 武进区土菜馆评选情况…… 135
8 名餐饮厨师获“江苏美食工匠”称号…… 136
商品交易市场…… 136
Commodity Trading Market
市场建设…… 136
The Construction of Markets
概　况…… 136
武进汽车城实现销售总额 162 亿元…… 136
表 22　2016 年武进区成交额超 5 亿元市场情况…… 136
横山桥汽车城年销售额增长三成…… 137
市场管理…… 137
Management of Markets
概　况…… 137
市场主体规范…… 137
企业诚信体系建设…… 137
电子商务…… 137
Electronic Commerce
概　况…… 137
省电子商务示范镇新增 2 个…… 138
横山桥镇省庄村获评省农村电子商务示范村…… 138
常州市龙道电子商务有限公司获评市级电子商务孵化基地…… 138
淘宝·特色中国常州馆上线运营…… 138

开放型经济
The Open Economy

对外及港台贸易…… 139
Foreign and Hong Kong、Taiwan Economy and Trade
概　况…… 139
重点企业典型带动促发展…… 139
表 23　2016 年武进区进出口金额 20 强企业情况…… 139
表 24　2016 年武进区出口及对香港地区贸易情况…… 140
外贸服务环境营造…… 140
外贸企业参展活动…… 140
利用外资及港澳台资…… 140
Utilization of Foreign and Hong Kong-Macao-Taiwan Capital
概　况…… 140
重点外资及港澳台资建设项目完成投资 20.98 亿元…… 140
表 25　2016 年武进区授予“荣誉市民”情况…… 141
表 26　2016 年武进区协议注册外资及港台资前 10 位国家和地区…… 141
表 27　2016 年武进区到账外资及港台资前 10 位国家和地区…… 141
跨国公司地区总部新增 2 家…… 141
新兴产业引进投资 2.92 亿美元…… 141
外经合作…… 142
Foreign Economic Cooperation
概　况…… 142
广亚建设集团取得对外工程承包经营资格…… 142
常牵庞巴迪公司与德黑兰地铁深度合作…… 142
表 28　2016 年武进区境外投资情况…… 142
武进民营企业参与“一带一路”建设…… 142
口岸管理…… 142
Gestion Desports
海　关…… 142
Customs
概　况…… 142
通关流程改革…… 142
重点税源企业服务…… 143
出入境检验检疫…… 143
Entry-exit Inspection and Quarantine
概　况…… 143
出入境商品质量把控…… 143
出入境检验检疫服务质量提升…… 143
截获有害生物 77 种类 /128 种次…… 143

旅　　游
Tourism

综　述…… 144
Summary
概　况…… 144

表 29　2016 年武进区主要旅游景区景点 ………………… 145
《常州市武进区乡村旅游规划（2016—2020）》出台……… 145
2 家农业休闲观光园开园 ……………………………… 146
雅浦村创建省二星级乡村旅游区……………………… 146
太滆村创建省三星级乡村旅游区 ……………………… 146
城西民族风情园打造省四星级乡村旅游区…………… 147
清都紫薇园创建省自驾游基地………………………… 147
旅游促销……………………………………………… 147
Tourist Promotion
概　况…………………………………………………… 147
第十届“花都水城 · 浪漫武进”旅游节 ……………… 147
“玩美武进”城市定向挑战赛 ………………………… 147
旅游服务……………………………………………… 148
Tourist Service
概　况…………………………………………………… 148
春秋淹城旅游区获评全国“旅游安全保障最佳景区”…… 148
表 30　2016 年武进区三星以上旅游饭店情况 ……… 148
表 31　2016 年武进区旅行社情况 ………………… 148
武进旅游公共服务中心投运…………………………… 149
太湖湾旅游度假区…………………………………… 149
The Taihu Bay Tourist Resort
概　况…………………………………………………… 149
太湖湾旅游度假区创建国家级旅游度假区启动……… 149
龙泉山郊野公园开工建设……………………………… 149
太湖湾旅游度假区全程免费旅游专线车开通………… 149
承接 2016 年国际龙舟联合会世界杯赛 ……………… 150
首届常州太湖湾稻草艺术节…………………………… 150
首届幻影灯光节………………………………………… 150
太湖湾赏秋季…………………………………………… 150
嬉戏谷景区新添运营项目 2 个………………………… 150
春秋淹城旅游区……………………………………… 151
The Chunqiu Yancheng Tourism District
概　况…………………………………………………… 151
春秋淹城旅游区通过国家 AAAAA 级景区初评 ……… 151
春秋淹城旅游区通过全国春秋文化旅游知名品牌创建示范区现场验收………………………………………… 151
景区提升工程…………………………………………… 152
《烟雨春秋》水影秀等品牌旅游产品打造 …………… 152
表 32　2016 年武进区旅游基本线路 ……………… 152

建筑业 · 房地产业

Construction Industry · Real Estate

建筑业………………………………………………… 153
Construction Industry
概　况…………………………………………………… 153
建筑市场规范管理……………………………………… 153
建筑行业安全生产管理………………………………… 153
表 33　2016 年武进区建筑业产值超亿元企业 ……… 154
工程质量监督管理……………………………………… 154
建设工程造价（招标）管理…………………………… 154
武进区通过省级绿色建筑示范区评估验收…………… 154
首个装配式高层建筑项目……………………………… 155
表 34　2016 年武进区获省级标准化文明示范工地项目（第一批）……………………………………… 155
表 35　2016 年武进区获省级标准化文明示范工地项目（第二批）……………………………………… 156
表 36　2016 年武进区获省级以上建筑工程质量奖情况 ……………………………………………… 156
房地产开发…………………………………………… 157
Real Estate Development
概　况…………………………………………………… 157
房产健康工程…………………………………………… 157
表 37　2016 年武进中心城区商品住宅销售前十名情况 ……………………………………………… 158
常州龙德置业破产清算………………………………… 158
新城 · 帝景小区建设 ………………………………… 158
万科 · 柏悦湾花园楼盘 ……………………………… 158
房地产和建筑企业选介……………………………… 158
Introductions to Some Selected Enterprises of Construction Industry and Real Estate
常州万科房地产有限公司……………………………… 158
常州星河协通房地产开发有限公司…………………… 158
江苏新城地产股份有限公司…………………………… 159
路劲地产集团常州公司………………………………… 159
江苏武进建工集团有限公司…………………………… 159
江苏成章建设集团有限公司…………………………… 159
江苏武进星辰装饰有限公司…………………………… 159
江苏常虹钢结构工程有限公司………………………… 159

金　　融

Financial Industry

综　述………………………………………………… 160
Summary
概　况…………………………………………………… 160
表 38　2016 年武进区银行业金融机构网点情况 ……… 161
武进科技金融中心成立………………………………… 161
小贷公司和再担保公司稳健发展……………………… 161
企业上市融资…………………………………………… 162
企业直接债务融资新增 208 亿元……………………… 162
风险创业投资…………………………………………… 162
银　行………………………………………………… 162
Bank
概　况…………………………………………………… 162
工商银行武进支行……………………………………… 163
农业银行武进支行……………………………………… 163
中国银行武进支行……………………………………… 163
建设银行武进支行……………………………………… 164
交通银行武进支行……………………………………… 164

农业发展银行武进区支行…… 164
江苏银行武进支行…… 164
招商银行武进支行…… 165
华夏银行武进支行…… 165
邮储银行武进区支行…… 165
民生银行武进支行…… 165
南京银行常州分行…… 165
苏州银行常州分行…… 165
江南银行武进支行…… 165
广发银行武进支行…… 166
浦发银行武进支行…… 166
表 39 2016 年武进区银行业务情况 …… 166
建信银行…… 167
江阴银行常州分行开业…… 167
保险业…… 168
Insurance
概 况…… 168
人保财险武进支公司…… 168
中国人寿武进支公司…… 168
太平洋财险武进支公司…… 168
太平洋寿险武进中心支公司…… 168
平安产险武进支公司…… 168
表 40 2016 年武进区保险业务情况 …… 168
证券业…… 169
Securities
概 况…… 169
中信证券常州环府路营业部…… 169
中银国际证券常州花园街证券营业部…… 169
光大证券常州武宜北路证券营业部…… 169
东海证券常州延政中路证券营业部…… 169
东北证券常州花园街证券营业部…… 169
华泰证券常州延政中大道证券营业部…… 169
中信建投证券常州广电西路营业部…… 169

水利 · 水务

Water Conservancy · Water Affairs

综 述…… 170
Summary
概 况…… 170
区水利局获国家知识产权局授权专利 3 项…… 170
防 汛…… 170
Flood Prevention
概 况…… 170
抗洪抢险…… 170
防御“莫兰蒂”等 4 次台风影响…… 171
水利建设…… 171
Construction of Water Conservancy
概 况…… 171
“三河”工程推进 …… 171
南运河节制闸工程完工投用…… 171
农田水利工程…… 171
水利工程与河湖管理…… 172
Management of River Projects, Rivers and Lakes
概 况…… 172
小型水利工程管理体制改革…… 172
滆湖（西太湖）省级水利风景区创成 …… 172
河湖和水利工程管理范围划界确权…… 173
水政 · 水资源管理 …… 173
Management of Water Governance · Water Resources
概 况…… 173
水资源专项执法检查…… 173
武进节水教育基地竣工…… 173
供水 · 排水 …… 173
Water Supply and Drainage
概 况…… 173
滨湖污水处理厂一期工程启动…… 173

生态环境保护

Protection of Natural Environment

环境保护…… 174
Environment Protection
概 况…… 174
环境质量…… 174
大气污染防治…… 174
水环境治理…… 175
固体废弃物与辐射管理…… 175
网格化环境监管实施…… 175
环境信访问题处置…… 176
“民间河长”试行 …… 176
生态建设…… 176
Ecological Construction
概 况…… 176
生态空间保护工程…… 176
表 41 2016 年武进区生态系列创建情况 …… 177
生态绿城建设工程…… 177
生态文明宣传…… 177
表 42 2016 年武进区生态绿城建设实施情况 …… 177

城乡建设与管理

Construction and Management of the City and Towns

城乡规划…… 179
The Planning of City Proper and Towns
概 况…… 179
湟里等 5 个镇总规及控规报批基本完成…… 179
《环滆湖地区总体规划》编制完成 …… 180
《常州武进区湖塘老街保护规划》编制完成 …… 180

海绵城市规划建设…… 180
中心城区建设…… 181
Construction of Central Proper
概　况…… 181
武进区入选海绵城市建设试点城市…… 181
市政道路工程实施 9 项…… 181
城市照明工程实施…… 181
生态绿道建设…… 181
旧城改造工程…… 182
湖滨路改建工程推进…… 182
长沟河公园开工建设…… 182
村镇建设…… 182
Construction of Villages and Towns
概　况…… 182
小城镇建设推进…… 182
美丽乡村建设…… 182
房屋征收与补偿…… 183
House Expropriation and Compensation
概　况…… 183
重点项目房屋征迁推进…… 183
房屋征迁业务管理…… 183
公用事业…… 183
Public Utilities
供　气…… 183
供　水…… 184
供　电…… 184
城市管理…… 184
Management of the City
概　况…… 184
市容市貌管理…… 184
环境卫生管理…… 184
城管行政执法…… 185
城镇长效综合管理…… 185
城区市容环境整治“百日会战”行动…… 185
卢西填埋场整治工程…… 185
“931”城市环境综合整治接续行动…… 185
城市公共自行车方便居民出行…… 185
高架沿线市容环境整治…… 186
环卫工人“爱心驿站”建成投用…… 186
房产管理…… 186
The Real Estate Management
概　况…… 186
房屋安全鉴定…… 186
城市危旧房排查治理…… 186
白蚁防治灭治…… 186
物业属地管理…… 186
不动产登记交易管理…… 187
Management of Real Estate Registration and Transaction
概　况…… 187
不动产统一登记全面开展…… 187
住房公积金管理…… 187
Housing Accumulation Funds Management
概　况…… 187
住房公积金贷款和提取金额 35.86 亿元…… 187
防震管理…… 187
Earthquake Management
概　况…… 187
防震抗灾…… 187

交　通
Communications

交通建设…… 188
Communication Construction
概　况…… 188
12 个省级重点交通项目建设…… 188
市、区重点交通工程建设…… 189
武进区创成首批省级“四好农村路”示范区…… 189
　表 43　2016 年武进区农村公路文明样板路创建情况…… 189
　表 44　2016 年武进区农村公路提档升级工程情况…… 190
农村公路提档升级二期工程开工…… 190
交通运输…… 190
Communications and Transportation
概　况…… 190
新辟（调整）公交线路 15 条…… 190
交通管理…… 191
Communication Administration
概　况…… 191
交通行业专项整治…… 191
交通企业国有资产管理体制改革…… 191
驾驶员培训管理…… 191

信息化建设
Information Construction

信息基础设施建设…… 192
Information Infrastructure
概　况…… 192
区智慧城市公共免费 Wi-Fi 建设项目被认定为省信息基础设施建设示范项目…… 192
国家智慧旅游公共服务平台等项目被认定为省信息化试点工程…… 193
两化融合…… 193
Integration of Informatization and Industrialization
概　况…… 193
　表 45　2016 年武进区新增省级及以上两化融合建设先进单位…… 193
　表 46　2016 年武进区新增省级互联网与工业融合创新示范（试点）企业…… 193

表 47　2016 年武进区新增省级两化融合网络信息安全示范（试点）企业 …… 193
表 48　2016 年武进区新增省级“企企通”建设示范（试点）园区、企业 …… 194
工业信息基础设施建设 …… 194
信息化与工业化深度融合 …… 194
两化融合信息安全管理 …… 194
武进纺织工业园被认定为省信息化与工业化融合示范区 …… 195
洛阳镇汤墅村创成省农村信息化应用示范基地 …… 195
电子政务 …… 195
The E-government Affairs
概　况 …… 195
电子政务平台保障与建设 …… 195
政府网站管理和建设 …… 196
网络安全宣传周活动 …… 196
通信与邮政 …… 197
Communications and Postal Service
电信通信建设与服务 …… 197
移动通信建设与服务 …… 197
邮政服务 …… 197
武进邮政管理局揭牌成立 …… 197

财政·税务·审计
Finance · Taxation · Auditing

财　政 …… 198
Finance
概　况 …… 198
财政收入征管 …… 198
财政管理改革 …… 198
财政监督管理 …… 198
产业发展财政扶持 …… 199
“三农”财政投入 …… 199
民生保障财政投入 …… 199
社会事业财政投入 …… 199
表 49　2016 年武进区财政收入情况 …… 199
表 50　2016 年武进区财政分项支出情况 …… 200
生态建设财政投入 …… 200
国家税务 …… 200
State Taxation
概　况 …… 200
税收风险管理 …… 200
税收执法 …… 201
“营改增”扩围 …… 201
税收共治 …… 201
纳税服务 …… 201
“金税三期”税收管理系统上线运行 …… 201
地方税务 …… 202
Local Taxation
概　况 …… 202
税收征管 …… 202
纳税服务 …… 202
依法治税 …… 202
审　计 …… 203
Auditing
概　况 …… 203
财政预算执行情况审计 …… 203
政府投资重点项目和拆迁补偿资金审计 …… 203
党政领导干部经济责任审计 …… 203
专项资金审计 …… 203

综 合 管 理
Comprehensive Management

发展计划管理 …… 204
Administration of Development Planning
概　况 …… 204
武进区获批苏南首个国家级产城融合示范区 …… 204
武进区获批全国首批“大众创业、万众创新”示范基地 …… 205
供给侧结构性改革 …… 205
重点项目建设 …… 205
目标管理 …… 205
风险创业投资管理 …… 205
债券发行与管理 …… 205
表 51　2016 年武进区“优秀项目奖”“创新工作奖”情况 …… 206
获批省级工程中心 2 个 …… 206
现代服务业转型升级推进 …… 206
表 52　武进区全社会用电量情况 …… 207
表 53　武进区天然气使用量情况 …… 207
能源物资管理 …… 207
国土资源管理 …… 207
Administration of State Land and Resources
概　况 …… 207
耕地保护 …… 208
违法用地查处 …… 208
重点建设用地保障 …… 208
低效用地再开发 …… 208
土地利用动态巡查 …… 209
地质灾害防治 …… 209
农村土地制度改革三项试点 …… 209
市场监督管理 …… 210
Supervision and Administration of the Markets
概　况 …… 210
市场监督体制机制改革 …… 210
商事登记制度改革 …… 210
企业诚信体系建设 …… 211
表 54　2016 年武进区获评国家级“守合同重信用”企业情况 …… 211
质量强区创建 …… 211

商标品牌建设…… 212
表 55 2016 年武进区获江苏名牌产品情况 …… 212
表 56 2016 年武进区新增江苏省著名商标情况 …… 213
标准化建设…… 213
市场监督执法…… 213
表 57 2016 年武进区企业参与制修订国际、国家和行业标准情况 …… 214
食品餐饮安全监管…… 214
药品安全监管…… 214
医疗器械安全监管…… 215
特种设备安全监管…… 215
放心消费创建…… 215
表 58 2016 年武进区放心消费创建情况 …… 215
安全生产管理…… 216
Supervision and Administration of Safety in Production
概 况…… 216
安全生产责任体系完善…… 216
重点行业安全监管…… 216
重点领域专项整治…… 217
安全宣传教育培训…… 217
价格管理…… 218
Price Control
概 况…… 218
表 59 2016 年武进区成品油价情况 …… 218
价格监测…… 218
收费管理…… 218
价格市场检查…… 219
统 计…… 219
Statistics
概 况…… 219
武进区第三次全国农业普查工作…… 219
重点领域统计方法制度改革…… 220
统计基层基础建设…… 220
政务服务管理…… 220
Management of Government Services
概 况…… 220
公共资源交易规范化建设…… 221
项目并联审批分平台建设…… 221

科 学 技 术

Science and Technology

综 述…… 222
Summary
概 况…… 222
科技创新“双十百千”行动…… 222
表 60 2016 年武进区科技创新“双十百千”行动创新创业典型项目情况 …… 222
集聚科技创新高层次人才 1.8 万人 …… 223
武进区启动全国首批“双创”区域示范基地建设…… 223
武进高新区被科技部确定为科技服务业区域试点单位…… 223
常州市生产力促进中心经开区分中心揭牌…… 224
中俄科技产业园成立…… 224
苏科贷支持 41 家科技企业贷款超 2 亿元 …… 224
高新技术产业…… 224
High and new technology industry
概 况…… 224
《常州石墨烯产业“双创”方案（2016—2020 年）》…… 224
高新技术企业新增 92 家 …… 224
表 61 2016 年武进区新增高新技术企业情况 …… 225
常州阿木奇声学科技有限公司…… 226
江苏小牛电动科技有限公司…… 226
常州英孚传感科技有限公司…… 226
高新技术产品新增 975 个…… 226
科技项目…… 226
The Items of Science and Technology
概 况…… 226
14 个农业科技项目获立项资金 395 万元 …… 227
53 个社会发展科技项目获立项资金 1040 万元 …… 227
国家级科技项目…… 227
The State Level Science and Technology Projects
国家级科技项目立项 12 个 …… 227
“低模量高强度亲水牙种植体系统研发”项目 …… 227
“空天车地信息一体化轨道交通运营与安全综合保障技术研究与应用示范”项目…… 227
科技部星创天地认定备案项目入选 2 个…… 227
表 62 2016 年武进区新增国家级科技项目情况 …… 228
省级科技项目…… 228
The Province Level Science and Technology Projects
省级科技项目立项 99 个 …… 228
超高压共轨系统关键零部件控性精密成形技术研发及产业化…… 228
大规模电动汽车智能高效充电系统关键技术研发及产业化…… 228
满足欧 V 排放尾气测控用宽域和片式氧传感器总成研发及产业化…… 228
高品质轴承钢、齿轮钢等特殊钢的研发及产业化…… 229
全球领先节能低排放出口内燃机车的系列化研发及产业化…… 229
氧化石墨烯涂覆制备高导热 / 强电磁屏蔽膜研发及产业化…… 229
物联网智能移动自平衡机器人研发及产业化…… 229
基于 TD-LTEA 的宽带集群（B-TrunC）增强型关键技术研发及产业化…… 229
“高性能大型稻麦复式联合收割机研发”项目被认定为省级农业科技项目…… 229
表 63 2016 年武进区新增省级科技项目情况 …… 230
科技奖励…… 232
Science and Technology Reward
概 况…… 232

"农林废弃物资源能源化多联产工程化关键技术"项目获省科学技术奖一等奖…… 232
CRH6 型系列城际动车组齿轮箱获省科学技术奖二等奖…… 232
武进区 2 个项目获省科学技术奖三等奖…… 233
武进区 3 个产品（项目）获市科技进步奖一等奖…… 233
武进区 6 个产品（项目）获市科技进步奖二等奖…… 233
武进区 17 个产品（项目）获市科技进步奖三等奖 …… 234
表 64　2016 年武进区科技进步奖获奖产品（项目）情况 …… 235
科技创新创业服务…… 236
Service to Technological Innovation and Enterprising
概　况…… 236
区科创服务中心被认定为国家级科技企业孵化器…… 236
省级众创空间新增 6 家…… 236
上海交通大学金属基复合材料国家重点实验室成果转化基地成立…… 237
中以创新发展基金设立…… 237
武进高新区众创服务中心投运…… 237
产学研合作…… 237
The Cooperation of Production, Study and Research
概　况…… 237
表 65　江苏省科技镇长团武进团第九批团员情况 …… 238
常州科教城湖塘分园揭牌…… 238
第十一届中国常州先进制造技术成果展示洽谈会武进区达成合作意向 95 个 …… 238
知识产权管理…… 238
Management of Intellectual Property
概　况…… 238
"具有石墨膜和石墨烯复合结构的散热材料及其实现方法"获中国专利优秀奖…… 239
武进高新区推进国家级知识产权试点园区工作…… 239
中以常州创新园知识产权服务中心成立…… 239
科学普及…… 239
Popularization of Science
概　况…… 239
武进区创成全国科普示范区…… 240
武进区第二十七届科普宣传周活动…… 240
区科技成果转移中心年签订产学研项目合同金额超千万元…… 240
全国科普日宣传活动…… 240
丁堰等 3 个街道成立科协组织…… 240
第二届绿色智能制造海智对接大会…… 240

教　育
Education

综　述…… 241
Summary
概　况…… 241
武进区获评江苏省中小学校责任督学挂牌督导创新县（市、区）…… 241
教育工程项目建设…… 242
区教师发展中心成立…… 242
教师"区管校用"管理体制改革…… 242
教育援疆…… 242
阳光体育运动校本化…… 243
校外教育培训青少年 1.4 万余人次 …… 243
全国新技术支持下的个性化学习高峰研讨和应用成果展示武进区获奖 11 项 …… 243
表 66　2016 年全国新技术支持下的个性化学习课堂评比武进区获奖情况 …… 243
第十三届中国中小学校园影视节武进区获奖 16 项 …… 244
省基础教育青年教师教学基本功大赛 7 项…… 244
表 67　第十三届中国中小学校园影视节武进区获奖情况 …… 244
退休教师储振民获评中国好人…… 244
学前教育…… 244
Preschool Education
概　况…… 244
3 所幼儿园开园 …… 245
省级优质幼儿园新增 6 所…… 245
九年义务教育…… 246
Nine-year Compulsory Education
概　况…… 246
流动人口子女积分入学 7474 人 …… 246
威雅公学实验学校开学…… 246
星韵学校一年级开设双语实验课程…… 247
洛阳初中传媒特色班开班…… 247
省中小学课程建设项目新增 2 个…… 247
"手之妙"获全国校本课程设计大赛特等奖 …… 247
《站起来的儿童数学》获全国教育科研优秀成果二等奖…… 247
省级课题"以《七彩语文》为主要载体架构课外阅读的实践研究"结题…… 247
湖塘桥中心小学获评中国教育创新示范单位…… 247
2 所学校列为全国学校体育工作示范校 …… 248
3 所学校获国家级曲棍球后备人才基地认定 …… 248
刘海粟小学女足代表队获省青少年足球精英联赛冠军…… 249
星辰实验学校举办全国数学、语文教学观摩活动…… 249
普通高中教育…… 249
Senior Middle School Education
概　况…… 249
江苏省前黄高级中学国际分校通过省四星级普通高中验收…… 249
江苏省前黄高级中学社团成员获省级及以上奖项 10 项…… 250
职业技术教育…… 250
Vocational and Technical Education
概　况…… 250
江苏联合职业技术学院武进分院挂牌…… 250

现代学徒制试点在武进职教中心校启动…………………… 250
武进职教中心校中高职衔接分段连贯培养项目首届
毕业生完成转段…………………………………………… 250
武进职教中心校获全国职业院校技能大赛 2 金 1 银……… 250
杨永年获评省特级教师…………………………………… 251
常州幼儿师范学校与韩国又石大学合作办学…………… 251
高等教育……………………………………………………… 251
Higher Education
概　况……………………………………………………… 251
武进开放大学获第五届 POCIB 大赛团体一等奖 ………… 251
《创客之路——优秀毕业生创业案例集》发布 ………… 251
社区教育……………………………………………………… 251
Community Education
概　况……………………………………………………… 251
洛阳、横山桥两镇建成全国社区教育示范镇…………… 251
省标准化社区教育中心新增 5 个………………………… 252
常洛果品教育服务“三农”示范基地获评省级高水平
示范基地……………………………………………………… 252
洛阳镇成人教育中心校获评全省农民工工作先进集体…… 253
武进区获全国社区教育优秀微课程大赛奖 3 项………… 253
西太湖讲堂获省社区教育实践创新工作项目案例一等奖…… 253
武进一社区教育课题获国家级课题立项获国家级课题
立项………………………………………………………… 253
“全民终身学习活动周”系列活动 ……………………… 253

文化 · 大众传媒
Culture · Public Medium

群众文化……………………………………………………… 254
The Activities of Mass Culture
概　况……………………………………………………… 254
武进区第四届市民艺术节………………………………… 254
武进天工——首届武进工艺美术精品大展……………… 254
“指尖上的非遗——常州徐氏‘三刻’艺术精品展”
系列活动…………………………………………………… 254
文学艺术……………………………………………………… 254
Literature and Art
概　况……………………………………………………… 254
“深入生活、扎根人民”主题文艺实践活动 …………… 255
表 68　2016 年武进区文艺创作成果选录 ……………… 255
《“这是最后的斗争”恽代英 1930—1931》获中国广播剧
研究会广播剧专家奖连续剧金奖………………………… 257
《武进作家丛书》首发 …………………………………… 257
《武进辞典》首发 ………………………………………… 257
文化遗产保护………………………………………………… 257
Cultural Heritage protection
概　况……………………………………………………… 257
非遗项目展示展演………………………………………… 257
武进区完成第一次全国可移动文物普查………………… 257
李公朴生平事迹展览馆开馆……………………………… 257
表 69　2016 年武进区省级及以上文化遗产情况 ……… 258
回民马灯抢救性恢复……………………………………… 258
文化阵地建设………………………………………………… 258
The Construction of Cultural Front
概　况……………………………………………………… 258
区文化馆新馆开馆………………………………………… 258
阳湖书房开放……………………………………………… 259
武进图书馆………………………………………………… 259
武进博物馆………………………………………………… 259
文化产业管理………………………………………………… 259
Administration of Cultural Industry
概　况……………………………………………………… 259
4 个项目获省级现代服务业发展专项资金 410 万元 ……… 259
武进区 2 家企业入围省民营文化企业 30 强 …………… 259
“黑网吧”整治 …………………………………………… 260
报纸 · 新闻网 ………………………………………………… 260
Newspapers · News Net
概　况……………………………………………………… 260
重大主题报道……………………………………………… 260
民生服务报道……………………………………………… 260
表 70　2016 年《武进日报》作品（版面）获省级
奖项情况 …………………………………………………… 261
广播电视……………………………………………………… 261
Broadcast Television
概　况……………………………………………………… 261
新媒体智慧矩阵平台建成………………………………… 262
“全媒体中央厨房”项目完成 …………………………… 262
新闻宣传…………………………………………………… 262
表 71　2016 年武进区广播电视作品（项目）获省级
及以上奖项情况 …………………………………………… 262
电视节目改版……………………………………………… 263
《加油少年天天向上》节目开播 ………………………… 263
广播电视与新媒体融合发展……………………………… 263
“互联网 +”双创头脑风暴活动 ………………………… 263
广电网络经营……………………………………………… 263

体　育
Sports

群众体育……………………………………………………… 264
Mass Sports
概　况……………………………………………………… 264
2016 年“汤尤迪 · 蚂蚁力量”华东业余羽毛球团体
邀请赛在武进举行………………………………………… 264
2016 年特步欢乐跑 · 中国 10 公里锦标赛常州站比赛 …… 264
2016 年“全民健身日”系列活动 ……………………… 264
2016 年国际龙舟联合会世界杯赛在武进举行 ………… 265
竞技体育……………………………………………………… 265
Athletic Sports
概　况……………………………………………………… 265

赵帅获里约奥运会跆拳道 58 公斤级金牌 …… 265
武进运动员获省青少年田径锦标赛奖牌 14 枚 …… 265
牛塘中心小学获“古威域斯”全国青少年曲锦赛女子 U10、U12 组双冠军 …… 265
2016 年全国女子曲棍球锦标赛在武进举行 …… 265
第七届环太湖国际公路自行车赛（武进赛段）…… 265
2016 年常州武进西太湖国际半程马拉松比赛 …… 266
体育设施及体育产业 …… 266
Sports Facilities and Sports Industry
概　况 …… 266
常州奥体横林镇全民健身中心试运营 …… 266
常州龙凤谷滑雪场建成运营 …… 266

医 疗 卫 生
Medical and Health Work

综　述 …… 267
Summary
医疗机构、床位、人员情况 …… 267
医疗服务 …… 267
医疗卫生基础设施建设 …… 267
武进人民医院创成三级乙等综合医院 …… 267
2 个卫生院被确认为国家级群众满意乡镇卫生院 …… 268
医疗卫生援疆 …… 268
区域卫生信息化建设 …… 268
医药卫生体制改革 …… 268
Reform of Medical and Health System
概　况 …… 268
乡镇卫生院医联体运作模式实现全覆盖 …… 269
表 72　武进区基层医疗机构医联体建设情况 …… 269
抗菌药物临床应用管理新规实施 …… 269
医学科研与教育 …… 269
Scientific Research of Medical Science and Education
概　况 …… 269
中以合作远程医疗心电监测项目启动 …… 269
中瑞运动神经元病国际合作研究中心成立 …… 270
江苏省重症肾脏专题会在武进举行 …… 270
第十四届金陵内分泌与代谢病论坛在武进举办 …… 270
卫生计生人才培养 …… 270
基层卫生岗位练兵和技能竞赛 …… 270
中医中药 …… 270
Traditional Chinese Medicine
概　况 …… 270
基层医疗机构中医药服务能力建设 …… 271
中医药适宜技术培训和师承培养 …… 271
武进中医医院儿科创成省级中医重点专科 …… 271
初级卫生保健 …… 271
Primary Health Care
概　况 …… 271
乡村医生签约服务试点 …… 271
遥观镇卫生院创成省级示范乡镇卫生院 …… 272
公共卫生 …… 272
Public Health
疾病防控 …… 272
Disease Prevention and Control
概　况 …… 272
重大传染病防控 …… 272
急性传染病防控 …… 272
卫生监督 …… 272
Health Supervision
概　况 …… 272
打击非法行医 …… 273
妇幼保健 …… 273
Maternity and Child Care
概　况 …… 273
妇幼卫生服务 …… 273
武进区创成江苏省妇幼健康优质服务示范区 …… 273
爱国卫生 …… 273
Patriotic Hygiene
概　况 …… 273
武进中医医院创成省健康促进医院 …… 273

社 会 生 活
Social Life

居民生活 …… 274
Inhabitants' Life
概　况 …… 274
表 73　2016 年武进区城镇、农村居民家庭每百户年末耐用消费品拥有量 …… 274
农村居民人均可支配收入增长 7.9% …… 274
城镇居民人均可支配收入增长 7.7% …… 274
城乡居民人均生活消费支出增长 9.7% …… 274
计划生育 …… 275
Family Planning
概　况 …… 275
全面“二孩政策”实施 …… 275
流动人口计划生育服务管理 …… 275
民　政 …… 275
Civil Affairs
概　况 …… 275
社区（村）换届选举 …… 276
基层民主建设 …… 276
武进区创成江苏省现代民政建设示范区 …… 276
武进区被评为全国社会工作服务示范地区 …… 276
社会组织管理 …… 276
社会救助 …… 276
养老服务 …… 277
金东方颐养园医养融合发展 …… 277
双拥工作 …… 277

优抚保障…… 277
地名管理…… 277
表 74 2016 年武进区新命名地名 …… 277
婚姻登记…… 278
收养登记…… 278
福利彩票管理…… 278
殡葬管理…… 278
民族 · 宗教 …… 278
Ethnic · Religious
概 况…… 278
少数民族扶持发展…… 278
宗教文化活动…… 278
宗教界公益慈善活动…… 278
就业创业…… 278
Employment and Entrepreneurship
概 况…… 278
鼓励创业政策性文件出台 4 个…… 278
就业服务前移…… 279
就业帮扶…… 279
职业技能培训和鉴定…… 280
武进区“技行武进”系列职业技能大赛…… 280
社会保障…… 280
Social Security
概 况…… 280
城乡五项保险扩面…… 280
保障待遇和基本养老金水平提高…… 280
保险费率降低…… 280
社保经办网厅一体…… 281
劳动监察与仲裁…… 281
Labor Supervision and Arbitration
概 况…… 281
和谐劳动关系创建…… 281
劳动保障监察执法和权益维护…… 281
劳动人事争议调解仲裁…… 281
乡镇巡回仲裁庭建设…… 281
住房保障…… 281
Housing Guarantee
概 况…… 281
住房保障提标扩面…… 281
慈善事业…… 282
Charitable Cause
概 况…… 282
慈善救助…… 282
第三届慈善总会换届…… 282
关心下一代工作…… 282
Work about Caring for the Younger Generations
概 况…… 282
“学党史、学国史、听党话、跟党走”主题教育 …… 282
未成年人零犯罪村和社区创建活动…… 282
电子阅览室建设…… 283
青少年帮扶助学…… 283
残疾人工作…… 283
Work for the Disabled
概 况…… 283
残疾人就业促进…… 283
残疾人生活保障…… 283
残疾人康复救助…… 283
残疾人文体活动…… 284
红十字会工作…… 284
Affairs of the Red Cross Society
概 况…… 284
人道专项救助…… 284
应急救护培训…… 284
志愿服务…… 284
红十字宣传…… 284
“三献”活动 …… 285
老龄工作…… 285
Work for the Aged
概 况…… 285
老年人维权和优待…… 285
区“三老”中心改造投用…… 285
第七个“敬老月”活动…… 285
表 75 2016 年年末武进区百岁老人情况 …… 286

镇 · 街道
Towns · Streets

雪堰镇…… 287
Xueyan Town
概 况…… 287
表 76 2016 年雪堰镇主要经济社会指标完成情况 …… 288
光电触摸屏等 3 个区重点工业项目投产或调试…… 288
雪堰镇创成省级电子商务示范镇…… 288
雪堰新增高新技术企业 3 家…… 288
表 77 2016 年雪堰镇各村（社区）基本情况 …… 289
太滆村和城西回民村分别创成省级三星、四星乡村旅游示范点…… 289
礼嘉镇…… 289
Lijia Town
概 况…… 289
武南现代农业产业园入选全国第一批“星创天地”名单…… 290
表 78 2016 年礼嘉镇主要经济社会指标完成情况 …… 290
礼嘉 2 个农业休闲观光园开园…… 290
礼嘉葡萄特色产业产值达 1.5 亿元 …… 290
大模数齿轮等 6 个工业重点项目开工或投产…… 290
礼嘉新增高新技术企业 2 家…… 291
礼嘉镇廉政文化馆开馆…… 291
礼嘉镇社区教育中心创成省标准化社区教育中心…… 291
礼嘉镇司法所获评省社区矫正先进集体…… 291
表 79 2016 年礼嘉镇各村（社区）基本情况 …… 292

储振民入选“中国好人”榜…… 292
前黄镇…… 292
Qianhuang Town
概　况…… 292
智能温室大棚建设等4个工农业重点项目开工或投产…… 293
前黄新增高新技术企业4家…… 293
表80　2016年前黄镇主要经济社会指标完成情况 …… 293
表81　2016年前黄镇各村（社区）基本情况 …… 294
前黄2个安置小区建设…… 294
湖塘镇…… 294
Hutang Town
概　况…… 294
表82　2016年湖塘镇主要经济社会指标完成情况 …… 295
湖塘镇再获“中国织造名镇”称号…… 295
智能制造工业服务平台启动暨仕泰隆机床商城开业…… 295
江苏莱宝电力股份有限公司在“新三板”上市…… 295
湖塘新增高新技术企业6家…… 296
湖塘新增高新技术产品16个 …… 296
常州星河COCO City开业 …… 296
区职工创新创业基地在湖塘科技产业园揭牌…… 296
阳湖书房新天地点试运行…… 296
湖塘2个教育工程开（竣）工…… 296
武进中医医院鸣凰分院揭牌成立…… 296
薄树林入选“中国好人”榜…… 297
余美芳家庭获“全国文明家庭”称号…… 297
表83　2016年湖塘镇各社区基本情况 …… 297
牛塘镇…… 298
Niutang Town
概　况…… 298
表84　2016年牛塘镇主要经济社会指标完成情况 …… 298
中俄科技产业园开园…… 299
全区首个军民融合专题产业园在牛塘设立…… 299
牛塘新增高新技术企业3家…… 299
牛塘镇清莲园开园…… 299
牛塘长虹幼儿园开园…… 299
厚恕村创成省级民主法治示范村…… 299
丫河村创成省“平安家庭”创建活动示范村…… 299
《卢家巷村志》出版发行 …… 299
表85　2016年牛塘镇各村（社区）基本情况 …… 300
洛阳镇…… 300
Luoyang Town
概　况…… 300
表86　2016年洛阳镇主要经济社会指标完成情况 …… 300
表87　2016年洛阳镇新增绿色食品和无公害农产品…… 301
高导精密铜杆等7个区级工业重点项目投产…… 301
南方通信控股有限公司在香港联交所上市…… 302
洛阳新增高新技术企业3家…… 302
洛阳镇电机电器产业通过省区域名牌评审…… 302
洛阳镇卫生院获评全国群众满意的乡镇卫生院…… 302
洛阳镇调委会被认定为省调委会规范化建设示范点…… 302
洛阳镇岑村村被评为省文明村…… 303
表88　2016年洛阳镇各村（社区）基本情况 …… 303
湟里镇…… 303
Huangli Town
概　况…… 303
表89　2016年湟里镇主要经济社会指标完成情况 …… 304
单缸柴油机飞轮制造等7个区级重点工业项目竣工投运…… 304
湟里新增高新技术企业3家…… 305
湟里镇便民服务中心建成投用…… 305
湟里镇获评省级荣誉2项…… 305
表90　2016年湟里镇各村（社区）基本情况 …… 305
葛庄、河南两村创成省文明村…… 306
嘉泽镇（武进现代农业产业园）…… 306
Jiaze Town (Wujin Modern Agriculture Industry Garden)
概　况…… 306
表91　2016年嘉泽镇主要经济社会指标完成情况 …… 306
2016中国（夏溪）花木节 …… 307
2016国际家庭花卉园艺展览会暨第十六届中国花卉零售业交流会…… 307
平晖机械一期等2个区级重点工业项目竣工投产…… 307
东申泵业科研项目获大禹水利科学技术奖一等奖…… 307
江苏龙英管道新材料有限公司被认定为高新技术企业…… 307
环湖健康绿道项目建成…… 307
嘉泽镇全民健身中心建成运营…… 307
表92　2016年嘉泽镇各村（社区）基本情况 …… 308
嘉泽镇青年企业家商会成立…… 308
横林镇…… 308
Henglin Town
概　况…… 308
商都铅笔制造改扩建等7个区级重点工业项目建设…… 309
表93　2016年横林镇主要经济社会指标完成情况 …… 309
横林新增高新技术企业5家…… 309
横林科创中心累计入驻企业20多家 …… 310
横林镇获评首批省电子商务示范镇…… 310
横林城镇功能性项目建设…… 310
横林镇电子商务协会成立…… 310
表94　2016年横林镇各村（社区）基本情况 …… 311
第十届（中国·横林）国际地板博览会 …… 311
遥观镇…… 311
Yaoguan Town
概　况…… 311
表95　2016年遥观镇主要经济社会指标完成情况 …… 312
变电柜（箱）等8个区级重点工业项目开（竣）工…… 312
常州安必克阀门有限公司新厂区在遥观投用…… 312
遥观新增高新技术企业4家…… 313
遥观新增省高新技术产品27个 …… 313
遥观2家企业制订国家（行业）标准获颁布实施…… 313
江苏宏达数控科技股份有限公司在“新三板”挂牌…… 314
优士多应邀参加第三届世界互联网大会…… 314
明都湖港大酒店建成…… 314
新观点众创空间晋升为省级众创空间…… 314
遥观镇商会“会长讲坛” …… 314

“乐今”教育奖励基金设立 …… 314
遥观大学生村官调解室成立 …… 314
长海义务巡逻队成立 …… 314
留道、洪庄创成省级绿化示范村 …… 314
表 96 2016 年遥观镇各村（社区）基本情况 …… 315
横山桥镇 …… 315
Hengshanqiao Town
概 况 …… 315
表 97 2016 年横山桥镇主要经济社会指标完成情况 …… 316
网拓电子空气新香器等 3 个区级工业重点项目建成投产 …… 316
横山桥新增高新技术企业 7 家 …… 316
省庄村创成省级农村电子商务示范村 …… 317
星辰、金丰两村通过省生态村验收 …… 317
表 98 2016 年横山桥镇各村（社区）基本情况 …… 318
潞城街道 …… 318
Lucheng Street
概 况 …… 318
表 99 2016 年潞城街道各村（社区）基本情况 …… 319
凯尔城市商业广场项目开工 …… 319
潞城街道图书馆分馆开馆 …… 319
丁堰街道 …… 319
Dingyan Street
概 况 …… 319
表 100 2016 年丁堰街道各村（社区）基本情况 …… 320
丁堰 3 个区级重点工业项目基本完成 …… 320
常州神力电机股份有限公司在上交所上市 …… 320
丁堰两大服务业项目建设 …… 320
丁堰街道青商会成立 …… 320
丁堰街道科协成立 …… 320
戚墅堰街道 …… 320
Qishuyan Street
概 况 …… 320
圩墩文化品牌打造 …… 321
表 101 2017 年戚墅堰街道各社区基本情况 …… 321
南夏墅街道 …… 321
Nanxiashu Street
概 况 …… 321
表 102 2016 年南夏墅街道各村（社区）基本情况 …… 322
星馨残疾人励志创业中心建成投用 …… 323
学府家苑社区创成省级法治文化建设示范点 …… 323
西湖街道 …… 323
West Lake Street
概 况 …… 323
表 103 2016 年西湖街道各村（社区）基本情况 …… 323
西湖街道防汛攻坚战 …… 324
2 个村（社区）党群示范点建成 …… 324
武进高新区北区 …… 324
The North Part of Jiangsu Province Wujin High and New-Tech Industrial Development Zone
概 况 …… 324
表 104 2016 年武进高新区北区各社区基本情况 …… 324
武进区司法局北区司法所揭牌 …… 325
李公朴生平事迹展览馆开馆 …… 325

组织机构与负责人名录
Organizations and Name List of Leaders

中共常州市武进区第十二届委员会 …… 326
常州市武进区第十六届人民代表大会常务委员会 …… 326
中共武进区人大常委会党组 …… 327
武进区人民政府 …… 327
中共武进区人民政府党组 …… 327
政协常州市武进区第十四届委员会 …… 327
中共武进区政协党组 …… 328
中共常州市武进区纪律检查委员会 …… 328
武进区委巡察机构 …… 328
武进区人民法院 …… 328
武进区人民检察院 …… 329
中共武进区委工作机构及直属单位 …… 329
武进区人大常委会办事机构 …… 330
武进区人民政府工作部门及直属单位 …… 330
开放大学、国家级重点职业高中、省重点高中、医院 …… 334
中共武进区委协助管理的单位 …… 334
政协武进区委员会办事机构 …… 335
社会团体 …… 335
镇、街道 …… 336

人 物
Figuers

新任区级领导 …… 339
New Leaders of Wujin District
史志军 …… 339
陆秋明 …… 339
荆浩良 …… 339
张 强 …… 340
新闻人物 …… 340
News figures
全国先进个人 …… 340
National Advanced Individuals
山 峰 …… 340
孔建华 …… 340
石金良 …… 340
兰慧敏 …… 341
刘玉春 …… 341
李波涛 …… 341
赵 帅 …… 341
蒋建明 …… 341
储振民 …… 342
薄树林 …… 342

江苏省先进工作者…… 342
Advanced Workers of Jiangsu Province
毛建东…… 342
戎亚雄…… 342
陈 静…… 343
顾志平…… 343
江苏省特级教师…… 343
Special-grade Teachers of Jiangsu Province
朱燕芬…… 343
庄新宇…… 343
杨永年…… 344
施璐嘉…… 344
蒋惠琴…… 344
武进区有突出贡献科技人员…… 344
Scientific and Technical Personnel with Outstanding Contributions
卞晓星…… 344
孙 钱…… 345
李宇光…… 345
邱永宁…… 345
羌瓅国…… 345
金 虎…… 346
逝世人物…… 346
Passed Away Persons
阮焕新…… 346
倪文伟…… 346
郭 成…… 346
阎道经…… 346

荣 誉 栏
Honor Roll

先进集体…… 347
Advanced Groups
武进区获得的综合荣誉（省级条线以上）…… 347
全国（条线）先进集体…… 347
省级（条线）先进集体…… 348
市级先进集体…… 349
先进个人…… 350
Advanced Individuals
全国（条线）先进个人…… 350
省级（条线）先进个人…… 350
市级先进个人…… 352

文 献
Documents

创新强区，实干富民，打好高水平全面建成小康社会攻坚战…… 353
Make the District Strong through Innovation, Work Hard to Enrich the People , Fight a Tough Battle Successfully for Building a High Level Well-off Society in an All-round Way
政府工作报告（摘要）…… 358
Government Work Report (Abstract)
文件选录…… 365
Selected Documents
关于创建武进区国家现代农业示范区的实施意见…… 365
关于推进供给侧结构性改革的实施意见…… 367
关于加快推进风创投发展的意见…… 370

统 计 资 料
Statistical Data

表 105 2016 年武进区国民经济主要指标…… 371
图表 1 2012—2016 年全区生产总值…… 372
图表 2 2012 年、2016 年全区三次产业构成…… 372
图表 3 2012—2016 年全区全社会固定资产投资完成额…… 372
图表 4 2012 年、2016 年全区固定资产投资构成…… 372
表 106 2016 年全国沿海发达地区国民经济主要指标…… 373

附 录
Appendix

2016 年重要文件索引…… 376
Index on the Important Documents of 2016
服务机构名录…… 378
A Name List of Service Organizations
表 107 信息、人才、劳务、就学、就业、民政管理服务机构…… 378
表 108 科技、文化、医疗卫生、体育管理服务机构…… 378
表 109 经济开发、交通、旅游、建设管理服务机构…… 379
表 110 司法、国土资源、物价管理服务机构…… 380
表 112 农业、水利、市场监督、环境监测、城市管理服务机构…… 380
表 113 部分机关（事业）单位微信公众号…… 381

索 引
Index

主题分析索引…… 382
Index on Theme Analysis
人名索引…… 405
Index on the Names of Persons
地名索引…… 406
Index on the Names of Places
书名索引…… 406
Index on the Titles of Books

封面图照 武进莲花馆
栏目题照 春秋淹城遗址——三城三河

特 载

“产业转型升级、产城融合发展、生态文明提速、改革创新攻坚”四大战役

2月16日，武进区召开“重大项目推进年”暨四大战役动员大会，认真贯彻全市“重大项目推进年”工作要求，部署落实全区“产业转型升级、产城融合发展、生态文明提速、改革创新攻坚”四大战役各项任务，动员全区上下进一步增强责任感、使命感和紧迫感，加减乘除促进转型升级，统筹联动促进产城融合，攻坚碰硬改善生态环境，注重实效深化改革创新，共同开创“十三五”发展的精彩开篇，为加快建设“强富美高”（经济强、百姓富、环境美、社会文明程度高）的新武进打下坚实基础、提供有力保障。

产业转型升级战役

全区各级、各相关部门按照《2016武进区产业转型升级战役工作要点》，围绕“重大项目突破引领、产业能级全面提升、重点平台特色集聚、创新驱动加速推进”四大重点，开展“重大项目攻坚、特色产业培育、创新能力突破、平台建设提升、金融支撑创新、互联网融合推广、智能制造示范、绿色生产加速”八大行动，促进全区产业转型升级。围绕“建设国家现代农业示范区”，调优农业产业结构，全年新增高标准农田面积866.67公顷、高效农业面积226.55公顷、设施农业面积189.07公顷，分别累计2.03万公顷、2.58万公顷、6446.67公顷；引进农业生产新品种30个，年末拥有市级名优农产品33个，无公害农产品、绿色食品、有机农产品种植面积占全区农业种植面积的72%。深入开展工业企业效益综合评价，建立“高进低退、扶优扶强”机制，推进企业提质增效、转型发展。轨道交通产业链、汽车及零部件产业链、农机和工程机械产业链、太阳能光伏产业链、碳材料产业链、新医药产业链、新光源产业链、通用航空产业链、智能电网产业链、智能数控和机器人产业链十大产业链企业完成产值1251.12亿元，增长2.9%，占规模以上工业总产值的26.8%。省标战略性新兴产业（新能源、新材料、生物技术和新医药、节能环保、新一代信息技术和软件、高端装备制造、新能源汽车、智能电网、海洋工程装备9类）产值、高新技术产业产值占规模以上工业总产值的比重分别达31.4%和45.6%。90家转型升级重点工业企业完成产值2840亿元。年内新增工信部两化融合管理体系贯标试点企业2家，累计5家。中车戚墅堰机车车辆工艺研究所有限公司承担的“高铁列车高可靠性齿轮传动系统研发及产业化”项目获得中国工业大奖。常州快克锡焊股份有限公司、常州神力电机股份有限公司在上交所主板上市，南方通信控股有限公

武进高新区风貌　　供稿/武进高新区

司在香港联交所上市，14家企业登陆全国中小企业股份转让系统有限责任公司（简称“新三板”），21家企业完成股份制改造。加快发展民营经济，新增私营企业5880家、个体工商户1.2万户，新增注册资本443亿元；规模以上民营工业企业实现产值3884亿元，增长6.8%。服务业扩容提质，服务业增加值占全区地区生产总值的43.2%。电子商务发展加快，全区电商交易额928亿元，电商零售额59亿元，分别增长31.6%、37.2%。横林镇、雪堰镇分别获评首批、第二批省电子商务示范镇，横山桥镇省庄村获评省农村电子商务示范村。旅游公共服务中心投入运营，全年旅游接待1700万人次，旅游总收入207亿元，分别增长8.4%、10%。春秋淹城旅游区通过国家AAAAA级旅游景区初评，太湖湾旅游度假区在全省省级旅游度假区综合排名第一。

产城融合发展战役

武进区致力于产城融合发展，在常州市2013年作为全省唯一的产城融合综合改革试点城市中主力担纲、率先探路，于2015年8月编制武进产城融合示范区建设总体方案，提出“增强经济发展活力、提升开发支撑能力、提升宜居宜业水平、促进绿色低碳循环发展”四大重点任务；2015年，以江苏省评比第一名的成绩，被推送参评全国60个产城融合示范区。

2016年，全区全面贯彻中央城市工作会议精神，以多规融合为引领，围绕“区域协调、产城协调、城乡协调”的目标，统筹推进“一中心、三片区”（“一中心”是指覆盖湖塘、牛塘两镇和高新区北区、武进绿建区的中心城区，“三片区”是指以常州经开区为主体的东部片区、以武进高新区为龙头的中南片区、以西太湖科技产业园为引擎的西部片区）建设，全力构建产城联动、城乡一体、均衡发展、互促并进的区域发展格局。常州经开区实施加快发展三年行动计划，重点发展先进轨道交通装备、新型特种材料、智能电力装备三大主导产业，提升发展绿色家居、绿色电机和绿色能源三大绿色产业，改善发展面貌，优化发展环境。武进高新区综合实力、承载能力提升，形成“高端装备、节能环保、电子信息、轨道交通”四大主导产业和“机器人、智能汽车”两张产业名片的格局，电子信息产业被认定为国家新型工业化示范基地，机器人产业被认定为省级高端装备特色产业基地，新光源产业成为省级特色产业集群，园区获批省级智能用电示范园区。西太湖科技产业园抢抓省级高新区获批机遇，石墨烯产业、健康产业、互联网产业、文化旅游产业和中以合作的“4+1”特色产业持续发展，苏澳合作园区成功落户，海峡两岸健康产业合作全面推进。武进绿建区集聚绿色建筑科研机构、设计机构、检测认证机构，以及绿色智造业、商贸服务企业，美国诺森建筑一期厂房建成投运，美国贝赛尔中国产业基地项目全面开工，江苏省绿建产业技术研究院组建落户。武进区发展战略规划、环滆湖地区总体规划和各镇总体规划、控制性详细规划编制完成。城市基础设施完善，有公园绿地12处；轨道交通武进段站点主体结构全面封顶，城区公共自行车出行系统高效运营，沿江城际铁路、苏锡常南部高速、常宜高速等重大交通基础设施前期工作进展顺利，新沟河、永安河、新孟河等重大水利工程稳步实施，运河“四改三”、机厂河水利枢纽等工程投入使用。全年完成老旧小区改造面积11.1万平方米。9月，武进区被国家发展改革委批准为产城融合示范区，成为苏南首个国家级产城融合示范区。

生态文明提速战役

全区各镇、开发区及相关部门围绕区委、区政府战略目标，按照《2016年武进区生态文明提速战役工作要点》要求，实施生态文明提速战役河湖环境治理工程、大气污染防治工程、城镇环境整治工程、节能低碳减排工程、工业点源治理工程、生态示范创建工程、生态空间保护工程、环境安全保障工程、生态文化建设工程、生态绿城建设工程“十大工程”100项任务，推进生态文明建设，改善生态环境质量。全区建立生态红线监察制度，完成燃煤锅炉整治358台、餐饮单位油烟治理287家，以及27条河道清淤工程，新建污水主管网长度40千米，关停畜禽养殖场1343户。新增清洁生产审核企业13家，实施节能与循环经济项目20个，单位地区生产总值能耗下降4%。全面完成国家森林城市创建任务，创成滆湖省级湿地公园，新增雪堰镇南山村、横山桥镇东城湾村2个市级美丽乡村，累计5个。推广装配式建筑项目，全区绿色建筑总量超过380万平方米，武进区入围省海绵城市建设试点城市。有11个镇开展国家生态文明示范镇建设，1个村启动国家生态文明示范村建设，建成省级、市级、区级绿色学校各1所。武进港、太滆运河、漕桥河3条入湖河道水质均为Ⅳ类水，综合污染指数分别下降11.0%、3.6%、10.9%。全区环境空气质量优良天数244天，全年优良率66.7%，比2015年增加1.5个百分点。

中心城区远眺　　摄影／蒋雯

改革创新攻坚战役

武进区深入贯彻落实中央、省、市关于推进供给侧结构性改革的决策部署，积极破解制约经济社会发展的突出矛盾，下发《关于推进供给侧结构性改革的实施意见》和“去产能、去库存、去杠杆、降成本、补短板”5个文件，确立“十三五”期间供给侧改革补短板重大项目109个，全面推进全区供给侧结构性改革，取得阶段性成效。全区完成100万吨钢铁、30万吨水泥、1.7万吨印染去产能任务；投放住房公积金政策性低息贷款24.6亿元，房地产去化周期处于合理范围；全面完成营改增工作，有效组织涉企收费清理；深入推进“五证合一、一照一码”（工商营业执照、组织机构代码证、税务登记证、社会保险登记证、统计登记证合一，由工商、质检、税务三个部门分别核发不同证照改为由一个部门核发加载法人和其他组织统一社会信用代码的营业执照）等商事制度改革，切实减轻企业经营负担；加快推进补短板项目109个，完成投资70亿元。农村宅基地制度改革试点工作成效显著，武进区被中央全面深化改革领导小组确定为统筹协调推进农村土地制度改革三项试点地区（农村土地制度改革三项试点是指统筹开展农村土地征收、集体经营性建设用地入市、宅基地制度三项改革试点）。农村土地征收、集体经营性建设用地入市改革试点同步推进，全国农村改革试验区三项国家级改革试点任务基本完成。农村土地承包经营权确权登记颁证承包合同完成率达93.4%。国有资产管理体制改革纵深推进，政府投融资公司、金融产业投资性公司、驻常资产管理公司三大类区级公司组建完成，投融资管理体制、国有资产监管体制逐步理顺。

抢抓列入“全国首批双创区域示范基地”的机遇，探索创新创业“新苏南模式”，获中国中小城市创新创业百强区第一名。推进苏南国家自主创新示范区建设，“创响中国”巡回接力活动有序组织，“武进—在常高校产学研战略合作联盟”成功组建，中俄科技产业园顺利落户。新增高新技术企业92家、国家级孵化器1家、省级众创空间6家，分别累计445家、7家、13家。培养省双创人才8人，引进领军型创新创业团队71个，新增各类人才1.2万人，每万名劳动力中高技能人才920人，武进区实现连续六次被评为全省人才工作先进区。研发经费支出占全区地区生产总值的比重达2.77%。万人发明专利拥有量29.98件。组建总规模100亿元的中以创新发展基金，全区风险创业投资资本达155亿元。

（区委办、区政府办）

武进区苏南国家自主创新示范区建设

武进区于2014年11月经国务院批复同意，被列入苏南国家自主创新示范区（以下简称“自创区”）名单。2016年，按照江苏省《2016年苏南国家自主创新示范区建设工作要点》、常州市《苏南国家自主创新示范区发展规划纲要实施方案》，紧扣各园区主导重点产业，完善空间布局规划，全力推进自创区建设，形成以武进高新区为核心的“一城多园”（常州科教城、智能装备科技产业园、节能环保科技产业园、电子信息科技产业园、西太湖科技产业园、中国以色列常州创新园、绿色建筑产业集聚示范区、轨道交通科技产业园、华罗庚科技产业园）的发展格局。武进自创区高新技术产业产值占全区规模以上工业产值比重达45.2%，万人发明专利拥有量29.98件，培育科技型上市（挂牌）企业125家，新增众创空间等科技创业平台10个。

完善组织体系，明确推进机制　武进区把自创区建设作为实施创新驱动这一核心战略的核心，于8月成立武进区苏南国家自主创新示范区建设工作领导小组，在区科技局下设办公室，并成立产业与创新工作小组、人才工作小组、财税金融工作小组、规划建设工作小组4个工作推进小组，促进各项决策部署向自创区聚焦、各项支持政策向自创区倾斜、各项重点工作体现自创区建设要求。9月6日，召开苏南国家自主创新示范区建设工作领导小组会议，明确目标、落实责任、强化考核。11月16日，召开苏南国家自主创新示范区各子园区会议，交流各子园区定位及发展，建立定期会商的协同推进机制，梳理存在问题，商讨解决方案，扎实推进自创区建设。

突出规划先行，提升园区布局　武进区苏南国家自主创新示范区建设工作领导小组办公室围绕区域创新一体化先行区的建设要求，按照各园区主导产业结构，围绕“把重大创新载体布局、产业布局等落实到空间上”，并以此为契机，扩大自创区政策适用范围，编制完成武进自创区空间布局规划，规划总面积2523.7万平方米，并通过区规划、国土部门的合规性审查。该空间布局规划以武进高新区为核心，着力打造“常州科教城、智能装备科技产业园、节能环保科技产业园、电子信息科技产业园、西太湖科技产业园、中国以色列常州创新园、轨道交通科技产业园、绿色建筑产业建筑示范区、华罗庚科技产业园”9个特色科技产业园区，拓展辐射各创新型乡镇，形成“一城多园”发展格局。

表1　武进区苏南国家自主创新示范区各子园区空间布局规划情况

园区名称	规划面积（万平方米）
常州科教城	181.5
智能装备科技产业园	654.9
节能环保科技产业园	239.4
电子信息科技产业园	301
西太湖科技产业园	294.6
中国以色列常州创新园	50.9
绿色建筑产业集聚示范区	211.9
轨道交通科技产业园	289.5
华罗庚科技产业园	300

10月12日，2016年全国大众创业万众创新活动周江苏分会场暨常州主题日启动仪式在西太湖科技产业园举行　供稿/西太湖科技产业园

强化主体地位，培育创新型企业和产业　集成政策、平台、人才、项目等资源，推进落实“高新技术企业培育计划”，打造以创新型领军企业、科技型上市企业、高新技术企业为骨干的创新型企业梯队。2016年，新认定高新技术企业92家，至年底有效高新技术企业445家。加大政策集成和投入力度，通过科技创新加快培育壮大优势产业，深入实施先进碳材料、智能装备制造等协同创新工程，全力打造产业特色鲜明、规模集聚明显、竞争优势显著的创新型产业。出台专项政策，2014—2016年累计投入2亿元支持先进碳材料产业发展，聚集石墨烯企业，2016年实现石墨烯相关产业产值超20亿元。通过政策引领，提高企业知识产权的创造、保护、运用能力和积极性。武进各项专利数据全部超额完成年度目标任务，总量占全市比重约40%。

做优平台载体，提升创新创业氛围　（1）打造产业创新载体。全面融入苏南国家自主创新示范区建设，充分发挥包括常州科教城创新之核的作用。推进常州科教城东扩，高起点规划建设5平方千米创新创业园，力争通过三年努力，打造成武进最大的创新中心、最强的发展引擎。（2）建设科技创业平台。为创新型企业和创业人才提供“苗圃－孵化器－加速器”的专业链式孵化服务。青武创客空间、IP咖啡等众创载体相继建成。2016年，新增省级以上众创空间7家、国家级孵化器1家、市级孵化器3家。（3）打造创新创业高地——武南创智天地。加快建设苏南国家自主创新示范区武进高新区建设促进服务中心、武进高新区众创服务中心、武进高新区创投服务中心，营建大众创业、万众创新的创新生态环境。（4）发展科技服务业。集聚中国汽车技术研究中心（华东）汽车工程研究院、西南交大轨道交通产品质量检验检测中心、固高研究院常州分中心、江苏省绿色建筑产业技术研究院等产业研发及服务机构，为武进区产业向中高端发展提供重要支撑。

加快资源集聚，夯实创新基础　深化与高校院所的对接合作，实施科技创新“双十百千”三年行动计划，加大与在常高校的对接合作力度。2016年，全区组织较大规模产学研活动12次，组织企业参加省市产学研活动15次，签订合作意向项目185项，新增实施产学研项目80项，新增投入10.2亿元。集聚高端人才资源，2016年申报签约引进省高层次创新人才1名、双创博士1名、科技副总7名，申报市创新领军人才“云计划”培育项目人才10名、合作项目人才5名。聚集国际创新资源，苏澳合作园区落户西太湖，中以常州创新园建设有序推进，中俄科技产业园落户牛塘并开始运作。

建设重大项目，做强重点产业　以项目为抓手，紧扣各园区主导重点产业，推进重大项目建设。武进高新区引进车和家、瑞声射频模组等项目28项，新增总投资超5000万美元以上大项目8个，瑞声金属射频模组、车和家新能源汽车、创辉医疗器械等26项重大项目开工建设，西门子电机、大陆汽车内饰材料、纳博特斯克精密减速机等20项知名项目建成投产，北汽新能源常州高端产业基地首辆纯电动汽车下线，安川（中国）机器人有限公司第1万台机器人下线。西太湖科技产业园引进银基烯碳、富烯科技等石墨烯项目29个和九愿医疗等健康产业项目48个，腾龙扩能、索普瑞玛等26个重点项目开工建设，美硕扩能等25个重点项目竣工投产。武进绿建区引进中科特炭、博泽科技、中科路耐德等优质项目20余个，实施市、区重点项目11个。

落实创新政策，激发创新热情　结合全区产业实际，修订政策，完善区级科技计划管理体系。修订出台《2016年武进区鼓励和促进科技创新的若干政策》，从加强平台载体建设、提升企业科技创新能力、促进知识产权创造等方面加强政策引导。落实普惠性税收政策。加大企业研发费用加计扣除、高新技术企业税收优惠等政策的落实力度，建立起以税收优惠为引导、企业投入为主体的多元化科技投入体系。加大对“省40条”政策的宣传力度。在政策发布后立即组织学习领会，利用科技助理培训、走访企业、召开科技大会等时机，层层布置，尽最大努力实现创新政策宣传全覆盖。利用网站、微信公众号、QQ群等广泛宣传，及时宣传最新政策，接受企业咨询，解答企业问题。

表2　2016年武进区苏南国家自主创新示范区目标任务完成情况

指标名称	单位	目标	完成情况
研发经费占地区生产总值比重	%	2.76	2.77
高新技术产业产值占规模以上工业产值比重	%	45.2	45.2
万人发明专利拥有量	件	23.50	29.98
新增经认定的高新技术企业数	个	34	92
科技型上市（挂牌）企业培育数	个	120	125
新增企业研发机构数	个	39	53
其中：省级以上	个	12	13
新增众创空间等科技创业平台数	个	8	10

（曹剑波）

（栏目编辑　万向阳）

武进概览

自然地理

【地理位置】 武进区位于长江三角洲太湖平原西北部，北纬31°20′～31°48′、东经119°40′～120°12′，濒太湖，衔滆湖，东邻无锡，西毗金坛、丹阳，南接宜兴，北靠常州天宁、钟楼、新北区，总面积1065.26平方千米。境内平原宽广，地势低平，河网稠密，是典型的江南水乡。至2016年年末，全区有耕地面积3.19万公顷。

【自然资源】 武进位于亚热带北缘，光温适宜，雨水充沛，土地肥沃，物产丰富，素有“鱼米之乡”之称。植物资源丰富，东部雪堰、潘家低山丘陵地区盛产茶叶和桃、梨、葡萄等水果。有滆湖、阳湖、宋剑湖等自然湖泊，河港汊荡纵横交错，淡水渔业资源丰富，适宜于鱼、蟹、虾、蚌等水产养殖。矿产资源主要有潘家、芙蓉等地的优质矿泉水，新安等地的白泥、紫砂、陶土等。

（方　志）

【气　候】 气　温　2016年（1—12月），全区平均气温17.1℃，较常年偏高0.9℃，在历史上排第4位。冬季（2015年12月—2016年2月）平均气温5.6℃，比常年偏高0.9℃；春季（3—5月）平均气温16.3℃，比常年偏高1.1℃；夏季（6—8月）平均气温27.8℃，比常年偏高0.8℃；秋季（9—11月）平均气温18.4℃，比常年偏高0.5℃。一年中，2月和7月气温偏高，分别偏高1.4℃和1℃；3月和8月气温显著偏高，均比常年偏高1.8℃；4月和12月气温异常偏高，分别比常年偏高2.2℃、2℃；其余月份正常，偏值均小于1℃。年极端最高气温为39.4℃，出现在7月29日；年极端最低气温零下9.2℃，出现在1月24日。日最高气温≥35.0℃的高温日28天，其中7月12天、8月15天、9月1天；日最低气温≤0℃的低温日为33天，其中1月14天，2月11天，3月1天，11月1天，12月6天。

降　水　2016年（1—12月），全区降水量2165.1毫米，比常年偏多1060.9毫米，属异常偏多年份，并创历史新高。冬季（2015年12月—2016年2月）降水量118毫米，比常年偏少24.5毫米；春季（3—5月）降水量366.6毫米，比常年偏多99.4毫米；夏季（6—8月）降水量826.1毫米，比常年偏多323.7毫米；秋季（9—11月）降水量833.5毫米，比常年偏多641.4毫米，与常年相比，偏多3倍左右。其中，9月和10月降水均创历史新高。月降水分布不均匀。其中，5月、6月、7月、9月、10月降水异常偏多，分别偏多91毫米、161毫米、240.2毫米、319.2毫米、280.4毫米；4月、11月、12月降水显著偏多，分别偏多60.6毫米、41.9毫米、22.6毫米；2月、3月、8月降水显著偏少，分别偏少36.1毫米、52.1毫米、77.5毫米；1月降水正常。一日降水量极大值为143.3毫米，出现在7月3日。6月18日进入梅雨期，属入梅正常年份；出梅时间在7月20日，较常年偏晚10天，属出梅偏迟年份；梅长32天，属偏长年份。梅雨量为656.7毫米，较常年偏多422.7毫米，属异常偏多年份。

日　照　2016年（1—12月），全区日照时数1898.2小时，比常年偏多70.4小时，属正常年份。冬季（2015年12月—2016年2月）日照时数400.5小时，比常年偏多3.0小时；春季（3—5月）日照总时数435.8小时，比常年偏少63.9小时；夏季（6—8月）日照时数458.6小时，比常年偏少118.6小时；秋季（9—11月）日照时数312.9小时，比常年偏少186.5小时。1月、5月、6月、11月日照偏少；10月日照异常偏少，出现有气象记录的历史极小值；2月、8月日照偏多。

（何靖宇）

历史文化

【建置沿革】 武进在5000多年前就有人类定居，繁衍生息。郑陆寺墩、横林青墩出土的文物表明，新石器时代武进境内已形成原始村落。到春秋时期已有城池出现，淹城（在今武进中心城区）是国内迄今为止保存最为完整的西周至春秋早期地面城池遗址。春秋战国时期武进称延陵邑，为吴国季札封地，秦置延陵县，汉改称毗陵县、毗坛县，晋太康二年（281年）置毗陵郡、县，分丹徒、曲阿以东地区置武进县，晋永嘉五年（311年）改称晋陵郡、县。此后，晋陵、武进两县时分时合，数易其名。清雍正四年（1726年）分置武进、阳湖两县，清宣统三年九月（1911年11月）合并为武进县。1949年4月23日，武进解放，县城析出建立常州市。1983年3月，实行市管县体制，武进属常州市管辖。1993年7月18日，武进县政府驻地由常州市区迁至湖塘镇。1995年6月8日，国务院批准武进撤县设市。2002年4月，武进撤市设区。2015年4月28日，国务院批准撤销常州市武进区和戚墅堰区，设立新的武进区，以原武进区（不含奔牛镇、郑陆镇、邹区镇）和戚墅堰区的行政区域为新设立的武进区行政区域。

【武进地名由来】 三国吴大帝孙权崇尚武功，曾以统一大业为己任，于嘉禾三年（234年）诏复丹徒为武进，取以武而进之意，故名。西晋太康二年(281年)，晋武帝恢复丹徒旧称，并分丹徒、曲阿以东地区置武进县。

【风景名胜】 武进水乡风情浓郁，文物古迹众多，花木园艺发达，旅游资源丰富。依托春秋淹城遗址、太湖湾湖光山色、横山桥清明山自然风光，以及嘉泽、夏溪“全国花木之乡”，从20世纪90年代中期起开始建设旅游景区，2011年4月入选第八届中国花卉博览会（简称花博会）举办地后，选址西太湖畔，于2013年上半年建成花卉主题公园。至此，全区形成太湖湾旅游度假区、春秋淹城旅游区、中国花卉博览园和横山风景旅游区等主要风景区。

太湖湾旅游度假区 位于武进区雪堰镇境内，东临国家旅游度假区无锡马山，西接陶都宜兴分水，南濒太湖，规划面积39.6平方千米。以低山丘陵为主，山丘占总面积的66%。大气环境达国家一级标准，植物生长茂盛，植被良好，有乔木、灌木、草本植物百余种，鸟类70多种。太湖湾沿湖岸线长约7千米，有山头19座、山坞11个、大小水库8个，临湖山湾7个，湖中大、小椒山2座。文化底蕴深厚，有春秋战国遗址阖闾城、宋代龟山书院及蓼莪寺、王孝子墓、陈烈帝墓、梅堂和烟墩等古迹，以及董亦湘故居、吴稚晖故居。2007年获“国家旅游名片”称号，2009年5月被授予“国家龙舟竞赛基地”称号，2012年8月升级为省级旅游度假区，2013年5月创成省级现代服务业集聚区。区内环球动漫嬉戏谷2011年5月开园，2012年11月创成国家AAAA级旅游景区；中华孝道园2012年9月开园，2014年12月创成国家AAAA级旅游景区。

春秋淹城旅游区 位于武进中心城区，以春秋淹城遗址为核心，分为淹城春秋乐园、春秋淹国古城池遗址、春秋文化休闲区、淹城野生动物园、淹城仿古商业街区、春秋文化旅游地产区六大功能区。春秋淹城遗址占地面积300公顷，为国内保存最为完整的春秋早期地面城池遗址，1988年被列为全国重点文物保护单位，2007年被国家旅游局命名为“中国第一水城”。淹城野生动物园占地面积133.33公顷，是以野生动物生态散养为特色，集动物野趣观赏、休闲娱乐、科普教育为一体的大型综合性主题公园。淹城仿古商业街区占地面积15.67公顷，总建筑面积4.5万平方米，建有中医一条街、文化一条街、美食一条街。淹城博物馆建筑面积9000平方米，设有“史河流韵”“馆藏书画”“春秋淹城”3个陈列厅。淹城春秋乐园是一个以文化游乐与文化休闲相结合的人文主题公园，2010年4月29日开园，景点淹城春秋王宫2011年5月1日建成开放，“春秋水战”水上互动游乐项目2014年5月1日开放。春秋淹城旅游区2011年创成国家AAAA级旅游景区，2012年9月获“全国低碳旅游示范区”称号，2016年通过国家AAAAA级旅游景区初评。

淹城仿古商业街区 摄影／刘建中

中国花卉博览园 位于武进西太湖畔，占地面积近200公顷，分为入口服务区、山水展区、室外展区、主展馆区、湿地展区五大功能片区，展馆由主展馆、科技馆、自然馆、艺术馆、雅集园组成。其中，入口服务区玉带花海，雅集园刘海粟、夏伊乔艺术馆和陈履生美术馆内陈列艺术大师真迹；山水展区高低错落、层次多变，科技馆科技应用各类花卉，艺术馆展示常州乱针绣、梳篦、留青竹刻、根雕等传统非遗工艺品；室外展区各展园匠心独运，亭台楼阁、繁花美景；湿地展区尽展武进春秋淹城“三河三城”古貌，自然馆热带雨林植物、沙生植物、水生植物等特色植物种类繁多，有800年珍稀油橄榄、直径2米的水生大王莲、3米多高的“巨人柱”仙人掌等。该博览园2013年9月28日—10月27日成功承接第八届中国花卉博览会，2014年3月重新开园，成为集文化、花卉产业交流于一体的展示中心。

横山风景旅游区 位于武进区横山桥镇境内，古称芳茂山，东晋右军将军、散骑常侍曹横葬于此，改名横山。横山群山起伏，山势蜿蜒曲折；山间谷岭错杂，泉涧淙淙；山上青松翠竹，郁郁葱葱；坡地花果飘香，百亩竹海、千亩果园翠绿一片；山下河网密布，路林成行，村舍毗连。横山风景旅游区建于1996年，占地面积156公顷，有清明山、大林寺、白龙庙等名胜古迹，2004年被评为全国首批农业旅游示范点。

【历史名人】 武进历史上曾出过1500多名进士（其中状元10名），名列全国县级前三名。春秋时期著名政治家、音乐鉴赏家季札受封武进，南朝齐高帝萧道成、梁武帝萧衍生于南兰陵（今武进），梁昭明太子萧统组织编纂集秦汉两晋诗文总集《昭明文选》。至清代，武进有以庄存与为代表的今文经学派、以恽敬为代表的阳湖文派、以张惠言为代表的常州词派、以恽南田为代表的常州画派等，中医孟河医派名家众多，清末民初有“吴中名医甲天下，孟河名医冠吴中”之说，赵翼、黄仲则诗作脍炙人口，洪亮吉精于史学、舆地学，李宝嘉的《官场现形记》开创中国近代谴责小说之先河。现代有中共早期领导人、革命活动家瞿秋白、张太雷、恽代英和中共早期革命活动家董亦湘，抗日救国“七君子”中的李公朴、史良，东北抗日联军著名将领冯仲云，著名外交活动家章汉夫、冯铉和谢启美，两院院士秦仁昌、吴阶平、许学彦等57位，著名画家刘海粟、谢稚柳、吴青霞，著名戏剧家洪深、吴祖光、阿甲，小说家高晓声、诗人严辰等，誉满中外。

（方 志）

区划·人口

【行政区划】 全区有镇11个、街道5个和国家级高新区1个、综合保税区1个、省级高新区（筹）1个、省级经济开发区2个、省级旅游度假区1个、省级现代农业产业园区1个，以及住房和城乡建设部（武进）绿色建筑产业集聚示范区，辖行政村196个、社区120个。

【人 口】 2016年年末，全区户籍人口94.32万人，总户数332793户，人口密度885人/平方千米（按户籍人口计算）。总人口中男性462702人，女性480475人。年内出生9121人，人口出生率9.74‰，计划生育率99.88%。死亡6190人，死亡率6.61‰，人口自然增长率3.13‰。

表3 2016年武进区行政区划和人口情况

镇、街道和开发区	面 积（平方千米）	行政村（个）	社 区（个）	年末人口（人）
湖塘镇	59.04	0	44	159886
牛塘镇	34.64	8	6	42515
洛阳镇	55.75	18	3	52526
雪堰镇	104.75	25	4	79147
前黄镇	103.59	20	4	66790
礼嘉镇	57.84	14	3	48587
嘉泽镇	101.49	19	5	76164
湟里镇	86.10	16	3	63771
横林镇	46.67	15	6	51272
遥观镇	44.70	15	7	46717
横山桥镇	58.23	19	4	60153
武进高新区（含高新区北区、南夏墅街道）	78.22	14	19	94005
西太湖科技产业园（含武进经发区、西湖街道）	48.21	4	3	26121
丁堰街道	10.18	4	1	13876
潞城街道	16.77	5	1	22080
戚墅堰街道	4.73	0	7	39567

（方 志）

地方特产

【淡水鱼类】 武进是苏南著名的淡水鱼养殖基地，大水面鱼类养殖面积5986.67公顷，主要淡水鱼除扁、草、鲤、鲫、鲢等大宗鱼类外，还精养和温控养殖鲑鱼、鳝鱼、甲鱼、鲟鱼、鳗鱼等10多种名贵鱼类，温控养殖面积达数千公顷。2016年，生产成鱼40320吨，产值60625万元。

虾蟹类 虾类养殖品种主要有青虾、罗氏虾、基围虾、龙虾等，清水蟹以中华绒螯蟹为主。2016年，全区虾蟹类产量3604吨，产值41536万元。

【太湖“三白”】 太湖“三白”即银鱼、白鱼、白虾，为中国五大淡水湖之一的太湖特产。银鱼无刺，鲜嫩爽口，主要出口到日本和东南亚国家，供应沪宁杭等大中城市高档饭店。白鱼肉质细腻，刺软。白虾壳薄，晶莹味鲜。

【茶 叶】 主要产区为雪堰、潘家、漕桥、横山桥等地的丘陵地区。以产绿茶为主，品质高的有碧螺春茶、“阳湖新月”绿茶等。潘家城湾茶场的阳湖新月牌绿茶是江苏省名牌产品，雪堰牌碧螺春茶为中国名牌产品。2016年，全区茶园面积192.73公顷，茶叶产量183吨。

【水蜜桃】 主要产区为洛阳、雪堰、潘家、漕桥等地。雪堰、潘家两地在民国时期种植水蜜桃，色润汁丰，口感甜爽，因地近无锡被称为“无锡水蜜桃”。2016年，全区桃园面积2097.93公顷，桃产量31299吨。

【葡 萄】 全区各地普遍种植葡萄，主要产区为洛阳、礼嘉等地。在推广种植“巨峰”“藤稔”等丰产品种的同时，引进种植“夏黑”“黑峰”等新品种，果肉坚实味甜。2016年，全区葡萄种植面积2016.8公顷，产量42296吨。

【农家招牌菜和特色菜】 招牌菜：寨桥老鹅、焦店扣肉、湟里牛肉、横山百页、黄天荡大闸蟹、雪山草鸡、芙蓉鲜螺、常州萝卜干、尊龙酱鸭、太湖银鱼。

特色菜：太湖白鱼、年洪羊肉、阿兴鸭头、名贵甲鱼、横山板鸡、戴溪青鱼、泰村鱼圆、长渔黄鳝。

（方 志）

经 济 建 设

【经济总量】 2016年，武进区面对严峻复杂的宏观形势，深入践行“创新、协调、绿色、开放、共享”五大发展理念，扎实推进产业转型升级、产城融合发展、生态文明提速、改革创新攻坚“四大战役”，有效保持经济社会稳中有进、进中向好的发展态势，成功实现“十三五”

规划发展的精彩开篇。主要经济指标保持稳定增长，全年完成地区生产总值1968.99亿元，按可比价增长8%；完成一般公共预算收入147.52亿元，增长5.1%；完成规模以上工业总产值4672.37亿元，增长7.1%；完成固定资产投资1029.41亿元，增长6%；完成进出口总额94.77亿美元，增长1.2%。武进区实现连续四年获得“中国中小城市综合实力百强区”第三名，连续八届蝉联“中国最具投资潜力中小城市百强区”第一名。

【农　业】 2016年，武进区围绕率先实现农业现代化的总体目标，以“建设国家现代农业示范区”为抓手，调优农业产业结构，促进农业“生产、生活、生态”功能拓展和农村“一二三产业”融合发展。全年新增高标准农田866.67公顷、高效农业面积226.55公顷、设施农业面积189.07公顷，分别累计2.03万公顷、2.58万公顷、6446.67公顷；引进农业生产新品种30个，成功申报市级名优农产品1个，年末拥有市级名优农产品33个；新增无公害农产品、绿色食品、有机农产品（简称“三品”）26个，其中无公害农产品15个、绿色食品11个，累计“三品”203个，“三品”种植面积占全区农业种植面积的72%。农业产业化稳步推进，年末全区市级及以上农业科技示范园区14个，其中省级以上示范园区1个；新增市级农业龙头企业5家、区级4家，有市级及以上重点农业龙头企业26家；39家区级以上农业龙头企业实现销售额超300亿元，增长8.4%，农产品电商交易额超过4.5亿元。年末全区农机总动力达26.44万千瓦，农业综合机械化水平保持在90%以上。全区农业总产值68.63亿元，增长3.75%。

【工　业】 2016年，武进区加快产业转型升级步伐，深入开展工业企业效益综合评价，建立“高进低退、扶优扶强”机制，推进企业提质增效、转型发展。全区规模以上列统工业企业1596家，完成工业总产值4672.37亿元，增长7.1%；实现主营业务收入4925.17亿元，增长8.1%；实现利税总额439.09亿元，其中利润总额278.64亿元，分别增长12.4%、16%。规模以上工业中，十大产业链（轨道交通产业链、汽车及零部件产业链、农机和工程机械产业链、太阳能光伏产业链、碳材料产业链、新医药产业链、新光源产业链、通用航空产业链、智能电网产业链、智能数控和机器人产业链）企业完成产值1251.12亿元，增长2.9%，占规模以上工业总产值的比重26.8%；电气、电子、纺织、化学、冶金、机械、金属制品七大支柱产业完成产值4202.54亿元，增长7.0%。其中，电气、电子工业增长较快，分别增长15.4%和15.2%，纺织、化学、冶金、机械、金属制品业增幅依次是9.9%、5.8%、4.6%、2.0%和1.6%。省标战略性新兴产业（新能源、新材料、生物技术和新医药、节能环保、新一代信息技术和软件、高端装备制造、新能源汽车、智能电网、海洋工程装备9类）产值、高新技术产业产值占规模以上工业总产值的比重分别达31.4%和45.2%。90家转型升级重点工业企业完成产值2840亿元。年内，新增工信部两化融合管理体系贯标试点企业2家，累计5家。中车戚墅堰机车车辆工艺研究所有限公司承担的“高铁列车高可靠性齿轮传动系统研发及产业化”项目获得中国工业大奖。常州快克锡焊股份有限公司、常州神力电机股份有限公司在上交所主板上市，南方通信控股有限公司在香港联交所上市，14家企业登陆全国中小企业股份转让系统有限责任公司（简称“新三板”），21家企业完成股份制改造。

【服务业】 2016年，武进区统筹推进“稳增长、促转型、惠民生”等各项工作，推动商贸流通健康发展、民生工程落到实处。“汽车下乡”“保供促销”等活动社会反馈效益良好，“万村千乡”工程初具体系，商圈集聚效应凸显，肉菜追溯体系初见成效，市场总体保持繁荣稳定。全年实现社会消费品零售总额530.73亿元，增长10.6%。其中限额以上企业实现社会消费品零售额295.48亿元，增长9.4%。在零售总额中，汽车类商品零售额200.11亿元，增长11%。受电子商务等因素冲击，传统商业超市企业零售继续下滑。全区限额以上商场和超市实现零售额14.94亿元，下降20.5%。亿元以上市场（含汽车城）实现成交额794.12亿元，增长6.7%。超百亿的市场3家，湖塘纺织城成交额超200亿元，夏溪花木市场和武进汽车城成交额均超150亿元。发展电子商务，新增江苏省电子商务统计直报系统52家，其中重点电商应用企业45家；新增电商平台企业（自建或第三方）4家，累计19家。全年全区电商交易额928亿元，电商零售额59亿元，分别增长31.6%、37.2%。横林镇、雪堰镇分别获评首批、第二批省电子商务示范镇，横山桥镇省庄村获评省农村电子商务示范村。

发展旅游经济，推进旅游重点项目建设。高新区园中园、江苏武进太湖湾嬉戏谷生态露营基地（一期）、中华孝道园妙音宝塔、龙凤谷生态旅游4个市旅游重点项目，完成年度总投资4.2亿元；国家智慧旅游公共服务平台、嬉戏谷生态露营基地、太湖湾度假区乡村游、环太湖景观提升工程、龙凤谷滑雪场5个区重点项目，完成年度总投资3.6亿元。实施区供给侧结构性改革补短板重大项目3个，分别是武进太湖湾接待能力提升工程、国家智慧旅游公共服务平台、淹城旅游区创国家AAAAA级旅游区景区改造提升工程。春秋淹城旅游区通过国家AAAAA级旅游景区初评，太湖湾旅游度假区在全省省级旅游度假区综合排名第一。武进旅游公共服务中心建成投运。全年完成旅游接待1700万人次，实现旅游总收入207亿元，分别增长8.4%、10%。

房地产开发完成投资120.18亿元，下降24.5%。全区商品房施工面积1186.28万平方米，下降10.8%。其中，年内新开工面积133.30万平方米，与上年持平。全年商品房销售面积272.11万平方米，增长19.8%。其中，住宅销售面积236.94万平方米，增长20.5%。年末商品房待售面积111.55万平方米，下降27.7%。

【开放型经济】 2016年，武进利用外资及港澳台资总体向好。全年新增外资及港澳台资项目100个，其中新设项目68个、增资项目32个，协议注册外资及港澳台资14.08亿美元，实际到账外资及港澳台资8.5亿美元，分别增长11.2%、15.3%。新增协议注册外资及港澳台资超3000万美元项目17个，协议注册外资及港澳台资13.06亿美元，占全区的92.7%。其中，总投资超亿美元项目10个。制造业利用外资及港澳台资取得重大突破，一期总投资4.5亿美元、注册资本1.5

亿美元的瑞声金属射频模组项目落户武进高新区。对外贸易逆势增长，全年外贸进出口总额94.77亿美元，其中出口总额68.36亿美元，分别增长1.2%、1.3%。外经合作稳步推进。全年完成新签外经合同额1.5亿美元，外经营业额6500万美元，分别增长70%、56%；核准境外投资项目（含增资）42个，比上年增加16个；完成服务外包合同额24467万美元，服务外包执行额23206万美元，分别增长41%、43%；新增注册服务外包企业25家，累计195家。

【开发区建设】 2016年，常州经开区实施加快发展三年行动计划，重点发展先进轨道交通装备、新型特种材料、智能电力装备三大主导产业，提升发展绿色家居、绿色电机和绿色能源三大绿色产业，改善发展面貌，优化发展环境，实现综合实力稳中有升。武进高新区综合实力、承载能力提升，形成"高端装备、节能环保、电子信息、轨道交通"四大主导产业和"机器人、智能汽车"两张产业名片的格局，电子信息产业被认定为国家新型工业化示范基地，机器人产业被认定为省级高端装备特色产业基地，新光源产业成为省级特色产业集群，园区获批省级智能用电示范园区；瑞声金属射频模组、车和家新能源汽车、创辉医疗器械等重大项目开工建设，西门子电机、大陆汽车内饰材料、纳博特斯克精密减速机等项目建成投产；北汽新能源常州高端产业基地首辆纯电动汽车下线，安川（中国）机器人有限公司第1万台机器人下线；全年完成协议注册外资及港澳台资10.36亿美元，实际到账外资及港澳台资5.5亿美元。西太湖科技产业园抢抓省级高新区获批机遇，石墨烯产业、健康产业、互联网产业、文化旅游产业和中以合作的"4+1"特色产业持续发展，苏澳合作园区成功落户，海峡两岸健康产业合作全面推进；开工建设区级以上重点项目26个，开工率达96.3%；全年完成协议注册外资及港澳台资2.8亿美元，到账外资及港澳台资2亿美元。武进绿建区集聚绿色建筑科研机构、设计机构、检测认证机构，以及绿色智造业、商贸服务企业，新增注册企业超100家，美国诺森建筑一期厂房建成投运，格瑞力德空调华东研发生产基地项目一期厂房钢结构主体完工，研砼治筑装配式建筑生产基地项目车间主体基本完成，美国贝赛尔中国产业基地项目全面开工，江苏省绿建产业技术研究院组建落户。

（方　志）

政治建设

【人民代表大会制度建设】 2016年，武进区召开第十五届人民代表大会第五次会议，听取和审议政府工作报告、国民经济和社会发展第十三个五年规划纲要（草案）、2015年国民经济和社会发展计划执行情况及2016年计划安排的报告、2015年财政预算执行情况和2016年财政预算安排意见的报告、人大常委会工作报告、法院工作报告、检察院工作报告，并通过相应决议；选举区政府区长、区人大常务委员会主任、区人大常务委员会委员、区法院院长；设立区人大财政经济委员会、法制委员会。区十五届人大常委会召开常委会会议13次，听取和审议"一府两院"（政府、法院、检察院）专项工作报告40项，作出决议、决定17项，任免国家机关工作人员274人次，其中任命副区长4人。开展代表建议意见督办、执法检查工作和调研视察活动，完成区、镇人大换届选举工作，全力助推全区经济社会建设和法治武进建设。

【协商民主制度建设】 2016年，武进区政协召开第十三届委员会第五次会议，审议并通过区政协常委会工作报告、提案工作报告。开展政协专题调研，形成《关于探索"多规合一"优化我区空间规划体系的研究和建议》《关于推进全区工业企业效益综合评价体系建设的思考和建议》。督办政协提案，由区政协领导分工牵头、重点督办《关于加快我区生态绿城建设步伐的建议》等10个专题16件提案。围绕重点项目推进、创新驱动战略实施、城乡一体化建设、为民办实事项目落实情况等课题开展专题视察活动6次，组织"推进绿色发展"专题协商议政、教育及医疗问题听政议政，积极为全区经济发展谋略造势，为民生幸福献计出力，为社会和谐凝心聚力。

【法治和平安建设】 2016年，全区实施"法治为民办实事"工程，涉及"透明市场建设"等10个方面内容。加大新环保法执行力度，武进港、太滆运河、漕桥河3条入太湖河道水质综合污染指数均实现下降。设立公益律师服务岗，50名公益律师轮班入驻诉讼服务中心，为当事人提供法律咨询、诉讼指导等服务。制定施行《武进区律师参与化解和代理涉法涉诉信访案件实施办法》，规范执法司法环节。加强司法监督，开展法院行政诉讼案件办理情况、检察院司法监督办理情况、公安分局落实国家有关户籍管理制度改革情况、司法局乡镇司法所调解案件办理情况等案例评查，通报、整改问题。区委政法委联合区人大内司委、纪委（监察局）、政府法制办对11家单位开展行政诉讼法执行情况专项督查评议。加强法治宣传，建成法治文化阵地43个，镇、村两级法治文化阵地建设覆盖率分别达100%、87%。服务大局，深入开展"平安护企"等行动，积极构建新型政商关系。维护稳定，健全矛盾纠纷多元化解机制，化解各类社会矛盾，调处率和调解成功率分别达100%和99%。打防结合，探索建立武装巡逻等巡防工作机制，推行常态化清理清查工作模式，提升社会面见警率、管事率和抓获率。创新推进"平安卡"工程建设，新建智能门禁系统48套，实现管住人、控住案、打击准、采集全、服务好的工作目标。整治社会治安重点地区和突出治安问题21个，社会治安秩序明显好转。武进区再次获评"全省综治工作先进集体""全省法治创建示范（先进）区"，第12次获评"全省平安区"。

（方　志）

文化建设

【武进区第四届市民艺术节】 9月4日在淹城东广场隆重开幕，10月8日在新天地水上舞台顺利闭幕。该届艺术节由区委、区政府主办，区委办、区政府办、区委宣传部、区教育局、区文广新局、区总工会、区文联组成艺术节组委会，围绕"日出阳湖、风雅江南"的主题，开展包括展演、比赛、展示和阅读推广等40项文化活动，全面展示全区群众文化建设成果。区文化馆组织文化惠民活动，展示国家级非遗项目象牙浅刻、省级非遗项目红木浅刻以及横山桥百叶、湖塘剪纸等非遗静态类项目，展演调龙灯、阳湖拳、舞青狮等非遗动态类项目；利用新馆小剧场，于9月5日至10月7日推出戏曲团队展演25场。区文广新局联合区教育局举办教育名师回报社会专场讲座3场，收获良好社会效益。第二届武进国际藏书票博览交流会、“阳湖书韵”青少年书法精品展、“江南农村商业银行杯”农民工技能展示、歌手大赛，以及武进区中小学生器乐比赛等陆续举行。全区镇（街道）组织16支舞蹈队伍参加“美好武进舞起来”广场舞蹈大赛，湖塘镇舞蹈队夺得冠军。各镇（街道）、开发区实施业余群众文化团队展演、锡剧折子戏专场巡演，在全区各地演出近50场，观众达5万人次。

【省公共文化服务体系示范区创建】 2016年，武进区配合常州市创建江苏省公共文化服务体系示范区，开展公共文化服务、文化遗产保护、文艺精品生产、文化产业发展等工作，成功举办第四届市民艺术节，完成第一次全国可移动文物普查工作并建立电子数据档案，组织周末文艺汇演33场，开展送综艺节目下乡、送戏下乡400场，在全区各地免费放映电影3360场。区博物馆、文化馆、图书馆、名人馆和晓园艺术馆等公益性文化设施全年免费开放，接待观众85.4万人次，开展流动图书惠民服务活动122次。广播剧《“这是最后的斗争”恽代英1930—1931》获“第十六届中国广播剧研究会广播剧专家奖连续剧金奖”，在省级及以上发表、获奖文艺作品56件。

（方　志）

社会建设

【城镇建设】 2016年，武进区发展战略规划、环滆湖地区总体规划和各镇总体规划、控制性详细规划编制完成。推进城市建设，新增市政道路通车里程6.1千米、绿道13.7千米、路灯252套，莱蒙城基本建成，星河国际、路劲城、新城帝景、红星国际广场等楼盘在建开发。年末，中心城区绿化养护面积250万平方米，路政养护面积800万平方米，公园绿地养护总数12处。轨道交通武进段站点主体结构全面封顶，城区公共自行车出行系统高效运营，建成公交站棚60个。沿江城际铁路、苏锡常南部高速、常宜高速等重大交通基础设施前期工作进展顺利，新沟河、永安河、新孟河等重大水利工程稳步实施，运河“四改三”、机厂河水利枢纽等工程投入使用。新增自来水用户4.42万户，用户总数44.2万户。全区自来水供水量15714万立方米，售水量14087万立方米。新建污水主管网长度40千米，累计1309千米。城区生活污水集中处理率98.2%，集镇区生活污水处理率85.4%。新增天然气管线长度320.66千米，累计3283千米。天然气销售量4.23亿立方米，其中居民用气0.74亿立方米，分别增长22%、12%，年末天然气用户33万余户。220千伏丫河、顺通输变电工程及其配套110千伏线路送出工程和110千伏太滆变主变扩建工程等8项输变电项目建成投运。全社会用电量170.65亿千瓦时，其中工业用电量144.34亿千瓦时，分别下降0.5%、0.8%。长沟河公园一期、牛塘中心公园建成开放，新增公共区域免费Wi-Fi5个。完成房屋征迁签约面积近300万平方米，改造老旧小区面积11.1万平方米。开展美丽乡村示范村创建，雪堰镇南山村、横山桥镇东城湾村通过第二批市级美丽乡村验收。前黄镇杨桥村传统村落保护列入2016年度中央财政支持范围，雪堰镇城西回民村入选江苏省传统村落保护名录，雪堰镇周桥村入选省级康居乡村。开展高架沿线、物料堆场等专项整治，整治户外广告面积6.2万平方米，资源化处置建筑装潢垃圾8.2万吨，城区环卫机械化作业率达95%。

【改革创新】 参见《特载》栏目P3“改革创新攻坚战役”内容。

【教　育】 2016年，武进区设普通中学43所（其中高级中学和完全中学10所），小学48所，幼儿园71所，社区教育中心16所，特殊教育学校1所。全区中、小学（含职中，下同）在校生14.78万人；中、小学专任教师7991人。年内普通中学有5107名中学毕业生被各类大专院校录取，高考录取率97.2%，其中高考本科录取率达90.6%；初中毕业生升学率达99.1%；学龄儿童入学率达100%。新建和翻建教学用房竣工面积3.77万平方米，新建学校2所。全年共有52.6万人次接受从业人员继续教育。武进区获全国青少年“依法治国”读书教育活动特别奖、江苏省中小学校责任督学挂牌督导创新县（市、区）称号。

【卫　生】 2016年，武进区区域病理诊断中心建设完成，乡村医生签约服务试点扎实推进，镇卫生院全部实行医联体运作模式，计生管理服务明显优化。年末全区有医疗卫生机构344个，其中区级医院3个。拥有医疗床位4192张，有医疗卫生技术人员6512人。年内各类传染病总发病率105/10万，儿童规划免疫疫苗接种率98%，孕产妇系统管理率97.3%，3岁、7岁以下儿童保健管理率分别为98.0%和97.3%，爱婴医院巩固成果抽查合格率100%。武进区创成江苏省妇幼健康优质服务示范区、江苏省“十二五”人口协调发展先进区。

新天地公园　　摄影／高岷

【体 育】 2016年，武进区推进城乡一体“十分钟健身圈”提档升级工程，新(改、扩)建村(社区)体育健身工程30个，新增健身体育场地面积7.8万平方米，学校场地开放率达97.5%。成功举办第七届环太湖国际公路自行车赛、2016年国际龙舟联合会世界杯赛、2016年全国女子曲棍球锦标赛等国际国内赛事。武进籍运动员赵帅获第三十一届巴西里约奥运会跆拳道58公斤级冠军，实现武进奥运金牌零的突破。武进区获“江苏省县级体育工作先进单位”“国家体育产业基地”称号。

【人民生活】 2016年，全区新增就业岗位9.2万个，城镇新增就业2.56万人；下岗失业人员再就业1.17万人，其中就业困难对象再就业1700多人；城镇登记失业率1.92%；新增农村劳动力转移就业3100人。社会保障覆盖面进一步扩大，养老、医疗、失业三大保险综合覆盖率保持在98.8%以上。企业职工养老、医疗、失业、工伤、生育五项保险分别净增1.41万人、1.31万人、1.28万人、2.40万人和1.24万人，五项保险参保总人数分别达37.63万人、52.77万人、32.39万人、32.93万人和32.92万人。新增公共租赁住房家庭79户，年内发放租金补贴228.59万元。年末有627户家庭享受低收入公共租赁住房保障政策。新增经济适用房货币补贴家庭15户。加强社会救助，最低生活保障由620元/月提高到730元/月，全年发放居民最低生活保障金2533万元，享受保障户数3070户，惠及4581人。发展慈善事业，区慈善基金达10.65亿元，全年发放慈善救助金3500余万元，受益群众1.2万人次。完善养老服务，全区有各类福利机构20个，床位数7825张，在院人数2267人，每千名老人拥有养老床位数56张。城乡居民人均可支配收入38809元，增长8.2%。按常住地分，城镇居民人均可支配收入48203元，农村居民人均可支配收入25392元，分别增长7.7%、7.9%。

（方 志）

生态文明建设

【环境质量】 (1)水环境质量。2016年，据监测统计，武进港、太滆运河、漕桥河3条入湖河道水质均为Ⅳ类水，综合污染指数分别下降11.0%、3.6%、10.9%。对照2020年考核要求，武进港与漕桥河提前达标，太滆运河总氮超出4.0毫克/升。根据省水质自动站平台数据统计，全区有太湖流域考核断面（卫东站停运）9个，达标断面有雅浦、姚巷、圩墩、五牧4个，无劣Ⅴ类断面，水质总体趋好转。根据市水质监测中心统计，武进区“水十条”考核3个国考断面、9个省考断面全部达标。(2)环境空气质量。全区环境空气质量优良天数244天，比上年增加13天；全年优良率66.7%，比上年增加1.5个百分点。其中，武进站空气优良率67.6%，增加2.7个百分点；常州经开区空气优良率63.6%，下降0.4个百分点。对照考核要求，全区总体达标。

【生态文明提速战役】 参见《特载》栏目P2。

（方 志）

武进区领导人名录

（2016.4.1—2017.3.31）

中共武进区委员会

书 记 周 斌（—2016.6）
史志军（2016.6任）
副书记 戴士福
董彩凤※（—2016.6）
顾伟国（2016.7任）
叶明华（2016.9任）
常 委 （书记、副书记在常委中不重复列名）
华 飞 孙全才 郑政平
杨国成 徐 萍※
陆秋明（2016.6任）
石旭涌（2016.6任）
荆浩良（2016.6任）
江建文（—2016.6）
单骏初（—2016.6）
刘亦鸣（—2016.6）
崔 娟※（—2016.5）

武进区人大常委会

主 任 臧建中
副主任 陈 虎
陆惠根（—2017.1）
张 美※
郭志贤（—2017.1）
朱建康（—2017.1）
蒋国强（2017.1任）
蒋红英※（2017.1任）

武进区人民政府

区 长 戴士福
副区长 顾伟国（—2016.7）
陆秋明（2016.7任）
郑政平（—2016.7）
陆雅芬※（—2017.1）
谢国正（—2016.7）
石旭涌（—2016.7）
张 强（2016.12任）
薛建忠 是 峰
刘志峰（2017.1任）
薛红霞※（2017.1任）
徐治国（2017.1任）
张小虎（2017.1任）
崔 娟※（—2016.5）
路宏伟（—2016.8）
周复宗（2016.5—2017.1）
王拥军（2016.9任）
钱文华（2016.12任）
许让磊
刘荫梅※（2016.9任）

政协武进区委员会

主 席 张建新（—2017.1）
江建文（2017.1任）
副主席 单骏初（2017.1任）
杜 强
陆雅芬※（2017.1任）
万卫新 刘云英※
江君杰（—2017.1）
王友诚（—2017.1）
王明昌（—2016.7）
蒋红英※（—2017.1）
张志朝（—2016.7）
周耀南（—2017.1）

说明：带※者为女性。

（吴 城）

（栏目编辑 万向阳）

大事记

1月

6—7日 政协常州市武进区第十三届委员会第五次会议在武进假日酒店召开。

7—9日 武进区第十五届人民代表大会第五次会议在武进假日酒店召开。戴士福当选为区人民政府区长，臧建中当选为区人大常委会主任。

8日 江苏省委书记罗志军和省人大常委会常务副主任、党组书记蒋定之一行考察武进绿建区。

12日 武进区就业创业先进表彰暨第三届优秀农民工颁奖仪式在区行政中心举行，优秀农民工、技术状元、创业新秀等90余人受到表彰。

14日 “博爱天使、大爱武进”2016年红十字博爱送万家活动启动。

16日 新华石墨烯发展研究院在西太湖科技产业园成立，旨在建设石墨烯产业生态园。

是日 江苏科标医学检测有限公司在西太湖医疗产业孵化园开业，是全市首家第三方医学检测机构。

是日 武进区森林消防专业队在雪堰镇挂牌成立。

29日 《中国共产党武进历史（1921—2002)》出版发行。

30日 常州市不动产登记交易中心武进分中心在区住建局挂牌成立。

2月

5日 武进区被中国科学技术协会评为2016—2020年全国科普示范县（市、区）。

6日 区委出台《2016年武进区改革创新攻坚战役工作要点》，确定2016年全区重点工作，要求全区各级推进行政管理体制、经济体制机制、城乡协调发展、社会事业领域、生态文明领域、党的建设制度改革。

是日 区委出台《2016年武进区产业转型升级战役工作要点》，明确2016年武进区产业协调发展的原则和目标。

是日 区委出台《2016年武进区产城融合发展战役工作要点》，要求全面启动产城融合发展战役，全力打造产城融合示范区。

14日 区委出台《2016年武进区生态文明提速战役工作要点》，要求全区各级推进生态文明提速战役，健全完善生态文明建设体制机制，实现低碳绿色发展，全力创建国家生态文明建设示范区。

16日 区委、区政府在区行政中心召开“重大项目推进年”暨四大战役动员大会。

18日 常州市副市长方国强、武进区区长戴士福会见以色列驻华大使馆中以联合工作组公使Idit Shamir一行。

是日 区委、区政府发文表彰2015年度全区经济工作先进单位66家和先进个人66人。

21日 区港口管理处成立，与区航道管理处合署办公。

25日 2016武进—上海经贸合作活动月启动，在上海全方位宣传推介武进投资环境。

27日 江苏省省长石泰峰在武进高新区专题调研“去产能”工作。

3月

2日 武进高新区被科技部办公厅列为第二批科技服务业区域试点单位。

3日 山东省济宁市党政代表团考察武进产业转型升级、新兴产业发展、城市规划建设等工作。

7日 广西壮族自治区政府代表团考察武进石墨烯新兴产业发展情况。

是日 安川（中国）机器人有限公司第1万台机器人下线。

8日 “成功之道，武进智造”——2016常州机器人产业园投资说明会在上海举行。

9日 区委、区政府出台《关于切实做好第三次全国农业普查工作的通知》。通过查清全区农业、农村基本情况，掌握农村土地流转、农业生产、新型农业经营主体等情况。

10日　贝内克长顺生态汽车内饰材料（常州）有限公司在武进高新区投产，总投资7500万欧元。

15日　区委、区政府作出《关于表彰今创集团的决定》，分别授予今创集团及其董事长俞金坤“突出贡献企业”和“突出贡献企业家”称号。

16日　区政府出台《关于政府向社会组织转移职能的实施意见》，明确提出要进一步推进简政放权，深化行政审批制度改革，实现区级政府相关职能和工作事项向社会组织有序规范转移，提高政府公共管理和服务能力。

17日　水利部党组副书记、副部长矫勇率国家防汛抗旱总指挥部检查组检查武进区太湖流域防汛防旱防台风工作。

21日　区委、区政府出台《关于开展新一轮扶贫开发工作的实施意见》，要求相关部门通过扶贫开发建档立卡，厘清低收入农户识别标准、方法和程序，明确提出到2020年完成帮扶任务，全区所有行政村村级集体年收入超200万元。

是日　区委、区政府出台《关于创建武进区国家现代农业示范区的实施意见》，要求推进国家现代农业示范区建设，加快转变农业发展方式，提升现代农业发展水平，提出到2020年，全区高标准农田比重达到75%，高效设施农业、渔业比重分别达到20%、30%，农业综合机械化水平保持在90%以上。

22—24日　第十届（中国·横林）国际地板博览会在上海新国际博览中心举办。

23日　2016第五届长三角地区（武进）人才交流会在武进人力资源市场举行。

是日　区委、区政府出台《2016年全区农村宅基地制度改革试点工作要点》，要求相关部门全面优化武进区空间布局，统筹城乡土地利用，重点打造1～2个宅基地改革示范村。

24日　在江苏省教育工作会议上，武进区获全省首批义务教育优质均衡发展县（市、区）称号。

28日　区委、区政府出台《关于开展“重大项目推进年”活动的意见的通知》，提出全年招引重大（重点）项目250个以上的目标，计划总投资1470亿元，年度计划投资430亿元。

29日　在中以创新合作联合委员会第二次会议上，中国国务院副总理刘延东和以色列总理内塔尼亚胡共同为“中以常州创新园共建计划”揭牌。

30日　澳门特别行政区行政长官崔世安一行考察西太湖科技产业园发展情况。

是日　区政府出台《武进区“青年大学生创业”三年行动计划（2016—2018）》，明确创业项目资助和奖励政策，提出三年内扶持大学生创业1200人以上、带动就业3000人以上的计划。

4月

6日　武进智慧农业研究院揭牌，成为全省首家智慧农业研究机构。

6—7日　全国工商联副主席杨启儒一行调研碳元科技股份有限公司、湖塘镇商会和国茂减速机集团有限公司。

7日　江苏省委书记罗志军、省长石泰峰带领全省推进供给侧结构性改革工作会议代表，考察武进高新区和绿建区。

是日　全国公共体育服务体系现场推进会代表考察洛阳镇岑村村的农民体育健身工程。

8日　圣戈班集团在江苏省绿色建筑博览园举行全国首座多功能舒适建筑揭幕仪式。

11日　德国高新绿项目投资峰会在武进区举行，19家德国高科技企业与中国企业、资本对接。

是日　江苏省第七届全民健身运动会启动仪式在横山桥镇五一村老年活动中心举行。

13日　在江苏省“全国中小学责任督学挂牌督导创新县（市、区）”通评工作会议上，武进区获江苏省中小学责任督学挂牌督导创新县（市、区）称号。

是日　瑞声（中国）投资有限公司、新誉集团有限公司2家企业，以及中天钢铁集团有限公司董事局主席董才平、今创集团股份有限公司董事长俞金坤、江苏恒立液压股份有限公司董事长汪立平3位企业家，分别被江苏省委、省政府表彰为江苏省优秀企业和江苏省优秀企业家。

21日　武进区司法局北区司法所揭牌，是全市第一个由区司法局垂直管理的司法所。

26日　苏澳合作园区联合筹建组澳方组成人员考察武进区雅集园、石墨烯科技产业展示馆和金东方颐养园。

是日　中以常州创新园知识产权服务中心在中以常州创新园以色列中心开业，设知识产权服务大厅、服务机构集中办公区、审判庭、合议庭，在全市率先实现商标、专利、版权的“三合一”保护。

27日　区委、区政府作出《关于表彰武进区“第二届慈善事业突出贡献奖”和武进区“第二届慈善事业最具爱心奉献奖”的决定》，表彰“武进区第二届慈善事业突出贡献奖”45人、“武进区第二届慈善事业最具爱心奉献奖”114人。

29日　区委、区政府作出《关于表彰江南集团的决定》，分别授予江南集团及其董事长梅泽锋“突出贡献企业”和“突出贡献企业家”称号。

5 月

4 日 《共青团武进志（1926—2014）》出版。

4—5 日 区委书记周斌带领党政企代表团在华中科技大学、武汉大学开展产学研对接活动。

8 日 武进区被国务院办公厅确定为首批大众创业、万众创新示范基地。

9 日 区委、区政府发布《武进区城乡发展一体化“十三五”规划》，提出到2020年，武进区全面完成各项改革试验任务，人均地区生产总值达到16.5万元左右，现代农业发展水平达90%，服务业占GDP比重达48%。

10 日 2016中韩智能制造技术对接交流会在武进高新区举行。

是日 健康产业展示馆在西太湖科技产业园开馆。

11 日 武进绿谷创新园被住房城乡建设部列入2016年科学技术项目计划——科技示范工程项目。

17 日 常州科教城湖塘分园在湖塘科技产业园揭牌。

18 日 武进区职工创新创业基地在湖塘科技产业园揭牌，设有职工服务中心、省级众创空间湖塘创业坊、创新创业服务中心三大功能板块。

是日 纳博特斯克（中国）精密机器有限公司投产，总投资1.45亿美元。

是日 中以创新发展基金设立，总规模100亿元，是国内首支中以基金。

19 日 2016中国—欧盟石墨烯高峰论坛在武进区举行，主题为“促进石墨烯应用研究及产业发展”。

是日 2016中国（常州）轨道交通产业国际技术对接交流会在常州经开区举行。

是日 中国（嬉乐湾）航天育种示范基地、中国（嬉乐湾）青少年航天科普教育基地揭牌。

是日 国务院发展研究中心调研组一行调研武进区农村改革工作。

20 日 西太湖跨境电商产业园揭牌成立，江苏佳特美信息科技有限公司等12家企业签约入驻。

25 日 常州市生产力促进中心经开区分中心揭牌成立，江苏中科院智能科学技术应用研究院等17家科技服务机构签约入驻。

26 日 武进区被中宣部、司法部评为“2011—2015年全国法治宣传教育先进县（市、区）”。

28 日 中俄科技产业园落户牛塘镇，总占地面积3.5公顷，是江苏省首家对俄国际合作基地。

是日 淘宝·特色中国常州馆在淹城常乐坊开馆。

6 月

13 日 武进区武术培训中心在区全民健身中心挂牌成立。

14 日 江苏省副省长张雷调研中以常州创新园和苏澳合作园区项目。

16 日 武进区通过全国妇女儿童“两纲”中期评估督导。

是日 区政府出台《关于开展综合行政执法体制改革试点工作的实施意见》，部署部门和区域联合执法改革试点工作，要求通过横向融合内部或相近职能，归并执法队伍，重点解决多头执法问题。

20 日 河南省许昌市党政代表团在武进考察石墨烯科技产业展示馆、碳元科技股份有限公司、江苏省绿色建筑博览园和恒立高压油缸股份有限公司。

是日 常州瑞丰特科技有限公司低温等离子体辅助卷对卷石墨烯薄膜连续生产线投产。

23 日 第八届中国房地产科学发展论坛暨第三届中美房地产高峰论坛在武进区举行。

是日 国务院发展研究中心副主任、党组成员王一鸣调研武进绿建区。

28 日 前黄镇君辰、礼嘉镇建东和何墅、雪堰镇旺庄4个农业服务专业合作社分别与中国人保财险武进支公司签订水稻收入保险协议，全国水稻目标收入保险第一单在武进产生。

29 日 《武进历史文化丛书》合集10册在区行政中心首发。

7 月

5 日 北京西门子汽车电驱动系统（常州）有限公司投产，总投资3.7亿元。

8—10 日 2016国际家庭花卉园艺展览会在夏溪花木市场举办。

12 日 《新华（常州）全球石墨烯指数报告（2016）》在西太湖科技产业园发布。

是日 李公朴生平事迹展览馆开馆。

15 日 中共常州市武进区第十一届委员会第十三次全体会议召开。

16 日 2016“花都水城·浪漫武进”旅游节开幕。

是日 武进旅游公共服务中心揭牌。

25—27 日 中国共产党常州市武进区第十二次代表大会在武进假日酒店召开。27日，中共武进区第十二届委员会举行第一次全体会议，选举史志军为区委书记，戴士福、顾伟国为区委副书记。

28 日 江苏省委书记李强在武进考察中国石墨烯科技产业展示馆。

29日　溧阳市委书记蒋锋、市长徐华勤率溧阳市党政代表团一行参观考察武进区经济社会发展情况。

8月

4日　中国人民解放军江苏省军区司令员李大清视察武进区征兵工作。

5日　江苏（常州）西太湖影视产业基地开园，一期占地面积20公顷，投资8亿元。

6日　星河国际风情广场暨麦德龙武进商场开业，建筑面积约8万平方米，是常州首家儿童主题购物中心。

是日　2016年国际艾美奖半决赛中国区评选活动在西太湖影视产业基地举行，国内10多家著名影视公司的董事长、CEO，著名导演、制片人、演员等近300余人出席。

7日　2016全国产业与金融创新大会在武进区召开。

8日　"爱莲杯"全球诗词联大赛暨全国第三届中小学生楹联大赛总决赛在横林初级中学举行。

9—10日　中国林业科学研究院党组书记、副院长叶智率领国家森林城市考核验收组，现场考核验收武进区创建国家森林城市工作。

10日　区委、区政府出台《关于推进供给侧结构性改革的实施意见》，提出实施基础设施、民生保障、公共服务、脱贫攻坚、现代农业五大领域"补短板专项工程"，重点推进109个重大项目，总投资933亿元，其中"十三五"期间投资763亿元，2016年投资129亿元。

是日　车和家新能源汽车制造基地项目在武进高新区奠基开工，占地面积50公顷，总投资50亿元。

12—13日　第四届江苏科技创业大赛先进制造行业赛在武进高新区举行。

15日　区委、区政府作出《关于表彰2014—2015年度全区"有突出贡献科技人员"和"优秀专业技术工作者"的决定》，表彰有突出贡献科技人员6名和优秀专业技术工作者45名。

是日　武进区被国家标准化管理委员会评为国家畜禽产业综合标准化示范区。

是日　2016全国建筑垃圾资源化利用工艺技术及装备研讨会暨2016中国砂石协会再生骨料分会年会在武进绿建区召开。

16日　江苏省人大常委会副主任赵鹏率领执法检查组调研武进区《江苏省太湖水污染防治条例》实施情况。

18日　武进籍运动员赵帅在里约奥运会跆拳道男子58公斤级比赛中获得冠军。

20—21日　2016第三届中国·常州（亚洲区）国际体育舞蹈公开赛总决赛在武进体育馆举行。

21日　香港新华集团董事会主席蔡冠深考察武进区，应邀担任中以常州创新园首席顾问。

25日　首台EPS无刷电机在日本凯宇汽车电器（江苏）有限公司生产车间内下线。

30日　2016年常州太湖湾农渔生态美食节暨雪堰太滆开湖节在雪堰镇太滆村水产品交易市场举行。

9月

1日　武进广播电视台创作的广播连续剧《"这是最后的斗争"恽代英1930—1931》获第十六届中国广播剧研究会广播剧专家奖连续剧金奖。

4日　"日出阳湖·风雅江南"武进区第四届市民艺术节在淹城东门广场开幕。该艺术节持续一个月，涵盖展演、展示、比赛等活动40余项。

6日　常州同和纺织机械制造有限公司高端智能纺纱成套装备项目在常州经开区奠基，总投资10亿元，占地面积18.9公顷，旨在打造世界一流的纺机制造基地。

7日　江苏省副省长张敬华调研武进区科技创新工作。

14日　深圳恒益大通投资控股有限公司、深圳市彤兴电子集团公司等投资的极细线路芯片载带项目签约入驻常州经开区，总投资5亿美元，用地面积20公顷。

是日　武进高新区众创服务中心启用。

是日　中共中央政治局委员、国务院副总理马凯考察西太湖科技产业园，调研石墨烯产业发展情况。

26日　区政府出台《关于加快推进我区建筑产业现代化发展的实施意见》，提出从2016年9月1日起，全区新立项的政府投资办公楼及新建住宅建筑全部采用预制叠合楼板、预制楼梯板、预制内外墙板"预制三板"设计建造，至2016年年底，全区建筑产业现代化方式施工的建筑面积占新开工建筑面积比例达6%。

27日　江苏省绿色建筑产业技术研究院在武进绿建区揭牌成立。

28日　第四届中国国际骨科、生物材料产业与投资峰会在武进区举行。

29日　瑞声精密组件（常州）有限公司金属结构件及模组项目开工建设，总投资10亿美元。

是月　武进区被国家发展改革委批准为产城融合示范区，是苏南首个国家级产城融合示范区。

10月

9日　武进区被江苏省卫计委评为江苏省妇幼健康优质服务示范县（市、区）。

11—12日　2016常州·长三角智造峰会暨高工机器人产业洽谈会在武进区举行。

14 日 第 31 届中国冷链物流万里行活动暨 2016 中国冷库产业大会在武进区举行。

17 日 江海相连——江苏澳门书画作品展在西太湖美术馆开幕。

是日 《武进辞典》发行。该书是武进第一部兼有地方简志性质的百科全书式工具书。

21 日 江苏省政府与澳门特别行政区政府在澳门签订关于联合筹建苏澳合作园区的备忘录，共同决定在西太湖合作开发建设苏澳合作园区。

21—23 日 2016 中国（夏溪）花木节在夏溪花木市场举行。

22—23 日 2016 国际龙舟联合会世界杯赛在武进区举行。

23 日 中欧人工湿地技术研发中心在武进高新区揭牌成立。

24 日 浙江省永康市党政企代表团考察武进区先进制造业培育及发展等情况。

是日 葡语国家城市联盟秘书长维多·拉马略带领葡语国家城市联盟代表团，考察武进城市规划展览馆、中国石墨烯科技产业展示馆、“12301”国家智慧旅游公共服务平台等。

11 月

7 日 武进区被中国中小城市发展委员会评为 2016 年度中国中小城市综合实力百强区第三名和中国最具投资潜力中小城市百强区第一名。

8 日 江苏省委常委、副省长杨岳专题调研武进区国土工作。

11 日 2016 第七届环太湖国际公路自行车赛“西太湖杯”武进春秋淹城—西太湖赛段开赛。

13 日 2016 常州武进西太湖国际半程马拉松在西太湖畔举行。

23 日 常州友晟电子有限公司自主研发教学级护眼照明智能声光场景应用系统被工业和信息化部、工商总局等单位评为 2016 中国企业社会责任奖。

28 日 国家发展改革委副主任胡祖才一行考察遥观镇今创集团、宋剑湖生态湿地等特色产业发展情况。

30 日 区凤凰谷青少年服务中心被共青团中央办公厅命名为首批全国示范性“青年之家”综合服务平台。

是月 油灯博物馆在中国花博园雅集园内开馆试运营。

12 月

1 日 云南省玉溪市政府代表团考察武进区国家智慧旅游公共服务平台、西太湖科技产业园等地。

是日 武进区现代民政示范区创建工作通过江苏省民政厅考评组验收。

2 日 江苏省省长石泰峰在武进高新区考察瑞声科技控股有限公司。

7 日 常州市武进五洋纺织机械有限公司、江苏海鸥冷却塔股份有限公司分别被工业和信息化部评为全国首批制造业单项冠军示范企业和培育企业。

7—9 日 常州市副市长、武进区委书记史志军率领武进经贸考察团在中国台湾开展经贸交流活动。

11 日 中车戚墅堰机车车辆工艺研究所有限公司承担的“高铁列车高可靠性齿轮传动系统研发及产业化”项目获得第四届中国工业大奖。

15 日 中国以色列先进制造业（常州）技术对接会召开，有针对性地解决常州制造企业技术难题和引进国外先进技术项目的需求。

17 日 武进区首家 24 小时自助图书馆——阳湖书房在武进新天地运行。

19 日 江苏省副省长张雷专题调研武进区推进苏澳合作园区建设情况。

20 日 宜兴市委书记沈建、市长张立军率领党政代表团考察武进区。

是日 武进区通过江苏省绿色建筑示范区验收。

是日 湖塘镇在 2016 年全国纺织产业集群复评工作总结会议上获“中国织造名镇”称号。

是日 区政府出台《关于深入推进城乡建设用地增减挂钩整治工作的实施意见》，明确城乡建设用地增减挂钩整治工作的主题和原则，提出至“十三五”规划末期，累计完成 400 公顷增减挂钩项目的拆旧复垦任务，推进基本农田集中连片建设。

22 日 武进区双创示范基地建设接受国家级专家评估组专题评估。

是日 滆湖（西太湖）省级水利风景区创成。

27 日 区委十二届二次全体（扩大）会议在区行政中心召开，常州市副市长、武进区委书记史志军作题为《创新强区，实干富民，打好高水平全面建成小康社会攻坚战》的报告。

28 日 常州市首家区级邮政监管机构武进邮政管理局揭牌成立。

29 日 武进区被国家税务总局评为全国百佳国税地税合作县级示范区。

（栏目编辑　蒋　聆　张怡菁）

中共武进区委员会

区委重要会议

【“重大项目推进年”暨四大战役动员大会】 2016年2月16日在区行政中心召开。市领导阎立、蔡骏，区领导周斌、戴士福、臧建中、董彩凤、张建新、石旭涌、是峰、陆秋明等出席会议。常州市委书记阎立肯定武进区2015年“坚持两加战略、深化四大战役”目标，保持全区经济社会稳中有进的发展态势，为常州的发展挑了重担、增了光彩，勉励武进要定位高远争先行，挑起全市发展重任，在全市“一城一中心一区”中找准定位、当好先行军、勇做排头兵，发挥全市发展的顶梁柱作用。武进区委书记周斌就贯彻“重大项目推进年”的工作要求，部署全区“产业转型升级、产城融合发展、生态文明提速、改革创新攻坚”四大战役的各项任务。会议强调，2016年是“十三五”的开局起步之年，做好全年的工作，对整个“十三五”规划的发展至为关键。要认清使命强担当，坚持发展核心追求，突出项目主体地位，适应时代变革要求，找准薄弱明方向，把握形势增信心。会议要求各级各部门逐一对照目标，主动认领任务，全力抓好落实，锁定新目标，再上新台阶，全力以赴推进重大项目，浓厚项目建设氛围、落实板块主体责任、优化项目工作机制、提高服务保障水平；注重加减乘除并举，促进转型升级，在特色产业发展和新兴业态培育上做加法，在传统产业比重和实体经济负担上做减法，在强化创新驱动和推进资本运作上做乘法，在淘汰落后产能和去除僵尸企业上做除法；统筹联动促进产城融合，突出抓好城市建设，逐步理顺区镇关系，着力建设特色乡镇，加快打造美丽乡村；攻坚碰硬改善生态环境，抓好大气污染防治和水污染治理等重点领域，抓好环保设施欠账较多、污染企业相对集中的重点区域，抓好生态规划、环保改造、执法监管等重点环节；注重实效深化改革创新，坚决完成上级下达的重大改革任务，积极争当重点改革的先行引领，科学把握推进改革的节奏力度。落实强举措，凝聚强合力，持之以恒攻项目，齐心协力抓落实，雷厉风行快推进，努力突破重大项目、打赢“四大战役”，为实现“十三五”发展精彩开篇，加快建设“经济强、百姓富、环境美、社会文明程度高”(简称强富美高)的新武进做出更大贡献。

【中国共产党常州市武进区第十二次代表大会】 7月25—27日在武进假日酒店召开。应到会代表394名，实到会代表383名。大会审议通过常州市副市长、武进区委书记史志军代表中国共产党常州市武进区第十一届委员会所作的《践行新理念，再创新辉煌，为加快建设“强富美高”新武进而努力奋斗》的工作报告。大会深入学习中共十八大和十八届三中、四中、五中全会精神，全面总结中共武进区第十一届委员会的工作，讨论确定全区未来五年经济和社会发展的奋斗目标及推进发展的战略方针、工作举措，提出加强和改进党的建设任务及主要措施，选举产生中共武进区第十二届委员会、委员29名、候补委员6名，选举产生中共武进区纪律检查委员会、委员15名，选举出席中共常州市第十二次代表大会代表88名。大会动员全区共产党员和广大干部群众，同心同德，艰苦奋斗，牢牢把握全面从严治党新内涵新要求，努力提高党的执政能力和领导水平，

7月25日，区第十二次党代会在武进假日酒店开幕　　摄影/陆新

打响“担当有为、惠民律己”的武进党建品牌，切实为全区改革发展提供坚强保障。坚定信心，锐意进取，拼搏实干，为加快推进“经济强、百姓富、环境美、社会文明程度高”的新武进而努力奋斗，真正使“十三五”规划成为武进经济社会发展史上的又一个“黄金期”。

27日，中共武进区第十二届委员会举行第一次全体会议，选举产生中共常州市武进区第十二届委员会常委和书记、副书记。史志军、戴士福、顾伟国、华飞、孙金才、郑政平、杨国成、徐萍、陆秋明、石旭涌、荆浩良当选为区第十二届委员会常委，史志军当选为区委书记，戴士福、顾伟国当选为区委副书记。

【领导干部研讨会】 12月3日，武进区领导干部研讨会在溧阳市举行，区四套班子领导史志军、戴士福、臧建中、张建新、顾伟国等参加。会议贯彻中共十八届六中全会和省第十三次党代会精神，总结各项工作，剖析发展形势，确定武进2017年的发展主题为“创新强区，实干富民”。会议要求全区上下拿出求真务实的态度，鼓足实干之劲，勇挑担当之责，在创新中快发展，在富民上求实效，既要实力强，还要活力强；既要园区强，也要镇村强；既要个体强，更要整体强，高水平全面建成小康社会。要求全区上下做到三个“实”：目标要实，对照“挑大梁”的目标要求，对照“争一流”的工作追求，对照“补短板”的现实需求，确定2017年的工作目标基调；措施要实，落实好五个“三年行动计划”和一系列重大改革，提质增效促进产业精明增长，争先进位提升城乡精细管理，背水一战强化生态保护引领，突出标准化推进公共事业均等化，强镇富民加快特色镇建设，深化改革提升区域发展活力；保障要实，强化纪律、思想、制度、服务、环境保障，把严明纪律的要求贯穿于党的思想建设、组织建设、作风建设、反腐倡廉建设和制度建设的各个领域，重点加强和规范党内政治生活，全面落实党内监督责任，牢固树立政治意识、大局意识、核心意识、看齐意识，大力弘扬阳湖精神，积极倡导务实作风，切实强化改革创新决心。重点围绕“加压力”和“增动力”两个方面，一手抓制度完善，一手抓制度执行，使制度治党和思想建党相互贯通、相互促进，形成最大合力。全区领导干部和工作人员切实强化“店小二”意识，沉下身子主动服务，凑过身子靠前服务，多动脑子精准服务，围绕“高水平全面建成小康社会”和建设“强富美高”新武进，调动全区上下各方面的力量，共同为武进的改革发展努力奋斗。

【区委十二届二次全体（扩大）会议】 12月27日在区行政中心召开。副市长、区委书记史志军代表区委常委会作《创新强区、实干富民、打好高水平全面建成小康社会攻坚战》的报告。会议深入学习贯彻中共十八届六中全会、中央经济工作会议、省第十三次党代会和市委全会精神，回顾总结2016年的工作成绩，研究部署2017年的工作任务，动员全区各级党组织和广大党员干部，认清形势、坚定信心、创新实干、克难奋进，全力打好高水平全面建成小康社会攻坚战。会议要求全区上下紧紧围绕“创新强区，实干富民”的发展主题，牢固树立创新、协调、绿色、开放、共享的发展理念，大力实施产业创新发展、城乡精细管理、生态保护引领、教育卫生事业均等化、特色强镇建设五个三年行动计划，立足质效提升，加快补长短板，全面深化改革，坚持以党建聚合力、促发展，落实中共中央对党的建设的一系列决策部署，以改革创新精神深入推进全面从严治党，强化思想引领、纪律约束和力量支撑，推动各级党组织和广大党员干部更好地承担起团结带领全区人民高水平全面建成小康社会的历史重任，紧密团结在以习近平为核心的党中央周围，以创新精神推进强区实践，以实干作为创造富民实效，全力打好高水平全面建成小康社会攻坚战，为加快建成“强富美高”新武进、共创全区人民更加幸福美好生活做出新的更大的贡献。

（吴柯霖）

区委决策部署

【改革创新攻坚战役工作要点】 2月6日，区委出台《2016年武进区改革创新攻坚战役工作要点》。该要点深入贯彻中共十八大和十八届三中、四中、五中全会精神，坚持以中共中央总书记习近平系列重要讲话精神为指导，紧紧围绕中央、省委和市委关于全面深化改革的总体要求，按照区委十一届十一次全会的部署，紧扣全区“十三五”发展规划和“四大战役”的目标任务，确定2016年全区重点工作。要求全区各级党委、政府和各部门深入推进行政管理体制、经济体制机制和党的建设制度改革，促进社会事业、生态文明和城乡协调发展，突出问题导向，突出精准发力，突出完善制度，突出督查落实，全面加大改革力度，统筹推进改革项目，抓住重点改革攻坚，务求在重点领域和关键环节取得新的更大突破，为“践行五大理念，共创精彩开篇”提供强大动力。

【产业转型升级战役工作要点】 2月6日，区委出台《2016年武进区产业转型升级战役工作要点》。该要点贯彻落实常州市重大项目推进年活动要求，以产业协调发展为原则，以关键技术创新为动力，以特色平台载体为依托，以信息网络应用为支撑，以资源综合利用为途径，以质量效率提升为目标，切实加强龙头企业培育和重点特色产业建设，着力构建优势突出、集聚集约、竞争力强、环境友好的现代产业体系，实现“十三五”产业发展良好开端。全区2016年优化产业结构、加快转型升级、提升产业整体发展水平和核心竞争力的主要目标是：地区生产总值增长8.5%左右，规模以上工业总产值增长7%以上，到账外资8.5亿美元，服务业增加值增长10%以上，社会消费品零售总额增长10%左右，现代物流业增加值增长8%以上；三次产业协调发展，形成产业结构优化、创新能力提升、智能制造提速、企业水平提高、发展后劲增强的良好局面。

【产城融合发展战役工作要点】 2月6日，区委出台《2016年武进区产城融合发展战役工作要点》。该要点贯彻落实区委十一届十一次全体（扩大）会议精神，全面启动产城融合发展战役，全力打造产城融合示范区。全区各级要以中央城市工作会议精神为指导，以多规融合为引领，以区域协调、产城协调、城乡协调为目标，以“一中心、三片区”（“一中心”即中心城区，“三片区”即以常州经开区为主体的东部片区、以武进高新区为龙头的中南片区、以西太湖科技产业园为引擎的西部片区）为重点，启动编制全区产城融合建设规划，建立产城融合协作推进机制，加快推进重大项目建设，优化生产布局结构，推进产业转型升级，加强城乡建设管理，完善功能配套设施，改善生产生活环境，提升人居功能和人口集聚水平，全力构建产城联动、城乡一体、均衡发展、互促并进的区域发展格局。

【生态文明提速战役工作要点】 2月14日，区委出台《2016年武进区生态文明提速战役工作要点》。该要点深入贯彻落实中共十八届五中全会精神，紧紧围绕全区“十三五”规划发展总体目标，深入推进生态文明提速战役，健全完善生态文明建设体制机制，努力实现低碳绿色发展，全力创建国家生态文明建设示范区。2016年武进区生态文明提速战役工作要点涉及大气污染防治、河湖环境治理、节能减排低碳、生态空间保护等十大工程，力争2016年全区环境质量综合指数超过90分，现代化考核断面水质达到或优于Ⅲ类比例不低于上年，基本消除劣Ⅴ类水体，空气质量达标率不下降，重污染天气天数不增加，公众对环境质量满意度达到87%，完成上级下达的生态文明建设各类目标任务。

（吴柯霖）

区委重要活动

【省委书记调研武进区】 1月8日，江苏省委书记、省人大常委会主任罗志军调研武进区，先后走访国家智慧旅游公共服务平台、江苏省绿色建筑博览园和湖塘镇花东社区，对武进区的智慧旅游、绿色建筑和社区工作给予肯定。江苏省人大常委会常务副主任、党组书记蒋定之，省委常委、省委秘书长樊金龙，常州市、武进区领导阎立、费高云、俞志平、蔡骏、周斌、戴士福陪同调研。

7月28日，江苏省委书记李强调研武进区，重点考察位于西太湖科技产业园的中国石墨烯科技产业展示馆，了解石墨烯的制备方法及在武进区产业化应用的情况，与引进的专业人才亲切交谈。李强指出，新兴产业的发展既要打好平台基础，也要依托人才支撑。石墨烯产业拥有广阔的市场前景，希望武进加大研发创新力度，加强关联企业和相关人才引进，不断向石墨烯下游应用领域拓展，争取在产业发展上实现更大突破。常州市委书记阎立、市长费高云和副市长、武进区委书记史志军等领导陪同调研。

【区委理论学习中心组“两学一做”专题教育】 7月15日，区委理论学习中心组召开“两学一做”（学党章党规，学系列讲话，做合格党员）专题教育学习研讨，史志军、戴士福、臧建中、张建新、顾伟国等区四套班子全体领导出席会议。研讨活动围绕学习党章党规，带头开展弘扬“阳湖精神”大讨论，引导全区上下有效凝聚共识力量，充分激发争先斗志，为区第十二次党代会顺利召开营造团结奋进的良好氛围。副市长、区委书记史志军作重要讲话。区领导顾伟国、华飞、杨国成、徐萍、陆秋明等围绕前一阶段“两学一做”学习教育的体会，结合弘扬“阳湖精神”作交流发言。

10月26日，区委理论学习中心组举行“两学一做”第三次专题学习交流会 供稿／区委办

副市长、区委书记史志军强调“四个不忘”：要不忘忠诚誓言。每一位共产党员，都要牢记入党誓言，不断增强政治意识、大局意识、核心意识、看齐意识，始终坚定理想信念，始终牢记对党和人民事业的忠诚，始终坚守共产党人的精神追求。要不忘争先志气。牢牢锁定“在全市挑大梁、在全省当先行、在全国占前位”的工作目标，弘扬“阳湖精神”，激发争领先、当率先的斗志激情，勇于直面挑战、负重奋进，勇于攻坚克难、创新开拓，勇于比学赶超、不断超越，努力以各个条线、各个板块、各个方面的领先率先，来实现武进的新跨越，创造武进的新辉煌。要不忘为民宗旨。党的根本宗旨就是全心全意为人民服务，要牢记宗旨，把实现好、维护好、发展好群众的根本利益放在核心位置，以扎实的工作切切实实地保障和改善民生，带领群众共建共享美好幸福生活。要不忘律己之心。自觉维护党纪党规的权威性、严肃性，让之真正成为不能触碰的“高压线”、不可逾越的“警戒线”，做到心有所戒、行有所止。要自觉把党纪党规的要求转化为自身的积极追求，严守党的政治纪律和政治规矩，始终做到做官不“妄为”、有权不“任性”，守高压之线，鼓赶超之劲，开创新之路，以一流的业绩推动武进发展新的跨越。

年内，区委理论学习中心组共举行“两学一做”专题教育4次。严格按照部署要求，将专题教育融入班子学习教育和工作实际，精心谋划，扎实推进，在专题学习研讨中查摆不严不实问题，多次深入基层一线开展座谈调研，多渠道、全方位听取各方对区委常委会的意见建议。

（吴柯霖）

纪检监察

【概况】 2016年，区纪检监察机关主动对标看齐，全面履行党章赋予的职责，始终坚持把纪律和规矩挺在前面，从严监督执纪问责，深化落实“两个责任”（落实党风廉政建设，党委负主体责任，

纪委负监督责任），全面加强自身建设，党风廉政建设和反腐败各项工作取得新成效，为全区经济社会发展提供坚强的纪律保障。全年共接受信访举报617件次，其中初信初访363件，立案查处各类违纪案件282件，给予党政纪处分268人。

【践行监督执纪“四种形态”】 2016年，全区各级纪检监察组织准确运用监督执纪“四种形态”（党内关系要正常化，批评和自我批评要经常开展，让“咬耳扯袖”“红脸出汗”成为常态；党纪轻处分和组织处理要成为大多数；对严重违纪的重处分、作出重大职务调整应当是少数；重违纪涉嫌违法立案审查的只能是极极少数），坚持“纪在法前、纪严于法、纪法分开”原则，以严明的纪律推进全面从严治党。3月，区纪委印发《关于对党员干部进行谈话、函询的实施办法》，明确谈话提醒教育适用对象、方式等，坚持常规谈话、警示谈话、诫勉谈话、任前谈话多管齐下，党政“一把手”、关键岗位责任人、新任职干部和苗头性干部“四个必谈”。通过勤廉预警、谈话示警、辅导设警等方式，形成“红脸出汗”“咬耳扯袖”的常态。年内，由区委书记带头，区领导班子成员6人次对分管系统的干部约谈14人，全区谈话函询334人次。注重抓早抓小，党政纪轻处分占65.1%，移送司法机关1人，为109名党员干部澄清事实，并对多名不实举报者亮起警戒。

【“两个责任”项目化管理】 2016年，武进区深入贯彻落实全面从严治党要求，推动压力传导，层层夯实责任，在全区创新开展落实党风廉政建设“两个责任”项目化管理工作。3月，区委办下发《关于实行落实党风廉政建设“两个责任”项目化管理的实施方案》，审核确定主体责任项目70个、监督责任项目58个，并在《武进日报》上公示责任项目，接受社会监督。年内，区纪委组织区纪委委员、纪检监察工作监督员等全程跟踪监督立项工作推进情况。4月和10月，区委两次召开“两个责任”项目化管理推进会，评出优秀主体责任项目9个、优秀监督责任项目6个，汇编和集中展示项目化管理成果。区纪委按照“有方案、有团队、有举措、有记录、有成效”标准全面考核，定期约谈党组织和纪检组织主要负责人，将项目实施情况纳入全区3D数控考核指标，对于落实“两个责任”不到位的单位和个人坚决予以曝光。

【纪律审查】 2016年，区纪委、监察局坚持挺纪在前，立案查处各类违纪案件282件，同比增长34.9%；给予党政纪处分268人，其中涉案金额10万元以上的16件、100万元以上的5件，涉及乡科级领导干部15人；涉嫌犯罪被移送司法机关处理1人。通过执纪办案挽回直接经济损失2800余万元。规范办信工作程序，所有信访件100%由委（局）主要领导阅批、100%提出明确办理意见、100%三级（部门科室负责人、分管领导、区纪委主要领导）审核批结。制定出台《关于进一步加强问题线索规范化管理的实施办法》，对办案点设施实施升级改造，开展纪律审查标准化建设，完善和规范工作流程、文书档案、审查程序。提升审理质效，开展典型案例研讨会，协审和联审基层案件160件。

4月13日，全区落实党风廉政建设“两个责任”暨项目化管理推进会在区行政中心召开　供稿/区纪委

【探索建立容错纠错机制】 8月，区纪委、监察局牵头起草出台《武进区党员干部改革创新、干事创业容错免责实施办法（试行）》和《关于支持和鼓励党员干部改革创新、干事创业的实施意见（试行）》，通过建立健全激励引导、教育防范、容错免责、督察问责和澄清保护五大机制，支持和鼓励广大党员干部勇担当、勇攻坚、勇超越、勇争先，为敢为有为者撑腰鼓劲，对不为懒政者敲响警钟。

【党员领导干部防止利益冲突的相关规定出台】 2月，区委出台《关于重申严禁党政机关及其工作人员违规收送礼金、礼券、购物卡的规定》《中共常州市武进区委关于党员领导干部防止利益冲突的实施意见》《党员领导干部防止利益冲突暂行办法》等文件，着力打造忠诚、干净、担当的干部队伍。举办“防止利益冲突互动对答”栏目8期，梳理排查、专项整治“不准”行为，使公权力和个人私利有效分离。

【作风建设主题实践活动】 2月，区委、区政府出台《关于在全区开展“明规矩、守纪律、强担当”作风建设主题实践活动的实施意见》，动员全区党员干部参加“明规矩、守纪律、强担当”作风建设主题实践活动。6月，在全区开展作风建设主题演讲比赛，有效提振全区党员干部的精神状态和工作作风。年内，区纪委、监察局严格落实中央“八项规定”，实行“四个一”（立案查处一批、依纪处分一批、严肃问责一批、警醒挽救一批）正风肃纪行动，紧盯重要节点和具体问题，派出检查组12次48个，开展明察暗访，发现并整改问题21个。专项检查公务接待、扶贫领域、公务用车、违法用地、预算执行、光彩基金使用以及行政诉讼执法情况，参与安

7 月 13 日，“明规矩、守纪律、强担当”作风建设主题演讲赛决赛现场　供稿 / 区纪委

全生产事故调查及环保领域问责，挂牌督办反映基层干部在土地征收流转和资金、资产、资源“三资”管理、惠农补贴等问题线索，开设“四风观察哨”专栏，办结省、市纪委挂牌督办信件 15 件，查处群众身边腐败问题、违反中央“八项规定”精神案件 18 件，给予党纪处分 18 人，通报曝光典型案件 17 批。

【纪检监察队伍建设】 2 月，区纪委、监察局出台《武进区纪检监察系统干部报告个人重大事项的实施办法》，加强纪检监察干部的管理和监督。同时出台《镇（街道）纪（工）委书记、副书记提名考察办法（试行）》《区级机关部门纪（工）委书记、副书记提名考察办法（试行）》和《区属企业纪委书记、副书记提名考察办法（试行）》，明确和规范全区基层纪（工）委书记、副书记的提名和考察工作。7 月，顺利完成区纪委换届工作，优化领导班子结构，调整纪委常委分工。年内，组织区纪委委员开展集体研讨活动，发挥区纪委委员作用。及时维护更新纪检监察干部“勤廉档案”，对全区 58 个纪检组织和 297 名纪检监察干部实施信息动态化管理。选派人员参加各级纪委组织的业务培训 150 余人次，抽调优秀纪检干部参与省委巡视和上级纪委纪律审查等工作，实施纪检监察系统干部轮岗交流，增强实战才干，提升纪检干部监督执纪水平。

【“武廉网 +”党风廉政品牌建设】 2016 年，区纪委、监察局传承武进文脉，铸扬清廉风尚，创新载体，营造良好崇廉尚廉的思想舆论氛围。完善武进清廉馆、青少年诚信廉洁教育基地、莱蒙廉文化公园等廉政教育基地。以网上清廉馆运行为契机，通过线上线下互联，机关、基层互动，廉政文化、职业文化互融，引导全区党员干部涵养良好家风，并以好家风带民风、清政风、正党风。倾力打造武进党风廉政建设品牌集成“武廉网 +”，紧密结合亮点工作的开展打造“两个责任”项目分篇，《党的生活》杂志“特别策划”栏目以“一网无前”为题专题报道武进区“武廉网 +”品牌建设情况。

【反腐倡廉宣传教育】 2016 年，区纪委、监察局学习贯彻《关于新形势下党内政治生活的若干准则》《中国共产党廉洁自律准则》和《中国共产党纪律处分条例》《中国共产党问责条例》《中国共产党党内监督条例》，开展“五个一”活动（起草一套法规规范教程、选录一组典型案例、组织一支宣讲队伍、公布一份辅导清单，开设一个书记论坛），抽调 15 位熟悉纪检监察工作的理论骨干组建反腐倡廉两项法规宣讲团，开展宣讲 63 场，受教育党员干部 5000 余人次。开展“党委书记周周谈”专栏 38 场、“党纪法规月月谈”专场 136 次。提炼整合武进历史上的廉政故事、廉政人物、廉洁文化的精髓精华，编发《清风浩荡——武进历代廉吏故事》，通过武进历代 40 个廉吏故事，让“崇德尚廉”成为新时期武进人的共性特征和价值追求。开展廉政文化示范点考核活动，评选礼嘉镇、湖塘镇马家巷社区、武进区锦绣小学等区级廉政文化示范点 22 个。开展“武进清廉家规家训”征集评选活动，王建新、岳晓锋、戴安民等 10 户家庭的家规家训被评为武进十佳清廉家规家训。其中，岳氏家族岳飞第 31 世孙岳晓峰的家规家训是：“文官不爱钱，武官不惜命，不患天下不太平。”

【清风问纪站成立】 7 月，区纪委、监察局在全市成立首家纪律咨询服务工作站——清风问纪站。该站设立于区纪委“清风”书吧，由区纪委领导班子成员、纪律审查方面经验丰富的工作人员不定期举办现场廉政咨询会，主动为全区党员干部提供纪律咨询服务，通过电话、QQ、微信等在线解惑释纪，开展专题式廉政纪律宣讲上门服务活动等。在条件成熟的乡镇或单位，成立“清风问纪”连锁分站，为辖内党员干部提供纪律咨询服务。年内，清风问纪站接待现场咨询党员干部 170 余人次，接听问询电话 300 余次，上门服务 50 余次。

（张　波）

组　　织

【概　况】 2016 年，武进区统筹推进干部工作、基层党组织建设和人才工作，为经济社会发展大局提供坚强的组织保证和人才支撑。全年举办主体班次 21 个，培训 3970 人次；举办专题班次 35 个，培训 5390 人次。年内发展党员 717 名。年末，全区有党组织 3414 个，其中党委 121 个、党工委 11 个、党总支 328 个、党支部 2954 个；有党员 69494 名，其中女党员 19471 名，占 28.02%。

【“两学一做”学习教育】 2016 年，区委组织部积极推进“学党章党规，学系列讲话，做合格党员”学习教育，推动党内教育从“关键少数”向广大党员拓展、从集中性教育向经常性教育延伸。坚持每月第一周周五开展“统一活动日”活动，提前列出月度学习内容，督促各级党组织和党员学好党章党规和习近平总书记系列重要讲话等必读篇目。结合弘扬“阳湖精神”，开展专题研讨，运用微信等网络方式，确保学深学透全覆盖。10 月 31 日至 11 月 2 日，武进区通

湖塘镇永定社区在“两学一做”学习教育中，组织社区党员走进“四点钟学校”
供稿 / 区委组织部

过省委组织部“千组万支”（省委组织部在13个设区市各组织100个督查组，每个市随机督查1000个基层党支部）集中督查。年内，区委组织部以“三立三正”（党员干部立学规、正学风，领导干部立家规、正家风，各行各业立行规、正行风）主题活动为抓手，扎实推进“两学一做”学习教育。开展“好家风、好家训”评比、“共产党员示范岗”创建、窗口服务部门“三亮三比三评”（亮标准、亮身份、亮承诺，比技能、比作风、比业绩，群众评议、党员互评、领导点评）、大学生村官“学理论、做实事、促发展”等主题活动，抓在平常，融入经常，在抗洪救灾、服务群众中检验学习成效。

【《武进区科级非领导职务配备办法》出台】 12月，区委组织部牵头制定下发《武进区科级非领导职务配备办法》，通过同级转任、职务晋升两种形式配备科级非领导职务，加强全区领导干部队伍建设，推动形成重视基层、鼓励创新、求真务实、激励担当的用人导向，科学评价干部，盘活干部职数资源，拓宽乡镇干部的晋升渠道。

【《武进区推进干部能上能下实施细则》出台】 12月，区委组织部牵头制定下发《武进区推进干部能上能下实施细则》，重点围绕调整不适宜任职干部这一难点问题，针对为官不正、为官不为、为官乱为等突出问题，详细列举不适宜担任现职、需要组织调整的6个类别20种具体情形。同时，突出“凭实绩说话”的好干部评价标准，强调科学化、差异化的政绩考核要求，明确将党的建设、生态文明、债务管理、安全生产、社会综治等方面作为重要考核指标，并细化补短板、争一流的要求，明确干部下的标准、规范干部下的方式、疏通干部下的渠道，建立健全干部能上能下的制度机制，有效形成奖优罚劣的鲜明用人导向。

【领导干部培训锻炼】 2016年，区委组织部针对领导干部岗位特点和工作要求，量身定制培训课程，在清华大学举办党政“一把手”专题培训班2期，参训对象为全区所有镇、开发区、街道和机关综合部门党政正职，参训89人。举办武进区领导骨干专题强化班1期，参训52人。在区委党校举办新上岗领导干部培训班2期，参训123人。注重年轻干部交流锻炼，全年新抽调35名区级机关干部分别到湖塘镇、牛塘镇和西湖街道，充实拆迁安置工作力量；从区发展改革局、经信局、信访局等单位抽调5名干部，到常州经开区挂职锻炼；结合苏澳合作园区建设，选派6名村、社区干部到澳门参加为期一个月的社工挂职培训。

【干部日常管理规范化】 2016年，区委组织部加强干部日常管理规范化建设，突出“一把手”监督，严格落实全区经济责任审计相关制度，委托区审计局离任审计领导干部22人，对区文联、团区委等14个单位实施离任交接。坚持领导干部个人有关事项报告，创新推行试用期满领导干部个人有关事项抽查核实，抽查核实领导干部200余人。做好干部人事档案专项审核，延伸调查核实57名干部的档案信息。规范领导干部出国（境）管理，把好领导干部出国（境）管理的“前置关”，审批备案因公出国（境）人员378人次，因私出国（境）人员183人次。

【基层党建强基工程】 2016年，区委组织部牵头制定分管党建副书记、组织委员、其他班子成员抓党建工作责任清单，明确党（工）委抓农村、社区、新经济社会组织、机关和事业单位等领域基层党建的具体要求，把从严治党要求向基层拓展。加强典型培育，选择新誉集团等8个党组织作为全区“两学一做”学习教育监测点，其中区人社局就业服务中心党支部同时被列为省级监测点，切实发挥示范作用。落实社区为民服务专项经费，对没有经济来源的城乡社区，按常驻人口每千户4万元标准给予经费支持。对机关在职党员，按每人600元标准列支党建活动经费。开通组织关系网上转接系统，年内完成党员组织关系接转3790名。做好党员组织关系排查、党员违纪违法未给予相应处理情况排查清理、基层党组织按期换届检查、党费收缴工作专项检查、非公有制企业和社会组织“两个覆盖”、抓党建促脱贫攻坚、领导机关党员干部学习教育等7项基层党建重点工作。年内，区委组织部根据中共中央有关加强农村基层党建工作和新一轮扶贫开发工作的要求，结合武进实际，制定下发《关于做好选派优秀机关干部到村任“第一书记”工作的实施意见》，选派15名优秀机关干部到软弱后进村和经济薄弱村党组织任“第一书记”，激发农村党建活力。

【人才工作量质并举】 2016年，区委组织部制定下发《关于实施2016年全区人才工作十大重点项目的意见》，将全年工作细化分解为41个子项目、127条指标任务，构建分工协作、协调推进的工作机制，有序推进人才工作。组织开展省“双创计划”申报工作，8名领军人才入围省“双创人才”名单，14名博士入围省“双创博士”名单；13人入选省第五期“333高层次人才培养工程”培养对象，1人获省突出贡献中青年专家称号，3人入选省“六大人才高峰”项目。研究修订《常州市武进区领军人才资金拨付管理办法(修订)》,提高人才资金使用效率。年内，区财政兑现领军人才创业专项资金3000余万元，其中兑现“拨改贷”创业专项资金608万元，为478名硕士以上高层次人才发放人才开发资金1036万元。开展领军型人才创业绩效和创业环境“双评估”报告研讨、创新创业人才论坛、天使下午茶、创业分享会等活动50余场，引进风险创业投资机构19家，全区风险创业投资资本规模超100亿元，创新创业环境持续优化。至年底，全区人才资源总量超过22.78万人，每万人人才拥有量达2465人，高层次人才数约1.9万人，累计引进领军型创新创业团队836个，其中中外院士5人，国家“千人计划”专家92名，省“双创人才”93名。全年领军人才创业企业实现开票销售25.01亿元，实现税收1.11亿元。

【区镇村三级领导班子集中换届】 2016年，区委组织部全面落实中共中央和省委、市委、区委统一部署要求，以高度的政治责任感，精心组织、有序推进区镇村三级领导班子集中换届工作。区镇两级分别成立换届工作领导小组，区领导挂钩到镇、联系到村；区委成立4个指导督查组，分片开展指导督查；区委组织部制定换届政策，编制换届工作流程图，精心排定换届日程表，对换届材料、日程安排、工作程序逐一审核，确保规范有序，先后开展换届辅导培训5期，组建指导组全面摸排情况，提前做好预案。严格执行中组部《关于加强换届风气监督的通知》要求，落实“凡提四必”（干部档案“凡提必审”，个人有关事项报告“凡提必核”，纪检监察机关意见“凡提必听”，反映违规违纪问题线索具体、有可查性的信访举报“凡提必查”），广泛开展换届纪律宣传，累计发放资料汇编、文件等5300余份，签订换届纪律承诺书5000余份；组织观看《镜鉴》专题片19场次、2800多人次。至年底，区镇村三级领导班子换届顺利完成，全区换届风气好评率达98%以上。

（蒋王意）

5月10日，全区严肃换届纪律专题教育会议在区行政中心召开　供稿/区委组织部

宣　传

【概　况】 2016年，全区宣传工作部门高举旗帜、围绕大局、服务人民，坚持强化看齐意识、强化战略规划、强化创新作为，扎实做好理论武装、新闻宣传和文化工作，为建设“强富美高”新武进提供思想保证、精神力量、道德滋养和文化条件。武进区文明创建综合考评全市第一，规模以上文化企业占全市总数31.2%，“聚焦武进”等外宣品牌形成，文化惠民工程精彩纷呈。全年组织大型专题报告会6场，在市以上媒体发稿1000余件，印发宣传报道要点8期、《舆情专报》18期,汇编《调研文集》3期。争取到市级文化产业引导资金225万元。

【理论学习教育】 2016年，区委宣传部精心设置“武进讲坛”专题，围绕生态文明建设和网络舆情应对与处置等主题，先后邀请环保部南京环境科学研究所土壤污染防治研究中心主任林玉锁、复旦大学新闻学院教授孟建等知名专家学者做专题讲座，组织“土壤污染防治行动计划解读”“全媒体时代的突发事件处置与媒体沟通”等大型专题报告会6场。完善“理论网苑”在线学习和“理论网苑”APP移动客户端两大平台，转摘重要言论和理论动态60多篇，上传名家名师课件近100个。调整充实群众宣讲员队伍，培训群众宣讲员300人次。区委党校杨广、湖塘镇党校王文华被评为全市首批“金牌宣讲员”,区委党校崔传章、南夏墅街道成校徐松华、常州经开区戚大街社区王伟荣被评为“优秀宣讲员”。精心组织基层党员干部冬训工作，湖塘镇、牛塘镇、洛阳镇入选全省冬训工作示范乡（镇、街道），《“DMSS”平台创新基层党员冬训工作载体》获省冬训工作创新项目奖，《联组联动齐冬训、理论智慧共分享》获市冬训工作创新项目奖。推动区委中心组成员、基层党委（党组）中心组成员、宣传文化干部深入基层开展理论学习教育课题调研，完成调研报告200多篇，汇编《调研文集》3期。

【重大主题宣传】 2016年，区委宣传部组织开展重大主题宣讲活动3次。4月底至7月上旬，重点宣传十一届区委工作业绩，迎接区十二次党代会召开。组织《武进日报》和武进广播电视台等新闻媒体统一开设同名专栏《担当有为迎盛会》，报道全区各镇经济社会发展成就、党的建设成效和先进典型。6月中旬，组织《武进日报》和武进广播电视台分别以整版和专题的形式，集中报道武进“十二五”规划期间经济社会发展成果。根据党代会主报告主要精神，策划拍摄电视专题片，出版专题画册，集中展示区十一次党代会之后的瞩目成就。从6月20日起，在武进广播电视重点栏目前后、《武进日报》显要版面、武进新闻网首页分别制作和刊播党代会公益性广告，每周不少于两次；在主要街面、路口、公共场所和行政中心、会议现场等开展公益宣传，营造良好氛围。同时在《常州日报》《常州新闻》《846早新闻》等

媒体开设专栏，深入宣传十一届区委的主要工作业绩，全面展示武进新形象。

8月，宣传五洋纺机公司。常州市武进五洋纺织机械有限公司（简称五洋纺机公司）主要生产系列经编机、数控机床和高端纺织品，为高新技术企业、工业和信息化部2015年工业品牌培育示范企业。该公司围绕智能化、数字化、自动化、信息化，实施智能化装备、智能化生产、智能化管理、“互联网+”经编产业的四大工程，实现至少节省50%的人工，提高5倍的生产效率，生产成本大幅下降，成品率达到99%以上，产品性能足以和国际巨头同台竞技，极大增强企业的全球综合竞争能力。区委宣传部配合《人民日报》、央视《新闻联播》节目组采访报道五洋纺机公司。8月23日，《人民日报》以《五洋纺机力推纺织行业自动化智能化——数字工厂红利多》为题报道五洋纺机公司。8月25日，央视《新闻联播》播出《五洋纺机：智能经编领跑服装定制》的报道，充分肯定五洋纺机公司改革与创新的成就。

10月，宣传退休教师储振民。储振民，89岁，武进区礼嘉镇人，遥观中学退休教师。热心支持社会公益事业，曾获“常州好人”、常州市“十佳老园丁”等称号。2016年教师节前夕，储振民将毕身积蓄60万元全部捐给自己的母校坂上初中，成立“文明奖励基金”，用于奖励优秀师生和资助贫困学生。10月，储振民入选“中国好人”榜“助人为乐好人”，获阿里巴巴公益“天天正能量”人物评选二等奖。储振民的善举被国内各大主流媒体争相报道，区委宣传部组织全区各新闻媒体广泛宣传报道储振民的先进事迹，褒扬慈善义举，传递社会正能量。

【新闻舆论宣传】 2016年，区委宣传部围绕区委、区政府中心工作，突出重点，提前谋划，印发宣传报道要点8期。配合区党代会、区镇换届选举、“双创”等重大活动，起草专项宣传报道方案，为各新闻单位有序推出优质报道、营造发展浓厚氛围提供指导和参考。9月26日，召开2016“创响中国”巡回接力常州站活动新闻发布会。10月18日，召开江苏省第二届（国际）艺术品博览会第二次新闻发布会。全年召开各类新闻发布会6次，推进政府信息公开，提高政府工作的透明度。

区委宣传部依托“聚焦武进”大型新闻采访等外宣品牌，通过集中邀约、专题采访、主动供稿等形式，吸引各级媒体关心关注武进，被中央和省、市50多家主流媒体先后报道，接受新华社江苏分社、《新华日报》专访8次。全年在市以上媒体发稿1000余件，收录重要报道100多篇。其中，《人民日报》和央视《新闻联播》报道五洋纺机公司；新华社政务通录用30篇，新华社江苏分社智库内参录用2篇，新华社录用3篇，《光明日报》录用1篇，《新华日报》录用9篇，《常州日报》头版录用40余篇。全区新闻宣传形成报、网、台和移动互联网全覆盖的传播格局，“今日武进”粉丝数量突破5万人，“武进在线”官方微博、武进道德讲堂微博各项数据在全市均名列前茅，交汇点新闻APP订阅用户超过5万人。

区委宣传部依托舆情监测系统，加强本地论坛监管，实行每日舆情报告制、重大舆情登记制，第一时间掌握舆情。全年编发《舆情专报》21期，引导处置涉武网络舆情3000多起，接待负面记者20多批次，有效化解“红会领导坐拥豪宅”“龙德破产纠纷”等重大舆情。

【文化惠民工程】 2016年，区委宣传部推进文化惠民工程。4月17日，在前黄镇寨桥社区文化广场举行“文明社区天天乐”启动仪式暨首场演出。4月20日，下发《关于2016年度“文明社区天天乐”活动转型升级的实施意见》，提出“培养团队、提升品质、社会化运作、群众监督”的总要求，推动“社区天天乐”转型升级。全区组建群众文艺团队21支，举办文化活动800多场次，吸引观众近20万人次。其中，在新天地公园水上舞台举行周周演活动30场。5月23日，武进区凤凰艺术团、前黄雅韵艺术团获江苏省首批群众文化“百千万”工程优秀群文团队称号，沈惠兰、恽新苗、褚粉霞3人被评为全省优秀群众文化骨干。9—10月，“日出阳湖·风雅江南”武进区第四届市民艺术节举行，开展展演、展示、比赛、阅读推广等活动40多项，掀起全区群众文化活动高潮。10月，“美丽山城、康养尼勒克”文化交流文艺演出在武进凤凰谷大剧院举行，促进两地交往、交流和交融。年内，《“这是最后的斗争”恽代英1930—1931》获第十六届中国广播剧研究会广播剧专家奖连续剧金奖，大型锡剧《玉兰花开》、电视剧《老中医》、图书《梨花梦》3部作品获市级扶持。

（陈　伟）

精神文明建设活动

【概　况】 2016年，全区各级各部门围绕区委、区政府中心工作，以培育和践行社会主义核心价值观为主线，实施城市文明提升工程，开展文明单位创建和志愿者服务、“中国好人”评选等活动，深化公民思想道德建设，提升全社会文

9月4日至10月8日，武进区举办第四届市民艺术节　　供稿/区委宣传部

10月8日，江苏龙城精锻有限公司青年员工联合倡议爱老敬老不啃老　摄影/陆新

明水平。湖塘、湟里、前黄、遥观、洛阳、横林、礼嘉、嘉泽、雪堰9个镇获"2016年度武进区文明镇"称号；湖塘、牛塘2个镇获"2013—2015年度常州市文明镇标兵"称号，区检察院等16个单位获"2013—2015年度常州市文明单位标兵"称号，洛阳、湟里、前黄、礼嘉、横林、横山桥6个镇获"2013—2015年度常州市文明镇"称号，区审计局等67个单位获"2013—2015年度常州市文明单位"称号，区消费者协会等9个单位获"2013—2015年度常州市文明窗口"称号；湖塘、牛塘、洛阳、湟里4个镇获"2013—2015年度江苏省文明镇"称号，雪堰镇城西回民村等16个村获"2013—2015年度江苏省文明村"称号，区市场监督管理局等46个单位获"2013—2015年度江苏省文明单位"称号。余美芳家庭获"全国文明家庭"称号，薄树林、储振民获2016年"中国好人"称号。年末，武进区精神文明建设综合考核名列全市第一。武进区文明城市测评全年综合得分名列全市第一名。

【社会主义核心价值观培育和践行】 2016年，区文明办结合文明城市建设，通过户外宣传载体和新闻媒体，全方位、全天候刊播社会主义核心价值观"富强、民主、文明、和谐，自由、平等、公正、法治，爱国、敬业、诚信、友善"24字基本内容和图说社会主义核心价值观宣传画，把宣传教育触角延伸到每个社区(村)、企业、学校等公共场所。发挥各类媒体媒介传播社会主义核心价值观的主渠道作用，通过《武进日报》办好《好人善行》栏目，依托"今日武进""微武进"等官方微信传播文明风尚，利用城区电子屏、固定广告牌、宣传栏等载体定期发布公益广告。推进农村精神文明建设，按照"和在农家、乐在农家、暖在农家、美在农家"的工作目标，采取建立规范标准、加强业务指导、组织学习交流等形式，打造牛塘镇和湟里镇葛庄村、洛阳镇岑村村、雪堰镇城西回民村"一镇三村"农村精神文明建设示范点，促进社会主义核心价值观形象化、乡土化、故事化和农民思想道德素质的提升。

【道德讲堂建设】 2016年，全区各级各部门深化道德讲堂建设，重点围绕"爱、敬、诚、善"安排系列主题课，优化课程质量，常态化开展不同层次道德讲堂两周一次、一月一次、一季度一次活动。区文明委发挥"区道德讲堂总堂+行业(乡镇、街道)道德讲堂分总堂+村(社区)道德讲堂"三级网络全覆盖的优势，将社会主义核心价值观24字融入各级各类讲堂活动。区道德讲堂总堂全年开讲24场次，向市道德讲堂总堂送课百姓视角文艺作品《买螃蟹》《责任担当奉献》《马家的烦恼》3堂。组织"道德讲堂·百姓视角"剧目——《买螃蟹》在全区巡演10多场次，受到基层欢迎。

【志愿服务】 全区有注册志愿服务组织390个，注册志愿者8.6万人。2016年，区文明办依托"志愿江苏"平台，推进志愿服务，发布并组织开展各类志愿服务活动近400项。2月下旬至5月上旬，在全区开展"美德一元捐"活动，共募集美德善款近百万元。4月，开展"关爱农民工"志愿活动，区主要领导多次深入企业，带头参与。全年开展邻里互助、济困助残、网络文明、敬老爱幼、文明交通等常态化活动100多次，逐步打响、打亮"520公益日""小水滴汇聚大力量""爱益阳光""博爱天使"等志愿服务品牌，参与志愿者达10万人次。

【身边好人评选】 2016年，区文明委、文明办开展好"身边好人"推荐、评议和宣传活动，全区获评"中国好人"2人、"江苏好人"1人、"常州好人"7人。其中，湖塘镇三勤社区保洁员薄树林获评8月孝老爱亲"中国好人"，遥观中学退休教师储振民获评10月助人为乐"中国好人"。评选出"最美武进人"11人、"阳湖先锋"3人，瑞声科技集团董事长潘中来、遥观镇司法所所长周彩芳获评第一季度"最美常州人"，瑞声科技集团董事长潘中来，江苏武进建工集团有限公司才良分公司经理、常州才良建筑科技有限公司总经理黄才良，前黄镇团委副书记、联庆村党总支书记助理王旭获评2016年度武进区"阳湖先锋"。

【未成年人思想道德建设】 2016年，全区各学校按照区文明委在全区青少年中开展"依法治国"读书教育活动的要求，开展读书征文比赛、演讲比赛、手抄报设计、摄影比赛和社会实践等活动，组织中小学生10万多人参加，提交参赛作品2000余件。全区有25家单位获评先进集体，77名老师和学生获评先进个人，有22所学校获区读书教育活动优秀组织奖，461名老师和学生获评区读书教育活动先进个人。区文明办以区未成年人成长指导中心为龙头，以社区、学校心理辅导室为网络，采取网络咨询、现场疏导、家教指导等形式，开展未成年人心理健康教育，在设施规模、志愿队伍、辅导人数等方面实现全市第一、全省一流。以目标化推进、项目化管理为手段，发挥基层和各学校积极性，组织开展2016年度常州市未成年人思想道德建设工作重点项目和创新项目申报，遴选上报项目16个。在全区教育、文化系统开展优秀童谣征集活动，为全区未成年人创作优秀作品。加强乡村（城市）学校少年宫建设，于10月下旬承办江苏省乡村学校少年宫培训班，组织与会人员参观南夏墅中心小学少年宫、常州市“青苗义教团”网格化服务试点单位牛塘镇未成年人成长服务中心，展示武进区未成年人建设成果。

（陈　伟）

统一战线

【概　况】 2016年，武进区贯彻落实《中国共产党统一战线工作条例（试行）》，扎实推进多党合作、光彩事业、社会组织培育、企业和谐文化建设等工作，全力促进政党、民族、宗教、阶层、海内外同胞关系。《贯彻落实中央、省委、市委统战工作会议和〈条例〉（试行）精神的责任分工方案》《关于加强社会主义协商民主建设的实施办法》《2016年度中共常州市武进区委与区各民主党派政治协商计划》等文件先后出台，明确规定党外干部队伍建设、民主协商、联系交友工作，夯实多党合作基础。开通“谏言直通车”，党派团体重要信息直报区委、区政府主要领导，畅通党派团体联络工作，优化合作环境。召开各界人士迎春座谈会、民主协商会和区民主党派、工商联、无党派人士情况通报会4次。推进党外人才培养工程，全年新增党外领导干部10名。年内，区委统战部获省委统战部“2016年度全省统战工作实践创新成果奖”和“信息工作先进单位”称号，获市委统战部“2016年度全市统战工作实践创新成果奖”、辖市区统战工作目标管理考核综合奖、全市统战信息工作先进单位一等奖和全市统战宣传工作先进单位一等奖。

【《中国共产党统一战线工作条例（试行）》贯彻落实】 3月，区委统战部贯彻落实《中国共产党统一战线工作条例（试行）》（简称《条例》）和上级统战工作会议精神，制定出台武进区委《贯彻落实中央、省委、市委统战工作会议和〈条例〉（试行）精神的责任分工方案》，对一些重要政策的贯彻落实作出明确规定。在组织领导方面，明确区委统战部应配备常务副部长，各镇（街道）统战委员应当由同级党委委员担任，镇（开发区、街道）成立统一战线工作领导小组。在党外代表人士队伍建设方面，要贯彻落实《2015—2019年武进区党外干部队伍建设规划》精神，明确区级社会主义学院要做到有领导班子、有专职人员、有工作经费、有教学和办公场所；配备党外领导干部的政府工作部门要占部门总数的二分之一左右；规定符合条件的区民主党派主委、工商联主席、无党派代表人士一般应当进入区人大、政协常委会，并根据需要进入区人大、政府、政协领导班子。全区通过党建工作会议、统战系统部门负责人会议、基层统战工作会议等，采取专题学习、集中讨论的形式学习贯彻中央文件精神8次，推动相关政策落实到位。6月2日，省委督查组督查武进统战条例落实情况，召集区委领导、党派团体负责人、基层统战干部座谈交流，区委副书记董彩凤作专题汇报。

8月24日，首期武进区党外中青年干部培训班在区委党校开班　供稿/区委统战部

【非公经济人士理想信念教育】 3月25日，区委统战部召开全区“爱国敬业创新诚信守法贡献”先进事迹汇报表彰大会暨光彩会三届四次理事会议。4月11日，举办统战理论政策培训班，邀请中国民（私）营经济研究会常务副会长王忠明作《学习贯彻习总书记在全国政协民建、工商联联组会上的重要讲话精神》专题讲座，构建“亲”与“清”政商关系。会同区工商联制订《2016年企业和谐文化建设工作计划》，推进企业和谐文化建设。5月，组织60余家优秀企业参加常州市企业和谐文化建设现场推进会，申报市级各类和谐文化创建企业15家。8月30日，召开全区非公有制经济人士理想信念报告会暨企业和谐文化建设提升行动推进会，表彰2015年度和谐文化建设星级、标兵企业88家。11月5日，召开武进区企业和谐文化建设创建单位学习交流会，组织20家企业负责人走进常州天合光能有限公司，交流企业和谐文化建设成果与经验。

【“12511”党外人才培养工程】 2016年，武进区继续推进“12511”党外人才培养工程（培养10名左右党外副处级后备干部培养对象，20名左右党外正科后备干部培养对象，50名左右党外副科后备干部培养对象，100名左右党外中层后备干部培养对象，1000名左右党外代表人士）。4月，区委统战部举办党派团体理想信念培训班，组织全区30多名各民主党派、无党派人士联谊会负责人到重庆南岸区社会主义学院学习培训。8月，区委统战部与组织部联合举办首期党外中青年干部培训班，采取班级交流、现场教学、小组讨论等模式，组织学员学习中共党史、供给侧结构性改革、民主党派的传统和参政党的使命等内容，提升学员的参政议政和履职能力。年内，区委办、组织部、统战部成立联合督查组，通过上门走访、听取汇报、填写情况表等方式专项督查“12511”党外人才培养工程，完善党外干部培养选拔体系。至年底，全区新增党外领导干部10名，其中正科职（级）5名，副科职5名，

5月23日，全区多党合作座谈会暨“12511”党外人才培养工程推进会在区行政中心召开

供稿/区委统战部

正科职领导干部实现新突破。全区17名区委常委、党员副区长与34名党外代表人士建立交友制度。28个单位与区各民主党派、工商联、无党派人士联谊会建立对口联系关系，66名党外代表人士受聘于10个部门担任特约人员。区委统战部创新“128”（做大统战部牵头，政府部门参加，工、青、妇等人民团体参与，协会、联谊会等社会组织协同的1个格局；突出新阶层人士的教育引导和新的社会阶层人士的作用两大重点；搭建乡镇侨联、各类俱乐部、行业协会、公益联盟、民主党派、无党派人士联谊会、社区统战、统战人士之家八大平台）工作法，将广大新的社会阶层人士纳入统战视野，该做法先后被《挚友》《中国统一战线》杂志作为典型经验宣传推广。

【“三进三送”社会服务行动】 2016年，武进区统一战线与25个村（社区）结对共建，实施义诊义演、健康讲座、心理咨询、文化共建、法律援助等共建项目50余个，举办社会服务活动50余场次，服务群众1万余人次。各民主党派积极开展社会服务品牌活动，民革武进区基层委员会开展医疗援疆活动，民盟武进区基层委员会开展“农村教育烛光行动”，民建武进区基层委员会开展建华大讲堂活动，民进武进区基层委员会开展送文化下乡活动，农工民主党武进区委开展大型义诊走基层活动，九三学社武进支社实施医卫工作站创新惠民工程，初步形成“一党派一特色”的格局。

【同心共建光彩事业】 2016年，武进区统一战线围绕“城乡共建、文体共建、教育共建、健康共建、爱心共建”主题，合力推进同心共建光彩事业，拓展产业扶贫、就业扶贫渠道，深化公益扶贫、智力扶贫，实现精准扶贫。全区新增光彩协议资金7300万元，新建千万光彩基金1个、百万光彩基金6个，实际到账光彩资金3400万元，投入使用光彩资金3200万元，实施共建项目155个。三年“光彩新疆行”活动圆满收官，累计捐赠新疆光彩资金400万元，帮扶尼勒克县困难群众1000余人。携手西太湖国际马拉松赛事，提出“西马健康跑，光彩公益行”口号，在整个赛事中融入公益理念，动员全区统战干部及爱心企业员工参赛，以众筹方式募集基金关爱孤残儿童，在全社会宣传光彩精神，弘扬社会正能量。

【港澳台及海外统战活动】 2月，区委统战部组织召开香港武进同乡会一届三次理事会议，200多名会员与会，共聚乡情、共谋发展。3月，成立澳大利亚常武同乡联谊会（常州市海联商贸董事长陈文斌担任会长），为推进常州与澳洲的文化、教育、经贸交流与合作搭建平台。4月，经国台办批准，“海峡两岸（常州）健康产业合作区”项目落户西太湖国际医疗产业园。5月，全区基层侨联组织统一挂牌，实现镇、开发区侨联组织全覆盖；接待香港中华总商会一行参观访问武进。6月，在常州医疗器械产业研究院举办两岸青年创业交流座谈会、第九届“相聚武进共谋发展”海外高层次人才创业论坛、侨界青年创新创业智慧分享会系列活动。7月，邀请5位武进籍华裔青少年参加2016年海外华裔青少年“中国寻根之旅”夏令营常州营活动。年内，举办留学生家属联谊会、“中秋月满园，侨爱满金园”中秋侨眷联谊会、“融合共乐，喜迎国庆”澳洲常武同乡会跨境联谊会等侨界人士联谊会，团结凝聚侨心，服务侨界。

（周　彬）

老干部工作

【概　况】 2016年年末，武进区有离休干部220人，其中武进离休干部185人，代管（含垂直条线部门）26人，易地安置9人；副处级以上退休干部105人。全区有离退休干部党支部（总支）95个（武进区级机关53个，镇、街道33个，常州经开区9个），所辖中共党员2700多名；有卫生系统、教育系统、区级机关事业单位退干协会3个。年内，区委老干部局全面贯彻落实中共中央办公厅、国务院办公厅《关于进一步加强和改进离退休干部工作的意见》，成立区离退休干部党工委和老干部教育管理中心，持续推进思想政治建设和党支部建设，打造“桑榆”工作品牌，有效保证全区离退休干部队伍的和谐稳定。全区创成常州市“五好示范”离退休干部党支部5个、三星级老干部活动室1个、四星级老干部活动室4个。

【离退休干部服务管理】 2月，区委老干部局、区卫计局联合制定出台《关于完善离休干部就医绿色通道的改进措施》，明确武进人民医院、武进人民医院南院、武进中医医院为全区离休干部（含异地安置）指定就医单位，开辟离休干部就医绿色通道，医院派员接待、全程陪同离休干部就医，提供优质、便捷、人性化的就医服务。区委老干部局牵头建立区四套班子老领导24小时就医服务平台，协调解决原戚墅堰区6名离休教师划归教育局后的待遇落实和服务管理问题。4月28日，武进区老干部教育管理中心在区委党校挂牌成立，全区32名副处级退休干部参加首期培训。

5月中旬，中共常州市武进区离退休干部工作委员会成立，统筹指导全区离退休干部党组织党的建设工作。11月，区管以上退休干部轮训启动，年内完成全区乡镇（街道、开发区）240多名区管以上退休干部轮训。

【“桑榆”工作品牌拓展】 2016年，区老干部局加强“桑榆”工作品牌建设，发挥“桑榆”品牌效应，开通“武进桑榆”官方微信公众号，摄制《桑榆之美》微电影，凝炼宣传“忠诚慈爱、乐活有为”的武进老干部精神，扩大老干部工作整体影响力。年内，“桑榆星”单元采编老干部先进事迹53篇，在《武进日报》刊登28篇，评选表彰2016年度“十佳桑榆之星”，命名第三批支部品牌14个。“桑榆情”单元组织开展桑榆爱心基金首次特困帮扶，对2015年度74户特困对象发放帮扶款16万元；组织志愿者到社区、武进万达广场等地开展写春联、义诊、宣传环保知识、夏季送清凉等活动。“桑榆乐”单元以丰富多彩的文体活动展示风采，桑榆艺术团于10月18日举办“光辉历程、大美武进”全区离退休干部纪念中国共产党建党95周年暨红军长征胜利80周年文艺会演；健身队组织开展乒乓球、门球、太极拳、台球等项目赛事50场次。“桑榆为”单元的桑榆宣讲团汇编宣讲课题36个，组织宣讲老师26名，到基层宣讲37场次；桑榆智囊团围绕“我看从严治党新气象”主题，征询汇总意见建议209条；区经济研究会组织离退休干部撰写调研文章，汇编结集出版《探路》。“桑榆暖”单元年内编发《武进老干部工作》简报6期，向离退休干部征集家风及家风故事37篇，开展读书交流活动6次，到基层上党课4次，为盐城灾区捐款4600元。

（王　敏）

农村工作

【概　况】 2016年，武进区深入推进农村改革发展，有效落实强村惠民政策，夯实农村管理基础，保持农村稳定发展。全面完成农村土地承包经营权流转管理、土地经营权入股发展农业产业化经营和农产品目标价格保险三项国家级农村改革试验任务，持续推进土地承包经营权确权颁证、农村产权制度改革和农村金融制度改革。全区259个村（其中涉农社区62个）村级集体资产总额达81.84亿元，村均达3160万元；全区村级集体经济总收入8.1亿元，村均313万元，超1000万元的村19个。全区建有家庭农场243家、农民专业合作社462家，各类新型农业经营主体规模经营面积2.26万公顷，占比达70.35%。区委农工办被省委农工办、省人社厅、省公务员局联合表彰为先进单位，被评为江苏省农村产权交易先进集体。

6月28日，全国农村改革试验——武进区水稻收入保险签约仪式在前黄镇君辰农业服务专业合作社举行　供稿 / 区委农工办

【基本完成全国农村改革试验区改革任务】 参见“体制改革”分目P39同名条目。

【农村金融服务创新】 2016年，武进区加快农村金融服务创新，加大金融支持“三农”（农村、农业、农民）力度，有效破解“三农”融资难题。将农业银行武进支行纳入试点银行，开展农村“两权”（农村承包土地的经营权和农民住房财产权）抵押贷款，累计发放农村承包经营权抵押贷款36笔2683万元、农房抵押贷款8笔550万元。全面启动新型农业经营主体信用体系建设，经区经信局立项审核、区公共资源交易中心招标，由南京南大上诚软件科技有限公司开发建成信用平台管理系统，并通过风险评估。年内，完成首批区优先扶持的167家农民专业合作社和家庭农场信用信息采集录入。完善风险防控体系，制定《武进区农民住房财产权抵押贷款风险共担机制》，将土地经营权抵押贷款风险补偿基金与农房抵押贷款风险补偿基金合并，建立“两权抵押风险补偿基金”，基金规模由2015年的500万元增至640万元，提升银行参与农村贷款试点工作的积极性，为“两权抵押贷款”的开展提供有力支撑。

【农村土地承包经营权确权登记颁证】 2016年，全区农村土地承包经营权确权登记颁证工作深入推进。6月23日，区政府召开全区农村土地承包经营权确权工作推进会，要求确权工作“真入户、真公示、真签字”，做到紧盯目标不放松，坚决打好攻坚战。7月20日，区委农工办组织各镇经管站站长到金坛区方边村、冯庄村学习确权经验。8月4日，区确权办下发《关于做好农村土地承包经营权确权登记颁证阶段成果检查验收工作的通知》，全面启动农村土地承包经营权确权登记颁证阶段检查验收工作。10月12日，区委、区政府召开全区农村土地承包经营权确权工作推进会，要求各级各部门全力以赴加快合同完善、管控工作质量、加快成果验收、维护社会稳定、加强协同配合，确保年度目标任务顺利完成。12月，区确权办下发《关于做好农村土地承包经营权证打印颁发工作的通知》，并组织开展培训活动，启动农村土地承包经营权证打印颁发工作。年内，全区共完善农村土地承包合同99158份，占需确权农户的96.62%；152个村的确权率达到90%以上，占需确权村的 96.8%；142 个村顺利通过区级阶段成果检查验收，占需确权村的 90.4%。

【农村产权交易市场建设】 武进区加强农村产权交易平台建设，从 1 月 1 日起，区镇两级农村产权交易所（站）全面负责农村集体经济组织全体成员共同所有的资产资源的产权交易，按照交易项目“应进尽进”的目标，重点推进农村集体土地承包经营权、农村集体养殖水面承包经营权、农村集体经济组织资产所有权和使用权等 10 大类农村产权进场交易。年内，区委农工办加强工作指导，规范交易流程，明确交易工作相关要求，提升镇级平台建设，下达市级农村经营项目管理补助资金 115 万元。区镇两级农村产权交易机构在已开展农村集体经营性资产使用权交易、农村集体土地经营权流转交易、集体养殖水面经营权流转交易、农村集体土地使用权出让交易四类交易品种的基础上，创新开展农村集体建设用地结余指标转让项目。至 12 月 31 日，全区在江苏省农村产权交易信息服务平台累计发布交易信息 489 条，成交项目 483 宗，签订合同 1512 份，交易总额 2.06 亿元。区委农工办被评为省级农村产权交易市场建设先进集体，湖塘镇、高新区北区、南夏墅街道农村产权交易站分列全省乡（镇）级排名第 1 名、第 10 名和第 13 名，均被评为全省镇级农村产权交易市场建设先进集体。

【农村集体经济提速增效】 2016 年，武进区农村集体经济组织调整发展思路，充分利用资源、区位、产业、资金等现实优势，通过政策扶持、村级自筹、合作发展等模式，改造、新建、购买厂房和商铺，大力发展实体经济，实现集体资产扩容提质、增量增效。至年底，全区 259 个村（其中涉农社区 62 个）村级集体资产总额达 81.84 亿元，村均达 3160 万元；村级净资产总额达 48.66 亿元，全区村级集体经济总收入 8.1 亿元，村均 313 万元，其中超 1000 万元的村 19 个。湖塘、洛阳、雪堰、南夏墅、牛塘 5 个镇（街道）的 18 个村（社区），利用良好的资源优势、区位优势和产业优势，加快村级集体经济发展，共购建标准厂房、商铺等物业项目 9.7 万平方米，总投入 6235 万元，增加村级集体经济组织年租金收益 400 多万元。横林镇拓展村级发展空间，采取物业租赁、资产经营、抱团发展等方式实现多元化发展，加快村级经济发展壮大，让农民共享发展红利，全镇村级集体分红达 2523 万元。雪堰镇太滆村投入 500 多万元，完善基础设施和运营载体，建立太滆村创业创客中心，发展“互联网 + 乡村旅游”的 O2O（Online To Offline，在线离线 / 线上到线下）电子商务模式，为回村创业的 105 名大学生创客主体提供免费的工作空间和平台，全村三分之一村民从事电子商务，全村水产品网上年销售额超 1500 万元。

【美丽乡村建设】 参见《城乡建设与管理》栏目 P182 同名条目。

【扶贫开发】 3 月，武进区在全市率先出台《关于开展新一轮扶贫开发工作的实施意见》，明确提出“十三五”规划期间新一轮扶贫开发工作目标任务。文件明确武进区低收入农户人均年收入和经济一般村集体年收入的扶贫标准分别为 1 万元、200 万元，确认全区人均可支配收入 1 万元以下的建档立卡低收入农户 3133 户计 5201 人，确认集体年收入低于 150 万元的经济一般村 72 个。主要通过“六个精准”（扶持对象精准、项目安排精准、资金使用精准、措施到户精准、因村派人精准、脱贫成效精准）和“四个一批”（通过扶持生产就业脱贫一批，发展医疗教育救助脱贫一批，探索资产收益脱贫一批，完善保障制度兜底一批）的脱贫措施，加快实现低收入农户和经济一般村脱贫转化。年内，全区提高第四年龄段（男，60 周岁以上；女，55 周岁以上）失地农民保障金，由 2015 年度的每月 550 元提高到 670 元；完成低保户保障金提标工作，保障标准由每月 620 元提高到 730 元，月保障标准一次性提高 110 元。区委、区政府采取部门挂钩、干部结对的方式，选派机关干部到 15 个经济一般村任职“第一书记”，积极参与支持农村基础设施建设、环境整治、村级经济发展和社会事业建设，参与完成农村农田、水利、道路等“一事一议”项目 13 项，总投入 515 万元，为村争取项目政策或部门帮扶资金 140 万元，占总投入资金的 27%。全力帮助建设农村文化、教育、服务等社会事业，共落实帮扶资金 64.8 万元。

【农村生态保护补偿】 2016 年，区委农工办和区国土、农业、环保、水利、财政等相关部门，定期开展对耕地、水稻田、生态公益林、重要生态湿地、滆湖水源地等生态保护情况的督查考核，利用最新卫星影像图片资料，实地勘察各村水稻田种植面积及生产种植情况，严格落实《武进区农村生态保护补偿考核办法》。健全土地执法长效管理机制，保持违法用地查处高压态势，积极开展卫生整改工作，营造良好的管地用地秩序。坚守生态红线，划出生态保护区 238.99 平方千米。加强滆湖水源地保护，有效提升水质检测、日常巡查、供水管线巡视等管理水平。有序开展生态公益林管护工作，利用红外线监测技术设备开展日常监测，进一步健全护林防火管理机制，年内未发生森林火灾。严格执行奖优罚劣考核制度，依据各类农村生态保护情况的认定确认结果，区财政共拨付农村生态补偿奖金 2624 万元，其中耕地保护补偿 1200 多万元、水稻田保护补偿 830 多万元、生态公益林保护补偿 138 万元，有效增加村级集体收入 2100 多万元。

【村级“四有一责”建设】 2016 年，武进区深入推进村级“四有一责”（有持续稳定的集体收入，有功能齐全的活动阵地，有先进适用的信息网络，有群众拥护的双强带头人，强化村党组织领导责任）建设活动，组织开展村级“四有一责”建设示范镇创建工作，洛阳镇、牛塘镇被命名为常州市第二批村级“四有一责”建设示范镇，累计 5 个。区委农工办研究制订文体卫设施运行维护和村级综合服务中心运行维护标准，选择雪堰镇雅浦村、湟里镇葛庄村 2 个试点开展全市农村公共服务运行维护标准化示范村建设活动。3 月，研究出台《关于全区农村公共服务中心晋档升级活动的实施意见》，重点围绕职能整合提升、服务扩面提质、管理规范提档目标任务，按照“共享共用、上下贯通”的要求，积极整合拓展信息服务平台。根据实施步骤，选择湖塘、雪堰2个镇启动试点，积极探索创新社会服务机制，率先建成一批智慧社区工作站。

【新型农业经营主体培育发展】 2016年，武进区鼓励适度规模经营，加强土地流转的规范化管理，加快农业新型经营主体培育发展进程，全区家庭农场达243家。开展示范家庭农场提档升级活动，63家被列入区级以上优先扶持名录；嘉泽刘国元家庭农场等29户家庭农场共争取到省级项目扶持资金193万元。以社区股份合作制改革为主要形式，推进农村集体经济产权制度改革，全区累计有174个村和71个涉农社区成立农村社区股份合作社，量化集体经营性净资产50.6亿元，界定股东64.1万人，改革总体完成率94.6%。加强农民专业合作社规范化建设，全区新增合作社10家，累计462家，入社农户21.1万户；成立全区农民专业合作社联合会1家，组建各类合作社联社9家、农村劳务合作社19家、富民合作社2家，全区累计创成部级农民专业合作示范社6家、省级示范合作经济组织24家、市级“三好三强”农民专业合作示范社46家、区级“四有”示范合作社45家。区委农工办建立农民专业合作社项目库，入库项目25个，其中申报省级示范项目17个，争取扶持资金252万元。至年末，全区新型农业经营主体规模经营面积2.26万公顷，占比达70.35%。

【政策性农业保险实施】 3月，武进区农业保险工作领导小组办公室（简称区农险办）制定出台《关于2016年高效农业保险工作的考核意见》，把政策性农业保险各险种的投保任务分解到各镇（街道），对完成区下达保费投保任务总额的镇（街道）实行考核奖励，提高高效农业保险覆盖率。通过公开招标方式，择优选择人保武进支公司合作经营政策性农业保险（合同期五年）。6月，三次暴雨灾害发生后，区农险办会同人保武进支公司、区农业局、区财政局及镇农林站、镇经管站等单位迅速查勘现场，及时公示受灾农户赔款金额，共落实理赔资金3030万元。年内，全区政策性农业保险累计理赔3797.91万元，受益农户1.22万户。

【农村集体资产清理登记颁证试点】 3月，区政府出台《全区农村集体资产清理登记颁证工作实施方案》，通过资产清查，摸清农村集体资产的存量、结构、分布和运行效益情况，把应纳入集体经济组织全体成员所有的资产都纳入管理范围，搞活农村集体资产经营管理，达到资产合理利用和保值增值的目的。方案包括资产清理、资产界定、资产登记、颁发证书、建章立制五方面内容。6月，区委农工办选择农村集体资产管理基础较好的湖塘镇、湟里镇先行先试，全面查清镇、村、组三级农村集体资产，尤其是镇级资产的状况，解决其权属不清、权职不明、权能不符的问题。湖塘镇以2016年6月30日为基准日，清理登记村组库存现金等流动资产10.18亿元，固定资产11.57亿元，长期投资5.58亿元，无形资产7174万元。湟里镇级资产清理上，具体理清登记企业转资款欠款22笔，总计各项金额584.84万元；房产25处，土地面积39358.7平方米，建筑面积28313.8平方米，摸清房产使用情况类别。通过清理登记，查清镇级资产状况，解决权属不清、权职不明、权能不符的问题。

【农村公共服务运行维护机制建设试点】 2016年年初，武进区出台《关于建立农村公共服务运行维护管理机制的实施意见》，以城乡发展一体化为统揽，按照改革与发展并重、建设与管护齐抓的要求，用2年左右的时间，初步建立覆盖全区的农村公共服务运行维护保障监督机制。4月，区委农工办结合常州市《关于开展农村公共服务运行维护标准化示范村建设活动的通知》精神，选择雪堰镇雅浦村、湟里镇葛庄村开展农村公共服务运行维护标准化试点，围绕组织领导、道路养护、河塘保洁、垃圾清运、绿化管护、文体卫设施维护、村级综合服务中心运行维护、村容整治8个方面进一步细化标准，创新运行维护管理机制和运行维护方式，实现“有人干事、有钱办事、有标准管事”的基本目标。年末，雪堰镇雅浦村、湟里镇葛庄村成功创建市级农村公共服务运行维护标准化示范村。

（崔臣子）

雪堰镇城西回民村农民乐园和连片大棚　　供稿/区委农工办

史志工作

【概　况】 2016年，区委党史工委、区地方志办坚持以“科学记载历史、服务当代发展”为宗旨，认真履行编史修志职能，统筹推进党史征编、地方综合年鉴编纂出版和全区二轮修志后续工作。深入开展党史工作，成功召开《中国共产党武进历史（1921—2002）》（简称武进地方党史）首发式，整理完成武进地方党史征编资料包括文件（会议）资料、初稿、终审稿和出版社意见等档案4304件，以及武进党史专题203个、党史大事条目1000多个和口述资料，按期完成武进区党史部门和党史场馆基本情况统计、基层党史工作专题调研，配合由市委党史工委、市民政局、市文广新局等部门组成的联合调查组在武进开展革命遗址及纪念设施复核工作，为区委党校提供武进地方党史大事索引3万余字，协助区关工委制定青少年党史国史教育篇目、江苏省电视台寻访黄祥宾在湟里镇的故居、《现代快报》记者寻访烈士须壮遗迹。坚持年鉴常编常新的原则，实施年鉴文图一体化改版，按计划完成《武进年鉴（2016）》编纂任务，于8月由方志出版社出版，并申报参加第四届江苏省年鉴奖评选；承担完成《常州年鉴（2016）》供稿任务，《武进年鉴（2014）》继获得全国年鉴编纂出版质量评比综合特等奖后，获得第三届全国地方志系统年鉴奖评选一等奖。做好全区二轮修志后续工作，申报《武进志（1986—2007）》参加江苏省地方志书优秀成果评奖，完成《共青团武进志》审稿、验收和《武进党校》（送审稿）审稿，指导区档案局（馆）志书编纂，年内新增出版部门志（《共青团武进志》）1部、企业志（《亚邦志》）1部、村志（《贺北村志》《卢家巷村志》）2部，分别累计18部、1部和13部；配合中国地方志指导小组办公室启动《中国名镇志丛书》编纂工程、江苏省地方志办公室推进江苏名镇名村志编纂，做好相关名镇名村的推荐工作，于10月12日配合省地方志办领导调研武进名镇名村志工作推进情况，上报武进区有关江苏省名镇名村统计情况。全年发行《中国共产党武进历史（1921—2002）》4000余套、《武进年鉴（2016）》3000册。

【《中国共产党武进历史（1921—2002）》获全省优秀著作奖】 2016年3月15日，《中国共产党武进历史（1921—2002）》被中共江苏省委党史工办评为全省优秀著作奖，成为全省14个获奖著作之一。《中国共产党武进历史（1921—2002）》由中共武进区委党史工委编著，2012年4月启动，2015年年底由中共党史出版社出版，分为三卷，有11编48章180节248目，80万字。第一卷记述时间为1921年7月至1949年4月，主要反映中国共产党成立特别是武进党组织成立后，武进人民在中国共产党领导下，为民族独立、人民解放开展艰苦卓绝的斗争。第二卷记述时间为1949年4月至1978年12月，主要反映武进解放后，各级党组织领导人民开展对敌斗争和社会主义建设的实践活动。第三卷记述时间为1978年12月至2002年11月，主要反映中共十一届三中全会后，武进各级党组织带领人民开展改革开放和社会主义现代化建设的实践活动。3个卷本体例完备、规范严谨，党史主线、主体和主题突出而鲜明，全面、系统、科学、准确地记述了武进各级党组织领导人民从新民主主义革命到社会主义革命以及开展社会主义建设的光辉历史、伟大成就和经验教训，成为教育党员干部和群众的宝贵教材。2016年，武进区委党史工委立足于党史成果为全区各级各部门所用，精心做好卷本发行工作，及时将《中国共产党武进历史（1921—2002）》送到各镇、街道、开发区和区级机关各部门，累计发行4000余套。

【《武进年鉴（2016）》文图一体化改版】 2016年，武进年鉴编纂部门以“年鉴杂志化发展方向”为目标，实施对地方综合年鉴图文一体化的改版，特邀图片设计、摄影方面专业人士，围绕彰显武进年度、地方特色，精心策划，在图片专辑中设立“产业强区、宜居家园、幸福民生”三大主题，百科栏目基本以每个版面有图片或图表的要求丰富版面内容，同时挖掘、提炼有武进历史文化底蕴的元素——淹城遗址“三城三河”应用于年鉴装帧设计，全面提升年鉴文化品位。2016卷《武进年鉴》于8月由方志出版社出版（含随书附赠光盘），11月在全区免费发行。该卷年鉴是区委领导、区政府主办和区地方志办公室编纂的综合性资料工具书，全面翔实地记载2015年全区统筹推进“稳增长、促转型、强载体、优生态、惠民生”各项工作情况，突出反映深入实施“产业培育，城乡一体、生态文明和改革创新”四大战役成果。全书设置栏目40个、分目（子分目）226个，收录条目1128个、照片225幅、表格95个、图表8个。

（万向阳）

党校工作

【概　况】 2016年，区委党校、区行政学校贯彻落实中共中央总书记习近平在全国党校工作会议上的讲话精神，按照《中国共产党党校工作条例》和《中共中央关于加强和改进新形势下党校工作的意见》要求，扎实开展教育培训、理论宣讲、理论研究等工作。全年举办主体班39期，受训4664人次；承接各类活动、会议及外来办班223场次，受训48312人次。在省级以上刊物发表学术论文37篇，编发《学习参考》8期。区委党校获2013—2015年度“江苏省文明单位”称号。

【干部教育培训】 2016年，区委党校、区行政学校与相关部门协调配合，按照《2016年全区干部（人才）教育培训工作要点》，做好干部教育培训，切实提高干部教育培训质量和效益，为培养高素质的干部队伍提供保障。

8月4—12日、19—27日，区委党校分两期承办全区党政“一把手”专题培训班，参训89人。常州市副市长、武进区委书记史志军在开班仪式上讲话。该培训班分两个阶段开展，第一阶段学员在区委党校学习，分别由区领导及市委党校、区委党校辅导学习中共中央总书记习近平关于“四个全面”战略思想、五大理念、“重温经典、不忘初心”等重要讲话，并开展交流讨论；第二阶段学员在清华大学学习，由清华大学、中国人民大学、中国农业大学、中央党校、国家行政学院、中国社科院等院校的著名专家、学者授课，开设课程有“供给侧改革与经济转型”“大数据与互联网+”“领导干部金融学”“中国制造2025战略与先进装备制造业”“网络舆情引导”“卓越领导力提升”“当前国际形势与大国外交”等，有效提升参训党政干部服务发展和解决问题的实际本领。

9月5—13日，区委党校分两期举办区级机关中层正职干部培训班，参训283人。区委常委、组织部部长华飞作开班动员。该培训班重点学习中共中央总书记习近平系列重要讲话精神、治国理政新思想、依法行政、供给侧结构性改革、弘扬阳湖精神、强化廉政教育以及如何提升应对媒体能力等方面内容，提升机关中层干部的理论素养和业务水平。

11月7—11日和11月14—18日，

5月25日，“坚持高标准，守住底线”机关干部开放式讲座在区行政中心举行
供稿/区委党校

区委党校分别承办武进区第四期和第五期副科职（级）新上岗领导干部培训班，参训94人。该培训班课程主要有“党史中汲取力量”“马克思主义基本问题”“‘四个全面’战略部署”“‘五大理念’发展思想”“廉政教育”“宏观经济形势”“提高依法行政能力”等。授课内容以理论为基础，配套大量个性案例分析，深入浅出，直观生动，有效提升了学员的理论水平和业务能力。其间，区委党校组织学员参观“常州三杰”纪念馆，开展重温入党誓词等活动，坚定新上岗领导干部的理想信念。

11月21—25日，举办区领导骨干专题强化培训班，参训46人。该培训班分两阶段，先后在区委党校和清华大学开展。在区委党校培训的内容主要有学习贯彻中共十八届六中全会精神、“四个全面”战略部署、依法治国与依法执政以及中共党史等，在清华大学学习党风廉政建设、国际形势与中国安全、社会管理等方面的课程，采用专家授课、现场教学、学员论坛、军训等方式，培养和提高领导干部的综合能力。

5—11月，区委党校围绕区委、区政府中心工作和干部群众关心的热点、难点问题，举办机关干部开放式讲座，开设“坚持高标准，守住底线”“产城融合与战略性新兴产业的培育”“推进全面从严治党，净化党内政治生态”3个专题，特邀上海市委党校副教授李敦瑞、上海市委党校赵钢印博士、省委党校教授周延胜主讲。区级机关选学公务员、武进挂职锻炼的常州市优秀中青年干部、区“领导骨干人才培养工程”培养对象、领军型创新创业人才、区部分优秀企业家集中听课，听众累计达1440人次。

【主题理论宣讲200场】 2016年，区委党校适应武进区经济社会发展“践行五大理念，共创精彩开篇”对干部能力建设的新要求，配合全区“两学一做”学习教育和“明规矩、守纪律、强担当”作风建设主题实践活动，组织开展以“宣传理论、服务基层”为品牌的理论宣讲活动。宣讲内容以“四个全面”战略布局为统揽，紧扣“产业转型升级、产城融合发展、生态文明提速、改革创新攻坚”四大战役，分为从严治党、时政形势、道德讲堂、社会治理、领导科学、依法治国、经济建设、素质能力、武进发展和能力训练等10个板块120个专题。选派骨干教师深入部门和基层单位专题宣讲。11月，区委党校组建“党的十八届六中全会精神”宣讲团，将宣讲推向高潮。全年累计举办宣讲活动200场，听众2万余人次。

【新疆尼勒克县干部人才培训班】 新疆维吾尔自治区尼勒克县是武进区的援疆结对单位，配合区委、区政府人才援疆战略，区委党校先后承接尼勒克县党政干部高级研修班、基层干部培训班、三级干部培训班、就业创业管理人才培训班等。其中，2016年承办尼勒克县优秀企业家赴苏专题研修班、尼勒克爱国宗教人士学习班、尼勒克县三级干部赴苏轮训示范班3期。

7月9日至8月7日，尼勒克县、乡、村三级干部赴苏轮训示范班在区委党校举办，培训学员41人。其中，县直机关干部12人、乡（镇）场干部12人、村（居）干部17人。区委党校按照“贴近实际、按需施教”的原则，重点讲授新农村建设、农村基层组织建设、经济社会转型升级、法制建设与农村法律等课程，并采取集中授课与分组讨论、现场观摩、经验介绍、挂职锻炼等相结合的方式，推动真学实学。期间，组织学员参观常州科教城，把产业思维、实践应用融入课堂；组织开展西太湖、春秋淹城创意旅游，帮助学员将创新理念与地理、资源等实际优势紧密结合，确保增加游客数量带动经济同步增长；组织学员到机关、镇、社区挂职锻炼。

6月13日至6月22日，尼勒克县优秀企业家赴苏专题研修班在区委党校举办，参训学员15名。其中，优秀企业家代表13名，工商联带队领导及干部2名。该培训班分理论学习和观摩考察两阶段开展。全体学员在区委党校封闭学习2天，系统学习武进区经济社会发展情况介绍、国际国内宏观经济形势分析、企业先进管理理念及电子商务平台建设、商会组织建设及非公经济党的建设等课程。然后观摩武进区工业园区、大型企业、武进区新农村建设及先进商会组织建设、苏州工业园区、海澜之家及华西村民营企业、常州市旅游业及城市基础设施建设等。

7月18日至7月28日，尼勒克县爱国宗教人士学习班在区委党校举办，25名尼勒克爱国宗教人士代表参训。培训采用集中学习和实地考察相结合，学习内容有武进区委党校副教授崔传章的“当前国内外形势”，武进区人大教科文卫工委主任陆为农的“武进区经济社会发展介绍”，武进区统战部副部长、民宗局局长蒋金标的“武进宗教工作情况介绍”，武进佛教协会会长、宝林寺方丈慧闻的“佛教对当今社会的积极意义”。组织学员考察春秋淹城、武进城市规划展览馆、武进区博物馆、滆湖公园、大林寺、白龙观、宝林寺、清真寺、天宁寺、孝道园、太湖湾、雅浦村，并参观无锡灵山等周边市区宗教场所。

（李　琳）

区级机关党建

【概　况】 2016年年末，区直属机关共有基层党组织138个，其中党总支（二级党委）19个、党支部119个；有党员2241名，其中在岗1794名、离退休447名。年内，区级机关党建工作重点围绕学党章党规、学系列讲话，做合格党员“两学一做”学习教育，强化思想、组织、作风、反腐倡廉和制度建设，提高机关党建科学化水平。区级机关各级党组织严格执行换届选举、“三会一课”、党日活动、组织生活会、民主生活会、民主评议党员等制度，推进党内政治生活规范化、制度化、常态化。区委区级机关工委举办培训班4期，参训600多人次；组织开展专题大讨论5次。表彰区直属机关先进党组织19个、优秀共产党员117名、优秀党务工作者21名。发展新党员19名，批准预备党员转正30名；处分党员2名，取消预备党员资格1名，自行脱党除名1名。区级机关党组织新建9个、撤销9个、转出3个、开展换届46个。12月5日，区委发文撤销中国共产党常州市武进区直属机关委员会和纪律检查委员会，原区直属机关党委相关职能由区委区级机关工委兼任，设立中国共产党常州市武进区委区级机关纪律检查工作委员会。

【区级机关“两学一做”学习教育】 2016年年初，区委区级机关工委成立区直机关“两学一做”协调小组和4个督导组，确定区直机关44个部门党组织“两学一做”负责人和联络人，确保学习教育责任落实到位。6月底，邀请区委党校老师为区级机关党员干部作“习近平总书记系列重要讲话精神解读”宣讲。区级机关围绕“新时期共产党员思想行为规范”“弘扬阳湖精神、勇当时代先锋”“学习系列讲话、强化‘四个意识’”“增强政治定力、坚持实干为民、投身创新实践、真正敢于担当”“做‘四讲四有’合格党员”等主题开展大讨论5次。7月，督导组通过听取汇报、查阅资料等方式，分别督查各单位学习教育情况。8月，区委区级机关工委联合组织部开展基层党建工作督查月活动，集中督查区级机关党建工作，并举办题为“树立自律意识，自觉遵守两项法规”的专题党课。10月，第二轮督导区直机关各单位，强化学习教育成效。

【省“书香机关”建设示范点创建】 2016年，区委区级机关工委围绕“倡导全民阅读，建设学习型机关”目标，积极争创江苏省“书香机关”建设示范点。组织开展“党务干部荐书”“开放式借书”“互联网＋阅读”等活动，向区级机关部门党组织赠送图书320册，推荐好书20余册，推动“书香机关”建设，引领机关党员干部读书学习、开阔视野。4月，举办“阅享春天”读书分享活动，200名区级机关党员观摩分享区人社局建设“书香机关”的经验。武进图书馆、交通局等单位建立流动书屋，区建设局等单位建立党员书屋，“书香机关”建设成为常态化、长效化的机关党建品牌，“爱读书、读好书、善读书”成为武进机关党员干部的习惯，有效促进全民阅读活动的深入开展。10月20日，该项创建工作接受省委省级机关工委和省新闻出版广电局联合测评组的检查验收。

【党员干部学习培训】 3月，区委区级机关工委举办区级机关入党积极分子培训班，从理论教育、实践锻炼等方面，教育培训入党积极分子128名。4月，举办区级机关党务干部培训班，67名区级机关党务干部参训，系统学习《中国共产党党和国家机关基层组织工作条例》和《中国共产党发展党员工作细则》。7月，举办区直机关群团干部培训班，提升群团干部的综合能力。9月，举办区级机关中层正职干部培训班，283名中层正职干部参训。12月，举办中共十八届六中全会精神专题培训班，区级机关各部门党组织书记参训，听取中共上海市委党校教授赵刚印对中共六中全会精神的解读。

【党群统筹共建】 2016年，区委区级机关工委坚持党建带工建、团建、妇建，深化“关爱职工行动”系列工作，选树区直机关工会工作先进典型。推荐1个基层工委为区五一巾帼标兵岗，推荐1名职工为区五一巾帼标兵，2个基层工会获得区五一劳动奖状，3名职工获区五一劳动奖章。牵头举办区级机关春季拔河（跳长绳）比赛、区级机关羽毛球比赛，与区文明办联合举办“美德一元捐”公益万步行活动，积极参与全区象棋（围棋）比赛、羽毛球比赛，组织机关妇女参加区妇联“幸福花都女子学堂”等活动，丰富职工文化、体育生活，营造和谐机关氛围。

（周　鸣）

9月5日，区委区级机关工委举办区级机关中层正职干部培训班

供稿/区委区级机关工委

（栏目编辑　王国新）

武进区人民代表大会

人大重要会议

【区第十五届人民代表大会第五次会议】 1月7—9日，在武进假日酒店召开。会议听取和审议《武进区人民政府工作报告》《武进区国民经济和社会发展第十三个五年规划纲要（草案）》《武进区2015年国民经济和社会发展计划执行情况及2016年计划安排的报告》《武进区2015年财政预算执行情况和2016年财政预算安排意见的报告》《武进区人大常委会工作报告》《武进区人民法院工作报告》《武进区人民检察院工作报告》。会议批准以上报告并通过相应决议。会议接受周斌辞去区第十五届人民代表大会常务委员会主任职务的请求，接受张钰山辞去区第十五届人民代表大会常务委员会副主任职务的请求。会议选举戴士福为区人民政府区长，选举臧建中为区第十五届人民代表大会常务委员会主任，选举陈方根为区十五届人民代表大会常务委员会委员，选举任志清为区人民法院院长。会议决定设立区第十五届人民代表大会财政经济委员会、法制委员会，并表决通过2个委员会组成人员名单。

【区十五届人大常委会会议】 2016年，区十五届人大常委会共召开常委会会议13次，听取和审议“一府两院”（政府、法院、检察院）专项工作报告40项，作出决议、决定17项，任免国家机关工作人员274人次，其中任命副区长4人。11名镇人大主席团负责人、33名区人大代表及选民受邀列席各次会议。

第三十一次会议　1月8日在区行政中心召开。会议通过有关人事任免事项，并首次组织宪法宣誓活动。

第三十二次会议　1月18日在区行政中心召开。会议同意1名市人大代表辞职，审议通过《常州市武进区人民代表大会常务委员会监督司法工作办法》。

第三十三次会议　2月5日在区行政中心召开。会议同意1名区人大代表辞职。

第三十四次会议　2月25日在区行政中心召开。会议通过区人大常委会2016年工作要点、有关人事任免事项，审查批准2016年度全区旧城改建计划。

第三十五次会议　3月4日在区行政中心召开。会议决定许可对区第十五届人大代表邵汉羽采取刑事拘留、逮捕等强制措施。

第三十六次会议　4月1日在区行政中心召开。会议听取和审议刑事执行检察工作情况；首次以无记名投票方式对2015年度常委会审议意见落实情况开展满意度测评，满意率100%。

第三十七次会议　4月27日在区行政中心召开。会议批准将常州经开区水滝棚户区（危旧房）改造二期项目政府采购资金列入财政预算，同意李洪兴、万琴凤辞去区十五届人大常委会委员职务，通过有关人事任免事项、有关财政预算议案。

第三十八次会议　5月27日在区行政中心召开。会议听取和审议《常州经济开发区水系治理工程项目政府委托代建购买资金列入财政预算的议案》《重新确定常州经开区人民法院陪审员名额的请示》《对区人大代表采取强制措施的报告》和《中华人民共和国禁毒法》贯彻实施情况的报告，书面审议区人大常委会对区人民检察院刑事执行检察工作情况汇报的审议意见落实情况的报告。会议任命周复宗为区人民政府副区

1月8日，区十五届人大常委会第三十一次会议首次组织宪法宣誓活动　供稿/区人大办

长，并通过其他人事任免事项。

第三十九次会议　7月1日在区行政中心召开。会议同意顾伟国、郑政平、石旭涌辞去区人民政府副区长职务，任命陆秋明为区人民政府副区长，并通过其他人事任免事项。

第四十次会议　7月29日在区行政中心召开。会议听取和审议2015年财政决算的报告、2015年度本级预算执行及其他财政收支情况的审计工作报告、2016年上半年国民经济和社会发展计划执行情况的报告、全区农村集体资产（三资）管理工作情况的报告、“六五”普法报告、“七五”普法规划，通过关于在全区公民中实施法治宣传教育第七个五年规划的决议，批准2015年度财政决算的决定。

第四十一次会议　9月29日在区行政中心人大常委会会议室召开。会议听取和审议武进区2016年1—8月财政预算执行情况汇报、《中华人民共和国行政诉讼法》贯彻实施情况报告、区十五届人大一次会议以来人大代表建议办理情况的汇报，通过关于区、镇两级人大换届选举有关问题决定草案，任命王拥军、刘荫梅为区人民政府副区长，并通过有关人事任免事项。

第四十二次会议　11月30日在区行政中心人大常委会会议室召开。会议听取和审议2016年财政预算调整草案的报告、全区建筑产业现代化调研报告，书面审议落实区人大常委会对贯彻实施禁毒法审议意见情况报告、落实区人大常委会对贯彻实施行政诉讼法审议意见情况报告。通过区人民代表大会常务委员会执法检查办法、区第十五届人大常委会代表资格审查委员会组成人员调整决定、有关人事任免事项。同意区、镇选举委员会部分组成人员辞职。会议首次启用电子会议系统，实现电子签到、电子表决、多媒体会务信息显示于一体。

第四十三次会议　12月26日在区行政中心人大常委会会议室召开。会议听取区十六届一次人代会筹备工作情况汇报，决定区十六届人大一次会议于2017年1月4日召开。通过区十六届人大代表资格审查报告，区十六届人大一次会议议程草案、日程草案、主席团和秘书长建议名单草案、常务主席建议名单草案、执行主席分值建议名单草案，区人大常委会工作报告，以及有关人事任免事项。

【区十五届人大常委会主任会议】 2016年，区人大常委会召开主任会议15次，听取金融机构扶持实体经济、创建国家森林城市工作、农村宅基地改革试点、妇幼健康工作等工作情况汇报26项，提出一些有针对性的对策建议。

（秦永正）

人大主要工作

【代表建议意见督办】 2016年，区第十五届人民代表大会第五次会议有区代表446名，常务委员会组成人员49名，在武进的省、市人大代表113名。区十五届人民代表大会第五次会议期间，共收到代表建议164件，其中综合经济类24件、城建城管类68件、社会管理类41件、社会事业类25件、社会保障类6件。年内所提建议已经解决、基本解决或措施已经落实的79件，占办理总数的48.17%；正在推进解决和列入规划逐步解决的36件，占办理总数的21.95%；因条件限制暂时难以解决或供有关部门参考的34件，占办理总数的20.73%；需向上级反映或留作参考的15件，占办理总数的9.15%。6件代表建议列入区人大常委会领导重点督办建议。根据第三方调查机构调查问卷结果显示，承办单位与代表见面率和答复率达100%，代表对建议办理结果表示满意和基本满意的达99.4%。年末，评选表彰优秀代表建议10件。

【调研考察活动】 2016年，区人大常委会围绕全区经济社会发展重点，组织开展专题考察调研活动8次，针对实际情况提出意见建议。

3月30日，区人大考察组考察武进海关、国检、综合保税区办事大厅和台湾光宝华东营运中心、海晨物流以及进口商品展示中心，听取有关单位汇报。指出综合保税区是武进重要的功能性平台，建议进一步加大宣传、扩大影响、完善功能、发挥作用。

4月12日，区人大调研组实地察看礼嘉镇国色天香油用牡丹产业示范基地，并就武进发展油用牡丹产业提出全面统筹规划、强化政策支持、完善服务体系等意见建议。

6月15日，区人大考察组考察常州经开区防汛工作，现场察看新沟河工程遥观北枢纽、机厂河水利枢纽、京杭大运河航道经开区段升级和丁塘港综合整治工程，要求常州经开区上下进一步提高防汛工作的思想认识，全面排查和整改险工隐患，加快推进重大工程建设，防范城市内涝，完善应急预案，全力打赢防汛攻坚战。

6月22日，区人大调研组调研全区文化创新工作，先后参观区美术家协会邦禾创作基地、牛塘镇综合文化站、中国书法家武进创作培训基地，听取文化创新工作情况汇报，建议区文化条线要

2016年区十五届人大第五次会议优秀代表建议

表4

建议名称	建议人（领提人）	案号
关于城区城管局执法权重心下移至属地政府，适当提高城管工资待遇的建议	陈产文	148
关于请求区政府组织区相关职能部门力量彻底取缔牛塘镇青云村委肖家组非法生猪养殖场的建议	王建强	164
关于继续实施农村公路提档升级的建议	姚祖生	65
关于加快完成孟津河疏浚工程的建议	蒋中敏	75
关于尽快取缔非法养老机构的建议	祁和根	119
关于加强段前路环境整治提升戚墅堰形象的建议	徐贵宝	128
关于进一步加强公安辅助队伍规范化建设的建议	单骏初	136
关于促进青年社会组织参与社会治理创新的建议	王伟强	161
关于城际铁路沿线居民区增设隔音墙的建议	朱丽英	28
关于大学城等地的失地农民被征用土地提高年终固定回报的建议	周金义	13

深入生活、扎根人民，更加主动地做好文化创新工作，组织广大艺术家创作一批反映时代精神、群众喜爱的精品力作，推进地方文化传承创新。

9月12日，区人大考察组考察全区交通重点工程建设情况，实地察看长虹西路快速化改造工程和青洋路工程，听取全区交通重点工程推进情况汇报。建议抢抓机遇、主动作为、找准定位，不断完善全区交通基础设施，切实提升建管效率和质量。

10月25日，区人大考察组考察全区宗教慈善养老工作，现场调研湖塘镇永宁寺莲居安养院、慈山寺大慈安养院，听取宗教慈善养老工作情况的汇报，提出政策支持、规范运行、优质服务、有效引导等建议。

10月25日，区人大考察组考察常州经开区法院和检察院的办公、办案场所，听取常州经开区法院、检察院工作情况汇报，提出依法履职、勇于担当、加强队伍建设等建议。

12月28日，区人大常委会组织区十五届人大代表集中考察。200多名区人大代表实地察看丁塘河湿地公园、东方新城中小学、江苏西太湖影视产业基地、北汽新能源汽车等重点项目，充分肯定区政府在经济和社会事业方面所取得的成效。

6月22日，区人大调研组考察牛塘镇文化创新工作　　供稿/区人大办

【保障代表履职发挥作用】 2016年，区人大依托“人大代表之家”，开展代表定期向选民述职、代表接待选民日等活动，全面发挥人大、代表小组和“人大代表之家”作用。健全“主任接待代表日”和“人大代表直通车”制度，完善常委会领导和工委分片联系镇（街道）工作机制，进一步加强人大代表与人民群众的直接联系。全年邀请各级人大代表、选民列席或参加区人大有关会议和活动240人次。

【执法检查】 2016年3—5月，区人大常委会组建执法检查组，对2013—2016年全区贯彻实施《中华人民共和国禁毒法》、中华人民共和国《戒毒条例》《江苏省禁毒条例》情况开展执法检查，现场检查武进日报社、湖塘镇等单位，对进一步做好禁毒工作提出全面深化禁毒宣传教育、创新禁毒工作机制等建议。7—9月，区人大常委会采取全面了解与突出重点相结合、单位自查与检查组抽查相结合以及听取汇报与实地察看、查阅资料相结合的方式，全面检查湖塘镇、西湖街道、区法院、区检察院、区人社局等10个单位2013—2016年全区贯彻实施《中华人民共和国行政诉讼法》情况。首次采取人大代表满意度测评的方式，现场测评相关单位贯彻落实行政诉讼法情况。

8月12日，区人大常委会召开检查行政诉讼法贯彻实施情况座谈会　供稿/区人大办

【区镇人大换届选举】 9—12月，区镇两级人大开展行政区划调整后首次换届选举。区镇两级人大根据选举法和上级部署要求，严肃选举纪律，全过程监督选民登记、产生候选人、投票选举等关键环节，确保风清气正、民意畅通。选举期间，区选委会召开工作会议9次，举办培训班45期，培训人员3450人，悬挂宣传横幅1340条，张贴标语1750条，制作板报450块，印发“致全区选民的一封信”45万份。参加区人大代表选举的登记选民总数95.64万人，登记率86.2%，参加投票选举94.2万人，参选率98.5%。参加镇级代表选举的登记选民总数67.44万人，登记率85.1%，参加投票选举66.23万人，参选率98.2%。全区有529名区人大代表正式候选人、1266名镇人大代表正式候选人与选民见面，见面率分别为94%、96.4%。至12月10日，区镇两级完成人大代表选举，共选出区十六届人大代表403名、镇人大代表928名。

（秦永正）

（栏目编辑　王国新）

武进区人民政府

政府重要会议与活动

【区政府常务会议】 2016年1月28日，区政府第一次常务会议在区行政中心召开。会议听取武进公安分局有关禁毒工作情况的汇报，讨论并原则通过《2016年全区政府性项目投资计划》《关于表彰2015年武进区区长质量奖和武进区质量管理先进单位的决定》《关于进一步完善国有企业管理体制的意见》《区属经发、先行集团筹建方案》《关于全区绿色通道建设土地流转费到期续订的意见》《武进区环境监管网格划分方案》《武进区生态文明督察方案》《2015年度区级机关绩效管理和综合考核情况》《2015年度镇（开发区、重点板块）目标考核情况》《2015年度区级机关目标管理考核单项奖相关情况》《2015年度文明镇考核情况》《2013—2015年度武进区文明单位标兵名单》和《2015年度武进区经济工作先进集体和个人光荣册》。

2月24日，区政府第二次常务会议在区行政中心召开。会议听取区委农工办有关各镇、园区年终考核调整情况的汇报和机关党委有关区级机关年终考核调整情况的汇报，讨论并原则通过《关于政府向社会组织转移职能的实施意见》。

3月14日，区政府第三次常务会议在区行政中心召开。会议听取区安委会有关一季度全区安全生产工作的汇报，讨论并原则通过《关于促进企业加快利用资本市场实现转型发展的意见》《关于进一步加快融资性担保行业发展的意见》《关于加快推进风创投发展的意见》《武进区区级政府性投资项目建设管理办法》《区国有资产管理体制改革中国有企业重组人员分流安置工作实施办法》《武进区城乡发展一体化"十三五"规划》《关于开展新一轮扶贫开发工作的实施意见》《关于创建国家现代农业示范区若干政策的意见》和《关于创建武进区国家现代农业示范区的实施意见》。

1月9日，戴士福宣誓就任武进区人民政府区长　　摄影 / 陆新

4月27日，区政府第四次常务会议在区行政中心召开。会议讨论并原则通过《2016年武进区教育基建项目名单》《关于开展全区畜禽养殖污染整治工作的通知》《关于加快新孟河延伸拓浚工程（武进段）建设的实施意见》《科技创新"双十百千"三年行动计划（2016—2018）》和《关于加强禁毒工作的意见》。

6月3日，区政府召开第五次常务会议。会议听取区发展改革局有关"双创"示范基地相关情况的汇报、区科技局有关评选2014—2015年武进区有突出贡献科技人员和优秀专业技术工作者情况汇报、常州经开区有关《运河南侧洼地整治项目和丁堰老集镇棚户区改造项目房屋征收决定》的情况汇报。讨论并原则通过《关于2016年镇目标考核奖励的意见》《关于2016年重点园区目标考核奖励的意见》《关于加强区级机关2016年度目标考核工作的意见》《关于2016年度区级机关绩效管理和综合考核工作的实施意见》《武进项目招引工作考核办法》《常州市武进区关于开展综合行政执法体制改革试点工作的实施意见》和《常州市武进区区域综合行政执法试点工作实施方案》。

7月15日，区政府第六次常务会议在区行政中心召开。会议传达省委书记李强在中央第三环境保护督察组督察江苏省工作动员会上的讲话精神，强调以这次环保督察为契机，扎实推进党中央、国务院关于环境保护和生态文明建设的重大决策部署落地生根，推动武进生态

文明建设不断迈上新台阶。

7月22日，区政府第七次常务会议在区行政中心召开。会议听取区发展改革局有关2016年区重点项目调整情况的汇报、区环保局有关关闭常州市武进区振华化工有限公司的情况汇报。讨论并原则通过《关于推进供给侧结构性改革的实施意见》《武进区供给侧结构性改革补短板的实施方案》《武进区供给侧结构性改革去杠杆的实施方案》《武进区供给侧结构性改革去库存的实施方案》《武进区供给侧结构性改革去产能的实施方案》《关于降低实体经济企业成本的意见》《常州市武进区“大众创业、万众创新”示范基地工作方案》《关于在全区公民中开展法治宣传教育的第七个五年规划（2016—2020）》。

9月8日，区政府第八次常务会议在区行政中心召开。会议讨论并原则通过《常州市武进区区属国有企业投资管理暂行办法》《常州市武进区区级产业引导股权投资基金管理暂行办法》《2016年度武进区开放型经济鼓励政策》《2016年度武进区鼓励和促进科技创新的若干政策》《2016年度武进区工业经济转型升级扶持政策》《2016年武进区加快现代服务业发展优惠政策》《关于加快推进我区建筑产业现代化发展的实施意见》《武进区中心城区交通管理和组织工作提升实施方案》《武进区控编减编工作实施意见》。

11月10日，区政府第九次常务会议在区行政中心召开。会议听取武进国土分局有关《常州市武进区统筹协调推进农村土地制度改革试点实施方案》情况汇报，讨论并原则通过《武进区2016年目标任务（蓝皮书）》《2016年财政预算调整方案》《关于调整武进区工业用地出让起始价的通知》《关于深入推进城乡建设用地增减挂钩工作的实施意见》《关于进一步规范土地储备工作的意见》《武进区各级人民政府和区有关部门及单位安全生产监督管理职责》《关于深入推进人民防空改革发展的意见》。

12月20日，区政府第十次常务会议在区行政中心召开。会议听取区法制办有关2016年依法行政工作的汇报和区安委会关于2016年安全生产工作的汇报，讨论并原则通过《2017年政府工作报告》《2017年为民办实事项目》《关于2016年国民经济和社会发展计划执行情况及2017年计划安排的报告》《2017年全区财政预算安排计划草案》《关于严格控制和规范管理区级机关事业单位社会化用工和协管类用工的通知》《常州市武进区人民政府重大行政决策程序规定》。

【经济协作与招商活动】 1月16日，新华石墨烯发展研究院揭牌暨项目集中签约仪式在西太湖科技产业园举行。该研究院主要开展石墨烯指数与衍生产品的研发、发布与服务，致力于打造全球首个业界对话高端平台。集中签约的21个石墨烯项目全部落户西太湖科技产业园，项目涉及气凝胶、超级电容、电极正负极材料、传感器、雷达、抗冲击涂料、智能发热服等领域。

9月8日，《石墨烯创新创业指南》发布暨“石墨烯走进常州市民”体验日活动
供稿/西太湖科技产业园

2月18日，中以高技术合作重点领域年度工作经验交流会在西太湖科技产业园中以常州创新园召开，来自以色列驻华大使馆中以联合工作组、国家发展改革委等单位和机构的20多人参加会议，Bright LED、Lexifone、Propel Design 3个以色列投资项目签约入驻中以常州创新园。

3月8日，“成功之道，武进智造”——2016常州机器人产业园投资说明会在上海举行，区领导戴士福、陆秋明和来自机器人及智能装备领域的100余名客商参加活动。常州机器人产业园位于武进高新区，区内集聚安川机器人、钱璟康复机器人、金石机器人等业内机器人整机制造商和纳博特斯克、霓达科技、钴领刀具等机器人核心零部件企业。

5月17日，中德（常州）高新绿项目技术研讨会在武进高新区举行。来自全国市政工程建设领域30余家知名企业代表，ZOZ集团等6家德国企业代表，省内及周边地区150余家企业代表参加会议。省科协副主席阮仁良，市、区领导史志军、郑政平、陆秋明出席会议。会议宣布在常州科教城开工建设中德产业创新与合作中心，依托武进高新区打造生态宜居区和现代商务区。

5月28日，中俄科技对接洽谈会在武进区举行，江苏省首家对俄国际合作基地——中俄科技产业园落户牛塘镇，俄罗斯科教部部长助理马特维耶维奇，市、区领导李小平、周斌、戴士福等出席会议。武进区与俄罗斯科教部、白俄罗斯国家科学院、乌克兰国家科学院等签订战略合作框架协议；汉德威镀膜、中瑞电子、江苏云鸟网络等项目，签约入驻中俄科技产业园。

6月23日，第八届中国房地产科学发展论坛暨第三届中美房地产高峰论坛在武进区的江苏省绿色建筑会议展览中心举行，来自中国房地产业协会、各地房地产业协会及美国亚裔房地产协会房地产企业等有关单位代表共1000多人参会。论坛分主论坛、分论坛两部分，围绕中国“十三五”规划和中美双方关心的话题，探讨交流房地产供给侧结构性改革、去库存、提高有效供应和优质需求等。常州市市长费高云、美国亚裔房地产协会荣誉会长吉姆·帕克分别代

表中美双方致辞，常州市副市长、武进区委书记史志军介绍武进推进绿色建筑的发展情况。

8月5日，江苏（常州）西太湖影视产业基地正式开园，市领导徐缨、史志军出席开园活动。该基地一期占地20余万平方米，投资8亿元，以民国和现代风格内外拍摄场景提供和配套服务为主营业态。

9月28日，2016年“创响中国”巡回接力常州站活动在武进区启动。活动持续一个多月，通过举办政策宣讲、创业培训、创业沙龙、创意设计及一系列自选活动，集中展现武进区创新创业发展的主要成果，持续营造浓厚的创新创业氛围，激发全社会“双创”活力。

10月21日，江苏省省长石泰峰与澳门特别行政区行政长官崔世安分别代表双方政府在澳门签订《关于联合筹建苏澳合作园区的备忘录》，江苏省副省长张雷、省政府秘书长王奇、常州市市长费高云、武进区区长戴士福参加活动。

10月22日，第六届江苏—澳门·葡语国家工商峰会在澳门举行，江苏省省副省长张雷、澳门特区政府经济财政司司长梁维特、葡语国家城市联盟秘书长维多·拉马略，常州市、武进区领导费高云、方国强、戴士福、薛建忠出席会议。

11月4日，2016年智电汽车投资者大会在武进召开，来自中国工程院、清华大学等国内重点科研院所的专家以及上汽、北汽、博世公司的高管参会，共同探讨行业发展趋势，谋求投资合作新机遇。常州市、武进区领导方国强、石旭涌、薛建忠出席会议。

12月21日，江阴农商银行常州分行在武进举行开业活动，全市28家优秀制造业企业与该行签订银企合作意向书，签约金额达12.8亿元。常州市、武进区领导汤正洪、戴士福、陆秋明，江阴市副市长赵强出席活动。

（时迁境）

【南北挂钩】 2016年，武进区财政为盐城市阜宁、射阳两县“6·23”风灾捐赠60万元，其中阜宁县50万元、射阳县10万元。年内，武进高新区阜宁工业园完成基础设施投资1.63亿元，累计20.54亿元。实际到账外资4173万美元，增长11.32%。完成开票销售收入52.9亿元，增长10.3%；公共财政预算收入1.61亿元，增长12.1%。在全省45个省级共建园区年度考核中名列第23名，获省财政奖励1000万元。

武进经发区射阳工业园年内完成基础设施投资1.4亿元，招引落户并开工的项目8个。实现业务总收入36.5亿元，其中规模以上工业企业完成开票销售收入10.7亿元；完成公共财政预算收入1.08亿元。

（左喜平）

体制改革

【基本完成全国农村改革试验区改革任务】 2014年11月20日，武进区被农业部等13部委确认为土地承包经营权流转管理、农产品目标价格保险、土地经营权入股发展农业产业化经营三项全国改革试验区。区委、区政府先后制定出台《常州市武进区农村土地承包经营权流转管理改革试验实施方案》《常州市武进区农产品目标价格保险改革试验实施方案》等文件，全面推进改革试验任务。2016年，出台土地承包经营权流转管理改革试验子制度13个，全区基本完成确权登记颁证工作。研究制订《武进区承包土地经营权价值评估办法》，在相关镇选择30个行政村建立农村流转土地价格观测点，建立农村土地流转指导价格观测网络，并定期发布当期土地流转指导价格，全区农村土地流转面积达1.56万公顷。实施翠冠梨目标价格保险和水稻收入保险，涉及翠冠梨种植面积133.53公顷、水稻种植面积112.67公顷。建设专职农业保险队伍，7名专职农业保险员通过招聘考试上岗。选择嘉泽镇跃进村、洛阳镇汤墅村2个村，采用“农地股份合作社＋农民专业合作社”的运行模式和“保底分配加二次分红”的利益分配模式，开展土地经营权入股发展农业产业化经营改革试验。洛阳镇汤墅村将合作社的40.23公顷土地，以260万元总价作价入股汤墅农副产品专业合作社。嘉泽镇跃进村将农地股份合作社的9.73公顷存量土地，以245.28万元总价作价入股西太湖鲜花专业合作社。8月，武进区通过农业部对三项改革试验任务的中期评估。至年底，三项改革基本完成。

（崔臣子）

【行政审批制度改革】 参见“机构编制管理”分目P42同名条目。

【政府职能“放管服”改革】 2016年，武进区围绕提高服务效能，转变政府职能，探索深化“放管服”（简政放权、公正监管、高效服务）改革，打造有限、有为、有效的政府。

完善国资管理体制。按照“统分结合、分级监管、政企分开、市场运作，建管分开、管办分离”原则，组建区国资办，明确职责职能等相关事项，强化国有资产管理，确保全区国有资产监管体制改革目标的顺利实现。

推进政府职能向社会转移。3月，区政府印发《推进政府购买公共服务改革的意见》，明确要求在公共服务领域更多利用社会力量，加大政府购买服务力度，提高行政效率和资金使用效益。在征求部门意见基础上，拟定公布首批涉及基本公共服务、社会事务服务、行业管理与协调、技术服务、政府履职所需辅助性事务五大类39项政府职能向社会组织转移指导目录清单。

完成不动产登记交易改革。1月，武进区整合分散在国土、房管、农林等部门的土地登记、房屋登记、林地登记、水域滩涂养殖登记等不动产登记职责，组建不动产登记交易中心武进分中心，按照一个窗口申请、一站式办理、一本证书发放，为权利人提供更加便捷高效的服务。

谋划推动公共资源交易体制改革。区编办整合建立统一的公共资源交易平台，促进公共资源交易阳光操作。广泛征求市编办、武进国土分局、区政管办和区委农工办等部门的意见，提出武进区公共资源平台建设在管理体制、机构编制、组织保障等方面调整建议方案，为政府改革决策提供服务。

【行政执法体制改革】 6月，武进区开展综合行政执法体制改革，出台《武进区关于开展综合行政执法体制改革试点工作实施意见》，部署部门和区域综合执法改革试点工作，通过横向融合部门内部或相近职能，归并执法队伍，重点解决多头执法问题。年内，住建、农业、交通领域综合执法方案初步形成。确定高新区、经开区、西太湖科技产业园及雪堰镇、湟里镇为区域综合执法改革试点单位，合理配置执法力量，优化执法层级，推进执法重心和力量同步下移，构建职责明晰的执法职责体系。开展区域综合执法试点，上报区域综合执法改革试点工作方案，实施以相对集中行政处罚权为主要内容的区域综合执法。

推进雪堰、湟里2个试点中心镇扩权强镇，会同区相关部门配合雪堰镇做好人员配置以及对外运行，启用“常州市武进区雪堰镇人民政府政务服务专用章”印章，确保中心办理事项流转顺畅。会同区政管办推进镇级便民服务中心建设，推动中心镇网上办事大厅建设，实现“一中心对外、一条龙服务”的镇级模式。

创新开发园区管理体制，出台常州经开区“三定规定”，并设置人社、安监、环保和市场监督派驻机构，全力助推常州经开区经济社会发展。根据西太湖科技产业园发展需求，调整西太湖科技产业园机构设置，增设行政审批局，为启动相对集中行政许可改革创造条件。成立武进高新区绿色建筑产业园管理办公室，明确机构规格及领导职数，为全区绿色建筑产业发展提供更高平台。

突破镇级监管格局，盘活编制资源，调整重点领域编制配置，将编制存量充实到安全生产、环境保护、市场监管等重点领域工作部门。调整环境保护监管体制，在镇级设置环保分局（所），与环境监察大队所属中队合署办公，在全区范围内实现基层环保机构建设全覆盖，打通监管“最后一公里”。

（蒋　伟）

援　疆

【概　况】 2016年，武进区第八批对口支援新疆伊犁州尼勒克县工作组（简称武进援疆工作组）贯彻落实中共中央和省委援疆工作部署，践行“真情援疆拼三载、追求卓越超期待”的工作主题，优质高效完成全部目标任务，为推动受援地社会稳定和长治久安做出贡献。全年安排援疆资金7855万元，建设交通基础设施、教育、医疗卫生等惠民援疆项目14个。落实各界“小援疆”钱物价值600多万元。实施干部人才援疆项目25个，结对帮带年轻干部人才104名。常州市、武进区党政代表团在尼勒克县考察交流，深入开展“武进援疆活动周”“武进援疆活动月”系列活动，集中展示援疆成果，放大援疆效应。8月，尼勒克县在常州市举办“美丽山城·康养尼勒克”专题文艺晚会5场，观众超万人。10月8—9日，县委副书记、县长木拉提·巴依霍加率新疆尼勒克县党政代表团访问武进区，在武进及周边市县广泛开展产业招商、旅游推介、文化交流等活动，并围绕城市规划建设、现代农业发展、生态旅游开发等课题开展考察交流。武进援疆工作组被新疆维吾尔自治区党委表彰为优秀援疆集体，援疆干部人才获评新疆维吾尔自治区先进个人6人次、州级先进个人12人次。

【援疆资金确保基层和民生需求】 2016年，武进区将有限的援疆资金投入尼勒克县民生、重点基础设施建设和旅游景区功能提升等项目，安排援疆资金7855万元，完成援疆项目14个。2014—2016年累计安排援疆资金2.08亿元，完成六大类29项70个援疆项目。其中，安居富民、农村安全饮水、农村医务室、村级双语幼儿园等基层民生项目占比超过80%。在项目建设推进中，武进援疆工作组坚持基层项目早落实，确保民生工程早建成，人民群众早受益，全程跟踪和推进项目建设。在幼儿园、医务室、村级阵地等民生项目的建设中，要求建设单位采用新型集成建筑材料和新型施工工艺，有效缩短建设周期。协调各方资源，争取资金支持，重点关注基层迫切需求和群众现实困难。6月，尼勒克县发生洪涝灾害，武进区政府在第一时间向尼勒克县捐助100万元，帮助受灾各族群众共渡难关。11月，武进区10名医疗骨干，携带便携式体检设备，为尼勒克县全民体检提供支持。

【产业援疆】 2016年，武进区加快援建尼勒克县产业平台建设，设立园区产业引导资金50万元，全力打造尼勒克县能源化工园区、农业科技示范园、畜牧科技示范园和绿色农业产业园“一区三园”产业发展，完善产业园区基础设施配套，提升园区产业承载能力，优化企业投资环境。将尼勒克县农业科技示范园、畜牧科技示范园、绿农产业园三大专题性产业园纳入援疆项目建设。西太湖科技产业园与尼勒克能源化工园区结对帮扶，促进尼勒克能源化工园区形成较为完备的规划体系。全年举办各类招商推介活动11场次，其中在常州举办招商引资和旅游推介会2场次。组织9批次60余家内地企业考察尼勒克县，组织尼勒克县招商“小分队”走访常州及周边有投资意向企业超百家，推动投资意向尽快落实。协助吉林台亲水游乐区创成国家AAAA级旅游景区，实施“十万人游伊犁”计划，提升内地旅游企业对组织伊犁、尼勒克旅游团队的热情；组织开展常州旅游专列和自驾游团队游尼勒克活动。依托武进区电子商务先发优势，建成“原疆特产”电子商务平台，实现尼勒克县电商业态零的突破。至年底，武进援疆工作组累计引进产业援疆

尼勒克武进大道　　摄影／刘建中

尼勒克·武进中小企业创业基地　　摄影/刘建中

项目27个，总投资14.72亿元，完成投资12.43亿元，竣工投产项目21个，新增就业岗位3900余个。

【人才援疆】 2016年，武进区坚持以提升干部人才素质为重点，在尼勒克县精心实施“管理、经济、教育、医务、实用和后备”六大工程25个干部人才援疆项目，人才培养转授鱼为授渔。通过公开招募的形式，重点引进柔性紧缺人才13名，在尼勒克工作服务3—6个月。结合受援地短板领域紧缺岗位实际，先后引进柔性人才80余名，涉及党建理论、教育医疗、文化体育、产业发展等领域，有享受国务院特殊津贴的教授博士，有生产一线的行业精英。他们在尼勒克工作期间，广泛开展理论宣讲、传道授业、规划设计、技术攻关等工作。年内安排各类干部人才50多人在武进跟班学习，其中县、乡、村三级干部41人，就业创业管理人才15人。出台《尼勒克县干部人才赴苏培训百分制考核办法》《尼勒克县柔性人才引进及管理办法》等制度，推行电子档案，实行全程记录、精细管理，确保干部人才培养工作取得实效。机关干部、政法干警在武进跟班学习期间，广泛开展招商引资、旅游推介、治安协防等工作，放大培训效应。

【智力援疆】 2016年，武进区推进智力援疆工程，全体援疆干部人才以“1+X”的形式，与尼勒克县104名工作人员开展“师徒帮带”活动，强化日常引领，采取技术指导、现场授课、工作交流和课题攻关等方式，为当地培养出“带不走”的业务骨干和学科带头人。援疆教师创立“名师工作室”，开办高中3个年级“武进班”8个，带动以“武进班”为模式的强化教学管理班11个，引领全县教学管理、教研水平提升。援疆医生累计诊治患者超2万人次，开展重症抢救500余例，填补医疗空白39项。开展以“尼武情，健康行”为主题的“情系牧民进毡房、健康连线进万家、名家宣讲进广场、马背药箱进草原”四进系列活动，组织开展医疗技能大赛，深受各族群众和广大医务工作者的好评。年内，武进区农林专家牵头参与尼勒克县农业发展规划的编制工作，畜牧专家推广武进管理模式，建设标准化乡镇兽医站；旅游专家参与对重点景区高标准规划设计，编制出台《尼勒克县唐布拉景区规范化管理实施意见》，着力推动景区品质提升、规范管理和经济带动作用；环保专家稳步推进环境监测站实验室标准化建设；金融、招商专家倾力做好招商引资和落地企业的服务工作。

【“小援疆”打造“双百双千”新品牌】 武进区“双百双千”援疆工程于2014年启动实施，“双百”即组织全区100家左右的机关部门、乡镇街道与尼勒克县对口部门、单位深化结对互助，动员全区100家左右民营企业，利用武进区光彩基金平台，定向募集资金；“双千”即充分利用所募集资金，对尼勒克县困难人员资助不低于1000人，每年每人资助不低于1000元。2016年，武进援疆工作组拓展和丰富“小援疆”模式内涵，深化武进特色援疆“双百双千”工程，切实加强尼武两地交流交往交融。通过“小援疆”模式，武进区向尼勒克县资助各类钱物价值超600万元。工作组每年募集扶贫帮困资金110余万元，定向资助贫困人员和贫困学生1030名，少数民族占81.8%，社会反响良好。武进区101个单位与尼勒克县87个单位签订个性化的对接互助协议。年内，武进区10余批次30余个单位部门在尼勒克走访对接，加强业务交流、资金帮扶和人才支持，促进民族团结，推动两地交融。武进区民营企业家和社会各界募集钱物价值80多万元，资助尼勒克县贫困户和贫困学生。武进援疆工作组争取常州市市级层面的支持，先后有11个

武进医疗专家在尼勒克县开展“健康惠民进万家”活动　　摄影/刘建中

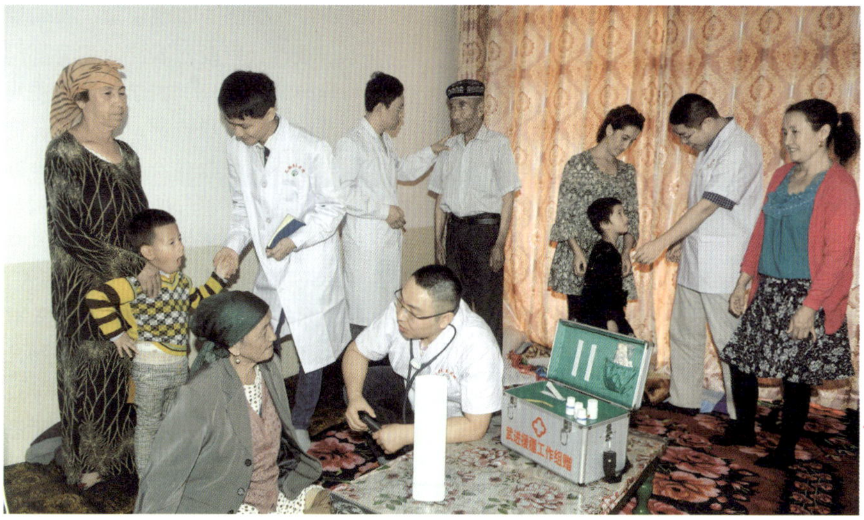

市级机关组团考察援建尼勒克县。市旅游局投入人力物力为伊犁州旅游发展出谋划策、多方推介。市教育局协调常州教师发展中心等5所教育机构和学校与伊犁州相关学校结对，分别在双语教师培训、学科（专业）建设和教师队伍建设等方面给予重点援助。按照“小援疆”精准发力的总体思路，援疆工作组实施“组团式”劳务输出、发展畜牧合作社、特色庭院经济等创新举措引领全县脱贫攻坚，全年投入“小援疆”资金100万元，奖补西部三乡苏布台、喀拉苏、加哈乌拉斯台发展庭院经济，加快脱贫步伐。

（袁　涛）

机构编制管理

【概　况】 2016年，武进区深化行政管理体制改革，进一步转变政府职能，持续推进简政放权、放管结合、优化服务、依法治区，激发市场活力和社会创造力，提升政府效能，为建设“强富美高的新武进”提供体制机制保障。年内，区编办印发机构或编制调整通知批复250个，完成事业单位和机关群团统一社会信用代码换证550家，事业单位法人设立登记27家、注销登记6家、变更登记120家。区编办被评为区级机关绩效管理和综合考核优胜单位，获全市编办系统综合考评优胜单位称号。

【行政审批制度改革】 2016年，区编办严格权力事项新增、调整审核，动态调整权力清单目录，会同区法制办、政管办根据法律法规变动及上级审改事项目录及时调整权力清单，并通过政府“三合一”平台等途径向社会公布。全年累计调整取消区环保局建设项目试生产审批、区农业局申领林木种子生产许可证等权力事项130项。

1月，下发《关于开展行政审批前置中介服务项目清理工作的通知》，会同区法制办等部门清理审核区发展改革局项目建议书和可行性研究报告编制、区水利局建设项目水资源论证报告编制等行政审批前置中介项目44项，涉及部门21个。

根据《武进区行政许可和行政处罚等信用信息公示工作实施方案》，全面优化项目审批时限、材料、环节，简化建设项目审批流程，完善审批模式，推进“三证合一”（工商营业执照、组织机构代码证和税务登记证）、“一照一码”（营业执照、社会信用代码）、项目核准备案和联合竣工验收等工作。

开展“放管服”（简政放权、放管结合、优化服务）创业创新环境试评价，通过上门对接、反复沟通、整理汇总方法，采集25个单位（部门）的“涉企行政审批”等10个评价项目、“开办企业”等20项评价内容和“办理环节及时限”等45项评价指标的数据，试评价全区“放管服”改革成效，为改革决策提供基础数据。

编制随机抽查事项清单，明确随机抽查的事项名称、依据、主体、对象、比例、频次、方式、内容及要求，形成清单初稿，经相关审议程序后向社会公布，为加强事中事后监管、规范市场执法行为提供依据。

对照省、市公共服务事项，完善部门公共服务事项清单，补充填写2015年公布的区政府各部门113项公共服务事项清单的“办理依据”和“服务对象”栏目，完善部门公共服务事项清单，体现政府部门为民众提供科学普及、生活保障、急难援助等与生产生活直接相关的服务。

【政府职能“放管服”改革】 参见“体制改革”分目P39同名条目。

【行政执法体制改革】 参见“体制改革”分目P39同名条目。

【行政事业单位管理改革与创新】 2016年，武进区加强教育资源保障，探索建立编办、教育、财政、人社等相关部门对教师资源统一管理、由学校合理使用的“区管校聘”管理机制，优化教师资源配置，加快实现教育公平。完善公办幼儿园布局，在一镇一所中心幼儿园基础上，将已撤并镇集体办幼儿园纳入全民事业单位范畴，推行“区镇共建”模式，在区镇空余编制内按1∶1的比例增核81名公办幼儿园教师编制，强化公办幼儿园师资队伍建设。

区编办根据《区政府办公室关于进一步做好公立医院管理体制改革试点工作的意见研究》，研究公立医院推行编制备案制管理办法，创新事业单位机构编制管理方式，加快推进管总量、管标准，审批制与备案制相结合，编制保障与购买服务相结合的管理模式。

开展承担行政职能事业单位改革试点，经摸底和梳理，全区有承担行政职能事业单位34家，涉及22家进行改革，主要分布在农业和交通领域。按照“能转职能不转机构、确需转机构的综合设置”这一原则，结合各单位职能任务、内设机构、实有人员等情况，合理选择改革路径。

全面启动控编减编工作，以行政区划调整后、人员选调工作开展前的区级机关事业单位（不含学校、医院）编制数为基数，按10%的比例统一核减编制，共压缩回收行政编制161名、事业编制365名。全区各相关单位根据编制精简口径及指标，加快开展机关内设机构及所属事业单位整合工作。

创新机构编制使用方式，结合全区邮政快递业和西太湖电商产业园发展的实际，将邮政业服务中心设置为挂牌机构，配合邮政局开展对邮政市场的引导和规范工作，不单独核定人员编制，以人员经费包干的形式予以财政保障。灵活机构编制使用方式，在空编范围内核准全区招商人员编外用工员额，明确以在编在岗事业人员标准保障待遇，服务全区招商重点工作。

会同区财政、人社等部门发出《关于严格控制和规范管理区级机关事业单位社会化用工和协管类用工的通知》（征求意见稿），提出事业单位使用社会化用工坚持“从严控制、精简高效、先批后用”的原则，规范社会化用工管理。同时，结合常州市社会化用工核定标准，提出武进区核定社会化用工和协管类用工标准建议，明确要求相关单位将除协管类用工外的社会化用工实施实名制管理。

（蒋　伟）

人才·人事

【概　况】 2016年，武进区加强干部人事管理制度，完善机关事业单位福利制度，推进事业单位人事制度改革，实行机关事业单位“日记式”考核系统，加强人事信息系统建设，做好转业军官安置工作，提升人事管理工作水平。实施“武进英才”计划，根据经济社会转型升级需要和产业发展导向需求，创新人才体制机制，加快中高端产业英才集聚，呈现出人才队伍质量齐升、产业人才高度集聚、国际化程度日益提高的良好局面。全年引进龙城英才第八批领军人才项目及团队71个，领军型人才团队累计836个。组织21名领军人才申报省高层次创新创业人才引进计划（简称省“双创”计划），入围7人，6名博士入围省“双创博士”计划。组织2名领军型人才、2名博士分别申报“中国留学人员科技活动项目择优资助”计划和“中国留学人员回国创业启动支持”计划，1人获省突出贡献奖，7人获市突出贡献奖。年末，全区人才资源总量达22.8万人，每万人拥有人才总量达2465人。

【“招才引智”渠道拓展】 2016年，区人社局编制《2016年度武进区海内外招才引智计划》，发布《2016年全区高层次、紧缺人才需求目录》拍摄招才引智宣传片《Hello，武进和梦想一起等你！》，致力铺路搭桥，拓展“招才引智”渠道。年内，分别在澳大利亚、新西兰及青岛、西安等国内外地区举办“龙城英才计划”推介会12场，邀请600余名高层次创新创业人才参会并现场对接洽谈，其中128名高层次人才申报2016年“龙城英才计划”，成功签约71名。参加第十四届中国国际人才交流大会和第九届中国留学人员南京国际交流与合作会议，与俄罗斯、法国、德国等国的专家组织建立合作关系。召开2016年博士后工作站建设推进会，开展博士后招聘、博士后工作站建设及运行管理等业务培训。组织今创集团、新誉集团、龙城精锻、晨光涂料、博万达、润源集团、立华牧业等10余家博士后设站企业携21个科研项目，与南京大学、南京航空航天大学、江苏大学等高校40多名博士后对接，招录电子信息、材料学、动力学等专业进站博士后9名，全区进站博士后总数29名。

【人才扶持政策落实】 2016年，区人社局做好重点企业人才跟踪服务，了解情况，解决问题，兑现扶持政策。逐一走访全区列入市“十大产业链”的16家重点企业和领军型人才创新创业企业，了解人才工作诉求，完成领军型人才创业绩效和创业环境“双评估”工作报告。举办高层次创新创业人才论坛、“天使下午茶”、创业分享会、“千人计划”专家联谊等活动63场。兑现领军型人才创业扶持资金5783.1万元，其中为38名领军型人才兑现区级创业扶持资金3008.1万元（含“拨改贷”608.1万元），为29名领军型人才兑现市级创业扶持资金2775万元，解决21名领军型人才子女入学问题。做好LED国家重点实验室2015年度引进高端人才专项政策的兑现工作，向引进的48名海内外高端人才拨付一次性落户奖励及生活费补贴160.8万元，累计兑现890万元。为478名硕士以上高层次人才发放开发资金1036万元。

5月26日，新誉集团博士后工作站杨钧博士现场技术指导　　供稿/区人社局

【高技能人才培养】 2016年，武进区加强政、校、企三方联动，实行订单培训、工学交替、顶岗实习等校企合作新模式。实施职业技能鉴定倍增计划，开展高技能人才企业内部评价工作，落实补贴政策，建立培训结业与技能考核同步实施制度。按照“覆盖面广、通用性强、技术先进、从业人多、影响较大”的原则，选定数控、护理、烹饪等10余个工种作为区级竞赛项目，指导各乡镇、各行业和有条件的企业结合实际自行组织技能竞赛。全年举办区级职业技能大赛10场，全区掀起“学技成才”热潮。推荐50名行业尖兵参加第三届江苏技能状元大赛，获一等奖1名、二等奖1名、三等奖3名。全年培养高技能人才3600多人，年末全区每万名劳动力中高技能人才达920人，高技能人才培养实现跨越式发展。

【机关事业单位人事管理】 2016年上半年，区人社局做好区划调整涉及人员移交服务工作，人员选调流动涉及区级机关事业单位45家，240人报名。至4月底，武进区机关事业单位人员选调流动工作完成，办理选调流动手续170人。其中，调入新北区67人（公务员29人，参公人员4人，事业人员34人）；调入钟楼区55人（公务员17人，参公人员8人，事业人员30人）；调入天宁区48人（公务员12人，参公人员6人，事业人员30人）。同时，区人社局会同区委组织部、区编委办公室、区委政法委做好区划调整后公、检、法系统人员移交工作，涉及人员645人。其中，法院23人，检察院12人，公安分局610人。根据省、市招录公务员的总体部署，全区推出35个职位，招录公务员和参照公务员法管理单位工作人员37人。年内，按规定及时办理政府人事行政任免手续，办理公务员调动61人（其中区内调动41人，区外调入9人，调出11人），辞职6人；办理事业单位人员工作调动241人（其中从区外调入39人，调出区外153人，区内调动49人），辞职57人，开除2人。创新公务员培训管理模式，实施分类分级培训，提升公务员能力素质，会同区

12月23日，武进区就业创业先进表彰暨第四届优秀农民工颁奖仪式在凤凰谷大剧院举行
供稿／区人社局

委组织部、区委党校举办“机关干部开放式讲座”3期，参训1440人次。严格执行区级机关和镇（街道）中层干部竞聘上岗制度，全年推出竞聘岗位364个，300人通过内部竞争竞聘上岗。

【机关事业单位福利调整】 2016年，区人社局按照省人社厅、财政厅《关于印发乡镇机关事业单位工作人员实行乡镇工作补贴实施办法的通知》要求，对已明确发放范围的乡镇先行执行到位，执行乡镇工作补贴人员7532人，人均月标准334元／人。下发《关于发放武进区机关事业单位职工上下班交通补贴的通知》，审核全区执行上下班交通补贴的机关、事业单位在编在职工作人员，每人每月发放标准400元，纳入工资统发项目按月发放，全区机关事业单位18524名工作人员，每月发放交通补贴741万元。根据人力资源社会保障部、财政部《关于调整人民警察警衔津贴标准的通知》精神，调整公安、法院、检察院1491名人民警察的警衔津贴，人均月增资699元／月。按照省人社厅、财政厅统一部署，调整全区机关事业单位10922名退休（职）人员基本养老金，人均月增资302.8元／人，从2016年1月起执行，累计补发基本养老金2952万元。

【军转干部安置与解困】 2016年，武进区适应深化国防和军队改革新形势，稳妥做好军转干部安置维稳工作。区人社部门拟订下发《关于上报2016年度军转干部需求的通知》，提前做好军转干部需求摸底工作，全区17个单位上报需求数29名，实际接收安置军队转业干部31名。其中，团职8名、营职12名、连职7名、技术干部4名。开展企业军转干部慰问和困难救助活动，发放2015年企业军转干部解困补贴1729.96万元、2016年解困补贴891.38万元、春节慰问金136万元；救助因病和其他特殊情况导致家庭生活十分困难的企业军转干部，发放困难补助金3.4万元，通过区慈善机构慈善救助5人计3万元，向身患重大疾病的88名企业军转干部发放医疗困难救助金28.48万元。全年组织企业军转干部参加健康体检485人次，免费赠送《武进日报》595份。

（陈征弋）

信　访

【概　况】 2016年，武进区深化信访制度改革，开展“信访法治建设年、积案攻坚化解年”活动，立足解决问题，创新工作机制，强化责任落实，打造阳光信访、责任信访、法治信访，促进全区社会环境的和谐稳定。区信访部门建立健全人民建议征集制度，汇民智、聚民意，鼓励对信访工作献计献策，调研分析欠薪、房地产市场、部分利益群体诉求等突出信访问题，提出有价值的参考建议，编发信访摘报36期，形成调研报告2篇，促进政府及职能部门的科学民主决策。发挥阳光系统信访大数据优势，录入率、受理率、办结率达90%以上，确保“件件有着落、事事有回音”。协调会办和跟踪督办热点难点问题，妥善化解牛塘化工厂劳资纠纷、星河国际小区业主子女入学矛盾、新天地不夜城商铺租赁纠纷等突出信访问题。全区上访去市、赴省、进京非访量同比分别下降61.6%、48.8%、63.2%，矛盾上行率降低。人民群众到区上访366批2761人次，同比分别下降46.5%和33.9%。其中，集访112批2358人次，同比分别下降41.4%和28.3%。

【信访积案化解】 2016年，全区排查出的23件信访重点积案全部逐级明确区、镇包案领导，确保一件积案、一套班子、一个化解方案和一个化解时限。按照转变方式、拓宽解决信访积案的思路，区信访局中层以上干部与各重点信访人员建立“一对一”联络机制。在积案化解中，注重因案施策、因人施策，法、理、情并重，确保诉求合理的依法解决到位、诉求无理的教育疏导到位、生活困难的帮扶救助到位。坚持月度联合研判、季度督查点评、适时督导督办、及时会商会办的积案化解推动工作机制。至年底，全区化解“骨头案”“钉子案”11件，化解率达47.8%，超额完成重点积案化解率30%以上的工作目标。

【信访法治建设】 2016年，区信访部门推动运用法治思维和法治方式解决信访突出问题，引导群众依法逐级走访、理性反映诉求，切实维护正常的信访秩序和社会秩序。面对集访高发、闹访频发的态势，建立完善区行政中心信访秩序维护体制机制，实现第一时间赶到现场、第一时间摸清情况、第一时间引导离场、第一时间展开化解。根据《关于依法处理信访活动中违法犯罪行为的指导意见》精神，依托区合成维稳中心，加强对违法犯罪信访行为的处置。通过一手抓化解、一手抓处置，年内全区进京非访7批7人次，同比均下降63.2%。

【信访信息化建设】 2016年，区信访局加强信访基层基础工作，推进阳光信访信息系统建设，实现上下互联互通，网上流转所有来信、来访、网上投诉事项。对新产生的信访矛盾，及时录入、化解，将矛盾化解在萌芽、化解在基层。建设视频接访平台，拓宽民意诉求表达渠道，为群众反映诉求提供便利。推行权益保障卡制度，引导群众逐级走访，阳光系统登记权益保障卡发放率突破50%。指导区各职能部门制定依法分类处理信访诉求途径清单，建立起有序分流、分类办理的运行机制，努力使诉求按规定进入法定途径及时受理。

（魏海波）

外　事

【概　况】 2016年，区外事部门审批因公出国（境）自组团65批次、出访人员263人次、党政人员90人次；港澳团组20批次92人次；“一带一路”沿线国家团组2批次10人次。邀请接待外宾18批216人次。推动与法国萨木瓦市、以色列卡米尔市、芬兰科凯迈基市、美国托伦斯市建立友好城市关系4个。协助申办APEC商务旅行卡58张。

【招商引资政府组团活动】 5月，武进高新区党工委副书记陆秋明带队拜访日本安川电机总部，推进并促成安川电机二期项目顺利落户。10月，常州市副市长、武进区委书记史志军带队访问德国埃尔朗根的西门子电机驱动系统工厂，为加强合作创造条件；拜访推进德国马勒集团增程器项目落户。11月，区长戴士福率代表团参加由国家发展改革委召集的中以政府间经济技术合作机制第二次会议，访问中以常州创新园主要合作伙伴Cukierman投资咨询有限公司的以色列总部；拜访中国驻以色列大使馆科技参赞崔玉亭。

【对外友好交流与合作】 3月，经江苏省政府外事办公室批复同意，武进区与法国萨木瓦市建立友好城市关系。同月29日，武进区与以色列卡米尔市签署友好城市意向书。同月29日，中以创新合作联合委员会第二次会议在以色列耶路撒冷召开，发布“中以常州创新园共建计划”“中以创新合作中心官方网站”等合作项目。4月25日，芬兰萨塔昆塔地区市长佩蒂·拉杰拉一行访问武进区，该地区三所高中与省前黄高级中学签订建立友好学校协议。5月21日，斯洛伐克共和国驻上海总领事弗兰季谢克·胡达克一行访问武进区，并出席在凤凰谷恽南田美术馆举行的杨涵、莫测藏书票展览。同月28日，中俄科技对接洽谈会在武进区举行，中俄科技产业园落户牛塘镇，俄罗斯科教部部长助理马特维耶维奇以及白俄罗斯、乌克兰有关专家院士参加活动。8月2日，区人大常委会副主任陆惠根率团访问友好交往城市美国托伦斯市，双方同意在人员、经贸、教育等领域加强交流合作。11月16日，友好交流城市美国托伦斯市市政委员会主席史蒂夫访问武进区，并同省前黄高级中学、省武进高级中学、湖塘实验初级中学等学校代表座谈，讨论友好学校建设、合作办学等议题。

8月2日，区人大常委会副主任陆惠根（中）率团访问友好交往城市美国托伦斯市
供稿／区外事办

【涉外服务管理】 2016年，区外事管理部门健全涉外管理工作机制，加强涉外管理网络基础设施和联络员队伍建设。高效服务企业境外投资考察和业务合作，协助企业申办APEC商务旅行卡58张。在外事接待中，做到热情真诚，不卑不亢，突出亮点展示，注重细节到位，充分展示大气和谐的武进形象。年内，先后邀请接待以色列驻华大使马腾、斯洛伐克共和国驻上海总领事弗兰季谢克·胡达克、克罗地亚驻华大使、古巴驻上海总领事李兹培、俄罗斯科教部部长助理马特维耶维奇、哈萨克斯坦议员亚库谢伟奇·谢尔盖、毛里求斯博巴森·荷津市市长、葡语国家城市联盟秘书长维多·拉马略等。

（曾　成）

台湾事务

【概　况】 2016年，武进区加强涉台宣传，推进武台经贸合作，提升服务水平，开创交流交往新局面。全区接待台商台胞30多批120多人次，组织访台经贸、科技等交流合作团组38批94人次。新批台资企业6家，总投资1亿余美元，注册资本5164.04万美元。海峡两岸（常州）健康产业交流合作基地获国台办批准，落户西太湖科技产业园。光宝科技（常州）有限公司、常州亚太热电有限公司分别被评为“创新争新、做强做优”工业四星企业与三星企业。光宝集团获省政府“紫峰奖”出口贸易领军企业称号，常州市盛辉药业有限公司获省政府“紫峰奖”青年创业企业称号。全年报送各类涉台信息、文章30余篇，区台办被中央台办评为“两刊”对台宣传工作先进单位。

【武进台湾经贸科技交流合作】 2016年，武进区组织访台经贸、科技等交流合作团组38批94人次，其中经贸招商团组6批34人次、企业商务团组32批60人次。12月，常州市副市长、武进区委书记史志军率团在台考察光宝集团、晶品光电、中钢集团、华新丽华、明基医疗、富士康等企业，与企业高层深入交流，拓展双方合作领域，推进在谈项目。同月，西太湖科技产业园党工委书记刘志峰、管委会主任赵和伟等率团访问台湾，

与台湾生技产业联盟对接，拜访明基集团、光宝医疗科技有限公司、美盛医电股份有限公司、玄兴科技股份有限公司、安法医疗集团等企业，推进在谈项目落户。年内，台湾光宝集团董事长宋恭源一行5人、光宝集团新事业部执行长廖学福一行、中钢集团董事长宋志育一行、台湾大健康产业联盟理事长王剀锵一行20人、台湾医疗联盟协会理事长符振中一行22人等考察武进。

武进区引进重大台资项目取得新突破。9月14日，由恒益大通、彤兴电子、翔勤投资等企业联合投资的台湾加贺芯片载带项目签约落户常州经开区，总投资5亿美元。9月26日，台湾锡安生技公司健康产业项目签约落户西太湖科技产业园，总投资3亿元。11月11日，光宝集团在武进投资的光宝电脑（常州）有限公司投产。

6月30日至8月30日，台湾铭传大学生技系学生在武进研习交流　供稿/区台办

【海峡两岸（常州）健康产业合作区获批设立】 4月22日，国台办批准常州设立海峡两岸（常州）健康产业合作区（简称合作区）。该合作区坐落在西太湖国际医疗产业园，成为全国首个以健康产业为主题的两岸合作平台。合作区建设目标为建成以医疗器械研发、生产为核心的健康制造业先导区；以高端体检中心、高端诊疗中心、康复疗养中心和健康度假服务中心为主体的健康服务业集聚区。5月27日，两岸企业家峰会宣布合作区作为两岸（常州）健康产业交流合作基地。6月22日，两岸（常州）健康产业交流合作基地揭牌。9月26日，海峡两岸（常州）健康产业交流对接会在合作区举办，两岸健康产业的企业家、专家学者150余人与会，共商武台两地健康产业合作前景。会上，锡安生技肿瘤质子治疗中心等6个项目成功签约。至年末，合作区落户台资企业20多家。

【武进台湾青年创业交流】 7月14日，两岸青年创业交流座谈会在西太湖国际医疗产业园常州医疗产业研究院举办，台湾铭传大学生技系及健康管理系15名学生、江苏理工学院10名师生参加，双方就武进医疗产业发展、青年就业创业等相关专题互动交流。6月30日至8月30日，铭传大学生技系7名学生在武进研习2个月，主要研发“透皮吸收”高科技项目。研习期间，区台办组织7名学生参观西太湖科技产业园、台资医疗生技企业，帮助其完成实训任务。8月4日至9月，台湾辅仁大学哲学、影像传播系10名学生在武进参观交流，武进台谊会青年会员与来访学生互动交流。9月，区台办撰写的调研报告《加强两岸青年交流，努力搭建台湾大学生创业就业平台》在省台办刊物《台湾工作动态》上刊发。

【宜兰县大同乡乡长陈成功率团访问武进城西回民村】 6月7—11日，台湾宜兰县大同乡乡长陈成功率村民代表团一行27人参观访问雪堰镇城西回民村，考察社区建设情况，愿与武进加强交流合作，促进共同发展。大同乡，位于宜兰县西南隅，面积760平方千米，人口7500人，是宜兰县人口最少的乡镇，境内居民主要为泰雅族。

【武进区台资企业联谊会换届】 2016年2月25日，武进区台资企业联谊会在金色南都国际大酒店举行第二届会员大会，选举产生新一届理事会，常州瑞发科技有限公司董事长刘中兴当选会长。该联谊会成立于2009年12月，以“沟通政府、服务会员”为宗旨，深化武进与台湾经贸交流合作，牵线搭桥及推动会员企业增资。2010—2015年，全区新批台资企业38家，总投资4.66亿美元；增资14家，总投资3.5亿美元。武进台

6月22日，常州市副市长、武进区委书记史志军（前左一）、常州市委统战部部长王成斌（前左二）、峰会生物科技组大陆方面召集人黄洁光（前右二）、台湾方面召集人詹启贤（前右一）为两岸（常州）健康产业交流合作基地授牌　供稿/区台办

资企业联谊会主动协调解决矛盾纠纷，每年协调处理会员企业的矛盾及纠纷求助10余起；为台商生活提供帮助，主动与教育部门联系，解决在武进的10余名台商子女入学问题，协助92名台商参加交规考试、换领驾照，为会员企业办理发放“文化惠民卡”；倡导公益事业，增强协会企业社会责任意识，会员企业5年累计捐款及捐物折价150多万元。

【武进区台属联谊会换届】 2016年11月8日，武进区台属联谊会（简称台谊会）在金色南都国际大酒店召开第七次会员代表大会，选举产生新一届理事会，江苏创业房地产集团有限公司董事长赵明当选为会长。该联谊会成立于1988年，在团结全区广大台属，拓展武台交流交往，凝聚台胞乡情亲情，服务武进经济社会发展等方面发挥积极作用。第六届台属理事会参政议政，5年中共完成专题调研报告4项，上报提案51篇、社情民意信息9条，配合台办接待返乡探亲、旅游观光、投资兴业的台胞和访问团队50多批260人次。区台谊会爱心基金5年发放爱心补助款8.4万元，惠及65个家庭和个人。引导有经济实体的台属承担社会责任，资助教育、文化、医疗和慈善事业，累计捐资捐款2500万元。

（陈俏松）

侨　　务

【概　况】 2016年，武进区贯彻《中共中央办公厅印发〈关于加强和改进新形势下侨联工作的意见〉的通知》精神，在全区11个镇、2个开发区成立侨联组织和基层留学人员联谊会，基本实现镇、开发区侨联组织全覆盖。年末，全区常驻人口中有归侨侨眷8000余人，海外华人、华侨及港澳同胞5000余人，归侨13人，分布在世界近40个国家和地区，相对集中于美国、加拿大、日本、英国等发达国家和中国香港地区；有侨资、侨属企业800家。区侨商联合会有会员70家，区侨界青年联谊会有理事30名。

年内，区侨办、侨联充分发挥侨务资源优势，履行为侨服务职能，服务全区经济社会发展。全年举办（承办）海外人才创业论坛等活动2次，接待海外人才、侨商、外商共20余批200余人次，走访侨商会会员企业及侨资企业90余家，走访慰问困难侨眷、侨界代表人士60余人，发放困难补助、慰问金4万多元。“侨爱安民助学金”资助困难学生15人共3万元，上报并发放沈有国助学基金10人次共3.4万元。组织引导侨界政协委员、人大代表参政议政，提出提案21件，撰写反映社情民意的信息5条、调研报告2篇。受理海外侨胞、归侨侨眷等信访6次。区侨联获评江苏省侨联首批“双五有”（有组织、有队伍、有经费、有阵地、有活动）侨联组织。湖塘镇永定社区获“全国社区侨务工作示范单位”称号。

【国务院侨办第27期海外华侨华人专业人士回国创业研习班在武进举行】 9月25日，国务院侨办第27期海外华侨华人专业人士回国创业研习班在武进高新区开班。该活动由国务院侨办主办，武进区侨办侨联承办，邀请美、英、加、德、日、澳、新、俄等国家和地区的56名海外华侨华人专业人士参加。其中，硕士以上学历超过90%，博士以上学历超过50%。与会者通过交流参观等方式，了解在武进国家高新区创业的比较优势和发展空间，并就新一代信息技术、新能源新材料、生物医药等领域的项目与企业家合作对接。

【“四季四送”活动】 2016年，区侨办侨联深入基层开展春送健康、夏送清凉、秋送亲情、冬送温暖“四季四送”品牌服务。4月，联合区华侨活动中心，在湖塘科创园举行春送健康活动，邀请武进人民医院内分泌科主任冯小芬为园区50多位侨企员工作《饮食健康·预防慢病》的讲座，并开展现场义诊活动。5月，在八佰伴广场举办“依法护侨，共促和谐”《江苏省保护和促进华侨投资条例》宣传活动，切实维护华侨投资权益。9月，在金东方颐养园举办“中秋月满园，侨爱满金园”中秋侨眷联谊会，与居住在金东方颐养园的70多户侨眷一起欢度中秋。元旦和春节期间，走访慰问困难侨眷、空巢老人和侨界代表人士60余人次，发放困难补助、慰问金11万多元。

【澳洲常武同乡会跨境联谊会】 9月24日晚，区侨办侨联联合澳大利亚常武同乡会，在武进和澳大利亚两地同时举办“融合共乐，喜迎国庆”跨境联谊会，70多位侨眷与身在海外的亲人现场视频通话，实现两地同庆国庆、举家团圆、共叙亲情、共享欢乐。

【永定社区获“全国社区侨务工作示范单位”称号】 2016年1月，湖塘镇永定社区被国务院侨办授予“全国社区侨务工作示范单位”称号。该社区成立于2011年10月，有归侨侨眷40余户。社区党组织贯彻落实党的侨务工作方针政策，深入群众，听取民声，了解民意，深化为侨服务内涵，赢得广大归侨侨眷信赖。社区定期组织归侨侨眷志愿者活动，动员归侨侨眷参加妇女节、中秋节、重阳节等大型活动，增强凝聚力和向心力，有效促进和谐社区的建设。

9月25日，国务院侨办第二十七期研习班在武进高新区开班　　供稿/区侨办

【省华侨文化交流基地落户宝林寺】 8月，常州市首个“亲情中华——江苏省华侨文化交流基地”在宝林寺揭牌。宝林寺始建于南朝梁武帝年间，是常武地区知名的观音道场，佛教文化浓厚。挂牌建立江苏省华人华侨文教交流基地，有利于拓展对外文化交流渠道，联系海外华侨华人，服务广大归侨侨眷，促进中外佛教文化交流与合作。

【武进区侨商联合会活动】 2016年，武进区侨商联合会加强与周边商会组织的联系，开展行之有效的交流合作，进一步集聚资源优势。3月，组织部分企业家分别考察迪拜、意大利。6月，组织会员参加“相聚武进，共谋发展”高层次海外人才论坛，会长钱福卿、常务副会长贡毅作主旨演讲。9月，组织会员参加国侨办第27期海外华侨华人专业人士回国创业研习班，2名会员作创业分享演讲。10月，组织会员企业家在四川大学开展产学研对接。同月，组织津通集团、常州中进医疗器材有限公司、江苏久泰农业装备科技有限公司、优埃唯智能科技有限公司、常州二维碳素有限公司5家企业参加在南京国际博览中心举办的“中国侨联新侨创新创业成果展”活动。年内，区侨商会协助香港夏威夷商会蔡永强一行、泰国清迈中华商会曾昭淳一行、上海浦东新能源学会吴孟余一行、澳大利亚布里斯班市客商，参观武进、走访企业，与武进企业家面对面交流。组织10余家企业代表参观云南，开展企业合作交流对接。全年走访会员企业80余家，在《武进日报》《华人时刊》和省侨商网发布商会企业信息30余条、个人专访3篇。区侨商联合会内刊《武进侨商》以侨商为主题，累计出版7期，报道商会动态信息1000余条，刊登商会成员专访20余篇。

【武进区侨界青年联谊会活动】 2016年，武进区侨界青年联谊会（简称侨青会）围绕“十三五”规划全区经济建设重点，在侨界青年中开展创新创业活动。5月，开展侨界青年创新创业智慧分享会活动，通过参观遥观镇新观点众创空间、灵通展览中心、今创集团等创新创业代表单位，举办智慧分享座谈会，激发侨界青年创新创业热情，对青年企业家把握事业方向产生积极影响。12月，组织侨青会会员走进侨企新奥燃气有限公司，切身体验侨企实施的民生工程，感受侨企先进的管理理念、管理方法和企业文化。

【第九届相聚武进共谋发展——海外人才创业论坛】 6月30日，区侨办、侨联在武进高新区津通国际工业园举办第九届相聚武进、共谋发展——海外人才创业论坛，邀请65位新能源、新技术、新装备和医疗器械等方面专家到武进考察项目，推动海外人才、技术项目与武进经济产业有效对接，努力构建人才高地、创新高地和产业高地。

【福隆控股集团获“中国侨界贡献（创新企业）奖”】 2016年9月1日，福隆控股集团有限公司在中国侨联第六届新侨创新创业成果交流暨联盟成立大会上获“中国侨界贡献（创新企业）奖”，成为常州市首家获此荣誉的企业。该集团位于西太湖科技产业园，成立于2013年，由国内骨科器械行业领军人物钱福卿博士创建，占地面积37万平方米，建筑面积40万平方米，其中生产厂房面积23万平方米、研发机构用房面积12.5万平方米。至2016年，旗下拥有全资、控股或参股企业近30家，在美洲、欧洲、澳洲及中东、东南亚地区设有海外公司和办事处。公司主要生产体外诊断试剂、生物材料、种植牙及口腔植入物、医用高端敷料、空气净化材料及成套设备、LED光源、数字电影光源、大功率紫外线杀菌光源等产品，涉及医疗器械、生物材料、绿色照明、环保科技和金融创投等新兴产业。“中国侨界贡献奖”由中国侨联于2003年设立，主要表彰在回国创业和为国服务中成绩突出的创新人才、创新成果、创新团队和创新企业，旨在激发侨界高新技术人才在建设创新型国家中的积极性、创造性，吸引更多海外高新技术人才以多种形式为国服务、回国创业。

（张　茹）

应 急 管 理

【概　况】 2016年，全区应急管理系统贯彻落实上级要求，加强应急预案动态管理，健全完善应急值守和信息报送体系，强化应急队伍建设和应急物资储备，开展各类教育培训和科普宣传，现场处置能力全面提升，高效处置了洪涝灾害等一系列突发事件。年内，修订完善专项应急预案27个、部门应急预案46个、镇（街道、开发区）总体应急预案22个，316个村（社区）、1000多家规模企业和高危企业、各类景点等公共场所的应急预案修订管理工作稳步推进。全区整合组建各类应急救援挂牌队伍25支1500余人。全年接报各类突发公共事件信息近200期，向市应急办及时上报突发公共事件信息2期，报告工作动态3期。

【应急演练】 2016年，全区各级各部门组织各类专项应急演练和综合应急演练近百次。4月15日，区应急办在洛阳镇

6月30日，“相聚武进 共谋发展”海外人才推介会现场　　供稿/区侨办

开展踩踏事件应急救援演练。5月26日，在常州环球动漫嬉戏谷举行电梯困人应急救援演练活动。6月30日，在江苏顺风光电科技有限公司开展全区突发氨气泄漏事故应急疏散演练。10月19日，在湖塘镇开展城市人口疏散接收安置演练。12月1日，在洛阳镇上药康丽制药公司开展全区危化品事故应急演练。通过应急演练，促进各应急责任单位之间的协调配合，提升应急联动和现场应急处置能力。

（罗立昱）

档案管理

【概　况】 武进区档案馆为县区级国家综合性档案馆，拥有馆藏档案189个全宗181081卷、8252盒161712件，资料17288册，代保管档案30350卷、820盒3280件,向社会开放128个全宗7952卷。2016年，区档案局（馆）围绕中心工作，提供充分有效的档案服务和保障。依法向社会开放档案、提供档案查阅利用服务及政府公开信息，为民生工程和中心工作提供档案基础保障服务。全年接待4700余人次，提供查阅5700余卷（件），复制9000余张。94个机关单位归档2015年度文书62382件、照片2433张、数码照片368张、实物档案587件、专门档案3189卷7712件。引导各类经济社会组织建立档案，扩大民营企业、农民专业合作社和市民家庭建档覆盖面，培育家庭建档125户，指导江苏顺风光电科技有限公司、夏溪花木市场控股有限公司、常州市恒立铸造厂、江苏怡科生物医疗科技有限公司4家企业规范档案工作。完成地方史料性书刊《武进人物》定稿，启动《武进档案志》编纂。协同武进日报社办好《档案探轶》专栏，用档案史料叙述武进历史，全年刊登153期。区档案局（馆）获江苏省档案系统先进集体、江苏省档案宣传工作先进集体、常州市“五一巾帼标兵岗”、常州市“工人先锋号”、武进区文明单位等称号。武进档案“存史·泽世”服务品牌通过区级机关第五批优秀服务品牌评审。

【档案资源建设】 2016年，区档案局组织全区机关单位做好2015年度文件材料归档工作，96个立档单位（不含常州经开区）归档文书62382件、照片2433张、数码照片368张、实物档案587件、专门档案3189卷7712件。协调做好原区卫生局、计生局等机构改革涉及单位档案移交和接收工作，完成纸质档案和电子全文数据“双套制”移交，接收档案94卷27560件，接收原区计生局托管档案1678卷。面向全社会征集具有武进地方特色的重要档案资料，全年征集家谱、蒋惊雷古建筑摄影作品、陆涛声作品等资料130套426册。

【重要领域和重大项目档案管理】 2016年，区档案局按照“主动提前介入、全程跟踪服务”的要求，做好全区重大活动、重要领域档案工作的指导监督，重点监督指导农村集体土地承包经营权确权登记档案的规范建立和管理工作，定期督查各镇确权建档情况，确保档案齐全完整和整理规范。至年底，全区有126个村完成土地确权档案预验收工作，占总量的80%。区档案局、区城建档案馆及项目建设单位协调配合，组织完成江苏北汽汽车、常州斯太尔柴油发动机、常州恒立精密液压马达3个省级以上重大建设项目档案管理登记。

区档案馆接待大厅　　供稿/区档案局

【基层档案室星级测评】 2016年，区档案局加强面上培训、点对点现场指导，推进教育、宗教、交通等条线系统和区法院等单位创建档案管理星级单位。通过规范测评，区国土资源局通过省五星级规范复查、区交通运输局通过省四星级规范测评、西湖街道等24家单位通过省三星级规范测评，区城管局等23家单位通过省三星级复查。至年末，全区累计拥有省五星级档案室12家、四星级档案室27家、三星级档案室172家。推进数字档案室建设，区交通运输局、绿建区、城管局、机关后勤服务中心、疾控中心5家单位通过省AAA数字档案室认定。

【“智慧档案工程”全面推进】 2016年，区档案局实施“智慧档案工程”，实现以信息化建设带动档案馆、室基础业务以及利用服务的规范化、精细化和一体化建设，满足公众日益增长的档案文化服务和档案信息资源社会共享需求。全年完成全部馆藏档案的全文数字化工作，总计1907万幅，并送湖南省档案馆异地备份。继续实施馆室数据共享工程，实现原区文化局、人事局、劳动局、卫生局和区总工会、政府办、团区委以及原商业局和六大公司14个全宗的全文数据共享，同时将馆藏知青及下放人员档案295卷3867条目录全文数据与常州市档案馆共享，将邹区等5个乡镇的档案10万余条目录全文数据与钟楼区档案馆共享，巩固区域馆际共享成果。完成武进档案信息网站的改版，优化基于武进区协同工作平台的电子档案归档子系统功能，馆室一体化软件系统部署完成，数据迁移工作接近尾声，基本具备投入使用条件。

（施彩萍）

（栏目编辑　王国新）

政协武进区委员会

政协重要会议

【政协常州市武进区第十三届委员会第五次会议】 1月6—7日在武进假日酒店召开，政协委员439人出席，在武进的省、市政协委员全程列席。区委书记周斌在开幕式上作《同心同向，共绘精彩，为武进“十三五”发展迈上新台阶而努力奋斗》的讲话。会议审议并通过区政协主席张建新代表区十三届政协常委会所作的工作报告和区政协副主席江君杰代表区十三届政协常委会所作的提案工作报告。与会委员列席区十五届人大五次会议，赞同区长戴士福所作的《政府工作报告》和其他工作报告。

【政协武进区常委会议】 2016年，政协武进区常委会共举行会议8次，即十三届常务委员会第二十六至第三十三次会议。

第二十六次会议 1月6日在区行政中心召开，会议听取《中共武进区委关于区政协十三届委员会副主席候选人提名情况的介绍》，审议大会选举工作人员建议名单，协商区政协十三届委员会副主席候选人建议名单、大会选举办法（草案）和倪晓谦的人事变动事项。

第二十七次会议 1月7日在区行政中心召开，会议听取各讨论组在会议期间讨论情况的汇报。审议通过《区政协十三届委员会副主席候选人建议名单》《大会选举办法（草案）》《区政协十三届五次会议关于提案审查情况的报告（草案）》和《区政协十三届五次会议决议（草案）》。决定将大会选举办法（草案）、提案审查报告（草案）、大会决议（草案）提请区政协十三届五次会议第三次大会通过。

第二十八次会议 1月28日在区行政中心召开，会议协商讨论《区政协常委会2016年工作要点（讨论稿）》和《区政协2016年主要活动安排表（草案）》，安排部署2016年政协工作。

1月6—7日，政协十三届五次全体会议在武进假日酒店召开　　供稿 / 区政协办

第二十九次会议 5月12日在区行政中心召开，会议协商讨论《关于探索“多规合一”优化我区空间规划体系》的专题调研报告，协商讨论并同意王爱军、姚国强、朱佳莉、乔强、缪金方、刘团、徐新波、符涛、黄建春、董云峰10人辞去政协常州市武进区第十三届委员会委员职务，增补刘宗凉、王云芬、韩家兴、蒋建明、吴小铭、钱颖旦、庄铠、胡新诚、叶平、孙亚明、石剑虹、陈尧、黄铁梅13人为政协常州市武进区第十三届委员会委员。会议还协商讨论了周建清等30人的人事任免事项。

第三十次会议 7月28日在区行政中心召开，与会常委听取并讨论区政府《关于今年上半年全区经济社会发展情况》的通报，传达全省政协工作会议和区第十二次党代会精神，协商讨论江建文、单骏初2人的人事任免事项。

第三十一次会议 9月29日在区行政中心召开，会议协商讨论《关于推进全区工业企业效益综合评价体系建设的专题调研报告》，部署十三届常务委员会任期结束前几个月的工作任务。

第三十二次会议 11月8日在区行政中心召开，会议传达学习中共十八届六中全会精神，协商讨论《关于政协武进区第十四届委员会人事安排的意见》和《政协武进区第十四届委员会界别设置和名额分配情况建议表》。

第三十三次会议 12月20日在区行政中心召开，会议听取并讨论区政府《关于区政协十三届一次会议以来提案

办理情况的通报》，协商讨论《区政协十三届委员会常委会工作报告》《区政协十三届委员会常委会提案工作报告》、区政协十四届一次会议有关事项、区政协十四届一次会议主席团建议名单、主席团常务主席建议名单和主席团执行主席分值名单，协商决定区政协十四届委员会委员名单。

（李　莹）

政协主要工作

【政协委员工作】 2016年，政协常州市武进区第十三届委员会共有委员443名，委员活动组26个，常委会组成人员64名，在武进的省、市政协委员48名。4月，区政协在办公室、研究室和提案委员会、学习与文史委员会、经济科技委员会、社会事业和法制委员会、港澳台侨委员会的基础上，增设委员工作委员会，专门负责委员工作。5月，区政协开展“回眸五年政协情，继往开来展风采”政协委员大走访活动，区政协领导和各专委会、机关负责人集中走访委员代表50名，征集意见建议70条。年底，区政协召开第十三届政协工作表彰大会，表彰先进委员73名、先进基层政协工委5个、先进委员活动组8个。

【政协专题调研】 2016年上半年，区政协成立以主席张建新为组长的专题调研组，调研“探索‘多规合一’优化全区空间规划体系”情况，形成《关于探索‘多规合一’优化我区空间规划体系的研究和建议》。5月12日，区政协召开常委会会议，专题协商调研工作。8月，区政协围绕“推进全区工业企业效益综合评价体系建设”开展专题调研，形成《关于推进全区工业企业效益综合评价体系建设的思考和建议》。9月29日，区政协召开常委会会议，专题协商调研课题。

【政协提案督办】 2016年，政协武进区十三届五次会议期间共收到提案304件，审查后立案247件。区政协提案委员会筛选出《关于加快我区生态绿城建设步伐的建议》等10个专题16件提案，由区政协领导分工牵头、重点督办。

4月12日，区政协副主席江君杰带领民进武进区基层委员会主委张小虎和区政协提案委负责人到区住建局，重点督办《关于加快推进我区建筑产业现代化发展的建议》的提案。提案围绕如何实现建筑产业现代化，建议充分发挥规划引领、政策引导、社会推广、产业聚集和专家论证工作机制的作用。区政协督查组听取区住建局提案办理情况汇报并提出意见建议。年内，区住建局根据提案督办意见，着手编制建筑产业现代化发展规划，出台建筑产业现代化实施意见，以住建部绿色建筑产业集聚示范区为核心，以创新驱动发展为主轴，重点突破，加快推进以“标准化设计、工厂化生产、装配化施工、成品化装修、信息化管理”为特征的建筑产业现代化，促进全区经济社会与环境协调可持续发展，为建设美丽宜居新武进作出应有贡献。

4月12日，区政协副主席周耀南、社法委主任徐全国、民盟武进区基层委员会主委万琴凤等一行6人，在区民政局督查重点提案《关注居家养老，推进养老事业》《关于推行社区养老的建议》的办理情况。年内，区民政局作为养老事业的业务主管部门，加强宣传引导，实现政府、基层和全社会共同推进养老事业，把中心城区作为居家养老和社区养老实践推广的重点，培育一批典型养老机构，建设一批较完善的日间照料中心；加强虚拟养老中心建设，实现城区、乡镇（集镇）区服务全覆盖；引进社会力量参与社区养老和居家养老建设，共同打造适应老龄化社会的养老模式；参与新社区的规划，加快推进居家养老、社区养老的标准化建设。

4月13日，区政协主席张建新、副主席刘云英率领提案委负责人和提案人，在区金融办重点督查《推进上市企业做大做强》《推动金融产品创新》等提案的办理落实情况。区政府、区金融办等相关部门推进落实督办意见，引导上市公司开展定增和并购资本运作等工作；加强金融改革创新，健全全区金融创新服务体系，缓解企业融资难、融资贵等问题。

4月14日，区政协副主席万卫新带领区政协提案委、文史委负责人和相关提案人，督查重点提案《关于进一步发展村级集体经济的建议》的办理情况，听取区委农工办等承办单位汇报，要求承办单位及时起草出台指导性文件，研究落实相关政策，探索创新共建模式，搭建发展平台，加快建设各类载体，破解全区村级集体经济存在的难题，全方位提高全区村级集体经济发展的整体水平。年内，区委农工办按照区委、区政府《关于开展新一轮扶贫开发工作的实施意见》精神，采取牵头研究制订《安置区“留用房”政策实施细则》、鼓励开展宅基地整理和集中居住试点、营造农村生态保护补偿的政策范围、开展存量闲置建设用地整理改造等一系列措施，促进全区村级集体经济发展。

4月19日，区政协副主任王友诚带领提案委主任蒋杏娟、经科委主任夏荣伟和相关提案人，在区经信局督查重点提案《关于创建“互联网+实业”，提升企业竞争力的建议》和《关于制定我区“互联网+”行动计划的建议》办理

9月28日，区政协开展住宅小区物业管理专项民主监督活动　　供稿/区政协办

情况，要求承办单位加强宣传，实施创建互联网融合创新示范工程，鼓励开展“互联网+”应用工作，探索建立行动保障机制，全面深化全区工业与互联网的融合创新，推动全区“互联网+”行动取得实效。

4月21日，区政协副主席蒋红英带领提案委主任蒋杏娟和提案人，重点督查区交通局提案《完善经开区至武进区公交线路》办理情况。随着行政区划调整，从经开区到武进中心城区办事的居民日益增多，原有的公交班次不能满足需要。区政协十三届五次会议期间，杨丽娜等7位委员提出《完善经开区至武进区公交线路》的提案，建议增加公交班次，优化武进区与经开区公交路线等。区交通局高度重视，及时对接经开区建设局及常州公交公司，配合做好公交规划调整。年内，常州公交公司在早晚高峰时段合理调配317和502路公交班次，并优化65路、230路等公交线路。

4月21日，区政协主席张建新、区政协办主任沈克强、提案委主任蒋杏娟及农工民主党组组长陈飞燕在环保局，督查重点提案《加快生态绿城建设的建议》办理情况。提案建议更新理念、重视生态建设，科学规划、注重综合效益，优化机制，形成整体合力，加大人力财力投入，总结推广滆湖重要湿地保护区、高新区低碳公园科普基地、环高架生态绿道等工程建设经验，加大武进生态绿城建设力度。年内，各承办单位齐抓共管，加大投入、量化指标，总体规划、分段实施，逐步完善、有效提升，加强跟踪督查，推进2016年生态绿城建设六大工程41个项目。结合武进实际，调查研究滆湖饮用水源保护区保护工程等生态源保护项目，做好方案制定，扎实有效推进工作；对长沟河公园等工程，将坚持高起点规划、高品质设计、高标准建设，提升建设的品质与内涵；加快部署环西太湖生态绿道等生态绿道建设，确保项目早启动、早建设、早使用。

5月，区政协开展提案办理促办活动，全面督查承办部门提案办理情况。10月，开展提案办理“回头看”，对办理情况跟踪督查。至年末，立案提案均按时完成办复，政协委员对提案办理、答复情况满意及基本满意率达99.1%。年底，评选出《关于加强经开区水利工程建设及管理的建议》等优秀提案25件，编印《优秀提案选编》。

【政协专题考察活动】 2016年，区政协围绕重点项目推进、创新驱动战略实施、经开区工作、档案工作、城乡一体化建设、为民办实事项目落实情况等课题开展主席会议专题考察6次。活动中，深入基层、深入现场、深入群众，重点考察区委、区政府决策部署的贯彻落实情况、重大项目的规划建设情况及为民办实事项目的推进情况，促进相关部门进一步做好工作。区政协把考察中了解到的情况、问题及时向区委、区政府反映，为全区发展咨政建言。其中，《关于加快武进档案新馆建设的建议》上报后，受到区领导重视。11月30日，组织开展政协委员大考察活动，全体政协委员实地察看江苏恒立液压股份有限公司、夏溪花木市场、武进绿博园、宝林寺等单位。

10月26日，区政协主席会议专题考察为民办实事工程　供稿/区政协办

【政协社情民意办理】 2016年，区政协加强社情民意信息的整理、审核、上报和跟踪反馈工作，全年收到社情民意信息22条，经核实整理，将其中10条以《社情民意》信息简报形式报送区委、区政府10期，区领导分三期作出批示，落实解决相关问题。其中，《关于增加我区政策性畜禽险种的建议》上报后，区委书记史志军、区长戴士福及时批示，农业保险工作领导小组办公室迅速对接沟通，逐步扩大新险种的覆盖范围。全年向市政协报送社情民意信息2条，直接向部门转送社情民意信息3条。

【政协民主监督活动】 2016年，区政协继续实施对口联系制度，由副主席分别挂钩联系18个民主监督小组。3月2日，召开民主监督小组工作会议，部署全年民主监督工作。各监督小组与受派部门联系沟通，学习部门业务知识，针对部门重点工作开展、重要政策落实、党风廉政建设和提案办理情况实行监督，通过调查研究、专题视察、明察暗访等方式，广泛听取社会各界和人民群众的意见建议，并及时反馈给受派部门，推动部门改进工作。9月28日，区政协创新开展专项民主监督活动，围绕住宅小区物业管理，各界委员齐聚一堂，结合前期调研内容，共同提出监督意见，商定对策建议，监督工作做到有主题、有载体、有成效。

【教育及医疗问题听政议政】 2016年5月24日，区政协组织委员代表开展中心城区教育设施配套建设进展情况听政议政活动，跟踪评议2015年区政协常委会调研建议的落实情况。年内，区教育局全面调查摸底中心城区教育资源情况，推进采菱小学、X29小学、火炬路小学、C10初中等基建项目，城区教育设施配套工作取得阶段性成果。政协委员围绕教师队伍建设、教育公平、外来人员子女入学问题、住宅小区教育设施配套情况、新市民学校办学质量提升、教育精神重塑等热点问题，大胆议政、

建言，形成《关于高度重视加快解决中心城区教育有关问题的建议》报送区委、区政府。8月31日，开展深化全区医药卫生体制改革听政议政活动。政协委员就实施医疗联合体建设、普及村级卫生室、加强医疗人才队伍建设、完善分级诊疗政策、落实重大疾病防控措施等议政建言。各有关部门结合委员议政情况，作针对性的表态发言。

8月25日，区政协开展“推进绿色发展”专题协商议政活动　　供稿/区政协办

【政协优秀提案】 2016年年末，区政协表彰优秀提案25件。其中，有关推动改革和经济社会发展的提案12件，有关民生的提案8件，有关科教文化建设的提案5件。

表5　2016年度政协武进区第十三届委员会优秀提案

提　案　名　称	提　案　人
关于加强经开区水利工程建设及管理的建议	陈月波、冯丽娃
关于加快我区生态绿城建设步伐的建议	农工民主党武进区委
关于进一步发展村级集体经济的建议	徐新波
关于加快我区中小企业合并重组发展的建议	俞新春
关于加快推进上市企业做大做强的建议	工商联组
关于制定我区“互联网＋”行动计划的建议	冯　超
关于加快推进我区建筑产业现代化发展的建议	民进武进基层委员会
关于加固西太湖岸线防洪大堤的建议	张亚平
关于加快推进武进综合保税区发展的建议	民建武进基层委员会
关于推动西太湖科技产业园健康产业发展的建议	张惠良
关于进一步开放金融市场推动金融产品创新的建议	桑　遥
关于规范和发展金融中介机构的建议	王中元
关于继续实施农村公路提档升级的建议	杨欣、乔强、秦伟新
关于完善经开区至武进中心城区等地公交线路的建议	杨丽娜、周煜明、周萌昱、王淑文、陈桂芳、沈　葶、巫桃青
关于尽早规划建设武进中心城区公共交通换乘停车中心的建议	殷惟舟
关于对阳湖菜场人民路两侧进行整治的建议	何静华、张林华
关于加快建设经开区文化活动中心的建议	殷宏伟
关于依托高职教育资源培养实用型人才的建议	赵　杨、吴新平、权莲花
关于加强武进区红色文物设施保护工作的建议	周　璞
关于加快推进镇（街道）图书馆建设的建议	范正洪
关于家庭安全用药的建议	杨　慧
关于推进分级诊疗制度的建议	曾益山
关于关注居家养老，推进养老事业的建议	民盟武进基层委员会
关于加快住宅区成立业主委员会的建议	徐全国
关于整顿老年人保健品市场的建议	周　萍、张　琪、庄　军、翁敏红

【“推进绿色发展”专题协商议政】 8月25日，区政协围绕“推进绿色发展”，创新开展专题协商议政活动。区政协委员在会前做大量调查研究，来自不同界别的7名政协委员代表围绕生态文明建设和环境保护、产业绿色低碳发展、食品安全监管、绿色发展理念培育等方面在会上作专题发言，提出许多有价值的意见和建议。区发展改革局、经信局、教育局等相关部门负责人结合委员议政情况，作表态发言。区政协领导、区政府领导听取发言，参与交流探讨，与代表形成共识。

【《武进历史文化丛书》合集正式出版】 2016年，《武进历史文化丛书》合集由江苏人民出版社出版。该文化丛书由武进区政协学习与文史委员会和武进区炎黄文化研究会编纂，历时3年，全套包括《武进史话》《名人春秋》《院士风采》《古迹纵览》《花都叠翠》《艺苑撷珠》《珍馐美馔》《民间故事》《先贤文选》《诗国雅韵》，共10册150万字。丛书参考大量文献资料、考古发现、民间传说，结合最新研究成果，全方位、多角度展示武进多个领域中人们最感兴趣的内容，配发人物、风光、建筑、文物等方面的图片，图文并茂，通俗生动地展示武进历史文化内涵和魅力，为武进提供一套地方历史文化普及读物和对外宣传文本。

（李　莹）

（栏目编辑　王国新）

民主党派·工商联·无党派人士联谊会

民主党派·无党派人士联谊会

【概　况】 2016年年末，武进区有民革武进区基层委员会、民盟武进区基层委员会、民建武进区基层委员会、民进武进区基层委员会、农工民主党武进区委、致公党武进区基层委员会、九三学社武进支社7个民主党派组织和1个无党派人士联谊会。民主党派和无党派人士联谊会共有成员821人，其中担任中央委员1人、省人大代表1人（常委会委员1人）、省政协委员3人、市人大代表17人、市政协委员18人（常委5人）、区人大代表14人（常委4人）、区政协委员134人（常委28人）、特约人员63人、人民监督员5人。年内，民主党派、无党派人士联谊会受到市级以上表彰4次，被评为市级以上先进个人成员及工作者共49人次。民盟武进区基层委员会被民盟省委评为先进集体，被民盟市委评为优秀基层组织。民进武进区基层委员会被民进省委评为参政议政先进组织，被民进市委评为先进基层组织。民革武进区基层委员会被评为民革全省祖统工作先进集体。李公朴生平事迹展览馆被授予“中国民主同盟传统教育基地”称号。

2016年，在常州市各民主党派换届中，武进区民主党派人士15人当选副主委、常委或委员。羌晓丹当选为民革常州市委委员。万琴凤当选为民盟常州市委委员。徐红、杜爱祥当选为民建常州市委副主委，谈胜当选为民建常州市委常委，桑遥、倪萍当选为民建常州市委委员。张小虎、吴文英当选为民进常州市委委员。陆雅芬当选为农工民主党常州市委副主委，王中元当选为农工民主党常州市委常委，狄旭东、俞瑜当选为农工民主党常州市委委员。陈凯当选为九三学社常州市委委员。杨福宽当选为致公党常州市委常委。全区新增党外领导干部11人，其中副处级1人、正科职（级）5人、副科职5人。全区共有党外领导干部51人，其中处级8人、正科职（级）8人、副科职（级）35人。全年各党派团体新增成员52名，其中具有硕士研究生学历5名、本科学历42名、大专学历4名、中专学历1名，具有中高级职称的技术人员18名。

7月12日，李公朴生平事迹展览馆在常州武进正式开馆，并被授予“中国民主同盟传统教育基地”称号　　供稿/区委统战部

全区各民主党派和无党派人士联谊会共提出建议和提案166件，完成调研课题19个。其中，被市领导批示4条，被区领导批示2条。提交的意见和建议被省政协录用1条、省委统战部录用13条、市委办录用5条、市委统战部录用34条。民盟武进区基层委员会《关于我区学前教育发展情况的思考与建议》、民建武进区基层委员会《关于加快推进我区特色镇建设的思考与建议》、民进武进区基层委员会《关于以优质教育资源助力东部新城发展的思考与建议》《关于我区企业用工情况调查和人才需求预测的报告》、农工民主党武进区委《关于大力发展我区多层次社会化养老服务与建议》被列入区政协调研汇编材料。农工民主党武进区委《关于加快我区生态绿城建设的思考与建议》、民盟武进区基层委员会《关于关注居家养老，推进养老事业的建议》、民建武进区基层委员会《关于加快推动武进综

表6 2016年武进区民主党派、无党派人士联谊会基本情况

单位：人、件

单位名称	成员							建议、提案	
	人数	人大代表			政协委员			件数	优秀提案
		省	市	区	省	市	区		
民革武进区基层委员会	73	—	2	2	—	—	11	10	—
民盟武进区基层委员会	130	1	2	—	—	2	19	22	1
民建武进区基层委员会	150	—	2	4	1	2	16	18	2
民进武进区基层委员会	116	—	3	4	—	3	17	20	1
农工党武进区委	193	—	3	2	2	5	33	48	2
九三学社武进支社	31	—	1	—	—	2	9	9	—
致公党武进区基层委员会	48	—	1	1	—	1	7	10	—
区无党派人士联谊会	80	—	3	1	—	3	22	29	—

合保税区发展的建议》、民进武进区基层委员会《关于我区建筑产业现代化的调查与建议》4篇集体提案被评为区优秀提案。

全区各民主党派和无党派人士联谊会充分发挥党派团体资源优势,结合“爱国爱党爱家乡，同心共建新武进”主题，开展一系列活动，树立服务品牌。民革武进区基层委员会的“博爱”系列活动，农工民主党武进区委的“同心健康讲堂”“同心惠农”工程，民盟武进区基层委员会和民进武进区基层委员会的文化共建、送教下乡活动，民建武进区基层委员会和无党派人士联谊会的“法律共建”“同心护蕾”公益活动，九三学社武进支社的“医卫专家工作站”“同心助残”等社会服务品牌影响力不断彰显。响应武进区委统战部“三进三送”社会服务行动，与湖塘镇、洛阳镇、雪堰镇等16个镇（街道、开发区）的25个村（社区）结对共建，实施义诊义演、心理咨询、法律援助等共建项目50个，开展社会服务活动50余（场）次，受益人数1万余人次。

【“博爱”系列活动】 2016年，民革武进区基层委员会将“博爱”精神与“同心”实践活动相结合，整合全区党员资源，创新服务形式。6月，组织王晖、储军、刘炜3位医疗专家，组成民主党派援疆医疗队，在新疆尼勒克县开展为期一周的“同心博爱”医疗援疆活动，完成多台高难度示范性微创手术，举办专业技术培训和讲座，并捐赠药品和器械价值100余万元，在尼勒克县开创民主党派援疆的先河。民进武进区基层委员会组织成员参与民进中央的“彩虹行动”，全国十大最受欢迎校长、优秀校长钱爱芙等会员到贵州省毕节地区金沙县、云南省昆明市做教学主题报告，上示范课、公开课，开展智力援助老少边穷地区。106岁的抗战英雄赵赠熊住院期间，民革武进区基层委员会组织党员医生制定专门医疗方案，悉心照料，直至英雄安然离世。

【助残公益品牌服务】 2016年，民革武进区基层委员会、九三学社武进支社、致公党武进区基层委员会共建的“同心助残”驿站拓展筹资渠道，创新服务形式，提升精准助残能力。5月10日，“同心助残”驿站承办“同心助残，与爱同行”大型义拍活动，共拍出知名书画家、残疾人朋友的作品58件，累计获拍卖款19.29万元、捐款及捐物折价6.2万元，新增爱心结对4组。在义拍会上，武进高新区北区管理处与驿站签订“同心向党——北区精准助残”战略合作协议，为400多名残疾人购买“同心助残”驿站的社会服务。年内，“同心助残”驿站开展新春入户慰问活动，慰问残疾家庭22户，发放助残金4万元。申报的《“三位一体”精准助残》项目获2016年常州市社会公益服务创投项目评比活动一等奖，获6万元资助;《心飞扬精准助残》项目获武进区公益创投重点支持，获拨款3万元。“同心助残”驿站被推荐为江苏省优秀助残志愿组织、江苏省示范性社会组织，《“三位一体”精准助残》项目被推荐为江苏省优秀社会工作项目。

【“同心护蕾”行动】 2016年，由民建武进区基层委员会和无党派人士联谊会共建的“同心护蕾”驿站继续开展“同心护蕾”行动，组织会员深入社区、学校、家庭，开展教育扶持、心理援助、法律讲座、法律咨询等服务，关怀未成年人的成长。年内，在湖塘桥初级中学举办“同心护蕾”大讲堂公开课5次，家长、学生听课500多人次。《9岁女孩想要一双漂亮的舞蹈鞋》的新闻在《武进日报》刊发后，佰腾科技爱心基金会于10月26日派员看望家住南夏墅街道的吴佳佳小朋友，赠送爱心资助金3000元及书包等文具用品，并承诺持续资助其读书，直至大学毕业。常州凯达重工科技有限公司总经理许健每年捐资3万元帮助贫困学生“圆梦”，在2013年拿出100万元支持东安实验学校基础建设的基础上，2016年又投入100万元支持该校体育设施建设。“同心护蕾”基金会组织13名心理咨询师参加“金球驿站”心理援助活动，为16名矫正对象做心理矫正；组织爱心志愿者看望、资助贫困学生，资助金额1万多元；向礼嘉镇新市民小学捐赠电脑5台。年末，“同心护蕾”驿站被评为“武进区十佳公益社会组织”，全年累计获市、区民政局公益创投帮扶资金3万元。

【文教共建活动】 2016年“六一”节，农工民主党武进区委关爱新市民子女同心驿站成员为武进牛塘文汇新市民子弟学校师生上作文、书法、竹笛、舞蹈、国画示范课5堂。“八一”前夕，农工民主党武进区委在武进区公安消防大队举行庆“八一”警民文艺联欢会。年内，民盟武进区基层委员会组织盟员到嘉兴南湖、安徽陈独秀纪念馆开展红色之旅活动。全盟倡导“悦读”活动，在清英外国语学校等单位开展读书分享会。组织盟员参加李公朴诞辰100周年系列纪念活动、“墨香同心”武进区统一战线书法作品展、江苏省第二届（国际）艺术品博览会等活动，开阔盟员视野，提升文化素养。民进武进区基层委员会组织会员参与民进全国“迎新春、送春联”——书画家进社区活动，张克强、

章哲诚、陶瑛、杨可迪、徐保林等书画家在花东社区、晓柳花园和湟里社区开展送春联活动，免费为社区居民书写春联600幅。年末，农工民主党武进区委创建的关爱新市民子女同心驿站获2015年度武进区“十佳敬老助残、妇幼关爱社会组织”称号。

【关爱空巢老人及“失独”家庭同心驿站活动】 2016年，民盟武进区基层委员会继续开展关爱空巢老人同心驿站活动，全年发放慰问金6000元。春节前，组织盟员分别看望慰问丰乐公寓106岁高龄的王美大老人和府北新村特困户许顺琴老人。中秋节前夕，组织盟员慰问丰乐社区因病致贫的空巢家庭2户。重阳节前夕，组织骨干盟员到湖塘镇聚湖居家养老服务中心（聚湖老年公寓）看望慰问孤寡老人，赠送水果、点心和重阳糕。民进武进区基层委员会关爱“失独”同心驿站申报市、区公益创投项目，制定并实施《关爱“失独”同心驿站活动计划》。张克强、吴君民、陆永德、周建平等会员走访慰问“失独”家庭10户，发放慰问金1.5万元，资助“失独”贫困家庭学生2名。

【健康共建系列活动】 2016年，农工民主党武进区委依托“同心健康驿站”，联合农工民主党武进人民医院总支部、武进中医医院支部分别在嘉泽镇、横林镇、西湖街道开展健康讲堂2次、大型义诊活动2次，受益群众1000余人次。7月上旬，武进区部分地区遭受洪涝灾害，农工民主党武进区公共卫生支部组队到全区灾民安置点指导卫生工作，检测生活饮用水水质。7月，民革武进区基层委员会在常州经开区举办“夕阳无限好，健康最快乐”大型中老年健身活动，开展快乐健身运动文化知识讲座和居家徒手健身辅导，手把手传授实用健身技巧，引导中老年人营造快乐、健康的生活方式。九三学社武进支社参与九三学社省委、市委“百名专家进乡村”主题活动，加强洛阳水果、春晖乳业、牛塘医卫、红房子医卫九三学社4个专家工作站建设，开展义诊、科普惠农和专家、技术、产品对接活动，提升服务基层、农民和农业的能力。

（陈　捷）

武进区工商业联合会

【概　况】 2016年，武进区工商业联合会确立“在联字上做文章、在服务上树形象”的工作思路，推进“思想政治引领、组织体系完善、商会改革攻坚、商会服务创新、干部能力提升”五大工程，在加强组织建设、服务发展大局和推进光彩事业等方面扎实有效开展工作。年内新增会员企业215家，会员总数4133家。年末有镇（开发区、街道）商会15家、行业商会30家，会员企业经济总量占全区经济总量的80%以上。会员企业入围中国民营企业500强8家、中国民营企业制造业500强11家、中国民营企业服务业100强2家。区工商联（总商会）获评全国“五好”县级工商联、全省县（市、区）工商联先进集体和区级机关绩效管理和综合考核优胜单位、区“三型机关”（学习型、服务型、创新型）等荣誉。

【区工商联第十次会员代表大会】 12月6日，武进区工商业联合会第十次会员代表大会在武进假日酒店召开，出席代表550名。江苏省工商联副主席何昌林，常州市副市长、武进区委书记史志军出席并讲话。区工商联主席桑遥作《凝心聚力践行五大理念，开拓创新服务科学发展，为开创武进区工商联事业的崭新局面而努力奋斗》的工作报告。大会选举产生武进区工商联第十届执行委员会。十届一次执委会选举产生区工商联第十届执行委员会主席、副主席、秘书长和常务委员，桑遥当选为主席，赵忠明等31人当选为副主席，蒋建平当选为秘书长，王占洪等26人当选为常委，马俊浩等79人当选为执委。

【非公有制经济代表人士理想信念教育实践活动】 2016年，区工商联采取典型引领、政企联动和推进企业和谐文化创建示范等形式，深入开展非公有制经济代表人士理想信念教育实践活动。3月25日，召开2015年度全区“爱国敬业创新诚信守法贡献”先进事迹汇报表彰大会，表彰先进会员企业93家、先进基层商会7家、先进行业商会7家和商会工作先进个30名，组织常发集团董事长黄小平、常州腾龙汽车零部件股份有限公司董事长蒋学真、常州祥明电机有限公司总经理张敏、江苏长海复合材料股份有限公司总经理杨鹏威交流创业创新、转型升级、资本运作、回报社会等典型经验。8月30日，会同区委统战部，组织召开全区非公有制经济代表人士理想信念报告会暨企业和谐文化建设提升行动推进会，组织常发集团、江苏洛凯机电股份有限公司、常州博瑞电力自动化设备有限公司的企业家做主题发言，进一步坚定全区非公有制经济代表人士对中国特色社会主义的信念、对党和政府的信任、对企业发展的信心和对社会的信誉，凝聚改革共识，汇集改革正能量，促进非公有制经济健康发展。年内，区工商联组织新春座谈会、中秋座谈会、新一代企业家培训班等活动，贯彻落实中共中央总书记习近平在全国政协民建、工商联界委员联组会上的重要讲话精神，建立“亲”“清”新型政商关系。武进总商会党委组织全体党员和部分非公有制经济代表人士43人，分两批到广西百色起义纪念馆等爱国主义教育基地，接受革命传统教育，切实增强非公经济代表人士的爱国爱党爱家乡的情怀和做强企业回报社会意识。区工商联鼓励引导企业重视和加强企业和谐文化建设，推进和谐文化建设示范企业、标兵企业创建工作，评选表彰和谐文化建设五星级企业10家、四星级企业20家、三星级企业23家、标兵企业38家。

【企情调研】 2016年，区工商联围绕全区经济发展大局，努力提升服务水平。2月，组织工业系统行业商会，采取问卷调查、实地走访，收集整理800余家规模以上会员企业春节后开复工情况，分析原因，提出建议，为区委、区政府掌握情况、做出决策提供参考。5—10月，配合“营改增”试点向营业行业展开，组织行业商（协）会调研走访房地产、建筑、花木园林和酒店业企业，有针对性地组织300多家企业参加政策宣讲和业务培训班4场次；会同区国税、地税等部门，举办全区“营改增”政企座谈会，交流试点情况，反映企业诉求，推进政策顺利实施。8月26日，举办“走进瑞声、学习先进”活动，组织全区200多名青年企业家参观瑞声声学科技控股有限公司，交流企业发展经验。年内，组织走访企业100余家，完成上规模民营企业和民营企业履行社会责任情况调研75份。区工商联及各行业商会组织撰写的《关于武进区化工企业搬迁情况及建议的调查报告》《关于加强新形势下非公经济人士思想政治工作的思考与建议》等调研报告，受到区委、区政府领导的肯定，部分意见建议被采纳。

【经济转型升级服务】 2016年，区工商联加强院企产学研对接和企业管理培训，助推全区经济转型升级。5月26—27日，邀请中关村融智特种机器人联盟成员专题调研武进区及相关企业情况，提升武进智能机器人品牌影响力。年内，举办第22期厂长（经理）培训班，参训248人。建设青年企业家队伍，会同区委统战部等举办新一代企业家中山大学培训班，培训企业家37名。联合区委统战部在香港举办首期武进民企资本研修班，培训企业家及企业高管24人。协助区委组织部举办第12期清华大学—武进企业总裁工商管理高级研修班。邀请阿米巴经营研究专家孙庆金，为200余家会员企业作阿米巴经营专题讲座。牵头各基层行业商会，举办企业档案管理、药品经营、安全生产等培训班，全年培训2000多人次。各基层行业商会组织会员在华中科技大学、武汉大学、浙江大学等高校院所开展院企产学研对接活动16场，达成合作意向100余项。

【基层商会规范化建设】 2016年，区工商联加强基层商会规范化建设，促进基层商会发挥职能作用，助推非公有制经济发展，服务经济社会发展大局。主动与常州经开区党群事业部对接，沟通基层商会建设、商会功能发挥、非公经济代表人士队伍建设等问题，加强与原戚墅堰区的企业家联系，推动武进区各行业商会向经开区扩面，促进两区工商联基层组织融合。加强基层行业商会的领导班子建设，完成湖塘镇商会、遥观镇商会、洛阳镇商会、丁堰街道商会、酒店业商会、纺织业商会换届工作；组建遥观镇、嘉泽镇、丁堰街道青年企业家商会，扩展全区新生代企业家交流培训平台。加强社团组织专业化评估工作，提高社会组织法人治理能力，丰富完善社会组织信用评价体系。区机械装备业商会、房地产业商会、医药医疗器械业商（协）会、青年企业家商会4家商会通过AAAAA级社会组织第三方评估。

【光彩事业】 2016年，区工商联和各级商会引导会员履行社会责任，推进同心共建光彩行动。全区新建常奥千万光彩基金及南庄村爱心、雪堰初级中学教育共建、雪堰中心小学教育共建、阳光家园圆梦、华森、亚太百万光彩基金6个；新增协议光彩基金7300万元，到账资金3400万元。年内，全区累计实施光彩共建项目155个，投入资金3200万元。区工商联会同区委统战部开展光彩新疆行、光彩老区行等活动，组织今创集团、瑞声科技、峰度咨询3家企业在盐城市响水地区开展“百企帮百村”精准扶贫活动。

3月25日，全区“爱国敬业创新诚信守法贡献”先进事迹汇报表彰大会在区行政中心召开 供稿/区工商联

【8家武进企业入围中国民营企业500强】 8月25日，由全国工商联发布的“2016中国民营企业500强”在北京揭晓，武进区中天钢铁集团有限公司（简称中天钢铁）、亚邦投资控股集团有限公司（简称亚邦投资）、百兴集团有限公司（简称百兴集团）、新城控股集团有限公司（江苏新城地产股份有限公司）（简称新城控股集团）、东方润安集团有限公司（常州东方特钢有限公司）（简称东方润安）、常州南海铜业有限公司（简称南海铜业）、国茂减速机集团有限公司（简称国茂减速机）、江苏江南实业集团有限公司（简称江南实业）8家民营企业上榜，比2015年增加2家。武进区中天钢铁以营业收入总额1001.63亿元成为500强第22名，亚邦投资以营业收入总额401.28亿元排第83名，百兴集团以营业收入总额244.74亿元排187名，新城控股集团以营业收入总额235.69亿元排194名，东方润安以营业收入总额202.54亿元排227名，南海铜业以营业收入总额139.5亿元排358名，国茂减速机以营业收入总额102.65亿元排487名，江南实业以营业收入总额102亿元排495名。其中，亚邦投资的排名由2015年的88名上升到83名，上升5名；新城控股集团的排名从2015年的261名上升到194名，上升67名；南海铜业的排名比2015年上升6名。年内，中天钢铁、亚邦投资、东方润安、南海铜业、国茂减速机、江南实业、常发实业、新誉集团、旷达控股、新华昌集团、瑞声科技11家公司入围中国民营企业制造业500强，百兴集团、新城控股集团入围中国民营企业服务业100强。

（许建勋）

（栏目编辑　王国新）

工会·共青团·妇联

武进区总工会

【概　况】 2016年年末，武进区总工会下辖镇总工会11个、街道总工会5个、国家级开发区总工会1个、省级开发区总工会1个、旅游区管委会工会2个、系统(局)工会9个和直属单位工会17个。全区有独立基层工会4274个、联合基层工会352个，覆盖单位15038家。全区职工总数615611人，工会会员578675人，入会率94%。

年内，区总工会紧扣“服务党政大局、服务企业发展、服务职工所需”工作定位，广泛开展关爱职工行动和服务职工“双创”工程、“双争”活动，为团结动员广大职工，建设“强富美高”新武进做出贡献。新组建各级工会组织134家，发展会员3.5万人，其中农民工会员3.4万人。新发放工会服务卡3.1万张，签约特约商户178家。建成职工服务中心8个，授牌市级四星级服务站3家。组织10万余名职工参加市“安康杯”劳动竞赛，组织各类培训班100多期、培训职工2.1万人次。开展送温暖、助学帮困等活动，累计发放资金1300多万元；为优秀职工、困难职工和劳动模范免费体检2.1万人次。武进区总工会获江苏省模范职工之家、常州市优秀基层工会组织和常州市五一劳动奖状单位等称号。孔建华获评全国五一劳动奖章，石金良、叶青、许新跃、孙林乔、杨祖华、张育明、陈志明、是蓉珠、钟成获评江苏省劳动模范，毛建东、戎亚雄、陈静、顾志平获评先进工作者，费叶青获评省优秀工会工作者，江苏恒立液压股份有限公司、常州合力电器有限公司、常州市武进广宇花辊机械有限公司、常州市武进区市政公用事业管理处、常州市武进区特种垃圾管理站获评常州市五一劳动奖状单位，蔡维考、莫志红、黄华、万小明、薛红良、赵兴国、蒋学真、施璐嘉、杨亚红、陈伟平、何晓萍、李菊妹获评常州市五一劳动奖章。区总工会评选表彰武进区五一劳动奖状获奖单位29个、五一劳动奖章获得者71人。

【关爱职工行动】 2016年，区总工会全面梳理职工帮扶服务情况，立足提质增效，优化服务平台，实现精准帮扶。举办2016年农民工专场招聘会，提供岗位4500余个。组织工会“两节”送温暖活动，帮助47312人次农民工平安返乡，慰问困难职工家庭2348户，发放慰问金1106.9万元。开展金秋助学活动，结对助学402人，资助金额110.8万元。实行“即困即帮”帮扶制度，全区各级工会累计向355户困难职工家庭发放慰问金104.5万元。为常州经开区472名环卫职工送上爱心礼包，为全区一线环卫职工、城市协管员、公安交通辅警7845人购买意外伤害保险累计39.23万元。为2.1万名优秀职工、44名困难职工、257名一线劳模、158名困难女职工提供免费体检。组织3批次100名劳模免费疗（休）养。举办青年交友活动9场，为全区200余家单位800多名未婚青年职工免费提供网上交友联谊服务。指导建成环卫职工“安康·爱心驿站”82个、“爱心母婴室”16个。区总工会主动适应工会帮扶服务转型发展的新要求，构建普惠服务体系，优化提升服务平台。全年新发放工会服务卡3.1万张，签约特约商户178家，合作商家门店达230

3月22日，区总工会在区职工服务中心举办农民工专场招聘会　供稿/区总工会

家，发放职工住院慰问金476人次；建成职工服务中心8个，授牌市级四星级服务站3家。组织企业“订单式”培训、工会小组（班组）长管理培训、职工学历提升培训、职业技能培训等100余期，培训职工2.1万人次，工会补贴职工学历教育235人次。举办“中国梦·劳动美·幸福路”农民工歌手大赛暨技能展示活动、职工象围棋比赛、职工羽毛球比赛等，丰富职工业余文化体育生活。组织开展文明职工评选活动，推进“书香企业”建设。

【职工创新创业工程服务】 2016年7—8月，区总工会先后制定出台《武进工会2016—2018年服务职工创新创业工作实施意见》《关于做好武进工会小额保证保险贷款管理工作的通知》，要求各级工会全面实施武进区工会2016—2018年服务职工“双创”计划，努力打造服务职工创新平台，推进劳模创新工作室、职工岗位练兵、技能比武及“五小”（小发明、小创造、小革新、小设计、小建议）竞赛等活动，激发职工岗位创新，推动形成“比、学、赶、帮、超”的良好局面。计划三年内，全区建立劳模创新工作室不少于5家，组织劳模服务基层活动50场次，开展师徒结对签约1200对，帮助职工提升学历500人次，重点选树和扶持“众创”平台2～3家，为全区100家以上企业提供贴心服务；通过设立1000万元职工创新创业专项资金，全面实施职工“双创”行动计划，激发职工“双创”活力，加快形成大众创业、万众创新生动局面。年内，区总工会依托湖塘科技产业园，建立占地3万多平方米的武进区职工创新创业基地，为职工创业提供金融扶持、项目孵化辅导、基础设施补贴等服务。通过“贷款+保险”模式，由保险公司对符合条件的创业企业提供担保的小额贷款，工会补贴贷款保费，建立1000万元创新创业专项扶持资金，扶持企业51家，提供小额保证保险贷款508万元，帮助创业企业和创业职工缓解初创阶段融资难、担保难、贷款难问题。

【武进区职工创新创业基地揭牌】 5月18日，武进区职工创新创业基地在湖塘科技产业园揭牌。该基地由湖塘镇政府与区总工会共建，以湖塘科技产业园为平台，拥有用房面积3.35万平方米，具有湖塘镇职工服务中心、省级众创空间、省级创新创业孵化器三大功能板块。2016年，职工服务中心帮扶困难职工15人次、调解劳动纠纷16次；“湖塘创业坊”省级众创空间签约项目34家，涉及电子商务、信息科技、VR全景开发等行业，带动1000多人实现创业就业，开票销售额1700万元；省级创新创业孵化器入驻项目27个。该基地还设有创新创业服务中心，为入孵项目提供政策、管理、法律、财务、融资、市场推广和培训等服务。年内，7名创业者申请开业或创业孵化补贴，累计发放3.8万元；23家创业企业申请小额保证保险贷款补贴，累计发放40万元。7月，该基地被评为常州市首家“职工创新创业示范基地”。

【“争创模范职工之家、争做优秀工会工作者”活动】 2016年年初，区总工会出台《武进区模范职工之家管理办法》，推进基层工会组织规范化建设。各镇、开发区、街道总工会，系统（局）、直属单位工会和基层企业工会以建设“六有”（有组织网络、有工作制度、有经费保障、有活动开展、有活动阵地、有工作成效）职工之家建设为抓手，做到管理规范化、服务常态化、功能多元化、工作品牌化和会、站、家一体化，开展“争创模范职工之家、争做优秀工会工作者”活动，因地制宜打造各具特色的工作品牌，提高服务职工的能力，增强工会的吸引力、凝聚力。“模范职工之家”创建采取“自评自荐、申报推荐、调研考评、表彰命名”的程序和办法开展，由各镇、开发区、街道总工会，系统（局）、直属单位工会和基层企业工会对照《“模范职工之家”考核细则》自检自评后申报推荐。优秀工会工作者由各镇（开发区、街道）总工会、系统（局）工会根据“爱岗敬业、恪尽职守，业务精湛、业绩突出，服务职工、社会认可，遵纪守法、廉洁自律，一般应从事工会工作一年以上”的标准，择优推荐工会工作成绩突出的工会干部。年内，全区共评选表彰2015—2016年度区模范职工之家114个、区优秀工会工作者160名。

【尼勒克武进职工服务中心落成】 2016年6月25日，新疆尼勒克武进职工服务中心落成。该中心由武进区总工会援建，位于新疆维吾尔自治区尼勒克县，于2015年7月开工建设，项目总投资300万元，总占地面积1000平方米，建筑面积900平方米。该建筑共三层，设有职工帮扶中心、职工健身房、职工文艺排练厅、电子阅览室、图书室等功能区，建成后填补了尼勒克县服务职工群众需求和文体活动场馆的空白。

【武进职工心理服务中心成立】 7月28日，武进职工心理服务中心在武进职工服务中心揭牌。该中心是由区总工会筹建，武进区职工服务中心和常州市心理

6月25日，尼勒克武进职工服务中心落成　　供稿／区总工会

卫生协会合作建立的职工心理援助平台，主要面向武进辖区内各机关、企事业单位工会的在职职工提供心理健康服务。主要功能包括：职工心理咨询热线、职工心理健康体检、企业招工体检、职工心理管理讲座、临床心理评估等。职工心理服务中心采取“市场运作为主，区总工会政策扶持为辅”的模式，武进区职工服务中心提供场地，常州市心理卫生协会提供专业人员和设备，办公地点设在武进区职工服务中心三楼，区总工会为全区职工心理服务提供“三免费”“三补贴”的政策扶持。“三免费”：武进辖区内各单位在职职工可免费拨打“4009280051”心理咨询服务热线，咨询有关心理问题；每年免费为200名消防、政法等特殊群体职工提供心理健康体检；每年免费提供10场以上心理健康讲座。“三补贴”：每年补贴1500名职工参加心理健康体检；每年补贴1000名职工在招工中的职业与岗位选拔心理评估；每年为一定数量的在职职工提供临床心理评估补贴。

【武进区五一劳动奖状（奖章）评选】 2016年3月，区总工会下发《关于开展2015年度武进区五一劳动奖状、五一劳动奖章评选工作的通知》，启动武进区五一劳动奖状（奖章）评选工作。各级基层工会坚持评选条件和标准，按照公开公正公平和群众公认的原则，把好名额分配、程序推荐、材料审查、实绩考察等环节。4月29日，武进区召开庆祝“五一”国际劳动节暨表彰大会，授予29家单位2015年度武进区五一劳动奖状称号，分别为：江苏恒泰华洋医药股份有限公司、常州旷达威德机械有限公司、江苏丰润电器集团有限公司、常州龙泰铸造有限公司、常州市武进区城市管理行政执法大队湖塘中队、常州苏润机械有限公司、常州市凯迪电器股份有限公司、常州市东方锅炉压力容器制造有限公司、常州强力电子新材料股份有限公司、江苏江南实业集团有限公司、常州市汇丰船舶附件制造有限公司、常州市武进区丁堰街道农业水利服务中心、常州市武进区花苑社区居民委员会、江苏嗨购网络科技股份有限公司、江苏成章建设集团有限公司、常州金鼎电器有限公司、常州嬉戏谷国际大酒店有限公司、常州市武进区劳动监察大队、常州市武进区博物馆、常州市武进区建设工程质量监督站、常州市武进区礼河实验学校、常州市武进区抗旱排涝总队、常州市武进区运输管理处、常州市公安局武进分局雪堰派出所、常州市武进区广播电视台、常州市武进区林业工作站、常州市春秋乐园旅游发展有限公司、常州市武进土地登记中心、江苏常州经济开发区投资促进局；授予71名个人2015年度武进区五一劳动奖章称号，分别为：李珍珠、康珍、廖育联、汤敏俊、周荣良、龚俊程、蒋蓬莱、琚东升、李辉、陈刚、梅玉春、高伟新、倪建忠、恽姿、王国锋、侯志方、曾锋瑜、费琦波、张国红、诸建伟、费永其、虞静、石明、程星龙、潘华芬、李军、杨春宇、刘东海、殷才刚、董春秀、蒋铁军、唐峰、周洁、蒋燕、徐世中、王伟庆、张同乐、张莉、许健、季文斌、周芸、戴春华、王国新、陈万州、周强、蒋晓美、马跃兴、薛科、韦建英、杨燕敏、庄献锋、周文平、谢志峰、管红良、朱立强、周华美、周军、陈黎艳、许晓红、周青、陈晓明、杨桃兵、李杰、吴季楠、刘琦、吴晓红、缪秋萍、吴志平、黄坚、徐鹏、薛新洪。通过评选先进、表彰先进，激发全区广大职工的积极性、主动性和创造性，充分发挥职工群众在经济、政治、文化、社会以及生态文明建设中的生力军作用。

（储家浩）

共青团武进区委员会

【概　况】 2016年年末，全区有直属基层团（工）委55个，团总支（二级团委）130个，团支部2036个，团员57904人。年内，团区委围绕区委、区政府“践行五大理念，共创精彩开篇”的主题，突出“青武飞扬·竞”计划，扎实推进“竞学、竞贤、竞爱、竞善、竞优”五大重点工作，取得各项工作新成绩。区青少年服务中心获首批全国示范性“青年之家”综合服务平台称号，《共青团武进志（1926—2014）》付梓出版，成为全省第一部县区级团志。团区委获各类市级以上荣誉50项，连续四年被评为区级机关绩效管理和综合考核优胜单位。

【共青团武进区第二十一次代表大会】 12月28—29日在区行政中心召开，出席代表264人。市、区领导史志军、戴士福、潘文卿、臧建中、张建新、顾伟国、华飞、孙金才、郑政平、杨国成、徐萍、陆秋明、石旭涌、荆浩良、陆雅芬等，区总工会、妇联等群众团体和有关部门负责人及各界青年代表出席开幕式。区委书记史志军在开幕式上讲话，希望全区青年要志存高远，追求卓越的理想；要学有所长，争做社会的栋梁；要创新创业，勇当时代的先锋；要苦干实干，贡献蓬勃的力量；要弘扬新风，展现文明的形象。大会审议通过刘团所作的《发

12月28—29日，共青团常州市武进区第二十一次代表大会在区行政中心召开

供稿/团区委

扬“阳湖精神”，发挥先锋作用——为建设“强富美高”新武进贡献青春力量》的工作报告，选举产生第二十一届共青团武进区委员会。大会提出2017—2019年全区共青团工作的总体要求：“全力实施‘青武飞扬·汇’计划五大行动，汇聚广大团员青年力量，在实现更高水平的全面小康、积极探索开启基本实现现代化的新征程中奉献青春智慧。”

团区委二十一届一次会议选举产生新一届常委、书记、副书记，刘团当选为书记，赵丽君、徐敏当选为副书记。

【共青团工作改革】 2016年，团区委学习贯彻《共青团中央改革方案》，深化共青团工作改革，在专职团干的基础上配强团区委挂职团干、基层团组织兼职团干力量，优化团干队伍结构。从2010年开始，基层团委班子换届选举采用“1+5+5的模式”，即1名专职团委书记+5名兼职团委副书记+5名兼职团委委员。通过收集需求热点、建库统计分析、分层立项解决等方面，打通团干部直接联系青年的渠道，建立“青年身边的共青团”。团区委获评“2015—2016年度江苏省银行业金融机构优秀青年干部赴县级团委挂职工作先进单位”。建立“4+1”（团区委成员每周4天在机关，1天到服务对象中工作）“1+100”（每位专职团干部要经常联系100名左右不同领域的团员青年，及时了解和反映所联系青年的意愿诉求）工作机制，制作下发《青春工作手册》，优化联系青年方式方法，完善走听转办、挂钩联系、团建联系日等相关制度，串起团干部直接联系服务青年的完整链条。夯实基层团建基础，加强区域化团建、园区团建、非公团建。年内，“阿亮警官护雏工作室为青少年平安成长护航项目”获第二届全国基层团建创新典型案例。遥观镇团委、湖塘镇花东社区团支部分获“江苏省五四红旗团委”“江苏省五四红旗团支部”称号，赵丽君、芮莲分获“江苏省优秀共青团干部”“江苏省优秀共青团员”称号。提升“青春我领秀”学校团工作品牌，实施“一课一月一员，一室一角一档案”为主体的“六个一”团建项目，推进中学、中职学校共青团工作。严格按照计划和标准发展团员，逐年降低团员在学生中的占比，保持和发挥共青团员的先进性。武进职教中心、武进开放大学分获江苏省“十佳中职学校共青团组织”“优秀中职学校共青团组织”称号，朱玫蓉、程媛获江苏省“中职学校共青团工作先进个人”称号。

【“青字品牌”工程】 2016年，团区委推进“青年文明号”“青工技能比武”“青年岗位能手”“青年突击队”等“青字品牌”工程，服务中心大局，带领广大青年在抗洪抢险、城乡建设、技术攻关等一线挥洒汗水、奉献智慧。联合区卫计局、明都汽车集团开展基层岗位练兵和技能竞赛活动，引导动员广大青年职工立足岗位、创先争优，提高技术技能，争创一流工作业绩。组建“青年突击队”、青年创新工作室和青年创新创效QC工作室，在抗洪抢险、城乡建设、技术攻关等一线挥洒青春汗水。年内，3家单位获评省级“青年文明号”，8家单位获评市级“青年文明号”。开展“凝志、公益、活力”机关青年沙龙活动3期，增进各领域团员青年学习交流。充分发挥志愿者在全区重大活动和社会公益等方面的作用，积极参与全国文明城市测评、学雷锋集中行动等重点工作。其中，为2016国际龙舟联合会世界杯赛、江苏省第二届艺术品博览会等重大活动提供志愿者服务556人次。至年末，全区拥有注册志愿者15.2万余人。

【《武进青年“创业合伙人”（2014—2016）三年行动计划》收官】 该行动计划由团区委编制并组织实施，于2014年5月启动，2016年年底完成。三年累计聘请青年创业“梦想导师”57名，为创业项目融资4200万元，审核青年创业贷款金额3610万元，扶持青年直接创业180余名，组织青年参加创业培训1200余人次，帮助青年就业2000人。打造“三人行”青武创客部落，创成省级众创空间5家、省级农村电商示范基地1家、市级（五星级青年）众创空间4家，入驻项目增至130余个。青武·创客空间、极客车间分别获得2016年度全省苏青C空间大赛二、三等奖，“企运宝”等5个项目在第三届“创青春”江苏青年创新创业大赛中获奖，青年农民企业家曾福民获首届江苏省“青年双创英才”提名奖。开展“创响中国常州站”创意设计作品展暨青武创客嘉年华、“华夏银行杯”大学生创业邀请赛、创业政策面对面等双创活动30余次，为青年创客搭建展示交流平台。

【青少年思想引领工程】 2016年，团区委加强载体平台建设，推进青少年思想引领工程。在团属阵地增设“青武书架”3个，书香飘进青创空间、青年之家，“青武家园”获评全省首批“青年书香号”。结合中国共产党成立95周年、武进共青团组织建立90周年，开展“青春志·五四情”“青武好声音，青春正能量——我为社会主义核心价值观代言”等活动，加强团员意识教育。举办“我

9月28日，创响中国常州站创意设计作品展暨青武创客嘉年华活动在极客车间举行
供稿/团区委

们身边的武进好青年”评选活动，评选出第七届区“十佳青年”“十佳青年提名奖”和百名“我们身边的武进好青年”，汤群等5人入围“2016江苏好青年百人榜”。选树青联委员典型，许健获常州市“十大杰出青年”称号，董力源获常州市“优秀青年”称号。年末，“武进青年”公众微信号粉丝量突破3万人，《武进团讯》累计出版发行383期。

【“双青互动”精准服务模式创建】 2016年，团区委推进“青年之家”“青年之声”线上线下平台融合，建立“双青互动”精准服务模式。“青年之家”建设被列为2016年全区为民办实事项目，年内建成22家，基本实现乡镇（街道）全覆盖。“青年之家”重点围绕“标准化”“月月行”“品牌化”三个方面，做好阵地日常运营和服务青年工作，整合资源，成为服务青年的一线窗口。与区民政局共同推进“星火空间”青年社会组织培育平台建设，联系孵化嘉泽姬山书院等社会组织29家，开展全国大学生支农调研交流会江苏分会等活动。联合青武家园青少年服务中心实施“吴侬软语——外来务工人员子女社会融入计划”项目，开展常州方言学习、民俗文化体验等活动，帮助外来务工者融入城市。10月，该项目获第四届常州市公益项目创投大赛优秀奖。“青年之声”建立“1个平台+2部热线电话+3个机制+8个联盟+100名专家”的发展格局，回复各类留言咨询千余条。“‘双青互动’架起团青连心桥”被评为江苏“青年之声”创新创优案例二等奖。

【重点青少年群体成长护航工程通过市级考核验收】 2016年7月，该项工程通过常州团市委的考核验收，总体评价为优秀。2013年12月，团区委按照《关于实施“为了明天——江苏省重点青少年群体成长护航工程”的指导意见》要求，组织实施“武进区重点青少年群体成长护航工程”，加强对重点青少年群体的服务管理，预防犯罪。打造“阿亮警官护雏工作室”“童一片天空”等品牌项目，开展“青春进行时”团队辅导，协助“金球驿站”未成年人观护基地转化150余名有不良行为的青少年，帮助其中80人成功就业、重返社会。开展“青春扶贫”工作，通过希望工程“圆梦行动”“暖冬行动”等活动，累计资助贫困学子48名，发放助学金19.1万元。组织青联委员“青春携手进”系列走访9次，慰问武进特殊教育学校、儿童福利院孤残儿童，通过青联微信群为患白血病学生爱心捐款、捐物折价累计3万余元。

【少先队“五彩靓武进”四大行动】 2016年，团区委以团建带队建，组织开展少先队“五彩靓武进”四大行动：开展大调研行动，走访调研基层少先队组织，选树典型，挖掘亮点；开展大提升行动，通过少先队辅导员基本功大赛、优秀辅导员评选，选拔优秀辅导员人才；开展大展示活动，通过少先队鼓号大赛、团队观摩等活动提升组织活力，展示队员风采；开展大培训，依托“五彩红领巾学院”，邀请省内外少先队专家培训交流，锤炼辅导员队伍。举办全区鼓号队大赛，承办江苏省少儿研究会少先队文化建设专业委员会第十三次年会、中国少年先锋队工作学会课题成果学术交流会“武进·润州”专场等活动，区少工委获“江苏新疆少年儿童手拉手互助活动优秀组织奖”“常州市少先队工作优秀集体”等荣誉。

【《共青团武进志（1926—2014）》出版】 《共青团武进志（1926—2014）》编纂工作始于2014年，2016年5月由南京大学出版社出版。该志共分13章40节，志首列图照、序言、凡例、概述、大事记，志末设附录和跋记，总计35.9万字，收录图照200余幅，主要记述1926—2014年武进县（市、区）青年运动发展历程和共青团的重要工作，以及与共青团、学生会、儿童团、少年队相关的青少年组织及活动。该志体例得当、框架合理、内容齐全、行文规范，具备存史、资政、育人的功能。

（金　婉）

武进区妇女联合会

【概　况】 2016年年末，全区有镇（开发区、街道）妇联19个、基层妇联299个、区级机关妇工委1个、机关妇委会36个。年内，区妇联全面落实中共中央和省、市党的群团工作会议精神，坚持以联系服务妇女群众为工作生命线，实施妇女素质提升行动、最美家庭建设行动、巾帼志愿行动，展示妇女自强不息、开拓创新的精神风貌。全面完成镇（开发区、街道）妇联换届、村（社区）妇代会改建妇联工作，新增村（社区）妇联副主席952名、执委3229名。推进妇女新经济组织和新社会组织建设，区市场监督管理局等单位成立妇联组织，武进区爱益阳光助学协会成为常州市首家成立妇女联合会的社会组织。区女大学生联谊会和女经营者联谊会完成换届选举。武进区女性社会组织公益联盟成立，

3月7日，武进区纪念“三八”国际劳动妇女节106周年暨“美丽女性”表彰大会在凤凰谷大剧院召开　　供稿／区妇联

首批成员16家。引导女性社会组织申报公益创投项目,“让‘心’沐浴阳光·用‘心’陪护夕阳”项目和“燃烧吧·少年”项目入选省妇儿委公益项目。余美芳家庭当选为首届全国文明家庭。

【妇女创业就业】 2016年,区妇联完成妇女电子商务、家政服务、创业辅导等培训5000多人次,审核发放小额贷款5745万元,为115名创业妇女提供创业资金扶持。3月,联合区人社局举办“三八”女性专场招聘会,提供适合女性就业岗位1000余个,427人现场达成就业意向。6月,推荐10个项目参加市级巾帼创业创新创意大赛,常州市洛丰果品专业合作社、常州菇灵灵芝专业合作社和江苏宇恒网络科技有限公司、常州太滆渔家乐休闲观光生态园有限公司4个项目分获农业类和电商类的二、三等奖,为女性创业提供很好的示范引领作用。9月,联合区人社局、总工会、民政局举办2016年武进区“巾帼杯”养老护理员职业技能大赛,促进全区养老护理员队伍整体素质提升。推进新型女农民培养工程,培育扶持武进区礼嘉绿诚家庭农场、常州武禾优质水稻专业合作社等省级巾帼示范基地项目8个,江苏国色天香油用牡丹科技发展有限公司、武进区横山桥仰华家庭农场等市级巾帼优秀项目11个,推荐武进区雪堰半塘生态园、武进区雪堰潘家乐山休闲农庄等6家巾帼农家乐发展巾帼乡村旅游新品牌。接轨“互联网+”经济业态,依托妇女儿童之家及巾帼农业示范基地培育女性互联网经济新品牌,建成巾帼电商服务站和巾帼电商专业村6家。其中,太滆村、卫星村、庆丰村成为省级巾帼电商服务示范基地,新观点创业服务中心成为省级巾帼创业创新孵化基地,聚房网络科技、鱼米之乡电子商务成为市级巾帼电商服务示范基地。推进全区“巾帼建功”活动,全年新创湖塘镇丰乐社区、永定社区等区级巾帼文明岗11个、江苏龙城精锻有限公司终检站等市级巾帼文明岗10个。9月,承办常州市城镇妇女“巾帼建功”活动现场推介会,武进城市规划展览馆和常州市公安局武进分局110指挥中心分别介绍争创国家级“巾帼文明岗”经验并展示创岗成果。

【家庭建设行动】 2016年,区妇联围绕家庭、家教、家风建设,以寻找“最美家庭”活动为抓手,着力培树最美家风,积极培育和践行社会主义核心价值观。开展“寻美武进,传递感动——寻找我身边的美丽女性”和“聚能量·传美德——最美家风家训随手拍”两大主题寻访活动,表彰“美丽女性”100名、三八红旗手(标兵)22名、“最美家庭”42户、“五好文明家庭”258户。联合区纪委和区委组织部、宣传部、区级机关工委印发《关于深化武进区家庭家风建设的实施意见》,结合“两学一做”学习教育向全区家庭发出《注重家庭、倡扬家风》倡议,并在党员干部家庭中开展“立家规、正家风”活动。联合区纪委、广播电视台开展以“传承武进文脉、铸扬清廉风尚”为主题的“好家训、好家规”清廉家风家训征集活动,筑牢家庭防腐防线,收到好家风好家训500余条、家庭故事500余篇。与区委政法委和区公、检、法、司等部门联合开展“平安家庭”建设活动,推进“平安武进”建设,表彰一批先进,聘请一批维权志愿者。结合“书香常州”建设,联合区文广新局开展武进区“书香家庭”创建活动,表彰“书香家庭”83户。组建武进区“最美家庭讲好家训”宣讲团,全年巡讲500余场,营造全区家庭建设良好氛围。

【巾帼志愿行动】 2016年,区妇联面向广大家庭,开展形式多样的巾帼志愿者活动。汛期洪涝灾害发生后,区妇联第一时间向全区妇女发出倡议,组织和动员女同胞积极投身防汛救灾,组建百余人参加的“巾帼救援服务队”,向受灾家庭发送应急物资。开展“妇联干部进村入户访妇情”志愿活动,走访慰问家庭2426户,发放慰问金近280万元,解决困难563件,为妇女和家庭提供咨询服务324场次。举办“凝聚巾帼力量·携手幸福同行”主题活动,组织巾帼志愿者以空巢老人、流动留守儿童、单亲贫困母亲为重点,开展有针对性的巾帼志愿者服务和结对帮扶活动。全年开展巾帼志愿服务活动300余场,营造讲文明、树新风的氛围。常州市武进地方税务局“地税妈妈”巾帼志愿服务队被评为省级十佳巾帼志愿服务队,牛塘镇如怡志愿者联盟被评为常州市优秀巾帼志愿服务团队,周维芬被评为市优秀巾帼志愿者。

【妇女儿童维权行动】 2016年,区妇联推进妇女儿童维权行动,实行区、镇、村(社区)三级联动,创新普法宣传形式,调处矛盾纠纷,保障妇女儿童合法权益。实施“乐学法·享幸福”普法宣传项目,依托妇联微信、网站,借力阿亮警官、大爱调解微信等新媒体平台,发布维权案例、法律小故事、法制动漫等信息,宣传与妇女儿童权益密切相关的法律法规。与群英文艺协会、周维芬艺术工作室合作,将妇女儿童维权普法宣传内容创作成一系列法制文艺作品,依托“社区天天乐”活动平台展演和宣传。联合公、检、法、司等部门及女性社会组织先后开展“幸福女性·与法同行”“德法同行·法治家庭”“学法用法在家庭”等活动,引导群众自觉尊法、学法、守法、用法,依法办事、依法维权。联合区委政法委和公、检、法、司等部门建立平安家庭家事调查员制度,规范家庭暴力案件处置程序,明确实行家庭纠纷调处首问责任制,为家庭中的弱势群体有效维权。区妇联被评为省“平安家庭”创建活动先进集体,区检察院侦查监督科被评为省维护妇女儿童权益维权示范岗,湖塘镇府东社区、牛塘镇丫河村被评为省“平安家庭”创建活动示范社区(村),吴晓英被评为省“平安家庭”创建活动先进个人,顾青被评为省维护妇女儿童权益优秀公益律师,王丽娟被评为省婚姻家庭纠纷优秀调解员,庄锡琴、朱彩文、蒋文霞家庭被评为省“平安家庭”示范户,秦宏被评为2015—2016年度常州市优秀“反家暴志愿者”。

【妇女儿童关爱行动】 2016年,区妇联积极争取区委、区政府支持,协调区财政拨款200余万元,实施新一轮农村妇女宫颈癌和乳腺癌(简称“两癌”)检查项目,将“两癌”筛查对象从3万人增加到6万人。5月,举办“特别的爱给特别的你”母亲节庆祝活动暨万名新市民妇女免费体检活动,成立武进区新市民妇女健康援助中心。联合太平洋寿险武进中心支公司,为全区妇女定制“美丽人生”健康保险,为女性特有的乳腺癌、卵巢癌、子宫癌、子宫内膜癌四类

5月27日，武进区妇联、女干联举办庆“六一”爱心图书捐赠仪式暨幼儿安全知识教育活动　供稿 / 区妇联

癌症患者提供关爱和保障。联合区总工会推进“爱心母婴室”建设，全年得到16家企事业单位响应。联合常州市博聪儿童用品有限公司向洛阳镇东方红幼儿园和南夏墅中心幼儿园各捐赠53套儿童安全座椅，3套用于幼儿园安全角的体验活动，50套免费提供给幼儿园家长免费使用，创建“幼儿安全出行示范基地”，倡导示范儿童安全出行。

【关爱儿童幸福成长系列活动】 5月8日，区妇联联合区教育局、区广播电视台、常州市博聪儿童用品股份有限公司共同举办“小书虫的幸福剧场”亲子绘本剧大赛。全区27个节目、近300名学生与家长参加，8个节目入围市级复赛，其中湖塘中心幼儿园编演的《我的幸运一天》获常州市绘本剧一等奖。5—7月，区妇联联合区未成年人成长指导中心、武进高新区妇联共同开展“好声音”家长课堂，通过2个多月的系列化课程，帮助家长与孩子更好的沟通，促进家长孩子共同成长，达到互利双赢的目标。8—9月，区妇联联合武进日报社主办2016国际时装周EZD.KIDS全国童模大赛常州站比赛，近400名选手参赛，经过三场海选及常州站决赛，最终选出3位小选手参加杭州总决赛。暑期，开展“雏鹰自护”暑期公益夏令营、欢乐公益夏令营——“玩美武进”城市定向挑战赛、“有趣的成长，21天亲子共读飞跃计划”“爱心宝贝”PARTY等公益活动，开设“暑期儿童意外伤害防范”课堂3期。年内，区妇联在全区开展“科学家教进万家”公益讲座22场。依托凤凰谷儿童职业体验馆，举办儿童主题专场公益活动8场，400个弱势儿童家庭参与活动。

【“幸福花都·女子学堂”品牌建设】 2016年，区妇联创办武进区“幸福花都·女子学堂”，每月安排讲座课程1期。邀请国内著名专家、教授，先后举办《健康女人最美丽》《礼仪，让女性角色形象更美好》《家庭理财知识》等讲座，听课5000余人次。学堂从过去目标人群主要是镇级妇联主席扩大到全区各村（社区）妇女主任，从传统干部培训转变为开放式培训活动，从单一知识培训转变为女性全方面素质提升。围绕建设“强富美高”新武进，区妇联将“幸福花都·女子学堂”作为品牌阵地，宣传引导全区妇女干部和广大女性弘扬“事事当争第一流，耻为天下第二手”的阳湖精神，不断提升自身发展。

【“圆梦微心愿”行动】 2016年，区妇联推进“圆梦微心愿”行动，倡导“微慈善”模式，让更多人关注和参与慈善，帮助更多困境儿童和贫困家庭实现梦想。1月19日，区妇联成立武进区妇联第一支百万光彩基金——“圆梦百万光彩基金”，并结合“爱心储蓄罐·传承好家风”活动，募集爱心款汇入“圆梦百万光彩基金”，作为困境儿童和贫困家庭救助专项基金。年内，区妇联通过《武进日报》和“武进区妇联”“今日武进”微信公众号推出微心愿19期，收集微心愿100多个，筹集善款和善物折价5万余元，大部分微心愿都得到认领与实现。

【“爱心储蓄罐，传承好家风”系列活动】 2016年，区妇联开展“爱心储蓄罐，传承好家风”系列活动，动员全区广大爱心家庭、单位和个人，每天节省一元钱，用爱心帮助困境儿童，为困境家庭圆梦，用良好家风助推社会和谐。活动期限为2016年8月至2017年8月，由爱心个人、家庭和单位认领爱心储蓄罐，每天向罐内投递1元钱，区妇联每年集中回收爱心储蓄款2次，所募集的爱心款全部汇入武进妇联“圆梦百万光彩基金”账户，作为困境儿童和家庭救助专项基金，用于全区贫困家庭微心愿圆梦、贫困儿童助学帮扶、单亲母亲家庭援助、“两癌”妇女和白血病儿童慰问、妇女儿童公益活动等。常州电视台《都市新闻坊》栏目、武进电视台《生活连线》栏目对活动做宣传报道。至2016年年底，全区个人、家庭、单位认领爱心储蓄罐1500多个。

【武进区通过全国妇女儿童“两纲”中期评估督导】 2016年6月16日，武进区接受国务院《中国妇女发展纲要（2011—2020）》和《中国儿童发展纲要（2011—2020）》（简称“两纲”）实施情况中期评估督导。国务院评估督导组一行实地检查武进区妇幼保健计划生育服务中心、武进区就业服务中心、新誉集团有限公司、“金球驿站”观护帮教工作站、武进区星河幼儿园、武进区综合福利院（夕阳红康乐中心），评估督导武进“两纲”工作，肯定武进妇女儿童工作的特色、经验和成效。武进区于2011年启动实施国务院妇女儿童“两纲”工作，建立党委政府领导、妇儿工委协调、部门分工负责、社会共同参与的工作机制。至2016年，全区财政累计投入妇儿实事项目和相关专项经费200亿元，免费培训妇女职业技能3万多人次，从业女性占比达45.8%，孕产妇死亡率五年持续为零，多项指标位居省、市前列，基本达到序时进度要求。

（王新梅）

（栏目编辑　王国新）

法 治

综　述

【概　况】 2016年，全区政法机关深入贯彻落实中央、省、市政法工作会议精神，积极应对社会矛盾多样高发、维稳形势严峻复杂的局面，扎实推进平安、法治和政法队伍三大建设，以持续稳定的社会环境为全区经济社会发展保驾护航。年内，武进区再次获得“全国法治创建工作先进单位”“全省综治工作先进集体”“全省法治建设示范区”等称号，第13次获评“全省平安区”。

平安建设　围绕提升公众安全感目标，严厉打击暴力犯罪活动。全年破获刑事案件3289起，抓获刑事作案人员5645人，提起公诉2421人，判处刑罚2389人；现行命案全部破案，抢劫、抢夺案件减少48%；全区公众安全感达93.8%。健全稳定风险评估工作机制，围绕重点拆迁项目、重点工业项目和易引发群体性矛盾的决策事项等，发布《区域社会稳定风险评估工作操作指南》，完成2016年度社会稳定风险评估46项。全年排查处置突出不稳定因素593个，重大群体性事件预警率、涉事群体回访率均达100%。强化基层基础，稳步提高基层信访维稳工作能力和水平，全区各类上访事件下降9.5%。开展信访积案攻坚行动，累计化解各类在册积案16件，实现全国“两会”、G20杭州峰会等重大节点进京非访“零登记”。建立常态化治安“三查”（大清查、大巡查、大排查）机制，开展全局性集中清查行动12次、区域性集中清查180余次。拉网式整治重点行业、重点场所1772家，涉及从业人员19647人。开展常州科教城周边社会环境合成整治专项行动，查破侵财性案件138起131人。

治安巡逻　　摄影 / 陆新

法治建设　组织50名公益律师轮班入驻诉讼服务中心，累计为当事人提供法律咨询、诉讼指导等服务1218件次。实行《武进区律师参与化解和代理涉法涉诉信访案件实施办法》，累计受理各类涉法涉诉案件105件，成功化解71件。强化司法监督力度，区委政法委评查区法院行政诉讼案件办理情况、区检察院司法监督办理情况、武进公安分局落实国家有关户籍管理制度改革情况、区司法局乡镇司法所调解案件办理情况等80件案例，通报、整改问题8类23条。全区累计建成各类法治文化阵地43个，创建各级法治文化示范点32个，其中省级示范点5个、市级5个；镇级、村级法治文化阵地建设覆盖率分别达100%和87%。武进区法治建设满意度达98%。

政法队伍建设　4月28日，常州经开区政法机关正式挂牌运作。常州经开区公安、检察、法院机关分别定编286个、55个和70个。全区有序开展员额制改革，91名法官和68名检察官顺利入额。其中，武进区法院67名、检察院46名；常州经开区法院24名、检察院22名。武进区政法机关在全市综治信息系统比武大赛中获得团体、个人一等奖；常州经开区综治办陈静在省技能比武中获得个人三等奖。武进区以提升群众满意度为目标，不断深化“树典型、学先进”工作，先后涌现出韩毅伟、陈静等全国、全省先进典型。2016年，区检察院获评“全国先进基层检察院”，常州经开区公安分局获评“全国公安机关执法示范单位”，区法院执行局获评“全省法院执行标兵单位”，常州经开区法院获得“全省法院党建工作先进集体”等称号。

【矛盾纠纷化解】 2016年，武进区深化大调解机制，完善人民调解、行政调解、司法调解“三调”联动与信访复查衔接调控。区调处中心和各类调解组织排查调处矛盾纠纷4321件，调处率和调解成功率分别为100%和99%，其中婚姻家庭、交通事故、调诉对接等专业调解组织调处各类矛盾纠纷2291件。区委政法委牵头处置龙德花园破产清算等重大经济案件10起，涉及金额40余亿元。司法机关发挥“定纷止争”功能，完善“公安＋司法”调解模式，年内，全区25个驻所调解室调处各类矛盾443件，上升143%；审判机关审结一审民事、商事案件12333件，执结各类民事、商事案件7762件，执结标的额38.65亿元。完善流动人口子女积分入学模式，全年因流动人口入学矛盾引发的群体性事件下降79.1%。

【“平安卡”工程试点推行】 2016年，武进区为有效解决住宅小区人口登记难、盗窃案件高发等平安建设难题，投资800余万元，着力推进“平安卡”智能门禁系统等技防入户工程建设。以南甸苑小区为试点，对小区4个大门、48个单元门实施“平安卡”系统升级改造。通过加装电子门禁、多模读卡器、内外双向高清摄像机等软硬件设施，对小区进出人员实行刷卡识别、抓拍图像、远程门禁控制，完成信息采集，建成包含“进出抓拍”“智能识别”“关注预警”等全程可控的平安单元门禁。依托“平安卡”工程，小区建立起人卡捆绑、人房关联、出入比对、关注预警等运作机制与“门禁卡有效期与居住期一致，门禁卡信息与居住人信息一致”的管理机制，实现门禁管理、基础信息采集、外来人员管理等工作的一体化。“平安卡”工程实施以后，该小区刑事案件实现零发案，平安卡系统助力提供线索破获案件超10起，实现管住人、控住案、打击准、采集全、服务好的工作目标，受到公安部、省委政法委（省综治办）领导的充分肯定。

【禁毒体制机制创新】 2016年，武进区结合实际情况，创造性地将区禁毒办设置在区委政法委，分别从武进区、常州经开区公安分局抽调公安干警1人进驻区委政法委，顺利实现区禁毒办实体化运作；在全区各镇（开发区、街道）设立由各地主要领导任组长的禁毒工作领导小组，在各地综治办挂牌设立社区戒毒（康复）办公室，由各地综治科长兼任办公室主任；全区共有35名专（兼）职人员从事禁毒工作，禁毒工作组织架构初步形成。全面深化禁毒反毒工作，“两类人员”（无正当理由逾期未报到与严重违反社区戒毒康复协议的人员）依法报告率实现100%，社区戒毒（康复）率达84%，排名全市第一；以贯彻学习《中华人民共和国禁毒法》为契机，全面开展禁毒宣传教育工作，禁毒志愿者队伍达1700余人，占全区常住人口的1.13‰；督促和引导各镇、街道社区戒毒（康复）办公室实现正规化、标准化；选取湖塘镇、戚墅堰街道、前黄镇3个社区戒毒（康复）示范点，形成以点带面辐射全区的禁毒工作新模式；成功打造省级社区戒毒（康复）示范点2家，湖塘镇被评为全市唯一的省级优秀社区戒毒（康复）示范点。

【法治为民十大项目】 武进区始终坚持“法治为了人民、法治依靠人民、法治造福人民、法治保护人民”，确定全区“2016年法治为民十件实事项目”。年内，区法院打造诉讼服务综合平台，以诉讼服务大厅、诉讼服务网、“12368”诉讼服务热线三大载体为基础，为诉讼当事人提供一站式、全天候、零距离服务。区检察院开展非公经济“法治护航”行动，建立服务非公企业、中小微企业“绿色通道”。区安监局推广企业安全生产主体责任清单制度，增强从业人员“安全发展”意识。区住建局升级老小区技防、消防设施，改造老小区建筑面积6.5万平方米。区司法局扩大法律援助范围，为农民工、残疾人等弱势群体建立法律援助“绿色通道”。区人社局开展清理人力资源市场秩序专项行动，依法取缔无证无照“黑中介”等机构。区市场监管局打造“透明市场”保障群众饮食用药安全，开展节日食品市场、校园周边环境等15项专项整治，查处食品违法案件33起。区环保局开展环保护民活动，推行教育引导式执法、处罚惩戒式执法、联动执法。武进公安分局推出“网警鲁侠”微信公众号，搭建防范网络诈骗的警民“移动信息中心”。区司法局开展法治示范点建设工作，为全区企业经营管理人员和广大职工尊法、学法、守法、用法提供平台和条件。法治为民十件实事项目被省委政法委《法治专刊第9期》作专题介绍。

（李大岭）

“平安卡”运行模式演示　　供稿／区委政法委

法治政府建设

【概　况】 2016年，武进区贯彻落实中共中央、国务院印发的《法治政府建设实施纲要（2015—2020年）》，根据省、市法治政府建设整体部署和《2016年全区依法行政工作要点》要求，落实改革创新发展新要求，深化法治政府建设工作组织部署，将各级各部门依法履职情况纳入绩效综合考评指标体系。推进学法用法常态化，组织区政府常务会议集体学法活动4次，重点学习《江苏省行政许可监督管理办法》《法治政府建设实施纲要（2015—2020年）》《关于全面推进政务公开工作的意见》和《全国人民代表大会常务委员会关于修改〈中华人民共和国外资企业法〉等四部法律的决定》。落实科级领导干部任前法律知识考试制度，组织全区法治干部培训，加大公务员任职培训中的法律知识培训力度。执法部门加强法制机构规范化建设，充实法制工作人员。区法制办按照《江苏省行政程序规定》和《常州市人民政府重大行政决策程序规定》要求，起草审核《武进区人民政府重大行政决策程序规定》、重大行政决策建议审批表和流程图、《常州市武进区农村集体经营性建设用地入市管理办法（试行）》等文件。健全政务服务体系，推进“三证合一”“一照一码”、项目核准备案和联合竣工验收等工作。深化“三合一”阳光政务平台、外网服务大厅、信息资源库开发，设立预受理窗口，提高服务效率和办理质量。

【简政放权】 2016年，武进区深化行政审批制度改革，采集全区25个单位的10个评价项目、20项评价内容和45项评价指标作数据，为改革提供参照依据。至年底，全区行政权力事项清单、办事指南清理和标准化入库，政务服务“一张网”上线。推进政府职能向社会转移，于年初印发《推进政府购买公共服务改革的意见》，拟定公布首批五大类39项政府职能向社会组织转移指导目录清单，清理和审核行政审批前置中介服务项目，优化项目审批时限、材料、环节，简化审批流程。完善镇便民服务中心大厅办事功能，加强日常管理指导。至年末，雪堰镇、礼嘉镇试点便民服务中心大厅启用。加强重点项目代办工作，全年代办员参与重点工业项目代办125个，代办率72%。加快重点项目内部审批流转，突出重点项目流转批后监管。

【区政府法律顾问委员会成立】 2016年12月，武进区人民政府法律顾问委员会成立。该委员会由政府法制机构工作人员、执业律师和法学专家学者等组成，区委常委、常务副区长陆秋明任主任，20名擅长民商经济、知识产权、行政管理和刑事等领域的法律专业人士担任委员。通过列席有关会议、参与起草审核规范性文件、参与重大项目谈判、起草审查合同、咨询论证、委托代理等形式，为区政府提供法律服务；围绕区政府重大行政决策、重大建设项目、重要文件政策、重点矛盾纠纷等内容，完善法律顾问工作机制，深化法治政府建设，为促进全区经济社会协调发展提供保障。

【政府公权力公开透明运行】 2016年，武进区认真贯彻中共中央办公厅、国务院办公厅印发的《关于全面推进政务公开工作的意见》，健全政务公开监督体系，全面开展政府预决算、部门预决算、“三公”经费预决算等信息公开工作，不定期检查全区各镇、各部门的政府信息公开情况。针对依申请政务公开数量多、难度大等问题，完善工作机制，妥善处理公开举报信息，通过《武进政风热线》《问政面对面》等渠道推行政务公开。加强权力清单动态管理和权力公开透明运行监督，按照依法合规、权责明晰、及时高效的原则，动态调整权力清单目录，全年调整公权力事项130项。完善行政权力网上公开透明运行系统管理。年内，各单位在线办理事项44.38万件，其中许可类办件15.34万件，行政处罚、行政检查等十类事项办件28.32万件，行政代理类办件650件，便民服务类办件6568件。

【行政执法体制改革】 2016年，武进区推进权责统一、权威高效的综合行政执法体制，于6月出台《关于开展综合行政执法体制改革试点工作实施意见》，整合相关部门内部执法资源，建立职责明晰的执法职责体系。常州经开区、雪堰镇、湟里镇等区域开展综合行政执法试点。推行全过程说理式执法和行政执法自由裁量权制度。区市场监管局修订出台《行政执法文书制作及案卷装订规范》和《行政执法文书样式》；区环保局制定《环境行政执法流程》，落实行政执法责任追究制。实行行政执法与刑事司法“两法衔接”报送和通报制度，区法制办会同区检察院、法院、公安分局、环保局、卫计局等部门开展“两法衔接”工作，防止以罚代刑等行政违法行为。各行政执法部门落实行政执法全过程记录制度，持续推进公正、文明执法。清理全区行政执法主体及行政执法人员，组织执法人员培训、法律知识考试等工作，区法制办积极参与各部门法制研讨和培训，完善常态化执法指导。

【行政执法监督】 2016年，武进区建立政府法制监督、行政监察与司法监督联动工作机制，通过对各部门依法行政制度建设、行政处罚、行政许可案件卷宗、行政调解资料等开展评查，提升部门执法人员执法能力。区各执法部门组织开展本单位执法案卷评查活动，建立案件会审制度，联合会审疑难案件。接受区人大及其常委会法律监督和区政协民主监督，做好人大代表建议、政协委员提案的办理和督查工作。年内，区人大内务司法委员会会同区监察局、法制办等单位组成执法检查组，执法检查区法院、市场监管局、湖塘镇等10家单位实施行政诉讼法的情况。全年收到区人大代表建议164件、政协委员提案247件，常州市人大代表建议5件、政协委员提案2件，全部办理完毕，人大建议办理满意率100%，政协提案办理满意率99.6%。加强对各部门行政权力运行的行政监察和法制监督。通过区“三合一”阳光政务平台，建立行政权力运行全过程监管和防范滥用行政处罚自由裁量权的长效机制，切实规范行政执法行为。区监察局和部门监察人员发出督办督查通知书524份，其中区监察局发出144份，督查督办率97%，反馈及时率95%。“三合一”阳光政务平台接受投诉54件，投诉办结率100%。

【行政复议和应诉】 2016年，武进区加强行政复议规范化建设，落实行政复议办案场所、资金和人员保障。区法制办充分利用政府法制网站、申请行政复议指南上墙和印制《行政复议宣传手册》等方式，宣传依法行政复议重要性，向社会公开受理复议案件的范围、条件和程序等事项，规范行政复议办案流程，坚持办案责任制。全面分析案件证据，查明案件事实，制作案件分析报告。注重提高行政应诉能力，及时回应行政相对人的合理诉求，尽力化解行政争议。加强沟通协调，对部门和镇依法行政工作提出法律建议。严格落实行政机关负责人出庭应诉制度，树立行政机关良好形象。召开行政审判、行政复议与行政执法联席会议，探讨交流行政执法中存在的问题和改进措施，指导行政执法实践。全年办理劳动工伤、环境保护、治安管理、信息公开等行政复议案件58起，其中不予受理1起，维持36起，确认违法5起，撤销2起，驳回4起，申请人撤回申请10起，法定期限内结案率100%。代理区政府为被申请人的复议案件6起，协助省政府处理复议案件18起；代理区政府为被告的行政诉讼案件35起，未发生败诉案件。

【矛盾调处机制完善】 2016年，武进区推动行政调解常规化、规范化发展。建立重大复杂矛盾纠纷直报制度，各部门行政执法风险点、行政复议和行政调解工作中发现的突出问题和可能引发群体性事件的重大纠纷，及时向区政府汇报。建立行政调解工作统计月报、季报、年报制度。各部门定期向区法制办通报行政调解工作情况，建立行政调解案件办理案卷和工作台账。武进公安分局、区人社局、区市场监管局、区住建局等调解任务较重的部门，进一步完善行政调解工作机制和保障制度，提升行政调解规范化效能。推进分类处理信访投诉请求工作，完善行政调解与人民调解、司法调解及信访复查衔接机制，有效发挥行政机关纠纷预防和解决作用。加强信访与行政复议的衔接，及时将行政争议化解在基层。区法制办、人大内司委、纪委、监察局联合对区环保局等11家单位开展行政诉讼法执行情况专项督查评议，10家测评满意率为100%，1家为98.3%。

（王子潇）

公　安

【概　况】 2016年，常州市公安局武进分局（简称武进公安分局）深入推进立体化、信息化治安防控体系建设，扎实开展打防管控“百日会战”、打击“盗抢骗”、打击网络诈骗犯罪“雷霆行动”等专项行动，不断创新公安服务管理举措，为全区经济社会发展营造安定有序的社会环境。全年抓获刑事作案成员4421人，上升7.3%；公诉1857人，其中侵财公诉669人。公诉“黄赌娼”犯罪嫌疑人176人、“食药环假”犯罪嫌疑人90人、经济犯罪嫌疑人67人、网络犯罪嫌疑人12人、涉毒犯罪嫌疑人95人，查处吸毒人员865人。建立追逃工作专班，抓获逃犯406人，其中历年逃犯58人。8起命案全破，“八类案件”破案率为92.4%，上升16.7%。注重人技结合，推进巡防重组，加强技防建设，管控治安要素，提升治安管控能力，全年违法犯罪警情下降6.7%。创新和加强公安服务管理，规范执法，优化服务，提升服务治理能力。全警投入抗洪救灾，共计出动警力1.1万余人次，接报涉洪涉灾警情1344起，配合党委政府转移受灾群众1.3万余人，化解涉洪涉灾矛盾235起。打击经济领域犯罪活动，破获各类经济犯罪案件55起，抓获犯罪嫌疑人93人，挽回经济损失4000余万元。优化公安行政服务，在经侦、交通、消防、治安、出入境等方面，推出符合武进实际的服务企业发展和便民利民惠民新措施。武进公安分局出入境窗口全年办理各类证件63440份，上升4%；指挥中心110报警服务台接警69万余起，接警满意率达97.29%，处警满意率达94.65%。

【治安管控能力提升】 2016年，武进公安分局优化巡防工作布局，用足用好屯兵点、武装巡逻车、派出所巡防中队、机关夜巡队等巡逻力量，完善“巡接合一”等工作机制，有效提升社会面见警率、管事率和抓获率，全年通过警务通盘查入库60余万人，上升20%。加强专职巡防队伍建设，增招巡防特勤50人，新组建一支30人的巡防便衣队伍，通过动静结合、点面结合等方式，全面强化防范控制警情高发、治安乱点、重点路段等部位。建立完善街面警情实时研判、治安形势动态研判等工作机制，为调整街面布警提供及时、全面、精准的信息支撑。全年通过社会面巡逻抓获各类违法犯罪嫌疑人1476人，其中刑事拘留936人。规范和加强社区警务工作，社区民警提供线索破案757起，社区警务绩效考核位列全市第一。完善重点人员合成管控机制，对盗窃电动车前科人员、多次侵财人员以及吸毒人员开展二次深度研判和落地盯控，实现以人控事、由人控案，直接抓获违法犯罪嫌疑人16人。加强重点行业、重点场所和重点阵地管控，旅馆、快递行业全部安装智能终端。

【公安基层基础夯实】 2016年，武进公安分局加强合成作战平台功能开发，实现数据采集、情报研判、人员管控、侦查经营一体化运作。全年收集各类涉案视图资料7780条，串并刑事案件257串616起，破获140串319起，视图串案破案率达51.7%。加强刑侦基础工作，利用基础工作抓获犯罪嫌疑人102人，其中网逃8人。加强刑事技术信息化建设，完善现场统勘制度，勘查现场

反邪教宣传活动　　供稿/武进公安分局

4838 起，全部刑事案件和十三类案件现场勘查率均达 100%；提取指纹 554 起、足迹 1145 起、DNA2277 起，提取率分别达 16.2%、33.5%、66.8%；指纹比中 181 人次，DNA 比中 234 人次。6 月初，武进公安分局刑警大队技术室受邀在全国公安机关现场勘查新机制培训上作经验介绍。

【公安专项行动】 娱乐场所黄赌娼违法犯罪“百日行动” 1—4 月开展。至年末，区公安部门破获黄赌娼刑事案件 11 起 34 人，治安案件 105 起 505 人，收缴赌资 87 万余元；检查场所 2750 家次，查处问题场所 39 家，责令限期整改 23 家，取缔 1 家，收缴赌博机 41 台，全区娼赌警情环比下降 30.9%。

侵财类案件防范、重点人员管控和基础信息采集“三大会战” 3—7 月开展。至年末，区公安部门采集维护基础信息 29.8 万条、房屋信息 1.95 万条，新增标准地址 3.09 万条；新登流动人口 15.7 万人；办理居住证 2.2 万张，办证率 96%；登记房屋出租户 5570 户；接报五类侵财警情 3277 起，下降 7.27%；抓获侵财类刑事作案人员 417 人，破获侵财案件 444 起。

【出入境管理】 2016 年，武进公安分局办理各类出入境证件 63440 份，上升 4%，办证数创历史新高。其中，办理中国公民出国（境）类证件 62174 份，因私护照 32310 份，港澳通行证 22109 份，大陆居民赴台申请 7755 份；办理外国人签证、居留许可申请 1235 份；台胞证换（补）发 61 份，急事急办 415 份。查获法定不准出境人员办证 12 人；对 1288 名法定不准出境人员和 356 名内控人员实施报备列控处理；查处“三非”（非法入境、非法居留、非法就业）外国人 5 人，遣送出境 3 人，驱逐出境 2 人。湟里出入境分理点于 11 月投入运营。

（周世民）

【道路交通治安管理】 2016 年，武进区公安交警大队以“事故少、秩序好、人民群众满意”为目标，强化交通安全隐患整治、严查严处交通违法行为、创新交通管理服务等职能，全力营造良好交通出行环境。完成 G20 杭州峰会、环太湖国际公路自行车赛、西太湖国际半程马拉松赛等重大交通安保任务 198 件，推进智能交通建设，加密道路监控网络，新建电子警察、卡口、违停自动抓拍设备 140 余套，新增道路绿波带 41 条。排查整治隐患 36 处，增设信号灯 3 组，调整交通信号灯配时 187 处，出新临时停车泊位 580 个，施划交通标线 3 万余平方米，增设交通标志 79 个、交通隔离护栏 18 千米。淘汰报废老旧机动车 496 辆，黄标车 1136 辆。累计查处违法行为 191.44 万余起，其中，现场查处 8.68 万余起，电子警察抓拍 171.9 万余起，查处违法停车 10.69 万起，抓获网上在逃人员 12 人、涉毒人员 13 人，查扣“啪啪车”976 辆、套牌车 33 辆、假牌车 10 辆，清理“僵尸车”52 辆。推进查禁酒驾违法行为常态化，累计开展查处酒驾统一行动 86 次。推行便民服务措施，在 7 个责任区交警中队设立免检车辆检验合格标志领取点，为群众办理免检车辆检验业务 6937 起。提高交通事故调处效率，完善交通事故处理综合服务中心“一站式”功能，调解交通事故案件 9761 起，调解成功 7518 起，成功率 77.02%；推行保险公司提前介入人伤事故“一体化”处理调处模式，调处事故 925 起；发挥轻微交通事故快速理赔中心作用，受理轻微事故理赔案 1.9 万余起。全区接报交通警情 145342 起，其中交通事故 80240 起。道路交通死亡人数 120 人，下降 7.69%，经济损失 79.89 万元，上升 0.71%。

（周燕敏）

4 月 18 日，武进公安分局在湖塘镇开展大走访活动　　供稿 / 武进公安分局

【消防管理】 2016 年，武进区公安消防大队依托政府部门，整合社会力量，以提升区域消防安全水平为目标，加强火灾防控体系、机制建设。全区建有府东路、高新区现役消防中队 2 个，阳湖、西太湖、湟里、雪堰专职消防中队 4 个，初步形成以现役队覆盖中心城建区及高新技术企业密集区，专职队覆盖乡镇建成区的“2+4”灭火救援体系。推动社会单位建成微型消防站 351 个、区域联防组织 11 个，加强重点区域的社会消防自防自救建设，提升初期火灾控制能力。按月刊发《消防工作简报》，向区政府提交“消防安全形势分析评估报告”2 份，逐步解决制约区域消防事业发展的队站新建、装备更新、机制完善等短板弱项以及问题突出的“养老幼托”“群租房”“镇村级工业园区”等社会面共性消防隐患。开展行业消防标准管理，联合区安监部门对 110 家易燃易爆危化单位实施安全分级管理，完成所有单位危化品性质、储量、生产设施、消防设施的建档建册；联合区旅游部门对 18 家星级酒店实施消防标准化管理建设，全部通过市旅游局验收合格并授牌；联合区综治部门，有序推动中央书面警示的亚邦物流园区域性火灾隐患整改；联合区民政部门开展养老福利机构消防升级改造工程，争取 230 万元经费完成 22 家公办养老院点式报警与简易喷淋改造；联合区教育部门，对 55 家无证幼托机构开展实体性消防隐患检查，推动重新修订无证幼托机构安全验收标准。以消防“七进”（进机关、进学校、

进社区、进家庭、进企业、进农村、进网站）为内容，定向为学校、医院、社区等群体开展户外消防宣传培训活动23次，参与群众达1.7万余人，检查4258家单位消防设施和安全通道，发现并整改隐患89324处，处罚受案281起，“三停”（停止施工、停止使用、停止营业）62家，临时查封72家，拘留38人，罚款307.2万元。全年接处警2442起，其中火灾642起。出动车辆4201辆、警力22659人，抢救被困人员381人，疏散被困人员1659人，抢救财产价值1.78亿元。

（曹秋菊）

【武进高新区消防中队组建运行】 2月2日，武进高新区消防中队新营房投用。该消防中队营房位于武进高新区新知路以西、镜湖路以北，占地面积1公顷，建筑面积3500平方米，总投资2000万元，是一座设施齐全的新型消防站。消防中队有官兵30名，配备举高喷射消防车和水罐消防车各1台，承担辖区范围内的灭火救援及社会救助任务。该中队的成立，弥补了武进高新区企业密集区灭火救援力量的短板和不足，在全区形成“2+4”灭火救援体系总体布局，为护航武进高新区经济和社会发展提供了坚实的保障。年内，该消防中队接处警280起，出动车辆603次，出动警力2847人，抢救被困人员39人，疏散被困人员49人，抢救财产价值737.2万元。

（张向斌）

检　　察

【概　况】 2016年，武进区检察机关依法批准逮捕各类犯罪嫌疑人642人（不含常州经开区人民检察院及相关工作，下同），提起公诉1994人，报市检察院审查起诉20人；起诉合同诈骗、非法吸收公众存款等破坏市场经济秩序犯罪嫌疑人20人。严格证据标准，排除非法证据，依法对不构成犯罪或证据不足的140人做出不批捕、不起诉决定。坚持宽严相济的的刑事司法政策，依法对犯罪情节轻微、没有批捕必要的119人做出不批捕、不起诉决定。区检察院获得“全国先进基层检察院”“全国检察宣传先进单位”“全省先进基层检察院”等称号，反渎职侵权局获得“江苏省十佳反渎局”称号。

【法律监督】 区检察院坚持监督制约与协调配合并重，创新监督形式，提升监督实效。

加强侦查审判监督，依法对有案不立、以罚代刑、非法取证、量刑畸轻畸重等重点问题开展侦查、审判监督。年内，督促侦查机关撤案4件，追诉漏犯13人，向侦查机关发出纠正违法建议26件次；纠正审判机关违法2件，提请市检察院再审抗诉5件。

加强刑事执行监督，对刑罚执行和监管违法违规情况，提出检察建议31次(其中书面检察建议4份)，全部得到采纳；全面开展入所帮教谈话制度，接待、约见在押人员105次，帮助在押人员解决各类问题困难120余件；监督社区矫正对象604人执行情况，帮教重点社区矫正对象70余次，及时纠正执行中的违法现象1次；履行刑事执行监督新职能，依法办理羁押必要性审查案件57件，向相关部门提出变更检察建议51份，被采纳48份；监督7件指定居所监视居住案件，依法保障被监视居住人合法权益；开展财产刑执行专项检察活动，督促区法院移送立案1453件，涉案执行标的额1.6亿余元，执结859件，涉案金额8400万余元。

完善刑事执法监督机制，在案件较多的湖塘、南夏墅派出所设立检察官办公室，选派干警驻点，定期跟踪监督不立案、行政处罚、刑拘后未报捕、不捕等重点案件；探索以审判为中心的诉讼制度改革，切实强化诉讼监督，依法对侦查部门5件鉴定结论提出重新监督意见，更改2件。

加强民事行政检察监督，加快推进对法院执行的监督，加大对虚假民事诉讼案件的监督力度。年内，受理生效裁判监督案2件，发出再审检察建议2件，以市院名义办理劳资类提请抗诉案1件；受理审判程序纠正违法案件5件，发出纠正违法检察建议5份；受理执行监督12件，发出执行监督检察建议8件；开展执行款物专项清理活动，督促法院清理积存执行款物502笔，清理金额1.74亿余元；加强部门协作配合，办结行政公益诉讼诉前督促履职案2件，挽回国家损失190万余元；受理审查民事虚假诉讼案3件，引导警方刑事立案2件，切实维护债权人合法权益和司法权威。

完善信访机制，畅通群众信访渠道，受理群众信件256件、来访107人，依法妥善解决疑难复杂信访案13件，保持无涉检赴省进京上访。

【区检察院获评“全国先进基层检察院”】 2016年6月，区检察院在全国检察机关队伍建设工作会议上被最高人民检察院评为“全国先进基层检察院”。全区检察工作以“高点定位、强势推进、创新发展、整体跨越”为发展思路，履行各项检察职能。职务犯罪侦查部门探索建立一体化侦查、信息平台共享等机制，制订线索集体评估、办案“十依法十严禁”等规范性文件，规范侦查工作，提升办案成效；刑事检察部门创建案件繁简分流、直诉案快速办理、质量跟踪等制度，以全市19%的警力完成全市42%的办案任务，年人均办案140余件，保持错捕、错诉、无罪判决和重大瑕疵案“零记录”。制作“检察业务规范流程图”“检察人员司法行为负面清单”，上墙公示违法、违纪、违规三类不规范司法行为；创建案件监督管理平台，动态监管办案过程；建立远程观摩庭审视讯平台，定期邀请代表委员、人民监督员监督和评议重大案件庭审，建成与看守所执行监控互联互通平台，远程监督审讯室、关押场所执行情况。开辟涉企案件办理“绿色通道”，为企业提供法律服务和犯罪预防。出台《关于落实〈关于充分发挥检察职能依法保障和促进非公有制经济健康发展的意见〉的实施方案》，开展非公经济“法治护航”行动，与公安、法院及金融监管部门联合实施金融风险专项整治，依法审查起诉合同诈骗、非法吸收公众存款等破坏市场经济秩序犯罪案件9件20人，涉案标的额3亿元；9月，依法批捕和起诉常州百富宝电子商务有限公司伪造阿里巴巴、蚂蚁金服等知名公司开展非法集资大案，涉案金额近6000万元；开展涉企案件专项立案监督，在办理常州瑞达汽车销售服务有限公司职务犯罪案件时，通过依法追诉3名犯罪嫌疑人，为企业挽回经济损失上百万元。建成集信访接待、法律咨询、案件查询、行贿档案查询、检务公开“五位一体”的为民中心，实现

"一站式"检察服务；建立"1+3"联动服务机制，5个乡镇检察室与控申、刑检、预防等部门，合力化解信访矛盾。创建"金球驿站"和"嘉宝馨港"，探索未成年犯罪附条件不起诉、犯罪记录封存制度。坚持"科技强侦"，制订智慧侦查建设规划纲要，以"侦查信息化"和"装备现代化"为主导，积极构建"三大侦查体系"，即计算机取证、网络数据恢复等数据恢复体系，测谎、语音分析等辅助决策体系，车辆追踪、话单分析等跟踪搜索体系。深入推动"智慧侦查建设"，进一步加大侦查设备和侦查技术的实战运用，促进侦查思维方式由直线化向发散化转变，侦查工作模式由被动化向主动化转变，侦查取证方向由单一化向多元化转变，侦查运行机制由分散化向一体化转变，侦查队伍管理由粗放化向精细化转变，提升案件质效。立案查办的"胡忠明受贿案"被评为全省检察机关反贪部门"十大精品案件"。

【检察官员额制改革】 2016年11月，武进检察机关实行检察官员额制选任，46名检察官入额。2015年2月，最高人民检察院出台《关于深化检察改革的意见（2013—2017年工作规划）》，明确建立符合职业特点的检察人员管理制度。检察人员分为检察官、检察辅助人员和司法行政人员三类，合理确定检察官与其他人员的比例，建立检察官专业职务序列及与其配套的工资制度。检察官在授权范围内独立办案，对案件质量终身负责。推进司法人员分类管理，建立检察官惩戒制度、逐级遴选制度。检察官员额制改革保障检察官依法履职，优化精简内设机构，化解案多人少矛盾，促进办案质量和效率提升。

【职务犯罪和预防】 2016年，武进区检察机关坚持反腐败斗争，加大职务犯罪的指控、追赃工作力度，完善办案程序，规范工作机制，依法惩治职务犯罪。立案侦查贪污、贿赂等案19件19人、渎职侵权案2件5人，其中处级干部1人、科级干部4人，涉案金额300万元以上大案1件。根据省检察院交办的案件线索，参与江苏省开展的医疗系统专项行动、"新网工程"资金补贴项目专项查处活动，查办原证监会正厅级领导欧阳健生特大受贿案；根据市检察院交办的案件线索，查处原国泰君安证券股份有限公司正处级领导陈福民特大受贿案；在医疗检验领域查案12件12人。加大对围猎和腐蚀干部、情节恶劣的行贿犯罪打击力度。立案查处重大行贿大案11件11人。

坚持惩治预防并举，在职务犯罪多发、易发领域部门开展警示教育活动，受教育党员干部3000余人次。召开重大典型案例剖析会2次，通过预防调查、类案分析，向有关单位提出检察建议6篇。借助区预防职务犯罪协会平台，加强职务犯罪预防网络建设，与区委党校建立廉政教育"检校共建"协议；实施行贿犯罪档案查询制度，提供行贿犯罪档案查询7739次。推行案件信息公开，全年公开案件程序信息5671件、法律文书944份，接待律师查询143人次。与区经信局、农业局和武进经济发展集团有限公司等单位建立预防职务犯罪共建机制，落实预防职务犯罪措施，通过签订检企共建协议、预防职务犯罪先进单位评比等形式，强化廉政监督。加强日常廉政宣传，利用电台、报刊、门户网站、微信和微博、《阳湖明镜》专刊专栏等载体，构建立体化预防宣传网络和反腐败系统工作。

首批员额检察官颁证暨宪法宣誓仪式　　供稿 / 区检察院

【"三四五"环境资源类办案机制探索建立】 2016年，武进区贯彻落实最高人民法院、最高人民检察院《关于办理环境污染刑事案件适用法律若干问题的解释》，加大对环境资源类犯罪的打击力度。区检察院承担常州市区环境资源案件的集中审查批捕和起诉工作，探索建立"三四五"办案机制，切实提升办案成效。建立三大联动机制，增强环境资源类犯罪惩治合力。建立上下联动机制，实行类案重大案件请示、专项工作定期汇报制度，加强市、区两级检察院的沟通和协调；建立横向联动机制，与武进公安分局、区环保局、区农业局等单位建立联动执法机制，搭建办理环境资源类案件绿色通道；建立内部联动机制，包括侦监、公诉、民行、预防等科室的联动机制，为120余家涉案企业、部门和地方及相关人员提供"一站式"检察服务。采取四项办案措施，提升环境资源类案件办理效率。成立专业化办案小组，统筹协调办理环境资源类案件；开通案件办理绿色通道，坚持重大类案优先审查批捕、优先审查起诉；探索"六位一体"办案模式，建立以侦监、公诉专门办案组人员为主导，以乡镇检察室、民行、预防、控申派员协助参与的"六位一体"办理格局；建立类案联席会议制度，由区检察院召集，由市公安局直属分局治安支队和区法院环境资源庭（行政庭）、环保局及渔政等职能部门参与，及时、全面交流该类案件的相关信息、动态。落实五个一制度，加强环境资源类犯罪预防。坚持一案一走访、一案一研判、一案一总结、一案一宣传、一案一预防。全年起诉非法狩猎、非法捕捞水产等破坏生态环境资源案31件71人。平均办案时间由原来的15天缩短到7天，人员由原来的10人减少到3人。

（潘人杰）

法　　院

【概　况】 2016年，武进区法院受理各类案件18442件（不含常州经开区人民法院及其相关工作，下同。不含旧存案件3367件），审执结18127件，分别减少10.6%、7.7%，解决争议标的额52.94亿元。其中：审结刑事案件1602件，下降17.4%；审结民事案件9363件，下降17.6%；审结知识产权案件216件，增长58.8%；审结行政诉讼案件216件，增长13.7%；审查非诉行政执行案件205件，下降21.2%；审结各类执行案件6504件，增长13.5%。2月4日，因武进区区划调整的需要，经省高院批复，同意撤销常州市武进区人民法院横林人民法庭、横山桥人民法庭。原横林人民法庭、横山桥人民法庭划归常州市经开区人民法院，原人员和场所整编给该法院。4月26日，区法院知识产权巡回法庭在中以常州创新园挂牌成立，建立涉园区企业知识产权案件审理、执行快捷通道。年内，区法院获得“全省法院执行标兵单位”“全市普法工作先进集体”“全市法院系统集体三等功”称号，66名干警受到上级表彰。嘉泽人民法庭被省高院评为全省“优秀人民法庭”。

【刑事审判】 2016年，区法院坚持宽严相济的刑事政策，依法惩处抢劫、绑架、毒品等严重影响群众安全感的犯罪。探索建立“快速立案、快速审理、快速宣判、快速交付执行，简化审批程序、简化庭审程序、简化文书格式”的轻微刑事案件快速审理经验，维护社会和谐稳定。全年审结刑事案件1602件，判处罪犯2050人；审结杀人、放火、抢劫、绑架、强奸、故意伤害、黑恶势力犯罪等暴力犯罪案件117件；审结盗窃、抢夺、诈骗、敲诈勒索等多发性侵财犯罪案件618件；审结危险驾驶、交通肇事、危害食品安全等犯罪案件398件；审结涉“黄赌毒”犯罪案件134件；审结传销、金融诈骗、虚开发票、商业贿赂、非法经营等经济犯罪案件17件。审结职务犯罪案件14件。

【民事审判】 2016年，区法院加强涉诉民生权益保护。新收民事案件7402件，审结7513件，分别下降24.9和21.0%。其中，民间借贷纠纷1506件、建设工程合同纠纷183件、房屋租赁纠纷138件、物业服务纠纷55件、侵犯人身权纠纷2109件、消费者权益纠纷77件、医疗损害赔偿纠纷7件、劳动争议529件。按照从3月1日起实施的《中华人民共和国反家庭暴力法》，区法院发布人身安全保护令3份，保护受害人免受家暴侵害。创新要素式庭审，不拘泥于法庭调查与法庭辩论，重点审查双方有争议的事实要素，将当事人认同、有争议、法院认定的具体赔偿数额直接用表格形式呈现，裁判过程清晰、结果明了，在全区法院系统推广。道路交通事故损害赔偿纠纷案件平均审理周期由原来的3个月缩短到23天。

区法院开展送法进校园活动　　供稿/区法院

【商事审判】 2016年，区法院受理买卖、担保、加工承揽、股份转让和票据、保险、金融借款、融资租赁等案件1881件，办结案件1598件。新收案件中：买卖合同纠纷509件，借款合同纠纷445件，保险合同纠纷93件，承揽合同纠纷121件，担保合同纠纷37件，信用卡纠纷24件，涉公司法纠纷73件，租赁合同7件，融资租赁合同纠纷85件，农村土地承包合同纠纷1件，典当纠纷12件，票据纠纷23件，经营合同纠纷15件，运输合同纠纷14件，其他纠纷94件。推动商业诚信体系建设，维护金融秩序稳定。审理企业破产案件12件，其中常州龙德置业有限公司、江苏通用药业有限公司、常州市光英纺织有限公司、常州市天香南方玻璃钢有限公司等企业破产案件得到妥善处理，通过破产审判实现资产变现5.08亿元，释放土地面积11.45公顷、房屋建筑面积21.22万平方米，安置企业职工153人，清理企业债务40.43亿元，化解银行不良贷款4.62亿元。破产案件审理“联动化、法治化、有序化”模式和审理经验在全市法院系统推广。

【知识产权审判】 2016年，区法院受理各类知识产权案件249件。其中：新收知识产权民事案件235件，旧存12件，增长75.37%，办结216件，增长58.82%；受理知识产权刑事案件2件，收罚没金42万元。受理影视、图片、文字、音乐作品著作权案件157件，受理酒类、食品类案件46件，受理涉生活用品、工业工具案件14件。知识产权民事案件调解率9.26%，撤诉率69.91%，法定正常审限内结案率、民事一审服判息诉率均为100%。区法院知识产权庭被武进区依法治区领导小组表彰为规范执法示范单位。

【行政审判】 2016年，区法院新收行政诉讼案件186件，裁判结案212件，其中不予受理44件，撤诉47件，判决驳回诉讼请求86件，裁定驳回原告起诉30件，判决行政机关败诉5件。新收国家赔偿案件3件，旧存2件，审结4件。新收非诉审查案件204件，旧存1件，审结205件。其中：裁定准予执行案件177件，裁定不准予执行27件，不予受理1件。

区法院在中以常州创新园开展巡回审判工作　　供稿 / 区法院

【司法为民】 区法院以“对外服务群众、对内服务审判”为宗旨，构造诉讼服务、诉讼引导、立案登记、案件速裁、诉调对接、涉诉信访、司法辅助“七位一体”的综合服务平台。处理保护诉权与规制滥诉的关系，把好立案关。推进纠纷诉外分流，加强驻法院人民调解室工作，引入第三方参与矛盾调处 1606 件。实行案件繁简分流，处理小额诉讼案件 470 件、司法确认案件 1044 件、督促程序案件 1 件。完善公益律师值班制度，满足群众多元司法需求。多部门联动，院庭长跟进，扎实开展涉诉信访化解工作。加强民生权益保障，推进涉民生案件审判工作，依法处理各类民事纠纷，化解交通事故纠纷 1978 件、劳动争议 529 件、农村土地流转纠纷 43 件、消费者权益保护纠纷 77 件。建立健全法官寄语、心理矫正、犯罪记录封存等未成年人犯罪帮教措施，全年组织涉青少年法制宣讲活动 33 场，被市综治委评为“全市预防青少年违法犯罪工作先进集体”。落实《反家暴法》，维护弱势群体合法权益。探索开展微信视频庭审、夜间上门庭审等巡回审判模式。发挥平安家事调查员制度优势，委托家事调查员对涉家暴等案件调查取证。妥善处理家事类案件 988 件。

【法官员额制改革】 2016 年 8 月，区法院根据最高人民法院发布的《人民法院第四个五年改革纲要（2014—2018）》，建立法官员额制，对法官在编制限额内实行员额管理，确保法官集中在审判一线，高素质人才能够充实到审判一线。通过查阅廉政情况资料、民主测评、业绩考核等环节，正确评价遴选人员表现。10 月，省高院党组作出关于全省 114 家法院首批员额法官入额的决定，区法院有法官 106 人，推荐的 67 名法官全部入额（员额法官指标由上级法院统一分配）。其中，入额的 50 名（审委会委员除外）法官中，40 岁以下 20 人，40 ～ 50 岁 25 人，50 岁以上 5 人，基本保持员额法官年龄结构的合理性和一线办案人员的稳定性。这次改革试点增设法官助理，探索由主审法官、法官助理和书记员组成的“1+N+N”审判团队工作模式，使每一个审判团队成为独立办案单元和自我管理单元。非员额法官可以加入审判团队，在团队负责人指导下承办案件，但不能担任审判长。非员额法官独任审判的案件，裁判文书由团队负责人签发，签发人与非员额法官共同对案件负责。非员额法官按保留的审判职务在裁判文书上署名。

【“执行难题”破解】 2016 年，区法院执结刑事裁判涉财产执行案件 1066 件，结案标的额 1.27 亿元。围绕“基本解决执行难”问题，深化执行指挥中心建设，全面建成集司法查控、案件信息管理及远程指挥系统等于一体的执行指挥中心平台。加大恶意逃债行为制裁力度，对拒不履行义务的被执行人罚款 5.5 万元、拘留 65 人次。推进执行指挥信息系统由人工对接向系统对接转变。定期开展集中执行活动，通过白天与夜间结合、内联与外联结合、强制与教育结合，实现全天候战斗、全方位联动、全领域覆盖，有效树立司法权威。将被执行人 5401 人纳入失信名单，加强执行曝光，形成多部门、多行业、多领域、多手段联合的信用惩戒体系。逐笔开展执行案款清理工作，加强执行规范化建设，防止出现管理漏洞。做好刑事财产执行工作，抽调专人集中执行 2013—2016 年刑事裁判涉财产部分，确保应立尽立、应执尽执。推行淘宝司法拍卖，加大网络司法拍卖力度，通过严格筛选标的物、加强软硬件保障、扩大公告范围等措施，最大限度实现财产价值。全年网络拍卖 252 件物品，成交 162 件，成交率 64.3%，成交金额 32058.44 万元，平均溢价率 12.2%。

（王杰思）

司法行政

【概　况】 2016 年，武进区新增垂直管理基层司法所 1 个(高新区北区司法所)；律师事务所新增 3 家，注销 1 家，累计 27 家；公证处 1 个；各类人民调解组织 370 个。全区有执业律师 278 人，公证员 7 人，人民调解员 440 人。全区司法行政系统举办各类法治主题活动 80 余场、法治讲座 150 余场、“以案释法”法治大讲堂 40 余场，发放法治宣传资料 20 万份，接受法律咨询 5000 余人次，受众人数达 20 万人次，受理法律援助案件 644 件。各级调解组织接待群众 4202 批次、12110 人，排查矛盾纠纷 6027 次，受理矛盾纠纷 4619 件，调解 4619 件，调解成功 4581 件。区司法局被省司法厅表彰为全省司法行政系统安置帮教工作先进集体和全省社区矫正集中整治活动先进集体。遥观镇司法所所长周彩芳被评为全省政法系统“忠诚卫士”和全省“最美司法所长”。

【武进区获“六五”普法全国宣传教育先进区称号】 2016 年 5 月，武进区被中宣部、司法部评为“2011—2015 年全国法治宣传教育先进县（市、区）”。以建设“法治武进”为目标，创新法治宣传教育形式，营造浓厚普法氛围。“六五”（2011—2015 年）普法期间，投资 1500 余万元建设各级法治文化阵地。全区累计成功创建省级民主法治示范村（社区）

普法骑行宣传活动　　供稿 / 区司法局

116 个，市级、区级以上民主法治示范村（社区）创建率均达 100%。免费发放《青少年法制教育读本》，自编法制校本教材《诚信读本》《别让青春拐弯》；开展法治展板巡展、法治电影巡映等活动，实现居（村）民学法全覆盖；建立南夏墅南湖家苑、东源旅游用品公司等农民工学法阵地。依托“3·15”消费者权益日、世界环境日等节点，开展法治主题活动 1700 余场次。建成电视屏、手机屏、电子显示屏、电脑屏、电影屏、广告屏和《武进日报》“六屏一报”的全媒体普法平台。2016 年，全区举办“夏日清凉，法润武进”“美好城市，法律相伴，你我共创”等大型法治宣传主题活动 20 余场次。12 月，高新区北区司法所投资 5 万元拍摄的社区矫正题材法治微电影《一念之间》在优酷上线，首日点击量超 1000 人次。创新流动普法宣传，组织大学生志愿者通过骑行宣传“12348”法律服务平台。

【诉调和公调对接】 2016 年，区司法局加强诉调、公调对接。6 月，在常州经开区人民法院设立派驻调解工作室。至年末，在法院、法庭共派驻诉调工作室 9 个，实现诉调对接组织全覆盖。派驻法院诉调对接工作室全年受理矛盾纠纷 1989 件，调解成功 1965 件，调解成功率 98.79%。7 月，根据《中华人民共和国人民调解法》《江苏省人民调解条例》等文件精神，在全市率先完成首次人民调解员等级评定工作，评定出人民调解员 520 人，符合一、二、三、四级评定条件的分别有 21 人、88 人、275 人、136 人，等级评定工作有效促进人民调解工作的规范化建设。8 月，根据《进一步推进武进区“公调对接”工作的实施意见》，会同武进公安分局选聘专职人民调解员 25 名和辅助人民调解员 34 名。11 月，采取集中招聘、集中培训、集中管理、集中保障“四集中”方式，选聘专职和辅助调解员 59 名，在全区 25 家派出所设立派驻式调解工作室。积极挖掘调解资源，全区累计有“个人调解工作室”14 个。

【社区矫正人员监管】 2016 年，区司法局新接收社区服刑人员 566 人，解除矫正 520 人，在册管理社区服刑人员 622 人，未发生一起重新犯罪。严格奖惩，全年警告 19 人，提请撤销缓刑 6 人，提请撤销假释 1 人，提请治安拘留 1 人。抓获逃脱社区服刑人员 2 人。推进特殊人群服务管理全覆盖体系建设，为一线执法人员配备执法记录仪、人脸考勤仪、矫务通手机等执法装备，升级定位监管系统、语音汇报系统、远程视频系统等信息系统，实现全年监管无死角。与宜兴市强制隔离戒毒所联合开展“春风十里”帮教活动，在监狱和戒毒所开展法制讲座以及心理辅导、赠送法制书籍和生活用品等活动。开展服刑人员未成年子女“黄丝带”关爱和刑释人员特困家庭扶助工作，帮扶强制隔离戒毒人员 700 人、武进籍服刑人员 13 人。联合常州大学开展“国学洗心”传统文化教育 27 场，运用国学传统文化对社区服刑人员矫心正行，接受教育 1382 人次。开展法律法规和心理健康专题教育 105 次，组织法律知识应知应会测试 1629 人次，强化社区服刑人员遵纪守法意识。按照最高人民检察院《关于开展集中清理判处实刑罪犯未执行刑罚专项活动的通知》要求，摸底排查出服刑人员 3 人，其中 1 人取保候审，1 人被追回撤销假释，收监执行。

【法律服务完善】 8 月，中以常州创新园法律服务中心成立，包括“一站一室一团”。其中，公证事务办理站提供知识产权公证、新技术公证、涉外公证等服务。人民调解工作室为园区企业开展矛盾纠纷预警排查、化解调处。法律专家服务团由法官、检察官、警官、律师和法学教授等组成，提供政策及法律咨询、法律知识培训、案件及非诉业务代理等。年内，区司法局选派律师参加“司法日”、党员 365 志愿者等公益性活动，取得良好社会效果。选派 160 余名律师和法律服务工作者，与 316 个村（社区）结对，开展城乡社区法律顾问工作。与区卫计局建立失独家庭法律援助工作站，在劳动人事争议仲裁院设立法律援助工作站，与区老龄办联合开展老年人法律服务和法律援助工作。全区律师担任企业法律顾问 800 余家，担任政府法律顾问 36 家，担任政府部门法律顾问 18 家。全年代理各类案件 8500 余件。城乡社区顾问律师到村（社区）服务 2600 余人次，提供法律咨询 3100 余人次，修订涉法文书 412 件，参与调解矛盾纠纷 363 件（次）。

【公　证】 2016 年，武进公证处办理重点工程项目建设、土地使用权出让以及农田承包招投标等公证事项，办理国有土地使用权出让招投标公证 10 余件。现场监督公证区征收办组织的武进中医医院地块建设项目选择评估机构活动，以及江苏省滆湖管理委员会组织的 2016 年夏季和冬季滆湖鱼种放流活动，为区政府重点工程建设项目顺利推进提供有力保障。全年办理公证事项 7530 件，其中国内 5031 件、涉外 2439 件、涉港澳台地区 60 件，没有投诉、错假证发生，取得良好社会效益和经济效益。

（陆　俊）

（栏目编辑　张怡菁）

军 事

人民武装

【概　况】2016年，区人武部围绕党在新形势下的强军目标，坚持政治建军、改革强军、依法治军，开展备战打赢、服从改革、正风肃纪等工作。加强思想政治建设，推进"两学一做"学习教育常态化和制度化。夯实国防动员基础，加强国防动员各项潜力数据管理，制定完善重要目标防卫方案，建立民兵情报信息员联系制度，推进应急动员保障力量体系建设，完成民兵整组调整改革任务。加强国防后备力量建设，扎实开展基层武装部战备规范化建设，全区各镇（街道、开发区）按要求完成建设任务。落实战备训练，提升人武部和民兵预备役部队遂行任务能力。深化双拥工作和国防教育，积极参加双拥模范城创建工作，巩固军政军民关系，全年军训学生7500余名。

【思想政治建设】2016年，区人武部党员干部学习中共中央总书记、中央军委主席习近平在纪念建党95周年和红军长征胜利80周年大会上的重要讲话以及《中国共产党廉洁自律准则》《中国共产党纪律处分条例》等文件精神，贯彻落实中共十八届六中全会精神。深入开展"维护核心、听从指挥""坚决服从改革大局、踏实履行职能使命"主题教育活动，组织党员干部在正规党内生活、加强党内监督、畅通民主渠道、明确责任清单等方面开展讨论。开展军队规模结构和力量编成改革动员教育活动，党员干部围绕"比觉悟看表现、比奉献看行动，比纪律看作风"深入剖析，把教育活动成果转化为内在动力，推动单位建设科学良性循环。年内，区人武部较好完成机关干部军事训练考核、民兵整组点验、基层武装规范化建设、抗洪抢险和军队改革期间思想稳定工作。

【基层武装工作规范化建设】3月29—30日，区人武部组织全区专武部长和民兵营长代表一行56人，在张家港市和盐城市大丰区人武部，参观基层武装部和村民兵营（连）部规范化建设，学习应急队伍"建、管、用"、战备规范化建设等先进经验。11月4日，专武干部和民兵营长代表在湖塘镇参加基层战备规范化建设现场推进会，学习湖塘镇和高新区北区规范化建设经验做法。12月，区人武部成立工作组，督查全区各基层武装部执行《常州市武进区人民政府关于抓好基层武装部规范化建设的通知》《关于进一步明确基层武装部战备规范化建设物资器材集中采购的通知》情况，各单位均按要求完成规范化建设，战备器材库落实40人配置背囊、睡袋等11种战备值班物资器材，以及炊事帐篷、野战餐厅帐篷等8种战备保障物资器材，为遂行多样化军事任务奠定基础。

【征兵工作"五率"量化考评】2016年，区人武部落实国防部征兵工作规定，实施"五率"（报名率、上站率、合格率、择优率、退兵率）量化考评。对兵役登记、预征对象确定、体检政考、择优定兵、退兵办理、廉洁征兵工作环节，实施标准管理、动态监控和量化评估，激励和引导各征兵单位规范开展征兵工作，提高征兵工作质量。全区网上报名人员达

8月4日，省军区司令员李大清（前中）视察武进区征兵体检站　　供稿/区人武部

3738人，远超既定目标任务，得到省军区司令员李大清的肯定。入伍新兵文化素质提升，其中，大学在校生229人、大学毕业生39人，大专以上文化占比较上年提高14.6个百分点，无1例因身体、政考责任退兵。武进区在常州军分区征兵工作“五率”考核中名列第2名。

【军事斗争准备质量提升】 2016年，区人武部坚持在军事训练实践中强化队伍建设，提升人武部和民兵预备役部队遂行任务能力。1月，围绕民兵整组、征兵工作、国防教育和民兵情报侦搜等课目，组织全区专武干部和民兵营长，在区国防教育训练中心开展为期3天的封闭式集训。3月，全体干部职工参加军分区、人武部两级机关组织的“学、训、整”集训，确保部队稳定和集中统一；14名专武部长参加军分区组织的轻武器射击预习、手榴弹投掷等业务技能训练考核，1人被选派参加省军区专武干部任职资格培训，获评优秀学员。6月20—21日，组织抗洪骨干127人在国防教育训练中心开展防汛抢险基本知识学习、冲锋舟操作使用等内容的封闭式集训。7月汛期，2800余名民兵连续奋战15天，排除险情100余处。9月3日，中国人民解放军沿312国道车辆维修保障点在常州市高俊机动车驾驶员培训有限公司揭牌成立，为部队过境提供保障。10月，区人武部以省军区对军分区首长机关能力素质考核为契机，组织全体机关干部开展技能培训和体能训练考核，提高全体干部参谋业务水平和指挥部队能力；参加军分区组织的“两实”（实弹射击、实投手榴弹）训练考核，总体成绩良好以上。扎实开展作战值班能力建设，增强机关干部情报搜集、应知应会、呼点应答、公文处理等能力，提升新作战值班体系质效。

【新质民兵组织建设】 2016年，区人武部按照平时服务、急时应急、战时应战建设要求，紧贴武进区实际，压缩基干民兵队伍规模，拓展新质民兵分队编组渠道。在区水利局、卫计局、司法局等机关单位和10家民营企业中抽调人员，组建专业技术队伍；对接常州大学城科研单位，编组网络攻防、电磁频谱管理等新型支援类队伍，新质民兵比例高于全市平均水平。全面落实信息化编兵模式，实行一人一证系统录入，通知回执现场发放，确保所编人员真实无误。5月底，区合成化民兵应急连125人在区国防教育训练中心集结，接受军分区组织的以实战为背景的应急拉动考核点验，人装到点率100%，队列指挥、警棍盾牌操、轻武器分解结合等课目考核合格。

【国防教育】 2016年，区人武部以全民国防教育日宣传为契机，围绕纪念红军长征胜利80周年主题，发动学校、街道和社区力量，宣传人民军队光辉历程、新形势下军队发展方向和国防法规政策，营造全社会关心国防、支持国防、建设国防的良好氛围。重视党政领导干部国防教育，通过落实武装工作述职、组织领导班子领导过军事日等活动，增强领导干部国防观念。发挥红色资源优势开展国防教育宣传，组织协调驻军部队、民兵预备役人员参加烈士公祭活动。扎实推进学生军训工作，提高学生思想政治觉悟，激发爱国热情；开展爱国主义、集体主义和革命英雄主义教育，增强学生建设祖国、保卫祖国的责任感。

【双拥共建】 2016年，区人武部积极参加双拥模范城创建工作，做好拥军优属和拥政爱民工作。协同地方双拥部门走访军区基层营（连）干部家庭，及时送温暖、送祝福。牵头驻地企业开展“八一”慰问抗战老兵活动，倡导不忘历史、不忘功勋。“全国扶贫日”期间，深入嘉泽镇士桥村开展帮扶调研，组织干部职工响应地方政府慈善捐款，为帮扶村10余户困难群众献爱心、送温暖。

（周建平）

人民武警

【概　况】 2016年，武警武进区中队以贯彻落实中共中央总书记、中央军委主席习近平系列重要讲话精神、拥护和支持军队改革为主线，扎实开展改革强军主题教育活动，深入做好改革期、调整期、敏感期、任务期执勤战备工作，圆满完成区看守所武装警戒任务。加强队伍建设，坚持以“岗位大练兵”为牵引，持续开展“两学一做”和“五个敬畏”（敬畏信仰、敬畏组织、敬畏法纪、敬畏责任、敬畏群众）活动，深入推进基层风气专项整治，营造“人人遵纪尽职、内部风清气正”的良好环境。加强思想政治教育，开展“强军风采”系列文化活动，在武警常州市支队组织的“军歌嘹亮献给党”合唱比赛中获得冠军。落实完善执勤制度，加大处突反恐应急处置能力训练，高标准完成“两看”（看守和看押）勤务，扎实做好“两会”、春节和国庆等重要时段执勤战备工作。提升部队训练实战化水平，全面学习《军事训练与考核大纲》，研究试训体能训练新科目、射击训练新要求和综合演练新战法。武警武进区中队在支队应急班比武中获得射击、障碍等单项科目第一，副队长孙阳在武警江苏省总队教练员集训理论测试中获得第二名。7月，官兵圆满完成武进区湟里镇、金坛区指前镇抗洪抢险任务，上士李谋亦被表彰为“抗洪抢险先进个人”，记三等功，指导员席伟新等10人受到支队表彰。全年选送士兵学员2人、发展党员4人，被总队表彰为“基层建设先进中队”。

【执勤安全根基牢固】 2016年，武警武进区中队完成执勤哨位阵地化改造，与武进公安分局、区财政局协调对接，完成监区AB大门改造和前置备勤，推进社会面重点部位视频接入中队值班室，实现武警和警察两警互联互控。开展执勤安全教育整顿活动，落实部队管理“八个方面安全规范”（安全教育深入、安全制度落实、安全组织健全、安全设施齐备、安全活动经常、安全环境良好、安全训练到位、安全责任落实），排查整治安全隐患10余处。全年出动临时勤务200余次，出动兵力400余人次，累计行程1.6万千米，高标准实现“两个确保”（确保完成以执勤处突为中心的各项任务，确保部队内部高度集中统一和安全稳定）。

（席伟新）

人民防空

【概　况】 2016年，区民防部门工作着眼提高军事斗争准备能力，按照实战要求，扎实推进人防建设融入发展大局，实现战备效益、社会效益和经济效益同步提升。推进人防工程建设，提升工程建设总量，完成人防工程建设任务。提升指挥通信能力，强化机动指挥通信系统的列装训练和实战演练，提升指挥通信能力。规范工程维护管理，开展安全巡检，加强人防工程使用监管，严格按照行政处罚程序惩处破坏人防工程的行为。深入开展民防宣传教育，营造民防工作良好社会环境。落实基层民防工作考核机制，于3月29日出台《武进区镇（街道）人民防空办公室工作职责》，明确镇（街道）人防办工作职责。年内，区民防局获得“全国人民防空先进单位”“江苏省民防工作先进单位”“常州市民防工作先进单位”等称号。

【人防工程建设管理】 2016年，区民防局推进人防工程建设，筹集人防建设经费5260万元。办理各类行政许可项目21个，其中，结合民用建筑修建防空地下室项目8个、防空地下室易地建设项目13个。严格依法审批民防工程建设，所有行政许可事项均按要求录入内控机制平台系统，落实平台监督、条线监督、内部监督3条监督线路共同把关。加强工程质量监督，推进人防工程第三方检测制度和人防设备设施着色标志工作，确保人防工程建设质量。严格落实人防工程有偿使用和管理责任维护，定期巡查巡检人防工程。开展人防工程普查，完成全区竣工人防工程的GPS和北斗坐标采集工作。制定新一轮自建人防工程“服务外包”方案，维护保养防护设备设施。依法处罚湟里金鼎明都超市私自破坏人防工程顶板行为，并在区“三合一”阳光政务平台公示，杜绝类似事件发生。

【人防指挥通信能力提升】 2016年，区民防局升级改造人防信息指挥系统，加强系统日常运行和维护管理。新增警报器2台，定期巡检警报终端。建立地下指挥中心与市指挥中心、各镇（街道）人防指挥所的定时呼点新机制，实现每月互通互联。全面列装人防机动指挥通信系统，定期实施操作训练和装备维护，提高工作人员操控能力。4月、5月，联合宿迁市、镇江市、溧阳市民防部门开展跨区域通信保障演练，成功实现通信对接，顺利完成各项训练科目。高标准完成人防专业队伍整组工作，改造维护紫薇园疏散基地的标识、绿化，提升疏散基地管理水平。9月18日，开展民防演练，全区47台警报终端参加试鸣，鸣响率100%，区域防空警报覆盖率100%，56个社区组织开展防空袭疏散隐蔽、应急救援等演练活动，参加演练人员7500余人，圆满完成演练。

雪堰镇回民村的社区民防“微展馆”　　供稿 / 区人防办

【“长城—2016”演习】 7月23—26日，在紫薇园人防疏散基地举行。该演习由市国防动员委员会组织，市人防指挥部联动辖市区人防指挥部及10支人防专业队750余人参演。武进区湖塘镇、戚墅堰街道、公安分局等单位抽调90人参加，参演装备50余辆次。武进区承担医疗救护、治安警戒和机动指挥所开设等演习，全体参演人员高标准完成各项分配任务。这次演习着眼信息化条件下人防军事准备，按照城市人民防空袭作战实际进程，依托人防指挥信息系统，演习疏散隐蔽、重要目标模拟仿真、伪装防护、消除空袭后果等课题，重点突出人防指挥所开设、人防指挥部工作和人防专业队行动等内容，检验人防组织指挥、信息化建设、指挥通信保障和消除空袭后果能力，充分展示民防队伍的应急应战水平。

【区民防局获“全国人民防空先进单位”称号】 2016年5月13日，区民防局在第七次全国人民防空会议上获得“全国人民防空先进单位”称号。“十二五”规划期间，区民防局履行“战时防空，平时服务，应急支援”使命任务，融入城市建设、融入服务民生、融入城市应急管理，全面提升在信息化条件下人民防空的核心能力、经济和城市建设的融合能力、防灾救灾的参与能力以及保障民生的服务能力，为全区经济社会科学发展、安全发展做出贡献。先后建成新城市广场人防工程、花园街人防综合工程、常州民防疏散基地等民防重点项目。探索实施人防工程维护管理“服务外包”模式，建设人防工程视频监控系统。加强民防宣传教育，建成常州民防网上科普教育馆，创新培育“一套展板”“一台节目”“一个微展馆”“一本漫画册”“一支队伍”5个要素，务实开展民防宣传进机关、学校、社区、企业、媒体（网络）“五进活动”，实施“民防报道培训、文化展演、科普巡展、知识竞赛、服务下乡”五项工程。

（陆文强）

（栏目编辑　张怡菁）

开发园区

江苏常州经济开发区

【概　况】 江苏常州经济开发区（简称常州经开区）位于常州东大门，处于沪宁创新走廊与长江经济带的重要战略节点，规划面积181.3平方千米，辖镇、街道各3个，行政村60个、社区21个。2016年，常州经开区围绕产业转型升级和东部新城建设，实施加快发展三年行动计划，重点发展先进轨道交通装备、新型特种材料、智能电力装备三大主导产业，提升发展绿色家居、绿色电机和绿色能源三大绿色产业，改善发展面貌，优化发展环境，实现综合实力稳中有升，迈出"三步走"发展战略的坚实一步。全年完成地区生产总值663.33亿元，规模以上工业总产值1896.7亿元，固定资产投资269.89亿元，分别增长7.5%、7%、21.2%。

有效投入　开展"重大项目推进年"活动，190个重点项目完成投资185亿元。推进产业项目28个，博瑞电力、同和新基地等项目开工建设，顺丰速运、卫星数码装饰纸等10个重点项目竣工投用。加强项目招引，开展"北上广深"等重点城市境内推介，组织参加德国、中国香港等重点地区招商，芯片载带等重大项目成功引进，华电常州东部燃机基地、铁五院常州分院等央企项目基本确定。建设产业平台，轨道交通产业园、新材料产业园40万平方米标准厂房启动建设，常州经开区科创中心加快推进，横林科创中心一期投入使用，东方创新园、鑫泰工业园等工业集中区整合提升。

改善面貌　深化细化常州经开区发展战略规划，编制完成各镇总体规划、控制性详细规划。调整常州经开区土地利用总体规划，城市周边永久基本农田划定基本完成。研究核心区城市设计、美丽乡村规划，有轨电车线网规划通过审批，中心公园、运河南侧景观带、革新河中央花园廊道等景观设计全面完成。完善基础设施，龙锦路、兴东路、富民路建成通车，武澄路、常戚线等10条道路提档升级，运河"四改三"、丁塘港综合整治、机厂河水利枢纽等水利工程投入使用。开展"征迁会战"活动，启动实施征迁项目15个，完成征迁面积185万平方米。

常州经开区生态建设风貌　　摄影／盛劲松

优化环境　推进生态治理，中天钢铁、亚能热电等环保工程基本完工，100千米污水主管网、34千米污水支管网工程启动，10条河道综合整治工程实施。宋剑湖生态过滤带、丁横河绿地等18个生态绿城项目建设完成，新增绿地面积69.07公顷。新建、改扩建学校项目12个，其中遥观中小学改扩建、常铁校学生公寓等项目建设完成，潞城、丁堰街道社区卫生服务中心整建制合并启动。完善城市功能，凯尔城市商业广场、白金汉爵大酒店全面开工，横林全民健身中心建成投用。

科技创新　完成高新技术产业投资66亿元，占园区工业投资的48%，研究与试验发展（R&D）经费支出占GDP的比重2.51%，中车戚墅堰机车车辆工艺研究所有限公司项目获中国工业大奖。新增高新技术企业22家，累计108家；完成高新技术产业产值560亿元，占园区规模以上工业总产值的29.54%。新认定省高新技术产品89个。专利申请3504件，获授权2049件，万人有效发明专利拥有量21.08件。引进国家"千人计划"1名，签约第八批"龙城英才计划"项目10个。常州市生产力促进中心经开区分中心挂牌成立，2016年中国（常州）轨道交通产业国际技术交流会成功举办。

创新体制　完成镇（街道）财政管理体制改革和资产负债清理。出台促进金融业发展和资本市场建设系列政策，常州神力电机股份有限公司在上交所上市，新增“新三板”挂牌企业3家，新增直接融资12.4亿元，累计募资32.8亿元。常州经开区产业基金设立，获批省金融改革创新试点区。镇（街道）产业园区体制机制改革创新启动，探索“一组一办一公司”的运行模式。推进行政审批制度改革，形成部门责任清单71项。

8月25日，日本电产凯宇汽车电器（江苏）有限公司生产的首台EPS无刷电机下线剪彩　供稿/常州经开区

【高铁传动系统项目获中国工业大奖】 2016年12月11日，在第四届中国工业大奖表彰大会上，中车戚墅堰机车车辆工艺研究所有限公司（简称中车戚研所）承担的“高铁列车高可靠性齿轮传动系统研发及产业化”（简称高铁传动系统）项目获得中国工业大奖，是迄今为止中国轨道交通领域项目首次获此荣誉。中车戚研所自2006年开始攻坚齿轮传动系统，探索材料、热处理、锻造等环节，先后建设试验台8个，开展实验上千次，试制样机5代，产品从适配200千米动车组到350千米高速列车。此后又经5年改进和大范围推广，成功通过60万千米线路大考，产品最新试验速度突破每小时500千米，取得中国高铁传动系统重大突破。该项目研究成果实现了国产化替代，获专利70余件，先后获中国铁道学会特等奖、中国发明专利优秀奖、中国机械工业科学技术一等奖等。

【高端智能纺纱成套装备项目新基地等项目开工或入驻】 高端智能纺纱成套装备项目新基地　参见《大事记》栏目P15。

智能电网研发及总装基地（一期）项目　9月开工。该项目由常州博瑞电力自动化设备有限公司实施，位于五一路东侧、富民路南侧，新建研发试验、科技成果孵化及生产厂房15万平方米，总投资12亿元。项目建成后，可新增大容量柔性直流换流阀、特高压直流输电换流阀冷却系统、直流配网等新产品，实现发电机励磁系统、光伏产品、集装箱产品的系列化、成套化和规模化生产，达产后预计新增年销售收入50亿元。

芯片载带项目　9月14日签约入驻常州经开区。该项目由深圳恒益大通投资控股集团有限公司、深圳市彤兴电子有限公司等联合投资，总投资5亿美元，用地面积20公顷。其中，一期总投资1亿美元，用地面积6.67公顷，注册资本3000万美元。

【首台EPS无刷电机下线】 2016年8月25日，在日本电产凯宇汽车电器（江苏）有限公司生产车间内下线。日本电产株式会社于2012年以增资扩股形式，收购原江苏凯宇汽车电器有限公司51%股权，成立日本电产凯宇汽车电器（江苏）有限公司，经过生产线装备策划、建设，建成一期100万台EPS无刷电机生产装备、试验装备。此次下线的EPS无刷电机，具有使用寿命长、噪音低、更具安全性和可靠性等优势，是为汽车电动助力转向装置提供助力动力的电机。该公司服务于上汽、北汽、东风等品牌汽车企业20多个EPS无刷电机项目，全年实现产值3亿元。

【神力股份等4家企业挂牌上市】 常州神力电机股份有限公司　简称神力股份，11月25日在上海证券交易所挂牌上市，股票名称“神力股份”，股票代码“603819”。该公司主要从事电机定子、转子冲片和铁芯的研发、生产和销售，是集研发、设计、生产、销售及服务于一体的专业化电机配件生产服务商。此次公开发行股票3000万股，发行价格8.77元/股，募集资金用于补充流动资金、技术研发中心建设项目和高端电机定转子冲片和铁芯生产基地项目。

江苏宏达数控科技股份有限公司　6月29日在全国中小企业股份有限公司转让系统（简称“新三板”）挂牌上市，股票名称“宏达数控”，股票代码“837127”。该公司致力于数控转塔刀架和精密滚珠丝杠副的研究开发、生产销售，是国内数控转塔刀架的骨干企业。主要产品有数控机床、龙门数控机床、精密冲床、C型数控机床，高速送料机。全年实现业务收入4628万元。

常州永盛新材料装备股份有限公司　8月2日在“新三板”挂牌上市，股票名称“永盛装备”，股票代码“838116”。该公司是一家专业生产各种涂布设备、分切设备以及胶带设备的集团性公司，是中国胶带工业领先的专业设备供应商。全年实现业务收入6685万元。

常州汉邦工程塑料有限公司　10月24日在“新三板”挂牌上市，股票名称“汉邦塑料”，股票代码“839363”。该公司主要从事高分子工程塑料材料的改性生产，专业生产各种改性PP、阻燃ABS、耐热ABS、改性PA以及各类合金材料。全年实现业务收入3289万元。

【常州经开区产业基金设立】 常州经开区企业信贷风险补偿专项基金　9月设立，由常州经开区财政出资4000万元，与交通银行常州分行、长安保险常州市中心支公司联合设立，银行按风险补偿专项资金的余额放大12.5倍授信，提供总额不超过5亿元的贷款授信，重点为已有一定销售规模的成长型中小企业提供保险保证，无抵押债权融资支持。

常州经开区创新型、成长型小微企业信贷风险补偿专项基金　10月设立，由常州经开区财政出资2000万元，与江南农村商业银行高新区科技支行、江苏武进信用再担保有限公司联合设立，银行按风险补偿专项资金的余额放大10倍授信，提供总额不超过2亿元的贷款授信，重点为辖内创新型、成长型小微企业提供无抵押担保和反担保债权融资支持。

【常州市生产力促进中心经开区分中心成立】 参见《科学技术》栏目P224相关条目。

【常州经开区重大产学研活动】 2016年中国（常州）轨道交通产业国际技术交流会　5月19日，在常州经开区行政中心举行。这次交流会由常州市科技局、常州经开区管委会、江苏省轨道交通产业技术协会主办，以“现代有轨电车与轨道交通多样化”为主题，中车浦镇庞巴迪运输系统有限公司、德国IFS公司、西南交通大学牵引动力国家重点实验室、中国城市轨道交通协会等国内外知名轨道交通领域机构专家和企业代表近200人参加，探讨、交流“常州经开区轨道交通产业发展研究”“智能绿色城市出行解决办法”“现代有轨电车发展及关键技术”等议题，引进国外先进的轨道交通理念和模式，增强常州企业与国内外轨道交通产业相关企业家、专家的交流与合作，促进产业发展壮大。

2016常州企业成长与创新资本合作洽谈会暨常州经开区·黑马大赛城市赛　6月22日，在常州万豪酒店举行。这次活动由常州市政府主办，常州经开区管委会、常州产业投资集团等承办，涉及智能制造、新材料、医疗健康、电商互联等行业61个创新创业项目参赛，常州市江澜绿洲生物技术有限公司“免疫疗法控制牙周病项目”夺得冠军。活动现场，常州经开区与创业黑马（北京）科技股份有限公司战略合作签约。

【《常州经开区》杂志创刊】 《常州经开区》杂志为双月刊，创刊于1月，全年出刊7期（其中专刊1期），向全市695家相关单位累计发行3万本。该杂志围绕“常州经开区三年创成国家级经济技术开发区、五年进入全省开发区前20强”的总目标，设置《卷首语》《开创前沿》《特别策划》《民生风貌》《经济聚焦》《党建经纬》《文化东大门》《发展论坛》《工作速递》等栏目，全面展现常州经开区把握新常态、激发新动力、增创新优势的发展情况，为各级党政领导决策咨询、交流学习提供参考，为社会各界人士、国内外客商了解常州经开区发展建设动态提供服务。

（张　莉）

武进高新技术产业开发区

【概　况】 武进高新技术产业开发区（简称武进高新区）地处常州市南翼，1996年3月获批设立，1997年7月正式授牌，2012年8月经国务院批准升级为国家高新技术产业开发区，规划控制面积182平方千米，下辖社区19个、行政村14个。2016年，武进高新区作为苏南国家自主创新示范区之一，贯彻“创新、协调、绿色、开放、共享”的发展理念，紧扣“产业发展水平要高、服务效能要高、大项目承载力要高”和“探索新机制、培育新动能、塑造新形象”的总体要求，聚焦壮大高端装备、电子信息、节能环保、轨道交通四大主导产业，全力打造机器人、智电汽车两张产业名片，积极拓展测试、检验检测、大数据、生物医药等新兴产业，统筹推进改革发展稳定各项工作，实现“十三五”发展精彩开篇。到年末，累计引进30多个国家和地区投资企业7000多家，拥有世界500强企业投资项目20个、上市及“新三板”挂牌企业22家，高新技术企业145家，新城控股集团有限公司、国茂减速机集团有限公司入选2016中国民营企业500强。全年地区生产总值增长9.5%，规模以上工业产值增长8.2%，全社会固定资产投资增长9.6%，公共财政预算收入增长6.8%。武进高新区是长三角地区最具吸引力和创新活力的开发区之一，年内获评“国家新型工业化产业示范基地”“中国产学研合作创新示范基地”“科技部第二批科技服务业区域试点单位”“江苏省高端装备制造业特色和示范产业基地”“江苏省特色产业集群”“省级智能用电示范区”等称号。

招商引资　新增世界500强企业投资项目1个，总投资5000万美元以上大项目8个；总投资10亿美元的瑞声微型精密元器件（手机3D玻璃）项目成功签约，成为武进区单体规模最大的外资及港澳台资制造业项目；创辉医疗器械（中国）有限公司奠基，江苏明月软件

武进高新区园区面貌　　供稿/武进高新区

技术有限公司项目签约入驻。全年完成协议注册外资及港澳台资10.36亿美元，实际到账外资及港澳台资5.5亿美元。

项目建设　瑞声金属射频模组、车和家新能源汽车、创辉医疗器械等重大项目开工建设，北京西门子汽车电驱动系统、贝内克长顺生态汽车内饰材料、纳博特斯克精密减速机等项目建成投产，北汽新能源常州高端产业基地首辆纯电动汽车、安川（中国）机器人有限公司第1万台机器人下线，园区企业获批扶持资金1.17亿元、省大中型企业转型升级专项资金项目29个、市“三位一体”转型升级专项资金项目75个，对上转报备案类工业项目11个。全年新开工厂房面积80万平方米。

创新发展　新认定高新技术企业30家，累计145家，占武进区的32.6%。申请专利4688件（其中发明专利1434件），获授权1688件，有效发明专利拥有量728件。全年完成高新技术产业产值677亿元，占园区规模以上工业总产值的74.7%，规模以上企业研究与试验发展（R & D）经费支出占地区生产总值的4.5%。深化科技合作，承办2016中韩智能制造技术对接交流会等国际交流活动4场，举办“创新、合作、共赢”武进高新区科技项目合作对接会暨签约仪式等大型产学研、人才对接活动10多场次，与北京大学、清华大学等10所高校建立合作机制。推进“双创”示范基地建设，武进高新区众创服务中心全面启用，N立方创意工坊、青武创客空间获批省级众创空间，省级以上博士后工作站累计8家（国家级1家），中国汽车技术研究中心汽车工程研究院华东院项目、南京航空航天大学国家技术转移中心武进高新区分中心、北京大学科技开发部常州产学研合作办公室等产业研发及服务机构成功引进，“武高新科技之窗”上线，《武进高新区科技支撑体系建设实施意见》出台。武进高新区被科技部列为第二批科技服务业区域试点单位。

产城融合　《武进高新区（联动片区）发展战略规划》《武进高新区城市色彩规划》《前黄镇总体规划》等12项规划编制完成。武进高新区消防中队、武进清英外国语学校生活综合楼及武进高新区众创服务中心改造等工程建成投用，武进高新区防洪大包围工程基本建成。在园区阳湖路、武宜路、凤林路等路段投用公交客车，有效解决沿线企业职工上下班出行难问题。全年完成拆迁面积51万平方米，保障常州地铁一号线南部先行段、车和家新能源汽车、永安河拓浚等项目顺利实施。完成南淳家园三期、南隆家园二期安置房分房1158套、面积12.1万平方米，提前落实有特殊困难拆迁安置户安置房181套、面积18596平方米。

【领导考察和调研武进高新区】　参见《大事记》栏目P12—16。

【快克股份等9家企业挂牌上市】　常州快克锡焊股份有限公司　简称快克股份，11月8日在上海证券交易所挂牌上市，股票名称“快克股份”，股票代码“603203”。该公司是以锡焊技术为核心的电子装联专用设备研发、生产和销售企业，提供包括锡焊装联类、装联作业的关联性设备以及柔性自动化生产线的产品和服务，成为电子装联综合解决方案提供商。此次公开发行股票2300万股，发行价16.5元/股，募集资金用于智能化精密锡焊设备项目和研发中心项目。

常州铭赛机器人科技股份有限公司　1月27日在全国中小企业股份有限公司转让系统（简称“新三板”）挂牌上市，股票名称“铭赛科技”，股票代码“835194”。该公司是哈尔滨工业大学、深圳市创新投资集团有限公司等投资参股的高新技术企业，从事工业机器人、自动化生产线、能源装备、家用智能机器人等产品的研发、生产、销售，致力于为电声电子和制造业客户提供完整的自动化工程解决方案。全年实现业务收6264.44万元。

江苏泰瑞斯特新材料科技股份有限公司　4月7日在“新三板”挂牌上市，股票名称“泰瑞新材”，股票代码“836329”。该公司主要从事立体芯材织物、立体网格芯材织物和热塑性纤维增强复合材料等产品的研发、生产和销售，是一家集研发、设计、生产、营销于一体的综合性绿色环保新材料企业，产品广泛应用于航空航天、铁路运输、石油贮罐、海洋船舶、建材工业、集装箱物流等领域。全年实现业务收入544.52万元。

江苏中盈高科智能信息股份有限公司　5月10日在“新三板”挂牌上市，股票名称“中盈高科”，股票代码“837274”。该公司是智能建筑系统研发商，主要从事智能建筑系统研发、应用，智能建筑整体解决方案设计、实施、服务、系统集成以及相关高新技术产品的集成和销售，是中国最早进入智能建筑系统集成领域的企业之一，也是常州地区提供智能建筑系统项目解决方案的主要供应商之一。全年实现业务收入1409.89万元。

常州华丽畜牧工程股份有限公司　7月13日在“新三板”挂牌上市，股票名称“华丽股份”，股票代码“837843”。该公司是为畜牧行业客户提供集养殖场规划，养殖配套设备设计、生产、销售和安装，养殖系统技术培训为一体的企业，主要客户为国内大中型养殖企业。全年实现业务收入1845.18万元。

金石机器人常州股份有限公司　9月1日在“新三板”挂牌上市，股票名称“金石股份”，股票代码“839127”。该公司主营业务是以桁架机器人为核心的全自动化生产线研发、生产和销售，是国内首批研发和生产桁架式工业机器人的专业公司，在大型桁架机器人和重型桁架机器人领域填补国内空白。全年实现业务收入7787.45万元。

江苏中汽高科股份有限公司　11月9日在“新三板”挂牌上市，股票名称“中汽高科”，股票代码“839837”。该公司致力于清障车功能部件、技术的提升及外观设计改进，形成托吊联体型、托吊分离型、平板一托二型三大系列产品，取得实用新型和外观设计专利30多件。全年实现业务收入12512.68万元。

江苏明及电气股份有限公司　11月18日在“新三板”挂牌上市，股票名称“明及电气”，股票代码“839831”。该公司主要从事高低压断路器系列产品的研发、生产和销售，通过高新技术企业认证、国家强制性产品认证，获得科技部科技型中小企业创新基金立项，产品有高压成套开关设备、低压成套开关设备、真空断路器、智能型在线检测装置。全年实现业务收入5177.31万元。

江苏易肌雪生物科技股份有限公司　12月13日在“新三板”挂牌上市，股票名称“易肌雪”，股票代码“870187”。该公司是由生命科学领域的美籍华裔科学家和江苏省知名企业家共同创办，集研发、生产和销售于一体的高科技生物技术公司，致力于开发生物蛋白、细胞融合工程和技术，生产和销售生物护肤品。全年实现业务收入683.98万元。

【中德高新绿项目合作活动】 2016德国高新绿项目投资峰会 4月11日，在武进九洲喜来登酒店举行，德国智能制造、生物医学、绿色能源等高科技领域企业19家，江苏省内及周边地区企业及投资公司150余家参加。这次峰会由武进高新区管委会、江苏中德创新中心、常州市创业投资协会、九洲创投园共同主办，通过组织德国高新绿项目“多功能无人机”“石油污染与生物修复”等16个项目路演和分组对接，促进中国资本和德国前沿技术有效合作。会上，江苏中德创新中心与九洲创投园，常州纳科仪器有限公司与九洲创投园，江苏中德创新中心与德国ZOZ集团分别签约合作。

中德（常州）高新绿项目技术研讨会 5月17日，在武进高新区召开。这次会议由中国市政工程协会、江苏中德创新中心、武进高新区管委会联合举办，中国房地产业协会名誉会长宋春华，中国市政工程协会副会长谢晓帆，常州市、武进区领导史志军、郑政平、陆秋明，中德双方企业代表百余人参加，探讨技术与资本紧密融合助推产业发展的创新发展路径。活动中，江苏中德创新中心与德国DIZWO公司就大桥震动发电系统项目、与裕腾建设集团就中心研发产品的产业化示范分别签订合作协议。中德创新中心还与德国ZOZ集团就纳米改性高性能水泥项目开展合作，设立德国ZOZ集团常州研发中心。

【武进高新区列入全国科技服务业区域试点单位】 3月2日，科技部办公厅公布第二批科技服务业区域试点单位名单，武进高新区名列其中。年内，武进高新区以此为契机，集聚创新资源，深化对接合作，完善科技平台，提升服务效能，全年服务企业1000多家次，科技服务业收入达22亿元。优化科技服务环境，制定出台以《武进高新区科技支撑体系建设实施意见》为引领的政策文件，进一步完善园区创新创业发展的政策体系。完善创业孵化生态，着力打造众创服务中心，积极推动众创空间和孵化器建设，拥有孵化平台17个，其中国家级5个，累计孵化科技人才项目700多个。提升研发设计服务能力，成功引进中国汽车技术研究中心汽车工程研究院华东院等高端研发服务机构，签约共建南京航空航天大学国家技术转移中心武进高新区分中心、北京大学科技开发部常州产学研合作办公室等技术转移平台，有效支撑企业研发需求。构建科技金融体系，探索建立集“贷—投—补”为一体的科技金融体系，与农业银行、江南农村商业银行签订“银政”贷款协议，新设风险补偿资金池3500万元。打造“武南创智汇”活动品牌，每两周开展一次项目路演活动，为创业项目与投资机构开展合作牵线搭桥。

【武进高新区产学研活动】 武进高新区—南京航空航天大学科技人才对接交流会 4月20日，在武进高新区管委会会议室举行。双方签署战略合作协议，围绕机器人及智能装备、电子信息、轨道交通、通用航空等领域，立足产业发展和企业需求，在科技研发、学术交流、创新平台建设、科技成果转化、人才培养等方面开展全方位多层次合作。

2016中韩智能制造技术对接交流会 5月10日，在武进高新区举行。这次活动由江苏省科技厅支持，常州市科技局、大韩贸易投资振兴公社、江苏省跨国技术转移中心、武进高新区管委会共同主办，全省智能制造企业98家200余人，韩国机器人产业振兴院及现代重工等9家智能制造领域的韩国企业代表参加，双方就相关合作项目开展对接洽谈，达成初步合作意向21项。

“创新、合作、共赢”武进高新区科技项目合作对接会暨签约仪式 5月17日，在武进高新区举行。这次活动收获科技合作成果8项，由江苏万帮德和新能源科技有限公司投资的新能源充电桩项目、广州市悦照车灯有限公司投资的LED车灯LED透镜和HID透镜的研发生产项目签约落户，南京航空航天大学国家技术转移中心武进高新区分中心、北京大学科技开发部常州产学研合作办公室揭牌，新誉庞巴迪牵引系统有限公司与清华大学，瑞声科技控股有限公司与北京大学，金石机器人常州股份有限公司与南京航空航天大学，斯太尔动力（常州）发动机有限公司与北京理工大学分别签订相关产学研合作项目。北京大学、清华大学等9所高校专家教授分别发布最新科技研究成果。

“走进航天二院”系列活动 5月31日—6月1日开展，由武进高新区组织。武进区与中国航天科工集团第二研究院（简称航天二院）签订战略合作框架协议，推进武进高新区优势产业集群发展和航天二院在产品民用化方面的推广运用；双方围绕科技研发、成果转化、人才培养开展对接合作，共同搭建技术引进、知识产权交易转让、合作研发、人才培养输送等方面公共服务平台，提升武进企业技术研发和经营管理水平，武进高新区作为主要平台承接双方各类合作项目；利用双方产业、资本和其他要素资源，创立以航天二院为引领的产业集群共建园区。武进高新区分别与中国质量认证中心、航天云网科技发展有限责任公司签订战略合作框架协议。

武进高新区第二届绿色智能制造海智对接大会 8月3日举行，来自美国、英国、日本、新加坡等国家的10名海智专家应邀参加，先后发布精密机电工程、智能康复机器人研究等项目10个，与武进高新区100多家企业开展对接，现场达成合作协议10余项。

第四届江苏科技创业大赛先进制造行业赛 8月12—13日，在武进高新区举行。这次大赛由省科技厅、省委宣传部、省教育厅等部门共同指导，全省9个创业团队和25家科技型创业企业参赛，经过角逐，有2个创业团队和5家企业晋级总决赛。

【武进高新区网格化环境监管体系实施】 从5月24日起，由武进高新区党工委、管委会制订的《高新区网格化环境监管体系实施方案》开始实施。武进高新区根据环境监管的实际情况，通过属地管理、分级负责、全面覆盖、无缝衔接的环境监管网络，明确南夏墅街道、北区以及核心区的环境监管责任，配备环境监管力量，构建网格化环境监管体系，推进建立“党政同责、一岗双责、齐抓共管”的环保工作机制，形成网格定位、责任到位的环境监管模式。该体系的实施，有效夯实监管基础，完善辖区企业“一企一档”环境管理基础台账，提高网格监管的智能化、信息化水平，推进生态文明建设，有效改善园区环境质量。

【武进高新区微循环交通专线开通运行】 7月15日开通运行。该交通专线由武进高新区与大众汽车租赁公司合作，采用包车客运的形式，组织5辆空调客车在上下班时间循环往返在常武路、阳湖路、武南路、淹城路四条路上，途经武进客运站、BRT站台等公交换乘点以及南湖家苑、南河花园、名仕家园等小区，园区企业员工可凭统一发放的免费乘车服务卡刷卡上车，有效解决园区企业员工上下班出行难问题。

【武进高新区众创服务中心启用】 9月14日该中心启用，挂牌中国（常州）知识产权维权援助中心武进高新区分中心，与江苏省产业技术研究院签署合作框架协议，挂牌成立江苏省产业技术研究院技术交易市场常州分市场。该中心位于武进高新区西湖路1号，作为一种新型的创新创业载体，为相关创业团队提供办公场地，设有办事服务大厅，提供规划建设、工商财税、人力资源、科技金融等相关服务。年内，先后承办第四届江苏省科技创业大赛先进制造行业赛、工业设计园3D打印比赛、2016创响中国常州站巡回接力活动等专题活动，开展研发费加计扣除培训、省“40条政策”培训班、规模以上企业负责人知识产权培训、高新技术企业申报辅导等业务培训会议，每月一次举办企业项目与风创投资本对接“武南创智汇”项目路演活动，有效增强影响力。

【中欧人工湿地技术研发中心揭牌】 10月23日，该中心在武进高新区揭牌成立。该中心由江苏河马井股份有限公司发起成立，依托国际水协（IWA）人工湿地专家委员会权威研究员以及国内知名工程实践专家作为技术支撑，致力研究海绵城市建设、流域水环境综合治理、黑臭水体整治、农村生活污水治理等方面，推动江苏河马井股份有限公司技术产品在工业处理、绿化园林、垃圾渗滤液、污泥稳定等领域的广泛应用。

【武进高新区消防中队入驻】 参见《法治》栏目P70相关条目。

（张向斌）

高端装备产业·轨道交通产业

【概　况】 2016年，武进高新区围绕数控机床、智能纺机、现代工程机械和关键核心零部件产品群和与之相关的上下产业链，以江苏新瑞重工科技有限公司、常州创胜特尔数控机床设备有限公司、卡尔迈耶（中国）有限公司、五洋纺机有限公司、柳工常州机械有限公司、爱科（常州）农业机械有限公司、江苏恒立液压股份有限公司、江苏南方轴承股份有限公司为骨干企业，在高端装备产业细分领域中集聚国内外优秀企业，形成从整机到关键零部件研发、设计和制造较为完整的配套体系。园区有高端装备企业102家，全年销售收入和入库税收分别增长3.4%和22.4%。

武进高新区依托新誉集团有限公司、今创集团股份有限公司等龙头企业，以轨道交通产业园为载体，重点突破牵引逆变器、牵引电机等关键零部件，逐步向牵引控制系统、列车牵引网络等领域延伸，进一步壮大轨道交通产业领域的竞争力和市场占有率。园区轨道交通产业全年销售收入和入库税收分别增长8.5%和48.8%。

【高端装备产业项目建设】 天铂电力（常州）有限公司智能化成套装备项目　9月28日在武进高新区奠基。该项目由天铂电力（常州）有限公司实施，总投资1.8亿元，新增真空断路器组装生产线、低压框架断路器生产线、电流互感器生产流水线等设备12台（套），建成后可达年产高低压成套设备2万套、高低压元器件25万套的生产规模。

常州固高智能控制技术有限公司　12月16日签约入驻。该公司由武进高新区与固高科技（深圳）有限公司共同投资设立，主要运营共性技术应用工程中心、工程师培训中心和微创平台，通过引进智能装备共性技术专家，培训资深工程人员，提供共性技术展示平台等，为园区制造类企业智能化改造和装备升级等提供核心技术支撑，同时孵化细分领域的微创企业，打造产业升级生态圈。

10月23日，中欧人工湿地技术研发中心揭牌　　供稿/武进高新区

【2016中国挖掘机械行业第二十届年会在武进召开】 11月17日，2016中国挖掘机械行业第二十届年会在武进九洲喜来登酒店召开。这次年会由中国工程机械工业协会挖掘机械分会主办、江苏恒立液压股份有限公司协办，主题是“匠心凝聚、永续前行——问道中国挖掘机械行业供给侧改革”，中国工程机械工业协会、广西柳工集团、三一重机有限公司、卡特彼勒（中国）投资有限公司等单位和企业嘉宾，以及制造商、销售商、供应商、行业媒体代表240余人参加。会上，中国工程机械工业协会挖掘机械分会会长曾光安代表主办方致开幕词，江苏恒立液压股份有限公司董事长

汪立平代表协办方致辞，中国工程机械工业协会会长祁俊、三一重机有限公司总经理伏卫忠、卡特彼勒（中国）投资有限公司董事长陈其华分别作《工程机械行业运行状况与趋势分析》《不忘初心、保持耐心、坚定信心》《智能建设，重构基建行业未来》的专题报告，小松（中国）投资有限公司总经理张全旺作《关于未来市场预测及小松在避免价格竞争和后市场开拓》的报告，中国工程机械工业协会挖掘机械分会常务副会长兼秘书长李宏宝作《当前中国挖掘机械行业发展现状》的主题报告，铁甲信息技术（北京）有限公司顾问王业峰作《共创行业新生态》的报告，中国工程机械工业协会挖掘机械分会向江苏恒立液压股份有限公司颁发“2016年度中国挖掘机械行业特别贡献奖”。与会代表还参观考察了江苏恒立液压股份有限公司和柳工常州机械有限公司。

（张向斌）

电子信息产业

【概　况】 2016年，武进高新区以获批电子元器件产业国家新型工业化示范基地为新起点，围绕新一代信息技术，培育壮大新型电子元器件、数字终端机等产品群，集聚瑞声声学科技（常州）有限公司、光宝科技（常州）有限公司、安费诺（常州）连接系统有限公司、常州金信诺凤市通信设备有限公司等知名企业，着力打造在全国乃至全球具有重要地位的新型电子元器件基地。园区有电子信息企业36家，全年销售收入和入库税收分别增长6.8%和16.1%。

【电子信息产业项目建设】 瑞声微型精密元器件（手机3D玻璃）项目　9月28日签约入驻。该项目总投资10亿美元，注册资本3.5亿美元，是武进区迄今单体规模最大的外资及港澳台资制造业项目，主要从事手机3D玻璃的研发和制造，建成后可形成年产3D曲面玻璃1亿块、金属射频模组等微型精密元器件1200万个的能力，产品广泛应用于高端智能手机和平板电脑、可穿戴式设备等。

金信诺凤市华东基地项目　2016年9月28日签约入驻。该项目总投资20亿元，规划建筑面积约8万平方米，主要从事高精密射频连接器及组件的研发和制造，计划2017年10月开工建设。

瑞声精密组件（常州）有限公司金属结构件及模组项目　9月29日开工。瑞声精密组件（常州）有限公司是瑞声科技集团在武进高新区投资设立的第8家子公司，金属结构件及模组项目总投资10亿美元，一期投资2.2亿美元，主要从事手机用金属外壳模组、天线开关模组和微型声学、光学器件等产品的研发与制造，达产后可实现年销售额50亿元。

光宝电脑（常州）有限公司　11月11日投产。该公司于3月注册成立，总投资6000万美元，注册资本2000万美元。其中，一期投资2125万美元，注册资本850万美元，主要从事键盘、鼠标、输入设备等电脑配件的生产和经营，产品为微软、戴尔、联想、LG、惠普等公司提供配套。一期项目达产后可实现年销售额8亿元。

（张向斌）

节能环保产业

【概　况】 2016年，武进高新区依托国家半导体照明检测中心等重要平台，以及光宝科技（常州）有限公司、晶品光电（常州）有限公司、瑞声光电科技（常州）有限公司、江苏顺风光电科技有限公司、联合光伏（常州）投资有限公司等骨干企业，着力打造具有全球竞争力的光电产业基地，全力培育国内太阳能光伏龙头企业。园区有节能环保企业20家，全年销售收入和入库税收分别增长3.4%和30%。武进高新区新光源产业集群被省经信委认定为第五批江苏省特色产业集群。

【武进高新区新光源产业集群被认定为省特色产业集群】 参见《工业》栏目P118相关条目。

【节能环保产业项目建设】 联合光伏增资项目　9月28日签约入驻。联合光伏（常州）投资有限公司是由招商新能源集团有限公司下属联合光伏集团有限公司在武进高新区成立的外商投资性公司，主要从事光伏电站的收购、建设、运营管理等，注册资本6.43亿美元，此次签约增资20亿港币，进一步扩大投资规模。

翼龙高速轮胎再制造项目　9月28日签约入驻。该项目由江苏翼龙航空设备有限公司实施，总投资15亿元，主要从事飞机及汽车轮胎再制造，达产后可形成150亿元的产能。

（张向斌）

机器人产业

【概　况】 2016年，武进高新区依托安川（中国）机器人有限公司、纳博特斯克（中国）精密机器有限公司、常州快克锡焊股份有限公司、金石机器人常州股份有限公司、常州铭赛机器人科技股份有限公司、纳恩博（常州）科技有限公司等知名企业，加快推进创志自动

11月10日，安川机器人二期项目签约　　供稿／武进高新区

化、安川二期、固高科技、未来伙伴教育机器人等项目建设，在机器人本体、集成应用、服务机器人等重点领域，形成涵盖机器人本体、核心零部件、系统集成产品、配套服务的产业链，打造国内具有影响力和竞争力的国家级机器人产业基地。园区有机器人企业10家，全年销售收入和入库税收分别增长59.8%和37.4%。

【机器人产业项目建设】 安川（中国）机器人有限公司第1万台机器人下线 2016年3月7日下线。安川（中国）机器人有限公司是日本安川电机株式会社首次在海外设立的机器人生产厂，总投资近7000万美元，主要研发生产垂直多关节工业机器人、焊接机器人及自动化控制系统，于2013年6月投产，生产能力达每月500台。

纳博特斯克（中国）精密机器有限公司投产 5月18日投产。该公司由日本纳博特斯克株式会社与上海机电股份有限公司合资设立，总投资1.45亿美元，注册资本5000万美元，生产工业机器人用精密减速机，主要供应ABB、安川电机、库卡、发那科全球四大机器人公司。一期规划产能10万台/年，全部建成后产能可达20万台/年。

安川机器人二期项目 2016年11月10日签约入驻。安川（中国）机器人有限公司于2012年3月在武进高新区投资设立。二期项目增加总投资4500万美元，主要用于扩大机器人产能，计划2018年将生产能力提升至1000台/月。

未来伙伴机器人项目 2016年11月19日签约入驻。该项目由上海未来伙伴机器人有限公司实施，总投资9.5亿元，注册资本6.25亿元，计划2017年投产。

日本信浓株式会社自动化项目 12月6日签约入驻。该项目由日本信浓株式会社实施，注册资本3000万日元。

【2016常州·长三角智造峰会暨高工机器人产业洽谈会在武进举行】 10月11—12日，2016常州·长三角智造峰会暨高工机器人产业洽谈会在香格里拉大酒店举行。这次会议由常州市政府主办，常州市科教委、武进高新区、常州市商务局、常州市经信委联合协办，包括“中国制造2025从这里开始主题峰会、聚焦长三角智能制造产业集聚主题峰会、智能制造需求对接圆桌会议”三大活动，来自智能数控和机器人行业的专家、学者、企业家共约300人应邀参加。高工产业研究院院长张小飞、新松机器人总裁曲道奎、中国工程院院士谭建荣、上海发那科机器人有限公司副总裁沈岗、安川首钢机器人有限公司总工程师曾孔庚、欧姆龙自动化（中国）有限公司副总裁许卫华、金石机器人常州有限公司董事长刘金石、纳恩博集团副总裁沈涛等先后发言，交流探讨机器人未来五年的发展机会和趋势，对于推动机器人行业产学研相结合、促进机器人技术成果转化发挥积极作用。

（张向斌）

智电汽车产业

【概　况】 2016年，武进高新区重点围绕北汽新能源、车和家两大整车项目，利用中国汽车技术研究中心汽车工程研究院华东院落户契机，引进三电系统、车身轻量化部件、智能网联等关键零部件项目，推进充电桩建设运营、电池梯次利用、分时租赁，努力形成智能汽车产业生态氛围，积极创建国家级智电汽车应用试点示范区。园区有智电汽车企业18家，全年销售收入和入库税收分别增长37.8%和28.1%。

【智电汽车产业项目建设】 贝内克长顺生态汽车内饰材料（常州）有限公司投产 3月10日投产。该公司由世界500强德国大陆集团投资建设，主要生产生态汽车内饰材料，包括车内座椅、车门内饰板、装饰表面等，总投资7500万欧元，注册资本2500万欧元，一期建设厂房面积2.5万平方米，二期建设厂房面积1万平方米，全部达产后可年产环保内饰材料1000万平方米。

北京西门子汽车电驱动系统（常州）有限公司投产 7月5日投产。该公司由两家世界500强企业——北京汽车集团有限公司与德国西门子公司联合投资建设，总投资3.7亿元，主要从事新能源汽车电机驱动系统的研发和生产。建设总面积1.08万平方米，分两期实施，其中一期厂房面积6900平方米、二期厂房面积3900平方米，计划年生产电机驱动系统10万台（套），重点供应北汽新能源汽车使用。

车和家新能源汽车制造基地项目 2016年8月10日奠基。该项目致力于提供智能新能源出行解决方案，总投资50亿元，设计产能为年产新能源汽车30万辆，计划分两期建设。一期预计2017年年底前竣工投产，形成年产新能源汽车20万辆的生产能力。

江苏恒鑫正宏科技有限公司汽车零部件项目 9月28日投产。江苏恒鑫正宏科技有限公司由江苏恒鑫富奥汽车零部件有限公司投资设立，总投资3亿元，建设面积4万平方米，达产后可形成年产汽车弹簧制动气室250万套、制动阀750万套、机械零部件20万件的生产能力。

北汽新能源常州高端产业基地　　供稿/武进高新区

中汽中心汽车工程研究院华东院项目　9月29日奠基。该项目由中国汽车技术研究中心（简称“中汽中心”）实施，主要围绕汽车座椅开发、新能源汽车三电系统开发等整车核心技术研发方向，建设新能源动力电源实验室、汽车座椅开发实验室、整车半消声室等五大性能开发实验室单体，建造国内一流、国际领先的满足汽车零部件开发、动力总成系统开发验证、新能源三电系统开发验证的综合性第三方汽车性能研发基地。

丝艾标识系统（常州）有限公司开业　2016年10月19日开业。该公司前身为常州威科科技有限公司，成立于2006年，是武进高新区南拓以后第一家注册成立的外商投资生产型企业，2016年6月被加拿大丝艾（CCL）集团收购，增加汽车踏板标识产品线，主要客户有保时捷、大众、宝马、凯迪拉克等知名汽车生产商，实现年销售额3200万元。

【2016智电汽车投资者大会在武进召开】 11月4日，2016智电汽车投资者大会在武进高新区召开。这次大会由商务部投资促进事务局、常州市人民政府主办，汽车产业投资促进工作委员会、汽车商业评论、罗兰贝格管理咨询公司等机构协办，主题是“陷阱与机会”，国内外知名专家和智电汽车行业代表共300余人参加。中国工程院院士杨裕生、清华大学教授陈全世从政策、市场、技术路线等不同角度阐述新能源汽车产业的发展机遇和挑战，上汽集团乘用车公司技术中心副主任朱军介绍新能源汽车“三电”技术的发展趋势以及企业的实践经验，博世中国区执行副总裁徐大全分享技术革新将为汽车供应商带来哪些新的发展机遇，商务部投资促进事务局主任林若尘作题为《2016年汽车产业投资与趋势》的报告，武进区委常委、武进高新区党工委副书记、管委会副主任石旭涌介绍智电产业园如何服务行业发展，博泰集团创始人应宜伦、新加坡南洋理工大学教授陆亿泷分别围绕智能网联的应用前景和无人驾驶技术的发展作专题发言，专家与行业代表围绕“动力电池技术路线之争”“智能网联与安全风险”以及“投资者眼中的造车新势力”三大议题展开深入探讨，为与会各方带来启迪。

（张向斌）

武进综合保税区

【概　况】 2016年，武进综合保税区（简称武进综保区）发挥功能优势和辐射带动作用，围绕项目和跨境电商、进口肉类指定口岸两大平台建设，推进招商引资，提高服务企业质量，优化企业通关环境，为全区经济转型升级和对外开放合作增添活力。全年新增进区企业3家，累计13家。推进跨境电商、进口肉类指定口岸申报，完成《武进综合保税区跨境电商直邮系统平台筹建方案》上报、《武进综保区进口肉类查验场可行性报告》。发展区内保税物流业务，新增江苏恒立液压股份有限公司、常州国成新材料科技有限公司、常州市铭雅商贸有限公司等6家企业进区开展业务，累计17家。编发《企业入区服务指南》，联合海关武进办事处运用物流监控信息化管理系统，实现无纸化通关。进口商品交易展示中心吸引常州地区10多家进口商入区展示业务。全年完成工业总产值135.2亿元、工业产品销售额108.1亿元、工业增加值27.6亿元，分别增长16.5%、24.1%、66.6%；完成实际进出口额10.8亿美元、进出区57.3亿美元，分别增长17.5%、25.6%；完成保税物流实际进出口额4亿美元、进出区32.8亿美元，分别增长17%、40.2%。

江苏恒立液压股份有限公司新厂区　　供稿/武进高新区

【武进综保区新增进区企业3家】 常州国成新材料科技有限公司　主要经营石墨烯薄膜材料、石墨烯薄膜生产设备、石墨烯薄膜应用产品的开发和销售，以及相关技术开发、技术培训、技术转让、技术服务。生产STM+MBE石墨烯检测设备，关键零部件国外进口，产品销往国内科研院校，利用科研免税进口政策。该公司注册资本500万元，年产值2000万元。

茵莱（常州）液压有限公司　专业从事高压油缸、高精密液压铸件、液压密封件等产品研发、制造和销售，产品广泛运用于工程机械、海事海工、特种车辆、风力发电等领域，远销欧、美、日、澳等地区和国家。该公司计划注册资本500万欧元，产品全部由德国进口，销往国内。

常州安必克阀门有限公司　是瑞典知名阀门生产企业LK Valves AB（在中国的独资公司，主要组装和制造船用阀门和各种低功率控制阀，产品销往世界各地。该公司产品基本出口瑞典，近几年销往国内特殊监管区域，使用一般贸易生产，原材料国内采购，成品销往国外，也开展转口贸易。

【武进综保区企业转型升级促经济增长】 2016年，武进综保区企业光宝科技（常州）有限公司区内区外项目联动发展，完成产值86.2亿元；晶品光电（常州）有限公司扩大产能，同比扩能20%，完成产值7.6亿元；瑞声光学科技（常州）有限公司总投资128亿元的瑞声科技手机3D玻璃项目年初开工，全年完成产值40亿元，增长109%。

（衡　波）

常州西太湖科技产业园（江苏武进经济开发区）

3月30日，澳门特别行政区行政长官崔世安（前中）一行在西太湖科技产业园考察
供稿/西太湖科技产业园

【概　况】常州西太湖科技产业园（江苏武进经济开发区）简称西太湖科技产业园（武进经发区），位于西太湖北侧核心地带，规划面积90平方千米，核心区面积5.5平方千米，近城临湖，风景优美。沿江高速、常泰高速、312国道等干线公路以及常州高架、延政西路、长虹西路等城市主干道和京杭大运河穿境而过，交通便捷。2016年，西太湖科技产业园（武进经发区）确立"科技驱动、金融创新、开放包容、产城融合"的发展理念，抢抓省级高新区获批机遇，发展石墨烯产业、健康产业、互联网产业、文化旅游产业和中以合作的"4+1"特色产业，推进苏澳合作、海峡两岸合作，坚持创新引领、产城融合发展，经济和社会发展水平加速迈向新台阶，实现"十三五"规划良好开局。全年完成业务总收入285.2亿元、地区生产总值65.9亿元，分别增长15.2%、14.1%；工业总产值161.9亿元、规模以上工业产值136亿元、规模以上工业增加值33.1亿元，分别增长3.2%、2.6%、6.2%；累计高新技术企业65家，高新技术产业值74.2亿元；重点服务业营业收入20.6亿元、服务业增加值26.3亿元，分别增长29.4%、25.1%；全社会固定资产投资119.2亿元，其中工业投资66.6亿元、服务业投资52.6亿元，分别增长7.7%、10.3%、4.7%；注册外资及港澳台资2.8亿美元、到账外资及港澳台资2亿美元、外贸进出口总额5.3亿元，分别增长202.3%、388%、35.8%；公共财政收入10.1亿元，增长7.2%。

项目建设　全年园区区级以上重点项目开工26个，其中工业项目22个、服务业项目3个、社会事业及基础设施项目1个，开工率达96.3%；计划竣工项目25个（工业项目18个、服务业项目4个、社会事业及基础设施项目3个）全部竣工；完成重点项目投资62.4亿元。新招引项目200个，其中有35个项目被列入2017年区级以上新开工重点项目。

科技创新　全年获批省级创新人才项目3项，李长春、鲁伯埙获批"双创"人才，马宇飞获批"双创博士"计划；引进第八批"龙城英才计划"项目18个，其中"武进英才计划"2个；促进产学研合作意向25项。新增高新技术企业15家，累计65家；新增民营科技企业33家；新增省高新技术产品28个，累计198个；申请专利1539件（其中发明专利477件），获授权802件，有效发明专利拥有量313件。新增市级工程技术研究中心3家、省级工程技术研究中心2家，分别累计17家、21家。获得市级以上科技计划项目立项45项，其中省级以上科技计划项目立项7项，累计获得资金2470万元。江南石墨烯研究院获批"江苏省石墨烯制造业创新中心""科技部科技服务业行业试点单位"，上海交大科技园慧创空间获批省级众创空间，上海交大科技园、常州大学科技园均获批省级科技企业孵化器。

金融创新　建立金融超市，并出台《中小企业风险补偿金融超市管理办法》，常州第六元素材料科技股份有限公司等5家企业共获得金融超市1700万元授信；完成新兴产业母基金注册，建立"混资金+混人才+混激励"的运作模式；推进企业上市，新增挂牌"新三板"企业2家，累计5家。

产城融合　加强园区规划布局，《常州市产城融合示范区试点方案》编制完成，"产城融合"和"四规合一"规划更趋完善。建设基础设施，西太湖大道、禾香路东延、祥云路北延等道路工程竣工，防洪大包围工程建成投用，临津河、长塘河、锦润河和菱香河等防汛河道全面整治，常州西部片区综合公交枢纽——礼河公交枢纽投用，新版公共自行车租赁系统改造升级。强化功能配套，绿地香奈商业街、临湖商业街开业，职工宿舍北区商业街对外营业，北部邻里商业圈逐渐形成，园区首个创客公寓对外开放。优化生态环境，建设西太湖生态文明建设试验区，建成公共绿地面积37.4公顷，总面积60公顷的创森景观工程竣工；完成7家企业挥发性有机废气整治，园区企业雨污接管率达100%，常州科普动力机械有限公司、卡迈锡紧固件（中国）有限公司获ISO 14000环境管理体系认证。强化要素保障，完成拆迁面积19.45万平方米，供地33宗、面积204.13公顷，划定永久基本农田137公顷。加快人才引进，全年引进中高层次人才550人、海外人才50人、高技能人才450人。

【领导考察和调研西太湖科技产业园】参见《大事记》栏目P12—16。

【苏澳合作园区选址定于西太湖科技产业园】 2016年10月21日，江苏省政府与澳门特别行政区政府在澳门签订关于联合筹建苏澳合作园区的备忘录，江苏省省长石泰峰与澳门特别行政区行政长官崔世安代表双方签字，共同决定在江苏省常州市合作开发建设苏澳合作园区。早在2014年年底，在澳门中联办的倡议下，江苏启动苏澳合作园区的可行性研究。此举得到国务院港澳办的充分肯定和大力支持。2015年8月，苏澳主要领导就深化两地全方位合作及联合筹建合作园区事宜达成共识，并明确双方牵头部门。2015年8—12月，两地牵头部门围绕共建园区开展深入调研。2016年3月和9月，苏澳合作园区分别被双方政府列入未来五年发展规划。4月，苏澳合作园区联合筹建组成立，在南京召开第一次工作会议，随即启动由澳方主导的选址工作。经过多轮选址考察，西太湖科技产业园成为苏澳合作园区的落户地。苏澳合作园区将以现代服务业为主，打造“四个平台”——苏澳全面深化合作的实践平台、中国与葡语国家合作项目的承接平台、澳门青年在内地创业创新的落地平台、苏澳青年公务人员交流学习和提升专业能力的锻炼平台，建设成为“一国两制”框架下澳门与内地合作的示范区。

【西太湖科技产业园深化机构改革】 西太湖科技产业园调整内设机构，于2015年11月成立行政审批局，强化项目服务。2016年4月，成立先进碳材料产业管理办公室，园区“4+1”产业全部实现板块化运作。深化政企分离，伟驰控股集团有限公司年内明确“立足于园区新兴产业全寿命链投资及运营平台商”的发展定位，全面优化机构职能、业务流程、考核制度；西太湖旅游公司年内重构人力资源体系，将绩效考核与薪酬直接挂钩。4月，园区招商项目信息化管理平台投入使用，实现对项目的动态跟踪管理。

【山由帝奥等2家企业挂牌上市】 江苏山由帝奥节能新材股份有限公司 简称山由帝奥，2016年1月在“新三板”挂牌上市，股票名称“山由帝奥”，股票代码“836109”。该公司成立于2003年1月，是一家主要从事隔热制品研发、生产与销售的高新技术企业，专业生产玻纤炉炉门衬垫、橡胶衬垫、汽车线束隔热套类产品、真空绝热板、保冷箱等产品，主要为通用电气、伊莱克斯、惠而浦、三星、博世、通用汽车、德尔福等国内外知名企业配套。

常州欧瑞电气股份有限公司 2016年7月在“新三板”挂牌上市，股票名称“欧瑞电气”，股票代码“838279”。该公司成立于2007年12月5日，是一家专业制造、销售各种电力配套精密设备的高新科技企业，主要研发、生产、销售高低压互感器和电磁式电压互感器等产品。

【上海交大科技园慧创空间获批省级众创空间】 参见《科学技术》栏目P236相关条目。

【常州大学西太湖校区一期工程开工】 2016年5月31日开工。常州大学西太湖校区位于延政西大道以北、锦华路以南、丰泽路以西、孟津河和老扁担河以东，占地面积64.7公顷，规划以信息、文科、艺术教育为主，远期规划在校生规模1.32万人（含本科、研究生和留学生）。该项目分两期实施，其中一期工程包括公共教学楼、学生宿舍、学生食堂、体育馆、运动场及看台等，总建筑面积约10万平方米，计划于2017年年底竣工投用。

【鳌河中心公园开工】 11月开工。该公园是西太湖科技产业园重点民生项目之一，位于长汀路南侧、锦润路东侧，总占地面积9.2公顷，总投资2700万元，一期绿化景观工程面积6.79万平方米。

（徐舒洁）

石墨烯产业

【概 况】 2016年，西太湖科技产业园石墨烯产业持续发展，领跑全国。全年引进石墨烯项目29个，累计88个，实现石墨烯相关产业产值超20亿元；累计形成石墨烯产品近100种，覆盖军用、民用和工用等领域；新华石墨烯应用发展研究院落户，石墨烯生活家居馆启动建设；《常州石墨烯产业“十三五”发展规划》《常州石墨烯产业发展推进方案》编制完成，长三角石墨烯产业协同发展联席会议机制建立；2016中国—欧盟石墨烯高峰论坛、《石墨烯创新创业指南》发布暨石墨烯走进市民体验日等活动成功举办。

【新华石墨烯应用发展研究院落户】 1月16日，在西太湖科技产业园揭牌成立。该研究院由新华社、武进区政府和江南石墨烯研究院共同发起设立，立足于国家战略层面，开展石墨烯指数与衍生产品的研发、发布与服务，石墨烯产业发展专题研究，为石墨烯企业提供专业信息和决策服务，为国家和地方政府制定产业政策提供决策服务，开展技术交流与交易服务；建设石墨烯产业生态园，打造全球首个业界对话高端平台。年内，该研究院编撰并发布《新华（常州）全球石墨烯指数报告（2016）》《石墨烯创新创业指南（2016）》以及新华社智库分析报告4期。

【石墨烯项目签约入驻或投产】 常州中超石墨烯电力科技有限公司石墨烯复合半导电屏蔽材料项目首条生产线 2016年1月16日投产。该公司成立于2014年，由上市公司江苏中超控股股份有限公司控股，江南石墨烯研究院、西安交大技术成果转移有限责任公司和第六元素材料科技股份有限公司共同投资设立。石墨烯复合半导电屏蔽材料项目主要利用石墨烯良好的导电性、导热性和高的比表面积，经国家电线电缆质量监督检测中心测试，其20℃体积电阻率比现行同类材料下降10倍以上，90℃体积电阻率比现行同类材料下降30倍以上。该公司年内实现销售收入4575万元。

常州瑞丰特科技有限公司低温等离子体辅助卷对卷石墨烯薄膜连续生产线 2016年6月20日投产。该公司成立于2014年，为常州市“龙城英才计划”重点支持项目，由西安交通大学刘红忠技术团队、江苏中超控股股份有限公司和江苏慧德科技发展有限公司共同发起成立，主要从事石墨烯薄膜制造设备和石墨烯薄膜及石墨烯应用创新产品的研发、生产和销售。此次新建成的连续生产线，提高石墨烯薄膜生产效率，降低能耗损失，是国内该领域首条连续生产线。

银基烯碳新材料新能源项目 9月29日签约入驻。该项目由银基烯碳新材料股份有限公司实施，总投资3亿元，组建动力电池PACK工厂和锂电池研发中心，达产后可实现年销售收入6亿元。

【长三角石墨烯产业联席会议机制建立】 11月26日，由上海石墨烯产业化技术功能型平台、宁波市石墨烯创新中心、江南石墨烯研究院联合发起的长三角石墨烯产业协调发展推进会在西太湖科技产业园召开，共同签署《长三角石墨烯产业协同发展合作备忘录》。根据该备忘录，三方联合建设石墨烯产品信息共享平台、石墨烯大型科学仪器设备共享服务平台、石墨烯国际合作交流平台、石墨烯应用创新平台、石墨烯公共技术服务平台、石墨烯联合创新中心、石墨烯产业发展联盟，力争通过5～10年的努力，使长三角率先成为技术先进、结构合理、特色明显、机制灵活、竞争力强的全球最重要的石墨烯高新技术产业化基地和创新中心，在更大范围推进中国相关产业转型升级，助推制造大国向制造强国转变。

【中国—欧盟石墨烯高峰论坛等重大活动举办】 2016中国—欧盟石墨烯高峰论坛 5月19日，在武进香格里拉大酒店西太湖厅举行。该论坛由常州市政府主办，东南大学、江南石墨烯研究院、常州西太湖科技产业园管委会共同承办，以“促进石墨烯应用研究及产业发展”为主题，国家千人计划专家、瑞典皇家工程科学院院士刘建影，意大利国家研究委员会、国家研究委员会下属先进功能材料研究部门及纳米化学实验室主任Vincenzo Palermo，瑞典林雪平大学半导体材料系副教授、瑞典Graphensic有限公司共同创始人Mikael Syväjärvi，西班牙航天航空能源研究院中心主任Pedro Gomez-Romero，瑞典查尔姆斯理工大学石墨烯中心主任Patrick Carlsson，瑞典查尔姆斯理工大学石墨烯中心创新部负责人Kari Hjelt，英国剑桥大学博士生导师Antonio Lombardo等欧盟石墨烯旗舰计划的参与专家出席，常州市、武进区和西太湖科技产业园领导，东南大学、南京工业大学、苏州纳米所等知名高校院所专家学者，江苏省石墨烯产业技术创新联盟成员代表，常州石墨烯科技产业园企业代表共180人参加，共同探讨石墨烯应用和发展，旨在建立双方长期合作交流机制，促进产业发展。

《石墨烯创新创业指南》发布暨“石墨烯走进常州市民”体验日活动 9月8日，在武进新天地公园举办。该活动由中国经济信息社、武进区政府主办，武进区科协、江南石墨烯研究院协办，发布《石墨烯创新创业指南》，分析石墨烯产业发展现状与趋势，从不同角度提出石墨烯产业发展的建议，对石墨烯创新创业人才与团队具有重要的参考价值；常州烯旺新材料科技有限公司、常州二维碳素科技股份有限公司、常州碳星科技有限公司、常州碳维观致智能科技有限公司等8家石墨烯企业参展，展出石墨烯理疗护腰、护膝、U型枕等石墨烯民用产品20余款；江南石墨烯研究院发布常州石墨烯企业生产的石墨烯压力触控传感器、中医诊脉手环、石墨烯/UHMWPE（超高分子量聚乙烯）复合纤维、石墨烯电暖画、石墨烯复合半导电屏蔽中高压电缆、石墨烯散热片、石墨烯/Al复合散热片等最新产品。这次活动让常州市民切实感受常州石墨烯产业的发展成果，率先体验到石墨烯科技给生活带来的变革。

2016年全国大众创业万众创新活动周江苏分会场暨常州主题日活动 10月12日，在西太湖科技产业园启动。该活动由江苏省政府主办，常州市政府和省发展改革委、科技厅承办，包括举行长三角“智造”峰会暨2016高工机器人产业高峰论坛、“创富武进”武进区2016年创业大赛决赛、产业资本人才对接跨国并购合作交流对接会等活动。当日，西太湖科技产业园围绕“东方碳谷”目标，发布《常州石墨烯产业“双创”方案（2016—2020年）》，打出关键技术突破、平台提档升级、创新要素集聚、应用拓展示范等“组合拳”，力争到2020年年底集聚石墨烯相关企业300家以上，实现石墨烯相关上市企业10家以上，发明专利授权量达400件。

（徐舒洁）

5月19日，2016中国—欧盟石墨烯高峰论坛举行　　供稿/西太湖科技产业园

中以常州创新园

【概　况】 2016年，西太湖科技产业园致力互利共赢，推进中以常州创新园建设。全年新增哈尼塔、绿浥农业等以色列项目24个，累计56个。在中以创新合作联委会第二次会议上发布《中以常州创新园共建计划指南》；成立中以投资创新发展联盟，组建总规模100亿元的中以创新发展基金；完善服务体系，成立中以知识产权服务中心、常州中以科技合作中心、法律服务中心；构建中以合作技术转让平台，促成福隆控股集团有限公司、征图新视（江苏）有限公司与以色列高科技企业展开合作。中以常州创新园被国家卫计委选定为“中以远程医疗试点项目载体”，被国家外专局评定为“国家外专局中以合作重点服务区域”，被列入科技部“一带一路”和国家发展改革委《长三角发展规划》重点支持园区。中以高技术合作重点领域年度工作经验交流会、中以创新合作联委会中方工作组第二次会议、2016以色列生命科学技术常州对接交流会等成功举办。

【“中以常州创新园共建计划”揭牌】 3月29日，中以创新合作联合委员会第二次会议在以色列耶路撒冷举行，中国国务院副总理刘延东和以色列总理内塔尼亚胡共同主持会议，并为“中以常州创新园共建计划”揭牌。该共建计划由以色列经济部、中国科技部和江苏省政府共同制定发布，包括以色列外商独资

企业激励措施，入驻中以常州创新园申请流程、要求与义务等内容，于7月在以色列创新局官方网站上线，旨在为以色列企业入驻中以常州创新园提供指导和帮助。

【中以创新发展基金设立】 5月18日，中以创新发展基金由平安集团、常州市政府、武进区政府及西太湖科技产业园共同发起设立，总规模100亿元，成为国内第一支中以基金。武进区政府与平安创新投资签署《关于发起中以创新发展基金的谅解备忘录》，中以常州创新园与平安创新投资签署《中以投资创新发展联盟协议书》。中以创新发展基金依托平安集团强大的海外投资能力和国内产业化能力，重点布局生命科学、通信、IT、企业软件服务、农业科技、清洁技术及其他高增长行业，首期出资10亿元。中以投资创新发展联盟由中以常州创新园牵头发起成立，由中以跨境交易相关政商精英、投资机构、上市企业等成员构成，旨在构建中以投资合作的发展平台，吸引双边交易核心人员参与，致力于通过投资合作，促进中以科技文化交流及商务合作。

【中以常州创新园知识产权服务中心开业】 参见《科学技术》栏目P239相关条目。

【中以合作项目签约或开工（业）】 Sheng Holdings企业管理咨询有限公司 5月27日开业。该公司是以色列BDO Ziv Half咨询和管理集团成员之一，是一家领先的咨询和跨境技术合作服务公司，在以色列特拉维夫、加拿大和中国上海、苏州、无锡、常州、深圳、云南等地设有机构，旨在引荐以色列项目落户中以常州创新园，并根据常州主导产业情况引进以色列高新技术，促成技术转移或技术授权。

中国科技产业化促进会项目 12月14日签约入驻。该项目由中国科技产业化促进会为中以常州创新园提供技术转移、投资基金、示范基地、会议活动等服务，充分利用以色列科技资源，推进中以科技成果转化，为科技型中小企业搭建服务平台，引导社会资源积极参与国际技术大循环。

12月15日，中国以色列先进制造业（常州）技术对接会召开 供稿/西太湖科技产业园

中以远程医疗心电监测常州试点项目 12月15日启动。该项目由常州市卫计委、中以常州创新园和以色列Natali公司共同推进，依托武进人民医院，建立Natali—常州远程心电中心，为患者提供在家即时心电监测、线上实时诊断及线下快捷治疗三位一体的远程心电监测医疗服务。

【中以高技术合作重点领域年度工作经验交流会等召开】 中以高技术合作重点领域年度工作经验交流会 2016年2月18日在西太湖科技产业园召开，以色列驻华大使馆中以联合工作组、国家发展改革委等单位和机构共20多人参加。2013年11月14日，国家发展改革委印发《关于推动重点区域开展中国—以色列高技术产业合作的通知》，将常州西太湖科技产业园（中以常州创新园）、东莞松山湖科技产业园、广州经济技术开发区、大连高新技术产业园列入中国—以色列高技术产业合作重点区域。这次会议围绕中以经济技术合作机制下四个重点合作区域发展情况、2016年工作计划、中以合作金融政策、中以技术专业加速平台建设等方面开展深入交流与探讨。

2016以色列生命科学技术（常州）推介会 8月15日在常州凯纳豪生大酒店召开。这次活动由中以常州创新园、常州市医药行业协会、常州中以科技合作中心、常州市生物技术发展中心共同主办，全国70多家医药器械企业和120多家风投公司代表参会。常州生恩豪鼎企业管理咨询有限公司（以色列Sheng常州分公司）、新兴中国医疗有限公司（Emergining China Medical）提供技术支持，推荐40多项生命科学技术，涉及生物医药、医疗设备、筛查与诊断、牙科、智能穿戴等领域。

中国以色列先进制造业（常州）技术对接会 12月15日召开。该对接会由常州市政府、以色列经济部、以色列驻上海总领事馆主办，常州市经信委、中以常州创新园承办，以“携手创新、合作共赢、务实高效”为主题，通过与以色列先进制造业技术对接，有针对性地解决常州制造企业技术难题和引进国外先进技术项目的需求，切实提高地区制造业的核心竞争力和可持续发展能力。会上，以色列企业就先进机器人技术和智能生产系统、自动化、计算机技术、仿真和分析的高性能计算、高精度技术、关键（制造）基础设施防护、可持续发展和绿色制造等10余类先进制造工业作技术推介。

【常州以色列文化俱乐部成立】 5月27日成立。该俱乐部由中以常州创新园牵头组织、以色列驻沪领事馆支持，联合园区内以色列企业家、员工共同组建成立，围绕中以文化交流，开展中以民间文化艺术交流，组织以色列企业团体、专家学者、知名人士联谊以及演出、展览、培训讲座等活动。年内，开展以色列美术巡展、中以足球友谊赛、中以舞蹈交流培训班等活动。

（徐舒洁）

健康产业

【概 况】 2016年，西太湖科技产业园进一步壮大健康产业，推进海峡两岸健康产业合作。全年引进健康产业项目48个，其中台湾健康产业项目6个，至年末集聚医疗器械生产企业130家、经营类企业300家，实现销售收入28.2亿元、入库税收1.6亿元，分别增长30.7%、16.3%。4月，被国台办批准为“海峡两岸（常州）健康产业合作区”，成为全市首个以大健康产业为主题的国家级园区、国内首个以健康产业为主题的两岸合作平台。5月，被两岸企业家峰会批准为“两岸（常州）健康产业交流合作基地”，为深化常台生物科技与健康照护领域交流合作提供平台支撑。健康产业展示馆开馆。第四届中国国际骨科、生物材料产业及投资峰会，2016海峡两岸（常州）健康产业交流对接会、泛太湖健康产业暨国际生物元素医疗产业研讨会等成功举办。

【健康产业项目（公司）签约或开业】 常州集硕医疗器械有限公司 2016年9月28日签约入驻。该公司成立于2015年10月，注册资本6000万元，是一家骨科医疗器械生产企业，专注于骨科创伤类、脊柱及骨关节植入类医疗器械的科研开发、制造及销售。一期计划总投资共计1.6亿元，新建厂房面积3万平方米，计划于2018年年初投入使用。

江苏科标医学检测有限公司 2016年1月16日开业。该公司成立于2015年，是入驻西太湖科技产业园的首家第三方医学检测机构，依托纽约市立大学、南京大学、第二军医大学和苏州大学的技术支持，建设国际一流的实验室，生物实验覆盖医疗器械生物相容性检测、微生物检测、遗传毒性检测、食品检测、化妆品检测、保健品检测和临床模拟实验等内容。

中基华夏医药服务产业园 12月16日在西太湖科技产业园开园。该产业园项目总投资1.5亿元，由常州中基华夏医药服务业产业园管理公司作为总部管理运营，是其全国核心园区，联合国内行业最具权威的咨询机构、律师事务所、医药税务事务所等，共同提供高品质医药产业专业服务，预期两年内销售规模可达20亿元以上。

【健康产业展示馆开馆】 5月10日，健康产业展示馆开馆。该展示馆位于西太湖科技产业园长扬路9号，面积1000平方米，分启梦区、筑梦区、展梦区三大区域，通过多媒体数字化形式，充分利用图、文、声、像、动画，依次呈现园区健康产业的发展历程、成果以及未来规划。年内接待参观人员约1万人次。

【海峡两岸（常州）健康产业交流对接会等活动举行】 2016海峡两岸（常州）健康产业交流对接会 9月26日在西太湖科技产业园举行。该对接会由常州市政府和中华两岸医事交流与健康促进发展协会、台湾大健康产业联盟主办，西太湖科技产业园管委会等承办，海峡两岸健康产业的企业家、专家学者150余人参加，共商常台两地健康产业合作前景。会上，锡安生技肿瘤质子治疗中心、大陆首个Freescan产品生产中心、海峡两岸老龄产业发展促进平台等6个项目签约落户。

第四届中国国际骨科、生物材料产业及投资峰会 9月28—29日在西太湖科技产业园举行。该峰会由西太湖科技产业园管委会主办，江苏省医疗器械行业协会和常州医疗器械行业协会联合协办，国内外骨科及生物材料企业、投资机构、科研院校以及政府部门等代表近200多人参加。围绕产业发展和投资这一主题，此次峰会主席、山蓝资本管理合伙人、中国医疗器械行业协会外科植入物专委会名誉理事长聂洪鑫致开幕词并作大会报告，爱派司（APlus）生技股份CEO吴开兴、山蓝资本创始及执行合伙人刘道志、南方医科大学医学3D打印研究所所长黄文华、复旦大学附属中山医院骨科主任和脊柱外科主任董健等先后作主题演讲，常州西太湖健康产业管理办公室主任胡骥忠介绍常州骨科产业发展情况。29日，举办首届骨科及生物材料创新创业项目大赛，来自骨科、生物材料及康复器械领域的9家创业公司做了项目路演。通过8分钟项目展示及5分钟评委提问，常州一道科技有限公司、美国Solinas Medical、上海尚融生物科技有限公司分别获得冠军、亚军、季军。

（徐舒洁）

9月26日，2016海峡两岸（常州）健康产业交流对接会召开 供稿/西太湖科技产业园

互联网产业

【概 况】 2016年，西太湖科技产业园实现互联网产业高速成长。全年引进互联网企业37家，累计148家，互联网企业实现销售收入35.8亿元、税收4.7亿元，分别增长75.8%、190.8%。其中，捷成华视网聚文化传媒有限公司、常州易得利供应链管理有限公司2家企业年销售收入5亿元以上，捷成华视网聚文化传媒有限公司完成税收亿元以上。常州西太湖电子商务产业园获批“常州市服务业综合改革试点区”，并通过省商务厅“省级国际服务外包示范区”验收。西太湖

互联网创新创业孵化园、西太湖跨境电子商务产业园相继成立，电商产业园二期规划展示厅投入运营。2016中国（常州）西太湖跨境电商高峰论坛成功举办。

【西太湖互联网创新创业孵化园成立】 3月20日揭牌成立。该孵化园位于常州西太湖互联网产业园，首期规划办公面积3000平方米，构建为"低成本、便利化、全要素、开放式"的众创空间，为广大互联网创新创业者免费提供良好的工作空间、网络空间、社交空间和资源共享空间。针对广大高校大学生、有志从事互联网创新创业人员，提供行业资深的专业创业导师，传授创业知识、评估项目可行性、筹集项目资金等，实现创新与创业相结合、线上与线下相结合、孵化与投资相结合，努力培育园区未来产业发展内生增长力量，形成"电商+孵化+金融+物流"的良好产业发展生态圈。年内，举办InnoBrand 2016华丽集品牌创新大赛常州赛，来自常州本土美食项目——西施炒饭夺冠。

【互联网产业项目签约入驻】 一达通外贸综合服务平台　6月23日签约入驻。阿里巴巴一达通是为全国中小微企业提供通关、退税、外汇、物流、融资等一站式外贸综合服务的平台。该平台建成后，可帮助常州广大中小微企业降低外贸交易成本，解决贸易融资难题，引导内贸企业开拓国际市场，促进常州外贸出口的增长；进一步完善西太湖跨境电商产业园的生态圈，为跨境电商产业发展提供坚强的功能支撑。

江苏酷点信息技术有限公司　7月签约入驻。该公司是一家专业为企业提供互联网营销服务的电子商务公司，是"今日头条"在江苏区域的指定服务商，专注于企业互联网平台建设、微信营销、移动APP开发等服务，拥有国内实力强大的SEO、SEM营销推广团队以及资深的UI、UE设计研发团队，提供全天候在线和电话支持的客服中心。

【2016中国（常州）西太湖跨境电商高峰论坛】 5月20日举办。该论坛由常州西太湖互联网产业园、阿里巴巴（中国）网络技术有限公司常州分公司、常州跨境电商协会主办，江苏蓝马信息技术有限公司联办，由跨境电商经理人专场和跨境电商生态圈专场两个分论坛组成，来自阿里巴巴、中国商业研究所、中国电子商务研究中心等企业和机构的业内专家与600余名行业精英出席，探讨跨境电商新政下企业的应对之策。在这次论坛开幕式上，西太湖跨境电商产业园揭牌，江苏佳特美信息科技有限公司等12家企业签约入驻。

（徐舒洁）

文化旅游产业

【概　况】 2016年，西太湖科技产业园围绕打造影视文化全产业链，启动运营江苏西太湖影视产业基地一期，引进影视文化企业和名人工作室35家，全年实现销售收入8166万元、税收745万元。成功举办中国（常州）西太湖影视产业高峰论坛、2016国际艾美奖半决赛中国区评选活动。依托中国花博园雅集园，举办各类文化艺术活动16次，引进法国巴黎摄影学院中国分院等文化艺术载体，油灯博物馆于11月开馆试运营。提升沿湖景观品质，实施揽月湾功能性照明改造和环湖片区景观亮化工程，翻新修复揽月湾雕塑，滆湖（西太湖）省级水利风景区创成。半程马拉松赛、环太湖公路自行车赛、西太湖车展等活动成功举办。

6月23日，常州市人民政府与阿里巴巴集团签订合作框架协议，一达通项目落户常州西太湖互联网产业园　　供稿/西太湖科技产业园

【江苏西太湖影视产业基地一期运营】 8月5日，江苏西太湖影视产业基地一期运营。该基地位于武进区西太湖大道1号，一期占地面积20余公顷，投资约8亿元。该基地定位于智慧型影视全景拍摄制作生态平台，以民国和现代风格内外拍摄场景提供和配套服务为主营业态，以影视剧投资、影视教育培训、艺人演员经纪、影视旅游开发为衍生业态，形成影视全产业链运营矩阵；拥有摄影棚7个、总面积6万平方米，其中最大电影摄影棚高22米、面积1.8万平方米；建有现代化医院、公寓住宅、咖啡馆、营房、飞机客舱、警察局等几十个现代优质场景；有行政楼、别墅、剧场、舞厅、咖啡馆、酒店、火车站、监狱等近20个民国风格场景。年内，有现代题材都市剧《淘气爷孙》《往前一步是幸福》《火线出击》《繁星四月》《中国式不婚》，超级网剧《灭罪师》《心理罪2》，民国谍战大戏《铁核桃之无间风云》《追踪者》等超过25个影视剧组入驻拍摄。

【2016年国际艾美奖半决赛中国区评选活动在西太湖影视产业基地举行】 8月6日，该活动在西太湖影视产业基地举行，国际艾美奖、国家新闻出版广播电影电视总局、中国电视艺术家协会、常州西太湖科技产业园管理委员会、常州西太湖文化旅游产业管理办公室、捷成世纪文化产业集团、北京捷成中视精彩影视文化有限公司和江苏（常州）西太湖影视产业基地以及全国各地电视台领导，国内10多家著名影视公司的董事长、CEO，著名导演、制片人、演员等300

余人出席。这次半决赛评选类型包括最佳女主角（欧洲）和无脚本综艺节目两项大奖，由国际艾美奖中国地区轮值主席、北京捷成中视精彩影视文化有限公司总裁、著名制片人熊诚主持评审工作，艾美奖特派专家 Nathaniel Brendel 负责监督工作，评委由中国电视艺术家协会部分成员，各电视台领导，著名导演、编剧、制片人、文艺评论家和曾获得国际艾美奖大奖或提名的著名演员构成。每个奖项有 20 个作品（演员）入围，由艾美奖总部从全球征集筛选。评选以封闭打分方式评出各奖项前 3 名，参加决赛。国际艾美奖是艾美奖的一个组成部分，由国际电视艺术与科学院颁发，分为电视剧、纪录片、艺术纪录片、流行艺术、艺术演出、儿童和青少年节目六大类。

【油灯博物馆开馆试运营】 2016 年 11 月，油灯博物馆开馆试运营。该博物馆位于中国花博园雅集园内，面积近 2000 平方米，展出中国国家博物馆副馆长、著名画家、美术理论家陈履生珍藏的历代油灯千余件，包括新石器时期的陶豆、汉代多头油灯以及宋元明清等时期各种材质的油灯，还有古罗马时期和耶路撒冷的国外古代油灯，是以油灯为专题收藏、研究和展示的专门博物馆，计划 2017 年 5 月开馆。

【滆湖（西太湖）省级水利风景区创成】 参见《水利·水务》栏目 P172 同名条目。

【重大体育赛事承办】 11 月 11 日、13 日，西太湖科技产业园管委会先后承办 2016 常州武进西太湖国际半程马拉松、2016 第七届环太湖国际公路自行车赛“西太湖杯”武进春秋淹城—西太湖赛段。内容参见《体育》栏目 P265—266 相关条目。

（徐舒洁）

住房和城乡建设部（武进）绿色建筑产业集聚示范区

【概　况】 住房和城乡建设部（武进）绿色建筑产业集聚示范区（简称武进绿建区），位于武进中心城区西南部、美丽的西太湖东岸线，东至东宝路、武宜路、湖滨路，西至新武宜运河，南至沿江高速，北至虹西路、滆湖路，一期启动区面积 15.62 平方千米。2016 年，武进绿建区围绕“占领制高点、快速产业化”一个方向，突出“产业集聚和示范引领”两条主线，聚焦“重点项目、重大活动、重要平台”三项工作，加快把品牌影响力转化为现实生产力，基本形成以绿色建筑产业现代服务业为主导、先进制造业为支撑的格局。全年新增注册企业超 100 家，其中服务业企业 80 家、制造业企业 22 家，累计注册企业 190 家；新增协议外资 10080 万美元，实际到账外资 5319 万美元；入园企业完成销售收入超 35 亿元，实现税收收入 1.86 亿元。11 个市、区重点项目全面开工，竣工率 90%。全年完成固定资产投资 34.6 亿元，增长 12%。江苏常州武进绿谷创新园项目获批住房和城乡建设部科技示范工程，绿色建筑示范工程入围科技部重点专项，江苏省绿色建筑博览园获评江苏省科普教育基地。江苏武进绿色建筑产业投资有限公司获得上海新世纪资信评估投资服务有限公司授予的主体信用 AAA 评级和债项 AA 等级，于 7 月 28 日在上海证券交易所成功发行私募公司债券 15 亿元。武进绿建区成为全省推进供给侧结构性改革工作会议的主要参观点和第八届中国房地产科学发展论坛暨第三届中美房地产高峰论坛、2016 全国建筑垃圾资源化利用工艺技术及装备研讨会的举办地。

【领导考察和调研武进绿建区】 参见《大事记》栏目 P12—16。

1 月 8 日，江苏省委书记罗志军（前左四）考察绿博园　　供稿 / 武进绿建区

【武进国家高新技术产业开发区绿色建筑产业园管理办公室设立】 1 月 4 日，武进国家高新技术产业开发区绿色建筑产业园管理办公室由省编办批复设立，级别为副处级。武进绿建区党工委书记徐宁任主任。武进绿建区可享受国家高新区的所有政策，为下一步发展增添动力和活力。

【绿谷创新园项目获批住房和城乡建设部科技示范工程项目】 5 月 11 日，住房和城乡建设部印发《2016 年科学技术项目计划的通知》，明确把江苏常州武进绿谷创新园（简称绿谷创新园）项目列入 2016 年科学技术项目计划——科技示范工程项目。该项目东临淹城路、西临常泰高速、南临滆湖路、北临横溪路，总用地面积 653 公顷，总建筑面积 56.62 万平方米，打造绿色、低碳、智造、海绵园区。其中，绿色建筑比例 100%，二星级及以上绿色建筑面积 18 万平方米，集成绿色建筑规划、施工、运维等关键技术，新建建筑可再循环材料使用重量占所用建筑材料总重量的 10% 以上。

【绿色建筑项目建设】 诺森轻钢结构集成房屋及建筑材料研发项目　12 月开始试生产。该项目位于武进绿建区龙江南路以西、高家路以南，由北美轻钢结构集成房屋生产及轻钢结构集成房屋建筑材料研发的专业公司——诺森（常州）建筑产业有限公司投资建设，总投资 5000 万美元，用地面积 4.73 公顷，总建筑面积 2.5 万平方米，其中一期建筑面积

1.2万平方米，投产后可形成年产2000套轻钢结构房屋的生产能力。轻钢结构房屋采用轻钢密肋柱及复合围护构成，是高效节能型绿色建筑体系，具有生态环保、抗风抗震、经久耐用、灵活适用、保温隔热等优点；建材符合欧洲环保标准，性能及价格优于国内同类产品。

贝赛尔中国产业基地项目 5月20日开工。该项目由世界上最大的砌块设备生产商和国际化固废利用环保节能运营商——美国贝赛尔公司投资建设，总投资3000万美元，总用地面积3.4公顷，计划在武进绿建区建设集市政大托板设备、混凝土管涵BIDI大口径水泥管和MAC管涵制造设备的研发生产基地和世界混凝土大学（WCCT）中国研发培训中心于一体的综合区。

研砼治筑装配式建筑生产基地项目 6月15日签约入驻，年末基本建成。该项目由上海研砼治筑建筑科技有限公司投资建设，打造以BIM设计、研发、管理、生产、施工及技术培训为主的装配式建筑完整产业链大型实践基地，总投资3亿元，总占地面积5.47公顷，总建筑面积2.6万平方米，投产后年产混凝土20万立方米，形成装配式建筑面积120万～200万平方米的生产能力。

绿色新型建材中国生产基地项目 9月28日签约入驻。该项目由法国圣戈班集团投资设立，注册资本3000万美元，总投资1亿美元，生产健康、环保及节能的新型建筑材料。

【“极客车间”青年众创空间启动运营】 5月19日启动运营。该众创空间由武进绿建区、常州团市委和常州创客天使投资有限公司共同打造，是以“智能制造”和“绿色建筑”为主题的青年众创空间，建筑面积3000平方米，设有展示区、活动区、育成区、商务区、智造区五大功能区域和独立工作室15个，为入驻孵化企业提供良好硬件环境的同时，也为极客提供创新社交、资源对接、活动组织、技术输出、投资管理等全要素服务。在启动运营仪式上，常州智梭传感科技有限公司、江苏全芯能源科技有限公司、常州弘汉自动化设备有限公司发布“极客车间”青年智造项目成果3个，国际机构项目转化工作站、海基两岸青年创业基地、中科院智能院科技成果转化服务站揭牌，常州市青年智造投资基金成立。至年末，以该众创空间为平台，招引高端专业性人才105人，项目团队20个，通过参加培训获得创业培训证书的230人，通过“2016海峡两岸青年创业大赛”“中国创翼青年创业创新大赛”等省市级创业大赛吸引的入驻项目22个，并成功获评省级众创空间、市级科技创业平台。

【武进绿建区与五星控股集团签署战略合作协议】 12月7日，双方签署战略合作协议，通过实业与资本的双轮驱动，开展全方位合作。在共建建材销售渠道方面，武进绿建区与五星控股集团下属“汇通达”合作，将绿建企业相关产品注入“汇通达”成熟的实体＋网络销售渠道，推动节能环保理念实现乡镇全覆盖，力争五年后实现年销售额20亿元～30亿元；在构筑家装及运维平台方面，武进绿建区投资设立的唯绿电商与五星控股集团投资的好享家平台合作，利用“互联网＋”灵活的商业模式和好享家平台的行业经验，携手开拓绿色建筑运维这一空白市场，搭建服务于中国中产家庭及绿色建筑的舒适生活、办公生态体系，力争五年后实现年销售额10亿元。

【江苏省绿色建筑产业技术研究院揭牌暨常州市绿色建筑产业技术创新战略联盟成立】 9月27日，江苏省绿色建筑产业技术研究院揭牌暨常州市绿色建筑产业技术创新战略联盟成立。江苏省绿色建筑产业技术研究院设在武进绿建区，是由省住房和城乡建设厅与常州市政府签约共建的科技创新平台。同时组建江苏省绿色建筑产业技术研究院有限公司，通过公司化模式负责研究院运营，采用政府搭建平台、企业设立研究院所的“一院多所”的合作模式，在应用开发平台建设、项目孵化产业化等环节与社会资本有机联动，积极探索政府引导、全社会参与、市场化运行的投入机制。常州市绿色建筑产业技术创新战略联盟主要由国家、省行业龙头企业和常州市从事绿色建筑产业相关的企业、研发单位按照“自愿、平等、合作、互助、互惠”的原则，自发组成集联合性、专业性和行业性于一体的战略联盟产业群体，是以促进绿色建筑产业创新发展为主题的非营利创新组织，绿色建筑产业中制造、建造、科研、金融、商贸等相关行业企业及高校院所共100多家单位加盟。年内，省绿色建筑产业技术研究院确定了筹建方案和章程。

【江苏省绿色建筑博览园获省科普教育基地称号】 2016年3月25日，江苏省绿色建筑博览园被省科协授予“江苏省科普教育基地”称号。该博览园是省住房和城乡建设厅命名的国内首个绿色建筑主题公园，位于春秋淹城主题公园和西太湖景区连接线上，总占地面积13.6公顷，集绿色建筑示范推广、科普宣传、体验实训、技术研究等功能于一体，建有示范工程建筑12幢，广泛应用太阳能与建筑一体化、雨水收集、门窗遮阳一体化、建筑智能化等可复制与推广

9月27日，江苏省绿色建筑产业技术研究院揭牌　　供稿/武进绿建区

技术，均被评定为二星级绿色建筑。于2015年11月26日开园，至2016年年末累计接待约600批次、1.3万人次参观。

【第八届中国房地产科学发展论坛暨第三届中美房地产高峰论坛等重大会议在武进举行】 第八届中国房地产科学发展论坛暨第三届中美房地产高峰论坛6月23—24日在武进绿建区江苏省绿色建筑会议展览中心举行。第八届中国房地产科学发展论坛由中国房地产协会举办，第三届中美房地产高峰论坛由中国房地产协会与美国亚裔房地产协会共同举办，中美两国房地产企业、中介企业、设计施工单位、建筑部品企业、金融机构、科研机构的代表共1000多人参加，常州市市长费高云、美国亚裔房地产协会荣誉会长吉姆·帕克分别代表中美双方在开幕式上致辞，常州市副市长、武进区委书记史志军介绍武进推进绿色建筑的发展情况。围绕“新五年、新格局——房地产发展趋势”的论坛主题，以及中国“十三五”规划和中美双方关心的话题，特别是房地产供给侧结构性改革、去库存、提高有效供应和优质需求等话题，国务院发展研究中心副主任王一鸣围绕“十三五”规划对中国经济进行展望，中国房地产业协会会长刘志峰作题为“加快房地产供给侧结构性改革”的主题演讲，中国工程院院士、东南大学教授王建国作题为“从城市格网到城市形态”的学术报告，平安银行副行长赵继臣就金融服务创新为银企双方作了演讲，美国住宅开发商协会首席经济学家大卫·克罗、亚洲协会全球计划副总裁布鲁斯·皮克林分别就美国房地产开发前景和趋势作了介绍，万科、龙信、紫薇等房地产企业结合实际向与会代表介绍和分享房地产企业在金融创新、养老地产、新动力地产、“互联网+”、社区服务业方面的做法经验，展示住宅产业化、绿色低碳、新型建造和钢结构住宅等方面的技术成果。中国房地产协会还举办“新型建造”“房地产有效供应与金融创新”“和谐宜居与适老化住宅”“优采供应链金融服务创新暨诚信联合采购”4个分论坛，供与会代表“对号入座”对话交流，增强论坛针对性、专业性、实用性。

2016全国建筑垃圾资源化利用工艺技术及装备研讨会 8月15日在武进绿建区江苏省绿色建筑会议展览中心召开。该研讨会由中国砂石协会再生骨料分会、国家建筑材料工业技术情报研究所联合主办，武进绿建区和江苏绿和环境科技有限公司等协办，行业主管领导、知名专家和一线从业专家、企业家300余人参加。围绕“技术创新，绿色生产”的研讨会主题，来自科研院所及高校的专家学者和企业代表分别作专题讲座，对中国建筑废弃物资源化的发展趋势和规模分析及建筑垃圾资源化处置先进工艺与设备作了详细解读。江苏绿和环境科技有限公司工程师何冰川向与会人员介绍江苏省循环经济示范项目——武进区年处理160万吨建筑垃圾资源化利用项目。会后，与会人员参观了江苏绿和环境科技有限公司和江苏省绿色建筑博览园。

（苏　溪）

镇产业集聚区

【概　况】 2016年，武进区有11个省报产业集聚区，分别是横山桥镇工业集中区、遥观镇工业集中区、遥观钢管产业集聚区、湖塘镇工业集中区、礼嘉镇工业园区、雪堰镇工业园区、湟里镇工业集中区、前黄镇工业集聚区、横林镇工业集中区、横林钢木家具产业集聚区、洛阳镇工业集中区。新增入驻企业598家，累计4529家，其中规模以上企业917家，全年提供就业岗位22.72万个；新增投入169.46亿元，增长1.28%；实现营业收入2190.19亿元，增长5.61%；实现利税184.97亿元、利润101.58亿元，实际缴纳税金82.97亿元。湖塘、遥观、横林、横山桥、湟里5个镇工业集中区营业收入均超200亿元。

表7　2016年武进区各镇产业集聚区基本情况

名　称	营业收入（万元）	利税总额（万元）	利　润（万元）	实缴税金（万元）	投入资金（万元）	区内企业总数（家）	规模以上企业数（家）	职工人数（人）
横山桥镇工业集中区	2945210	290590	143610	142300	236720	307	85	40850
遥观镇工业集中区	4189282	461160	309586	151515	293400	402	116	30268
遥观钢管产业集聚区	1340570	165292	96521	72611	102100	680	102	19000
湖塘镇工业集中区	2668435	217490	127926	89564	211420	509	111	35819
礼嘉镇工业园区	1500000	120000	80000	40000	60000	201	25	6500
雪堰镇工业园区	1115860	58946	37522	21424	101600	840	77	11200
湟里镇工业集中区	3232797	260937	72463	188474	248280	123	66	20115
前黄镇工业集聚区	699150	23233	10147	13086	135830	214	58	8250
横林镇工业集中区	2440717	158647	87866	68340	244960	945	190	30000
横林钢木家具产业集聚区	899052	58438	32366	25173	24496	150	43	7600
洛阳镇工业集中区	870800	34970	17800	17170	35825	158	44	17638
合　计	21901873	1849703	1015807	829657	1694631	4529	917	227240

（李伟华）

（栏目编辑　万向阳）

农 业

综　述

【概　况】 2016年，武进区围绕率先实现农业现代化目标，启动国家现代农业示范区建设，重点打造江苏省现代农业产业园、武南现代农业产业园、横山现代农业示范园、西部生态农业观光带、东南部休闲农业观光带、两湖休闲渔业观光带、果蔬产业区（东部片区）、稻麦产业区（中南部片区）、花卉苗木产业区（西部片区）、水产品养殖区（两湖片区）"三园三带四片区"，推进农业供给侧结构性改革，探索"农业转方式、调结构、促改革"路径，拓展农业生产、生活、生态功能，粮食、林果、花木、蔬菜、畜牧和水产六大基础产业稳步发展。全区耕地面积3.19万公顷、养殖水域面积5982公顷，新增高标准农田面积866.67公顷、高效农业面积226.55公顷，分别累计2.03万公顷、2.58万公顷；受持续强降雨等不利天气影响，粮食、蔬菜、水果、畜禽等农产品产量减少，年产粮食8.73万吨、蔬菜19.29万吨、水果4.74万吨、肉类3.26万吨、水产品4.91万吨，水稻单产在全市实现"十一连冠"；全年完成农林牧渔业总产值68.63亿元，其中多种经营产值65.62亿元，分别增长3.75%、4.59%。

全区实施各类农业项目66个（重点项目11个），获各级财政补助1.57亿元。新增"三品"（无公害农产品、绿色食品、有机食品）认证农产品26个，新增市级名优农产品2个，分别累计182个和35个。引进农业新品种、新技术6个（项），借助省级科技入户工程、基层农技推广项目，重点推广农产品、农业技术各23个（项）。有区级及以上农业龙头企业39家，其中国家级2家，有涉农电子商务交易主体24个，全年（线上线下）交易总额4.5亿元，增长1倍。举办各级新型职业农民培训班93期，培育职业农民3200人。实施农产品质量和农机安全常态化监管，建成省级农产品质量安全追溯管理示范单位5家，开展农产品质量安全大检查、"植物检疫宣传月"和"农机安全生产月"等活动，农产品抽检合格率99.04%。全区农机总动力26.44万千瓦，区新型农机具展示中心投用，农业综合机械化水平90%。年内，洛阳镇阳湖村获评全国一村一品示范村，区农业局被省农业信息中心评为2016年度江苏农业网信息资源建设先进单位，区农业执法大队被省农业行政执法总队评为全省农业行政执法信息系统应用优秀单位，"经营按假兽药处理兽药案"获评省农业行政处罚优秀案卷，区农业局农业资源开发办被江苏名特优农产品交易会组委会办公室评为第十四届江苏名特优农产品上海交易会最佳展团。

2016年武进区农业和农村经济主要指标

表8

项　目	单位	2016年	比2015年（±%）
农林牧渔业总产值	亿元	68.63	3.75
农业（种植业）产值	亿元	44.44	3.87
林业产值	亿元	0.13	3.24
牧业产值	亿元	8.96	0.42
渔业产值	亿元	10.38	5.40
农林牧渔业服务业产值	亿元	4.71	5.70
农林牧渔业增加值	亿元	43.24	3.91
农民人均可支配收入	元	25392.00	7.91

【国家现代农业示范区建设启动】 3月，武进区根据常州市委、市政府《关于扎实推进国家现代农业示范区建设、率先实现农业现代化的实施意见》要求，启动建设国家现代农业示范区。区委、区政府出台《关于创建武进区国家现代农业示范区的实施意见》，明确示范区建设总体要求，通过实施农业固本强基工程、农业园区提升工程、经营体制优化工程、科技创新推广工程、服务体系跃升工程、品牌战略推进工程、绿色生态建设工程、农业支持保障工程八大工程，优化农业产业布局，深化供给侧结构性改革，提升农业综合生产能力、抗风险能力、市场竞争能力，构建完备农业装备体系、科技推广体系、现代产业体系、生产经营体系和支持保障体系，

表 9　　2016 年武进区实施重点农业项目情况

项 目 名 称	项 目 单 位	主 要 内 容	总投资（万元）	2016 年完成投资（万元）
田园生态花木园项目	常州田园生态有限公司	建设生态农业园区，占地面积约 166.67 公顷，主要培育精品花木，开展花木示范种植	50000.00	15000.00
江苏嬉乐湾生态农业示范园项目	江苏嬉乐湾生态农业示范园有限公司	建设占地面积 32 公顷生态农业示范园，设科普娱乐区和主题景观区，建设开心农场、生态展示、主题景观、科普娱乐四大主题板块	15000.00	12200.00
礼嘉镇薰衣草种植基地项目	常州薰衣草现代农业发展有限公司	发展薰衣草特色，占地面积 40 公顷，基地设薰衣草种植园、主题婚纱摄影、薰衣草精油提炼等项目	6000.00	5350.00
祝庄园艺智能温室大棚建设项目	常州市祝庄园艺有限公司	搭建温控连体大棚面积 5000 平方米	1200.00	1205.00
马鞍岭生态园林工程项目	常州市马鞍岭园林生态园	建设占地面积 11.8 公顷生态园林，建设陶艺博物馆及配套设施用房等，培育盆景，生产苗木、果品	8000.00	3011.50
油用牡丹种植工程项目	江苏武南现代农业产业园有限公司	占地面积 146.67 公顷，建设配套仓库、科研用房等，其中牡丹栽植及景观绿化面积 126.67 万平方米	5800.00	3030.00
江苏武南现代农业产业园建设工程项目	江苏武南现代农业产业园有限公司	建设示范园区智能温室大棚面积 1 万平方米，配套建设管理用房、景观绿化等	2500.00	1370.00
骐骥庄园项目	常州骐骥农业发展有限公司	围绕中国马文化建设集竞技体验、休闲观光、有机生态农业为一体的特色园区，占地面积约 6.67 公顷	2000.00	1071.60
水产养殖互联网信息智能系统建设项目	常州市天水特种渔业有限公司	研发水产养殖水质智能监控系统，建立水产健康养殖标准	3000.00	1570.00
嘉华高效农业园项目	常州嘉宜农业发展有限公司	占地面积 37.33 公顷，其中种植经济林果和高档苗木面积 20 公顷，其余区域培育蔬果类生态高效农业	20000.00	1780.00
现代农业产业、休闲观光园建设项目	江苏太湖碧源生态产业发展有限公司	建设游艇码头、小木屋、栈道等休闲观光设施	1600.00	1606.00

保障农产品有效供给，促进农民持续增收。区政府出台《关于创建国家现代农业示范区若干政策的意见》，由区财政安排专项资金，重点扶持农业基础设施建设、农业生态环境、农产品质量安全和农产品电子商务等。年内，武进区将 2016 年度农业重点建设工程项目细分为 9 个大类 54 个子项目，组织责任单位按计划实施，围绕秸秆综合利用体系建设、种养结合循环利用、农产品电子商务发展和高标准农田建设四方面分别制定扶持政策细则，设立区现代农业招商办公室，立足“引进一批投资规模大、产业层次高、创新能力强、带动潜力足的重大项目，推动全区现代农业经济持续稳定发展”目标，推进现代农业招商引资。至年底，对照国家现代农业示范区监测体系评分标准，武进区得分 85.94 分，位列全省第一方阵，农业物质装备水平、科技推广水平、经营管理水平、政策支持水平、产出水平、可持续发展水平六大类 24 项监测指标中，完成 100% 的 12 项、完成 80% 以上 100% 以下的 8 项、完成 80% 以下的 4 项，全区现代农业整体发展平稳。

【农业综合开发土地治理项目申报实施 8 个】 2016 年，武进区申报实施农业综合开发土地治理项目 8 个，新建 U 型渠、砖砌渠、水泥路、砂石路、排灌站等农田水利设施，改善农业生产基本条件，提高农业综合生产能力和综合效益，项目总投资 2918.66 万元，获各级财政补助 2820 万元，计划于 2017 年全部完成。其中，国家农业综合开发土地治理项目 2 个，总投资 1577.22 万元，建设单位为前黄镇谭庄村、杨桥村以及横山桥镇东柳塘村、新安村、西柳塘村，建设总面积 666.7 公顷，获财政补助 1500 万元；市级高标准农田建设项目 3 个，总投资 941.1 万元，建设单位为湟里镇西安村、雪堰镇绣衣村、横山桥镇蓉湖村和朝阳村，建设总面积 266.7 公顷，获财政补助 920 万元；区级高标准农田建设项目 3 个，总投资 400.34 万元，建设单位为雪堰镇潘家村、礼嘉镇华渡村、嘉泽镇成章村，建设总面积 133.3 公顷，获财政补助 400 万元。

【农业品种（技术）引进推广】 2016 年，武进区与上海海洋大学、南京农业大学、扬州大学、江苏省农业科学院、南京土壤研究所等高等院校和农业科研院所合作，引进防火树种青冈栎、油用牡丹、中华绒螯蟹“诺亚一号”扣蟹、优质大眼幼体良种、鳜鱼人工繁殖、X 性控冻精等农业新品种和新技术 6 个（项）。重点推广农产品 23 种，推广面积 2133.33 公顷，包括“武运粳 23 号”水稻品种，团头鲂、鳜鱼等水产品种，大约克猪、雪山草鸡、樱桃谷肉鸭、四季鹅等畜禽品种，醉金香葡萄、魏可葡萄、湖景桃、白凤桃、丰水梨、翠冠梨等水果品种。围绕水稻、林果、蔬菜、畜禽、水产 5 个农业主导产业，遴选科技示范户 1200 户、技术指导员 101 人，重点推广水稻机插高产栽培技术、微孔管道增氧技术、虾蟹混养生态健康养殖技术、肉鸡标准化养殖综合技术、畜禽粪污综合处理技术、葡萄水平棚架“H”型栽培技术、树体营养科学调控技术和设施蔬菜病虫害绿色防控技术等农业新技术 23 项，新技术推广面积 1666.67 公顷、辐射带动面积 1.05 万公顷。

【品牌农产品新增 26 个】 2016 年，武进区实施农产品优质化战略，推进农产品品牌提升，新增品牌农产品 26 个，其中无公害农产品 15 个、绿色食品 10 个、市级名优农产品 1 个；“三品”认证农产品、市级名优农产品分别续报 21 个、6 个。累计有无公害农产品 72 个、绿色食品 44 个、市级名优农产品 25 个，“三品”认证农产品种植基地面积 9333.33 公顷，占全区耕地面积的 29.27%，无公害农产品和绿色食品总产量比 2015 年增加 3.6 万吨。年内，区农业部门加大品牌推广力度，组织农业企业参加武进农产品年货展销、第四届常州乡村年货大街、第

表 10

2016 年武进区通过认证的绿色食品、无公害农产品情况

类别	单　　位	商　标	产　品	标准产量（吨）	认证书编号
绿色食品	常州市晗艺果品专业合作社		水蜜桃	320.00	LB-18-1601100205A
	常州市汤氏葡萄专业合作社	阳光玫瑰	葡萄	180.00	LB-18-1512107130A
	常州礼新果品专业合作社	Lixin	葡萄	750.00	LB-18-1601100498A
	常州市静心园果蔬种植专业合作社	黄記良品 HUANGJILIANGPI	水蜜桃	300.00	LB-18-1601100552A
	常州市磨盘墩果品专业合作社	—	水蜜桃	750.00	LB-18-1602100723A
	常州市洛丰果品专业合作社		水蜜桃	187.00	LB-18-1601100328A
	常州武禾优质水稻专业合作社		水晶香大米	96.60	LB-03-1601100562A
	武进区前黄鑫丰家庭农场	—	毛菜	50.00	LB-15-1512106820A
			青菜	50.00	LB-15-1512106819A
			药芹	80.00	LB-15-1512106821A
	常州市佰盛果品专业合作社	昌润鲜	葡萄	50.00	LB-18-1512107116A
	常州市常洛果品专业合作社	苏常鲜 Suchangxian	油桃	90.00	LB-18-1603101434A
无公害农产品	常州味缘果品专业合作社	—	葡萄	450.00	WNCR-JS16-50028
			桃	300.00	WNCR-JS16-50028
	武进区礼嘉天乐天家庭农场	—	葡萄	225.00	WNCR-JS16-50264
	常州市绿沁果品专业合作社	—	葡萄	280.00	WNCR-JS16-50026
	武进区前黄学大家庭农场	—	葡萄	200.00	WNCR-JS16-50025
	武进区洛阳许氏家庭农场	—	灵芝	1.00	WNCR-JS16-30002
	常州市佰盛果品专业合作社	—	樱桃番茄	160.00	WNCR-JS16-20024
	武进区前黄元盛家庭农场	—	稻谷	138.00	WNCR-JS16-00047
	武进区前黄鑫霞家庭农场	—	稻谷	160.00	WNCR-JS16-00046
	常州市秀芳葡萄专业合作社	—	葡萄	3000.00	WNCR-JS15-50057
	常州市嘉泰丰果品专业合作社	—	葡萄	750.00	WNCR-JS15-50058
	常州果佳葡萄专业合作社	—	葡萄	500.00	WNCR-JS15-50059
	武进区前黄沈记家庭农场	—	稻谷	110.00	WNCR-JS15-00125
	江苏太湖雪堰水产科技有限公司	—	青鱼	40.00	WNCR-JS15-82020
			红鲌	40.00	WNCR-JS15-82020
			草鱼	10.00	WNCR-JS15-82020
			鲫鱼	8.00	WNCR-JS15-82020
	常州市天水特种渔业有限公司	—	鲫鱼	190.00	WNCR-JS15-82019
			鳊鱼	70.00	WNCR-JS15-82019
	常州市西湖山庄水产科技有限公司	—	鲫鱼	90.00	WNCR-JS15-82021
			青鱼	36.00	WNCR-JS15-82021
			鲂	108.00	WNCR-JS15-82021
			沼虾	3.50	WNCR-JS15-82021
			克氏原螯虾	6.50	WNCR-JS15-82021

二届江苏优质农产品（南京）展销会等农产品展销会 12 次，组织农业企业参加省级“创牌立信”示范单位评选，常州市常洛果品专业合作社、常州希望粮食购销有限公司、常州市雪堰水蜜桃专业合作社 3 家农产品生产经营企业因诚信度高、产品质量好，被省绿色食品协会认定为 2015 年度江苏省农产品“创牌立信”示范单位。

【阳湖村获评全国一村一品示范村】 2016 年 7 月，洛阳镇阳湖村被农业部认定为第六批全国一村一品示范村，成为继礼嘉镇秦巷村后又一个全国一村一品示范村。阳湖村位于洛阳镇东，锡溧运河南北向穿村而过，水陆交通便捷，有耕地面积 101.6 公顷，从 2006 年起推广葡萄种植，至 2016 年葡萄种植农户 540 户，占总户数的 91%，葡萄种植面积 83.2 公顷，占全村耕地面积的 81.89%。该村依托常州市常洛果品专业合作社发展葡萄产业，借助“合作社 + 基地 + 农户”方式，统一生产技术规范与标准，统一采购化肥和农药，统一防治病虫，统一检测质量，统一使用“苏常鲜”品牌，统一包装对外销售，实现葡萄标准化生产，提高品牌知名度。317 户农户加入合作社，配合建设葡萄种植标准化基地，推广应用葡萄新品种、新技术和新模式，提高合作社营销服务能力、产品质量可追溯能力，合作社农户种植葡萄 100% 可追溯，亩均收益 5000 多元，利用电子商务开展销售，订单式销量占销售总量的 70% 以上，种植户人均可支配收入近 2.4 万元。

【农业物联网建设】 2016 年，武进区完善农业物联网建设，成立武进智慧农业研究院，在常州市祝庄园艺有限公司、江苏太湖雪堰水产科技有限公司新建农业物联网技术示范点各 1 个，全区农业信息化覆盖率 62%。发展农产品电子商务，新增产业化发展项目（农产品电子商务类）省级 6 个、市级 5 个，新增市级及以上农产品（农村）电子商务示范村 6 个，常州懒人园艺有限公司获评市级农产品电子商务示范企业，常州市田田圈农业科技服务有限公司成为省级农资电商试点单位。至年底，全区有涉农电子商务交易主体 24 个，其中省级农产品电子商务示范村 1 个、省级农产品电子商务示范平台 2 个、市级农村电子商务示范村 6 个，淘宝·特色中国常州馆线上线下馆年销售额 1 亿多元，全区农产品电子商务（线上线下）交易额 4.5 亿元。

4 月 6 日，武进智慧农业研究院签约成立　　供稿 / 区农业局

【武进智慧农业研究院成立】 4 月 6 日，武进智慧农业研究院成立。该研究院位于湖塘镇府西路 2 号，由武进区政府、南京农业大学、国家智慧城市建设（中荣国投）产业联盟三方合作建设，是全省首家智慧农业研究机构。以行政管理、学术研究和市场运作相结合方式共建，借助“互联网 + 农业”模式，研究智慧农业特点规律，制订武进智慧农业发展规划，合作建立院士工作站、博士后工作站，培训智慧农业人才，促进农村政务、电网、交通、医疗、教育、旅游、家居等智能化建设，实现农业生态环境保护信息化，在农田整治项目区开展测土配方施肥和农药化肥监控，做到种养有记录、入市有检测、质量可追溯，以信息化带动农业现代化，打造产学研管一体化高端平台。

·资料链接·

农业物联网指在畜禽养殖、园艺生产、水产养殖、大田种植、农产品加工流通等领域，重点扶持集成应用物联网技术、无线通信与网络技术、自动控制与辅助决策支持等物联网技术，实现环境远程监测调控、生产操作智能化、资源利用数字化管理等，减少劳动用工，提高种养水平。

【淘宝·特色中国常州馆线上线下馆开馆】 参见《商贸流通业》栏目 P138 相关条目。

【新型职业农民培育】 2016 年，武进区围绕创建国家现代农业示范区目标，按照全区“十三五”农民培训发展规划，开展新型职业农民培育，提升农民科学文化素质和生产技能，打造符合现代农业发展需求的新型职业农民队伍。全年组织新型职业农民培训班 93 期，培训农民 3200 人。其中，省级农业职业技能培训 39 期，参训 1200 人，60 名优秀学员参加农业行业特有工种技能鉴定；市、区级新型职业农民培训 54 期，参训 2000 人；培训农业部新型职业农民 150 人、基层农技推广员 40 人、青年农场主 7 人；湟里张志良家庭农场、常州市金穗农业服务专业合作社、常州市常洛果品专业合作社、常州市君辰农业服务专业合作社、常州市雪堰水蜜桃专业合作社 5 个单位被选为农民教育实训基地。至年底，全区新型职业农民培育程度（持专业证书农业劳动力占比）55.57%。

【农产品质量安全抽检合格率 99.04%】 2016 年，武进区加强农产品质量安全体系建设，坚持“产出来”“管出来”两手抓，从责任落实、宣传培训、专项整治、检验检测等方面推进农业标准化生产和农产品质量安全监管。区政府与各镇政府签订农产品质量安全责任状，将农产品质量安全监管工作纳入政府考核。区农业部门利用“3·15”国际消费者权益日、农产品质量安全乡镇行、科技下乡等活动开展宣传咨询，提升农产品生产经营者质量安全意识，免费发放农产品质量安全宣传资料2万余份，全年开展宣传活动112次、农产品质量安全培训80次，服务群众5600余人次。全区（不含常州经开区）开展农药残留、农资打假、瘦肉精、生鲜乳、兽用抗菌药、生猪屠宰、水产品质量安全专项整治检查，出动检查人员2万余人次，检查生产经营单位9500多次，农产品抽样检测1230批次，快速检测4504批次，全年农产品质量安全抽检合格率99.04%，未发生重大农产品质量安全事件。

【省农产品质量安全追溯管理示范单位新增5家】 2016年，武进区加快建设农产品质量安全追溯管理体系，规范企业生产经营行为，提升农产品质量安全生产管理水平。3月，常州希望粮食购销有限公司、常州市佰盛果品专业合作社、常州礼新果品专业合作社、常州市静心园果蔬种植专业合作社、常州市枫华牧业有限公司5家农产品生产单位均做到环境有监测、生产有记录、产品有检测、包装有标识、信息可追溯，被省农委认定为江苏省农产品质量安全追溯管理示范单位，全区累计有省农产品质量安全追溯管理示范单位14家。示范单位获认定后均签约入驻“放心吃——江苏省优质农产品企业联盟网”网站，承诺生产优质安全农产品，提升质量安全生产管理水平，继续发挥农产品质量安全追溯管理体系作用。

【农产品质量安全网格化监管体系建设】 2016年，武进区（不含常州经开区）10个镇（街道）完成农产品质量安全网格化监管体系建设。通过网格化普查工作摸清农产品质量安全监管对象底数，全区104家农业企业、75家合作社、172家投入品经营店和30604家种养殖户被纳入监管；落实“三定一考核”（定对象、定人员、定任务、业绩考核）监管制度，细化农产品质量安全监管工作并落到实处；依托市农产品质量安全网格化监管平台实施信息化监管，上传监督检查记录988条、产品检测记录892条、监管动态388条，发送各类农业服务信息（短信）65647条，提升基层农产品质量安全监管水平和效率。全年各镇（街道）检测农产品4504批次，合格率100%。

7月水灾过后，中国人民财产保险有限公司武进支公司和区农业部门工作人员在牛塘镇抽测损失情况 摄影/陆新

【农业抗灾救灾】 7月，武进区出现持续强降雨天气，太、滆两湖及多条河流水位超警戒水位，水稻、林果、花木、蔬菜、畜牧、水产等产业受灾受涝严重，农业受灾总面积1.53万公顷。其中，水稻受涝面积233公顷，花木受涝面积3407公顷（绝收面积345公顷），果品受涝面积2884公顷（绝收面积590公顷），蔬菜受涝面积2600公顷（绝收面积210公顷），畜禽栏舍受涝面积2742公顷，死亡大牲畜80头、家禽1.43万羽，水产养殖受涝面积3400公顷（漫塘面积1185公顷）。灾害发生后，区农业系统启动农业灾害信息预警，跟踪统计农业灾情；成立3个专业技术指导工作组，在各镇生产一线查看灾情，调运拨送稻种、种苗和动物防疫消毒药品等物资，提供抢排涝渍、抢救抢管等技术服务，指导群众生产自救；区农业局出台《武进区农业抗灾救灾恢复生产技术指导意见》，针对各产业受灾情况，加强分类指导，促进作物尽快恢复正常生产，努力将灾害损失降到最低。

（唐承之）

粮油作物种植业

【概　况】 2016年，武进区积极应对持续强暴雨等不利天气，及时部署抢收抢种等恢复生产工作，粮食单产略有减少，水稻单产在全市创“十一连冠”。全区粮食播种面积1.29万公顷，比2015年

表11 2016年武进区粮油作物生产情况

类别	面积（公顷）	比2015年（±%）	总产（万千克）	比2015年（±%）	单产（千克）	比2015年（±%）
全年粮食	12940.42	-8.87	8730.90	-13.68	449.80	-5.28
夏粮	5940.16	-8.33	2620.50	-15.50	294.13	-7.81
小麦	5920.89	-5.42	2612.00	-14.25	294.13	-9.33
秋粮	7000.26	-9.32	6110.40	-12.88	581.93	-3.92
稻谷	6159.96	-10.20	5784.20	-13.35	626.00	-3.49
油料	579.98	-0.50	112.40	-3.52	129.20	-3.53
油菜籽	510.01	0.00	101.80	-3.51	133.07	-4.13

减少 0.13 万公顷，总产 8730.9 万千克。其中，水稻、小麦种植面积分别减少 0.07 万公顷、0.03 万公顷，平均单产分别减少 22.7 千克、30.3 千克，总产分别减少 0.89 万千克、0.43 万千克。全区推广“武运粳 23 号”“武运粳 30 号”水稻高产品种和以扬麦系列为主的稳产型中筋小麦专用品种，稻麦良种覆盖率 100%；推广机插稻面积 0.54 万公顷，占水稻种植面积的 87.66%；推广增施商品有机肥、绿肥种植以及水肥一体化等培肥改土技术，提高耕地综合生产能力，应用商品有机肥 6000 吨，引导农民种植以紫云英为主的有机绿肥面积 464.73 公顷。组织各镇开展粮食“绿色、高产、高效”竞赛活动，落实水稻高产增效创建千亩示范片 4 个、小麦高产高效创建千亩示范片 3 个，稻麦生产示范成效显著。

【“武运粳 32 号”通过省级审定】 2016 年 6 月，水稻新品种“武运粳 32 号”通过江苏省农作物品种审定委员会审定。该品种原名“泰粳 1152”，2011 年由江苏（武进）水稻研究所以“运 2842”和“运 4075”杂交育成，属中熟中粳稻品种，株型集散适中，分蘖力强，叶色中绿，叶姿较挺，群体整齐度较好，抗倒性较好，成穗率高，穗型较大，穗层整齐，着粒密度中等，后期转色好，米质达国标二级优质稻谷标准，适宜在江苏省苏中地区种植。2015 年，该生产试验平均亩产 722 千克，比“武运粳 27 号”增产 5.7%。

【稻麦病虫害专业化统防统治覆盖率 73%】 2016 年，武进区发挥农业部农作物病虫害专业化统防统治示范区示范引领作用，推进专业化统防统治工作，农药使用量“零”增长。区农业部门利用小麦“一喷三防”中央财政补助资金 24 万元和重大农作物病虫害统防统治补助资金 20 万元，开展小麦赤霉病、白粉病、叶锈病和稻纵卷叶螟、稻飞虱、螟虫、纹枯病、稻瘟病等重大病虫害预警监测，测报准确率 95% 以上；采购多·酮、氟啶虫胺腈等高效低毒低残留农药补助广大种植户，重点补贴专业化服务组织 21 家；利用农机服务组织飞行植保机 2 台、高地隙喷杆喷雾机 12 台、担架式机动喷雾机 286 台，开展专业化统防统治，提高农药利用率和防治效果及作业效率。至年底，全区病虫灾害防控能力和水平提升，稻麦病虫害专业化统防统治综合覆盖率 73%，统防统治示范区病虫害总体防治效果 95% 以上，稻麦产量损失率控制在 1% 以内。

（唐承之）

全区首台高地隙井关水田植保机工作场景　　摄影 / 陆新

林果蔬菜业

【概　况】 2016 年，武进区推进绿色武进建设，助力常州市创建国家森林城市，提升生态环境和造林绿化水平。新增造林绿化面积 1068.17 公顷，其中成片造林面积 413.06 公顷、“四旁”（村旁、宅旁、路旁、水旁）植树折算面积 655.11 公顷，新建农田林网面积 2000 公顷，新植“四旁”树 150.62 万株，义务植树 82 万株；实施环湖健康绿道造林、丘陵岗地森林植被恢复、低产林改造、绿色通道建设、绿化提升等工程，建成省级湿地公园 1 个、市级湿地公园 3 个、市级森林公园 2 个，新增城镇森林面积 41.33 公顷，管护市级及以上生态公益林面积 3546.67 公顷，雪堰镇森林抚育面积 413.33 公顷；完成古树名木普查和林木种质资源清查。至年底，新增省级绿化示范村 13 个，累计 227 个，全区山林面积 2266 公顷，林木覆盖率 25.7%，增长 0.36%。年内，区森林消防专业队挂牌成立，全市首套森林防火智能监测指挥系统投用，区林业部门落实各项预防及扑救措施，推进区、镇、村三级处置森林火灾应急反应能力，提升森林火灾科学防控现代化水平，全年发生森林火警 4 起，过火面积 0.23 公顷，森林火灾受灾面积控制在 0.3‰以内，无森林火灾导致人员伤亡事件。区林业站被省森林防火指挥部评为江苏省 2013—2016 年度森林防火工作先进单位，区植物保护植物检疫站被省植物保护植物检疫站评为 2016 年植物检疫工作先进集体。

武进区有主要果品品种 16 种，果园面积 3965.59 公顷，其中桃树种植面

表 12　　2016 年武进区林木果茶主要指标完成情况

项　　目	单位	目标数	完成数	完成率（%）
“四旁”植树量	万株	100.00	150.62	150.62
造林绿化面积	公顷	666.00	1064.19	159.78
其中：成片造林	公顷	400.00	413.06	103.26
新植“四旁”树	公顷	–	651.11	–
茶叶产值	万元	2000.00	2191.21	109.56
果品产值	万元	40000.00	39177.40	97.94

表 13　2016 年武进区十佳“阳湖”果品基地

果品基地名称	所在地	主要果品种类
常州市夹山果品专业合作社	雪堰镇	葡萄、梨、桃、杨梅
常州市汤氏葡萄专业合作社	雪堰镇	葡萄、桃
常州市仁庄果品专业合作社	雪堰镇	葡萄、桃
常州市洛丰果品专业合作社	洛阳镇	葡萄、桃
常州市夏庄果品专业合作社	雪堰镇	葡萄
常州市科丰葡萄专业合作社	礼嘉镇	葡萄
常州市常洛果品专业合作社	洛阳镇	葡萄、哈密瓜、猕猴桃
常州市雪堰水蜜桃专业合作社	雪堰镇	桃
常州市查家湾生态林果专业合作社	雪堰镇	葡萄、梨
常州市翟家果品专业合作社 ★	郑陆镇	梨

说明：带“★”果品基地是武进区果品协会会员，被纳入评选范围

积 1664.93 公顷、梨树种植面积 188.37 公顷、葡萄种植面积 1908.99 公顷。年产果品 4744.77 万千克，产值 3.92 亿元，下降 15.7%。雪堰镇、礼嘉镇、洛阳镇、前黄镇是全区果品重点生产区域，四镇果园面积 3632.48 公顷，占全区果园总面积的 91.6%。7 月 30 日，第八届中国武进“阳湖”果品节在武进吾悦广场开幕，为期 2 天，设展位 66 个。其间，开展果品展销、品尝、采摘、水果夜市、“林水相依·绿色武进”摄影展、十佳“阳湖”果品基地评选等活动，全面宣传推介武进地产名优水果。全区茶园面积、茶叶产量及价格稳中略有上升，茶叶总产量 5.16 万千克，产值 2191.2 万元。其中，名茶产量 2.76 万千克、产值 1835.6 万元。

武进区蔬菜播种（含复种）面积 5713.33 公顷，其中常年性播种蔬菜面积 2653.33 公顷。蔬菜总产量 19.29 万吨，销往上海、南京、无锡等城市 2.9 万吨，自给率 70.3%，蔬菜总产值 5.03 亿元，下降 27.94%。

【武进区完成国家森林城市创建任务】 2014 年 3 月，武进区配合常州市开展国家森林城市创建工作，实施森林生态屏障建设工程、城乡绿色家园建设工程、生态景观廊道建设工程、生物多样性保护建设工程、森林质量提升工程五大工程 12 项任务。至 2016 年 9 月，五大工程全部超额完成。9 月 19 日，常州市被国家林业局授予“国家森林城市”称号。在创建过程中，武进区吸收社会资金 5 亿元，实施环湖健康绿道工程，建设环湖防护林带长 18 千米，造林面积 800 公顷，被国家森林城市验收组誉为“创森新样本”；在雪堰镇、横山桥镇丘陵山区恢复森林植被面积 73.33 公顷，改造低产林面积 93.33 公顷；新建、完善农田林网控制面积 7466.67 公顷，其中高标准农田林网面积 1413.33 公顷；建成省级绿化示范村 69 个，其中森林生态村 10 个、绿化村庄示范点 4 个；横山市级森林公园、观赏竹市级森林公园建成，面积分别为 133.33 公顷、13.33 公顷，滆湖（西太湖）省级湿地公园、宋剑湖市级湿地公园、高新区滨湖市级湿地公园、丁塘河市级湿地公园建成并获授牌；完成古树名木普查、林木种质资源清查、市级生态公益林管护和森林抚育工作，山体林相改造面积 1333.33 公顷、中幼龄林抚育面积 1146.67 公顷，市级及以上生态公益林管护面积 3546.67 公顷，雪堰镇森林抚育面积 413.33 公顷。全区建成一批森林公园、森林廊道、健康绿道、城镇森林和风景林地，山林面积 2266 公顷，林木覆盖率 25.7%，生物多样性、森林数量和质量显著提高，群众参与森林建设和森林养护热情不断增强，城市森林生态、社会和经济效益日益明显。

【区森林消防专业队成立】 1 月 26 日，常州市武进区森林消防专业队在雪堰镇挂牌成立，有队员 28 人，承担全区森林火灾扑救和处置任务，按照《江苏省多种形式消防队伍管理办法》和《常州市政府专职队管理办法》实行工作四天休息两天模式，配备森林消防车 1 辆、消防水泵 3 台、风力灭火机 6 台、森林干粉灭火弹 1500 枚、消防水带 2000 米，新建消防训练设施，实现森林消防队伍专业化、规范化建设，提高全区森林火警快速反应能力和作战能力。年内，该消防专业队参加区森林防火演练 1 次，完成森林火警扑救任务 2 次，参加省森林防火指挥部主办的江苏省第七届森林消防技能竞赛，经过负重越野、灭火弹投掷、水泵接力和综合扑火 4 项技能比拼，获团体第二名，队员周亮获灭火弹投掷个人成绩三等奖。

【全市首套森林防火智能监测指挥系统投用】 3 月，武进区森林防火智能检测指挥系统投入使用。该系统总投资 750 万元，在雪堰、横山桥两镇林区主要监测点设置高清探头 16 个，在森林防火期内实行 24 小时全天候视频远程监控，白天采用烟雾探测报警，晚上采取可见光带红外线热源探测，一旦林区出现烟雾或达相应燃烧温度，系统自动向指挥中心发出报警信号，向指挥调度人员提供全面、清晰、可操作、可录制、可回放的现场实时图像，自动生成参考性扑救方案，供现场指挥、分析、决策。该系统监测区域覆盖全区 95% 以上森林面积，年内发现火情 4 起，实现森林火灾“打早、打小、打了”，消灭在萌芽状态。

【区林业科技发展中心开工建设】 2 月，武进区林业科技发展中心在雪堰镇城西回民村开工建设。该中心总投资 455.35 万元，规划占地面积 19.1 公顷，分义务植树区、森林公安区、种苗繁育区、种质资源区、新品展示区、湿地试验区等，涵盖森林防火、林区派出所、义务植树、新品种引繁、新机具示范、新技术推广、野生动物疫病疫源监测、林业有害生物防治、湿地试验观察、林业技术培训、青少年科普教育等功能和内容，有利于加快全区林业科技创新和成果推广应用，加强太湖林业、湿地生态功能区等森林资源保护，改善项目区生态环境，促进雪堰镇生态文化旅游产业发展，打造高效林业、观光林业、生态休闲旅游示范带。

【林木种质资源调查】 5—7 月，武进区根据省、市林业部门统一部署和《江苏

省林木种质资源清查操作细则》要求，开展林木种质资源清查，系统掌握全区林木种质资源保护和重要树种遗传多样性及维护状况，建立林木种质资源信息库。全区有木本植物73科、169属、263种(竹类除外)。其中，裸子植物8科、16属、25种，被子植物65科、153属、238种(竹类除外)，野生群体34科、63属、80种。在清查过程中，提出林木种质资源保存策略、基因库体系建设方案和技术，研究重要经济树种的遗传群体保护、保存和开发技术，持续提升林木良种工作水平，有效保护林木种质资源。

【古树名木普查】 1—10月，区林业部门根据常州市绿化委员会办公室、常州市园林绿化管理局《关于开展全市古树名木资源普查工作的通知》要求，清查全区古树名木资源，系统掌握古树名木情况，建成古树名木信息库，为政府制定林业相关决策提供参考依据。全区有古树52株，分属16科、16属，树种包括银杏、圆柏、枣、榉树、广玉兰、腊梅、国槐、瓜子黄杨、棠梨、山茶、罗汉松、构骨、石榴、香橼、桂花、朴树，生长状况均良好。其中，挂牌古树46株、古树后备资源6株；一级古树4株、二级古树15株、三级古树28株；国有3株、集体40株、个人3株。

【“阳湖”果品获省级评比奖项6项】 武进地产果品种类多、品质优，有水蜜桃、梨、葡萄、杨梅、橘、枇杷等果品品种16种，于2008年整合各方资源注册“阳湖”品牌，种植过程中严格控制产量，色泽、口感等均属上乘，从2009年起连续举办“阳湖”果品节8届。2016年，“阳湖”果品在省级水果评比中获金奖5项、银奖1项。其中，武进区礼嘉绿诚家庭农场种植的阳光玫瑰葡萄、魏可葡萄，常州夏庄果品专业合作社种植的阳光玫瑰葡萄，常州市东浩果品专业合作社种植的夏黑葡萄，常州市夏庄鲁燕菊葡萄园种植的阳光玫瑰葡萄，因外观好、口感佳，在第九届“中山杯”优质葡萄评比中获金奖。

（唐承之）

区林业站技术人员测量古树　　供稿/区农业局

花 木 业

【概　况】 武进区初步形成集花木种植、品种培育、园林设计、市场交易、物流运输、信息交流、旅游休闲等于一体的花卉苗木产业链，产品辐射全国市场。2016年，区农业部门和花木企业应对高档花木销售困难、强降雨导致花木受涝等难题，培育花卉新品，借助“互联网+”模式建立花木信息电子发布平台，共享苗木供求、价格指数、养护管理等信息，实现花木产业智能化生产和网络化销售，促进产业转型升级。全区花木种植总面积1.03万公顷，其中苗木种植面积6258公顷、花卉种植面积341公顷、盆景种植面积2.9公顷、草坪种植面积3740公顷，年产苗木5.6亿株、盆栽植物2.18亿盆、草坪面积5368公顷。全区有花木种植专业村（花木种植面积占全村耕地总面积70%以上）34个、各类花木专业组织47个、花木专业大户(花木种植面积2公顷以上)1000多户，花木专业村、合作社和专业大户种植面积占全区花木总面积的80%以上；有花木经纪人9000余人、花木园林企业（含园林绿化工程企业）190余家、花木市场中间商4000多人，从业总人数8万人；嘉泽镇、湟里镇两大花木板块花木面积0.95万公顷，占全区花木总面积的91.83%。年内，夏溪花木市场控股有限公司被国家工商总局认定为2014—2015年度诚信示范市场，先后举办2016国际家庭花卉园艺展览会暨第十六届花卉零售业交流会、2016年中国（夏溪）花木节。至年底，全区花木业完成产值19.2亿元、销售额（含园林绿化工程）240亿元，其中夏溪花木市场交易额172.9亿元，增长5.2%。

【花木电子商务交易额超2亿元】 2016年，武进区有花木电子商务企业近300家，花木线上交易平台5个，花木电子商务交易额超2亿元。“花木源”“易花木”“花木汇”3个电子商务平台规模较大，交易额约1.2亿元，占全区花木电子商务交易额的60%。其中，“花木源”平台由夏溪花木市场控股有限公司开发，向用户定期发布及推送花木采购指南，实现夏溪花木市场行业网站、手机微信、手机APP（应用程序）三方平台数据互通，注册用户数6万多人，日均访问量近1万人次，日均点击量18万人次。

【武进苗木花卉星创天地获国家级认定备案】 参见《科学技术》栏目P227相关条目。

【2016国际家庭花卉园艺展览会暨第十六届中国花卉零售业交流会在武进举办】 7月8—10日，该活动在夏溪花木市场举办，由中国食品土畜进出口商会、中国花卉报社主办，夏溪花木市场控股有限公司承办。国际家庭花卉园艺展展区面积22.3万平方米，分主展区和辅展区。其中，主展区面积2.3万平方米，设特装展位80个、标准展位400个，展位数较2015年增加30多个。全国16个省、市近300家花木产业展商参展，展品范围涉及花卉植物、花店用品、园艺资材、花园用品及相关配套产品，吸

夏溪花木市场鸟瞰　　摄影 / 陆新

引全国各地观众 8 万余人参观，展会期间达成交易额 1.6 亿元。展会同期举办第十六届中国花卉零售业交流会、首届“夏溪杯”组合盆栽精英邀请赛（海峡两岸专场）等活动，邀请尼尔·惠特克、马丁·格伦、高炎发等国际著名花艺大师现场解读花卉艺术新理念、新潮流，为花店业主、花艺爱好者提供新技术、新思维，促进中国花店行业升级发展。

【2016 中国（夏溪）花木节】 10 月 21—23 日在夏溪花木市场举办，由中国花卉协会主办，中国花卉协会绿化观赏苗木分会、江苏省花木协会共同承办，夏溪花木市场控股有限公司、武进区花木园林商会具体实施。该花木节围绕“引领产业、引导消费”主题，开展花木会展、花木营销、盆景展销、产销对接、产业论坛、产业联动等活动，是国内规模较大、效益较高的绿化苗木品牌展会之一。全国 500 多家园林绿化企业、园林绿化局、设计单位、大型苗圃的代表以及各流派盆景大师、行业苗木经纪人、花农（苗农）参加，参展、观展人数 5 万多人次。其间举办中国花木营销大会、中国苗木产业论坛等活动，参展商与大型苗圃、园林企业、苗木经纪人洽谈磋商，现场签订合作订单。

（唐承之）

畜牧业

【概　况】 2016 年，武进区加快畜牧业结构调整，加强畜牧业标准化建设，成功创建为国家级畜禽产业综合标准化示范区。随着畜禽养殖污染整治推进，全区畜牧生产总量有所下降，全年生猪出栏 19.26 万头、家禽出栏 1330 万羽，年末生猪存栏 6.85 万头、家禽存栏 189 万羽、乳牛存栏 1300 头，年产肉类 3.26 万吨、禽蛋 0.38 万吨、牛奶 0.38 万吨，全年实现畜牧业总产值 8.96 亿元，增长 0.42%。新增省级畜牧生态健康养殖示范场 1 家，实施畜牧业项目 4 个，分别是基层农技推广补助项目、畜禽科技入户工程项目、生猪良种补贴项目和奶牛良种补贴项目，累计争取上级财政补助 61.06 万元。年内，区农业部门推进“检监结合、以检促防、联防联控”工作机制，严格产地检疫工作程序，保证程序到位、记录完整、出证严格、无害化处理规范，严格规范畜牧业投入品生产销售和使用，确保畜产品质量安全。全年产地检疫生猪 11.97 万头、家禽 2142.24 万羽，屠宰检疫生猪 33.34 万头、牛 1931 头，累计监测畜禽产品 296 批次、生鲜乳 87 批次，全部合格，兽药、饲料产品质量抽检合格率 91%。持续开展“瘦肉精”专项整治行动，实行养殖环节“月月检”和屠宰环节“批批检”，检测样品 2.81 万份，检测结果全部合格，全区无“瘦肉精”事件发生。

【武进区创成国家畜禽产业综合标准化示范区】 2013 年 7 月，武进区启动国家畜禽产业综合标准化示范区创建，成立由区政府和有关部门领导组成的示范区建设领导小组，设立工作小组和技术小组，建立联席会议制度，强化组织保障和工作协调。规划建立以国家标准、行业标准和地方标准为主的标准综合体，收集制定各类标准 137 项，基本满

表 14　2016 年武进区畜牧业生产情况

项　目		单　位	指　标	比 2015 年（±%）
大牲畜	年末存栏	万　头	0.13	0.00
	其中：乳牛	万　头	0.13	0.00
	牛奶产量	万千克	383.30	-11.40
生猪	年末存栏	万　头	6.85	-44.53
	其中：母猪	万　头	0.61	-24.69
	年内出栏	万　头	19.26	-20.74
	猪肉产量	万千克	1335.10	-26.10
羊	年末存栏	万　只	0.18	-64.71
	年内出栏	万　只	0.85	19.72
	羊肉产量	万千克	12.20	10.91
家禽	年末存栏	万　羽	189.00	-30.26
	年内出栏	万　羽	1330.00	-24.56
	禽肉产量	万千克	1914.10	-26.10
	禽蛋产量	万千克	377.50	-37.55
兔	年末存栏	万　只	0.20	-4.76
	年内出栏	万　只	0.23	35.29
	兔毛产量	千　克	596.00	-34.51

足当地畜禽产业发展需求。树立江苏立华牧业股份有限公司和常州枫华牧业有限公司2家企业标杆，2013—2016年总投资168.91万元，推进畜禽产业标准化生产、产业化经营和品牌化销售。经过3年实施示范，示范区内企业和农户标准化意识明显增强，畜禽养殖规模化水平和质量安全水平有效提升，经济、社会和生态效益同步增长。2016年8月12日，武进区国家畜禽产业综合标准示范区建设通过省质监局考核验收。

【常州红旗畜禽养殖专业合作社创成省级畜牧生态健康养殖示范场】 10月20日，常州红旗畜禽养殖专业合作社通过市农委考核验收，被认定为省级畜牧生态健康养殖示范场。该合作社位于前黄镇红旗村，占地面积2万平方米，其中猪舍建筑面积5000平方米，年出栏生猪5000余头；经过“两分离三配套”治污设施改造，建有300立方米沼气发酵罐，猪粪水经固液分离后厌氧发酵，产生的沼气用于发电，沼渣、沼液灌溉周边农田，实现农牧结合、循环利用。武进区坚持扶持畜牧业龙头企业和规模畜禽养殖场改造，增强基层畜牧服务能力，推动畜牧业提档升级。至2016年年底，全区累计有省级畜牧生态健康养殖示范场18家。

【区畜禽养殖信息系统投入使用】 武进区畜禽养殖信息系统于2015年年底启动建设，2016年11月建成并投入使用。该系统由常州大学提供技术实施方案并搭建系统平台，总投资6.9万元，对全区规模养禽场和所有养畜场逐一定位，录入基础信息，建立武进区养殖信息电子地图，动态监管畜禽养殖防疫、监测、动物卫生监督等情况，累计收录养殖户基础数据1853条，全区畜禽养殖场监管实现电子化、智能化、网络化。

（唐承之）

渔　业

【概　况】 2016年，武进区利用现代物联网科技调整渔业结构，重点推广渔业标准化生产，提升水产养殖规模和效益，强化安全监管，稳步构建现代渔业产业体系，推动渔业持续健康发展。全区水产养殖面积减至5982公顷，其中池塘养殖面积5302公顷、围网养殖面积644公顷。改造标准化池塘面积34.2公顷，新增高效设施渔业面积34.2公顷，累计1855.9公顷，占水产养殖总面积的31%。全年人工繁殖鱼苗7.22亿尾，养殖河蟹、青虾等特种水产558万千克，特种水产覆盖率85%，水产品总产量4910万千克，其中捕捞产量445万千克。实现渔业产值10.38亿元，增长5.4%。区渔业部门开展节水、节地、节能的现代设施渔业建设，实施区域化循环水养殖工程建设和水产标准化基地建设，重点扶持培育常州和润渔业公司等水产苗种生产基地2家，累计建成全国休闲渔业示范基地2家、全国垂钓示范基地1家、市渔业标准化生产示范基地9家、休闲渔业园区2家。区渔政部门强化安全生产监管，利用武进渔业信息智能化管控平台开展水产品质量监管、水产药物残留检测、水产病害测报等，全区未发生较大渔业安全生产和水产品质量安全事故。区渔政监督大队获“江苏省2016年度违规渔具清理整治工作先进单位”称号。在省海洋与渔业局表彰“十二五”全省渔业科技入户工作先进集体和优秀个人大会上，区水产技术推广站获评先进集体，褚秋芬等3人获评优秀专家，曹卢等7人获评优秀技术指导员。

【水产良种引进推广】 2016年，武进区实施水产良种工程，支持省级以上良种场和繁育场开展繁育能力建设、原良种保种和亲本更新，加快水产良种选育推广。常州市和润渔业有限公司投资350余万元，在前黄镇新建河蟹扣蟹培育基地1家，占地面积15.33公顷，帮助河蟹养殖户解决优质蟹苗来源。全区依托芙蓉特种水产养殖场，持续开展鳜鱼人

表15　2016年武进区渔业发展情况

项　　目			单　位	指　标	比2015年（±%）
基本情况	养殖面积		公　顷	5982.00	-5.26
	其中：池塘养殖		公　顷	5302.00	-5.32
	围网养殖		公　顷	644.00	-3.40
	河沟养殖		公　顷	36.00	-46.00
	水产品产量		万千克	4910.00	-3.18
	渔业产值		亿　元	10.38	5.40
	鱼池改造面积		公　顷	34.20	111.90
	斤两鱼种投放量		万千克	248.00	-16.82
	仔口鱼种投放量		万千克	468.00	-4.94
特种水产养殖	总面积		公　顷	2410.00	-0.75
	总产量		万千克	558.00	-0.22
	河蟹	面　积	公　顷	1990.00	-1.16
		产　量	万千克	323.00	-7.03
	青虾	面　积	公　顷	737.00	-0.04
		其中：单养	公　顷	54.00	44.66
		产　量	万千克	33.00	19.35
		其中：单养	万千克	17.00	48.08
	龟鳖	控温面积	公　顷	3.50	0.00
		养殖面积	公　顷	53.00	0.00
	黄颡鱼面积		公　顷	49.00	-9.81
	鳜鱼面积		公　顷	220.00	-0.30
苗种生产	四大家鱼产量		亿　尾	7.22	0.14
	稚鳖产量		万　只	6.10	-49.63

工早繁技术研究，总投入20余万元，全面改良孵化环道等人繁设施，改良后设施孵化效率提高1倍。区渔业部门从省淡水水产研究所引进中华绒螯蟹“长江2号”大眼幼体，培育优质扣蟹150万只，保障全区优质蟹种供给；从安徽省池州市、安庆市鳜鱼良种繁育场引进鳜鱼亲本40余组，开展驯化，推进鳜鱼人工早繁技术研究。

【池塘工业化生态养殖系统建设】 2016年，区农业部门根据省海洋与渔业局要求，探索研究循环水工业化养殖设施及养殖技术，促进全区渔业低碳、可持续发展，成功申报省水产三项工程项目，争取省级项目经费115万元。池塘工业化生态养殖系统坚持环保、低碳、智慧设计理念，通过循环水装置、水质智能监控启运装置、生物载体净化装置有效结合，达到集约、高效、节水、节地、无污染等目的。该系统基础设施部分由常州市益群特种水产养殖场实施，占地面积3.33公顷，集约化养殖区面积3400平方米，年内完成养殖水池、微孔曝气及液氧增氧、残饵粪便收集、设施净化、智能管控5个单元设计与建设，相关技术专利申报4件。

【武进渔业信息智能化管控平台启用】 2016年，武进区在国内率先开创渔业智能管理，一期投入20万元，与常州路之遥软件公司合作开发系统，自主研发武进渔业信息智能化管控平台。该平台集互联网、GPS、云计算和手持终端等技术于一体，包含水产品质量安全监管、水产病害测报、水产品药物残留快速检测、科技入户、渔业行政执法、渔业安全生产、渔业船舶管理七大业务模块，可实现渔业信息上报管理与控制，简化数据和报表录入步骤，确保渔业基层工作有据可查，提升信息汇总、管理决策效率。年内，该平台系统水产品质量安全监管、水产病害测报、水产品药物残留快速检测三大业务模块开发初步完成，武进区率先实现511个水产品快速检测样品电子化管理，申报相关发明专利7件。区农业局借助平台建成武进水产渔政对外信息公布官方网站，为渔业技术推广、渔业信息发布、武进现代渔业展示提供多元化渠道。

【水产品药残快检与病防服务】 2016年，区农业系统提高全区水产养殖病害预测预报、疑难杂症诊断水平，在礼嘉镇、嘉泽镇新建水产品药物残留快速检测室2个，配备吹干仪、离心机等仪器设备16台（套）。投资21万元完成区级水产实验室装修、搬迁，采购超净工作台等仪器设备，开展水生动物寄生虫、细菌、病毒三大病害检测以及水质分析、水产品药残快速检测等，提升快检与病防技术水平。组织水产品药物残留快速检测培训2次，培训快速检测人员、采样员以及市级标准化水产示范基地内检员等80余人次。开展全区首届水产品药物残留快速检测技能大赛，横山桥、洛阳、雪堰三镇检测员分获前三名。完成省级水产品药物残留快速检测任务511批次，完成市级及以上采样任务156批次。全年未发生水产违禁药物检出事件。各病害测报点利用电子化上报系统与全国病害测报网络无缝对接，通过移动终端APP、电脑端实时上报区域病害，帮助渔业技术人员精准预判辖区内水产流行病暴发趋势，对养殖户开展有针对性的技术指导和防控。

【渔政监督管理】 2016年，区渔政部门强化渔业生产监督管理，全区未发生水产品质量安全事故或较大渔业安全生产事故。开展执法检查，全年立案查处各类违规事件11件，罚款4700元。其中，专项清理太滆运河入滆湖口的搬罾、金湟河与北干河沿岸的拦河罾，立案5起，拆除拦河罾设施14个。通过群众举报和日常巡查，加大电力捕鱼等非法捕捞行为打击力度，立案6起。组织安全宣传，开展安全生产大检查3次，检查渔船160艘，出动执法船艇10航次、执法人员50人次，发放各类安全生产告知书1000余份。与省滆湖渔业管理委员会办公室和地方公安、渔政、海事、消防及民间救援组织等单位，联合开展水上应急预案演练1次。加强渔船检验，根据省船检部门要求，全面推行手持终端现场船舶检验，通过NFC功能（近距离无线通信）或二维码扫描渔船身份标签方式检验渔船。全年检验各类渔船1289艘，其中捕捞船810艘、养殖渔船（含快艇）479艘，检验率100%，渔船总功率24501.8千瓦、总吨位5310吨。全年签发渔业捕捞许可证156本，签证率100%。实施保险补助，渔业互助保险投保1434人，参保率99%，签订保单11472份，保额1.15亿元，保费28.68万元，获省级财政补贴7.17万元。全年受理理赔事件27起，理赔金额25.82万元。渔业油价补助渔船1281艘，补助金额529万元。

（唐承之）

农业产业化

【概　况】 2016年，武进区培育壮大农业龙头企业，推动休闲观光农业健康发展，农业产业化发展水平稳步提升。全区高标准农田面积2.03万公顷，实施外向型农业项目5个、农业产业化项目5个、

江苏太湖雪堰水产科技有限公司冷冻银鱼包装线　　摄影 / 陆新

休闲观光农业项目3个，总投资4147.74万元，获各级财政补助336.93万元。新增农业龙头企业区级5家、市级5家，累计拥有区级及以上农业龙头企业39家，其中国家级2家、省级16家、市级8家、区级13家，实现农产品销售收入300亿元，增长8.42%。其中，销售收入（交易额）超10亿元的4家。有市级及以上现代农业产业园区14个，其中省级1个（江苏省武进现代农业产业园区），太湖雪堰水产科技有限公司、常州市希望粮食购销有限公司、江苏立华牧业股份有限公司被评为常州市“联农惠农”十佳龙头企业，湟里镇蒋堰村、雪堰镇城西回民村、礼嘉镇秦巷村成为市级“一村一品”十佳示范点。全区有休闲观光农业园区33个，占地面积1300余公顷，开展桃花节、龙虾节、垂钓节等农游节庆活动，全年接待游客185万人次，直接经济收入12.7亿元，其中农产品销售收入8.2亿元、餐饮收入4.4亿元。年内，嬉乐湾农业生态示范园建成开园，雪堰镇城西回民村、太滆村获评首批江苏省休闲观光农业示范村，千人计划（常州）现代农业产业研究院有限公司和常州市西湖山庄水产科技有限公司获评常州市首批农耕文化营地教育基地。

【农业产业化项目实施5个】 2016年，武进区实施农业产业化项目5个，总投资3733.66万元，获各级财政补助163.78万元。其中，省级产业化项目1个，是常州市津津乐食品有限公司实施的“豆制品加工扩能配套设施建设”项目，实施内容包括引进千张生产线、自动泡豆系统、蒸汽管道、无机房货梯、风机、装配式冷库、豆制品生产废水处理工程、变压器、风淋设施等设备，项目总投资241.91万元，获省级财政补助96.76万元；市级龙头企业培育示范工程贷款贴息项目4个，实施单位分别为江苏太湖雪堰水产科技有限公司、常州市西湖山庄水产科技有限公司、常州市南润粮食有限公司、常州市红太阳生物工程有限公司，贷款总额3491.75万元，获市级财政补助67.02万元。

【江苏嬉乐湾生态农业示范园开园】 该示范园于2015年8月开工建设，2016年9月建成开园，由江苏嬉乐湾生态农业示范园有限公司与礼嘉镇政府联合开发建设，总投资2.5亿元，占地面积80公顷。园区包括无公害蔬果园区、有机茶园区、养生区、产品加工区、休闲娱乐区（餐饮、茶坊、养生、垂钓、禅修）5个功能区，设中国江苏嬉乐湾航天育种示范基地、中国江苏嬉乐湾龙陵高原石斛示范基地、福寿露果源种植基地，主要种植研发生态农业作物，利用生态园自然景观，建成集自然、生产、休闲、康乐于一体的环境景观综合体，结合体验农业与示范农业发展特色现代农业，先后成为武进青少年社会教育基地、武进区科普教育基地、江苏（常州）西太湖影视产业基地，是江苏省苗木商会副会长单位、常州市武进区旅游协会副会长单位、江苏省企业联合会花木园林行业促进会常务副会长单位。2016年，示范园举办云南龙陵专场文艺演出、蔬果采摘节、素质拓展等活动，接待游客36万人次，直接经济收入2000万元，其中餐厅收入800万元。

【雪堰镇两村获评省休闲观光农业示范村】 2016年11月，雪堰镇城西回民村、太滆村被省农委认定为江苏省首批休闲观光农业示范村。

城西回民村　地处雪堰镇城湾山区，在常州市太湖湾旅游度假区范围内，是全市唯一少数民族聚居村、省少数民族重点聚居村，村域面积5.08平方千米，有村民小组27个，总人口2818人，其中回族家庭96户、330人，耕地面积186.67公顷，山地、林地面积306.67公顷。该村坚持和谐生态发展理念，依托太湖湾旅游度假区辐射带动优势，制定科学发展规划，开展村庄环境整治，挖掘民族文化资源，发展休闲农业，建设乡村旅游点，先后获评国家级生态村、江苏省农家乐集聚村示范村、江苏省文明村、江苏省民族特色村、江苏省三星级康居示范村、江苏最具魅力休闲乡村等。2016年，该村举办太湖湾淘春季赏梨花、首届清真美食节等活动，接待游客23万人次，经济总收入9000万元，人均纯收入2.85万元。

太滆村　位于雪堰镇南部太湖之滨，村域面积1.2平方千米，辖村民小组7个，有农户829户，户籍人口2796人，是太湖地区较大规模渔业村。该村挖掘渔

表16　2016年武进区省级及以上农业龙头企业情况

级　别	企　业　名　称	销售收入（亿元）
国家级	夏溪花木市场控股有限公司	179.28
	江苏中东集团有限公司	18.20
省级	江苏立华牧业有限公司	52.59
	武进横山桥农副产品批发市场	29.00
	江苏春晖乳业有限公司	2.81
	江苏好太太食品有限公司	2.66
	常州市尊龙食品有限公司	2.40
	常州市枫华牧业有限公司	2.26
	常州市希望粮食购销有限公司	2.24
	江苏艺林园花木有限公司	1.78
	常州市武进华夏花木园林集团有限公司	1.65
	常州市津津乐食品有限公司	1.59
	常州市红太阳生物工程有限公司	1.57
	常州祝庄园艺有限公司	1.45
	常州市武进盛隆皮业有限公司	1.44
	常州市蒋记食品有限公司	1.41
	常州家绿林果园艺有限公司	1.00
	江苏太湖雪堰水产科技有限公司	0.81

文化、水文化资源，打造渔业特色产业，发展餐饮服务业和旅游业，推进富民工程。2011 年，鼓励渔民上岸居住，改造提升住户 53 户。2014—2016 年，累计投入 6000 余万元，实施沿太滆渔家乐一条街近 50 户住户二期改造，新建渔村特色牌楼和面积 3800 平方米停车场。2016 年，全村接待游客 58 万人次，餐饮单位从 4 家发展至 25 家，旅游营业总收入 1.18 亿元。

（唐承之）

生态农业

【概　况】 2016 年，武进区围绕太湖流域农业面源污染防治目标和生态文明建设要求，推进畜禽养殖污染防治、秸秆综合利用、化肥农药减施、生态湿地修复、产地土壤重金属采样检测、蓝藻打捞处置利用、农业环境网格化监管等工作。全区受保护自然湿地面积 1.86 万公顷，自然湿地保护率 53.9%，建成省级湿地公园 1 个、市级湿地公园 3 个，关停畜禽养殖场 1343 户，拆除圈舍面积 64 万平方米，利用农村生活污水处理在线监管系统，实时监管农村生活污水处理工程 355 处，农业面源污染防控效果良好，农业废弃物综合利用率 96.22%，其中秸秆综合利用率 96.78%、畜禽粪便综合利用率 95.97%。出动蓝藻打捞人员 8639 人次、船只 2336 艘次、车辆 176 辆次，打捞太湖蓝藻 19.02 万吨，产藻泥 3002 吨，用于生产有机肥，资源化利用率 100%。4 月，第八届滆湖放鱼活动在揽月湾广场举行，投放白鲢夏花鱼种 2300 万尾、冬片鱼种 90 万尾，投放花链夏花鱼种 2300 万尾、冬片鱼种 150 万尾，三角蚌 22 万只，利用生物链治理蓝藻污染。

【自然湿地保护】 2016 年，武进区推进武南河、太滆运河重点水域生态修复工程，扩大河道及池塘水生植被面积，提高湿地生物多样性，促使湿地内营养物质最大限度被水生植物吸收利用，部分水生植物再被水生动物摄食利用，形成物质循环和能量流动顺畅的良性生态体系，改善人居环境和生态景观，促进滆湖水质改善与生态系统良性循环。至年底，全区自然湿地面积 1.86 万公顷，受保护自然湿地有滆湖备用水源地保护区（面积 1776 公顷）、滆湖国家级水产种质资源保护区（面积 2700 公顷）、滆湖湿地保护小区（面积 1987 公顷）、太湖湿地保护小区（面积 1734 公顷）、江苏武进滆湖（西太湖）省级湿地公园面积（面积 1625 公顷）、宋剑湖市级湿地公园（面积 97.5 公顷）、江苏武进高新区滨湖市级湿地公园（面积 138.4 公顷），自然湿地保护率 53.9%，比 2015 年提高 2 个百分点。

【畜禽养殖场关停 1343 户】 2016 年，武进区全面开展畜禽养殖污染整治，调整优化畜牧产业布局，改善生态环境质量，促进畜牧业健康绿色发展。3 月，全区按要求重新划定畜禽养殖禁养区、限养区和适度养殖区范围。4 月，区政府发出《关于开展全区畜禽养殖污染整治工作的通知》，明确禁养范围、禁养对象、养殖规模、责任主体、补助标准、整改期限、验收程序和追责制度 8 项要求。5 月 4 日，召开全区畜禽养殖污染整治工作动员大会，区政府与各镇政府签订畜禽养殖污染防治责任书，要求年内全面关停取缔禁养区、限养区和适度养殖区内不具备整治条件的畜禽养殖场。各镇按要求开展整治工作，区农业部门牵头组成 4 个督查小组，跟踪督查畜禽养殖污染整治进度，协调难点问题。至年底，全区关停畜禽养殖场 1343 户（禁养区内养殖场 707 户），占全市关停总数的三分之二，拆除圈舍面积 64 万平方米。区农业部门扶持养殖场农牧结合改造，开展“两分离三配套”（雨污分流、干湿分离设施，配套储污池、干粪发酵大棚和还田设施）治污标准建设，实现就地综合利用。全年提升改造畜禽养殖场 5 家，总投入 65.86 万元，全区畜禽粪便综合利用率 95.97%。

【秸秆资源综合利用率 96.78%】 2016 年，武进区在前黄镇、礼嘉镇试点秸秆综合利用基础上，将雪堰镇纳入试点范围，继续推进秸秆综合利用体系建设，由区财政投入 510 万元，补贴 3 个试点镇秸秆机械化还田、打捆收运、堆场建设、运输环节、企业利用和农机购置等。5 月，《武进区秸秆综合利用考核办法（试行）》出台，考核试点镇组织措施落实、资金使用管理、工作完成情况、综合利用成效，保障秸秆综合利用工作顺利推进。至年底，全区农作物产生秸秆 8.69 万吨，综合利用秸秆 8.41 万吨，其中秸秆机械化全量还田 3.56 万吨、多种形式利用 4.85 万吨，秸秆资源综合利用率 96.78%。

【农药包装废弃物回收利用试验示范项目实施】 2016 年，武进区在前黄镇 8 个行政村实施田间农药包装废弃物回收利用试验示范项目，探索农药包装废弃物回收处置可行模式。按照“整村推进、统一收集、分散设点、优惠购药”模式，在田间设立堆放点，在市场设立回收点，在常州市前农农技服务站设立临时仓库，农药包装废弃物收集至临时仓库，统一送到北控安耐得环保科技发展常州有限公司实施环保处理，项目覆盖面积 969.73 公顷，受益农户 5899 户。全年

宋剑湖湿地公园鸟瞰　　供稿 / 区农业局

收集农药包装废弃物5.5吨，减少农药包装中残留农药污染环境。

（唐承之）

农业机械化

【概　况】 2016年，武进区围绕“建设国家现代农业示范区，率先实现农业现代化”总体目标，加快农业机械化关键技术装备示范推广和强农惠农政策落实，推进社会化服务主体能力建设，农机装备水平、作业水平、管理服务水平进一步提升。区农业局出台《2016年度武进区农机化发展扶持办法》《2016年武进区高效设施农业机械发展扶持办法》《2016年武进区农机专业合作社（家庭农场）机插秧规模考核奖励办法》《2016年武进区农机化社会维修服务奖励考核办法》4项农机扶持政策，开展农机报废更新补贴，调优农机装备结构，推广先进适用技术，壮大经营服务主体，推动农业机械化又好又快发展。全年新增粮食烘干机84台、田园管理机42台、高效植保机38台（其中高地隙植保机12台）、微孔曝气增氧设备6套，报废更新大中型拖拉机30台、乘坐式插秧机23台、高性能联合收割机27台，新增农机购置补贴机具329台（套），投入财政补贴701.145万元（其中中央和省级财政补贴556.245万元、区级财政补贴144.9万元）。新办拖拉机、联合收割机牌证105台，新办驾驶证63证，检验上道路拖拉机1470台(含变拖双检348台)，检验率89.8%，交强险投保率100%；年检自走式联合收割机131台，年检率达83%，拖拉机（联合收割机）驾驶人到期审验242人。年内，区农业、公安、安监等部门联合开展农机安全生产专项行动，夏秋两忙期间，区农业部门组织开展农机安全大检查和“农机安全生产月”活动，全年未发生道路外重大农机责任事故。至年底，全区有农机服务组织55家，有“平安农机”示范镇省级11家、市级13家，市级“平安农机”示范合作社24家。农机总动力26.44万千瓦，其中柴油机动力12.49万千瓦、汽油机动力2.6万千瓦、电动机动力11.35万千瓦，机插秧面积0.54万公顷，占水稻种植面积的87.66%。农业综合机械化水平90%，达到国家现代农业示范区对全面实现现代农机要求的目标值。

【区新型农机具展示中心投入使用】 该展示中心位于武进区农机公共服务中心内（武南东路600号），2016年4月投入使用，总投资30余万元，展示区域面积约250平方米，是武进区高效设施农机展示、演示、推介、引导、推广和信息交流平台。通过实体机具展示、图片展示和机具作业视频播放，集中展示应用于武进林果、花卉苗木、水产、畜牧、蔬菜五大高效设施农业主导产业的先进适用新型农机具，产品涵盖播种、耕整、开沟、挖穴、起垄覆膜、种植、施肥灌溉、植保、修剪、采收、田间转运、环境调控等环节农机具，代表高效设施农业机械化新技术、新机具发展方向。该中心设置展示农机图片15张、实体机具29台（套），每台机具前摆放产品参数牌，介绍技术参数、产品特点和参考价格等，帮助农机用户了解机具性能。至年底，接待参观团12批280余人次。

粮食烘干机作业现场　　供稿 / 区农业局

【农机社会化维修服务能力提升】 2016年，全区有农机社会化维修服务网点6个，区农业部门针对各网点乘坐式插秧机抢修能力相对薄弱情况，组织农机维修网点11名农机维修员在南京苏欣农机久保田培训基地学习乘坐式插秧机维修技术，通过理论学习与现场拆装操作，掌握插秧机故障排除、维护保养、配件更换等实用技术，提高插秧机维修能力。采取考核奖励形式，鼓励更多维修力量投入农机社会化维修服务，提高农机维修能力和整体服务水平，6个农机维修网点通过考评享受奖励扶持资金20万元。

【农机合作社服务能力提升】 2016年，武进区围绕提升农机合作社服务能力目标，开展农机合作社机插秧规模作业补助，合作社全年机插秧面积1880公顷，获区级财政补助79.25万元；扶持常州耕耘农机服务专业合作社、常州市福农农机专业合作社、常州市立群农业服务专业合作社、常州市金穗农业服务专业合作社、常州市益农农机服务专业合作社5家农机专业合作社建设机库，发放财政补助50万元；扶持常州武进现代农机有限公司汽修厂建设农机维修点，发放财政补助10万元；帮助4家农机合作社争取新机具购置和农机库建设信贷资金支持，向常州市江南农村商业银行申请贷款资金150余万元。

【粮食烘干机械化服务】 武进受气候条件影响，7月出现持续强降雨天气，影响粮食收割和晾晒归仓。区农业部门紧急调动粮食烘干机，帮助农户抢收烘干粮食，降低损失。全年新增批处理粮食10吨及以上粮食烘干机84台，其中批处理粮食20吨烘干机25台，有效应对连续阴雨天气，减少水稻霉变、发芽等情况发生。至年底，全区烘干机保有量172台，批次烘干能力2180吨，产地烘干能力80%。

（唐承之）

（栏目编辑　陈　蓉）

工 业

工业经济运行

【概　况】 2016年，武进区有国家级工业产业园区1个、省级工业产业园区2个、镇工业集聚区11个，工业企业2.16万家，其中年主营业务收入2000万元及以上（简称规模以上）工业企业1641家，主营业务收入超1000亿元企业1家、超100亿元企业9家、超10亿元企业54家，工业企业入围2016年度中国民营企业500强7家，入围2016年度中国民营企业制造业500强11家。全区推进工业强区战略，深化互联网与工业融合创新，工业经济运行呈现稳中有增、结构逐步调整的健康态势。至年底，完成工业投入596.5亿元，增长7.93%；规模以上工业企业完成产值4672.37亿元、工业增加值1088.15亿元，分别增长7.14%、6.87%，实现主营业务收入4925.17亿元、利税439.09亿元、利润278.64亿元，分别增长8.21%、10.56%和13.51%；省标战略性新兴产业企业完成工业总产值1469.01亿元，增长10.82%。年内，全区推进制造业结构调整，推动传统产业向中高端迈进，出台《武进区智能制造三年行动计划（2016—2018年）》，引导优势传统产业持续发展，其中纺织、冶金、金属制品三大产业有规模以上工业企业377家，完成产值1679.98亿元，占全区规模以上工业企业产值的35.96%。

2016年，全区工业经济实现量质并举，主要运行特点：经济运行总体平稳。一至四季度规模以上工业企业产值增幅分别为4.5%、5.9%、5.9%、7.1%，工业用电量144.3亿千瓦时，下降0.8%。产业结构调轻调优。轻工业发展速度明显快于重工业，规模以上轻工业企业产值增幅比重工业高3.6个百分点，省标战略性新兴产业完成工业产值1469.01亿元，占规模以上工业企业总产值的31.44%，增幅比规模以上工业企业产值增幅高3.68个百分点。新增长点企业支撑作用明显。全区100家区级新增长点企业实现产值增量188.61亿元，拉动规模以上工业企业经济增长4.3个百分点，对规模以上工业企业产值增长贡献份额60.8%。节能降耗稳步推进。完成节能与循环经济项目20个，炼钢100万吨、水泥30万吨过剩产能化解任务通过验收，万元GDP能耗下降4%，规模以上工业企业综合能源消耗798.09万吨标煤，较年度调控指标降低0.13%。

（张杏阳）

【区工业重点项目投资额超200亿元】 2016年，全区调整确定重点工业项目174个，完成投资209亿元，完成年度目标的104.32%。其中，投资额超1亿元项目99个。至年底，北汽新能源汽车项目、今创轨道交通产业园项目、博瑞智能电网研发及总装基地项目等154个项目完成或超额完成年度投资计划，吉鑫风电装备零部件项目、龙城精锻高压共轨喷射系统精锻件项目、南方轴承汽滚针车轴承工艺提升项目等96个项目竣工投产。

（倪文达）

【万元GDP能耗下降4%】 2016年，武进区贯彻落实中央、省、市关于推进供给侧结构性改革战略部署和去产能工作要求，实施重点节能项目，发展循环经济，加大用能监管，万元GDP能耗下降4%。7月，区政府发出《关于印发〈武进区供给侧结构性改革去产能的实施方案〉的通知》，分别确定2016年、2018年、2020年去产能工作目标，通过化解过剩产能、清理违法违规产能、推进产业转移、妥善处置"僵尸企业"、妥善安置企业职工、加强政策扶持等措施，推动制造业向中高端发展，促进经济发展增效升级。年内，区经信局上报省级绿色发展项目4个、市级转型升级项目27个，20个项目入选区节能与循环经济项目，年内全部完工；全年化解钢铁过剩产能100万吨、水泥过剩产能30万吨，淘汰低端低效印染产能1.74万吨，节约标准煤20.74万吨，淘汰更新全区高耗能落后变压器，常州东方特钢有限公司24平方米烧结风机、变压器、6千伏高压配变及基础工程10月底全部拆除；按照"减量化、再利用、资源化"原则，帮助企业制定清洁生产实施方案，挖掘节能潜力，审核验收清洁生产企业13家，新增市工业和信息化转型升级专项资金项目2个；健全企业能源计量、统计、报告等管理制度，开展节能监察执法行动，监察年综合消耗标准煤2000吨～5000吨企业24家，发出整改通知书3份、建议书16份，查出需淘汰电机22台；实施汽车、集装箱、家具行业4家企业油性涂料改水性涂料试点，治理工业废气，在G20峰会和国家公祭日期间，启动空气质量应急管控预案，先后4次专项督查各镇（开发区）重点企业管控措施、责任落实、限停产措施等情况。

（沈　伟）

【3个产品获省首届工业设计奖项】 2016年，武进区组织5家企业的18个产品参加江苏省首届工业设计产品评选。12月，评选结果揭晓，3个产品获奖。今创集团有限公司自主研发设计的高速列车塞拉门系统智能化程度高，具有自我诊断能力，发生失去动力源等故障后，报警提示司机启动隔离措施，保障旅客安全，被评为金奖；旷达科技集团股份有限公司研发设计的仿生自洁功能化汽车内饰织物具备防水、防污等性能，符合车用内饰高性能发展发向，获优秀设计奖；常州艾金鹰工业设计有限公司设计的图书盘点车外形设计时尚，具备新书入藏、架位变更、层位变更、图书剔除和文献清点功能，适用于数字化智能图书馆，获优秀设计奖。

（谢晓燕）

【2家企业及3名企业家获省级表彰】 4月，省委、省政府作出《关于表彰江苏省先进开发区、江苏省优秀企业、江苏省优秀企业家的决定》，鼓励经济社会发展中涌现的业绩优良、创新发展、贡献卓著的开发区、企业和企业家，支持并引导经济技术开发区、高新技术产业开发区和广大企业健康发展。瑞声（中国）投资有限公司、新誉集团有限公司2家企业及中天钢铁集团有限公司董事局主席董才平、今创集团有限公司董事长俞金坤、江苏恒立液压股份有限公司董事长汪立平3名企业家获表彰。

（吴志坚）

2016年武进区60家重点工业企业（集团）主要经济指标完成情况

表17　　单位：万元

序号	主要经济指标／企业名称	产值 2016年	产值 比上年（±%）	主营业务收入 2016年	主营业务收入 比上年（±%）	利税 2016年	利税 比上年（±%）	利润 2016年	利润 比上年（±%）
1	中天钢铁集团有限公司	4718908.40	0.11	10133575.00	1.17	129147.10	52.90	79203.30	103.57
2	亚邦投资控股集团有限公司	3353392.00	7.13	4736603.00	6.89	253216.50	10.04	165900.20	13.45
3	东方润安集团有限公司	2976358.80	10.29	2673635.80	8.98	218069.00	32.69	50666.20	10.48
4	常州南海铜业有限公司	1388832.40	-1.54	1354005.00	-2.94	216033.60	20.68	140956.40	19.80
5	今创集团有限公司	1215381.00	11.03	1199758.60	11.91	183187.90	5.81	123483.40	7.26
6	新誉集团有限公司	944368.00	-11.69	742077.00	-18.37	147237.50	-15.29	122326.70	-18.37
7	国茂减速机集团有限公司	893934.80	-12.91	892146.10	-12.81	72354.20	-43.02	42069.90	-55.41
8	江苏江南实业集团有限公司	1147233.10	14.07	1149347.10	13.75	101645.60	20.67	56262.70	27.14
9	瑞声科技控股有限公司	1206311.40	27.72	1206301.40	23.70	176998.00	16.75	133572.20	20.62
10	光宝科技（常州）有限公司	879933.70	9.99	729664.50	35.21	17593.80	-1.64	17579.90	-1.46
11	新华昌集团有限公司	658163.70	3.14	651020.00	3.07	71970.90	-13.51	19788.00	26.49
12	旷达控股集团有限公司	684004.80	13.38	655137.40	8.96	50851.90	6.48	32206.10	-4.87
13	江苏常发实业集团有限公司	595539.00	10.89	917083.00	-3.61	69396.00	25.06	54940.00	28.77
14	江苏丰润电器集团有限公司	495472.30	7.44	442958.30	5.45	54833.80	-1.72	25591.50	7.18
15	百兴集团有限公司	396071.00	5.00	394122.00	6.11	47641.00	12.46	24619.00	19.30
16	江苏雷利电机股份有限公司	128948.20	-60.27	120885.30	-60.92	26201.10	-38.06	24983.80	-12.16
17	江苏顺风光电科技有限公司	427591.94	36.33	436402.90	50.40	44638.00	53.26	20098.00	44.36
18	中车戚墅堰机车有限公司	144001.00	-52.93	150350.00	-52.83	-51242.00	/	-57946.00	/
19	中车戚墅堰机车车辆工艺研究所有限公司	239845.00	-14.85	232978.00	-9.62	18023.00	-10.80	10127.00	-33.98
20	江苏新鸿联集团有限公司	255066.00	27.15	253026.00	26.77	33224.00	27.92	18203.00	20.00
21	江苏长海复合材料股份有限公司	302125.30	50.97	279431.00	54.25	51608.90	30.10	38742.80	26.45
22	江苏华电戚墅堰发电有限公司	227455.60	19.84	227455.60	19.84	60382.20	3.68	42772.90	-2.12
23	常州市薛巷电讯元件有限公司	204351.50	19.08	196883.50	18.82	11166.40	29.46	8889.50	27.25
24	卡尔迈耶（中国）有限公司	112245.69	-23.14	109022.50	-22.50	24436.90	-13.25	21079.80	-3.32
25	常州天合亚邦光能有限公司	175163.27	31.31	173889.00	31.51	8693.00	-33.62	4329.50	22.51
26	常州博瑞电力自动化设备有限公司	126348.00	-2.74	124931.00	2.54	28662.00	23.17	22877.00	29.67

续表 17

序号	主要经济指标 企业名称	产值		主营业务收入		利税		利润	
		2016 年	比上年（±%）	2016 年	比上年（±%）	2016 年	比上年（±%）	2016 年	比上年（±%）
27	江苏贝尔装饰材料有限公司	128513.00	4.83	127751.00	2.37	19443.00	5.26	12041.00	11.52
28	江苏兰陵化工集团有限公司	120517.50	0.04	117047.80	0.34	15368.00	-0.88	11306.20	-1.56
29	江苏华电戚墅堰热电有限公司	86901.30	-27.55	86901.30	-27.55	12571.40	14.75	6663.00	111.01
30	江苏格林保尔光伏有限公司	111380.10	-3.88	107393.60	-5.41	7074.20	29.23	3213.10	112.77
31	常州新奥燃气发展有限公司	118062.80	2.31	117755.20	2.14	28543.00	4.85	24110.90	5.30
32	常州市国宇环保科技有限公司	109653.70	3.58	109650.00	3.84	-262.40	/	-552.60	/
33	江苏恒立液压股份有限公司	131164.20	21.40	121859.90	18.32	23417.60	51.99	18474.60	52.54
34	江苏瓯堡纺织染整有限公司	110070.00	5.48	109001.50	6.25	9199.10	26.87	17963.20	15.21
35	常州金阳冶金集团有限公司	105858.50	5.85	102751.00	4.70	10062.60	-6.70	7017.60	-14.33
36	江苏常宝钢管股份有限公司	58176.70	-40.19	68200.20	-48.71	8417.50	-67.43	7163.80	-63.40
37	江苏龙城精锻有限公司	104978.60	8.73	94455.30	-0.20	23014.80	16.94	19569.60	37.33
38	晶品光电（常州）有限公司	76260.45	-18.31	69085.90	-17.48	-208.50	/	-211.10	/
39	江苏赛拉弗光伏系统有限公司	112805.00	24.10	109912.00	25.35	13340.00	8.18	6541.00	-5.48
40	安费诺（常州）高端连接器有限公司	99008.57	12.51	107268.70	19.73	40299.60	42.21	38530.30	43.35
41	常州中车汽车零部件有限公司	91473.00	5.56	90006.00	1.10	2928.00	32.52	284.00	220.43
42	博世力士乐（常州）有限公司	71813.05	-16.17	72959.90	-15.73	1102.20	/	-5584.60	/
43	智思控股集团有限公司	83345.70	-1.60	83600.10	-0.20	18541.30	-0.50	12928.80	-0.48
44	灵通投资集团有限公司	90359.80	13.25	90359.80	14.18	8416.00	6.94	4187.70	3.94
45	江苏润源控股集团有限公司	56247.20	-24.86	43804.70	-29.26	4510.30	133.51	4061.90	113.69
46	常州市长润石油有限公司	72674.10	-1.13	65784.30	1.68	1495.80	-21.85	755.20	/
47	腾龙科技集团有限公司	76817.50	15.13	76746.90	17.08	14141.20	9.27	10707.90	8.43
48	江苏金鼎电动工具集团有限公司	64380.10	8.83	56313.50	0.57	5458.80	9.85	3052.10	8.10
49	江苏南方卫材医药股份有限公司	47792.20	-16.85	45598.10	-9.54	8241.10	-6.72	6614.10	0.47
50	哈焊所华通（常州）焊业股份有限公司	50054.60	-12.44	49927.80	-21.65	6602.20	-40.95	4712.90	-36.05
51	江苏南方通信科技有限公司	79310.20	42.59	79310.20	41.87	4406.00	33.26	2026.50	-16.83
52	江苏汉凌控股集团有限公司	193489.40	62.41	191471.20	66.15	27495.60	40.76	21997.30	53.99
53	常州晶雪冷冻设备有限公司	45485.40	-7.55	47318.50	-4.66	9426.80	40.19	4767.50	24.55
54	江苏鑫和泰机械集团有限公司	37551.00	-23.59	36446.00	-25.51	5229.00	28.26	3227.00	55.44
55	江苏东方龙机车集团有限公司	62615.00	34.22	61936.00	37.16	3794.90	97.45	2063.20	169.49
56	碳元科技股份有限公司	50410.90	20.90	45828.00	39.66	14484.90	115.88	10163.60	61.95
57	江苏迪邦三星轴承有限公司	36219.30	-5.43	36613.60	-4.05	819.30	-54.40	209.00	-71.56
58	常州强力电子新材料股份有限公司	37576.70	16.90	37656.00	12.59	14456.80	18.85	11867.20	16.79
59	江苏南方轴承股份有限公司	32773.70	5.93	32307.30	7.27	11635.30	4.83	8178.90	0.41
60	江苏小牛电动科技有限公司	44543.50	255.20	34768.60	178.67	–	–	–	–

说明：①表内企业按《区政府办公室关于公布2016年度重点工业企业、成长性工业企业名单的通知》中2016年度区重点工业企业名单排序；②“/”表示本期或同期为负数；③“–”表示无2015年同期数

（姜　枫）

工业转型升级

【概 况】2016年，武进区把发展战略性新兴产业作为优化全区产业结构的重中之重，突出智能制造和两化融合，出台《武进区智能制造三年行动计划(2016—2018年)》《武进区"互联网+工业"三年行动纲要（2016—2018年）》，鼓励企业深化互联网与工业融合，加强科技创新，提升品牌质量，推进工业结构调整和产业转型升级。全区工业企业新增省级企业技术中心9家、省级示范智能车间12个、省科技小巨人企业3家，累计有国家级企业技术中心3家、省级企业技术中心56家、省级示范智能车间22个、省科技小巨人企业6家；11项（个）新技术新产品列入省重点推广应用目录，新增省首台（套）重大装备及关键部件认定产品10个、省中小企业"专精特新"产品3个，分别累计53个、38个、10个；新增江苏省著名商标9件、江苏名牌产品26个；新增省互联网与工业融合创新试点企业6家、工业和信息化部两化融合管理体系贯标试点企业2家、省两化融合管理体系贯标试点企业17家。武进高新区成为电子信息（新型电子元器件）国家新型工业化产业示范基地、省级高端装备制造业特色和示范产业基地，武进高新区新光源产业集群被认定为省特色产业集群，全区累计有国家"火炬计划"特色产业基地3个、国家新型工业化产业示范基地2个、省级特色产业集群4个、省高端装备制造业特色和示范产业基地2个、省新型工业化产业示范基地4个。年内，"高铁列车高可靠性齿轮传动系统研发及产业化"项目获第四届中国工业大奖，常州市武进五洋纺织机械有限公司（5月31日更名为五洋纺机有限公司）获评2015年工业品牌培育示范企业，灵通展览系统股份有限公司"卓越绩效管理方法实践经验"获评2016年江苏省质量标杆，金石机器人常州有限公司实施的"高速桁架机器人"项目中标江苏省重点领域质量攻关项目，武进纺织工业园获评省两化融合示范区，江苏雷利电机股份有限公司获评省互联网与工业融合创新示范企业。

（张杏阳）

【《武进区智能制造三年行动计划（2016—2018年）》】2016年，武进区贯彻落实国务院《中国制造2025》规划部署，推进制造业强区战略。3月21日，区政府办公室发出《关于印发〈武进区智能制造三年行动计划（2016—2018年）〉的通知》，遴选智能制造重点企业150家、重点项目60个，计划实施创新能力提升工程、两化融合提速工程、结构调整优化工程、低碳循环升级工程、发展能力强化工程、组织保障提升工程六大工程，促进全区制造业综合实力明显提升，轨道交通装备、电子信息等优势产业持续领先，新能源汽车、先进碳材料等特色产业快速壮大，冶金、纺织等基础产业提档升级，智能制造装备产业对制造业的支撑作用不断增强，计划至2018年年底，全区制造业规模以上工业企业完成产值5400亿元，其中战略性新兴产业1780亿元，年均增长10%以上。3月22日，全区落实《中国制造2025》暨建设智能制造强区动员大会召开。年内，武进区智能制造装备产业发展迅速，汇聚安川（中国）机器人有限公司、常州快克锡焊股份有限公司、金石机器人常州有限公司、常州铭赛机器人科技股份有限公司等国内外机器人龙头企业，常州机器人产业园被认定为江苏省高端装备特色产业基地，智能装备制造企业及产品在国内乃至世界数控机床、智能包装设备、3D打印、智能经编机械等行业领域享有较高知名度。至年底，全区累计生产各类工业机器人6000多台，新增省首台（套）重大装备或关键部件认定产品10个，累计38个，智能制造产业完成产值86.38亿元，增长18.5%，

表18　2016年武进区省级及以上特色、示范产业基地情况

类 别	名 称	认定时间	所在区域
国家"火炬计划"特色产业基地	常州轨道交通车辆及部件产业基地	2003年	常州经开区
	武进特种材料产业基地	2003年	西太湖科技产业园
	常州湖塘新型色织面料产业基地	2009年	湖塘镇
国家新型工业化产业示范基地	国家新型工业化产业示范基地（装备制造·轨道交通装备）	2013年	常州经开区
	国家新型工业化产业示范基地（电子信息·新型电子元器件）	2016年	武进高新区
省特色产业集群	横林强化木地板产业集群	2009年	横林镇
	遥观轨道交通产业集群	2011年	遥观镇
	西太湖功能新材料产业集群	2013年	西太湖科技产业园
	武进高新区新光源产业集群	2016年	武进高新区
省高端装备制造业特色和示范产业基地	常州市轨道交通产业园——江苏省高端装备制造业示范产业基地	2013年	常州经开区
	武进高新区——江苏省高端装备制造业特色产业基地	2016年	武进高新区
省新型工业化产业示范基地	江苏省新型工业化产业示范基地（新型电子元器件）	2010年	武进高新区
	江苏省新型工业化产业示范基地（轨道交通装备）	2010年	常州经开区
	江苏省新型工业化产业示范基地（新型色织）	2012年	湖塘镇
	江苏省新型工业化产业示范基地（功能新材料）	2013年	西太湖科技产业园

（张杏阳　李伟华）

武进区成为全市智能数控和机器人产业的核心集聚区。

（徐晓波）

【《武进区“互联网＋工业”三年行动纲要（2016—2018年）》】 2016年，武进区贯彻落实国务院《中国制造2025》和工业和信息化部《信息化和工业化深度融合专项行动计划》要求，深化互联网与工业融合创新，推进信息化与工业化深度融合，推动工业经济结构调整、转型升级、提质增效。3月21日，区政府办公室发出《关于印发〈武进区“互联网＋工业”三年行动纲要（2016—2018年）〉的通知》，采取两化融合评估贯标和示范推广行动、智能制造和智能产品研发推广行动、互联网与工业融合创新行动、制造业服务化和商业模式创新推广行动、信息技术支撑能力提升行动五大行动，重点培育企业152家，开展全业务、全流程集成创新，引导研发、生产、管理、营销模式创新，引导制造业服务化转型。计划至2018年，信息化条件下企业不断推进制造装备智能化、生产过程数字化、生产方式网络化；深化互联网在产品全生命周期的应用，移动互联网、物联网、大数据、云计算等新技术新应用不断驱动现代制造业发展；全区两化融合发展水平综合指数超110，两化融合对工业转型升级的支撑作用充分体现。年内，召开全区落实《中国制造2025》暨建设智能制造强区动员大会，实施智能制造与“互联网＋工业”融合发展。至年底，创成省级两化融合示范企业18家、省级两化融合示范园（区）5个、省级互联网产业园2个，建成智慧工厂（智能车间）省级12家、市级12家，新增工业机器人100台（套），培育发展特色B2B（企业对企业）电子商务平台2个，完成年度目标。

（许湘平）

【军民融合发展推进】 2016年，武进区贯彻中共中央、国务院、中央军委《关于经济建设和国防建设融合发展的意见》要求，推进军民深度融合发展。9月12日，区机构编制委员会下发《关于同意常州市武进区经济和信息化局增设内设机构“军民融合办公室”的批复》，区经信局增设军民融合办公室。9月29日，武进区军民融合发展协会成立。区军民融合办公室主要职责是对接军民技术转移，拟定并实施全区军民融合发展规划及相关政策；负责“军工四证”认证管理，指导企业开展武器装备质量管理体系、武器装备科研生产单位保密资质、武器装备科研生产许可证、装备承制单位资格名录四项认证；协调军品科研、生产、固定资产投资管理；负责军工动员、国防科技工业军转民工作；协助管理船舶行业生产条件认可、运行监测；配合做好军工电子、民用爆破器材生产和流通等行业管理。区军民融合发展协会由全区从事军事和国防装备科研、生产及配套的企事业单位自愿发起成立，是地方性、行业性、非营利性社会团体，有会员单位41家，贯彻执行国家军民融合方针政策，加强会员间军工项目协作和军品研发能力建设，提升军民融合发展品牌。年内，全区对照省级军民结合产业示范基地创建要求，依托武进高新区，重点打造智能装备及关键零部件、电子元器件、功能新材料、航空航天以及后勤保障等特色军民融合发展产业。至年底，30余家企业通过军工保密体系认证，40余家企业为国防工业提供配套服务。

（牟建茂）

【五洋纺机有限公司获评2015年工业品牌培育示范企业】 2016年3月，该公司被工业和信息化部授予“2015年工业品牌培育示范企业”称号。该公司位于武进高新区，成立于1986年，占地面积15公顷，有子公司5家、员工600多人，是高新技术企业和中国纺织工业联合会理事单位、江苏省机器人联盟理事单位，主要生产系列经编机、数控机床、高端纺织品等，产品远销加拿大、日本、印度等30多个国家，先后获评江苏省企业标准化良好行为AAAA级企业、江苏省两化融合示范单位。实施品牌战略，利用品牌管理体系提升品牌价值和竞争力，累计注册国内商标38件、国际商标49件，其中“五洋”“柳绿”商标获评中国驰名商标，“艾诗丽”商标获评江苏省著名商标，主要技术及品牌产品累计获专利授权150余件、国际专利9件、软件著作权5件，被列入国家“火炬计划”项目2个、“星火计划”项目1个。

（杨　燕）

【2家企业入选全国首批制造业单项冠军示范（培育）单位】 制造业单项冠军企业是长期专注于制造业某些特定细分产品市场，生产技术工艺国际领先，单项产品市场占有率位居全球前列的企业。11月，工业和信息化部发布全国制造业单项冠军示范（培育）企业名单（第一批）公示，江苏海鸥冷却塔股份有限公司、五洋纺机有限公司分别入选制造业单项冠军培育企业和制造业单项冠军示范企业名单。

江苏海鸥冷却塔股份有限公司　专业设计和生产冷却塔，建有江苏省超大型高效节能冷却塔工程技术研究中心，配备专业团队和研发检测设备，各项生

“五洋”GE2295型数控网眼织物经编机及所产织物　供稿／区经信局

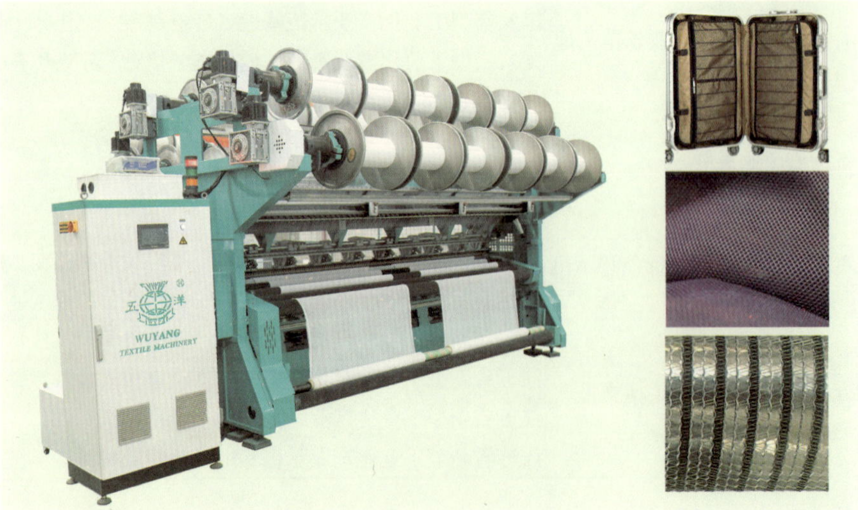

产技术指标领先于国内同行。主要产品为海鸥牌冷却塔、水处理药剂、水处理设备，涉及石化、冶金、电力、轻工、医药、食品等领域，销售网络覆盖全国，海鸥牌冷却塔国内市场占有率35%，出口亚洲、非洲、欧洲、美洲等地区。有高新技术产品10个，获专利授权73件，其中发明专利7件、实用新型专利55件、外观专利11件，是CTI（美国冷却技术协会）成员单位、中国冷却塔协会常务理事单位、全国大规模多品种玻璃纤维增强塑料冷却塔生产基地之一，可向欧美市场出口冷却塔产品，先后成为国家电网公司火电机组主要辅助设备推荐厂商、中国石油天然气集团公司炼化设备一级供应商、中国石化集团公司物资装备供应商、中国石油集团能源供应商、上海宝钢集团公司的冷却设备供应商、中国大唐集团公司A级设备供应商、中国核工业集团公司合格供应商。

五洋纺机有限公司　主要研发生产系列经编机、数控机床、高端纺织品等，是高新技术企业，产品在同领域位列前茅。设有双针床经编机生产基地（总部厂区）、高速机生产基地（遥观厂区）、智能/数控和专用经编机生产基地（龙惠厂区），与东南大学、东华大学、武汉纺织大学等高校开展机械、纺织、智能技术等方面产学研合作，联合中国科学院、南京理工大学、上海交通大学等科研院所，建设双针床经编机产品研发中心、省企业技术中心和省经编机运动控制工程技术中心，建设数字化工厂，实现智能化生产，提供产品在线实时监测、远程故障诊断和全生命周期管理等专业增值服务。获发明专利授权10件、实用新型专利授权85件，参与制定国家标准1个、行业标准10个，部分产品在技术和性能方面处于国际领先水平。

【省科技小巨人企业新增3家】　2016年5月，常州市武进广宇花辊机械有限公司等3家企业被省经信委认定为2016年度江苏省科技小巨人企业，全区累计有省科技小巨人企业6家。

常州市武进广宇花辊机械有限公司　位于湖塘镇，成立于2001年，有员工260余人，建有江苏省精密花辊机械工程技术研究中心，自主研发各种压花压光辊筒、压花压光机械，实现设备国产化，是高新技术企业。产品各项指标在同行业中名列第一，特宽幅热轧机获全国技术创新奖，非织造布热轧粘合机、皮纹压花辊被认定为省高新技术产品，非织造布高速热轧粘合机被省经信委授予省优秀新产品金奖，RZJ-G720*5000型非织造布热轧粘合机被认定为省首台（套）重大装备及关键部件，“广宇”商标被认定为中国驰名商标。公司主导起草行业标准1个，获发明专利授权9件、实用新型专利授权101件，先后获评省民营科技企业、省科技型中小企业，是中国产业用纺织品行业协会常务理事单位，拥有自营进出口权，2015年实现营业收入1.16亿元。

江苏明及电气股份有限公司　位于武进高新区，成立于2000年，有员工98人，建有常州市智能电器开关工程技术研究中心，主要生产智能高压断路器，多项指标填补国内空白，产品国内市场占有率52%，获高新技术企业、省知识产权标准化示范单位、市知识产权创新企业、市民营科技企业称号，是省电器工业协会会员单位、市轨道交通输变电协会会员单位，获第八届国际发明展览会“发明创业奖”项目奖、市科技进步奖等，2015年主营业务收入近6000万元。

江苏迪欧姆股份有限公司　位于遥观镇，成立于2007年，有员工260人，有焊管机组生产线6条、拔机生产线11条，主要生产精密焊接钢管，年产量5万吨，产品涉及汽车、摩托车、高档家具、工程机械、健身器材、低中压流体用管等行业，在细分行业排名第一，国内市场占有率15%。是高新技术企业，与钢铁研究总院合作建立中高端焊管研发产业基地，是全国高科技、专业化中高端精密焊接钢管研发制造产业化基地，起草制定国家标准3个、行业标准1个，获发明专利授权1件、实用新型专利授权7件，是全球气弹簧前五名生产企业供应商，获全国钢标准化技术委员会精密钢管工作组入驻。2015年，成为区政府上市公司培育企业，实现营业收入2.5亿元。

（李伟华）

【省级企业技术中心新增9家】　2016年，武进区继续鼓励和引导企业加大创新投入，从组织机构、运行机制、经费投入、人才引培、产学研合作等方面加强企业技术中心建设，发挥其在促进企业技术进步、推动产业转型升级中的作用。区经信局根据《江苏省认定企业技术中心认定管理办法》，组织企业申报省级企业技术中心。11月，经省经信委组织的专家评审、现场考察、部门会审，武进区9家企业技术中心被省经信委、省科技厅、省财政厅、省国税局、省地税局、南京海关联合认定为省级企业技术中心，分别是常州金信诺凤市通信设备有限公司技术中心、常州山由帝杉防护材料制造有限公司技术中心、常州市武进晨光金属涂料有限公司技术中心、光大环保技术装备（常州）有限公司技术中心、常州华森医疗器械有限公司技术

五洋纺机有限公司数字化车间内机器人根据既定程序上料　　摄影/马叶星

中心、江苏赛拉弗光伏系统有限公司技术中心、江苏贝尔装饰材料有限公司技术中心、常州市同和纺织机械制造有限公司技术中心和常州中车汽车零部件有限公司技术中心，全区累计企业技术中心国家级3家、省级56家。

（杨　燕）

【12个车间获省级示范智能车间认定】 11月、12月，全区10家工业企业的12个生产车间先后被省经信委、省财政厅联合认定为2016年度江苏省示范智能车间，分别是：江苏恒立液压科技有限公司的液压泵阀智能生产车间，江苏雷利电机股份有限公司的微电机智能生产车间，光宝科技（常州）有限公司的零功耗绿色电源适配器智能生产车间、绿色节能高速无线网卡智能生产车间、高效全自动磁性元件智能车间，博世力士乐（常州）有限公司的液压动力站智能生产车间，江苏瓯堡纺织染整有限公司的色织布智能织造车间，常州博瑞电力自动化设备有限公司的印制电路板表面贴装智能生产车间，爱科（常州）农业机械有限公司的农用拖拉机整车智能制造车间，贝内克长顺生态汽车内饰材料（常州）有限公司的高性能生态环保发泡表皮智能生产车间，斯泰必鲁斯（江苏）有限公司的气弹簧智能生产车间，利优比压铸（常州）有限公司的汽车发动机缸体智能制造车间。这12家车间通过智能设备投入和改造，基本具备智能装备广泛应用、车间设备互联互通、生产过程实时调度、物料配送自动化、产品信息可追溯、车间环境智能监控、资源能源智能监控、设计开发联动协同、售后服务智能操作等特点，实现集约用地、节省人工、提高质量等效果，增强企业竞争优势。至年底，全区累计有省级示范智能车间22个。

（倪文达）

【省中小企业专精特新产品新增3个】 5月，武进区3家企业自主研发的3个产品构造精良，具备先进、独特的工艺和技术，被省经信委认定为2016年度江苏省中小企业专精特新产品，全区累计有省中小企业专精特新产品10个。

太阳能电池背膜　由常州回天新材料有限公司研制，利用改性聚乙烯膜配方设计氟膜、耐水解聚氨酯胶，组成太阳能背膜关键材料，填补国内高新材料氟膜研发空白，打破国外垄断。公司根据光伏组件环境要求，研发生产高耐候、高绝缘、超低水透、高附加值的太阳能电池背膜，应用于光伏组件封装，具有机械支撑、阻隔水汽、绝缘、抵抗紫外线、阻挡湿热环境破坏作用，保证光伏组件满足25年使用寿命。

石墨烯传感器　由常州二维碳素科技股份有限公司研制，在金属基底上利用CVD法（气相沉积法）制备石墨烯薄膜，作为透明导电材料生产石墨烯传感器，适用于多级按压菜单选择、多种游戏操作体验、真实压力笔迹、压力密码、取代边框按键等应用环境，通过50万次以上疲劳按压、高温高湿、高低温循环冲击等可靠性测试，具备灵敏性高、感应度强、使用方便、体积小、经济适用、易于安装集成等优势，国内市场份额约占95%。年内，公司研发生产的石墨烯压力触控传感器获2016CITE创新产品和应用奖。

变（配）电站智能环境控制系统　由常州市科惠电力设备有限公司研制，监测变（配）电站温湿度、洁净度、气流调节、门禁安防、烟雾火灾、水位预警、SF6气体泄露等环境参量，在高温、潮湿、积水、有毒气体积聚等情况发生时实施调节，适用于电力系统设备紧凑的户内、地下变电站及其他封闭空间环境，缓解传统通风降温措施导致的高能耗、噪音大、积灰等问题，改善电气设备运行条件，降低故障率，提高供电可靠性。

（李伟华）

【11项（个）新技术新产品入选省重点推广目录】 4月11日、8月19日，省新技术新产品推广应用工作联席会议办公室先后发布重点推广应用的新技术新产品第十一批、第十二批目录，武进区11家工业企业的11项新技术及新产品被收录。其中，涉及新能源产业1个、生物技术和新医药产业1个、高端装备产业9个，这些新技术、新产品可优先享受省有关政策支持，有效期为三年。

表19　2016年武进区获省重点推广应用的新技术新产品情况

行业领域	新技术新产品名称	企业名称	证书编号
新能源	核电站用大型液压阻尼器	常州格林电力机械制造有限公司	NO.201602003
高端装备	HAK37系列智能直驱转塔刀架	江苏宏达数控科技股份有限公司	NO.201602039
高端装备	PTTAPF-2500型低压大电流有源电力滤波APF装置	江苏博力电气科技有限公司	NO.201602111
高端装备	机器人精密锡焊自动生产线	常州快克锡焊股份有限公司	NO.201602116
高端装备	LR1200-PROFILE型焊轨车（轨道焊接机器人）	中车戚墅堰机车车辆工艺研究所有限公司	NO.201602118
高端装备	集装箱式钢轨焊接接头焊后处理一体化装备	常州华通焊业股份有限公司	NO.201602121
高端装备	消雾节水型冷却塔	江苏海鸥冷却塔股份有限公司	NO.201602126
高端装备	AKM环锁型快开盲板	江苏盛伟过滤设备有限公司	NO.201602127
高端装备	TBJ650型连续挤压装备	常州日月机械有限公司	NO.201603005
高端装备	HP3V80系列斜盘式轴向柱塞变量泵	江苏恒立液压科技有限公司	NO.201603037
生物技术和新医药	可生物降解淀粉树脂	常州龙骏天纯环保科技有限公司	NO.201603013

（杨　燕）

工业生产服务

【概　况】 2016年，武进区加强工业运行监测，了解企业运行情况、行业发展走势和企业生产经营困难，做好企业服务，帮助企业排忧解难、提振信心。区经信局设立非常设机构武进区先进制造业招商办公室，负责先进制造业项目招引，工业企业效益综合评价从一年一评提升至一季度一评，培育服务型制造示范企业4家、服务型制造示范培育企业2家；开展企业大走访、“企业服务月”等活动10次，走访企业400多家，通过“走出去”“请进来”“送下去”等方式组织企业经营管理人员培训36场、1940人次；鼓励企业开拓市场，组织7家工业企业的100多件产品参加2016年品牌产品交易会，组织武进工业设计园200多个设计作品和8家制造业企业的100多件产品参加“江苏产品万里行”太原站、宁夏站展览展示活动，通过产品对接、展销订货、产业合作、技术对接等方式拓宽产品营销渠道；帮助小微企业融资，融资性担保机构累计新增担保额36.5亿元，为企业提供周转资金6480万元，113家企业入选市“苏微贷”名单库，降低小微企业融资成本500万元。

（张杏阳）

【6家企业入选省首批服务型制造示范单位】 5月，省经信委公布首批江苏省服务型制造示范企业和示范培育企业名单，武进区6家企业入选，其中江苏润源控股集团有限公司、今创集团有限公司、江苏丰润电器集团有限公司、常州市武进五洋纺织机械有限公司4家企业被认定为江苏省服务型制造示范企业，江苏雷利电机股份有限公司、中车戚墅堰机车车辆工艺研究所有限公司2家企业被认定为服务型制造示范培育企业。服务型制造主要指企业同时提供产品和服务，从生产加工向材料供应、研发设计、品牌建设、管理服务、营销推广等环节延伸，实现制造与服务相互支撑、相互促进。入选企业均具备省级及以上技术中心，创新能力优、自主品牌影响力强、服务化效益显著，在服务化转型过程中探索出符合企业发展实际的服务化之路，为行业企业树立示范标杆。

（张杏阳）

【工业企业经营管理人才培训】 2016年，区经信局围绕人才强企战略，争取优质培训资源，开展全方位、多层次企业经营管理人才培训36场次，培训人员1940人次。其中，组织今创集团有限公司等企业的负责人45人在清华大学、中山大学、武汉大学等高等院校参加专题研修班，组织百兴集团有限公司等企业的负责人8人在西安天和防务技术股份有限公司、阿里巴巴网络技术有限公司、浪莎控股集团有限公司等大企业考察学习，组织7批42人参加省经信委举办的电子商务、云计算大数据急需紧缺人才培训，组织12批256人参加市经信局组织的“现代营销与品牌建设”“创新设计与中国制造2025”等讲座；邀请专家教授在武进开办企业生产经营实务免费培训班10期，培训1620人次；开展送经营管理培训下基层活动，先后在湖塘镇中小企业服务中心、江苏贝尔装饰材料有限公司等开设企业优秀班组长培训等培训课程，并向各镇（开发区）工业企业提供经营管理知识视频课程。

（吴志坚）

省标战略性新兴产业

【概　况】 2016年，武进区省标战略性新兴产业有新能源、新材料、生物技术和新医药、节能环保、新一代信息技术和软件、高端装备制造、新能源汽车、智能电网、海洋工程装备产业9个门类，加速发展以轨道交通和智能装备为核心的高端装备制造业、以石墨烯为引领的新材料产业和以高端电声元器件为代表的新一代信息技术和软件产业，重点培育节能环保、智能电网等产业，鼓励、引导主导产品向智能化、集成化、规模化方向发展。全区省标战略性新兴产业有规模以上工业企业378家，完成产值1469.01亿元，增长10.82%，占全区规模以上工业企业产值的31.44%，实现主营业务收入1395.45亿元、利税170.88亿元、利润119.59亿元，分别增长12.6%、13.85%和6.72%，分别占全区规模以上工业企业的28.33%、38.92%和42.92%。其中，新材料、新一代信息技术和软件、高端装备制造产业发展稳步攀升，规模以上工业企业分别完成产值198.51亿元、334.39亿元和656.09亿元，分别增长3.88%、21.67%和7.93%，分别占全区省标战略性新兴产业规模以上工业企业产值的13.51%、22.76%和44.66%。

【智能电网产业产值超50亿元】 2016年，武进区智能电网产业有规模以上工业企业28家，主要生产电力控制设备、智能储能设备、智能输变电设备、智能配电设备等。至年底，智能电网产业规模以上工业企业完成产值50.79亿元，增长24.98%。

【海洋工程装备产业产值超4.9亿元】 2016年，武进区海洋工程装备产业有规模以上工业企业3家，有常州液压成套设备厂有限公司、常州市中海船舶螺旋桨有限公司、常州市汇丰船舶附件制造有限公司等主力海工装备企业。至年底，海洋工程装备产业规模以上工业企业完成产值4.91亿元，增长19.76%。

（石　敏）

【3个项目获批省级战略性新兴产业专项资金项目】 2016年，武进区支持企业实施重大关键核心技术研发项目和重大产业化项目，组织企业申报省级战略性新兴产业发展专项资金项目4个，获批3个，分别是江苏恒立液压科技有限公司承担的“高端工程装备用液压泵阀关键核心技术的研发与产业化”项目、万帮充电设备有限公司承担的“江苏万帮‘星星充电’电动汽车充电基础设施建设工程”项目、常州格林电力机械制造有限公司承担的“第三代核电站主设备支撑用大型液压阻尼器重大关键核心技术研发”项目，各获项目经费1000万元。

（吴志坚）

新能源产业

【概　况】 2016年，武进区新能源产业有规模以上工业企业18家，完成产值102.3亿元，增长15.22%。年内，新增中国首批光热发电示范项目1个、省级工程技术研究中心建设项目2个，通过省级新技术鉴定产品2个，武进高新区

江苏赛拉弗光伏系统有限公司工作人员组装“日食”太阳能组件　　摄影 / 陆新

新光源产业集群被省经信委认定为第五批江苏省特色产业集群。江苏赛拉弗光伏系统有限公司实施技术和工艺改良，研发的“日食”太阳能组件每片功率由260瓦提高至290瓦。

（石　敏）

【武进高新区新光源产业集群成为省特色产业集群】 2016年4月6日，武进高新区新光源产业集群被省经信委认定为第五批江苏省特色产业集群，继横林强化木地板产业集群、遥观轨道交通产业集群、西太湖功能新材料产业集群后，成为武进区第4个特色产业集群。武进高新区新光源产业发展于2009年，有光宝科技（常州）有限公司等新光源企业103家，具备武南标准厂房、创新园区企业加速器、长三角模具城等工业配套平台，依托国家高新技术创业服务中心、津通国际工业园、常州信息产业园、武进工业设计园等，先后引进中科院成都有机化学研究所、新光源联合创新国家重点实验室（常州中心）、国家新光源产品质量监督检验中心华东推广中心、常州光电技术研究所、江苏华东新光源应用推广中心等技术创新平台，拥有新光源光学、电学、热学、智能控制以及关键配套材料的技术开发设备和可靠性分析设备及检测仪器，形成蓝宝石长晶、切磨抛、外延片及芯片、封装、照明运用的完整产业链。2010年，武进高新区新光源产业园成为常州市创建国家级创新型科技园区重点建设的“一核八园”之一。2011年，武进高新区被科技部认定为常州国家半导体照明工程高新技术产业化基地。2014年，该产业集群有科技企业孵化器15家、高新技术企业110家、博士后科研工作站4家、企业院士工作站4家，引进国家“千人计划”人才68人，企业研发投入占产品销售收入的3.8%。先后成为国际科技合作基地、常州国家半导体照明工程高新技术产业化基地、江苏省半导体照明产业产学研协同创新基地、江苏省常州半导体照明产业产学研联合创新服务平台。

（李伟华）

【2个新能源产品通过省级新技术鉴定】 2016年，武进区2家新能源企业研制的2个产品通过省经信委组织的省级新技术鉴定。

核电站一回路主设备及管道用金属保温层　1月12日通过鉴定。由今创集团有限公司研制，采用三角形斜波纹形金属反射箔和拉泡形结构端侧板，使用角钢、弧形支撑板组合框架结构，借助模板式焊接定位工艺确保焊接精度，隔热性能及抗震性能达国际先进水平。产品用于压水堆核电站一回路主设备及管道正常运行时，隔离其高温表面发射出来的热量，减少热损失，促使反应堆产生热量有效用于发电。

适用三代核电站的抗震照明设备　11月20日通过鉴定。由江苏鸿联灯饰有限公司与中国核电工程有限公司联合研制，包括核电站主控室抗震照明设备、核电站疏散照明、安全照明用抗震照明设备、核电站反应堆水池上方及燃料厂房乏燃料水池上方的抗震照明设备等，有规格型号15个。经试验，产品满足Ⅰ类、Ⅱ类抗震要求和相关耐辐照试验要求，填补国内空白，达国际先进水平，实现核电站抗震照明设备国产化。

（杨　燕）

【龙腾公司一项目入选中国首批光热发电示范项目】 9月14日，《国家能源局关于建设太阳能热发电示范项目的通知》公布中国首批光热发电示范项目20个，其中塔式项目9个、槽式项目7个、菲涅尔项目4个。常州龙腾光热科技股份有限公司（简称腾龙公司）承担的“玉门东镇导热油槽式5万千瓦光热发电”项目入选，根据国家发展改革委《关于太阳能热发电标杆上网电价政策的通知》精神，可享受1.15元 / 千瓦时的光热发电标杆电价。该项目位于甘肃省玉门市玉门东镇，占地面积约250公顷，采用抛物面槽式集热技术，安装50兆瓦太阳能热发电空冷凝汽式机组1套，配备9小时熔盐储热系统，建设5万千瓦光热发电项目。项目创新选用硅油为传热介质，与联苯、联苯醚相比，具有安全性好、非危险化学品、高温性能稳定、运行温度区间宽（-40℃～425℃）等优点，无需集热场循环系统防凝措施，可消减储热系统的投资，提升汽轮机效率，减少运维费用，降低系统注油和调试难度，降低用电成本。

【航海用探照灯获实用新型专利授权】 2月，江苏国星电器有限公司自主研发的航海用探照灯被国家知识产权局授予实用新型专利。该产品采用美国CREE公司高亮度LED冷光源，配合发光角度3°的专业高效透镜，灯具投射距离远、穿透性好、利用率高；散热结构采用“热管＋鳍片式＋相变”实用专利设计，保证外壳温度低，不易引发烫伤；外壳采用优质特种钢材，经氧化、喷塑等工艺加工，防腐性能优良，耐用性好，强度高，可水平旋转，上下投射，操作灵活方便；额定功率低，节能省电，比传统高压钠灯省电80%，可在全电压环境下使用，适合各种车载、舰载等环境。产品可用作搜索和投光照明，适用于船舶、码头、监狱、车站、广场、旅游景区、建筑工地等大面积场合，填补国内空白。

江苏国星电器有限公司自主研发的航海用探照灯装配现场　　摄影 / 高珉

【2家新能源企业获批建设省级工程技术研究中心】 11月，江苏赛拉弗光伏系统有限公司的江苏省高效叠片组件工程技术研究中心、江苏格林保尔光伏有限公司的江苏省光电储能材料工程技术研究中心被省科技厅列入省级工程技术研究中心建设项目，建设时间为2016—2019年，分别获项目经费3000万元和1800万元。其中，江苏省高效叠片组件工程技术研究中心主要研发具有更高转换效率的太阳能光伏组件产品，实现产品高品质和多元化，建设性能试验室平台，开展产品安全性和可靠性试验，承担高效太阳能组件系统电站等研发项目，引进并培养光伏行业领军人才及团队。

（吴志坚）

【吉鑫风能公司风电装备零部件项目竣工】 该项目由常州吉鑫风能科技有限公司（简称吉鑫风能公司）于2016年度实施，12月竣工投产。总投资1亿元，利用原有厂房，购置数控加工中心等生产设备，制造风电轮毂等装备，达产后可年产风力发电机组用轮毂2000个、底座2000个、主轴1000个、主轴座3000个。

【赛拉弗光伏公司三倍IEC标准高效能太阳能组件研究与产业化四期项目竣工】 该项目由江苏赛拉弗光伏系统有限公司（简称赛拉弗光伏公司）于2016年度实施，12月竣工投产。总投资8000万元，租用厂房面积1万平方米，购置层压机18台、自动焊接机1台、自动组件组装线3条和自动组件测试等生产设备，达产后可年产三倍IEC标准高效能太阳能组件600兆瓦。

（倪文达）

生物技术及新医药产业

【概　况】 2016年，武进区生物技术及新医药产业有规模以上工业企业28家，完成产值49.48亿元，下降12.44%。东南大学—南京生物材料与医疗器械研究所常州技术成果转化中心、中基华夏医药服务产业园落户西太湖科技产业园，创辉医疗器械项目在武进高新区奠基。

（石　敏）

【“璟云”平台上线】 2016年年初，常州市钱璟康复股份有限公司开发的“璟云”平台上线。公司运用互联网技术，整合大健康数据，开发设计医疗康复领域云端平台，包括精准评估、精准康复、康复学园、康复商城、康复社区五大模块，以《国际功能、残疾和健康分类》《精神疾病诊断与统计手册》为指导，建立专业量表筛查系统，自动记录、处理评估数据，云端存储评估报告，为各类特殊需求人群提供全面实时康复在线管理和个性化康复服务，节省评估所需时间及人力。患者在精准评估模块输入相关症状后，根据精准康复模块自动开具的治疗处方，开展听觉、语言、认知、动作、情绪与行为等阶段化训练，参与康复学园模块在线互动训练课程，还可在康复商城选购康复器材、辅助用品和专业书籍等线下产品，不论在康复医院、特殊教育学校还是家里，都能实现趣味、便捷的康复治疗。

（吴志坚）

【亚邦天龙公司医用新型材料项目竣工】 该项目由常州市亚邦天龙医用新材料有限公司（简称亚邦天龙公司）于2015—2016年度实施，2016年12月竣工。总投资2.8亿元，用地面积5.33公顷，新建厂房面积4.5万平方米，购置医用材料自动生产线等设备，建成后可年产高弹料1.5万吨、非邻苯类7000吨、磨砂料6000吨、管料1.1万吨、膜料4000吨、注塑特种料7000吨、TPE（热塑性弹性体材料）3000吨。

【华森医疗公司骨科器械项目竣工】 该项目由常州华森医疗有限公司（简称华森医疗公司）于2015—2016年度实施，2016年12月竣工投产。总投资2亿元，用地面积3.33公顷，新建厂房面积3万平方米，购置加工中心、纵切机等设备300余台（套），建成后可年产各类骨科器械2万套。

【益得康公司医疗器械项目竣工】 该项目由江苏益得康医疗器械有限公司（简称益得康公司）于2016年度实施，12月竣工投产。总投资1.15亿元，用地面积1.91公顷，新建厂房面积2.2万平方米，购置精密加工中心等生产设备，生产一类6810矫形外科（骨科）手术器械，建成后可年产上下肢工具2000套、脊椎矫形内固定工具1000套、取钉工具500套、髓内钉工具1000套、外固定工具500套。

（倪文达）

节能环保产业

【概　况】 2016年，武进区节能环保产业企业主要生产环保药剂，研制环保设备和节能设备，开展资源再生利用，有规模以上工业企业45家，完成产值69.12亿元，增长19.38%。江苏美森环保科技有限公司获省科技厅批准建设江苏省安全饮水工程技术研究中心，江苏河马井股份有限公司参与制订《国家海绵城市建设设计示例》。

（石　敏）

【光大环保公司750吨/天机械往复式垃圾焚烧炉投产】 2016年，光大环保技术装备（常州）有限公司（简称光大环保公司）自主研发的750吨/天机械往复式垃圾焚烧炉投产，下线后陆续应用到杭州、苏州、南京等周边地区和印度尼西亚等国家的垃圾发电项目。该产品于2015年研发成功，利用空气动力学原理设计，突破炉排结构、炉膛形式及配风、烟气污染控制和自动化系统等技术难点，每天可焚烧垃圾750吨，每吨垃圾可转换电480千瓦时，污染物排放全部达欧盟垃圾焚烧污染物排放标准（DIRECTIVE 2000），填补国产大容量垃圾焚烧装备空白，打破国外技术垄断。

（吴志坚）

【美淼环保公司净水设备项目竣工】 该项目由常州美淼环保科技有限公司（简称美淼环保公司）于2015—2016年度实施，2016年12月竣工投产。总投资1亿元，用地面积1公顷，新建厂房面积2.9万平方米，购置注塑机等生产设备，建成后可年产M型净（纯）水设备及配件3万台、反冲式前置过滤系统20万套、高效吸附型卡接式反渗透（RO）机12万台、玲珑型超滤水机15万台。

（倪文达）

新材料产业

【概　况】 武进区新材料产业有国家“火炬计划”武进特种材料产业和常州国家石墨烯新材料高新技术产业化2个基地，主要研发和生产新型功能材料、先进结构材料、共性基础材料。2016年，全区新材料产业有规模以上工业企业67家，发展方向包括石墨烯、高分子改性材料、高性能金属材料等，完成产值198.51亿元，增长3.88%。常州永盛新材料装备股份有限公司获省科技厅批准建设江苏省光学新材料智能涂布装备工程技术研究中心。

（石　敏）

【石墨烯产业产值超20亿元】 武进区石墨烯产业主要集中在西太湖科技产业园，有石墨烯企业82家、石墨烯领域人才团队24个、石墨烯各类应用产品近100种，产品涉及石墨烯原材料制备、石墨烯涂料、电缆屏蔽材料、锂电正负极材料、超级电容材料、智能穿戴材料、传感材料、环保建材等20多个领域，形成石墨烯设备研发、原料制备与应用研究、产品生产、下游应用的完整产业链。2016年，武进区石墨烯产业持续健康发展，新华社、武进区政府和江南石墨烯研究院共同发起成立新华石墨烯发展研究院，中国—欧盟石墨烯高峰论坛在武进举行，《新华（常州）全球石墨烯指数报告（2016）》第二次在武进发布，江南石墨烯研究院联合常州鑫威碳素科技有限公司等20家先进碳材料创新创业企业申报的“江南石墨烯高新技术创业服务中心创业企业孵育体系建设”项目被列入省科技型创业企业孵育计划，碳元科技股份有限公司一专利获中国专利优秀奖，常州瑞丰特科技有限公司建成国内首条低温等离子体辅助卷对卷石墨烯薄膜连续生产线，常州二维碳素科技股份有限公司使用石墨稀电路制成国内首款中医诊脉手环。至年底，西太湖科技产业园石墨烯相关产业总规模超过20亿元，增长70%。

（吴志坚）

【龙骏天纯环保公司“可生物降解淀粉树脂关键技术研发及产业化”项目通过省级新技术鉴定】 5月17日，该项目通过省经信委组织的省级新技术鉴定。由常州龙骏天纯环保科技有限公司（简称龙骏天纯环保公司）与江南大学联合实施，发明淀粉微细化加工、纤维素接枝共聚等修饰新方法，突破系列高淀粉基复合材料定向重组关键技术，制备出适合不同食品包装需求且可替代传统石油基塑料的环境友好型复合材料，生物基含量大于等于60%、淀粉含量大于等于55%，拉伸强度大于等于35兆帕、断裂伸长率大于等于30%。项目发明淀粉纳米晶共混、环糊精控释等多功能复合材料制备技术，提高生物基材料抗菌、高阻隔和耐候等综合性能，24小时抗菌率大于等于98.5%。

（杨　燕）

【富桐纤维公司有色超细旦海岛纤维项目竣工】 该项目由常州富桐纤维新材料有限公司（简称富桐纤维公司）于2015—2016年度实施，2016年11月竣工投产。总投资1.2亿元，利用原有厂房，购置加弹机、捂捻机、干燥机等主要设备，建成后可年产有色超细旦纤维4万吨。

【百佳薄膜公司中厚型特种功能性聚酯薄膜项目竣工】 该项目由常州百佳薄膜科技有限公司（简称百佳薄膜公司）于2016年实施，12月竣工投产。总投资1亿元，利用原厂区土地，建设厂房面积1.5万平方米，购置挤出机、牵引机组等设备48套，达产后可年产中厚型特种功能性聚酯薄膜1.5万吨。

（倪文达）

新一代信息技术和软件产业

【概　况】 武进区新一代信息技术和软件产业主要分布在武进高新区和常州科

常州二维碳素科技股份有限公司使用石墨烯电路制成中医诊脉手环，与手机软件相连，可长时间实时监测身体，开展远程诊疗　　摄影/陆新

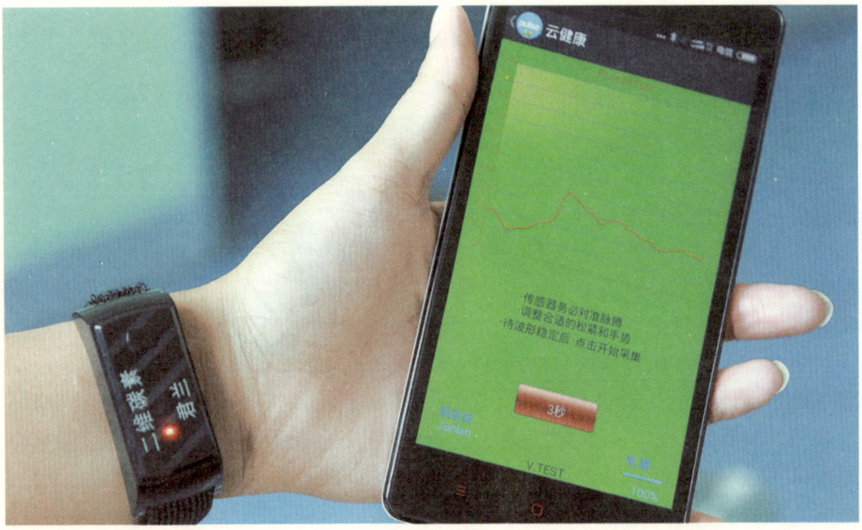

瑞声科技控股有限公司科技人员测试新品手机天线信号　　摄影 / 高珉

教城内常州信息产业园等信息技术和软件产业集中区，主要生产电子核心器件和新型显示产品。2016 年，该产业有规模以上工业企业 40 家，生产电子元件 6.98 亿个，完成产值 334.39 亿元，增长 21.67%。武进高新区被工业和信息化部认定为电子信息（新型电子元器件）国家新型工业化产业示范基地，瑞声科技控股有限公司（简称瑞声公司）位列中国电子元件百强企业第 3 名，总投资 10 亿美元的瑞声精密组件（常州）有限公司金属结构件及模组项目开工建设，常州联德电子有限公司获省科技厅批准建设江苏省智能氧传感器工程技术研究中心。

（石　敏）

【武进高新区成为电子信息（新型电子元器件）国家新型工业化产业示范基地】 2016 年 1 月 14 日，武进高新区被工业和信息化部认定为电子信息（新型电子元器件）国家新型工业化产业示范基地。电子信息产业是武进高新区优势产业之一，形成电声器件、新型显示背光源、片式元件、计算机外设等主要产业链。其中，电声器件产业链以瑞声公司为主体，建成电声器件生产企业基地，配套建设长三角模具城，拓展精密器件生产，马达、天线模组等产品形成产业化，为苹果、华为等知名品牌企业提供配套产品；新型显示背光源产业链形成衬底材料、外延芯片、封装、应用的完整产业链，带动园区传统照明企业转型升级，推动 LED 背光源产业发展；计算机外设产业链主要研发电子设备配件，形成电源线及电子元件、计算机外设产品、整机组装的计算机外设产品产业链。2010 年 5 月，武进高新区被省经信委认定为首批省级新型工业化产业示范基地。2015 年，园区电子信息（新型电子元器件）新型工业化产业示范基地设国家 LED 检测中心，有电子信息企业 30 多家，生产欧密格牌 LED 二级发光管等市级及以上名牌产品，主营业务收入占武进高新区主营业务收入的 35.7%。

（李伟华）

【常州友晟电子有限公司获 2016 中国企业社会责任奖】 11 月 23 日，工业和信息化部、国家工商总局等单位在北京联合举办第十二届中国企业社会责任国际论坛，常州市友晟电子有限公司因长期关注青少年视力健康问题，自主研发教学级护眼照明智能声光场景应用系统，获 2016 中国企业社会责任奖。教学级护眼照明智能声光场景应用系统包含照明设备、音响设备等，照明灯利用背发光反射技术和纳米涂层技术，具备防眩降蓝效果，光学腔反射面采用 NUBRS 曲面，光学利用率高，出光面采用高透光率 PC 材料，光效率 100 流明 / 瓦，内置无线音响，高保真数字音频传输，声场均匀，听感舒适，保护听力健康，无线麦克风经特殊音频处理，采用红外加密识别传输技术，语音清晰，连接快捷，抗干扰能力强，可满足多台产品同步使用。系统具有安全可靠、耗电少、寿命长、易维护、绿色环保等优点，经国家权威机构检测认证为蓝光豁免级无危害产品。常州市友晟电子有限公司将教师课堂讲学声音通过灯置音响均匀传输到整个教室，破解课堂视听健康问题，具有国际领先技术，并通过中国红十字基金会专项基金长期捐赠给西部贫困地区学校，帮助改善学生视力。

【柒捌光电公司智能交通控制系统研发成功】 2016 年，该系统由常州柒捌光电科技有限公司（简称柒捌光电公司）研发成功。系统包含交通信号机、图像分析等模块，通过监测相关路段交通参数，实时传播车流图像及数据，计算机根据实时路况、车况分析处理，自动选择合适交通信号控制方案，智能调节交通信号灯时间长短，提升道路通行能力和服务水平，提高汽车通行效率，减少道路拥堵发生概率。

（吴志坚）

【兴勤电子公司电子传感器项目竣工】 该项目由兴勤电子（常州）有限公司（简称兴勤电子公司）于 2015—2016 年度实施，2016 年 12 月竣工投产。总投资 5.2 亿元，新增用地面积 6.67 公顷，新建厂房面积 5 万平方米，开展电子传感器研发制造，建成后可年产压敏电阻器 10 亿个、热敏电阻器 12 亿个、贴片型高分子热敏电阻器 1.8 亿个。

【瑞声公司电子元器件扩能项目竣工】 该项目由瑞声科技控股有限公司于 2016 年度实施，12 月竣工投产。总投资 5 亿元，利用原有厂房，购置涂布机、检测仪等设备 600 台（套），建成后可年产高档手机、电脑用声学器件 15 亿个。

（倪文达）

高端装备制造产业

【概　况】 武进区高端装备制造产业主要研发生产轨道交通装备和生产航空配套产品，制造智能装备和专用装备。2016 年，该产业有规模以上工业企业 146 家，完成产值 656.09 亿元，增长 7.93%。武进高新区成为全省首个以机器人产业为主导产业的高端装备制造业特色和示范产业基地，新誉集团有限公司牵头承担国家重点研发计划先进轨道交通重点专项，中车戚墅堰机车车辆工艺研究所有限公司一项目获第四届中国工业大奖，五洋纺机有限公司建成中国纺机行业首个数字化工厂，行业内4家企业生产车间被省经信委评为省级示范智能车间。

（石　敏）

【轨道交通装备业产值超200亿元】 武进区轨道交通装备业主要分布在常州经开区和武进高新区，建有轨道交通产业园，是国家火炬计划轨道交通车辆及部件特色产业基地的主要生产基地，先后成为国家科技兴贸创新基地、国家级出口基地、江苏省轨道交通特色产业基地、江苏省特色产业集群、江苏省高端装备制造业示范产业基地、国家新型工业化产业示范基地。全区有轨道交通装备企业160余家，行业从业人员4万余人，形成以南车戚墅堰机车有限公司、今创集团有限公司、新誉集团有限公司等大企业（集团）为龙头，国有、民营、中外合资合作企业为主体的多元化发展格局，具备轨道交通及配套产品研发、制造、商务、物流和整车大修等相对完整产业链，同时从事轨道交通装备新材料、新工艺、新装备、新技术的研究开发及相关标准的制订。该行业主要产品有内燃机整车、轨道交通牵引系统、铁路信号系统、电气控制系统、车辆内装饰等，品种2500多种。国内市场占有率高，其中内饰装备产品占有率65%、轨道交通牵引传动系统占有率45%以上、内燃机占有率60%以上，内车辅助电器产品市场占有率全国第一，高速铁路电气化设备国内同行业领先。2016年，全区轨道交通产业企业呈现规模扩大、增速加快发展态势，新增国家重点研发计划先进轨道交通重点专项1个、中国工业大奖项目1个，遥观轨道交通产业集群轨道交通产品实现销售收入206亿元、利润11.2亿元。

【新誉集团有限公司牵头承担国家重点研发计划先进轨道交通重点专项】 参见《科学技术》栏目P227相关条目。

【“高铁列车高可靠性齿轮传动系统研发及产业化”项目获中国工业大奖】 参见《开发园区》栏目P79相关条目。

（吴志坚）

【10个产品获省首台（套）重大装备或关键部件认定】 2016年，武进区组织企业申报省首台（套）重大装备或关键部件，10个产品于3月、9月先后获省经信委认定，累计有省首台（套）重大装备或关键部件38个。10个产品均由智能装备制造业企业生产，分别是：江苏博力电气科技有限公司生产的PTTAPF-2500型低压大电流有源电力滤波APF装置，常州快克锡焊股份有限公司开发的机器人精密锡焊自动生产线，常州华通焊业股份有限公司生产的集装箱式钢轨焊接接头焊后处理一体化装备，江苏海鸥冷却塔股份有限公司建造的消雾节水型冷却塔，江苏盛伟过滤设备有限公司生产的AKM环锁型快开盲板，中车戚墅堰机车车辆工艺研究所有限公司研制的LR1200-PROFILE型焊轨车，江苏博隆环保设备有限公司研制的BLT50-W型钢管在线内外表面脱脂清洗设备，常州铭赛机器人科技股份有限公司研制的全自动装甑机器人，江苏法华纺织机械有限公司生产的高效节能T型假捻变形机，江苏宏达数控科技股份有限公司生产的智能直驱塔刀架。

（石　敏）

新誉集团有限公司牵引电机生产场景　　摄影/陆新

【恒立液压公司“挖掘机专用高压油缸生产线技术改造”项目获评省技术改造示范项目】 2016年9月，该项目被省经信委认定为2015年度江苏省技术改造示范项目（技术创新引领型）。由江苏恒立液压股份有限公司（简称恒立液压公司）于2012年4月—2014年3月实施，总投资2.95亿元，依托自主研发的行业先进油缸制造工艺和技术，购置整修机、中村留复合加工机床、牧野加工中心、数控卧式镗床、矫直机、埃博普感应系统等设备，提升挖掘机专用油缸产品开发能力，实现产品升级换代，达产后年产挖掘机专用高压油缸12万个。项目实施期间，获发明专利授权1件、实用新型专利授权6件，打破国外对挖掘机专用高压油缸的技术垄断。

（倪文达）

【268英寸幅宽提花经编机研发成功】 4月，常州润源经编有限公司研发的268英寸幅宽提花经编机上市。该公司利用长门幅经编机成圈横移技术、牵拉技术、牵拉支撑技术等先进技术，增加提花梳栉数量，研制出268英寸幅宽提花经编机，主要用于生产高档花边和网眼织物，丰富提花层次，应用于女士内衣、服饰装饰等领域。

【智能装备制造业10个新产品通过省级鉴定】 2016年，武进区智能装备制造业企业加快技术革新和产品开发，10个新产品通过省经信委组织的新产品鉴定，其中纺织机械4个。

钢管在线内外表面脱脂清洗成套设备　9月通过新产品样机鉴定。由江苏博隆环保设备有限公司研发，用于核电、航天、冶金等高精度特种钢管脱脂清洗。设备全自动化，结构合理紧凑，配备管

江苏博隆环保设备有限公司的BLT50-W高精度特种钢管在线内外表面脱脂清洗设备 供稿／区经信局

道在线脱脂清洗系统、管道内壁自动脱脂清洗系统和毛粘球丙酮吹扫检测系统和脱脂循环利用系统，清洗效果好，可实时监控脱脂液液位、温度等，节省脱脂液35%以上。产品具有自主知识产权，整体技术水平达国内领先，填补国内核一级管内外壁智能脱脂清洗领域空白，实现核岛关键部位配套零部件制造设备国产化，可替代国外进口装备。

JZ-100型全自动装甑机器人　10月21日通过鉴定。由常州铭赛机器人科技股份有限公司研制，针对白酒行业装甑工艺需求，破解装甑过程中轨迹规划算法、多轴联动控制技术、离线仿真编程系统及离线数据模型采集等技术难题，采用红外相机和激光传感实时监控甑桶内料面温度和高度，准确连续铺料，采集白酒行业香醅料属性和人工装甑经验数据，模拟人工装甑，实现酿酒装甑过程智能化和装甑工艺信息化。该产品获专利授权6件（发明专利2件）、软件著作权1项，在江苏今世缘酒业有限公司示范应用，经济效益良好。经鉴定，产品填补国内外同类产品空白，达国际领先水平。

SPM型数字化伺服旋盖机　12月11日通过鉴定。由常州汇拓科技有限公司自主研发，配备旋盖头独立伺服电机驱动旋盖系统，替代传统齿轮整体联动式传动，精确控制单个旋盖爪头位置和速度；借助旋转供电供气装置，保证爪头开合动作一致；数字化设定整机工作参数，运用电子凸轮伺服控制系统，降低机器冲击和噪音。该产品获发明专利授权3件、实用新型专利授权7件，经鉴定，主要性能指标达国际先进水平。

SFLP型活塞式智能液体灌装机　12月11日通过鉴定。由常州汇拓科技有限公司自主研发，使用灌装伺服电机驱动系统，提升灌装计量精度，灌装阀采用锥面密封形式，避免常规密封圈因磨损导致密封效果不佳和物料污染，采用自动调心机构，降低丝杆磨损，提高使用寿命。经鉴定，该产品主要性能指标达国内领先水平。

GYZZG315×950型高速纸张压花辊　12月11日通过鉴定。由常州市武进广宇花辊机械有限公司（简称广宇花辊公司）研制。使用频淬火后再刻花工艺技术，硬度大于等于HRC62（HRC是采用150千克载荷和120度金刚石锥压入器求得的硬度）、硬度层大于5毫米；运用激光雕刻技术代替模压技术制作压花辊，压花辊花纹对接精度小于等于0.02毫米；在压花辊上辊凸纹中设置永磁体，控制上下两辊间作用力，压花力度均匀，实现高速压花成型。该产品获发明专利授权2件、实用新型专利授权7件。

GFQ-S型数控高速分切机　12月11日通过鉴定。由广宇花辊公司研制，使用卷取辊分别驱动技术自动调整速度差，创新设计收放卷装置，采用表面摩擦退卷，退卷、复卷线速度恒定，借助张力传感器及无阻尼气缸装置精确控制张力，利用数控纠偏控制技术及装置自动卷齐，分切精度高。该产品获发明专利授权6件、实用新型专利授权15件。

RZF-D2800SMS型离线复合设备　12月11日通过鉴定。由广宇花辊公司研制，用于复合不同材质布料。使用多工位同步放卷、整线恒张力及热轧恒温恒压检测与控制系统，利用二次成网工艺技术，复合生产线中不同纤网，配备自主研发的双工位全自动收卷机，实现全自动双工位不停机换卷及定长横切，提高生产效率。该产品获发明专利授权2件、实用新型专利授权7件。

RZJ-BG型超薄均匀非织造布高速热轧机　12月11日通过鉴定。由广宇花辊公司研制，采用大直径高速热轧装置，工艺速度600米／分、线压力150千克／平方厘米，温差在1℃以内，运用热风固结、热轧固结热能循环系统提升节能效果，配备大直径内腔高低压结

广宇花辊公司压花及热轧辊产品　摄影／陆新

构，控制并反馈轧辊变形情况。该产品获发明专利授权4件、实用新型专利授权11件。

HP3V80型斜盘式轴向柱塞变量泵 12月11日通过鉴定。由江苏恒立液压科技有限公司研制，运用数字化建模手段及动态仿真技术优化总体结构，缩短开发周期；使用自动化一次滑靴收口成型工艺技术及装备，提高收口效率和精度，控制滑靴与柱塞的轴向窜动；使用软氮化热处理后的高精度珩磨工艺，提高缸体柱塞孔圆柱度和圆度，改善摩擦性能；发明一种伺服活塞与斜盘之间的铰接结构，提高使用寿命和变量机构灵活性，降低噪音；发明一种新型柱塞泵功率控制装置及其控制方法，改善滞环现象，提高柱塞泵恒功率控制精度。该产品获发明专利授权2件、实用新型专利授权6件。

HVS18型流量共享多路控制阀 12月11日通过鉴定。由江苏恒立液压科技有限公司研制，发明并使用新型液压分配装置，具备动臂优先回转功能，防止活塞失速，实现势能再生利用，提高工作效率，降低能耗；发明并使用一种负载敏感回路零背压技术，提高溢流阀控制精度和安全压力稳定性；研制并使用一种变面积比结构的压力补偿阀，兼备止回阀及改变补偿特性功能。该产品结构简单、体积小、制造成本低，获发明专利授权7件、实用新型专利授权9件。

（杨　燕）

【恒立液压公司参加BAUMA展】 4月11—17日，2016年国际工程机械、建材机械、矿山机械、工程车辆及零部件博览会（BAUMA展）在德国慕尼黑举行，江苏恒立液压股份有限公司率旗下江苏恒立液压科技有限公司、WACO公司、Inline公司及上海立新液压有限公司等子公司出席，成为动力传动与流体技术专业展馆中首家中国液压品牌企业。公司展出高压油缸、液压阀、高压柱塞泵、HAWE Inline重载柱塞泵、高精密铸件五大类产品近70个。其中，应用于行走机械产品的HP3（5）V系列高压柱塞泵及HVS系列多路控制阀首次在国外展出，凭借轻量化、高效节能的性能赢得众多国外工程机械企业客户夸赞。

（吴志坚）

【南车公司低地板车辆项目一期项目竣工】 该项目由常州南车轨道交通车辆有限公司（简称南车公司）于2015—2016年度实施，2016年12月竣工投产。一期项目总投资3亿元，新增用地面积18.21公顷，建设总装车间、涂装厂房、落车试验车间等，建筑面积2.1万平方米，建成后可年产城市轻轨车辆150辆。

【龙城精锻公司高压共轨喷射系统精锻件项目竣工】 该项目由江苏龙城精锻有限公司（简称龙城精锻公司）于2015—2016年度实施，2016年12月竣工。总投资3亿元，用地面积3.07公顷，新建厂房面积2.5万平方米，购置数控电解加工中心、高速温热模锻机等设备141台（套），建成后可年产高压共轨喷射系统精锻件1800万个。

【广宇花辊公司花辊机械及零部件项目竣工】 该项目由广宇花辊公司于2014—2016年度实施，2016年12月竣工。总投资3亿元，用地面积7.8公顷，新建厂房面积7万平方米，购置激光雕刻机6台，外圆磨床、轧辊磨、加工中心、数控车床等设备50台（套），建成后可年产花辊机械1万台、零部件150万个。

【快克锡焊工业机器人项目竣工】 该项目由常州快克锡焊股份有限公司（简称快克锡焊公司）于2015—2016年度实施，2016年12月竣工投产。总投资2亿元，用地面积3.33公顷，新建厂房面积3万平方米，购置自动装配线和加工中心等设备，建成后可年产自动焊接机器人700台（套）、电子装联生产线200条。

（倪文达）

新能源汽车产业

【概　况】 2016年，武进区新能源汽车产业主要集中在武进高新区，建有北汽新能源常州高端产业基地，有规模以上工业企业3家，完成产值3.42亿元，下降10.47%。年内，万帮充电设备有限公司开发的智能监控平台被省信息化办评为2016年智慧江苏信息化试点工程，江苏万帮德和新能源科技有限公司获批组建江苏省电动汽车智能充电桩制造及运用工程中心，车和家新能源汽车项目、中汽中心汽车工程研究院华东院项目先后在武进高新区奠基，北京西门子汽车电驱动系统公司开业，主要研发生产系能源汽车电机驱动系统，全区初步形成整车装配制造、内饰材料加工、汽车零部件生产的新能源汽车产业链。

（石　敏）

【新能源汽车充电设施信息消费运营监控平台获评智慧江苏信息化试点工程】 4月，该平台被省信息化办评为“2016年智慧江苏信息化试点工程”。由万帮充电设备有限公司投资2200万元开发，是国内首家大规模充电监控平台。内容参见《信息化建设》栏目P193相关条目。

【江苏万帮德和新能源科技有限公司获批组建省级工程中心】 8月，该公司获

7月，北京西门子汽车电驱动系统（常州）有限公司开业试生产　　摄影／陆新

省发展改革委批准，组建江苏省电动汽车智能充电桩制造及运用工程中心，建设电动汽车智能充电桩研发平台，围绕充电桩技术领域能量转换效率低、电池使用寿命短、谐波干扰大等问题，开展新型装备、新产品、新工艺研究，突破充电过程中存在的开关器件损耗大、系统效率低、电动汽车充电时产生的谐波对电网干扰、下层单一充电桩有序充电与上层区域调度中心协同调度策略等关键技术，研发生产智能充电桩，提高企业产业化发展水平与国际竞争力。

（吴志坚）

【2 个新能源汽车项目在武进高新区奠基】 参见《开发园区》栏目 P85—86 相关条目。

（倪文达）

优势传统产业

纺　织　业

【概　况】 武进区纺织行业主要集中在湖塘镇，建有湖塘纺织产业集群，是国家火炬计划常州湖塘新型色织面料特色产业基地。2016 年，全区纺织行业有规模以上工业企业 190 家，主要产品有纱、混纺纱、绒线、布、印染布、服装等，年产纱 4.03 万吨、布 5.54 亿米、服装 1421.46 万件。该行业规模以上工业企业全年完成产值 318.38 亿元，实现主营业务收入 314.79 亿元，分别增长 10.71% 和 11.55%，分别占全区规模以上工业企业的 6.81% 和 6.39%。年内，常州市武进广宇花辊机械有限公司、常州市武进马杭色织布有限公司、常州市武进棉塑织造有限公司、常州市同和纺织机械制造有限公司、江苏瓯堡纺织染整有限公司、江苏新光纺织有限公司、旷达科技集团股份有限公司 7 家企业入围 2015—2016 年度中国纺织服装企业竞争力 500 强；湖塘镇再获“中国织造名镇”称号；江苏旷达汽车织物集团股份有限公司获第四届中国工业大奖提名奖；武进纺织工业园获评江苏省两化融合示范区；江苏众恒染整有限公司获省科技厅批准建设江苏省功能性高吸湿高档针织牛仔面料工程技术研究中心；江苏瓯堡纺织染整有限公司利用智能终端制造执行系统与企业资源计划系统对接，打造色织布智能织造车间，优化资金流、物流和信息流管理，被省经信委认定为省级示范智能车间。

【湖塘镇再获“中国织造名镇”称号】 2016 年 12 月 20 日，在全国纺织产业集群复评工作总结会议上，湖塘镇再次被中国纺织工业联合会授予“中国织造名镇”称号。纺织产业是湖塘镇支柱产业，由武进纺织工业园、城西印染工业园区和鸣凰工业园 3 个以纺织服装为主导产业的专业园区组成，建有污水处理能力为 6 万吨的污水处理中心 3 个，有入驻企业 509 家，从业人员 3.6 万人，生产纱、坯布、色织布、印染布、针织物、服装辅料等系列产品，具备纺、织、染、服装生产的完整产业链，园区企业与东华大学、合肥工业大学、江南大学等高校建立长期合作关系。湖塘纺织城是为集群内企业交易设立的专业市场，是华东地区纺织面料和色织布集散中心，是全国百强市场之一，市场内建有江苏湖塘纺织中小企业公共服务平台，为棉纺织企业提供设计出样、产品检测、研发服务、商务信息和产品展示，是国家级中小企业公共服务示范平台。湖塘镇先后获“中国织造名镇”“中国面料之都”称号。2016 年，湖塘纺织产业集群纺织产品实现销售收入 266.8 亿元、利税 21.7 亿元、利润 12.8 亿元，分别增长 6.91%、5.6% 和 8.57%。

【湖塘镇纺织企业参加中国国际纺织面料及辅料（秋冬）博览会】 10 月 11—13 日，2016 年中国国际纺织面料及辅料（秋冬）博览会在国家会展中心（上海）举行，江苏瓯堡纺织染整有限公司等 14 家纺织企业参展，参展面积 1000 平方米，展出纱线面料、保暖纤维、羊绒手感面料等特色新品 1 万多种。湖塘镇组织 30 余家纺织企业参加博览会，帮助企业了解行业最新动态，鼓励企业转型拓展。

【江苏旷达汽车织物集团股份有限公司获中国工业大奖提名奖】 12 月，该公司获第四届中国工业大奖提名奖，成为全省唯一获此荣誉的纺织企业。公司成立于 1988 年，是旷达控股集团有限公司全资子公司，建有省级工程技术中心、省级工业设计中心、国家级实验室和省级博士后科研工作站，是高新技术企业，主要研发生产交通工具内饰面料，有机织、针织经编、针织纬编三大类 12 个系列，具备完整的产业链生产体系和先进的生产技术装备，获专利授权 31 件，产品与大众、通用、本田、现代等汽车品牌众多车型配套，国内市场占有率 35%，部分产品远销欧洲、美洲。公司先后获评全国百佳汽车零部件供应商、省优秀民营企业，旷达牌汽车座椅内饰面料获第八届中国国际专利与名牌博览会金奖，旷达牌汽车内饰面料连续 14 年被评为江苏名牌产品，“旷达”商标为中国驰名商标、省著名商标。

【武进纺织工业园获评省两化融合示范区】 参见《信息化建设》栏目 P195 相关条目。

【半刚性玻璃纤维网格基布应用于“天宫二号”】 2016 年 9 月 15 日，“天宫二号”空间实验室成功发射，五洋纺机有限公司研制的半刚性玻璃纤维网格基布作为关键材料运用于“天宫二号”。2006 年，五洋纺机有限公司与东华大学合作研发玻璃纤维布。2011 年，GE299 型半刚性玻璃纤维网格经编机研制成功，采用油浸式凸轮连杆机构，使用槽针并配备电子送经和电子卷取，用于织造航天玻璃纤维织物和高档网类织物，成为国内首台生产玻璃纤维布的经编机。该纺织机械生产的半刚性玻璃纤维网格基布载重量高、翼展面积大，可通过网格发电，先后应用于“天宫一号”“天宫二号”空间实验室的太阳能充电帆板，可有效减轻电池帆板重量，飞行器整体更加轻盈。

（吴志坚）

【江苏众恒染整有限公司 2 个新产品通过省级鉴定】 11 月 12 日，江苏众恒染整有限公司开发的针织牛仔毛圈布、靛蓝针织牛仔用纱 2 个新产品通过省经信委组织的新产品鉴定，主要性能指标均达国际先进水平。该公司采用针织牛仔毛圈布成套生产工艺技术，开发系列针织牛仔毛圈布产品，具有亲肤、透气、柔软、舒适等特点，产品研发期间牵头制订行业标准 2 个，获发明专利授权 10 件、实用新型专利授权 2 件、外观专利授权 8 件。改进球经染色机结构，增加后车球架，提高纱线张力的均匀性，自主研发助剂自动添加装置、靛蓝纱制筒设备及工艺技术，在束状靛蓝还原染色时自动添加功能助剂，生产靛蓝针织牛仔用纱，质量优良，颜色稳定，产品研发期间牵头制定行业标准1个，获发明专利授权7件、实用新型专利授权2件。

（杨　燕）

【嘉发纺织公司纺织新材料项目竣工】 该项目由常州嘉发纺织科技有限公司（简称嘉发纺织公司）于2016年度实施，12月竣工投产。总投资1.58亿元，租用标准厂房面积1.2万平方米，购置自动液压打包机、梳理棉机等设备184台，建成后可年产棉纱1万吨。

【丽泰针织公司车用高档织物面料项目竣工】 该项目由江苏丽泰针织科技有限公司（简称丽泰针织公司）于2015—2016年度实施，2016年12月竣工投产。总投资1.3亿元，新增用地面积2.67公顷，新建厂房面积2.5万平方米，购置针织大圆机、定型机等设备，建成后可年产车用高档织物面料5000吨。

【群达纺织公司OE转杯纺纱项目竣工】 该项目由常州群达纺织原料有限公司（简称群达纺织公司）于2015—2016年度实施，2016年12月竣工。总投资1.08亿元，用地面积1.9公顷，新建厂房面积2.5万平方米，购置全自动转杯纱机10台、“特昌”清洗联合机1台、“特昌”并条机12台，建成后可年产OE20支纱（转杯纺织出的纱线）1.5万吨。

（倪文达）

冶　金　业

【概　况】 2016年，武进区冶金业有规模以上工业企业105家，主要产品有粗钢、成品钢材、铁合金、生铁、电解铜等，年产粗钢1085.42万吨、成品钢材1221.3万吨、铁合金13.88万吨、精炼铜10.78万吨。该行业规模以上工业企业全年完成产值1214.28亿元，实现主营业务收入1167.69亿元，分别增长4.68%和4.3%，分别占全区规模以上工业企业的25.99%和23.71%。中天钢铁集团有限公司（简称中天钢铁集团）实施降本增效，集中研发优特钢新品，优特钢占产品总量比例超过60%。横山桥铁合金产业集群有企业79家，建设标准厂房面积135万平方米，有污水处理站2个，年处理污水565万吨，2016年实现主营业务收入176.7亿元、利润8.6亿元。

【中天钢铁集团优特钢产品占比超60%】 2016年，中天钢铁集团按照供给侧结构性改革要求，重点开展降本增效、技术攻关和新品研发工作，生产系统全年降低成本5.85亿元，与上海大学合作研发高品质轴承钢、齿轮钢，首创电磁连铸振荡技术，降低电炉连铸的成分偏析，借助转炉副枪技术，实现智能化炼钢，累计开发“中天”锅炉钢、油井钢、锚链钢、冷镦钢、钢绞线、齿轮钢等优特钢品种300多个，广泛应用于大型电厂、油田钻井、汽车轴承、船舶制造等领域，优特钢产品占比超60%，远销50多个国家和地区。全年炼铁929万吨，炼钢924万吨，轧材911万吨，销售钢材899万吨，完成工业总产值471.89亿元，实现主营业务收入1013.36亿元。其中，出口钢材120万吨，增长150%。

（吴志坚）

2月28日，江苏省省长石泰峰（前排右二）在中天钢铁集团调研钢铁行业去产能情况　摄影/陆新

【东方特钢公司煤气综合利用发电工程项目竣工】 该项目由常州东方特钢有限公司（简称东方特钢公司）于2016年度实施，12月竣工投运。总投资2亿元，利用原有场地改建厂房，购置安装40兆瓦发电机组，综合利用生产过程中排出的煤气，提高能源利用效率，减少污染排放。

【万盛铸造公司铸造线智能化改造项目竣工】 该项目由江苏万盛铸造有限公司（简称万盛铸造公司）于2016年度实施，12月竣工投运。总投资6000万元，利用原有厂房，购置树脂砂生产线、数控机床、配套机械手等智能化设备，建成后可年产铝铸件5000吨。

（倪文达）

金属制品业

【概　况】 2016年，武进区金属制品业有规模以上工业企业82家，主要产品有金属集装箱、无缝钢管、冷轧薄板、锁具、钢芯铝绞线等，年产金属集装箱2267.65万立方米。该行业规模以上工业企业全年完成产值147.32亿元，实现主营业务收入144.63亿元，分别增长0.9%和1.1%，分别占全区规模以上工业企业的3.15%和2.94%。年内，江苏东瑞磁材科技有限公司获省科技厅批准建设江苏省高性能高矫顽力电机磁体工程技术研究中心；武进顺达精密钢管有限公司、江苏迪欧姆股份有限公司参与制定国家标准各1个；斯泰必鲁斯（江苏）有限公司在气弹簧加工装配自动化生产线上引入先进管理系统，结合物联网、大数据、云计算等新一代信息通信技术，打造气弹簧智能生产车间，促进车间生产任务指挥调度及车间作业按计划完成，被省经信委认定为省级示范智能车间。

【2家钢管企业参与制订国标】 2016年，武进顺达精密钢管有限公司、江苏迪欧姆股份有限公司先后参与制定精密焊接钢管领域国家标准。2月，武进顺达精密钢管有限公司参与双层卷焊钢管国家标准编制工作。该公司专业生产精密单层焊接钢管、精密双层铜焊钢管，是国内精密钢管领域生产品种齐、规格全的产销型企业之一，年产精密单层钢管3.5万吨、双层铜焊钢管1万吨，曾主编国家标准《GB/T 24187-2009冷拔精密单层焊接钢管》，参与编制冶金协会标准《YB/T 4164-2007双层铜焊钢管》，是高新技术企业、省民营科技企业。10月，江苏迪欧姆股份有限公司牵头起草的《气弹簧用精密焊接钢管》经国家标准化管理委员会批准颁布。该公司前身是江苏中友精密制管有限公司，专业制造高端钢管，从日本、韩国引进先进设备，吸收先进制管工艺生产精密焊管，替代无缝钢管，实现产品国产化，与中国钢研集团新冶高科技集团有限公司合作成立中高端焊管研发产业基地，设立全国钢标准化技术委员会钢管分技术委员会精密钢管工作组，曾起草制订《气弹簧用冷拔精密焊接钢管》国家标准，填补该产品国家标准空白。

（吴志坚）

【运河焊材公司药芯焊丝扩能项目竣工】 该项目由常州市运河焊材有限公司（简称运河焊材公司）于2015—2016年度实施，2016年12月竣工。总投资1亿元，利用厂区土地新建标准厂房面积8500平方米，购置药芯焊丝生产线35条，建成后可年产药芯焊丝6000吨。

【宏亿钢管公司精密钢管扩能项目竣工】 该项目由江苏宏亿钢管有限公司（简称宏亿钢管公司）于2016年度实施，12月竣工。总投资8000万元，购置高精度焊拔机、进口无氧退火炉等设备，与原设备配套生产精密钢管，建成后可年产高精密度焊接钢管5万吨。

（倪文达）

地板制造业

【概　况】 武进区地板制造业主要分布在横林、湖塘、横山桥等镇，以横林镇

7月8日，江苏洛基木业有限公司举办洛基木业第二届地板文化节　摄影/王兴法

最为集中，形成以强化木地板为中心，多层复合地板、钢质地板、PVC地板、木塑地板等为配套的横林强化木地板产业集群，横林镇先后获“中国强化木地板之都”“中国强化木地板出口基地”“中国出口地板产业集群监管示范区”“国家外贸转型升级专业型示范基地”等称号，多个木地板品牌获评江苏省区域名牌。该产业集群有强化木地板终端企业和行业配套企业461家，从业人员3万余人，是产能规模大、花色品种多、配套协作强、商务成本低、集聚效应好的地板生产（出口）基地，营销网络覆盖国内300多个大中城市和县（市）城区、农村市场，拓展至美国、俄罗斯、巴西等150个国家。全区地板制造业企业获专利授权500余件，参与起草或修订国家标准7个、行业标准4个。2016年，横林镇把握常州市经济开发区建设机遇，优化地板园区功能布局，提高综合配套能力和项目承载能力，加快淘汰落后产能，依托横林国际地板城存量资源和周边地区资源，推动电子商务跨越式发展，打造集电子商务、跨境贸易、检验检测、创新创业等功能集聚的公共服务平台，开展质量提升和诚信建设行动，扩大品牌影响力。地板企业应对市场需求不旺、产能过剩等压力，突破产品单一发展局面，走品种多元化道路，横林镇投资超1000万元工业项目中，涉及PVC地板、数码装饰板、新型阻燃耐火板的项目近20个。常州华通新立地板有限公司建成全自动钢质架空地板生产线，为现代化办公楼、写字间设计制造钢质地板。第十届（中国·横林）国际地板博览会在上海举办，横林镇被省商务厅授予首批“江苏省电子商务示范镇”称号。全区年产地板面积8862.6万平方米，横林强化木地板产业集群地板产品实现年销售收入157.2亿元，下降2.06%。

【第十届（中国·横林）国际地板博览会】 3月22—24日，在上海新国际博览中心举行。该博览会由武进区人民政府、中国林产工业协会地板专业委员会、江苏省木材行业协会地板专业委员会主办，横林镇人民政府、常州市地板协会承办，主题为“横林地板、源于绿色、创新无限”，展会面积2.5万平方米，江苏洛基木业有限公司、江苏贝尔装饰材料有限公司等40余家品牌地板企业参展，参展产品达30多个系列、600多个花色，吸引专业观众3万多人次，其中国外客商2万多人次，由新材料制成的地板备受关注，达成合资合作、贸易订单意向金额1亿多美元。

（吴志坚）

重点企业选介

【中天钢铁集团有限公司】 成立于2001年9月，是一家以钢铁产业为主，现代物流、国际贸易、酒店、教育、体育等多元产业并举的国家特大型钢铁联合企业，总资产468亿元，总占地面积412.33公顷，员工1.3万余人。拥有西门子—奥钢联连铸机、摩根轧钢线、考克斯轧机、阿特拉斯制氧机组、GEA干法除尘等国际知名企业生产的先进装

备，建成钢铁研究总院研究应用基地、院士工作站、省级技术中心、东北大学—中天钢铁研究院、国家实验室等科技创新平台，配套全流程ERP信息化系统。专业生产轴承钢、焊丝钢、硬线钢、弹簧钢、锚链钢、冷镦钢、帘线钢、机械用钢、高压锅炉管等高技术含量和高附加值优特钢种300余种，形成建筑用钢、工业棒材、工业线材、热轧带钢四大产品系列，是工业和信息化部首批公示符合《钢铁行业规范条件》的45家企业之一，年产钢1100余万吨，2015年成功注册“中天”商标。产品广泛用于建筑、汽车、石油化工、船舶海洋、风电等领域，远销东南亚、美洲、非洲的49个国家和地区。该集团推动产学研用合作，2012—2016年累计申请专利165件、获授权106件，其中发明专利14件、实用新型专利92件，累计拥有省高新技术产品1个、市高新技术产品4个。投入70多亿元实施低温余热发电、TRT余压发电、烧结脱硫、电厂脱硫脱硝、城市中水回用、综合污水处理站、能源管控中心、封闭料场、冶金废渣综合利用等节能减排和循环利用工程，主要环保指标均达行业领先水平。2016年，炼铁929万吨、炼钢924万吨、轧材911万吨，完成工业产值471.89亿元，实现主营业务收入1013.36亿元、利税12.91亿元、利润7.92亿元。连续12年入围中国企业500强，位居2016年中国企业500强第151位、中国制造业企业500强第61位、中国民营企业500强第22位、江苏省百强民营企业第6位。

【今创集团有限公司】 成立于1988年，是国家级重点高新技术企业、中国轨道交通装备定点生产企业、省轨道交通装备产业化基地骨干企业，有下属子公司和中外合资公司20余家，固定资产20多亿元，占地面积130多公顷、厂房面积70万平方米，员工8000多人。以轨道交通装备为主业，产品涵盖高速动车组、城市轨道交通车辆和普通列车内饰装备系统、列车控制系统、娱乐系统和站台屏蔽门等10多个系列，包括顶板、地板、墙板、间壁、风道、门机构、司机室、箱体、座椅等千余种，涉及高铁及地铁车辆配件、新能源新材料、核电设备、工矿车辆、矿山机械等行业，出口英国、法国、意大利等10多个国家。建有国家级博士后科研工作站、省企业院士工作站、省认定企业技术中心、省认定工业设计中心和轨道车辆技术装备工程技术研究中心，拥有三维激光切割机、CNC高速冲床、自动焊接机器人、三坐标测量仪、定梁龙门加工中心等国内外先进加工设备和检测设备，与中科院自动化研究所、南京航空航天大学等科研院所合作，研发地铁站台屏蔽门技术、大尺寸铝合金板超塑成型技术等，参与实施的“大尺寸铝合金超塑气胀成型技术”“先进地铁列车铝合金件精密制造技术与自动化装备”2个项目先后获省科技进步奖，有发明专利14件、实用新型专利130件。参与全国主要城市近百条城轨线路项目，先后与加拿大庞巴迪公司、德国西门子公司、法国阿尔斯通公司、日本川崎重工业株式会社等国际著名公司建立长期战略伙伴关系，并成为其优秀供应商。2016年，完成工业产值121.54亿元，实现主营业务收入119.96亿元、利税18.32亿元、利润12.35亿元。

今创集团有限公司在自主建设的试验线上测试工程用火车头　　摄影／陆新

【瑞声科技控股有限公司】 成立于1993年，是通信、IT消费类电子市场一体化微型元器件整体解决方案供货商，为移动终端、机器人、无人驾驶汽车等智能设备提供软硬件高度结合的技术解决方案，在美国、德国、中国香港地区设分公司，有员工约5万人，其中工程技术人员3000人、专业研发设计人员600人，2005年8月在香港上市。有研发中心12个、生产基地7个、销售服务中心35个，拥有自主知识产权专利1900余件，主要生产微型电声器件、微型振动电机、陶瓷传感器、射频模块、微型摄像镜头等，产品涉及微型声学、微型光学、新材料等领域，应用于移动通信、信息技术产品、消费电子、汽车和医疗器械等行业。为谷歌、微软、三星、诺基亚、华为、联想、小米、中兴等国内外近30个知名品牌企业提供产品和技术方案服务，市场份额占全球的35%。2016年，完成工业产值120.63亿元，实现主营业务收入120.63亿元、利税17.7亿元、利润13.36亿元，获评江苏省优秀企业，位列中国电子元件综合实力百强企业第3名、中国电子元器件十大品牌企业第2名，被《福布斯》杂志评为2016年度亚洲最佳上市公司50强。

【旷达控股集团有限公司】 成立于1988年，是一家业务横跨交通工业内饰面料、新能源、机械制造、医疗养老、房地产、进出口贸易、实业投资等领域的综合性现代化企业集团，总资产90多亿元，有全资或控股子公司（含子公司下属的子公司）40多家，员工2800多人，制造业厂区占地面积46.82公顷，建筑面积30万平方米。是高新技术企业、国内汽车内饰面料行业龙头企业、全国百佳汽车零部件供应商，建有省级工程技术中心、省级工业设计中心、国家级实验室和省级博士后科研工作站，自主研发能力强，承担多项国家级攻关项目，参与制定多项国家、行业标准，拥有专利104件。主要研发生产汽车、轨道交通、飞机、轮船等交通工具内饰面料，具备从有色差别化纤维生产到座套、坐垫成品生产的完整化产业链生产体系和先进生产技术装备，产品与上海大众、上海通用、上汽集团、东风日产、广州本田、北京现代等品牌汽车众多车型配套，国内市场占有率35%，部分产品远销欧洲、美洲。旷达牌汽车座椅内饰面料获第八届中国国际专利与名牌博览会金奖，“旷达”商标为中国驰名商标、省著名商标。2013年，涉足新能源及清洁能源等可持续发展领域，采用自建与并购并举的模式实施太阳能光伏电站项目，总装机容量410兆瓦。2016年，获第四届中国工业大奖提名奖，完成工业产值68.4亿元，实现主营业务收入65.51亿元、利税5.09亿元、利润3.22亿元。

【常州腾龙汽车零部件股份有限公司】 成立于1992年，是一家从事汽车零部件产品研发、制造及销售的企业，总资产11亿元，占地面积13.33公顷，有员工2000余人，2015年在上海证券交易所主板上市。主要研发生产汽车热交换系统管路产品、轻合金材料、EGR（废气再循环）产品、汽车用传感器等节能环保类汽车零部件产品，产品技术及工艺在行业内领先。拥有国际先进的全套生产设备和试验检测设备，是国内外多家汽车主机厂和系统制造商的重要供应商之一，产品进入国际主要汽车公司零部件全球采购体系，与宝马、奔驰、大众、吉利、上汽、比亚迪等国内外主要品牌汽车配套，出口美洲、欧洲、东南亚等地区。是高新技术企业，建有省级企业技术中心和工程技术研究中心，拥有专有工艺技术60余项，获专利授权50余件，获省著名商标1件。2016年，完成工业产值3.84亿元，实现主营业务收入4.04亿元、利税0.93亿元、利润0.76亿元。

【江苏恒立液压股份有限公司】 创办于1990年，是全球知名大型高压油缸生产基地、盾构机专用液压油缸生产企业，总资产近50亿元，有员工2230余人，2011年在上海证券交易所主板上市。在武进高新区先后投资建立恒立油缸、恒立铸造、恒立液压三大基地，出资并购上海立新、德国WACO液压油缸、德国INLINE油泵三大品牌工厂，在欧洲、美国、日本成立海外销售服务公司。产品从油缸发展到液压阀、液压泵、液压系统、精密铸件等，涉及工程机械、港口机械、船舶海事、新能源发电、特种车辆、盾构、水泥等行业，销往20多个国家和地区，服务全球各领域企业1200多家，主要客户包括三一、柳工、徐工、卡特彼勒、久保田等国内外品牌企业。该公司是高新技术企业、江苏省供给侧改革示范企业，有江苏省工程技术研究中心、江苏省企业技术中心、江苏省博士后科研工作站和常州市工业设计中心，专业技术研发人员200余人，年研发投入占销售额的5%以上，在国内外建设研发中心4个、制造基地8个。其中，油缸生产基地有国际领先水平的油缸制造及测试设备近200台（套），年产挖掘机油缸45万个、特种油缸15万个。2016年，该公司获中国挖掘机械行业特别贡献奖、卡特彼勒优秀供应商铂金质量奖，完成工业产值13.12亿元，实现主营业务收入12.19亿元、利税2.34亿元、利润1.85亿元。

【江苏长海复合材料股份有限公司】 成立于2000年5月，注册资本2.12亿元，是国家火炬计划重点高新技术企业、江苏省信息化与工业化融合试点企业，连续多年被评为资质等级AAA级、信用等级AAA级企业，是江苏省重点培育和发展的国际知名品牌企业，有全资及控股子公司（含子公司下属的子公司）8家，总资产27.4亿元，员工2000余人，2011年在深圳证券交易所创业板上市。主要生产玻璃纤维短切毡、玻璃纤维湿法薄毡、蓄电池复合隔板、玻璃纤维涂层毡等特种毡系列产品，年产玻璃纤维13万吨、玻纤制品10万多吨，产能居全国前五位，产品应用于轨道交通、航空航天、电子电气、通讯、环保、微电子技术等高科技领域，销往全国30多个省、市，远销美洲、欧洲、东南亚、大洋洲、非洲的30多个国家和地区。建有省级工程技术研究中心、省级企业技术中心，承担多项科技研发、攻关项目，参与制定国家标准《玻璃纤维湿法毡》，获ISO 9001:2008质量管理体系认证、ISO 14001:2004环境管理体系认证及ISO/TS 16949:2009质量管理体系认证，获发明专利授权3件、实用新型专利授权17件。2016年，完成工业产值30.21亿元，实现主营业务收入27.94亿元、利税5.16亿元、利润3.87亿元。

【江苏龙城精锻有限公司】 成立于1994年，是全球知名小型精锻件制造商、大型汽车发电机精锻爪极专业制造商之一。占地面积17公顷，固定资产10亿余元，有员工2000多人，其中各类专业技术人员500余人。主要生产汽车发电机精锻爪极、汽车发电机转子、汽车发电机轴、汽车发电机皮带轮、柴油高压共轨燃油喷射系统精锻件等中小型精锻件，海外销售份额超50%。获发明专利授权8件、实用新型专利授权43件，其中发明专利汽车发电机用爪极成型工艺获中国专利技术博览会特别金奖，汽车发电机爪极先后入选国家重点新产品项目、国家高新技术产品、国家火炬计划项目。2012—2016年连续获评国家守合同重信用企业，2015年获评江苏省两化融合转型升级示范企业，汽车发电机精锻爪极智能生产车间被省经信委评为江苏省示范智能车间。2016年，通过知识产权管理体系认证，完成工业产值10.5亿元，实现主营业务收入9.45亿元、利税2.3亿元、利润1.96亿元。

【江苏南方通信科技有限公司】 创建于1992年，是南方通信控股有限公司子公司，占地面积2.6公顷，总资产13.3亿元，员工220人。主要研发、制造高品质通信光缆、通信电缆等通信产品，为中国移动有限公司、中国电信集团公司、中国联通有限公司、中国广播电视网络有限公司四大基础电信业务运营商提供产品和服务，建立地区办事处21个，涉及高速公路、铁路、电力、智能楼宇、油田等领域。是最早获得原邮电部质量认证证书及通信设备进网批文企业之一，建有省级企业技术中心，先后获评江苏省民营科技企业、高新技术企业。通过ISO 9001质量管理体系认证、ISO 14000环境管理体系认证，ISO 18000职业健康安全管理体系认证，“精科”商标获评中国驰名商标。2016年，完成产值7.93亿元，实现主营业务收入7.93亿元、利税0.44亿元、利润0.2亿元。

（张杏阳）

（栏目编辑 陈 蓉）

商贸流通业

综 述

【概 况】 2016年，武进区统筹推进“稳增长、促转型、惠民生”工作，推动商贸流通健康发展、民生工程落到实处。“汽车下乡”“保供促消”等活动社会反馈效益良好，商贸业态结构持续优化，商圈集聚效应凸显，市场流通网络拓展，市场秩序改善，肉菜追溯体系初见成效，市场总体保持繁荣稳定。

全年完成社会消费品零售总额530.73亿元，增长10.6%。其中，限额以上商贸企业实现零售总额295.48亿元，增长9.4%；限额以下单位实现零售总额235.03亿元，增长12.1%。批发和零售业累计销售额1721.18亿元，增长17.4%。其中，批发业实现销售额1191.67亿元，增长19.1%；零售业实现销售额529.51亿元，增长13.8%。住宿餐饮业累计实现营业额69亿元，增长11.8%。其中，住宿业累计营业额9.99亿元，增长11.7%；餐饮业累计营业额59.01亿元，增长11.9%。全年成交额超亿元市场（含武进汽车城）累计成交额794.12亿元，增长6.7%；成交额超5亿元的市场有10家，完成市场成交额774.5亿元；成交额超百亿元市场有3家：江苏湖塘纺织城投资发展有限公司成交额超200亿元，武进汽车城和夏溪花木市场控股有限公司成交额均超150亿元。发展电子商务，全区完成电子商务交易额928亿元、零售额59亿元，分别增长31.6%、37.2%。

节假日消费市场兴旺　　摄影/陆新

区商务部门组织物流、电商、生鲜超市、农贸市场等企业申报相关政策奖励项目，推动各类商贸服务企业发展壮大，常州枝秀家政服务有限公司、常州市明都超市有限公司获批省级示范企业。区商务局点对点走访企业，重点了解企业经营中遇到的实际困难，听取企业对政府部门工作的意见和建议。完善市场监测网络体系建设，定期监测40多家样本企业，及时掌握并发布市场监测信息100多条。区政府在政策层面给予引导和支持，为企业解决经营过程中的困难和问题，区城管、交通、公安等部门为企业商贸活动提供保障。国庆黄金周期间，富克斯流行广场、武进万达广场、武进吾悦广场等大型零售企业开展促销让利活动，武进中心城区商超企业实现商品销售总额11118万元，增长14%。

【预付卡管理】 2016年，区商务局加强单用途商业预付卡管理，维护当事人合法权益，防范资金风险，按照“规范为主、兼顾发展、属地管理、分类监管”的原则，深入全区11家发卡企业摸底调查，初步建立预付卡长效管理机制。年内，开展预付卡专项整治5次，执法人员对洛阳、湖塘、前黄、横山桥、横林等镇超市、烟草连锁企业开展“烟卡”专项执法，出动执法人员39人次，制作现场检查笔录8份、询问笔录2份，下达责令整改通知书2份。全年预付卡销售整体情况较好，未发现公款购卡现象。

【酒类流通管理】 2016年，区商务局继续推行酒类备案登记和溯源制度，酒类流通管理基本实现城区覆盖。开展中心城区日常执法检查120多次，开具酒类经营责令改正通知书73份，办理酒类备案登记132家。酒类流通管理逐步由城区向乡镇延伸，检查横林镇、洛阳镇酒类经营户，所有商家按规定均张贴“禁止向未成年人售酒”标识，备案登记落实到位。针对个别商户存在酒类商品购销台账记录不规范等问题，责令其限期整改，确保消费者酒类商品消费安全。

【超市肉菜流通追溯体系运行管理】 2016年，肉菜追溯系统是由市商务部门统一协调、组织实施建设的一项惠民工程，区商务局根据市商务局《关于加强肉菜流通追溯体系运行管理考核的通知》精神，定期实地检查辖区内试点运行肉菜流通追溯体系的2家超市，检查内容包括系统正常运行、溯源电子秤、查询机管控和其他设备的安全使用情况；超市肉菜经营户开展持卡进场、刷卡交易，运用肉菜流通追溯体系情况；设备故障运行维护台账记录、问题发现、及时处理和上报情况，追溯体系日常信息数据报输情况。

【再生资源回收经营者备案登记及换证】 区商务局按照商务部等国家六部委联合发布的《再生资源回收管理办法》要求，加强对全区再生资源回收行业的管理，促进再生资源回收行业健康有序发展。从6月起，结合武进实际，组织再生资源回收经营企业开展经营者备案登记证换证。至12月底，全区26家再生资源回收经营企业全部完成登记换证。通过再生资源回收经营者备案登记和持证经营，规范再生资源回收行业发展，有效节约资源，保护环境，实现经济与社会可持续发展。

2月1日，市、区领导调研春节消费市场　　摄影／陆新

【第四届武进“汽车下乡”巡展活动】 7—10月，“畅游美丽乡镇，尽享有车生活”第四届武进“汽车下乡”巡展活动，分别在前黄镇、遥观镇、嘉泽镇、南夏墅街道、洛阳镇、西湖街道举行。该届汽车巡展活动由区商务局主办，武进汽车城指挥部、武进电视台承办，参展汽车品牌高、中、低档兼顾，日场与夜场相结合，在每个巡展地现场举办文艺节目表演、互动体验、派发奖品等活动，激发居民购车赏车热情。期间，收到汽车订单300余个，收集意向客户2000余人，车展参观人数超过2万人次。

【春节假期消费品市场销售增长】 2016年春节期间，全区消费品市场保持平稳较快增长态势，民俗消费、新兴消费蓬勃发展，传统年货、大众餐饮、文体娱乐、旅游休闲等成为节日消费亮点，市场秩序井然。2月7—13日，武进中心城区商超企业实现商品销售额1.62亿元，增长11%。其中，食品、饮料、烟酒、服装销售额分别增长11.6%、12%、31.4%和19.3%。猴元素金银饰品受到消费者追捧，金银珠宝销售额增长12%。智能手机、平板电脑等信息类产品销售持续旺盛，通信器材销售额增长14.7%。武进吾悦广场、武进万达广场和富克斯流行广场分别实现销售额2411万元、1100万元和840万元。市民采购年货品种呈现档次提升、节礼品种多样化，过节购买鲜花植物逐渐增多，夏溪花木市场的“年宵花狂欢节”实现销售收入1.5亿元。

新加坡风情商住综合体——凯尔LOMO广场　　摄影／高岷

【中心城区商贸流通体系完善】 到2016年年末，武进中心城区有上档次酒店10多家，三星级以上酒店超过15家，大型商贸综合体有武进星河国际风情广场、武进万达广场、武进吾悦广场、路劲又一城4家，凯尔LOMO广场基本竣工，红星国际广场启动建设。大型超市有乐购、大润发、麦德龙、永辉超市4家，世界五百强国际零售业巨头麦德龙与武进“结亲”，形成人民路、花园街和乐购三大商圈。

【路劲又一城商业综合体项目二期开业】 2016年11月16日开业。路劲又一城二期商业项目有儿童乐园城堡二期“创世界”、黑桃皇后街二期“皇后的移动迷宫”“谷玛家”新生活体验馆等自营品牌。

8 月 6 日，星河国际风情广场开业　　摄影 / 高岷

“创世界”儿童乐园为儿童探险体验学堂，集儿童体验、科技、互动、闯关、游乐、培训六大功能。“谷玛家”新生活体验馆包含创意生活区、美丽生活区、潮流生活区、健康生活区四大核心区域，家电、数码、创意、日杂、家纺、厨具、卫浴、服饰七大类商品，经营国内外优质商品万余种。开业首日，路劲又一城（商城）客流量突破 18 万人次。

香港路劲集团旗下商业项目路劲又一城自 2005 年落户武进，2013 年打造中国儿童职业体验领导品牌路劲儿童乐园城堡，以儿童业态为特色的欢乐购物商场。2015 年 8 月打造全国首家创意情景主题文化街区（黑桃皇后街），以全新体验式商业模式提升顾客一站式、多样化的体验感。2016 年打造情景互动体验购物模式，其中少年探险乐园集游戏、探险、互动体验、手工制作、虚拟现实和增强现实任务等功能于一体，赋予体验中心娱乐和教育双重含义。

【星河国际风情广场暨麦德龙武进商场开业】 8 月 6 日开业。该商业体位于武宜路与广电路交叉路口，是星河商业地产开发经营的儿童主题购物中心，建筑面积约 8 万平方米，以亲子娱乐与家庭休闲两大主题为主，服务功能包括亲子教育、儿童娱乐、精品影院、大型社区超市、主题美食等，引进麦德龙、福记·龙城宴、百川院线、哈尼动漫馆、星巴克、必胜客等知名品牌，采用全新布局差异化经营，成为片区居民的高品质消费场所。同日开业的麦德龙武进商场是常州第 2 家门店，位于星河国际风情广场一楼，营业面积 5200 平方米，经营商品 2 万余种，其中有进口商品 3600 种及麦德龙自营品牌商品 3400 种，商场有免费停车位 200 多个。2016 年，实现销售 4800 万元、利税 650 万元。

（沈建波）

供销合作

【概　况】 武进区供销合作总社系统自 2007 年 7 月起保留区供销合作总社牌子，由武进工贸资产经营管理有限公司管理，主要职能为处理供销总社产权制度改革的遗留问题，收集和汇总供销社原所属企业统计报表等。2016 年，全区农资连锁网络建设加快提升，武农农资焦溪连锁店创建“技物结合”示范店，潘家连锁店、耀方分公司、虎臣分公司、凌家塘分公司和南旺销售点升级改造农资连锁网络等 6 个项目验收合格，获市财政项目资金 13 万元。区供销社系统实现商品销售额 141.6 亿元，其中连锁销售额 117.38 亿元，实现利润总额 5692 万元。其中，武进人民商场有限公司实现利润 2926 万元，常州市五星电器有限公司湖塘分公司实现利润 1187 万元。

（李　君）

【江苏明都汽车集团实现年销售总额 90.23 亿元】 江苏明都汽车集团创建于 1996 年 1 月，是一家以汽车销售服务为核心、金融投资及高星级宾馆为辅的多元化集团企业，总部位于武进区常武北路 60 号。2016 年，集团拥有全资子公司 45 家、控股公司 3 家、参股公司 2 家，员工 3500 余人，固定资产账面余额 16 亿元，全年实现销售 90.2 亿元，是江苏省汽车销售和服务领域的领军企业。该集团主要代理销售的汽车品牌有奥迪、宝马、林肯、路虎、捷豹、沃尔沃、大众进口、一汽大众、上海大众、斯巴鲁、雷诺、菲亚特、克莱斯勒 Jeep、长安福特、东风本田、广汽本田、北京现代、东风雪铁龙、上通五菱等主流品牌 23 个，品牌 4S 店 43 家。旗下 4S 店主要分布在常州、无锡、苏州、镇江、扬州、泰州、南通等地，同时经营汽车租赁、二手车置换等相关业务。先后获全国供销合作社系统先进集体、全国模范职工之家、全国职工教育培训示范点、江苏省五一劳动奖状、江苏省服务业百强企业、江苏省放心消费创建活动示范单位、常州市五星级明星企业和信用合同 AAA 级企业等称号，并成功入选“2012 年度全国五十佳汽车经销商”“2016 年中国汽车经销商集团百强排行榜第 48 名”，旗下多家 4S 店多次被评为全国最佳经销商。

（钱　烨）

【明都超市实现年零售总额近 10 亿元】 江苏明都超市有限公司（简称明都超市）创办于 1999 年 5 月，注册资本 500 万元，经营范围以日用百货、定型包装食品、农副产品、生鲜食品、进口食品、五金家电等生活消费品为主。先后获商务部“万村千乡”优秀企业、省级放心消费示范单位和市、区服务业先进单位及服务业连续 6 年“纳税大户”等荣誉。2016 年，该公司拥有直营连锁店 70 余家、加盟店 30 余家，在册员工 2000 余人，营业面积达 16 万平方米，建有 5 万平方米商品和冷链配送中心 1 个，全年实现零售总额近 10 亿元，上缴国家税费 1500 余万元。

（胡艳卉）

【信特超市实现年销售总额 5 亿元】 常州市信特超市有限公司（简称信特超市）成立于 1996 年 7 月，总部位于常州市和平中路 318 号，经营食品、生活用品、五金家电、生鲜制品等 20 个大类万余种商品。先后获“常州市知名商标”、常州市“消费者信用单位”、江苏省“价格诚信单位”“质量、诚信、维权示范单位”“企业资信等级AAA级”“江苏省供销合作社十大连锁企业”等称号，获评商务部“万村千乡”市场工程、“农超对接”和全国供销合作总社“星网工程”试点企业，有26家分店入选“生鲜平价超市”。2016年，该公司拥有连锁店36家、加盟店60家，总经营面积4.5万平方米，员工总数近千人，完成年销售额5亿元。

（胥勤乐）

【武农农资实现年销售总额2.18亿元】 常州市武农农资有限公司（简称武农农资）成立于2002年，是常武地区供销社系统的农资经营重点企业，注册地址常州市怀德中路48号，办公地址常州市运河路奔牛东沙河27号，注册资本1000万元，下设化肥、农药、连锁公司，拥有乡（镇）村农资连锁网点170余家，建有农资连锁配送中心1个、常州邦农果品专业合作社1家。农资连锁经营始终贯彻“价值数一数二、服务独一无二”的经营理念，注重“网络、品牌、服务”建设，实行采购、配送、核算、标识、价格策略和服务规范“六统一”营销运行机制。2016年，该公司配送中心占地面积1.78万平方米，农资商品仓储能力1.8万余吨，配有大运河专用装卸码头及专用吊机，自有配送车辆6台，长期合作配送车辆9台，年配送农资商品7万余吨，配送农资商品5个大类1000余个品种，配送半径50千米。设立农技推广宣传部门，不定期为农民提供指导培训和技术咨询服务。建成手机短信服务平台，开展短信技术服务；开通服务热线电话，指导农民安全、合理用肥用药。全年实现农资商品销售额2.18亿元。

（於光强）

烟草专卖

【概　况】 2016年，武进区烟草专卖局（分公司）围绕“创新、创优、标准化”，实施专卖精益营销管理，提升辖区市场净化率，经济运行平稳。年内，新办烟草零售许可证商户458户，处理停业643户、注销169户、变更24户，烟草经营零售户恢复营业44户、延续1094户。全年销售卷烟4.86万箱，下降1.12%；实现销售收入17.97亿元，增长4.49%；单箱销售额3.69万元，增长5.67%；实现税利6.14亿元。

【烟草市场监管】 2016年，区烟草专卖局（分公司）明确辖区责任意识，推进烟草市场监管。重点落实违法大户的常态监管，建立健全违法大户档案资料，开展入店检查，保持打击涉烟违法行为的高压监控状态。强化辖区边界卷烟非法流通的围堵力度，实行在辖区边界夜查、错时查等措施，严厉打击卷烟非法流通。年内，开展冬季会战、闪电系列等专项行动6次，有效整治涉烟违法行为，稳定和提升辖区市场净化率。全年查获涉烟案件470起，增长10.32%。其中，涉案金额5万元以上案件61起，增长32.6%；查获各类违法卷烟2.44万条，下降17.9%。上缴财政罚没款37万余元。区烟草专卖局（分公司）获省烟草局嘉奖令表彰2次。

区烟草局志愿者服务群众　　供稿 / 区烟草专卖局

【卷烟营销精益管理】 区烟草专卖局（分公司）加强市场分析，从“消费、状态、价类、价位、品规、客户、区域、进度、流动、政策”十个视角开展消费研判，围绕销量与结构供需匹配分析，提高可用资源与市场需求的配置效率。强化基础信息采集，推动网格化管理。常态化开展持证户、无证户、违法大户、重点监管户等基础信息更新，突出监管对象、监管过程和结果评价的数据支撑。树立现代营销理念。发挥零售终端的卷烟消费引导和品牌培育作用，培育个性陈列客户245户。重视课题策划研究，启动客户订货和经管问题的QC课题研究12项，年内结题8项。“提高卷烟零售终端信息采集准确率”和“提高卷烟零售户订货成功率”两项QC课题，分别获江苏省质量管理小组成果交流会一等奖和第二届“省质协杯”QC成果一等奖。

（钱　婷）

粮食购销

【概　况】 2016年，全区落实粮食安全责任制，确保粮油市场有效供给。全区通过粮食收购许可证核查，新办粮食收购许可证法人企业1家，注销个体工商户1家。年末，有具备粮食收购资质企业46家，其中从事粮食收购的法人企业27家（国有及国有控股企业5家）、个体工商户19家。推进“放心粮油”工程建设，新增区级“放心粮油销售店”2家，全区有常州市级示范粮油销售及加工企业7家、区级“放心粮油销售店”27家。全年轮换地方储备小麦2300.3万千克、粳稻1501.6万千克，全区地方储备粮总量达到规定要求。

【夏秋两季粮食收购】 2016年，区发展改革局做好区内粮食购销指导和监管，组织粮油经营企业建立粮食协作平台，实施与粮食生产基地的零距离衔接，延伸产业链条，拓展经营空间，增加企业经营收益。全年签订协议粮食购销数量1.2亿千克。各类粮食收购主体理性参与粮食市场收购，全年收购小麦3493.5万千克，完成年度夏粮收购任务的116.45%；收购粳稻5631.5万千克，完成年度秋粮收购任务的112.63%。粮食购销状况总体平稳，各类粮食经营企业完成粮食购销总量18.5亿千克。

（吴曙萍）

物 流 业

【概 况】 2016年5月，按照常州市行政区划调整，原武进区统计的物流企业凌家塘物流中心、江苏志宏物流港划归常州市钟楼区管理，奔牛港划归常州市新北区管理。年内，武进区有规模物流企业50余家，主要分布在牛塘、横山桥、横林等镇。区物流办结合落实新一轮服务业优惠政策，与相关部门研究制定武进区物流行业发展新政。10月，区政府办下发《2016年武进区加快现代服务业发展扶持政策》，重点支持物流业做大做强，对符合条件物流企业给予相应的财政资金奖励。年内，武进粮食物流园（中心库）一期项目开工，恒耐物流中心电商物流项目启动。常州易得利公司的货满满互联网物流供应链管理平台加快结构调整步伐，打造成为中小型物流企业的网上物流园。年末，全区有54家物流企业获财政奖励资金1209.83万元，全年物流业增加值142.34亿元，增长1.6%。

【武进粮食物流园（中心库）一期项目开工】 武进粮食物流园项目位于武进南环线以南、锡溧漕河以北、常武路以西，规划用地面积10.67公顷，是江苏奔牛国家粮食储备库主体仓储设施。项目一期总投资1.6亿元，建成集粮食仓储、中转、批发、配送、检验检测于一体，保障武进区粮食应急供应储备和流通，成为苏南地区粮食物流重要节点和常武地区重要地方储备库。5月，武进经发集团公司参与工程建设，完成施工图审图、编表等招标准备，取得建设工程规划许可证。至年末，该项目实施场地内电杆迁移、电灌站迁建，以及新蒋山浜河道（筹备码头建设）开挖等配套工程，园区场地平整和围墙建设有序推进，完成投资额3833万元。

【恒耐物流园发展电商物流】 江苏恒耐物流园位于沪宁高速公路横山桥道口两侧，由江苏恒耐集团投资建设，注册资本2000万元，是常州东部最大物流基地。项目一期投资1.8亿元，占地面积13.33公顷，拥有商铺168间，仓储面积1.4万平方米，信息交易中心面积1.2万平方米。2016年，该园区发挥仓储、配载等物流功能，引进高端物流信息电子商务系统，发展电商物流供应链，形成常州第一家将物流与电商供应链管理紧密结合的物流园区。恒耐物流园提供电子商务实践场地面积800多平方米，与区人社局联合培训电商技术学员100多人。至年末，该园区物流线路基本涵盖全国各地，入驻专线和快递物流公司80多家，商户入驻率80%，实现营业收入8491.28万元，缴纳增值税214.03万元。

【易得利公司实现年交易总额9.36亿元】 2016年7月，常州易得利供应链管理有限公司（简称易得利公司）获得ISO 9001:2008质量管理体系认证证书。年内，易得利公司打造的货满满物流平台发展迅猛，货满满互联网物流供应链管理平台以“互联网+物流管理”为基础，根据中小物流企业需求，提供物流信息系统解决方案、物流优化配送解决方案等。整个交易过程从招标、物流订单、托运单、运输单，到电子保单、回执单、结算单，形成管理闭环，货物委托方、承运方都能够实时查询货物状态。通过线上“货车管家系统”和线下车管员结合，提供物流企业相关车辆购置、年检年审、车辆维修、违章查询处理等服务。至年末，货满满物流平台签约和服务工商企业1700余家、进驻物流公司64家、个体货运部133家，累计租赁社会运输车辆7.56万吨/6259辆，实现总交易额9.36亿元，上缴税收2567万元。

（陈 科）

餐 饮 业

【概 况】 2016年，全区有各类餐饮单位5000家，从业人员3万多人。中心城区有餐饮企业200家，从业人员5000多人；餐饮个体1600家，从业人员6000多人。全区餐饮行业总收入26.7亿元，实现税收1.08亿元，分别增长11.3%和8%。

区商务部门联合媒体整合资源，打造武进特色美食，开展“武进十佳土菜馆”评选、太湖湾湖鲜厨艺争霸赛和中式烹饪厨艺大赛等活动，充分挖掘武进地方美食文化，推动餐饮消费市场发展。武进中心城区形成淹城美食街、古方路餐饮一条街以及万达广场、吾悦广场、武进购物中心等商业体美食集聚区，规模餐饮企业有湖塘家缘大酒店、豪廷皇悦酒店、九洲喜来登酒店、武进假日酒店、常州红事会花鸟园主题婚礼酒店等20多家，在集镇周边分布有特色土菜馆和农家乐特色饭店30多家。

全区餐饮企业主动适应消费新常态，高端餐饮企业加快转型，推出特色菜品和打折、促销等吸引顾客。大众化消费成为餐饮行业发展主力，市场消费心理趋于理性，顾客在追求健康、时尚的同时，将安全、卫生、环保的餐饮服务场所作为首选，特色菜品及家常菜品的选取概率大幅增长。大众餐饮消费水平稳中有升，各类假期餐饮消费持续增长，特别是星级酒店的婚宴、年夜饭生意红火，顾客在星级酒店预定婚宴时间要提前半年左右。全区酒店餐饮业回暖，全年餐饮企业经营额增长5%。

武进区烹饪协会发挥龚剑锋烹饪大师工作室研发和人才培养功能，推进家宴公益服务中心及大学生就业创业指导中心工作，举办家庭厨艺培训15次，培训学员650多人。其中，公益服务项目“好煮妇（夫）社区美食活动中心”获省民政厅福彩专项基金10万元支持，“大学生餐饮创业培训”“好煮妇（夫）家庭厨艺培训”两个项目入围区民政局公益创投C类项目。常州枫泽山庄、明都国际会议中心、宋剑湖得园大酒店获推荐申报国家级绿色饭店，常州明都紫薇花园酒店和国瑞宾馆获2016江苏乡村美食大赛金牌奖。常州明都紫薇花园酒店管理有限公司被国家旅游局评为五叶级中国绿色饭店，湖塘镇的周家巷产发羊肉店、古方路曹晓梅羊肉馆2家羊肉店，被常州市餐饮行业协会、武进区烹饪协会联合授予“常州羊肉美食名店”称号。

【首届“武进十佳土菜馆”评选】 10—12月，区商务局、武进日报社、武进电视台、武进区烹饪协会联合举办“西太湖创客杯·武进十佳土菜馆”评选活动。

表 20

2016 年武进区主要餐饮企业情况

企业名称	地　址	设 施 配 套	接待能力（人/日）	年营业额（万元）	联系电话
武进假日酒店	延政中路 33 号	中西餐宴会厅 2 个、包厢 6 个	1000	5000	86313888
华美达森林公园酒店	淹城旅游区	自助餐厅和宴会厅各 1 个、包厢 9 个	330	3700	89852777
夏岩三勤生态园酒店	湖塘镇三勤村	宴会厅 3 个、包厢 35 个	1000	2100	86328777
锦海国际大酒店	常武中路 89 号	宴会厅 1 个、包厢 10 个	1000	6300	86309888
金龙大酒店	人民路 1 号	宴会大厅 1 个、包厢 25 个	800	840	86550978
常州嬉戏谷开元度假村	雪堰镇太湖湾	湖景餐厅 4 个、宴会厅 2 个、包厢 7 个	2000	2650	85239699
九洲喜来登酒店	长江路与延政中路交叉口	宴会厅 2 个、自助餐厅 1 个、包厢 9 个	1900	6500	68006888
金色南都大酒店	武进区行政中心东侧	宴会厅 5 个、包厢 15 个	2000	3200	86319777
常州明都紫薇花园酒店	嘉泽镇环湖西路 98 号	宴会厅 3 个、包厢 19 个	1000	540	86569888
金鼎明都国际大酒店	湟里镇	宴会厅 6 个、包厢 27 个	1100	6000	83347777
国瑞宾馆	横山桥镇	宴会厅 2 个、包厢 19 个	840	3908	88603888
常州奥阳华美达大酒店	横山桥镇潞横路 178 号	宴会厅 4 个，包厢 43 个	1400	–	81166777
鸣凰国际大酒店	湖塘镇鸣凰	宴会厅 4 个、包厢 35 个	980	1300	89810777
常州体缘大酒店	永胜路 99 号	宴会厅 2 个、包厢 16 个	600	950	86337777
枫泽山庄大酒店	嘉泽镇章庄	特色包厢 18 个	450	480	83689777
明都国际会议中心	武进经发区凤苑北路 18 号	宴会厅 3 个、包厢 25 个	1300	4000	89857777
新城希尔顿大酒店	虹北路 68 号	宴会厅 2 个、包厢 35 个	1000	–	89988888
豪庭皇悦大饭店	府东路 9 号	宴会厅 2 个、包厢 50 个	1000	3600	68868888
常州九重天海港大饭店	定安东路 413 号	宴会厅 3 个、包厢 50 个	1600	3000	89192777

表 21

2016 武进区土菜馆评选情况

奖项	单　位	地　址	联系人	电　话
十佳土菜馆	前黄寨桥坊前市场饭店	前黄镇坊前水产市场	谢建良	15995012277
	前黄朱明老鹅馆	前黄镇寨桥振兴西路 32 号	蒋先生	13961225177
	洛阳戴溪青鱼火锅店	洛阳镇戴溪街	陈俊杰	13775238331
	礼嘉聚乐梅花鹿养殖场（土菜馆）	礼嘉镇毛家村委蔡家头 9 号	徐　芳	13961280800
	湟里村前大块头农庄	湟里镇村前大河流	李　鉴	17712301777
	湖塘王氏太湖三白菜馆	淹城美食街丰乐坊 23 号	陈玉四	13915897119
	嘉泽花海人家饭店	嘉泽镇茶泽街状元坊	沈建林	13815009731
	嘉泽群琴土菜馆	嘉泽镇士桥村村委 180 号	李　惠	13775201812
	雪堰太滆渔家乐	雪堰镇太滆村	王　枫	13813593420
	湟里草根小厨菜馆	湟里镇葛庄村委南塘门 15 号	吴卫芳	13775297817
入围土菜馆	湖塘芙蓉鲜螺馆	淹城美食街 9-11 号	刘宸铭	13961499518
	湖塘淹城滨江渔村	淹城美食街怡乐坊 20 号	陈　刚	13961152198
	武进天水渔业酒店	湖塘镇三勤高效农业园内	张立娟	13515263430
	湟里绿野农庄	湟里镇村西村委村西村	张小忠	13809077098
	雪堰一品鲜饭店	雪堰镇太滆村	吕　燕	13952477751
	前黄西湖山庄水产科技有限公司	前黄镇灵台村八弯头	柴勤国	13806125888
	前黄黄森土菜馆	前黄镇红旗村庄东组 8 号	黄　森	13646118010
	前黄壹佳人农家菜馆	前黄镇前进村后黄 21-1 号	鲍亚芬	13813699787
	礼嘉兰园农庄（桑园家庭菜馆）	青洋路武进大道丁字路口北 200 米	李东烨	15951220717
	佳家汇餐饮有限公司	横山桥镇新羊绒城	沈金根	13401531668

首届“武进十佳土菜馆”颁奖仪式　　摄影 / 高岷

经过发动报名、宣传推介和组织三个阶段，制定《武进十大土菜馆评选标准》，采用专家评分、“试吃达人”评分和微信投票，分别占总分的40%、20%和40%，得出排名结果。10月下旬至11月，武进日报社、武进电视台依托旗下全媒体平台宣传发动，经评选委员会筛选、审核，确认20家土菜馆进入候选名单。11月中旬至12月下旬，记者探访20家候选菜馆后，在《武进日报》以专栏形式，图文并茂展示各家菜馆特色佳肴及其背后故事。武进电视台以视频全过程记录特色菜品的烹饪做法，通过电视栏目连续报道宣传“武进味道”。经自荐和推荐，确定专家组成员9人，征集“试吃达人”10人，组成试吃评委2支，对各家菜馆的菜品特色、基础管理、服务质量等一一点评并打分，结合后续微信投票，最终评出前黄寨桥坊前市场饭店等“武进十大土菜馆”和入围土菜馆各10家。武进区土菜馆评选充分挖掘地方特色美食文化，促进武进餐饮行业进一步发展。

【8名餐饮厨师获“江苏美食工匠”称号】 10月26日，在南京举行的江苏国际餐饮博览会上，由区商务局、区烹饪协会推荐的张福兴（兰陵大厦餐饮部）、王忠兴（外事旅游局）、刘铁军（曹晓梅羊肉馆）、徐永昌（德泰恒兰陵饭店）、方兆兴（德泰恒兰陵饭店）、窦新良（德泰恒兰陵饭店）、王仁军（常州明都紫薇花园酒店）、张产法（产发羊肉）8位厨师，被省餐饮行业协会授予“江苏美食工匠”称号。

（沈建波　龚剑锋）

商品交易市场

市场建设

【概　况】 2016年，全区有各类市场75个，正常经营市场72个，累计成交额569.11亿元。其中，农副产品消费品市场50个，成交额211.6亿元；其他消费品市场19个，成交额298.71亿元；生产资料市场4个，成交额45.11亿元；其他市场2个，成交额10.61亿元。年成交额超1亿元的市场29个，市场成交总额564.48亿元；年成交额超5亿元的市场有12个，市场成交总额532.24亿元；年成交额超100亿元的市场有2个：江苏湖塘纺织城投资发展有限公司242.08亿元，夏溪花木市场控股有限公司151.16亿元。

（杨浩鹏）

【武进汽车城实现销售总额162亿元】 武进汽车城是首批常州市重点市场之一，为华东地区销售规模第一、国内名列前茅的大型综合汽车市场。占地面积80公顷，拥有品牌汽车4S店集中区、二手车（卡车）交易市场、汽车配件市场、配套商业服务区四大功能板块。品牌汽车4S集中区有保时捷、玛莎拉蒂、奔驰、宝马等国际品牌汽车4S店43家，以及其他品牌汽车门市部28家。二手车市场占地面积16.13公顷，建筑面积12.6万平方米。汽车配件市场占地面积20公顷、建筑面积12万平方米，汽车市场配套服务区面积5万平方米。

2016年，武进汽车城管理办公室挖掘闲置资源，引进福特野马、众泰等汽车品牌6个。加强汽车城市场行业管理，针对汽修行业存在废机油违规处理现象，开展市场经营户环保培训，确保汽车市场持续健康发展。7—10月，开展第四届武进汽车下乡活动，在前黄镇、西湖街道等6个乡镇（街道）举办汽车销售活动8场，销售车辆以中低价汽车和国家政策鼓励的新能源汽车为主，整个活动期间汽车销量增长25%。年内，汽车4S店完成新车销售5.33万辆，销售额130.6亿元，分别增长11.1%和17.6%，新车销售量占常州市总量的

表22　2016年武进区成交额超5亿元市场情况

市　场　名　称	市场类型	成交额（亿元）
江苏湖塘纺织城投资发展有限公司	工业消费品专业市场	242.08
夏溪花木市场控股有限公司	农副产品专业市场	151.16
常州市常鹏装饰材料市场有限公司	工业消费品专业市场	34.17
常州市武进钢材市场有限公司	钢材交易市场	20.70
常州市横山桥农副产品批发市场有限公司	农副产品专业市场	17.62
常州市江南石材市场	其他工业生产资料市场	14.60
常州亚邦物流市场有限公司	其他要素市场	10.62
常州益联汽贸市场有限公司	机动车交易市场	9.81
常州九龙小商品批发市场有限公司	工业消费品综合市场	8.79
常州市湖塘消费品综合市场管理有限公司	农副产品综合市场	8.63
江苏九洲投资集团有限公司常州服装城分公司	工业消费品专业市场	8.37
常州市武进区横山桥消费品综合市场	农副产品专业市场	5.69

说明：表内数据由区市场监督管理局提供　　（杨浩鹏）

45%以上；汽车二手车市场销售2.2万余辆，销售额15.3亿元，分别增长5.87%和17.6%；汽配市场实现销售额8.6亿元，增长4%。武进汽车城全年实现汽车销售总额162亿元，上缴税收2.3亿元，分别增长19.4%、57%。

（周　毅）

【横山桥汽车城年销售额增长三成】 横山桥汽车城紧邻沪宁高速、沿江高速横山道口，一期规划用地面积18公顷。该汽车城瞄准高端车型，以精致路线与常州城北、城南及城东汽车城展开错位竞争。8—9月，举办汽车城品牌巡展，在郑陆、横林、遥观等商贸集中区开展巡展12场，提升横山桥汽车城市场知名度。横山桥奔驰4S店于2016年1月正式运营，汽车销售稳步增长，年内销售新车400多辆。至年底，横山桥汽车城入驻一汽大众、凯迪拉克、宝马、雷克萨斯、雪佛兰和奔驰6家4S店，全年完成销售额9.35亿元，增长30%。

（吴　鉴）

市场管理

【概　况】 2016年，区市场监督管理局围绕消费投诉重点和社会关注的热点，做好汽车和农资两大类商品监管。

开展汽车市场整治，重点检查汽车经销企业是否存在侵害消费者合法权益和强制消费情况、是否存在虚假宣传和其他违法广告行为、是否存在合同格式条款违法行为、是否存在假冒侵权和商业贿赂行为等，确保汽车市场专项整治成效全面落实。全年检查相关企业134家，对经营管理不到位的企业开展行政指导、行政约谈、发放责令整改通知书。

强化农资监管，以抽检为主，重点监管洋品牌、小品种农资商品质量，详细了解各种化肥的生产企业、进购渠道、特点、商标、成分配比等情况，检查经营户经营台账，是否落实索证索票制度，是否虚假宣传和商标侵权，农资产品包装标识是否规范等行为，遏制假冒伪劣等不合格农资商品流入市场。全年完成省工商局抽检计划47批次，立案查处抽检结果不合格的7个批次化肥农药农资经营主体，案值1.47万元，罚没金额2.1万元。

【市场主体规范】 2016年，区市场监督管理局与各市场主体签订安全管理责任书74份，签订市场开办者、场内经营户安全责任合同9981份，签订场内食品经营户安全承诺书2676份，“三书”签订率达100%。明确市场举办者管理职责和场内经营者食品安全责任，引导市场举办者和场内经营者依法依规落实第一责任人责任。针对市场岗位责任制落实情况、消防安全、食品安全、应急预案，开展精细化行政指导。全年开展市场行政指导185家次，行政约谈33次，发出行政指导书4份、行政告诫书1份。

【企业诚信体系建设】 2016年，区市场监督局加强对创建“重合同、守信用”企业的宣传指导，为企业提供合同法律法规咨询，引导企业参与创建工作。重点指导代表武进实力的龙头骨干企业、上市和拟上市企业、“三名”（驰名、著名、知名）商标及高新技术企业，组织466家企业集中培训，指导企业利用QQ群、QQ远程协助、实地上门及电话联系等，指导和帮助366家企业完成市级“守合同、重信用”企业的公示申报，推进企业诚信认定改革，取得阶段性成果。至年末，全区“重合同、守信用”企业有国家级20家、省级70家、市级366家，分别占全市的23%、29.67%、32.28%，三级“重合同、守信用”企业数稳居全市第一。

开展文明诚信市场和平安市场“双创”活动，检查重点市场，对不符合创建要求的市场实施整改，提升文明形象。两项创建活动结合常态化市场巡查，深化“星级文明经商户”评比，开展道德讲堂进市场活动5场，参加商户578人次，提升经营户文明诚信意识和市场依法规范管理水平。会同区文明办现场检查全区6家新申报文明诚信市场，通过强化市场主体信用分类监管，切实提升市场诚信经营水平，推进全区商品交易市场文明诚信建设。年末，全区有国家级诚信示范市场1家，省级文明诚信市场3家，市级文明诚信市场23家，全区三级文明市场占全区市场总数的32.4%。

（杨浩鹏）

电子商务

【概　况】 2016年，按照《常州市武进区电子商务发展指导意见》要求，区商务局统筹全区电子商务发展，强化规划引导和分类指导，营造创新氛围，优化支撑体系和发展环境，深入推进电子商务普及应用。全年组织农村电子商务座谈会、跨境电子商务研讨会、电子商务人才培训会等活动10余次，开展电子商务示范镇、示范村、示范园区以及示范企业等创建活动，促进全区电子商务企业发展壮大。年内，新增江苏省电子商务统计直报系统企业52家，其中重点电子商务应用企业45家，累计有第三方电子商务平台和自身平台企业19家；企业和个人开设网店超1.5万家，直接从业人员6万人，间接从业人员20万人。淘宝·特色中国常州馆于5月上线运营，武进区第一家镇级（横林）电子商务协会成立。全区完成电子商务交易

区市场监督管理局工作人员检查网络交易市场　　摄影/高岷

额928亿元、零售额59亿元，分别增长31.6%、37.2%。年内，横林镇、雪堰镇获评“江苏省电子商务示范镇”，横山桥镇省庄村被认定为“江苏省第四批农村电子商务示范村”，常州市西太湖电子商务职业培训学校、常州信息职业技术学院、常州纺织服装职业技术学院和常州机电职业技术学院4所院校获评“常州市优秀电子商务人才培训基地”，横林镇卫星村、崔北村、庆丰村及横山桥镇省庄村，嘉泽镇夏溪村，雪堰镇太滆村获评“常州市首批农村电子商务示范村”，江苏艾可丽环保科技有限公司等10家企业被评为“常州市电子商务示范企业”，常州市龙道电子商务有限公司被认定为常州市唯一一家“常州市电子商务人才孵化基地”。全区有省电子商务示范镇2个、省农村电子商务示范村4个、市农村电子商务示范村6个、市电子商务示范企业19家。

【省电子商务示范镇新增2个】 2016年1月，横林镇被省商务厅认定为首批“江苏省电子商务示范镇”。横林镇是“中国百强乡镇”之一，形成以地板产业为主导、家具行业与新兴产业共同发展的新格局。横林镇在贝尔地板（江苏）制造有限公司、常州简尚家居有限公司、江苏洛基木业有限公司等重点电子商务企业带领下，大力发展电子商务，通过自建平台、利用淘宝等第三方平台开设品牌旗舰店，借助阿里巴巴、中国制造网等第三方平台开展跨境电商交易。至年末，全镇建成省农村电子商务示范村2个、省电子商务示范企业3家，以及市电子商务示范村3个、企业4家，电商企业（包括网店）800多家。全年完成电商交易额18亿元，其中跨境电商交易额超10亿元。全镇企业电子商务应用率超过80%，居民电子商务参与率超过70%。

2016年11月，雪堰镇被省商务厅评为第二批“江苏省电子商务示范镇”。雪堰镇农业产业结构合理，林果种植面积、产量、产值均占全区的40%，拥有太湖银鱼、夏庄葡萄、谢家水蜜桃、城西梨园4个千亩以上规模基地，年加工太湖银鱼2500余吨，全镇农业合作社和经销商通过淘宝、微店、一站地等电子商务网络平台销售农产品，实现电子商务年销售额约3600万元。工业以化工设备、水利装备、船舶配件、模具等精密机械制造为特色产业，企业从2011年开始通过自建平台、门户网站或利用阿里巴巴、天猫等第三方电子商务平台推广销售产品，全镇电子商务应用企业达80%。雪堰镇发挥独特地理优势，发展乡村旅游，形成太湖湾旅游度假区、城西农家乐回民风情街、太滆渔家乐一条街、雅浦观光旅游等景区景点，运用微店、游妈妈等电子商务网络平台宣传推广旅游路线产品。2016年，全镇从事电商人员约2万人，实现电商交易额超20亿元，纳入江苏省电子商务统计平台申报企业9家，获评省级、市级电子商务示范村分别为1家、2家，获评省级示范企业1家。

【横山桥镇省庄村获评省农村电子商务示范村】 2016年8月2日，省庄村被省商务厅公布为第四批“江苏省农村电子商务示范村”。省庄村位于横山桥镇西部，境内有沪宁高速公路横山道口，常州东方大道、232省道贯穿全村，总面积3.6平方千米，有农户860户、人口2300人，外来人口6000多人。村内入驻企业200余家、批发市场2个（横山农副产品批发市场、省庄毛线市场），恒耐物流园于2014年5月建成投用。该村抓住交通便利的区位优势和恒耐物流园建设等契机，充分利用省庄毛线市场、横山羊绒城等资源，把培育发展农村电子商务作为扩大就业、增加收入的新途径。一批企业入驻天猫、京东、淘宝等第三方平台，通过网络销售毛线、营养品、电动车等工业产品。2016年年末，全村有网店120个，占总户数的14%；电商从业人员1300余人，实现网上交易额1亿元。

【常州市龙道电子商务有限公司获评市级电子商务孵化基地】 2016年8月，常州市龙道电子商务有限公司（简称龙道电商）被市商务局评为“常州市电子商务孵化基地”。龙道电商创建于2012年，位于常州信息产业园，是专营互联网应用领域的服务商，由网络营销实战专家、淘宝天猫特聘讲师、高级产品架构师、数据分析专家、资深程序开发工程师等联合组建，主要业务有电商团队孵化、个人专业岗位孵化、实战培训和认证、服务外包（包含视觉设计，云客服、推广、运营，团队托管，渠道外包）、互联网整体解决方案（移动电子商务、微信第三方服务平台、互联网定制开发服务）、跨境电商、农村电商等。龙道电商是电子商务团队孵化模式首创者，电商行业竞争从刚开始的价格战，发展成为基于大数据分析挖掘客户潜在需求的精准化营销和个性化定制模式，带动线上线下整合新零售模式快速发展。龙道电商致力于孵化更多传统企业及服务更多零售业，帮助企业做好产品和运营、树立品牌价值、实现更高更健康长远的收益，帮助企业转型。先后被评为江苏省互联网服务学会副会长单位、省级电子商务示范企业、市级电子商务孵化基地等荣誉。至2015年年底，孵化团队48家、孵化个人25个，孵化客户销售额平均增长5～10倍，孵化客户总产值25亿元。2016年，龙道电商孵化、服务客户超过150家，销售额增长10～15倍，孵化客户实现销售总额28亿元。

【淘宝·特色中国常州馆上线运营】 5月28日，淘宝·特色中国常州馆（简称常州馆）正式开馆。常州馆（包含线上馆、线下馆）是由常州鱼米之乡电子商务有限公司打造的大型电子商务服务型平台，是常州市政府唯一指定的常州馆运营商。常州馆实体店位于武进区淹城常乐坊27号，办公区面积1000平方米，内设部门6个及专职团队1个，有员工16人。年内，以常州特产为主题开展公益性线上推广活动，联合淘宝网特色中国、聚划算、淘抢购、淘宝汇吃等互联网营销资源，推动特色产品销售模式转变，全面带动农特产品、旅游产品的网络销售，促进农业产业结构进一步优化，提升城市知名度和品牌影响力。至11月底，常州馆线上展示商品有“风禾优谷”大米、“玉蝶”萝卜干、“康王”芝麻糖棍、“米之果”麻糕等美食，闻名中外的常州梳篦、乱针绣、留青竹刻工艺品等。线下实体店入驻商品有茶冲饮、手工艺品、生鲜果蔬、零食零嘴、米面粮油、酒等六大类，单品达1300个，入驻商家400多家，销售各类农产品2000余种，实现交易额2000多万元。

（施发亮）

（栏目编辑　周小红　张新辉）

开放型经济

对外及港台贸易

【概　况】 2016年，武进区建立健全外贸保增长长效机制，定期召开外贸情况分析会，及时向重点进出口企业提供发展方向，发挥重点外贸企业的引领和主力军作用，培育龙头型外贸流通企业和涉外物流供应链企业，帮助企业解决难点、热点、重点问题，促进企业可持续发展。全区完成进出口总额94.77亿美元，同口径（下同）增长1.2%，占全市进出口总额的34.36%。其中，出口总额68.36亿美元，增长1.3%；进口总额26.41亿美元，增长1.1%，分别占全市进出口总额的32.77%和39.28%。全区有自营进出口实绩企业1671家，减少64家。其中，出口实绩企业1568家，减少59家；进口实绩企业638家，增加35家。全年对外及港台贸易呈现以下特点：

产品出口结构优化 机电产品进出口总额49.84亿美元，增长2.6%，占全区进出口额的52.58%；高新技术产品进出口增势明显，累计进出口总额16.94亿美元，增长22.36%，高于全区进出口增幅20个百分点。

传统市场贸易逆势增长 对美国、欧盟、澳大利亚进出口总额分别为16.21亿美元、14.34亿美元和9.74亿美元，分别增长7.97%、0.08%和17.87%。其中，对美国、欧盟和中国香港地区自营出口额分别为14.92亿美元、11.05亿美元、5.63亿美元，分别增长6.9%、8.07%和17.12%。全年完成"一带一路"国家(地区)进出口总额24.41亿美元，下降4.5%。

规模企业带动作用明显 全区进出口排名前50位企业全年完成贸易总额52.70亿美元，增长12.24%，占全区进出口总额的55.61%。其中，累计出口额31.72亿美元，增长16.84%，占出口总额的46.4%。有出口贸易增长企业30家，出口贸易下降企业19家。2家企业晋级全区进出口贸易排名50强，分别为常州一达通企业服务有限公司和兆能（常州）国际贸易有限公司，分别完成进出口额5926万美元和4659万美元。中天钢铁集团有限公司完成进口额12.27亿美元，增长8.4%。

【重点企业典型带动促发展】 2016年，区商务局主动对接企业、解决企业难题，发挥重点外贸企业的引领和主力军作用。协调解决光宝科技（常州）有限公司、卡尔迈耶（中国）有限公司等龙头企业进出口困难，帮助中天钢铁集团有限公司实现

2016年武进区进出口金额20强企业情况

表23

企业名称	进出口金额（万美元）	比2015年（±%）
常州中天钢铁有限公司	122652.67	8.40
光宝科技（常州）有限公司	39502.03	22.92
常州飞力达现代物流有限公司	21383.09	43.05
爱科（常州）农业机械有限公司	15664.65	68.19
贝尔金电器（常州）有限公司	15142.92	36.94
瑞声光电科技（常州）有限公司	15102.75	-30.01
常州亨通海晨物流有限公司	13441.49	-7.45
常州天合亚邦光能有限公司	12387.79	162.38
安费诺（常州）高端连接器有限公司	12227.97	16.10
卡尔迈耶（中国）有限公司	11785.52	-17.94
常州晶宇光电有限公司	11119.15	19.69
江苏赛拉弗光伏系统有限公司	10750.22	41.84
江苏友奥电器有限公司	10388.71	20.86
常州新科博华电子有限公司	9404.13	103.73
江苏亚邦进出口有限公司	9364.01	-5.26
光宝光电（常州）有限公司	9329.88	-6.60
晶品光电（常州）有限公司	8881.28	-33.15
江苏贝尔装饰材料有限公司	8863.20	17.43
灏讯电缆连接器制造（常州）有限公司	8739.89	18.54
安费诺（常州）连接系统有限公司	8050.43	-20.85

表 24

2016 年武进区出口及对香港地区贸易情况

项　　目	出口金额（万美元）	比 2015 年（±%）
自营出口国家（地区）		
美　国	149197.90	6.90
欧　盟	110467.40	8.07
东　盟	79990.28	-9.96
中国香港	56333.87	17.12
印　度	27423.58	-1.62
出口产品类别		
木纤维板或其他木质材料纤维板	43881.52	-12.62
块状或成卷的塑料铺地制品和塑料	24571.75	50.29
电动机及发电机	19716.22	-3.47
棉布，棉≥85%，平方米重≤200 克	18956.97	-11.98
绝缘电线、电缆及其他绝缘电导体	18394.66	10.44

原料早进口、成品快出口，引导常州一达通企业服务有限公司、常州仕泰隆机床商城有限公司等重点企业减少订单转移，减少进出口下降份额。针对性做好数据外流企业统计服务，鼓励企业数据回流。争取扩大总部订单，尽可能体现企业外贸数据。培育龙头型外贸流通企业和涉外物流供应链企业，吸引更多订单从武进区出口。建立健全外贸保增长长效机制，由海关、国检、国税、外管等部门人员组成的外贸保增长协调小组，定期召开外贸情况分析会，及时向重点进出口企业提供发展方向，解决企业难点、热点、重点问题，促进企业可持续发展。年末，常州一达通企业服务有限公司、常州仕泰隆机床商城有限公司首次被纳入全区进出口额 50 强企业，常州天合亚邦光能有限公司、常州新科博华电子有限公司 2 家企业实现进出口额显著增长，增幅分别达 162.38% 和 103.73%。11 月，常州仕泰隆机床商城有限公司被认定为常州市第二批进口商品交易中心。

【外贸服务环境营造】 2016 年，区商务局针对国内外经济发展形势多变、企业生产成本不断上升、贸易摩擦现象增多等严峻形势，完善政策保障，优化、创新服务体系；加强形势研判，密切监测进出口运行；开展市场和业务调研，加强重点行业、重点企业跟踪服务。及时发现外贸新增长点，用足用好上级各项外贸扶持政策，推动各项政策措施落到实处，为外贸企业发展创造良好外部环境。推进出口信用保险项下打包、押汇贷款模式，为企业争取免担保贷款，协调相关部门为企业做好支持和服务，完善企业信保支持，创新贷款模式，缓解中小企业“融资难”问题，提高出口企业竞争能力。

【外贸企业参展活动】 2016 年，区商务局调研国内外重点市场、重点产品，找准切入点，组织外贸企业参加国内外各类展览会和洽谈会，寻找新商机。向企业推荐省商务厅贸易促进计划，让企业享受更多展位补贴。组织企业参加各类境内外展销会，有 16 家企业参加中国华东进出口商品交易会（华交会），206 家企业参展春、秋两季中国进出口商品交易会(广交会)，落实摊位 258 个。组织镇、企业代表 120 人参加中国昆明进出口商品交易会（昆交会）。开展第二十届日本大阪展、俄罗斯国际照明展、意大利国际医疗展和德国柏林轨道交通展等招展服务，全年参展企业及落实展位数量分别比上年增长 10%。

（沈建波）

利用外资及港澳台资

【概　况】 2016 年，武进区出台《关于进一步加强全区招商引资工作的意见》《关于开展“重大项目推进年”活动的意见》《关于 2016 年重点园区、镇目标考核奖励的意见》《关于印发全区招商引资工作考核办法的通知》等文件，将利用外资及港澳台资工作、重大项目推进工作纳入区级机关和镇、开发区、板块年度重点目标考核，与创先争优相挂钩。出台《关于鼓励扩大对外开放、加快转型升级的意见》，鼓励引进跨国公司功能性机构及地区总部、融资租赁、商业保理及养老等高端服务业利用外资及港澳台资，激发招商人员招商引资的主观能动性。区政府成立武进区重大项目招引领导小组，下设办公室在区商务局招商科，负责统计全区各条线和板块开展招商引资工作情况，为区领导决策提供信息和依据。区商务局按照“承接上海、提升港台、强化日韩、主攻欧美”的策略，跟项目、抓服务，推进全区招商工作。深入各镇重点企业畅通招商信息渠道，实施重点项目精准招商。利用网络信息平台，实现沪、深、常三地同步招商，形成招商引资新优势。全年新增外资及港澳台资项目 100 个，其中新设项目 68 个、增资项目 32 个。协议注册外资及港澳台资 14.08 亿美元，增长 11.17%；实际到账外资及港澳台资 8.5 亿美元，增长 15.26%。新增协议注册外资及港澳台资 3000 万美元以上项目 17 个，协议注册外资及港澳台资 13.06 亿美元，占全区的 92.72%。总投资超亿元以上项目 10 个，主要有总投资 5 亿美元的金属射频模组项目、总投资 10 亿元的反渗透膜项目、总投资 5978 万美元的芯片载带项目、总投资 4350 万美元的天虹伟业纺织、总投资 3750 万美元的天衔医疗器材、总投资 3000 万美元的美国贝赛尔中国产业基地等项目。年内，瑞声金属射频模组项目一期总投资 4.5 亿美元、注册资本 1.5 亿美元，成为武进区引进单体最大外资及港澳台资制造业项目。年末，区政府授予 11 位对武进经济做出重大贡献的外来客商“荣誉市民”称号。

【重点外资及港澳台资建设项目完成投资 20.98 亿元】 2016 年，全区有外资及港澳台资重点建设项目 19 个，其中新建项目 10 个、结转项目 9 个，年度计划总投资 37.46 亿元。在 10 个新建项目中，鑫德源恒新型阻燃装饰材料及制品、光宝电脑配件、创辉医疗器械、索普瑞玛防水保温建材、爱康宜诚骨科项目、博斯特包装设备 6 个项目开工建设。

表 25　2016 年武进区授予“荣誉市民”情况

姓　名	公司名称及职务	国别（地区）
Wolfgang Huber（胡博）	恩格尔注塑机械（常州）有限公司厂长	奥地利
George Yan（闫实）	世特科汽车工程产品（常州）有限公司总经理	加拿大
藤井英政	利优比压铸（常州）有限公司董事、总经理	日　本
中川康仁	博特斯克（中国）精密机器有限公司董事兼总经理	日　本
Jochen Schleiss（施有恒）	丝艾标识系统（常州）有限公司总经理	德　国
蒋承吉	晶品光电（常州）有限公司总经理	中国台湾
Thomas Starke（沈同茂）	博世力士乐（常州）有限公司总经理	德　国
Johannes Beyer（约翰尼斯·贝尔）	瑞登梅尔天然纤维制造（常州）有限公司总经理	德　国
Olivier Brault（白力伟）	法国索普瑞玛集团亚太区总经理	加拿大
Stefaan Dewaele（史蒂文）	中欧咨询有限公司总经理	比利时
Siegfried Kreutzfeld（齐格）	WEG 中国区总裁	巴　西

表 26　2016 年武进区协议注册外资及港台资前 10 位国家和地区

国　别（地区）	协议外资（万美元）	占总额（%）
中国香港	132556	94.12
中国台湾	3046	2.16
德　国	1806	1.28
日　本	1739	1.23
阿联酋	400	0.28
美　国	222	0.16
新加坡	219	0.16
瑞　典	192	0.14
比利时	151	0.11
英　国	130	0.09
合　计	140461	99.73

表 27　2016 年武进区到账外资及港台资前 10 位国家和地区

国　别（地区）	到账外资（万美元）	占总额（%）
中国香港	75477	88.76
德　国	2433	2.86
日　本	1857	1.19
新加坡	1263	2.18
中国台湾	1014	1.49
阿联酋	539	0.63
卢森堡	500	0.59
美　国	480	0.56
瑞　士	299	0.35
英　国	271	0.32
合　计	84133	98.94

除爱康宜诚骨科项目外，其他项目均完成年度计划。博斯特包装设备项目由于土地规划，重新落户武进高新区。9 个结转项目中，PVC 材料、机器人精密减速机 2 个项目年内竣工，新能源汽车电驱动系统建设项目、世特科汽车零部件、瑞声微型马达、普罗斯 LED 照明材料项目、福隆医用材料 5 个项目部分生产设备进入试生产，海企高分子材料、瑞登梅尔天然纤维制造 2 个项目有序推进。至年末，6 个开工新建项目与 9 个结转项目，完成投资额 20.98 亿元，完成年度计划投资额的 56%。

【跨国公司地区总部新增 2 家】 2016 年 3 月，倍科电器有限公司、光宝科技（江苏）有限公司 2 家企业被省商务厅认定为全省第五批跨国公司地区总部。全区有外资跨国公司地区总部 5 家和功能性机构 1 家，获认定企业数量居全市首位。

倍科电器有限公司　成立于 1999 年，由世界 500 强企业土耳其 KOC（考奇）集团旗下子公司 ARDUTCHB.V 独资设立，投资总额 1.45 亿美元，注册资本 8500 万美元。该公司位于洛阳镇新科西路 9 号，占地面积 4.72 万平方米，厂房面积 2.51 万平方米，从事洗碗机、烘干机、洗衣机、家用电器模具及其零部件、洗衣机总装流水线及其部件生产和销售。

光宝科技（江苏）有限公司　成立于 2009 年，由光宝电子（香港）有限公司投资设立，注册资本 1.51 亿美元。该公司位于武进高新区阳湖路 88 号，是专业从事电子产品研发、投资的经营性公司。

【新兴产业引进投资 2.92 亿美元】 2016 年，武进区把发展战略性新兴产业作为优化产业结构的重中之重，各级招商部门围绕全区省标战略性新兴产业——新能源、新材料、生物技术和新医药、节能环保、新一代信息技术和软件、高端装备制造、新能源汽车、智能电网及海洋工程 9 个门类，拓展招商引资工作。年内，全区新设外商投资法人企业 25 家中有 13 家涉足新兴产业领域，累计在新能源、新材料、生物科技等产业投资总额 2.92 亿美元，注册资本 1.42 亿美元，分别占新设外资及港澳台资企业投资总额的 66.6% 和 65.8%。

（沈建波）

外 经 合 作

【概　况】 2016年，区商务局积极向企业提供各类开辟国际市场信息，鼓励和指导企业“走出去”发展，组织各类企业参加国内外展会，开展相关法律、法规业务培训，指导和鼓励企业搭建电子商务平台。根据企业“走出去”发展需求变化，印发《澳大利亚投资便利化通告》《对法、德两国企业并购的注意事项》等政策资料，发布对外投资信息72条。

全区新签外经合同额1.5亿美元，增长70%；外经营业额6500万美元，增长56%。核准境外投资项目（含增资）42个，比上年同期增加16个，中方协议投资额3.4亿美元，与上一年度持平。

【广亚建设集团取得对外工程承包经营资格】 6月，江苏广亚建设集团有限公司（简称广亚建设集团）被省商务厅核准为对外工程承包资质企业。该公司总部位于武进高新区，具备市政总承包一级资质、桥梁专项承包一级资质以及预拌商品混凝土、园林绿化、水利施工等专业资质，是从事市政、交通建设及投资等相关产业的多元化集团公司。2016年，该集团公司拥有大型管片厂、预制场、商品砼、沥青砼基地四大生产基地，完成建筑业施工产值2.67亿元，承接项目多次获省建筑施工文明工地、省“扬子杯”优质工程奖等荣誉。

【常牵庞巴迪公司与德黑兰地铁深度合作】 江苏常牵庞巴迪牵引系统有限公司（简称常牵庞巴迪公司）由新誉集团和加拿大庞巴迪集团合资组建，自2004年起与中车长春轨道客车股份有限公司合作，为伊朗德黑兰地铁提供牵引与控制系统产品，参与德黑兰梅赫拉巴德机场线、马什哈德地铁2号线等项目。2016年7月14日，常牵庞巴迪公司与德黑兰地铁公司签订合作协议，提供牵引与控制系统产品1204套，成为德黑兰地铁及伊朗其他市场项目牵引与控制系统唯一供应商。

【武进民营企业参与“一带一路”建设】 2016年，武进民营企业与59个“一带一路”国家（地区）实现贸易往来，累计完成进出口总额24.41亿美元，占全区进出口总额的25.76%。武进民营企业参与“一带一路”建设主要投资国家有印度尼西亚、印度、哈萨克斯坦等，其中3家对外承包工程企业承接“一带一路”沿线国家工程，新签合同额1.06亿美元。至年末，江苏胜大石油设备制造有限公司（常州）设立越南、印尼、哈萨克斯坦和加拿大生产基地4个，境外制造基地贡献产能超过70%。江苏华大集成房屋有限公司承接工程涉及泰国、菲律宾、巴布亚新几内亚、纳米比亚、吉尔吉斯斯坦等国家和地区，年内与马来西亚霹雳州、沙巴州签订环保房屋工程协议。

（沈建波）

2016年武进区境外投资情况

表28

国　别（地区）	项　目（个）	比2015年（±%）	中方协议投资（万美元）	比2015年（±%）
亚　洲	16	6.67	5640.74	-72.79
中国香港	10	-9.09	5050.58	-74.14
印　度	2	100.00	53.10	-94.69
印度尼西亚	1	-50.00	50.00	–
日　本	1	–	255.81	–
越　南	1	0.00	150.00	-25.00
哈萨克斯坦	1	–	81.25	–
非　洲	1	0.00	497.60	-50.24
肯尼亚	0	-100.00	0.00	-100.00
坦桑尼亚	1	–	497.60	–
欧　洲	3	-25.00	82.08	-98.64
德　国	2	100.00	59.28	-99.01
法　国	0	-100.00	0.00	-100.00
意大利	1	–	22.81	–
芬　兰	0	-100.00	0.00	-100.00
拉丁美洲	1	–	666.00	–
开曼群岛	1	–	666.00	–
北美洲	18	100.00	11637.76	310.79
加拿大	4	300.00	949.97	370.28
美　国	13	62.50	10558.07	301.29
北美洲其他地区	1	–	129.73	–
大洋洲	1	–	215.68	–
澳大利亚	1	–	215.68	–

口 岸 管 理

海　　关

【概　况】 2016年，常州海关驻武进办事处围绕“一带一路”、长江经济带等国家开放新战略，落实通关一体化改革。与上海、宁波等口岸海关配合，消除查验转运分流、查验异常处理等制约通关效率问题。对接上海自由贸易试验区，落实“一线放开、二线安全有效管住”要求，研究相关优惠政策在本口岸落实可行性，主动服务武进经济发展。10月，采用保税展示交易进口方式，为江苏省第二届国际艺术品博览会提供针对性服务，完成常州口岸首次实行上海自贸区创新监管制度。全年监管进出口货物23.5万吨，监管进出口总值13.2亿美元，审结报关单7.5万份，备案加工贸易合同788份，合同备案金额16.5亿美元，征收税款4.99亿元，较上年同期均实现增长。

【通关流程改革】 2016年，常州海关驻武进办事处推进区域通关一体化改革，提升跨关区通关一体化业务量。与国检部门协同操作区域通关和检验检疫一体化，根据上级海关部署落实“征税中心”建设衔接、“一次申报、分步处置”和“加工贸易一体化”改革试点工作。深化通关作业无纸化改革，推广HP2015系统内部审批，无纸申报及随附单据传输，推动加贸、转关、查验、税单等流程无纸化作业，通关无纸化率稳定在96%以上。优化查验监管流程，落实降低出口查验率等支持外贸稳增长措施。持续推进查验布控“双随机”（在监管过程中随机抽取检查对象，随机选派执法检查人员）改革，随机布控比例稳定在90%以上。推广海关总署在苏州试点加工贸易转型升级创新成果，实施“放宽外发加工期限”等5项举措，激发企业经营活力。通关操作中探索“保税+”模式，促进特殊区域多元化协调发展，提高税费电子支付率，降低企业运行成本，拓展加工贸易新兴业态。

【重点税源企业服务】 2016年，常州海关驻武进办事处全力支持武进地方外贸发展平台建设、重点招商引资项目建设，做好重点税源企业服务工作。提前介入区重大招商引资项目等，为企业提供从政策咨询、预案制订、便捷通关等一站式、全方位服务。引导企业提升信用管理，支持符合条件企业申报海关高级认证企业。推进差别化管理，形成企业内控、社会共管合力，提升整体规范化水平，提升企业信用管理类别企业2家。引导高资信企业开展区域通关，开拓通关本地化新模式。针对常州庞巴迪轨道系统有限公司进口材料多、订单多，归类复杂等情况，上门宣传区域通关政策，指导相关规范化管理和申报等业务知识，对存在归类争议和引进减免税设备实行担保放行，保证货物正常通关，为企业节省进口通关时间和降低成本。全年验放常州庞巴迪轨道系统有限公司办理属地申报口岸业务98票，其中银行保函提保业务46票，为企业节约流动资金3000多万元。

（周学文）

出入境检验检疫

【概　况】 2016年，常州出入境检验检疫局武进办事处（简称国检武进办事处）结合武进“重大项目推进年”活动，加快服务发展，推进改革创新。开展“质量提升”活动，引入风险评估机制，对进出口高风险商品实施重点监控，建立新型进出口商品检验监管模式，全面完善监管机制，提升质量供给水平和质量安全监管水平。全年出入境货物报检0.49万批，货值3.03亿美元，分别下降1.32%和16.30%。签发普惠制、一般原产地及区域性优惠证书1.77万份，签证金额8.33亿美元，分别增长36.09%和22.46%；为企业减免进口国关税4800万美元，减免检验检疫规费2100余万元；检出不合格商品223批，总货值0.56亿美元；截获各类疫情77种/128种次，分别增长124%和166%。8月，国检武进办事处通过江苏检验检疫系统“青年文明号”复审。

检验检疫人员在检查进口的俄罗斯琥珀　　供稿/国检武进办事处

【出入境商品质量把控】 1月，国检武进办事处推行商品入境验证“双随机、一公开”制度，即检查对象、执法人员随机抽取产生，抽查的依据、内容和结果及时向社会公开。5月，商品入境验证制度试点工作取得初步成效。5月5日，武进综合保税区首次在入境商品中查获货证不符CCC产品。全年发现不符合规定要求入境货物4批，产品涉及电源适配器、投影仪、电话机、考勤机、电脑等，货值约4万美元。3月和10月，分别接受国检常州局组织的质量指数调查，发放“出口企业质量指数”调查问卷112份，取得有效样本量111个、有效数据点4110条，通过数据分析，有效推进宏观管理。

【出入境检验检疫服务质量提升】 2016年，国检武进办事处落实简政放权、创新载体，优化服务举措，帮助企业排忧解难。建立专用咨询平台，确保原产地优惠政策落到实处。根据企业信用状况和货物风险分析，完成辖区内签证量较大的8家生产企业和外贸公司原产地证签证无纸化。推进全国及省内原产地签证一体化，实现全国检验检疫系统原产地证备案企业信息互通互换，申请人可不受地域限制、跨区异地申请签发原产地证书。全年检出不合格进口商品223批，出具对外索赔、退运证书22份，涉及金额0.56亿美元，为企业挽回直接经济损失236.97万美元。

【截获有害生物77种类/128种次】 2016年，国检武进办事处截获各类有害生物78种类/128种次，分别增长122%和150%，累计监督实施消毒、除虫等检疫处理180批次。4月12日，截获来自墨西哥集装箱内侧的活体蜘蛛，经专家鉴定为携带强烈神经毒素的“黑寡妇”蜘蛛雌蛛幼体。5月18日，被江苏检验检疫局警示通报，“黑寡妇”蜘蛛为常州口岸首次截获。8月19日，截获来自泰国集装箱中的有害生物二点瓢萤叶甲，为国内口岸首次截获。二点瓢萤叶甲主要危害植物嫩梢及针叶，一旦传入定殖，对本地区农林业生产的危害将无法估量。

（曹　丹）

（栏目编辑　周小红）

旅游

综　　述

【概　况】 2016年，武进区有省级旅游度假区（太湖湾旅游度假区）1个，国家AA级及以上旅游景区7个，其中AAAA级旅游景区（春秋淹城、环球动漫嬉戏谷、中华孝道园）3个，AAA级旅游景区（艺林园、宋剑湖生态旅游区）2个，AA级旅游景区（横山桥白龙观、三勤生态园）2个。省二星级以上乡村旅游示范区（点）6个，省级工业旅游点1家，省级自驾游基地4个。旅游星级酒店15家，其中五星级酒店1家，三星级及以上酒店14家。旅行社16家，其中省四星级旅行社1家。年内，武进旅游部门围绕“顺畅、舒畅、欢畅”的愿景，秉承“智慧化管理，人性化服务”的理念，主动适应新常态、打造新亮点、推出新服务，切实推动旅游业转型升级和质态提升。全区旅游接待总人数超1700万人次，实现旅游总收入207亿元，完成旅游增加值99亿元，分别增长8.4%、10%、10%。

项目建设推进　实施武进高新区园中园、江苏武进太湖湾嬉戏谷生态露营基地（一期）、中华孝道园妙音宝塔和龙凤谷生态旅游4个市旅游重点项目，年度总投资4.2亿元；实施国家智慧旅游公共服务平台、嬉戏谷生态露营基地、太湖湾旅游度假区乡村游、环太湖景观提升工程和龙凤谷滑雪场5个区级重点建设项目，年度总投资3.6亿元；实施武进太湖湾接待能力提升工程、常州国家智慧旅游公共服务平台、春秋淹城旅游区创国家AAAAA级旅游区景区改造提升工程3个区供给侧结构性改革补短板重大项目；推荐申报骐骥庄园二期、嬉乐湾生态示范园等6个全市乡村旅游重点项目。太湖湾旅游度假区公共服务设施建设工程、春秋淹城旅游区创AAAAA级旅游景区提升工程和武进太滆村乡村旅游基础设施建设3个项目，获批省级旅游发展专项引导资金150万元；太湖湾嬉戏谷生态露营地（龙泉山郊野公园）项目、中华孝道园怀南山庄、城西回民村游客中心建设、泰州旅游咨询服务中心及泰州旅游常州专线车等8个项目，获批市级旅游发展专项引导资金180万元。区旅游部门开展多轮全区旅游建设项目和招商项目摸排，初步建立旅游招商项目库。年内，水上飞机项目签约入驻太湖湾旅游度假区，索亚风尚（三勤房车营地）项目签订框架合作协议，太湖湾温泉度假综合体项目开展前期对接。

春秋淹城乐园游人如织　　　　供稿/区淹管会

旅游产品推介　整合各类传播资源，扩大传统媒体宣传的同时，强化网络营销，发挥新媒体宣传成效。根据武进旅游客源市场特点，以巩固长三角市场、培育发展中远程市场为思路，组织在城际铁路、京沪高铁沿线开展武进旅游整体宣传，提升武进旅游知名度。邀请北京童行中国、武汉学之旅等项目代表，到武进实地考察旅游资源。组织区内景区单位参与环太湖旅游联盟抱团推介旅游景点，开展专场推介活动10多场次。借助节庆活动吸引游客，以活动来展示、树立武进旅游形象，举办第十届“花都水城·浪漫武进”旅游节，在常武地区策划嬉戏谷太湖水上电子音乐节等20多项系列活动，在淹城、太湖湾、西太湖以及中心城区举办首届“玩美武进”城市坐标挑战赛。调动当地市民和外地游客参与旅游活动的积极性，提升武进三大板块旅游人气和良好形象。

表 29　　2016 年武进区主要旅游景区景点

名　　称	地　　址	电　话
太湖湾旅游度假区（省级旅游度假区）	武进区雪堰镇	86543001
环球动漫嬉戏谷（国家 AAAA 级旅游景区）	武进区雪堰镇	88888821
春秋淹城旅游区（国家 AAAA 级旅游景区）	武进区武宜南路 588 号	86312802
中华孝道园（国家 AAAA 级旅游景区）	武进区雪堰镇环太湖路 101 号	86692018
常州艺林园（国家 AAA 级旅游景区）	武进区嘉泽镇厚余新西街	83681109
宋剑湖生态旅游区（国家 AAA 级旅游景区）	武进区遥观镇得园路 1 号	68786868
三勤生态园（国家 AA 级旅游景区）	武进区湖塘镇马杭村	86320002
横山桥白龙观（国家 AA 级旅游景区）	武进区横山风景旅游区内	88600083
横山桥龙潭湖农业生态园（省四星级乡村旅游点、省级自驾游基地）	武进区横山桥镇东城湾村	88661688
嘉泽镇舍园盆景园（省四星级乡村旅游点）	武进区嘉泽镇夏溪村委章庄村	83681035
嘉泽镇成塘书院（省四星级乡村旅游点）	武进区嘉泽镇成章村	83807750
雪堰镇城西回民村（省四星级乡村旅游点）	武进区雪堰镇城西回民村黄公山 57 号	86543503
雪堰镇太滆村（省三星级乡村旅游点）	武进区雪堰镇太滆村	86159010
雪堰镇雅浦村（省二星级乡村旅游点）	武进区雪堰镇雅浦村	86151208
春秋淹城旅游区（省级自驾游基地）	武进区武宜南路 588 号	86312802
三勤农业生态园（省级自驾游基地）	武进区湖塘马杭青洋路	83030898
清都紫薇园（省级自驾游基地）	武进区环湖西路 98 号	68008888
光大能源环保（常州）有限公司（省级工业旅游点）	武进区遥观镇剑湖村委观庄村 208 号	88375161
宝林寺	武进区虹西路 98 号	83821032
武进新天地公园	武进区湖塘镇广电路	86596819
横山风景旅游区	武进区横山桥镇	88605967
大林寺	武进区横山风景旅游区内	88601755

旅游服务升级　武进旅游公共服务中心、武进旅游智慧服务平台分别建成，在扬州设立武进旅游服务中心，开通上海—武进、泰州—武进、扬州—武进 3 条旅游专线车。区旅游部门通过完善旅游服务项目，提档升级旅游产品，发掘、丰富全区旅游产品资源，整体提升旅游核心竞争力。年内，推进全域旅游示范区申报筹备，开展嘉泽镇创建省级特色旅游小镇（嘉泽园艺小镇）以及礼嘉镇嬉乐湾农业生态示范园申报江苏省中医药健康旅游示范项目，推进星级乡村旅游点和自驾游示范基地创建工作。年末，春秋淹城旅游区通过国家 AAAAA 级景区初评，华怡明都酒店管理品牌和嬉戏谷智慧旅游建设 2 个项目获全省旅游发展优秀创新项目奖。

【《常州市武进区乡村旅游规划（2016—2020）》出台】　12 月 15 日，《常州市武进区乡村旅游规划（2016—2020）》获区政府批准实施。该规划由区旅游局、南京大学城市规划设计研究院有限公司联合编制，内容分为项目背景、乡村旅游发展解析、总体发展架构、示范区详细规划、区—园—村发展指引、乡村旅游支撑系统、行动计划 7 个部分，规划设计依据 2016 年中央一号文件提出“大力发展休闲农业和乡村旅游”的政策导向，对接常州市乡村旅游发展三年行动计划，结合武进经济社会发展实际情况，分析武进旅游整体空间格局，围绕“以乡村自然山水田园为本底，地域乡土文化为内涵；以美丽乡村建设升级为契机，打造全域、新江南乡村魅力生活旅游区”的规划理念，提出整体空间格局：延续重点建成“一核三区”（“一核”包括泛淹城旅游区、新天地商贸区、淹城生态旅游度假村，“三区”指环西太湖片区、横山旅游片区、太湖湾片区）格局，旅游空间重在景区城镇，旅游空间层次和体系尚待完善；转型升级路径提出从景区景点建设迈向提升区域景观环境，运用全域化的理念和思维发展乡村旅游，延长乡村旅游产业链，推进旅游二次消费，提高投入产出比。确立以武进特有旅游资源发展乡村旅游业，着力构建“一古一今一生态”（春秋淹城、环球动漫嬉戏谷、西太湖生态休闲区）为龙头，“两湖一山五线”多点（太湖、滆湖，横山，省道 239、232 和长虹路三条旅游主线以及环滆湖两条旅游支线）的乡村旅游廊道线路为补充的旅游空间格局，逐步建成长三角著名、全国知名的乡村休闲度假旅游目的地。该规划为推进武进全域旅游示范区建设，突出美丽乡村与全域旅游融合发展，转变农业发展方式，提供清晰思路和目标定位。

6 月，常州薰衣草庄园开园迎客　　摄影 / 陆新

雪堰镇雅浦村黄酒馆一角　　摄影 / 高岷

【2家农业休闲观光园开园】 2016年，武进区推进美丽乡村建设，充分挖掘旅游资源，打造乡村旅游集聚区和特色旅游景点。6月和9月，位于礼嘉镇的江苏嬉乐湾生态农业示范园和常州薰衣草庄园分别开放迎客。国庆节期间，2家农业休闲观光园共接待游客5万人次，营业收入逾百万元。

常州薰衣草庄园　6月初开园。该庄园位于武南现代农业产业园内（礼嘉镇华渡村），占地面积40余公顷，总投资6000万元，是高效农业种植与农业旅游观光的农业生态项目。于2015年8月开工建设，项目一期建成薰衣草花海观光景点，薰衣草香包、精油等产品销售基地，以及烧烤、沙滩越野车户外体验基地等设施，种植法国普罗旺斯薰衣草、荷兰四季薰衣草、德国马鞭草、美国薄荷、美国观光彩色葵等花草10多种，整个庄园溪水潺潺，鲜花、木屋、木桥、篷屋、清水平台、荷兰风车等景观错落有致。5—11月，薰衣草、马鞭草等次第竞放，形成浪漫花海，游客络绎不绝。

江苏嬉乐湾生态农业示范园　9月28日开园。该示范园位于武南现代农业产业园内，是以农业种植、农业研发、农业深加工为基础，带动农业科普教育、农业观光休闲的多功能生态农业项目，规划建设总面积80公顷，投资2.5亿元。项目分二期实施，一期占地面积53.33公顷，投资1.5亿元，建成荷风嬉鱼、七情花径、踩水车、开心农场、石斛种植示范基地、健康养生园、太空体验中心、生态餐厅、百果园、烧烤区、青少年露营基地及垂钓等50多个游览及拓展项目。高端智能温室是该示范园重点设施工程，种植云南石斛、金线莲、田七等名贵养生药材。该示范园于5月19日被命名为中国（嬉乐湾）航天育种示范基地和航天科普教育基地。

【雅浦村创建省二星级乡村旅游区】 雪堰镇雅浦村位于太湖之滨，境内低山冈地，地理位置得天独厚，山水林地资源丰富。村域面积5平方千米，有村民小组21个、农户730多户，总人口2810人。从2000年起，该村实施村庄环境整治，被誉为江苏省社会主义新农村建设“雅浦版本”，并获全国生态文化村、国家级生态村等荣誉。2016年，雅浦村围绕创建省二星级乡村旅游区，推进原生态模式整治村庄，实施天然气入户，升级橘园采摘区道路，建成公共服务中心生态停车场；清淤河塘，加固堤岸和种植绿化，实施老围墙仿古花窗安装，出新建筑物外墙立面；建设村史馆、陆氏宗祠等人文景观，丰富“美丽乡村”内涵；营造“村在林中、房在树中、人在绿中”美丽风景且有文化底蕴的乡村。充分挖掘本村文化特色，打造以雅浦黄酒为依托的“酒文化”、以柑橘种植基地为依托的“橘文化”、以竹林及防火通道防护林为依托的“竹文化”，建成农游一体的美丽乡村格局，展现人与自然和谐相处的生态文明景象。

【太滆村创建省三星级乡村旅游区】 太滆村位于雪堰镇东南，距常州市区55千米、无锡市区25千米，依山滨湖，区位优势独特，拥有常州市唯一沿太湖岸线和太湖岛屿资源（椒山），村域面积1.2平方千米，有村民小组7个、农户829户，户籍人口2796人。该村为太湖地区第一大渔业村，先后获国家级生态村、省最美乡村、省乡村旅游点、长三角“我最喜爱的休闲农业与乡村旅游景点”等荣誉。依托太湖湾旅游度假区，自2015年起投资3900余万元实施村庄环境提升工程，建成独具特色的太滆美食街、水产交易市场，形成集餐饮、垂钓、休闲、购物、娱乐于一体的渔家乐休闲区，打造“品太湖三白、观太湖景色、购太湖水产品、享渔家乐”的旅游格局。2016年，太滆村发挥旅游资源优势，启动省三星级乡村旅游区创建工程，投资200余万元提升太滆村创客中心（农村电子商务平台），投资1580万元建设水产品交易市场快速通道，投资

·资料链接·

太滆美食街：太滆村以渔业为基础，挖掘渔文化、水文化，打造特色餐饮服务业。2014—2016年，投资6000余万元改造沿街铺面，建设停车场、牌楼等旅游设施，打造“玩在山间地头，吃在太滆渔村”的乡村旅游新格局，成为武进周边有影响力的农家乐旅游目的地。2016年年末，太滆美食街青砖、黛瓦、马头墙的街道长800多米，两侧分布餐饮单位25家，特色的湖鲜饭店、茶楼酒肆鳞次栉比，全年接待游客量58万人次，旅游营业总收入11845万元。

水产品交易市场：位于太滆村，是专业水产品公开交易市场。该市场的船舶避风港可容纳渔船600多条，市场用房建筑面积6000平方米、经营面积1000多平方米，有商铺30多家。主要经营“太湖三白”（白鱼、白虾、银鱼）和太湖刀鱼、中华蟹，以及太湖各类鱼类及干货，销售辐射全国各地市场，成为苏南地区最大的一级水产品批发市场，在全国水产品流通领域具有良好信誉和较高影响力。2016年，该市场交易量3000余吨、交易额1500万元。

200万元新建渔村博物馆，举办湖鲜厨艺争霸赛、渔家乐等旅游活动，全年接待游客超2万人次。

【城西民族风情园打造省四星级乡村旅游区】 雪堰镇城西回民村（城西民族风情园）位于太湖湾旅游度假区内，南临太湖，北靠锡宜高速，陆马公路、232省道贯村而过，村庄风景优美，是苏锡常地区唯一的少数民族聚居区。全村总面积5.08平方千米，居住回族家庭98户356人，回族村民户数在5个村民小组中占比70%左右。从2012年起，城西回民村实施宕口复绿、河道整治、房屋改造等工程，村民房屋统一建成穹顶状拱形墙头和花边围墙，建设回族风情门楼、民族村史馆、民族文体中心、清真餐厅伊清阁、篝火广场等设施。利用嬉戏谷周边旅游资源，发展梨树园、桃树园、葡萄园、茶园及杨梅园等果茶采摘基地，推进特色农业、旅游观光型生态农业。2016年，该村继续挖掘和保护传承民族特色文化，依托陡门塘民族文化园，发展“乡村旅游创业项目”，成立至诚农业休闲观光服务部。至年末，拥有乐山庄、湖畔山庄等休闲观光型农家乐风情园14家，开展“吃农家饭、品农家菜、住农家屋、做农家活、享农家乐”体验游，发展乡村一日游、二日游，全年接待游客21万人次，销售茶果等农产品3000多万元，完成餐饮服务业销售额5500万元。

【清都紫薇园创建省自驾游基地】 清都紫薇园位于嘉泽镇，紧邻全国知名的夏溪花木市场，占地面积40公顷，其中水系面积13.3公顷，种有紫薇花树近2万株，是中国紫薇花品种培植研究基地。于2013年投资8亿元建成，配套工程有常州明都紫薇花园酒店、游船码头、游客中心、国宾楼、大巴停车场等。2016年，清都紫薇园围绕创建省自驾游基地的目标，投资500万元实施景观升级工程，整体提升鲜花绿化植被，建成孔雀园、蒙古包、水上高尔夫、射箭区、真人CS、拓展培训中心、童军训练营、儿童城堡等亲子游乐项目和户外体验项目，建设房车露营基地和自驾游基地，丰富园区功能、提升园区品质。举办摩尔庄园主题乐园、万人自驾游武进、篝火音乐晚会等系列活动，向周边城市推广嘉泽悠久的历史文化，打造“商圈式”休闲区，营造氛围聚集旅游人气，全年接待游客超2万人次。

（沈　瀚）

旅游促销

【概　况】 2016年，区旅游部门依托央视《朝闻天下》等推广武进旅游形象，在城际铁路、京沪高铁沿线开展武进整体旅游宣传，巩固长三角市场，培育发展中远程市场，提升武进旅游产品知名度。组织区内旅游企业参加环太湖旅游联盟，到澳门、山东、北京等中远程市场开展旅游专场推介活动10多场次。以节促旅，精心策划第十届“花都水城·浪漫武进”旅游节，举办戏嬉谷太湖水上电子音乐节等系列活动20多项，举办首届“玩美武进”城市坐标挑战赛，充分展示武进旅游良好形象。加强旅游常规宣传，创新、创优宣传媒介，联合《武进日报》每月推出旅游专版，联合武进电台每周推出《旅游风向标》，武进旅游官方微信每天推送旅游推介信息。与武进电视台深度合作，以电视新闻报道形式播出节庆、巡展活动实况，增强武进旅游节打包宣传的整体效应。到宜兴、江阴、泰州和扬州等周边城市举办武进旅游宣传巡展活动，采取现场互动与线上游戏相结合模式，通过现场播放各大景区宣传视频、趣味互动节目，线上微信集赞、扫码送门票等活动，进一步扩大武进旅游品牌影响力。

【第十届“花都水城·浪漫武进”旅游节】 7月1日至8月31日举行，推出系列活动项目23项。区旅游局组织线上和线下巡展活动。线下，巡展到江阴、宜兴、泰州、扬州等周边城市，以景区播放视频、趣味游戏等形式推介武进特色旅游产品；线上，举办武进“城记”摄影大赛，由参与者将摄影作品上传公众账号，评选出武进美景美图。举办首届“玩美武进”城市定向挑战赛首场比赛，通过“旅游＋休闲体育”模式，充分展示武进王牌景点景区。各景区景点分别推出丰富多彩的活动项目。淹城春秋乐园举办民族风情节，每晚演出大型实景水影秀《烟雨春秋》；淹城野生动物世界推出欢乐夏日游，上演马戏嘉年华、最炫小熊舞等精彩节目；环球动漫嬉戏谷举办水上电子音乐节，邀请乌克兰“冲动乐队”表演水上电音狂欢节目等。

【“玩美武进”城市定向挑战赛】 7月16日至8月27日，首届“玩美武进”城市定向挑战赛在春秋淹城旅游区、太湖湾旅游度假区、西太湖科技产业园和武进中心城区4个比赛站点举行。该项活动由区旅游局主办，壹山藏整合营销（江苏）有限公司承办。在春秋淹城旅游区设金刚葫芦、鬼马精灵、骑士穿行、巾帼丽影、城市猎人5个组别，每个参赛队由5名选手组成，参赛队员按照比赛线路随机编组，各自完成坐标点穿越和活动任务，比赛结果以团体到达终点时间最短者为优胜。春秋淹城旅游区站比赛设路线5条，每条路线分布若干组

淹城春秋乐园纳凉活动　　供稿／区淹管会

5人参赛队，活动点设在淹城春秋乐园、春秋淹城遗址公园、淹城文化街、淹城中医街，每个团队接受滚铁环、纸杯传水、水枪大作战、雷霆战鼓、袋鼠运球等游戏任务。整个挑战赛共吸引武进周边及当地市民6000多人参与，武进旅游的特色景区景点、区域城市坐标、标志性建筑，开放式城市公园、城市综合体、酒店餐饮美食等场所得到最大限度推介，充分展示武进旅游文化魅力，打造古韵水城线、生态娱乐线、魅力新城线、时尚花都线、美丽乡村线等旅游亮点，营造武进整体旅游良好氛围。

（沈 瀚）

旅游服务

【概 况】 2016年，武进区按照融入“畅游江苏”体系的阶段目标，实施智慧旅游、旅游厕所革命、旅游道路指引标识体系等工程。7月18日，武进旅游智慧服务平台一期项目建设完工。9月，武进智慧旅游体系初步搭建完成。武进智慧旅游平台利用云计算、物联网等新技术，覆盖吃、住、行、游、购、娱等旅游要素，借助手机应用、网站、触摸屏等载体，提供在线订票、在线订房、在线购物、实时导航、实时导览、实时分享、电子叫车等智慧化服务，实现智慧景区、智慧酒店、智慧门票、电子导游、客流预警、安全监管等一“网”服务。旅客通过便携终端上网设备，及时了解旅游资源、旅游活动等信息，轻松实现旅游体验、行程规划，享受更加便捷、高效的旅游服务。年内，开通上海、泰州和扬州3条旅游专线车，改善客源市场到武进旅游通达条件。淹城春秋乐园加快停车场建设，切实解决停车难问题。建设改善乡村旅游配套服务设施，提升部分乡村道路交通以及村容村貌。开展文明旅游活动，区旅游局向区内星级饭店发放文明用餐桌牌1000多个，向旅行社发放文明旅游须知800多份。

【春秋淹城旅游区获评全国“旅游安全保障最佳景区”】 2016年，春秋淹城旅游区始终将安全运行“零事故”作为黄金周接待第一目标，严格按照安全生产要求落实接待全过程，关注景区消防、游乐、食品、游客人身安全等，有计划开展节前和节中安全隐患的督查、排查，并责令相关单位及时改正查出问题。完善安全管理机构，配备专职安全保卫人员保障景区安全运行，做到景区旅游安全机构、人员、制度、设备、措施“五落实、五到位”，在景区设专人负责车辆、水域安全等，保障安全管理无死角。制定周密的应急时间处理机制，特别是人员密集场所的疏散方案。通过景区监控等手段，密切关注景区安全动态，实时跟踪各景点舒适度指数，及时处置突发应急险情，全面做到“防患于未然”。在淹城春秋乐园、淹城野生动物世界现场随机发放调研问卷1000份，每天征集游客对景区游玩方式、喜爱项目、服务质量和公共设施的客观评价等，调研问卷回收率97.1%，单个景点游客满意度保持在90%以上。“十一”黄金周期

表30

2016年武进区三星以上旅游饭店情况

名 称	星级	床位（张）	地 址	电 话
九洲喜来登酒店	五	391	武进区延政西大道1号	69968888
金陵明都大饭店	四	330	常州市和平北路258号	88118888
金鼎明都国际大酒店	四	208	武进区湟里镇金鼎路8号	83349898
金色南都国际大酒店	四	100	武进区环府路58号	86319588
明都国际会议中心	四	225	武进经济开发区禾香路118号	89852888
新苑宾馆	三	286	武进区环府路18号	86317188
国瑞宾馆	三	310	武进区横山桥镇江南路12号	88603888
金龙大酒店	三	163	武进区湖塘镇人民中路1号	86550978
锦海城市大酒店	三	126	常州市会馆浜路11号	86856577
竺山湖小镇度假酒店	三	271	太湖湾旅游度假区	83591000
锦海假日大酒店	三	117	武进区长虹路88号	86325888
雪堰漕桥石头大酒店	三	54	武进区雪堰镇漕桥金三角东路61号	81182000

表31

2016年武进区旅行社情况

名 称	地 址	电 话
常州中瑞旅行社	武进区淹城常乐坊2号	88603151
常州明都国际旅行社	武进区广电中路19号茂业泰富城27楼	86591998
武进交通国际旅行社	常州市广化街丰臣海悦901室	86971112
常州晨风国际旅行社	武进区永胜路103号康居大厦301室	86522221
常州广电高塔国际旅行社	武进传媒大厦一楼	81238006
常州嬉戏族国际旅行社	武进区太湾旅游度假区太北路1号	81687373
江苏卡麦国际旅行社	武进区武进汽车城D区8号	89811811
常州凤凰国际旅行社	武进区湖塘镇武宜路3号	86312778
常州阳光国际旅行社	武进区永胜路103号康居大厦307室	81882929
常州广电大陆国际旅行社	武进区湖塘镇定安中路613号	86558181
常州市乐橙旅行社	武进区湖塘镇星河城市花园5区16号	86053616
常州市国通旅行社	常州市钟楼区邹区林场下港25号	86179888
常州市蓝春旅行社	武进区中原大厦东大门2楼	83707637
常州耀莱国际旅行社	武进区科技城创研港3-703室	88296588
常州畅游旅行社	武进区科教城天润科技大厦B幢502室	83725569
江苏超群国际旅行社有限公司常州分公司	武进区万达广场4幢2006号	85259187

7月18日，武进旅游公共服务中心投运　　　　供稿／区淹管会

间，春秋淹城旅游区景区安全运行无事故，营造出安全高效、喜庆祥和的节日氛围。10月9日，春秋淹城旅游区入选国家旅游局十一假日旅游红榜，被评为“旅游安全保障最佳景区”。

【武进旅游公共服务中心投运】 7月18日，武进旅游公共服务中心正式投运。该中心位于春秋淹城旅游区，建筑面积3000多平方米，配备专职人员5人。服务项目主要提供旅游客流预报、引导等，提供吃、住、行、游、购、娱等咨询，以及受理旅游服务投诉等。年内，该服务中心联合区旅游执法大队受理游客投诉和求助，进一步提升游客满意度。全年处理旅游投诉纠纷14件，反馈满意率100%。

（沈　瀚）

太湖湾旅游度假区

【概　况】 太湖湾旅游度假区位于武进区东南雪堰镇境内，东临国家旅游度假区无锡马山，西接陶都宜兴分水，南濒太湖，度假区核心面积18.6平方千米。低山丘陵占总面积的66%，大气环境达国家一级标准，拥有丘陵山头19座、山坞11个、大小水库8个，沿太湖岸线长约7千米，临湖山湾7个，湖中大、小椒山2座。建成环球动漫嬉戏谷、中华孝道园、龙舟竞赛基地、竺山湖小镇、云中部落度假村等景区，其中龙舟竞赛基地为国家龙舟竞赛基地。2012年8月，太湖湾旅游度假区升级为省级旅游度假区，环球动漫嬉戏谷于2012年11月创成国家AAAA级旅游景区，中华孝道园于2014年11月创成国家AAAA级旅游景区。

2016年，太湖湾旅游度假区围绕争创国家级旅游度假区，推进规划建设、环境提升、宣传推广等工作。编制太湖湾—雪堰镇联动发展总体规划，细化优化太湖湾龙泉山郊野公园项目、太湖湾乡村游项目规划，启动编制太湖湾度假区主、辅游客中心规划。完成环太湖景观提升工程，增设东入口处花岗岩背景墙、四大景观节点等太湖湾景区新名片。开工建设太湖湾龙泉山效野公园和乡村游道路（南山村—太北路），年内完成投资8000万元。启动太湖湾度假区乡村游项目建设，规划建设以太湖湾乡村旅游主线串联城西回民村、太滆村、雅浦村、谢家村、南山村重点乡村旅游节点，发展特色乡村旅游。开展招商引资，落实中国香港卫视集团投资的常州香江文化发展有限公司项目和江苏凯旋数字文化产业置业有限公司投资的太湖香树湾增资项目，合计到账投资额1100万美元。9月26日，中航水上飞机项目签约入驻。12月，中航水上飞机项目飞机跑道清淤工程实施。全年融资42.65亿元，固定资产投入3.5亿元。举办太湖湾“淘春季”“嬉水季”“赏秋季”“感恩季”等系列活动，承接2016年国际龙舟联合会世界杯赛、“千人计划”大型年会活动2次，接待游客4万余人次。到泰州、扬州、宜兴等城市推介太湖湾旅游资源，组织2条休闲旅游线路产品参加省旅游局“全国度假产品推广月”活动等，提升太湖湾景区在周边市场的知名度和影响力，“微度假·太湖湾”品牌逐渐深入人心，全年完成旅游接待440.6万人次，旅游总收入36.2亿元，旅游增加值16.5亿元，旅游经营收入5.8亿元。太湖湾旅游度假区被省人社厅和省旅游局评为江苏省旅游系统先进集体，被24H单车环太湖认证组委会授予环太湖认证赛优秀组织奖。

【太湖湾旅游度假区创建国家级旅游度假区启动】 2016年2月，武进太湖湾旅游度假区管委会按照“十三五”规划创成国家级旅游度假区的目标要求，启动新一轮创建工作，于9月取得国家级度假区申报资格。年内，严格按照创建国家级旅游度假区的标准，补充更新标识、标志全部到位；重点提升度假区旅游服务和智慧旅游水平，全面升级官网、官微和APP，建设太湖湾官网英文站，完善在线订购功能，增加太湖湾官微语音导览、景区720°全景展示等服务功能。年末，太湖湾旅游度假区获全省省级旅游度假区综合考评第一名。12月，完成申报国家级旅游度假区材料工作。

【龙泉山郊野公园开工建设】 龙泉山郊野公园位于太湖湾旅游度假区的太北路以东、青天山以南、黄婆岭龙泉山以西，规划面积约46.2公顷，总投资约1.8亿元，是依托太湖湾优质山水景观资源，将房车露营地、野外拓展、农趣旅游有机结合，打造集时尚创意、郊野体验于一体的休闲露营地公园。设八大功能片区：综合服务区（含大型停车场、游客接待中心、后勤服务等功能），房车露营区（含房车营位80个和自驾车营位106个），帐篷露营区（容纳300个帐篷扎营），休闲商业区（含酒吧、特色餐厅、棋牌娱乐室、便利商店、烧烤等功能），体育拓展区（含综合拓展区、CS体验区和青少年军事训练区），移动木屋区（含特色木屋20幢），农耕文化区（含农耕展示、农趣、垂钓等功能），茶园体验区（含茶园、休闲茶室等功能）。该项目于2016年11月开工建设，计划2018年3月开放运营。

【太湖湾旅游度假区全程免费旅游专线车开通】 4月12日，太湖湾旅游度假

首届常州太湖湾稻草艺术节　　摄影/高岷

区开通全程免费旅游专线车，行程起点为太湖湾北广场入口，途经嬉戏谷、城湾叠翠观景台、全国龙舟竞赛基地、中华孝道园、太湖香树湾（修心谷）等著名景点，以及太滆美食街、避风港水产品交易市场等主要农家乐购物点，设停靠站点12个。班次为平峰时段每30分钟1班，每天不少于20班次。专线车由太湖湾旅游度假区联合常州香蕉网络科技公司打造运营，采用纯电动巴士，通过线上线下方式调整班次和车辆。游客可通过手机扫码，查询车辆线路、班次和预约车辆。年内，该专线车投运3600余车次，累计接送人员3.2万人次。

【承接2016年国际龙舟联合会世界杯赛】 参见《体育》栏目P265相关条目。

【首届常州太湖湾稻草艺术节】 4月16日至6月12日在太湖湾旅游度假区举行。该届艺术节由武进太湖湾旅游度假区管委会主办、太湖香树湾修心谷承办，日本著名设计团队打造，将稻草与创意结合，构筑富有艺术气息的稻草景观，在度假区布置稻草艺术雕塑16组，在太湖修心谷5万平方米大草坪上布置巨型稻草艺术雕塑8组，用稻草搭建的恐龙、大象、飞机、螃蟹等景观生物栩栩如生，吸引游客驻足观赏。太湖香树湾还举办游艺、稻草集市、稻草迷宫、美食民俗文化、游艇游湖、跑马等活动，给风光秀丽的太湖湾旅游度假区带来更多人气和活力。艺术节共接待游客5万多人。

【首届幻影灯光节】 9月15日至10月15日在太湖湾旅游度假区香树湾修心谷举办。该灯光节以太湖真山真水为背景，由太湖香树湾投资260万元打造，在5万平方米大草坪上布置彩灯2000万盏，组成幻影景观有35米长的时光隧道、宏伟的富士雪山、海豚争涌着波浪、蝴蝶在林谷翩翩起舞，每一处流光溢彩，为游客献上视觉盛宴。灯光节期间，每晚6点至10点亮灯，太湖湾旅游景区吸引游客2万余人。年内，接待游客达10万余人次。

【太湖湾赏秋季】 2016太湖湾赏秋季从8月30日持续到10月31日。8月30日，常州太湖湾农渔生态美食节暨雪堰太滆开湖节仪式在雪堰镇太滆村水产品交易市场举行，标志太湖湾赏秋季开幕。太湖经过7个月封湖禁渔，于9月1日开捕。太湖开捕期间，大量渔船作业的独特景观，肥美湖鲜以及秋收美景，吸引大量游客慕名游览太湖湾。赏秋季期间，太湖湾举办湖鲜厨艺争霸赛，招募民间厨艺达人烹制太湖湖鲜；开展太湖“三白七鲜”征集活动，塑造太湖湾“舌尖文化”品牌；举办湖鲜推广月，为游客提供太湖湖鲜美食；举办2016年国际龙舟联合会世界杯赛，吸引游客到太湖湾观龙舟、品湖鲜。太湖湾旅游度假区依托环球动漫嬉戏谷、中华孝道园两大核心景区，组织重大活动，辐射带动太滆村、城西回民村、南山村等周边特色乡村发展旅游业，将特色资源串联、打通整个产业链，增加游客停留时间，丰富游玩体验，打造集休闲度假、康体健身、农家采摘、湖鲜美食于一体的全域旅游格局。在赏秋季，太湖湾旅游度假区接待游客比2015年增加40余万人次。

【嬉戏谷景区新添运营项目2个】 环球动漫嬉戏谷是一座国际动漫游戏体验博览园，拥有中国大陆唯一、世界第二座天幕影院“天幕幻想”和亚洲第一的360度环形过山车“云之秘境”、亚洲最高最长最快的飞行式过山车“撕裂星空”在内的近30余个体验游乐项目。2016年，该景区新增历险封神榜和西游降魔2个运营项目。

历险封神榜项目　1月运营。该项目建筑面积约2000平方米，主演厅面积约800平方米。根据《封神演义》小说为创作源，采用360度全景将现代娱乐项目的3D电影、动感运动车体、灾难仿真、特技表演等表现形式，展示以“姜子牙伐纣王”为背景的灾难体验，游客乘坐动感运动车，穿梭在装修场景和银幕画面组成的立体虚景之间，享受无穷乐趣和刺激旅程。

西游降魔项目　10月运营。该项目建筑面积约1000平方米，主演厅面积约600平方米，机器人轨道长约360米，借助全息屏、球幕、仿生机器人、智能轨道车等高科技手段，再现东方神话的情景。采用亚洲首套超感官飞翔互动体验系统，由视觉感官深度沉浸场景、真

·资料链接·

2015年起，江苏凯旋数字文化产业基地置业有限公司打造“地产+旅游”的太湖香树湾项目，建设集托斯卡纳风情别墅的鲜花小镇、主题会所、养生食府、马术俱乐部、太湖游艇俱乐部于一体的休闲、娱乐、养生、度假旅游综合体。太湖香树湾修心谷项目投资3亿多元，占地面积100公顷，建成亲子拓展训练基地，引进皮划艇、野外生存、真人CS等项目设施。2016年，该景区先后举办稻草艺术节、幻影灯光节、烧烤趴、那达慕大会等活动。

实空间载人精确飞翔运动、集群智能控制3个系统组成。游客可在真实空间内任意精确飞翔，与各类虚拟和现实场景进行精确感知互动，腾空飞跃七大场景，领略艺术与科技完美展现的超感官震撼体验。

（韩　琦）

春秋淹城旅游区

【概　况】 春秋淹城旅游区位于武进中心城区，总面积3.22平方千米，依托淹城遗址核心文化资源，以“文化休闲型旅游目的地”为功能定位，建成包括春秋淹城遗址、淹城春秋乐园、淹城野生动物世界、淹城宝林禅寺、淹城仿古商业街坊等春秋文化主题景区。景区内淹城遗址有2700多年历史，于1988年被列为全国重点文物保护单位。春秋淹城旅游区于2009年获联合国环境可持续发展项目金奖，2011年创成国家AAAA级旅游景区。据2016年中国质量认证中心测算，“常州武进春秋淹城”品牌价值评估20.85亿元。

2016年，春秋淹城旅游区围绕创建“国家AAAAA级旅游景区”和“全国春秋文化旅游知名品牌创建示范区”两项目标，全面提升景区硬件设施，规范运营管理，丰富主题活动，强化旅游品牌打造，取得良好社会效益和经济效益。全年接待游客332万人次，接待河南殷墟、山东聊城等地学习交流团体1013批、8580人次，实现营业收入4.01亿元。

淹城水公园　　供稿／区淹管会

【春秋淹城旅游区通过国家AAAAA级景区初评】 春秋淹城旅游区自2010年启动AAAAA级旅游景区创建，严格按照评定标准对交通、游览、安全、卫生、邮电、购物、综合管理以及资源和环境保护等具体要求，开展全面有效完善、整改和提升。2015年11月，旅游区通过国家AAAAA级旅游景区资源与景观价值评定。2016年7月，通过国家AAAAA级景区省旅游局初评。春秋淹城旅游区通过再现人文情景、全方位演绎春秋时代灿烂历史文化，打造春秋看淹城的文化品牌，形成融旅游、休闲、娱乐、科普、购物、餐饮于一体的旅游综合体。

【春秋淹城旅游区通过全国春秋文化旅游知名品牌创建示范区现场验收】 2016年12月，淹城旅游区通过全国春秋文化旅游知名品牌创建示范区专家组现场验收。春秋淹城旅游区依托淹城遗址历史文化遗产，按照“城内保护，城外开发”原则，实现“小淹城”诠释“大春秋”的历史文化传承。景区开发围绕淹城遗址保护、春秋文化内涵打造春秋乐园、淹城遗址公园、淹城文化街、淹城博物馆等特色鲜明文化景观，形成淹城遗址保护—春秋文化旅游开发—常武人文休闲度假综合体的格局。2014年11月，淹城旅游区获国家质检总局同意筹建“全国春秋文化旅游知名品牌创建示范区”，随即围绕品牌建设规划、品牌文化、质量、品牌建设成效、区域产业发展特色五方面落实示范区创建，进一步夯实示范区质量、品牌、技术标准、计量基础等内涵。强化品牌宣传，每年品牌推广投入4000多万元。举办春节灯会、音乐节、动漫真人秀、民俗演艺活动，打造新春灯会、水世界夜公园、亲子春游季和国学秋游季四大文化品牌。提升服务质量，推出“母婴与亲情服务”“专属医疗服务”等特色服务，实施“厕所革命”和“停车场革命”，凸显旅游服务的卓越品质，赢得中外游客好评。旅游业绩逐年提升，2014年营业总收入3.34亿元，接待游客381万人次；2015年营业总收入3.58亿元，接待游客349万人次；2016年营业总收入3.7亿元，接待游客355万人次。累计吸引国外游客超过50万人次，举办各类文化性考察与学术研究120场次。景区拥有江苏名牌产品2个、常州市质量管理奖企业1家、武进区区长质量奖企业1家。

体验式国学项目——祈福大典　　供稿／区淹管会

春秋淹城樱花绽放　　摄影/刘建中

【景区提升工程】 春秋淹城旅游区按照国家AAAAA级标准实施整改提升，解决景区外围交通拥堵，拓宽南门出入口并改造景观大道，升级旅游导引导视系统。解决景区入口人车混行现象，增建停车场。开通旅游景区内部专线车，建成景区游客中心4个和咨询点。景区旅游厕所全部提升至AA以上标准，景区停车场数量增至6个、总车位数达4500个。完善景区智慧旅游系统，借助各大线上旅游商务平台大数据，共享信息资源、营销网络，共同开拓旅游市场。新建微信公众号“中国春秋淹城旅游区”“淹城演艺”和“淹城旅行社”，全年推送信息260余条，吸纳粉丝近9万人。策划执行第七届环太湖国际公路自行车赛武进赛段起始点、一袋牛奶的暴走、“中国旅游日”常州主题活动、“龙城讲坛·地理中国”2016第一讲、“我们的节日——清明”“携手暖冬、与爱同行”市儿童福利院等公益活动，提升景区社会美誉度。

【《烟雨春秋》水影秀等品牌旅游产品打造】 春秋淹城旅游区突出春秋文化，着力提升《烟雨春秋》水影秀品质，开发主题旅游产品。举办第六届淹城新春灯会、春季“樱乐汇”、暑期水世界夜公园、五一旗袍节、糖果音乐节、假面狂欢季、熊猫邂逅春游季、动物狩猎季、观音文化节、放生护生节等主题文化活动20多项。创新旅游产品，打造“春秋文化研学之旅”等体验式国学项目，7月，被评为首批江苏省研学旅游示范基地。推出“赏樱八步曲”“周制婚礼”两大特色演艺，帐篷露营、微夏令营、民族风情“长桌宴”等项目，提升淹城野生动物世界品牌演艺“国际大马戏”。

（章子英）

表32　2016年武进区旅游基本线路

类别	线路安排
特色线路	1. 情侣甜蜜游（亲子天伦游）：(1) 环球动漫嬉戏谷—中华孝道园—竺山湖小镇—太滆渔村—城西回民村；(2) 淹城春秋乐园—淹城野生动物世界—春秋淹城遗址公园—淹城传统商业街—花博园 2. 农家欢乐游：(1) 嘉泽紫薇园—玫瑰园—夏溪花木市场—艺林园；(2) 三勤生态园—雪堰镇谢家村—雪堰镇城西回民村—太滆渔村 3. 文物古迹游：横山桥大林寺、白龙观—福寿庵—宝林寺—武进博物馆—春秋淹城遗址公园—杨桥古村—中华孝道园 4. 度假休闲游：太湖湾旅游度假区—淹城春秋旅游度假区 5. 春光烂漫游：花博园—淹城春秋乐园（樱花）—潘家林果园（桃花、梨花）—雪堰镇谢家村（桃花）—雪堰镇费巷茶场（摘茶、品茶） 6. 个性骑行游：(1) 环球动漫嬉戏谷—环山路—太滆渔村—竺山湖小镇—中华孝道园—环湖路；(2) 淹城—延政西路—环湖北路—云杉路—西太湖揽月湾
自驾乡村游线路	东线：圩墩遗址公园—三勤生态园—春秋淹城遗址公园 南线：雪堰镇城西回民村—雪堰镇谢家村—雪堰水产科技有限公司—太滆渔村 西线：西太湖揽月湾—花鸟园—艺林园—紫薇园—夏溪花木市场—花博园
太湖湾旅游度假区“微度假”路线	动感之旅：嬉戏谷—全国龙舟竞赛基地—城西回民村农家乐—竺山湖小镇 静心之旅：中华孝道园—竺山湖小镇—吴都阖闾城遗址—城西回民村农家乐 微度假体验：竺山湖小镇—嬉戏谷—中华孝道园—城西回民村农家乐—全国龙舟竞赛基地—吴都阖闾城遗址
综合线路	武进一日游：(1) 淹城春秋乐园—淹城野生动物世界—淹城传统商业街；(2) 环球动漫嬉戏谷—中华孝道园—竺山湖小镇 武进二日游：(1) 淹城春秋乐园—淹城野生动物世界—淹城传统商业街—花博园—紫薇园—玫瑰园—艺林园—夏溪花木市场；(2) 环球动漫嬉戏谷—中华孝道园—竺山湖小镇—太湖湾旅游度假区—雪堰镇城西回民村

（沈　瀚）

（栏目编辑　周小红）

建筑业·房地产业

建 筑 业

【概　况】 2016年，全区推行建筑行业新版资质标准换证，建筑企业比上年减少14家，建筑资质一级、二级企业分别增加3家和42家。年末，全区有建筑企业376家，其中一级企业55家（总承包企业29家，专业承包企业26家），二级企业142家（总承包企业51家、专业承包企业91家），三级企业134家（总承包企业96家、专业承包企业38家），不分等级企业30家，劳务企业15家。武进建筑企业涉足三大类别行业资质的多种专业，构筑以房屋建筑施工为龙头，市政、装饰、钢结构、园林绿化等专业施工为骨干，劳务分包企业为基础，形成施工总承包、专业承包相互配套，多专业跨领域综合发展的产业集约格局。

受经济增速放缓、信贷政策收紧等因素影响，2016年全区建筑行业施工总产值248.28亿元，下降10.14%；52家施工产值超亿元企业完成产值180.14亿元，占全区建筑业产值的72.6%。全年实现工程结算收入290.21亿元，增长0.72%。全年实现利税总额22.28亿元，建筑业增加值76.15亿元，全员劳动生产率27.67万元/人，期末从业人员14.31万人。累计建筑施工面积1896.25万平方米，年度新开工面积642.09万平方米，比同期分别减少8.05%和6.66%。年内，武进区获全国建筑业绿色施工示范工程3项，2015—2016年度中国建筑工程装饰奖工程6项，AAA级安全文明标准化工地1项，国家电网输变电优秀工程及创优示范工程5项，江苏省“扬子杯”优质工程奖29项。

【建筑市场规范管理】 2016年，区住建部门严格执行建筑企业及建造师信用动态考核办法，核查外来施工企业信用199家次，加强规范外来企业市场行为。开展在建工程建筑市场综合大检查，查处各类违法违规工程65项，建筑面积20.64万平方米。加强建筑业企业诚信建设，建立健全市场准入和清出机制，组织全区建筑行业在建工程综合大检查3次，推行建筑市场与施工现场联动管理，规范企业的市场行为，净化建筑市场环境。落实建筑行业不良行为通报制度，通报处理7起建设领域发生恶意拖欠农民工工资和恶意讨薪的相关建筑业企业和个人。其中，通报批评企业4家，组织诫勉谈话企业2家；通报批评建筑业农民工组织者3人。严格执行建设领域农民工工资保证金制度，收缴农民工工资保证金380万元，接待拖欠农民工工资投诉57批次；完成市“12345”平台转办农民工讨薪案件18例，涉及农民工1865人、投诉拖欠款4860万元。

【建筑行业安全生产管理】 2016年，区住建部门结合建筑施工重点与特点，开展季度安全生产文明施工大检查，组织节前节后安全专项检查，阶段性开展针对大型起重机械、深基坑、高大支模等

施工画卷　　　　摄影/霍欣明

表 33

2016 年武进区建筑业产值超亿元企业

单位名称	资质等级	产值（亿元）	单位名称	资质等级	产值（亿元）
江苏武进建工集团有限公司	A1	30.26	江苏蓝辉建设集团有限公司	A1	2.07
江苏成章建设集团有限公司	A1	16.06	江苏常虹钢结构工程有限公司	B1	2.04
江苏天启建设有限公司	A1	8.84	江苏竣翔建设发展有限公司	A1	1.97
常州市戴溪建筑工程有限公司	A1	8.50	江苏常舜建设投资有限公司	A1	1.92
江苏恒基路桥有限公司	A1	8.43	常州市裕惠建设工程有限公司	A1	1.91
江苏丰润建设有限公司	A1	7.88	江苏盈通建设科技发展有限公司	B1	1.69
江苏伟业建设集团有限公司	A1	5.02	江苏协创交通建设有限公司	A2	1.67
常州南天建设集团有限公司	A1	4.65	江苏东厦建设工程有限公司	A2	1.65
江苏雪湖建设工程有限公司	A1	3.70	江苏舜通路桥工程有限公司	B1	1.64
常州晋陵电力实业有限公司	A2	3.46	常州市金建路桥工程有限公司	A1	1.62
江苏武进欣达建设工程有限公司	A1	3.43	常州市通力市政工程有限公司	A1	1.60
江苏华宇建设有限公司	A1	3.23	江苏茂业建设工程有限公司	A2	1.58
常州市晶磊海峡建设工程有限公司	A2	3.19	常州市企润建材有限公司	B4	1.53
常州市常武建设工程有限公司	A1	3.13	常州市武进天龙设备安装工程有限公司	A3	1.50
江苏环泰建设有限公司	A1	3.09	常州创新园林工程有限公司	A2	1.46
常州利骏建筑工程有限公司	A2	3.08	常州华北建筑有限公司	A1	1.44
常州市雪堰建筑工程有限公司	A1	3.05	常州市武进水利工程有限公司	A2	1.32
江苏华盛建设工程有限公司	A1	3.01	常州市华中建筑工程有限公司	A2	1.31
常州市武进新城建筑工程有限公司	A1	2.81	江苏通达园林工程有限公司	A2	1.21
江苏凯业建设工程有限公司	A1	2.79	常州市神州园林建设有限公司	A2	1.17
江苏广亚建设集团有限公司	A1	2.67	常州市丰鎏建设工程有限公司	A2	1.12
江苏滆湖建设发展有限公司	A1	2.35	常州明大建设工程有限公司	A2	1.10
江苏森洋环境建设集团有限公司	A2	2.32	常州市华江建筑工程有限公司	A1	1.05
江苏亚隆路桥工程有限公司	A2	2.27	常州中泰装饰工程有限公司	B1	1.04
常州伟业混凝土有限公司	B4	2.21	常州市银洲建筑装饰工程有限公司	B1	1.02
江苏武进星辰装饰有限公司	B1	2.08	常州市武进市政工程有限公司	A1	1.00

为重点的专项整治，配合区安委会排查整治重点隐患。全年检查工程项目 650 个次，检查面积 2000 万平方米，开出检查意见书 20 份、整改通知书 540 份、停工通知书 75 份，查出安全隐患 4850 条。监督参与重大危险源的论证 90 次，对 550 台大型设备作业开展安装告知，对 750 台起重设备办理使用登记证，对 560 台设备办理注销登记。4—7 月，开展全区施工现场建筑起重机械专项抽查、督查检查，共抽查在建工程 48 项，建筑起重机械 32 台。其中，塔式起重机 15 台、施工升降机 17 台。全年建筑行业各类大型设备运行良好，没有发生重大安全事故。

【工程质量监督管理】 2016 年，全区在监工程 574 项、建筑面积 1484.3 万平方米，监督覆盖率 100%。其中，年内受理工程项目 130 项，建筑面积 321.6 万平方米；监督竣工验收工程 217 项，建筑面积 561.1 万平方米；办理竣工备案 217 项。全区建筑企业深入开展工程质量两年行动，突出做好住宅工程常见问题专项治理，提升工程质量水平。至年末，全区各类建筑工程创成区优质工程 16 项、市优质主体结构工程 40 项，12 项工程被评为常州市“金龙杯”优质工程，3 项建筑工程及 4 项装饰工程均被评为江苏省“扬子杯”优质工程。

【建设工程造价（招标）管理】 年初，区住建部门根据测报材料信息，特别是受市场认可的新型、节能材料，在广泛征求建设各方主体意见的基础上，重新调整建筑工程的材料类型、品种。全年通过网站发布武进工程造价信息 12 期，充分满足各方建设主体需求，为各方主体建安造价提供保障。全年核定类别和工期项目 98 个，其中，土建项目 59 个、装饰项目 1 个、园林绿化项目 1 个、市政类项目 37 个。核定竣工项目安全文明措施等 156 项，建设工程招标控制价备查项目 187 个，协调处理花博会项目、花园街市政工程等重点项目造价纠纷，维护甲、乙双方合法权益。依法依规开展工程招标，全年完成监管项目 72 个，合同备案 32 份。其中，公开和邀请招标项目 149 个，直接发包备案项目 330 个，合同备案总金额 106 亿元。

【武进区通过省级绿色建筑示范区评估验收】 2016 年 12 月 20 日，武进区省级绿色建筑示范区通过省住房和城乡建设厅、省财政厅组织的国内专家组评估验收。武进区于2013年启动创建省级绿色建筑示范区，全区全面开展绿色建筑实践活动，把绿色建筑发展和绿色建筑产业集聚作为加快转变城乡建设发展模式，推动节能减排，加速产业转型升级，建成全国首家也是唯一一家住房城乡建设部绿色建筑产业集聚示范区，并获省级绿色建筑示范区、建筑产业现代示范区和海绵城市示范区称号。至2016年年末，该示范区有绿色建筑示范项目36个，总建筑面积302.45万平方米。其中，二星级以上绿色建筑25项，占比达50%，运行标识绿建项目10项，约占全省运行标识总量的五分之一。全区实施城市空间复合利用、城镇一体化建设、可再生能源建筑一体化应用、绿色施工管理、住宅全装修、城市绿色照明、节水型城市建设、城市垃圾资源化利用、综合管廊建设、绿色交通综合发展、海绵城市和建筑产业现代化等，在绿色建筑示范区的建设引领下，发展绿色建筑，集聚绿色建筑产业，促进绿色建筑高新技术企业落地生根。

【首个装配式高层建筑项目】 2016年，位于花园街的新城帝景高层住宅北区36号楼运用装配式构件安装施工工艺，成为常州武进地区首个装配式高层建筑。该建筑共31层、面积2.7万平方米，采用装配整体式混凝土剪力墙结构技术体系。在住宅设计阶段将各种构件拆分成标准部件预制加工，形成带装饰面及保温层的预制混凝土外墙板和阳台、带管线应用功能的内墙板等构件部品。成型部件经大型吊装机械现场装配，构件通过浆锚约束和现浇连接成整体，形成等同现浇主体建筑结构。装配式建筑是建筑行业的工业革命，将建筑产业施工方式从手工操作转变为机械操作，施工工艺由传统化转向标准化，发展方式由单纯依靠劳动力资源逐步转变为依靠科技进步，管理方式由粗放式转变为信息化管理，实现标准化设计、工厂化生产、装配式施工、成品化装修、信息化管理、智能化应用。武进区将发挥装配式建筑项目的示范引领作用，加快推进省级建筑产业现代化示范城市和示范项目创建步伐。

（冷　阅）

·资料链接·

2015年10月16日，区绿色建筑和建筑产业现代化推进工作领导小组召开“新城帝景高层住宅区北区36号楼”装配整体式混凝土剪力墙结构施工图审查专家论证会。专家组在听取上海中森建筑与工程设计顾问有限公司和宇辉建设集团的技术方案汇报后，审阅设计图纸、关键技术研究报告等文件，针对相关技术难点、执行标准等问题深入研讨。专家组一致认为：该工程地下一层和地上四层底部加强区及屋面板采用现浇，五层及以上采用装配整体式剪力墙结构；结构体系合理，计算分析准确，各项技术指标均满足国家现行标准规范要求；预制剪力墙纵筋采用“约束浆锚搭接连接”、水平筋采用“钢筋环插筋连接”的连接构造，楼板采用预制双向叠合板，性能可靠，满足《装配式混凝土结构技术规程》JGJ1-2014要求，同意通过结构施工图审查论证。

2016年武进区获省级标准化文明示范工地项目（第一批）

表34

项　目　名　称	专业类别	建筑面积（平方米）	施工单位	项目经理
经纬大厦室内装饰工程	房屋建筑	33500	江苏华盛装饰工程有限公司	王泽峰
武进新城市广场（莱蒙城）5-A组团1号、2号房及地下室	房屋建筑	76755	江苏武进建工集团有限公司	李　波
路劲城3B18～21号、6号房及地下车库	房屋建筑	124557	江苏宏大建设集团有限公司	薛剑峰
湖港名城1～3号房及地下车库	房屋建筑	43329	常州二建建设有限公司	霍慧云
常州科教城智能数字产业研发中心土建安装工程	房屋建筑	92298	常州第一建筑集团有限公司	朱秋香
常州恒隆石墨烯新材料科技有限公司一、二车间工程	房屋建筑	27783	江苏滆湖建设发展有限公司	丁玉法
常州机电职业技术学院师生公寓	房屋建筑	17265	金土地建设集团有限公司	梅建虎
星河国际四期七区I标段6～8号房、地下车库及商业S2、S3工程	房屋建筑	68243	江苏武进建工集团有限公司	吴生中
兴勤（常州）电子有限公司制造压敏热敏电阻器厂房建设工程	房屋建筑	47549	苏州中设建设集团有限公司	厉友标
常州交通技师学院新校区二期工程	房屋建筑	42758	常嘉建设集团有限公司	盛德国
星河国际四期七区II标段1～5号房、地下车库及商业S1工程	房屋建筑	107154	江苏成章建设集团有限公司	邵正栋
环太湖艺术城一期22～23号房及地下人防地下室工程	房屋建筑	63352	金坛市尧塘建筑工程有限公司	臧乃樵
紫金城18号房及地下室工程	房屋建筑	28846	江苏武进欣达建设工程有限公司	徐　锋
郑陆镇大宁佳苑一期A区建设工程	房屋建筑	89977	江苏溧阳建设集团有限公司	邱冬平
轨道交通装备项目13号车间、12号变电所工程	房屋建筑	27897	江苏雪湖建设工程有限公司	陈　勇
轨道交通装备项目1～3号车间	房屋建筑	96740	江苏雪湖建设工程有限公司	田　猛

2016 年武进区获省级标准化文明示范工地项目（第二批）

表 35

项　目　名　称	专业类别	建筑面积或工程造价	施 工 单 位	项目经理
江苏省常州高级中学戚墅堰分校宿舍楼和食堂	房屋建筑工程	22674 平方米	常嘉建设集团有限公司	王　凯
星河国际四期一标段 1 ～ 4 号房、S1 号房及地下车库	房屋建筑工程	73347 平方米	江苏成章建设集团有限公司	邵正栋
常州东方新城配套项目小学部	房屋建筑工程	23549 平方米	常州第一建筑集团公司	于洪铨
星河国际四期八区二标段 5 ～ 7 号房、S2 号房及地下室	房屋建筑工程	65441 平方米	江苏武进建工集团有限公司	吴生中
常州市康复医院迁建一期工程内装饰工程（二标段）	装饰装修	3473 万元	常州中泰装饰工程有限公司	薛　姣
常州市康复医院迁建一期工程内装饰工程（一标段）	装饰装修	2655 万元	江苏环亚医用科技集团股份有限公司	杨　波
常州大学武进校区测试实验楼工程	房屋建筑工程	47227 平方米	金土地建设集团有限公司	虞志杰
常州红星爱琴海花园三期及地下车库	房屋建筑工程	99719 平方米	江苏省建筑工程集团有限公司	刘金泉
西太湖揽月路南侧地块高层住宅 D8 号及地下车库工程	房屋建筑工程	17204 平方米	常州二建建设有限公司	付邦彬
环太湖艺术城艺术展览馆布展装饰工程	装饰装修	2302 万元	江苏日臣建设工程有限公司	陈小刚
东城路以西、东方二路以北地块二期开发项目	房屋建筑工程	61479 平方米	常州二建建设有限公司	孟令波
江苏武进出口加工区 E5、E6 仓库建设项目	房屋建筑工程	24496 平方米	常州第一建筑集团有限公司	季洪波
常州市康复医院迁建一期工程	装饰装修	5131 万元	江苏华艺装饰工程有限公司	高兴国
东方新城配套中小学项目	房屋建筑	41820 平方米	常州二建建设有限公司	张明华
瑞声光电科技（常州）有限公司综合楼内装饰装修工程	装饰装修	1535 万元	常州晟昊建设工程有限公司	王颖麒
武进中医医院综合大楼	房屋建筑	58689 平方米	江苏华盛建设工程有限公司	张　敏

2016 年武进区获省级以上建筑工程质量奖情况

表 36

奖　　项	项目名称及内容	施　工　单　位
全国建筑业绿色施工示范工程	竹林路北侧、龙锦路西侧 QL-030333 地块开发项目（一期）	江苏武进建工集团有限公司
	江苏省工人疗养院常州市康复医院迁建一期工程	江苏天启建设有限公司
	常发御龙山三期（古方路南侧 06 地块）	常州市戴溪建筑工程有限公司
2015—2016 年度中国建筑工程装饰奖	常州奔牛机场民航站区改扩建工程	常州市银洲建筑装饰工程有限公司
	武进职工服务中心室内装修改造工程	江苏武进星辰装饰有限公司
	国家检察官学院江苏分院建设项目室内装饰工程	常州中泰装饰工程有限公司
	常州市预防职务犯罪教育基地及保障办案用房项目装饰工程	常州中泰装饰工程有限公司
	常州市武进区新行政服务中心装修工程	常州中泰装饰工程有限公司
	常州市第一人民医院综合病房大楼内装饰工程五标段	常州中泰装饰工程有限公司
AAA 级安全文明标准化工地	江苏省工人疗养院常州市康复医院迁建一期工程	江苏天启建设有限公司
国家电网公司输变电优质工程及创优示范工程	江苏常州顺通 220 千伏变电站工程	江苏成章建设集团有限公司
	江苏常州空港 220 千伏变电站工程	江苏成章建设集团有限公司
	江苏宿迁洋河东 220 千伏变电站	江苏成章建设集团有限公司
	江苏南京通江（玉带）220 千伏变电站	江苏成章建设集团有限公司
	江苏常州长阳 110kV 变电站	江苏成章建设集团有限公司
江苏省“扬子杯”优质工程奖	竹林北路、青龙苑南侧地块开发项目（青龙邻里中心）幕墙工程	常州市银洲建筑装饰工程有限公司
	常州体育运动服务综合楼建设项目	江苏武进建工集团有限公司
	常州市青龙中学校舍安全移建	江苏武进建工集团有限公司
	天润国院花园四、五标段	江苏武进建工集团有限公司
	聚缘公寓一期、二期	江苏武进建工集团有限公司
	常州市河海路改造（晋陵路—东支河）工程	江苏广亚建设集团有限公司
	常州四季青服装城	江苏天启建设有限公司

续表 36

奖　　项	项目名称及内容	施　工　单　位
江苏省“扬子杯”优质工程奖	徐州奥体中心景观 BT 工程	常州第二园林建设工程有限公司
	徐州汉文化景区敞园绿化 BT 工程	常州第二园林建设工程有限公司
	徐州云龙山隧道东入口北侧绿地建设工程	常州第二园林建设工程有限公司
	盛泽会展中心屋顶网架结构工程	江苏常虹钢结构工程有限公司
	延政西路绿化提升工程	江苏恒诺园林建设有限公司
	“八路八口”绿化景观项目	常州青清景观工程有限公司
	常州体育运动服务综合楼建设项目（2 号楼室内装饰工程）	江苏武进星辰装饰有限公司
	青龙邻里中心	江苏成章建设集团有限公司
	飞龙生活区 2 号地块 5 号楼	江苏成章建设集团有限公司
	常州工业 220 千伏变电所	江苏成章建设集团有限公司
	常州市武进区新行政服务中心装修工程	常州中泰装饰工程有限公司
	常州市预防职务犯罪教育基地及保障办案用房项目装饰工程	常州中泰装饰工程有限公司
	江南现代工业研究院科技大厦共享大厅精装修工程	常州中泰装饰工程有限公司
	西太湖国际商务广场（商办综合楼）	江苏华盛建设工程有限公司
	武进西太湖牛津国际公学	江苏华盛建设工程有限公司
	嬉戏谷皇冠酒店（土建）	江苏华盛建设工程有限公司
	西太湖国际商务广场（商办综合楼）	江苏华盛装饰工程有限公司
	嬉戏谷皇冠酒店（装饰）	江苏华盛装饰工程有限公司
	花博会雅集园内装饰工程	江苏华盛装饰工程有限公司
	武进西太湖牛津国际公学	江苏华盛装饰工程有限公司
	武进区洛阳初级中学二标（食堂、教学实验楼）	常州市戴溪建筑工程有限公司
	常发豪庭花园二期工程二标段 5 号、9 号、12 号和商业 B、C 及人防地下车库，一标段 1 号、2 号、6 号及人防地下车库	常州市戴溪建筑工程有限公司
江苏省建筑业新技术应用示范工程	常州工学院北部新城新校区一期建设工程（三标段）	江苏成章建设集团有限公司
	洪庄机械厂及周边地块开发项目一标段工程	江苏成章建设集团有限公司
	常州绿城玉兰广场 B 地块工程（二标段）	江苏成章建设集团有限公司
省住房保障和保障性安居工程建设劳动竞赛优秀工程	龙湖美景二标段	江苏天启建设有限公司
江苏省交通厅优质工程	金坛市延政西路西延新建工程	江苏广亚建设集团有限公司

房地产开发

【概　况】 2016 年，全区申报房地产开发企业 77 家，其中延期换证资质企业 64 家，分别比上年减少 39 家和 50 家。新申报资质企业 4 家，比上年增加 2 家。年末，有资质一级企业 6 家、资质二级企业 7 家、暂二级企业 58 家、暂三级企业 6 家。全年完成房地产投资 120.18 亿元，下降 24.5%；新开工面积 133.3 万平方米，其中，新开工住宅面积 97.56 万平米，增长 14.8%。商品房竣工验收交付项目 51 个，面积 301 万平方米。全年商品房成交量 314.68 万平方米，增长 39.28%。其中，住宅成交面积 252.43 万平方米，增长 36.56%。商品房销售额 218.60 亿元，增长 48.12%。其中，住宅销售额 181.17 亿元，增长 48.04%；商品房销售均价 6947 元 / 平方米，增长 6.35%。住宅销售均价 7177 元 / 平方米，增长 8.41%。批准预售（市场新增供应商品房）面积 204.66 万平方米，增长 27.23%。中心城区批准预售面积 116.35 万平方米，增长 6.55%。中心城区商品房成交面积 207.28 万平方米，增长 14.80%。其中，住宅销售面积 162.65 万平方米，增长 8.46%；商品房销售额 152.08 亿元，增长 25.25%。其中，住宅销售额 124.44 亿元，增长 21.45%；商品房销售均价 7337 元 / 平方米，增长 9.10%。其中，住宅销售均价 7651 元 / 平方米，增长 11.99%。

【房产健康工程】 2016 年，区住建部门按照“去库存、防风险、保稳定”的总体目标，加强房地产市场监管，规范经营秩序，加强风险防范，持续推动全区房地产行业健康有序发展。推行房地产企业诚信体系建设，采集企业依法经营、社会贡献、楼盘品质、营销宣传、项目管理、后期服务等信息，作为房地产市场等级评定、公布、奖罚的依据。推行商品房售楼说明书制度，规范经营行为，加强商品房预售管理，保障消费者知情

表 37

2016 年武进中心城区商品住宅销售前十名情况

楼盘名称	开 发 单 位	销售面积（万平方米）	销售量（套）	销售金额（亿元）	销售均价（元 / 平方米）
星河城市花园	常州星河协通房地产开发有限公司	20.79	1650	17.36	8352
绿城玉兰广场	常州绿城置业有限公司	17.26	1070	14.55	8428
路劲城	常州路劲房地产开发有限公司	16.05	1391	11.81	7356
魅力之城	常州万科房地产有限公司	9.60	834	7.28	7578
新城帝景花园	常州万方新城房地产开发有限公司	7.88	389	11.44	14515
红星爱琴海花园	常州红星美凯龙置业有限公司	6.14	501	3.71	6035
紫廷名苑	常州滨湖房地产开发有限公司	6.07	533	4.07	6702
龙涛 · 香榭丽园	常州龙涛房地产开发有限公司	5.33	487	3.01	5645
翡丽湾花苑	常州侨裕溪湖房地产开发有限公司	5.18	216	6.62	12763
香颂花园	常州绿地香颂置业有限公司	5.15	460	3.06	5934

权，减少信息不对称引起的矛盾纠纷。实行预警预报，加强风险排查，根据开发项目的销售情况、社会舆论、资金链等情况，建立预警预报机制，加强风险评估和排查。对存在风险的项目，及时上报，加强预售资金监管。规范房地产市场秩序，下半年根据常州市房地产业发展与房地产市场联席会议文件精神，部署和开展房地产开发经营行为专项检查。10—11 月，根据中央、省、市房地产工作会议精神，开展全区房地产市场经营秩序大检查，规范房地产开发经营行为，保持房地产市场健康平稳有序发展。加强调研，做好市场分析，召开房地产项目推进存在问题座谈会，全面了解房地产市场动态，查找存在问题，分析把握市场走势并形成报告。加强舆论引导，做好客观宣传，正确把握房地产新闻舆论导向，关注和回应房地产新闻舆情，准确披露市场交易信息，全面客观反映市场动态，引导市场理性投资和消费，提振市场信心。

【常州龙德置业破产清算】 2016 年 5 月 7 日，武进区人民法院受理常州龙德置业有限公司破产清算案，同时接受购房者债权申报。常州市龙德置业有限公司隶属于润地利房地产投资集团有限公司，在江苏开发超高层建筑有南通环球 238、常州环球 308、常熟环球 268、无锡环球 258、苏州环球 188 等项目。该公司在武进区开发项目常州龙德花园，位于常武路与长虹路交汇处，总建筑面积 51 万平方米。常州龙德花园（楼盘）最早开盘时间为 2011 年 10 月，成交商品房 1510 套、面积 18.8 万平方米，成交均价 5828 元 / 平方米。该项目一期开盘预售合同约定 2013 年 10 月 31 日交付，最终延期至 2014 年 1 月交付（配套停车场无法使用）。项目二期产品为大平层（房屋面积 180 ～ 240 平方米），约定交付日期 2014 年 6 月 30 日，延期半年时间交付（配套设施水、电、电梯等无法使用）。常州龙德花园破产事件引起一系列群众上访，市、区相关部门全力应对，要求相关部门根据楼盘价格、销量、产品三大指标，每月制作常州楼盘最新购买评级，提示购房者理性、客观地选择楼盘。年内，区住建局配合开展常州龙德花园项目破产清算，核查已售房屋合同备案情况，参与制订破产财产拍卖和复工监管方案、税费清理及后期工程复工有关手续办理情况摸底排查，负责招募竞拍开发企业，与规划部门探讨规划方案调整的可行性，推动破产事件稳妥解决。

【新城 · 帝景小区建设】 新城 · 帝景小区位于花园街核心板块，是新城控股股份有限公司于 2013 年启动开发的豪宅项目之一，小区设高端住宅区、稀缺别墅区和商务行政区三部分，配备五星级希尔顿酒店、高档写字楼和国际公寓，产品形态丰富，是集顶级住宅、超五星豪华酒店、顶级中心别墅、商业办公于一体的大规模综合体。该项目包括高层建筑 14 幢、别墅 18 幢（52 户）以及希尔顿酒店 1 幢、商业楼 2 幢，占地面积 12.6 万平方米，总建筑面积 45 万平方米。其中，别墅单位面积约 370 平方米，精装高层住宅户型面积为 90 平方米至 260 平方米。2016 年，该项目作为新城地产顶级的房地产开发项目，成为常州豪宅领头代表。

【万科 · 柏悦湾花园楼盘】 柏悦湾花园项目由常州万科房地产有限公司开发，位于武进区滆湖中路南侧、长沟河西侧，占地面积 9.38 万平方米，总建筑面积 29.95 万平方米，包括高层建筑 9 幢、小高层建筑 9 幢及部分商业配套项目，项目周边区域环境良好，商业配套齐全。2016 年，该项目开盘 G1 ～ G4 号 4 幢高层住宅，销售面积 95995.16 平方米，销售套数 751 套，销售金额 7.27 亿元。

（冷　阅）

房地产和建筑企业选介

【常州万科房地产有限公司】 该公司成立于 2014 年，注册资金 5 亿元。开发的柏悦湾花园项目是万科集团首个进驻常州市场项目，位于武进区滆湖中路南侧、长沟河西侧，占地面积 9.38 万平方米，总建筑面积 29.95 万平方米。项目包括高层 9 幢、小高层 9 幢及部分商业配套。项目所在地块开发条件成熟，周边生活区域环境总体良好，配套齐全。2016 年，柏悦湾花园项目开工建设 1439 户、面积 21 万平方米，完成销售 1390 户、面积 20.5 万平方米。

【常州星河协通房地产开发有限公司】 该公司属星河集团全资子公司，成立于

2009年，主营房地产开发与经营，为常州市武进房地产业商会理事单位。开发的星河城市花园项目位于武进区武宜路板块，总占地面积70万平方米，建筑总面积220万平方米。整个地块分五期开发，项目建成为武进区中高端住宅聚集地，配套设施有购物中心、星河小学、武进区机关幼儿园等。2016年8月6日，商业体项目星河国际风情广场和麦德龙超市开业。星河国际五期（九颂）开工建设，由3条自然河流水系环抱，整个组团规划高层建筑8幢。年内，实现销售额20亿元。

【江苏新城地产股份有限公司】 该公司属于新城地产（集团）股份有限公司，从事开发运营优质住宅物业和城市综合体项目。2016年，该公司拥有中高层管理人员600多人，房地产集团职工总数超过4500人。新城控股开发项目涉及上海、苏州、无锡、常州、南京、杭州、镇江、长沙及武汉9个重点城市，开发和正在开发项目达80余个。

【路劲地产集团常州公司】 该公司属于路劲地产集团，成立于2005年，开发房地产项目包括路劲天隽峰、路劲御城、路劲又一城、路劲城、钟楼区西林地块、钟楼区压南地块6个项目。路劲天隽峰项目位于武进中心城区，占地面积13万平方米，建筑面积40万平方米，社区配套成熟、文化氛围浓厚，是武进高端社区的标杆。路劲御城项目位于武进中心城区，占地面积50万平方米，建筑面积90万平方米。2016年，路劲城项目实现销售额11.81亿元，御城项目实现销售额0.83亿元。

【江苏武进建工集团有限公司】 原为江苏武进建筑安装工程有限公司，2012年9月组建集团公司，投资控股常州金建混凝土有限公司、常州市武建投资有限公司、常州武建项目管理有限公司、常州武建建筑科技有限公司4家子公司，注册资本3亿元。具备房屋建筑工程、市政公用工程施工总承包一级资质，电力工程施工总承包三级资质，地基与基础工程、机电设备安装工程专业承包一级资质，消防设施工程、钢结构工程、建筑装修装饰工程专业承包二级资质，以及五级电力承装设施许可证和对外签约权。2016年，该公司创成国家绿色施工示范工程1项、江苏省“扬子杯”奖工程4项、常州市“金龙杯”奖工程8项，以及省级标准化文明示范工地13个、市级文明工地5个、获全国“守合同重信用企业”“AAA级信用企业”“江苏省文明单位”、常州市“房地产和建筑业四星明星企业”等称号，完成建安产值30.26亿元，实现销售总额33.64亿元、利税1.87亿元。

【江苏成章建设集团有限公司】 该公司成立于1969年，具有房屋建筑工程施工总承包一级、园林古建筑工程专业承包一级、建筑装修装饰工程专业承包二级、机电设备安装工程专业承包二级、市政公用工程施工总承包三级、消防设施工程专业承包二级、送变电工程专业承包三级、施工劳务不分等级资质。拥有在册职工8000多人，具有各类国家注册人员50多人，中、高级技术及技经人员近千人；拥有大型施工机械近250台套，具有300万平方米建筑面积的年施工能力。获江苏省“扬子杯”优质奖3项、常州市“金龙杯”优质奖12项，江苏省建筑施工标准化文明工地6项、常州市文明工地4项。2016年，该公司签订合同额29.9亿元，年产值超30亿元。

星河集团开展业主联谊活动　　供稿/星河地产公司

【江苏武进星辰装饰有限公司】 该公司创建于1993年，具有国家建筑装修装饰工程专业承包一级资质、建筑装饰工程设计甲级资质、展览陈列工程设计与施工一级资质，以室内外装饰为主，集建筑幕墙、钢结构、建筑智能化、机电设备安装、消防、灯光照明、园林绿化、古建等于一体的专业化装饰企业。多年保持银行资信等级和企业信用（合同）等级“AAA”级标准，被评为“江苏省优秀装饰企业”“常州市优秀建筑装饰企业”“常州市工程质量管理先进单位”“常州市武进区十佳企业”。2016年，该公司创建国优工程1个、省优工程1个、市优工程1个和省文明工地2个、市文明工地3个，全年实现销售总额2.08亿元、利税1000多万元。

【江苏常虹钢结构工程有限公司】 该公司主要从事钢结构、桁架结构、网架结构、压型钢板、铝镁锰板的设计与施工，具备钢结构专项工程设计甲级资质，钢结构工程专业承包一级资质。具备相当规模的钢结构产品生产能力，形成在超重（型）钢结构、大口径钢管结构、大型箱梁结构、大跨网架结构、索结构、异形和曲面结构的稳定生产能力，部分异形结构产品市场竞争力高。施工的“常州紫荆公园景观塔钢结构工程”获2011年中国钢结构金奖(国家优质工程)。“盛泽会展中心屋顶网架结构工程”获2015年度江苏省优质工程奖“扬子杯”。该公司施工的工程获中国建筑钢结构金奖7项、鲁班奖2项、扬子杯2项、西湖杯2项。2016年,该公司完成产值2.8亿元,销售收入2.78亿元,实现利税1395万元。

（冷　阅）

（栏目编辑　周小红）

金融

综　　述

【概　况】 2016年，武进区加快金融改革创新，进一步健全金融创新体系，加快企业转型升级，缓解中小企业融资难题。区政府出台《关于促进企业加快利用资本市场实现转型发展的意见》《关于进一步加快融资性担保行业发展的意见》和《关于加快推进风创投发展的意见》3个文件，鼓励全区资本市场转型和融资担保行业、风险创业投资发展，为金融政策和金融体系创新提供制度保障。区金融部门完善和创新企业转贷方式，切实帮助中小微企业解决到期银行贷款转贷资金周转困难。探索开展土地承包经营权、农村住房财产权“两权”试点，强化金融服务“三农”（农村、农业、农民）的保障措施。加快科技金融集聚区建设，启动编制《武进科技金融合作创新总体规划》，增设武进科技金融集聚平台（武进科技金融中心），促进高新技术企业创建和高新技术成果转化。

金融机构网络健全　加快推进科技金融集聚区建设，高标准编制武进科技金融集聚区总体规划，吸引各类金融机构入驻，着力打造金融与科技紧密结合、股权融资与债权融资同步放大、科技担保与风险补偿相互支持的区域科技金融中心。6月，武进科技金融中心在经纬大厦挂牌。年内，新设金融分支机构8家、引进基金18个。至年末，全区有银行业金融机构23家、基金94个，其中商业银行市级分行4家；保险支公司15家、小贷公司12家、融资性担保公司7家、典当行10家、证券分公司和证券营业部13家、风创投公司93家、融资租赁公司3家，形成涵盖广泛、功能完备的金融网络体系。

担保体系完善　出台加快融资性担保行业发展的意见，设立中小企业融资扶持基金和武进再担保公司风险补偿基金，完善再担保机制，增强担保能力，切实解决企业贷款担保难、融资成本高等问题。全年担保机构注册资本12.7亿元，在保责任余额26.5亿元。

11月8日，常州神力电机股份有限公司在上交所上市　　供稿 / 区金融办

保障发展能力提升　全年存贷规模稳中有升，金融机构本外币各项存款2453.34亿元，比年初增加290.96亿元，增长13.5%；本外币各项贷款余额1839.03亿元，比年初增加300.09亿元，增长19.5%。信贷重点更加突出，各金融机构围绕全区产业发展、项目建设，及时调整资金投放取向、投放重点、投放方式，优化信贷结构。全区银行业金融机构短期贷款余额852亿元，增长2.5%，满足了制造业企业的短期资金需求；中长期贷款余额904亿元，增长40.8%，增速远高于短期贷款增速，制造业贷款487亿元。产业基金高效运行，扩大产业基金发展规模，实行专业化管理、市场化运营，充分发挥基金的引导和杠杆作用，推动产业迈向中高端水平。新兴产业发展基金签约基金8家，累计撬动社会资本14亿元。设立总规模100亿元的中以创新发展基金。

企业上市梯队壮大　区金融部门开展现场推进会、讲座培训、资本对接、现场调研等，逐镇逐企开展企业上市和挂牌业务培训，宣传企业股份制改革和上市挂牌优势，鼓励和引导企业积极利用资本市场做大做强。健全企业上市挂牌月报制度，畅通股改上市绿色通道，帮助企业及时解决土地、房产、税务、环保、社保等问题，切实加快企业股改上市进程。区政府把企业股份制改革、

表 38

2016 年武进区银行业金融机构网点情况

机构名称	支行（分行）		机构名称	支行（分行）	
	机构（个）	人员（人）		机构（个）	人员（人）
工商银行	15	204	兴业银行	2	31
农业银行	31	478	民生银行	4	40
中国银行	15	282	江苏银行	5	94
建设银行	30	440	南京银行（分行）	5	211
交通银行	7	85	苏州银行（分行）	4	74
中信银行	1	22	上海银行（分行）	1	48
光大银行	2	23	农发银行	1	20
华夏银行	3	59	江南银行	61	680
广发银行	1	17	邮储银行	39	228
平安银行	2	21	建信银行	1	23
招商银行	1	23	江阴银行（分行）	1	40
浦发银行	1	20	合　计	233	3163

说明：建设银行机构含分理处，邮储银行机构含储蓄所

上市挂牌工作纳入镇（开发区）年度工作目标和综合考核范围，分解目标任务，定期组织督查，严格考核奖惩，形成各方推进企业股改上市挂牌的合力。全年新增主板上市企业 3 家、“新三板”挂牌企业 14 家、完成股改企业 27 家，全区上市企业累计 20 家，累计募集资金 191 亿元。

金融服务水平提升　深入推进银企对接，开展“双创”融资推介会暨金融支持实体经济发展对接会，发布《金融支持实体经济发展倡议书》，现场签约金额 26.7 亿元，新增授信 173 亿元，授信意向 32 亿元。探索开展土地承包经营权、农村住房财产权“两权”抵押试点。出台《武进区农民住房财产权抵押贷款试点工作方案》《武进区农民住房财产权抵押贷款试点办法（试行）》和《武进区农民住房财产权抵押贷款风险共担机制试行办法》，强化金融服务“三农”的保障措施。全年发放农村土地承包经营权抵押贷款 19 笔、农房抵押贷款 15 笔，累计金额分别为 1185 万元、3442 万元。助推“税 e 贷”“创业贷”“资托贷”等金融创新产品，支持优势特色产业和科技创新项目发展，满足中小企业多元化融资需求。全区金融机构创新类贷款余额 255.39 亿元，当年发生金融产品创新金额 145.55 亿元。

金融生态环境良好　完善应急转贷资金运作方式，实行专户管理、专款专用、独立核算、封闭运行，确保企业资金周转顺畅、运行安全。全区应急转贷资金运行平稳，办理应急转贷资金 88 笔，受惠企业 40 家，解决企业融资需求 26.5 亿元。防范互联网金融风险，按照“摸清家底、科学甄别、依法监管、有序发展”的总体要求，全面摸底排查，分类清理整顿，扎实开展互联网金融风险整治，促进互联网经济和金融产业规范、有序、健康发展。依法打击非法集资、地下钱庄、地下保单等非法金融活动，稳妥处置企业互保圈问题，有效防范金融风险蔓延，全力维护金融生态环境。全区本外币不良贷款率（按五级分类）较年初下降 0.07 个百分点。2016 年，武进区被认定为省级金融生态环境建设优良区。

【武进科技金融中心成立】 6 月，区政府将经纬大厦定位为武进科技金融集聚平台，设立武进科技金融中心。该科技金融中心主要围绕科技金融集聚区和双创区域示范基地建设，集聚银行、保险、证券、基金、担保、小贷、融资租赁、典当等金融和类金融机构。年内，经纬大厦入驻国经公司（江苏国经控股集团有限公司）、高新担保（常州市武进高新技术投资担保有限公司）、和正农贷（常州市武进区和正农村小额贷款股份有限公司）、国润融资租赁（江苏国润融资租赁有限公司）等金融和类金融机构 8 家。

【小贷公司和再担保公司稳健发展】 2016 年，全区 12 家小贷公司注册资本 25.07 亿元，贷款余额 30.81 亿元，累计放贷（简称累放）46.64 亿元，累放客户 623 户，资金平均年化利率控制在 15%，服务“三农”比例 100%。江苏武进信用再担保有限公司发挥机制优势，提供融资担保中小企业 168 家，缓解区域中小企业融资难问题，推动科技创新发挥积极作用，累计实现公司直保业务余额 13.13 亿元，累计担保规模 51.66 亿元，在保规模居全常州市第一。

武进科技金融中心大楼　　供稿 / 区国经公司

【企业上市融资】 2016年，全区新增上市企业3家，分别为常州快克锡焊股份有限公司（快克股份，603203）于11月8日在上海证券交易所上市，常州神力电机股份有限公司（神力股份，603819）于11月25日在上海证券交易所上市，南方通信控股有限公司（南方通信，HK1617）于12月12日在香港联合证券交易所上市。至年末，有上市企业20家。区金融部门推进企业上市同时，引导创新型中小企业开展三板市场融资。年内，在"新三板"挂牌铭赛科技、山由帝奥、泰瑞新材、中盈高科、宏达数控、华丽股份、永盛装备、莱宝电力、欧瑞电气、金石股份、汉邦塑料、中汽高科、明及电气、易肌雪等企业14家，累计"新三板"挂牌企业28家，其中第六元素进入创新层。

【企业直接债务融资新增208亿元】 2016年，武进区拓展企业直接债务融资渠道，扩大直接融资规模，新增企业直接债务融资额208亿元。其中，新城控股等7家企业发行公司债券159亿元，新誉集团等3家企业发行短融、中票、PPN完成融资48亿元，常州市雪堰雪湖投资开发有限公司发行私募债券1亿元。至年末，全区直接债务融资累计526亿元。

【风险创业投资】 2016年，武进区新增常州烯碳石墨烯新材料投资合伙企业（有限合伙）等创业投资（股权投资）机构18家，新增创业投资资金56亿元。年末，有风险创业投资（股权投资）机构93家，创业投资资本155亿元。据不完全统计，全区企业引进风险创业投资（股权投资）资金超3亿元，累计引进风险创业投资（股权投资）资金超58亿元。年内，武进区新兴产业发展基金以母子基金形式设立总规模80亿元，签约并运行子基金7个和直投项目1个，在谈基金10余个，产业基金投资1.7亿元，共计投资项目近40个，撬动社会总资本14亿元。

（马　先）

银　行

【概　况】 2016年，武进区新增银行机构1家，江阴银行常州分行于12月21日在常武北路181号开业。至年末，全区有各类银行支行（分行）24家，拥有银行分支机构233家，在册从业人员3163人。

人民银行武进支行坚持金融服务实体经济发展的本质要求，调整优化信贷投放和结构，加强政策宣传和引导，大力助推银企合作，全面支持供给侧结构性改革。制定《武进区金融系统目标考核办法》和《武进区货币信贷窗口指导意见》，围绕"三去一降一补"（去产能、库存、杠杆，降成本，补短板）要求，优化信贷结构，支持制造业发展。支持转型升级、技术改造和科技创新等项目投放，进一步拓宽"双创"（创业、创新）主体、小微企业和"三农"等薄弱环节融资渠道，在省内率先出台《关于金融支持武进区"大众创业、万众创新"工作的指导意见》，做到抓大不放小，保障实体经济发展。着力促进政银企多方合作共赢，召开"双创"融资推介会暨金融支持实体经济发展对接会，工商银行武进支行等13家金融机构与今创集团、瑞声科技等15家企业签约金额26.7亿元，新增授信173亿元，授信意向32亿元。年末，各金融机构本外币各项存款余额2453.34亿元，比年初增加290.96亿元，增长13.46%。人民币单位存款余额1337.02亿元，比年初增加207.66亿元，增长18.39%；人民币个人存款余额992.93亿元，比年初增加79.80亿元，增长8.74%。本外币各项贷款余额1839.03亿元，比年初增加300.09亿元，增长19.5%。全年各金融机构票据融资余额80.83亿元，比年初增加16.86亿元，增长26.36%。各银行本外币存、贷款余额比例74.96%，比年初上升3.79个百分点。全辖区本外币不良贷款（五级分类）余额22.78亿元，比年初增加2.71亿元，不良贷款率1.24%，较年初下降0.07个百分点。全年银行结益44.48亿元，增长24.1%。

经理国库　夯实国库会计核算基础，提高国库资金使用效率。办理预算收入入库369.24亿元，增长11.86%；办理拨款支出363.34亿元，增长16.67%；直接支付29.43亿元、授权支付11.62亿元。稳妥推进"三证合一"登记改革，办理核准类账户的开立、变更、撤销等业务26420份。督促江南银行加强农村金融综合服务站建设和金融风险教育，实现金融综合服务站在辖区行政村全覆盖，推进普惠金融发展。

征信建设　推进农户信用档案建设，会同区委农工办建立新型农业经营主体信用信息系统，组建科学规范的评价指标体系与评分标准。开展企业信用信息和个人信用信息查询，以及异议处理等咨询服务，提供企业和个人查询信用报告18707笔，办理机构信用代码证7874张。

外汇管理　围绕"扩流入、控流出、防风险、促平衡"的重点，加大流出端监管力度，服务地方外汇型经济发展。及时向各商业银行传导政策要求，建立大额购付汇监测与异常购汇约谈机制，

3月28日，金融生态环境建设工作会议在金色南都大酒店召开　供稿／区人民银行

有序开展专项核查和现场检查。强化统计监测，强化事中、事后管理，完善非现场监测和现场核查。严肃查处外汇违规行为，取得“扩流入、控流出”的显著成效，办理结售汇 50.26 亿美元，实现结售汇顺差 40.06 亿美元。

（郭 芸）

【工商银行武进支行】 2016 年，该支行有营业部 1 个、二级支行 14 个、离行式自助银行 4 个，有员工 204 人。该支行加快渠道建设转型，创建总行五星级网点 1 家、四星级网点 3 家，实现全功能智能设备全覆盖，客户体验和服务效率全面提升。紧跟“互联网 +”提供互联网金融服务，新增融 e 购电商平台商户 4 个、融 e 行手机银行用户 3.17 万个、e 支付移动支付用户 2.5 万个。成立大客户中心武进分中心，完成信贷经营架构调整，实现客户分层分类精准维护。推进信贷结构调整，加大居民消费金融需求支持力度，个人贷款新增 6.23 亿元，资金增量实现跨越式发展。扶持创新创业企业，为 19 家小微企业提供“小微创业贷”5584 万元。支持政府类项目 6 个、融资 18.63 亿元，完成品牌投行类业务 2 单、融资 4.9 亿元。通过内保外贷支持先进制造业客户完成境外标的收购，审批完成常州市武进城建园林绿化有限公司债务置换基金项目 20 亿元。年末，各项存款余额 153 亿元，较年初增加 10.76 亿元。其中，个人存款 46.4 亿元，公司存款 106.6 亿元。各项贷款余额 153.55 亿元，较年初增加 16.61 亿元。其中，个人贷款 20.3 亿元，公司贷款 132.8 亿元。是年，该支行取得市分行年度综合考评第一名，获江苏分行精品城区支行称号。

（卞仲华）

【农业银行武进支行】 自 2016 年 4 月 1 日起，农业银行武进支行所辖 6 家网点（横山桥、芙蓉、遥观、崔桥、横林、剑湖新街支行）划归常州经开区支行管理。至年末，武进支行有营业网点 31 个，员工 478 人。推进商业银行升级版建设，提升小微企业和“三农”服务水平，获批小微企业新客户 78 个，投放资金 3.35 亿元。发放全市首笔农房财产权抵押贷款，新增投放农户贷款 2085 万元。签约“三农”联络员 139 人，比年初增加 117 人，实现 117 个行政村联络员全覆盖。增强综合营销服务能力，拓展武南水利、东方水务等重点项目 7 个，放贷金额 27.8 亿元，累计发放贷款 17.5 亿元，比年初增加 2.91 亿元，数量和体量均创历史新高。信贷非低风险法人客户年末总量 317 个、比年初增加 49 个。新开人民币对公账户 1662 个、外汇结算户 113 个，新开资本金账户 28 个，居武进区四大银行（工商银行、农业银行、中国银行、建设银行）首位。新发社保卡用户 5.45 万张，社保卡用户总量达 27.57 万张。推进业务创新转型，推广“苏微贷”“苏科贷”“金政通”等特色产品，获批“苏微贷”客户 26 个，投放金额 8150 万元；获批“苏科贷”客户 7 个，贷款余额 1580 万元，较年初新增贷款 500 万元。掌上银行活跃客户增加 5.68 万个，总量突破 32 万个；新发放信用卡 14435 张，新增信用卡有效客户 11720 个，发卡量及客户新增量均创历年新高，全年信用卡分期业务金额 2.2 亿元。网点转型从员工思想理念、网点服务环境、产品营销行为等多层并进，推进柜面劳动组合优化，转岗到营销岗位 31 人次，员工工作主动性、营销业绩及网点厅堂环境均发生积极变化。年末，各项存款余额 282 亿元，比年初增加 19.6 亿元，总量、增量均居武进区四大行首位。其中，人民币个人存款余额 163.42 亿元，比年初增加 12.65 亿元；人民币对公存款余额 107.22 亿元，比年初增加 11.7 亿元。本外币贷款余额 178.19 亿元，比年初增加 7.78 亿元。其中，个人贷款余额 65.47 亿元，增量 11.4 亿元，总量、增量均居武进区四大行首位。农业银行武进支行被评为江苏省文明单位，获全省“超柜营销英雄榜”前 5 名中 4 席，礼嘉支行被评为江苏银行业普惠金融文明规范服务五星级营业网点、省农业银行系统“最美网点”。

（王佳丽）

【中国银行武进支行】 2016 年，该支行有内设部门 3 个、营业部 1 个，辖营业网点 14 个、自助银行 4 个，离行式自助区 9 个，员工 282 人。该支行立足区域经济，优化金融服务，加强风险管理，取得经营发展明显成效。配合武南新农村建设项目、武进新孟河延伸拓浚项目、恒立液压等重点项目实施，发挥中行外汇、贸易金融及资金业务优势，叙做人民币 LPR 利率掉期业务，单笔最大金额 4.5 亿元。叙做海外协议融资和损益上限远期产品，有效支持企业发展。扩大惠民服务领域，联合民政、人武部门推出拥军卡，实现新入伍军人保障卡全覆盖。建成农村金融综合服务站 2 家，分别在前黄镇灵台村和雪堰镇雪东村开业。年末，本外币一般性日均存款余额 139.82 亿元，新增 10.54 亿元；本外币存款时点余额 141.20 亿元，新增 7.47 亿元；负债业务增势良好，占武进区四大银行比重 16.72%。本外币贷款时点余额 94.34 亿元，新增 9.99 亿元。其中，公司贷款增加 4.42 亿元、零售贷款增加 5.57 亿元。资产业务稳定增长，占武进区四大银行

金融消费者权益保护宣传活动 供稿 / 区人民银行

市场份额 15.21%。是年，中国银行武进支行营业部创成中国银行业文明规范服务千佳示范单位，支行营业部和湖塘支行分别创成省分行青年文明号，湟里支行创成江苏银行业普惠金融文明规范服务五星级营业网点，湟里支行和珠光路支行分别创成市级巾帼文明岗。

（朱吟倩）

【建设银行武进支行】 2016年年末，该支行有经营中心2个和营业部1个，辖营业网点30个，有员工440人。11月14日，牛塘支行迁至牛塘镇湖滨新街1号。年内，新设三河口、常州大学城离行式自助银行2个，更新老旧设备1台，增设存取款一体机13台。建设银行武进支行夯实发展基础，加快推进业务转型，各项业务整体成绩显著，市场竞争力与员工素质得到全面提升。业务创新实现多项总行和省（市）分行首单：操作省内首笔商票配套人民币CCS业务、创新类净值型理财产品和“智选汇盈”养老保障产品，全省首台离行式企业自助服务终端上线，推出常州市首家全自动保管箱业务，办理常州分行首单民营企业无追索权融资租赁保理、政付通、境外放款、福费廷自营、跨境融资性风参及美元互换盈业务，与南非约翰内斯堡分行合作完成首笔内保外贷业务，实现建设银行总行系统内单一年金计划四项全资格的首单突破。推进投放资产收益权理财产品置换政府存量债务52.7亿元，依托省分行“政付通”产品储备贷款项目16.1亿元。个贷业务实现新跨越，突出推广“快贷”及信用卡分期等个人生活消费类资产业务。9月，个人住房贷款收件量达24364万元，创单月历史新高。持续推进“双增双减”方案，增加智慧柜员机64台，分流简单低效业务；增设离行式自助银行2个，安装支付电话170个，降低结算账户沉淀资金。网点经营转型成效明显，潘家支行被评为省银协普惠金融乡镇网点文明规范服务“五星级”网点。至年末，一般性存款余额255亿元，增加6.66亿元。其中，个人存款余额135亿元，增加1.78亿元；企业存款余额120亿元，增加4.88亿元。各项贷款余额194亿元，增加8.25亿元。建设银行武进支行获“旺季个人业务综合贡献奖”“个人高端客户拓展突出贡献奖”“2013—2015年度江苏省文明单位”“2015—2016年省分行企业文化建设先进单位”等称号。

（季秋洁）

【交通银行武进支行】 2016年，该支行辖营业网点7个，配套自助银行7个、存取款一体机28台，有员工85人。12月，常州科教城科技支行网点撤销。年内，该支行聚焦“利润稳健增长、质量基本稳定、案件防控取得新成效”三大目标，以“风险管理、息差管理、成本管理”为重点，实行改革促转型，以转型促发展，推动各项工作迈上新台阶。有效落实“推项目、育客户、控风险、抓队伍”等措施，取得较好成绩。年末，人民币各项存款余额628465万元，外币存款余额3952万美元；人民币各项贷款余额643837万元，不良资产率2.72%；国际结算量87994万美元；利润16706万元。

（周冬英）

9月27日，“双创”银企对接会议在区行政中心举办　　供稿／区人民银行

【农业发展银行武进区支行】 2016年，该支行坚持做精做细传统业务，拓展涉农领域，支持农业产业新格局，同时发展中长期业务弥补传统业务萎缩影响。全年支持常州奔牛国家粮食储备库县级储备粮贷款5530万元，轮入县级储备小麦868万千克、粳稻1132万千克，支持中央储备粮常州直属库国家临储油脂贷款2.79亿元，移入国家临储油脂659.5万千克，确保2016年度秋粮托市收购，收购托市小麦7364万千克、粳稻2740万千克。支持企业自营粮食收购，发放购销贸易企业粳稻收购贷款2257.5万元，收购粳稻758.62万千克。全年担保贷款占比为74%，对应存量抵质押贷款的抵押使用率42%。年末，各项贷款余额57.27亿元，增幅28%；各项存款余额11.55亿元，增幅29%；实现账面利润9042万元。全年获批金武路改建工程（武进嘉泽段）、常州经开区水系整治工程和雪堰镇新镇区安置房（一期）建设工程3个项目，贷款额分别为5亿元，50亿元和4.5亿元。

（徐　斌）

【江苏银行武进支行】 2016年，该支行辖经营性支行4个、社区支行1个，有员工94人。该支行围绕“增效益、控风险、上台阶”的总体要求，确立横向提升、纵向进位的目标，注重提高市场份额、推进业务转型、深化内部改革，通过协调配置信贷资源和优化信贷结构，聚焦重点项目、重大工程、重点领域，发展普惠金融、绿色金融、科技金融、民生金融，加强金融对实体经济特别是制造业发展的支持与服务。全年利用自贸区渠道优势、流程优势、效率优势，实现跨境业务量4.28亿美元、资本金3673万美元。持续强化科技支行力量，武高新科技合作平台搭建成功，伟驰债权融资计划成为常州分行首笔投行创新债券产品。加快网点布局调整先行先试，社区支行、长虹路支行加速网点功能转型。至年末，本外币各项存款余额68.53亿

元，比年初增加11.17亿元；本外币各项贷款余额39.57亿元，较年初减少0.90亿元。因消化临时贷款、压缩退出及不良出表等因素，实际新增投放贷款额近10亿元。

（李　华）

【招商银行武进支行】 2016年，该支行在武进辖区设置武进支行网点1个，设自助银行3个、存取款一体机1台，有正式员工23人。按照“轻型银行、一体两翼”的战略转型目标，坚持以客群建设为中心，大力发展零售业务，全面推进资管业务，做大做强做优资产业务和新兴融资业务，实现银行信用风险和合规管理水平提升。至年末，人民币自营存款余额25.21亿元，其中，公司存款余额20.56亿元，居民储蓄存款余额4.65亿元；自营贷款余额17.57亿元，其中，对公一般性贷款13.67亿元，个人贷款3.9亿元。武进支行获2016年度招商银行系统“全国青年文明号”称号。

（庄　倧）

【华夏银行武进支行】 2016年，该支行辖二级支行、社区支行各1家。该支行实施“中小企业金融服务商”战略，丰富“华夏服务”品牌内涵，推进经营转型和结构优化，坚持依法合规经营，持续提升服务品质，经营业绩实现稳步增长。完成武进淹城投资公司50亿元城镇化产业基金项目，推进春秋淹城3.5亿元融资租赁和武进高新区城镇化产业基金项目，做好农博园、绿建区等平台发债衔接项目。年末，各项存款余额43.31亿元，比年初新增5.75亿元；各项贷款余额77.46亿元，其中个人贷款余额3.79亿元。支行营业部获中国银行业文明规范服务三星级网点和总行级青年文明号称号。

（瞿菊中）

【邮储银行武进区支行】 2016年，该支行在武进辖内有自营网点5个、代理网点34个，有自营人员65人、代理网点人员163人。邮储银行秉承“普惠金融，支小扶农”理念，全力支持实体企业发展，加大对小微企业、个体工商户的贷款投放。新增投放实体贷款3亿元，保持系统内领先地位。年末，各项存款余额124.84亿元，各项贷款余额47.93亿元，分别增加19.14亿元和4.09亿元。

（陈汝榛）

【民生银行武进支行】 该支行位于武进区延政中路3号财富广场，辖营业网点1个、社区支行3个，有员工40人。2016年，该支行重点拓展发债、理财等直接融资业务，推广交易链融资、企业上市直通车、民生金融管家、贸易金融家等金融产品，重点支持政府棚改项目和实体企业融资发展需求。小微业务实行多样化担保、信贷产品工厂化运作，高效率支持地区小微企业发展。公司类信贷资金投放48.88亿元，较年初增加5.7亿元。年末，各项存款余额88.02亿元，较年初增加38.93亿元，存款规模列武进区股份制银行首位。

（袁国会）

【南京银行常州分行】 该分行位于武进区常武北路274号，辖支行4家，员工211人。2016年，该分行债务融资工具发行规模在常州地区保持第一，市场占比近20%。拥有一批深度合作客户，建立信贷合作关系客户159个，投放制造业贷款超过15亿元。深化苏科贷合作框架内涵，新增科技贷款余额3.5亿元，增长233%。贷投联动在常州地区首次授信金额1500万元，年内投放贷款100万元。推出“鑫转贷”“福鑫卡”“鑫联税”等特色产品，切实解决小微企业融资困难，信易贷、特供理财等金融产品赢得良好市场口碑。个人存款和个人贷款分别达8.78亿元、5亿元，实现金额翻倍增长。年末，各项存款余额242亿元，增加89亿元；各项贷款余额88亿元，管理资产规模735亿元，企业客户1300余户，个人客户5.6万户；实现营业收入5.91亿元、利润2.43亿元。该分行获南京市国资委廉政文化示范单位、平安金融先进单位、小微企业服务先进单位等称号。

（陈　宏）

【苏州银行常州分行】 该分行位于武进区延政中大道19号，辖支行1家、小微支行1家、社区银行1家，员工74人。2016年，该分行注重客户结构改善，针对原有授信客户大多从事传统行业，且传统行业发展空间和盈利能力被压缩状况，实施行业类型由传统行业向新兴行业转变。产品运用由单一贷款向投贷联动、苏银远行等股权投资转变，针对初创期、孵化期成长性较好的科技型新兴产业企业，采取总行产业基金投贷联动、运用股权类产品介入客户，提高客户粘度和超额收益。全年客户基础建设成效显著，资产规模快速增长。至年末，各项存款余额33.23亿元，较年初增加19.64亿元，各项贷款余额66.08亿元，全年实现利润1.1亿元。分行获江苏省“科技金融特色机构”称号。

（蒋蕴洁）

【江南银行武进支行】 2016年，江南农村商业银行在武进区域有机构61家，员工680人。该支行围绕公司金融、零售业务、互联网金融三大板块做优做强

6月17日，省“农房”抵押贷款试点工作督查组听取专题汇报　供稿/区人民银行

业务，有序推进信贷投放扩大客户群。推动中小微企业增量扩面，支持妇女创业贷款、青年创业贷款，发放农地、农房贷款。通过工会创业贷款促进工会卡发卡量增长，以江南税易贷等产品扶持A类和B类纳税企业，推进易贷通产品线上和线下业务，业务发展综合实力持续增强。年末，各网点本外币存款余额510.08亿元，比年初增加40.96亿元。其中，单位存款240.85亿元，比年初增加21.99亿元；个人存款269.23亿元，比年初增加18.97亿元。存款增幅8.73%，占武进区域市场份额的20.83%，存款总量和增量区域排名均第一。全年贷款投放平稳有序。年末，各网点本外币贷款余额300.1亿元，比年初增加30.27亿元，占武进区市场份额的16.32%，贷款总量区域排名第一。支行获常州市单位治安保卫工作先进集体和放心消费创建活动先进单位称号。

（诸冬梅）

【广发银行武进支行】 该支行位于湖塘镇武宜北路13号，于2015年6月17日获银监会批复开业，是广发银行在武进地区唯一网点。2016年，该支行内设营业部、个人银行部、公司银行部、办公室，有正式员工17人。该支行强化内控管理，坚持合规经营，发挥中国人寿保险股份有限公司跃居广发银行单一最大股东和政策调整的优势，立足武进加强公私联动，全方位营销客户，促使综合效益最大化。至年末，各项存款余额21.49亿元，较年初新增2.42亿元，各项贷款余额12.2亿元。其中，对公存款余额19.3亿元，储蓄存款余额2.19亿元。支行获市级青年文明号和常州市第二轮平安金融创建活动先进单位称号。

（殷琪珺）

【浦发银行武进支行】 2016年，该支行设营业部、公司业务部、个人消费贷款、个人理财等部门，有员工20人，离行式自助银行1个。年内，着力调整信贷结构，投放银团贷款9.7亿元，其中武

2016年武进区银行业务情况

表39

类别	项　目	人民银行	工商银行	农业银行	中国银行	建设银行	农发银行	交通银行	中信银行	招商银行	江苏银行	江南银行	华夏银行
人民币（万元）	一、各项存款余额	48209	2188911	3324809	1336698	2758629	115523	628465	591172	250775	744403	4982305	433148
	比年初	-3934	127803	318073	105649	212561	25910	7554	1047	-43456	125812	329399	57504
	1. 个人存款余额	—	906319	2139699	616831	1540838	—	277037	27611	44192	115214	2691903	53794
	比年初	—	13557	177373	51611	37588	—	19890	-3190	3403	24768	189548	1285
	2. 单位存款余额	—	1282542	1155090	669855	1216223	47917	351419	563509	205224	629189	2290401	375689
	比年初	—	115196	110865	54031	179894	25624	-12326	4186	-46444	101044	139851	60946
	3. 非存款类金融	—	50	30019	50012	1568	—	9	52	875	—	—	3666
	存款余额	—	—	—	—	—	—	—	—	—	—	—	—
	比年初	—	-950	29834	7	-4921	—	-10	5	-480	—	—	-4727
	二、各项贷款余额	—	2100912	1952132	1148696	2219154	572715	643837	465873	175723	520768	2984965	774607
	比年初	—	212008	104122	182596	194215	126935	151480	157227	-5407	619	304613	86853
	1. 短期贷款余额	—	822989	670183	239790	811299	153031	230662	197693	74109	274336	2323834	550882
	比年初	—	-163946	4782	-35777	135753	13935	32068	-94660	4091	-52571	227874	-58294
	2. 中长期贷款余额	—	1270209	1197932	885276	1374998	419684	397862	268180	101614	182186	511917	188912
	比年初	—	372258	116505	251056	135071	113000	118849	251887	-8307	67598	114357	123755
	3. 票据融资余额	—	7713	84017	23630	32857	—	13233	—	—	58973	147942	30766
	比年初	—	3696	-17166	-32683	-76609	—	596	—	—	-9452	-38073	22891
	4. 各项垫款余额	—	—	—	—	—	—	2080	—	—	4373	-1272	4046
	比年初	—	—	—	—	—	—	-33	—	—	-4956	456	-1499
	三、当年结益余额	—	83925	38653	17709	72733	9042	12406	-6003	3132	15341	73648	13478
外币（万美元）	各项存款余额	—	15953	18008	65539	17080	—	3952	114	320	3024	17084	357
	各项贷款余额	—	282	886	7243	249	—	251	—	—	—	2314	—
	当年结益	—	80	31	-421	51	—	—	-1	11	—	17	—

续表 39

类别	项　目	浦发银行	民生银行	兴业银行	光大银行	建信银行	邮储银行	南京银行	苏州银行	平安银行	广发银行	上海银行
人民币（万元）	一、各项存款余额	342241	880170	492519	428888	40348	1289172	1147844	334286	213722	216282	724449
	比年初	116699	389318	-46572	197734	9365	232231	28635	96352	69159	215262	220805
	1. 个人存款余额	12250	67196	26839	46634	14769	1241912	40830	16695	6754	21273	20679
	比年初	3597	17152	-6487	9324	6411	222835	7673	-4444	1255	20253	4552
	2. 单位存款余额	329933	812975	465680	382254	25579	47260	1098615	315563	206649	195009	703667
	比年初	113296	372166	-40070	188410	2954	9396	17480	200890	67638	195009	216513
	3. 非存款类金融	59	–	–	–	–	–	8399	2029	48	–	103
	存款余额	–	–	–	–	–	–	–	–	–	–	–
	比年初	-195	–	-15	–	–	–	3482	-100094	-6	–	-260
	二、各项贷款余额	351222	488783	313699	51000	50023	486087	639676	660820	250879	122036	857757
	比年初	171831	56918	26847	133789	8247	110857	160888	50531	177042	121949	511870
	1. 短期贷款余额	202074	38356	86463	71650	32205	148191	509688	519725	124025	121914	222891
	比年初	65817	-136837	14482	-34162	-1901	1674	175443	-48786	57025	121914	30249
	2. 中长期贷款余额	149148	450427	227236	439350	14933	317896	104591	77079	126854	122	334356
	比年初	108348	193754	12365	167951	8646	100260	-10212	35443	120017	35	231690
	3. 票据融资余额	–	–	–	–	2885	20000	20897	64017	–	–	300511
	比年初	–	–	–	–	1502	8923	-8843	63917	–	–	249930
	4. 各项垫款余额	–	–	–	–	–	–	4500	–	–	–	–
	比年初	-2333	–	–	–	–	–	4500	-43	–	–	–
	三、当年结益余额	3202	12502	6412	8900	1080	11428	35857	10991	6666	1062	13525
外币（万美元）	各项存款余额	196	–	569	–	–	–	3398	1	104	–	1407
	各项贷款余额	–	–	–	–	–	–	2667	–	–	–	378
	当年结益	–	–	5	–	–	–	-19	–	-1	–	-10

进绿建区新型城镇化海绵城市建设项目银团贷款 3.8 亿元，常州经开区棚改项目银团贷款 1.5 亿元，武进绿色低碳示范区银团贷款 4.4 亿元，为武进经济发展集团发行中票 9 亿元。年末，各项存款余额 37.3 亿元，较上年日均增加 10.6 亿元。其中，个人存款 2 亿元，对公存款 35.3 亿元。各项贷款余额 35.17 亿元，较上年日均增加 17.9 亿元。其中，公司贷款 34.7 亿元，个人贷款 0.4 亿元。

（周春燕）

【建信银行】 江苏武进建信村镇银行有限责任公司（简称建信银行）位于湖塘镇常武北路 104 号，有员工 23 人。2016 年，该银行坚持“支农支小、小额分散”的经营特色，做精做实“三农”和小微企业业务。推出“乐农贷”“农村土地承包经营权抵押贷款”“农村住房财产权抵押贷款”等产品，为农民改善住房、创业发展提供差异化金融服务。年末，拥有资产总额 6.4 亿元，一般性存款余额 4.03 亿元，年新增 0.94 亿元；各类贷款余额 5 亿元，年新增 0.82 亿元；实现营业收入 2575 万元，完成拨备前利润 1429 万元，净利润 803 万元。

（王诗倩）

【江阴银行常州分行开业】 2016 年 12 月 21 日，武进区第 4 家市级分行——江阴农村商业银行股份有限公司（以下简称江阴银行）常州分行在湖塘镇常武北南路 181 号开业。江阴银行成立于 2001 年，总部位于江阴，是全国首批股份制农村商业银行之一，是国内首批获准跨区域发展、全国首家 A 股（江阴银行，002807）上市的农村商业银行。江阴银行常州分行秉持“融通天下，丰裕万家”的企业使命，立足“三农”，服务常武地方经济，支持民生工程，推进普惠金融。开业当天，与武进区政府签订战略合作意向书，与常州市 28 家企业签约金额 12.8 亿元，向武进区慈善总会捐款 10 万元。

（朱旭波）

保　险　业

【概　况】 2016年，武进区有各类保险机构31家，其中财产类保险公司15家、人寿类保险公司16家。全年实现保费收入27.68亿元，其中，寿险保费金额19.61亿元、财险保费金额8.07亿元，分别增长34.12%和12.34%；全年累计支出赔款和给付金额12.31亿元。其中，6家县级保险支公司实现保险收入21.24亿元、支出12.73亿元，分别增长20.1%和11.2%。

【人保财险武进支公司】 2016年，该支公司内设机构有个险、团险、农险、电子商务等，辖前黄、湖塘、横林、湟里、驻常、邹区、郑陆7个营业部及专业营销团队2个，有员工100多人，服务范围覆盖武进及常州部分地区。6月，推行商业车险改革新系统，成功签发首单车主连续三年未出险车辆保费享受优惠1500元。全年完成保费收入3.35亿元，增长18%，占武进区域市场份额41.57%；处理赔案2.6万件，赔款金额2.78亿元；缴纳各类税费4418万元。

（林　翔）

【中国人寿武进支公司】 2016年，该支公司内设综合管理部、个险销售部、团体业务部、银行保险部、客户服务中心5个职能部门，外设前黄、雪堰、嘉泽、湟里、奔牛、卜弋桥6个网点，有正式员工63人、保险从业人员1322人。该公司秉持“诚实守信、客户至上”服务理念，依托覆盖全国城乡服务网络，为社会大众提供优质保险产品和服务，2016年首年期缴保费1.69亿元，其中10年期及以上期缴保费7616万元，分别增长64%和25%。短期保险保费4559万元，增长20%。全年完成保费总额6.87亿元，市场份额35.05%；办理赔付案件8000件，赔款支出金额3027万元；满期给付5906件，给付金额3.87亿元。

（陈　贝）

【太平洋财险武进支公司】 该支公司位于武进区铂安国际A座6楼，设有湖塘、横林、前黄3个营业服务部，员工35人。2016年，该公司按照行政区划调整要求，将卜弋、郑陆2个营销服务部分别划归钟楼区、天宁区支公司管辖，公司业务重点推进车辆商业改革、营改增业务以及产品市场持续拓展。全年实现保费收入1.52亿元。其中，车险保费1.15亿元，增长6%；企财险保费2002万元，人身意外险保费1054万元，货运险保费121万元，责任险保费264万元。全年赔款总额1.04亿元。

（施　敏）

【太平洋寿险武进中心支公司】 2016年，该中心支公司辖前黄、湖塘、礼嘉、洛阳、卜弋、横林6个营销服务部，有营销持证业务员1901人。该公司贯彻“抓机遇、重价值、促转型、防风险”的方针，持续推进以客户需求为导向的战略转型，推动和实现公司价值可持续增长。全年保费收入6.38亿元，增长35%；受理各类理赔案2274件，赔付总额1686.99万元；其他各类给付38212件、金额5854.72万元。

（刘　丹）

【平安产险武进支公司】 该支公司位于湖塘镇常武中路25-6号，有员工41人，设横山桥和前黄支公司2家网点。2016年，该支公司注重以客户为中心、以客户群为基础，推进个团渠道融合，实施前、中、后台闭环运作，确保售前、售中、售后各项服务贴近客户需求。提升客户体验，为客户提供“看起来”“听起来”“闻起来”“用起来”“想起来”都“美味”的创新服务，使服务落实到实处，让客户体会到贴心。全年业务持续健康发展，完成保费收入1.71亿元，增长31.87%。其中，车险保费1.64亿元，财产险保费515万元，人身险257万元。支公司获江苏省放心消费创建活动先进单位、常州市保险系统目标管理先进单位和全国优秀门店称号。

（章佳英）

2016年武进区保险业务情况

表40

项目 险种	保险业务总收入（万元）				保险业务总支出（万元）			
	本期累计	其中			本期累计	其中		
		人保	太保	平保		人保	太保	平保
一、财产小计	63002.90	30805.88	15052.02	17145.00	43867.53	23075.99	10366.54	10425.00
企财险	7964.51	4937.59	2001.92	1025.00	10491.11	7306.51	2479.60	705.00
运输工具及责任险	51666.08	23763.48	11782.60	16120.00	29470.87	12786.07	6964.80	9720.00
货运险	339.11	218.48	120.63	–	245.38	226.87	18.51	–
家财险	169.87	163.40	6.47	–	287.07	279.45	7.62	–
其他	2863.33	1722.93	1140.40	–	3373.10	2477.09	896.01	–
二、责任保险	1875.82	1875.82	–	–	3302.81	3302.81	–	–
三、人身保险	147539.71	69415.87	63852.38	14271.46	80172.85	65880.40	9282.16	5010.29
养老年金险类	27730.01	26988.50	–	741.51	10743.94	10743.94	–	–
意外短期险类	3832.02	3000.18	779.65	52.19	2177.49	2073.31	104.18	–
健康险类	8515.30	6043.11	576.81	1895.38	7669.53	2281.47	377.77	5010.29
寿险类	107462.38	33384.08	62495.92	11582.38	59581.89	50781.68	8800.21	–
总计	212418.43	102097.57	78904.40	31416.46	127343.19	92259.20	19648.70	15435.29

证 券 业

【概 况】 2016年，武进区域增设国元证券（常州西太湖祥云路）、国盛证券（常州常武北路）、安信证券（延陵东路）、东吴证券（常武中路）4家证券营业部。至年末，有证券分公司1家、证券营业部13家。全年证券交易量增长迅速，新设立账户40426个，累计各类交易账户155791个，全年证券交易量4026亿元。

【中信证券常州环府路营业部】 该营业部位于武进区行政中心环府路39号，有员工75人，投资顾问资格10人，提供客户综合化一站式金融投资理财服务。2016年，该营业部主动应对区域市场竞争加剧和佣金费率下降等因素，整合各业务渠道资源，向以金融产品为核心的资产配置服务方向积极转型。组建金融产品推动组，培养具有专业知识和产品销售经验的产品销售型人才，全年销售金融理财产品3.1亿元。组织“授人以渔”系列投资者交流会，邀约客户200多人次，提供公共客户及部分潜在客户各类金融服务，促成客户投顾服务签约落地，有效推动交易量增长。全年新增客户3413户（有效户934户），新增资产55.8亿元，实现股票和基金交易量1831亿元。

（郑 欢）

【中银国际证券常州花园街证券营业部】 该营业部位于武进区花园街198号传媒大厦1～2层，有员工25人。具备经纪业务、融资融券、股权质押、港股通、约定购回、个股期权等业务资质。2016年，该营业部依托深厚的商业银行背景、独到的跨境服务能力、丰富的项目运作经验、强大的团队运作实力，为武进地区企业及个人投资者提供限售股减持、上市公司股权质押、投资顾问等金融服务。全年服务客户2万余人次，累计资产10亿余元。

（龚 萍）

【光大证券常州武宜北路证券营业部】 该营业部位于湖塘镇武宜北路新城吾悦广场1号楼1612室、1615室，拥有执业资质员工7人。2016年，该营业部依托产品代销及创新业务，实现营业收入与利润逆势增长，全年新增客户800户，产品代销金额1.7亿元，实现债券承销收入1100万元。

（吴健雄）

【东海证券常州延政中路证券营业部】 该营业部位于武进区延政中路5号常发大厦4楼，拥有执业资质员工11人。2016年，该营业部在做好经纪业务、网上交易、投资咨询、客户资产管理、上市承销及保荐业务承揽、短期融资券承销综合业务基础上，开展融资融券、“新三板”推介、互联网金融、港股通、期权交易等创新业务，拥有较强持续盈利能力。全年新增客户860户，销售定增类、固收类等理财产品9000多万元，实现营业收入900多万元。

（王卫芬）

反洗钱宣传教育　　供稿/中信证券常武路营业部

【东北证券常州花园街证券营业部】 该营业部位于湖塘镇花园街168号，有员工28人。具备经纪业务、融资融券、股权质押、港股通、约定购回、个股期权等业务资质，协助有关企业开展投融资项目、新三板业务和客户申请网下配售资格等业务。该营业部发挥公司投行业务优势，加强现金管理、股权质押、市值管理等服务，全年销售金融理财产品5100万元。开展驻常分（支）银行机构营销，落实合作银行机构12家。2016年年末，拥有投资账户4000余个，托管资产37亿元。

（陆大荣）

【华泰证券常州延政中大道证券营业部】 该营业部位于武进区延政路常州世贸中心A座1楼，有员工3人、营销人员9人。主要开展A股、B股、三板、融资融券、港股、期货、期权等开户及相关业务。2016年，该营业部依托公司强大资源及专业能力，在发展传统证券交易同时，推进中高端客户财富管理等经营模式，开展市值管理（大小非解禁）、股权质押融资、“新三板”推介、私募产品账户托管等。全年新增客户5380户，新增资产1.53亿元，销售产品（含私募）金额1.2亿元，合计利润1399.2万元。

（殷 会）

【中信建投证券常州广电西路营业部】 该营业部位于湖塘镇广电西路539号，于2014年12月18日开业，设个人金融部、机构业务部、客户服务部及公司金融专岗，有资质从业人员13人。主要开展证券经纪、证券投资咨询、与证券交易和证券投资活动有关的财务顾问、证券承销与保荐、证券资产管理、融资融券、证券投资基金代销、代销金融产品、销售贵金属制品等业务。该营业部重视客户基础积累与服务维护，推动创新业务开展，切实维护投资者权益。开展约定购回、债券承揽等业务，提供高端机构与个人客户多元化融资渠道。2016年，新增客户4841户，年末客户总数7523户，客户资产合计6.68亿元；完成股票及基金交易量273.97亿元，金融产品销售总规模1.67亿元。

（袁 丽）

（栏目编辑　周小红）

水利·水务

综　　述

【概　况】 2016年，区水利局围绕实现安全水利、生态水利、景观水利和民生水利的目标，以加快水利（务）工程建设、强化水资源管理、改善城乡水环境为重点，实施新沟河延伸拓浚工程（武进段）、永安河拓浚整治工程、新孟河延伸拓浚工程（武进段）、农田水利项目、水环境治理提升项目等工程。全区完成水利水务建设投资22.43亿元，创武进水利史上单年度投入新高。其中，重大水利项目新沟河工程、新孟河工程、永安河工程投资18.03亿元，农村水利项目投资1.99亿元，重点水环境治理提升项目1.88亿元，其他中小型项目投资0.53亿元。2项市重点、8项区重点、3项为民办实事项目，全部完成年度目标任务。6—7月，全区遭受严重汛情，各相关部门组织抗洪救灾，发动群众自救，嘉泽、湖塘等水利站率先成立社会化应急抢险突击队，最大限度地保障人民群众生命财产安全。至年底，全区万元地区生产总值用水量27.5立方米，万元工业增加值用水量降至10.7立方米，工业用水重复利用率提高到90.2%。年内，武进区获评全省农村水利长效管护绩效考评二等奖和全市水利系统考核第一。

【区水利局获国家知识产权局授权专利3项】 区水利局申请的横拉式平板闸门于8月17日获得国家知识产权局授权公告，直升平面闸门和止水平面闸门于9月7日获得国家知识产权局授权公告，3项专利发明人均为区水利局水利工程建设处恽文荣、朱逸栋。横拉式平板闸门布置紧凑，通过轨道钢梁将原有的设置在侧面支墩上的液压启闭机开合闸门的动作，设计为通过电动小车在轨道钢梁上横向移动控制横拉门开合，节约闸门安装空间，降低闸门造价成本。直升平面闸门将门页重心调整为偏向上游，便于门页底部贴紧沿门槽内轨下滑，门页入水后，当上游水压达到一定程度后可推动门页，以门页底部为旋转中心向门槽止水侧旋转至止水橡皮与门槽埋件紧贴，止水橡皮产生压差，避免漏水。止水平面闸门通过在非止水侧的门槽埋件轨道下端固定导向板，导向门页下落，使门页下落到底部时，对止水橡皮预压，保证平面闸门的止水效果。

（陈南贵）

防　　汛

【概　况】 2016年，全区汛期（5—9月）平均雨量1273.9毫米，为常年同期值的1.9倍；6月18日入梅，7月20日出梅，梅雨期32天（比平均梅雨期长10天），累计梅雨量656.7毫米，为常年梅雨量的2.6倍，仅次于1991年。汛期主要经历6月21—22日、27—28日、7月1—4日三轮强降雨，境内主要河道长时间维持超高水位，150处堤防高度不达标、排涝能力不足地区进水受淹；沿太湖和滆湖的雪堰、礼嘉、前黄、南夏墅、嘉泽、湟里等镇（街道），受灾最为严重，其中受淹24小时、积水深度超0.3米以上的有150余处。全区累计140个村、39个社区受灾，受灾人口5.71万人，紧急转移1.76万人，损坏房屋257间，倒塌房屋33间。农业受灾面积为9573.33公顷。其中，蔬菜受涝面积2600公顷，绝收面积200公顷；林果损失93.3万棵，苗木损失面积466.67公顷；水产养殖受涝面积3400公顷，漫塘面积1185公顷，水产品损失1.67万吨；水稻受涝面积233.33公顷；畜禽栏舍受涝面积16.5万平方米，死亡牲畜80头、家禽约2.4万头。受灾工业企业395家，直接经济损失2.32亿元。全区累计直接经济损失超7.5亿元。全年防御台风影响4次，无明显旱情。

【抗洪抢险】 4月，全区各镇、街道、开发区成立防汛抗旱工作领导小组25个，各类抢险队伍218支，总人数4832人，由政府主要领导担任组长，常州经开区、武进高新区、武进先行集团有限公司、江苏武进经济发展集团公司、西太湖科技产业园，以及戚墅堰、潞城和丁堰3个街道纳入防汛责任单位体系；13个333.33公顷以上重点圩区由区防汛防旱指挥部（简称区防指）相关成员单位与属地镇（街道）共同防汛。通过三轮汛前大检查，查出各类险工94处（其中堤防险工61处、病险闸站26处、河湖障碍7处），汛前专项整治北干河、金湟河影响行洪的鱼罾和鱼簖，清除违章简易房屋10间，拆除鱼罾13条、鱼簖6处，拆除码头4处，增强汛期行洪能力。区防指办公室向相关责任单位发出险工隐患整改通知书，在主汛期前，各类险工隐患全部整改到位，防汛救灾物资储备到位。区防指加强防汛调度，及时将预警信息通知各防汛责任单位、区防指成员单位以及防汛相关部门，做好预降河道水位、开闸泄洪准备工作。7月5日下午8时，全区防汛应急响应由Ⅱ级变更为I级，应急抢险、医疗救护、交通运输等9个应急小组入驻区防指办公室，各级机关抽调工作人员在相应乡镇（街道）协助巡堤查险，安置受灾群众。区防指首次启动防汛应急处置组织体系，调用物资和人力，科学调度太湖两大枢纽、西控制线各闸以及城区防洪工程。汛期，武进港闸、雅浦港闸等累计向太湖排水2.28亿立方米，各枢纽排涝均创造历史记录。汛后，11月14—28日，在各单位自查基础上，区防办全面复查各单位水利工程隐患，共查出险工隐患68处（其中堤防险工35处、病险闸站23处、河湖障碍10处）。对梳理查出的各类隐患，要求各单位结合小农水工程、骨干河道防洪应急工程等集中时间开展整改，全力消除安全隐患，为2017年防汛打好基础。

【防御“莫兰蒂”等4次台风影响】 9月15日，按照区防汛防旱指挥部《关于切实做好台风防御工作的紧急通知》，全区各级各部门及时做好防御工作，应对“莫兰蒂”等台风影响。7—10月，受“尼伯特”“莫兰蒂”“鲇鱼”和“海马”4次台风外围影响，全区普降大雨，局部暴雨，区水利部门科学调低水利工程外河水位，各高水位地全力排涝，除局部低洼处农田、企业、居民家中有短暂进水受淹外，未形成明显灾情。

（陈南贵）

水利建设

【概　况】 2016年，武进水利建设以水安全、水资源、水环境统筹，大中小工程配套、工程措施和非工程措施结合为重点，城乡一体协调推进。新沟河延伸拓浚工程、新孟河延伸拓浚工程、永安河拓浚整治工程“三河”工程全面推进，完成投资额18.03亿元。全区水环境改善，水资源配置优化，防洪排涝能力提高。全年农田水利建设投资2亿余元，疏浚整治农村河道22条、村庄河塘401处，新建和改造排涝站43座、防洪闸2座，沟通排水水系2.6千米、加固圩堤13.4千米，完成河道石驳护岸、护坡及防洪墙长度7154米。

【“三河”工程推进】 “三河”新沟河、新孟河和永安河拓浚工程分别是《太湖流域水环境综合治理总体方案》确定的重点骨干引排工程和江苏省确定的重点骨干工程。

新沟河延伸拓浚工程（武进段） 于2013年1月开工，总长47.97千米，总投资17.72亿元，沿线涉及横山桥、遥观、横林、洛阳、雪堰、湖塘6个镇，建设内容包括拓浚漕河、三山港、武进港，新建遥观南、北枢纽和采菱港节制闸，新建、拆建跨河桥梁18座，新建沿线支河口门控制节制闸5座，实施黄桥港、马鞍河河道等水系工程，拆迁面积42.16万平方米。2016年，完成投资3.89亿元，建成遥观南、北两大枢纽，主线河道三山港、漕河、武进港及跨河桥梁全面开工建设。

新孟河延伸拓浚工程 总长113.5千米，武进段长46.6千米，概算工程总投资134.62亿元，武进段投资约35.01亿元（其中省级以上投资25.87亿元，市、县配套投资9.14亿元），总工期54个月。武进段沿线涉及嘉泽、湟里、前黄、雪堰等6个镇及高新区，拆迁民房962户、企业245家，总面积49.89万平方米。主要建设内容包括：河道拓浚46.57千米，牛塘水利枢纽建设，46座跨河桥梁及水系调整工程等。至年末，民房、企业拆迁签约基本完成，南延段河道一标招标公告发布。

永安河拓浚整治工程 于2015年11月启动，总长19.39千米，北起京杭运河武进段，途经采菱港、永安河，拓浚南入太滆运河。工程概算总投资13.89亿元，工期2年；永久征地119.27公顷，总拆迁面积31万平方米。2016年，该工程涉及拆迁区域湖塘、礼嘉、前黄、高新区4个镇（开发区）拆迁基本完成，施工单位进场施工。

【南运河节制闸工程完工投用】 南运河节制闸位于南运河与武宜运河交汇处，是武澄锡引排西控制线口门建筑物工程之一，在太湖流域湖西高片与武澄锡低片之间的主要交经河道上设置防洪控制，形成防洪封闭圈，控制湖西高片洪水浸入武澄锡低片。该工程总投资2500万元，节制闸为两孔16米，按照50年一遇的防洪标准建设，于2015年12月进场施工。2016年6月24日，南运河节制闸工程通过通水验收，6月26日开坝通水。

【农田水利工程】 2016年，全区农田水利建设完成总投资约2亿元。其中：2015年度重点县项目4532万元，2016年度重点县项目4764万元，其他乡镇小农水工程、河道疏浚整治等10719万元。

推进中央财政小型农田水利重点县项目。2015年度项目涉及礼嘉、前黄和雪堰3个镇，于2015年12月10日开工建设，2016年6月全部完工，共完成整治河道5条9.39千米，新建排涝泵（闸）站5座，新建自动化高效节水（喷灌）工程面积80公顷，渠道衬砌1.22千米等，项目总投资4562.41万元。2016年度项目涉及洛阳、湟里、嘉泽及湖塘4个镇，于2月28日开工建设，年内基本完工。完成整治水系沟通河道2条6.63千米，新建宾格网护岸3732.1米，排沟护砌

新沟河工程遥观北枢纽　　供稿/区水利局

635.1 米；新建灌溉泵站 4 座、排涝闸站 7 座，灌溉渠道衬砌 1.9 千米，田间道路 6781 米，配套田间建筑物 903 座。

推进其他乡镇小农水工程。雪堰、前黄、横林、洛阳、嘉泽 5 个镇工程全面完成，湖塘、遥观 2 个镇工程建设基本完工。建设市级高标准农田水利设施建设项目——湟里镇村前村高标准农田水利设施项目 200 公顷，改造泵站 1 座，新建节水渠 5.22 千米、机耕道 1.4 千米。

推进农村河道疏浚整治工程。实施省级县乡河道疏浚整治工程，疏浚整治洛阳镇东尖河；按照《常州市武进区 2015—2017 年农村河道轮浚规划》，推进其他河道疏浚整治。年内，全区疏浚整治农村河道 22 条 24 千米、村庄河塘 401 处。

（陈南贵）

水利工程与河湖管理

【概　况】 武进区有区级河道 22 条、镇级河道 291 条、村级河道 540 条，总长 1658 千米。湖泊 2 个，其中滆湖水面积 117 平方千米，环湖岸线 43.1 千米；太湖水面积 40 平方千米，环湖岸线 6.1 千米。全区可调蓄水面积占总面积的 6.5%。至 2016 年年末，全区有区水利局直管的水利枢纽（闸站）20 座。其中，环太湖水利枢纽 2 座，太湖流域武澄锡引排西控制线口门建筑物 8 座，中心城区水利枢纽 7 座、节制闸 3 座；由区水利局直管的省骨干河道 21 条，共 286.54 千米。由镇、村管理，纳入长效管护的达标圩堤 102.3 千米，灌区 4 座。年内，区河湖处获评省管湖泊管理与保护先进单位。

水利工程管理　加强直属水利工程管理。根据省、市、区水利工程各项考核办法和规定，对太湖处、城防处所辖各闸站等直属水利工程开展季度检查考核 3 次，重点检查绿化、机电设备养护、强电日常维护等管养分离项目，及时整改发现问题，落实监督工作。加强农村水利工程长效管理。开展小型机电排灌站维修养护技术指导 40 余处，动态管理全区纳入长效管护的河道 865 条、圩堤 94.46 千米、涵闸泵站 942 座及灌区 4 座，全面调查常州经开区 3 个街道所辖的河道、泵站、涵闸等农水工程管护和运行状况，实现区域调整后农水工程管理无缝对接。

河道管理　规范省骨干河道项目监管，及时介入涉河建设项目前期，防止项目违法案件发生，严格审查涉河建设项目施工图纸和施工组织方案和项目验收。年内，监管项目 14 个，验收 4 个。推进“河长制”，对 23 条骨干河道全年按月检查考核 12 次，发现整改问题 75 处，开展雅浦港及武宜运河的河流健康评估。定期巡查纳入城市长效综合管理的城区长沟河、湖塘河、龚巷河、半夜浜、战斗河、里底河、大通河和武南河（常武路—滆湖）。

湖泊管理　加强湖泊巡查，全年开展岸线巡查 275 次、水域巡查 12 次，核实 34 处 GPS 定位遥感变化点。规范涉湖项目监管，加大违法行为监督管理力度；对巡查、核查发现的 6 起新增违章行为采取处置措施；加强涉湖建设项目后续监管，杜绝违法涉湖建设项目，确保河湖健康稳定。

【小型水利工程管理体制改革】 武进区按照省水利厅、财政厅《关于印发江苏省深化小型水利工程管理体制改革实施方案的通知》精神，成立以副区长为组长、相关部门和乡镇分管领导为成员的领导小组，深入推进小型水利工程管理体制改革，进一步明确小型水利工程产权主体，完善管理体制机制，加大管护投入，建立适应全区农村发展要求的小型水利工程管理体制和良性运行机制。2015 年 10 月，下发《常州市武进区农水利工程管理实施细则》，进一步提高工程管护标准，明确考核办法，按照“奖优罚劣”原则，将考核结果作为拨付区级补助经费和乡镇与管护单位结算工资报酬的依据，有效调动管护人员的积极性、主动性。11 月，出台《常州市武进区小型水利工程管理体制改革实施方案》，明确改革的基本原则、目标任务、改革范围、改革内容及保障措施等，将改革工作纳入目标考核。2016 年，全区完成 865 条河道、107 千米圩堤、96 座小型水闸、544 座小型电灌站、320 座小型排涝站的摸底调查，落实管理主体和长效机制。

【滆湖（西太湖）省级水利风景区创成】 2016 年 12 月 22 日，滆湖（西太湖）水利风景区通过由省水利厅、省河道管理局组成的专家组考评验收。滆湖（西太湖）水利风景区位于武进区西部，沿江高速与常泰高速交汇处，规划总面积 18.1 平方千米，水域面积 15.1 平方千米，拥有湖岸线 14.5 千米，湖面开阔，风光秀美，水文、生物等景观资源丰富。该景区最大限度地保留、恢复原生湿地生态特征和自然风貌，是以人文展示及湿地科普为主导，集水利科普、生态示范、文化体验、湿地观光、休闲度假等功能于一体的绿色生态休闲示范区，分为公共服务区、核心游览区、科普展示区、湖滨观

滆湖（西太湖）水利风景区　　供稿 / 区水利局

光区和生态保育区。其中，核心游览区位于北侧湖滨，是服务游客的主要区域，包括百米高的“滆湖之星”观光塔、慢行道路系统、湖滨生态走廊、生态体验岛以及花博园。水生态修复科普区位于花博园内，通过自然科普馆和水生态修复区，为游客系统展示及科普水质净化的原理、工艺与流程以及水生态修复的知识。

【河湖和水利工程管理范围划界确权】 2015年10月，按照水利部、省水利厅、市水利局关于开展河湖和水利工程管理范围划界确权的通知精神，武进区成立河湖管理范围和水利工程管理与保护范围划定工作领导小组，组织开展此项工作。划定范围包括25条骨干河道、2个湖泊和13个水利工程，设定的阶段目标是：2016年年底前完成江南运河等6条河道管理范围划定工作；2017年年底前完成武宜运河等10条河道、13个水利工程、9个闸站工程的管理范围划定工作及验收总结；2018年年底前完成新孟河和新沟河等相关的河道管理范围划定工作及验收总结。2016年3月，《常州市武进区河道、水利工程管理范围和湖泊保护范围划定实施方案》通过市、区符合性审查，7月通过武进区政府审批实施。全区确权划界工作预算总计2857.28万元，其中划界费用1682.89万元、确权费用1174.38万元，2016年落实资金约1470万元。武进区划定工作通过政府采购方式确定，常州市基础地理勘测中心为实施单位。

（陈南贵）

水政·水资源管理

【概　况】 2016年，区水利局执行最严格水资源管理制度，征收水利规费1962.28万元（其中水利工程水费557.6万元、水资源费1329.69万元、岸线费74.99万元）。新增地下水监测井9个，累计有26个。办理许可项目17件，完成公路桥梁施工方案备案审查3件、涉水建设项目前期规划对接16件。注销13家企业的取水许可证，完成28家企业取水证续展手续办理及河道占用证监督年审工作。省级考核水功能区调整为21个，武进水功能区有37个。增设政策法规科，完成《武进区水资源综合规划》评审与报批，指导全区水利依法行政；于3月建立重大行政权力事项会审制度，累计组织重大事项会商5次，切实提高行政效能。全年立案查处涉水违法案件6起，发出责令停止水事违法行为通知书30份，受理各类群众举报、信访47起。创建节水学校、企业等节水载体18家，累计80家，全区城镇节水型器具普及率达100%。“世界水日”和“中国水周”期间，悬挂宣传横幅150条，发放水法宣传特刊500份、节水宣传单1000余份、节水环保袋500余个。

【水资源专项执法检查】 2016年，区水利局着力规范水资源管理秩序，于3—11月，开展全区水资源管理专项执法检查。这次专项执法活动分为宣传发动、调查摸底、规范提高、集中执法、总结验收5个阶段，主要检查涉及取水许可管理、节约用水管理、水资源费征缴三方面的违法行为。通过召开专项执法检查活动推进会3次，明确目标、任务和时间要求，并加强对各镇督促指导，提高执法检查成效。年内，调查取水井710眼，填封其中469眼，241家企业接通自来水后封井，补缴水资源费合计130余万元；为符合规定的12家用户办理地表水取水许可。

【武进节水教育基地竣工】 武进节水教育基地位于武进水厂内，总建筑面积3905平方米，投资200余万元，于2015年12月10日开工，2016年6月20日完工。该基地以节水为主题，由三层展示区域组成：一层包括序厅、地球之水展区、水危机展区，介绍水的起源、水与生命的联系，以及水资源的概况；二层水保护展区，运用节水小故事、节水知识小问答、节水互动墙，以及中水回用、污水处理等展示专业知识；三层水利用展区，介绍自来水、武进供水的发展历程，以及先进的自来水生产工艺，水未来展区通过环幕、大场景，展示水润万物、生生不息的状态。

（陈南贵）

供水·排水

【概　况】 2016年，全区完成供水量1.57亿立方米、售水量1.41亿立方米，分别增长10.17%、8.9%，综合漏损率10.12%，水质综合合格率100%。年内，牛塘、嘉泽等片区农改水工程扫尾工作完成，铺设管网长度50千米，改造用户2850户。全区新增自来水用户44195户，累计442035户。结合市政主要道路建设，实施漕溪路、牛溪路、高家路、凤栖路、西太湖大道管道改扩建，禾香路DN400、果香路等道路管道工程建设，铺设供水主管道4.7千米，完善环状供水管网格局。1月，武进区遭遇罕见的低温冰冻天气，区水利局及时启动应急预案，落实应急措施，最大限度保障供水安全稳定。3月1日，武进24小时供水服务热线由原来的“86585008”升级为“962001”，话务线路由4条扩充到8条，提升同一时间电话接听率。区供水服务中心被团省委评为“2014—2015年度江苏省青年文明号集体”称号。

新建污水主管网长度56千米，完成城区污水处理厂除臭加盖工程，新建污泥浓缩池3座，完成黑臭河道整治10条，滨湖污水处理厂一期工程、夹山危废及污泥焚烧项目进场施工。全年受理排水许可申请289户，颁发排水许可证75户、临时许可证71户、供水联系单42户、污水接入意向证明53户，收取接管费1090.73万元。至年底，全区有城镇生活污水处理厂9座、污水提升泵站74座，污水日处理能力为25.95万吨，污水管网累计长度1309千米，城区生活污水集中处理率98.2%，集镇区生活污水处理率85.4%。

【滨湖污水处理厂一期工程启动】 该工程位于武进经发区河头村，常泰高速以西、河新路以南，占地面积11.6公顷，污水处理总规模10万吨/日，一期工程处理规模5万吨/日，再生水回用规模1.5万吨/日，采用A2/O+MBR工艺，设计出水水质一级A标准，尾水回用于湿地与景观补水，配套污水管网长度67.3千米，总投资4.5亿元。一期工程服务范围为经发区、嘉泽镇、牛塘镇等，服务面积40平方千米。该工程由南通十建集团有限公司招标承建，2016年11月19日进场施工，预计2017年年底完成主体工程建设，2018年6月进水调试。

（陈南贵）

（栏目编辑　张怡菁）

生态环境保护

环境保护

【概　况】 2016年，区环保局贯彻落实“生态文明提速战役”要求，坚持以改善环境质量为核心，推进大气污染防治、水环境治理、环境执法监管、环境风险防范等重点工作。加强环境基础设施建设，强化小流域整治，推进水系沟通、清淤活水、控源截污等工作。将大气污染防治作为环境保护工作重点，实施燃煤锅炉整治、重点区域整治等专项工程。贯彻落实国务院办公厅《关于加强环境监管执法的通知》要求，实施机构改革，加强重点区域和源头管理，于12月成立城区、武进高新区（含常州科教城）、西太湖和太湖湾4个基层环境保护所，调整原有监管模式，事权下放、监管前置。加强环境监管执法，提升全区环境监管执法能力，排查发现违法违规建设项目8776个，年内全部整顿清理完毕。着力解决突出环境问题，完善突发环境事件应急预案，全年备案应急预案企业127家，妥善处置突发环境事件9起。印发《关于加强汛期环境安全应急防控工作的通知》，督促各级各部门加强风险防范。区环境监测站通过实验室资质认定、实验室认可的检测项目139项，完成手工监测数据6万余个。区环境监察大队在环保部开展的2016年执法大练兵活动中，被评为全国县级先进集体。

【环境质量】 2016年，全区空气质量指数优良天数244天，比上年增加13天。影响空气质量的首要污染物是细颗粒物(PM2.5)，其次是挥发性有机物(VOCs)。空气质量指数优良率66.7%，提高1.5%。其中，武进站优良率67.6%，常州经开区站优良率63.6%。PM2.5指标下降11.1%，重污染天数7天，较上年减少10天。降尘均值4.4吨/（平方千米·30天），下降4.8%。酸雨频率减少15.2%，降水pH均值5.62，酸性弱于上年的5.07。入湖河道武进港、太滆运河及漕桥河水质较上年均有改善，综合污染指数分别下降11%、3.6%、10.9%。太湖流域考核断面中圩墩大桥、姚巷桥、雅浦港桥和五牧4个断面达标，增加3个，高锰酸盐、氨氮、总磷、总氮分别下降2.9%、15.9%、9.1%和14%，水质总体好转。“水十条”15个考核断面中有14个断面达标，其中5个国考断面有4个断面达标，10个省考断面全部达标。竺山湖和滆湖综合营养状态指数均值分别为59.7、60.9，分别处于轻度和中度富营养状态。武进区城市集中式饮用水源地水质状况良好，主要饮用水源地（长江）以及备用水源地（滆湖）水质均符合《地表水环境质量标准》中Ⅲ类水标准。区域环境噪声声级范围42.6～66.4分贝，平均值52.6分贝，与上年分贝值持平，声环境质量等级为较好。交通干线昼间噪声平均值为67.3分贝，较上年下降0.6分贝，道路交通噪声质量等级为好。功能区噪声监测结果显示，1～4类功能区昼、夜间噪声均达标，达标率100%。

武进市民广场　　摄影/刘建中

【大气污染防治】 2016年，武进区分解落实大气污染防治目标责任制，实施各项防治工程。推进工业废气污染治理项目，加大电力、钢铁、水泥行业整治和燃煤锅炉污染防治力度，完成中天钢铁集团有限公司、常州东方特钢有限公司2家钢厂和华伦热电有限公司、光华热电有限公司、亚能热电有限公司、湖塘

热电有限公司、中天钢铁集团有限公司（热电厂）5家电厂的脱硫脱硝除尘整治提升。实施主城区和常州经开区重污染企业关停搬迁计划，江苏亚邦涂料股份有限公司、常州市亚邦兽药有限公司、常州市箭鼓水泥有限公司、常州市武进前黄蓝天化工厂等企业停产，武进高新区兴勤电子污染工段等搬迁，运用天然气、蒸汽、生物质燃料、太阳能等清洁能源淘汰禁燃区燃煤锅炉358台。5家企业施行“油改水”（油性漆改成水性漆）试点，44家重点企业强制性清洁生产通过评估审核。全区煤电机组环保改造完成年度目标。持续开展潞城区域和湖塘、高力、横山桥3个汽车城及湖塘纺织园区废气专项治理，推进100家企业VOCs专项整治。4月，全区有机化工、印刷包装、印染定型、表面涂装、人造制造板、家具制造、塑料制品制造、集装箱制造、汽车修理等产生VOCs的94家企业安装污染防治设备，在密闭空间或设备中生产经营。加强老旧机动车污染防治，扩大黄标车限行区域，延长限行时间，淘汰黄标车910辆，开展加油站、储油库油气回收装置抽查工作。全面实施秸秆禁烧联防联控，进一步完善联动工作机制，加大秸秆禁烧宣传力度和巡查力度，全区未发生大面积露天焚烧秸秆现象。加强生活污染治理，完成餐饮单位油烟治理287家。推进扬尘污染整治，在中心城区落实扬尘控制责任制度，严格管理在建工地、渣土车污染空气。完善重污染天气预警应急体系，于1月13日制定《武进区重污染天气应急预案》，健全重污染天气应急工作机制。区应急指挥部聘请环境监测、气象、大气环境等专家成立重污染天气预警和处置专家组，建立应急、预警一体化模式，全年启动应急管控方案34次。全区工业废气排放总量1779.3亿标立方米。工业废气主要污染物排放总量9.24万吨，其中二氧化硫、工业烟（粉）尘、氮氧化物分别排放1.32万吨、6.12万吨和1.8万吨，分别占排放总量的14.3%、66.25%和19.44%。

【水环境治理】 2016年，武进区完善水环境基础设施建设。新建污水主管网长度56千米，横山桥镇污水处理厂改扩建工程竣工，滨湖污水处理厂一期工程在建。卢西生活垃圾堆场整治工程、城南垃圾转运站竣工投用。武进区污泥干化焚烧处理工程开工建设，投产后焚烧处理能力200吨/日。加强河道整治，新沟河、新孟河、永安河延伸拓浚工程，全年分别完成投资3.89亿元、8.59亿元和5.54亿元。全区完成河道清淤27条33.78千米，清淤33.94万立方米。推进蓝藻应急防控，5月，下发《武进区太湖、滆湖安全度夏应急防控实施方案》，完善太湖、滆湖蓝藻预警监测和应急处置机制。及时启动蓝藻预警巡查，开展加密监测，于4月10日启动太湖、滆湖蓝藻打捞，年内累计出动8875人次、2336船次、176车次，打捞蓝藻19.02万吨、水草276吨，产藻泥量3002吨。加强农业面源污染治理，4月29日，下发《关于开展全区畜禽养殖污染整治工作的通知》，划定禁养区、限养区和适度养殖区范围，督查各地畜禽养殖污染整治工作。全年腾空关停养殖场1344户，拆除圈舍面积62.15万平方米。全区工业废水排放总量4450万吨，其中排放化学需氧量2500.28吨、氨氮204.8吨；生活污水排放总量8221.6万吨，其中排放化学需氧量3462.65吨、氨氮895.7吨；农业化学需氧量排放总量4679.04吨，氨氮509.37吨。

4月10日，蓝藻打捞工程启动　　摄影/陆新

【固体废弃物与辐射管理】 2016年，全区新增特拉奇环保科技有限公司（3万吨/年废油泥）、绿赛格再生资源利用有限公司（2万吨/年废乳化液）、鸿文容器再生利用有限公司（19.4万个/年废包装容器）3家，扩能企业翔宇橡塑制品有限公司（新增2.1万吨/年有机树脂类废物处置能力）、国宇环保科技有限公司（新增1000吨/年废催化剂处置能力）2家，列入统计的产废企业（单位）838家，危险废物处置企业16家。区环保部门开展三轮危险废物专项执法检查：审核调查245家化学品生产使用企业，确定252家危险废物重点源全部达标，梳理66家铅酸蓄电池使用单位，规范废旧蓄电池处理。强化辐射污染源监管，全年完成748家企业危险废物管理计划备案，完成危险废物转移审批250批次。至年底，全区固体危险废物处置总量8.5万吨，其中综合利用6.2万吨，焚烧0.4万吨，填埋0.5万吨，自行处置1.4万吨。推进工业企业遗留场地土壤和地下水污染治理，调查评估原城西园区8家印染厂、污水处理厂土壤和水环境风险，完成原武进农药厂遗留场地的补充调查，治理绿建区原金隆化工地块既有土壤和地下水污染。年内，全区危险废物产生量为10.18万吨，综合利用处置率100%。开展辐射安全专项检查，完成全区25家有放射源单位辐射环境监管及监督性监测。各核技术利用单位开展核安全宣传活动，增强员工防范辐射意识。全区辐射环境保持安全水平。

【网格化环境监管实施】 2016年1月1日，《武进区网格化环境监管实施方案》出台，通过属地管理、分级负责、全面覆盖、差别管理的环境监管网络，构建

网格化环境监管体系。全区分为区、镇两级网格以及特殊网格。一级网格（区级），设立7个监管工作组，分别由环保局、发展改革委、公安分局、住建局、水利局、农业局、城管局牵头监管。二级网格（镇级），以镇为单元，划分为雪堰、礼嘉、前黄、湖塘、牛塘、洛阳、嘉泽、湟里8个镇级网格。特殊网格，在常州经开区、武进高新区（含常州科教城）、西太湖科技产业园、淹城旅游区、武进绿建区、太湖湾旅游度假区单独设置网格。年内，区环保部门组织开展太湖水安全度夏、“百日执法亮剑行动”、夜间环境专项执法行动和环境执法大练兵活动，共出动55676人次，检查企业27132厂次，其中夜间、节假日检查9845厂次。立案查处环境违法案件340件，下达处罚决定书325件，罚款金额2929万元，实施查封、扣押案件24件，实施限产、停产案件8件；移送行政拘留环境违法案件12起，移送公安机关涉嫌环境污染犯罪案件9件。

【环境信访问题处置】 2016年，武进区开展信访积案化解活动，畅通环境信访渠道，形成属地职责分工明确，职能部门各司其职的环境接访工作考核和督查机制。明确化解信访事项的具体时限和要求，通过交办、督办、查处等方法，确保全部“案结事了”。其中，省级以上信访179件，组织带案下访36次，组织环境信访专项督查75厂次。全年受理各类环境信访投诉3825件，下降6.25%。其中，反映废气、噪声、废水、固废污染分别占总信访量的68.39%、10.4%、9.01%和2.7%，反映项目和其他问题分别占0.65%和8.81%。信访问题占环境违法处罚案件的40%。7月，中央环保督察组督察江苏，武进区及时排查整改16批次、32个交办的环境信访事项，顺利通过督察。

【“民间河长”试行】 2016年，武进区按照江苏省提出的“社会共治、共建共享”要求，加强太湖水环境治理，在漕桥河（武进段）试点建立“民间河长”，聘请两位村民郭银生、杨锡良担任漕桥河（武进段）“民间河长”，促进公众参与机制的形成。“民间河长”主要职责：负责对所管辖河流沿线和周边河流及支浜等违法排污、违法捕捞、违章建筑、水面漂浮物、岸边垃圾、项目建设维护、治污设施运行、环境政策落实开展监督；遵守水环境保护法律法规，发挥模范带头作用；定期巡查河道，填写“巡查记录表”，发现问题及时上报当地政府；积极宣传环境保护和治理太湖理念，鼓励周边群众积极参与治理太湖工作；及时反馈河道水质情况，在政府相关措施、项目实施前给予合理化建议，帮助周边群众反映治水意见和建议，协助政府与群众沟通。“地方河长”协调有关部门或乡镇（街道），对“民间河长”给予适当补贴，以弥补交通和通讯费用。12月，遥观镇聘任“民间河长”5位，常州经开区三镇三街道（横山桥、横林、遥观镇，戚墅堰、丁堰、潞城街道）“民间河长”制实现全覆盖。

（朱小峰）

生态建设

【概　况】 2016年，武进区以全国生态文明示范区创建为目标，出台《2016年武进区生态文明提速战役工作要点》，部署实施河湖环境治理工程、大气污染防治工程、城镇环境整治工程、节能低碳减排工程、工业点源治理工程、生态示范创建工程、生态空间保护工程、环境安全保障工程、生态文化建设工程、生态绿城建设工程“十大工程”100项任务。持续推进生态系列创建工作，于6月入选省海绵城市建设试点区，全面完成国家森林城市创建任务，创成滆湖省级湿地公园。贯彻落实生态绿城建设要求，实施生态规划修编、生态红线保护、生态重大项目建设等重点工作。深化生态示范创建工程，绿色建筑博览园累计完成投资3000万元，生态湿地、配套绿化、道路及驳岸工程全面完工。全区生态文明建设和城市长效管理综合考核名列全市第一。

【生态空间保护工程】 2016年6月，《武进区生态红线区域保护规划》通过市级评审，确定全区有滆湖饮用水水源保护区、滆湖（武进区）重要湿地、太湖（武进区）重要保护区、横山（武进区）生态公益林、淹城森林公园、宋剑湖湿地公园、滆湖重要渔业水域六类7个省级生态红线区，总面积236.33平方千米，占全区总面积的22.18%。武进区完善市级、区级生态红线保护区，提高生态红线区域面积占比。年内，完成生态红线保护、生物多样性保护年度工作。利用高清遥感影像等栅格底图制作生态红线专题图，GPS定位生态红线区，设置解说、指示、警示3种标牌。编制《2016年度生物多样性保护实施方案》，开展生物多样性保护宣传活动。完善横山公益林旅游规划，完成横山公益林生态资源调查，调查现状动植物名录，在公益林芳茂山发现国家二级保护动物——小鸦鹃，在清明山发现江苏省级地理分布新记录物种——田野水苏。实施西太湖饮用水源保护区保护、太湖重要保护区保护、滆湖（武进区）湿地保护与修复等生态源保护与建设工程。

6月5日世界环境日，区环保局组织开展环保宣传活动　　供稿/区环保局

4 月 22 日世界地球日，常州大学环保志愿者在公交车上宣传环保知识　供稿 / 区环保局

表 41

2016 年武进区生态系列创建情况

项　目	名　　单
持续推进国家生态文明示范镇建设	横山桥镇、横林镇、遥观镇、洛阳镇、前黄镇、雪堰镇、礼嘉镇、湖塘镇、牛塘镇、嘉泽镇、湟里镇
启动国家生态文明建设示范村建设	洛阳镇岑村村
省生态村（8 个）	洛阳镇圻庄村、管城村、马鞍村，嘉泽镇厚余村、跃进村，遥观镇勤新村，横山桥镇星辰村、金丰村
省绿色学校	常州市武进区嘉泽中心小学
市绿色学校	常州市武进区洛阳初级中学
区绿色学校	常州市武进区第二实验小学

【生态绿城建设工程】 2016 年，武进区以“生态绿地，人居典范”为目标，实施生态绿城建设工程六大类 41 项，累计建设绿道长度 152.2 千米和绿地面积 687.31 公顷，完成率 98%。

【生态文明宣传】 2016 年，区环保局加强宣传力度，拓宽宣传渠道，结合舆论和活动等方式，开展环境保护与生态文明建设宣传。全年被《中国环境报》录用刊登专题报道 4 篇，在《武进日报》、武进电视台、武进新闻网区级媒体刊登报道 200 余篇。组织环境保护宣传主题活动 6 次，营造浓厚的生态文明氛围。3 月 11 日植树节，组织机关青年参加“凝志、公益、活力”植树活动。4 月 22 日世界地球日，联合常州大学学生开展世界地球日宣传活动，宣传“环保从我做起，保护地球人人有责”绿色理念。5 月 19 日，组织科普宣传周，向群众宣传环保知识。6 月 5 日，组织社区志愿者、常州大学志愿者在武进万达广场开展制作大型环保画，发放环保袋、环保宣传册等宣传活动。9 月 2 日，组织常州信息职业技术学院的环保志愿小分队在江苏省环境地表水质自动监测漕桥站开展社会实践活动。11 月 11 日，联合常州大学举办第九届“凤舞霓裳”环保服饰设计大赛，展出环保材料制作的服装，提倡低碳生活方式和节约资源的理念。

表 42

2016 年武进区生态绿城建设实施情况

类　型	项　目　名　称	区　域　位　置	建设规模
生态源工程	西太湖饮用水源保护区保护工程	饮用水源二级管控范围内	–
	太湖重要保护区保护工程	环太湖生态红线区	7.5 千米
	滆湖（武进区）湿地保护与修复工程	滆湖沿江高速以北区域	166.7 公顷
	清明山采空区生态修复工程	清明山	0.5 公顷
	宋剑湖湿地公园湖岸生态过滤带	宋剑湖湿地公园	36 公顷
郊野公园工程	嘉泽郊野公园	湟里嘉泽交界处，西太湖西岸	250 公顷
	环太湖郊野公园	太湖周边区块	–
	横山中央山地公园	横山公益林	–
	宋剑湖郊野公园	宋剑湖周边地区	30 公顷
城镇公园绿地	蠡河中心公园	西太湖科技产业园内，锦润路与长汀路交叉口的东南角	9.5 公顷
	长沟河公园	武进长沟河	3 公顷
	牛塘中心公园	牛塘	5 公顷

续表 42

类 型	项 目 名 称	区 域 位 置	建设规模
城镇公园绿地	运河中心岛特色生态绿地	新运河与大通河交汇处	50 公顷
	高架沿线补绿建设	龙江路钟楼大桥西南地块	3.3 公顷
	高架沿线补绿建设	龙江路绿色动力对侧（东侧）地块	16 公顷
	高架沿线补绿建设	长虹路广电路交叉口三角地块	5.8 公顷
	高架沿线补绿建设	长虹路青洋路互通西北地块	19 公顷
	高架沿线补绿建设	青洋路广电路东北与东南地块	17 公顷
	高架沿线补绿建设	青洋路江东路东南地块	1.1 公顷
	武进监测站周边裸露地块补绿 / 覆盖项目	（W1）武进电信北侧空地；（W4）淹城春秋乐园大门马路对面偏西拐角地块；（W3）梅园路西侧、延政大道北约 150 米处地块	2 公顷
	青洋路丁横河绿地	青洋路东方西路西北角	0.65 公顷
	高架沿线补绿建设	青洋路龙城大道互通东南地块	经开区建设 6.5 公顷
	大明路西沪宁城际铁路北绿地	沪宁城际铁路北、东方西路南侧，丁塘河两侧	17 公顷
	东方西路、华丰路绿地	临东方西路	1.06 公顷
	龙锦路两侧绿地	华丰路、兴东路	2.5 千米
	大运河四改三横林段北侧绿地	鸿港码头至无锡界	25 公顷
	大运河戚墅堰老街段南侧四改三滨河绿地	新运河交点处至武澄公路	14.2 公顷
	潞城大气监测站点周边裸露地块补绿 / 覆盖项目	（L1）潞城小学西华丰路东 100 米地块；（L2）L1 地块东北地块；(L3)L2 地块北偏西 30 米处地块；（L4）L3 地块北 50 米处地块；（L5）L4 地块东北侧；（L6）L3 地块西偏北 50 米地块；（L7）潞横路华丰路口西北地块；（L8）华丰路西侧后潞城村东地块等 8 个地块	8 公顷
生态廊道工程	西太湖环湖风光带	环西太湖	42 千米
	新沟河生态廊道	新沟河沿线	14 千米
	新运河生态廊道	新运河（武进段）	13.5 千米
	林荫路建设	东方二路	1.2 千米
	大运河四改三拓宽工程戚墅堰段	新运河交点处至武澄公路	3.6 千米
	大运河四改三拓宽工程横林段	西起鸿港码头，东至运河无锡交界处	5.5 千米
生态绿道工程	环西太湖生态绿道	环西太湖	42 千米
	环太湖湾慢行系统建设	环太湖湾	8.8 千米
	新运河生态绿道（武进段）	新运河两岸	运河两侧绿化建设、绿道建设
	龙锦路绿道	华丰路、兴东路	2.5 千米
	大运河四改三拓宽工程横林段绿道	横林集镇	5.5 千米
	大运河四改三拓宽工程戚墅堰段绿道	新运河交点处至武澄公路	3.6 千米
生态细胞建设	绿色建筑生态博览园	武进区	16 平方千米
	生态系列创建项目	武进区	–
	加强生态绿城宣传力度，创造良好舆论氛围	–	–

（朱小峰）

（栏目编辑　张怡菁）

城乡建设与管理

城乡规划

【概　况】 2016年，区规划部门加强战略谋划，布局区划调整后武进新一轮城乡发展，合理确定各镇及平台规模结构、规划定位和空间布局，完成《武进区发展战略规划》。完善规划体系，基本完成各镇总体规划（简称总规）、控制性详细规划（简称控规）编制报批。加速生态文明建设规划，完成《环滆湖地区总体规划》编制。聚焦美丽乡村，编制《武进区美丽乡村规划建设导则（含试点）》，为建设新型乡村形态指明方向。营造城市特色，编制湖塘老街保护规划。协调《雪堰镇历史文化保护发展规划》和《杨桥传统村落保护利用规划》，推进杨桥申报历史文化名村，丰富历史文化名城内涵。完成《武进区2015年城乡建设发展报告》，通过翔实资料，理清武进发展脉络，强化对城市规划建设过程动态跟踪分析。推进控规修编，做好控规编制、规划条件、各类红线出具等，完成控规修改2项，涉及项目17个（含永安河、今创产业园等重点项目），覆盖面积54平方千米。出具规划条件64项、各类红线90项。

深化法治规划建设和城乡规划一体化管理机制，推动管理创优和服务升级。健全重大行政决策公众参与、专家论证、风险评估、集体讨论决定等法定程序，建立市、区重点项目专项清单以及村镇项目“三表一台账”（项目月报表、批后管理节点控制表、遗留问题项目表，集体转国有土地、流转项目台账），及时协调跟踪项目推进过程的规划难点。开展规划进园区、进社区、进企业、进项目“四进”活动，实现重点项目走访全覆盖。规划审批全流程网上运行、网上留痕、电子归档，保障电子审批的公开透明、规范准确。城镇规划管理融合并进，全面落实减环节、减材料、减印章、减操作的“四减”要求，实现在管理平台、机制的“城乡一体”管理。从7月1日起，村镇所有新办项目通过网上报建，与城区项目在表单、程序、流程保持一致。全年出具方案审查报告29份、施工图审查报告32份、组织方案竞选6次；核发项目选址意见书21份，用地面积110.2公顷；核发建设用地规划许可证64份，用地面积261.8公顷；核发建筑类建设工程规划许可证112份，建筑面积361.9万平方米；核发市政类建设工程规划许可证7份，管线长度7.9千米。办理行政许可准予变更决定书27份，审定各类方案167项。

严格规划执法，加强项目批后监管。按节点实施批后监管，查验建设项目132个，面积659万平方米，处理变更或违反规划许可内容建设的行为15起。严格规划核实，核实建设项目154个、面积499.2万平方米。

【湟里等5个镇总规及控规报批基本完成】 2016年，区规划部门全力攻坚，编制报批湟里镇、嘉泽镇、礼嘉镇、洛

武进中心城区掠影　　　　摄影 / 阚庆涛

阳镇、前黄镇、雪堰镇总体规划和控制性详细规划。至年末，除嘉泽镇因行政区划原因暂未获批外，其余镇总体规划、控制性详细规划均获市政府批复并完成入库。以上6个镇规划编制有机结合乡镇建设现状、发展诉求，兼顾市、区重点项目落地推进，并妥善解决大量村镇规划历史遗留问题，优化交通、用地、基础设施、公共服务设施等发展要素。

湟里镇　城镇性质：太湖、滆湖两湖地区中心，以自然、人文资源为载体、先进制造业为基础，苏南地区重要的特色城镇。功能定位：商埠古镇，保护历史文化资源，结合“商埠古镇”做好文旅产业；工贸重镇，提升传统产业，培育新兴产业，发展特色产业；滨湖名镇，注重生态宜居品质提升、彰显滨湖资源特色，凸显城镇魅力。城镇规模：规划至2020年，镇域常住人口规模为10.8万人，城镇人口6.97万人，城镇化水平为65%；镇域建设用地总量为15.75平方千米，城镇建设用地为10.52平方千米。

礼嘉镇　城镇性质：常州市近郊的特色功能组团，城乡一体绿色创新发展名镇。功能定位：宜居、宜业、宜游的江南品质小镇；以机械、游艇、雨具、绿色建材为特色的制造业基地；武进新型城镇化、“多规合一”、宅基地改革发展示范区。城镇规模：规划至2020年，镇域常住人口10万人，城镇人口6万人，城镇化水平为60%；镇域建设用地总量为13.36平方千米，城镇建设用地为9.55平方千米。

洛阳镇　城镇性质：常州东部生态品质优越的现代化小城镇，苏南模式创新发展的产城融合示范镇，智能机电制造、特色加工和特色农业强镇。功能总体定位：常州机电小镇。功能分定位：冷链产业强镇，江苏省冷链物流特色产业集群特色镇。幸福宜居新镇：苏南地区优越公共服务品质的宜居之乡。田园体验绿镇：常州乡村地区特色风貌与生态农业典范。城镇规模：规划至2020年，镇域常住人口9.5万人，城镇人口6.1万人，城镇化水平为64%；镇域建设用地总量为13.94平方千米，城镇建设用地为8.92平方千米。

前黄镇　城镇性质：常州市武进高新区一体化发展的南部紧密协作片区，西太湖东岸以先进制造业为主导，现代农业、文旅休闲为特色的滨湖城镇。功能定位：区镇协作产业强镇、交通枢纽门户重镇、都市休闲滨湖绿镇。城镇规模：规划至2020年，镇域常住人口10.5万人，城镇人口6万人，城镇化水平为57%；镇域建设用地总量为19.42平方千米，城镇建设用地为9.52平方千米。

雪堰镇　城镇性质：多元融合的休闲旅游名镇，底蕴深厚的历史文化古镇，生态宜居的特色滨湖城镇。功能定位：品质湖滨镇，生态宜居地；特色产业镇，休闲度假地；太湖湾旅游度假区，国内一流生态文化休闲胜地，国家级旅游度假区。城镇规模：规划至2020年，镇域常住人口12.5万人，城镇人口7.5万人，城镇化水平为60%；镇域建设用地总量为26.71平方千米，城镇建设用地为10.97平方千米。

【《环滆湖地区总体规划》编制完成】 2016年，武进区发挥环滆湖地区环境、区位优势，结合苏澳合作园区落户西太湖科技产业园的最新要求，打造以生态涵养为基础、生态旅游为导向，集休闲度假、体育赛事、科普教育、观光农业、养生医疗、商务会展等功能于一体的环滆湖生态发展圈。11月，区规划部门编制完成《环滆湖地区总体规划》。该规划研究涵盖滆湖湖区面积167平方千米及周边陆地区域面积141平方千米，以生态、绿色为突破口，加强生态保护、产业转型、休闲旅游三大核心任务建设，将环滆湖地区打造成为生态保护引领区、产城融合示范区、国际合作创新区以及休闲旅游特色区。该规划以“蓝绿互融涵养区、产城融合示范区、六次产业创新区、休闲旅游特色区”为总体目标，对滆湖及周边地区实施生态保护、产业引导、国际合作、旅游开发。环滆湖地区总体构想为“一核、一环、六区”整体空间结构：“一核”即滆湖生态核，生态涵养保护区；“一环”即打造环湖景观旅游带、保护开发湖滨岸线、串联沿湖节点，构建面积约180平方千米沿湖生态休闲旅游带；“六区”即按照空间布局将环滆湖地区划分六个片区，产城融合创新区、都市商务休闲区、花木休闲度假区、城乡生态休闲区、田园文化体验区、渔情乡野闲适区。

【《常州武进区湖塘老街保护规划》编制完成】 湖塘老街位于武进中心城区，东邻湖塘河、西靠武宜路，南至米市弄、北到聚湖路南，南北走向街面长约750米。清初老街以湖塘桥为中心，分北街、中街和南街，后又分上街和下街，整条街设有槽坊、纺织、铁匠铺等手工业作坊300多家，其中经营纱布和米摊有100多家。湖塘老街作为武进城区仅存的重要历史文化遗存，保护更新意义重大。湖塘老街保护规划借鉴国内外成功的历史地段更新经验，从保护老街风貌的历史原真性，还原老街历史空间，修缮老街历史遗迹，更新功能和恢复活力，为老街植入商业、文化、休闲、旅游、居住等新型复合城市功能，实行整体环境与文化复兴，促进老街功能更新，更好服务现代城市生活和延续自然文脉、风土建筑、传统产业、传统习俗、民俗街坊、民居遗存等文化遗产，让老街传承历史、保存记忆、生生不息。

该规划以湖塘老街为主轴，整个地块划分三大功能区：西侧邻城市干道设置高层住宅，东侧沿河设置底层高密居住街坊，中间为湖塘老街再生更新部分；湖塘老街横向由大通河、城市道路形成次级轴线，整体呈一纵三横规划结构。将原真性地修复湖塘老街，打造历史文化步行商业区，通过内化老街以解决排水问题。整体改造老街外部环境，打造沿河景观岸线，增加街区内部绿地和广场，结合休闲文旅业态，形成传统韵味的新型城市空间和步行体系。疏通老街道路，合理配置动态与静态交通，增加后勤服务和消防通道。东侧地块恢复明清老街肌理，填入传统民居风格新型复合商住业态。老街西侧地块与现代城市衔接，满足现代城市功能需求，设置为开放式小街区，保留西侧城市干道进入老街通达性。老街整体风貌采用青砖白墙结合，细部采用武进地区传统工法技艺，既有历史气息又有文化和现代氛围。

【海绵城市规划建设】 4月，区规划部门在编制完成《武进区绿色建筑发展规划》《武进城区低影响开发专项规划》《武进区中心城区防洪除涝规划修编》《武进中心城区雨水管网及易涝区改造规划》等14项海绵城市建设相关专项规划基础上，组织力量参与省级海绵城市建设试点申报工作，主要从组织保障、政策制度、实践经验方面分析武进区申报优势，从系统建设完善武进海绵城市大系统“山、水、林、田、湖”角度出发，将建设任务分解落实到各新建和改建项目，力争在规划管控制度、标准体系、智慧平台管理、绩效考核和按效付费等方面做到全省领先。年内，武进作为县级城市（区）成功入围首批2016年江苏省海绵城市建设试点城市。

（朱　轶）

中心城区秋景　　摄影 / 高岷

中心城区建设

【概　况】 2016年，区住建部门从民生需求出发，重点做好生态环境建设，组织实施市政基础设施、园林绿化、老小区改造等项目近30个，全年完成市政总投资1.9亿元。其中，新建类投资1.36亿元，养护类投资5400万元（包括绿化养护1800万元、城市照明养护800万元、路政养护2000万元、公园养护800万元）。老旧小区改造工程按期完成，改造总建筑面积6.5万平方米。市政道路工程建设完成社桥路、长沟路、滆湖西路等9项，新增通车里程6.1千米。地铁工程武进区段8个地下车站主体结构全部封顶，盾构工程完成总量的60%。年末，中心城区绿化养护面积250万平方米，路政养护面积800万平方米，路灯养护总盏数6万盏，公园绿地养护总数12处。配合常州市创建国家级文明城市检查任务，完成路面维修面积8170平方米、道板修复面积4.9万平方米，检测维修陆家桥、众恒大桥等桥梁，保障中心城区环境优美、道路通畅。

【武进区入选海绵城市建设试点城市】 武进区海绵城市建设（项目）由区住建局牵头负责申报和实施。4月，申报材料编制完成。5月，通过省住建厅组织的答辩和评审，武进区入选首批江苏省海绵城市建设试点城市，获省级海绵城市建设专项资金2000万元。武进区海绵城市试点建设区域面积为4.3平方千米，分为行政中心片区、绿建区片区、西太湖片区。其中，行政中心片区面积1.1平方千米，主要为旧城区改造区域；绿建区面积2.2平方千米，为旧城改造与新建相结合区域；西太湖片区面积1平方千米，主要为新建地区。通过海绵城市建设，武进中心城区实现下雨时吸水、蓄水、渗水、净水，需要时将蓄存的水“释放”并加以利用，成为“水弹性城市”。

【市政道路工程实施9项】 2016年，区住建部门实施市政道路工程9项，新增通车里程6.1千米。其中，年度新开工程社桥路、长沟路（周家巷—定安路）、滆湖西路（武宜路—凤林路）、长沟路（人民路—长沟河）、古方西路（玉塘路—长沟河）、老坝路建设6项；转接工程白云溪路及杉木路建设2项；在建工程湖滨路（长虹路—延政路）改扩建工程1项，至年底，建设完成总体工程量的80%。全年完成市政道路建设工程总投资1.25亿元，分别为道路建设9650万元，强、弱电迁移2800万元，社区道路建设投资50万元。

·资料链接·

海绵城市是指城市能够像海绵一样，在适应环境变化和应对自然灾害等方面具有良好的“弹性”，下雨时吸水、蓄水、渗水、净水，需要时将蓄存的水释放并加以利用。海绵城市建设应遵循生态优先等原则，将自然途径与人工措施相结合，在确保城市排水防涝安全的前提下，最大限度地实现雨水在城市区域的积存、渗透和净化，促进雨水资源的利用和生态环境保护。在海绵城市建设过程中，应统筹自然降水、地表水和地下水的系统性，协调给水、排水等水循环利用各环节，并考虑其复杂性和长期性。

【城市照明工程实施】 2016年，武进中心城区城市照明工程以新建道路配套工程为主，完成总投资额800万元，实施各类路灯安装252套，改造箱式变压器5台。区住建部门加强道路照明巡修力度，确保路灯设施完好率达95%以上，路灯亮灯率达98%以上，亮化市容，优化夜行交通条件。年内，完成社桥路供电10千伏线路、滆湖路10千伏线路部分线路迁改及轨道交通聚湖路、滆湖路等箱式变压器迁改工程。

【生态绿道建设】 2016年，区住建部门以生态绿道建设为龙头，开辟延伸城市慢行系统，持续打造融生态、休闲、运动、人文于一体的武进特色生态绿道。生态绿道建设充分考虑人口聚集因素，延续已建绿道风格，在原有密闭林带内，开辟自行车道、健身步道以及多处活动场地，实现机非分隔。年内，在沿长虹路府北新村和恒大翡翠庭华两个节点，结合海绵城市设计理念，运用雨水花园的建设手法，凸显绿色生态主题。利用原有绿化资源，实施迁移、修剪、疏密、种植等措施，使绿化工程起到提质增彩效果。将原有密闭林带打造成阳光通透、花美树绿的全新场景，在活动区域安装健身器材和座椅，铺设透水砖面积3100

五彩生态路——淹城大道　　摄影 / 张乐扬

平方米，建成居民出入及休闲活动的优质户外活动场所。全年完成总投资400万元，完成龙江路高架（钟楼大桥—武南路）、长虹路高架（龙江路高架—淹城路）和青洋路高架（312国道—长虹路高架）的生态绿道工程，新增绿道面积3.35万平方米。至年末，中心城区累计建成生态绿道里程54千米。

【旧城改造工程】 2016年，武进中心城区旧城改造区域覆盖至牛塘镇范围部分老旧小区。区住建部门在走访查勘、广泛讨论、编制详细方案基础上，实施湖塘北街社区建安家园小区、牛塘镇牛塘二社区干部宿舍楼和教工宿舍楼等老旧小区改造。改造工程包括四部分：提升小区公共环境、彻底改造道路和雨污管网、清理垃圾房、整修绿化带，实现小区停车位、健身广场等整齐划一；修缮房屋，包括修缮单元楼道窗和落水管，出新部分小区围墙；改善老小区生活配套设施，更新自来水和消防管道，添置技防监控设施等；增设文体设施，整修宣传栏、报刊栏，增设健身设施等，丰富小区居民精神文化生活。年内，完成旧城改造总建筑面积6.5万平方米，总投资1000万元。老旧小区改造惠及家庭800户、居民3200人。

【湖滨路改建工程推进】 9月，区住建部门实施湖滨路改建工程，完成房屋拆迁、垃圾清理、树木迁移、可施工路段东半幅路槽开挖等前期工程，为道路两侧强弱电线杆入地提供条件。9月10日，湖滨路改建工程正式开工。该工程北起长虹路高架、南至滆湖西路，为城市主干道，道路全长3千米。其中，长虹路高架至延政路段长2.4千米，一般红线宽度40米；延政路至滆湖西路段长600米，一般红线宽度60米。至年底，完成工程总量的60%。湖滨路建成后，将有效改善区域出行交通环境，提升城市形象。

【长沟河公园开工建设】 长沟河公园位于武进中心城区人民西路与长沟路交界，于5月启动建设，占地面积3万平方米，其中绿地面积近2万平方米。从8月25日起，该项目完成地块拆迁及清表等工程，市政、绿化等施工队伍进场施工。公园设计引入“海绵城市”概念，顺应自然，保护原有生态，做到低影响建设。公园功能注重各年龄阶段人群户外活动需求，为中老年人设置休闲步道及小型健身场地，为青年人设置篮球、五人制足球等室外球场，为儿童精心打造亲子乐园。公园内种植特色植物——樱花，打造花卉主题景观，设计形成春季赏樱公园。至年底，完成工程总量的60%，园景雏型渐次展现。长沟河公园作为武进中心城区第二大开放式公园，将成为群众休闲、娱乐、健身、赏景的好去处。

（冷　阅）

村镇建设

【概　况】 自2015年8月起，武进区原村镇规划职能划归武进规划分局管理。2016年，区住建部门积极应对新变化，以特色化为目标，围绕城乡一体化建设，加快美丽乡村和小城镇建设，推进规划引领工程、特色名片工程、美丽村庄工程、产业支撑工程、基础设施工程、公共服务工程、生态景观工程、旧区改造工程、集聚集约工程、管理提升工程“新十类”工程建设。年内，组织嘉泽镇、雪堰镇城西回民村分别申报全国第四批美丽宜居小镇、美丽宜居村庄示范工程。洛阳镇岑村村开展省级美丽乡村“特色样板示范村”项目建设，获省级专项资金240万元。前黄镇杨桥村传统村落保护项目被列入2016年度中央财政支持范围。雪堰镇城西回民村和周桥村分别获省级城乡环境综合整治专项资金200万元和80万元。

【小城镇建设推进】 2016年，武进区结合民生保障、生态环境建设等新要求，推进新型城镇化建设，启动和推进“新十类”工程建设，部分项目年内竣工并投入使用。年初，洛阳镇、礼嘉镇、前黄镇、雪堰镇、嘉泽镇、湟里镇6个镇完成小城镇建设考核，“新十类”项目稳步推进。雪堰镇确立“旅游兴镇”战略，促进青山绿水永续增值，发展乡村旅游；横山桥镇打造宜居宜业宜游的江南山水名镇，建设全域旅游体系，加速绿色产业升级；嘉泽镇围绕打造园艺旅游风情小镇、中国魅力花木之乡，做大做强花木产业，促进新的经济增长极形成；前黄镇以建好高新区发展“后花园”，打造重大项目承载地、农业生态大公园、文化传承彰显地。年内，区住建局组织嘉泽镇、雪堰镇申报全国第四批美丽宜居小镇，使城镇特色凸显，项目推进加力，城镇集聚增强，生态建设加速，城镇化水平不断提高。

（冷　阅）

【美丽乡村建设】 2016年，武进区按照宜居、宜业、宜游的发展目标，培育“四美一特”（村庄秀美、环境优美、生活甜美、社会和美，有农游特色）美丽乡村示范典型。乡村建设围绕环境整治提升、景观生态修复、建筑风貌提升、生产交通设施配套、公共服务完善、农业产业发展、农游服务配套等方面，全年梳理并实施重点建设项目89个，有

礼嘉镇加快推进小城镇建设　　摄影 / 陆新

效投入资金1.7亿元。在横山桥镇五一村、雪堰镇雅浦村、城西回民村创成全市首批美丽乡村基础上，放大示范效应，雪堰镇南山、横山桥镇东城湾2个村于10月底通过常州市第二批美丽乡村验收。年内，洛阳镇岑村村投资1500多万元，全面启动省级美丽乡村示范项目建设，雪堰镇南山村创建省级美丽乡村进入考核验收阶段。至年末，全区确定申报第三批市级美丽乡村创建重点建设项目30个，康居乡村建设达标率达26.8%，村庄环境整治达标率近99%。

（崔臣子）

房屋征收与补偿

【概　况】 2016年，武进区房屋征收与补偿办公室（简称区征收办）以“依法规范”为中心，切实维护被拆迁户权益，保障社会和谐稳定，共享城乡建设成果。全年完成征迁签约面积320万平米，化解征迁历史遗留问题27户，协调解决信访矛盾纠纷117批，完成长沟河片区公园、中医院南侧地块、湖滨路片区改造等重点项目，基本完成永安河、新孟河拓浚整治工程征迁任务。针对性调研由于行政区域调整产生的征迁政策地区差异、征迁安置协议等，规范完善拆迁安置政策，拓宽安置渠道。出台《关于加快全区拆迁过渡户安置工作的实施意见》《关于推进全区征迁安置供给侧改革去库存实施意见》，科学配置资源，切实化解矛盾，促进征迁工作顺利推进。全年安置征迁户3000多户、建筑面积50多万平方米。

【重点项目房屋征迁推进】 2016年，武进区启动长沟河片区公园、中医院南侧地块、湖滨路片区改造、永安河和新孟河拓浚整治工程、武柴厂及周边地块旧城改造项目，以及滆湖路、成教路、大明路等省、市、区重点项目民生工程拆迁任务。区征收办加强征迁业务指导，做好重点项目实施方案的论证和审核，及时为项目推进中的安置人口界定、产权调换房源等问题提供政策依据和意见，规范和指导安置房分配、定销商品房选购、货币化结算等操作环节。根据常州市拆迁补偿安置办法，逐步接轨省政府第93号令，通过设置结余面积货币化补贴和购房奖励等办法，研究制定武进区层面新的集体土地上房屋拆迁安置政策，从根本上解决征迁安置不均衡矛盾。至年末，经开区、高新区、湟里镇、前黄镇、湖塘镇、牛塘镇、西湖街道、嘉泽镇等实施主体，分别完成房屋拆迁面积超10万平方米，有效保障相关重点项目按时开工建设。

【房屋征迁业务管理】 2016年，武进区准入房屋征迁中介机构58个，其中评估机构13个、征迁服务机构24个、房屋拆除机构21个。区征收办加强对征迁服务机构的信用考核，实行目标责任制和年度市场准入制，坚持拆迁项目招投标制度和机械化拆房制度，推行全过程考核管理。指导中介公司和项目实施主体提升征迁业务能力，切实开展被征迁户一户一档资料的收集、整理和保管。增强征迁信息软件运用，促进征迁操作程序规范、公开公正和阳光透明。全年完成拆迁项目12个、评估招标项目13个，监管房屋拆除项目20个、面积120万平方米。

（沈　轲）

公用事业

【供　气】 2016年，全区新增天然气高、中、低压管线长度320.66千米，累计3283千米，增长10%。全年天然气购气量4.33亿立方米，销售量4.23亿立方米，增加22%。其中，工业用气2.84亿立方米，增长2%；居民用气0.74亿立方米，增长12%。累计天然气用户33万余户，

天然气设备安全维护　　供稿 / 区住建局

增长6%。年内，武进区组织液化天然气额外气源1081万立方米，增长65%，确保冬季用气高峰稳定供气。推进天然气进村入户，前黄、雪堰、湟里、嘉泽、牛塘等镇42个行政村开通天然气，新增通气用户2.6万户，天然气利用乡镇全覆盖。有石油气加气站8座，油改气车辆4192辆，减少0.8%；全年汽车用压缩天然气销量2155万立方米，减少20%；液化天然气453万立方米，增加3%。加强瓶装液化气管理，对14家液化气经营企业安全检查，全年查处各类安全隐患168起，全部整改到位，全年无燃气安全事故发生。

（冷　阅）

【供　水】 2016年，全区完成供水量1.57亿立方米、售水量1.41亿立方米，分别增长10.2%和8.9%，综合漏损率10.1%，水质综合合格率100%。完成牛塘、嘉泽等片区农改水工程扫尾任务，铺设管网长度50千米，改造自来水用户2850户，累计新增自来水用户44195户，全区自来水总用户44.2万户。结合市政主要道路建设，实施漕溪路、牛溪路、高家路、凤栖路、西太湖大道改扩建，禾香路、果香路等道路管道工程建设，铺设供水主管道4.7千米，全区环状供水管网格局更趋完善。

（陈南贵）

【供　电】 2016年，全区全社会用电量170.65亿千瓦时，工业用电量145.45亿千瓦时，分别下降0.47%、0.76%。全年发电量15.5亿千瓦时，上网电量12997千瓦时，对外供汽342.73万吨。区发展改革局推进丫河220千伏、顺通输变电工程及其配套线路110千伏送出工程、110千伏太滆变主变扩建工程、110千伏漕滆输变电工程等重点输变电项目8项，全年完成投资超8亿元，新增变电容量66.3万千伏安，新增线路长度31.34千米。相继实施常州武进“互联网+”智慧能源示范区智能电网、智能用电、智慧能源三大工程，完成投资4.1亿元，建成配电网故障自愈项目、城区用户与电网供需友好互动系统、绿建区智慧园区能源管控平台搭建等子项目24个。

（金　婷）

城市管理

【概　况】 武进区城市管理局、武进区城市管理行政执法局、武进区城市管理监督指挥中心实行一套班子合署办公，下辖区城市管理行政执法大队、区环境卫生管理处、区特种垃圾管理站3个事业单位，区城管局机关设置职能科室7个，有干部员工406人，主要履行城区市容和环境卫生的管理和监督，负责城区户外广告的设置审批、环卫设施的建设管理、建筑渣土管理监督、城市长效综合管理考评等职能。2016年，区城管局推进法治城管、民生城管、数字城管、效能城管、人人城管、满意城管“六大工程”建设，提升长效管理工作水平，加强城区市容环境整治，推进渣土运输、户外广告、环境卫生、城管行政执法等工作。环境卫生管理、渣土运输管理、公共自行车项目建设等在全市创造先进典型。武进区城镇长效综合管理考评总分79.2分，在全市五区一市中排名第五。

【市容市貌管理】 （1）城区市容专项整治。区城管局开展城区市容环境整治“百日会战”行动，在武进中心城区（东至常武路、西至武宜路、南至延政路、北至广电路）范围内的17条主次干道，实行精细化管理，持续清除乱张贴、乱涂写、乱堆放，取缔乱设摊、店外出摊等违章行为，以点带面、示范引领，稳步提升长效管理水平。（2）渣土管理规范。武进中心城区有符合渣土运输条件的渣土运输企业13家，全年签发渣土处置证6420张，处置渣土约135万立方米。年内，全区236辆渣土运输车符合“七统一、一必须”管理规定（统一密闭装置、统一安装顶灯、统一单位标识、统一外观颜色、统一放大车牌号码、统一安装安全警示标识、统一安装定位系统，在武进城区从事建筑垃圾运输的车辆，经检验、审核同意后，必须按指定的时间和路线通行）。针对城区11个轨道交通建设工程，开展“一对一”管理，在聚湖路站等7个站点安装监控探头，实行“无线工地监管”。（3）户外广告整治。出台《武进区户外广告和店招标牌设施设置管理暂行规定》，为辖区户外广告设置、管理提供标准。实施延政路、府东路沿街店面字幕式电子显示屏整治，武宜路、府南社区、淹城景区周边户外广告整治以及四季青服装城等商业综合体户外广告改造，提升武进户外广告新形象。（4）创建示范路和示范社区。组织各镇（开发区、街道）开展示范路、示范社区创建，府南社区创成省级示范社区，武宜中路创成省级示范路，雪堰镇太滆村等15个村庄创成区级示范点。

【环境卫生管理】 2016年，区城管局着力提升城区环境卫生基础设施建设，完成城南大型转运站建设项目，日处理垃圾量250吨，全面满足大学新村片区、卢家巷片区、沟南工业园等区域生活垃圾压缩、转运任务。完成定安中路转运站改建公厕项目、新城南都公厕改建休

机械化清扫道路　　供稿／武进日报社

息点项目、城区50座公厕无障碍设施改造项目、马杭等4座小型转运站设备改造和卢西填埋场整治项目。从2月起，专设机械化生活垃圾收集车20辆，中心城区生活垃圾日直运量约60吨，减轻大学新村、小庙、降子转运站的转运压力，提高生活垃圾转运效率。4月，完成新一轮清扫保洁招投标，择优选拔10家作业单位负责城区环卫保洁，道路机械化作业覆盖率超85%。年内，推行生活垃圾分类、规范处置，在御城、新城公馆等8个小区试行生活垃圾分类收集，在万达小区设置垃圾分类岗亭。全年处理生活垃圾39.3万吨，其中用于焚烧发电27.1万吨、实施安全填埋12.2万吨，无害化处理率达100%。

【城管行政执法】 区城管局重点开展春季专项整治、夏季市容整治、“百日会战”等行动，实行“7324”（“7”指每周7天，“3”指早、中、晚3个时段，“24”指24小时全天候）错时管理，全面加强城市管理行政执法。全年督促整改路面抛洒滴漏问题1591次，查处违规渣土车83辆；拆除不规范、破损广告面积6万平方米，拆除破损高炮广告牌版面面积1.4万平方米，修复破损广告250余处，查处擅自收运餐厨废弃物案件68起，抽查发现新增“两违”（违章建筑、违法建设）126起，立案查处38起。

【城镇长效综合管理】 从3月起，区城管局与市监督指挥中心协调，暂缓对湖塘镇、高新区北区范围内三级区域（15.89平方千米基础薄弱区域）考评，新增南夏墅街道、西太湖科技产业园（西湖街道）范围内16.8平方千米考评区域。与湖塘镇、高新区北区就长效管理工作职责和管理范围沟通对接，以会议纪要形式明确各自城市长效管理职责。由区城管局派驻湖塘镇、高新区北区、牛塘镇和绿建区城管中队负责人，实现城区城管队伍高效联动。区城管局与常州经开区加强对接，就长效管理责任主体、整改落实、日常管理等达成一致意见，制定城镇管理一体化操作方案和工作机制，将戚墅堰街道、丁堰街道、潞城街道纳入武进区一体考评。牵头湖塘镇、南夏墅街道完成大学新村夜排档整体搬迁，指导牛塘镇完成江苏理工学院周边乱设摊整治，指导常州经开区解决五益市场周边市容秩序问题。完善镇村长效管理考评机制，实现暗访、督查、明查“三位一体”，加大考评力度，累计检查集镇216个次、村庄家园324个次，发现问题1781个。发挥“83812319”热线桥梁纽带作用，全年累计接听电话33756个，处理问题20634件，办结20558件，办结率99.63%。

【城区市容环境整治“百日会战”行动】 10月1日至12月31日开展。实施精细化管理区域道路两侧市容环境整治、城区环境卫生整治、城区户外广告整治、城区渣土运输和建筑垃圾偷倒整治、重难点区域整治五大行动，整改精细化管理区域各类问题5200余个，全面清理城区237条道路两侧垃圾和7条河道岸坡垃圾，清洗垃圾桶、果壳箱2658个，更新环卫设施160余个，完成茂业综合体、广电路广告整治，清理偷倒、乱倒建筑垃圾3500余吨，实现城区市容环境面貌提升。

【卢西填埋场整治工程】 2016年2—7月，区城管局投入200万元，实施卢西填埋场整治工程。卢西填埋场南靠武宜运河、西临西太湖，占地面积7.67公顷，于2003年投运，进场垃圾以生活垃圾为主。2007—2009年，经整治，卢西填埋场成为生态绿地。由于填埋垃圾分解，出现上部覆土下沉、植被破坏、排水明沟变形、排水不畅等问题，急需修复。新一轮卢西垃圾填埋场整治工程，通过拆除场内违章搭建、清理枯死树木、填补平整场内地块、更换围栏、增添沟渠，以及新建园内道路、补种花木、铺设草坪等，将卢西填埋场改造成兼具安全性和观赏性的公园式地块，实现各项环境指标均恢复至封场标准。

【“931”城市环境综合整治接续行动】 2016年，围绕武进区列入“931”城市环境综合整治接续行动整治目标14项，区城管局发挥牵头协调作用，指导监督相关责任单位全面完成老旧小区整治、大通河清淤、南运河节制闸建设等工程，增加停车泊位210个；拆除未经审批设置楼顶广告7处，修复设施陈旧广告21处，拆除空白闲置门头广告22处，解决存在安全隐患广告18处；完成定安中路转运站改建公厕项目，新增设路铭牌40个、改造100个。

【城市公共自行车方便居民出行】 2月29日，武进区公共自行车一期项目启动建设。该项目覆盖武进中心城区、马杭片区、鸣凰片区，东起夏城路、西至淹城路、南起武南路、北临312国道，由区城管局牵头、常州市永安公共自行车系统股份有限公司承建，累计投资2288万元。至年末，建成综合公共自行车服务中心1个、售卡亭5个、公共自行车站点137个，设置锁车桩3800个、投放公共自行车3000辆。全年城区租车累计220万辆次，单日租车量最高达1.75万辆次，单日租车量平均为1.5万辆次。其中，租赁卡租车3000辆次，二维码

· 资料链接 ·

武进公共自行车服务指南

办卡须知：1. 办卡年龄在16周岁到65周岁；2. 居民办卡凭二代身份证原件、户口簿原件或军官证、学生证、台胞证、护照任一原件，到指定办卡点办理租车卡；3. 办理租车卡时需缴纳保证金200元，消费充值费20元；4. 借车卡每天使用不限次数，每次一小时内免费，单次超时按1元/小时收取超时费。

用卡提示：1. 一张租车卡，只能借一辆公共自行车；2. 租车卡限由持卡人使用，不得转借他人；3. 借、还车需刷卡，还车未刷卡可能造成租车卡暂停使用，第二次无法正常借车。4. 如需退卡，须本人携带身份证和办卡收据，到武进管理中心办理。

办卡地址：富克斯流行广场（常武北路）、好又多购物广场（武进高新区凤栖路）、吾悦广场（人民路与武宜北路口）、运营管理中心（延政中大道19号财富广场武房大厦9楼）。

办卡点工作时间：周一到周日无休（节假日除外）

服务电话：400-050-9995

客服在线时间：6:30～21:30

市民租赁公共自行车　　摄影 / 高岷

扫描租车1.2万辆次，单车骑行时间平均17.5分钟，单日使用率在全国排名前列。武进公共自行车作为一项惠民的绿色低碳交通系统，连接起城市主干线、支线、住宅区、商贸中心等，较好解决了市民“最后1公里”交通问题。

【高架沿线市容环境整治】 2016年，区城管局牵头湖塘镇、牛塘镇、绿建区、南夏墅街道等属地主管部门，开展高架武进段（龙江路高架及南延段、长虹路高架、青洋路高架，总长28.98千米）市容环境综合整治，推进沿线绿化完善、建筑面貌提升、户外广告优化、重点节点塑特、视界环境净化、土地优化出让六大工程。至年末，完成各类整治项目87个，初步实现高架沿线市容环境优化提升。

【环卫工人“爱心驿站”建成投用】 区城管局持续优化环卫工人工作休息环境，于3月全面启动新城南都公厕改建环卫工人休息点项目，于7月建成投用。新城南都环卫工人休息点面积53平方米，设置休息室、就餐更衣室、卫生间，配备饮水机、医药箱、电风扇、微波炉等物品，为武宜路、长虹路、广电路周边1千米范围内环卫工人提供小憩处所。年内，区城管局联合区总工会、区红十字会，提档升级全区环卫工人休息点54个，建成环卫工人“爱心驿站”11个，为环卫工人打造遮风避雨的休息场所。

（杨佳乐）

房 产 管 理

【概　况】 2016年，区房管处（住房保障中心）按照行政区划调整和不动产统一登记制度落实的要求，调整部门管理职能为承担住房保障、物业管理、房屋安全鉴定审定、白蚁防治4项。2月，房屋登记和涉及房屋登记交易材料审核、档案管理和房产技术测绘职能，划归常州市不动产登记交易中心武进分中心。落实直管公房管理制度改革，武进中心城区范围公房资产移交区国资办管理，各乡镇资产划归属地政府管理，至9月，移交完成区直管公房资产总建筑面积47413.66平方米、资产账面价值1099.83万元。

【房屋安全鉴定】 2016年，区房管部门完成鉴定项目130个，面积6万平方米。其中，公共场所房屋安全审定项目15个，面积3万平方米；非住宅改造项目32个，面积6000平方米；房屋安全技术评价项目6个，面积2000平方米；住宅装饰装修审核项目3500个，受理改造投诉50个。4月上旬，区房屋安全鉴定所接到御城小区某业主在装修房屋过程有严重破坏建筑结构行为的举报。经现场查勘属实后，立即发放停工整改通知书，协调该业主主动办理相关手续并整改到位。在处置该事件过程中，主动对接相关新闻媒体，宣传居民在房屋装修过程注意事项，告知房屋装修违规改造行为的危害性，促使处置结果起到正面宣传效果。

【城市危旧房排查治理】 3月，武进区城市危房和老旧房屋安全排查治理工作小组发文，要求各镇、街道、开发区按照住房城乡建设部和省住房城乡建设厅部署，开展新一轮排查和整改工作。经各地自查，全区排查出各类老楼危楼11097幢，发现疑似危房1030幢，整改加固危房66幢，拆除危房66幢。5月9—19日，区房管处组织人员深入开展城市危旧房屋解危工作专项督查，督促相关资产的责任主体强化管理职责，保障辖区人民生命财产安全。

【白蚁防治灭治】 2016年，区白蚁防治所与相关单位签订新建房屋白蚁预防合同（含正式、补办和增补合同）计153项。签订临时合同16项，面积50.8万平方米。组织新建房屋白蚁预防施工面积303.2万平方米，发放白蚁防治竣工报告85项，竣工面积206万平方米。受理各类蚁害报案424起，组织蚁害勘查和灭治施工393起，白蚁预防工程现场回访347项。推进《白蚁种群分子标记技术研究》《房屋白蚁预防微胶囊化药剂的应用技术研究及对地下水安全性评价》《常州地区入侵白蚁危害风险评估及防控分子检测技术研究》3项课题研究。

【物业属地管理】 2016年，区房管处指导设立物业管理委员会8个，成立南田雅园小区业主委员会。完成物业合同备案32份，前期物业招投标项目2个，物业服务企业资质申报初审16件。坚持小区管理责任落实和问题化解为重点，推进乡镇和职能部门考核，采取书面结合现场考核形式和调整考核频次，强化物业属地化日常管理和落实部门执法进小区职责。针对性解决小区物业矛盾纠纷，做好小区物业管理日常舆情监控、信息传递和主动应对，将矛盾解决在最初、最小范围，较好维护小区稳定。全区开展住宅小区物业管理优秀项目创建活动，花东三村原东风路小区、华都馨苑、新城长岛、卓骏上品4个项目创成区级优秀物业服务项目。加强物业维修基金归集和使用管理，全年归集房屋维修基金13956.7万元，累计余额12.5亿元，支出小区维修和本体维修基金340.81万元。

（杨　欣）

不动产登记交易管理

【概　况】常州市不动产登记交易中心武进分中心于2016年1月30日挂牌成立，2月1日正式受理登记申请。该中心为公益一类事业单位（正科级），经费渠道为自收自支，由常州市不动产登记交易中心委托武进区政府管理。主要职能包括：贯彻执行国家关于不动产登记的法律、法规和政策，实施全区范围内的土地、房屋、林地、水域滩涂养殖、农村土地承包经营权、宅基地使用权等不动产登记；不动产权属地籍调查；不动产登记产权产籍资料及档案的收集、整理、建档、保管和利用；房产登记交易材料审核；不动产测绘及成果审核；房屋租赁备案。该中心划转武进国土分局和房地产管理处原相关职能人员，有序衔接不动产统一登记与房屋交易，按照"一中心、三片区"布局，设置分中心和经开区2个受理点。年内，该中心暂设在区房管处办公，内设机构有综合科、权籍调查科、受理登记科、信息档案科、测管科等，在岗员工76人，其中事业编制人员39人。

【不动产统一登记全面开展】2016年，不动产登记交易中心武进分中心受理各类不动产登记103867件。其中，登记类83579件，查询类20288件；不动产首次登记403件，抵押登记34766件，转移登记24126件，办理合并二手房转移登记＋抵押登记6290件，变更登记1201件，更正登记70件，查封登记4329件，其他登记2030件；颁发不动产权证书59143本、不动产登记证明23258份。房产档案按照"整理规范一批、验收一批、移交一批"原则，全部移交到位。接收横林、横山桥、遥观3个镇国土所档案5599卷。档案窗口接待18845人次，出具登记簿查询证明17458份。开展土地、房屋等定着物的日常权属调查1022宗，办结780宗。完成各类遗失废止声明、异议公告、范围注销登记公告及废止证书公告等378份。审核房产测绘报告661份，建筑面积331.23万平方米。

（姜　钰）

住房公积金管理

【概　况】2016年，武进住房公积金分中心落实中央、省关于促进房地产健康发展的惠民政策，扎实推进为民办实事项目。通过政策宣传和行政推动，优化住房公积金扩面工作环境，提升住房公积金保障功能。年末，全区住房公积金归集和贷款总额分别突破100亿元，归集住房公积金114.12亿元，发放政策性低息贷款110.1亿元（含公转商补息贷款）。全年新增住房公积金缴存单位1025家、缴存职工39083人，分别增长16.7%和15.6%；归集住房公积金20.13亿元，增长23.7%。贷款余额71.91亿元（含公转商补息贷款余额22.89亿元），年末应缴单位6884家，正常缴存人数18.97万人，归集余额55.66亿元。全区有22.8万人次职工累计提取住房公积金13.51亿元，提取人数和金额分别增长29.69%、34.45%。全年7000个缴存住房公积金单位的25.18万名职工结息总额7147.95万元，有30名职工提取住房公积金147.11万元用作重病救急款，有3户低保和特困家庭获1.5万元住房公积金贷款贴息。年内，武进住房公积金分中心可提供区政府廉租住房补充资金2826.84万元。该中心获2013—2015年度江苏省文明单位、武进区2016年度综合考核优胜单位，"职工家庭购房安居工程"获区十佳优秀项目奖。

【住房公积金贷款和提取金额35.86亿元】2016年，全区商品房成交量明显回升，住房公积金政策性低息贷款额增长37.7%，创历史新高。武进住房公积金分中心实施住房公积金贷款与公转商贷款双轮驱动化解资金紧张困难，满足购房职工融资需求，以实际成效落实供给侧结构性改革"去库存"要求。全年发放政策性低息贷款24.53亿元，增长23.5%。其中，发放个人住房公积金贷款3634户12.94亿元，与5家受托银行合作发放公转商补息贷款3646户11.58亿元。全年支持购房套数7280套、面积85.54万平方米，分别占2016年全区商品住房销售套数、面积的36.24%和33.8%，住房公积金贷款（含公转商补息贷款）发放额占全区商业银行住房贷款总额的42.5%。发放职工住房消费类提取公积金总额11.33亿元。住房公积金贷款和提取合计金额35.86亿元，资金投放量增长26.09%，分别增长34.38%和29.06%。

（李　磊）

防震管理

【概　况】2016年，区地震局确保苏19井监测设备正常运行，清明山地震台全年观测环境正常，测震和地壳形变观测运行正常。3月中旬，配合国家地震烈度速报与预警台网工程完成2个基本场站勘察选址。9月，更新苏19井宽带，监测数据接入常州市地震局数字台网中心。调整保留地震群测群防观察点区级9个、市级3个，各群测群防点日常观测正常。全年办理建设工程抗震设防要求审核行政许可事项105件，其中一般建设工程91件、重大建设工程2件、学校和医院建设工程12件。开展震情会商4次，根据掌握的测震和前兆观测资料，提出常州市及周边地区近期地震趋势意见。

【防震抗灾】年初，武进区及时修订地震突发事件应急预案，重点修订区级总体应急预案1个和专项应急预案26个。镇（开发区、街道）应急预案侧重于突发事件的预警信息传播，组织先期处置和自救互救、信息收集报告、人员临时安置等，强调相关地震应急预案必须在其突发事件应急预案修订完成后开展，由区地震局与应急办及时跟踪进展情况。3—5月，区地震局开展地震科普宣传活动4次，发放《地震科普知识》《地震来了怎么办》宣传资料2000本。7月，组织湖塘镇新天地社区开展居民应急疏散演习。9月，组织全省地震应急视频会议系统链接本地视频培训。每月定时开展市区两级地震应急视频会议系统准时链接巡视，确保系统和设备全年运行管理正常。

（蒋国斌）

（栏目编辑　周小红）

交 通

交通建设

【概 况】 2016年，区交通运输部门面对“新常态”下转型升级要求，围绕“重大项目深化年”部署，构建现代综合交通运输体系。全年实施政府性投资项目19个，完成投资15.52亿元。其中，基础设施建设14.12亿元，路航养护投资0.6亿元，创建国家森林城市工程投资0.35亿元，为民办实事项目投资0.45亿元。青洋路、武进大道、长虹西路快速化改造三大续建工程稳步推进，环湖东路、环湖西路北延等5个项目通过竣工验收。实施农路提档升级、农桥改造、县道大中修、安全生命防护等民生工程，武进区创成首批省级“四好农村路”示范区。推进公路精细化管养工程，区县道养护质量连续第三年位列全省第一。至年底，全区公路总里程2830千米。其中，国道里程36.95千米、省道里程132.72千米、农村公路里程2660.33千米（县道里程391.88千米、乡道里程763千米、村道里程1505.46千米），公路面积密度2.66千米/平方千米，公路人口密度30.42千米/万人。全区航道总里程362.91千米，其中三级航道里程29.13千米、六级航道里程83.78千米、七级航道里程84.49千米、等外级航道里程165.51千米。全区有港口码头197个，其中企业码头69个、私人散货码头128个，泊位382个，总延长10.89千米。

【12个省级重点交通项目建设】 2016年，针对武进缺乏航空力量及过境高速、铁路相对较少的现状，武进区抓住重大交通基础设施建设机遇，推进12个省级重点交通项目建设。(1)常宜高速和苏锡常南部高速项目。常宜高速项目处于工可批复阶段；苏锡常南部高速项目完成工可批复，处于初步设计阶段。(2)沿江城际铁路和泰锡常宜城际铁路项目。均处于项目预可行性研究阶段。(3)礼嘉互通和常州南收费站扩建项目。均完成建议书批复工作。(4)263省道常州段改扩建和340省道常州东段改扩建项目。前者初步设计方案及用地计划获省发展改革委批复，其中环湖西路段(239省道—常合高速)总长6.6千米道路建成。后者完成工可批复，初步设计通过审查。其中，在建段武进大道东段(礼毛路—无锡界)，全长7.3千米，总投资7.3亿元，工期为2013年8月至2017年12月。2016年完成投资1.87亿元，累计完成总工程量的85.9%。(5)京杭运河（横林段）整治工程。2016年完成投资7959万元，累计完成8.1亿元。航道主体工程基本完成，新建护岸里程3779米，施工钢板桩里程1474米，完成航道疏浚58.5万立方米。桥梁工程横林西桥当年5月建成通车；横林大桥老桥于6月拆除并开始原址重建，主桥钢桁架整体吊装完成，于11月实现合龙，是全省内河航道上首次由多台浮吊协同吊装、起吊重量最大的主桥钢桁架；横林东桥主桥实现合龙。(6)新孟河延伸拓浚工程前黄枢纽项目完成初步设计。(7)通用机场项目。选址报告获批，地址位于前黄镇坊前村境内。2016年3月9日，成立武进前黄通用机场筹建工作领导小组，并注册成立江苏前黄通用机场有限公司。(8)雪堰至沪蓉高速青龙互通连接线项目。完成初步设计批复，批复总投资20.65亿元。在建青洋

1月3日，新建横林大桥完成整体吊装　　供稿/区交通局

10月26日，江苏省"四好农村路"建设现场会在武进召开　　供稿/区交通局

路段（武进大道—老342省道），全长13.2千米，总投资16.7亿元，工程工期为2013年7月至2017年12月。2016年完成投资3.75亿元，累计完成总工程量的78.4%。实施灰土底基层、水稳基层、便道便桥、土方开挖及武进大道下穿通道和桥梁工程。

【市、区重点交通工程建设】 (1)长虹西路快速化改造工程。该工程是"常金一体化"工程核心组成部分，位于西太湖科技产业园（经发区）及牛塘片区，西起扁担河桥头西侧，东至武宜运河，全长6.02千米，主线设计时速80千米/小时，全程不设红绿灯，与建成通车的金武快速路连接。工期为2015年12月至2017年9月，总投资7.42亿元。2016年完成投资4.22亿元，累计完成总工程量的60.6%。其中，完成便道、管道工程及河塘清淤85%，土方开挖30%，土方填筑19%，桥梁工程58%（主线高架桥59%、跨锦华路桥68%）。(2)大明路（中吴大道—312国道）工程。该工程全长4.3千米，其中天宁区段长0.5千米、遥观镇段长3.4千米、湖塘镇段长0.4千米，项目总投资10.2亿元。2016年完成项目建议书编制工作。(3)雪阖线改造工程。该工程全长0.32千米，主要将下穿陆马公路的通道净空由3.2米改造为4.5米，新建排水泵站1座，同步实施照明和标志、标线、限高等安保设施，总投资1800万元。2016年完成投资1500万元，完成供电、通信、自来水等杆（管）线迁移，陆马公路上跨雪阖线桥梁施工及雪阖线路基施工的80%。

【武进区创成首批省级"四好农村路"示范区】 2016年年底，武进区通过省交通运输厅全省"四好农村路"（建设好、管理好、养护好、运营好农村路）建设考核，成为全省首批10个"四好农村路"示范县（区）之一。2016年，武进区围绕争创全省首批"四好农村路"示范区目标，于3月出台《推进"四好农村路"建设实施意见》，明确创建标准、目标任务、主要指标和保障措施。区镇两级先后成立"四好农村路"建设工作组织机构，落实工作责任，分解工作任务，细化建设目标，落实资金、人员等保障措施，推进实施创建工作。区交通运输局加强监督考核，通过开展对责任落实、建设质量、工作进度、资金到位等方面的检查指导，及时发现和解决创建工作中存在的问题。10月，武进区基本完成创建工作。"建设"好农路方面，通过实施农路提档升级工程、农桥改造工程、公路生命安全防护工程，全区通行政村双车道公路覆盖率100%，县道三级及以上等级公路标准100%，乡村道三级及以上等级公路、四级及以上农村公路比例进一步提升，全区三类及以上桥梁比例98.7%，农村公路隐患路段得到有效治理。"管理"好农路方面，对农村公路管理机构统一实行标准化建设，同时推进乡村道路路政管理全覆盖，建立健全农村公路路政群管（协管）网络体系。对新建农村公路推行"一路一品"的绿化工程建设，通过打造月季大道、樱花大道等特色道路，形成风格各异的绿化主题县道公路。"养护"好农路方面，农村公路保洁中型机械清扫率达100%，并全部安装GPS远程监控管理系统。全年新创建区级文明样板路13条27.92千米。其中，县道文明样板

表43　2016年武进区农村公路文明样板路创建情况

创建主体	路线名称	起点名称	终点名称	里程（米）
交通运输局	湟水线	县界（武进区和金坛区界）	常盛加油站	2038
	潘寨线	寨桥镇出点	殷家村	2984
	常武路	312国道	湖塘北桥	3834
	淹城路	南湖路	洛南线	2510
	横汤线	312国道	新科路	3904
	南湖路	淹城路	湖前线	3008
		凤栖路	常武路	1377
	武进大道西延	湖滨路	滨湖路	800
雪堰镇	秦友线	秦皇山	圣烈桥	1500
礼嘉镇	丹水线	政平供电换流站	前桥线	934
前黄镇	后桥线	后桥村	琉渎桥	1361
	盛家线	前灵线	严沟桥	1100
洛阳镇	汤阳线	洛杨线	欢塘桥	1530
横山桥镇	王中路	芙蓉村入点	李象桥	1041

表 44

2016 年武进区农村公路提档升级工程情况

所属乡镇	线路名称	路线编号	起　点	讫　点	路线里程（米）	路面宽度（米）	路面类型
区公路处	南闸线	X316	232 省道	朱家渡桥	2877	9	沥青混凝土
	湖漕线 / 潘寨线	X205/X314	老常漕线收费广场		266.745/251.154	24 ～ 27	沥青混凝土
	东湟线	X315	人民大桥	239 省道	5668	13 ～ 15	沥青混凝土
	延政西路	X310	龙江路高架	孟津河桥东	6320	34.5 ～ 54	沥青混凝土
礼嘉镇	震农线	Y005	武南路	礼嘉小学	3172	12 ～ 15	沥青混凝土
湟里镇	伍巷线	Y449	嘉东线	常州长润石油有限公司	3045	7 ～ 9	沥青混凝土
嘉泽镇	对大线	CA49	丰杨线	大圩窑线	1048	6	水泥混凝土
牛塘镇	厚恕线	Y422	长虹路	厚恕村	1180	6.5 ～ 8.5	沥青混凝土
雪堰镇	雪雅线	Y110	雪漕线	雪马线	1254	9 ～ 14	沥青混凝土
	浒南线	Y120	雪漕线	342 省道	1408	7	沥青混凝土
	汇通路	C524	潘圣线	华潘线	659	14	沥青混凝土
前黄镇	武风路	CV19	潘寨线	寨纺线	655	8 ～ 10.5	沥青混凝土
洛阳镇	戴毛线	Y033	管城村	珍佳乐超市	749	7 ～ 9	沥青混凝土
	天井线	Y252	马虎线	戴毛线	842	6	沥青混凝土
	礼洛线	Y032	礼洛界	戴洛线	2179	6.5 ～ 7	沥青混凝土
	横东线	Y008	横汤线	东陈村	484	22	沥青混凝土

路 3 条总长 8.86 千米，乡村道文明样板路 10 条总长 19.06 千米。累计创成区级文明样板路总长 30 千米以上。全区县道、乡道文明样板路示范率分别为 80% 及 34.9%，村道文明样板路覆盖率 42.79%。县道公路优良路率 95.4%，乡村道公路优良路率超 80%，县道公路养护质量连续第三年位列全省第一。“运营”好农路方面，完善公交站场布点，在县道及重要乡村道公交站台设置港湾式停靠辅助安全标线，保障群众安全出行。推行公交站棚标准化建设与养护，提高群众候车舒适水平。开展农村物流规划编制，研究出台物流专项奖励政策，覆盖区、镇、村三级的农村物流网络基本建成。

【农村公路提档升级二期工程开工】 2016 年，武进区在实施完成农村公路提档升级一期的基础上，开始实施二期工程，计划于 2020 年年底结束。2016 年，区交通运输部门投资 7000 万元，重点实施县道大中修和水毁热毁修缮工程。完成南闸线、延政西路等 4 个项目，改善公路里程 15.3 千米；实施嘉新线、潘寨线等 5 个水毁热毁修缮工程，改善公路里程 15.6 千米。区镇协作完成新（改）建乡村道公路 12 条总长 16.68 千米，涉及 7 个乡镇。2013—2016 年，全区累计完成投资 2.63 亿元，提档升级镇、村公路共 71 条，改善公路总里程 116.81 千米，提升农村公路安全条件、通畅水平和沿线环境，保障全区镇村公交、校车及城乡客运班车安全通行。

（陈　科）

交 通 运 输

【概　况】 2016 年，区交通运输部门加强运输行业监管，打造“交通伴你行”服务品牌，推进公交惠民工程，提高全区交通运输服务质量。年内，新辟（调整）公交线路 15 条；针对道路拓宽改造、公交线路优化调整及轨道交通一号线公交配套调整方案，新建公交站棚 60 个，整体迁移公交站棚 1 个，均于 11 月通过竣工验收。牛塘镇卢家巷公交枢纽、湖塘镇科技产业园公交首末站先后建成投用。全区全社会完成货物周转量 63639 万吨千米、旅客周转量 18787 万人千米，分别下降 26.2%、23%。完成港口货物吞吐量 1045 万吨；圩塘汽渡全年渡送车辆 78.87 万辆，比上年增加 4.86 万辆。春运期间(1 月 24 日—3 月 3 日)，武进汽车客运站安全运送旅客 8.5 万人次；圩塘汽渡安全渡运 3820 航次，渡运车辆 8.8 万辆、旅客 25.9 万人次，实现“平安春运”目标。

【新辟（调整）公交线路 15 条】 2016 年，全区新辟公交线路 4 条：301 路（公交五公司—武进公交中心站），方便夏城南路、武进大道、凤翔路沿线企业员工和居民出行；99 路（戚墅堰公交中心站—中华恐龙园公交枢纽），连通常州经开区与新北区；534 路（湖塘科技产业园—聚湖家园南），填补金鸡西路公交空白，方便聚湖路、金鸡路周边小区居民和湖塘科技产业园区职工出行，丰富城区东西向公交线网；535 路（武进公交中心站—星火路永胜路），连接武进城区南部与中心城区。调整公交线路 11 条，其中武进区 8 条、常州经开区 3 条。因城南停车场实行封闭，调整途经新知路的公交 68 路、76 路、76A 路；调整公交 266 路，便于湟里镇河南村村民往镇区方向出行；将公交 28 路、71 路、501 路延伸至启用的卢家巷公交枢组，方便卢家巷片区居民出行；优化调整公交 510 路，方便市民前往滆湖公园；延伸或优化公交 65 路、230 路、77 路，加强常州经开区乡镇之间的连接。

（陈 科）

交通管理

【概 况】 2016 年，区交通运输部门推进“决策、执行、监督”三位一体的管理机制，消除制约综合运输体系发展的体制机制性障碍，加强行业管理。按照“党政同责，一岗双责”要求，于年初调整明确区交通运输局安全生产委员会组成人员、党政领导班子成员安全职责分工。与直属单位签订安全生产工作目标责任书，层层分解落实安全责任。在交通运输企业中推行安全总监试点工作，完成符合标准（产值 2000 万元以上规模或从业人员 100 人以上）企业 24 家的安全总监任命工作，同步落实安全总监制度。结合重点行业、领域安全检查专项行动，提高隐患排查频率，加大整改力度，全年排查安全隐患 1416 处，整改率 100%。常州市武进区机动车驾驶员培训有限公司创成区安全文化建设示范企业。加强法治交通建设。按照区统一部署，分别于 3 月和 10 月制定下发年度普法工作意见和“七五”普法规划；严格证件管理，开展执法轮训，举办学习交流培训班，提升执法人员素质，参训 42 人，均通过考核。全年办理行政许可 1385 起，收取赔（补）偿费 1183.3 万元；实施交通行政处罚（理）案件 1587 件，收取罚没款 348.78 万元，未发生行政复议和行政诉讼案件。加强调研、征询意见工作，办理区建议、提案 55 件，处理信件 440 件。创新宣传报道方式，通过微电影、送电影下乡平台、讲故事等形式广泛宣传，在全区播放场次达千余次，公路处的《通衢》《路政管理动漫版》、运管处的《民生运政》、治超站的《公路铁栅》受到好评。全年被各级媒体录用新闻稿件 392 篇，其中国家级媒体 67 篇、省级媒体 68 篇、市级媒体 119 篇、区级媒体 138 篇。全年未发生一起较大（含）以上的安全生产责任事故，区交通运输局被区安委会评为安全生产工作先进集体。

【交通行业专项整治】 2016 年，区交通运输部门开展路域环境整治，清除非法占用公路用地的摊点 500 余个，清除公路移动非标 360 余块，切割罗马旗 50 余面，清理路面堆积物 640 立方米。开展公路、航道专业管线整治，约谈涉事单位 8 家，敦促其及时整改。至年底，全区涉路管线总里程累计 1238 千米，涉航管线累计 400 道，均完成建档。开展超限运输整治，查处违法车辆 521 辆，卸驳载吨位 6980.13 吨，罚款金额 162.84 万元。开展大气污染专项整治，对持证的 23 家码头堆场开展多轮走访，整治及评审码头堆场企业 14 家，均达到综合遮盖、封闭运输等控尘降尘效果。完善长效管理机制，落实各部门联动执法，查处渣土车违章 45 起，专项整治农村公路桥梁下的堆积物 41 处。7 月汛期，投入 305 万元，组成 200 余人的突击队，到湟里、牛塘、沿江高速路口等重灾区参与抢险救灾。灾后，及时开展易涝地区隐患排查整治工作，提高交通保安全保畅通能力。

经开区路网纵横交错　　摄影 / 高岷

【交通企业国有资产管理体制改革】 2016 年，区交通运输局根据区委、区政府《关于深化国有资产管理体制改革的意见》和区政府办公室《关于印发区国有资产管理体制改革中国有企业重组人员分流安置工作实施办法的通知》精神，起草交通系统国有企业成建制划转方案，于 3 月成立交通系统国有企业成建制划转工作领导小组及工作组，先后完成划转方案及细则制定、划转企业人员分类，并向融资管理公司人员征求分流安置双向选择意见、资产梳理清点等工作。4 月末，下属常州市武进交通产业发展有限公司等 13 家国有企业划转先行公司管理。涉及划转人员 1706 人，其中在职 760 人、离休 2 人、退休 878 人、遗属供养 66 人。

【驾驶员培训管理】 2016 年，武进区有机动车驾驶员培训机构 13 家，其中一级资质 4 家、二级资质 7 家、三级资质 2 家；有教练车 1015 辆，其中 C1 型（桑塔纳）990 辆、C2 型 14 辆、B2 型（货车）8 辆、B1 型 3 辆；有教练员 1265 人。武进区运输管理处加强驾培行业管理，实施教练员素质提升工程，开展教练员继续再教育活动，参训教练员 1035 人，培训率 81%。年内，评定三星级教练员 69 人、二星级教练员 82 人、一星级教练员 77 人。组织驾校开展“暑期驾培绿色通道”活动，为在校师生学习驾驶提供便民服务，暑期培训学员 10145 人，其中学生 5561 人、教师 392 人，占培训总人数的 54.8%。根据交通运输部有关要求，推行“计时培训、按学时收费、先培训后付费”的服务模式，全区驾驶培训机构新模式覆盖率 21.4%。全年培训各类驾驶员 60201 人，驾校平均考试合格率 82.91%。

（陈 科）

（栏目编辑 张新辉）

信息化建设

信息基础设施建设

【概　况】 2016年，围绕苏南现代化示范区和智慧城市建设目标，武进区依托铁塔、移动、电信、联通、广电五大运营商，建设信息基础设施。全区投入3.9亿元，新建移动通信基站1610个，其中4G基站1135个，分别累计9781个、5072个。实施“光进铜退”工程，提升固定宽带接入水平。全区累计宽带端口170.8万个（其中光端口118.39万个），增长34.35%；光纤到户（FTTH）覆盖134万户、用户48.8万户，用户增长33%；宽带接入能力97兆，基本达到宽带中国战略中发达城市水平（发达城市水平为100兆）；入户平均带宽由11.67兆提升到40.15兆，增长2.5倍。全社会无线宽带应用效果显著，全区无线局域网络（wlan）接入点累计11599个。免费Wi-Fi“无线武进”全年登陆95.19万人次，使用网络流量33593.84千兆字节（Gb），分别增长145.36%、20%。该项目被认定为省信息基础设施建设示范项目。固定及移动（2G）电话用户向3G/4G用户转移明显，固定电话用户42.3万户、移动（2G）电话用户211.88万户，分别减少3.32万户、11.64万户；新增3G/4G用户35.78万户，累计158.67万户，增长29.19%。固定宽带用户65.5万户，移动互联网用户183.88万户，互联网用户总数249.38万户，与上年基本持平。数字电视用户全面普及，高清电视用户增长迅猛。数字电视用户累计36.5万户，渗透率100%；高清电视用户累计15.1万户，增长25.8%。有线电视入户率保持100%。三网融合工作有序推进，IPTV（网络电视）、手机电视、CMMB（移动电视）等流媒体用户数共113万户，较2015年小幅增长。

【区智慧城市公共免费Wi-Fi建设项目被认定为省信息基础设施建设示范项目】 2016年12月，该项目获省经信委认定。从2014年开始，武进区按照智慧城市建设要求，在重点商业集群区域、行政服务及公共服务区域、公共活动中心等区域，建设“无线武进”免费Wi-Fi上网工程，于当年完成区行政服务中心、人力资源市场等9个区域的“无线武进”免费Wi-Fi建设。2016年，新增武进城市规划展览馆、武进汽车站、横林人民医院、武进万达广场、万博生活广场5个区域加入公共免费Wi-Fi项目，同时加入全省统一的免费Wi-Fi品牌“JSFree”，与2014年建设的“无线武进—iwujin”形成有效补充，向公众提供优质、安全的免费信息服务。至此，列为武进区2016年为民办实事活动重点项目之一的智慧城市公共免费Wi-Fi建设任务全面完成。至2016年年底，全区累计有14个区域加入公共免费Wi-Fi建设项目，累计登录181.24万人次，累计使用网络流量87058.35千兆字节(Gb)。平均每人次使用网络流量37.97兆字节(Mb)，月均登录7.93万人次，月均使用流量2799.49千兆字节（Gb）。

供稿 / 区经信局

“12301”国家智慧旅游公共服务平台

【国家智慧旅游公共服务平台等项目被认定为省信息化试点工程】 2016年，根据省信息化办公室开展智慧江苏建设重点示范工程评定要求，区经信局全面摸排全区民生服务的重点环节和关键业务，经济领域促进转型升级，有效培育信息消费热点，促进其他配套体系发展，创新信息产品、信息服务业态，有良好市场推广前景及较强示范引领作用的电子商务和交易平台等领域的信息化建设项目并组织申报。4月，唱游信息技术有限公司开发的国家智慧旅游公共服务平台和万帮充电设备有限公司开发的常州市新能源汽车充电设施信息消费运营监控平台2个项目被省信息化办公室评为2016年智慧江苏信息化试点工程。国家智慧旅游公共服务平台于2015年10月1日建成投运，利用互联网、云计算、大数据、人工智能、物联网等技术，建成包括旅游公共信息发布及资讯平台、中国旅游产业运行监管平台、全国各景区门票预约与客流预警平台、多语种旅游形象推广平台、国家旅游大数据集成平台五大平台的全新旅游生态系统。常州市新能源汽车充电设施信息消费运营监控平台于2016年2月建成投运，运用互联网技术优势，通过对传统充电桩的互联网改造创新，建成全国首套新能源汽车充电设施运营监控平台，并开发完成星星充电手机软件，实现充电桩互联网化建设、运维、管理、经营等功能。至年末，完成全国近2.8万个、常州市约2700个的充电桩建设，同时开发桩内通信模块，使之能够与运营监控平台实现通信。

（庄伟锋）

两化融合

【概　况】 2016年，按照《武进区“互联网+工业”三年行动纲要（2016—2018年）》，区经信局推进全区工业企业利用“互联网+”方式创新发展，促进企业信息化、工业化深度融合。年内，新认定省级两化融合示范区1个、省互联网与工业融合创新示范企业1家、省互联网与工业融合创新试点企业7家、省两化融合网络信息安全示范企业1家、省两化融合网络信息安全试点企业4家；新认定省“企企通”建设试点园区3个、省“企企通”建设试点企业16家；通过

2016年武进区新增省级及以上两化融合建设先进单位

表45

类　别	单　位
江苏省信息化与工业化融合示范区	武进纺织工业园
工业和信息化部两化融合管理体系贯标评定通过企业	江苏雷利电机股份有限公司 江苏瓯堡纺织染整有限公司 江苏洛凯机电股份有限公司 江苏润源控股集团有限公司
工业和信息化部两化融合管理体系贯标试点企业	中车戚墅堰机车车辆工艺研究所有限公司 江苏江南实业集团有限公司
江苏省两化融合管理体系贯标试点企业	中车戚墅堰机车车辆工艺研究所有限公司 常州祥明电机有限公司 江苏江南实业集团有限公司 常州市道铖传动科技有限公司 江苏雷利电机股份有限公司 灵通展览系统股份有限公司 新誉集团有限公司 光大环保技术装备（常州）有限公司 江苏超凡标牌股份有限公司 江苏常发实业集团有限公司 常州市蓝托金属制品有限公司 江苏洛凯机电股份有限公司 马拉兹（江苏）电梯导轨有限公司 常州市钱璟康复股份有限公司 江苏龙城精锻有限公司 碳元科技股份有限公司 新纶科技（常州）有限公司
江苏省信息化试点工程	唱游信息技术有限公司 万帮充电设备有限公司

2016年武进区新增省级互联网与工业融合创新示范（试点）企业

表46

类　别	单　位
江苏省互联网与工业融合创新示范企业	江苏雷利电机股份有限公司
江苏省互联网与工业融合创新试点企业	江苏中鑫德赛木业有限公司 灵通展览系统股份有限公司 江苏瓯堡纺织染整有限公司 江苏超凡标牌股份有限公司 常州市蓝托金属制品有限公司 江苏万帮德和新能源科技有限公司 江苏小牛电动科技有限公司

2016年武进区新增省级两化融合网络信息安全示范（试点）企业

表47

类　别	单　位
江苏省两化融合网络信息安全示范企业	中车戚墅堰机车有限公司
江苏省两化融合网络信息安全试点企业	中天钢铁集团有限公司 江苏江南实业集团有限公司 江苏洛凯机电股份有限公司 新纶科技（常州）有限公司

2016 年武进区新增省级“企企通”建设示范（试点）园区、企业

表 48

类　别	单　位
江苏省“企企通”建设试点园区	武进高新技术产业开发区
	上海交通大学常州科技园
	常州西太湖电子商务产业园
江苏省“企企通”建设示范企业	常州康普药业有限公司
	江苏美淼环保科技有限公司
	江苏小牛电动科技有限公司
江苏省“企企通”建设试点企业	中车戚墅堰机车车辆工艺研究所有限公司
	江苏华电戚墅堰发电有限公司
	中天钢铁集团有限公司
	常州康普药业有限公司
	江苏丰润电器集团有限公司
	江苏美淼环保科技有限公司
	光宝科技（常州）有限公司
	常州市国茂立德传动设备有限公司
	常州英田汽车有限公司
	江苏格林保尔光伏有限公司
	天铂电力（常州）有限公司
	瑞声声学科技（常州）有限公司
	常州安费诺连接通信设备有限公司
	常州电站辅机总厂有限公司
	卡尔迈耶（中国）有限公司
	江苏小牛电动科技有限公司

工业和信息化部两化融合管理体系贯标评定企业 4 家，入选工业和信息化部两化融合管理体系贯标试点企业 2 家，入选江苏省两化融合管理体系贯标试点企业 17 家。深化农村信息化应用示范效应，洛阳镇汤墅村创成全市唯一省农村信息化应用示范基地，全区累计 9 个。全区争取到省、市工业和信息产业转型升级专项引导资金累计 2953 万元。

【工业信息基础设施建设】 2016 年，武进区加强与相关通信运营商及单位的沟通协调，鼓励园区、企业抢抓工业互联网和大数据发展机遇，加快工业信息基础设施提档升级，构建服务智能制造的“网＋云＋端”（宽带网络、工业云、工业智能终端）三级工业信息基础设施框架体系，加强制造业与互联网融合发展基础支撑，提升工业信息基础设施服务智能制造的能级和水平。组织召开“企企通”建设推进会 3 场，组织 100 多家企业参与，协助工业信息基础设施建设成效较好的企业参与江苏省“企企通”示范试点申报工作，创成江苏省“企企通”试点园区 3 个、示范企业 3 家，试点企业 16 家。

【信息化与工业化深度融合】 2016 年，区经信局采取引导主体实践、鼓励流程再造、加快基础夯实、争取政策支持等举措，深化信息技术在工业领域的应用，推进信息化与工业化深度融合。（1）创建江苏省互联网与工业融合创新示范（试点）企业。抓住创建机遇，引导企业深化信息化应用，发挥互联网与工业融合的优势，促进传统产业转型升级，促进工业管理信息化、生产自动化、产品智能化、商务电子化，打造互联网与工业融合创新示范企业。江苏雷利电机股份有限公司获评江苏省互联网与工业融合创新示范企业，灵通展览系统股份有限公司等 7 家企业获评江苏省互联网与工业融合创新试点企业。（2）开展两化融合管理体系贯标试点。围绕两化融合管理体系贯标推广重点工作，依据企业在精益生产、风险管控、供应链协同、科学决策等方面的竞争优势，组织企业参与贯标试点和评定，江苏欧堡纺织染整有限公司等 4 家企业通过工业和信息化部两化融合管理体系贯标评定，江苏江南实业集团有限公司等 2 家企业入选工业和信息化部两化融合管理体系贯标试点企业，江苏龙城精锻有限公司等 17 家企业入选江苏省两化融合管理体系贯标试点企业。（3）夯实融合创新基础。有序推进各镇、开发区等重点板块两化深度融合，引导特色园区推进两化融合的组织、技术、平台、设施建设和资金保障工作，提升园区产业竞争力。武进纺织工业园被省经信委认定为 2016 年江苏省信息化与工业化融合示范区，累计 5 家。加强重点企业网络信息安全管理，开展信息系统安全评测及攻防演练，增强重点企业工业控制系统（简称工控系统）安全防护能力和管理水平，中车戚墅堰机车有限公司被认定为江苏省两化融合网络信息安全示范企业，江苏洛凯机电股份有限公司等 4 家企业被认定为试点企业。发动园区和企业与通信运营商加强合作，共建“企企通”试点，加快信息化基础设施建设和各类先进技术的运用，构建服务智能制造的“网＋云＋端”（宽带网络、工业云、工业智能终端）三级工业信息基础设施框架体系。武进高新区等 3 个园区列入江苏省“企企通”建设试点园区，中天钢铁集团有限公司等 16 家企业列入江苏省“企企通”建设试点企业。2016 年，区政府首次对软件投入超过 100 万元的工业企业按购置额的 5% 比例给予奖励，推动信息基础设施提档升级。（4）争取融合创新政策支持。抓住上级部门扶持企业智能制造和互联网化提升的机遇，向上争取各类资源。组织江苏小牛电动科技有限公司参加首届江苏智能智造创新大赛和有关展会，组织机械、装备类企业代表到北京、苏州等地的两化融合示范企业参观学习，组织企业参与市级信息化相关培训 20 余场，营造互联网融合氛围。推荐企业争取省、市转型升级引导资金，中天钢铁集团互联网化提升项目等 27 个项目获省互联网提升项目资金扶持，国家智慧旅游公共服务平台（一期）等 12 个项目获市级信息化专项资金扶持。

【两化融合信息安全管理】 2016 年，武进区加强对两化融合网络信息安全的形势研判，完善信息安全管理规范，防范网络安全威胁来源，降低重点企业工控系统脆弱性，依靠专业团队对信息系统开展定期安全评测及攻防演练，提高两化融合企业的网络信息安全意识，增强企业工控系统安全防护能力和管理水平。组织江苏新誉重工科技有限公司、卡尔迈耶（中国）有限公司2家企业参加省两化融合信息安全培训。年内，中车戚墅堰机车有限公司被认定为全市首家2016年江苏省两化融合网络信息安全示范企业，中天钢铁集团有限公司、江苏江南实业集团有限公司、新纶科技（常州）有限公司、江苏洛凯机电股份有限公司4家企业被认定为2016年江苏省两化融合网络信息安全试点企业，占全市总数的80%。

【武进纺织工业园被认定为省信息化与工业化融合示范区】 9月，武进纺织工业园被省经信委认定为2016年江苏省信息化与工业化融合示范区，成为继武进高新区和常州信息产业园、遥观镇工业园、武进经发区之后，第5家省级两化融合示范区。武进纺织工业园位于湖塘镇纺织产业核心区，占地面积518.74公顷，以纺织染整行业为主，逐步向智能装备制造、电子、轻工和2.5产业过渡，与中国机械科学研究院总院、常州科教城开展合作，建设“江苏智能制造服务产业园”“常州科教城湖塘分园”，打造特色服务型经济产业园区的新型发展模式，引导产业集聚集约，促进产业结构调整，推动经济快速发展。于2014年被评为江苏省两化融合试验区之后，完善信息基础设施保障，推进园区企业两化深度融合，建设一批支撑平台与双创平台。至2016年年末，创成省级两化融合示范（试点）企业10家、两化融合贯标达标企业1家、省级制造业与互联网融合创新试点企业1家、市级智慧企业1家、初级智慧企业2家；江苏瓯堡纺织染整有限公司智能信息化系统推进企业生产与销售的融合创新项目等4个项目被纳入省制造业与互联网融合创新示范项目库，常州市武进马杭色织布有限公司纺织产品生命周期信息管理系统等5个项目被评为两化融合重点项目。

【洛阳镇汤墅村创成省农村信息化应用示范基地】 2016年12月，洛阳镇汤墅村被省经信委、省委农工办、省农委和省商务厅联合认定为2016年度江苏省农村信息化应用示范基地，为全市唯一。该村从2012年起，加强农村信息化建设，至2014年，已通宽带自然村覆盖率达100%。利用汤墅村综合信息服务平台，设立一站式便民服务大厅，及时发布村务、党务、财务方面等重要内容；全面开展村级资金、资产、资源（简称“三资”）清查确权工作，完善“三资”平台建设；通过农村综合信息服务平台触摸屏和武进区人社局查询系统，实现卫生计划、民政、人社等民生服务信息化管理，为村民提供便利服务；定期开展农机培训、党员学习、普法讲座等，提高村民技能，丰富村民文化生活，让村民享受互联网的便利与精彩；通过实施“互联网＋农业”，拓宽果品销售渠道，打响汤墅果品品牌。2013年3月，与国家水电可持续发展中心合作，成立常州市汤墅农副产品专业合作社，从事经济林果、生态桑、无公害蔬菜、水产养殖等生产经营服务，探索实施“禽—桑—鱼”循环种养植（殖）的“循环农业”，发展有机农业新业态，成为全区农村信息化应用的典型示范。

（庄伟锋）

武进纺织工业园（湖塘科技产业园）　　供稿／区经信局

电子政务

【概　况】 2016年，区经信局协同有关部门，合理部署，分步实施，有序推进政务信息化建设。加强政府信息化项目审核管理，根据《关于进一步加快我区信息化建设的实施意见》和《武进区信息化建设项目管理暂行办法》，依托武进区信息化发展专家咨询委员会的技术支持，对区农工办的新型农业经营主体信用信息综合管理平台、武进规划分局的武进区规划专题数据库及数据展示系统建设（二期）、区人社局的武进区医保智能监控系统3个项目，开展部门、专家联席评审，对项目建设方案、项目实施细节、资源共用共享、网络信息安全等方面提出合理建议。加强全区政务信息系统风险评估工作，保障网络与信息安全。依托安全监测平台，对全区207家政务网站开展网络安全监测，通报存在高危漏洞政务网站37个次。开展网络信息安全检查与抽查，整体状况良好。结合全区网络安全宣传周活动，采取多种形式普及网络与信息安全知识。区信息中心立足平台应用功能优化，保障“中国·武进”政府门户网站、区“三合一”阳光政务平台、区协同工作平台及区电子政务网络平台的规范运行，做好全区政府网站普查工作。

（庄伟锋）

【电子政务平台保障与建设】 2016年，区信息中心加强与先进地区电子政务建设单位的沟通，对本地区有关政府部门开展电子政务应用项目调研，优化平台应用功能，实行规范化管理，保障“中国·武进”政府门户网站、区“三合一”阳光政务平台、区协同工作平台及区电子政务网络平台的规范运行。(1) 区协同工作平台服务提升。针对平台中公文

武进区重点建设项目信息共享、网上审批分平台　　供稿 / 区信息中心

回执功能单一、无法统计等缺点，开发完成回执名单自动汇总统计、会议签到单自动生成等功能，并推出视频会议系统、移动办公等新应用系统；根据区档案局要求，完善电子归档功能，同时完成2014年度电子公文的归档工作；协助武进高新区完成协同工作平台移动版部署及公共文件柜设置。年内，通过平台发文1.05万份，发布各类信息3665条。（2）政府门户网站。升级“区政府信息公开系统”和“区提案议案系统”，将常州经开区各部门及其下属3个街道加入“区政府信息公开”与“区提案议案”功能模块，调整太湖湾旅游度假区、春秋淹城旅游度假区和绿建区信息公开栏目结构，同时调整两个系统的部门层级架构，完善数据统计和报表功能。全年通过区政府门户网站发布各类信息1.61万条，被上级政府网站录用信息1438条，组织各类专题、专访、在线访谈栏目发布信息和节目等89个。武进区政府网站获2016年常州市政府网站绩效评比辖市区第一名。（3）区“三合一”（权力运行，法制监督、行政监察）阳光政务平台。从3月起组织开展区“三合一”阳光政务平台办事指南栏目要素不完整情况的专项整治，至12月底全部整改到位。完成全区行政许可和行政处罚信用信息双公示平台（简称“双公示”平台）开发暨“三合一”平台升级改造工程，将“三合一”平台数据通过接口方式自行推送到“双公示“平台。组织召开联席会议，明确涉及该平台相关单位的考核工作。同时，按照《常州市武进区镇、街道行政权力网上公开透明运行情况督查与考核（暂行）办法》，推进镇、街道行政权力全流程网上公开透明运行工作的规范管理。全年通过平台办件41.8万件，接受咨询、投诉建议共314条。（4）其他政务平台建设。年内，协助相关部门实施完成“双公示”平台、水利防洪专线、应急预案APP、“武进发改”微信公众平台和不动产登记交易中心门户网站的上线工作，配合区政务服务管理办公室做好区建设项目信息共享、网上审批分平台应用推进工作。

【政府网站管理和建设】 按照省、市有关2016年全国政府网站普查工作要求，区信息中心组织开展全区政府网站普查工作。按照政府网站日常巡查工作要求，组织部门每季度开展一次网站普查，督促相关单位做好自查自纠及整改工作。通过普查，查出更新不及时栏目918个、空白栏目168个、死链接32034个、错别字4456个，抽查到59个单位未开设咨询调查征集类栏目，或开设后一年内更新次数少于3次，年内均督查整改到位。根据省政府办公厅《关于促进电子政务协调发展的实施意见》和市政府办公室《关于推进全市政府网站集约化建设的通知》，于8月启动全区政府网站群建设相关工作。组织开展全区电子政务应用摸底调查，在了解全区各部门电子政务应用系统使用情况和全区政府机关事业单位政务网站建设和运维情况的基础上，于12月下发《“中国·武进”政府门户网站群建设实施方案》。

（刘丽群）

【网络安全宣传周活动】 9月26—30日，区经信局协同区网络与信息安全协调小组成员单位及中国移动通信集团江苏有限公司武进分公司、武进区电信局、常州瑞新网络科技股份有限公司等单位，开展以“网络安全为人民、网络安全靠人民”为主题的网络安全宣传周活动。围绕政务安全、公共安全、企业安全三大主题，在区行政中心开展政务安全宣传，重点宣传政务信息系统安全保障等内容；在新天地公园、武进乐购广场等公共场所开展公共安全宣传，重点宣传个人信息安全常识等内容；到江南实业集团等重点企业开展企业安全宣传，重点宣传企业信息安全建设及工业控制系统安全保障等内容。其间，发放相关宣

9月26—30日，区经信局开展网络安全宣传周活动　　供稿 / 区经信局

传材料4000余份。在区政府门户网站开设“网络安全宣传周”专栏，组织网上市民信息安全问答等活动，普及网络信息安全知识。

（庄伟锋）

通信与邮政

【电信通信建设与服务】 2016年，武进区电信局按照区发展战略规划和城市总体规划，加大通信建设基础设施投入，增强综合通信能力。新建4G基站464个，累计1714个，覆盖小区98个；新建室内无线分布系统128个，实施“光进铜退”工程，加快网络光纤化改造。武进投入资金7.8亿多元，新建通信管道长度41.08千米、计86.78孔千米，分别累计1854.08千米、5477.78孔千米。新增光缆42000芯千米，累计446100芯千米，实现光纤带宽1000兆传输，加快带动“互联网+”发展。年内，区电信局分别联合武进人民医院、武进中医医院实施医疗影像云项目及移动护士站项目，用于病人拍片资料存储、调用，以及用手持终端扫病人二维码信息查医嘱、输配液、配药用药情况、病人过敏史等。配合做好2016常州武进西太湖国际半程马拉松赛事、中华龙舟大赛（常州武进站）、环太湖国际公路自行车赛武进赛段，以及辖区内中、高考等重要时期的通信保障工作。至年末全区设有实体门店、合作店、中小卖场、专营店、直营店等电信营业厅139家。

（仲文虎）

【移动通信建设与服务】 2016年，中国移动通信集团江苏有限公司武进分公司（简称武进移动）发挥4G优势，加大全业务融合拓展，提升客户感知力。全年投资3.4亿元，依次完成4G网络四期工程及四期增补工程项目建设；新开通4G基站418个，累计2892个。建设完成4G室内分布系统300个、路灯小基站85个；新建光缆3218皮长千米、杆路34杆程千米、光缆交接箱67座、管道68沟千米；完成汇聚光缆255皮长千米、综合接入区18个、自然集镇15个的通信传输网改造，4G网络质量持续提高；完成4.2万个宽带信息点覆盖，移动家庭宽带覆盖率达99%，宽带品质提升明显。结合民生需求，依托“物联网+”模式，将移动信息化解决方案运用于物流、文化影视、民防、旅游等行业领域，与成都我来啦网格信息技术有限公司（速递易）合作，将有线宽带接入快递箱，用有线宽带代替移动网络流量卡，加强网络保障，提高服务质量；实施“技防入户”工程，建设物联网安防小区；全方位改造淹城野生动物园网络线路，在园区内安装监控摄像头及音响设备，实现可视化管理；在辖区社区附件建立“家门口的宽带电视服务站”67家，开展服务进社区、电影进万家活动，为社区居民提供移动业务办理和宽带、电脑维护维修等综合化便民服务。全年完成西太湖国际半程马拉松赛、中华龙舟赛、中国常州西太湖国际车展等通信保障任务20余次。至年末，武进移动客户累计超125万人，其中4G用户78万户。

（钱　洵）

12月28日，武进邮政管理局挂牌成立　　供稿/区邮政局

【邮政服务】 2016年，全区有城东、城南、城西邮政分局3个，邮政服务网点43个、投递点43个、邮路16条，代理金融服务网点39个。武进邮政部门投入300余万完成漕桥、前黄等4个邮政网点内部设施、服务环境标准化改造。对全区代理金融网点实施销售化转型，组织200多名金融从业人员开展拓展培训。在各邮政网点开设水、电、燃气费代缴和汽车票、飞机票代售等业务，与中保财险、平安保险、阳光保险等公司合作，代办各类车险业务。推进综合服务平台及农村电子商务建设、发展，“邮掌柜”电子商务平台全面建成投运，发展加盟店300余家，为客户提供咨询、代购、寄递、自提、退换货等服务。全年实现邮政业务收入2.82亿元，增长7.22%。其中，代理金融业务收入2.34亿元，邮务类业务（函件、国内普通包裹、快递包裹、报刊发行、集邮、电子商务）收入0.48亿元。组织各邮政网点开展“元宵节”“母亲节”“端午节”“状元糕粽助力升学”“中秋节”等系列活动20余次，开展“幸福小课堂”活动百余场。联合武进区团委与新疆对口援助地区儿童开展“手拉手”活动，捐赠图书3000余册，向贫困山区学生捐赠爱心包裹150个。

（张香娟）

【武进邮政管理局揭牌成立】 12月28日揭牌成立，并设立常州市武进区邮政业发展中心，成为全市首家县级邮政监管机构。该中心为全额拨款事业单位，核定编制5名，所需编制从区运输管理处调剂解决，委托武进邮政管理局管理，办公地址位于武进区长虹中路19号。武进邮政管理局和武进区邮政业发展中心以监管辖区内邮政市场和快递市场为主要职责，具体负责邮政及快递行业的服务、快递行业安全生产监管、邮政市场及邮政普遍服务和机要通信等工作。至年末，武进辖区内有快递网点230余个，直接从业人员1700余人，年快递业务收入8.2亿元，业务量5259万件，人均年收寄快递35件。

（周　蓉）

（栏目编辑　张新辉）

财政·税务·审计

财　政

【概　况】 2016年，区财政局全面落实中央经济政策和财税政策，积极组织财政收入征管，保障财政收入应收尽收。优化并兑现各类财政扶持政策，积极向上争取各类发展资金，推进“人才强区”战略实施及全区经济转型升级。科学安排财政资金，支持“三农”（农村、农业、农民）发展、城乡居民保障提升，教育、文化、体育、卫生事业均衡发展，区域生态环境和谐发展。完善财政监管体系，加强财政预算管理，推进国有资产管理体制改革，严控债务管理。强化政府投资与债务管理，明确政府性投资项目实施方向，严控政府性投资项目，严禁未批先建、超计划投资项目。加强会计队伍建设，年内新增会计初级、中级、高级职称人数分别为395人、100人、27人，全区累计有会计人员3.8万人，其中中高级职称人员2058人，占比5.35%。年内，区财政局被评为江苏省文明单位（2013—2015年度）、全省财政系统先进集体（2010—2015年度）、常州市文明单位标兵（2013—2015年度）及常州市双拥先进单位。

2016年，全区一般公共预算收入147.52亿元，增收7.14亿元，增长5.08%。其中：国税部门组织收入60.15亿元，同口径增长7.66%；地税部门组织收入62.22亿元，同口径增长6.21%；财政及其他部门组织收入25.15亿元，增长0.76%。全区政府性基金预算收入159.79亿元，完成年度预算的120.27%；国有资本经营预算收入1300万元，完成年度预算的162.5%；社会保险基金预算收入73.17亿元，完成同口径年度预算的102.25%。

2016年，全区一般公共预算支出145.44亿元，增长2.62%，完成年度预算支出的113.09%；政府性基金预算支出174.93亿元，增长26.95%，完成年度预算支出的132.08%；国有资本经营预算支出1300万元，完成年度预算的162.5%；社会保险基金预算支出65.67亿元，完成同口径年度预算的113.93%。全年预算收支平衡。

【财政收入征管】 2016年，面对减税降费、增收乏力等困境，区财政局加强收入目标考核，及时下达各镇（开发区）、部门收入目标任务，加强平时进度考核，增强各地、各部门合力征收责任。加强部门联动，与区国税、地税及人民银行等部门定期召开财税库行收入征管分析会议，解决收入征管中存在的财税信息共享系统国地税税收数据接收不正常等问题。建立相应的工作运行机制，妥善解决“营改增”试点实施过程中出现的问题，确保税制平稳转换。抢抓时机，全面清理安置房、政府基建项目等营业税应税项目，确保税收应收尽收。做好协税护税工作，全年入库个体私营税收2.83亿元。加强国有资产收益收缴管理，全年收缴国有资产收益3.71亿元。

【财政管理改革】 （1）预算管理改革。2016年，区财政部门按照《中华人民共和国预算法》和上级要求，加强财政预决算信息公开工作，公开范围更广、内容更细、程序更规范；将政府收入和支出全部纳入四本预算（一般公共预算、政府性基金预算、国有资本经营预算、社会保障基金预算）管理，加大政府性基金预算与一般公共预算的统筹力度；贯彻厉行节约原则，从严控制一般性支出，降低行政运行成本；配合相关职能部门探索建立新型公务用车制度，参与研究制定公务出行保障和保留车辆管理办法，全面完成行政单位公车改革任务。按照“统分结合、分级监管，政企分开、市场运作，监管分开、管办分离”原则，推进国有资产管理体制改革。至年末，区国有资产监督管理体制框架初步搭建完成，建立以国资办为区级国有资产管理主管部门，区经发集团公司、先行集团公司、国经公司、工贸资产公司为经营主体的国有资产管理体系，改变国有资产“碎片化”管理状况。（2）财政体制调整。按照明确财权与事权相一致的指导思想，研究制定新一轮镇（开发区）财政管理体制，确保财力向基层倾斜，调动基层培植财源和增收节支积极性。

【财政监督管理】 2016年，区财政部门会同区纪检部门对全区65个行政事业单位开展2015年度部门预算执行情况检查，发现随着预算管理改革不断深化，各单位对部门预算执行管理重要性认识有明显提高，预算执行进一步规范，但仍有部分单位存在会计基础工作薄弱、国有资产管理薄弱、大额开支无明细清单、项目支出调整未经审批等问题。根据检查结果，区财政局向22个被查单位出具整改意见或处理意见。贯彻落实中央关于盘活财政存量资金的要求，全面清理全区财政各类存量资金，及时发挥财政资金作用效益。

【产业发展财政扶持】 2016年，区财政贯彻落实中央、省、市各类“稳增长、促转型”经济政策，参与研究制定相关财政扶持政策。落实减税降费政策，结构性降低企业税收负担。兑现2015年度财政奖补政策，引导核心产业优化发展：及时兑现工业经济专项资金、科技三项费用、碳专项资金、“三位一体”（设备购置补助项目、机器换人示范项目、首台套重大装备及关键部件项目）等专项资金2.02亿元，增强区域经济发展内生动力。兑现服务业“365+”旅游奖励资金2317.43万元，促进全区服务业提档升级。兑现开放型经济专项资金1275.64万元，促进全区招商引资、进出口贸易及国际市场开拓。兑现2015年度企业上市专项资金3070万元，助力企业对接资本市场，实现加速发展。调整完善领军人才资金拨付管理办法，兑现创新创业扶持专项资金4600万元，提高产业核心竞争力。

【“三农”财政投入】 2016年，区财政部门会同农业部门细化完善高标准农田建设、秸秆利用体系建设、种养结合循环利用、绿色低毒农药使用、农产品电子商务发展等政策文件。结合全区现代农业发展方向及支持重点，会同相关部门加强农业项目审查，委托中介机构开展第三方审计，进一步规范农业项目管理。兑现水利建设资金9400万元，提升农田水利基础保障能力和防洪抗旱减灾能力。安排壮大村级集体经济扶持资金700万元，激活农业、农村发展潜能。开展村级公益事业建设“一事一议”财政奖补工作，全年实施奖补项目83个，投资总额3850万元，落实财政奖补资金1764万元。调整涉农补贴资金投向，发放耕地地力保护资金3685万元，覆盖农户99210户。筹措落实政策性农业保险资金2020万元，为全区5473.33公顷水稻、5093.33公顷小麦、3920公顷林果、737.58万只肉鸡和种蛋鸡办理保险，在当年特大暴雨及洪涝灾害中，全区参保受灾农户共获保险理赔3050万元。

【民生保障财政投入】 2016年，区财政部门筹措资金提升城乡居民社会保障水平。补贴资金44021万元，其中区级补贴12676万元，城乡居民基本养老保险基础养老金标准提高至每人每月210元；补贴资金5509万元，第四年龄段保养金发放标准提高至每人每月670元；补贴资金40912万元，其中区级补贴14147万元，城乡居民合作医疗保险财政补贴标准提高至每人每月450元；补贴资金31.46万元，城市“三无”人员和孤儿补助标准提高至每月1430元。此外，及时兑现企业和灵活就业人员社保补贴资金1736万元，惠及6137人次；计划生育奖扶、特扶资金1767万元，惠及19183人；计划生育一次性奖励4097万元，惠及11380人；军转干部解困资金2010万元，惠及1263人次。投入疾病应急救助资金150万元，救助280人次。安排专项资金589万元，为全区45319名农村妇女免费开展“两癌”（乳腺癌、宫颈癌）筛查。向全区80岁以上老人发放尊老金790万元。当年7月，全区遭遇特大强降水，各级财政部门及时安排防汛保障经费共10597万元，确保防汛救灾工作有序开展。

【社会事业财政投入】 2016年，区财政局支持全区中小学教师“区管校用”管理改革，加快教师校际流动，缓解区域教师校际不均衡和结构性缺编矛盾；出台全区代课教师管理实施意见，核定代课教师人员总额、提高工资待遇，规范编外教师队伍管理；推进采菱小学、李公朴小学人民路校区等教育工程项目建设，缓解中心城区教育资源紧张、入学矛盾突出等问题；落实专项经费，支持全区流动人口子女入学积分制管理和校车运行管理；考核兑现2015年度镇属学校基建工程补助及镇管高中债务、区管非义务教育阶段学校债务化解资金。安排为民办实事推动文化建设专项资金

2016年武进区财政收入情况

表49

收入项目	金额（万元）	比2015年（±%）	收入项目	金额（万元）	比2015年（±%）
一、一般公共预算收入	1475153	5.08	10. 车船税	4749	28.07
1. 增值税（1—4月25%，5—12月50%）	479745	85.91	11. 耕地占用税	6274	137.20
			12. 契税	76054	6.89
2. 营业税（1—4月100%，5—12月50%）	134593	-60.15	13. 专项收入	77391	-15.19
			14. 行政性收费收入	44971	-32.15
3. 企业所得税（40%）	191047	25.05	15. 罚没收入	26349	26.76
4. 个人所得税（40%）	84750	31.34	16. 国有资源有偿收入	76246	72.35
5. 城建税	80807	1.71	17. 其他收入	26578	-1.83
6. 房产税	59170	1.56	二、政府性基金收入	1597884	18.57
7. 印花税	18380	-1.51	三、国有资本经营预算收入	1300	15.04
8. 城镇土地使用税	61056	-0.58	四、社会保险基金收入	731743	–
9. 土地增值税	26994	-41.01			

2016 年武进区财政分项支出情况

表 50

支出项目	金额（万元）	比 2015 年（±%）	支出项目	金额（万元）	比 2015 年（±%）
一、一般公共预算支出	1454410	2.62	13. 资源勘探电力信息等事务	29255	90.76
1. 一般公共服务	141213	30.45	14. 商业服务业等事务	20383	-1.14
2. 国防	3439	-53.90	15. 金融支出	7493	492.95
3. 公共安全	67152	25.31	16. 援助其他地区支出	5983	-0.02
4. 教育	213136	8.89	17. 国土资源气象等事务	5458	27.70
5. 科学技术	74341	-19.83	18. 住房保障支出	26997	24.32
6. 文化体育与传媒	9285	-16.91	19. 粮油物资储备管理事务	703	-85.74
7. 社会保障和就业	115540	11.81	20. 债务付息支出	6265	299.76
8. 医疗卫生	85458	16.85	21. 其他支出	13558	26.96
9. 节能环保	28300	-2.23	22. 债务发行费用支出	246	88.30
10. 城乡社区事务	394757	-14.90	二、政府性基金支出	1749254	26.95
11. 农林水事务	175736	12.35	三、国有资本经营预算支出	1300	15.04
12. 交通运输	29712	-17.62	四、社会保险基金支出	656728	—

500 万元，支持公共文化服务体系建设；完善区锡剧团财政经费保障办法，促进地方戏曲稳定发展；安排专项资金实施文化馆搬迁等文化工程项目。安排体育产业发展引导资金 200 万元、镇村全民健身中心建设补助资金 698 万元；兑现城乡一体“10 分钟健身圈”建设奖补资金、学校体育场地向社会免费开放补助经费共计 420 万元。安排拨付基层医疗机构及区公立医院改革补助和设备补助 10450 万元，基本公共卫生服务补助资金 5160 万元，保障区级公立医院、基层医疗卫生机构正常运行；调整完善基层医疗卫生机构财政补助办法、绩效工资管理考核办法，建立财政补助与服务绩效相挂钩的补偿新机制，激发基层医疗卫生机构运行活力；研究出台建立驻村护士制度实施意见，提高村级医疗护理水平。

【生态建设财政投入】 2016 年，区财政部门贯彻落实省委、省政府“263”专项行动方案要求，安排专项资金 2.52 亿元，支持农村环境综合整治、环境卫生保洁、垃圾处理等生态环境建设。倡导绿色出行，计划投入公共自行车系统（一期）建设专项资金 2288 万元，分五年（2015—2019 年）拨付，建成公共自行车停放站点 137 个，投放自行车 3000 辆，2016 年完成拨付 500 万元；安排公交补贴 1.9 亿元，优化公交线路，提高公交覆盖面，确立公共交通在城市交通出行中的主体地位。兑现新能源汽车区级配套资金 1793 万元，推广应用新能源汽车。

（陈　丹）

国家税务

【概　况】 2016 年，面对经济发展新常态下组织收入面临更大挑战的严峻形势，区国税局坚持“依法征收、应收尽收、坚决不收过头税，坚决防止和制止越权减免税，坚决落实各项税收优惠政策”原则，推进税收征管改革，与区地税局加强沟通协作，依法治税，加强税种、税收风险管理，采取有效举措挖潜增收、堵漏增收、科技增收，实现组织收入平稳增长。全年完成考核收入 148.62 亿元，增收 18.32 亿元，增长 14.06%。其中，直接收入 125.85 亿元，增收 21.95 亿元，增长 21.13%；免抵调库 22.77 亿元，下降 13.75%。直接收入中，增值税 85.93 亿元，增长 23.37%；消费税 845 万元，下降 22.13%；企业所得税 31.41 亿元，增长 21.26%；车辆购置税 8.43 亿元，增长 2.34%。完成地方公共财政预算收入 57.8 亿元，增长 60.64%，完成区委、区政府年度目标任务 57.63 亿元的 100.3%（公共财政预算收入与财政口径不一致，主要是 5 月份增值税预算分配比例尚未按新规调整；若按新规调整 5 月份收入后，全年地方公共财政预算收入完成 60.15 亿元，同比增长 67.16%，实现区委区政府年度目标任务 59.97 亿元的 100.3%）。落实减税优惠政策，优化纳税服务。全年办理各类退库 41.85 亿元，下降 4.04%。年内，武进区被国家税务总局表彰为“全国百佳国税地税合作县级示范区”，获评“2013—2015 年度江苏省文明单位”、江苏省“税收管理改革综合示范点”“军民共建先进单位”等称号，获区级部门以上表彰集体 42 个、先进个人 145 人次。

【税收风险管理】 2016 年，区国税局落实省国税局《风险管理工作模板》和《纳税评估法律适用指引》及市国税局“七案”（集中选案、深度析案、会审预案、团队查案、沟通办案、集体定案、绩效评案）工作机制，制定年度税收风险管理规划，采取分类管理、团队化应对模式，依托风险管理平台提升风险应对质量和效率。按照“1+2+7”（“1”指局风险分析应对团队，“2”指组建大企业和国际税收风险分析应对团队，分区局和分局两个层面，“7”指 7 个核心风险分析应对团队）团队运作模式，执行新的纳税评估操作业务规范，完善风险应对集体审议制度。落实欠税管理措施，确认纳税人欠税情况，定期发布欠税通报，制作欠税公告清单，对外发布欠税公告信息，督促纳税人自觉缴纳欠税，防止新的欠税发生。全年完成风险应对任务648户，直接入库税款10968.06万元，取得综合成效18998.75万元。

【税收执法】 2016年，区国税局按照省国税局《税收法制审查清单》制度要求，强调法治思维，对重大行政决策、重要管理规定、重大执法事项等列入税收法制审查清单，开展合法性、合理性审查，为重大行政决策、重要管理规定、重大执法事项等提供法制支持和保障。落实省国税局2月新修订的《规范税务行政处罚裁量权实施办法》，纠正超范围、超标准的行政处罚行为，对处罚裁量权运行情况开展年度评估。按照国家税务总局《关于印发2016年打击发票违法犯罪活动工作实施方案的通知》《江苏省国家税务局税务案件证据规范》要求，区国税局稽查局联合区公安部门开展打虚打骗专项行动，同时开展行业专项整治，清缴欠税，全年查结案件98件，查补税款总额2021万元。完全清欠欠税492户次，清理欠税税款1811.82万元（不含稽查欠税）。协查委托发票160起，发票份数821份；受托协查发票（确定虚开）78起，发票份数2054份、金额19749.39万元、税额3332.63万元。

【"营改增"扩围】 根据国务院从2016年5月1日起全面实施"营改增"扩围（将试点范围扩大到建筑业、房地产业、金融业和生活服务业）的统一部署要求，区国税局先后成立"营改增"工作小组、政策咨询骨干服务团队及服务工作预备队（培训师资团队）、协助地税二手房征收工作小组等团队，推进实施"营改增"扩围工作。经各单位、各部门协作配合，于4月30日前完成地税"营改增"纳税人1.4万余户的户管接收，确保5月1日后纳税人完成增值税发票开票任务。逐户开展对典型企业的税负分析，走访重点企业，了解"营改增"全面实施后企业减负情况。按照省国税局部署要求，按月填报全区23户金融企业的"营改增"税负调查汇总统计表，撰写金融业专项分析报告。开展对省国税局确认的53户样本企业的税负分析，结合其中13户税负上升企业原因分析，辅导纳税人理解政策、用好政策，服务好纳税人。

【税收共治】 2016年，区国税局贯彻落实中共中央办公厅、国务院办公厅联合下发的《深化国税、地税征管体制改革方案》，结合地域特色和征管实际，坚持"协同共治"理念，推进涉税信息共享，拓宽部门税收合作，实现部门协同管理、共享共赢。（1）推进区国地税合作升级。与区地税局在联合办税、协同基础管理、推进税制改革等方面，开展更大范围、更广领域和更多事项的合作。1月，中央电视台《新闻联播》报道武进区国地税"一窗统办"办税模式；《中国税务报》等主流媒体对武进国地税共同打造税收分析拳头产品做法予以肯定。（2）构建社会综合治税体系。通过召开联席会议，研究提高涉税信息交换质量和效率的有效途径及完善共享保障机制；依托"税库银"涉税议事平台，定期与区财政、人民银行、地税等部门共享涉税信息，交流涉税议题；组建经济分析师团队，完成《经济税收分析报告》3万余字，供政府决策参考；加强与区市场监督管理部门的合作，推进"三证合一、一照一码"改革；与区法制办等部门联动，扩大税法普及教育范围。区国税局获"2011—2015年全区普法工作先进单位"称号。（3）深化信用评定结果应用。联合区地税局对A级纳税人开辟办税服务绿色通道、预约服务专区，享受出口退税和其他税收优惠政策等；签订"银税互动"协议，授信范围涵盖大型国有商业银行、股份制商业银行、邮政储蓄银行和城市商业银行，全年各银行共向中小企业贷款2.8亿元。

【纳税服务】 2016年，区国税局全面落实结构性减税政策，按照"两个办法、一个清单"做好纳税服务工作。（1）优化服务。推广网络办税、自助办税等非接触式服务，方便纳税人便捷办税。全面推行电子税务局，实现网上申请代开发票、开具"外出经营活动税收证明"；扩大自助办税范围，增设自助办税机和24小时自助办税设备，实现自助认证报税全覆盖；利用短信平台、电子税务局网络平台等开展涉税提醒服务，提高办税效率，减少纳税人涉税风险。（2）出口退税。贯彻国家税务总局《出口退（免）税管理工作规范1.1版》，优化服务，根据纳税信用管理办法，对纳税信用程度不同的企业实施分类管理，将纳税信用好的一类企业出口退税办结时限压缩为2个工作日，并开通绿色办税通道，加快退税进度；简化审核流程，最大限度实施计算机自动比对信息，生产企业人工审核项目由14项减为3项，外贸企业审核项目由21项减为5项；通过开展出口退税调研，定期向企业通报退税风险信息，引导出口企业建立风险内控机制，形成"内控外防"的防范出口骗税体系。全年出口退税总额38.17亿元。（3）税收惠民。严格执行税收政策，做好对取消审批事项的落实和流转税、所得税各类备案事项的管理，及时兑现政策。落实国家税收优惠政策，做好出口退税、福利企业审核审批工作，加快退（免）税审核进度及退税进度。全年办理各类退税41.85亿元。其中，残疾人就业增值税退税1.02亿元，增长32.25%；资源综合利用增值税退税8293.52万元，增长69.76%；软件集成电路增值税退税5688.4万元，增长80.59%；所得税汇缴退税1.11亿元，增长0.34%。

【"金税三期"税收管理系统上线运行】 "金税三期"工程是国家级信息系统工程，统一全国国税、地税征管应用系统版本，搭建统一的纳税服务平台，实现全国税收数据大集中，进一步规范全国税收执法，优化纳税服务。区国税局按照国家税务总局统一部署及省、市国税局相关要求，于8月29日成立"金税三期"工程推广上线领导小组，出台上线实施方案和指导意见，明确在大双轨运行阶段（原ctais2.0征管系统和新的"金税三期"征管系统同时运行）的工作职责，落实任务到相关业务科室和分局；组织领导班子成员分赴各办税现场全天值守，对自助区引导和辅导人员配备、前台窗口办税增援突击队、后台运维响应、委托代征业务技术保障、舆情防控和应急处理等重点内容出台专门方案，明确到具体人员；按照事先制定的方案，对出现的各类问题，通过运维平台及时与上级沟通；每日编制《金税三期大双轨测试业务日报表》，通报测试进度，依据《金税三期数据项目清理规则》，完成8个批次、19个类别8202条数据清理核对工作。10月1日，“金税三期”税收管理系统上线运行。该系统上线首周，共办理设立登记863户、一般纳税人认定175户、增值税纳税申报21968户、企业所得税申报9782户，代开增值税发票6027份，发售发票4325户次，在各办税服务大厅和延伸点运行平稳。

（承　涛）

地方税务

【概　况】 2016年，武进地税局以全面推进税收现代化建设为总目标，深化国、地税征管体制改革，推进征管改革和绩效管理两项重点，完善依法治税、风险管理、纳税服务三项机制。全年组织各项收入143.72亿元（含常州经开区），同口径（2015年剔除6月及以后的营业税、2016年剔除6月及以后的营业税及增值税，下同）增长11.32%。其中，税收收入89.9亿元，同口径增长20.2%；社保费45.71亿元，增长1.08%；其他基金（费）8.11亿元。完成一般公共预算收入63.8亿元，同口径增长16.42%。落实优惠政策，全年办理各类减免税5.2亿元。开展税收经济调研分析，服务领导决策，全年被省级以上媒体录用经济调研、科调研文章30余篇。深化落实《国地税合作规范3.0》，成立重点合作项目组23个，优化纳税服务，规范税收执法，实行征管互助，加大信息共享，打造武进特色的国地税合作品牌，被中央电视台《新闻联播》专题报道，武进区被国家税务总局评为全国百佳国税地税合作县级示范区，区地税局被省政府残疾人工作委员会评为全省残疾人就业保障工作先进单位，获区级以上先进集体59个、先进个人150人次。

【税收征管】 2016年，区地税局全面落实“营改增”税制改革，清理“营改增”地税发票用户4670户，完成1.48万户纳税人的移交工作，确保“营改增”平稳过渡。加强与区国税部门协作，做好国地税互相委托代征工作，全年为国税代开增值税发票9456份，代征增值税4035万元。强化个人所得税税源基础制度建设，率先尝试引入第三方评估股权转让价格，调整面20.27%，补缴税款2.1亿元。以高收入行业为重点，加强工资薪金个人所得税管理，逐步细化个人所得税税收管理要求，办理自然人登记4.83万人次，增长153.86%，入库个人所得税17.62亿元，增长32.07%，占税收收入总额的24.16%。武进区自然人税收管理经验获省地税局领导肯定。加强土地增值税清算，清算土地增值税项目19个，补税和核减退税共计1.37亿元。推进“以地控税”工作，从区国土部门采集宗地数据1.14万条，补缴城镇土地使用税1.22亿元、房产税1.3亿元。按月提取国土部门土地拍卖信息，入库耕地占用税3802万元，增长118.38%。加强企业所得税日常管理，入库税收12.42亿元，增长26.07%，占税收收入总额的17.03%。开展税收调研和税源摸排工作，清理建筑业与房地产业营业税存量税源，摸排入库税款4.19亿元。挖掘重点税源，全面升级对资本交易类事项的管控，入库资本交易类事项税款8.02亿元。开发应用“一键式涉税风险分析系统”，提高应对案头分析效率。分别完成中等及高风险任务1106户和49户，分别入库税款4.55亿元、3485.24万元，合计4.9亿元，税收贡献率6.72%。突出重点税源企业风险管理，分析重点税源户611户，入库税款3.02亿元。

【纳税服务】 2016年，区地税局立足优服务促发展，推进“三证合一”，全年新办“一照一码”企业1.05万户，办理变更登记8730户。合理配置辖区内办税厅点及窗口人员，实行“一窗式”“一站式”服务。完善办税能力评价系统，完成对建筑业、房地产业、中介机构及A级信用等级四类纳税人的2015年办税能力评价，并将《纳税人办税能力评价报告》按户向纳税人推送。联合区国税部门完成对1.88万户纳税人的信用评定，开展“税银互动”活动，为全区百余户纳税信用等级为A的中小微企业提供低成本融资贷款近亿元。开发应用“微信支付”“云闪付”等缴款方式，实现便捷支付1293笔、缴款116万元，该经验做法被《人民日报》等媒体宣传报道。结合“地税开放日”活动，邀请纳税人走进办税服务厅和局机关办公室，了解税务征管流程。借助涉税信息月报重点服务小微企业，为其提供税务信息、政策解读。全年受理“12366”电话咨询2214次，为纳税人提供全方位政策辅导。

【依法治税】 2016年，区地税局相继审议出台中等风险应对、房地产业欠税管理、代开增值税发票、注销税务登记、个体工商户管理等岗责业务规范12项，厘清征纳职责和权利。有序开展清欠工作，联合区国税部门首次在“武进新闻网”对242户企业发布欠税公告，清理欠税300.93万元。全年清理欠税2926.39万元，清欠率18.2%。打击发票

3月6日，区地税局“微信缴税”平台全面上线　　供稿／区地税局

违法犯罪活动，查处违法企业45户，查补税款504.38万元。规范重大案件集体审理制度，创新实践“听辩会”审理方式，明确审理条件标准，组织稽查重大案件审理14户次、重大涉税事项集体审议10户次、中等风险应对案件审理34户次。落实执法岗责规范，提升执法工作质效，成立“以案说法”专家团队，开展案例交流解读，有效预防和化解执法风险。建立律师专家团队，加强法律团队对税务机关依法行政的参谋作用。拓展司法手段应用途径，首次实现社保费法院强制执行，追回社保欠费4万余元，保障企业职工合法权益。优化稽查力量配置，与国税部门探索实践“一次进户、统一检查、分别处理”的联合稽查模式，年内联合稽查企业3户。组织开展专项和重点执法督察，下发执法风险疑点1.3万余条，发现违规问题447户次，涉及违规税款242.21万元，补缴税款58.21万元；对42户中高等风险应对任务开展日常督察，发现违规问题119处，补缴税款49.12万元。加强查前预案管理，查处大要案6件，涉案金额千万元以上大要案1件。

（方青恬）

审　计

【概　况】 2016年，区审计局依法履行审计监督职能，实施纪检监察和审计联动机制，加大审计力度，加强重点领域、重点项目、重点资金的审计监督。全年完成区级财政预决算审计、基本建设投资项目审计、拆迁项目审计、领导干部经济责任审计、专项资金审计等审计项目27个，共查出管理不规范资金8.13亿元，核减政府建设投资和拆迁项目补偿金额0.6亿元。5—11月，派出审计人员，配合区纪委开展对绿建区、农业局、春秋淹城旅游区3个单位党风廉政建设驻点巡查工作。7—8月，围绕降成本，组织开展全区2016年二季度国家和省重大政策措施落实情况跟踪审计。12月，按照省审计厅开展2016年度保障性安居工程跟踪审计的要求，派出审计组负责开展对丹阳市保障性安居工程的跟踪审计，由无锡市锡山、惠山区审计组负责对武进区的跟踪审计。全区47个内部审计机构完成审计项目2410个，提出审计整改建议343条，促进增收节支总额21275.16万元。全年发布审计工作信息13篇，被省、市有关媒体采用7篇。区审计局获2016年度区级机关绩效管理和综合考核优胜单位。

【财政预算执行情况审计】 2016年，区审计局以“大财政审计”为理念，围绕全区经济社会发展大局、关系人民群众切身利益的重大事项，扩大审计覆盖面，重点关注全区一般公共预算收支、政府性基金收支、国有资本经营收支、社会保险基金收支、财政管理情况及非税征收系统票据管理、地税税收征管等方面，提出加强财政存量资金管理、对外借出款项清理、土地出让金清欠、票据管理等审计建议。依法加强对预算执行情况的审计监督，于3—7月重点检查区财政局本级预算执行和武进地税局地方税收征管情况，审计区住建局、科技局等6个部门2015年度部门预算执行及其他财政收支情况，同时延伸审计部分下属单位。审计结果表明，大部分被审计单位的部门预算执行情况总体良好，但在“三公”经费支出、资产管理、政府采购等方面存在一些问题。

【政府投资重点项目和拆迁补偿资金审计】 2016年，区审计局加强对政府投资项目和拆迁补偿资金的审计。全年出具鸣凰小学一期、农村公路提档升级、武进人民医院综合大楼及医疗中转房、南塘路（湖滨路—夏城路）等重点工程阶段性审计报告43份，送审金额6.7亿元，审定金额6.1亿元，核减金额0.6亿元，遏制工程高估冒算行为，节约区财政建设资金；及时跟进绿建区湖滨路改造征收、永安河拓浚整治工程前期（涉及湖塘、前黄、礼嘉三镇）等拆迁项目，完成拆迁面积36万平方米的审核与安置补偿资金的审计监督工作，遏制和减少拆迁领域存在的舞弊现象。

【党政领导干部经济责任审计】 2016年，区审计局按照中共中央办公厅、国务院办公厅《党政主要领导干部和国有企业领导人员经济责任审计规定》及实施细则要求，开展对湖塘、洛阳2个镇及交通局、体育局等单位23名党政领导干部的经济责任审计，重点审计党政领导所属的经济事项决策管理权、资金支配使用权、政府性债务举借、领导干部廉洁自律、内控制度建设与执行等领域，依法依规界定领导干部应当承担的直接责任、主管责任和领导责任，结合中央八项规定、国务院“约法三章”和省委十项规定落实情况，重点关注“三公”经费和会议费使用、津补贴发放等内容。审计表明，大多数被审计单位本级经费支出较为规范，但下属单位或平台公司在重要事项决策、重大资金支出、经费使用等方面存在问题。提出完善资产管理及对下属单位的财务监督、加强对报销单据的规范化管理、严格执行招投标规定等审计建议，促进领导干部增强经济责任意识、管理意识、绩效意识。审计结果为组织部门干部使用和纪检监督工作提供参考依据。

【专项资金审计】 2016年4—7月，区审计局开展对全区科技资金、城市长效管理资金、水利资金的专项审计调查。科技资金审计表明，区财政、科技部门联合下发关于科技专项资金管理的一系列制度，但在科技资金使用的规范性、拨付的及时性及科技项目管理等方面还存在一些问题。城市长效管理资金审计调查发现，市政道路桥梁养护经费严重不足，造成许多老破旧道路或道板因资金原因无法及时维修，一部分绿地存在失管现象，城市长效管理压力大。水利专项资金审计调查结果表明，项目的完成对实施地区农田灌溉及防洪起到应有作用，充分发挥工程效益，取得较好的社会效益和经济效益，在财务管理上建立健全项目资金审查审批程序和财务制度，资金使用符合项目资金管理办法规定。提出加强科技资金全过程监督管理、加大市政养护资金投入力度、对建成的农田水利工程实施事后长效管理等审计建议。

（何惠燕）

（栏目编辑　张新辉）

综合管理

发展计划管理

【概　况】 2016年，区发展改革局推进重点项目建设，增强有效投入，优化产业结构，编制《常州市武进区国民经济和社会发展第十三个五年规划纲要》《2016年全区经济和社会事业重点项目建设计划》，牵头编制供给侧结构性改革、产城融合和现代服务业等相关政策意见。申报并获批全国首批“大众创业、万众创新”示范基地和国家级产城融合示范区，常州经开区、戚墅堰轨道交通产业园、武进高新区、西太湖科技产业园、雪堰镇5个板块被列为常州市级产城融合示范区试点区域。扶持生产和科技项目，向上争取各级各类扶持资金9.09亿元，其中中央预算内资金2.5亿元、省级专项资金6.5亿元、市级专项资金900万元；向上争取到省级工程中心2个、棉花配额3445吨。全区经济社会保持稳定和谐发展。

【武进区获批苏南首个国家级产城融合示范区】 9月，武进区被国家发展改革委批准为产城融示范区，成为苏南首个国家级产城融合示范区。武进区认真贯彻中央城市工作会议精神，以多规融合为引领，围绕“区域协调、产城协调、城乡协调”的目标，以“一中心、三片区、特色镇”（“一中心”指覆盖湖塘、牛塘两镇和高新区北区、武进绿建区的中心城区，“三片区”指以常州经开区为主体的东部片区、以武进高新区为龙头的中南片区、以西太湖科技产业园为引擎的西部片区，特色镇指以打造特色优势企业、特色空间形态、特色民俗文化为重点的特色强镇）为重点，启动编制全区产城融合建设规划，建立产城融合协作推进机制，加快重大项目建设，优化生产布局结构，推进产业转型升级，加强城乡建设管理，完善功能配套设施，改善生产生活环境，提升人居功能和人口集聚水平，构建产城联动、城乡一体、均衡发展、互促并进的区域发展格局。

科学布局，构建融合发展格局。按照“一中心、三片区、特色镇”发展框架，提升发展中心城区，整合发展经开区，优化发展高新区，加快发展西太湖，探索推进区镇联动，大力建设美丽乡村，优化布局结构，明确发展导向，科学配置要素，推进互通互融，构建均衡融合发展格局。

以产兴城，构建现代产业体系。优化创新创业环境，转变经济增长方式，加快产业链建设，改造传统产业，培育新兴产业，发展高新技术产业，构建现代产业新体系。

以城促产，完善城镇配套功能。坚持统筹规划，全力推进交通道路、防汛抗涝等各项基础设施建设，加强城乡基础设施连接，健全配套功能，促进融合发展。

城乡一体，提升区域发展面貌。围绕加快城镇融合发展，加强城镇管理，完善城镇功能，改善城镇面貌，优化城镇环境，全面推进城乡一体化建设。

宜居宜业，改善群众生活水平。牢固树立民本理念，健全基本公共服务，促进社会事业均衡发展，全力提升群众生活水平。

（邵　云）

5月18日，市委书记阎立（左二）调研纳博特斯克（中国）精密机器有限公司机器人项目
供稿/区发展改革局

【武进区获批全国首批“大众创业、万众创新”示范基地】 参见《科学技术》栏目P223相关条目。

（沈　扬）

【供给侧结构性改革】 2016年，深入贯彻落实中央、省、市关于推进供给侧结构性改革的决策部署，积极破解制约经济社会发展的突出矛盾，区发展改革局牵头起草的《关于推进供给侧结构性改革的实施意见》，另外由区金融办、区发展改革局、经信局、住建局分别牵头起草去产能、去库存、去杠杆、降成本、补短板5个分类文件。坚持分类指导、分步实施、统筹推进，经过3年努力，全区供给侧结构性改革攻坚取得重要进展，去产能、去库存、去杠杆、降成本、补短板工作取得明显成效，创新能力稳步提高，新的发展动能持续壮大，要素资源配置效率明显提升，各类市场风险总体可控，企业生产经营环境显著改善，生产经营成本和盈利水平回归合理，公共产品和优质公共服务供给能力不断增强，与供给侧结构性改革相适应的政策体系逐步健全。再经过2年努力，到“十三五”规划末期，全区供给结构对需求变化的适应性和灵活性显著提高，形成多层次、高质量、高效率的供给体系，长效机制基本建立，在更高水平上实现新的供需平衡。武进区“十三五”规划期间供给侧改革补短板重大项目共109个，其中2016年计划实施项目94个，年度计划投资128.9亿元，实际完成投资90亿元，完成年度计划的70%。

（邵　云　沈　扬）

【重点项目建设】 2016年，武进区完成固定资产投资1029.41亿元，同比增长6%。341个区重点项目完成投资491.8亿元，完成年度计划的100.8%，北汽新能源汽车、车和家新能源动力汽车等276个项目投资完成率达到或超过100%，项目总体进展情况良好。181个新建项目，开工172个，开工率为95%；计划竣工项目143个，实际竣工135个，竣工率为94.4%。其中：农业项目计划总投资17.6亿元，年内累计完成投资8.9亿元，完成年度计划的111.7%；高新技术及工业项目计划总投资795.5亿元，年内累计完成投资246.4亿元，完成年度计划的101.5%；服务业项目计划总投资966.5亿元，年内累计完成投资114.7亿元，完成年度计划的102.7%。

（沈　扬）

【目标管理】 2016年，区发展改革局认真贯彻落实区委、区政府《关于加强区级机关2016年度目标考核工作的意见》精神，按照区委扩大会议和区人代会提出的年度目标任务，结合常州市下达给武进区的主要预期目标，组织全区68个部门编制武进区2016年目标任务。该目标任务分为一类目标和二类目标：一类目标即全区重点目标，包括重点工作11项、重点项目83个和为民办实事工程10件；二类目标即部门工作任务目标，由68个党政部门的重点工作和创新工作组成。经区级机关年终考评，评优选出“优秀项目奖”10个、“创新工作奖”10个，“突出贡献奖”20名，陆建松、朱志伟、任志清、单虎林、薛亚清、夷建良、李荣、吉晓阳、张继洪、韩毅伟、姚祥、金旭兵、周俊、刘建荣、范正洪、曹雄伟、石兰生、冯民、张琪、曹忠20人获2016年武进区目标管理“突出贡献奖”，区文明城市建设工作在全市测评中综合得分第一，获得与创新工作奖同等表彰。

（杭　燕）

5月24日，市发展改革委调研武进区重点项目　　供稿/区发展改革局

【风险创业投资管理】 2016年，武进区加快科技与金融的融合发展，加速技术、资本、人才等创新要素向科技企业、新兴产业集聚，促进人才项目与资本市场的对接，借助风险创业投资资本助推实体经济发展。6月22日，配合常州市发展改革委成功举办“2016常州创洽会”。20多家国内知名创投机构代表以及50多个全国各地创业团队结合常州市特色产业发展方向，在智能制造、新材料、医疗健康、电商及移动互联网领域，以项目路演形式开展资本对接活动。年内，全区新增江苏苏莱创业投资有限公司、源和淳时科教城（常州）创业投资合伙企业（有限合伙）、常州清源知本创业投资合伙企业（有限合伙）、常州清源创通创业投资合伙企业（有限合伙）4家创业投资企业，新增创投资本3.8亿元。新增创业投资项目23个，投资规模达5.59亿元；投资本土创业投资项目5个，投资规模达1.16亿元。风险创业投资机构累计93家，其中入驻常州科教城36家，总资本规模达155.9亿元，累计投资武进区本土企业达14.2亿元，累计投资区外企业达27.45亿元。

【债券发行与管理】 2016年，武进区加强政府性债务管理，严防企业债券兑付风险。“09武进城投债”涉及还本11亿元，“12武进城投债”涉及还本3.5亿元，“13滨湖债”涉及还本3亿元。发行人按要求及时提交自查报告，按时完成兑付工作。年内，江苏伟驰建设发展有限公司拟发行7.5亿元公司债券，债券期限7年，其中4.5亿元用于武进区西太湖塔下安

表 51

2016 年武进区“优秀项目奖”“创新工作奖”情况

类别	项目（工作）名称	牵头部门	配合部门
优秀项目奖	2016 年度全区污水主管网新建工程	水利局	住建局
	2016 年度中央财政小型农田水利重点县项目	水利局	财政局
	2016 年旧城改造工程	住建局	湖塘镇、牛塘镇、武进公安分局
	西门子新能源汽车电驱动系统建设项目	商务局	高新区
	瑞声光学微型马达项目	商务局	高新区
	常州星河 COCO City 城市综合体	发展改革局	湖塘镇、住建局
	常州东方高精新材料新型高速电梯导轨项目	经信局	湟里镇
	居民医保医疗保障待遇大幅提高	人社局	
	武进区病理诊断中心建设	卫计局	
	职工家庭购房安居工程	公积金中心	
创新工作奖	创新投入见实效，招引突破强发展	区委办（区委督查室）、发展改革局	政府办、农业局、经信局、科技局、商务局
	规范政府性投融资管理体制	财政局	国资办
	国家级“双创”示范基地、苏南首个“产城融合”示范区成功获批并积极推进	发展改革局	区“大众创业万众创新”示范基地工作领导小组成员单位等
	创新积案化解方法	信访局	政法委、各镇（街道）
	森林城市创建工程成为“创森新样板”	农业局	农工办、住建局、交通局、西太湖科技产业园
	探索建立容错免责机制	纪委（监察局）	区委办、法院、检察院、组织部、综治办、人社局、发展改革局
	农村宅基地制度改革试点	宅改办、武进国土分局	农工办
	平安武进建设	武进公安分局	城管局、湖塘镇
	三河齐上，治水新篇	水利局	“三河”工程指挥部成员单位
	着力优化金融服务，上市挂牌取得突破	政府办（金融办）	上市工作领导小组成员单位、工商联
	创新投入见实效，招引突破强发展	区委办（区委督查室）、发展改革局	政府办、农业局、经信局、科技局、商务局

置区一期保障性安居工程，剩余 3 亿元用于补充公司流动资金。12 月 9 日，由省发展改革委上报至国家发展改革委。全区累计发行企业债券 4 个，发债总额 76 亿元。

（俞　煜）

【获批省级工程中心 2 个】 2016 年，区发展改革局按照《江苏省工程中心管理办法》和《江苏省工程实验室建设项目管理办法（试行）》有关规定和要求，组织全区省标战略性新兴产业、高技术产业和优势特色产业相关企业积极申报省级工程中心，加快推进武进区自主创新能力建设，建立完善以企业为主体、市场为导向、产学研结合的自主创新体系。江苏万帮德和新能源科技有限公司获批组建“江苏省电动汽车智能充电桩制造及运用工程中心”、新纶科技（常州）有限公司获批组建“江苏省高功能性薄膜材料工程中心”。

（唐　晓）

【现代服务业转型升级推进】 2016 年，武进区着力推进现代服务业转型升级发展，于 8 月完成《武进区服务业十三五发展规划》编制，10 月出台《2016 年武进区加快现代服务业发展扶持政策》。西太湖互联网平台经济集聚区创成常州市市级互联网平台经济集聚区，江苏佰腾科技有限公司、常州易得利供应链管理有限公司等 5 家企业获评省重点互联网平台企业，江苏蓝火翼网络科技有限公司等 8 家企业获评常州市服务业优势企业，江苏丰润电器有限公司等 3 家企业获评常州市制造业服务化重点企业，常州同和物流获评常州市重点物流企业；武进高新区创新创业平台、武进绿建区“极客车间”青年众创空间启动运营，2016 年中国（常州）西太湖跨境电商高峰论坛成功举办。全区列入服务业重点项目市级 4 个、区级 56 个，全年完成投资 114.7 亿元。星河 COCO City 城市综合体、中国影视新媒体内景拍摄基地、“12301”国家智慧旅游公共服务平台一期、苏文电能总部大楼等服务业重点项目竣工投运。全区服务业呈现出良好发展态势，全区完成服务业增加值 854.54 亿元，占 GDP 比重 43.4%；完成服务业投资 432.83 亿元，增长 3.2%。

（方丽媛）

表 52 **武进区全社会用电量情况** 单位：万千瓦时

项　目	2016 年 12 月	2015 年 12 月	增长（%）	2016 年	2015 年	增长（%）
全社会用电量	160761	163251	-1.53	1706507	1714504	-0.47
农、林、牧、渔业	706	766	-7.83	9614	10736	-10.45
工业	143939	143496	0.31	1443421	1454526	-0.76
建筑业	36552	37393	-2.25	328146	348143	-5.74
交通运输、仓储和邮政业	107387	106103	1.21	1115275	1106383	0.80
信息、计算机服务和软件业	282	783	-63.98	7207	9937	-27.47
商业、住宿、餐饮业	130	334	-61.08	3927	13058	-69.93
金融、房地产、商务及居民服务业	388	417	-6.95	5003	4810	4.01
公共事业管理组织	2509	4259	-41.09	42637	46814	-8.92
城乡居民生活用电合计	7397	6856	7.89	125342	111127	12.79

表 53 **武进区天然气使用量情况** 单位：万立方米

类　别	实 际 用 气 量			累 计 用 气 量			用户数
	2016 年 12 月	2015 年 12 月	增长（%）	2016 年	2015 年	增长（%）	
全社会	3997.05	2829.94	41.24	36952.76	30223.41	22.27	303314
工　业	2513.59	1682.23	49.42	23772.08	17876.68	32.98	1291
商　业	463.66	391.23	18.51	3859.48	3591.37	7.47	1053
其　他	206.99	199.42	3.80	2471.63	2560.33	-3.46	216
居　民	812.81	557.06	45.91	6849.57	6195.03	10.57	300754

说明：因行政区域调整，以上数据仅供参考

【能源物资管理】 电　力　全年全区全社会用电量 170.65 亿千瓦时，其中工业用电量 145.45 亿千瓦时，分别下降 0.47%、0.76%。220 千伏丫河、顺通输变电工程及其配套 110 千伏线路送出工程、110 千伏太滆变主变扩建工程、110 千伏漕滆输变电工程等 8 项重点输变电项目建成投运，全年完成投资超 8 亿元，新增变电容量 66.3 万千伏安，新增线路长度 31.34 千米。常州武进"互联网 +"智慧能源示范区实施"智能电网"工程、"智能用电"工程、"智慧能源"工程三大工程，全年完成投资 4.1 亿元，建成"配电网故障自愈项目""城区用户与电网供需友好互动系统""绿建区智慧园区能源管控平台搭建"等子项目 24 个。地方（自备）热电厂可调出力的 10 台热电机组（装机容量为 28.4 万千瓦），全年发电量 15.5 亿千瓦时，上网电量 12997 万千瓦时，对外供汽量 342.73 万蒸吨。

光伏发电　武进区推进分布式光伏发电应用，2016 年新增并网 107 家，新增装机容量 13.16 兆瓦。其中，企业分布式光伏发电并网 43 家，新增装机容量 12.728 兆瓦；居民分布式发电新增并网 64 户，新增装机容量 0.433 兆瓦。新增全额上网企业 1 家，并网容量 1.5 兆瓦。

天然气　全年全区全社会天然气消费量达 3.70 亿立方米，增长 22.27%。其中：工业用天然气 2.38 亿立方米，商业用天然气 3859.48 万立方米，城乡居民用天然气 6849.57 万立方米，分别增长 32.98%、7.47%、10.57%；新建各类管线长度 321 千米，新增工商用户 634 户、居民用户 2.3 万户。

成品油　至 2016 年度年检时，全区有各类加油站（点）102 个（不含常州经开区）。其中，加油站 92 个，包括 2016 年 9 月 7 日新建领证的中石油环湖西加油站、水上加油点（岸基型）3 个、加油船 2 个、城市便利加油点 5 个。

（金　婷　钟雪松）

国土资源管理

【概　况】 武进国土分局下辖雪堰、前黄、礼嘉、洛阳、湖塘、湟里、嘉泽、武进高新区、武进经发区 9 个中心国土资源所。2016 年，全区国土资源部门（不含常州经开区国土分局）按照国土资源部提出的"保护资源，节约集约，维护权益，改革创新"总要求及市、区国土资源会议精神和年初签订目标管理责任状确定的各项目标任务，围绕保发展、保供给、保红线、保民生，推进国土资源管理，保障全区经济和社会事业健康发展。《土地利用总体规划（2006—2020 年）》一般性修改方案通过市级专家评审，报省国土资源厅审批。落实耕地保护职责，加强耕地、基本农田保护，推进占补平衡制度实施。加大土地开发整理、土地执法监管力度，保护国土资源。严格用地项目预审，科学配置用地指标；开展工业企业单位用地更新调查，盘活存量土地；加强建设用地监管，提高项目用地批供效率，推进节约集约用地。推进农村宅基地制度改革，农村土地制度改革三项试点工作于9月全面展开。全年上报并获批省国家用地项目批次6个、总面积200.1公顷，独立选址项目7个、总面积22.2公顷，省中心城区实施方案批次2个、面积52.7公顷。开展批而未供土地清理，对2014—2015年间批而未供土地124宗、面积222.4公顷的项目开展清理，加快供地审批。通过区镇联动行政执法，全年拆除违法用地150宗，面积32.4公顷，打击违法用地行为。年内受理群众信访53件次，办理行政诉讼案件25件，办结率100%。武进区被国土资源部评为“国土资源部第三届国土资源节约集约模范县（市）”，获奖励用地指标33.3公顷，武进国土分局被市政府评为“常州市文明单位”。

【耕地保护】 2016年，武进区结合土地综合整治，加强耕地保护。落实耕地和基本农田保护目标责任，加强长效机制建设，健全区、镇、村三级检查考核机制。年初，区政府与各镇（街道、开发区）层层签订耕地保护责任状，落实耕地保护责任。武进国土分局联合区农业局等部门全面自查全区2015年度耕地保护责任目标履行情况，均按照要求完成目标任务，确保耕地保护宣传和教育常态化。年初，根据国土资源部办公厅、农业部办公厅《关于切实做好106个重点城市周边永久基本农田划定工作有关事项的通知》等文件精神，推进辖区内城市周边永久基本农田划定工作，划入基本农田面积1793.5公顷，其中新划入永久基本农田面积1006.1公顷。通过土地复垦开发整理，推进耕地后备资源开发利用，年内完成占补平衡项目3个，建设规模9.8公顷，新增耕地面积9.5公顷；完成城乡建设用地增减挂钩项目库3个，建设规模6.3公顷，新增农用地面积6.3公顷、耕地面积6.1公顷。

【违法用地查处】 2016年，区国土资源部门以三级动态巡查机制为基础，以违法用地快速打击机制为手段，以土地执法考核问责机制为重点，配备执法巡查车辆，每天开展巡查工作，通过分片包干、责任到人、严防死守，确保对国土资源违法行为的“早发现、早制止”。区政府规定各镇（开发区、街道）主要领导作为违法用地整改第一责任人，对于辖区内需要拆除的违法用地应在3个工作日内落实拆除到位。各镇（开发区、街道）在拆除上确有难度的，经书面申请后，由武进国土分局联合城管局，组织人员开展区级联合执法，配合地方政府在5个工作日内执行到位。按照违法用地查处与生态资源保护补贴相挂钩原则，凡是违法用地占用耕地面积占新增建设用地占用耕地面积比例大于5%的镇（开发区、街道），取消其辖区所有行政村耕地保护生态补贴资格；凡是涉及违法占用基本农田的，对所在村实行“一票否决”，取消该行政村当年度耕地保护生态补偿资格；同时定期检查和考核各镇（开发区、街道）的违法用地查处、整改和拆除复耕工作，对行政不作为、履职不到位的由区纪检监察部门严肃查处。全年拆除2015年度卫片反映违法用地110宗，退还土地面积24公顷。

11月30日，前黄镇专题研究新孟河延伸拓浚工程征地拆迁工作　供稿/武进国土分局

【重点建设用地保障】 2016年，武进国土分局通过向上争取用地指标，加快建设用地项目报批，推进土地合理利用；与区发展改革局、经信局等部门建立联动服务机制，解决企业用地需求。全年落实各类用地计划面积152.7164公顷。其中，城镇村用地计划面积54.67公顷，保障今创集团今创轨道交通装备、常州九洲裕光新能源有限公司九洲渔光互补电站等项目建设；挂钩统筹用地面积0.72公顷，保障礼嘉镇农村集体经营性土地调整入市项目建设；市重点项目用地计划面积64公顷，保障江苏车和家汽车有限公司车和家智能汽车、夏溪花木市场等项目建设；武进区获国土资源部奖励用地面积33.33公顷，保障安川（中国）机器人有限公司安川工业机器人（二期）等项目建设。

【低效用地再开发】 7—12月，武进国土分局在全区工业企业用地调查结果的基础上，开展全区低效产业用地再开发工作。调查企业11366家，其中规模以上工业企业897家、高新技术企业199家。调查工业企业用地7947宗，其中尚未建设地块59宗、在建地块25宗、已建成地块7863宗。调查占地总面积7869公顷，平均建筑密度0.44，平均容积率0.69。其中，容积率0.3及以下工业企业地块521宗、面积1428公顷；容积率0.3～0.5（含）的地块758宗、面积1159公顷；容积率0.5以上地块6668宗、面积5282公顷。地均产出4075.25万元/公顷，地均税收149.72万元/公顷。对规划区外低利用、低产出、高能耗、高污染（简称“两低两高”）及“五小”企业（浪费资源、技术落后、质量低劣、污染严重的小煤矿、小炼油、小水泥、小玻璃、小火电企业）用地，采取增减挂钩方式调整土地利用；对规划区内的“两低两高五小”企业用地，采取“退二进三”（将

低效的工业企业用地再开发利用为商业等第三产业用地）方式，用于商业开发或市政配套建设，促进小城镇建设。全年处置低效用地44宗、面积84公顷。

【土地利用动态巡查】 2016年，武进国土分局利用土地市场动态监测与监管系统和市国土局土地利用动态巡查系统，建立项目基本情况信息卡和具体建设项目用地跟踪管理卡，详细记录项目建设情况和跟踪检查人巡查情况，全程监控出让金、交地、开竣工等环节。对巡查发现到期未开（竣）工的地块，向用地单位发放开（竣）工建设履约通知单；对疑似闲置土地开展闲置土地调查。全年完成处置闲置土地13宗、面积68公顷。另外，武进区通过建立工业用地竣工联合验收制度、开竣工履约保证金制度，督促用地企业按出让合同约定开发建设，促进土地节约集约利用。全年办理工业用地竣工联合验收44宗、经营性用地竣工验收38宗，49家用地企业办理业务。

【地质灾害防治】 2016年，武进国土分局按照省国土资源厅《关于开展2016年度地质灾害隐患点、危险点排查工作的通知》及《常州市2015年度地质灾害防治方案》要求，组织开展全区地质灾害防治工作。3—5月，对全区所有可能存在地质灾害隐患或易于发生地质灾害的危险区域、危险部位、危险地段开展排查，确定群测群防地质灾害隐患点8个。其中，崩塌、滑坡隐患点7个，分别分布在雪堰镇及太湖湾度假村；地裂缝灾害危险区1个，位于湖塘镇马杭城东小学。向地质灾害隐患点所属村委发放地质灾害防灾工作明白卡，向受地质灾害隐患点威胁对象发放地质灾害防灾避险明白卡，宣传地质灾害预防知识，在地质灾害隐患点处设立地质灾害警示牌，并联合国土所定期巡查地质灾害隐患点，要求发现险情及时上报。汛期期间，落实灾（险）情日报制度和汛期值班制度，全区未发生地质灾害。依据相关法律法规、规章制度，在区应急管理办公室的指导下，组织编制《常州市武进区突发地质灾害应急预案》，主要包括地质灾害等级划分、突发地质灾害应急指挥部组织指挥体系及职责、预防及预警行动、应急响应和处置、善后处置与调查评估、应急保障、突发地质灾害应急处置流程等内容，上报区政府发文。

【农村土地制度改革三项试点】 （1）农村宅基地制度改革试点。2016年，武进区以“稳推进、重创新、出亮点”为工作思路，围绕“246+N”（“2”指构建农村宅基地管理和农村宅基地制度两大体系；“4”指建立“户有所居”保障数据库、农村不动产统一登记信息系统、农村产权交易、农村宅基地动态监测监管四大平台；“6”指紧抓农村宅基地用益物权实现等六项课题调研；“N”指制定一系列具有江苏特点、武进特色的农村宅基地制度）的武进农村宅基地制度改革目标，坚持问题导向，突出改革重点，加强统筹协调，加大改革力度，推进农村土地制度改革试点。区委办、区政府办于3月联合印发《2016年农村宅基地制度改革试点工作要点》《关于开展农村宅基地制度改革示范村创建工作的通知》，确定改革示范创建村23个，以“规划编制到位、制度建设到位、户有所居保障到位、权能实现到位、民主管理到位、村庄整治到位”六个到位为目标，试验政策制度的推广性、保障标准的可行性、四大平台的实用性、宅基地权能实现的合理性。4月，举办全区农村宅基地制度改革试点政策业务培训会，提升相关人员政策业务水平。各镇进一步完善试点政策，推进村级规划编制，加快宅基地审批和有偿使用，构建多样化的“户有所居”保障。9月18—20日，全国农村土地制度改革修法集中调研会在武进区召开，交流土地制度改革试点工作推进情况和有关法律修改的重要问题。至2016年年底，武进区农村宅基地制度改革试点取得阶段成果：编制完成《“美丽乡村”规划与建设导则》《村级土地利用规划导则》；编制完成《武进区发展战略规划》《镇村布局规划》，界定“三区三类”（城区、集镇区、乡村地区和特色村、重点村、一般村三种类型）范围，合理划定城镇、村庄建设用地边界；围绕“留、聚、转”三种模式制定引导激励政策，中心城区采取以货币化补偿为主要保障形式，集镇地区采取以公寓房分配为主、货币化补偿为辅的保障形式，乡村地区采取以“一户一宅”宅基地分配为主、公寓房和货币化为辅的保障形式，构建区域差别化、形式多样化的农民住房保障制度体系，全区户有所居保障率达100%；完善农村宅基地管理体系，区国土、规划、建设部门的收件归口由国土窗口统一受理；整合国土、规划、建设三项行政审批许可，由镇政府合一审批，发放建房许可证，将农村宅基地申请、审批、利用等各节点纳入国土动态监管系统统一管理；创新制定分层级、差别化的宅基地有偿使用制度；探索形成多渠道、市场化的宅基地权能实现途径，形成可复制的试点实践样本。自2015年改革试点至2016年，全区受理审批民房269宗，占地面积31794平方米；出台《武进区农民住房财产权抵押贷款试点暂行办法的通知》，完善农民住房财产权、土地承包经营权抵押风险共担基金制度，累计发放农房抵押贷款3296万元；实施宅基地有偿使用39宗、面积2554平方米，村集体一次性收取10年的有偿使用费22.2万元；嘉泽镇南庄村袁家组集中居住区实施宅基地自愿有偿退出3宗、面积612平方米，补偿金额37万元；湟里镇集体经济组织成员内部转让宅基地3宗、面积352平方米，涉及金额13.2万元。（2）农村土地征收制度改革试点及农村集体经营性建设用地入市试点。农村土地征收制度改革试点，主要是探索缩小土地征收范围，规范土地征收程序，完善对被征地农民合理、规范、多元保障机制，建立兼顾国家、集体、个人的土地增值收益分配机制，健全程序规范、补偿合理、保障多元的农村土地征收制度。农村集体经营性建设用地入市试点，总体是完善农村集体经营性建设用地产权制度，明确农村集体经营性建设用地入市主体、范围和途径，建立健全市场交易规则和服务监管制度，建立兼顾国家、集体、个人的土地增值收益分配机制，推动建立城乡统一的建设用地市场，使市场在土地资源配置中起决定性作用和更好发挥政府作用，建立“同权同价、流转顺畅、收益共享”的农村集体经营性建设用地入市制度。武进区按照国土资源部统一部署，坚持问题导向，紧扣制度创新核心任务，吸收借鉴外地先进经验，编制《江苏省常州市武进区统筹协调推进农村土地制度改革试点实施方案》，11月4日经省农村土地制度改革试点工作领导小组审定后报国土资源部备案。10—11月，调整成立区农村土地制度改革三项试点工作领导小组，召开动员大会，开展多层次专题讨论，推进改革试点工作。12月2日，区农村土地制度改革三项试点办公室印发《武进区农村土地制度改革三项试点工作要点》，加快推进改革试点政策制度完善、村规划编制等配套工作。其间，国土资源部政策法规司、国家土地督查南京局、江苏省委全面深化改革领导小组等先后到武进区指导、督查改革工作，肯定全区在三项改革方面坚持问题导向、坚守底线思维、着力体系建设等方面取得的初步成果。至2016年年底，嘉泽镇南庄村、横林镇双蓉村等6个集中居住点规划通过专家论证。武进国土分局研究起草《武进区农村集体经营性建设用地入市管理办法（试行）》《武进区农村集体经营性建设用地入市收益调节金征收和使用管理暂行办法》等7个文件；完成《农村土地制度改革三项试点中期自评报告》，经省农村土地制度改革试点工作领导小组审定，报送国土资源部。

（季　云）

市场监督管理

【概　况】 2016年，区市场监管部门围绕“促进转型升级、维护市场秩序、保障公共安全、深化市场监管改革”主线，履行部门职责，推进商事制度改革，实施质量品牌战略，优化助企发展举措，保障食品、药械、特种设备安全，促进健康消费，加强监管执法，服务全区经济社会发展。深化商事制度改革，全区新设市场主体19637户，增长27.95%。推进质量强区战略实施，获江苏省质量奖企业1家，获市长质量奖企业2家，获区长质量奖企业3家。新增省著名商标11件、市知名商标11件和27件，累计有效注册商标21010件，比“十一五”末期翻一番，其中国家驰名商标47件、省著名商标141件、市知名商标198件。新增名牌产品省级42件、市级66件，分别累计81件、153件。全年完成企业备案标准233项，辖区企业完成制（修）订国家标准8项、行业标准10项。拓宽服务企业渠道，引导企业股权资本化运作，综合运用动产抵押、股权质押、债转股、知识产权出质等融资方式推进企业融资，全年办理动产抵押登记372件、担保主债权170.63亿元，办理股权质押登记49笔、质押额32.67亿元。辅导重点企业组建企业集团，发展规模型企业，年内组建集团5家；鼓励企业冠大名称，扩大企业知名度，提升企业市场竞争能力，年内新增冠国名企业27户、冠省名企业461户。加强食品、药械、特种设备安全监管，筑牢三道安全防线。严格餐饮许可证发放，完成全区重大活动餐饮保障18起，监管检查餐饮单位26038户（次），监管覆盖率100%，完成全区食品安全抽检5680批次，合格率98.73%。开展食品药品专项整治，检查涉药（化）单位750家。开展全区特种设备隐患排查，严格落实特种设备应急救援预案，全区重点设备现场安全监督检查及特种设备作业人员持证率、重点设备注册登记率、重大隐患整治率均达100%。开展3·15消费维权公益活动，加强投诉举报专用平台建设，全年受理投诉举报6985件，为消费者挽回损失527.45万元。加强监管执法，全年查处案件271件，案值1450.31万元，罚没金额526.23万元。区市场监管局先后被评为“2014—2015年全国消协组织消费维权先进集体”“2013—2015年度江苏省文明单位”，获评全国工商、市场监管部门企业登记工作成绩突出窗口单位。区私营个体经济协会秘书长山峰被评为“全国私个协会系统先进工作者”，区市场监管局质量标准化服务中心主任蒋亚婷被评为“2015年度全省物品编码工作先进个人”。

【市场监督体制机制改革】 3月，区食品安全委员会、质量品牌领导小组、放心消费创建领导小组、商事制度改革领导小组、特种设备监管领导小组5个区级协调机构成立，加强组织领导，促进部门联动。5月，区市场监管局出台《关于明确常州经开区分局管理权限的意见（试行）》，确立高度授权、充分保障、权责统一三项基本原则，明确政务管理、人事管理、财务管理、行政许可、监管执法等方面的管理事项，赋予常州经开区分局对戚墅堰、丁堰、潞城3个街道相对独立的市场监督管理权限，促进内部融合、对外沟通。

【商事登记制度改革】 10月，区市场监管局全面实行“五证合一（在前期全面实施工商营业执照、组织机构代码证、税务登记证“三证合一”登记制度的基础上，进一步整合社会保险登记证和统计登记证）、一照一码”登记制度及试点全程电子化（全程电子化登记是指企业登记申请、受理、核准等环节均通过网上电子数据交换实现的登记方式。新设企业只要进入“全程电子化登记系统”，按照提示注册、登录，然后录入企业信息，插入eID银行卡或电子营业执照进行身份认证和电子签名即可，无需再到窗口递交书式材料。企业数据通过网上流转，在受理人员网上预审、受理、核准后，企业便可到窗口领取营业执照）登记，扩大基层分局登记核准权限，方便企业就近登记，推行统一管理、充分授权、多点办理的行政许可信息化系统。放宽住所登记，全年办理“住改商”市场主体281家。(1)私营企业数量保持两位数增长。商事制度改革实施后，市场主体准入条件放宽，促使私营企业数量发展迅速，成为市场经济中最具活力的部分。全年新增私营企业6595户，增长19.88%，累计41967户。(2)农民合作社稳步发展。年内，辖区专业合作社、农村社区股份合作社、农地股份合作社和富民（物业）合作社等新型合作组织发展较快，区市场监管局配合区委农工办建立和规范合作社登记监管制度。全区累计有农民专业合作社574户，成员出资总额26.47亿元，分别增长7.49%和3.44%。全区农民专业合作社主要以从事种植业、养殖业和农产品销售为主。(3)第三产业增长迅速。2016年，全区第一产业主体量为1039户、第二产业主体量为35363户、第三产业主体量为85987户，分别占市场主体总量的0.85%、28.89%和70.26%。第三产业中，租赁和商务服务业、金融业、交通运输、仓储和邮政行业、科学研究和技术服务业行业呈较快增长趋势。

年内，全区新设市场主体（不含外资）19637户，增长27.95%。其中，私营企业6595户，增长19.88%；内资企业338户，增长28.34%；个体工商户

12704户，增长30.74%。新设私营企业中注册资本500万元～1000万元的553户、1000万元～10000万元以上的752户、超亿元的47户，分别增长28.91%、18.05%、30.56%。新设各类外商投资企业92家，新设外商投资企业的注册资本、外方认缴分别为15.23亿美元和2.99亿美元，分别占全市总数的30.92%和30.1%。至年末，全区累计有市场主体124840户，其中私营企业41967户、内资企业2949户、外资企业1065户、个体户78285户，注册资本（金）分别为1987.71亿元、1043.54亿元、95.38亿美元、50.56亿元。

区市场监管人员指导企业申报“守合同重信用”企业　　供稿/区市场监管局

【企业诚信体系建设】 （1）企业年度报告公示（简称年报）制度完善。根据省工商局相关要求，区市场监管局加快年报申报进程，通过对武进高新区、湖塘镇、横林镇等开展调研，收集、汇总问题，并就完善年报网站技术、规范年报流程等方面向市工商局汇报。全区年报企业数28989户，年报率88.1%，位列全市第二。（2）企业质量信用等级评价。贯彻落实《社会信用体系建设规划纲要（2014—2020年）》，加快社会诚信体系建设，建立科学的、覆盖全社会的信用机制。建立企业信用信息征集共享制度，提升企业质量诚信意识，推动全区质量诚信体系建设，倡导诚实守信的良好社会风尚。按照上级部门统一部署和要求，组织全区50多家质量信用良好企业参与省质量信用A、AA、AAA级的评价工作，分别获评省质量信用AAA级企业4家、AA级企业8家、A级企业17家。（3）“守合同重信用”企业公示。从1月起实行，取代认定方式，打破“守合同重信用”称号的终身制度，初步形成部门联动、信息共享的监管机制。年内，新增国家级“守合同重信用”企业6家，累计20家，省级“守合同重信用”企业累计70家，公示为常州市“守合同重信用”企业366家，分别占全市总数的23%、29.67%、32.28%，全区三级“守合同重信用”企业数位列全市第一。

表54　2016年武进区获评国家级“守合同重信用”企业情况

企业名称	属地	状态
江苏旷达汽车织物集团股份有限公司	雪堰镇	复评
江苏晨光涂料有限公司	湟里镇	复评
江苏洛基木业有限公司	横林镇	复评
中天钢铁集团有限公司	遥观镇	复评
江苏兰陵化工集团有限公司	横山桥镇	复评
江苏武进建工集团有限公司	高新区	复评
江苏龙城精锻有限公司	高新区	复评
江苏新鸿联集团有限公司	横林镇	复评
江苏八达园林有限责任公司	嘉泽镇	复评
江苏丰顺新材料科技有限公司	礼嘉镇	复评
常州市钱璟康复股份有限公司	高新区	复评
普洛斯电器（中国）有限公司	经发区	复评
今创集团股份有限公司	遥观镇	复评
常州玉宇电光器件有限公司	经发区	复评
江苏河马井股份有限公司	高新区	新增
苏文电能科技有限公司	经发区	新增
江苏盈通建设科技发展有限公司	前黄镇	新增
江苏森洋环境建设集团有限公司	嘉泽镇	新增
江苏朝晖化工有限公司	横山桥镇	新增
常州液压成套设备厂有限公司	高新区	新增

【质量强区创建】 3月，武进区先后出台《关于深入开展质量强区活动的意见》和《2016年武进区质量强区工作要点》《2016年武进区质量强区工作考核评分细则》，推动形成“政府引导、部门协作、企业主体、社会参与”的质量强区工作格局。区市场监管部门加大对全区创新型、星级企业的扶持力度，服务企业做大做强，组织企业参与各类政府质量奖申报，举办质量奖培育培训班，培训企业20余家。年内，今创集团股份有限公司获评江苏省质量奖（全区唯一），今创集团股份有限公司，江苏常宝钢管股份有限公司获评市长质量奖，江苏龙城精锻有限公司、江苏晶雪节能科技股

份有限公司、江苏洛凯机电股份有限公司被评为2016年常州市质量管理先进单位。在全区省质量奖、省级名牌、质量信用评价AA级以上企业中试点推行首席质量官制度，组织42家企业参加“首席质量官”和“卓越绩效自评师”培训，加强企业人才库建设，增强企业质量主体意识，提升质量管理水平。编写完成《2016年度常州市质量分析报告》武进区部分，客观评价全区产品质量监督状况、食品安全管理状况、特种设备安全管理状况、产品质量执法打假状况及质量基础工作、特色工作状况，并提出一系列合理化建议，为政府实施宏观政策提供科学依据。

【商标品牌建设】 2016年，区市场监管局按照驰名、著名、知名（简称“三名”）商标梯队培育发展规划，结合区重点项目、拟上市企业走访活动，重点加强“一核四园”和“十大产业链”企业的商标培育，开展“三名”商标的推荐、申报工作。年内，新增省著名商标11件、市知名商标27件，分别累计有国家驰名商标47件、省著名商标124件、市知名商标198件，武进区驰名商标数连续五年位居全省县区首位，累计有效注册商标数21010件，比“十一五”末期翻一番。同时，加大商标品牌宣传力度，提升企业商标运用保护和品牌经营管理能力，联合企业开展赴外打假活动，保护本地品牌，年内协助国茂减速机集团有限公司、江苏晨光涂料有限公司等开展打假维权，成效明显。推进名牌发展战略实施，提升品牌核心竞争力。支持企业加强技术创新、质量管理、品牌建设，推动武进产品向武进品牌转变，组织42家企业和65家企业分别申报江苏名牌产品、常州市名牌产品，分获省、

表55

2016年武进区获江苏名牌产品情况

单 位 名 称	产 品 名 称	有效期	状态
江苏吉祥贺盛食品有限公司	鸡精调味料	2019年12月	复审
江苏太湖雪堰水产科技有限公司	冻银鱼	2019年12月	新增
江苏科利达装饰材料有限公司	浸渍纸层压木质地板	2019年12月	复审
大澳电器（江苏）有限公司	永磁直流电机	2019年12月	复审
常州森鸿装饰材料有限公司	浸渍纸层压木质地板	2019年12月	复审
江苏常发农业装备股份有限公司	插秧机、单缸柴油机	2019年12月	新增、复审
常州市蓝托金属制品有限公司	飞机用坐具	2019年12月	新增
常州市永明机械制造有限公司	PP编织物机	2019年12月	复审
江苏江南精密金属材料有限公司	镀锌卷	2019年12月	复审
常州市欧太装饰材料有限公司	浸渍纸层压木质地板	2019年12月	复审
江苏江南铁合金有限公司	低碳低硅钛铁	2019年12月	复审
江苏长海复合材料股份有限公司	薄型玻璃纤维短切毡	2019年12月	复审
三鑫重工机械有限公司	高速合金钢离心复合轧辊	2019年12月	新增
江苏洛基木业有限公司	浸渍纸层压木质地板	2019年12月	复审
卡尔迈耶（中国）有限公司	经编机	2019年12月	复审
江苏赛拉弗光伏系统有限公司	太阳能光伏组件	2019年12月	新增
江苏南方轴承股份有限公司	精密滚针轴承	2019年12月	复审
江苏恒立液压股份有限公司	液压油缸	2019年12月	复审
常州凯达重工科技有限公司	铸铁铸钢轧辊	2019年12月	复审
江苏雷利电机股份有限公司	步进电机	2019年12月	复审
江苏润源控股集团有限公司	经编机	2019年12月	复审
旷达科技集团股份有限公司	汽车内饰面料	2019年12月	复审
常州市森尼装饰材料有限公司	浸渍纸层压木质地板	2019年12月	复审
常州世纪鸟电动车制造有限公司	电动车	2019年12月	复审
灵通展览系统股份有限公司	展览展示器材	2019年12月	复审
常州华森医疗器械有限公司	肋骨接骨板	2019年12月	复审
常州常发制冷科技有限公司	冰箱、空调用蒸发器、冷凝器	2019年12月	新增
常州市永安电机有限公司	房间空调器风扇用电容运转异步电动机	2019年12月	复审
常州市武进区洛阳镇电机电器协会	电机电器（江苏区域名牌）	2019年12月	新增

表 56 2016年武进区新增江苏省著名商标情况

商标名称	生产企业	核定使用商品
博聪	常州市博聪儿童用品股份有限公司	婴儿车，折叠式婴儿车，儿童安全座（运载工具用）
SERAPHIM 及图	江苏赛拉弗光伏系统有限公司	太阳能电池，电池极板，电池
朝晖	常州市武进中天机房设备有限公司	金属地板，金属柜
常东方	常州东方特钢有限公司	合金钢，钢板，钢条
成章建设及图	江苏成章建设集团有限公司	建筑，商品房建造，建筑施工监督
苏文 suwen	苏文电能科技有限公司	工程，研究与开发（替他人），节能领域的咨询
图形	常州市福兴电器有限公司	灯，照明器械及装置，灯泡
HGPOWER	常州市武进红光无线电有限公司	变压器，减压器（电源），整流器
太湖雪堰 TAIHUXUEYAN 及图	江苏太湖雪堰水产科技有限公司	鱼制食品，水产罐头，鱼（非活的）
czyk	常州市运控电子股份有限公司	非陆地车辆传动马达，点火式磁电机，非陆地车辆发动机
图形	江苏宏亿钢管有限公司	钢管，金属管，金属管道

市名牌产品企业29家和63家，累计有效名牌产品省级81件和市级153件。

【标准化建设】 2016年，区市场监管局推进技术标准战略实施，引导、鼓励核心技术企业参与国家标准、行业标准研制工作，引导企业加快将创新科技成果转化为国家及行业标准，动员企业积极参与标准化组织的活动。年内，全区企业参与完成制（修）订国际标准1项、国家标准8项、行业标准14项，参与制（修）订国家、行业标准共30余项。发挥标准化试点企业示范带动作用，加强部门联动，由武进区承担的“国家畜禽产业综合标准化示范区”通过验收。服务在建标准化试点项目，完善企业标准体系建设，由辖区企业承担的省级标准化示范、循环经济标准化试点、高新技术自主创新标准化试点、战略性新兴产业标准化试点4项省级标准化试点通过验收。其中，常州华通焊业股份有限公司承担的轨道交通用高端焊接材料战略性新兴产业标准化试点、常州嬉戏谷有限公司承担的主题公园智慧景区旅游服务标准化试点获省级立项，江南石墨烯研究院的《石墨烯薄膜材料覆盖率测定显微镜法》及江苏立华牧业股份有限公司的《江南白鹅种蛋机器孵化技术规程》两项地方标准获省级立项。动员企业开展2017年度省级地方标准和标准化试点示范项目申报，申报省农业地方标准2项、服务地方标准1项，申报省高新技术自主创新标准化试点2项、省服务标准化试点2项、省农业标准化试点3项。

【市场监督执法】 2016年，区市场监管局加强对社会关切的重点行业的专项整治，组织开展“地条钢”、禽流感专项检查行动，家用电子电器、服装鞋帽、成品油等商品质量的专项整治，旅游、银行、电信及网络交易等领域的合同格式条款规范监管，加大对网络违法行为的打击力度。加强质量安全行政执法、质量安全3C认证行政执法，重点查处生产销售不合格产品、无证生产、伪造冒用认证标志、伪造检验检测证书等违法行为。开展农资市场整治，监督检查各农资经销点的种子、农药、化肥等农用物资定量包装。同时，在净化类生活用品、电动三轮车、不锈钢管等领域，开展打假专项行动。全年执法检查企业2200余家，查处各类案件271件。其中，商标侵权类案件19件，无照经营案件15件，违反广告类案件14件，竞争执法类案件3件，假冒伪劣类案件70件，工业产品生产许可证违法案件5件，未获得强制性产品认证违法案件2件，特种设备违法案件12件，计量违法类案件1件，违反公司登记类案件3件，违法经营过期食品类案件11件，假药及劣药类案件6件，无证经营食品类案件2件，违反药品流通秩序类案件14件，标识标签类违法案件31件，其他案件24件。

区市场监管局开展农资产品专项整治　　供稿/区市场监管局

表 57　2016 年武进区企业参与制修订国际、国家和行业标准情况

企业名称	标准名称	标准编号	类别	属地
中车戚墅堰机车有限公司	轨道交通机车车辆连接器基本要求和试验方法	IEC62847:2016	国际标准	戚墅堰街道
常州东方特钢有限公司	电弧炉冶炼单位产品能源消耗限额	GB32050-2015	国家标准	湟里镇
常州市武进江南安全装备有限公司	船舶管路用彩色识别标志	GB/T32082-2015	国家标准	横山桥镇
江苏迪欧姆管业有限公司	气弹簧用精密焊接钢管	GB/T33156-2016	国家标准	遥观镇
江苏常发农业装备股份有限公司	农业拖拉机试验规程第 20 部分：颠簸试验	GB/T3871.20-2015	国家标准	礼嘉镇
江苏常发农业装备股份有限公司	农业拖拉机试验规程第 21 部分：稳定性	GB/T3871.21-2015	国家标准	礼嘉镇
江苏常发农业装备股份有限公司	手扶拖拉机通用技术条件	GB/T13875-2015	国家标准	礼嘉镇
江苏常发农业装备股份有限公司	农业拖拉机后置动力输出轴 1、2、3 和 4 型第 1 部分：通用要求、安全要求、防护罩尺寸和空隙范围	GB/T1592.1-2016	国家标准	礼嘉镇
江苏常发农业装备股份有限公司	农业拖拉机后置动力输出轴 1、2、3 和 4 型第 3 部分：动力输出轴尺寸和花键尺寸、动力输出轴位置	GB/T1592.3-2016	国家标准	礼嘉镇
常州常发农业装备工程技术研究有限公司	中小功率生物质气发动机技术条件和试验方法	JB/T12336-2015	行业标准	礼嘉镇
常州碳酸钙有限公司	工业沉淀碳酸钙单位产品能耗限额及计算方法	HG/T4885-2015	行业标准	洛阳镇
常州超声电子有限公司	无损检测超声探头通用规范	JB/T12466-2015	行业标准	前黄镇
常州市工业缝纫机有限公司	工业用缝纫机计算机控制圆头锁钮孔缝纫机	QB/T4922-2016	行业标准	前黄镇
常州玉宇电光器件有限公司	数字放映机用氙灯	QB/T4905-2016	行业标准	经发区
常州市棱光化工材料有限公司 常州市雄鹰鞋眼有限公司	胶鞋运动鞋附件鞋眼	HG/T4995-2016	行业标准	湖塘镇 横山桥镇
常州市红星染整厂	棉与涤混纺磨毛印染布	FZ/T14030-2016	行业标准	湖塘镇
灵通展览系统股份有限公司	会展用拆装桌	QB/T4936-2016	行业标准	遥观镇
江苏亚邦染料股份有限公司	还原艳绿 FFB（C.I. 还原绿 1）	HG/T2284-2016	行业标准	牛塘镇
江苏日盈电子股份有限公司	汽车用前照灯清洗喷嘴总成	QC/T1017-2015	行业标准	横山桥镇
中车戚墅堰机车有限公司	机车位置转换开关	TB/T3446-2016	行业标准	戚墅堰街道
中车戚墅堰机车有限公司	机车、动车用柴油机喷油器	TB/T2716-2016	行业标准	戚墅堰街道
中车戚墅堰机车有限公司	机车、动车用柴油机喷油泵	TB/T2715-2016	行业标准	戚墅堰街道
常州百川新型护栏有限公司	交通分隔栏	JT/T1033-2016	行业标准	经发区

【食品餐饮安全监管】 2016 年，区市场监管局经过餐饮监管职能移交磨合适应期后，逐步进入日常监管状态。加大食品从业人员培训，全年组织从业人员培训 45 期，培训相关人员超万人次。实施量化分级管理，在学校食堂实施食品卫生监督量化分级管理的基础上，扩展至全区餐饮行业，推行食品安全监督量化分级管理。全区参与评定单位 8877 家，实施率 100%，其中 A 级（优秀）单位 1523 家、B 级（良好）单位 4870 家、C 级（一般）单位 2484 家。按照全市统一部署要求，实施“明厨亮灶”和“放心餐饮”示范工程创建，经与区教育局共同选拔、现场查看和指导，完成建设 13 家“明厨亮灶”学校食堂的目标任务。组织各基层分局采取组织培训、自查自纠、上门指导等形式，对辖区餐饮单位开展遴选、培育、验收工作，共建成“放心餐饮”示范单位 50 家。实施农村自办家宴和民间厨师登记备案管理，全年登记民间厨师 426 名，均持有效健康证明，持证率 100%；备案自办宴席 2266 户次、63373 桌次，就餐人数 60 万余人次，未发生自办家宴食物中毒事故。全年完成食品抽样检测 5680 批次，合格 5608 批次，合格率 98.41%；对 72 批次不合格产品，均实行跟踪处理，消除问题隐患。完成全区重大活动餐饮服务安全保障任务 16 起，无一食品安全事故发生。加大重点对象监管，先后开展春秋季学校食品安全检查、重大节日市场食品安全检查、汛期食品安全检查等专项行动，查处食品领域违法案件 67 件，罚没入库 115 万余元。全年出动监管人员 13914 人次，监管检查餐饮单位 26038 户次，督促整改问题隐患 216 个，监管覆盖率 100%。

【药品安全监管】 2016 年，区市场监管局采取专项整治和日常监管相结合，加强对全区涉药单位的质量监管，共出动执法人员 1600 余人次，检查涉药（化）单位 750 余家次。（1）加强疫苗使用环节质量监管。针对山东疫苗案件揭露的突出问题，以疫苗涉及单位的购进渠道、冷链管理、近效期疫苗管控为重点，联合区卫生行政部门，对全区 22 家疫苗接种点、区疾控中心和部分药品批发企业开展检查，整体情况良好，未发现有问题疫苗流入辖区。（2）开展零售药店

专项整治。针对2016年“徐强非法经营药品案”，涉及到辖区内16家药品零售企业存在从无资质单位购进药品的违法行为，印发《关于进一步规范药品零售企业经营行为的通知》，明确药品零售企业的进货要求；检查药品零售企业465家次，当场处罚29家。(3) 加强药品生产企业监督。开展中药生产企业、特效药、贵细药材等专项检查，基本药物生产和注射剂类药品处方工艺监督检查，共检查药品生产企业50余家次，约谈药品生产企业2家。(4) 探索对化妆品领域的质量监管。6—9月，出动检查人员179人次，检查化妆品生产企业5家次、经营单位62家次、美容美发场所40家次，共检查化妆品408批次，发函协查6次；向化妆品经营使用单位发放监管告知书523份，处理相关举报8起，对违法经营企业及使用单位立案4起。

【医疗器械安全监管】 4—5月，区市场监管局开展医疗器械国家抽样和省级抽样工作，涉及全区18家医疗器械生产企业的48批次产品，其中包括骨科植入物、医用制氧机、一次性输（注）器具、治疗仪、体外诊断试剂等。同时，对相关医疗器械生产企业开展日常监督检查，经抽检，除江苏思缔医疗科技有限公司生产的规格型号为SD-05W医用分子筛制氧机（生产批号：52160611210016）不合格外，其余17家生产企业抽检产品样品均合格。全年组织检查国家、省重点监管医疗器械生产企业30家、一般性医疗器械生产企业43家，覆盖面分别为100%和81%；检查医疗器械重点经营企业27家、一般医疗器械经营企业295家，覆盖面分别为100%和81%，完成日常监管重点覆盖面100%、一般企业80%的目标任务。

【特种设备安全监管】 至2016年年末，全区有持证特种设备制造单位119家(不含气瓶充装和电梯安装维保单位)，其中锅炉制造单位9家、压力容器制造单位30家、压力管道元件制造单位57家、电梯制造单位1家、起重机制造单位19家、厂内机动车辆制造单位3家；有工业气体和液化石油气充装单位27家，其中液化石油气充装单位12家、工业气体充装单位15家。区市场监管局以法制宣传、安全知识普及为重点，宣传贯彻《中华人民共和国特种设备安全法》《特种设备安全监察条例》《江苏省特种设备安全监察条例》和特种设备安全技术规范，抓好重点时段、重大活动、重要场所和重点对象的安全宣传教育活动，深入乡镇和企业，加强对生产、使用单位负责人及安全管理人员和特种设备作业人员的安全宣传教育，不间断开展特种设备安全宣传和高耗能特种设备节能宣传。全年举办特种设备管理人员培训班9期，培训450人次。办理特种设备安装开工告知书2815份，办理使用登记特种设备3455台。

【放心消费创建】 2016年，区放心消费创建办公室落实上级“放心消费创建百千万工程”相关要求，推动放心消费示范街区和先进单位创建工作。(1)“放

表58

2016年武进区放心消费创建情况

类　别	名　　　　称
放心消费（诚信经营）示范街区	武进区湟里镇埠新西街
	武进区横山桥镇兴隆北路
	武进区牛塘镇延政街
	武进区湖塘镇人民中路
	常州市经济开发区戚墅堰大街
放心消费先进单位	华夏银行股份有限公司常州武进支行
	中国民生银行股份有限公司常州武进支行
	江苏江南农村商业银行股份有限公司常州市武进支行
	常州长江焊材股份有限公司
	常州市佳美园艺有限公司
	武进嘉泽达信通通信器材店
	常州市中诚汽车销售服务有限公司城南分公司
	常州市姐妹花卉专业合作社
	武进区洛阳顺源食品商行
	常州市欧宝装饰材料有限公司
	常州市诺凡家具制造有限公司
	常州春雷浩宇酒业有限公司
	常州骆马湖食品有限公司
	常州市高俊机动车驾驶员培训有限公司
	常州遥观大润发商业有限公司
	常州市武进区湖塘星尚娱乐中心
	江苏来加来健身有限公司
	江苏省常州市武进区星韵学校
	常州市武进区礼嘉常润发食品超市
	武进区湖塘华彩卤煮牛肉馆
	武进区湖塘龙海副食品店
	常州市华辰园林绿化工程有限公司
	江苏奥奇海洋生物工程有限公司
	常州市中领农林渔专业合作社
	常州好渔家生物科技有限公司
	武进区横山桥静逸饭店
	常州市武进牛塘志敏木器五金厂

心消费（诚信经营）示范街区”创建。针对“放心消费示范街区”创建为市重点工程，在加强宣传的基础上，跟踪推动相关市场监督分局与所在地镇（街道）就放心消费示范街创建事宜的协调对接，落实示范街区创建机构、办公场所、经费等问题。年内，湖塘镇人民中路等5条放心消费示范街创建通过市级验收。(2)放心消费先进、示范单位创建。坚持“政府主导、企业主体、群众参与、社会监督”的创建原则，加强与各市场监督分局的沟通协调，发挥各镇（街道）党委、政府创建积极性，将放心消费先进、示范单位创建工作转化为地方政府负责的重要工作。各市场监督分局加强与地方政府对接，深入企业一线调查摸底，了解企业创建愿望与需求，引导各类企业和单位诚信经营、实施品牌发展战略、参与放心消费创建活动。全年组织申报市级放心消费创建先进、示范单位25家，创成市级放心消费创建先进单位23家，完成市政府下达目标任务的115%。

（杨浩鹏）

安全生产管理

【概　况】 2016年，全区安监部门贯彻落实“党政同责、一岗双责、齐抓共管”要求，围绕“落实企业主体责任年”和“基层安监机构规范化建设年”主线，树立安全生产“底线”思维和“红线”意识，创新编制企业主体责任清单，狠抓各级安全生产责任制落实，提升安全生产保障能力和地区安全本质度，全区安全生产形势保持稳定趋好的发展态势。完善机制，加强安全生产责任落实。加强安全生产宣传教育培训，推进工贸行业安全生产标准化创建、职业卫生安全监管，提升安全生产保障能力。结合重点行业领域专项整治行动，严格安全生产执法。全年检查各类生产经营单位387家，查出事故隐患2995条，发出责令整改指令书106份，实施行政处罚47起，处罚金额639.43万元；受理安全生产事故隐患举报34起，办结率100%。依法开展安全生产行政许可服务。年内，发放“危化品建设项目安全审查”“危化品经营”“烟花爆竹经营（零售）”等行政许可332件，出具责令暂时停产现场处理措施决定书50份，完成“职业病危害项目申报”“重大危险源预案”“化工企业主要负责人履职报告”等备案2374件。区安监局获得工贸企业监管、危化专项整治、职业卫生监管、安全生产监管执法、安全生产月活动等省级先进，在全市安全生产检查执法比武活动中获团体一等奖，在“企业安全生产主体责任”主题征文活动中获市优秀组织奖，“安全生产”微信公众号关注量进入全国市县级公众号排名前列。

2016年，全区发生生产安全事故1217起、死亡145人、直接经济损失4673.11万元，其中工矿商贸事故36起、死亡37人、直接经济损失3485.39万元。相比上年，事故起数、死亡人数、直接经济损失分别下降25%和27.45%和14.89%，未发生较大以上事故。

安全生产宣传活动　　供稿 / 区安监局

【安全生产责任体系完善】 2016年，全区安监部门立足完善责任机制，加强安全生产责任制落实。(1)落实党委政府领导责任。区安委会调整组织体系，成员单位增加至42家，各级各单位安委会主任均由各单位主要负责人担任。于12月初出台《武进区各级人民政府和区有关部门及单位安全生产监督管理职责规定》，明确细化各级政府和部门的安全监管责任。(2)督促企业落实主体责任。区安监局7月在全市率先出台企业安全生产主体责任清单，印制告知手册两万本，发放至全区各类企业，并逐一签收回执，将企业主体责任清单纳入日常安全监管的必查项目，逐步形成企业“五落实五到位”(落实“党政同责”要求，董事长、党组织书记、总经理对本企业安全生产工作共同承担领导责任；落实安全生产“一岗双责”，所有领导班子成员对分管范围内安全生产工作承担相应职责；落实安全生产组织领导机构，成立安全生产委员会，由董事长或总经理担任主任；落实安全管理力量，依法设置安全生产管理机构，配齐配强注册安全工程师等专业安全管理人员；落实安全生产报告制度，定期向董事会、业绩考核部门报告安全生产情况，并向社会公示；做到安全责任到位、安全投入到位、安全培训到位、安全管理到位、应急救援到位）的长效机制。(3)优化完善目标考核机制。牵头修订完善《安全生产季度点评制度》和《武进区安全生产目标管理考核办法》，突出日常监管和企业主体责任的比重，提高点评科学性和实效性。

【重点行业安全监管】 (1)危险化学品行业安全生产监管。区安监局根据“红、橙、蓝”不同等级对全区化工生产企业重新评估和分类，其中“红色”类企业19家、“橙色”类企业104家、“蓝色”类企业173家。4—7月，先后部署开展全区化工医药企业安全大检查、在役化工装置设计诊断“回头看”、夏季危险化学品企业动火作业专项检查、加油站专项执法等活动。推进化工企业“一企一档”工作，形成全区危险化学品应急救援专家名单及应急装备等资料情况。(2) 冶金行业安全监管。根据有关标准开展对冶金企业的排查摸底，全区有金属冶炼企业142家，确定全部完成“一企一档”工作。通过组织专家交叉互查方式，加强对中天钢铁集团有限公司、常州东方特钢有限公司等重点单位的安全监管。武进区在全省冶金企业安全生产工作会议上介绍冶金企业安全管理经验。(3) 涉氨制冷和有限空间作业企业安全监管。5—6月，开展对涉氨制冷企业9家的专项治理，督促企业完善各项安全生产规章制度和应急预案，并按要求在氨制冷机房贮氨器等重要部位安装氨气浓度检测报警仪器，定期对储罐配套设备设施开展安全检测等相关安全措施，组织专家上门服务，针对检查中发现的问题，按液氨制冷有关文件规定给予通报和解释，并对下步如何抓好整改落实提出要求。按照省市有关要求，开展对有限空间作业企业的排查和梳理，摸排出有限空间企业262家,完成创建示范企业6家的目标任务。(4) 工贸行业安全标准化创建。调研工贸行业二级标准化评审企业，上报初创和复评企业24家。全面梳理到期换证企业情况，组织开展三级标准化企业换证工作，并推进三级和小微企业安全标准化的创建工作。全年申报企业数350家，其中二级企业6家、三级企业320家、小微企业24家。(5)职业卫生监管。探索职业卫生和安全生产一体化检查新模式，按照检查表，检查企业276家，依法立案处罚涉及职业卫生违法企业5家。推进职业病危害项目申报，新增申报企业481家，完成583家职业卫生重点监管企业的“一企一表一档”(企业营业执照复印件；企业职业卫生基本信息表；企业职业卫生管理制度目录清单；企业作业场所职业病危害申报表；企业作业场所职业病危害申报回执复印件；企业作业场所职业病危害因素检测报告复印件；基础建设情况自查表、专项整治基本情况调查表、各类检查文书等其他材料)。

区安委会现场督查企业安全生产情况　　供稿 / 区安监局

【重点领域专项整治】 2016年4月，区安监局牵头制定下发《2016年度全区安全生产十个专项整治行动方案》，逐一明确牵头部门责任，制定实施方案，细化落实责任，解决全区重点行业领域安全生产突出问题。(1) 危险化学品安全专项整治。根据上级统一部署，6月初武进区危险化学品安全专项整治领导小组成立，下设办公室在区安监局。区安监局牵头制定整治工作推进表，召开动员大会和部门协调会，抽调人员及聘请专家22名，成立普查组11个，对全区化工生产企业及经营带储存单位开展普查，整改存在问题900余条，严格督促企业落实隐患整改责任，实现闭环管理。(2)“厂中厂”安全生产专项治理。在各地各有关部门排查摸底、详细掌握“厂中厂”及出租厂房情况的基础上，开展对1147家出租方、2725家承租方的集中治理，排查出隐患2767项，督促整改隐患2271项，停产、停业、停止使用企业37家，查处无证无照46起，全区“厂中厂”及出租厂房安全管理状况得到有效改善。(3) 粉尘涉爆企业安全专项整治。在调查摸底的基础上，组织专家对全区140家粉尘企业开展专项核查，围绕粉尘的种类、特性，涉及粉尘的工位和涉及粉尘人数，以及设备设施防爆，粉尘管理制度、主体责任落实情况、涉粉岗位人员培训等，认真核查每个涉粉企业情况，现场反馈存在问题和安全隐患，提出整改意见，督促企业严格遵守相关规章制度。(4) 职业病危害专项整治。结合职业卫生基础建设活动，开展对陶瓷生产、耐火材料制造、铸造冶炼、船舶修造四类行业企业以及2013—2015年有新发职业病病例企业的职业病危害专项整治，整治企业191家，提高企业职业病危害申报、定期检测和劳动者职业健康检查的覆盖率。(5) 烟花爆竹领域专项整治。根据烟花爆竹经营市场特点，按照烟花爆竹零售点“两关闭”(关闭存在“下店上宅”、“前店后宅”等形式与居民居住场所设置在同一建筑物内的零售点；关闭与人员密集场所和重点建筑物安全距离不足、集中连片经营、在超市内销售、未按规定专店销售的零售点)“三严禁”(严禁销售超标、违禁、专业燃放类产品或非法产品；严禁在许可证载明的经营场所外存放烟花爆竹；严禁超许可证载明限量存放烟花爆竹)及批发企业“六严禁”(严禁经营超标、违禁、非法产品；严禁超许可范围经营及向零售点销售专业燃放类产品；严禁在仓库存放不属于烟花爆竹的爆炸物等危险物品；严禁将执法收缴的产品与正常经营的产品混存；严禁储存超量、堆放超高以及通道堵塞；严禁购买和销售未张贴流向登记标签的产品)要求，牵头组织武进公安分局、区市场监管局、区城管局、区交通局、区消防大队等部门不定期开展联合执法行动，累计收缴烟花爆竹200余箱(件)。

【安全宣传教育培训】 (1) 开展安全教育培训。2016年，区安监局举办主要负责人、安全管理人员、特种作业人员培训班176期，培训19978人次，组织考试111场，应试19578人次；举办危险化学品生产、经营企业法人及安全员培训班24期，培训1532人次，组织考试48场，应试1520人次。4月，下发《关于加强生产经营单位生产安全事故应急预案备案工作的通知》，组织区安委会专家在全区各镇、街道、开发区全面开展生产安全事故应急预案编制培训工作。全年举办生产安全事故应急预案编制培训班15场，培训规模以上企业1600余家，分别牵头组织在劳动密集型、危险化学品企业的突发事件应急演练活动2场。举办综合类、工贸类、危化类、职健类等安全监管人员业务知识培训班4期，并分两批举办全区安全监管系统监管人员综合素质提升班，培训400余人。(2) 营造安全生产整体宣传氛围。与武进电视台联办“安监在线”专栏，播出40期；在《武进日报》开设“武进安监”专版，出刊6期；在武进电台开播“安监之窗”专栏，播出40期。在全国“安全生产月”期间，组织“6·16”集中宣传咨询日、事故警示教育班、安全教育进校园、安全服务进企业、送法进社区、第一届最美安全员评比等系列活动。通过区安监局网站发布安全生产各类信息915条，于3月开设“武进安监”微信公众号，推送信息320条，年内粉丝量过万人次。(3) 开展企业主体责任宣贯工作。在全面发放企业安全生产主体责任告知手册的基础上，采取微信公众号信息推送、短信平台群发、媒体专题报道、现场设点宣传等方式，在全区开展宣讲活动，并将安全生产主体责任告知单项内容纳入执法人员日常监管检查全工程，对企业实行一对一宣贯。

（顾　欢）

价格管理

【概　况】 2016年，区发展改革局围绕“创新强区、实干富民”的主题，突出改革、监管两大重点，完善主要由市场决定价格的机制，开展减负助企和民生价费服务。年CPI涨幅2.5%，实现涨幅控制在3%以内的价格调控目标。新增平价商店2家，全区运行平价商店42家（包括常州经开区13家）。

天然气价格调整　疏导天然气上游价格调整给下游销售企业带来的影响，从2016年11月20日起调整非居民用管道天然气销售价格，中准销售价格由现行每立方米2.93元调整为3.10元。

成品油及热力价格管理　根据国际原油价格，落实国家每次调价政策，关注国际原油及市场动态，做好预警预报工作。全年调整成品油价格15次，油价总体上涨15%左右。积极疏导煤热价格矛盾，严格按照煤热价格联动办法，及时调整蒸汽到户中准价格，全年调价4次，价格由每吨159元调整至每吨172元。

2016年武进区成品油价情况

表59　　单位：元/升

时间＼最高零售价格＼规格	89号国Ⅴ汽油	92号国Ⅴ汽油	95号国Ⅴ汽油	0号普通柴油	0号国Ⅴ柴油
1月13日	5.19	5.54	5.90	4.66	5.11
4月26日	5.32	5.68	6.04	4.79	5.25
5月11日	5.41	5.77	6.14	4.89	5.34
5月25日	5.57	5.94	6.32	5.06	5.51
6月8日	5.65	6.03	6.41	5.16	5.61
7月21日	5.53	5.90	6.28	5.03	5.48
8月4日	5.37	5.73	6.09	4.84	5.30
8月18日	5.50	5.87	6.24	4.99	5.44
9月1日	5.65	6.03	6.41	5.16	5.61
9月18日	5.54	5.91	6.28	5.03	5.48
10月19日	5.80	6.19	6.58	5.32	5.78
11月16日	5.53	5.90	6.27	5.02	5.47
11月30日	5.66	6.04	6.42	5.16	5.62
12月14日	5.98	6.39	6.79	5.52	5.98
12月28日	6.06	6.47	6.88	5.60	6.06

【价格监测】 2016年，区物价部门优化、完善价格和收费监测网络，监测点由2015年43个精简至37个，监测商品价格、服务收费共170余项。对省物价局规定的76种乡镇居民食品零售价格实施“五日一报”制度，按月上报生猪饲料、苗猪价格及饲养成本。针对生猪价格大幅上涨、持续坚挺行情，及时开展生猪出栏、零售价格及相关饲料的应急动态监测；指导、督促常州市众恒肉联有限公司（国家直报点）、中天钢铁集团（省直报点）等企业做好直报工作，及时掌握物价动态，应对价格异常波动。

【收费管理】 2016年，区物价部门贯彻落实取消、免征、降低等收费政策，加强收费监督管理，为企业发展、民生改善、市场规范营造良好环境。全年取消规划技术服务收费、工程档案编审费，免征国内植物检疫费、拖拉机号牌费、行使证费、安全技术检验费等，进一步规范房屋转让手术费、不动产登记收费、机动车安全技术检验收费、律师收费、公证收费等涉及面广、影响大的收费。组织辖区内实施行政事业性、政府制定价格的经营服务性收费单位190家开展收费情况报告，报告率100%。按省、市2016年收费统计口径，武进区2016年度行政事业性收费总额为20.43亿元，下降13.86%；收费总额占一般公共预算收入14.55%，下降3.74%。

对武进人民医院、武进中医医院和武进第三人民医院开展医疗服务价格动态管理考核，护理和手术类项目价格武进县医院上浮15%，武进中医医院上浮5%。

重新编制《武进区主要涉农价格和收费公示目录》，涉及农机、水利、农林、渔业、工商、公安、教育等15个行业主管部门及相关收费项目共29项。

开展全区行政审批前置服务收费调查，会同相关部门审核武进区涉及行政

国庆节前市场价格情况检查　　　　供稿 / 区发展改革局

审批前置中介服务收费的收费项目、收费依据、收费标准。

（王　伟）

【价格市场检查】 2016 年，区物价部门办理各类价格咨询投诉举报 204 件，其中咨询件 38 件、举报件 93 件、投诉件 73 件，网络商品零售案件占总案件的 47.1%。价格违法案件结案 24 件，没收违法所得及罚款总金额 183 万元。

按照省、市要求，对 2015 年医药卫生服务价格专项检查和教育收费专项检查发现的部分价格违法行为，严格按法定程序和上级精神执行行政处罚并全部收缴到位。按照省、市检查计划，结合武进区实际情况，开展商品房销售明码标价专项检查，检查全区在售面积较大的 8 个房地产项目 13 批次房源销售行为。进一步落实小微企业行政事业性收费减免政策，对武进区涉及减免政策较多的 8 个行政机关及企事业单位开展涉企收费专项检查。

利用春节、国庆节日市场检查，规范实体零售行业经营行为，引导企业与电商错位发展，避免使用简单的低价策略开展竞争。推进价格诚信体系建设，组织全区 6 家单位申报创建“2015—2016 年度江苏省价格诚信单位”。加大舆论正面引导，利用政府门户网站、局网站和局微信公众号，及时发布相关信息，促使经营者树立诚信经营观念。巡查监管社会关注度较高的热点问题，配合建设部门开展房地产行业整治，宣传法规政策，规范价格行为。

通过“3·15”广场宣传、知识竞赛等形式宣传价格政策，发放价格法律法规册子，引导消费者保护自身合法权益。根据有关行业特点，制作发布“新市民小学收费有关政策的提醒函”“关于规范零售业经营者价格行为的政策提醒函”“房地产价格政策提醒函”等，帮助经营企业规范价格行为，预防违法风险。发挥全区价格服务网络对各项价格矛盾投诉的协调处理能力，提升基层价格服务网络工作能力。通过市场巡查，指导各镇价格监督员开展市场监管。对电商重点乡镇，与相关部门联合为电商企业做政策宣讲，并结合举报，引导价格监督员参与处理。

（杨珊菁）

统　　计

【概　况】 2016 年，区统计局以“着力能力提升、强化统计服务”为主线，推进统计方法制度改革，加强经济社会发展统计监测、统计基层基础建设，提高统计数据质量。建立新产业、新业态、新商业模式（简称“三新”）统计调查体系，做好十大产业、服务业、投资领域统计。于 3 月启动全区第三次全国农业普查工作，完成普查指导员和普查员选调及开展普查综合试点工作。加强对全区经济社会运行情况的调研预测分析，提升统计服务能力。发布《2015 年武进区国民经济和社会发展统计公报》，于 7 月编印《武进统计年鉴—2016》，全面反映全区经济社会发展成果。全年撰写《统计专报》35 期，分别编发《统计分析资料》《统计信息》《统计快讯》《统计工作情况》40 期、24 期、36 期、4 期，为各级党政领导和有关部门提供参考。

【武进区第三次全国农业普查工作】 2016 年，武进区第三次全国农业普查工作，普查登记对象为武进区农业经营户、农业经营单位、居住在农村且有确权（承包）土地的住户；填报对象为列入农业普查范围的村（居）民委员会、乡镇（街道）；遥感测量对象以农作物种植地块为主，包括其他与之相关的土地覆盖要素。普查行业范围包括农作物种植业、林业、畜牧业、渔业和农林牧渔服务业，主要包括农业从业者情况、土地利用和流转情况、农业新型经营主体情况等 13 项内容。区委、区政府于 3 月下发《关于切实做好第三次全国农业普查工作的通知》，要求做好区、镇两级的机构组建、人员配备、经费落实、宣传动员等方面工作。区农业普查领导小组及各镇、开发区、街道农业普查机构先后成立。10 月，区、镇两级普查办人员落实到位。按照《关于抓紧做好武进区第三次全国农业普查指导员和普查员选调工作的通知》要求，全区分别抽调普查指导员、普查员 500 余人和 2300 余人。区农业普查办分层次对镇普查办人员和普查指导员、业务骨干开展业务培训 4 期，共培训 830 人。区级及镇、开发区、街道的普查经费均纳入政府财政预算。加强普查宣传，区农业普查办联合武进日报社、武进电视台等媒体机构，结合微

• 资料链接 •

第三次全国农业普查，是继 2006 年第二次全国农业普查后的一次重要的农业普查，通过查清全国农业、农村、农民基本情况，掌握农村土地流转、农业生产、新型农业经营主体、农业规模化和产业化等新情况，对科学制定“三农”政策、促进国家实现农业现代化、全面建成小康社会有重要意义。

信新媒体，通过刊登公益广告和播放普查新闻、普查动漫等形式，宣传普查工作的目的、政策和要求，引导广大调查对象依法配合调查、如实申报调查资料。同时印发农业普查宣传广告牌192块、农业普查宣传画3600张。各镇、街道、开发区悬挂横幅500余条，开通电子宣传屏200余个。横山桥镇朝阳村被选为全区农业普查综合试点，于9月开展综合试点现场观摩。通过试点，检验完善普查方案、优化工作流程，为正式普查奠定基础。区农业普查办以培训、现场指导为手段，做好农作物面积遥感测量实地指导和检查工作，保障调查数据质量，于9月完成区遥感测量夏播数据审核上报，12月完成遥感春夏播测量工作。

【重点领域统计方法制度改革】 （1）构建“三新”统计调查体系。根据国家加强和改进新产业、新业态、新商业模式“三新”发展统计工作要求，区统计局通过梳理核对新兴战略产业、城市商业综合体等服务业统计调查名录，2016年年初初步完成对服务业“三新企业”情况的名录清查和相关指标调查，逐步构建“三新”统计调查体系，客观反映武进“大众创业、万众创新”发展趋势。全区“一套表”企业中，符合“三新”条件的贸易企业55家，2015年营业收入共计55亿元，占限额以上贸易营业收入的8.5%；符合“三新”条件规模以上服务业企业199家，2015营业收入共计122.4亿元，占全部规模以上服务业收入的63.8%。（2）落实地区生产总值（GDP）核算方法制度改革。按照上级统计制度改革要求，加强GDP相关基础数据质量评估，完善全区地区生产总值核算制度的改革落实和数据修订等工作，提高GDP数据与相关指标的协调性和匹配性。（3）推进十大产业链统计改革。按照区“产业培育战役”工作方案及市统计局相关要求，区统计局制订下发《十大产业链统计工作方案》，全面梳理核对十大产业链企业名录，确定市口径十大产业链企业286家；加强业务人员培训，全面及时准确填报数据；及时审核、评估分析、汇总十大产业链数据，反映全区经济结构调整和产业转型升级成果。（4）深化服务业统计方法制度。在全面实施规模以上服务业企业月报制度的基础上，抓好规模以下服务业企业抽样调查制度的落实，确保服务业营业收入增加值等相关指标的增长速度较好反映全区规模以下服务业的发展情况；抓好限额以下批零住餐业抽样调查制度的落实，真实反映当地批零住餐业发展水平，提升服务业集聚区统计工作水平；全区15个服务业集聚区均实施相关统计报表制度。通过业务培训、数据会审、审核评估等方式，客观反映全区服务业发展水平。（5）投资统计改革。按照投资改革要求，建立和完善计划总投资5000万元及以上投资项目名录库，并通过联网直报平台上报；及时审核计划总投资5000万元以下项目，做好数据评估分析及合并汇总工作。（6）推进城乡住户一体化调查。完善《武进区城乡住户调查专业工作考核实施细则》等考核办法，建立住户调查培训制度和住户调查工作情况通报制度；加快推进电子记账方式，按照调查方案要求，及时轮换样本，全面提升城乡住户调查数据质量。

【统计基层基础建设】 （1）开展基层基础规范化建设活动。对照省、市统计局规范化建设有关要求，区统计局于4月制定出台《2016年武进区统计基层基础建设工作意见》，完善镇、村级及企业统计规范化建设标准，加强对镇、村及“四上企业”的统计规范化工作指导与督促；召开全区基层基础工作会议，部署2016年全区基层基础规范化建设工作；7月，下发《关于开展2016年统计规范化建设考评工作的通知》，对达标企业及镇、村开展规范化回头看考评工作。（2）统计教育培训。5月，在武汉大学举办为期一周的统计骨干综合能力提升培训班，邀请教授讲授“当前社会热点问题透析”“统计指标分析解读与运用”“大数据的经济信息挖掘分析”等课程，增强服务发展的能力和水平；组织全区统计系统人员参加省、市相关业务学习和培训，提升基层统计人员业务水平和能力素质。（3）统计法制建设。于4月出台《2016年全区统计法制工作意见》和《2016年全区统计监督检查计划》，组织开展“法治大讲堂”活动，分别邀请常州大学教授钱玉文讲解“互联网+交易”中的法律问题、市统计局法规处处长韩方良辅导统计法律法规，提高全区统计人员依法统计能力和水平。组织区、镇两级统计人员和联网直报企业统计人员共2522人参加统计法律法规知识竞赛，开展全区统计人员法治培训，组队参加市统计局统计法律法规知识竞赛。（4）统计信息化建设。利用信息化技术，推进“统计新干线”综合管理平台建设，开展平台操作培训，完善功能、充实数据内容；加强区级和各镇、开发区企业“一套表”平台用户管理和系统维护，加大网络安全监测力度，保证以“企业一套表”为核心的工程建设和统计改革顺利开展。

（蒋利金）

政务服务管理

【概　况】 区政务服务管理办公室（简称区政务办）为区政府派出机构，下设区政务服务中心和区公共资源交易中心两个事业单位。2016年，全区有22个政府职能部门的108项行政许可事项、73项非许可审批和管理服务事项进驻，部门进驻率92.3%，事项进驻率96.8%，区级行政审批事项157项。区政务办以服务“产业转型升级、产城融合发展、生态文明提速、改革创新攻坚”四大战役为重点，以“三优”（塑优机制，提升服务效能；创优服务，提升服务品质；建优队伍，提升服务水平）为抓手，增强服务功能，创新服务方式，提升政务服务品质。

落实上级简政放权改革相关政策措施，组织审批事项“承、转、接”流程，调整完善事项目录清单，加强落实执行和监督管理。依法行政，简化流程环节，推动审批服务标准化。健全重点项目服务制度，完善工业项目用地联合验收制度，全年通过用地联合验收企业38家，总验收面积144.26公顷，验收通过率100%。完善重点项目代办机制，建立重点项目进展情况月汇总制度，全区174个重点工业项目中代办员参与代办125个，代办率72%。加快重点项目预审，突出重点项目流转批后监管，年内通过内部流转预审重点项目32个。全年办结审批事项22.86万件，其中即办件9.76万件、承诺件即办13.09万件，即办率87.9%。

推进公共资源交易规范化建设，于

3月制定出台《2016年度镇、重点园区政务服务工作目标考核办法》，加强镇级代办中心重点项目审批代办服务考核。创新交易管理，调整和完善建设工程招标评标办法，创新交通工程交易方式，实行双信封模式评标办法；采取提前介入、主动对接方式，开辟绿色通道，服务好淹城AAAAA级景区创建等重大项目。全年完成常州经开区工程建设项目招投标101个，占全区工程建设项目的37%。加强对招标采购人、招标代理、评委专家和投标人、供应商的管理，建全"四位一体"诚信体系。10月，开始建设区公共资源交易诚信平台，加强标后监管，整治交易中提供虚假业绩材料、串标围标、不履行合同等违法违规行为。全年移送行政主管部门涉嫌违法违规案件3件，办结1件。全年完成工程类、政府采购类、产权交易类项目共2062项，交易金额105.67亿元，节约资金11.98亿元。其中：工程建设项目806项，交易金额101.32亿元，节约资金11.15亿元，节约率17.13%；政府采购项目1198项，交易金额4.01亿元，节约资金8299.41万元，节约率17.16%；产权交易项目58项，交易金额3481.93万元，增值金额168.84万元，增值率5.12%。完成医药采购金额2.43亿元。群众满意度98.2%。年内，区政务办获"2016年度全国政府采购办公家具项目优秀招标文件奖"，并被区预防职务犯罪协会评为争创"预防职务犯罪先进单位"活动标兵单位，区市场监督管理局窗口获评全国"企业登记工作成绩突出窗口单位"。

【公共资源交易规范化建设】 (1) 制度建设。区政府于3月出台《规范政府购买公共资源交易相关中介服务实施办法》，规范对招标代理、造价咨询、政府采购中介服务、国有资产交易中介服务等中介机构的选择使用和监督管理，多次召开区公共资源交易管理委员会办公室（简称区公管办）联席会议，净化中介机构市场秩序。5月，区公管办制定出台《常州市武进区评审专家管理考核实施办法》，建立专家评审"能进能出"的准入退出机制。(2) 调整监管体系。贯彻落实《公共资源交易平台管理暂行办法》中公共资源交易中心不得行使任何审批、备案、监管、处罚等行政监督管理职能相关规定，区政务办牵头，全面梳理交易中心工作职能、运作模式，多次与区法制办、发展改革、财政、住建、交通、水利等部门协调，落实新要求，报区公共资源交易管理委员会批准，调整区公共资源交易监管体制，明确过渡期方案：由区公管办负责公共资源交易活动的指导、协调和监管，区政务服务中心挂区政府采购中心牌子，组织实施政府集中采购工作。(3) 梳理和优化各类文件示范文本。对照招投标法规政策调整期新标准，区公共资源交易中心完善建设、交通、水利施工和监理类项目的招标公告、招标文件、合同条款、业绩奖项等18项示范文本，推进文件范本格式化。(4) 构筑标准体系。区公共资源交易中心全面梳理公共资源交易业务办理过程，对与上级文件规定不相符之处及存在问题，分析并提出意见和建议32条。同时，补充30项常规项目投标的资格要求，出台电梯等三类项目的标注化合同范本，增加工作服等五类标准化资质条件和评分办法，完善标准化建设体系，规范工作程序，有效管控业务流程。(5) 规范交易质疑处理。区公共资源交易中心理清质疑主体资格、处理程序、时间节点、规范要求等具体事项，探索建立交易质疑处理工作机制。全年受理武进城区环卫作业服务、常州高级中学戚墅堰分校新建工程等13个政府采购项目的质疑共19起。

8月15日，武进区召开"建设项目信息共享、网上审批分平台"应用工作推进会

供稿/区政务办

【项目并联审批分平台建设】 2016年4月，由区政务办投资100多万元牵头建设的区建设项目信息共享、网上审批分平台上线运行。该系统依托常州市建设项目信息共享、网上审批系统框架，整合全区涉建审批部门信息资源，具备审批流程自动留痕、申报材料和审批结果信息在各审批部门间共享共用功能，实现多部门分阶段并联审批目的。按照省、市相关要求，在平台运行基础上，通过对区"三合一"平台、外网服务大厅、并联审批监管平台和信息资源库的升级改造，整合形成全区统一覆盖的网上审批、在线管理、数据交换信息系统，并实现与江苏省投资项目在线审批监管平台及常州市建设项目信息共享、网上审批系统的对接。在区政务服务大厅设立预受理窗口，指导企业规范录入信息，并开展企业材料预受理工作。8月，区政府办印发《关于加快推进"建设项目信息共享、网上审批分平台"应用工作的通知》，协调相关部门补录2016年市级重点项目数据，同时要求该平台落实全省统一项目编码制度，即从10月8日起，项目单位在各级部门办理相关手续，必须取得全省统一项目编码，方可审批。至年底，该平台预受理窗口发出项目编码93个，上传项目申报材料567份，实现"区域、项目、事项三个全覆盖"目标。

（周　游）

（栏目编辑　张新辉）

科学技术

综　述

【概　况】 2016年，武进区坚持创新驱动发展战略，完善创新政策扶持体系和科技工作体系，加快集聚国内外优质创新资源，推动重点产业、战略新兴产业发展和传统产业转型升级，形成常州科教城、武进高新区、常州经开区、西太湖科技产业园（武进经发区）、武进绿建区和科技特色乡镇“一城四区特色镇”为核心的科技创新体系。推进苏南自主创新示范区建设，启动全国首批“双创”（大众创业、万众创新）区域示范基地建设，出台《科技创新“双十百千”三年行动计划（2016—2018）》《2016年武进区鼓励和促进科技创新的若干政策》等，鼓励企业和科研单位建设科技创新载体，实施科技发展计划，创造自主知识产权，开展产学研合作等。全区研究与发展经费支出占地区生产总值的2.77%，规模以上高新技术产业完成产值2041亿元。全区获省级及以上科技项目立项111个，获各级科技进步奖61个。新增高新技术企业92家、省级高新技术产品333个，分别累计445家、2788个。新增省级工程技术研究中心11家，累计121家，累计建成市级及以上众创空间29家、院士工作站19家、国家博士后工作站19家，实施各级科技人才项目72个。申请专利21441件，获授权9621件。区科技部门组织较大规模产学研活动12次，新增产学研合作项目90个。至年底，全区拥有各类人才资源总量21万余人，其中高层次人才1.8万人，人才拥有量2010人/万人，武进区连续六年被评为江苏省人才工作先进县（市、区），区科技局被评为省知识产权工作先进集体和省专利行政执法工作先进集体。

【科技创新“双十百千”行动】 2016年，武进区全面加强与常州高校的产学研合作，集聚高校科技创新资源，推进重点产业与高校互动发展，服务大众创业、万众创新。5月3日，出台《科技创新“双十百千”三年行动计划（2016—2018）》，通过组建联盟、收集企业需求和专家资源、产学研对接、技术工人岗位培训、创新创业优秀项目评选等活动，实现“双十百千”目标，即紧密联系常州10余所高校，重点建设武进十大产业（轨道交通、汽车及零部件、农机和工程机械、太阳能光伏、碳材料、新医药、新光源、智能数控和机器人、绿色家电、绿色建筑产业），全力对接百名科研骨干教师，大力培育百家创新型企业，积极鼓励千名高校学生创新创业，努力推动千项科技项目。9月19日，“双十百千”行动推进大会暨在常高校科技成果展示洽谈会召开，武进—在常高校产学研战略合作联盟成立，区长戴士福与常州13所高校的代表签署合作联盟协议书，瑞声光电科技（常州）有限公司、常州市武进

表60

2016年武进区科技创新“双十百千”行动创新创业典型项目情况

项　目　名　称	高校名称	合作企业
汽车用水涂层材料与工艺技术研发	常州大学	常州市武进晨光金属涂料有限公司
石墨烯薄片制品智能化视觉检测设备关键技术研发	河海大学常州校区	征图新视科技有限公司
基于光线传导模型的大幅面导光板的设计与研发	常州工学院	灵通展览系统股份有限公司
圆柱滚子轴承自动化生产线的设计与优化	江苏理工学院	常州市武进永达机械轴承有限公司
全自动穿经机研制	常州信息职业技术学院	永旭晟机电科技（常州）有限公司
太阳能光热高效利用技术研究	常州纺织职业技术学院	江苏高山新能源科技有限公司
一种高稳定性MOFs-荧光探针在水体污染物检测中的应用研究	常州工程职业技术学院	江苏亚邦染料股份有限公司
涂布智能化生产管理系统	常州机电职业技术学院	常州普成机械设备有限公司
婚姻登记人脸识别应用系统	刘国钧高等职业技术学校	江苏奇镜智能科技有限公司
人才培养合作	武进技师学院（职教）	瑞声光电科技（常州）有限公司

9月19日，"双十百千"行动推进大会召开　　供稿/区科技局

晨光金属涂料有限公司等6家企业与常州大学、河海大学常州校区等6所高校签署产学研合作项目，常州大学、江苏理工学院、河海大学常州校区等高校与200家武进企业开展科技成果对接。年内，全区收集企业技术和人才需求信息197条，收集高校科研成果486项，遴选创新创业典型项目10个，校企产学研对接10次，达成初步合作意向65项。

【集聚科技创新高层次人才1.8万人】 2016年，武进区实施各级科技人才项目72个，引进省"双创计划"人才1人、省"双创"博士2人、省科技副总7人、市杰出创新人才"云计划"11人、区级创新创业人才51人，为武进经济创新发展提供人才支撑。11月14日，全区召开科技创新大会，常州市武进人民医院副院长卞晓星、晶能光电（常州）有限公司总经理孙钱、武进区农业技术推广站站长李宇光、江苏恒立液压股份有限公司总经理邱永宁、常州市延陵电子设备有限公司董事长兼总经理羌瓅国、常州二维碳素科技股份有限公司总经理金虎6人被区委、区政府授予"2014—2015年度常州市武进区有突出贡献科技人员"称号，江苏永葆环保科技股份有限公司技术部经理蒋银峰等45人被区委、区政府授予"2014—2015年度常州市武进区优秀专业技术工作者"称号。2006—2016年，区委、区政府实施"武进英才"计划，出台《武进区关于加快推进"人才强企"工作的意见》等政策，累计引进领军型人才团队774个，其中中外院士团队5个、国家"千人计划"专家团队89个，引才总数占全市的35%。至2016年年底，全区拥有各类人才资源总量21万余人，高层次人才1.8万人，人才拥有量2010人/万人，连续六年被省人才工作领导小组评为江苏省人才工作先进县（市、区）。

【武进区启动全国首批"双创"区域示范基地建设】 5月8日，国务院办公厅《关于建设大众创业、万众创新示范基地的实施意见》出台，确定全国首批"双创"示范基地，武进区成为全国17个"双创"区域示范基地之一，是全省唯一一个"双创"区域示范基地。武进区制定出台《常州市武进区大众创业、万众创新示范基地工作方案（2016—2018）》，明确示范基地工作总体思路，力争三年搭建"双创"空间平台，构建"政、产、学、研、金、介、融"协同发展"双创"生态体系，形成以创新创业为引领、五大特色（空间特色、产业特色、国际特色、板块特色、"3＋X"特色）为示范的"新苏南模式"，扩大"创业武进、创新武进"品牌影响力。9月2日，区委常委、副区长陆秋明在国家发展改革委举办的新闻发布会上介绍武进区推进"双创"示范基地建设、打造创新创业"新苏南模式"的相关做法。全区弘扬"双创"文化，降低创业准入门槛，放宽企业注册条件，有私营企业3.9万家、个体工商户7.3万户，有规模以上制造业企业1620家；发挥常州科教城研发创新、人才集聚、成果转化功能，每年培养专业技术人才2万余人；引导市场主体"个转企、小升规、规转股"，发展石墨烯新材料、机器人智能装备、节能环保、健康、互联网信息、轨道交通、绿色建筑七大特色产业，推动企业提质增效；实施人才强区战略，引进培养科技领军人才、创新创业团队和高技能人才；发挥常州经开区、武进高新区、西太湖科技产业园（武进经发区）、绿建区四大开发区平台功能，鼓励企业创新创业，建成市级以上众创空间29家、院士工作站19家、国家级博士后工作站8家，各类"双创"载体面积500多万平方米；深入国际合作，建成中国以色列常州创新园，中德产业创新与合作中心落户常州科教城，常州中德创新园获评中欧城镇化伙伴关系示范区，继续推进中俄、中美、中芬国际合作园区建设。

【武进高新区被科技部确定为科技服务业区域试点单位】 3月2日，武进高新区被科技部遴选为第二批科技服务业区域试点承担单位。武进高新区管委会按照国家高新区创新驱动战略提升行动和苏南国家自主创新示范区建设总体要求，主导建设科技服务业集聚区域，围绕园区智能装备、节能环保、电子信息三大主导产业发展规划，重点建设"一个中心三个板块五大平台"（武进高新区众创服务中心、科教城科技服务板块、天安数码科技服务板块、津通国际工业园科技服务板块、研发服务平台、金融服务平台、孵化加速平台、知识产权服务平台、科技成果转化与国际技术转移平台），开展技术研发、科技金融、孵化载体、人才培引、成果转化与技术转移五项科技服务业区域试点工作，发挥企业创新主体活力，发挥科研院所、高等学校和专利事务所等科技服务机构主体作用，发展科技延伸服务和科技支撑服务，培育规范科技服务市场，壮大科技服务业态，提升科技服务水平和服务效能。其中，"五大平台"分布于各子园区内，形成网络化的空间布局，通过互联网等现代通信手段向外延伸服务，覆盖武进高新区100平方千米范围。至年底，武进高新区有高新技术企业110家、高新技术产品542个，有各类科技企业孵化器13家、企业院士工作站4家、企业工程技术研究中心139家，引进"国家千人计划"领军人才68人、省"双创人才"55人，有效发明专利拥有量671件。

5月25日，常州市生产力促进中心经开区分中心揭牌　供稿/区科技局

【常州市生产力促进中心经开区分中心揭牌】 5月25日，常州市生产力促进中心经开区分中心揭牌成立，江苏中科院智能科学技术应用研究院、常州大学技术转移中心、苏州略扬科技咨询管理有限公司等17家科技服务机构签约入驻。该中心主要职能是提供科技咨询、产业规划、平台建设等专业服务，为辖区企业提供知识产权、科技金融、技术转移等科技服务。年内，该中心走访辖区企业开展高新技术企业、高新技术产品、专利申报服务，组织开展轨道交通产业国际技术交流会、科技金融银企对接会、科技人才主题沙龙等专题活动8场，配合常州经开区科技局审核高新技术企业39家、省民营科技企业66家、市民营科技企业46家、省科技中小企业15家、省高新技术产品103个、市高新技术产品198个，验收省工程技术研究中心2家、市工程技术研究中心12家。

【中俄科技产业园成立】 5月28日，中俄科技产业园成立，中俄科技对接洽谈会同时举行，武进区政府与俄罗斯科教部、白俄罗斯国家科学院、乌克兰国家科学院巴顿焊接研究所签订战略合作框架协议，牛塘镇政府与黑龙江省科学院、江苏环亚医用科技集团股份有限公司、新阳科技集团有限公司等签订产业基金合作协议。中俄科技产业园位于牛塘镇人民西路1号，由牛塘镇政府与黑龙江省科学院合作成立，占地面积3.5万平方米、办公面积2900平方米、厂房面积2.2万平方米，内设产业发展服务中心、创客空间、技术转移服务、企业投融资等服务机构，建立信息共享、学习提升、交流互动三大平台，是全省首家对俄国际合作基地。重点引进并整合俄罗斯、白俄罗斯、乌克兰的先进技术与人才资源开展技术转移转化，结合武进科技资源与制造业优势，对外输出项目，建成长江三角洲地区对俄科技合作新窗口。年内，开展常州市武进区中俄科技对接洽谈会、乌克兰环境污水治理技术交流推介会、牛塘镇汽车零配件行业协会交流会、半导体照明应用技术院企对接洽谈会、常州—俄罗斯科技交流与项目对接洽谈会等活动。至年底，有汉德威（常州）镀膜有限公司、江苏云鸟网络科技有限公司等入驻企业60家，涉及材料、广告创意、科技咨询等领域，园区企业销售收入1.47亿元。

【苏科贷支持41家科技企业贷款超2亿元】 2016年，区科技部门联合中国银行、江苏银行等帮助全区科技企业申请苏科贷（江苏省科技成果转化风险补偿贷款业务）立项支持，提供免担保、低利率的科技贷款，扶持科技型中小企业发展。全年开展苏科贷Ⅰ（针对年销售收入5000万元以下企业）和苏科贷Ⅱ（针对年销售收入5000万元～4亿元企业）两类业务，通过科技部门与银行审查以及专家评审，41家企业获立项支持，贷款金额2.04亿元。其中，苏科贷Ⅰ支持企业27家，苏科贷Ⅱ支持企业14家，分别获贷款金额6200万元、1.42亿元。

（张建忠）

高新技术产业

【概　况】 2016年，武进区突出常州经开区、武进高新区、西太湖科技产业园三大科技创新龙头，围绕智能装备制造、先进碳材料、半导体照明等重点产业，加快发展高新技术产业。全区规模以上高新技术产业完成投入306.4亿元，占工业投资的51.4%，增长7.1%。新增高新技术企业92家、省级高新技术产品333个，分别累计445家、2788个；新认定省民营科技企业191家、市民营科技企业200家、市创新型领军企业11家、市科技型上市培育企业115家。区科技部门组织高新技术企业实施省级及以上科技项目111个，获项目经费2.13亿元。至年底，全区规模以上高新技术产业完成产值2041亿元，占规模以上工业企业产值的43.68%，增长7.5%。其中，武进高新区、常州经开区、西太湖科技产业园三大板块规模以上高新技术产业产值分别为677.2亿元、645.3亿元、86.2亿元，分别占全区规模以上高新技术产业产值的31.78%、28.04%和4.05%。

【《常州石墨烯产业“双创”方案（2016—2020年）》】 10月12日，在2016年全国大众创业、万众创新活动周江苏分会场暨常州主题日启动仪式上发布。该方案由西太湖科技产业园制定并发布，计划于2016—2020年，实施关键技术突破、平台提档升级、创新要素集聚、应用拓展示范、品牌影响提升、“双创”生态完善六大工程，每年引进石墨烯领域人才团队20个、石墨烯相关应用产业化项目30个，至2020年年底，集聚石墨烯相关企业300余家、石墨烯人才团队100多个，石墨烯相关企业上市10家以上，石墨烯相关产业产值超300亿元，开发颠覆性技术产品5个以上，石墨烯相关企业发明专利申请量达1000件、授权量达400件。至2016年年底，常州石墨烯科技产业园集聚相关企业88家，其中上市企业6家，引进人才团队25个，申请专利638件，获授权102件，全年完成产值20亿元。

【高新技术企业新增92家】 2016年，武进区加快发展高新技术产业，鼓励企

表 61

2016年武进区新增高新技术企业情况

企业名称	所在地	企业名称	所在地
常州普莱盛电器科技有限公司	高新区	常州市创伟电机电器有限公司	常州经开区
常州阿斯博开关有限公司	高新区	常州凯得利机械有限公司	常州经开区
晶能光电（常州）有限公司	高新区	常州市运控电子股份有限公司	常州经开区
江苏国茂减速机股份有限公司	高新区	常州格瑞特粉末冶金有限公司	常州经开区
常州市南方电机有限公司	高新区	常州市汇丽活动地板有限公司	常州经开区
江苏万帮德和新能源科技有限公司	高新区	常州夏青化工有限公司	常州经开区
常州龙翔气弹簧有限公司	高新区	常州市天润木业有限公司	常州经开区
常州龙腾光热科技股份有限公司	高新区	常州力航电气科技有限公司	常州经开区
常州比太科技有限公司	高新区	江苏朝晖化工有限公司	常州经开区
常州华森三维打印研究院股份有限公司	高新区	江苏昌力科技发展有限公司	常州经开区
新誉轨道交通科技有限公司	高新区	常州世创玻璃机械有限公司	常州经开区
常州市华晟福涛光电科技有限公司	高新区	常州市天安特种涂料有限公司	常州经开区
常州裕东制辊有限公司	高新区	创辉医疗器械江苏有限公司	常州经开区
江苏亚美特齿轮有限公司	高新区	常州市武进晨光金属涂料有限公司	常州经开区
常州德洛菲特过滤系统有限公司	高新区	常州市树杰塑业有限公司	常州经开区
江苏中盈高科智能信息股份有限公司	高新区	常州百瑞吉生物医药有限公司	常州经开区
常州华岳微创医疗器械有限公司	高新区	常州博闻迪医药科技有限公司	常州经开区
江苏峰工电气科技有限公司	高新区	常州市鹏睿机械有限公司	常州经开区
江苏晶浩电子科技有限公司	高新区	常州金标轨道交通技术服务有限公司	常州经开区
常州高尔登科技有限公司	高新区	常州亚美柯宝马电机有限公司	常州经开区
常州高凯精密机械有限公司	高新区	常州宁录生物科技有限公司	常州经开区
江苏佰腾科技有限公司	高新区	常州大恒环保科技有限公司	湖塘镇
江苏靶标生物医药研究所有限公司	高新区	常州阿木奇声学科技有限公司	湖塘镇
江苏亚邦三博节能投资有限公司	高新区	常州坤茂机械有限公司	湖塘镇
常州市巨人机器人科技有限公司	高新区	常州靓宇焊割有限公司	湖塘镇
常州市德速机械有限公司	高新区	江苏恒诺园林建设有限公司	湖塘镇
常州泰迪伦供应链管理有限公司	高新区	常州朗奇威电器有限公司	湖塘镇
常州百思通复合材料有限公司	高新区	江苏骏宇汽配有限公司	湟里镇
博睿康科技（常州）股份有限公司	高新区	常州市莱赫润机械有限公司	湟里镇
常州市青之峰网络科技有限公司	高新区	常州市武进电力管件有限公司	湟里镇
江苏振邦医用智能装备有限公司	西太湖科技产业园	常州夏溪花木信息有限公司	嘉泽镇
江苏小牛电动科技有限公司	西太湖科技产业园	常州洛克曼医疗器械有限公司	礼嘉镇
常州欧瑞电气股份有限公司	西太湖科技产业园	常州市江南波纹管有限公司	礼嘉镇
江苏佳鹿环卫装备有限公司	西太湖科技产业园	江苏德尔福医疗器械有限公司	洛阳镇
常州金麦格生物技术有限公司	西太湖科技产业园	常州市鑫汇电子材料有限公司	洛阳镇
江苏龙英管道新材料有限公司	西太湖科技产业园	常州迈腾机械有限公司	洛阳镇
常州富烯科技股份有限公司	西太湖科技产业园	江苏绿和环境科技有限公司	牛塘镇
常州动为电力科技有限公司	西太湖科技产业园	常州苏润机械有限公司	牛塘镇
常州思瑞电力科技有限公司	西太湖科技产业园	常州市羊氏模具有限公司	牛塘镇
常州瞻驰光电科技有限公司	西太湖科技产业园	江苏南江减速机有限公司	前黄镇
常州孟腾智能设备有限公司	西太湖科技产业园	常州卓源橡胶制品有限公司	前黄镇
常州英孚传感科技有限公司	西太湖科技产业园	常州中航泰克船舶装备有限公司	前黄镇
常州磐诺仪器有限公司	西太湖科技产业园	常州巍纳赛电子科技有限公司	前黄镇
普罗斯电器（中国）有限公司	西太湖科技产业园	江苏碧源泳池装备有限公司	雪堰镇
常州二维光电科技有限公司	西太湖科技产业园	常州爱伦机械有限公司	雪堰镇
江苏迪欧姆股份有限公司	常州经开区	江苏甲子网络科技股份有限公司	雪堰镇

业加大科研投入，依靠科技创新实现跨越发展。区科技部门根据科技部、财政部、国家税务总局2016年重新修订的《高新技术企业认定管理办法》《高新技术企业认定管理工作指引》要求，组织企业开展申报，新增高新技术企业92家，累计445家，新增数占全市新认定数的45.1%。面对错综复杂的经济形势，高新技术企业依靠科技创新提高核心竞争力，全区445家高新技术企业全年投入研发经费39.75亿元，申请专利3413件，获授权2593件（发明专利426件），完成销售收入948.71亿元（高新技术产品销售收入712.39亿元），实现净利润83.28亿元。

江苏小牛电动科技有限公司电动车装配自动化生产线　　供稿/区科技局

【常州阿木奇声学科技有限公司】 2016年11月，被省科技厅、财政厅、国税局、地税局联合认定为高新技术企业。该公司位于西太湖科技产业园内，成立于2014年6月，占地面积3000平方米，注册资本416.67万元。主要研制和销售动铁式扬声器、耳机、电声类元器件，开发石墨烯动圈，具备年产电声类元器件720万颗的生产能力。先后与台湾声学所、中国科学院声学研究所、电子科技大学、南京大学等科研院所合作，特聘清华大学教授白明宪为声学研发顾问，研发出高端电声类元器件，累计获专利授权119件，其中PCT专利（国际专利合作协定）7件、发明专利14件。2014年11月通过ISO 9001质量管理体系认证，2015年11月获黑马创业大赛全国硬件行业冠军，2015年被评为江苏省民营科技企业，2016年8月获江苏省创新创业大赛企业组第二名。2016年，该公司完成产值6000万元，实现产品销售收入5200万元。

【江苏小牛电动科技有限公司】 2016年11月，被省科技厅、财政厅、国税局、地税局联合认定为高新技术企业。该公司位于西太湖科技产业园内，成立于2014年12月，占地面积2.76万平方米，是北京小牛电动科技有限责任公司独资子公司，注册资本9000万元。主要设计、研发、生产和销售高品质、智能化电动车。利用信息化系统集成管理研发、渠道、计划、生产、售后等环节，结合自动化生产线、智能成品检测线等装备，升级制造流程，完善工业大数据平台，提高生产工艺，为客户提供个性化定制。2015年，将"互联网+工业"创新型商业模式带入电动车行业，实施电商营销、O2O（线上到线下）售后服务，2015年、2016年先后以众筹方式发售智能电动车N系和M系列产品。2016年，完成产值4.45亿元，实现产品销售收入3.48亿元。

【常州英孚传感科技有限公司】 2016年11月，被省科技厅、财政厅、国税局、地税局联合认定为高新技术企业。该公司位于西太湖科技产业园内，成立于2014年4月，占地面积1400平方米，由英孚（上海）汽车传感器有限公司与江苏慧德科技发展有限公司合资成立，注册资本200万元，建有传感器自动化生产线，利用自动点焊技术、自动嫁接技术、自动骨架压接技术、自动磁钢装配技术等，研发、生产和销售汽车新一代主动式速度和位置类传感器、智能电池管理传感器、压力类传感器等，提供汽车电子控制系统与传感器集成技术咨询与服务，年产汽车传感器500万个。2015年，速度和位置传感器的设计和制造通过ISO/TS 16949:2009质量管理体系认证。2016年，生产的ABS（制动防抱死系统）轮速传感器、OBD（车载诊断系统）传感器、制动踏板行程传感器3种产品被认定为市高新技术产品，公司完成产值2500万元，实现产品销售收入1838万元。

【高新技术产品新增975个】 2016年，武进区引导企业加强自主创新，开发具有自主知识产权和自有品牌的高新技术产品975个，发挥高新技术产品在经济结构调整和产业结构优化方面的引导作用，提升企业核心竞争力。其中，省级高新技术产品333个、市级高新技术产品642个，分别完成销售收入134亿元、209亿元。产品涉及光机电一体化、新能源与高效节能、新材料、电子信息、生物医药、现代交通、环境与资源利用七大领域。

（张建忠）

科技项目

【概　况】 2016年，区科技部门围绕苏南国家自主创新示范区、全国首批"双创"区域示范基地建设，突破制约产业发展的重大关键技术，深挖项目信息源，争取上级政策资源，扶持企业自主创新。组织申报市级及以上科技项目713个，立项364个，争取项目经费近2.5亿元。其中，国家级科技项目立项12个、省级科技项目立项99个、市级科技项目立项253个，分别获项目经费7211万元、1.46亿元、3143万元。围绕农业科技、社会发展、产学研合作、创新创业服务平台建设和知识产权发明创造五大重点，编制《2016年常州市武进区科技发展计划项目申报指南》，推进农业科技创新、科技惠及民生行动，针对现代高科技农业、医疗卫生、公共安全、生态环境等领域的科技需求，立项区级科技项目254个，支持项目经费1767万元。

【14 个农业科技项目获立项资金 395 万元】 2016 年，武进区根据现代农业产业发展对科技的需求，围绕优良品种培育、现代农业技术应用示范、农产品精深加工等方面申报各级农业科技项目 29 个，立项 14 个，获项目经费 395 万元。武进苗木花卉星创天地、武进现代农业星创天地 2 个项目被科技部列为星创天地认定备案项目；常州常发农业装备工程技术研究有限公司实施的“高性能大型稻麦复式联合收割机研发”项目被认定为省重点研发计划（现代农业）项目，获项目经费 150 万元；江苏（武进）水稻研究所实施的“运用分子技术研究选育早熟粳稻新品系”等 11 个项目被认定为市级农业科技项目，获项目经费 245 万元。

【53 个社会发展科技项目获立项资金 1040 万元】 2016 年，武进区围绕保障和改善民生的重大科技需求，组织企业、医院、科研单位在公共卫生、公共安全、生态环境等领域开展技术攻关，申报各级社会发展科技项目 102 个，立项 53 个。江苏创英医疗器械有限公司牵头实施的“低模量高强度亲水牙种植体系统研发”被认定为国家重点研发计划项目，获项目经费 500 万元；常州化学研究所实施的“可降解输尿管支架的制备与应用”等 3 个项目被认定为省重点研发计划（社会发展）项目，获项目经费 180 万元；常州市久虹医疗器械有限公司实施的“一次性使用息肉切除器产品的应用示范”等 17 个项目被认定为市级社会发展项目，获项目经费 260 万元；市级应用基础研究计划项目立项 10 个；武进人民医院实施的“运动神经元病基础研究与新疗法治疗”等 22 个项目被认定为区级社会发展项目，获项目经费 100 万元。

（张建忠）

国家级科技项目

【国家级科技项目立项 12 个】 2016 年，武进区组织科研单位申报国家级科技项目，获立项 12 个，获项目经费 7211 万元。其中，国家重点研发计划项目 2 个、中央引导地方科技发展专项资金项目 8 个，分别获项目经费 6351 万元、860 万元。

【“低模量高强度亲水牙种植体系统研发”项目】 6 月，被科技部列为国家重点研发计划生物医用材料研发与组织器官修复替代重点专项，获项目经费 500 万元。该项目由江苏创英医疗器械有限公司牵头，中国科学院金属研究所、北京大学等 5 家单位共同承担，采用高强度低模量钛合金，利用银离子注入技术在基台穿龈部分构建抗菌功能区，利用喷砂酸蚀和阳极氧化手段在种植体的骨内部分构建亲水活化粗糙表面，自主研发具有低模量、高强度、亲水及抗菌特性的原创性新型牙种植体产品，开发系列新型牙种植体系统及配套器件，完成国家食品药品监督管理总局要求的动物及临床试验，取得产品注册证。

【“空天车地信息一体化轨道交通运营与安全综合保障技术研究与应用示范”项目】 10 月，被科技部列为国家重点研发计划先进轨道交通重点专项，获项目经费 5851 万元。该项目由新誉集团有限公司牵头，中国航天科工信息技术研究院、北京航天测控技术有限公司、清华大学等 14 家单位共同承担，突破空天车地信息一体化静动态滞空平台、轨道专用网络、车辆移动互联等关键技术，运用卫星、平流层飞艇、无人机等，实时获取、监测和传输轨道交通系统运营状态，保障运营安全，项目成果可广泛应用于高原铁路、重载铁路、高速铁路等。项目单位研制搭载专用载荷可持续驻空的平流层飞艇系统，实施轨旁环境监测、列车状态监测、灾害监视和通信中继；研制搭载专用载荷的长航时无人机系统，在应急情况下近距离监视重点区域；构建集卫星、飞艇、无人机、列车和铁路专网为一体的专用网络，融合处理所获取的多元轨道交通系统状态信息，形成具备灾害识别预警、应急指挥调度、管理可视化的轨道交通安全保障应用示范系统。

【科技部星创天地认定备案项目入选 2 个】 2016 年 11 月，武进苗木花卉星创天地、武进现代农业星创天地 2 个项目被科技部列为星创天地认定备案项目。

武进苗木花卉星创天地　成立于 2009 年，由常州市江南花都花卉产业园有限公司运营，占地面积 37.17 公顷，运用现代生物技术、工程技术、信息技术开展花卉品种创新和技术创新，生产经营现代设施花卉，开通“花木源”和“易花木”2 个一站式花木供求服务采购直通平台，合作企业和个体商户 6 万多家，在市场引导下建立产前、产中、产后、消费等协作平台，完善技术、投入品、市场动态、技术服务等信息，网站日平均访问量 2000 人次。借助产业园发展假日农业、休闲农业、观光农业等多元化产业，延伸农业产业链，发挥花卉规模生产、观光博览、产品集散、科普认知和信息服务五大功能，提高农业综合效益。2016 年，产业园有常州家绿林果园艺有限公司等花木企业 5 家，交易额 4980 万元，带动和辐射周边地区花农

新誉集团有限公司投资 3000 多万元，建设面积 2000 平方米的 EMC 电磁兼容实验室，测试大型机械抗电磁干扰能力

供稿 / 区科技局

表 62

2016 年武进区新增国家级科技项目情况

项目类型	项目名称	承担单位
国家重点研发计划项目	空天车地信息一体化轨道交通运营与安全综合保障技术研究与应用示范	新誉集团有限公司（牵头单位）
	低模量高强度亲水牙种植体系统研发	江苏创英医疗器械有限公司（牵头单位）
科技部星创天地认定备案项目	武进苗木花卉星创天地	常州市江南花都花卉产业园有限公司
	武进现代农业星创天地	江苏武南现代农业产业园有限公司
中央引导地方科技发展专项资金项目	汽车复合材料成形中试服务平台	机械科学研究总院江苏分院
	北京化工大学常州先进材料研究院技术创新平台	北京化工大学常州先进材料研究院
	装备智能化成果应用（三个创新中心）与技术创新综合服务（“博士吧”与“ICPAX”）平台	大连理工大学常州研究院有限公司
	江南石墨烯高新技术创业服务中心公共技术服务平台	江南石墨烯研究院
	半导体照明公共技术服务及成果转化服务平台建设	常州市武进区半导体照明应用技术研究院
	碳纳米材料在涂层中跨界应用研发中心	常州化学研究所
	江苏省数控及智能装备产业公共技术服务平台	常州数控技术研究所
	江苏省科技服务示范区（常州市科教城）	常州市国家大学科技园管理中心

2000 户，人均年增收 5000 多元，花木种植亩产效益增至 1.5 万元，其中常州家绿林果园艺有限公司年产高档花卉成品花及半成品花 100 余万株。

武进现代农业星创天地 成立于 2013 年 12 月，由江苏武南现代农业产业园有限公司运营，农业用地面积 320 公顷，入驻企业 10 家，其中投资额 5000 万元以上企业 4 家、市重点企业 3 家。鼓励社会力量依托传统孵化器发展市场化、专业化、网络化、开放化的新型创业服务机构，建立“创业—孵化器—加速器”孵化链条，使传统孵化器在基础设施方面与新型创业服务机构在专业服务方面优势互补，为初创企业提供全流程服务。支持创业孵化机构开办创业讲坛，搭建入驻企业代表与专家学者、成功企业家、风险投资家互动交流平台，组织入驻企业参加农业博览会、洽谈会等，为企业提供技术研发、品牌宣传、政府采购等服务。产业园带动周边农户 190 余户，转移剩余劳动力 350 多人次，人均月增收 1600 多元。

（张建忠）

省级科技项目

【省级科技项目立项 99 个】 2016 年，武进区申报省级科技项目 343 个，获立项 99 个，获项目经费 1.46 亿元。其中，“大规模电动汽车智能高效充电系统关键技术研发及产业化”等 8 个项目获省科技成果转化专项资金项目立项，“高铁动车车厢高性能塞拉门系统关键技术研发”等 10 个项目获省重点研发专项资金项目立项，涉及高端装备制造、电子信息、新材料、新能源等领域。

【超高压共轨系统关键零部件控性精密成形技术研发及产业化】 2016 年，被省科技厅、财政厅认定为省科技成果转化项目。该项目由江苏龙城精锻有限公司承担，总投资 8040 万元，获项目经费 1000 万元。研发可控闭塞模架技术，设计制造长行程液压浮动闭塞模架，120 毫米～200 毫米不同长度系列产品实现无飞边柔性精确成形；研究高灵敏度润滑评价方法，定量评估不同配比润滑剂效果，促进复杂件精密成形时高效在线润滑；研发复杂异形件智能检测技术，检测评价产品内外部缺陷，客户生产线返回率小于 1ppm（百万分之）；开发生产数据实时采集系统，组建基于总线控制技术的高效短流程自动化示范生产线，每分钟生产零部件 6～8 个。项目实施期间，项目单位建成生产线 4 条，形成企业技术标准 2 个，获新产品认定 2 个、新工艺认定 1 项，年产目标产品 400 万件，累计实现产品销售收入 1.28 亿元。

【大规模电动汽车智能高效充电系统关键技术研发及产业化】 2016 年，被省科技厅、财政厅认定为省科技成果转化项目。该项目由江苏万帮德和新能源科技有限公司承担，总投资 5800 万元，获项目经费 800 万元。采用新型碳化硅功率器件，优化充电桩能量转换电器拓扑结构，减少充电时间，提高系统充电效率，提高电池充电安全性，延长电池使用寿命，解决大容量充电过程中开关器件损耗大、系统效率及使用寿命低问题；分析一定规模电动汽车集中充电时谐波特性，优化谐波抑制算法，突破大规模电动汽车集中充电中随机性对电网谐波干扰问题；建立分层分区有序充电调度框架，实现城市级电动汽车有序充电调度。项目实施期间，新建生产线 5 条，获专利授权 12 件（发明专利 1 件），制定产品企业标准 1 个，累计实现产品销售收入 3 亿元。

【满足欧Ⅴ排放尾气测控用宽域和片式氧传感器总成研发及产业化】 2016 年，被省科技厅、财政厅认定为省科技成果转化项目。该项目由常州联德电子有限公司承担，总投资 6300 万元，获项目经费 1000 万元。研究五线宽域氧传感器感应元件制备技术，完善氧化锆基体材料配方和纳米结构催化铂电极制备技术、外电极多孔保护层制备技术，开发五线宽域氧传感器信号闭环控制器，是电子燃油喷射系统中用来检测尾气氧含量并转换成电信号的关键元件。项目实施期间，新建厂房面积7200平方米，建成氧传感器陶瓷芯片生产线和总成封装线4条，获专利授权14件（发明专利2件），制定产品企业标准1个，累计销售产品600万套，实现销售收入2.4亿元。

【高品质轴承钢、齿轮钢等特殊钢的研发及产业化】 2016年，被省科技厅、财政厅认定为省科技成果转化项目。该项目由中天钢铁集团有限公司承担，总投资7950万元，获项目经费1200万元。利用脉冲磁致振荡凝固均质化技术等，研发高品质轴承钢和齿轮钢精炼技术、连铸工艺技术、控轧控冷技术和精整热处理技术，生产无缺陷特殊钢产品，轴承钢中氧含量小于等于6ppm，碳偏析指数小于等于1.06，产品尺寸公差1/4DIN（约6.35厘米），比常规钢材强度提高50兆帕。项目实施期间，年产高品质特殊钢30万吨，累计实现产品销售收入15亿元。

【全球领先节能低排放出口内燃机车的系列化研发及产业化】 2016年，被省科技厅、财政厅认定为省科技成果转化项目。该项目由中车戚墅堰机车有限公司承担，总投资1.02亿元，获项目经费1000万元。研发全球领先节能低排放柴油机，掌握直供电技术、轻量化设计技术、隔振降噪技术等，构建内燃机车柔性制造平台、出口内燃机车产品平台，形成系列化产品族。项目实施期间，改扩建生产线3条，制定行业标准8个，可年产出口机车100台，累计实现产品销售收入16亿元，创汇2.4亿美元。

【氧化石墨烯涂覆制备高导热/强电磁屏蔽膜研发及产业化】 2016年，被省科技厅、财政厅认定为省科技成果转化项目。该项目由常州富烯科技股份有限公司承担，总投资3200万元，获项目经费400万元。研究高效涂覆技术，开发新型烘箱结构，提高干燥效率，涂覆速率3平方米/分～5平方米/分；开发连续炭化生产设备，增加每批次产能，减少升温时间，降低石墨化温度，能耗下降至少40%；开发新型分散剂，优化热处理工艺，精确控制热处理温度，产品导热系数大于等于1700瓦/米·度，热扩散系数大于等于1000平方米/秒，电磁屏蔽效能大于等于90分贝；采用等离子热压技术优化涂覆工艺，石墨烯膜厚8微米～100微米；筛选发泡剂，优化浆料配方，调控氧化石墨烯膜发泡率，优化辊压工艺，实现产品密度可控。项目实施期间，改建厂房面积9000平方米，累计销售目标产品面积60万平方米，实现销售收入6000万元。

【物联网智能移动自平衡机器人研发及产业化】 2016年，被省科技厅、财政厅认定为省科技成果转化项目。该项目由纳恩博（常州）科技有限公司承担，总投资7000万元，获项目经费200万元。运用物联网技术和自平衡技术，实现自动跟随或搬运、“半自动家族保安”等核心功能，促使电动平衡车升级为代步机器人；升级改进全双备份电控系统、机器人姿态测量算法、电机伺服控制技术等自平衡机器人运动控制系统，设计轻量化结构，研发双余度高安全无刷电机，拓展产品适用场景；开展低成本可靠性研究，产品平均故障间隔时间从2200小时升至8000小时。项目实施期间，改建生产厂房面积1000平方米，新建或改建柔性生产线8条，年产机器人50万台，累计销售30万台，实现销售收入3.7亿元。

【基于TD-LTEA的宽带集群（B-TrunC）增强型关键技术研发及产业化】 2016年，被省科技厅、财政厅认定为省科技成果转化项目。该项目由江苏鑫软图无线技术有限公司承担，总投资3000万元，获项目经费200万元。研发满足群通信特定需求的基于TD-LTEA的专网通信系统，开发TD-LTEA爬墙梅带集群终端智能脱网直通技术，实现宽带集群、窄带集群、卫星通信等通信系统间互联互通。项目实施期间，建成客户终端设备生产线2条、宏基站生产线1条，可年产终端设备1万台（套）、基站设备1000台（套），累计销售产品600台（套），实现销售收入1.2亿元。

【“高性能大型稻麦复式联合收割机研发”项目被认定为省级农业科技项目】 11月，省科技厅、财政厅公示2016年度江苏省重点研发计划（现代农业）项目，常州常发农业装备工程技术研究有限公司承担的“高性能大型稻麦复式联合收割机研发”项目获立项，获项目经费150万元。项目单位投入400万元，自主研发高性能轴流式脱粒清选关键技术、低破碎脱粒技术，研究静液压驱动技术、机电一体自动化技术在全喂入谷物收获机械上的应用，开发高性能大型稻麦复式联合收割机样机2台，主收作物喂入量水稻12千克/秒、小麦10千克/秒，破碎率小于1.5%，改变国内小型机为主稻麦联合收割机，实现产业技术突破和产品升级换代。

中天钢铁集团有限公司生产的高品质特殊钢产品　　供稿/中天钢铁集团

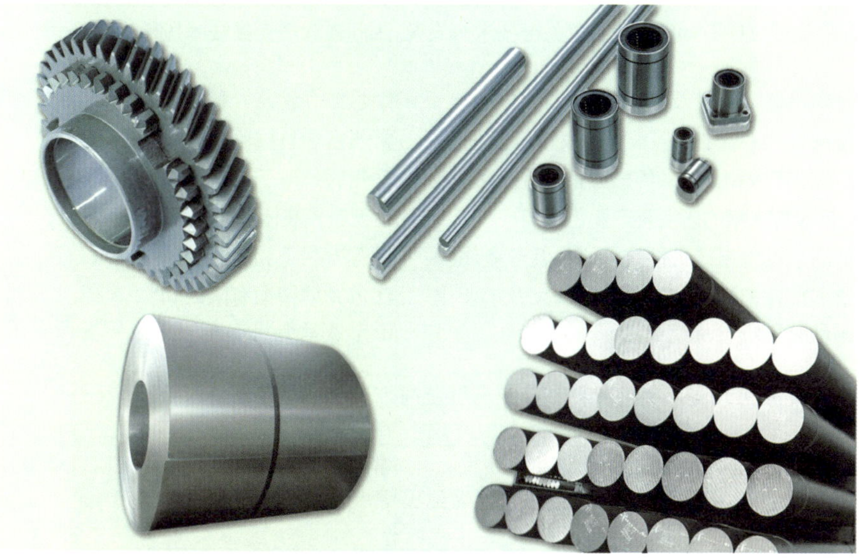

表 63

2016 年武进区新增省级科技项目情况

项目类型	项目名称（领衔人）	承担单位
2016 年苏南国家自主创新示范区建设专项资金项目	2016 年苏南国家自主创新示范区建设专项资金	武进高新技术产业开发区
省知识产权维权援助专项资金项目	2016 年度江苏省知识产权维权援助资金	常州市凯迪电器有限公司
省知识产权管理贯标奖补专项资金项目	企业知识产权管理贯标奖补经费	常州铭赛机器人科技股份有限公司
	企业知识产权管理贯标奖补经费	江苏海鸥冷却塔股份有限公司
	企业知识产权管理贯标奖补经费	卡尔迈耶（中国）有限公司
	企业知识产权管理贯标奖补经费	常州天华新能源科技有限公司
省知识产权战略推进计划专项资金项目	知识产权战略推进一般项目	常州华森医疗器械有限公司
	知识产权战略推进一般项目	常州回天新材料有限公司
	知识产权战略推进一般项目	江苏恒立液压股份有限公司
	知识产权战略推进一般项目	新誉集团有限公司
省企业知识产权战略推进计划项目	企业知识产权战略推进	常州市腾田液压机械有限公司
省科学技术奖奖励项目	农林废弃物资源能源化多联产工程化关键技术（省科学技术奖一等奖）	江苏乾翔新材料科技有限公司
	CRH6 型系列城际动车组齿轮箱（省科学技术奖二等奖）	中车戚墅堰机车车辆工艺研究所有限公司
	基于物联网的饮用水全过程在线监测与管理系统集成关键技术及应用（省科学技术奖三等奖）	江苏美淼环保科技有限公司
	超高强铝合金材料的增材制造关键技术研究与应用（省科学技术奖三等奖）	常州市蓝托金属制品有限公司
	省企业技术创新奖	常州强力电子新材料股份有限公司
省高价值专利培育计划专项资金项目	高速动车组关键核心部件及其先进制造和材料工艺高价值专利培育示范中心	中车戚墅堰机车车辆工艺研究所有限公司
省战略性新兴产业专利预警分析项目	省战略性新兴产业专利预警分析项目经费	江苏佰腾科技信息服务中心
省众创空间知识产权保护项目	省众创空间知识产权保护项目经费	青武创客空间
省科技成果后续专项资金项目	超薄超宽非织造布高速热扎成套装备研发及产业化	常州市武进广宇花辊机械有限公司
	多机协同高效节能大电流谐波治理装置研发及产业化	江苏博力电气科技有限公司
	750t/d 垃圾自动化焚烧成套设备的研发及产业化	光大环保技术装备（常州）有限公司
	用于互联工厂的桁架机器人的研发及产业化	金石机器人常州有限公司
省科技成果转化专项资金项目	全球领先节能低排放出口内燃机车的系列化研发及产业化	中车戚墅堰机车有限公司
	基于 TD-LTEA 的宽带集群（B-TrunC）增强型关键技术研发及产业化	江苏鑫软图无线技术股份有限公司
	物联网智能移动自平衡机器人研发及产业化	纳恩博（常州）科技有限公司
	氧化石墨烯涂覆制备高导热 / 强电磁屏蔽膜研发及产业化	常州富烯科技股份有限公司
	满足欧Ⅴ排放尾气测控用宽域和片式氧传感器总成研发及产业化	常州联德电子有限公司
	高品质轴承钢、齿轮钢等特殊钢的研发及产业化	中天钢铁集团有限公司
	大规模电动汽车智能高效充电系统关键技术研发及产业化	江苏万帮德和新能源科技有限公司
	超高压共轨系统关键零部件控性精密成形技术研发及产业化	江苏龙城精锻有限公司
省科技成果转化贷款贴息项目	高速动车组齿轮箱驱动装置研发及产业化	中车戚墅堰机车车辆工艺研究所有限公司
	新型平板显示用彩色光阻及黑色光阻关键材料高感度光引发剂的研发及产业化	常州强力电子新材料股份有限公司
省政策引导类计划（软科学研究）项目	绿色发展视角下江苏创新型园区建设路径及推进机制研究	常州南京大学高新技术研究院
	依托省智能装备产业技术创新中心推进常州智能制造名城建设研究	常州市国家大学科技园管理中心

续表 63

项目类型	项目名称（领衔人）	承担单位
省政策引导类计划（国际科技合作）项目	江苏恒立液压股份有限公司德国研发中心建设	江苏恒立液压股份有限公司
省产学研联合重大创新载体项目	中国科学院上海技术物理所常州中心建设	常州光电技术研究所
省科技服务骨干机构能力提升项目	科技服务骨干机构能力提升项目	常州金标轨道交通技术服务有限公司
	科技服务骨干机构能力提升项目	常州西南交通大学轨道交通研究院
省重点研发计划（产业前瞻与共性关键技术）项目	高精度、高可靠性工业机器人 VR 减速器批量化设计制造技术研发	南车戚墅堰机车车辆工艺研究所有限公司
	碳纤维车身成形全流程关键技术及智能装备开发	机械科学研究总院江苏分院
	工业机器人伺服电机低气隙永磁励磁系统研发	江苏东瑞磁材科技有限公司
	高精度智能直驱转塔刀架关键技术研发	常州市宏达机床数控设备有限公司
	可生物降解脂肪族聚碳酸枉费制备关键技术研发	常州化学研究所
	面向 CCC 制造业伺服电机研发	常州易尔泰智能传动技术有限公司
	危险环境作业大型工程机械机器人化关键技术研发	江苏泉工机器人科技有限公司
	高速动车组用端部组合配电柜的优化与可靠性设计技术研发	常州小糸今创交通设备有限公司
省重点研发计划（社会发展）项目	可降解输尿管支架的制备与应用	常州化学研究所
	碱减量废水资源再利用生产改性丁腈橡胶的关键技术研究与应用	常州市五洲化工有限公司
	宫腔用交联透明质酸钠凝胶	常州百瑞吉生物医药有限公司
省重点研发计划（现代农业）项目	高性能大型稻麦复式联合收割机研发	常州常发农业装备工程技术研究有限公司
省重点研发计划（产业前瞻与共性关键技术）重点项目	面向电热应用的石墨烯基复合材料关键技术研究与产品开发	江苏省产业技术研究院石墨烯材料研究所（江南石墨烯研究院）
省重点研发计划专项资金项目	石墨烯材料在粉末涂料中跨界应用关键技术研发	江苏华光粉末有限公司
	高铁动车车厢高性能塞拉门系统关键技术研发	今创集团股份有限公司
	石墨烯薄片制品智能化视觉检测设备关键技术研发	征图新视（江苏）科技有限公司
	面向高端电子封装精密压电点胶阀系统关键技术开发	常州高凯精密机械有限公司
	新能源汽车电驱动系统用高性能磁阻式旋转变压器关键技术研发	常州华旋机电科技有限公司
	面向智慧车间的多轴协同特种缝纫工作站数控系统关键技术研发	常州数控技术研究所
	航空碳纤维复合材料构件高效加工关键技术研发	大连理工常州研究院有限公司
	基于物联网的全数字粉体配料及机器人包装码垛系统关键技术研发	江苏中科友特机器人科技有限公司
	基于智能视觉物联网的变电站红外热成像在线监测系统关键技术研发	江苏久创电气科技有限公司
	新能源汽车智能充电桩和汽车安全监控互联网公共服务系统的开发与应用	江苏万帮充电设备有限公司
省自然科学基金（青年科技人才专项资金）项目	高端齿轮表面完整性和抗疲劳技术研究	中车戚墅堰机车车辆工艺研究所有限公司
	小型振压电发电机气流致声激振技术研究	常州机电职业技术学院
	高导电多级孔 MOFs 的设计合成及其锂空气电池性能	北京化工大学常州先进材料研究院
	农垦作物种子激活农业装备关键技术及应用基础研究	常州机电职业技术学院
省创新能力建设专项资金项目	省重点企业研发机构	江苏常发农业装备股份有限公司
	省重点企业研发机构	江苏润源控股集团有限公司
	省重点企业研发机构	今创集团股份有限公司
	省重点企业研发机构	中车戚墅堰机车车辆工艺研究所有限公司

续表 63

项目类型	项 目 名 称（领 衔 人）	承 担 单 位
省创新能力建设专项资金项目	省重点企业研发机构 省重点企业研发机构 省重点企业研发机构	新誉集团有限公司 江苏恒立液压股份有限公司 江苏龙城精锻有限公司
省创新能力建设计划项目	湖南大学常州机械装备研究院建设	常州湖南大学机械装备研究院
省科技型创业企业孵育计划项目	江南石墨烯高新技术创业服务中心创业企业孵育体系建设 高效太阳能 PERC 电池用背钝化镀膜设备和工艺的研发	江南石墨烯研究院 常州比太科技有限公司
省“双创博士”项目	马宇飞 史耀君	常州第六元素材料科技股份有限公司 中车戚墅堰机车车辆工艺研究所有限公司
省“双创计划”项目	梁 东	常州百代生物科技有限公司
省科技副总项目	李永辉 林富荣 叶招莲 刘晓杰 陈 舟 赵景波 张 伦	常州圣东机械有限公司 江苏佳华新材料科技有限公司 常州大恒环保科技有限公司 常州市武进红光无线电有限公司 常州市盛辉药业有限公司 常州龙泰铸造有限公司 江苏格瑞力德空调制冷设备有限公司
省产业技术研究院资助经费项目	产业技术研究院专业研究所 2016 年度科研资助经费 产业技术研究院专业研究所 2016 年度科研资助经费	常州先进制造技术研究所 常州南京大学高新技术研究院
省工程技术研究中心项目	江苏省智能氧传感器工程技术研究中心 江苏省安全饮水工程技术研究中心 江苏省高效叠片光伏组件工程技术研究中心 江苏省建设工程智能化检测监测工程技术研究中心 江苏省核电设备用高性能铸钢材料工程技术研究中心 江苏省高性能高矫顽力电机磁体工程技术研究中心 江苏省光电储能材料工程技术研究中心 江苏省功能性高吸湿高档针织牛仔面料工程技术研究中心 江苏省光学新材料智能涂布装备工程技术研究中心 江苏省智能化节能土方机械工程技术研究中心 江苏省智能化精密直线驱动器工程技术研究中心	常州联德电子有限公司 江苏美淼环保科技有限公司 江苏赛拉弗光伏系统有限公司 江苏城工建设科技有限公司 三鑫重工机械有限公司 江苏东瑞磁材科技有限公司 江苏格林保尔光伏有限公司 江苏众恒染整有限公司 常州永盛新材料装备股份有限公司 柳工常州机械有限公司 常州市凯迪电器股份有限公司

（张建忠）

科技奖励

【概 况】 2016年，区科技部门落实科技奖励政策，组织企业和科研院所申报各级科技奖励项目，推动技术研究、技术开发和技术创新，引导企业推广应用先进科学技术成果，促进高新技术产业化。全区科技项目获各级科学技术奖励61个，其中省级4个、市级26个、区级31个。区财政拨款54万元奖励“机车车辆用高强度轻量化铝合金材料及铸造成型工艺技术”等科技项目（产品）31个，其中机械类8个、新材料类5个、电子信息类4个、社会发展类13个、农业类1个。

【“农林废弃物资源能源化多联产工程化关键技术”项目获省科学技术奖一等奖】 2016年10月，该项目被省科技厅公示为2016年度江苏科学技术奖一等奖。项目由江苏强林生物能源材料有限公司、中国林科院林产化学工业研究所、东南大学、江苏乾翔新材料科技有限公司联合承担，组建产学研联合创新团队，研究木质纤维、植物油脂等农林废弃物资源能源化多联产工程化集成技术，攻克降解产物定向调控、生产过程连续化、多联产高值化利用等关键技术瓶颈，实现农林生物质废弃资源能源化、高值化综合利用，有效替代化石燃料，获发明专利授权46件、实用新型专利授权3件、鉴定成果3项，项目单位发表论文213篇，制定行业标准1个。2010—2015年，应用该项目成果的9家企业每年可转化生物质50余万吨，废弃物资源增值10亿多元，替代化石资源30万吨，减排二氧化碳约100万吨。2015—2016年，新增产品销售收入24.3亿元、利润3.1亿元。

【CRH6型系列城际动车组齿轮箱获省科学技术奖二等奖】 2016年10月，该产品被省科技厅公示为2016年度江苏科学技术奖二等奖。产品由中车戚墅堰机车车辆工艺研究所有限公司研发，采用三维建模、数值仿真、可靠性分析、模块化、多目标总体设计优化配置技术，设计城际动车组齿轮箱，借助铝合金箱体铸造、合金钢齿轮热处理、精密机加工组装等工艺，建成节拍化齿轮箱智能生产线，运用空载、加载、低温等台架试验及线路试验检测技术，产业化设计、制造城际动车组齿轮箱。产品功率重量比高，环境适应性强，可在零下40℃低温启动，实测振动速度小于13毫米/秒，实测噪声低于82分贝，高线速度下密封可靠性高，箱体零泄漏，满足快起快停要求，平均故障间隔里程7000万千米。经专家组鉴定，产品填补国内空白，可靠性达国际先进水平，获专利授权20件，其中发明专利7件、实用新型专利13件。

【武进区2个项目获省科学技术奖三等奖】 2016年10月，武进区企业实施的“超高强铝合金材料的增材制造关键技术研究与应用”等2个项目被省科技厅公示为2016年度江苏科学技术奖三等奖。

超高强铝合金材料的增材制造关键技术研究与应用　由常州蓝托金属制品有限公司、江苏理工学院和常州大学联合实施，研究新型高强高韧铝合金材料的制备技术工艺，自主研发金属材料增材制造设备，改造半固态金属加工工程化装备，生产性能优异的高强高韧铝合金零部件。经使用，金属材料增材制造和半固态金属加工设备自动化程度高、稳定可靠、操作简便，高强高韧铝合金零件性能达到国际同类产品的水平，可广泛应用于航空航天、石油钻探、轮船以及核电等领域。项目获发明专利授权10件、实用新型专利授权5件，项目单位发表学术论文35篇。2012—2015年，项目成果应用企业共新增产值3.65亿元、利润5000多万元。

基于物联网的饮用水全过程在线监测与管理系统集成关键技术及应用　由江苏美森环保科技有限公司、中国水利水电科学研究院水资源所和常州大学联合实施，研究全过程水质在线监测系统、全固态溶解性有机物实时在线监测技术、水源快速诊断技术与水质安全预警系统，引导传统水质监测行业向全程智能化发展，示范推动全国饮水安全工程建设。项目核心技术拥有国家自主知识产权，获发明专利授权3件、实用新型专利授权23件、软件著作权3项。2013—2015年，项目成果应用企业共新增产值1.7亿元、利润1462万元。

【武进区3个产品（项目）获市科技进步奖一等奖】 武进区企业、科研单位研发的高速铁路重载牵引系统及核心配套部件等3个产品（项目）被市科技局授予2016年度常州市科技进步奖一等奖。

高速铁路重载牵引系统及核心配套部件　由新誉集团有限公司和江苏常牵庞巴迪牵引系统有限公司联合研发生产，是列车系统核心子系统，为高速铁路电动车组及车辆提供自动控制动力电源。利用交流传动技术，采用两点式电压源逆变电路实施模块化设计，借助绝缘栅双极型晶体管元件简化主电路型式，综合水冷系统、微机控制系统和低感母排技术，信息储量大，散热快，抑制过电压能力强，故障率低，整机效率达95%以上，无故障运行时间6万小时以上，实现自动控制、故障自诊断和自动通信，具有速度快、功率大、可靠性高、易于安装维护特点。获发明专利授权9件、实用新型专利授权25件，国内市场占有率34%，2012—2014年实现产品销售收入28.02亿元、净利润7.29亿元。

超级稻“武运粳27号”的育成与推广　由江苏（武进）水稻研究所承担。“武运粳27号”以“加45（浙江）”“9520杂交F1”作母本，以“武运粳21号”作父本，杂交后采用系谱法选育，辅以分子标记辅助选择技术进行精准抗性鉴定，于2007年育成，属中熟中粳稻品种，株型较紧凑，群体整齐度好，抗倒伏性强，后期转色好，落粒性中等，分蘖力较强，叶色较绿，适宜在江苏省中部地区作迟播种植，亩产650～680千克，米质达国标三级优质稻谷标准，2014年被农业部认定为超级稻品种。江苏（武进）水稻研究所联合苏中地区农技推广部门研究集成“武运粳27号”配套轻简高产高效栽培技术，“武运粳27号”成为2013—2016年江苏省淮南迟播组预备试验、区域试验和生产试验组对照品种，被省农委推介为2014—2015年主推水稻品种，2013—2015年累计推广面积29.85万公顷。

废家电全组分高值化清洁利用关键技术与产业化示范　由常州翔宇资源再生科技有限公司和江苏理工学院联合承担，攻克废弃电器电子产品中金属与非金属循环利用及深加工技术，解决废旧家电等电子废弃物回收利用难题，获省环保厅认可并在全省推广。项目单位获发明专利授权4件、实用新型专利授权16件，发表论文近百篇，出版《废电脑及配件与材料的回收利用》等专著6本，项目实施期间新增产值20亿元、利税3000万元。

【武进区6个产品（项目）获市科技进步奖二等奖】 武进区企业、科研单位研发的小型一体化LTE宏蜂窝架构基站等6个产品（项目）被市科技局授予2016

超级稻“武运粳27号”丰产方　　供稿/江苏（武进）水稻研究所

年度常州市科技进步奖二等奖。

小型一体化LTE宏蜂窝架构基站　由江苏鑫软图无线技术股份有限公司研发，属宽带无线接入设备。项目单位采用具有自主知识产权的TD-LTE技术，研究宽带无线接入设备物理层和系统级技术，在信道分配、随机接入等领域突破关键技术。产品频谱利用率和带宽比3G技术高，信号覆盖范围大，应用模式灵活，实时回传图像和视频等多媒体信息，可应用于电子政务、数字无线城市建设等重点领域。

WD型分批整经机　由卡尔迈耶(中国）有限公司研制，采用液压工作站和双同步电机盘头夹紧系统，盘头托起和压纱辊采用同一机构联动，增设防缠绕装置，机器最高时速1200米/分，提高纱线整经质量和产量，促进纱线后续高质量浆纱和织造。获发明专利、实用新型专利授权各3件，被省科技厅认定为高新技术产品，投放市场后日均整经42.5万米。

出口泰国SDA3型交流传动内燃机车研制　由中车戚墅堰机车有限公司研发，项目产品是交—直—交电传动米轨货运内燃机车，轨距1000毫米，装车功率2380千瓦，轴重20吨，最大运行速度100千米/小时，采用内走廊双司机室结构和侧壁承载式车体，使用美国卡特彼勒公司C175-16型柴油机、美国西屋制动公司26-LA型空气制动系统、交流牵引系统、微机网络控制系统、辅助电传动系统和三轴滚抱径向转向架等设备，具有双机重联功能。产品结构紧凑合理，装配方便快捷，连接可靠，用于米轨线路，可适应泰国多雨潮湿窄轨条件，是中国首次批量出口泰国的干线货用内燃机车。

数控电化学复合抛光技术及产业化　由瑞声精密制造科技（常州）有限公司、新誉集团有限公司和常州工学院联合承担，集成数控、电解加工和机械磨削（研磨）优势，采用有内、外喷功能的旋转复合阴极，实施数控电解切割、镗铣削、磨削和电化学复合抛光加工，通过更换不同复合阴极，对同一工件进行粗加工、精加工和抛光加工，消除零件在机床上重复安装造成的安装误差。可应用于模具、医疗器械、军工和轴承等行业。项目开发五轴联动数控电解机械复合加工机床，经江苏南方轴承股份有限公司、瑞声精密制造科技（常州）有限公司应用试验，加工精度2微米、表面粗糙度0.02微米，可节约资源、降低能耗，消除热处理变形，提高加工精度和表面质量，获发明专利授权10件，推广应用经济效益1亿多元。

集成式LNG加气装置及其安全技术研究　由江苏安普特防爆科技有限公司和常州大学联合承担，研究LNG（液化天然气）储罐快速温度平衡技术，采用气相液化技术与BOG（蒸发气体）再液化技术，在储罐内压力过高时，将储罐底部低温液体注入储罐上部喷淋降压，减少BOG排放。项目研究特种材料的多孔网状生产工艺、阻隔防爆孔隙率和填充密度等，生产集成式LNG加气装置，具有安全环保、节约用地、不动火施工安装、施工周期短等特点。经检索，产品技术达国际先进水平。

创伤凝血功能障碍基础研究与临床救治　由常州市武进人民医院承担，围绕创伤凝血功能障碍这一世界性治疗难题，结合动物实验与临床研究，提出中西医结合综合救治适宜技术方案，发明维生素B6联用丰诺安新疗法，在全国600多家医院推广应用并获良效，获美国、欧盟发明专利授权各1件，获国家发明专利授权3件，获医疗器械注册证1件，被列入国家军用标准1项，被中国中西医结合学会灾害医学会与中国研究型医院学会卫生应急学专业委员会列为全国推广项目，是2013年度江苏省城乡基层适宜卫生技术推广项目。项目单位发表论文21篇，其中被美国科学引文索引收录2篇。经评审，项目成果达国际先进、国内领先水平。

【武进区17个产品（项目）获市科技进步奖三等奖】　武进区企业、科研单位研发17个产品（项目）被市科技局授予2016年度常州市科技进步奖三等奖。分别是昆兰新能源技术常州有限公司研制的iPower储能双向逆变器，常州市常超电子研究所有限公司研制的TOFD超声衍射法探头，江苏新誉空调系统有限公司研制的高寒抗风沙动车组空调系统，常州市瑞泰工程机械有限公司、中车戚墅堰机车车辆工艺研究所有限公司联合研制的LR1200-PROFILE型焊轨车（轨道焊接机器人），常州中车柴油机零部件有限公司、中车戚墅堰机车车辆工艺研究所有限公司联合承担的“HXN5机车活塞国产化开发”项目，江苏龙城精锻有限公司承担的“混合励磁精锻爪极及其复合成形技术”项目，灵通展览系统股份有限公司、常州工学院联合承担的“采用一致性检测技术的超薄LED大幅面导光板装备研究”项目，常州工利精机科技有限公司、江苏雷利电机股份有限公司、常州机电职业技术学院联合承担的“微电机机壳高效精密拉深级进模技术及应用”项目，光大环保技术装备（常州）有限公司、光大环保技术研究院（深圳）有限公司承担的“垃圾渗滤液内外循环（IOC）高效厌氧反应

中车戚墅堰机车有限公司内燃机产业化基地　　摄影/刘建中

表 64

2016 年武进区科技进步奖获奖产品（项目）情况

获奖等级	项　目　名　称	承　担　单　位
一等奖	机车车辆用高强度轻量化铝合金材料及铸造成型工艺技术	中车戚墅堰机车车辆工艺研究所有限公司
	TOFD 超声衍射法探头	常州市常超电子研究所有限公司
	一种环保型棕色还原染料及其商品化制造技术的研发及产业化	江苏亚邦染料股份有限公司
		常州工程职业技术学院
	超级稻“武运粳 27 号”的育成与推广	江苏（武进）水稻研究所
	创伤性凝血病临床救治与基础研究	常州市武进人民医院
	建筑垃圾资源化利用工艺技术与装备集成示范项目	江苏绿和环境科技有限公司
二等奖	微电机机壳高效精密拉深级进模技术及应用	常州工利精机科技有限公司
		江苏雷利电机股份有限公司
		常州机电职业技术学院
	螺旋伞齿螺杆式启闭机	江苏武东机械有限公司
		大连理工常州研究院有限公司
	HXN5 机车活塞国产化开发	常州中车柴油机零部件有限公司
		中车戚墅堰机车车辆工艺研究所有限公司
	无源无线高压设备温度在线监测系统	常州市盈能电气有限公司
	光电子元器件用 OCA 的研发及产业化	新纶科技（常州）有限公司
	CVD 法宏量制备石墨烯薄膜及应用产品的关键技术开发	常州二维碳素科技股份有限公司
	高纯度更昔洛韦原料药制备技术的开发与应用	上药康丽（常州）药业有限公司
	内皮脂肪酶基因单体型与冠心病及血脂水平的相关性研究	常州市武进人民医院
	可控式体位垫的研制和临床应用	常州市武进人民医院
	PAPP-A 基因多态性与 ACS 发病风险和血清 PAPP-A 水平的相关性	常州市武进人民医院
	功能菌剂强化—无回流多级 AO—生态消纳组合技术及其在村镇工业集中区污水处理中应用	常州市水中天生态园林工程有限公司
		常州大学
		常州市武进区农村能源办公室
三等奖	采用一致性检测技术的超薄 LED 导光板装备研究	灵通展览系统股份有限公司
		常州工学院
	千级洁净光学膜涂布设备	常州永盛新材料装备股份有限公司
	基于工业除尘 PM2.5 净化的高效脉冲袋式除尘器的研发与应用	常州市新武机械有限公司
		常州工程职业技术学院
	铬锆铜 H 型结晶器铜管的研发	常州市武进长虹结晶器有限公司
	有源电力自动化滤波装置（JL-APF）	江苏莱宝电力股份有限公司
	接入网用蝴蝶型引入光缆	江苏南方通信科技有限公司
	低表面处理钢管保护用紫外光固化防腐涂层材料	江苏兰陵高分子材料有限公司
	PV320T 高性能太阳能背膜的研发	常州回天新材料有限公司
	化痰祛瘀法治疗高脂血症的临床和实验研究	常州市武进中医医院
	尿液中足细胞及其标志蛋白 Podocalyxin、Mindin 在早期糖尿病肾病诊治中的应用研究	常州市武进人民医院
	PTEN 抑制剂 BPV 对缺血性卒中的神经保护作用及其机制研究	常州市武进人民医院
	大肠息肉患者人群特征的临床观察	常州市武进中医医院
	资源型生物厕所	江苏华虹新能源有限公司
	房屋白蚁预防微胶囊化药剂的应用技术研究及对地下水安全性评价	常州市武进区白蚁防治所
		常州晔康化学制品有限公司

器技术研究”项目，江苏夏博士节能工程股份有限公司、常州工程职业技术学院联合研制的中高温集热系统及其关键吸热膜，常州大学、常州市武进区动物疫病预防控制中心、常州市武进区农村能源办公室联合承担的“分散式养猪户粪便收集、储运及与秸秆混合发酵资源化利用技术”项目，上药康丽（常州）药业有限公司、常州市生物技术发展中心联合承担的“高纯度更昔洛韦原料药制备技术的开发与应用”项目，江苏武进不锈股份有限公司、常州大学联合研制的大型LNG用超低温不锈钢焊管，常州二维碳素科技股份有限公司承担的“CVD法宏量制备石墨烯薄膜及应用产品的关键技术开发”项目，常州市武进晨光金属涂料有限公司、常州大学联合承担的“汽车用免中涂涂层材料的研发”项目，江苏亚邦染料股份有限公司、常州工程职业技术学院联合承担的“一种环保型棕色还原染料及其商品化制造技术的研发及产业化”项目，常州大学、区人社局联合承担的“武进区领军人才创业绩效、创业环境评估报告”。

（张建忠）

科技创新创业服务

【概　况】 2016年，武进区贯彻“大众创业、万众创新”方针，围绕高新技术产业、新兴产业和特色产业发展，落实《关于推进企业研发机构建设的实施意见》要求，优化布局、高端提升，加快科技创新创业载体建设。新增省级重点研发机构提升项目7个、工程技术研究中心11家、研究生工作站4家，获得项目经费580万元。新增市级工程技术研究中心34家、市科技公共服务平台2家、市重点实验室4家、市创业平台3家、市科技服务体系3家，获项目经费505万元。新认定区工程技术研究中心70家。区科技部门通过政策引导，协调全区孵化器、加速器探索孵化培育体制以及绩效考核体制，完善创新创业的市场化职能和制度体系。新增科技企业孵化器国家级1家、省级4家、市级3家，新增省级科技企业加速器1家，新增众创空间省级6家、市级3家，累计有科技企业孵化器34家（国家级7家）、加速器9家、众创空间29家。

【区科创服务中心被认定为国家级科技企业孵化器】 2016年3月，武进区科创服务中心被科技部认定为国家级科技企业孵化器。该中心位于武进高新区天安数码城内，成立于2009年5月，由区政府投资67万元建立，每年投入运营资金300多万元，总孵化面积约2万平方米，可同时容纳100多个高层次人才团队创新创业，有服务团队成员14名。集成各类知识服务资源，为科技型中小企业提供科技政策、管理、法律、财务、融资、项目研发、市场推广和培训等服务，降低企业创业成本和创业风险，提高创业企业成活率和成功率，与高等院校、科研院所、投融资机构密切合作，促进产学研、项目与资本的结合，促进科技成果转化和产业化，是全区科技创新创业的公共性、基础性服务机构，累计吸纳电子信息、物联网、节能环保、装备制造、生物医药、现代服务业等领域大学生创业实体55家，先后被认定为国家高校学生科技创业实习基地、江苏省高新技术创业服务中心、江苏省大学生创业园等。2015年5月，该中心运营的青武·创客空间被省科技厅认定为省级众创空间。2016年，该中心借助市“龙城英才计划”项目重点引进并孵化云计算、物联网、电子商务等电子信息行业的领军型创新创业人才和企业，至年底，吸引常州数赢云网络科技有限公司、常州驰网智能检测技术有限公司、江苏首创新能源科技有限公司等创业企业92家，其中领军型企业35家、科技型企业41家，涉及电子信息、物联网、节能环保、装备制造、生物医药等领域，吸纳硕士研究生及以上学历创业人才40余人，提供就业岗位911个，接纳就业大学生680人。

【省级众创空间新增6家】 2016年，慧创空间等6家众创空间被省科技厅认定为省级众创空间，纳入省级科技企业孵化器管理服务体系。全区累计有众创空间29家，其中省级13家、市级16家。

慧创空间　2016年9月获评省级众创空间。位于上海交通大学（常州）科技园内，成立于2015年5月，面积1500平方米，有创业工作区、创客休闲吧、创客培训区、商务洽谈区、综合办公区、公共实验区六大功能性服务载体，借助“创业咖啡＋创客空间”模式共享办公设备、创业导师辅导、投融资咨询等，为初创企业和创业者提供工商注册、企业宣传、法律咨询、财务咨询等服务，提供免费办公用房和低成本研发厂房，吸引常州联研自动化科技有限公司等8家企业入驻。2015年4月，设立300万元种子基金，投资优质科技创新企业。2016年，安排60万元资助“石墨烯超级电容”“碳纤维材料应用”“悟镜AR增强现实技术”项目3个。

N立方创意工坊　2016年9月被评为省级众创空间。位于武进工业设计园一楼，成立于2015年4月，面积1280平方米，由市、区科技局等部门联合武进工业设计园共同设立，是常州市首家以创意设计为主题的众创空间，依托武进工业设计园的资源优势和孵化平台，

创业青年在N立方创意工坊开展创意设计　摄影/陆新

打造文化创意、艺术设计、手工制作、科技孵化、创意教育和"互联网+"商业模式等业态的众创空间，有Laren.Q手工皮具工作室、动画电影《我是哪吒》项目、青之旅—老年人旅游收纳箱的设计项目、常州市卓润木艺设计有限公司等创客项目（企业）42个。

奇点3D打印众创空间　2016年9月获评省级众创空间。位于常州科教城现代工业中心3号楼3楼，成立于2015年5月，面积500平方米，是全省首家3D打印创客体验中心，借助3D打印创客服务平台，为中小企业提供3D打印技术快速成型服务，为创客、学生及普通消费者提供3D打印技术、原型设计、制造工具、创业指导、学习实践等服务，推动传统制造业向智能化生产和个性化定制转型。2015年8月，常州奇点电子科技有限公司和常州波速投资合伙企业（有限合伙）共同设立种子基金，初期规模200万元，投入50万元资助"准工业3D打印机"等项目3个。

极客车间　2016年10月获评省级众创空间。内容参见《开发园区》栏目P94相关条目。

新观点　2016年10月被评为省级众创空间。位于遥观镇，成立于2015年10月，总面积7000平方米，是全市首家镇级众创空间，有开放孵化区、公共服务区、双人洽谈区、独立办公区、路演区五大功能区，设创客工位100多个，配备武进青年商会企业家、遥观镇青年商会企业家、社会投融资机构专家等创业导师10人，借助常州国家广告产业园区灵通基地的优势资源，培育孵化广告展览道具、创意文化、工业设计、"互联网+"等领域青年创客，免费提供物业服务，协助办理公司设立手续，提供创业指导、专利咨询等一站式服务。至2016年年底，有入驻企业16家，培育创业项目2个，先后获评江苏省农村青年电商创业培育示范基地、常州市青年众创空间、武进区大学生创业园。

常州科教城互联智造众创空间　2016年12月被评为省级众创空间。位于常州科教城内，成立于2015年5月，面积3500平方米，入孵项目（企业）20个，涉及智能制造、数字设计等领域，提供技术创新管理、公共技术服务平台、产学研合作、知识产权、人才进阶、专项活动等服务，重点打造常州科技金融服务中心、大学仕制造技术众包平台，利用常州科教城资源优势引进、共建战备合作联盟，搭建公共服务平台11个、公共技术服务平台12个。2016年，该众创空间组织投融资对接会6场、项目路演3场、科技创业投资论坛6场、科技金融高峰论坛1场、政策培训6次，毕业项目（企业）5个。

【上海交通大学金属基复合材料国家重点实验室成果转化基地成立】 5月23日，该基地在上海交大（常州）科技园揭牌成立。上海交通大学金属基复合材料国家重点实验室主要开展金属基复合材料、聚合物基复合材料等领域的应用基础研究，是重要领域用轻质高强金属基复合材料主要研发和生产阵地，是全国复合材料科学研究、学术交流、技术创新和高级人才培养中心。基地依托国家重点实验室和上海交大（常州）科技园，借助上海交通大学的技术和人才优势，在科研项目联合攻关、科技成果转化、人才培养等方面开展合作。2016年，举办大型产学研活动6次，科研成果定向对接会6次。其中，金属基复合材料专场对接3次，邀请上海交通大学新材料领域专家教授10人与15家相关企业代表开展现场对接。9月28日，基地与常州富烯科技股份有限公司签署产学研合作协议，加速上海交通大学科研成果产业化进程。

【中以创新发展基金设立】 参见《开发园区》栏目P90同名条目。

【武进高新区众创服务中心投运】 参见《开发园区》栏目P83相关条目。

（张建忠）

产学研合作

【概　况】 2016年，武进区构建以企业为主体、市场为导向、产学研相结合的技术创新体系，深化科技经济对接，推动科技成果转化，出台《科技创新"双十百千"三年行动计划（2016—2018）》，推进武进区企业与高校院所开展产学研合作，开展常州大学—常州市武进区机械装备科技对接洽谈会、华中科技大学—武进电子企业科技对接洽谈会、花卉苗木企业与南京林业大学对接、"双十百千"行动推进大会暨在常高校科技成果展示洽谈会等较大规模产学研活动12次，组织企业参加省、市产学研活动12次，签订合作意向项目237个，新增产学研项目90个，新建产学研基地和研发中心15家。组织申报市级及以上产学研合作项目88个，立项54个（国家级8个、省级23个），获项目经费1975万元。其中，常州光电技术研究所承担的"中国科学院上海技术物理所常州中心建设"项目获省产学研联合重大创新载体项目立项，获项目经费400万元；常州机电职业技术学院承担的"高浓度低噪声家用制氧机设计与制造关键技术

省科技镇长团武进团第九批团员调研礼嘉镇江苏嬉乐湾农业生态示范园

供稿/区科技局

表 65 江苏省科技镇长团武进团第九批团员情况

姓　名	派出单位及职务	挂职单位及职务	从事专业
刘荫梅	黑龙江大学信息科学与技术学院党总支书记兼副院长	武进区政府副区长	党政管理
汪建元	浙江大学继续教育学院直属学习中心副主任	武进区科技局副局长	远程教育
张　赟	省住建厅科技发展中心高级工程师	武进区住建局副局长	建筑节能
肖献强	合肥工业大学机械工程学院副教授	武进高新区科技局副局长、区委人才办副主任	车辆工程
张　海	省食药监局主任科员	西太湖科技产业园（武进经发区）党工委副书记、区市场监督管理局副局长	政治学、法律
吕干云	南京工程学院教授	常州科教城经济发展处副处长	电气工程
卿朝进	西华大学电气与电子信息学院副教授	武进区前黄镇党委副书记	通信与信息系统
刘勤华	大连理工大学常州研究院副院长	武进区湖塘镇党委副书记	材料学、企业管理
王东凯	黑龙江省科学院高技术研究院生物技术研究室副主任	武进区牛塘镇党委副书记	生物技术
张荣贵	南京中医药大学汉中门校区管理办公室综合科科长	武进区嘉泽镇党委副书记	行政管理
秦海芳	常州工程职业技术学院教师、化药党支部书记	武进区横林镇党委副书记	化学、药学
申宏伟	省海事局副主任科员	武进区遥观镇党委副书记	基建管理
朱　伟	省政府外事办主任科员	西太湖科技产业园（武进经发区）党工委副书记	涉外管理
刘　彬	住建部标准定额研究所工程师	武进绿建区副主任	标准化管理
程庆霖	江苏理工学院化学与环境工程学院	武进区雪堰镇党委副书记	环境工程
李平华	南京农业大学动科院养猪研究所所长助理	武进区礼嘉镇党委副书记	猪生产与育种
袁　飞	常州轻工职业技术学院模具系教师	武进区洛阳镇党委副书记	机械
陆亚波	常州纺织服装职业技术学院科技处主任科员	武进区湟里镇政府副镇长	计算机技术
杨小斌	常州工学院机械与车辆工程学院教授	武进区横山桥镇政府副镇长	机械工程
王　军	常州信息职业技术学院机电工程学院副教授	武进区潞城街道办事处副主任	机械加工及自动化

研究”等 13 个项目获省产学研前瞻性联合研究项目立项，获项目经费 280 万元；江苏恒立液压股份有限公司承担的“江苏恒立液压股份有限公司德国研发中心建设”项目获省国际科技合作项目立项，获项目经费 70 万元；常州市泰瑞工程机械有限公司承担的“电驱动自行式钢轨探伤小车的联合研发及产业化”项目获省国际合作（中以专项）立项，获项目经费 100 万元。8 月 26 日，江苏省科技镇长团第九批团员入驻武进区，成员 20 人，由省内外高校、科研院所和省部级机关单位选派，其中省团成员 13 人、地方团成员 7 人，任职时间为 2016 年 9 月至 2017 年 8 月，推进企业与高校科研院所开展产学研合作，助力科技创新平台载体建设。

【常州科教城湖塘分园揭牌】 5 月 17 日，常州科教城湖塘分园揭牌暨项目签约仪式在湖塘科技产业园举行。该分园位于武进城东工业板块，由湖塘镇政府与常州科教城合作建设，设标准厂房区、独立企业区和综合配套区，其中标准厂房占地面积 40.8 公顷，规划建设标准厂房面积 60 万平方米，年内建成标准厂房面积 38 万平方米，成为湖塘镇工业经济转型和高新技术产业集聚发展重要平台。借助常州科教城优质科技资源的集聚优势，利用湖塘科技产业园的交通优势和空间资源，通过强强联合实现科技创新与产业创新融合发展，加速新兴产业的集聚，推动优秀科技成果转化为现实生产力。至年底，有中科零壹自动化设备（常州）有限公司等入驻企业 4 家。

【第十一届中国常州先进制造技术成果展示洽谈会武进区达成合作意向 95 个】 5 月 18 日，第十一届中国常州先进制造技术成果展示洽谈会开幕，清华大学、北京大学、浙江大学、同济大学、华中科技大学、西安交通大学等 18 所高校及科研院所的 120 名专家教授参加各类专题活动，武进区 230 家企业与高校院所专家教授开展对接洽谈，达成合作意向 95 个。在开幕式上，华中科技大学—瑞声科技联合研发中心、“石墨烯应变传感器的机制研究”项目等 6 个产学研合作类项目签约。展洽会期间，武进区组织各类专题活动 50 场，其中论坛研讨会 4 场、推介交流会 3 场。区科技部门采用“请进来”与“走出去”相结合的办法开展产学研对接，组织不同行业科技企业走进华中科技大学、武汉大学、南京航空航天大学等高校院所开展产学研对接 12 场，邀请 18 所高校院所电子信息、智能装备制造、新材料、生物医药等领域的 43 名专家教授分别走进新誉集团有限公司等 30 家重点企业开展产学研对接。

（张建忠）

知识产权管理

【概　况】 2016 年，武进区结合重点产业方向加强专利导航，修订完善专利奖励政策，挖掘企业尤其是高新技术企业对专利的需求，推进知识产权工作健康发展。区科技部门组织企业和科研单位申报省级及以上知识产权类科技项目19个，立项省知识产权战略推进计划专项资金项目4个、省众创空间知识产权保护项目1个、省战略性新兴产业专利预警分析项目1个、省涉外维权援助项目1个，新增国家知识产权优势企业6家、中国专利优秀奖1个，江苏省企事业单位知识产权贯标优秀企业6家、贯标合格企业1家、贯标通过第三方机构认证企业20家。全年申请专利21441件（发明专利5768件），获授权9621件，其中发明专利1334件。全区有效发明专利拥有量4380件，万人有效发明专利拥有量30.52件。完成技术贸易合同登记38项，登记总额5339.2万元。加大知识产权管理和专利保护力度，组织企业技术人员参加知识产权工程师培训、知识产权贯标培训等，配合市科技局调查知识产权纠纷案件33件、流通领域执法2次，联合区法院组织16名企业代表观摩知识产权案件开庭审理。武进高新区全面启动国家级知识产权试点园区工作，西太湖科技产业园重点开展知识产权国际合作与保护工作，组建中国以色列常州创新园知识产权服务平台，在全市率先实现商标、专利、版权“三合一”保护。至年底，全区有注册专利事务所7家，业务涉及专利代理、专利咨询、专利预警、专利侵权诉讼等，基本满足区内企事业单位和个人对专利方面的服务需求。

【“具有石墨膜和石墨烯复合结构的散热材料及其实现方法”获中国专利优秀奖】 12月7日，被国家知识产权局授予第十八届中国专利优秀奖，发明人马宇尘，专利权人碳元科技股份有限公司，专利号ZL201110363910.2。该专利利用石墨膜的高导热性和石墨烯的强度性能，首次采用石墨膜和石墨烯复合结构，将石墨烯层多个叠加，制造更大厚度的石墨烯散热膜，导热性近1900瓦/米·度，厚度薄至10微米，耐弯折性1万次以上，既解决石墨膜撕裂脱落问题，又提高散热膜的导热率，适用于对散热膜有一定厚度要求的电子产品，解决微米级厚度石墨烯层难以量产的技术难题，填补石墨烯导热膜结构设计及实现方法的国内技术空白，打破国际技术壁垒。专利产品实现规模化生产，应用于中兴、华为、联想、小米、三星、HTC等国内外品牌手机和平板电脑。

【武进高新区推进国家级知识产权试点园区工作】 2015年12月，武进高新区被国家知识产权局认定为全国14家知识产权试点园区之一。2016年，武进高新区以企业为主体，启动并推进试点工作。围绕先进智能装备、绿色低碳、电子信息、新型交通、现代服务五大产业集群，引进国家级创新实验室、研究所和产业化基地，引导企业利用好武进工业设计园、江苏省（新誉）风电装备技术研究院等平台，加快知识产权创造、转移、扩散和实施。完善高价值专利、高知名度商标激励政策，给予“三名商标”（中国驰名商标、省著名商标、市知名商标）企业特定奖励，优先扶持建立国家级、省级、市级企业技术中心，提供政策扶持、融资贷款等服务。实行“政府出资、企业应用”模式，完善园区知识产权服务体系，围绕五大产业集群，建立产业专利信息库，建设专利预警分析平台，预警分析国内外专利信息，帮助企业规避知识产权侵权风险。至2016年年底，武进高新区申请专利5889件，获授权2122件，有效发明专利1172件，万人有效发明专利拥有量58.6件；省、市知识产权战略推进计划项目获批企业7家，贯标备案企业14家，通过国标认证企业7家；省级及以上名牌累计18个，驰名、著名、知名商标累计83个；组建技术转移平台2个，成立中国（常州）知识产权维权援助中心武进高新区分中心，上线武进国家高新区专利备案系统V2.0版本，组织专项培训5场次，培训500多人次。

区科技局组织企业技术人员参加知识产权保护理论培训　　供稿/区科技局

【中以常州创新园知识产权服务中心成立】 4月26日，该中心成立。位于中国以色列常州创新园内，占地面积200平方米，设知识产权服务大厅、服务机构集中办公区、审判庭、合议庭，集知识产权宣传教育、维权援助、代理服务、纠纷案件审判、国际合作平台等涉外知识产权服务功能于一体。该中心在全市率先实现商标、专利、版权“三合一”保护，知识产权行政保护与司法保护双途径协调，知识产权申请、评估、预警、交易、战略、维权等一站式服务功能体系。有中国（常州）知识产权维权援助中心、江苏佰腾科技、维益专利事务所、北京国知专利预警咨询、江苏铭天律师事务所、省知识产权研究中心产业导航基地等知识产权服务机构入驻。年内，调查园区内企业知识产权状况与需求，运营中以知识产权国际合作平台，与市中级人民法院联合举办商业秘密与保护专题讲座，参与区人民法院知识产权现场庭审案件1起。

（张建忠）

科学普及

【概　况】 2016年年末，全区有镇科协11家、街道科协5家、开发区科协2家，区级学（协）会26家，企业科协5家。

年内，区科协及所属团体坚持为科技工作者服务、为创新驱动发展战略服务、为提高全民科学素质服务、为党和政府科学决策服务，加强自身建设（简称“四服务、一加强”），持续推进各项事业。全年开展科普宣传、学术交流、科技对接等活动800余次。创建省级科普教育基地6家、科学教育综合示范学校1所、科普惠农服务站2家、科普示范社区1个、“基层科普行动计划”农村科普示范基地1家，创建市级科普教育基地9家、优秀科普教育基地5家、特色科普馆4家、科学教育综合示范学校2所、科普惠农服务站2家，创建区级中小学生科普实践基地1家。武进区获全国科普示范区称号。年末，武进区具备科学素质的公民比例达11.5%。

【武进区创成全国科普示范区】 2015年年初，武进区启动科普示范区创建工作，各级科协组织和成员单位围绕“节约能源资源、保护生态环境、保障安全健康、促进创新创造”的工作主题，推进落实“三服务一加强”工作职能，努力提升全区全民科学素质。全年开展科普宣传、学术交流、科技对接等活动100余次，联合举办学术交流报告会近30场；创建各类科普示范基地10家、科学教育特色学校5所、科普惠农服务站2家。年末，全区全民科学素质达标率达9.3%。武进区被省科协命名为2016—2020年度江苏省科普示范县（市、区）。2016年2月4日，武进区被中国科协命名为2016—2020年度首批全国科普示范县（市、区），连续第三次获全国科普示范区称号。

【武进区第二十七届科普宣传周活动】 5月16日，武进区第二十七届科普宣传周暨“绿色建筑产业杯”青少年科技竞赛启动仪式在江苏省绿色建筑会议展览中心举行，活动主题是“创新引领，共享发展”。在开幕式上，区科协表彰优秀青少年科技竞赛工作站5个、科普工作优秀校长10名、优秀教练员10名，授予武进绿建区中小学科普基地称号。科普宣传周期间，各基层科协、所属团体和区全民科学素质工作领导小组成员单位结合实际，开展大型户外科普集市1次，组织科普旅游活动8次；邀请专家教授50余人次，举办专题科普报告会40余场；开展科普电影进社区30场次，累计开展科普活动80项，发放宣传资料2万份（册）。

【区科技成果转移中心年签订产学研项目合同金额超千万元】 5月18日，西北工业大学、哈工大（威海）校区、南京工业大学、江苏大学四所高校科研机构签约入驻武进区科技成果转移中心，累计入驻高校科研机构10家。区科技成果转移中心挂靠区科协，年内，中心组织和参与产学研活动60多场，主办科普讲座3场，签订产学研合作项目24项，项目合同金额1000余万元。其中，南京工业大学与江南石墨烯研究院共建江苏省产业技术研究院石墨烯材料研究所、与江苏地标建筑节能科技有限公司共建省级研究生工作站；浙江大学与江苏日盈电子股份有限公司、南京理工大学与江苏洛凯机电股份有限公司签订合作项目，并分别申报省成果转化项目和省重点研发项目。

5月16日，武进区绿色建筑科普知识竞赛在江苏省绿色建筑会议展览中心举行

供稿/区科协

【全国科普日宣传活动】 9月18日，武进区全国科普日宣传活动在凤凰谷大剧院开幕，星河小学、刘海粟小学、锦绣小学的2500名师生参加。这项活动围绕“创新放飞梦想，科技引领未来”的主题，聚焦科技成果科普化、民生化，提升公众参与科普活动的深度和广度。开幕式主场活动魔幻科学秀以舞台剧形式将生活中的科学知识融进各种物理、化学等实验之中，演员通过滑稽、逗乐、魔术、哑剧、抢答等表演展示科学实验，舞台上下互动强烈。全国科普日期间，全区各基层科协、企业以及区全民科学素质工作领导小组成员单位等陆续组织开展重点科普宣传活动50多项，着力在全社会营造良好的科普氛围，正确引导公众健康科学工作和生活。

【丁堰等3个街道成立科协组织】 12月下旬，常州经开区丁堰、潞城、戚墅堰3个街道分别召开街道科协成立大会，各自成立科协组织，审议通过第一届委员会工作报告以及街道科协章程，并选举产生主席、副主席和秘书长。丁堰、潞城、戚墅堰3个街道的首届科协主席分别由石剑虹、赖岩松、梁晓波担任。至此，全区镇级科协组织实现全覆盖。

【第二届绿色智能制造海智对接大会】 8月3日，常州市科学技术协会、武进区科学技术协会和武进高新区管委会共同举办第二届绿色智能制造海智对接大会，来自国内外的10名智能装备业专家和常州地区100多位企业家代表参加活动。对接会上，英国伦敦大学国王学院机器人研究中心主任戴建生教授等5位海智专家就机器人及智能装备领域的发展现状做主题报告，来自美国、日本等国家的专家学者分别发布机器人行业最新的科研成果。参会企业与海智专家开展深入的对接交流，现场达成合作协议10多项。

（盛文贤）

（栏目编辑　陈　蓉）

教 育

综 述

【概 况】 2016年年末，武进区有独立建制以上公办、民办学校99所。其中，小学48所(民办小学2所)，初中25所(民办初中2所)，九年一贯制学校8所（民办九年一贯制学校2所），高中和完全中学10所（民办高中1所），职业教育中心校、开放大学、幼儿师范学校、特殊教育学校各1所，省重点成人教育中心校4所。中小学（含职中）、幼儿园在校生18.55万人，教职工8156人，其中中小学专任教师7991人。年内，全区围绕“提升教育内涵、提高教学质量”重点，推进国家教育现代化建设试验区建设。区财政拨出国家财政性教育经费21.4亿元，夯实教育基础，保障教育运行，支持教育发展。其中，公用经费和专项补助经费（校舍维修经费、安保经费、校车补贴费用、图书经费和设备购置经费等）3.5亿元，学校基本建设经费3.8亿元。全年启动雪堰初级中学新建项目等教育工程项目29个，新建和翻建教学用房面积18.66万平方米。

全区教育系统深化教学改革，坚持德育为先，提高教学质量，提升学生核心素养和教师队伍能力，省优质幼儿园比例73.08%，小学、初中市优质学校比例均100%，高中阶段省级优质率100%，有国家级绿色学校1所、省级绿色学校31所，市级绿色学校全覆盖。学龄儿童入学率100%，初中毕业生升学率（高中阶段毛入学率）99.05%，4506名学生被各类高等院校录取，高考录取率96.8%，职业技术教育综合技能水平全省领先。校本研修水平不断提升，教师队伍向专业化方向发展，新增江苏省中小学特级教师5人、常州市“特级校长”3人，累计有省特级教师32人、特级教师后备人才16人，市学科带头人280人、骨干教师494人、教学能手259人、教坛新秀376人，区学科带头人441人、骨干教师850人，幼儿园和小学教师中具有大专以上学历的，分别占100%和98.48%，初中、高中、职中教师中具有本科以上学历者分别占95.02%、98.72%和97.69%。武进区成立教师发展中心和教师管理服务中心，在6所学校建立新教师培训基地，教职工参加教研交流、专题讲座、学术沙龙、能力提升培训等，接受各类岗位和实用技术培训教育29.3万人次。区教育部门连续8年召开师德师风建设大会，出台《关于进一步加强师德师风建设工作的意见》，评选出“双十佳三好教师”20人、师德建设先进学校19所。教育事业成绩显著，武进区获评江苏省中小学校责任督学挂牌督导创新县（市、区），区教育局获全国青少年“依法治国”读书教育活动特别奖、2013—2015年度江苏省文明单位、江苏省社会教育宣传工作先进集体、江苏省教育系统关工委工作常态化建设巩固提高奖、第28届“国际科学与和平周”全国中小学生（江苏地区）“凤凰机器人杯”金钥匙科技竞赛青少年科技教育先进单位。

【武进区获评江苏省中小学校责任督学挂牌督导创新县（市、区）】 2014年3月，武进区启动责任督学挂牌督导工作，出台《武进区中小学校责任督学挂牌督导工作实施意见》，将全区所有中小学、幼儿园划分成14个责任区，明确督导内容，落实专项经费。区教育局健全工作机制，明确责任督学挂牌督导

责任督学深入学校开展督导　　供稿/区教育局

问责整改流程，制定“发现问题、提出意见、预警通报、约谈整改、公开公示”等问责制度。选聘名校长、名园长、特级教师等43人组成督学队伍，建立“一台二网三群四系统”（“一台”即武进教育督导微信公众平台，“二网”即武进教育督导网和各校教育督导网，“三群”即武进责任督学群、武进督导联络员群、武进督导信息员群3个辅助QQ群，“四系统”即教育督导评估应用系统、档案管理系统、档案展示系统及责任督学挂牌督导信息系统）教育督导信息化体系，实现挂牌督导全覆盖、全天候。重点督导学校办学行为、学校进取精神、学校内涵发展，创新“1+X”（规范性+自选性）督导方式，重点查看学校规范办学情况，根据学校发展特色开展个性化督导。2016年1月，武进区教育督导委员会成立，区教育局增设督导委办公室专职副主任，统筹、协调、指导教育督导工作；责任区学校与名校结成发展联盟，提高教学质量。2月，武进区被江苏省人民政府教育督导委员会授予“江苏省中小学校责任督学挂牌督导创新县（市、区）”称号。至年底，全区督学队伍调整为42人，督学深入学校532次，随堂听课625节，撰写督导论文、案例112篇，接听群众咨询电话218个，提出整改建议112条，督促推进教育工程项目3个，推动教育工作良性发展、优质发展。

【教育工程项目建设】 2016年，武进区继续改善学校办学条件，缓解适龄儿童大幅增加与中心城区教育设施不足矛盾，在全区范围内确定教育工程项目29个，投入资金18.23亿元，总建筑面积29.6万平方米，开工新建采菱小学、人民路小学等项目20个，启动锦绣小学食堂改造、牛塘中心小学C级校舍加固改造、东安实验学校综合楼改扩建、人民路初中新建、新安小学提升改造等项目9个。至年底，教育工程项目竣工投用12个。

【区教师发展中心成立】 8月，该中心成立。位于延政中大道6号武进教育大厦内，由区教育局整合教学研究室、电教中心、教师发展与研究中心设立，副科级建制单位，编制核定45人，实现教学研究、信息化建设、教师培训一体化融合，提升教学研究能力，提高服务教师专业发展能力。该中心注重提升教师理论研究能力，强化教学过程管理，优化教研品质和课程体系建设，建立新教师培训基地6个、校长学科基地15个，设立农村骨干教师培育站，陆一平小学语文名师工作室获市级认定。组织调研组在60多所基层学校开展教学调研、联合调研，听课2200余节，总结推广“教师专业成长、学科课程建设、信息技术装备”方面有益做法和成功经验，推进课程改革。组织教师参加教育科学研究项目和课题，研讨和解决课程实施中的重点难点问题，星河小学校长庄惠芬、江苏省前黄高级中学教师魏恒建分别获省第四届教育科学优秀成果评奖活动一等奖和三等奖，庄惠芬编著的《站起来的儿童数学》获第五届全国教育科学研究优秀成果二等奖，江苏省前黄高级中学、湖塘桥中心小学、戚墅堰幼儿园3所学校获评市教育科研示范基地。至年底，教师考录教育硕士25人，教职工参加教研交流、专题讲座、学术沙龙、能力提升培训、名师送培等岗位和实用技术培训教育29.3万人次，教师在各级各类基本功竞赛、优质课评比、信息化教学能手比赛中，获全国奖项73项、省级奖项134项，区教师发展中心获全国新技术支持下的个性化学习研究与应用比赛优秀组织奖。

【教师“区管校用”管理体制改革】 2016年，武进区针对教育发展过程中长期存在的教师流动难、超缺编并存等问题，启动教师“区管校用”管理体制改革，统筹全区教师资源配置，实行专业技术岗位全员竞聘，建立退出机制，缓解教师资源配置不合理、教育发展不均衡突出矛盾。8月，区政府出台《武进区学校编外聘用教师管理暂行办法》，改革学校人事制度，逐步建立并规范学校编内和编外人员相结合的制度，提高编外教师待遇，稳定编外教师队伍。10月，区教育局设立教师管理服务中心，委托其与教师签订聘用合同，统筹全区教师人事管理事务，全区8078名教师人事关系划归中心。中心实施编制总量控制、动态调控机制，岗位合理设置、科学统筹机制，交流多样轮岗、能留能走机制，竞岗全员参与、能下能上机制，流动整体协调、能进能出机制，在全区范围内调配教师，促进教师向师资薄弱学校流动，激励富余学科教师转岗，对达不到聘任要求或岗位要求的教师，采取低聘岗位等级、转岗、解除合同等措施，打破校际壁垒和岗位终身制，优化教师资源配置。至年底，区域流动教师204人，校际交流教师200多人，申请“区管校用”流动教师102人，缓解缺编学校师资压力，促进全区教育优质均衡发展。

【教育援疆】 从2011年起，武进区开始对口支援新疆维吾尔族自治区伊犁州尼勒克县，从教育基础建设项目扶持、人才引进、交流交往、送教送培等方面开展教育援助。2014—2016年，武进区援建教育工程项目6个，投入5700余

武进区援建的尼勒克武进高级中学　　供稿／区教育局

万元，建成教育信息城域网与教育平台、尼勒克武进高级中学、农村双语幼儿园4所，尼勒克县42所学校与武进区学校全面对接。开展“双百双千”活动，组织武进区100家机关部门、镇（开发区、街道）与尼勒克县对口单位结对互助，动员武进区100家民营企业通过武进区光彩基金定向募集资金，以结对帮扶形式资助尼勒克县贫困人员和贫困学生近1000人，每年每人资助不低于1000元，支持尼勒克县控辍保学工作。区教育系统向尼勒克县中小学校捐赠各类教学设备总价值130余万元，其中图书9000多册、课桌椅650套、电教设备40台（套）。2014—2016年，先后组织武进区优秀校长与教师骨干40余人组成教育专家团送教送培上门，分批次菜单式培训尼勒克县教育工作者9000余人次，开办尼勒克县首个名师工作室——尼勒克县高中语文薛新洪名师工作室；尼勒克武进高级中学开办“武进班”，采用武进区先进管理模式与教育理念，从生源选拔、师资配备、课程设置、时间安排、考核奖惩等方面实施改革，提升教学质量；组织尼勒克县教师90多人分七批次在武进跟岗学习半年至一年。

【阳光体育运动校本化】 2016年，武进区贯彻全国《中小学体育课堂教学规范与基本质量要求》，鼓励学校创建体育特色和品牌，挖掘整理民族民间体育特色，开发体育样本课程，组织师生参加体育竞赛，开展阳光体育运动大课间活动，持续监测学生体质健康，推动体育教育发展。全区中小学分别创建曲棍球、篮球、足球、乒乓球、田径、健美操、武术等体育特色和品牌，学生熟练掌握1～2项运动技能，逐步形成“一校一品”“一校多品”体育活动模式。年内，庙桥小学、星辰实验学校获首批“全国学校体育工作示范学校”称号，湟里高级中学、淹城初级中学、湖塘实验中学和夏溪初级中学4所学校创建为全国校园足球特色学校，牛塘中心小学、南夏墅中心小学和鸣凰中学发展曲棍球特色，均获国家级曲棍球后备人才基地认定，全区累计有全国校园足球特色学校21所、国家级曲棍球后备人才基地3所、省青少年校园篮球特色学校3所。中小学师生在省级及以上体育比赛中表现突出，获篮球、足球、田径等体育项目冠军13个，其中全国比赛冠军3个。

区青少年活动中心组织青少年参观特警训练基地　　供稿/区教育局

【校外教育培训青少年1.4万余人次】 2016年，武进区校外教育基地主要集中在区青少年活动中心和各镇乡村学校少年宫，开设声乐器乐、体育舞蹈、书法绘画等16个类别1315个培训班，培训青少年1.4万余人次。其中，外来工子女及贫困家庭子女公益培训班11次，培训近500人。区青少年活动中心位于武进区延政中大道29号凤凰谷B区，有生命教育馆、科技馆、诚信廉洁教育基地及校外培训室80余个，可同时容纳5000余名青少年开展校外活动。坚持普惠性和公益性原则，发挥校外教育平台和资源优势，通过分站模式将成效辐射全区，开设舞蹈、体育、乐器、书画、电脑等兴趣培训班100多个，培训青少年近1.4万人次，指导青少年参加全国青少年教育机器人奥林匹克竞赛、第十一届展望青少年古筝夏令营筝乐大赛、2016年江苏省首届古筝展演邀请赛等比赛，生命教育馆等阵地吸引青少年3万多人，心理咨询工作室提供心理咨询800余人次，“送课进校园”“亲子夏令营”等公益活动惠及青少年8000余人次，“家长学堂”等创新项目培训家长4000余人次。

【全国新技术支持下的个性化学习高峰研讨和应用成果展示武进区获奖11项】 10月28—31日，2016年全国新技术支持下的个性化学习高峰研讨和应用成果

表66　2016年全国新技术支持下的个性化学习课堂评比武进区获奖情况

获奖等次	获奖教师	课程名称	年级学科	学校
一等奖	蒋培华	小小商店	一年级数学	湟里中心小学
	范　蓉	恰利利恰利	三年级音乐	雪堰中心小学
	尹　鹰	课外绘本阅读 I am a bunny	四年级英语	前黄中心小学
	魏晓宇	The chilly little penguin	六年级英语	清英外国语学校
	王燕丹	一次快乐的旅行	六年级语文	南夏墅中心小学
	高　敏	开启化学之门	初三化学	湖塘实验中学
	周大勇	动直线的包络	高二数学	前黄高级中学
二等奖	赵科敏	小小建筑师	中班数学	漕桥幼儿园
	唐文婷	数学活动：抢车位	大班数学	马杭幼儿园
	王　洁	活动：大熊	大班科学	潘家幼儿园
	蒋　婷	确定位置	四年级数学	城东小学

展示活动在武汉市举行，武进区组织11名教师11节教学课例参加现场展示评比，全部获奖，其中一等奖7节、二等奖4节，区教育局获优秀组织奖。

9月29日，储振民（中）向坂上初级中学捐出毕生积蓄60万元，成立文明奖励基金
供稿/区教育局

【第十三届中国中小学校园影视节武进区获奖16项】 12月3日，第十三届中国中小学校园影视节颁奖晚会在徐州市举行，武进区获奖16项，其中一等奖9项、二等奖4项、三等奖3项，卢家巷实验学校选送的专题片《铿锵小玫瑰》获最佳摄影奖提名，湖塘桥实验小学选送的课本剧《滥竽充数》获最佳教学片奖提名，湖塘桥中心小学选送的微电影《去往北极的约定》获最佳导演奖提名。该影视节由中国教育电视协会、中央电化教育馆主办，中国教育电视协会中小学校园电视专业委员会承办，全国各地申报各类参赛作品3000余件，经省市两级初评、网上投票、与会人员现场投票、评审委员会专家评审等环节，确定最佳摄影、最佳教学片、最佳小主持人、最佳微电影等7个类别的奖项。

【省基础教育青年教师教学基本功大赛武进区获奖7项】 9—12月，2016年江苏省基础教育青年教师教学基本功大赛举行，全省16个学科453名教师参加比赛。武进区教师在比赛中展示教学基本功、教学设计和教学风度，获一等奖4项、二等奖1项、三等奖2项。星辰实验学校教师金磊获小学语文组一等奖，江苏省前黄高级中学教师袁珺、陆秀秀、郑霞分获高中历史组、音乐组、信息技术组一等奖，潞城中学教师姚炳华获初中地理组二等奖，江苏省前黄高级中学国际分校教师徐海伟获高中生物组三等奖，江苏省横林高级中学教师王洁获高中美术组三等奖。

【退休教师储振民获评中国好人】 参见《人物》栏目P342相关条目。

（陆　琪）

表67　2016年第十三届中国中小学校园影视节武进区获奖情况

获奖等次	类　别	获奖作品名称（获奖人姓名）	获 奖 单 位
一等奖	校园专题	《常州梦，地铁梦》	湖塘实验中学
		《美丽从头开始》	横山桥中心小学
		《铿锵小玫瑰》	卢家巷实验学校
		《共享阳光》	漕桥小学
	微电影	《理想》	清英外国语学校
		《去往北极的约定》	湖塘桥中心小学
	课本剧	《滥竽充数》	湖塘桥实验小学
	校园新闻	《校园新闻》	湖塘桥初级中学
	主持人	王亿尧	湖塘实验中学
二等奖	校园专题	《星辰是我家，快乐你我他》	星辰实验学校
		《追梦的蒲公英》	湖塘桥中心小学
		《足球大课间》	礼河实验学校
	课本剧	《皇帝的新装》	夏溪小学
三等奖	校园专题	《最贴心的乡村教练》	嘉泽中心小学
		《团队之花在赛场绽放》	马杭中心小学
	微电影	《我要当班长》	洛阳中心小学

学 前 教 育

【概　况】 2016年年末，武进区有登记注册幼儿园59所，其中公办幼儿园43所、民办幼儿园16所，有村办、民办简易托幼机构76所；在园幼儿53322人，幼儿入园率学前1年100%、学前2年100%、学前3年99.7%；教职工4977人，其中专任教师2948人，市、区级教学能手（骨干）及学科带头人161人，省特级教师3人。年内，全区规范学前教育办学行为，取缔无证托幼点11个。区政府出台《武进区第二期学前教育五年行动计划（2016—2020）》，配套出台《武进区学前教育设施布局专项规划》《武进区幼儿教师队伍建设专项规划》，区教育局、财政局、发展改革局联合出台《武进区普惠性民办幼儿园认定管理办法（试行）》，促进学前教育内涵发展、学前教育教学质量提升。新增优质幼儿园省级6所、市级2所，分别累计47所和5所，幼儿教育资源市级及以上优质率达84.75%，遥观中心幼儿园获评常州市特色幼儿园，横林中心幼儿园和潞城幼儿园成为常州市基础教育课程建设项目单位。幼儿园师生在各级各类竞赛中表现突出，幼儿获国家级竞赛奖项1283项，幼儿教师获省级论文评比奖项347项。

【3所幼儿园开园】 9月，武进区有3所幼儿园开园，其中公办幼儿园2所、民办幼儿园1所。

牛塘长虹幼儿园　位于牛塘镇长虹花苑小区以南，是公办幼儿园。占地面积9559平方米，建筑面积8635平方米，户外场地面积4530平方米，绿化面积2000平方米，设教学班18个，可容纳幼儿630人。园内开设国画坊、剪纸、印染坊、泥塑、编织坊、建构工作坊、木工工作坊、儿童书吧、二胡工作坊、古筝工作坊、扬琴工作坊、美术创意坊、舞蹈房、多功能室14个专用室，各班配备空调、热水器、淋浴器、微波炉、消毒柜、智能电视一体机、电脑、钢琴、多功能CD机等生活和教学设备，大型户外玩具、玩沙池、玩水池、种植园地等户外活动设施一应俱全，满足幼儿全面发展需求。

马杭幼儿园南田分园　位于滆湖东路77号南田家园小区旁，是公办幼儿园。占地面积1.91万平方米，建筑面积1.53万平方米，户外场地面积4100平方米，绿化面积4600平方米，设班级36个，可容纳幼儿1000多人。园内布局合理、环境优美、设施先进，建有音乐厅、阅读室、美工室、舞蹈房、建构室、宝宝生活馆、多功能厅、棋艺室等专用活动室，无线网络全覆盖，各班配备电脑、钢琴、智能交互式一体机等现代化教辅设备，玩沙池、玩水池、种植园地、大型户外玩具等活动设备设施新、功能全。

大风车幼儿园　位于牛塘镇师源路，是民办幼儿园。占地面积5800平方米，建筑面积4171.65平方米，设班级15个，可容纳幼儿450人。园内无线网络全覆盖，建有音乐教室、绘本馆、美工室、建构室、科探室、多功能厅等专用教室，各班配备电脑、电子钢琴，有玩沙池、种植园地、大型户外玩具等活动设施，满足学校教学和幼儿活动需求。

【省级优质幼儿园新增6所】 2016年，武进区6所幼儿园被省教育评估院确认为江苏省优质幼儿园，累计47所。

武进区机关幼儿园星河国际分园　位于湖塘镇玉塘路369-1号，创办于2013年9月，是武进区机关幼儿园教育集团分园之一，占地面积1.19万平方米，设班级25个，在园幼儿900人，教职工90人。设阅读启蒙室、数字化教室、舞蹈房、多功能厅等专用活动室，配备钢琴、电脑等现代化保教设备。该园秉承“真心实意为教师及幼儿的发展和快乐服务”办园宗旨，培养健康文明喜交往、自信乐思善表达的儿童，打造现代化精品幼儿园，曾获评省幼儿园课程游戏化建设项目园等称号。

武进区机关幼儿园高新区分园　位于武进高新区站北路85号，创办于2014年8月，由武进高新区管委会投资建造，是隶属于武进区南夏墅街道办事处的公办幼儿园，是武进区机关幼儿园教育集团分园之一，占地面积2.63万平方米，有班级28个，在园幼儿856人，教职工99人。园内艺术气息浓郁，设生活工作室、美术创意室、阅读启蒙室、舞蹈房、多功能室等，每班配备多媒体电教设备、消毒柜等，设施完备、功能齐全。该园践行“真心实意为教师和幼儿的发展和快乐服务”办园宗旨，着眼儿童潜能开发、能力锻炼、兴趣培养、习惯养成和生命成长，先后获评省和谐校园、省平安校园、省巾帼文明岗等称号。

十里幼儿园（常州幼儿师范学校第三附属幼儿园）　位于武进高新区北区十里社区内，创办于2014年8月，是全区首个由社区全额投资建造的幼儿园，占地面积4600平方米，设班级12个，在园幼儿386人，教职工41人。园内设奥尔夫音乐坊、美术创意室、角色游戏区、图书阅览室、建构室、多功能室等专用室，每班配备多媒体电教设备等，无线网络全覆盖。该园践行“和而不同”办园理念，根据“乐在其中”办园目标施教，曾获评市优质幼儿园等称号。

锦绣幼儿园　东临梅园路、南临永胜路、西北靠近弘建一品小区，创办于2010年8月，是武进区首家政府与台商合作办学的幼儿园，占地面积10050平方米，开办班级30个，在园幼儿750人，教职工112人，每班配备“两教一保”（两名任课教师、一名保育员）。实行托幼、亲子园、教育培训一体化模式，分1～3岁婴幼儿早教班、3～6岁国际班、3～6岁双语班三类招生，在国际教学顾问指导下，开展蒙台梭利教学、感觉统合潜能开发、浸入式美语教学、实验绘画、滑轮体能训练等特色课程教育。该园秉承“以善为源，以爱育人，以质固本，以德立校”办园理念，遵循幼儿发展规律，开发儿童潜能，帮助儿童形成健全个性，曾获评市优质幼儿园、省保健示范园等称号。

寨桥实验幼儿园　位于前黄镇武凤路1号，创办于2014年9月，是民办幼儿园，占地面积4300平方米，有大、中、小、托班4个年龄班，在园幼儿150人，教职工21人。有专用活动室4个，配备多功能大型综合玩具、图书、音像资料等，每班安装空气净化器和净水器。该园坚持“立足儿童精神，服务儿童发展”办园宗旨，培养健康自信、乐观大方、

牛塘长虹幼儿园　　供稿/区教育局

乐学善思、友爱诚实儿童，帮助孩子全面发展，挖掘孩子多元智能，曾获评市优质幼儿园等称号。

常州市机关幼儿园教育集团东方名园幼儿园　位于常州经开区名桂坊公寓15楼，创办于2014年9月，隶属于常州市机关幼儿园教育集团，占地面积1.02万平方米，有班级15个，在园幼儿374人，教职工58人。活动室、寝室、盥洗室配套齐全，创设“娃娃乐当家”、梦幻科发室、创意美劳室、多元阅读室4个多功能专用室，建有生态运动园、轮滑场、足球场、游乐场等大型运动场所，采用智能化管理模式，建立校园电视台、闭路电视实时录播、视频在线直播系统，安全监控系统覆盖全园，是一所园林式、数字化、多元化幼儿园。该园秉承市机关幼儿园“一切为了孩子，一切争创一流”办园宗旨和“让每个生命都闪光”教育理念，坚持健康第一，因地制宜发展健康特色，培养健康儿童，是市轮滑协会会员单位、市未成年人文化活动基地，先后获评市优质幼儿园、省足球特色幼儿园、全国幼儿体育（球类·足球）活动实验园、市卫生保健合格园。

（陆　琪）

九年义务教育

【概　况】 2016年年末，武进区独立建制以上小学（不含特殊教育学校、青少年业余体校）48所，下辖办学点4个，九年一贯制学校小学部8所，学年招生13530人、毕业12987人，年末在校学生85918人；独立建制以上初中27所（含完全中学2所），九年一贯制学校初中部8所，学年招生11135人、毕业10329人，年末在校学生32417人；区特殊教育学校1所，年末在校学生141人。九年义务教育学段在编教师5639人，其中具备研究生学历110人、本科学历5063人，高级职称教师1789人，占31.73%。年内，全区推进义务教育均衡发展，加强学校管理和校园文化建设，完成江苏省义务教育阶段学生学业质量分析测试及江苏省义务教育学校标准化建设监测。公办学校招生坚持不择校、不寄宿和按施教区就近免试入学政策，推动公办学校与新市民学校建立教育共同体，规范学校管理，提升办学水平，流动人口子女入学管理实施积分制，7474人实现积分入学。全区小学适龄儿童入学率100%、残疾儿童入学率100%、在校学生巩固率99.88%、毕业生升学率100%，初中入学率100%、在校学生巩固率99.87%、毕业生升学率99.05%。新增省级中小学课程基地建设项目2个，累计15个，《站起来的儿童数学》获第四届全国教育科研优秀成果评比二等奖，《基于课程面向社会的武进区中小学诚信教育》获江苏省优秀案例奖。全区小学和初中师生参加各级文学创作、曲艺舞蹈、体育竞技、科技模型竞赛，获国家级奖项9项、省级奖项46项，庙桥小学、星辰实验学校获评首批全国学校体育工作示范学校，清英外国语学校成为首批江苏省教师发展研究基地，星韵学校获评江苏省第四批艺术教育特色学校，嘉泽中心小学获评江苏省绿色学校，卢家巷实验学校、雪堰中心小学获评2013—2015年度江苏省文明校园，星河小学成为常州市首批“新优质学校”。

星河小学组织学生参加课本剧表演　　供稿／区教育局

【流动人口子女积分入学7474人】 2016年，武进区继续实施流动人口子女积分入学管理，解决流动人口普遍关心的子女入学问题，推动公共服务均等化。全区义务教育阶段就读学生总容量12.35万人，其中流动人口子女6.6万人，占53.44%。区流动人口子女积分入学办公室协同区教育局、人社局、卫计局等16个部门，统一办理流动人口子女积分入学管理申请工作。积分入学管理计分由基础分、附加分、扣减分等项目组成。其中，基础分参照家庭成员个人素质、参加社会保险情况、居住情况和计划生育情况等内容计分，附加分参照紧缺急需人才、投资纳税、社会贡献等内容计分，扣减分参照违法犯罪等内容计分。全区（不含常州经开区）59所学校纳入积分管理，其中公办小学44所、公办初中3所、新市民学校12所，小学段积分入学实现全覆盖，初中段积分入学工作仍在中心城区3所初中开展。年内，流动人口子女申请积分入学的8353人，符合入学条件的7474人，符合公办学校入学条件的6756人，可就读公办学校的流动人口子女占申请总人数的80.88%。

【威雅公学实验学校开学】 2016年11月19日，该校开学。学校位于西太湖科技产业园环湖北路9号，于2014年开工建设，2015年2月落成，是一所英式寄宿一贯制国际学校，包含幼儿园、小学、初中及高中，招收3～18周岁中外籍学生，有教职工138人，其中专任教师88人（外教54人），2016年招收新生225人，其中外籍学生48人。占地面积10万平方米、建筑面积6.16万平方米、绿化面积3.12万平方米，建有表演艺术中心、水上体育中心、美术教室、图书馆、琴房、舞蹈室、健身房、室外操场、英式橄榄球场、室内外网球场和篮球场等设施，提供英式橄榄球、赛艇、游泳、击剑、马术、帆船和高尔夫等课外运动项目20余项。采用中英双语教学，结合国家课程和英国课程，提供国际化教育，具备英国培生爱德思和剑桥国际考试委员会

威雅公学实验学校鸟瞰　　摄影 / 高珉

考试中心双授权，帮助学生发展成为独立自信、严谨思考的个体，中学毕业生可获得国际普通中等教育证书（IGCSE）和英国普通中等教育文凭（A-level）。

【星韵学校一年级开设双语实验课程】 2016 年 9 月，星韵学校在一年级 4 个班级、207 名学生中开设双语实验课程，成为全区首个在小学实施双语课程实验学校。双语教学是一种语言教学模式，在课堂教学中将英语作为数学、美术、音乐学科教学媒介语言，把英语学习与掌握学科知识、了解社会文化、提高人文科学素养有机结合，强调用中学、学中用、边学边用、学以致用，提高学生英语学习质量，帮助学生借助英语获取、处理信息，增强思维能力，促进学生素质全面提高。学校定期邀请特级教师龚海平指导，提升教师双语教学能力。

【洛阳初中传媒特色班开班】 2016 年 6 月，洛阳初级中学（简称洛阳初中）经区教育局批准，从 2016 年秋季学期开始，开办全市首个普通初中阶段传媒特色班，设班级 2 个，招生对象为全区小学应届毕业生中具有良好文学素养、写作能力和表演特长的学生，首次招生 100 人，学生毕业时，既可报考洛阳高级中学传媒特色班，也可报考其他高中。传媒特色班不改变义务教育目标要求，不降低国家规定的课程标准，常规课程与普通班级一致，兼顾传媒特色，开设“传媒概论”“语言表达”等传媒专业相关课程，满足学生个性化发展需求。学校聘请常州日报社记者黄智平担任教学顾问，定期邀请知名传媒专家开展专业指导，组织学生参观常州现代传媒中心、武进区传媒大厦、常州创意产业基地，开展“朗读者”、主持人大赛和微视频创作等传媒教学成果展示活动等。

【省中小学课程建设项目新增 2 个】 4 月，“儿童地球村”语言文化课程基地建设、创新实验课程基地建设 2 个项目被省教育厅认定为中小学课程建设项目。

“儿童地球村”语言文化课程基地建设　由清英外国语学校实施，星河小学配合共建，在清英外国语学校投资建设语言文化广场、未来教室、童话馆、方言馆等，在省级重点课题“基于个性化发展目标创新学校课程体系的研究”实施过程中推进课程基地建设，坚持“学校中的儿童地球村”发展理念，自主开发语言文化教学课程，创新课程体系，推动学校课程建设，促进教师专业发展，实现学生个性成长。

创新实验课程基地建设　由前黄实验学校实施，运村实验学校配合共建，投资 300 万元，改造提升前黄实验学校科学馆，更新科学体验馆、创新实验室、STEM（科学、技术、工程、数学）课程专用馆室设施设备，系统开发适合初中生的创新实验课程，举行创新实验活动，组织教师开展科研和培训，培养创新实验课程专、兼职教师。

【“手之妙”获全国校本课程设计大赛特等奖】 2016 年 4 月，星韵学校校本课程设计作品“手之妙”获第三届“真爱梦想杯”全国校本课程设计大赛特等奖。该课程于 2015 年 9 月启动设计，由星韵学校万银洁等 9 名教师组成梦想教师团队设计开发，站在儿童立场，引领儿童从科学、生活、艺术、心灵四个角度认识双手，开辟“破解手密码”“比拼手本领”“发现手魅力”“润泽手生命”四大主题单元，学习活动富有童趣和挑战性，学生在游戏中学会理解手、善待手和善用手，提升综合能力和素养。

【《站起来的儿童数学》获全国教育科研优秀成果二等奖】 2016 年 12 月 1 日，在全国第五届教育科研优秀成果颁奖大会上，星河小学校长庄惠芬的专著《站起来的儿童数学》被教育部评为二等奖，庄惠芬成为全省小学教师中唯一获奖者。《站起来的儿童数学》于 2015 年 5 月编著，由江苏教育出版社出版，共 25 万字，从儿童数学课程、数学学习、数学教学三方面立体建构，提倡把握儿童数学学习敏感期、马鞍期、断层期，激发儿童在创造性学习中实现做、学、玩、思、创、行合一，促进儿童学习情感、认知活动、素质发展与人格塑造相结合。该书探索儿童教育新途径，从一种教学追求发展为一种教育思想，曾获江苏省第四届教育科研成果一等奖。

【省级课题“以《七彩语文》为主要载体架构课外阅读的实践研究”结题】 该课题由周家巷小学承担，2011 年 4 月启动，2016 年 11 月结题。在课题实施过程中，有计划开展课外阅读教学活动，将课外阅读课程化，运用现代教育技术实施电子阅读、网络阅读，倡导师生共读、亲子阅读、全民阅读，打造书香学校、书香家庭、书香社会的“书香之链”，学生既读有字之书，也读社会、自然等无字之书，视野更加开阔。该课题探索课外阅读教学范式，采用数字化课内外阅读新形式，拓宽语文学习信息源通道，转变语文课堂传统教学方式，构建课内外阅读评价体系，可操作性强，有助于提升师生文化底蕴及人文素养。

【湖塘桥中心小学获评中国教育创新示范单位】 2016 年 11 月，湖塘桥中心小学被中国未来研究教育分会评为中国教育创新示范单位。2012年，湖塘桥中心小学依托“全国百所数字校园示范校建设”项目创建和江苏省数字化学习试点学校建设，探索数字化教学，依托“1+N+1”模式，建好1个基础平台（天仕博智动平台），开发N个应用系统（晓黑板、晓评价、eteams、慧教云、一起作业网等应用系统），完善1个网站（湖塘桥中心小学校园网），多渠道推动信息技术在教育教学及管理上的运用，提升教师信息化教学素养、学生信息化学习水平、学校信息化管理效率，服务教育教学和学校发展。学校有学生信息技术俱乐部3个，实施市级及以上信息技术研究课题3个，其中“基于数字化校园环境下的学习共同体建设”课题被立项为国家级重点课题，教师获全国信息课堂大赛奖项4项、全国电子白板课大赛奖项3项，4节精品录像课获全国竞赛奖项，学校先后获评常州市首批信息技术实验学校、常州市动漫实验学校。

【2所学校列为全国学校体育工作示范校】 6月，教育部认定星辰实验学校（初中部）、庙桥小学为首批全国学校体育工作示范校。

星辰实验学校　严格执行体育课程计划，配强体育教师，创新体育课堂教学，在常规体育课基础上开设围棋、武术、乒乓球等特色体育课程，有乒乓球队、排球队等课外体育运动队10多个。开展阳光体育活动，落实早锻炼、大课间和体育活动课，每年举办校园体育节等活动，确保学生每天锻炼1小时，学生体质状况明显改善，对照《国家学生体质健康标准》监测，学生体质健康合格率90%、优秀率10%以上。校乒乓球队多名队员获全国比赛冠军，队员王端祥获江苏省第十八届运动会单打冠军。教师完成市、区体育教育课题3个，获省体育教师基本功竞赛一等奖3人，在《中国学校体育》《体育教学》等省级及以上杂志发表文章近30篇。学校先后成为常州市实施国家学生体质健康标准“先进学校”、江苏省学生体质健康监测点校。

庙桥小学　在常规体育课基础上开设篮球、曲棍球、门球等特色体育课程，有曲棍球队、篮球队、门球队等课外体育运动队7个，开展阳光体育活动，落实早锻炼、大课间和体育活动课，确保学生每天锻炼1小时。对照《国家学生体质健康标准》监测，学生体质健康合格率90%、优秀率10%以上，体质状况良好。2016年，校曲棍球队获全国曲棍球比赛U12女子组季军，校门球队获江苏省少儿门球比赛冠军、全国少儿门球比赛亚军。教师完成各级体育教育课题4个，获省体育教师评优课二等奖1人，在《中国学校体育》《运动》等省级及以上杂志发表文章近10篇。学校先后成为常州市篮球特色项目学校、全国曲棍球项目推广校、常州市实施国家学生体质健康标准先进学校。

【3所学校获国家级曲棍球后备人才基地认定】 2016年11月2—3日，全国曲棍球后备人才培养工作会议在甘肃省兰州新区兰州体育职业学院召开，国家体育总局手曲棒垒球中心向全国72家曲棍球后备人才基地授牌，鸣凰中学被认定为国家曲棍球奥林匹克后备人才基地，牛塘中心小学被认定为中国曲棍球后备人才传统校，南夏墅中心小学被认定为中国曲棍球后备人才推广校。

鸣凰中学　2004年筹建校女子曲棍球队，有U18组和U15组后备队伍2支，运动员30人。2012年，联合区体育局改建标准化训练球场，加大装备投入，增加运动器械，有球棍60多根、曲棍球300多个、护腿板50多套、守门员护具2套。球队有专职教练2人、教练员3人、助理教练员1人，采取体教结合办法培养运动员，分别向国家队和省队输送队员3人、16人。2014年，队员屠一丹、沈洋获第二届青年奥林匹克运动会女子曲棍球比赛世界冠军，校女子曲棍球队U18组和U15组分获全国青少年曲棍球锦标赛团体总分第一、第三，U18组实现“五连冠”。2016年，第八届全国曲棍球奥林匹克后备人才基地夏季训练营暨2016年“古威域斯”全国青少年曲棍球锦标赛在鸣凰中学举办，校女子曲棍球队获第八届全国青少年曲棍球锦标赛甲组亚军、乙组季军，获江苏省第二十届运动会青少年部女子曲棍球比赛甲组亚军、乙组亚军，11月，鸣凰中学被认定为国家曲棍球奥林匹克后备人才基地，获“中国曲棍球协会青少年运动普及和发展先进集体”称号，校长戈志强、教练于淑珍被授予“中国曲棍球青少年运动普及和发展先进个人”称号。

牛塘中心小学　2009年发展少儿曲棍球特色，有标准曲棍球训练场地1面，面积4300平方米，铺设人工草坪，配备球门、曲棍球杆、曲棍球等训练装备，聘请省曲棍球队退役运动员任教练。2012年，成立校少儿女子曲棍球队，队员常年保持在40人左右，开展专项技术训练或模拟比赛练习，培养国家、省、市优秀女子曲棍球队员，兼顾培养少儿运动兴趣、运动习惯、运动能力及运动意志，累计向市女子曲棍球队输送优秀队员8人。校曲棍球队先后获2014年全国青少年曲棍球锦标赛U12女子组季军、2015年全国青少年曲棍球锦标赛U12女子组冠军、2016年“古威域斯”

鸣凰中学女子曲棍球队在赛场奋勇比拼　　供稿/区教育局

全国青少年曲棍球锦标赛U10和U12组双冠军。

南夏墅中心小学　2016年创建少儿曲棍球特色项目，组建少儿男子、女子曲棍球队，有55米×41.7米五人制曲棍球场地1面，配备球门、曲棍球杆、曲棍球等训练装备，聘请国家曲棍球队退役运动员担任教练，开展专项技术训练和青少年体能训练，举行模拟比赛练习。校曲棍球队获2016年全国青少年曲棍球锦标赛女子U12普通学校组第二名、U10普通学校组第三名，向国家曲棍球少年队输送运动员1人，向市曲棍球队输送运动员7人。

【刘海粟小学女足代表队获省青少年足球精英联赛冠军】 11月18—20日，由省足球运动管理中心主办、区体育局承办的2016江苏省第二届青少年足球精英联赛总决赛（女子U11组），在常州西太湖互联网产业园区举行，刘海粟小学学生女子足球代表队凭借过人技术获总决赛冠军。刘海粟小学实施足球特色教学近20年，有标准足球场1面，配备辅助器材及设备，满足足球教学需要，有足球教师4人，完成市级课题“少儿足球校本课程的开发与实施研究”，形成足球校本课程教材，各年级每周开设足球课1节，普及足球知识，开展技能训练，学生每学期参加足球知识及技能考核。学校男子、女子足球队各有队员30余人，每年组织“佳佳杯”足球联赛，学校先后成为市足球传统学校、市校园足球布点学校、全国校园足球特色学校。

【星辰实验学校举办全国数学、语文教学观摩活动】 4月9—10日、16—17日，中国教育梦——2016年全国著名特级教师数学课堂教学观摩活动、中国教育梦——初中语文课程标准名师经典课堂教学观摩活动先后在星辰实验学校举行，全国各地教师700余人参加。教学观摩活动是星辰实验学校“名师大课堂”系列活动之一，学校邀请全国数学特级教师胡赵云、钱云祥、郑伟君、何炳均和全国语文特级教师程翔、王君、黄厚江、李凤，紧贴一线教育与教学实际，展示“二元一次方程组的应用”“安塞腰鼓”等示范课，讲授“教出统计与概率的味道”“教有学理的语文”等讲座，课堂设计巧妙、精彩纷呈，讲座观点新颖、案例鲜活，解析教学实践重点难点问题，解决课堂教学实际问题，促进一线教师专业成长。

（陆　琪）

普通高中教育

【概　况】 2016年年末，武进区有普通高中9所，其中高级中学8所、完全中学1所，有省四星级高中7所、省三星级高中2所，有省级普通高中课程基地5个。全区普通中学招生4667人、毕业4535人，年末在校学生13840人。高中阶段在编教师1293人，其中研究生学历137人、本科学历1128人，拥有高级职称的教师586人，占45.32%。年内，全区深化普通高中教育课程改革，关注学生核心素养，鼓励学校开设多样化校本课程，推动内涵发展，完善教学质量监控评价体系，应对普通高中课程改革热点难点问题，形成特色质量保障体系。高考成绩在全省保持领先，4506名学生被各类高等院校录取，高考录取率96.8%。其中，高考本科录取4218人，本科录取率90.61%，增长近3个百分点，比全省平均录取率高18.7个百分点。万人进线率38.65%，高等教育毛入学率63.89%。江苏省前黄高级中学国际分校继续开设国际优质课程，国际高中课程班学生被国外一流大学录取67人，通过省四星级普通高中验收。江苏省前黄高级中学启·创物理课程基地成为学校品牌，“基于核心素养的‘教—学—评一致性’”研究项目被认定为市基础教育前瞻性教学改革实验项目，学校重视学生心理问题，规范心理健康教育，获评江苏省中小学心理健康教育特色学校。江苏省前黄高级中学与芬兰埃乌拉约基高中、亚瓦尔塔高中、科凯迈基高中、波里里索高中缔结友好学校，戚墅堰实验中学与韩国春川凤仪高等学校签订友好合作谅解备忘录，就教育管理、课程资源、教师发展、学生发展等方面开展交流合作。横山桥高级中学高三学生石蕴的作文《一张通往火星的单程票》获“苏教国际杯”江苏省第十六届中学生作文大赛（高中组）特等奖。

【江苏省前黄高级中学国际分校通过省四星级普通高中验收】 2016年12月21—23日，省教育评估院组织专家组考察江苏省前黄高级中学国际分校，实地察看外语课程基地和国际课程中心设施设备，调研校本课程、研究性课程开展情况，观摩社团活动成果展示汇报演出、学生自主发展活动和教师教育论坛，学校通过省四星级普通高中验收。该校成立于2007年9月，隶属于江苏省前黄高级中学教育集团，是民办普通高中，占地面积6.77万平方米，建筑面积4.3万平方米，校园精致美丽，现代化设备设施齐全，满足师生教育教学活动和生活需要。有教学班36个，在校学生1656人，教职工150人，其中中、高级职称教师88人，教师在省级及以上刊物发表论文

江苏省前黄高级中学国际分校男子群舞《水下军魂》获第十五届“校园时代”全国青少年才艺电视展演活动青少年组特等奖　　供稿/区教育局

198 篇，获省级论文比赛奖项 32 项，获省级及以上优质课、基本功比赛一等奖 6 项。坚持“学会做人，学会学习”办学理念，开发《诚信文化》《走向世界》等校本课程，完成国家级课题 2 个、省级课题 3 个、市级课题 3 个、区级课题 11 个，创建省级外语课程基地，发展外语特色，加强国际交流。学校是江苏省健康促进金牌学校，连续 9 年获区普通高中素质教育质量评估奖，其中特等奖 3 项。

【江苏省前黄高级中学社团成员获省级及以上奖项 10 项】 江苏省前黄高级中学注重通过社团活动帮助学生提升综合素养，激发创新潜能，促进个性发展，有青年物理学家社团、新园文学社、演讲社等学生社团 40 多个。2016 年，各社团组织学生社员参加各级各类比赛，获省级及以上奖项 42 项。其中，青年物理学家社团获 2016 年全国高中生物理创新竞赛（CYPT）特等奖、华语物理学术论证赛一等奖、江苏省中学生物理学术创新竞赛一等奖；新园文学社组织社员参加江苏省“中学生与社会”高中生作文竞赛，薛天怡、王佳璐分获第二、第四名，参加江苏省“苏教国际杯”作文竞赛，胡迪菲获特等奖，吴紫涵、柴科月获一等奖；演讲社社员陈嘉仪获 2016 年江苏省“领航杯”中学生英语口语大赛特等奖；机器人兴趣小组成员获 2016 年江苏省“领航杯”中小学电脑制作活动一等奖。

（陆　琪）

职业技术教育

【概　况】 2016 年，武进区职业技术教育学校有江苏省武进职业教育中心校（简称武进职教中心校）、常州幼儿师范学校和江苏城市职业技术学院武进办学点。武进职教中心校包括武进中等专业学校、武进技师学院、武进卫生职工中等专业学校，常州幼儿师范学校包括江苏教育学院常州学前教育分院、武进女子中等专业学校，江苏城市职业技术学院武进办学点隶属于武进开放大学。区职业技术教育系统按照省政府构建现代职教体系和省教育厅职业教育现代化建设要求，根据产业结构调整和社会发展需求，调整职业学校布局，加快专业整合力度，强化内涵建设，推进专业、实训、课程、师资和信息化建设，探索产教融合、校企合作新模式，提升中外合作办学能力和学生职业技能，建立高水准现代职业教育体系。全区职业技术教育系统有专任教师 939 人，其中具备高级及以上执业（职业）资格的 252 人，教师参加国家级、省级培训 68 人，出国培训 7 人；职业技术教育学校招生 3233 人，毕业 3966 人，年末在校学生 15168 人，其中常州幼儿师范学校在校男幼师生 334 人，学生参加普通高校单独招生考试 300 人，考取本科 157 人、专科 143 人，本科录取率 52.3%。年内，武进职教中心校被省教育厅、财政厅列入第三批江苏省高水平现代化职业学校，计算机网络技术专业群被省教育厅认定为省中等职业教育现代化专业群；武进中等专业学校被省教育厅增列为江苏联合职业技术学院分院，获评江苏省职业院校技能大赛先进单位，大赛成绩连续两年位列全省中等职业学校第一。全区职业技术教育学校获 2016 年省职业院校技能大赛金牌 18 枚、银牌 34 枚、铜牌 25 枚，获全国职业院校技能大赛金牌 2 枚、银牌 1 枚。

【江苏联合职业技术学院武进分院挂牌】 2016 年 12 月 23 日，武进中等专业学校被省教育厅增列为江苏联合职业技术学院分院，增挂“江苏联合职业技术学院武进分院”牌子，接受江苏联合职业技术学院业务管理指导，可同时举办五年制高等职业教育和三年制中等职业教育，主要培养专科层次高技能人才，五年制高职学生毕业后颁发江苏联合职业技术学院毕业文凭，三年制中职学生毕业后仍颁发江苏省武进中等专业学校毕业文凭。

【现代学徒制试点在武进职教中心校启动】 11 月 7 日，武进职教中心校电气工程专业部与常州市威普电子科技有限公司合作启动现代学徒制试点，在全区率先推行实训、体验与生产交融交替的技能教学试点。试点工作建立双导师制，由企业高技能人才和学校骨干教师共同担任师傅，188 名学生先后在企业生产一线接触企业技术人员，体验和学习企业文化、技术工艺、行业规范、岗位任务及岗位素养等，初步构建职业认知、职业行为和职业能力。

【武进职教中心校中高职衔接分段连贯培养项目首届毕业生完成转段】 2013 年 5 月，经省教育厅批准，武进职教中心校与江苏理工学院实行中专与本科分段（3+4）连贯培养，计算机网络技术和汽车运用与维修 2 个专业成为项目试点专业，面向全市招收学生。2016 年，2 个专业 88 名学生参加转段考核，86 人取得江苏理工学院本科录取通知书，转段成功率 97.7%。

【武进职教中心校获全国职业院校技能大赛 2 金 1 银】 5 月 8 日—6 月 6 日，2016 年全国职业院校技能大赛在天津、

11 月 7 日，武进职教中心校启动校企现代学徒制试点工作　供稿 / 区教育局

北京等16个赛区举行。该比赛由教育部、天津市政府等37个单位联合主办，全国37个地区的12042名选手参加中、高职组94个比赛项目。武进职教中心校建筑工程系学生曹秋霞获建筑CAD项目比赛中职组一等奖，电气工程系学生赵楠楠获通用机电设备安装与维护项目比赛中职组一等奖，经贸管理系学生周兵获西餐烹饪项目比赛中职组二等奖，共获金牌2枚、银牌1枚。

【杨永年获评省特级教师】 参见《人物》栏目P344相关条目。

【常州幼儿师范学校与韩国又石大学合作办学】 6月30日，常州幼儿师范学校与韩国又石大学实施中外合作办学，双方代表签定合作备忘录、合作协议书和补充协议书，开展“2.5+0.5+4”的中专升本科项目合作。学生在常州幼儿师范学校学习两年半，第三学年下半学期在韩国语教育院学习韩语，成绩合格后，可被韩国又石大学录取，开展四年本科学习。

（陆　琪）

高等教育

【概　况】 武进开放大学（江苏城市职业学院武进办学点）是武进区属唯一地方高校，为首批全国示范性基层电大之一，办学项目涵盖全日制学历教育、业余学历教育（开放教育本专科、奥鹏远程教育）和社会教育。学校位于西太湖科技产业园（武进经发区），占地面积21万平方米，建筑面积10.4万平方米，有教职工301人（专任教师211人），其中高级职称教师86人，有机电工程系、艺术信息系、文经管理系和高职基础部“三系一部”，下设财经、机械、电子、计算机、英语、艺术等教研室8个，高职教育开设机电一体化、数控技术、商务英语、会计、电脑艺术设计等专业19个。2016年，面向全省招收全日制新生718人，招收成人学历教育学员567人，其中开放教育学员268人、奥鹏远程教育学员299人，向社会输送高职毕业生752人，毕业生一次就业率99.11%。至年底，学校有高职学生3442人，在籍成人学历教育学员2302人。

【武进开放大学获第五届POCIB大赛团体一等奖】 4月7—27日，第五届POCIB（2015—2016赛季）全国大学生外贸从业能力大赛（简称POCIB大赛）通过网络举行。该比赛由中国国际贸易学会、全国外经贸职业教育教学指导委员会主办，国际贸易杂志社、全国国际贸易实务研究会协办，通过网络在线模拟国际贸易实际交易，将外贸企业岗位培训和高校教学实践融为一体，是全国性高水平技能大赛，南昌大学、天津工业大学等全国200多所高校4000多名选手参赛。武进开放大学组队参赛，以总分1874.16分获团体一等奖，学生张栩诚等4人获个人一等奖，马铮瑜等4人获个人二等奖，彭宇航等10人获个人三等奖。

【《创客之路——优秀毕业生创业案例集》发布】 10月17日，该案例集发布，由武进开放大学编写组编写，有3.38万字，是一本创业教育校本教材。编写组从近十年武进开放大学毕业优秀校友中遴选常州金米多教育咨询有限公司创始人盛小娥等青年创业者32人，收集整理创业经历汇编成集，每篇案例链接在校表现、创业经历、创业经验、创业启示等，案例真实、追踪性强，全年发放400余本。

（陆　琪）

社区教育

【概　况】 2016年，武进区持续构建学习型社会，完善终身教育体系，重点推动社区教育中心均衡发展，依托开放大学优质资源建立社区教育数字化学习平台，广泛开展城乡社区教育，促进群众整体素质提高和社会文明程度提升。至年末，全区有社区培训学院2所、镇级社区教育中心16所、居（村）民学校298所。其中，标准化社区教育中心省级14所、市级2所，标准化居（村）民学校省级26所、市级178所。有社区教育志愿者1.61万人，常年帮助开展各级各类培训，累计培训84.4万人次，城市、农村居（村）民社区教育活动年参与率分别67.01%、56.76%。年内，区教育部门组织人员参加省“5112”教育富民工程（通过职业教育与成人文化技术培训，转移500万名农村劳动力，培养100万名农村致富骨干，重点推广1000个农村科技致富示范项目，培训200万名下岗转岗职工，全面提高城乡劳动者科学文化技术素质，使接受教育培训人员年收入高于全省从业人员年均收入的10%以上），培训13.5万人次，其中农村新增和剩余劳动力转移教育培训1.25万人次、农村致富骨干培训5.06万人次、下岗（失业）转岗职工培训1.6万人次。45个非学历教育机构通过年检，洛阳镇、横山桥镇创建为全国社区教育示范镇，湖塘镇、牛塘镇、礼嘉镇、遥观镇、南夏墅街道社区教育中心通过省级标准化建设达标单位验收，前黄镇、嘉泽镇、潞城街道获评市级社区教育示范镇（街道），雪堰镇、湟里镇获评市级数字化学习先行镇，湖塘镇府东社区居民学校等115所居（村）民学校创成市级社区教育合格居（村）民学校。

【洛阳、横山桥两镇建成全国社区教育示范镇】 2016年3月23日，洛阳镇、横山桥镇被中国成人教育协会社区教育专业委员会认定为2015年全国社区教育示范街道（乡镇），全区累计有全国社区教育示范街道（乡镇）4个。

洛阳镇　有镇社区教育中心1所，居（村）民学校21所，社区教育网络覆盖全镇，有专职教师50人，志愿者1300人。社区教育中心发挥科研引领和教育培训作用，举办各类型骨干培训班、失业人员就业及创业培训、市民文明素质教育、残障人教育培训、实用技术及兴趣才艺培训等多层次教育培训和文体教育活动，居民精神生活丰富，青少年素质显著提高，2015年，全镇培训各类人员6000人次。

横山桥镇　有镇社区教育中心1所、村民学校20所、居民学校3所、企业职工学校15所，社区教育网络基本覆盖全镇各领域。镇社区教育中心有专职教师7人，兼职教师30余人，社区教育志愿者1300余人，带动其他社区教育学校开展社区教育活动，实现一体化管理、实体化建设、多元化运作，满足居（村）民的教育培训需求。镇社区教育中心与企管安监办、劳动服务所、计生办、党校等条线合作，开展岗位技能、农村实用技术、青少年校外教育及老年教育等培训，指导和协助各居（村）民学校和企业职工学校开展社区教育活动，开设“了解灾害，关爱生命”特色课程和青少年书画、中老年太极拳、横山桥百叶制作等特色培训项目，每年开办讲座60多期，培训5万多人次，14所村民学校创建为常州市村民学校。

【省标准化社区教育中心新增5个】 2016年，湖塘镇、牛塘镇、礼嘉镇、遥观镇、南夏墅街道社区教育中心被省教育厅认定为标准化社区教育中心，全区累计有省级标准化社区教育中心14个。

湖塘镇社区教育中心　创建于1985年12月，前身是湖塘镇成人教育中心校，建筑面积1.31万平方米，有专职教师18人、兼职教师158人。该中心开展社区教育课题研究和课程建设，形成青少年校外教育、老年教育、职工岗位培训、成人学历提升教育、社区居民数字化学习五大类培训项目，年培训8万人次，3个课题获中国成教协会、省成教协会、省社会教育指导中心立项，“淹城文化”特色课程被评为江苏省社区教育优秀乡土课程（读本类）二等奖。

牛塘镇社区教育中心　创建于1983年，前身牛塘镇成人教育中心校，建筑面积2600多平方米，有专职教师2人、兼职教师60多人、志愿者1200多人，2011年成为常州市乡镇成人教育中心校标准化建设达标单位。该中心结合地方产业特色，常年举办种植、水产养殖、铸造工、电工、行车工、会计等岗位技能培训班，开展农村劳动力转移、创业、农村实用技术等教育培训，与各居（村）民学校联合举办健康教育、器乐、书画、法律知识等兴趣培训班，挖掘地方人文教育资源，开设“我是牛塘好少年”“双节棍武术文化”“完美人生第一课”等特色课程，传承乡土文化，提升居民文明素养。2016年，培训各类人员2.22万人次，“我是牛塘好少年”课程被评为江苏省社区教育优秀乡土课程（读本类）三等奖。

礼嘉镇社区教育中心　创建于1984年12月，前身是礼嘉镇成人教育中心校，占地面积2133.33平方米，建筑面积2000多平方米，有专职教师2人、兼职教师126人，志愿者1200人，建有标准教室6个，有微机房、图书阅览室、音乐舞蹈房、档案资料等专用教室，健身房、台球室、乒乓球室、电子阅览室等配备齐全，2014年被认定为常州市标准化社区教育中心。该中心整合开发各方教育资源，提供学历提升、科技知识、农业实用技术等教育培训，挖掘、培育社区课程资源，开设社区教育课程6门，《葡萄种植培训》获常州市农村社区教育特色培训项目三等奖，《戏楼和戏曲文化》获武进区社区教育课程评选一等奖，“创新‘一村一品’服务新农村——武进开放大学多措并举提升农村基层管理人员综合能力的案例研究”获2015年全国农村成人（社区）教育优秀品牌项目评比三等奖。2016年，培训各类人员4.6万余人次。

遥观镇社区教育中心　创建于1985年12月，前身是遥观镇成人教育中心校，建筑面积2700多平方米，有专职教师1人、兼职教师38人，2013年成为常州市乡镇成人教育中心校标准化建设达标单位。该中心举办电焊工、低压电工、钢筋工、砌筑工、行车工、会计等岗位技能培训班，开展农村劳动力转移、创业、农村实用技术等培训，与常州大学、电子科技大学等高校合作开设适合农村青年的中专、大专、本科等学历培训，开办舞蹈、器乐、书画、跆拳道等兴趣培训班，组织青少年开展校外教育活动。主动挖掘地方特色，开发《飞翔的艺术》《武进宋剑湖》《与法同行》《墨缘》《仙湖风荷窑乡遗韵——宋剑湖的传说》《青少年礼仪教育》等社区教育读本，《飞翔的艺术》获武进区社区教育课程评比一等奖。2016年，培训各类人员4.8万余人次。

南夏墅街道社区教育中心　创建于1983年，前身是南夏墅镇成人教育中心校，建筑面积2650平方米，有专职教师1人、兼职教师120人、志愿者1500多人，2011年成为常州市乡镇成人教育中心校标准化建设达标单位。该中心结合地方产业特色，常年举办水产养殖、铸造工、电工、行车工、会计等岗位技能培训班，开展农村劳动力转移、创业、农村实用技术等培训，实施农村劳动力转移、创业就业指导等惠民教育，与各居（村）民学校联合举办健康教育、器乐、书画、法律知识等兴趣培训班，挖掘地方人文教育资源，传承乡土文化，开设“社区道德讲堂”校本课程，参与编写的系列主持词在全市推广使用。2016年，培训各类人员3万余人次。

【常洛果品教育服务“三农”示范基地获评省级高水平示范基地】 12月，该基地被省教育厅认定为江苏省教育服务“三农”高水平示范基地。基地位于洛阳镇马鞍村，占地面积18万平方米，有社员112人，主要种植葡萄、水蜜桃、蜜瓜、火龙果、猕猴桃等，建有连体大棚、水果专用气调保鲜库，配备五合一多用途田园机、便携式秸秆粉碎机等设施。依靠科技力量发展地方特色农业，采用水肥一体化调控技术、地布铺设物理防草技术、保湿技术、作物限根栽培技术等，推行高效种植，加快农业科技成果转化

常洛果品教育服务“三农”示范基地邀请农业技术人员向果农传授水蜜桃优质高产技术
供稿／洛阳镇

和推广。联合镇社区教育中心，向果品种植户传授知识技能，组织低收人农户学习实用技术，建立电子网络公共服务平台，发布培训信息、教学资源信息及新产品、新项目、新技术等致富信息，帮助农户及时了解技术资讯和市场需求，推动当地农业结构调整和发展方式转变。2016年，举办培训班18期，每期培训200多人，每月通过媒体平台发布技术信息、市场资讯等，帮助农民及时了解最新动态，农民年增收15%左右。

【洛阳镇成人教育中心校获评全省农民工工作先进集体】 2016年12月，该中心校被江苏省农民工工作领导小组评为农民工工作先进集体，是全市唯一获此奖项的学校。洛阳镇在岗农民工年均2万人左右，其中有技能提升或转岗培训需要人数占三分之二，镇成人教育中心校主动服务农民工群体，联系劳动服务所、安监办等相关职能部门，与企业和各行业协会合作，整合资源构筑农民工服务体系，合作设计培训菜单，为企业培养技能人才，为重点产业输送急需人才，开展劳动力转移培训和高技能人才培训，每年培训近3000人次。搭建文化教育、职业技能培训、学历教育三大平台，为农民工提供灵活多样、实用有效的教育培训服务，开展知识性和引导性培训，累计5万多人次。关心解决农民工的实际困难，帮助农民工开展流动人口子女积分入户及积分入学活动，协助辖区内企业开展各类安全培训，为农民工开办创业辅导班，提供创业咨询及服务，维护农民工合法权益。从2012年起，联合镇总工会、商会、文联等部门，整合多方资源，连续四年开展“和谐企业，美丽洛阳”主题文体活动，发动洛阳镇及周边农民工参与，丰富农民工精神文明生活。

【武进区获全国社区教育优秀微课程大赛奖3项】 5月，中国成人教育协会社区教育专业委员会与国家数字化学习资源中心发布第二届NERC杯全国社区教育优秀微课程大赛获奖名单，武进区2家社区教育学校制作的3个微课程获奖。其中，湟里镇成人教育中心校微课程“苗木常用嫁接技术”获一等奖，武进开放大学微课程“梦里彩虹——常州古桥遗韵”、湟里镇成人教育中心校微课程“红叶石楠扦插技术”获优秀奖。

常州经开区社区培训学院开展线下培训　　供稿/区教育局

【西太湖讲堂获省社区教育实践创新工作项目案例一等奖】 2016年6月，“传播优秀文化、提升居民素养——记武进开放大学西太湖讲堂”案例被省社会教育服务指导中心评为2016年江苏省社区教育实践创新工作项目案例一等奖。该案例由武进开放大学承担，责任人邱玲敏、张蓉、张盈、孙明平。武进开放大学以学习者为中心，以学习需求为导向，为社区不同年龄层次、不同文化程度、不同收入水平居民提供多样化服务。2009年，学校搬至西太湖畔，组建文化素养类、教育辅导类等五大讲师团队，有教师100多人，面向全校师生和社区居民开设西太湖讲堂，重点展示武进地方传统文化和地方产业文化特色，邀请《百家讲坛》栏目主讲人莫砺锋等开设讲座。至2016年年初，建成社会教育资源库，含“老年人如何健康运动”“绿色生活之健康饮水”等课程100多门，开设“青果巷的武进名士”“舌尖上的武进”等讲座354讲，内容贴近社区居民需求。将优秀讲座制作成视频在线播放，被“江苏学习”在线收录13门，被“常州终身教育”在线收录6门。

【武进一社区教育课题获国家级课题立项】 2016年1月，常州经开区社区培训学院教师陈啸峰主持的“基于E-Learning的社区教育工作者学习共同体创建的实践研究”课题获中国成人教育协会“十二五”成人教育科研规划2015年度课题立项。该课题于2016年1月开题，计划2017年7月结题，主要以社区培训学院专兼职教师、从事社区教育工作人员和志愿者为研究对象，解决如何运用数字化学习环境、学习资源和学习方式，构建全体参与、专家引领、团队合作的网上学习乐园，推动社区教育工作者学习力、组织力、推行力的提高，加快社区教育专业化发展和信息化建设进程。在课题实施过程中，学院与街道、社区互联互通，借助常州开放大学慕课平台，丰富数字化学习资源，社区教育工作者、专家、辅导者构成学习共同体，在数字化学习中沟通交流，分享资源，共同完成学习任务。

【“全民终身学习活动周”系列活动】 10月16—23日，武进开放大学围绕“推进全民终身教育、建设学习型武进”主题，开展“全民终身学习活动周”系列活动，以请进来、走出去形式，引导社区居民和在校学生投身全民学习热潮。在校内举办“营造书香校园，服务终身学习”主题黑板报评比活动、就业形势分析讲座、“祝福颂祖国，共筑中国梦”主题摄影展，参与人数1000多人，与各镇（街道）社区教育中心合作，在国茂国泰减速机有限公司、雪堰镇潘家社区等地开展“商务礼仪”“中老年秋季养生”“摄影基础”等优质社区教育课程，培训200多人。

（陆　琪）

（栏目编辑　陈　蓉）

文化·大众传媒

群众文化

【概　况】 2016年年末，武进区有镇（街道）文化站16个，299个村（社区）均建有文化室、图书室，配备兼职文化管理员。全区有基层专职文化工作者120人、业余文化骨干968人，业余文化志愿者组织54个587人。2016年，全区繁荣群众文化事业，持续开展群众性文化活动，举行第四届市民艺术节，组织周末文艺演出33场，区锡剧团送戏下乡、区凤凰艺术团送综艺节目下乡各200场，实施农村电影"2131"工程（在21世纪，广大农村及社区、厂矿、企业、学校、机关等每月每村至少放映一场电影），在全区各地免费放映电影3360场，举办阳湖大讲堂12期，开展流动图书服务122次。区文化部门举办或承办武进天工——首届武进工艺美术精品大展、紫气东来圣旨驾到——徐州圣旨博物馆馆藏圣旨精品展、第四届市民艺术节暨"怡建杯"江苏省第九届旅游门券收藏展、第二届武进国际藏书票博览交流会等精品文化活动。

【武进区第四届市民艺术节】 参见《武进概览》栏目P9同名条目。

【武进天工——首届武进工艺美术精品大展】 4月8—18日在区博物馆临时展厅举行。该展览由区委宣传部、区文联主办，市、区工艺美术家协会及区广播电视台、区博物馆承办，展出中国工艺美术大师萧剑波、国家级非物质文化遗产传承人徐秉方等37名工艺美术工作者作品100余件，包括国家级非物质文化遗产项目留青竹刻、象牙浅刻，省级非物质文化遗产项目乱针绣、烙画、陶刻、铜雕等。其中，牙刻作品《十八罗汉》长约3米，高约0.4米，在18幅牙片上刻绘形态不一的罗汉，构思奇特，工艺精美。

武进天工——首届武进工艺美术精品大展部分作品，从左至右依次为萧剑波的象牙浅刻《禅》、徐秉方的留青竹刻《道德经》、朱雪晴的乱针绣《吴韵春秋》　供稿/武进日报社

【"指尖上的非遗——常州徐氏'三刻'艺术精品展"系列活动】 留青竹刻、红木浅刻和紫砂陶刻工艺是常州徐氏"三刻"家传技艺，由徐素白、徐秉言及徐秉方兄弟、徐枫三代传承，作品记录动人历史故事、人与自然和谐关系。2016年7—10月，区博物馆首次与外省博物馆合作推介武进区国家级非物质文化遗产，在福建省厦门市博物馆、三明市博物馆举办"指尖上的非遗——常州徐氏三刻艺术精品展"系列活动，推出"竹镂文心""丹青入木""刀笔火淬"3个单元，分别介绍并展示留青竹刻、红木浅刻、紫砂陶刻工艺及作品，展出展品100件（组），其中留青竹刻作品30件、红木浅刻作品30件、紫砂陶刻作品40件，参观人数超6万人次。

（王元霆）

文学艺术

【概　况】 武进区有文艺家协会8个、基层文联12个、挂靠社团3个，会员2000余人，其中国家级协会会员60余人、省级协会会员180人、市级协会会员1000余人。2016年，全区文艺工作

者遵循“为人民服务、为社会主义服务”方向和“百花齐放、百家争鸣”方针，按照“贴近实际、贴近生活、贴近群众”原则创作文艺作品。区文联引导广大文艺工作者学习贯彻中共中央总书记习近平在全国文艺工作座谈会上的讲话精神，实施理论修养工程、名师结对培养工程、文学创作激励工程、情感联结工程，开展主题文艺实践活动和文艺惠民活动，举办第十二届文艺工作者读书班，聘请在全国、全省有影响的专家教授结对培养高层次文艺人才，设立文学艺术创作专项资金。全年出版文学艺术专著16本，刊出《武进文艺》3期，56件文艺作品获省级以上发表、奖项等。年内，区书法家协会首个创作基地在雪堰镇乐山农庄成立，区文联获评省基层文联工作先进单位。

尼勒克摄影图片展作品——《牧民家园》　　摄影/刘建中

【“深入生活、扎根人民”主题文艺实践活动】 2016年，区文联挖掘和整合文艺资源，举办“深入生活、扎根人民”主题文艺实践活动。为纪念中国共产党成立95周年，举办“翰墨浓情颂党恩”纪念建党95周年书法美术精品展，组织书画家、摄影家、作家12人到新疆维吾尔族自治区尼勒克县开展“万里援疆情——武进援疆建设成果”文艺采风创作活动，创作书画作品20幅，拍摄武进援疆工作实况，精选近200幅摄影图片在武进和尼勒克两地展览，《尼勒克的蜜蜂》《尼勒克笔记》《此心安处是吾乡》等系列散文在《新华日报》等刊物发表。举办“美哉武进”首届武进手机摄影大赛、武进天工——首届武进工艺美术精品大展、“艺苑雅韵，芬芳武进”水上舞台专场文艺晚会、星光熠熠耀龙城——2016锡剧青年演员巅峰汇等品牌活动，全面宣传武进文艺事业和文艺工作者风采。承办江苏省第二届（国际）艺术品博览会常州市工艺美术大师精品展、墨香同心——武进区统一战线书法作品展、江海相连——江苏澳门书画作品展等精品大展。与协会、挂靠社团联合举办武进区美术新人作品展、“忆乡情”书画精品展、中秋诗词吟诵会等文艺展示活动。

表68

2016年武进区文艺创作成果选录

类别	作品名称	形式	作者	发表、出版、入选、展出、获奖、收藏情况
文学	《灵魂的刻度》	诗集	田字格	凤凰出版社出版
	《春天我们看桃花去》	诗集	庄亚梁	凤凰出版社出版
	《水月情怀》	诗集	周丽	凤凰出版社出版
	《把身体交给春天》	诗集	荆和平	凤凰出版社出版
	《绿手帕》	诗集	张羊羊	凤凰文艺出版社出版
	《秋声未必尽寒色》	散文集	刘光俊	凤凰出版社出版
	《盛在陶器里的光阴》	散文集	羊斌	凤凰出版社出版
	《年华》	散文集	芮锦锋	凤凰出版社出版
	《童眼看江南》	散文集	李丽	凤凰出版社出版
	《寂静之处有风景》	散文集	陈晓兰	凤凰出版社出版
	《行走的麦子》	散文集	赵军	凤凰出版社出版
	《静守花开》	散文集	虞红霞	凤凰出版社出版
	《逃亡的鳄鱼》	长篇小说	蒋凤姣	凤凰出版社出版，入选省作协首批“托起梦想的翅膀”儿童文学项目
	《梨花梦》	长篇小说	陆涛声	凤凰出版社出版
	《神奇的光头鼠3》	童话故事	尚玉洁	南京大学出版社出版
	《嬉戏公主传奇》	童话故事	尚玉洁	南京大学出版社出版

续表 68

类别	作品名称	形式	作者	发表、出版、入选、展出、获奖、收藏情况
工艺美术	《和合美美》樽瓶	陶艺	张毓阳	第三届徐州文化博览会铜奖
	《烟拂云梢》	象牙浅刻	倪久晋	“艺博杯”江苏省（南通）工艺美术精品展金奖
	《溪山行客》	象牙浅刻	陈桂方 朱波 孙燕英	“艺博杯”江苏省（南通）工艺美术精品展金奖
	《溪山图》	象牙浅刻	王建海	“艺博杯”江苏省（南通）工艺美术精品展金奖
	《知足》	留青竹刻	沈华强	“艺博杯”江苏省（南通）工艺美术精品展金奖
	《王者归来》	象牙浅刻	张宽	“艺博杯”江苏省（南通）工艺美术精品展银奖
	《团扇之美》	竹木雕刻	周海荣 谷婷	“艺博杯”江苏省（南通）工艺美术精品展银奖
	《清净无染》	留青竹刻	徐文博 张琪	“艺博杯”江苏省（南通）工艺美术精品展铜奖
	《琵琶行》	象牙浅刻	陈维娜 陈丽娜	“艺博杯”江苏省（南通）工艺美术精品展铜奖
	《十八罗汉图》	留青竹刻	徐文博	江苏省第二届（国际）艺术品博览会金奖
	古琴	古琴艺术	朱必清	江苏省第二届（国际）艺术品博览会金奖
	《玉兰富贵》	宫扇	周海荣	江苏省第二届（国际）艺术品博览会银奖
	《五祖达摩》	象牙浅刻	张丽亚	江苏省第二届（国际）艺术品博览会银奖
	《八面威风》	象牙浅刻	潘为民	江苏省第二届（国际）艺术品博览会铜奖
	《群芳争艳》	留青竹刻	张琪	江苏省第二届（国际）艺术品博览会铜奖
音舞	《鸟鸟鸟》	舞蹈	孙美琳	江苏省第七届少儿舞蹈比赛二等奖
	幼儿艺术体操	体操	荆静	第十七届江苏省幼儿基本体操表演大赛一等奖
曲艺	《胆大与胆小》	少儿相声	杨秀妹	江苏省少儿曲艺大赛二等奖
书法	《东坡论书》	草书	陈捷	入选“翰墨情韵”江苏省优秀青年书法家作品展
	《闲居赋》	行书	陈捷	入选“翰墨情韵”江苏省优秀青年书法家作品展
影视	《“这是最后的斗争”恽代英 1930—1931》	广播剧	影视协会	第十六届中国广播剧研究会广播剧专家奖连续剧金奖
摄影	《咱们工人有力量》	摄影	周小红	“咱们工人有力量”江苏省职工摄影大赛优秀奖
	《印象老街》	摄影	周小红	第二十二届江苏省摄影艺术展优秀奖
	《形影不离》	摄影	周小红	2016 中国摄影家协会网微信双周赛佳作奖
	《压榨百叶》	摄影	周小红	2016 中国摄影家协会网微信双周赛佳作奖
	《优哉游哉》	摄影	周小红	入选《中国摄影报》《家园》栏目
	《在路上》	摄影	周小红	入选 2016“美丽中国，一带一路”全国摄影大赛
	《出厂检查》	摄影	何建鑫	“咱们工人有力量”江苏省职工摄影大赛优秀奖
	《攻坚克难谱新章》组照	摄影	何建鑫	入选第二届中国·沈阳（铁西）国际工业摄影大展
	《团结协作创佳绩》	摄影	何建鑫	入选中央国家机关“纪念长征胜利八十周年，建党九十五周年”摄影作品展
	《军民渔水情》	摄影	何建鑫	入选中央国家机关“纪念长征胜利八十周年，建党九十五周年”摄影作品展
	《我和孙悟空拍个照》	摄影	何建鑫	《人民摄影》手机摄影微信月赛佳作奖
	《翠映》	摄影	顾明	入选“美丽乡村、锦绣德清”全国摄影大展
	《万佛塔》	摄影	顾明	入选苏州高新区全国摄影大展
	《艳阳丽影》	摄影	顾明	入选“天翼手机杯”全国摄影大展（手机组）
	《家有喜事》	摄影	顾明	入选“我的城市我的家”全国摄影大展
	《童年记忆》	摄影	顾明	入选“我的城市我的家”全国摄影大展
美术	《红雾》	中国画	是幽燕	2016 年第十届中国工笔画大展优秀奖
	《西风重九菊花天》	中国画	徐思齐	入选首届江苏美术奖作品展
	《晚梦盈盈湘水春》	中国画	徐思齐	入选 2016 年江苏省花鸟画研究会成立 30 周年优秀作品展

【《"这是最后的斗争"恽代英 1930—1931》获中国广播剧研究会广播剧专家奖连续剧金奖】 2016年9月1日，由武进区广播电视台选送的三集广播连续剧《"这是最后的斗争"恽代英1930—1931》获第十六届中国广播剧研究会广播剧专家奖连续剧金奖。恽代英，祖籍江苏武进，1895年生于湖北武昌，是无产阶级革命家、中国共产党早期重要领导人之一，是杰出政治家、理论家和青年运动领袖，1931年被杀害于南京。广播剧主创团队尊重历史，实地采访恽氏后裔，收集、研读大量历史资料，还原革命先烈真实英雄形象，历经数月完成创作，运用人物式旁白讲述、心灵时空对话等艺术表现手法，再现恽代英短暂而令人敬佩的生命历程。剧中人物鲜活可信，音乐运用饱满细腻、音色悦耳，叙事情节层次鲜明，得到中国广播剧研究会专家肯定。

【《武进作家丛书》首发】 9月17日，《武进作家丛书》首发式在金色南都大酒店会议室举行。该书由区作家协会主席荆和平主编，凤凰出版社出版，共11本，包括散文集7本、诗集4本，体现武进文学特别是散文、诗歌创作整体水平，8名作者首次正式出版文学作品集。区文联邀请省作家协会书记处书记、《钟山》杂志主编贾梦玮等名家点评丛书，向丛书作者颁发图书出版奖金，向区档案馆、区图书馆等单位赠送丛书，并组织在首发式上展出为丛书专门创作的书法作品、作者印章、藏书票。

【《武进辞典》首发】 2013年12月，区文广新局与区地方文献研究会牵头，组织编纂委员会编写《武进辞典》。2016年10月17日，《武进辞典》发行仪式在区图书馆举行。全书72.2万字，由南京大学出版社出版，是武进地方文献丛书之一，也是武进首部兼有地方简志性质的百科全书式工具书。辞典上起远古，下迄当代，分地理、人物、政治、经济、文化、社会六大编，有辞条3000余条，收录武进有影响力人物传略500余篇，附武进大事简表、武进历史沿革简表、武进区党政机关一览表等，具有资料性、知识性和实用性。

（葛　岩）

文化遗产保护

【概　况】 2016年年末，武进区有不可移动文物390家、非物质文化遗产（简称非遗）项目118项。其中，国家级文物保护单位（简称文保单位）2家、省级文保单位10家、市级文保单位69家、未公布为文保单位的不可移动文物309家，非遗项目国家级1项、省级7项、市级21项，区级89项。年内，区文保部门加强管理、修缮文物保护单位，强化日常巡查，全面完成第一次全国可移动文物普查，按标准程序建立电子数据档案，启动市级文物保护单位王诤故居修缮保护，基本完成新沟河拓宽工程前期地上地下文物保护，完成李公朴故居二期修缮保护工程和李公朴生平事迹展览馆布馆，配合市文物局开展常州经开区曹上路考古，首次启动太湖水下考古。新增区级非遗项目第四批传承人27人，制作发布非遗工美类项目微信展2期，举办丁敏师生剪纸作品展。

【非遗项目展示展演】 9月4日，武进区非遗项目展示展演活动在区第四届市民艺术节开幕式上举行，调龙灯、阳湖拳、舞青狮、象牙浅刻、红木浅刻、湖塘剪纸等30多个非遗项目在淹城东门广场集中展示，其中动态类项目10个、静态类项目20多个，吸引千余名市民观看。

【武进区完成第一次全国可移动文物普查】 2012年10月，国务院印发《关于开展第一次全国可移动文物普查的通知》，决定从2012年10月至2016年12月，全面普查登记全国境内（不含港澳台地区）全部国有单位收藏保管文物。武进区于2013年7月启动第一次全国可移动文物普查，制定出台《武进区第一次全国可移动文物普查实施方案》，发出普查公开信等，编制可移动文物名录和可移动文物收藏单位名录，建立可移动文物编码系统、可移动文物收藏单位编码系统、可移动文物信息管理系统。到2016年12月，完成普查，调查相关国有单位373家，普查覆盖率100%，收录普查文物3316件（套），其中新发现文物23件，所有普查信息经第一次全国可移动文物普查数据采集专用软件形成电子数据审核上报。

【李公朴生平事迹展览馆开馆】 2015年，武进区启动李公朴故居二期修缮保护工程，总投资约400万元，占地面积2360平方米，建筑面积约650平方米，建设李公朴生平事迹展览馆、李公朴旧居花园绿化、李公朴生平事迹展览馆布馆等项目。2016年7月12日，李公朴生平事迹展览馆在李公朴牺牲70周年之际对外开放。该展览馆位于李公朴故居西侧，坐北朝南，共两进，江南民居建筑风格，占地面积580平方米，建筑面积630平方米，有展室2个，展陈面积220平方米，前厅展示李公朴生平事迹研究成果，后厅布置《人民英烈——李公朴》大型图片展，从"奋发图强的青少年时期、致力平

非遗项目横山桥荡湖船在区第四届市民艺术节开幕式上展演　　供稿／区文广新局

表 69 2016 年武进区省级及以上文化遗产情况

级　别	名　称	类　别	获认定时间
国家级文保单位	春秋淹城遗址	古遗址	1988 年 1 月
	阖闾城遗址	古遗址	2013 年 3 月
国家级非遗项目	象牙雕刻（常州象牙浅刻）	传统美术	2014 年 11 月
省级文保单位	圩墩遗址	石刻、古墓葬与古遗址	1982 年 3 月
	恽南田墓	近现代史迹及代表建筑	1995 年 4 月
	田舍村隋墓	近现代史迹及代表建筑	1995 年 4 月
	礼嘉烈帝庙戏楼	古建筑	2002 年 10 月
	顺庄戏楼	古建筑	2002 年 10 月
	礼嘉王氏宗祠	古建筑	2011 年 12 月
	五洞桥	古建筑	2011 年 12 月
	李公朴旧居	近现代重要史迹及代表性建筑	2011 年 12 月
	白龙庙	古建筑	2011 年 12 月
	戚机厂旧址	近现代重要史迹及代表性建筑	2011 年 12 月
省级非遗项目	阳湖拳	传统体育、游艺与杂技（杂技与竞技）	2009 年 6 月
	横山桥百叶制作技艺	传统技艺（传统手工技艺）	2009 年 6 月
	常州掐丝珐琅画	传统美术（民间美术）	2009 年 6 月
	常州大麻糕制作技艺	传统技艺	2011 年 6 月
	杨桥庙会	民俗	2016 年 1 月
	常州烙画	传统美术	2016 年 1 月
	红木浅刻	传统美术	2016 年 1 月

民教育志在振兴中华、震惊中外的“七君子”事件、为实现全民抗战奔走呼号、向往延安深入敌后、坚持抗战呼吁民主、民主斗士永垂不朽”七方面展示李公朴生平事迹，展出史料照片 200 多张。

【回民马灯抢救性恢复】 回民马灯项目生成于元朝大德年间，是雪堰镇城西回民村流传的传统舞蹈，于正月十五闹元宵时表演，以马灯舞蹈为主，武术、滑稽表演为辅，极具民族特色，因表演人数多且需具备武术功底，逐渐失传。2016 年，区文化馆开展回民马灯抢救性恢复，向城西回民村划拨市级非物质文化遗产保护专项补助资金 8 万元，用于购置马灯、盾牌、花瓶等道具原材料制作表演道具，研讨演出展示，组织春秋淹城艺术团专业演出队伍在雪堰镇培养传承人，排练回民马灯表演，解决回民马灯表演人员匮乏等问题，推进项目保护和传承。

（王元霆）

文化阵地建设

【概　况】 2016 年，武进区有博物馆、文化馆、图书馆、书画院和名人馆、晓园艺术馆 6 家公共文化场馆，全年免费开放，接待群众 85.4 万人次；民办博物馆 7 家，接待群众 30 万人次；数字影院 11 家，放映电影 10.8 万场，观众 265 万人次；新华书店门店 7 家，发行图书 1181 万册；镇（街道）文化站 16 个，均建区图书馆分馆，实行图书通借通还，藏书总量 47.2 万册，村（社区）农家书屋 270 家。区图书馆馆藏图书 40 余万册，全年外借图书 37.7 万册，到馆读者 40 万人次，开展各类阅读推广主题活动 200 余次，全区首个自助图书馆阳湖书房（新天地公园服务点）对外开放。区博物馆馆藏文物 3293 件，全年接待群众 35.5 万人次，开展大型展览活动 22 次。区文化馆开办春、夏、秋三季免费培训班，开设交谊舞、书法、国画、摄影等 20 个专业 72 个班次，培训 1.1 万人次，场馆活动参加人数 1.5 万人次，文化馆新馆于 9 月试运行。名人馆、恽南田美术馆、晓园艺术馆分别接待群众 6.8 万人次、3.1 万人次、3.5 万人次。

【区文化馆新馆开馆】 2015 年，文化馆易址改造工程启动，淹城旅游区东侧原旺阁渔村酒店被改建为文化馆，解决原文化馆场地无法满足群众文化活动需求问题，提升区文化馆阵地设施水平。2016 年 9 月 4 日，改造升级后的区文化馆开馆试运行。该馆位于武进区淹城丰乐坊 1 号，建筑面积 7529 平方米，有综合展示大厅、报告厅、非遗展厅，配备排练厅 3 个、名家工作室 3 个、活动室 4 个、教室（培训室）10 个，可同时容纳上千人开展活动和培训，服务设施更齐全，功能更完备。

9 月 4 日，区文化馆新馆建成并对外开放　　供稿 / 区文广新局

【阳湖书房开放】 12月17日，阳湖书房（新天地公园服务点）向公众开放，是武进区首家24小时开放、无人值守自助图书馆。阳湖书房由新天地中医馆免费提供场地和装修，区政府投资购买图书及相关设备，设阅览席位50余个，有幼儿绘本区、少儿借阅区、成人借阅区、报纸期刊区等功能区域，空间布局合理，氛围温馨雅致，配备电子图书借阅机和电子报刊阅读机各1台。有纸质图书1.2万册、电子图书3000册、电子期刊和报纸2000种。采用图书自助借还系统、智能防盗门禁系统等先进智能化设备，读者只需凭武进图书馆借阅证刷卡进入，在微信平台检索图书，利用自助借还机免费借阅、归还图书。

【武进图书馆】 位于武进延政中大道65号，建筑面积4300多平方米，藏书40余万册（古籍1.7万册），报纸、期刊500种。秉承“读者至上,服务第一”理念，形成所有服务全免费、场馆开放全年化、读者活动全公益、服务体系全覆盖、数字资源全共享“五全”服务模式，完善图书自助借还、微信移动服务、检索精准定位、图书开放采购、活动网络管理五大功能，是国家一级图书馆、省文明图书馆。2016年，新增图书1.7万册，接待读者40万人次，其中少儿27万人次、成人13万人次，外借图书37.7万册，开展各类阅读推广主题活动200余次，其中流动图书惠民服务122次。

【武进博物馆】 位于武宜路西侧春秋淹城旅游区内，于2007年12月12日建成开放，从2009年1月1日起免费对外开放，陈列区设史河流韵、馆藏书画、春秋淹城、临时展厅四大展厅，建筑面积8728平方米，有馆藏文物3293件。2016年，区博物馆接待游客35.5万人次，开展大型展览活动22次。围绕常州“文化100”惠民活动、武进区第四届市民艺术节、“5·18”国际博物馆日、非物质文化遗产日等主题活动,举办“弘扬南田精神、传承常州画派”常州市花鸟画精品展等临时展览18场。联合社会公益团队，在学校、社区、博物馆和青少年活动中心举办“人文武进·英才辈出”武进历史名人展、“古服华彩”明代服饰展、“古曲雅韵”古代乐器展等活动70场次，参观群众近4000人次。与洛阳中心小学、卢家巷小学、储宁玲名辅工作室合作创建博物馆文化体验联盟，开发博物馆教育活动课程，形成馆校共建教育组织，共同承担未成年人教育责任。

（王元霆）

文化产业管理

【概　况】 武进区文化产业稳步发展，形成文化旅游、动漫游戏、传媒印刷、演艺娱乐等产业群，有环球动漫嬉戏谷、淹城春秋乐园2个江苏省文化产业示范基地，武进工业设计园被评为江苏文化科技产业园，环太湖艺术城被列入《苏南现代化建设示范区规划》重点项目。2016年，全区有文化企业4041家，其中规模以上文化企业267家，江苏超凡标牌股份有限公司、捷成华视网聚（常州）文化传媒有限公司入选2015—2016年度江苏民营文化企业30强，“新媒体版权交易云平台应用示范”项目等4个项目获省级现代服务业发展专项资金扶持。区文广新局窗口全年办结各类行政审批许可事项169件，“三合一”阳光政务平台提前办结率100%；全面落实“先照后证”改革，办理文化许可证55份，办理率60%；320家印刷企业、220家出版物发行单位通过年检。区文化部门先后开展“护苗2016”“净网2016”“秋风2016”系列行动和校园周边文化环境专项整治行动，出动执法人员3320人次，检查经营场所1420家次；受理、办结群众举报50余起，处理率100%；立案查处各类违规经营行为36起，结案34起。

【4个项目获省级现代服务业发展专项资金410万元】 11月，武进区文化企业申报的4个项目被省文化厅、省财政厅认定为2016年度江苏省省级现代服务业发展专项资金项目，获项目经费410万元。其中，捷成华视网聚（常州）文化传媒有限公司承担的“新媒体版权交易云平台应用示范”项目获省级现代服务业（新闻出版广播影视）发展专项资金项目，获项目经费50万元；江苏超凡标牌股份有限公司承担的“‘超凡’品牌标识创意设计应用于大型商务”项目、江苏环太湖文化艺术城有限公司承担的“环太湖文化艺术展示平台”项目、嬉戏族集团有限公司承担的“嬉戏谷二期——数字文化科技创意一期”项目获省级现代服务业（文化）发展专项资金项目，分别获项目经费120万元、160万元、80万元。

【武进区2家企业入围省民营文化企业30强】 2016年11月，省委宣传部、省文化厅、省新闻出版广电局、省工商局、省统计局、省工商联六家单位联合发布2015—2016年度江苏民营文化企业30强名单，江苏超凡标牌股份有限公司、捷成华视网聚（常州）文化传媒有限公司2家武进区民营文化企业入选。

江苏超凡标牌股份有限公司　成立于1992年，是全国标识行业协会副会长单位、江苏省标识行业协会会长单位。2012年投资建成江苏超凡标牌产业园，2013年在上海股交中心成功挂牌。拥有国内一流生产设施设备，具备集标识规划、设计、研发、制造、销售、安装、售后维护于一体的综合服务能力，生产钣金标识系统、数字化标识系统、铝型材标识系统等系列产品，规格型号数千种，先后获实用新型专利授权12件，有中国标识企业一级资质，产品市场覆盖全球，先后为上海中心大厦、上海迪斯尼乐园、第八届中国花卉博览会、南京紫峰大厦等工程项目设计大型标识。2015年，获第二届江苏省品牌紫金奖品牌创意设计金奖。

捷成华视网聚（常州）文化传媒有限公司　成立于2013年，是北京捷成世纪科技股份有限公司全资子公司，注册资本1250万元，总资产7.28亿元。专业从事数字版权发行、运营，提供全媒体文化传播服务，与国内外300多余家出品公司合作，积累影视、动漫、节目版权3万余部（集），向广播电视台、互联网等媒体发行，全面覆盖数字电视、电脑、平板、手机、户外流媒体等全媒体终端，形成“海量数字内容矩阵＋全产业媒体发行集群＋全媒体终端交互式覆盖”一体化运营模式，实现上、中、下游全产业融合式服务。2015年，实现营业收入（不含税）7.02亿元、利润3.25亿元。

【“黑网吧”整治】 2月6日，《国务院关于修改部分行政法规的决定》公布，“黑网吧”取缔职能由工商部门移交至文化行政部门。3月，区文广新局开展“黑网吧”调查摸底，向60家“黑网吧”送达“致全区擅自从事互联网上网服务经营活动业主的一封公开信”，开具责令整改通知书，规劝其停止违法行为，对拒不整改的，会同公安、电信部门开展断网行动。从7月起，联合武进公安分局整治中心城区和部分乡镇群众反响强烈的“黑网吧”，立案取缔“黑网吧”8家，收缴电脑主机和显示器设备250余台，罚没款6万余元。11月19日，区政府发出《关于印发〈武进区“黑网吧”专项整治实施方案〉的通知》，召开专项整治工作会议，从2016年11月下旬起分阶段开展集中整治，形成长效管理机制。区文广新局、武进公安分局、区市场监督管理局三部门联合向全社会发布《关于开展“黑网吧”专项取缔行动的通告》，各镇（街道）按要求组建专项整治领导班子，组织人员排摸辖区内“黑网吧”。至12月20日，全区排摸出“黑网吧”68家，集中整治工作全面启动。

（王元霆）

报纸·新闻网

【概　况】 2016年，武进日报社贯彻学习习近平总书记在党的新闻舆论工作座谈会上的讲话精神，围绕全区重点工作和民生热点丰富新闻内容，拓展传播渠道，形成《武进日报》、武进新闻网、微博微信矩阵、“掌上武进”手机客户端、户外党报阅报栏集群五位一体传播平台。其中，微信公众号5个（“今日武进”“花园街驿站”“武进日报微金融”“武进日报小记者”“武进论坛”），微博4个（“武进日报”腾讯微博及“武进日报社”“武进新闻网”“武进论坛”新浪微博），户外党报阅报栏35个。代理区商务局、湖塘镇等27家单位网站运行维护和雪堰镇、湟里镇政府网站内容更新。有记者15人，其中文字记者13人、专职摄影记者2人，累计招募小记者430人；选派32人次参加全媒体采编培训、新闻业务骨干培训，系统学习媒体策划、新闻写作、新媒体运营等知识。《武进日报》全年出报301期，日发行量3.5万份，每月最后一周周三推出《湖塘社区报》8个版。武进新闻网全年制作大专题15个，记者自主采编文字及图片专题189个，日均访问量16万人次。“今日武进”微信公众号、报社官方微博、“掌上武进”手机客户端有用户35万人次，其中“今日武进”单篇最高阅读量79万人次。年内，武进日报社选送的作品获省级及以上奖项23个，成立驻常州经开区办事处。发挥全媒体营销中心统筹作用，依托报纸、网站、新媒体渠道优势和叠加效益，举办“年画宝宝”评选、首届城市广场争霸赛、2016国际时装周EZD.KIDS专场全国童模大赛常州站选拔赛、“西太湖创客杯·武进十佳土菜馆”评选等活动，组织外商俱乐部、武报小记者童军营活动各7次。

【重大主题报道】 2016年，武进日报社围绕党政关注、百姓关切热点，精心策划报道，提炼新闻价值，创新表达方式，强化舆情引领。1月，从创新创业、生态人居等读者密切关注方面解读武进“十三五”规划主要内容，开设《展望‘十三五’再创新辉煌》专栏，推出《发展创新活水来》《协调发展新路径》《绿色发展生活美》等报道5篇。4—6月，策划《供给侧改革在武进》《一带一路·武进故事》专栏，报道一批重点企业推进供给侧改革做法和成功之道，反映武进企业及武进人才在国外艰辛奋斗历程，推出《钱璟康复：“互联网+”让康复医疗飞上“云端”》等报道13篇。8月12日—11月12日，结合区第十二次党代会精神，开设《践行新理念，创响新武进》专栏，回顾武进创新创业成果，挖掘先进典型，推出《石墨烯：5年筑梦，领跑全国》等报道15篇。9月20日—11月23日，推出年度主题策划《传承阳湖基因，弘扬工匠精神》专栏，以“铸造匠魂”“城市匠工”“守持匠心”“传承匠器”4个篇章10篇报道，挖掘制造业、城市管理、三产服务和非遗传承等方面武进工匠故事，解读工匠精神，剖析时代价值。9月27日，在2016中国常州科技经贸洽谈会前夕，推出《融创》特刊，从“创远见”“创一流”“创武进”3个篇章介绍产业园区、重点企业、各镇（街道）及相关部门建设“强富美高”新武进现实行动，推出版面63个、报道37篇，收录图片190余张。10月24日，整版刊发《新武进新希望新期待——写在苏澳合作园区落户之际》报道，全景回顾苏澳合作园区落户武进过程。

【民生服务报道】 2016年，武进日报社履行主流媒体社会责任，从倾听民意、多办实事角度规划民生服务类报道。采写《关于武进城市地下管线安全监管的调查》，提供决策参考。持续开展“岁末温暖”行动，首次采用众筹方式募集物资，募集善款1.68万元、爱心物资价值近4万元，汇成“爱心年货”100份，春节前发放给前黄镇、牛塘镇、戚墅堰街道部分困难群众。继续与区妇联联合开展“圆梦微心愿”公益行动，武进新闻网、微信公众号和“掌上武进”手机客户端

《齐心协力》获江苏省县市报新闻作品一等奖

摄影／高岷

表 70

2016 年《武进日报》作品（版面）获省级奖项情况

作品（版面）名称	作者	体裁	奖项	等次
《转移孩子》	孟建强	摄影	江苏省报纸优秀作品	一等奖
			江苏省优秀新闻摄影作品	金奖
《府东社区居民自建微信群“刷”回20年前邻里情》	诸丽琴	通讯	江苏省报纸优秀作品	二等奖
《武进创举：率先唤醒农村沉睡资产》	鞠燎原　马叶星	消息	江苏省报纸优秀作品	三等奖
《“众筹建桩”巧破新能源推广“最后一公里”》	顾枫华　鞠燎原　马叶星	消息	江苏省报纸优秀作品	三等奖
《太滆渔村转身“互联网+”创客村》	葛长青　鞠燎原　马叶星　张丽	消息	江苏省报纸优秀作品	三等奖
4月27日5版	陆卓　吕丹丹　刘文燕	版面	江苏省报纸优秀作品	三等奖
《萨依娜的小面馆》	叶梓	散文	江苏省报纸副刊优秀作品	二等奖
《乡村》	刘嘉	散文	江苏省报纸副刊优秀作品	三等奖
《农事老沈》	储福金	散文	江苏省报纸副刊优秀作品	三等奖
《当“要人”的诀窍》	冯士彦	杂文	江苏省报纸副刊优秀作品	三等奖
《府东社区居民自建微信群“刷”回20年前邻里情》	诸丽琴	通讯	江苏省县市报新闻作品	荣誉奖
《武进渔民赴美破解“亚洲鲤灾”》	何泽宇　鞠燎原　马叶星	消息	江苏省县市报新闻作品	一等奖
《齐心协力》	高岷	摄影	江苏省县市报新闻作品	一等奖
《武进创举：率先唤醒农村沉睡资产》	鞠燎原　马叶星	消息	江苏省县市报新闻作品	二等奖
《“众筹建桩”巧破新能源推广“最后一公里”》	顾枫华　鞠燎原　马叶星	消息	江苏省县市报新闻作品	二等奖
《揭开“天坑”地陷之谜》	陆新　诸丽琴	通讯	江苏省县市报新闻作品	二等奖
《两位“好人”走上同一爱心路》	葛长青　王兴法	消息	江苏省县市报新闻作品	三等奖
《“东方碳谷”创下十个“全球第一”》	葛长青　鞠燎原　诸丽琴	消息	江苏省县市报新闻作品	三等奖
《创客刘金石5年缔造五项“中国第一”》	鞠燎原　马叶星	消息	江苏省县市报新闻作品	三等奖
《风烛残年，他仍是家里的顶梁柱》	张莉　张雅清	系列报道	江苏省县市报新闻作品	三等奖
《蒹葭苍苍》	陆新	摄影	江苏省县市报新闻作品	三等奖
《同心护蕾关爱孩子》	高岷	摄影	江苏省县市报新闻作品	三等奖
7月17日A5版	陆卓　吕丹丹　刘文燕	版面	江苏省县市报新闻作品	好版面

同时跟进，全年推出报道20期，发布微心愿100多个，筹集善款和物资价值5万多元，解决群众各种生活困难80多件。7月，面对强降雨引发的洪涝灾害，报社制定全媒体报道策略，明确纸媒、网媒、新媒体平台报道各自侧重点。《武进日报》开设《抗洪故事汇》专栏，推出专题8个、整版报道15个；武进新闻网同步发布，“今日武进”官方微信连续一周推送《24小时待命！暴雨袭城，众志成城！》等抗洪救灾资讯7篇，微信阅读量累计10万人次。9月27日，推出“城市管理曝光台”专题报道，曝光占道经营、乱停车、绿化带空秃等重难点问题，督促责任单位有效整改，提高市民行为规范，倒逼城市长效综合管理水平提升。

（张雅清）

广播电视

【概　况】 2016年，武进区有电视台、广播电台各1个，镇（街道）广播电视经营管理站16个，广播电视塔信号覆盖江苏、浙江、安徽三省18个县（市），数字电视网络覆盖常州市区和武进地区。武进传媒大厦配备国内一流广播电视制编系统，节目编播全自动化和数字化，有面积800平方米演播大厅、多功能广播电视移动直播车、长15米摄像摇臂等，可举办大型演艺活动并全程直播。区广播电视台有广播电视工作人员142人，其中编制内记者27人、编辑7人、播音员12人。武进电视台开设新闻、生活、人文、影视频道4个，有《武进新闻》《生活连线》《连线帮帮团》《嚼百趣》等自办节目12个，FM88.6生活广播有《886新闻广场》《武进政风热线》《畅行龙城路》等自办节目11个，区广播电视台开办“阳湖网”门户网站、“微武进”腾讯微博、“i武进”APP（应用程序），开设“微武进”“生活连线”“乐活常州”“886生活广播”“跟我出发”微信公众号5个。

2016年，区广播电视台把握宣传重心，优化传播载体，发挥区域主力媒体舆论引导功能。全年完成广播电视项目2个，播发广播节目11个、播音8655小时，播发电视节目12个、播出6752小时。广播剧《“这是最后的斗争”恽代英1930—1931》获第十六届中国广播剧研究会广播剧专家奖连续剧金奖，广

武进广播电视台新闻演播室　　摄影 / 许芸

播电视作品获省、市节目创优评比奖项19个,其中省级二等奖1个、三等奖1个，40多篇稿件被市级及以上媒体录用，其中《武进推行河长制》《武进建成畜禽粪便集中处理系统，拓展农业污染治理新模式》被中央电视台《新闻联播》录用。全年向黄河协作网发稿近100篇,向“今日头条”APP、腾讯网等国内大型网站上传资讯1万多条，举办东方卫视《妈妈咪呀》第四季常州站海选、2016常武首届TV家居建材博览会等活动30多项100多场次，吸引20万人次参与。

【新媒体智慧矩阵平台建成】 该平台于2014年4月启动，2016年12月建成，以“i武进”手机客户端为核心，整合门户网站、微博、微信、手机客户端等新媒体发布平台，第一时间将新闻资讯、直播点播、旅游出行和活动信息等优质信息传达至平台，用户通过电视、电脑、手机实现三屏互动。该平台集合新闻资讯、视频直播点播、便民信息服务、论坛互动、活动参与等功能模块，实现新闻、咨询、报料、互动应用等内容聚合发布，提供相应便民服务功能，方便百姓需求。

【“全媒体中央厨房”项目完成】 该项目于2016年4—10月实施，实现新闻撰写、编辑、审核、发布等一体化操作，整合传统媒介与新媒介新闻、信息、人力资源，采集信息并作集中处理，根据不同媒介特点和需求，生成多种形式新闻产品，通过各类传播平台发布给受众，促进新闻素材等资源最大化利用，实现一次采集、多种生成、多元传播。

【新闻宣传】 2016年，区广播电视台围绕全区中心工作把握宣传重心，创新提优《武进新闻》《问政面对面》《生活连线》《连线帮帮团》等传播载体，围绕党代会、抗洪救灾、“两学一做”学习教育、苏澳合作园区等热点话题，发挥舆论引导优势。通过《武进新闻》播发各类新闻报道4300余篇，播出新闻评论《新观察》52档，开设《求真务实干劲足》《优化服务助推发展》《践行五大理念，共创精彩开篇》等专栏、系列报道28个。在日常宣传报道中，围绕特殊节日和特色活动，策划推出《巾帼赞歌》《身边的劳动明星》《致敬乡村教师》等特色报道15篇。改造提升《青春派》专栏，在采访青年企业家、创业者基础上，邀请援疆干部、巾帼典范、十佳青年等嘉宾，制作播出《我们的援疆故事》《创客故事》《动静之美》《新青年》《声动常州》《光影常州》《新警察故事》等系列专题10多个。增设新闻评论《新观察》专栏，理性、客观剖析党政决策，反映百姓心迹，与区人社局、区城管局、区农业局等15个部门联办专题11个，围绕武进区各条线工作实绩制作播出专题片10个。通过《问政面对面》节目，开展“完善城市长效管理建设生态美丽武进”“双创武进”两大主题问政，同步开通电台、网络、客户端视音频直播，现场微信投票，增加观众和市民参与度，

2016年武进区广播电视作品（项目）获省级及以上奖项情况

表71

作品（项目）名称	获奖者	荣誉称号	授奖部门
《“这是最后的斗争”恽代英1930—1931》	顾　芳　杨富春　杨振宇　赵　翔　贡　莹	第十六届中国广播剧研究会广播剧专家奖连续剧金奖	中国广播剧研究会
《老铁匠的坚守》	段　敏	2015年度江苏广播电视电视播音社教类二等奖	江苏省广播电影电视协会
《红锥叶，见证武进人抗战国际军运壮举》	许雪芹	2015年度江苏广播电视广播播音社教类三等奖	江苏省广播电影电视协会
基于广电特色的全媒体综合传输平台的设计开发和应用	薛达新　朱　军　张明荣　薛　凯　张　煜　包晓峰	2015年度江苏省广播电视科技创新奖三等奖	江苏省广播电影电视协会
《武进新闻》	曹益锋　包晓峰　张　煜　张明荣	2016年度江苏省电视节目技术质量奖二等奖	江苏省广播电影电视协会
《记忆中的吆喝声》	秦　琳　蒋　静　白伟兵	2016年度江苏省广播节目技术质量奖一等奖	江苏省广播电影电视协会

全年播出《武进政风热线》250 档，50 多个部门 100 多名嘉宾走进直播室，接受群众电话咨询投诉 300 多个，回复率 98%，满意率 95%。通过《生活连线》《连线帮帮团》践行“离你最近、与你最亲”口号，把服务触角延伸至区划调整后新区域、新版块、新园区，关注融合过程中群众反映最强烈、关系最密切、感受最直观的热点难点问题，第一时间解答群众普遍关心的社会问题，帮助群众解决实际困难，全年接获求助热线 1430 多个，解决问题 500 多起。

【电视节目改版】 2016 年，区广播电视台调整电视节目布局，通过扩容、包装、联创等办法实施节目改版。《武进新闻》每周六增设新闻评论类节目《新观察》，时长 10 分钟；《生活连线》增设《裴政说新闻》板块，解读热点新闻；《连线帮帮团》增设《力波秀》板块，记者与主持人自编自导自演，还原身边人与事；《开门 7+7》新增子栏目《乐活常州》，报道生活消费资讯。区广播电视台与区教育局联合创办《加油少年天天向上》节目；与常州朗辰文化传播有限公司合办方言类节目《嚼百趣》，主持人由 2 人增至 3 人，增加旅游、健康等板块，以茶馆为背景，讲述武进地区百业掌故、名人轶事，评述热点趣闻，语言诙谐幽默。至年底，有《武进新闻》《生活连线》《连线帮帮团》《嚼百趣》《壹访谈》《新观察》《开门 7+7》《戏相逢》《过把瘾》《标榜汽车》《跟我出发》《加油少年天天向上》电视节目 12 个。

【《加油少年天天向上》节目开播】 该电视节目由区广播电视台与区教育局联合创办，5 月 22 日开播，每周日 17:00 在新闻频道首播，每周一至周六 18:20 在生活频道重播，是全区首档校园励志节目，设“校园同期声”“情商教室”“我来问问看”3 个板块。“校园同期声”板块报道校园内新活动、新动态；“情商教室”板块采访青少年成长烦恼，邀请心理专家解疑释惑；“我来问问看”板块以问答形式探讨成长热点问题，趣味盎然。节目展现校园生活和师生故事，表现手法轻松活泼，观察角度异于传统，年内播出 32 期。节目开播后，节目组联合团区委、湖塘镇政府举办“我是闪亮星”少儿才艺选拔大赛，选拔 20 人组建《加油少年天天向上》少儿艺术团，其中 10 人当选少儿栏目主持人。

【广播电视与新媒体融合发展】 2016 年，区广播电视台针对广播中心缺乏采编记者、广播新闻资源局限等问题，持续推进广播与电视新闻聚合生产，与新媒体优势联动。广播电台借助电视记者力量开展现场电话连线，电台版、电视版《武进政风热线》互为呼应，广播电台接受群众咨询、投诉和意见，直播间难以解答的，在电视版《武进政风热线》开辟第二服务阵地，由电视记者跟踪采访，通过现场连线，还原第一现场，增加广播新闻现场感、原创性、时效性和权威性，全年电台主播与电视记者连线 90 余次。广播电台加大自身推广力度，先后与常州化龙巷论坛、蜻蜓 FM APP 合作，推广“886 生活广播”微信公众号等，开发微信听广播功能，通过资源互换、平台合作，提高 FM88.6 生活广播知晓率，“886 生活广播”微信公众号受到 3 万多人关注。

11 月 15 日，“互联网 +”双创头脑风暴活动举行　　供稿 / 区广播电视台

【“互联网 +”双创头脑风暴活动】 11 月 15 日在武进莲花馆举办，是《武进新闻》栏目《青春派》专栏特别节目，由区广播电视台、团区委、“极客车间”青年众创空间联合主办，100 多人通过网络自主报名参加。“企运宝”项目创始人费晓明、常州达达网络科技有限公司联合创始人沈栋梁、“漂流瓶外语在线”项目创始人张敬敬、“720 装视”项目创始人顾潇轲作为“互联网 +”创业体验者，分享创业项目，提供“互联网 +”项目真实案例，阐述“互联网 +”各种可能性。常州创业投资集团有限公司投资经理李楠、信达证券股份有限公司业务总监宋欣、常州创客天使投资有限公司总经理高平受邀担任创业导师，提出项目点评及建设性建议。

【广电网络经营】 2016 年，武进广电网络持续推进高清互动、数据宽带等增值业务，完成广电网络基础投入 1600 万元，拓展光点 443 个，网络升级改造覆盖用户 21884 户，新建小区公寓房线路建设 1.2 万余户。银河 HI3716C 型高清智能机顶盒系统升级优化 11 万台，提升机顶盒运行稳定性，改版主界面，功能布局更合理。推出 HI3716M V300 型高清机顶盒，成本降低近 40%。完成文广互动电视推流和存储能力扩容，推流能力扩容至 5600 高清并发，存储能力扩容至 140TB（太字节），实现存储系统 1:1 备份，大幅提升运行稳定性和安全性。开展“广电进万家，服务零距离”活动，走访用户 2.8 万余人，客服经理一对一上门服务，帮助用户学会使用机顶盒，推广使用高清互动机顶盒、广电宽带等。至年底，全区数字电视个人用户 29.55 万户、互动高清用户 14.1 万户，宽带用户 16035 户，广播电视覆盖率 100%、高清互动机顶盒入户率 47.7%、广电宽带入户率 5.4%，网络营业总收入 1.45 亿元。

（潘燕萍）

（责任编辑　陈　蓉）

体　育

群众体育

【概　况】 2016年，武进区贯彻实施国务院《全民健身计划（2016—2020年）》，加强省首批公共体育服务体系示范区建设，加大政府购买公共体育服务力度，提升城乡一体“十分钟体育健身圈”服务功能，开展全民健身活动，实施“公共体育设施维修服务”“创建省级青少年足球校外活动中心”两大为民办实事项目，组织开展丰富多彩、贴近生活、方便群众参与的体育健身展示、交流、比赛、辅导、培训等活动，承办省级及以上赛事（活动）12次。新增社会体育指导员328人，累计4183人，其中国家级60人、一级154人、二级863人，每万人拥有社会体育指导员29人（国家级文明城区标准≥10人／万人）。全区有竞技钓鱼协会、乒乓球运动协会等区级单项体育协会29个，区级民办非企业体育俱乐部7个，在巩固风筝、舞龙、登山、马灯等特色民间体育项目基础上，推出广场操舞、排舞等新型健身项目。区体育局组织健身活动和综合性体育赛事35次，举办科学健身大讲堂20次、区级健身项目培训班10期，参加人数2000人。引导、鼓励单项体育协会承办群众体育赛事，创建自主品牌赛事，形成篮球联赛、羽毛球争霸赛、乒乓球民间高手争霸赛3项群众体育赛事品牌。全区316个村（社区）100%建成“城乡一体十分钟健身圈达标村（社区）”。

【2016年“汤尤迪·蚂蚁力量”华东业余羽毛球团体邀请赛在武进举行】 4月9—11日，2016年“汤尤迪·蚂蚁力量”华东业余羽毛球团体邀请赛在武进区健身广场举行，浙江、上海、江苏等地的42支队伍、近300名羽毛球高手参赛，是武进区羽毛球协会首次举办跨省区的羽毛球比赛。经过激烈角逐，江苏华晟米业一队以2∶0完胜武进羽协队，夺得冠军。

【2016年特步欢乐跑·中国10公里锦标赛常州站比赛】 5月29日，在武进西太湖畔开赛。这次比赛由中国田径协会和盈方体育文化传媒（北京）有限公司主办，武进区政府承办，5000多人报名参赛。该锦标赛是国内唯一得到田协A级认证的10公里路跑赛事，设6站，包括5站系列赛和1站总决赛，52名专业运动员报名参加常州站专业组比赛。最终，山东省运动员温兴隆和河北省运动员华绍青分别以30分15秒和33分51秒夺得男、女专业组第一名，山东省选手田华东和江苏省常州市选手丁丽萍分别以31分28秒和44分夺得男、女大众组第一名，大众组男、女前三名可晋级精英组，参加总决赛。

【2016年“全民健身日”系列活动】 2016年，武进区贯彻国务院《全民健身计划（2016—2020年）》精神，拓展“全民健身日”活动时间和空间范围，围绕“全民健身促健康、同心共筑中国梦”活动主题，于7—8月开展“全民健身日”系列活动。从7月起，开展全民健身宣传，区社会体育指导中心组织科学健身宣讲团开展健身系列讲座，帮助群众了解科学健身知识及适合自身的体育健身项目；开展国民体质监测，测试有效样本5300个，提供科学健身咨询与指导；通过请进来、走出去办法，组织社会体育指导员和健身骨干参加新优健身项目系列培

8月7日，2016年全民健身大联动活动在新天地公园举行　　摄影／陆新

训；面向青少年、老年人、职工和特殊人群，组织夏令营、体育赛事和体育培训等活动。8 月 7 日，2016 年武进区“全民健身日”启动仪式暨全民健身大联动活动在新天地公园举行，开展社会体育指导员健身技能和项目交流展示、全区社会体育指导员评比等活动，各镇（街道、开发区）组织 140 余人参加全民健身大联动，开展接力跳八字长绳、足球射门、指压板接力等活动，嘉泽镇、湖塘镇、西湖街道分获前三名。8 月 8 日，全区公共体育场馆免费向社会开放。

【2016 年国际龙舟联合会世界杯赛在武进举行】 10 月 22—23 日，2016 年国际龙舟联合会世界杯赛在武进太湖湾全国龙舟竞赛基地举行。比赛由国际龙舟联合会主办，国家体育总局社会体育指导中心、中国龙舟协会、中央电视台体育频道、江苏省体育局和武进区政府承办。澳大利亚、泰国、英国、中国等 11 个国家和地区的 12 支龙舟队参赛，其中中国一队由武进太湖湾女队和广东顺德男队组成，中国二队由南海九江男、女两队组成。比赛采用国际龙舟竞赛规则，设置 22 人龙舟混合组 100 米直道赛、22 人龙舟混合组 200 米直道赛、22 人龙舟混合组 500 米直道赛、12 人龙舟（男、女各 1 支）2×200 米接力赛、1000 米团体追逐赛 5 个项目。中国队获金牌 5 枚、银牌 3 枚、铜牌 2 枚，综合成绩第一，其中中国二队获 22 人龙舟混合组 100 米、500 米冠军，实现首次大满贯。

（徐霄燕）

竞技体育

【概　况】 2016 年，武进区以选好苗子、打好基础、积极输送为重点，加强竞赛管理，强化教体结合。将排球列入校园联赛项目，比赛涵盖小学、初中、高中。6 所学校招聘曲棍球、田径、举重等项目优秀教练员 7 人，充实学校业余训练教练员队伍。全区有在训运动员 200 人、教练员 9 人。全年承办国际性比赛 3 次、全国性比赛 6 次。组织 300 支代表队共 4683 名运动员参加市级及以上比赛，获奖牌 633 枚，其中金牌 175 枚、银牌 173 枚、铜牌 285 枚。区体育局与区教育局联合下发《常州市武进区青少年校园足球活动实施方案》，提升校园足球氛围，共同组织全区中小学生体育竞赛 21 次，500 支队伍 6000 名运动员参赛，联合举办田径教练员、篮球裁判员等培训班 4 次，培训人数 300 人。8 月 18 日，武进跆拳道运动员赵帅获第三十一届夏季奥林匹克运动会（简称里约奥运会）跆拳道男子 58 公斤级冠军。

【赵帅获里约奥运会跆拳道 58 公斤级金牌】 参见《人物》栏目 P341 相关条目。

【武进运动员获省青少年田径锦标赛奖牌 14 枚】 4 月 29 日—5 月 2 日，2016 年江苏省青少年田径锦标赛暨县组田径比赛（第一赛区）在张家港市举行。比赛设 6 个组别、85 个单项，全省近 600 名选手参赛。武进区组织 16 名运动员参赛，经过激烈争夺，获金牌 5 枚、银牌 6 枚、铜牌 3 枚，团体总分 147.5 分，奖牌总数和团体总分分别位列全省第五和第六。

【牛塘中心小学获“古威域斯”全国青少年曲锦赛女子 U10、U12 组双冠军】 2016 年 7 月 15—22 日，第八届全国曲棍球奥林匹克后备人才基地夏季训练营暨 2016 年“古威域斯”全国青少年曲棍球锦标赛（简称曲锦赛）在武进区鸣凰中学举行。比赛由国家体育总局手曲棒垒球运动管理中心、中国曲棍球协会主办，江苏省体育局、武进区政府承办，江苏、北京等地 35 个单位、50 多支队伍、600 多名运动员参赛，武进区组织 4 所学校 6 支代表队参赛。经过激烈角逐，牛塘中心小学队获女子 U10、U12 学校组两项冠军。牛塘中心小学于 2009 年发展少儿曲棍球特色项目，投资 6.45 万元建设面积 4300 平方米的标准曲棍球训练场地，2012 年成立校少儿女子曲棍球队，聘请省曲棍球队退役运动员任教练，开展专项技术训练及模拟比赛练习，2014 年获全国青少年曲棍球锦标赛女子 U12 组团体总分第三。

【2016 年全国女子曲棍球锦标赛在武进举行】 9 月 20—28 日，2016 年全国女子曲棍球锦标赛在武进曲棍球训练基地举行，由国家体育总局手曲棒垒球运动管理中心主办，四川、吉林、辽宁、江苏等 12 支代表队参赛，里约奥运会曲棍球女选手 16 人加入各自省份队伍参赛。全国女子曲棍球锦标赛是国内曲棍球界最高级别赛事，分小组赛、排位赛两阶段进行，比赛成绩积分决定下年度全运会预赛分组排名。经过激烈角逐，辽宁、四川、江苏三支女子曲棍球代表队分获一、二、三名。

【第七届环太湖国际公路自行车赛（武进赛段）】 11 月 11 日，2016 年第七届环太湖国际公路自行车赛“西太湖杯”武进春秋淹城—西太湖赛段开赛。比赛为 UCI（国际自行车联盟）2.1 级别，赛道穿越江浙两省的六市，设无锡、湖州（长兴）、安吉、吴江、南通（南通—海门）、武进、句容等 8 个赛段，在原有职业赛基础上，增设业余公路自行车巡回赛。

运动员在全国女子曲棍球锦标赛上激烈比拼　　供稿 / 区体育局

UCI洲际职业队、洲际队共22支车队的132名职业运动员以及98名业余运动员参赛，赛程117.2千米。经过近两小时的角逐，维利克东南车队选手雅各布夺得武进赛段冠军，烨浩单车俱乐部选手张欣获武进赛段业余赛最佳城市个人第一名。

2016年第七届环太湖国际公路自行车赛（武进赛段）开赛　　供稿／区体育局

【2016年常州武进西太湖国际半程马拉松比赛】 11月13日在西太湖畔举行，由中国田径协会、江苏省体育局、常州市政府主办，武进区政府、常州市体育局、西太湖科技产业园管委会、江苏常奥体育发展有限公司共同承办，设半程马拉松（21.0975公里）、10公里、迷你跑（5.2公里）项目3个，参赛选手20376人，比2015年增长52.79%，其中外籍选手52人，中国国家女子排球队队员惠若琪、张常宁、龚翔宇参加开幕式并领跑，中央电视台体育频道展开时长90分钟的航拍直播，体育频道主持人张斌、田径记者冬日娜现场报道。最终，肯尼亚选手Tarbel Abra Han Cherui Yot获半程马拉松男子组冠军，成绩1小时4分35秒；肯尼亚选手Samoel Emily Chep Kemol获半程马拉松女子组冠军，成绩1小时13分25秒；蒋金辉、丁丽萍分获常州市民半程马拉松男子组冠军和女子组冠军。

（徐霄燕）

体育设施及体育产业

【概　况】 2016年，武进区立足国家体育产业示范基地创建工作，将公共体育设施维修服务纳入为民办实事工程，投入健身工程（点）建设资金100万元，创建市级全民健身示范工程4个。有武进区健身广场、武进体育馆、武进体育场、网球馆、游泳馆等公共体育健身场地4611个，体育设施面积39.2万平方米，人均拥有面积2.7平方米。新建小区体育设施配建率100%，全区学校体育场地向社会开放率97.5%。继续引导民间资本投入体育场地设施建设，全省首个四季运行滑雪场常州龙凤谷滑雪场试运营。加强城乡一体“十分钟体育健身圈”建设，在前黄镇、横林镇新建镇级全民健身中心2个，新建（改、扩建）村（社区）室内外体育健身场所30个，新增健身休闲场地面积7.8万平方米。“2016年国际龙舟联合会世界杯”“马术俱乐部投、建、管一体化”2个项目被列为区体育产业发展专项资金资助项目，获经费补助60万元。全区体育彩票销售总量4.89亿元，区体育局获评江苏省2016年度体育彩票工作先进单位。

常州奥体横林镇全民健身中心外景　　摄影／刘建中

【常州奥体横林镇全民健身中心试运营】 该中心位于横林大道北侧、顺通河东侧、横林高级中学南侧，由横林镇政府与常州体育产业发展有限公司合作开发建设，2015年3月开工，2016年年底建成试运营，总投资1.38亿元，占地面积1.5万平方米，建筑面积2.75万平方米。对外开放游泳、羽毛球、乒乓球、台球、篮球、健身、文艺培训等健身服务场馆，为居民提供健身运动场所和文化健身培训服务。增挂“横林高级中学体育馆”“武进区横林镇学校体育健身培训基地”牌子，为横林镇学生提供运动项目专业培训，也为横林镇及周边地区群众提供高质量健身公共服务。

【常州龙凤谷滑雪场建成运营】 该滑雪场位于雪堰镇，由常州龙凤谷生态旅游发展有限公司出资建设，总投资7500万元。2013年3月开工建设，2016年6月竣工试运营，12月对外营业。占地面积43.33公顷，滑道长220米、宽30米，坡度8～12度。拥有瑞典进口造雪机6台，用于冬季造出真雪，采用新西兰四季仿真雪毯铺装地面，供春、夏、秋三季使用，是全省首个四季运行滑雪场。

（徐霄燕）

（栏目编辑　陈　蓉）

医疗卫生

综　述

【医疗机构、床位、人员情况】 2016年，武进区完善医疗卫生服务体系，累计组建专科共建、对口支援、技术帮扶型医疗联合体（以下简称医联体）26个，乡镇卫生院医联体运作实现全覆盖。全年卫生经费支出8.54亿元，占全区预算内财政支出的5.88%。完善基层基本药物制度，全年完成基本药物采购2.58亿元。全区有医疗卫生机构344个。其中，区级医院3个，区级卫生机构4个，社区卫生服务中心5个，乡镇卫生院17个，民营医院6个，个体诊所65个，企事业单位医务室（卫生所）42个，社区卫生服务站47个，村卫生室137个。全区有医疗床位4192张。其中区级以上医院2470张，乡镇卫生院（社区卫生服务中心）1470张，民营医院252张。医疗卫生技术人员6512人，增加671人；其中执业（助理）医师2652人（高级、中级、初级职称分别有495人、1020人、1137人），增加151人。9月，雪堰镇卫生院与雪堰镇潘家卫生院整合成立雪堰镇中心卫生院。10月，丁堰街道社区卫生服务中心撤销，并入潞城街道社区卫生服务中心。

【医疗服务】 2016年，武进区医疗机构总诊疗581.32万人次，较上年增加16.88万人次。全区门急诊568.93万人次，住院12.41万人次。其中，区级医院门急诊144.13万人次，镇级医院（卫生院、社区卫生服务中心）门急诊295.22万人次，村卫生室（服务站）门急诊82.42万人次，非公立机构门急诊47.16万人次。镇村医疗门急诊量占全区门急诊总量的66.4%，乡镇卫生院住院人数占全区住院总人数的31.56%，区域内就诊率88.6%。医疗机构住院12.41万人次，比上年下降1.43%。其中，区级医院住院81907人次，镇级卫生院（医院、社区卫生服务中心）住院39162人次。全区医疗机构住院病人手术46823例，比上年增长2.89%。其中，区级医院手术34911例，镇级卫生院（医院、社区卫生服务中心）手术10934例数，民营医院手术978例。全区医疗机构病床使用率75.3%，出院者平均住院日为9.4天。区级医院门诊费用次均277.92元，较上年下降1.19%；住院费用次均11983.38元，较上年上涨4.04%。基层医疗机构门诊次均124.99元，较上年上涨17.20%；住院次均3769.64元，较上年上涨8.46%。

【医疗卫生基础设施建设】 2016年，武进区卫计系统完成基本建设投入1.08亿元，购置10万元以上医疗仪器设备111台（件）、价值6827.83万元。武进人民医院外科病房大楼建设持续推进，过渡病房和配电房投入使用，外科综合病房楼建设规模调整为主楼19层和地下室1层，总建筑面积5.5万平方米。该综合大楼总投资3亿元。至年底，外科综合病房楼建设桩基施工完成，地下室在建。9月8日，武进中医医院综合大楼主体封顶。该综合大楼位于住院楼西侧，总投资3.15亿元，总建筑面积5.8万平方米，于2015年9月1日开工，预计2018年投入使用。

【武进人民医院创成三级乙等综合医院】 2016年10月20—22日，武进人民医院接受省卫计委三级医院等级评审检

10月20—22日，武进人民医院接受省卫计委三级医院等级评审检查　供稿/区卫计局

查，被确认为三级乙等综合医院。武进人民医院是一所集医疗、教学、科研、预防及卫生应急于一体的三级乙等综合医院、国家级爱婴医院，是江苏省首批基本现代化医院、江苏大学附属武进医院、江苏大学硕士点，上海同济大学医学院、苏州大学、南通大学、徐州医科大学等的教学医院，先后获“全国巾帼文明示范岗”“江苏省卫生系统先进集体”“江苏省患者安全目标合格单位”“全国改善医疗服务示范医院”等称号。有本部、南院、高新区3个院区，设有14个临床一级科室，12个医技科室。其中内科设9个二级专科，外科设6个二级专科。心内科、心胸外科、肿瘤内科、影像科、检验科、急诊医学科、泌尿外科、神经内科、呼吸内科、神经外科、普外科、骨科、消化内科13个科室为常州市临床重点专科，心内科为常州市临床重点学科共建单位，中心实验室通过国家卫计委的评审验收。核定床位1440张，有在岗职工2242人，卫技人员1811人，占全院总人数80.8%，卫技人员与开放床位比为1.3:1，有高级职称人员240人。5人被列为江苏省第四期高层次“333工程”第三层次培养对象，5人被列为常州市卫生医学创新人才工程培养对象，6人被列为常州市高层次卫生人才工程培养对象，2人被列为常州市孟河医派百人传承培养工程培养对象，1人完成江苏省农村优秀中医临床人才培养工程。全年完成门急诊767266人次，住院59028人次，分别同比增长3.2%、3.7%。

【2个卫生院被确认为国家级群众满意乡镇卫生院】 2016年12月30日，洛阳镇卫生院、雪堰镇潘家卫生院被国家卫计委办公厅确认为2015—2016年度群众满意的乡镇卫生院。

洛阳镇卫生院总投资3458万元，设科室22个，有卫技人员112人，其中主任医师1人、副主任医师14人、主治医师22人。年内诊疗207662人次(其中门诊204477人次，住院3185人次)。整体功能分区合理，科室设置齐全，基本医疗设备完备，建有医生工作站和护士工作站，严格执行医疗质量管理核心制度，医疗护理技术操作规范，提供24小时急诊检验服务，实施“危急值报告”制度。落实基本公共卫生服务项目，推进家庭医生签约服务，与居民电子健康档案建档无缝转接，构建和谐医患关系，群众满意度达90%以上。开展中医药服务项目建设，于2016年6月增设中医馆。2016年，获得“常州市健康促进医院”“常州市乡镇卫生院示范中医科”等称号。

雪堰镇潘家卫生院总投资2000万元，有卫技人员88人，其中副主任医师2人、主治医师10人。年内诊疗136515人次（其中门诊134190人次，住院2325人次）。2016年3月，围绕活动组织、群众看病就医方便经济、医疗服务安全可靠、公共卫生服务可及、内部管理规范有序、改革措施到位、农村居民满意信任七大指标体系28项内容启动创建工作。通过听取群众意见，合理确定功能定位，改善服务态度，优化服务流程。完善绩效考核分配办法，调动医务人员积极性。完善预防接种设置，加强数字化接种门诊建设。加强乡镇卫生院健康管理团队服务、乡村卫生机构一体化管理、乡村医生签约服务试点工作，规范开展基本公共卫生服务。

【医疗卫生援疆】 2016年12月，武进区第八批先行援疆医疗队员高峰、彭燕、徐鹏、上官立琴顺利完成中期轮换回到武进。武进区4名医疗队员于2014年2月在新疆伊犁州尼勒克县开展对口支援工作，累计接诊患者8000余人次，抢救危重患者200余例，完成各类手术300余台。在受援单位，4名医疗队员以学科建设、技术帮扶为工作重点，通过师徒结对，重点帮扶12名医生成为受援单位的技术骨干。开展14项新技术填补尼勒克县医院技术空白、3项新技术填补受援医院技术空白。4名医疗队员为尼勒克县人民医院建立重症监护室、血液透析中心；援疆期间资助4名少数民族贫困学生及6户因病致贫家庭，开展送医送药健康宣教活动11次。高峰被评为“伊犁州突出贡献援疆医疗专家”“尼勒克县民族团结模范个人”，徐鹏被评为“尼勒克县专业技术拔尖人才”，上官立琴、彭燕被评为“尼勒克县优秀共产党员”。

【区域卫生信息化建设】 2016年，区卫计局进一步提升区域卫生信息化建设和应用水平，将智慧医疗融入百姓就诊，切实改善患者就医感受。编制完成《武进区域医疗卫生数据交换目录》，升级改造区域人口健康信息平台。于5月启动分级诊疗双向转诊平台新系统升级改造工作，12月12日上线运行，与区级医院、基层医疗机构实现实时对接，开展门诊转诊、住院转诊和急诊转诊等业务。基层首诊、分级诊疗、双向转诊基本实现，“小病在社区、大病进医院、康复回社区”就医新格局逐步形成。推进以居民健康档案为核心的公共卫生信息化建设，共享区域信息资源，实现公共卫生、医疗服务、医疗保障等业务协同发展。利用区域卫生信息化平台，发挥区域化集中消毒供应中心、心电会诊中心、集中临床检验中心、集中病理检查中心和PACS影像会诊中心五大中心的综合服务能力。区域化集中消毒供应中心为乡镇卫生院提供灭菌包22.17万个，消毒费用261万元；心电会诊中心累计为基层患者会诊356人次，提升基层心电诊断水平；集中临床检验中心累计检测上送标本18592份，检验费用达136.9万元；病理诊断中心累计接收上送标本2532份，病理费金额达42.8万元；PACS远程影像会诊业务流程不断规范，总计开展影像会诊5367次。

（郑冰研）

医药卫生体制改革

【概　况】 2016年8月，武进区完善医药卫生体制改革（简称医改）组织和工作机制，制定《武进区卫生计生事业“十三五”发展规划》《武进区医疗卫生服务体系发展规划（2016—2020年）》。贯彻《国务院办公厅关于城市公立医院综合改革试点的指导意见》和省委、省政府《关于深化医药卫生体制改革建设现代医疗卫生体系的意见》文件精神，于11月14日成立武进区公立医院管理委员会，负责研究决定区属公立医院的设置规模、发展规划、章程批准、重大项目实施、财政投入、运行监管、绩效考核等重大问题，批准改造前黄人民医院、雪堰镇潘家卫生院、牛塘卫生院3个医院（卫生院）；强化公立医院公益属性、激发公立医院生机活力，落实政府办医责任和监管责任，将政府监督职责与公立医院自主运营管理权分离。

【乡镇卫生院医联体运作模式实现全覆盖】 2016年，武进区发挥医疗集团优势，采取特色专科共建、区域资源共享、对口支援帮扶3种模式，推进医疗联合体建设，新增14个基层医疗机构医联体，其中漕桥卫生院成为市中医医院技术帮扶医院，礼嘉镇卫生院与市妇保院组建妇产科医联体，礼河卫生院、礼嘉镇卫生院与武进人民医院组建普外科医联体。洛阳、牛塘、东安、寨桥、嘉泽、成章6个乡镇卫生院，马杭、鸣凰2个社区卫生服务中心分别与武进中医医院组建医联体。至年底，武进区22个乡镇卫生院（社区卫生服务中心）与江苏省人民医院、上海交通大学医学院附属第九人民医院、常州市第二人民医院、常州市中医院、常州市妇幼保健院、常州市第七人民医院、武进人民医院、武进中医医院等大型公立医院签约，累计组建专科共建、对口支援、技术帮扶型医联体26个，实现全区乡镇卫生院医联体运作模式全覆盖。全区医疗机构贯彻落实《武进区关于推进分级诊疗制度建设的实施意见》《武进区分级诊疗双向转诊实施方案》，推进分级诊疗双向转诊平台建设，促进基本医疗下沉社区。前黄人民医院、洛阳镇卫生院与武进人民医院、武进中医医院开展双向转诊试点运行，为患者预约门诊、急诊、住院转诊建立信息化绿色通道。至年底，全区通过人才培养、专科建设、临床科研、医疗教学等方面的合作，着力构建“基层首诊、双向转诊、急慢分治、上下联动”的分级诊疗新型医疗服务模式，促进全区优质医疗资源的共建共享，提升医疗服务质量。

表72 武进区基层医疗机构医联体建设情况

镇卫生院（医院）、街道社区卫生服务中心	对口共建单位	成立时间
遥观镇卫生院	常州市第七人民医院	－
湟里镇卫生院	武进人民医院	2010年10月1日
鸣凰社区卫生服务中心	常州市第二人民医院阳湖院区	2014年5月31日
横山桥镇卫生院	常州市第二人民医院本部	2014年6月24日
南夏墅社区卫生服务中心	江苏省人民医院	2014年10月1日
横林人民医院	武进人民医院	2014年12月
坂上卫生院	上海第九人民医院	2015年4月25日
横林人民医院	常州市第二人民医院阳湖院区	2015年6月
遥观镇卫生院	武进人民医院	2015年10月20日
洛阳镇卫生院	武进中医医院	2016年3月10日
前黄人民医院	武进人民医院	2016年5月6日
礼嘉镇卫生院	常州市妇幼保健院	2016年6月1日
成章卫生院	武进中医医院	2016年6月20日
漕桥卫生院	常州市中医医院	2016年7月
礼河卫生院	武进人民医院	2016年7月1日
礼嘉镇卫生院	武进人民医院	2016年9月1日
马杭社区卫生服务中心	武进中医医院	2016年9月10日
东安卫生院	武进中医医院	2016年9月20日
牛塘镇卫生院	武进中医医院	2016年10月20日
鸣凰社区卫生服务中心	武进中医医院	2016年10月28日
嘉泽镇卫生院	武进中医医院	2016年11月3日
雪堰镇中心卫生院（潘家院区）	武进人民医院	2016年11月8日
寨桥卫生院	武进中医医院	2016年12月16日
戚墅堰街道社区卫生服务中心	常州市第七人民医院	2016年12月
潞城街道社区卫生服务中心	常州市第七人民医院	2016年12月
芙蓉卫生院	常州市第七人民医院	2016年12月

【抗菌药物临床应用管理新规实施】 2016年7月1日，武进人民医院、武进中医医院2个三级医院，根据国家卫计委下发的《关于进一步加强抗菌药物临床应用管理工作的通知》和江苏省统一要求，停止门诊患者静脉输注抗菌药物。至年底，全区二级以上医院停止门诊患者静脉输液。各乡镇卫生院、社区卫生服务中心门诊，武进人民医院和武进中医医院儿科门诊，以及全区所有医院的急诊和住院保留抗生素输液服务。此次医疗用药改革旨在防范输液导致的肺水肿、静脉炎症和过敏性反应等风险。限制门诊输液，有利于严格控制过度输液、滥用抗菌药物，减轻患者药费负担。

（郑冰研）

医学科研与教育

【概　况】 2016年，武进区卫计系统科研立项27项，获省、市医学新技术引进奖2项和常州市科技进步奖2项、武进区科技进步奖9项。获得国内外发明专利7项，在省级以上杂志发表论文345篇。区级医疗卫生单位全年在核心期刊上发表论文48篇，其中SCI论文13篇、中华级6篇、核心期刊29篇。公开招聘各类卫生人才275人，其中硕士以上高层次人才和紧缺专业人才49人、一般工作人员78人、同工同酬人员148人。1人被市卫计委确定为卫生领军人才，6人为市卫生拔尖人才。启动基层卫生骨干人才遴选工作，9月，首轮遴选出省级优秀基层卫生骨干人才41人和区级基层卫生骨干人才100人。全区医疗卫生单位学科实力和医疗质量快速提升。王允华获全国寄生虫病防治技术竞赛个人综合考核三等奖。

【中以合作远程医疗心电监测项目启动】 12月15日，中以合作远程医疗心电监测项目在武进人民医院南院启动。该项目由以色列Natali公司与中国合作，探索个性化医疗与健康服务模式，开展面向患者个人的心电监护工作，是中国首个B2C（商对客电子商务模式）远程医疗试点项目。依托武进人民医院区域心电会诊平台，为患者提供在家即时心电监测、线上实时诊断及线下快捷治疗三位一体的远程心电监测医疗服务。实现远程监

12 月 15 日，中以合作远程医疗心电监测项目落户武进人民医院　　供稿 / 区卫计局

护、远程教育、远程会诊、远程专科诊断、数据资源共享、视频会议及双向转诊、远程预约等功能，有效提高心脏病患者的生活质量，提高治愈率及治疗效果。

【中瑞运动神经元病国际合作研究中心成立】 8 月 23 日，中瑞运动神经元病国际合作研究中心在武进人民医院成立。运动神经元病俗称“渐冻人症”，瑞典乌拉·温科韦斯特教授团队与武进人民医院岳茂兴教授医疗团队合作，成立中瑞运动神经元病国际合作研究中心，开展运动神经元损伤性疾病的临床新疗法治疗与基础研究。乌拉·温科韦斯特教授是瑞典国家临床免疫学学会主席，拥有 30 余项国际发明专利。岳茂兴教授的“运动神经元病的药物组合物及其新疗法”在 20 余位“渐冻人症”患者身上取得疗效。中瑞医学合作通过动物实验和临床救治，探讨可能作用机制及证实治疗效果，创建运动神经元病的救治新标准，建立运动神经元损伤动物模型，探讨发病机制。

【江苏省重症肾脏专题会在武进举行】 8 月 26—27 日，2016 年江苏省医学会重症医学分会重症肾脏专题会暨常州市急诊、重症及灾难医学学术年会在武进召开。会议由江苏省医学会重症医学分会及常州市医学会主办，常州市武进人民医院承办。会议分重症肾脏与 CRRT 专题报告、AKI 与 CRRT 临床实践、专题辩论三部分。国家及江苏省重症医学分会前任主委邱海波教授、江苏省重症医学分会主委曹权教授、副主委赵宏胜教授、常州市主委刘宁教授作专题报告，省内 8 位重症医学专家开展理论授课；临床实践部分有 9 位专家以病例为切入点，与参会代表探讨；省重症医学分会青年委员就相关热点问题展开辩论，现场专家给予点评。

【第十四届金陵内分泌与代谢病论坛在武进举办】 10 月 7—8 日，第十四届金陵内分泌与代谢病论坛在武进举行。该论坛由江苏省中西医结合医院主办、武进中医医院承办，是业内有影响力的专业学术会议。武进中医医院与江苏省中西医结合医院围绕内分泌及代谢性疾病诊断和治疗签约合作，成立江苏省中西医结合医院内分泌专科常州技术协作中心。论坛以内分泌与代谢病的中西医结合诊疗策略为主题，分为研究热点、指南解读、名家讲堂等板块。中国工程院院士、上海瑞金医院副院长宁光，中国医科大学内分泌研究所所长，日本和歌山大学第一临床医学院教授、主席 TakashiAkamuzi，美国梅奥诊所内分泌科主任 Rebecca 等国内外内分泌代谢领域专家，解读糖尿病、代谢综合征、甲状腺疾病等领域的最新进展，分析专业学术经验。

【卫生计生人才培养】 2016 年，区卫计部门全面推进各项人才培训。4 月，组织乡镇卫生院临床医生 23 人到区级医院参加务实进修培训。组织村卫生室人员 30 人参加药学知识培训，全部通过考核，取得“村卫生室人员合理用药培训合格证书”，组织村卫生室人员 60 人参加村卫生室人员初级急救知识培训。9 月，全科医师规范化培训新招录学员 44 人，其中中医 10 人、西医 31 人、口腔 3 人。举办各级继续教育项目 19 项，培训人员 2502 人次。

【基层卫生岗位练兵和技能竞赛】 9 月，区卫计局和区总工会、团区委联合举办全区基层卫生岗位练兵和技能竞赛，竞赛分为护理操作竞赛和理论知识竞赛。23 名护士参加护理操作大赛，操作项目为密闭式静脉输液和心脉复苏。69 名全科医生、公共卫生人员和护士参加理论知识竞赛。横山桥镇芙蓉卫生院获得团体一等奖，该院吉红梅获得全科医生农村组第一名，代表武进区参加常州市基层卫生岗位练兵和技能竞赛，获得全市全科医生农村组第一名。潞城街道社区卫生服务中心杨佳获得全区全科医生城区组第一名，礼河卫生院段丽媛获得护理组第一名。通过竞赛，规范医护人员的服务流程，提高基层医疗机构服务能力。

（郑冰研）

中医中药

【概　况】 2016 年，武进区有三级乙等中医医院 1 个，设有中医科的三级综合医院 1 个、乡镇卫生院 17 个、社区卫生服务中心 4 个，新增社会力量举办的中医门诊部和中医诊所 4 个，累计 34 个。新建基层医疗机构中医馆 4 个，累计 7 个。新增（助理）医师 79 人，累计 301 人。有常州市西学中班结业的医护人员 143 人，有省、市、区名中医 8 人。全年中医门诊诊疗 157.2 万人次。推进“中医药服务能力提升工程”和中医“治未病”健康工程，对 65 岁以上老年人和 0 ～ 36 个月儿童开展中医药健康管理服务。组织“中医药就在你身边”中医文化科普巡讲活动 32 场次，服务群众 3000 余人。10 月，洛阳镇卫生院、前黄人民医院中医科被市卫计委确认为常州市乡镇卫生院示范中医科。12 月，武进中医医院儿科创成省级中医重点专科。洛阳镇、雪堰镇、前黄镇 3 个卫生院和潞城社区卫生服务中心被省中医药局确定为 2016 年基层医疗卫生机构中医诊疗区（中医馆）服务能力建设项目。

【基层医疗机构中医药服务能力建设】 2016年，武进区加强中医医联体建设，有8个基层医疗机构与武进中医医院建成医联体，雪堰镇漕桥卫生院与常州市中医医院组建专科帮扶型医联体。推进中医特色科室建设。武进中医医院儿科创成江苏省中医临床重点专科；武进中医医院肛肠科申报江苏省中医临床重点专科；前黄人民医院申报江苏省示范中医科建设单位；戚墅堰街道和潞城街道2个社区卫生服务中心申报江苏省特色中医药社区卫生服务中心；洛阳和寨桥2个卫生院申报常州市乡镇卫生院示范中医科；戚墅堰街道花苑和圩墩2个社区卫生服务站申报常州市中医药特色社区卫生服务站。推进中医馆项目建设。2015年基层医疗卫生机构中医诊疗区（中医馆）服务能力建设项目湟里卫生院、漕桥卫生院、戚墅堰街道社区卫生服务中心，以及2016年基层医疗卫生机构中医诊疗区（中医馆）服务能力建设项目洛阳卫生院、寨桥卫生院、雪堰中心卫生院、潞城街道社区卫生服务中心7个单位通过绩效考核，基层医疗服务能力、中医药健康管理项目覆盖率提升。2016年，全区65岁及以上老年人、0～36个月儿童基本中医药健康管理服务分别为160575人、29567人，覆盖率分别为40.74%、58.26%。推进中医药文化惠民活动。全面推动中医药进乡村、进社区、进家庭，通过武进广播电台、《武进日报》、武进新闻网、卫生信息网等平台宣传中医药文化，组织开展第六届“中医药就在你身边”中医药文化科普巡讲活动，24个医疗机构巡讲，发放宣传资料3500余份。

【中医药适宜技术培训和师承培养】 2016年，武进区开展以“提高中医临床疗效”为主题的持续改进活动，每季度组织全区医疗机构中医师、乡村医生参加适宜技术培训，培训医务人员1041人次，中医药适宜技术服务能力稳步提升。武进中医医院全面落实国家中医药管理局下发的52种中医护理方案，辩证施护23种498例，研修、操作14项中医适宜技术护理方案，承办“新医改形势下中药药事管理与中药学服务研讨班”“名老中医学术经验继承学习班”。区卫计部门邀请省、市中医专家授课，推进全区中医药工作经验传授交流平台建设。实施第二批江苏省农村优秀中医临床人才培养工程，遴选培养对象1人。武进中医医院主任中医师钱卫东博士被确定为常州市高层次人才培养项目之中医药领军人才培养对象。实施省、市名中医师承项目。武进中医医院王耀峰被确定为江苏省第二批名老中医专家传承工作室建设项目专家，武进中医医院薛红良与前黄人民医院葛鹏程签订为期2年的师承协议书。

【武进中医医院儿科创成省级中医重点专科】 12月，武进中医医院儿科通过江苏省中医药局“十二五”省级中医重点专科建设项目终期验收，被确认为江苏省中医重点专科。该科是常州市中医重点临床专科、国家级农村医疗机构中医特色专科（专病）建设单位，拥有门诊、急诊和病区3个诊疗服务单元，运用中西医结合方法开展儿科（包括新生儿）常见病、多发病的综合治疗及危重疑难疾病的诊治。特色治疗有：中药外敷治疗腹泻、肺炎，冬季膏方治疗儿童慢性病及调理体虚，中药药浴配合穴位抚触治疗新生儿黄疸等。“咳喘合剂治疗哮喘热哮证的肺功能变化研究”等课题获省、市中医药科学技术奖。

（郑冰研）

武进中医医院医生为小患者治疗　　供稿/区卫计局

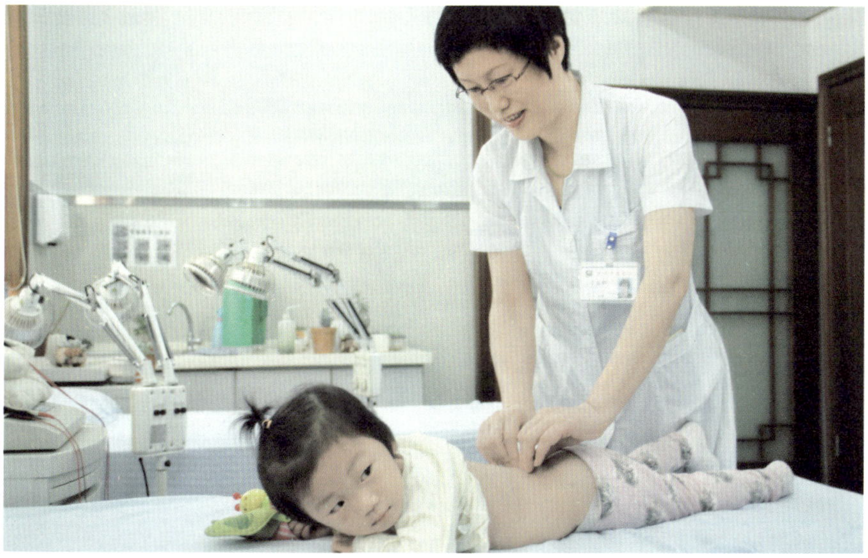

初级卫生保健

【概　况】 2016年，武进区推进基层医疗卫生机构规范化建设和镇村一体化管理，遥观镇卫生院创成省级示范乡镇卫生院，湟里镇北隍村卫生室、前黄镇农场村卫生室、雪堰镇共建村卫生室、芙蓉镇西柳塘村卫生室被省卫计委确认为省级示范村卫生室。继续实施村卫生室提档升级工程，新改扩建村卫生室8个。继续实施大学生村医工程，新建“驻村护士”制度。公开招录大学生村医18人、驻村护士17人，全区村医队伍扩大至412人。实施农村医学人才免费定向培养政策，在高中生中定向培养村医3人，促进村医队伍可持续发展。制定全面培训村医队伍计划，印发《武进区开展乡村医生实用技能进修工作实施方案》，选派2名优秀村医到市级培训基地脱产培训3个月，选派24名村医到区级培训基地脱产培训1个月。继续以中医药适宜技术应用和推广为重点，加强乡村医生临床诊疗规范、健康教育应用、乡村医生签约指导等方面的集中培训，结合医院例会培训的形式，进一步提高乡村医生的整体素质。出台《常州市武进区基层卫生骨干人才遴选工作实施办法》，推荐100名区基层卫生骨干人才和41名省优秀基层卫生骨干人才候选人，经审核、公示后正式发文予以确认。区基层卫生骨干人才每年每人专项经费补助2万元，省卫计委提供省优秀基层卫生骨干人才每年每人专项经费补助1万元。

【乡村医生签约服务试点】 2016年，武进区在11个镇、2个街道卫生室（社区卫生服务中心）开展乡村医生签约服务试点工作，首批试点单位向辖区内所有行政村（社区）推开，乡村医生签约服务对象包括65岁以上老年人、慢性病人、0～6岁儿童等，涵盖所有人群。签约内容包含免费的基本服务包、每人每年100元的健康管理服务包和慢病管理服务包3个个性化服务包，居民自愿选择。自选的“服务包”让村民看病实现“私人订制”，融通村医服务渠道，坐门候诊变为上门巡诊，打通医疗卫生服务的“最后一公里”。全年签约居民3.09万人，其中基础服务包2.39万人，健康管理服务包6888人，慢病管理服务包91人。

【遥观镇卫生院创成省级示范乡镇卫生院】 2016年12月2日，遥观镇卫生院被省卫计委确认为省级示范乡镇卫生院。该院成立于1951年，核定床位数60张，实际开放30张，在岗职工80人，下设村卫生室11个，有村医（包括大学生村医）24人，门急诊量112197人次、住院1038人次。年内，该卫生院对照《江苏省示范乡镇卫生院评估标准》，从机构设置、总体布局、科室设置、人员配备、经济管理、业务管理、基础管理、人事管理、信息管理、服务绩效10个方面展开创建，实现辖区内传染病报告率100%，居民电子健康档案建档率90%以上，儿童疫苗接种率90%以上，高血压规范化管理率90%以上，重性精神病病人规范化管理率90%以上。

（郑冰研）

公共卫生

疾病防控

【概　况】 2016年，武进区强化基本公共卫生服务12类45项项目管理。为131965名老年人做好健康管理，全区老年人健康管理率79%。管理慢性病高血压患者132789人、糖尿病患者30061人，健康管理率分别为45%、26%。为全区低保精神病人提供每人每年1300元药品补助，定期为免费服药病人发放药物。加强儿童疾病预防控制。全年免费接种一类疫苗425822针次，接种率95%以上。开展儿童窝沟封闭治疗9939人。开展职业健康监护体检9091人。全区无甲类传染病发生，乙类传染病发病1508例，发病率105/10万，下降2.9%。全区累计建立居民电子化健康档案1024699份，建档率71%。首次将7446例学生的健康档案纳入外来儿童积分入学项目。城乡居民前瞻性流行病学研究（PURE）第二轮随访3700例。7月，开展夏季汛期防疫消杀工作，派出卫生防疫人员976人次，清理各类垃圾5036吨，环境消杀面积362万平方米。全区连续22年未发现感染性钉螺，连续12年未查到本地新感染病人和病畜。年内，区疾控中心和湟里卫生院分别被省卫计委评为全省疾病预防控制工作先进集体、全省免疫规划（预防接种）工作先进集体。12月23日，武进区被确认为江苏省血吸虫病消除达标县（市、区）。

【重大传染病防控】 2016年，区卫计部门共发现肺结核病人499例，其中阳性病人129例。发现麻风现症病人1例，全区有常住麻风代养员24人，麻风病发病率控制在0.07/10万。完成血防查螺调查面积857.5万平方米，查到有螺条块1个，有螺面积1200平方米，解剖活螺4个，药物灭螺面积3.5万平方米。在公安监管场所被监管人员中开展艾滋病抗体检测3077人次，艾滋病自愿咨询检测门诊1863人次。美沙酮药物维持治疗门诊服药人员437人，对全区公共娱乐场所服务人员开展高危行为干预5846人次，对流动人员实施外展干预23603人次，对男男性行为者实施外展干预2315人次。

【急性传染病防控】 2016年，区卫计部门加强霍乱病防治，于4月1日至10月31日在各医疗机构开设肠道门诊，共登记腹泻病人8540例，开展霍乱检索1629例，无霍乱病例报告。报告麻疹疑似病例79例，确诊病例12例，开展应急接种1846人。报告手足口病3323例（其中重症病例4例）。登记狂犬病暴露人群25049例，有效处理率100%。完成感染H7N9禽流感暴露人群血清检测120人，确诊病例1例，按照应急预案和技术方案规范处置。发生在学校和幼托机构传染病聚集性疫情80起，规范处置率100%。全区报告传染病突发公共卫生事件7起，规范处置率100%。规范及时处理传染病预警信息209条。

（郑冰研）

卫生监督

【概　况】 2016年，区卫计部门严格各类卫生行政许可证发放和复核，新发341张，复核2018张。开展传染病防治卫生监督，督查医疗卫生机构42个。开展公共场所及集中空调通风系统卫生管理制度落实情况专项检查，共检查公共场所卫生3571户次，责令整改194户次，立案查处50户次。监督检查学校卫生107次，专项检查42个卫计机构控烟情况，监督检查7家餐饮具集中消毒单位、消毒产品生产企业和零售市场。加强辖区内集中式供水单位及二次供水单位的监督检查，建立本地涉水产品生产企业

区疾控中心开展结核病防治宣传　　供稿／区卫计局

动态监督档案 33 份，监督率 100%。查处取缔非法行医场所 612 户次，向公安机关移送非法行医案件 22 件。推进“五小”（小餐饮店、小浴室、小网吧、小歌舞厅、小旅馆）行业长效管理，对 1920 余家“五小”单位开展轮回式检查。完成中高考、女排联赛、西太湖国际半程马拉松比赛、全国女子曲棍球锦标赛等全区重大活动和体育比赛医疗卫生保障任务 41 项次，派出救护车 133 辆次，参加保障医务人员 439 人次。

【打击非法行医】 2016 年，区卫计部门开展“深化医疗秩序整顿，打击非法行医”专项行动，将打击非法行医纳入现场科室综合执法范围，实施“科室牵头、综合执法”监管模式。每个现场科室按季度、按计划对责任片区的非法行医情况展开巡查，将掌握的非法行医信息抄送各镇（街道），由各镇政府（街道办事处）牵头，联合武进公安分局、区城管局等部门开展联合执法行动。全年取缔非法行医场所 612 户次，行政处罚 53 起，移送公安部门处理 22 起，没收用于非法行医的药品器械共 229 箱（袋）。

（郑冰研）

妇幼保健

【概　况】 2016 年，武进区卫计部门对 21 个托幼机构开展卫生保健复评，组织 70 余个托幼机构的 2800 名工作人员和中心城区幼儿园的 2000 名新生体检。对 14 个助产机构中的 8 个爱婴医院实行爱婴医院复核，7 个合格，1 个整改后合格。校验全区 30 个医疗机构“母婴保健执业许可证”，对全区助产技术人员、计划生育技术服务人员按行业规范实行管理，依法规范执业行为，持证上岗率达 100%。全区 21 个托幼机构在三年回头看卫生保健复评工作中，评出省级示范类幼儿园 14 个、一类幼儿园 7 个。全年发放出生医学证明 15807 份。全区孕产妇系统管理率 97.28%，3 岁以下儿童系统管理率 96.07%，7 岁以下儿童保健管理率 97.25%，无孕产妇死亡，婴儿死亡率 2.05‰，5 岁以下儿童死亡率 3.52‰，出生缺陷发生率 3.11‰。6 月 16 日，武进区妇幼保健计划生育服务中心接受全国妇女儿童“两纲”中期评估督导。

【妇幼卫生服务】 2016 年，区妇幼保健机构开展基本妇幼卫生服务，完成孕产妇早孕建册 8602 份，早孕建册率 97.81%；产前健康管理 8678 人，健康管理率 98.67%；产后访视 8608 人，产后访视率 97.87%；新生儿访视人数 8734 人，新生儿访视率 99.31%。开展重大妇幼卫生服务，对农村孕产妇住院分娩实施补助 4423 人，补助金额 219.66 万元。全区 10079 名孕前、孕早期妇女补服叶酸。妇女宫颈癌检查 44640 人，乳腺癌检查 45319 人，查出宫颈癌 18 例、乳腺癌 13 例。推进艾滋病、梅毒、乙肝母婴传播阻断项目，全年检查孕产妇 25591 人，筛出孕产妇艾滋病毒阳性 1 例、梅毒阳性 6 例，全部实施母婴阻断。免费婚检 14076 人，婚检率 96.02%。

【武进区创成江苏省妇幼健康优质服务示范区】 武进区不断推进妇幼机构软硬件设施建设，切实加强基本和重大妇幼项目实施，推进妇幼健康服务联合体建设和妇幼健康分级诊疗服务，完善妇幼健康服务体系。到 2016 年，全区 29 个医疗机构有 14 个设置产科，形成以区妇幼保健计划生育服务中心为龙头，以二级以上医院产科、儿科为支撑，以基层医疗卫生机构妇儿保门诊为基础的妇幼保健服务体系。2016 年，区妇幼保健计划生育服务中心被列为常州市产前诊断中心武进区分中心，拓展妇幼保健服务内涵，在全区开展无创 DNA 产前筛查（又称高通量基因测序产前筛查），为孕妇提供精准优质服务。举办“母乳喂养”宣传周大型公益活动、最美妇幼人评选活动，开通“武进妇幼健康”微信公众服务平台，传播妇女儿童保健知识，提升全区妇幼保健水平。武进中医医院儿科创成省级中医重点专科。全区孕产妇保健管理率、孕产妇住院分娩率、重大妇幼卫生项目完成率、孕前优生健康项目完成率均达 100%。10 月 9 日，武进区被省卫计委评为江苏省妇幼健康优质服务示范县（市、区）。

（郑冰研）

爱国卫生

【概　况】 2016 年，区爱卫办组织开展“全国第 28 个爱国卫生月活动”“省第 20 个健康教育宣传月活动”，发放健康教育入户资料 10 万份，举办义诊 17 场、卫生健康知识讲座 85 场，受益群众 23 万人次。结合镇、村环境长效综合管理，采取每月暗访检查的形式，加强对卫生镇、村的长效管理，湟里镇、礼嘉镇于 10 月通过国家卫生镇暗访复审，南夏墅街道通过省级卫生镇复审，2011 年命名的 22 个江苏省卫生村全部通过复审。深化健康教育与健康促进，举办健康知识讲座 1041 场、健康生活方式主题巡讲 18 场。组织居民网上健康素养知识测评，累计参与测评居民 25 万余人次。完成国家健康素养与烟草流行现场监测点监测任务。武进中医医院创成江苏省健康促进医院，漕桥、坂上、牛塘、礼河、横林、洛阳、遥观、横山桥、芙蓉、东安、嘉泽、成章、丁堰卫生院（社区卫生服务中心）创成常州市健康促进医院。年内，武进区建成健康主题公园（前黄镇、牛塘镇健康主题公园）2 个、健康步道 2 条。试点开展湟里镇、湟里镇河南村、湖塘镇花东社区江苏省健康镇村（社区）创建工作。组织“健康社区行”巡讲活动 15 场次。加强禁烟控烟宣传和监督，结合“世界无烟日”等契机开展控烟公共场所的专项监督检查。做好病媒生物防制工作，新建灭鼠毒饵站 1 万余个，投放鼠药 2.6 万千克、粘鼠板 3 万余张。

【武进中医医院创成省健康促进医院】 2016 年 10 月 27 日，江苏省健康促进医院创建工作考核专家组到武进中医医院考核。经查阅组织管理、健康环境、无烟医院、健康教育、建设效果 5 个评价项目的台账资料，实地考察急诊大厅、门诊大厅、门诊呼吸科、妇产科病区等场所，查看住院病人健康宣教落实情况，以及医院的环境卫生、医疗秩序、无烟环境建设、控烟工作等内容，武进中医医院顺利通过考核评估。武进中医医院围绕“健康促进医院”创建目标任务，在全院开展健康教育和健康促进工作，进一步改善医院环境，于 2014 年创成常州市健康促进医院，不断优化医疗服务模式，提高患者及家属的健康教育知识知晓率和满意度。

（郑冰研）

（责任编辑　张怡菁）

社会生活

居民生活

【概　况】2016年，武进区坚持以创业促进就业，建立合理的工资增长机制，完善各项稳定岗位补贴政策，促进城乡居民收入稳步增长。全区城乡居民人均可支配收入38808.5元，增长8.2%。其中，城镇常住居民人均可支配收入48203.2元，农村常住居民人均可支配收入25392.4元，分别增长3465.1元和1816.3元，农村居民收入增速快于城镇居民0.2个百分点。全区居民人均生活消费支出23140元，比上年增加2044.9元，增长9.7%。其中，城镇居民人均生活消费支出27079.6元，增长8.3%；农村居民人均生活消费支出17654.8元，增长12.8%。

表73　2016年武进区城镇、农村居民家庭每百户年末耐用消费品拥有量

指　标	单　位	数　值	
		城镇	农村
人均年末住房面积	平方米	55.88	69.71
家用汽车	辆	50	40
摩托车	辆	13	60
助力车	台	107	138
洗衣机	台	103	98
电冰箱（柜）	台	102	100
微波炉	台	95	83
彩色电视机	台	196	202
空调	台	223	200
热水器	台	99	107
其中：太阳能热水器	台	33	83
消毒碗柜	台	3	0
洗碗机	台	2	0
排油烟机	台	88	77
固定电话	线	65	62
移动电话	部	240	240
计算机	台	88	62
摄像机	台	10	12
照相机	台	44	28
中高档乐器	架	11	0
健身器材	台	6	5
组合音响	套	18	23

【农村居民人均可支配收入增长7.9%】2016年，全区农村常住居民人均可支配收入25392.4元，增长7.9%。工资性收入、经营性净收入、财产性净收入、转移性净收入四项均有增长，其中，人均工资性收入12890.3元、经营性净收入8984.2元、财产性净收入837.5元、转移性净收入2680.4元，分别增长8.2%、6.3%、8.1%、12.4%。农民的工资性收入增长是推动农民人均纯收入增长的主要因素，占总收入的50.76%，其次经营性净收入占总收入的35.38%。

【城镇居民人均可支配收入增长7.7%】2016年，全区城镇常住居民人均可支配收入48203.2元，增长7.7%。城镇居民"四项收入"均有不同幅度增长。其中，城镇居民人均工资性收入31861.2元、经营性净收入6766.3元、财产性净收入3815.1元、转移性净收入5760.6元，分别增长7.8%、6.4%、7.2%、9.6%。工资性收入是居民增收的主体。

【城乡居民人均生活消费支出增长9.7%】2016年，受全区城乡居民可支配收入稳步增长和国家扩大内需政策的双重推动，居民年人均生活消费支出23140元，比上年增加2044.9元，增长9.7%。城镇居民人均生活消费支出27079.6元，增长8.3%；农村居民人均生活消费支出17654.8元，增长12.8%。全区八大类消费支出全面增长：城乡居民人均医疗保健消费支出1837元、交通通信消费支

出3671.7元、教育文化娱乐支出2860.2元、食品烟酒消费支出7233.6元、生活用品及服务支出1185.7元、居住消费支出4199元、衣着消费支出1467.5元、其他商品和服务消费支出685.3元，分别增长7.6%、16.3%、15.3%、6.3%、7.5%、7.5%、15%、3.3%。全区城乡居民恩格尔系数为31.3%，下降0.9个百分点。

（魏　峰）

计划生育

【概　况】 2016年，武进区认真贯彻落实计划生育基本国策，坚持以人为本、统筹发展，各项指标均达到省定标准。接受并通过流动人口基本公共卫生计生均等化服务管理工作省级督导评估。全区全年出生9121人，自然增长率3.13‰；出生人口性别比105.29，保持正常；计划生育率99.8%，计划生育政策兑现率100%，群众满意率95%以上。建成湖塘镇春晖家园和洛阳镇、湟里镇生育关怀帮扶基地。全面落实计划生育奖励、扶助政策。向53337人发放计划生育奖励扶助金2560.176万元，向1811人发放计划生育特别扶助金1272.18万元。开展2016年度企业持证（独生子女父母光荣证）退休人员一次性奖励金登记审核，全区新增符合条件对象5497人，向11729名持证退休人员发放一次性奖励金4222.44万元。帮扶计划生育困难家庭，发放2000元至5000元不等的一次性计划生育公益金。做好独生子女伤残死亡家庭特别扶助工作，提高年满60周岁特别扶助对象的扶助标准。加强计划生育优质服务，为1700对夫妇提供免费孕前优生健康检查服务，开展避孕节育知情选择和随访服务，做好避孕药具不良反应和不良事件监测工作。落实生殖道感染综合防治工程，结合妇科病普查，免费为育龄妇女提供妇科病检查。严格执行凭证定点引产制度，促进社会性别比自然平衡。宣传普及出生缺陷预防知识，配合做好病残儿鉴定工作，提高出生人口素质。

【全面“二孩政策”实施】 2016年1月1日，武进区根据《中华人民共和国人口与计划生育法》，全面实施一对夫妇可生育两个孩子的政策（简称“二孩政策”），不再发放独生子女父母光荣证。7月，区卫计局召开实施全面二孩政策专题采访会，介绍《常州市人口与计划生育实施办法》，回答如何办理生育登记、婚产假规定、生育第二个子女是否需要审批等问题。年内，全区二孩出生3127人，增长51.2%，占新生人数的37.1%。为符合政策的家庭办理二孩生育服务联系单3706人。实施全面二孩政策有利于促进人口均衡发展、应对人口老龄化。

【流动人口计划生育服务管理】 2016年，武进区全面推进流动人口计划生育公共服务均等化，设置流动人口计划生育宣传点151个，在流动人口聚居地区设立250余台避孕套自动售货机，发放宣传资料26786份，避孕药具31643份，举办培训班88期，开展讲座活动87次，走访547户流动人口困难家庭，发放慰问金14.24万元。10月，通过流动人口基本公共卫生计生均等化服务管理工作省级督导评估。以推广应用省流动人口卫生计生服务管理信息系统为契机，加强信息管理，新增、变更、完善流动人口信息12.6万余条，系统主要数据准确率达95%。开展“常州市流动人口服务管理示范集贸市场”创建工作，南夏墅和礼嘉消费品综合市场被评为常州市流动人口服务管理示范市场。规范开展2016年全国流动人口动态监测工作，全年完成180份流出人口家庭问卷和320份流动人口动态监测问卷。强化流动人口兼职管理员工作，在流动人口达50人以上的企业、市场和集中居住区，继续聘请135名流动人口计划生育兼职管理员，协助完善计生服务和管理。

（郑冰研）

武进人民医院迎接二孩生育高峰　　供稿／区卫计局

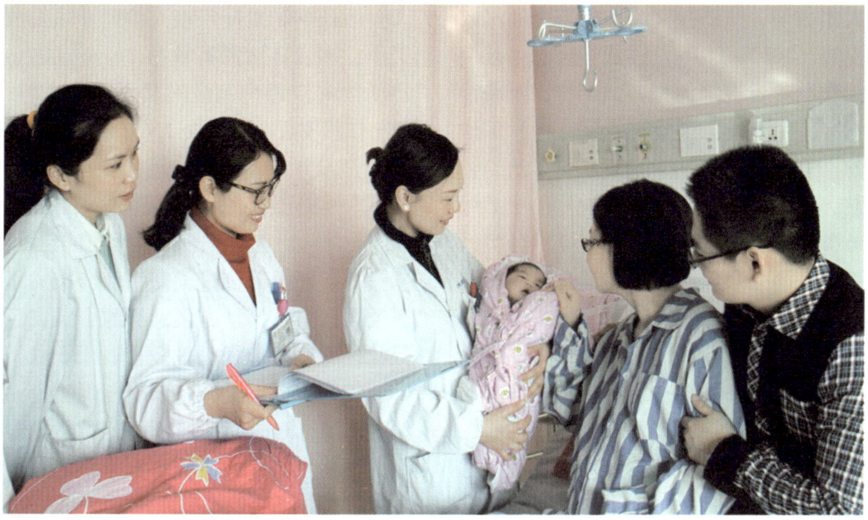

民　政

【概　况】 2016年，武进区围绕保障改善民生、加强社会治理、优化公共服务等内容，推进民政事业可持续发展。年内，武进创成江苏省现代民政建设示范区，获得全国社会工作服务示范地区等称号。

从7月1日起，全区城乡低保标准提高至每人每月730元；发放边缘困难群众一次性补助和困难群众物价补贴310万元；推进防灾减灾救灾体系建设，为32.87万户家庭购买自然灾害家庭房屋保险125.9万元。建立健全政府主导、社会参与、市场运作、互助共济的现代养老服务机制。全区有养老机构20家，镇级居家养老服务中心17家，社区居家养老服务站316家，实现镇、村（社区）两级全覆盖。

建立“政社互动”（政府行政管理与基层群众自治有效衔接和良性互动）和“三社联动”（三社为社区、社会组织、社会工作者）机制，城镇、农村和谐社区达标率均为100%。健全农村“五保”（保吃、保穿、保医、保住、保葬）和城市“三无”（无劳动能力、无收入来源、无法定赡养人）老人供养标准增长机制，加强未成年人救助保护和残疾人权益保障。全区发放各类救助金3500万元，惠及1.2万人次。

推进社区治理现代化建设，形成现代社会组织管理体系，发展社会工作专业服务。10月，依托“区长热线”，区民政局与区编办、信访局、财政局、人社局搭建常州市“四级联动”（市、区、镇/街道、社区/村四级联动）公共服务平台区级派单中心。加强网上督查频度和力度，提升基层社区工作人员信息化服务能力。

全区各级各部门开展走访慰问部队官兵活动，累计向驻武进部队赠送慰问金114万元，筹集经费49.5万元开展军地互办实事活动。严格落实优抚政策，下达提标经费300余万元，惠及4000余名优抚对象。向1100户义务兵家属发放优待金2000余万元。全年接收退役士兵310人，发放安置金约1800万元，退役士兵培训政策知晓率100%，参训率80%。

【社区（村）换届选举】 2016年，全区120个社区、196个村委会按照《中华人民共和国城市居民委员会组织法》《中华人民共和国村民委员会组织法》，依法完成第五届居民委员会和第十一届村民委员会换届选举。选举方式为直接选举。社区居委会（村委）主任由社区居委会（村委）党组织书记兼任的比例27.6%。社区成员中，中共党员373人，占比63.3%；大学以上文化程度450人，占比76.4%；女性273人，占比46.3%。

【基层民主建设】 2016年，武进区转变基层政府职能，推动社会主义民主政治发展。年初，由镇政府与全区316个社区（村）签订《2016年度基层群众自治组织协助政府工作协议书》。9月，区委、区政府出台《关于加强城乡社区协商民主建设意见的通知》，从协商的内容、主体、形式、程序等方面规范城乡社区民主建设体制机制。年末，基层政府评估小组对社区（村）党务及经济工作、履职履约情况以及满意度指数开展评估，基层自治组织评估团队根据《村（居）委会依法履职事项》《村（居）委会协助政府工作事项》两项事项清单目录，对相关基层政府在业务指导、支持帮助、服务质量、廉政建设等方面开展百分制评估，实现政社互动双向评估考核两个100%，有利于扩大村（居）民的政治权利，促进基层政权组织建设。

【武进区创成江苏省现代民政建设示范区】 2016年，武进区被省民政厅评为江苏省现代民政建设示范区。武进区于2014年成立创建工作领导小组，制定《关于创建“现代民政示范区”的实施意见》。2014—2016年，区民政部门稳步推进示范区创建工作，实现城乡低保标准一体化，“五保”集中供养、分散供养标准一体化，城乡优抚标准一体化。全面落实免费婚姻登记、尊老金、惠民殡葬等政策，每年发放尊老金、免除基本殡葬服务等费用3000余万元。实施城乡社区便民服务用房建设和改造，异地新建区“三老”中心，成立区儿童福利院，建成区社会组织培育发展服务中心等项目。定期督查信息化平台台账录入情况，提高平台利用率。加强基层民政组织建设，提高民政队伍为民服务能力，提升法治化、标准化、社会化、专业化、人文化、信息化水平。区民政局获2015—2016年度全国民政宣传工作先进单位、2016年度全国社会组织新闻宣传工作先进单位等称号。

【武进区被评为全国社会工作服务示范地区】 2016年11月，武进区获得民政部“第二批全国社会工作服务示范地区”称号。武进区从2012年开始按照全国总工会、共青团中央、全国妇联和中国残联等19个单位和群团组织联合发布的《社会工作专业人才队伍建设中长期规划（2011—2020年）》要求，整合“三社”资源，依托社区综合平台，以社会组织为载体，发挥社会工作专业人才力量，推动社会工作服务全面深入发展。2012—2016年，武进区加强社会工作职业资格培训和考试工作，对获得初级、中级社工证且在社区（村）工作的，分别给予每月100元、300元的补贴。截至2016年年底，全区有社工服务类社会组织182家，年内提供各类社工服务3万余人次，培训社会组织负责人和社工共计1000人次。2016年，全区持证社工专业人才新增194人，累计有762人，每10万人持证人数达53人。其中，取得社会工作师资格的有163人，占21.4%；取得助理社会工作师资格的有599人，占78.6%。武进区创新社会服务工作，于1月成立社会工作协会，承接政府购买服务、专业社工人才培养、指导督促公益创投项目实施、社情民意调查等12个方面的服务。年内拥有个人会员近400人，服务群众10万余人次。

【社会组织管理】 2016年，武进区有各类社会组织2743家，每万人拥有登记社会组织数12家。推进“三证合一”登记，完成信息采集和统一社会信用代码赋码的社会组织1144家，完成率98.8%。加强社会组织规范化评估，961家社会组织通过规范化评估分获等级，其中AAAAA级9家，社会组织应参评率100%，社会组织应参评率、上等级数和获得AAAAA级数3项指标均位居全国各县（市、区）前列。继续开展公益创投活动，投入45万元扶持优质公益项目39个，公布《武进区具备承接政府转移职能和购买服务资质的社会组织目录（第一批）》，对目录实行动态管理。建成嘉泽镇、戚墅堰街道、雪堰镇3个镇级社会组织孵化基地，孵化培育社区社会组织及初创期公益性社会组织6个。

【社会救助】 从2016年7月1日起，武进区城乡居民最低生活保障标准由每人每月620元提高至730元，利用低收入家庭申请救助收入比对系统，落实精准救助。至年底，全区有3062户低保家庭4581人（其中城镇居民1117人，农村居民3464人）获得生活保障经费2533万元。开展困境儿童摸底排查和救助保护工作，聘请儿童救助保护督导员帮助全区困境儿童227人、留守儿童4人。区民政局与残联协调衔接，承担困难残疾人生活补贴和重度残疾人护理补贴发放工作。加强自然灾害救助，于6月下旬启动救灾应急机制应对暴雨洪涝灾害，紧急转移安置受灾群众1.8万人，集中安置受灾人员3900人。使用福利彩票公益金125.9万元为区内户籍居民购买自然灾害商业保险。推进综合减灾示范区建设，嘉泽镇嘉新社区创成国家级综合减灾示范社区，全区累计有国家级综合减灾示范社区5家。加强医疗救助，于3月下发《常州市武进区城乡医疗救助暂行办法的通知》，进一步调整城乡医疗救助办法，对城乡医疗救助标准、给付和救助对象就医作了明确规定。加强临时救助，从2016年1月1日起执行《江苏省临时救助实施办法》，因火灾、爆炸、交通事故、溺水、人身伤害、突发重大疾病等情况，造成生活出现严重困难的家庭或个人，可申请临时救助，新的临时救助办法涵盖当地户籍，以及在当地居住满2年以上有“居住证”，连续缴纳社保2年以上，实际居住半年以上的居民。一次性临时救助金上限由原来的5000元提高到6000元。扩大救助范围，加大救助力度，全年救助902户家庭共计97.52万元。2016年，武进区各镇（开发区、街道）按照《常州市社会救助实施办法》要求，依托民政科室，设立社会救助一门受理窗口，统一开展社会救助八项救助工作（最低生活保障、特困人员供养、自然灾害救助、医疗救助、教育救助、住房救助、就业救助、临时救助），通过直接受理、交转其他部门等方式，打造社会救助“一门受理、协同办理”服务品牌。

【养老服务】 2016年，武进区推进机构养老建设。至年末，全区有养老机构20家，其中公办12家、民办8家；养老床位总数7015张，其中民办养老机构床位数4925张，占总床位数的70.21%，净增1310张。每千名老人拥有养老床位数达56张。护理型床位数增至3616张，占机构养老床位总数的51.6%。新增72人获得初级养老护理员职业资格证书。推进居家养老建设，建成镇级居家养老服务中心17家，社区居家养老服务站316家，实现镇和社区（村）两级全覆盖。落实农村“五保”和城市“三无”老人供养标准增长机制。为“五保”对象451人发放供养经费426万元，其中集中供养429人、分散供养22人，集中供养率达95.1%。“三无”老人保障标准由每人每月1320元提高至1430元，为43名“三无”老人发放保障金27.5万元。全面落实养老机构安全提升工作，区民政局、公安分局发挥牵头作用，区各职能部门按照工作权限，各镇（开发区、街道）按照属地管理原则扎实推进养老机构安全提升工作。年内，全区有需要开展消防安全提升工作的养老机构15家，其中13家竣工通过消防部门验收。

【金东方颐养园医养融合发展】 2016年，金东方颐养园项目常州市第二人民医院金东方院区、金东方护理院先后建成运营，为会员提供健康医疗保障和护理服务，推进居家养老服务的医养融合发展。

金东方颐养园位于武进区湖滨南路99号，紧邻西太湖和春秋淹城旅游区，由新城控股集团、江苏九洲投资集团和江苏亚邦投资控股集团出资建设，占地面积17.6公顷，规划总建筑面积32万平方米，是集医疗护理中心、文化体育中心、商业消费中心、生活服务中心为一体的全新养老生活社区。2014年10月1日开园，累计有会员1500余名，为常州市唯一国家爱晚工程、省养老示范工程。

常州市第二人民医院金东方院区于2016年2月28日开业，总投资3.5亿元，建筑面积42.77万平方米，设置床位500张，为金东方颐养园老人提供专业医疗保障。

金东方护理院于2016年3月28日开业，总投资2亿元，规划床位500张。该护理院是由新城控股集团投资的一所集医疗、护理、康复、安宁关怀于一体的老年医疗护理机构，以全护理和半护理为特色，解决失能老人照护问题。

【双拥工作】 1月13日，武进区向驻常州武进各部队赠送慰问金42万元，向全区军烈属、革命伤残军人、军队离退休干部以及转业、复员、退伍军人发放年画、“光荣人家”门贴、慰问信共计15万份。年内，全区开展军地互办实事活动，筹集经费49.5万元，协调24个双拥成员单位与特等、一等功和一至四级残疾军人24人开展结对帮扶活动。“八一”建军节前夕，区领导及有关部门负责人，走访慰问驻常州武进部队官兵，向驻军部队官兵赠送慰问金62万元、慰问品合计26万元。

【优抚保障】 从7月1日起，武进区根据民政部及省、市相关要求，及时调整在乡老复员军人、伤残军人、“三属”（烈属、因公牺牲军人遗属、病故军人遗属）、老复员军人遗孀、老年烈士子女及60周岁以上农村籍退役士兵等抚恤补助标准，发放提标经费300余万元，惠及优抚对象4000余人，调整一至四级革命残疾军人护理费标准。春节期间，为185名重点困难优抚对象发放医疗补助50万元，下达临时救助经费60余万元，解决困难优抚对象生活困难；组织在乡老复员军人6人参加无锡荣军医院的短期疗养；优待义务兵家属1100户，发放优待金2000余万元。

【地名管理】 2016年，全区批准地名12条。其中，新命名道路3条、居民区6条、建筑物（群）2条，调整道路名1条。办理地名预登记4条。区民政局深入推

2016年武进区新命名地名

表74

新命名地名	地址
临湖世家别院	西湖街道，东至渔歌路，南至渔歌路，西至祥云路，北至环湖北路
林溪家园	夏溪镇，东至花汇路，南至239省道，西至夏溪村后西小组，北至规划道路
翡丽湾花苑	西湖街道，东至滆湖，南至滆湖，西至滆湖，北至揽月路
柏悦湾花园	东至长沟河，南至长沟河，西至鸣凰路，北至滆湖中路
塔下新苑	湖塘镇，东至环湖东路，南至西湖路，西至揽沁路，北至月湖路
银谷华庭	湖塘镇，东至鸣新路97号和99号，南至成教路，西至武宜中路，北至鸣新中路
骏廷大厦	横山桥镇，东至常芙西路，南至云都宾馆，西至芙蓉幼儿园，北至常芙西路9号
马家弄	高新区北区邱墅社区区域内，东至常武北路，西至邱高路
邱高路	高新区北区邱墅社区区域内，东至南至邱墅西园小区，北至古方路
湖港名城	遥观镇，东至中国石化加油站，南至常州市弩力机械有限公司，西至今创路，北至中吴大道
新槐路	横林镇，横林高级中学南，东至新东方村委，西至横林自来水厂

进全国第二次地名普查工作，举办培训班，集中培训辖区内各镇（开发区、街道）地名普查相关工作人员。截至2016年年底，武进区完成地名数据统计1.3万条。

【婚姻登记】 2016年，武进区办理结婚登记6839件、离婚登记2467件，分别比上年减少13.28%和2.14%。补办结婚登记1644件、离婚登记140件，出具婚姻登记记录证明4件，婚姻登记合格率100%。

【收养登记】 武进区儿童福利院位于武进区湖塘镇大坝路78号，于2015年8月成立，为全民（事业）单位。2016年，区儿童福利院规范收养评估体系，评估愿意收养的家庭38户，为符合条件的23户家庭办理收养登记，累计收养弃婴107人。

【福利彩票管理】 2016年，武进区新增福利彩票电脑票销售站点16个，新开辟江苏“快3”游戏站点13个，累计有福利彩票销售点249个，全年发行福利彩票2.83亿元。其中，电脑票销售（含江苏“快3”游戏销售）1.9亿元，即开票“刮刮乐”销售1863万元，“中福在线”销售7047万元。筹集福利彩票公益金2547万元，全部用于“扶贫、济困、救孤、助残”等相关事务。

【殡葬管理】 2016年，全区有殡仪馆2个、纪念堂120个。年内火化遗体9840具，其中横林殡仪馆火化遗体6584具、武南殡仪馆火化遗体3256具，火化率100%。区民政部门按照《常州市殡葬基本服务项目费用免除办法》，对城乡低保对象等4680位死者免除基本丧葬服务费536万元。

（缪　苗）

民族·宗教

【概　况】 2016年，武进区发放扶持资金180万元，推进城西回民村美丽乡村和特色村寨建设，继续发放回族等10个少数民族清真食品补贴，改善少数民族生活。引导和促进宗教人员在法律法规和政策范围内开展活动。年末，全区有户籍登记的回族、壮族、土家族等少数民族族别38个，常住人口3400人。外来流动少数民族人口约1.43万人。有清真拉面馆240个、清真饭店及清真食品基本供应点1个（雪堰镇城西回民村伊清阁清真餐馆）。回民聚居村1个（雪堰镇城西回民村）、回民聚居组1个（雪堰镇夏墅村后承村民小组），水族聚居点1个（丁堰街道）。全区有佛教协会、道教协会、天主教爱国会、基督教三自爱国运动委员会4个爱国宗教团体。依法登记的宗教活动场所60个，其中佛教39个、道教7个、基督教13个、天主教1个，信教群众约10万人。全区有资格认定的宗教教职人员259人，其中佛教212人、道教33人、基督教14人。区民宗局被评为常州市民宗系统宣传信息调研工作先进集体。常州天虹纺织有限公司被国家民族事务委员会评为全国民族团结进步创建活动示范单位。城西回民村民族村史馆被省民族事务委员会评为江苏省民族团结进步“主题教育馆”。宝林禅寺建成省五星级宗教活动场所，白龙观、洛阳基督教活动点、横山桥大林寺、前黄宝相寺被评为四星级宗教活动场所，三星级宗教活动场所有12处。

【少数民族扶持发展】 2016年，武进区加大财政支持力度，划拨160万元帮扶资金建设城西回民村特色村寨。建成民族文化广场和城西回民村民族村史馆，推进美丽乡村建设。提升改造省清真标志餐饮店4家，申请清真网点扶持资金12.8万元。7月下旬，在城西回民村举办“常州市首届清真美食节”，18个清真美食摊位提供20余种特色美食。落实《关于回族等十个少数民族居民发放清真食品补贴的实施意见》精神，发放清真食品补贴11.7万元，穆斯林群众650人受益；免收240余家清真餐饮店卫生许可证审查费、从业人员体检费、环保排污费，工商管理办证仅收取工本费，年检费减半。

【宗教文化活动】 2016年，武进区宗教界举办宗教文化活动50余场，10万余人次参加。

1月初，白龙观举办“首届白龙国学文化节”，阳湖拳与太极拳表演、锡剧对唱和道教音乐展示等节目吸引近1000人观摩。7月中旬，白龙观举办“2016年横山道教论坛——道教发展与当代课题研讨会”。来自国内宗教学、社会科学、哲学等方面的专家学者，全国各地道教界代表60人参加。

4月，花神宫举办“第三届花朝节暨嘉泽花木民俗文化庙会”，融合嘉泽花木文化、传统文化、道教文化和状元文化，开展朝礼花神、诵读祭文、信众献供、迎请花神、花神巡游等奉祀花神活动。

10月24日至11月7日，宝林禅寺举办“武进区宝林观音文化节”。主要有水陆大法会、原创音乐会、当代佛教艺术展、皈依共修法会、北京艺术家伽蓝写生、放生护生节等内容。

【宗教界公益慈善活动】 2016年，武进区宗教界参与扶贫济困，开展“宗教慈善周”活动，募集捐款和物资合计人民币20万元，近200人受益；向龙卷风灾区盐城市阜宁县捐款捐物合计20余万元。宝林禅寺慈善基金会开展“滴水之善社区关怀”“滴水之善关爱人生”“滴水之善汇聚未来”慈善帮扶活动3场；6月下旬，向三都水族自治县捐赠扶贫款20万元。

（李美娟）

就业创业

【概　况】 2016年，武进区以建设全国“大众创业，万众创新”双创示范基地为契机，全面开展双创活动，以创业带动就业。全区新增就业岗位9.2万个，城镇新增就业2.6万人，下岗失业人员再就业1.17万人（其中就业困难对象再就业1700余人），分别完成市人社局目标任务的106.4%，245.1%和190.2%。城镇登记失业率1.92%，控制在目标任务4%以内。多措并举促进高校毕业生就业，扎实推进离校未就业高校毕业生实名登记调查工作，连续第5年举办长三角地区（武进）人才交流会暨校企合作洽谈活动。

【鼓励创业政策性文件出台4个】 2016年，《武进区“青年大学生创业”三年行动计划（2016—2018年）》《武进区创业扶持资金申领办法》《武进区小额担保贷款管理暂行办法》《武进区大学生载体认定管理办法》4个文件出台，为大学生创业提供政策支持。年内，全区建成创业孵化基地15家、创业实训基地28家。继续放大创业园集聚效应，创建湖塘科技产业园、常州市龙道电子商务有限公司、常州安科电子商务有限公司、江苏恒耐物流园、遥观镇新观点众创空间5个区级大学生创业园。常州安科电子商务有限公司和常州创客家大学生创业基地分别被批准为市级大学生创业园、市级微型创业园。区人社局组织开展创新创业系列活动，征集优秀大学生创业项目76个，常州创客家大学生创业基地推荐的特色农产品溯源系统、高真空科学仪器、基于AR（增强现实技术）和VR（虚拟现实）技术的混合现实运动模拟仿真平台、知识产权战略统筹和布控及预警机制网络平台系统、IP豆豆5个项目被评为江苏省大学生优秀创业项目。依托横山桥电子商务、横林淘宝村等电子商务产业集聚区，举办四期网络创业SYB培训班，培训191人，152人成功注册企业。全年扶持2743人创业，发放创业扶持资金3071万元，创业带动就业8341人。

【就业服务前移】 2016年，武进区实施就业优先战略，通过发放调查问卷、现场走访和集中座谈的方式，从年龄层次、学历要求、技能等级和岗位需求等方面，调查全区1154家企业用工需求情况，为企业提供用工需求服务。3月，举办第五届长三角地区（武进）人才交流会暨校企合作洽谈活动，186所高校和210家企业现场对接交流。举办“精英猎聘会”3场，成功招聘项目总监、行政副总等高端人才15人。举办各类专场招聘会31场、人力资源市场现场招聘会160余场，在南京航空航天大学、武汉大学、安徽科技大学等高校举办高层次人才招聘会58场，累计提供就业岗位22.8万个。

【就业帮扶】 3月，武进区开展“上门走访、送就业政策、送就业岗位、送职业指导、送培训信息、送困难补助”的“一走五送”再就业援助月活动，落实岗位补贴、培训补贴和社保补贴等各项就业帮扶政策。出台《武进区公益性岗位开发管理暂行办法》，开发公益性岗位500余个。实施“去产能”职工安置实名制信息动态监测，安置“去产能”分流职工385人。全区新增认定就业援助困难人员1763人，就业困难对象再就业1712人，审核灵活就业人员社保补贴6080人次，发放社保补贴1700万元。为118家企业发放稳定就业岗位补贴1544万元。离校未就业高校毕业生实名登记率和服务率均为100%，开发高校毕业生就业见习岗位600个。年内，举办公益性毕业生招聘会5场，提供应届高校毕业生就业岗位6400个。以“武进智慧就业”项目为重点，推进人力资源市场“指尖就业”的数字化发展，深化武进人力资源网开发，实现手机、平板电脑等便携式触摸屏终端登录功能，开通网站微信、微博等，完成数据互联互通，完善信息浏览、账号注册、简历创建、简历投递、岗位发布、岗位搜索、面试邀请等操作流程，满足用户随时性、个性化服务需求。至

·资料链接·

武进区“青年大学生创业”三年行动计划（2016—2018年）

武进区计划三年内扶持大学生创业1200人以上，带动就业3000人以上；征集大学生创业项目200个以上，资助大学生创业项目100个左右；组织大学生创业培训（实训）、见习训练10000人次以上，依托武进区大学生创业园、大学生创业孵化基地和各级各类学校等载体，举办创业政策讲座20场左右，参加大学生6000人次左右；建设大学生创业园、微型创业园、创业苗圃等各类大学生创业载体10家以上，争创市级创业示范基地5家以上，争创省级创业示范基地2家以上。同时，为鼓励和扶持更多大学生创业，武进还给予了政策扶持。

创业项目资助

对符合武进区经济特点和产业结构、具有商业价值和市场前景的大学生优秀创业项目，给予3000元/项的一次性资助；对获得市级以上“大学生创业大赛”获奖项目按有关规定给予一次性资助奖励。对入驻区级以上大学生创业园、微型创业园，年营业收入达到10万元、50万元、100万元、300万元，并且营业收入年增长率都达到10%的大学生创业项目，分别给予1万元、2万元、3万元、5万元4个等级的资助资金。

创业带动就业奖励

大学生自主创业并正常经营纳税1年以上，吸纳毕业5年内的大学生或本区登记失业人员就业，签订1年以上期限劳动合同并实际缴纳1年以上社会保险费的，3年内可按每年每新增带动1人就业给予3000元的一次性创业带动就业奖励，累计奖励最高不超过10万元。

创业社保补贴

大学生创办的各类企业从注册之日起3年内，新招用毕业5年内的大学生就业，签订1年以上期限劳动合同并为其缴纳社会保险的，按规定给予社会保险补贴，补贴期限最长不超过3年。大学生从事个体经营的，按规定给予其应缴纳的社会保险费金额60%的社会保险补贴，补贴期限最长不超过3年；其新招用毕业5年内的大学生，签订1年以上期限劳动合同并为之缴纳社会保险，也可按规定享受社会保险补贴。

创业担保贷款贴息

武进区户籍自主创业的高校毕业生（含在电子商务网络平台开办网店），可按规定申请最高额度50万元的创业担保贷款。贷款金额10万元（含）以下部分，由财政部门按照贷款基准利率的100%给予贴息；10万元以上部分，由财政部门按照贷款基准利率的50%给予贴息；贴息期限最长不超过2年。大学生创办的符合条件的劳动密集型小企业和科技型小微企业吸纳就业贴息贷款最高额度为200万元，并由财政部门按照贷款基准利率的50%给予贴息，贴息期限最长不超过2年。

另外，还推出创业载体专项扶持、创业租金和场地补贴、创业孵化补贴、创业培训和实训、网络创业扶持、工商登记优惠、税收优惠、见习补贴等政策扶持。

武进区获第三届江苏技能状元大赛技能状元称号职工合影　　供稿／武进日报社

年底，武进人力资源网累计有注册企业会员5600余家，个人会员3.5万余人，提供岗位8万余个，官网微信粉丝1.5万余人，日均点击量超过5万人次。

【职业技能培训和鉴定】 2016年，武进区举办创业、就业技能和岗位技能提升等培训班，提高创业、就业人员素质，累计培训3.2万人次。其中，创业培训998人次，城乡劳动者就业技能培训5600人次，城乡新成长劳动力技能培训2200人次，企业职工岗位技能提升培训23116人次，人力资源服务业从业人员国内培训164人次。审核高技能人才补贴4015人，累计发放培训补贴240.9万元。岗前培训和个人获证奖补共3830人，累计发放培训补贴114.9万元。全年组织职业技能鉴定147场，完成职业技能鉴定统考255人，职业技能鉴定（不含统考）7359人，职业技能鉴定取证（不含统考）6108人。其中，中级职业资格证持证1034人，高级职业资格证持证5074人。

【武进区“技行武进”系列职业技能大赛】 4月8日在中天钢铁集团有限公司启动。该大赛包含“中天杯”叉车工大赛、“希尔顿杯”中式烹饪师与餐厅服务员大赛、“巾帼杯”养老护理员大赛等10场比赛，涵盖叉车类、数控类、机械制图类、电工类、焊工类、车工类等工种项目，共有1020人报名参赛。通过竞赛选拔，有112人由初级工晋升为中级工职业资格，108人由中级工晋升为高级工职业资格。

（陈征弋）

社会保障

【概　况】 2016年，武进区以“城乡一体”为目标，按照常州市社会保障一体化工作部署，梳理和统一社保相关政策和业务经办操作口径，取消原“武进区城乡居民合作医疗保险”，实施“武进区城乡居民基本医疗保险”，相关职能从卫计部门承接，参保人员统一使用江苏省社会保障卡，市区城乡差异逐步取消，规范城乡居民基本医疗保险运行。7月，企业职工社会保险缴费基数上限由15446元调整为16800元，下限维持2900元。全区养老、医疗、失业、工伤、生育五项保险基金基本实现收支平衡，基金运行情况良好，各项基金征缴率均达98%以上，累计结余161.7亿元。其中，职工养老基金收入40.3亿元，完成全年基金征缴收入预算的102.13%，支出38.3亿元，累计结余127.68亿元；职工医疗保险基金收入17.1亿元，完成征缴收入预算的97.94%，支出12.77亿元，累计结余28.3亿元；失业保险基金收入2.13亿元，完成征缴收入预算的98.2%，支出2.56亿元，累计结余5.36亿元；工伤保险基金收入1.29亿元，完成征缴收入预算的123.81%，支出1.18亿元，累计结余2969万元；生育保险基金收入6358万元，完成征缴收入预算的91.18%，支出1.2亿元，累计结余939万元。职工养老保险基金备付能力为58.4个月，人均养老金达1762元／月。

【城乡五项保险扩面】 截至2016年年底，武进区企业养老保险参保单位1.68万家，参保人数37.63万人，净增1.41万人；医疗保险参保单位1.74万家，参保人数52.77万人，净增1.31万人；失业保险参保单位1.73万家，参保人数32.39万人，净增1.28万人；工伤保险参保单位1.74万家，参保人数32.93万人，净增2.4万人；生育保险参保单位1.73万家，参保人数32.92万人，净增1.24万人。机关养老保险、城乡居民养老保险和城镇居民医疗保险参保人数分别为8772人、7.29万人和48.85万人。

【保障待遇和基本养老金水平提高】 2016年，武进区取消原城乡居民合作医疗保险，实施城乡居民基本医疗保险，由人社部门统一管理。居民医保通过针对不同人群实行分类筹资标准、提高报销保障待遇和优化费用报销流程等措施，最高筹资标准为800元／人·年，起付标准最低由400元降至200元，统筹支付比例最高达95%，最高补偿限额由22万元提高至25万元；城乡居民社会养老保险基础养老金由190元／人·月提高到210元／人·月；被征地农民第四年龄段人员保养金由550元／人·月提高到670元／人·月；落实大病保险政策，大病保险补偿12.8万人次，补偿金额5700万余元；从2016年1月1日起，连续第12年调整企业退休人员基本养老金水平，人均基本养老金调整幅度达6.5%。

【保险费率降低】 2016年，武进区贯彻落实省、市降低实体经济企业运营成本，增强企业活力精神，按照省人社厅《关于调整失业保险费率有关问题的通知》《关于阶段性降低企业职工基本养老保险费率的通知》等文件要求，逐步调整失业保险、养老保险、工伤保险基准费率。1月，全区失业保险费率由2%降至1.5%，1.6万家参保单位受益，全年减少企业运营成本5900万元。实施阶段性降低企业职工基本养老保险费率2次。5月，企业职工养老保险单位缴费比例由20%降为19%，减少企业运营成本1.1亿元。7月，调整工伤保险基准费率，将原来的三类行业工伤风险类别调整划分为八类，实行差别基准费率，为参保单位降低运营成本2400万元。

【社保经办网厅一体】 2016年5月，武进社保“全能经办”全面上线。区社保部门发现和解决运行过程中出现的问题，通过提升经办人员能力素质、优化内控机制、规范经办操作口径、强化业务竞赛和绩效考核，将社保服务大厅45个窗口整合为26个，提高社保经办服务水平。参保单位或个人办理多种社保业务时，由原来的多次取号简化为在一个窗口排队申报，办事叫号等待时间从人均15分钟缩短至8分钟，业务经办均次时间从13分钟减少至7分钟，实现社保服务由“一站式”向“一窗式”转变。完善网上服务大厅功能模块，CA认证用户新增723家，年度网上经办业务量超过123万件次。实现异地就医省内联网结算，退休职工省内异地联网结算医院数量由552家增至890家。累计为退休人员3500余人办理待遇领取资格网上认证和属地认证。年内累计制发江苏省社会保障卡138万张，制卡率达98%以上，基本实现省社保卡制发全覆盖。实施社保卡应用功能开发，完成与江苏银联系统对接，一次性养老待遇发放业务实现第三方支付平台办理。

（陈征弋）

劳动监察与仲裁

【概　况】 2016年，武进区按照《中华人民共和国劳动法》《中华人民共和国劳动合同法》《中华人民共和国劳动争议调解仲裁法》等法律法规精神，加强劳动监察执法，创新劳动人事争议仲裁调处机制，全区劳动关系运行总体平稳。全区已建工会企业集体合同签订率保持在95%以上，劳动保障监察举报投诉案件结案率达100%，仲裁委员会立案处理案件结案率达96%。

【和谐劳动关系创建】 2016年，武进区贯彻落实《中共中央、国务院关于构建和谐劳动关系的意见》，明确年内全区构建和谐劳动关系的目的和措施。全区规模以上企业劳动合同签订率达99%，审查集体合同3487份，已建工会企业集体合同签订率达100%。从1月1日起，全区最低工资标准由原来的1630元/月增加到1770元/月，增长8.6%；非全日制用工小时最低工资由原来的14.5元增至15.5元。

【劳动保障监察执法和权益维护】 2016年，武进区坚持劳动关系监测预警机制，加大“两网化”（劳动保障监察网格化、网络化管理）管理力度，维护劳资双方合法权益，营造全区和谐用工环境。利用报纸、微信等媒体，结合新春招聘月、劳动监察专项行动等契机，开展劳动法律法规政策宣传，发放宣传资料2.6万余份。审查127家企业2.5万余名职工特殊工时制（不定时工作制和综合计算工时工作制）；审查7555家用人单位的用工制度，涉及职工31.3万人，将12家存在拖欠和使用童工等严重违法行为的企业列入重点监察范围。全年受理劳动合同、工资支付、社会保险、工作时间和休息休假、内部规章制度、使用童工等类型的劳动者举报投诉案件908起。区劳动监察部门及时处理反馈举报投诉案件，办理信访交办、平台流转案件745起；作出限改指令235次，行政处理决定6次，行政处罚决定15次，罚款金额12.6万元；查处使用童工违法行为5起，移送公安部门拒不支付劳动报酬案件18起。全年累计追讨劳动者工资待遇1254.8万元，维护劳动者合法权益。开展“清理整顿人力资源市场秩序”专项行动，纠正人力资源服务机构规章制度、劳动用工管理方面问题17件，现场开具“劳动保障监察建议书”12份。

【劳动人事争议调解仲裁】 2016年，武进区充分发挥劳动仲裁和劳动监察互补作用，将矛盾纠纷调解到诉前最小化。区劳动争议立案中心全年立案2066件，区仲裁委员会立案受理确认劳动关系、福利培训以及劳动保护、劳动报酬、工伤医疗费经济补偿等劳动争议案件1351件，处理结案1296件，结案率96%。其中，调解633件，撤诉151件，调解撤诉率60.5%。处理工伤案件3786起，其中认定工伤3459起，终止工伤认定223起，受理劳动能力鉴定2782件。

【乡镇巡回仲裁庭建设】 2016年，武进区加强仲裁制度和队伍建设，按照办案机构、人员、场地、设备、资金和制度“六到位”的要求，逐步落实人员培训、系统安装、电子印章配备等工作，实现乡镇巡回仲裁庭建设全覆盖。1月，区人社局制定《武进区乡镇巡回仲裁庭办案流程》，明确立案审理和文书流转的具体流程，规定5级至10级的工伤补偿争议和单一诉求的工资类案件由乡镇直接受理。乡镇巡回仲裁庭设置专兼职仲裁员和书记员，通过现场观摩、模拟庭审、理论考试等方式，提升办案人员业务能力，并组织仲裁员参加省级仲裁员资格考试，全区有持证上岗独立开庭的专兼职巡回庭仲裁员35名。全区各镇巡回仲裁庭逐步承接案件，最多的受理78件，劳动人事争议“第一道防线”基本构筑。

（陈征弋）

住房保障

【概　况】 2016年，武进区加大保障性住房的政策扶持力度，解决城镇中低收入家庭的住房困难，实现“居者有其屋”，基本形成以公共租赁住房、经济适用房、危旧房棚户区改造为主的住房保障体系。落实保障性安居工程建设，新开工棚户区改造拆迁安置项目19个，涉及拆迁套数4512套（含常州经开区4398套）；新开工安置房建设项目1个（前黄镇文雅苑466套）；基本建成安置房建设项目1个（嘉泽镇大名北苑1067套）。超额完成省政府下达的新开工保障性安居工程建设4700套的目标任务。落实住房保障货币化补贴政策，住房保障货币化补贴按照2015年度收入标准实施。5月，开通“常州市住房保障综合管理系统”，与常州市实现住房保障信息一体化管理，对所有申请材料及年审材料开展民政比对核查。全年核准审批购房补贴9人，房屋面积435.24平方米，补贴金额5.34万元；审批老职工住房补差11人次，房屋面积740.17平方米，接轨费2.22万元。加强公租房日常巡查，通过司法途径取缔违反实物配租房管理办法的承租户1户。

【住房保障提标扩面】 2016年，武进区加强实物配租房源的分配使用和住房保障资金管理。区住房保障中心收缴开发项目公共租赁住房异地移建款1.2亿元，累计近5亿元。累计收购安置房250套作为公租房房源。全区新增公租房家庭79户，发放租金补贴228.59万元。累计有627户享受公租房住房保障政策，其中353户享受租金补贴、274户享受实物配租。年内落实公租房装修资金1300万元，完成房屋装修方案审核，由区公共资源交易中心公开招投标实施。区内20余家企业报送公租房申请资料，确定租赁150套。新增经济适用住房货币补贴家庭15户，审批上市交易9户，收回货币补贴76万元；累计有484户采用经济适用住房货币补贴的形式购买社会存量住房。

（杨　欣）

慈善事业

【概　况】 2016年，区慈善总会围绕“扶贫济困”宗旨，通过广播、电视、报刊等媒介，开展以“爱心奉献、互助和谐、幸福武进”为核心的慈善文化宣传活动，在阳湖网增设集捐赠、救助等信息于一体的慈善信息平台。新增慈善资金5365万元，其中，行政机关、事业单位人员“慈善一日捐”收入557.69万元，其他企事业单位、个人捐款收入722.38万元，企业定向捐赠收入40.77万元，慈善资金结余增值收入4000.22万元，阜宁龙卷风风灾捐款收入44.09万元。开展大型慈善活动6次，通过“慈善大病救助”、贫困大学生“圆梦行动”、春节送温暖等活动，发放救助金3241万元，救助困难群众11131人。

【慈善救助】 2016年，区慈善总会坚持“公平救助、有效救助、直接救助”原则，按照“个人申请、镇村审核、社会公示、总会把关、集中发放”的慈善救助程序开展工作。建立慈善资金稳定、持续增长的长效机制，结余资金由区财政局经营管理，增值到账收益达22665万元，支持全区经济社会发展，有效保障结余资金的安全增值。全年救助困难家庭5186户，发放救助金777.9万元。救助因病致贫家庭2501户，发放大病慈善救助金1250.5万元，314名贫困大学生、高中生、初中生获得助学资金57.8万元。8月19日，开展“圆梦行动”贫困大学生救助活动，资助贫困大学生19人。2006年至2016年，全区累计资助“圆梦行动”大学生396人，资助金额792万元。慰问“三老人员”（新中国成立前的老地下党员和老地下工作者、新中国成立初小乡干部）、“五保”户573人，发放助老资金113.47万元；救助孤儿26人，发放助孤资金13万元；社会公益事业支出220.66万元，定向救助1301人；开展专项救助工作，发放专项救助资金807.19万元。

【第三届慈善总会换届】 2016年5月10日，武进区慈善总会第三届全体会员大会召开，总结区慈善总会自2006年成立之后取得的成绩，表彰区第二届“慈善事业突出贡献奖”“慈善事业最具爱心奉献奖”，选举产生区慈善总会新一届领导班子，张建新当选为会长、陈鹰当选为秘书长。至2016年年末，慈善资金总量达10.65亿元，其中，企业认捐资金5.18亿元，“慈善一日捐”资金5352万元，中小企业捐款及定向捐款1.99亿元，积余资金增值收入2.27亿元，2008年汶川地震捐款收入6908万元。全区累计有171家企业参加慈善认捐活动，认捐资金达5.18亿元，2016年有39家企业兑付1060万元。全区开展助医、助学、助老、助孤、助困和专项救助等救助项目，实施精准有效救助。11年累计发放困难家庭救助金7336万元、贫困学生救助金1129万元、孤儿救助金287万元、大病慈善救助金1.7亿元、老人救助金2158万元，资助社会公益事业8796万元，惠及9.2万户家庭。全区累计有76个企业或个人在全国、省、市慈善工作评比中获奖。

（李晓玲）

关心下一代工作

【概　况】 2016年，武进区有各级关心下一代工作组织865个，关工委成员6351人；关爱工作团（组）334个，成员3808人；以“五老”（老干部、老专家、老模范、老教师、老战士）为主体的关心下一代工作队伍10726人（含关工委成员）。有青少年思想道德教育宣讲团、青少年法制教育宣讲团和科技报告团，报告员203人，教育基地13个，社会实践基地25个，家长学校316个，校外辅导员2308人，全区138个网吧有义务监督员231人。区关工委抓住立德树人、引领青少年树立和践行社会主义核心价值观主线，围绕中共中央总书记习近平关于做好关心下一代工作的指示，强化使命和责任意识，加强思想道德和法治教育，开展“学党史、学国史，听党话、跟党走”主题教育活动，创建未成年人零犯罪村和社区，预防和减少青少年违法犯罪，推进校外教育辅导站制度化、规范化建设，建立完善电子阅览室，帮扶关爱青少年弱势群体。组织关工委骨干培训班，加强“五老”队伍建设，提高工作水平和服务能力。遥观镇、雪堰镇新康村等4个单位被省文明办和省关工委评为“江苏省关心下一代工作先进集体”，徐克兴、芮中青、尹俊贤等9人被授予“江苏省关心下一代工作先进工作者”称号。

【“学党史、学国史、听党话、跟党走”主题教育】 区关工委和区教育局以纪念中国共产党建党95周年和红军长征胜利80周年为契机，于2月联合下发《关于在全区青少年中广泛深入开展“学党史、学国史，听党话、跟党走”主题教育活动的实施意见》，组织青少年思想道德宣讲团编写宣传材料，收集歌颂党和祖国的歌曲30首、党史国史知识90题、党史国史小故事10个，编印成册，发到各级关工委和全区各中小学校。以村、学校和民营企业联办的形式，在遥观镇宋剑湖小学和宋剑湖村开展主题教育试点，推动全区主题教育活动。年内，全区270名“党史、国史”宣讲员编写宣讲材料232份，举办“党史、国史”宣讲报告384场次；观看“党史、国史”影片729场次；10405人撰写征文10483篇、3574人创作诗词3389首；开展“党史、国史”知识竞赛113场次；走访老党员、老模范295人次。

【未成年人零犯罪村和社区创建活动】 2016年，区关工委根据省关工委《关于开展预防和减少青少年违法犯罪工作重点推进活动的意见》，抓住重点区域、重点环节、重点群体3个重点，调查摸底、登记造册、建立台账，完善、健全预防和减少青少年违法犯罪推进活动的组织机构。5月17日，联合区综治办在横山桥镇芙蓉村召开预防和减少青少年违法犯罪工作现场推进会。全区各级关工委开展调查摸底，建立服刑人员家庭在校子女、青少年违法犯罪在村和社区矫正人员、“五失”（失学、失业、失亲、失足、失能）青少年、外来务工人员在校子女、有严重不良行为青少年名册，组织“五老”结对帮教帮扶，深入开展法制教育。年内，全区组织231名“五老”对113家网吧、24家电子游戏经营场所实行常态化、长效化义务监督，举报查处黑网吧，净化未成年人成长环境。区、镇两级法制教育宣讲团授课374场次，受教育人数达13万人。全区累计有村、社区帮教小组277个，参加帮教的“五老”有789人。至年底，全区未成年人零犯罪村和社区达标率为98.7%。

【电子阅览室建设】 2016年，武进区新建村和社区电子阅览室74个。其中，市、区两级财政各拨款62万元新建62个，嘉泽、横山桥镇自筹资金增建12个。年末，全区累计有村和社区电子阅览室159个。6月15日，区关工委在牛塘镇丫河村召开全区电子阅览室建设观摩现场会，对全区新建电子阅览室的村和社区关工委负责人以及辅导员开展业务培训，发放电子阅览室组织机构、管理和活动制度样本。年内，全区参加电子阅览室活动的学生有1.8万人次，登录省关工委阳光少年网的达4522人次。全区电子阅览室规范运行，为中小学生节假日学习培训和应用电脑提供良好条件。

【青少年帮扶助学】 2016年，全区各级关工委依托“关爱工作团(组)”和“五老”志愿者，把关爱青少年中的特殊群体和弱势群体作为重要性、常年性工作，普遍建立服刑人员家庭未成年子女、单亲家庭未成年子女、失亲儿童少年、贫困家庭学生动态台账，采取捐资助学、结对助学和设立“爱心助学基金会”等途径，解决重点帮扶对象生活、上学困难。年内，全区各级关工委筹集助学助困资金219.6万元，扶贫助学891人。暑假期间，全区有188个村和社区召开“三好学生”和优秀学生表彰会，表彰奖励学生4238名，奖励总金额92.9万元。

（陈国全）

残疾人工作

【概　况】 2016年，全区新增持证残疾人1266人，累计20609人。其中，肢体残疾12013人、视力残疾2295人、听力残疾1596人、言语残疾81人、智力残疾2703人、精神残疾1757人、多重残疾164人。年内，武进区贯彻落实国务院《关于加快推进残疾人小康进程的意见》，推动残疾人就业增收、兜底保障、普及服务三项重点工作。走访慰问贫困残疾人家庭等救助对象，健全持证残疾人基础数据库，对年人均可支配收入低于1万元的残疾人家庭开展调查摸底和建档立卡工作，完成建档立卡1149户1314人。在5月15日全国助残日，利用武进新闻网与武进残联网站推出全国助残日专题报道。5月，在凤凰谷大剧院举行“同心助残，与爱同行”义拍，成功拍卖物品58件，筹得善款36万元。“自强最美、阳光相随”服务品牌被命名为区级机关第五批优秀服务品牌。9月，武进区残疾人联合会理事长蒋建明被国务院残疾人工作委员会授予“全国残疾人工作先进个人”称号。

9月11日，区残联组织“迎中秋、做月饼”活动　　供稿/区残联

【残疾人就业促进】 2016年，武进区将“残疾人就业圆梦工程”纳入为民办实事项目。举办“残疾人就业援助”专场招聘会，20家入场企业提供就业岗位86个，50人在招聘会上达成就业意向。全区新增残疾人就业201人，创建市级残疾人扶贫基地1个（常州市秦皇山水蜜桃专业合作社南宅残疾人扶贫基地）。开拓残疾人就业渠道，举办电子商务、缝纫、苗木种植等培训班4期，培训201人，提高残疾人劳动技能，增强残疾人就业竞争能力。全年扶持残疾人自主创业51人，发放扶持资金46.5万元。全区累计创建“残疾人之家”10家，其中南夏墅街道的星馨残疾人康乐家园达到省级标准。该家园安置残疾人35人，提供日间照料、辅助性就业、康复训练、文体活动等服务。

【残疾人生活保障】 2016年，武进区按规定标准为一户多残、依老养残的349人发放生活补贴45万元；为符合重残救助条件的4901人发放重残生活救助金1503万元；为符合护理补贴救助条件的575人发放护理补贴金37万元；为46名残疾车主发放养老金补贴11万元；为101名残疾学生和低保残疾人家庭子女发放助学金29.8万元。为全区所有持证残疾人办理意外伤害险，保费达93.13万元；为62名符合理赔条件的残疾人申领赔偿金53.53万元。区慈善总会资助25万元为全区176户一户多残、依老养残家庭办理家庭综合险，保费8.45万元。

【残疾人康复救助】 2016年，区残联组织实施“三助一免”（为贫困残疾人助视、助行、助听，为贫困重性精神病人提供免费服药）康复救助工程，为957名有需求的贫困残疾人免费发放轮椅、拐杖、助听器、假肢等康复器具，为270名贫困和肇事肇祸精神病人办理入院治疗手续，为全区170户困难残疾人家庭实施无障碍设施建设，为300名贫困精神病

患者提供免费药物。切实开展0～14周岁残疾儿童康复救助工作，为106名残疾儿童(其中0～6周岁64人,7～14周岁42人）提供常州市康复中心、蓝精灵儿童康复中心、常州市儿童医院等残联定点康复机构的专业训练。社会力量创办的爱迪儿童康复机构年内通过审核，成为定点残疾人康复机构。10月，举办精神残疾人康复亲友业务知识培训，600人参加。

【残疾人文体活动】 2016年，武进区组织开展残疾人文体活动。2月，全区首个聋人画廊——是军画廊在横山桥镇开业。该画廊由区聋人协会主席是军创办，20余名聋人书画爱好者参加开业典礼及书画观摩、交流活动。6月，区优秀残疾人运动员参加省残疾人田径锦标赛（苏南片），获得5块金牌、1块银牌。

（许　蕾）

红十字会工作

【概　况】 2016年，武进区有各级红十字组织156个；有红十字志愿者服务基地6个，志愿服务项目6个，特色志愿服务队5个；新招募志愿者416人、注册志愿者193人，累计有注册志愿者4700余人。全区各级红十字组织秉承红十字会宗旨，传播博爱理念，开展灾害救援、人道救助、应急救护等工作。以纪念第69个“世界红十字日”“雷锋日”“献血日”“世界急救日”等纪念活动为契机，围绕“凝聚人道力量，共创精彩开篇”主题，集中开展广场宣传46场次、爱心驿站专项救助7次、义诊进社区志愿服务活动16次。区红十字会利用《886新闻广场》、社区电子屏、社区QQ群和手机短信平台等，跟踪报道筹资项目、“三救三献”（灾害救援、人道救助、应急救护，无偿献血、捐献造血干细胞、捐献遗体与器官）情况。武进中医医院和前黄人民医院两家省级红十字冠名医院通过复核验收，湖塘镇何留社区被命名为“省级红十字博爱家园”，湖塘镇红十字会被评为“江苏省红十字会基层组织工作先进集体”。

【人道专项救助】 2016年，区红十字会继续实施“博爱送万家”“爱心驿站”“共享同一片蓝天”等博爱系列救助项目。走访慰问特困家庭、麻风病疗养人员等救助对象，发放博爱送万家救助款物合计35.77万元；为43户新增“两癌”困难家庭和45户新增白血病特困家庭分别发放慰问金21.5万元、13.5万元；定向捐赠特殊教育学校7万元，向家庭困难的新市民学生发放助学金和学习用品合计5.6万元。抗洪救灾期间，通过《武进日报》、武进广播电台、阳湖网、武进电视台发布募捐倡议，累计为盐城市风灾地区募集救灾款近20万元，募捐金额居全市首位；倡议机关工作人员开展区内抢险救灾救援工作，发放床垫、牛奶、毛巾、蜡烛等救灾物资近50万元。在武进中医医院设立红十字爱心病房，为家庭困难的神经内科患者发放红十字人道临时救助金1万元。

7月水灾期间，区领导带领区红十字会送救灾物资下乡　　供稿/区红十字会

【应急救护培训】 2016年，区红十字会加强救护师资队伍建设和救护培训基地建设，推进应急救护培训。选送5名优秀志愿者和3名骨干培训师参加2016年省级救护师资初训、复训班学习，全区师资队伍扩充到87人。联合区教育局在全区各级各类学校开展体验式生命教育活动，组织40余所初级中学教师骨干参加体验式生命教育师资培训。武进区师资参赛队在常州市应急救护技能竞赛中获得团体一等奖，1名培训师晋级省级应急救护技能竞赛。联合区人社局开展职工应急救护培训。在全区企事业单位实施“关爱生命”安全文明素质提升工程，举办公益性应急救护培训，开展应急救护进百企宣传活动，分发急救员指南9500份。全年培训初级救护员1051人次、普及救护员8121人次。与驾校合作，全面实施新驾驶员应急救护培训工作，累计培训新驾驶员6000余人次。与各基层红十字会紧密配合，开展应急救护培训。4月，红十字应急救护公益讲堂在常州经开区开讲。横林镇、湖塘镇、嘉泽镇、礼嘉镇、湟里镇、西湖街道、高新区等基层红十字会组织，利用学生军训、职业技能培训、企业安全员培训等开展集中救护培训，扩大救护培训影响力。

【志愿服务】 2016年，区红十字会以创建省级“红十字博爱家园”为契机，于8月下发《推进红十字志愿服务工作发展的通知》，至年底全区基本形成以镇、村为主体，医疗卫生单位、中小学校等企事业单位为基础的红十字组织网络。广泛开展村（社区）红十字志愿服务基地建设和人员招募、志愿项目实施活动，提出基层红十字会六大类（爱心关爱、生命救护、健康服务、红十字“三献”、红十字精神传播、红十字筹资助困）志愿服务项目，组建特色志愿服务队2个。联合区总工会、城管局建设“环卫工人爱心驿站”，为环卫工人休息点添置急救箱和微波炉、电风扇、饮水机等设备。统一全区各级红十字志愿服务活动品牌名称为“博爱天使”。

【红十字宣传】 2016年，区红十字会在“雷锋日”“献血日”“世界急救日”等纪念活动中，集中开展广场宣传活动46

场次。在《武进日报》首版顶端增设红十字服务品牌图标、"红十字掌上急救学堂"二维码，开辟红十字专栏；在武进新闻网首页设置图标链接区红十字会官网；在调频 88.6 黄金时段播放红十字宣传语；印刷红十字知识宣传单页，张贴到社区橱窗，分发宣传折页 12.65 万份、急救员指南 9500 份。

【"三献"活动】 2016 年，区红十字会联合武进电视台、《武进日报》等媒体，制作"天使相髓志愿队""造血干细胞志愿者风采"和"献血英雄"展板 12 块，印刷"三献"倡议书 3000 份，大力宣传捐献知识和捐献志愿者的典型事迹。全年新增 131 人次造血干细胞血样采集入库，1 人配型吻合后成功捐献造血干细胞。关爱捐献志愿者，为成功捐献造血干细胞的志愿者提供免费健康检查，定期召开捐献志愿者座谈会，在传统节日走访慰问捐献志愿者。第 13 例、14 例成功捐献造血干细胞志愿者谈惠明和施俊杰被成功推荐为"武进区优秀志愿者"。组织无偿献血活动，在区行政中心举行学雷锋"三献"志愿活动和夏季应急无偿献血活动，协助血站组织开展献血点、夏季应急献血和乡镇无偿献血宣传 46 场次，宣传动员 8071 人次参与无偿献血，累计献血 295 万毫升，位居全市前列。

（陶美娟）

老龄工作

【概　况】 2016 年年底，武进区有养老机构 20 个，各级老年协会 316 个、老年大学 17 所。全区有 60 周岁以上老年人口 22.9 万人，占户籍总人口的 24.77%。其中，70～79 周岁老年人口 7.04 万人，80 周岁以上老年人口 2.69 万人，百岁老人 67 人。

2016 年，武进区学习贯彻民政部、全国老龄办下发的《关于进一步加强城乡社区老年协会建设的通知》，推进老龄协会建设。区改造的"三老"（老年活动中心、老干部活动中心、老年大学）中心改造启用，老年人法律援助文件出台。各级老龄组织积极维护老年人权益，参与社会公益事务，推进居家养老，组织老年群众参与经济社会建设及文体活动。开展"爱心助老"活动，为老年人提供拍摄证件照、测量血压、免费洗牙等项目。区老龄办被评为省老龄宣传工作先进单位。湖塘镇花园社区"阳光华龄服务站"、雪堰镇新康村居家养老服务中心被评为常州市"邻里守护优秀站点"。何浩根、史伟烈两位老人被评为常州市第三届老年志愿者之星。

【老年人维权和优待】 2016 年，武进区以纪念《中华人民共和国老年人权益保障法》颁布实施 20 周年为契机，加大老年人权益保障法等法律法规落实力度。10 月，区老龄办与区司法局、老龄协会联合出台老年人法律援助文件，利用法律援助组织体系做好老年维权工作。深入推进"民安""民乐"工程，继续与中国人寿武进支公司实施老年人意外伤害保险工程，为 13 万老年人投保，获理赔 1722 起，理赔金额达 120 万元。进一步贯彻《关于开展"邻里守护"老年人志愿互助活动的通知》精神，开展"爱心助老"活动，为老年人做好优待优先服务，组织志愿者及社区及时关心帮助有困难的老年人。为 3 万名 80 周岁以上老年人发放尊老金 2100 万元，免费办理老年人优待证 1800 张。开展"邻里互助"老年人志愿互助服务活动，7660 对老人结队互助。落实惠老政策，组织开展"敬老月"走访慰问活动，全年组织老年人外出旅游 5000 人次。与武进电视台合作，为全区 60 周岁以上老年人拍摄并赠送彩色证件照。60 周岁及 70 周岁以上老年人乘座公交车分别实行半价与全免。免费开展健康讲座，参加老年人达 1.3 万余人次。

【区"三老"中心改造投用】 武进区"三老"中心经过近一年改造，于 2016 年 9 月投入试运营。该中心位于湖塘镇湖塘街 217 号，占地面积 2 公顷，总投资 1 亿元。中心分 A、B 两个区：A 区为老年大学，可用教室 38 间，办公及其他配套用房 15 间，开设书法、绘画、舞蹈、外语、计算机等 31 门课程，能同时满足 4000 名老年人学习需求，学员在"敬老月"期间为区级机关退休干部表演锡剧、京剧、越剧等节目；B 区是集老年活动中心、老干部活动中心、养老服务中心于一体的综合大楼，有棋牌室、乒乓球室、书画室等活动室，提供日间照料、理发、老年婚介等服务，可同时容纳 1000 余名老人活动。新的区"三老"中心为全区老年人创造了一个娱乐身心、增长知识的场所，丰富了老年人的精神文化生活。

【第七个"敬老月"活动】 2016 年 10 月是全国第七个"敬老月"和江苏省第四个"老年节"，区老龄办贯彻落实《关于开展常州市 2016 年"敬老月"活动的通知》精神，组织开展"敬老月"活动。10 月 8 日，区委书记史志军走访区"三老"中心，看望困难老人；区长戴士福走访常州经开区福利中心，慰问百岁老人。为 23 名百岁老人发放慰问金和轮椅。区级机关事业单位退休干部协会举办敬老祝寿庆婚大会，71 对白金婚、钻石婚、金婚夫妇，47 名 80 周岁以上寿星参加。

重阳节，横山桥镇太极协会组织会员登山打太极　　供稿/武进日报社

敬老日当天，全区各镇（街道）、社区（村）以及部分企业开展敬老活动，常裕大酒店联合南夏墅街道南周股份合作社为398名70周岁以上老人提供午餐。湖塘镇商会捐赠28万元改善夕阳红康乐中心老年人饮食条件。武进公安分局民警朱天亮利用参加央视《幸福账单》栏目赢得的1.5万元为夕阳红康乐中心老人送上重阳糕300余份。南夏墅中心幼儿园组织幼儿为镇敬老院老年人表演节目。横山桥太极协会参与登山活动，自发组织购买1000份重阳糕，分发给登山的老年人。全年为全区80周岁以上老年人发放慰问金800万余元，为老年人慰问演出100余场次，5万余名老年人参加。

表75

2016年年末武进区百岁老人情况

姓　名	性别	出生年月	所在地	姓　名	性别	出生年月	所在地
白阿珍	女	1913年10月	湖塘东升	卞琴华	女	1909年1月	南夏墅石柱
张良铭	男	1913年11月	湖塘周家巷	金荷娣	女	1911年3月	南夏墅三河
王美大	女	1911年9月	湖塘丰乐	花琴珍	女	1913年7月	南夏墅桐庄
邱秀珍	女	1909年10月	湖塘南街	杨银吁	女	1914年3月	南夏墅南河
欧产贤	男	1912年3月	湖塘长安	沈中兴	男	1915年10月	南夏墅大学新村
祝佩芬	女	1912年11月	湖塘东华	冯琴娣	女	1915年12月	南夏墅三河
孟大保	女	1913年1月	湖塘永安	胡士琴	女	1916年10月	南夏墅桐庄
管杏英	女	1915年2月	湖塘南街	王玉琴	女	1916年10月	南夏墅胜西
徐杏妹	女	1916年1月	湖塘张家坝	吴兰娣	女	1912年3月	湟里后坊
卞秀凤	女	1916年5月	湖塘大学新村	王庚娣	女	1916年2月	湟里东安
沈连娣	女	1916年4月	湖塘聚湖	曹彩英	女	1907年9月	洛阳岑村
陆凤金	女	1915年12月	雪堰雅浦	陆菊妹	女	1913年12月	洛阳岑村
陈祥生	男	1914年6月	雪堰城西回民	殷小梅	女	1913年5月	洛阳翟家
王杏娣	女	1916年2月	雪堰圣烈	沈桂英	女	1915年12月	洛阳马鞍
吴良馗	男	1916年9月	雪堰王允	王正清	男	1916年2月	洛阳朝安
王荷娣	女	1916年6月	雪堰南宅	李云娣	女	1916年7月	洛阳天井
陈菊娣	女	1916年10月	雪堰共建	胡秀凤	女	1916年2月	洛阳友谊
彭祥娣	女	1916年10月	雪堰新康	袁美大	女	1910年7月	礼嘉武阳
薛友芬	女	1913年12月	横林新东方	汤炳耀	男	1913年11月	礼嘉建东
汤金娣	女	1915年10月	横林红联	时　吉	女	1915年8月	礼嘉何墅
章月娥	女	1915年10月	横林崔桥	俞玉仙	女	1915年8月	嘉泽丰杨
殷怀生	男	1914年3月	前黄灵台	潘金娣	女	1915年4月	嘉泽满墩
陈玉妹	女	1915年10月	前黄坊东	王产娣	女	1915年8月	嘉泽成章
蒋全娣	女	1916年9月	前黄大成	庄贵英	女	1912年11月	遥观薛墅巷
蒋　华	男	1916年2月	前黄运村	吴玉珍	女	1916年1月	遥观剑湖
杨继震	男	1916年8月	前黄新园	曹玉珍	女	1916年12月	遥观通济
吴锡南	女	1916年4月	前黄红星	陈秀英	女	1913年12月	横山桥梁家桥
黄秀琴	女	1916年9月	前黄高梅	顾平梅	女	1916年12月	横山桥丁家
孙寿英	女	1912年11月	牛塘厚恕	周林妹	女	1916年8月	横山桥芙蓉
陆爱琴	女	1916年8月	牛塘高家	赵正行	男	1914年11月	西湖聚新
蒋瑞福	男	1916年11月	牛塘卢西	戴秀宝	女	1915年12月	戚厂工房
刘森尧	男	1913年12月	戚墅堰河苑	徐阿英	女	1916年7月	戚厂工房
糜巧大	女	1913年2月	常州青龙苑	俞兰芳	女	1916年8月	丁堰芳渚
陆阿妹	女	1915年7月	戚厂工房				

（钱焕根）

（责任编辑　张怡菁）

镇·街道

雪 堰 镇

【概 况】 雪堰镇位于武进区东南部，东接无锡马山，西临宜兴，南濒太湖，总面积104.75平方千米，辖行政村25个、社区4个，2016年年末户籍人口79147人。境内有太湖岛屿椒山，春秋阖闾城、宋代龟山书院、南山寺、吴稚晖故居等人文景观，与国际动漫嬉戏谷、中华孝道园等现代旅游景点交相辉映。农特产品有太湖“三白”（白鱼、白虾、银鱼）、水蜜桃、葡萄、柑橘、杨梅和绿茶等。先后获“全国千强镇”“全国环境优美乡镇”“国家卫生镇”“中国银鱼之乡”等称号。

产业发展 调整农业结构，新增配套大棚面积8.67公顷、大棚蔬菜面积9.53公顷，全镇实现果品总产量2.6万吨、总产值2.2亿元；发展高效农业，新增无公害农产品2个、绿色食品1个，累计农业“三品”8个，谢家水蜜桃、夏庄葡萄、城西蜜梨等5个果品基地获评“阳湖果品十佳基地”。有工业企业1300家，其中规模以上企业106家，全年完成规模以上工业产值133亿元，占全镇工业总产值的68.2%。完成工业投入10.5亿元，楞瓦楞辊、机械零部件加工等3个区重点项目投产或调试。新增高新技术企业4家，累计24家，全年完成高新技术产业产值20亿元，占全镇规模以上工业产值的15%；申请专利795件，获授权358件。发展乡村旅游，第二届雪堰桃花节、太滆开湖节成功举办，城西回民村举办首届清真美食节，雅浦村、太滆村、城西回民村分别创成省级二星、三星、四星乡村旅游示范点。建设电子商务，雪堰镇创成省级电子商务示范镇，夏庄村创成市级电子商务示范村。全年完成服务业投入6.8亿元，实现限额以上批零住餐销售额16亿元、重点服务业单位营业收入5.2亿元。

镇村建设 优化镇村规划，完成雪堰镇总体规划、控制性详细规划编制及报批，修订控制性详细规划、土地利用规划、生态文明建设规划、现代农业产业发展规划、乡村旅游发展规划和历史文化古镇规划。完善基础设施，完成雪雅线、浒南线、汇通路、雪太线太滆段、雪旺线提档升级工程，建成官埭桥、南宅桥，配合完成232省道雪堰段、316县道改造建设，实施雪阖线改造工程，推进新沟河、新孟河拓浚工程前期工作。实施天然气入户工程，新增用户2250户。保护生态环境，实施畜禽养殖污染整治、企业违法违规建设项目清理整治和燃煤锅炉整治，推进清水工程，完成漕桥河支浜清淤、入太河道生态拦截工程建设，锡宜路污水管网及提升泵站通过验收并投入运行。建设美丽乡村，南山村通过市级验收，太滆村完成杆线入地、立面改造等工作。

社会事业 完善教育基础设施，累计投入近7000万元，雪堰中心小学、漕桥幼儿园改建工程建成启用，南宅实验学校综合楼改造项目基本竣工，雪堰初级中学道南楼改建工程五层主体封顶。落实流动人口子女积分入学545名，初中教育完成率100%，通过“区管校用”引进教师5名，公开招录幼师11名，招聘代课教师85名，雪堰中心小学、潘家小学均获区义务教育阶段学校素质教育质量评估一等奖，雪堰、潘家初级中学均获区实施初中素质教育工作三等奖，雪堰镇创成市学前教育现代化（乡）镇、市数字化学习先行镇。加强文化建

镇区新貌——雅浦河之夜 供稿 / 雪堰镇

表 76 2016 年雪堰镇主要经济社会指标完成情况

指　标	单　位	数　值	比 2015 年（%）
地区生产总值	亿　元	79	9.4
公共财政预算收入	万　元	40200	9
农业总产值	亿　元	5.94	2.2
多种经营产值	亿　元	5.43	3.3
粮食总产量	万千克	15629	-9.1
工业销售收入	亿　元	184.91	4.4
实际利用外资	万美元	25	–
自营出口额	万美元	15143	-8.14
第三产业增加值	亿　元	45	17.1
农民人均纯收入	元	26150	8

设，开展《雪堰文化》丛书编写，保护非遗项目，演出“社区天天乐”100 余场，举办雪堰镇乒乓球联赛、篮球联赛、足球联赛等活动。提升医疗服务能力，漕桥卫生院与常州中医医院结成专科医联体，雪堰、潘家卫生院整合提升为中心卫生院，成为武进人民医院分院。推进民生保障，完成社会保障和住房公积金扩面任务，累计为 1.2 万人办理城乡居民社会养老保险，发放社会保障卡 7.7 万张。开展精准扶贫和城乡低保提标扩面工作，全年发放救助金 21 万元、低保补助金 206 万元。7 月汛期，面对特大暴雨引发严重的洪涝灾害，全镇党员干部在组织协调、抢险救灾、保卫家园、灾后防疫、后勤保障等重点工作中发挥中流砥柱作用，先后有 6000 多人次投身抗洪救灾工作，保障群众生命、财产安全。

【光电触摸屏等 3 个区重点工业项目投产或调试】锻造模具、机械零部件项目　由常州市康宁锻造有限公司实施，总投资 4900 万元。该项目新建生产用房面积 8500 平方米，购置切削中心 1 台、数控加工中心 2 台、数控卧车 15 台、数控立车 4 台、数控钻床 2 台、行车 6 台等设备，建成后可年产模具 500 套、机械零部件加工 200 万套。

楞瓦楞辊、机械零部件加工项目　由博力瓦楞辊（常州）有限公司实施，总投资 2880 万元。该项目租用常州市安晨汽车内饰件有限公司 3300 平方米生产用房，购置车床、加工中心、铣月牙槽机 10 台、瓦楞辊磨床 5 台、抛光机 5 台、碳化钨喷涂设备 2 台、台车式电阻炉 3 台等主要设备，于 4 月投产，建成后可年产瓦楞辊 3500 对、机械零部件加工 2000 件。2016 年，公司完成产值 1750 万元。

光电触摸屏项目　由常州恒威光电科技有限公司实施，总投资 8000 万元，于 10 月投产。该项目购置 ITO 玻璃磨边生产线、FFU 风机过滤机组、风刀型玻璃自动清洗机、CNC 超薄玻璃切割机等设备 19 台套，可形成年产触摸屏 1200 万片的能力。

【雪堰镇创成省级电子商务示范镇】　参见《商贸流通业》栏目 P138 相关条目。

【雪堰新增高新技术企业 3 家】　2016 年，雪堰镇 3 家企业被省科技厅、省财政厅、省国税局、省地税局联合认定为高新技术企业。

江苏碧源泳池装备有限公司　2016 年 12 月被认定为高新技术企业。该公司位于雪堰镇漕桥工业集中区，占地面积 1 公顷，拥有现代化生产基地及研发制造设备，主要从事游泳场馆和水上乐园及温泉水疗装备的设计咨询、设备制造及供应、安装施工、维护与服务及运营管理，游泳池设备的生产、安装与服务通过 ISO 9001:2000 质量管理体系认证，企业通过 ISO 14001 国际环保管理体系认证、ISO 18001 职业健康安全管理体系认证，是中国游泳运动协会装备委员会会员单位，获得“重合同守信用企业”“中国信用企业认证体系示范单位”等称号。2016 年，实现销售收入 3000 万元。

常州市爱伦机械有限公司　2016 年 11 月被认定为高新技术企业。该公司位于雪堰镇漕桥夏庄村黄埝桥 268 号，成立于 2006 年，2013 年收购重组，占地面积 1.64 公顷，厂房面积 1.45 万平方米。主要从事各种类型锻件加工、模具制造加工，所涉及产品型号 200 多个，其中 BO-SH25D7A-1701177 一档从动齿被认定为高新技术产品，企业通过 TS 16949:2009 质量管理体系，产品销往上海、山东等地上市企业，适用于上汽通用荣威 RX5、ERX5 和别克威朗等品牌车型。2016 年，实现销售收入 2741 万元。

江苏甲子网络科技有限公司　2016 年 12 月被认定为高新技术企业。该公

“美丽乡村”、省四星级乡村旅游示范点——城西回民村　供稿 / 雪堰镇

表 77　2016 年雪堰镇各村（社区）基本情况

村（社区）	户　数（户）	户籍人口（人）	党组织书记	村委（社区）主任	集体经济收入（万元）
共建村	1276	4240	龚建生	吴乐平	338
雪东村	935	3120	管立新	李瑞元	373
南山村	975	2992	钱亚清	吕　峰	142
绣衣村	1005	3370	王建明	胡亚伟	444
雪西村	1488	4511	徐建欣	徐建欣（兼）	254
雅浦村	785	2713	张伟德	陆育峰	206
阖闾城村	959	2823	蒋荣刚	姚正国	379
谢家村	870	3025	秦伟新	杨建林	128
太滆村	825	2788	单小兵	单小兵（兼）	363
圣烈村	985	3129	刘小明	王敏丰	128
曹家村	1345	3502	曹建祖	汪云飞	332
城东村	727	2138	陈正元	蒋　平	122
周桥村	1378	3636	钮建明	陈革新	122
潘家村	1030	2832	李惠全	李惠全（兼）	140
城西回民村	986	2980	殷旭东	吴卫丰	222
城湾村	728	2083	徐建达	高俊立	218
凤凰村	643	1886	王曙东	王光辉	126
南宅村（社区）	1635	4455	蒋全茂	尹卫国	121
夏墅村	726	2092	丁卫东	孙国才	126
王允村	1185	4151	徐敖良	盛建军	271
夏庄村	1217	3866	陆自强	刘勤贤	452
楼村村	1095	3726	边伟光	蒋颖涛	302
新康村	1261	3739	金建新	刘建平	455
漕桥村	2205	4998	李卫星	王岳良	316
浒庄村	856	2506	缪林香	董全荣	455
雪堰社区	1650	3678	徐建欣	–	–
潘家社区	1200	3520	李惠全	王　薇	–
漕桥社区	1056	2737	李卫星	–	–

说明：社区属村居合一，有关数据并入相关村统计

司成立于 2008 年，获省发展和改革委批准在武进太湖湾度假区规划建设江苏数字文化产业振兴基地，包括环球数字嬉戏谷动漫游戏文化主题公园、CCJOY 中国数字线上互动娱乐门户网，推出自主研发的端游、页游、手机游戏等产品，销往中国港澳台和东南亚等地。

【太滆村和城西回民村分别创成省级三星、四星乡村旅游示范点】 参见《旅游》栏目 P146—147 相关条目。

（汝　馨　赵龙龙）

礼　嘉　镇

【概　况】 礼嘉镇位于武进区东南部，东临洛阳镇，西接武进高新区，南靠锡溧漕河，北依武进中心城区，总面积 57.84 平方千米，辖行政村 14 个、社区 3 个，2016 年年末户籍人口 48587 人。有葡萄、水蜜桃等名特农产品。获“国家卫生镇”“国家级生态镇”“全国环境优美镇”等称号。

产业发展　现代农业持续推进，江苏武南现代农业产业园有限公司（简称武南现代农业产业园）加快结构调整及产业化进程，入选全国第一批“星创天地”名单。国家级和市级高标准农田建设均通过验收。葡萄种植面积达 866.67 公顷，实现产值 1.5 亿元。农村改革深入推进，全年完善土地承包合同 9520 份，土地确权率达 95.23%。有工业企业 1200 余家，其中规模以上企业 80 家，完成规模以上工业产值 184.28 亿元，占全镇工业总产值的 78.46%。中厚型特种功能性聚酯薄膜等 6 个区级重点项目进展顺利。全年完成固定资产投资 32.8 亿元，其中工业投资 25.2 亿元，分别增长 10.96%、9.33%。新增高新技术企业 2 家，累计 21 家，完成高新技术产业产值 149.2 亿元，占全镇规模以上工业产值的 80.96%；申请专利 810 件，获授权 350 件，其中发明专利 10 件；通过民营科技企业认定 20 家。常发股份有限公司、英特曼电器（常州）有限公司 2 家上市企业运行平稳。发展现代服务业，完成投资 7.15 亿元，实现重点服务业收入 1.02 亿元。

镇村建设　礼嘉镇总体规划通过常州市政府审批，控规修编进入批前公示阶段。完善基础设施，推进工业大道和镇中路东延工程，实施对礼坂路段的提档升级和乡道、村道的修补及养护，完成沈庄桥和牧夫桥修缮改造工程。重点推进小农水工程和清水工程，新建闸站 4 座、排涝站 11 座，加固加高圩堤 4.6 千米，加高或新建防洪墙 4.46 千米；完成建华河疏浚 2.16 千米，新建生态挡墙 2.5 千米。优化生态环境，何墅村黄河、毛家浜、建华河、城河浜沿岸截污和清淤整治基本完成，毛家河、建东河污染问题挂牌督办顺利摘牌，疏浚整治汤家桥浜 1 条、村庄河塘 20 个，累计建成污水管网 24.3 千米，持有排水许可证企业 46 家，首批 32 家企业年内完成接管。加快工程建设，全年竣工项目 11 个共计面积 10 万平方米，在建项目 30 个共计面积 35.8 万平方米。开展拆迁安置，永安河拓浚工程、青洋路南延增拆项目、武进大道拓宽拆迁项目 3 个区级重点项目推进顺利，累计完成民房拆迁 80 户、企业拆迁 4 户和地面附属物补偿 385 户，安置房项目启动。加强镇村管理，礼嘉镇获评市级土地执法先进镇。

社会事业　落实惠民实事，礼嘉中

江南新园林——江苏嬉乐湾农业示范园组图　　供稿 / 礼嘉镇

心幼儿园和春蕾小学等项目的土地规划调整完成，流动人口子女积分入学567人次，礼嘉镇通过常州市学前教育示范乡镇验收、武进区中小学督导评估。新增文体广场1个和健身场馆2个，开展民俗文化巡游等文体活动20余场，举办“社区天天乐”100多场。提升卫生计生服务，乡村医生签约服务稳步展开，医联体建设成效显著，坂上卫生院眼科、礼嘉卫生院妇产科均获评市级乡镇卫生院特色专科。搭建便民服务新平台，礼嘉镇“聚焦礼嘉”微信公众号于年初开通。完善民生保障，全年办理就业、失业登记1020人次，新增就业岗位1048个；办理城乡居民养老保险退休267人，发放城乡居民医疗保险卡1500余张；发放低保金155万元、助残金292万元和双拥金231万元；完成对328户困难对象的扶贫开发建档立卡，101户残疾人家庭被纳入低保名录，精神病患者监护率100%。社会局面总体稳定，礼嘉镇司法所被省司法厅评为“社区矫正严格执法、严格管理集中整治活动先进集体”，被市委、市政府授予“六五普法先进集体”称号。

2016年礼嘉镇主要经济社会指标完成情况

表78

指　标	单　位	数　值	比2015年（±%）
地区生产总值	亿　元	93.82	11.60
公共财政预算收入	万　元	29782	11.94
农业总产值	亿　元	4.3	4.62
多种经营产值	亿　元	3．92	8.59
粮食总产量	万千克	1142	-26.29
工业销售收入	亿　元	224.07	7.63
实际利用外资	万美元	452.13	465.23
自营出口额	万美元	45139.58	1.32
第三产业增加值	亿　元	36.15	16.58
农民人均纯收入	元	27157	8.52

【武南现代农业产业园入选全国第一批“星创天地”名单】 2016年11月18日，科技部公布第一批“星创天地”名单，武南现代农业产业园运营主体——江苏武南现代农业产业园有限公司名列其中，被命名为“武进现代农业星创天地”。武南现代农业产业园位于礼嘉镇南部，占地总面积356.67公顷，筹建于2014年，经加快调整产业结构和推进产业化进程，入驻项目薰衣草庄园和嬉乐湾生态农业示范园分别于2016年6月初、9月28日开园，国色天香牡丹园1000平方米医药级净化车间和油用牡丹炼油生产线于12月28日建成投产，中国（嬉乐湾）航天育种示范基地于5月20日揭牌。江苏武南现代农业产业园有限公司作为发展现代农业的众创空间，是新型农业创新创业一站式开放性综合服务平台，可充分发挥集聚创业人才、技术集成示范、创业培育孵化、创业人才培训、科技金融服务和创业政策集成六大功能作用，为促进农村创新创业、加快发展现代农业、助推科技扶贫精准脱贫做出新贡献。

【礼嘉2个农业休闲观光园开园】 参见《旅游》栏目P146相关条目。

【礼嘉葡萄特色产业产值达1.5亿元】 礼嘉葡萄种植起步于20世纪80年代，逐渐发展成为致富于民的产业，至2016年，全镇种植葡萄面积达866.67公顷，实现年产值1.5亿元。有以常州科丰葡萄专业合作社、常州礼新葡萄专业合作社为代表的礼嘉镇葡萄产业合作社，建有江苏武南现代农业产业园、常州市市级产业园——秦巷优质葡萄产业园等农业项目，秦巷村为“2012年江苏省一村一品专业村”“2013年全国一村一品示范村”“2016年常州市一村一品十佳示范点”。镇政府围绕促进礼嘉葡萄产业提质增效，组织召开礼嘉葡萄产业发展研讨会、葡萄小镇规划研讨会，成立南农大—礼嘉镇葡萄专家工作站、南农大—礼嘉葡萄产业新型经营主体联盟，创建上海交通大学—礼嘉镇嬉乐湾生态农业示范园葡萄文化酒庄，完善集种植、采摘、加工、销售、旅游等一体的葡萄全产业链平台，打造礼嘉“科技+休闲”的葡萄特色文化。

【大模数齿轮等6个工业重点项目开工或投产】 汽车涡轮增压器配件项目　为上年度结转项目，由常州市腾驰机械附件有限公司实施，用地面积2.21公顷，新建厂房面积4.2万平方米，购置数控机床等设备50台套，形成年产汽车涡轮增压器配件450万套、连杆300万套的生产能力。该项目主体施工年内完成，设备进入调试阶段，公司实现年销售收入6513万元。

雨具项目　由常州市武进腾飞雨具厂实施，用地面积6733.33平方米，新建厂房面积6500平方米，购置电动缝纫机、裁剪机等设备，形成年产300万套雨具的生产能力。该项目于10月竣工投产，公司实现年销售收入5452万元。

汽车精密冲压件项目　由常州双盛精密锻造有限公司实施，用地面积6666.67平方米，建设厂房面积8000平方米，购置锻造机、大型压机等设备，形成年产500万件汽车精密冲压件的生产能力。该项目于11月竣工投产，公司实现年销售收入5639万元。

废乳化液及废矿物油循环利用项目　由常州双盛精密锻造有限公司实施，用地面积1.2公顷，新建厂房面积9000平方米，形成年处置利用油/水、烃/水混合物或废乳化液（HW09)3万吨、年处理废矿物油（HW08)5000吨的生产能力。该项目主体施工年内完成，设备进入调试阶段。

中厚型特种功能性聚酯薄膜项目　参见《工业》栏目P120相关条目。

大模数齿轮项目　由常州顺平机械有限公司实施，用地面积1.25公顷，新建厂房面积1.5万平方米，引进先进大型设备，于10月竣工投产，达产后可实现年销售收入3000万元。

【礼嘉新增高新技术企业2家】 2016年，礼嘉镇有2家企业被省科技厅、省财政厅、省国税局、省地税局联合认定为高新技术企业。

常州洛克曼医疗器械有限公司　11月通过高新技术企业认定。该公司位于礼嘉镇工业园区城河路10号，是一家设计、开发、制造、销售一次性使用医用耗材，介入类、植入类及相关医疗器械产品的专业化企业。拥有标准化厂房面积2500多平方米和先进加工设备、检测设备及净化生产车间，并拥有高技术研发、生产经营管理团队。通过欧盟TUV认证和ISO 9001、ISO 13485质量管理体系论证，获得医疗器械GMP证书。产品远销欧美、东南亚、中东等地区。2016年，该公司完成产值2000万元，实现销售收入1560万元。

常州市江南波纹管有限公司　11月通过高新技术企业认定。该公司原为常州市江南预应力波纹管厂，创建于1995年，2013年9月迁至礼嘉镇常发南路常发工业园九贝路2号，占地面积2公顷，厂房面积1.8万平方米，是一家集设计开发、生产制造、技术服务于一体的专业生产各种波纹软管、伸缩软管、金属软管、塑料波纹软管和PET塑钢带生产线的企业。通过ISO 9001、ISO/TS 16949质量管理体系认证，于2012年成功导入ERP企业资源计划管理系统，并在澳大利亚墨尔本市组建分公司，在全国20多个省、市、自治区设有销售网络，产品出口欧美、东南亚、澳洲、非洲等地区。2016年，完成产值3000万元，实现销售收入2000万元。

礼嘉镇工业园区鸟瞰　供稿/礼嘉镇

【礼嘉镇廉政文化馆开馆】 11月8日开馆。礼嘉镇廉政文化馆位于镇政府大院内，由镇纪委从6月起筹建，建筑面积260平方米，是一个具有礼嘉地域特色的廉政文化主题教育馆，包括以书法艺术形式弘扬廉洁的“百廉图”、历代先贤动人的廉政故事、警醒世人的典型案例，以及礼嘉党建历程、人文地理、经济发展、历史文化等内容。年内，该馆累计接待参观单位30个、参观人员逾2500人次。

【礼嘉镇社区教育中心创成省标准化社区教育中心】 参见《教育》栏目P252相关条目。

【礼嘉镇司法所获评省社区矫正先进集体】 10月，礼嘉镇司法所被省司法厅评为“社区矫正严格执法、严格管理集中整治活动先进集体”。该司法所严格要求和管理辖区内社区矫正对象，开展“遵纪守法专题教育、不假外出专项整治、全面走访排查、个别谈话”等活动，年内实现社区服刑人员再犯罪率为零，刑

表 79

2016 年礼嘉镇各村（社区）基本情况

村（社区）	户　数（户）	户籍人口（人）	党组织书记	村委（社区）主任	经济总收入（万元）
新辰村	890	3368	李永祺	施华良	71055
秦巷村	922	3012	唐文成	庄定海	85000
礼嘉村	805	2815	钟浩靖	李　强	36138
建东村	1185	3943	上官直新	周志荣	691672
陆庄村	813	2785	史仕兴	史新杰	42000
毛家村	1017	3588	陆梦惕	张　进	59434
何墅村	902	3011	周伟良	何文超	13938
蒲岸村	853	3508	殷德强	殷静波	100000
武阳村	1052	3821	吴振宇	张仲新	210000
坂上村（社区）	895	2770	李建一	庄燕军	48000
大路村	1161	4035	李晓峰	杨益鸣	52780
庞家街村	910	3190	庞新良	周文浩	35120
华渡村	1270	3858	谢永良	王文燕	35650
政平村（社区）	1397	4120	蒋伟江	赵　磊	65000
礼嘉社区	537	1059	史一平	陆　超	–

满释放人员帮教率达 100%；深化法治文化阵地建设，广泛运用武阳村法治文化公园、金球驿站以及东源企业法治文化阵地、镇政府网站及微信平台公众号等，打造便捷多样的学法用法载体和平台；积极探索创新人民调解工作方法，推进司法行政服务站建设，发挥村级调解组织在矛盾预防排查中的作用，全年调解矛盾纠纷 293 起，调解成功 292 起，成功率 99%，辖区内没有出现因调解工作不及时而发生矛盾激化状况；全面推进城乡法律顾问工作和“12348”公共法律服务中心建设，全年接受群众法律咨询 178 起。

【储振民入选“中国好人”榜】 参见《人物》栏目 P342 相关条目。

（谈海燕　谢文倩）

前　黄　镇

【概　况】 前黄镇位于武进区南部，东临太湖，西濒滆湖，南与宜兴市和桥镇接壤，北依武进高新区，总面积 103.59 平方千米，辖行政村 20 个、社区 4 个，2016 年年末户籍人口 66790 人。有“绿天使”食用菌、“尊龙”酱鸭、“红高”螃蟹、“碧水”青虾、寨桥老鹅等品牌农产品。为国家级生态镇、江苏省外向型农业生产基地、无公害蔬菜生产基地、江苏省教育名镇。

产业发展　全镇实现小麦种植面积 1666.67 公顷、水稻种植面积 1733.33 公顷。杨桥村、谭庄村农业综合开发项目和联庆村优质稻米基地启动建设，全镇土地确权、新一轮低收入农户扶贫开发建档立卡和宅基地改革相关政策拟定及试点工作基本完成。有工业企业 311 家，其中规模以上企业 95 家，完成规模以上工业产值 119.4 亿元，占全镇工业总产值的 82%。九洲创投园、华伦热电发电机组节能减排提标改造、九洲新能源渔光互补、鑫和泰多缸机机体技改、龙禾无胶蜂窝铝板、南泰气弹簧扩能 6 个区重点项目有序实施。新增高新技术企业 4 家，累计 20 家，完成高新技术产业产值 50 亿元，占全镇规模以上工业产值的 41.86%；申请专利 766 件，获授权 263 件。全年完成服务业投入 9 亿元，实现服务业增加值 43 亿元，完成限上贸易额 16 亿元、重点服务业营业收入 2 亿元。

镇村建设　编制完成 2016—2020 年前黄镇总体规划及控制性详细规划、前黄镇 2016 年土地利用总体规划一般性修改方案。完善基础设施，维修乡村道路 20 余条，完成武风路提档升级和兴祝桥、公墅桥 2 座农危桥改建，以及武宜运河寨桥粮管所段、坊东段航道驳岸维修，创成盛家线及工业路文明样板路。推进拆迁安置，做好常宜高速、新孟河、永安河、南湖路北侧地块、凤翔南路项目拆迁前期工作，完成永安河拓浚工程、新孟河延伸拓浚工程等项目民房拆迁签约，全年拆迁面积 33 万平方米；安置小区文雅苑三期主体竣工，运村安置房开工建设。改善镇村环境，杨柳浜整治工程完成，永胜河整治主体工程按省太湖办要求实施，畜禽养殖污染整治有序开展，集镇区域生活垃圾集中清运、镇级河道和 13 个行政村保洁服务实现全面外包，漳湟、观咀、大成、红星、灵台 5 个村完成农村环境综合整治，杨桥村创建“美丽乡村”基本完成。

社会事业　镇文体中心主体基本竣工，举办元宵节系列活动、“前黄杯”广场舞大赛、秋季文艺巡演、“社区天天乐”等活动。前黄幼儿园分院投入使用，流

前黄镇南环线鸟瞰　　供稿 / 前黄镇

前黄村举办道德讲堂　　供稿/前黄镇

动人口积分制入学298人,全镇取得高考、中考优良成绩。前黄医院防保大楼投入使用。加强社会保障,办理就业登记1395人,发布空岗信息1144个。开展扶贫帮困,向199户低保家庭、100户低保边缘家庭、575名重残人员、430户困难家庭,以及“三老”对象、孤儿、重度精神病人等发放救助金累计745万元。

【智能温室大棚建设等4个工农业重点项目开工或投产】 发电机组节能减排提标改造项目　由常州华伦热电有限公司实施,总投资6000万元。该项目1月开工,利用原有厂房,将中温中压4#炉-4#机组改造升级为高温高压型机组,并提标改造4#炉环保设施,改造后能源效率由80.5%提高至86%,节能效率提高5.5%,年节约标准煤2000吨,粉尘减少排放3.5吨/年,二氧化硫减少排放59.8吨/年,氮氧化合物减少排放42吨/年。

智能温室大棚建设项目　由常州市祝庄园艺有限公司投资建设,总投资1205万元。该项目新建钢架塑膜智能温室大棚面积5200平方米,配备先进的移动苗床、内外遮阳、内保温膜、内保温系统、湿帘风机降温系统、高压雾化系统、加温系统、内循环风机系统等园艺生产设施,于6月30日竣工投产,年内完成产值800万元。

无胶蜂窝板一期项目　由江苏龙禾轻型材料有限公司实施,总投资8000万元。该项目一期投入4000万元,第一条生产线于10月竣工投产,形成年产轨道交通内饰件用无胶蜂窝铝板40万平方米的能力,年内实现产值2500万元。

无能耗家用资源型厕所一期项目　由江苏华虹新能源有限公司实施,总投资1.5亿元。该项目一期投资1000万元,利用3.33公顷国有土地,新建厂房面积4万平方米,购置生产设备,于12月竣工投产,形成年产无能耗家用资源型厕所10万套。

【前黄新增高新技术企业4家】 2016年,前黄镇4家企业被省科技厅、省财政厅、省国税局、省地税局联合认定为高新技术企业。

常州市巍纳赛电子科技有限公司　2016年11月被认定为高新技术企业。该公司位于前黄镇寨桥北街,注册成立于2013年4月,占地面积1.6公顷,建筑面积0.33万平方米。主要经营电子提花机、电子提花机配件、电磁阀、组件、滑轮等,在机械及行业设备、纺织设备和器材行业得到广泛应用。2016年,实现产值1800万元。

常州卓源橡胶制品有限公司　2016年11月被认定为高新技术企业。该公司位于前黄镇工业集聚区,注册成立于2004年7月,占地面积1.78公顷,建筑面积1.3万平方米。主要经营橡胶制品(除医用橡胶制品)、塑料制品(除医用塑料制品)、鞋帽、手套、健身器材附件,以及机械零部件制造、加工等。2016年,实现产值3500万元。

常州中航泰克船舶装备有限公司　2016年11月被认定为高新技术企业。该公司位于前黄镇祝庄村,成立于2010年12月,占地面积1.1公顷,建筑面积0.65万平方米。该公司是由江苏二传机械有限公司、江苏欧威环保科技有限公司联合出资成立的股份制有限公司,主要开发生产军工船舶机械装备、复合材料制品,与中国海军711所、704所、708所和上海交通大学等科研院校紧密合作。2016年,实现产值3600万元。

江苏南江减速机有限公司　2016年11月被认定为高新技术企业。该公司位于前黄镇工业集聚区,成立于2001年2月,占地面积5公顷,建有现代化标准厂房面积3万多平方米。主要从事减速机、机械零部件制造和加工,拥有先进的生产设备及制造工艺,检测手段齐全,技术力量雄厚,通过ISO 9001质量体系认证。2016年,实现产值2000万元。

表80　2016年前黄镇主要经济社会指标完成情况

指　标	单　位	数　值	比2015年(±%)
地区生产总值	亿　元	78.15	10.7
公共财政预算收入	万　元	39500	-2.6
农业总产值	亿　元	12.17	4.55
多种经营产值	亿　元	11.2	6.44
粮食总产量	万千克	2.89	-14.1
工业销售收入	亿　元	141.7	8.9
实际利用外资	万美元	2008	0.4
自营出口额	万美元	8646.11	-22.8
第三产业增加值	亿　元	43.5	14.4
农民人均纯收入	元	26509	7.6

表 81

2016 年前黄镇各村（社区）基本情况

村（社区）	户　数（户）	户籍人口（人）	党组织书记	村委（社区）主任	集体经济收入（万元）
运村村 运村社区	1165	4145	张少一	王华敏 张少一（兼）	231.54
农场村	878	2804	胥建定	胥晓宏	138.47
祝庄村	842	2680	叶建兴	杨伯平	136.77
谭庄村	1017	3136	胥国华	卢小东	169.76
杨桥村	1869	5452	陈忠平	朱志刚	161.21
大成村	1131	3917	张一明	朱全良	135.5
丁舍村	1622	4747	王洪法	何建明	138.18
前黄村 前黄社区	2198	5605	王　强	杨春凤 王　强（兼）	268.14
红旗村	1095	2851	杨建明	李文达	119.49
前进村	3550	8000	徐尔成	徐志成	303.06
漳湟村	946	3386	鲍建中	沈细波	138.08
坊东村	1510	4288	柏益平	钱青全	220.17
联庆村	1541	4853	丁全民	张立成	173.16
灵台村	1650	5620	蒋国忠	蒋祥松	286.17
寨桥村 寨桥社区	1583	5458	吉建平	吴明亚 吉建平（兼）	394.35
观咀村	1105	3680	陈　刚	张志松	166.52
高梅村	1124	3230	杨国兴	陈建良	148.57
坊前村	1050	3550	蒋志文	李国富	159.79
红星村 红星社区	795	3290	李越飞	堵小南 李越飞（兼）	125.7
蒋排村	890	3371	赵　杰	宣晓南	238.91

【前黄 2 个安置小区建设】 文雅苑（园）三期　位于前黄镇集镇区北面，总投资 2.6 亿元，占地面积 2.5 公顷，总建筑面积 8.3 万平方米，于 2015 年 4 月开工建设，2016 年 12 月主体竣工。该项目完工后，可安置拆迁户 120 户。

运村安置房　位于前黄镇运村集镇区东侧，总投资 1.35 亿元，规划用地面积 7.8 公顷，总建筑面积 17.1 万平方米，于 2016 年 7 月开工建设，计划 2018 年 4 月竣工。

（徐　波）

湖　塘　镇

【概　况】 湖塘镇为武进区政府驻地，总面积 80.9 平方千米，辖社区 44 个，2016 年年末户籍人口 159886 人（含集体户人口 1179 人）。境内有全国重点文物保护单位春秋淹城遗址和恽南田纪念馆、李公朴故居。有“中国百强乡镇”“中国乡镇之星”“中国织造名镇”之称，获得“全国环境优美镇”“国家级生态镇”“中国纺织面料之都”“中国针织面料基地”“中国纺织品贸易基地”等称号，2016 年位居中国建制镇综合实力前 1000 强（全国科学发展千强镇）第 24 位。

产业发展　全镇有工业企业 3004 家，其中规模以上企业 128 家，完成规模以上工业产值 173.13 亿元，占全镇工业总产值的 51.01%。湖塘科技产业园聚焦 2.5 产业、智能制造服务、智能装备关键零部件等主导产业，加快项目招引，新签约项目 35 个，标准厂房出租率超过 78%，常州科教城湖塘分园、武进区职工创新创业基地、湖塘创业坊挂牌运行，创成省两化融合示范区、省级重点培育小企业创业基地、省级众创空间。湖塘科创园形成以精密机械、智能电气和医疗器械为主的产业特色，入驻企业 82 家，“龙城英才计划”领军型创业团队增至 12 个，实现亩均产值近 700 万元。全镇完成工业投入 21 亿元，广宇花辊、优耐特精密机械等制造业项目竣工投产。新增高新技术企业 7 家，累计 27 家，完成高新技术产业产值 14.57 亿元，占全镇规模以上工业产值的 8.41%；申报专利 2696 件，获授权 1441 件；常州阿木奇声学科技有限公司获全国黑马创业大赛硬件行业组冠军。完成服务业投资 96.7 亿元，实现服务业增加值 142.4 亿元，占地区生产总值的 70.4%。武进汽车城实现销售额 116 亿元，湖塘纺织城完成交易额 207 亿元，东港物流园、钢材市场运营良好。17 幢楼宇新增各类企业 150 家，万达健康服务、吾悦中介服务、世

中心城区长虹路高架鸟瞰　　摄影／高岷

贸金融服务等楼宇经济特色初步显现。

城市建设　完善基础设施，凤凰南路、夏凉路改造和马杭兴隆桥、观音堂桥改造全面完成，杨江路改造加快推进。配合市、区重点项目建设生态绿城，长沟河公园一期建设完成。配合区防汛大包围计划，投入2100万元建设水利工程，城区排水防涝能力提升，实现安全度汛。开展拆迁安置，完成签约拆迁174户、面积15万平方米，轨道一号线、武进中医医院南地块、长沟河公园项目拆迁攻坚全面完成，永安河改造项目拆迁基本结束，随园国有房屋、大明路等地块拆迁启动实施；采菱家园二期竣工交付，分配安置房1159套。保护生态环境，城区269家单位餐饮油烟整治、高力汽博城汽修行业专项整治、汽车城危废规范化整治全面完成，城东纺织工业园污水厂废气整治有序推进，永安河拓浚整治工程、狄家浜清水工程、沙塘岸工业集中区企业雨污分流工程加紧实施，停产、搬迁、立案处理不合格企业283家。加强城市管理，开展对主次干道、高架沿线、校园周边和农贸市场等重点区域的专项整治，严厉打击"五乱"（摊点乱摆、垃圾乱扔、车辆乱停、行人乱穿、广告乱散）现象，有效整改率达99.9%。文明城市建设顺利通过市级测评和国家复检。加强社区建设，深化"政社互动""三社联动"，注册社会组织416家，持证社工203人；完善安置小区电梯、保洁、停车位等基础服务，基本完成消防安全设施改造；投入650万元，改造老小区面积4万平方米，惠及北街、南街等社区8个；新成立南田雅园、伟业臻品、新城长岛、名仕家园、阳湖名城、吾悦广场业委会6个、香江壹品，新城帝景物管会2个，加强物业管理。永定、晓柳、府南、湖塘4个社区均获2015年江苏省和谐（平安、文明）社区（村）创建示范单位荣誉。

湖塘镇小留工业园车间一景　　摄影/高岷

社会事业　教育事业协调发展，南田幼儿园建成投用，采菱小学新建工程全面开工，流动人口子女积分入学2317名。文化惠民雨露工程和全民健身阳光工程深入实施，全区首家24小时自助图书馆阳湖书房新天地点试运行，篮球、羽毛球、乒乓球、太极拳等赛事相继开展，全年送电影进社区112场次，举办文艺演出45场次。医疗服务体系结构优化，全市首例计生活动中心"春晖家园"建成，累计社区卫生服务中心28家，社区乡村医生签约服务全面推开，马杭、鸣凰社区卫生服务中心分别与武进中医医院结成医联体，夕阳红康乐中心与鸣凰社区卫生服务中心"医养结合"模式启动。就业政策、社会保障有效落实，办理就业创业登记2371人次，促进城镇失业人员再就业1219人次。民生保障水平提升，发放被征地农民基本生活保障金6695万元和救助金、尊老金共计1500万元，新增办理城乡居民合作医疗保险2373人次、住房公积金1525人次。

表82　2016年湖塘镇主要经济社会指标完成情况

指　标	单　位	数　值	比2015年（±%）
地区生产总值	亿　元	202.24	9.32
公共财政预算收入	万　元	174780	-15.15
农业总产值	亿　元	0.2	持平
多种经营产值	亿　元	0.2	持平
粮食总产量	万千克	1	-88.51
工业销售收入	亿　元	334.87	5.92
实际利用外资	万美元	2558	-14.7
自营进出口额	万美元	62000	5.08
第三产业增加值	亿　元	142.38	15.7
城乡居民人均纯收入	元	28510	8.2

【湖塘镇再获"中国织造名镇"称号】

参见《工业》栏目P125同名条目。

【智能制造工业服务平台启动暨仕泰隆机床商城开业】　5月18日，智能制造工业服务平台启动仪式暨仕泰隆机床商城开业典礼在湖塘科技产业园举行。该项目由国内著名工业品交易企业——仕泰隆集团投资建设，总投资1.3亿元，租用面积1.8万平方米，可容纳300台机床和5万种零配件常年集中展示。仕泰隆机床商城开业后，由其打造的智能制造工业服务平台正式启动，通过全方位的配套服务和定期举办大型活动，为企业提供一站式工业品采购和服务，实现"工厂直销、阳光采购、全国连锁"的营销新模式。年内，该商城完成交易额1600万元。

【江苏莱宝电力股份有限公司在"新三板"上市】　2016年8月5日，在全国中小企业股份转让系统（简称“新三板”）挂牌上市，证券代码“838479”，成为湖塘镇首家登录“新三板”的企业。江苏莱宝电力股份有限公司位于湖塘科创园，由该科创园于2008年引进，主要生产电力滤波设备，致力于智能电网工程优化解决方案，专注为客户提供电力节能、电能质量及智能配网方面产品及系统性解决方案，拥有发明专利2件、实用新型专利13件、软件著作权1件，通过国家CCC认证，先后被评为武进区成长型工业企业、高新技术企业。2016年，实现产值2635万元。

【湖塘新增高新技术企业6家】 2016年，湖塘镇6家企业被省科技厅、省财政厅、省国税局、省地税局联合认定为高新技术企业。

常州大恒环保科技有限公司　2016年11月被认定为高新技术企业。该公司位于湖塘科技创业园，成立于2011年12月，占地面积4500平方米。主要从事石油化工和生物制药等行业废气处理技术研发、环保设备生产、工程技术服务等，通过ISO 9001质量管理体系认证，与复旦大学、江苏理工学院建立产学研一体化合作关系，拥有实用新型专利28件、发明专利2件，获批江苏省民营科技企业、江苏省研究生工作站。2016年，实现产值1500万元。

常州视宇焊割有限公司　2016年11月被认定为高新技术企业。该公司位于湖塘镇马杭工业区内，成立于2002年，占地面积2公顷，建筑面积1.5万平方米。主要从事氩弧焊枪、二氧化碳气体保护焊枪、等离子焊割枪、碳弧气刨枪、接地夹、电焊钳、电缆连接器、焊接面罩等系列产品研发和生产，通过ISO 9001质量管理体系认证、国家CCC认证、欧盟CE认证等，产品远销美国和欧洲、东南亚及中东等50多个国家和地区。2016年，实现产值5800万元。

常州朗奇威电器有限公司　2016年11月被认定为高新技术企业。该公司位于湖塘科技产业园A1幢，成立于2011年，占地面积8000平方米，是专业从事暖通空调电机、通风电机、水泵、空气净化器电机的制造商。注重“LEKVA”自主品牌建设，致力于成为全球化的动力解决方案专家和智能制造基地，与南京理工大学开展产学研合作，推进产品在新材料方面的研发和技术储备，获得专利授权30件、省级高新技术产品3个。2016年，实现产值4100万元。

常州坤茂机械有限公司　2016年11月被认定为高新技术企业。该公司位于湖塘镇城西工业园，成立于2014年，占地面积7000平方米。专业研发、生产汽车变速箱同步器中间环等汽车零配件，设有检测室，检测设备完善，为国内多家汽车厂商配套。通过ISO/TS 16949质量管理体系认证，获得授权专利15件、高新技术产品2个。2016年，实现产值800万元。

江苏恒诺园林建设有限公司　2016年11月被认定为高新技术企业。该公司位于湖塘镇金鸡东路，前身为江苏省武进公路苗圃，成立于1975年3月。主营项目有苗木、花卉种植、盆景销售，园林建筑工程、仿古建筑工程、园林及公路绿化工程的设计、施工、养护等。具备城市园林绿化企业一级资质、市政三级资质，拥有授权专利10余件，获得第六届中国月季花展暨第二十四届莱州月季花节盆栽月季精品展金奖、苏州园博会庭园绿化展一等奖、第七届中国（北京）月季展室内造景展特等奖。2016年，实现产值14275万元。

江苏科信燃气设备有限公司　2016年11月被认定为高新技术企业。该公司位于武进区广电东路128号，成立于1999年3月，占地面积4.5万平方米，厂房面积2.85万平方米。主要从事各类燃气调压箱、燃气调压柜及城市大型燃气输送输配设备的设计、生产，通过ISO 9001:2008质量管理体系认证，获得特种设备（压力容器）设计许可证书，被评为江苏省科技型企业、江苏省重合同守信用AAA级企业等，产品在国内广泛使用，并出口至伊朗、孟加拉国、危地马拉、南非、津巴布韦等国家。2016年，实现产值8000多万元。

【湖塘新增高新技术产品16个】 2016年，湖塘镇有16个产品被省科技厅认定为高新技术产品。分别是：常州汇拓科技有限公司的泵盖智能旋盖机，江苏莱宝电力股份有限公司的JL2000F-24无功功率自动补偿控制器和JL-TBBF智能型高压自动无功补偿装置，江苏科信燃气设备有限公司的燃气调压器，常州市科邦精密数控机械有限公司的KB-06型数控微型车床，常州市常超电子研究所有限公司的WHT双晶纵波斜探头和高铁轮辋自动检测液浸探头，常州市盈能电气有限公司的无源无线高压设备温度在线监测系统，常州市武进继电器厂的微型双向磁保持电磁铁，常州健瑞宝医疗器械有限公司的一次性使用腔镜切割吻合器及腔镜组件，常州市中迈源纺织机械有限公司的闭环无缝成型双针床经编机，江苏瓯堡纺织染整有限公司的纱罗靛蓝匹染面料、超柔软三防面料和斑斓纱面料，欣瑞德（江苏）医疗科技有限公司的导管固定装置，常州市旭泉精密电机有限公司的大力矩步进电机。

【星河国际风情广场暨麦德龙武进商场开业】 参见《商贸流通业》栏目P132同名条目。

【区职工创新创业基地在湖塘科技产业园揭牌】 参见《工会·共青团·妇联》栏目P59相关条目。

【阳湖书房新天地点试运行】 参见《文化·大众传媒》栏目P259相关条目。

【湖塘2个教育工程开（竣）工】 采菱小学新建工程开工　2016年8月25日开工建设。采菱小学位于采菱港以东、在建凤凰南路以西、长虹中路以北、虹北路以南，规划用地面积3.73公顷，建筑面积2.97万平方米，预计总投资1.3亿元。采菱小学主要分流马杭片区入学人口，并吸纳中心城区生源。该学校设计规模为6个轨36个班级，建成后可容纳学生数约1500人，预计2017年9月竣工投运。

南田幼儿园建成投用　参见《教育》栏目P245相关条目。

【武进中医医院鸣凰分院揭牌成立】 10月28日，武进中医医院与鸣凰社区卫生服务中心签约建立医疗联合体，揭牌成立武进中医医院鸣凰分院，成为其第八个分院。该分院位于湖塘镇鸣新中路260号，设有全科诊疗、妇女保健、儿童保健、儿童计划免疫、中医中药和口腔、五官、皮肤、功能检查等10多个科室，其中中医外科为特色专科，实行信息化管理，建成现代化计划免疫门诊、手术室，为当地居民提供预防、医疗、保健、健康教育、康复、计划生育指导六位一体服务。全年接诊、门诊78997人次，收住入院450人；建立辖区居民电子健康档案61638份，累计管理高血压患者4715人、糖尿病患者1303人和重性精神病人180人；接待企业退休人员体检2203人，老年人体检3177人，妇女病普查1265人，从业人员健康体检1500余人；实现医疗业务收入1373万元，其中药品收入742万元、医疗收入631万元。

【薄树林入选“中国好人”榜】 参见《人物》栏目P342相关条目。

【余美芳家庭获“全国文明家庭”称号】 2016年12月12日，在第一届全国文明家庭表彰大会上，余美芳家庭获“全国文明家庭”称号并领奖。余美芳是常州轻工职业技术学院模具系的一名辅导员，家住湖塘镇鸣新中路学府名门花苑。自1978年起，余美芳的公公曹景飞先后无偿赡养5位无血缘关系的老人，先后

3月6日，“美德一元捐”公益万步行活动募集基金8000余元　　摄影／高岷

表83　　2016年湖塘镇各社区基本情况

社　区	户数（户）	户籍人口（人）	党组织书记	社区主任	社　区	户数（户）	户籍人口（人）	党组织书记	社区主任
聚湖社区	3826	9909	王建方	王　承	长安大巷社区	803	2137	诸素琴	诸素琴（兼）
北街社区	1416	3654	周太娣	周太娣（兼）	南田社区	669	2004	吴　松	吴　松（兼）
南街社区	4291	11844	陈产文	王　华	东升社区	289	867	沈小利	杨雪峰
花园社区	1682	4527	李曙霞	李曙霞（兼）	东新社区	1192	3762	李忠新	杨仲俭
花东社区	2083	5263	夏　伟	严惠忠	三勤社区	1064	3250	王国锋	曹燕方
东方社区	2405	7028	李建元	鞠　波	江村社区	81	243	缪建峰	缪建峰（兼）
湾里社区	2842	7584	王国妹	王国妹（兼）	龙潭社区	535	1582	宋燕玲	宋燕玲（兼）
新天地社区	910	2292	叶坚峰	叶坚峰（兼）	永定社区	1385	3554	庄亚娟	庄亚娟（兼）
中凉社区	3302	8508	高伟新	高伟新（兼）	鸣南社区	1642	3562	李菊妹	李菊妹（兼）
降子社区	2436	6156	徐　春	徐　春（兼）	鸣北社区	934	2463	丁志超	张伟兴
湖社区塘	1076	3048	王建法	张立荣	晓柳社区	1394	3831	王益民	王益民（兼）
夏雷社区	1571	4235	袁刚平	袁刚平（兼）	大学新村一社区	810	2194	夏　英	史析清
烈帝社区	899	2348	盛超英	徐洪兴	大学新村二社区	973	2813	陆宁宇	陈　渝
蒋公岸社区	768	2083	张亦婷	周冬兴	丰乐社区	1054	4841	姜　倩	姜　倩（兼）
周家巷社区	773	1993	吴　振	邹　健	永安社区	1561	4345	张　炜	张　炜（兼）
华家社区	507	1469	卞黎霞	费小明	南都社区	1463	3777	周惠琴	吴洁莲
马家巷社区	720	1961	马敏波	钱佳明	北庙桥社区	538	1521	杨建华	孙正新
沙塘岸社区	447	1323	吴东伟	吴东伟（兼）	何留社区	1243	3295	王小珍	王中华
长虹社区	1068	2123	宋建国	宋建国（兼）	淹城社区	1096	2840	曹建浩	蒋卫星
东华社区	1045	3017	杨国伟	伍柏明	张家坝社区	634	1662	吴国强	许　宁
采菱社区	1180	3566	管建新	沈伟刚	府东社区	265	689	徐小琴	徐小琴（兼）
长安蒋湾社区	1523	4025	周国明	周国明（兼）	府南社区	982	2216	邹　松	邹　松（兼）

为3位老人养老送终。2007年，余美芳夫妇在公公爱心影响下，接过赡养3位老人的接力棒，当时曹景飞66岁，2位外姓老人党文礼和党松喜分别81岁和60岁，生活上对老人精心照料，精神上给老人关心安慰，用自己的行动，传承着中华民族的传统美德，感染着身边的每一个人。

（张　骅）

牛　塘　镇

【概　况】 牛塘镇东临武进中心城区，西连西太湖科技产业园，南接武进高新区，北依常州主城区，总面积34.64平方千米，辖行政村9个、社区5个，2016年年末户籍人口42515人、常住人口95767人。年内，牛塘镇创成省文明镇，卢家巷村创成省文明村，白家社区被评为省党员干部现代远程教育“示范站点”。

产业发展　全镇有工业企业728家，其中规模以上企业70家，完成规模以上工业产值390.83亿元，占全镇工业总产值的92.3%。推进重大项目建设，9个区级重点项目完成投资7.98亿元，中俄科技产业园开园，全区唯一的军民融合专题产业园获批设立。实施技改项目115个，完成工业技改投入22.15亿元。高新技术产业投入4.5亿元，企业研发费用投入2.12亿元。新增高新技术企业3家，累计12家，完成规模以上高新技术产业产值350.74亿元，占全镇规模以上工业产值的89.7%。签订产学研合作意向16项，实施8项。

5月28日，江苏首家对俄合作基地——牛塘中俄科技产业园开园仪式举行

供稿/牛塘镇

城镇建设　推进基础设施建设，完成湖滨路、春秋路、绿博园三期等拆迁工程共计11万平方米，实施湖滨路改造，完成厚恕路提档升级和新民桥、杨郎桥等农危桥改造，新增路灯38套；完成东宝路、卢家巷集镇及卢西工业园、中俄科技产业园污水管网铺设，新建污水提升泵站2座；实施中心城区防洪大包围工程，建成南运河南制闸。改善城市面貌，做好湖滨路沿线40家拆迁企业围墙、门卫的修补，以及湖滨路、大通西路立面改造设计方案，修缮河西花苑、沈家弄花苑、新圩花苑、牛塘新园、卢家新园等安置房，开展高架沿线环境综合整治。实施城市精细管理，梳理长效管理问题清单18项，开展长效管理“百日会战”，在全区考评排名稳步上升。开展“两违”整治40余次，拆除“两违”民房面积1406平方米、企业建筑面积3700平方米。加强生态治理，完成7家企业挥发性有机废气整治，白家工业园东宝路沿线污水管网建设完工，卢家巷集镇区及卢西工业园污水管网建设基本完成。拦截农业面源污染，在丫河建设水生植物吸收缓冲带200多米。全面完成817家单位环保违法违规建设项目清理。投入700余万元拆除非法畜禽养殖场面积4.9万平方米。投资3000万元建成牛塘清莲园，完成收储地块及高架沿线绿地建设面积14.46公顷。

社会事业　牛塘长虹幼儿园如期开园，卢家巷实验学校创成“全国青少年校园足球特色学校”，牛塘中心小学获评“中国曲棍球后备人才传统校”。卢家巷社区、牛塘一社区及白家社区通过“综合文化服务中心示范点”区级验收，武进区门球协会牛塘分会挂牌成立。全镇村（社区）均独立承办“社区天天乐”活动，全年组织文娱演出130余场，表演节目近1000个，参演群众上万人。牛塘卫生院与武进中医医院组成医联体，实现人员、设备、医疗技术、信息资源共享。牛塘镇综治中心建成，实现部门联动的“大调解”模式，矛盾纠纷调解率和成功率分别达100%和98%以上。厚恕村创成省级民主法治示范村。全年新增就业岗位1800个，城镇失业人员再就业262人；净增城镇职工参保人员218人，累计3043人；新增社会保险开

2016年牛塘镇主要经济社会指标完成情况

表84

指　标	单　位	数　值	比2015年（±%）
地区生产总值	亿　元	136.5	9.1
公共财政预算收入	亿　元	4.9	10.6
农业总产值	亿　元	1.69	-26.2
多种经营产值	亿　元	1.68	-24.4
粮食总产量	万千克	102	-3.8
工业销售收入	亿　元	485.9	16.9
实际利用外资	万美元	854	-225
自营出口额	万美元	26716.98	-21.9
第三产业增加值	亿　元	56	11.9
农民人均纯收入	元	26733	7.9

户企业78家，累计841家；办理失地农民保障26097人、被征地农民退休4228人。全年发放低保金93.23万元、慈善救助金36.75万元。

抗洪救灾　7月1—14日，连续暴雨天气给牛塘镇交通、房屋、农作物带来灾害。据统计，全镇受灾人口为5961人，被困2620人，农作物受灾面积133公顷，损坏房屋116间，农业、工业分别损失1540万元、760万元。镇村两级及时发动干部群众1000余人参与抗洪救援，紧急转移人口2620人，保障群众生命财产安全。

【中俄科技产业园开园】　参见《科学技术》栏目P224相关条目。

【全区首个军民融合专题产业园在牛塘设立】　12月1日，经区政府批准，在牛塘设立武进区军民融合专题产业园。该产业园由牛塘镇与致力于军民融合发展的实体公司——江苏广骏电子科技有限公司共建，依托中俄科技产业园平台，引进国内优秀研发军品制造企业入驻，同时打造园区军品展示大厅和军工四证代理服务、军转人才缓冲基地等平台，形成相当规模的军民融合产业链条，重点培育和孵化具备军民融合拓展能力的企业，以军民通用需求牵引民用高新技术进入装备建设领域，引导军民技术顺畅对接转化，助推地方经济社会建设。

【牛塘新增高新技术企业3家】　2016年，牛塘镇3家企业被省科技厅、省财政厅、省国税局、省地税局联合认定为高新技术企业。

常州苏润机械有限公司　2016年9月被认定为高新技术企业。该公司位于牛塘镇高家路3号，创建于2004年，占地面积3.66公顷，建有现代化标准厂房，专业从事变压器油箱、热定型机、起动电机、金属切削工具、金属制包装用罐和机械零部件制造、加工等，获得实用新型专利20件、高新技术产品5个，产品销往全国各地并远销亚欧地区。2016年，实现产品销售收入8100万元。

江苏振邦医用智能装备有限公司　2016年11月被认定为高新技术企业。该公司位于牛塘镇创新路5号，创建于2011年，自主研发SEMPT速百特智能箱式中型物流传输系统，是德国欧泰Hortig气动物流传输系统产品中国地区独家总代理，致力于为医院提供高品质医用物流解决方案，拥有气密性检修口、医院用自动升降式液氮罐储存架、一种医用垂直分拣装置、一种静音医用智能箱式物流周转箱4件实用新型专利。2016年，实现销售额3061万元。

常州市羊氏模具有限公司　2016年11月被认定为高新技术企业。该公司位于牛塘镇横溪路，创建于2005年，占地面积3.6公顷，建有标准厂房及办公用房面积2.8万平方米，专业生产各种汽车轮胎模具，获得实用新型专利20件、省高新技术产品3个，产品远销国外和全国各地。2016年，实现产品销售收入4703万元。

【牛塘镇清莲园开园】　2016年5月12日开园。牛塘清莲园被列为牛塘镇2014年度为民办实事重点工程项目，位于东龙路西侧、人民西路北侧，规划总面积7万平方米，分两期实施，一期面积4.7万平方米，总投资3000万元。整体建筑风格为江南园林、水乡韵味，是集生态、休闲、娱乐、观赏、健身于一体的生态公园。园内有银杏树阵、迎客花圃、标志景石、组合景墙等景观，及以宣传牛塘文化为主题的仿古建筑——青云阁、遇春楼灯。该公园开放后，成为周边百姓休闲娱乐的新阵地。

【牛塘长虹幼儿园开园】　参见《教育》栏目P245相关条目。

【厚恕村创成省级民主法治示范村】　11月，通过省民主法治示范村验收。厚恕村位于牛塘镇西北面，东靠青云村，北靠常州钟楼区，西靠武进经发区，总面积3.08平方千米，有农户906户、人口3075人。该村重视民主法治建设，每周五召开村干部例会，健全以村民自治章程和村规民约为主要内容的民主管理制度，完善以村务、财务公开等为主要内容的民主监督制度；开展形式多样的普法教育，增强干群法制观念；建有健身广场、法制宣传栏、警务室、调解室和村民电子阅览室等；加强社会治安综合治理，确保社会稳定。

【丫河村创成省“平安家庭”创建活动示范村】　10月，丫河村通过江苏省“平安家庭”创建活动示范村验收。丫河村东临牛塘镇区，南靠武宜运河，西与武进经发区接壤，长虹路高架、龙江路高架和西绕城高速穿村而过。全村面积3.63平方千米，有农户889户、村民3215人，外来人口近2500人。该村坚持“经济与生态并重，发展与和谐同行”的全新理念，推进“平安家庭”创建活动，定期开展养生知识普及、防火演练，深入平安家庭户宣讲，倡导邻里团结等中华传统美德，努力营造健康、文明、和谐的文化环境。

【《卢家巷村志》出版发行】　2016年11月25日，《卢家巷村志》首发。该村志由天津人民出版社出版，是牛塘镇第一部村级志书，由卢家巷村党委、村委组

牛塘镇清莲园一角　　供稿/牛塘镇

表 85

2016 年牛塘镇各村（社区）基本情况

村（社区）	户 数（户）	户籍人口（人）	党组织书记	村委（社区）主任	集体经济收入（万元）
牛塘一社区	1288	3982	柏小平	邵 强	312.8
牛塘二社区	1476	3930	徐 敏	徐 敏（兼）	–
竹园社区	786	2502	汤国刚	许 峰	491.95
沈家弄村	858	2510	郭方兴	周淑玉	162
漕溪村	1008	3365	王玉蓉	张岳文	136
白家社区	720	2375	王 健	闻红燕	262
青云村	928	3461	蒋文清	肖建咏	387
丫河村	896	3215	张伟东	潘小平	130
厚恕村	908	3081	张亚平	李志刚	122.75
塘口村	908	3252	王建强	狄东明	280.84
卢家巷社区	201	657	荆文泽	荆文泽（兼）	–
卢家巷村	1210	3644	荆文泽	王九峰	337.12
高家村	1147	3729	万如生	张文林	322
卢西村	1077	3692	徐 伟	蒋建东	292.93

建的《卢家巷村志》编纂委员会编纂，从 2013 年 3 月启动，经采编人员 3 年辛勤耕耘，于 2016 年 7 月付梓出版。该志记述时限为 1949 年 4 月 23 日至 2014 年，志前设概述、大事记（延续至 2015 年年底），志后设附录、后记，分建制地理、社会、水利、农业、工业、商贸金融、党务村务、文教卫生、农村体制改革、人物、本土文化 11 编，共有 41 章、127 节，收录图片 535 幅、表格 94 张，总计 65.6 万字，全面翔实地记载卢家巷村自然、政治、经济、文化、社会发展情况，以及风土人情、名人事迹等，系统地描绘卢家巷村日新月异的发展轨迹，是一本凝聚乡情、繁荣文化、发展旅游、启迪后人的乡土读物和地方百科全书。

（徐培舒）

洛 阳 镇

【概　况】 洛阳镇位于武进区东南部，东临无锡市，西接礼嘉镇，南靠雪堰镇，北依横林、遥观镇，总面积 55.75 平方千米，辖行政村 18 个、社区 3 个，2016 年年末户籍人口 52526 人。有淡水珍珠、水蜜桃、葡萄、戴溪青鱼等名特农产品，享有“中国珍珠之乡”之誉。先后获“全国千强镇”“全国小城镇建设示范镇”“全国群众体育先进单位”“国家卫生镇”“国家园林城镇”等称号。

产业发展 发展现代农业，新型农业经营主体培育效果明显，全镇注册登记专业合作社 33 家；新增绿色食品 3 个、无公害农产品 3 个，累计农业“三品”16 个。加强农村工作，完善农村土地确权登记颁证合同 10024 户，完成农村产权交易 34 笔、交易额 1093 万元。有工业企业 1753 家，其中规模以上企业 88 家，完成规模以上工业产值 326 亿元，占全镇工业总产值的 91%。推进投资千万元以上重点项目 27 个，蓝托金属汽车部件扩能、月仙冷藏全自动生产线、同泰高导精密铜线等项目全面投产。南方通信控股有限公司在香港联交所主板上市，江苏洛凯机电股份有限公司上市材料报会成功。新增高新技术企业 3 家，累计 18 家，全年完成高新技术产业产值 75 亿元，占全镇规模以上工业产值的 23%。打造特色产业名片，洛阳镇电机电器产业通过省区域名牌评审。发展服务业，完成服务业增加值 42.84 亿元、限额以上批零销售 96.78 亿元，分别增长 15.7%、25%。

镇村建设 全面完成《洛阳镇总体规划》修编和《洛阳镇控制性详细规划》，做好建设规划、产业发展规划、基础设施规划及中心村规划的衔接，确立“一主一片多点”（一主即洛阳镇区，一片即戴溪片区，多点即规划重点村 54 个、特色村 1 个、重点村 4 个和一般村 76 个）的三级镇村规划体系。开展美丽乡村建设，岑村村“美丽乡村”建设规划初稿完成，东尖村省级“水美乡村”建设全面启动。完善镇村基础设施，完成戴毛线、天井线、横东线、礼洛线提档升级工程，以及虎臣桥改造、洛阳大桥维修，实施东陈路、阳光路亮化工程，创成区文明样板路汤阳线。完善水利设施，新（改）建排涝站 30 座，强化圩堤护坡及防护墙长度 30 多千米，疏浚河道、沟通水系近 6 千米，清淤河道 1.5 千米。洛阳农贸市场改造进展顺利，瞿家村村民实现天然气入户。开展生态环境治理，完成新科西路雨污分流，生活污水接入市政污水管网；关停畜禽养殖场 70 户，拆除圈舍面积 3 万平方米，整治燃煤锅

表 86

2016 年洛阳镇主要经济社会指标完成情况

指 标	单 位	数 值	比 2015 年（±%）
地区生产总值	亿 元	126.92	10.1
公共财政预算收入	万 元	30160	26.4
农业总产值	亿 元	3.40	2.7
多种经营产值	亿 元	3.21	3.5
粮食总产量	万千克	513.10	-11.6
工业销售收入	亿 元	343.58	9.1
实际利用外资	万美元	2000	–
自营出口额	万美元	41324	9.4
第三产业增加值	亿 元	42.84	15.7
农民人均纯收入	元	28023	8.3

表 87

2016 年洛阳镇新增绿色食品和无公害农产品

类别	单位	产品	种植户数（户）	种植面积（公顷）	产量（吨）	利润（万元）
绿色食品	常州市洛丰果品专业合作社	葡萄	8	10	225	127.5
	常州市聚丰果品专业合作社	桃	4	10.7	350	144.5
	常州市金种子农业服务专业合作社	大米	1	14.6	61	32.5
无公害农产品	武进区洛阳许氏家庭农场	灵芝	1	0.3	1	16
	常州味缘果品专业合作社	桃、葡萄	28	33.3	750	389.8
	常州市洛丰果品专业合作社	桃、葡萄	480	200	7000	2100

炉 25 台；完成工业企业环保自查登记 692 家，治理企业挥发性有机废气 1 家。加强环境长效管理，马路市场整治成效明显，各村“五乱”（垃圾乱扔、广告乱贴、车辆乱放、摊位乱摆、工地乱象）整治工作有效落实。

社会事业　教育优先发展，新戴溪幼儿园建成投用，戴溪小学食堂改造完工，洛阳初中运动场建设启动；洛阳高中高考再创佳绩，连续第十一年获区素质教育工作一等奖，获全国青少年“依法治国”读书教育活动组织奖；洛阳初中在全市率先开设“传媒特色班”，高标准通过市优质学校评估验收。丰富群众文化生活，开展“相悦桃花缘”集体婚礼暨青年交友会、同心大舞台演出、“幸福唱响，我是歌王”第四届职工歌手大赛，举办洛阳镇第一届农民运动会、“岑村杯”第四届职工篮球赛等体育活动，洛阳舞龙队首次参加全国锦标赛并获佳绩。洛阳镇卫生院与武进中医医院签约成立医联体，中医科创成省级基层医疗机构特色专科，康复中心建成投运。加强社会保障，全镇缴纳城乡居民养老保险 800 多万元、城乡居民基本医疗保险 570 万元、失地农民保障 740 万元。在册低保家庭 117 户、144 人，发放保障金 78 万元。救助困难群体，全年发放各类救助金 155 万元。落实老年人优待服务政策，累计发放尊老金 130 万元。开展“博爱进万家”活动，为困难职工、失独家庭及贫困儿童送温暖。在“大爱天使·博爱武进”活动中，及时救助 8 户困难家庭。

【高导精密铜杆等 7 个区级工业重点项目投产】　2016 年，洛阳镇有 7 个区级工业重点项目投产。

汽车供油系统用关键铝合零部件技改项目　1 月投产。该项目由常州市蓝托金属制品有限公司实施，总投资 4211 万元，引进压铸机、数控卧式加工中心等设备 25 台套，配套购置立式加工中心、高压清洗机等国产设备 58 台套，与企业原有设备配套，提升生产线装备水平，改造后可形成年产汽车供油系统用泵体、壳体等关键铝合金零部件 50 万套的规模。2016 年，公司完成产值 3.63 亿元。

新型环保金属面硬质聚氨酯夹芯板技改项目　10 月投产。该项目由常州市月仙冷藏设备有限公司实施，总投资 682 万元，采用新型环保发泡剂替代原有 HCFC-141B 发泡剂生产新型环保金属面硬质聚氨酯夹芯板，购置聚氨酯金属面复合板连续生产线、行车、储料罐等设备 10 台套，新建全自动金属面硬质聚氨酯夹芯板生产线一条，并对电力设施作适应性改造，项目建成后形成年产新型环保金属面硬质聚氨酯夹芯板 200 万平方米的规模。2016 年，公司完成产值 1.55 亿元。

高导精密铜杆项目　5 月投产。该项目由常州同泰高导铜线有限公司实施，总投资 1.5 亿元，引进美国南方线材公司生产的 SCR7000 连铸连轧生产线等设备，投产后形成年产铜杆 40 万吨的生产能力，年内完成产值 120 亿元。

高导精密铜线项目　8 月投产。该项目由常州同泰高导铜线有限公司实施，总投资 1.5 亿元，引进德国尼霍夫公司生产的 MSM85、MMH121、MMH101、WPT400 机等 17 条铜线拉线和 D631（配 NBAT）等 100 套绞线深加工设备，投产后形成年产 10 万吨高导铜线的生产能力，年内完成产值 12 亿元。

全自动洗衣机生产水平技改项目　11 月投产。该项目由倍科电器有限公司实施，总投资 980 万元，引进进口模具 2 台套，配套购置注塑机、冲压系统及洗衣机装配线等国产设备 34 台套，与原有设备配套，改造后可形成年产全自

省科技镇长团武进团调研洛阳镇工业企业　　供稿 / 洛阳镇

动洗衣机72万台的生产规模。2016年，公司完成产值4.01亿元。

汽车用金属冲压件扩能技改项目　11月投产。该项目由常州市惠宇电器有限公司实施，总投资700万元，购置冲床、油压机、光谱仪等设备14台套，与原有设备配套，并对电力设施作适应性改造，改造后可形成年产汽车车门加强板等汽车用金属冲压件800万件的规模。2016年，公司完成产值9500万元。

精密铝压铸件技改项目　3月投产。该项目由常州豪健压铸件有限公司实施，总投资758万元，购置加工中心、压铸机、空压机等设备38台套，与原有设备配套，改造后可形成年产柴油机箱体等柴油机用精密铝压铸件100万套、电机座等电机用精密铝压铸件150万套的规模。2016年，公司完成产值1.3亿元。

【南方通信控股有限公司在香港联交所上市】　2016年12月12日，南方通信控股有限公司在香港联交所主板挂牌上市，股票代号“1617”，成为洛阳镇首家上市企业。该公司总部位于洛阳镇岑村路1号，成立于1992年，占地面积15.8公顷，建筑面积9.8万平方米，拥有员工600余名。是专业生产各种型号规格通信光缆、数据电缆、市话电缆、漆包线及无线话机的高新技术企业，相继通过ISO 9001质量管理体系认证、ISO 14000环境管理体系认证、OHSAS 18000职业健康安全管理体系认证，“精科”获中国驰名商标。从1996年起被中国邮电器材总公司选为全国通信线缆推荐厂家，并连年被评为AAA级资信企业，客户主要包括电信、移动、联通等网络营运商及电信支援服务供货商。该公司此次在香港上市公开发行股份2.8亿股，每股价格1.02港元，募集资金总额28560万港元。募集资金用于金坛工厂二期扩建计划、光缆生产价值链上游发展或收购、多元新产品研发和建设相关实验室。2016年，实现销售收入12亿元。

【洛阳新增高新技术企业3家】　2016年，洛阳镇3家企业被省科技厅、省财政厅、省国税局、省地税局联合认定为高新技术企业。

常州迈腾机械有限公司　2016年10月被认定为高新技术企业。该公司位于洛阳镇创盛路10号，成立于2008年，占地面积5.6公顷，厂房面积3万平方米。主要从事各种类型农机具以及小型工程机械的研发、生产和销售，生产产品型号100多个，其中液压进料碎木机、侧移割草机、拖拉机后置挖掘机、盘式割草机等被认定为高新技术产品。企业通过ISO 9001质量管理体系认证及欧盟CE认证，产品远销欧洲和美国、加拿大、澳大利亚等20多个国家和地区。2016年，实现销售收入7200万元。

江苏德尔福医疗器械有限公司　2016年12月被认定为高新技术企业。该公司位于洛阳镇岑村路8号，成立于2009年10月10日，占地面积30公顷，建筑面积8000平方米。主要从事医疗器械研发、生产、销售和服务，主要有胰岛素注射装置及新药给药注射器系列、妇婴产品系列、健康一体监测系统产品系列，通过ISO 13485医疗器械管理体系认证、欧盟CE认证，与国内外多家胰岛素、干扰素、生长素等高端制药品牌企业合作智能注射系列产品，拥有专利37件，其中发明专利6件。2016年，实现销售收入2800万元。

常州市鑫汇电子有限公司　2016年10月被认定为高新技术企业。该公司位于洛阳镇戴溪云溪路6号，成立于1988年，占地面积8000平方米，建筑面积5000平方米。主要生产电容器铝壳、铝壳铝罐、环氧胶、灌封胶等产品，通过ISO 9001质量管理体系认证。2016年，实现销售收入510万元。

12月12日，南方通信控股有限公司在香港联交所上市　供稿/洛阳镇

【洛阳镇电机电器产业通过省区域名牌评审】　2016年12月20日，由洛阳镇电机电器行业协会申报的洛阳镇电机电器产业通过江苏省区域名牌评审组评审。洛阳镇电机电器产业发展于20世纪80年代末，为该镇主导产业之一，主要包括电子电器、微电机、机电一体化及相关配件制造，已形成江苏新科科技有限公司、江苏洛凯机电股份有限公司等62家重点机电制造企业及百余家相关配套企业的电机电器产业集群，其中规模以上企业26家、高新技术企业9家，累计开发新产品、新工艺、新技术63项，取得国家发明专利63件和实用新型专利160件，拥有江苏省民营科技企业13家。该产业集群内企业均拥有自主商标，主导产品拥有“Shinco”“beko”“永安”等注册商标45件，其中省著名商标4件；参与制订国际标准2个、行业标准2个，采用国际标准10个；拥有国内外先进生产设备近1000套，年产各类电机电器约15万台套，提供就业岗位5000余个。2016年，累计科技创新投入1.26亿元，占当年营业收入的1.8%。

【洛阳镇卫生院获评全国群众满意的乡镇卫生院】　参见《医疗卫生》栏目P268相关条目。

【洛阳镇调委会被认定为省调委会规范化建设示范点】　2月，洛阳镇调委会被省司法厅评为“江苏省人民调解委员会规范化建设示范点”。该调委会落实矛盾纠纷网格化排查，建立预防排查工作机制，镇每半月、村每周排查一次，采取定人、定点、定责的方法，开展以土地、医患、环境、物业、涉企类等矛盾纠纷为重点的排查化解工作，做到镇不漏村、村不漏组、组不漏户、户不漏人。分析研判辖区内矛盾纠纷发生发展及类型特点，对处理的各类纠纷进行登记、回访、信息上报及事后总结，建立岗位责任制、调解员培训制度、人民调解工作激励机制。年内受理、调处各类民事纠纷 123 起，有效处置和防范非正常死亡、重大疑难纠纷及突发性、群体性事件 31 起，调解总标的达 1500 万元，实现无因调解不当引发群体性上访、无民转刑案件、无矛盾激化的目标。

【洛阳镇岑村村被评为省文明村】 2016 年 9 月，岑村村被省精神文明建设指导委员会评为“江苏省文明村”。全村总面积 3.5 平方千米，有农户 985 户、人口 3064 人。2012—2015 年，该村贯彻落实党在农村的各项方针政策，构建合理的产业结构，发展科技型工业和现代农业，实现农村经济社会全面协调可持续发展；完善基础设施，推进公益事业发展，倡议同心共建光彩行动，累计捐资 300 余万元，用于改善贫困村民生活，提高村民生活水准；开展环境综合整治和群众性爱国卫生运动，因地制宜建设具有自身文化、自身特色的文明乡村，发放各类环保福利金 120 余万元；发挥公共服务中心和文化广场的阵地作用，开展“社区天天乐”、道德讲堂活动，营造“讲道德、做好人、树新风”的文明风尚；设立学雷锋岑村村志愿者服务站，发展志愿者 280 人，开展志愿服务 800 余人次，取得良好社会效果。

表 88 2016 年洛阳镇各村（社区）基本情况

村（社区）	户数（户）	户籍人口（人）	党组织书记	村委（社区）主任	集体经济收入（万元）
洛阳村（社区）	844	2913	支俊杰	支俊杰（兼）	319.29
洛东社区	–	–	秦建文	秦建文（—11 月） 朱永平（11—12 月）	–
洛东村	1191	3572	–	顾德林	265.10
戴溪社区	–	–	张东卫	张东卫（兼）	–
天井村	1062	3329	高　阳	卢新荣	147.24
管城村	1102	3759	邵益斌	罗　兴	191.77
岑村村	985	3064	蒋　健	蒋燕峰	979.04
东尖村	354	1119	沈建忠	沈建忠（—11 月，兼） 顾正伟（11—12 月）	148.11
戴溪村	691	2249	顾俊伟	杨如英（—11 月） 窦沛城（11—12 月）	123.05
汤墅村	754	2492	王建平	陆玉石	210.78
阳湖村	593	2304	张新益（—8 月） 费小方(8—12 月)	费小方（兼）	116.27
朝安村	1078	3165	沈国忠	施介清	122.53
谈家头村	1028	3522	马晓峰	梅才洪	318.59
小留桥村	586	2202	朱金良	王小锋	121.41
圻庄村	970	3420	杨红亮	冯建新	156.13
瞿家村	635	2351	沈朝阳	瞿　虎	121.28
民丰村	649	2140	杨迪宇	杨迪宇（—11 月，兼） 喻小健（11—12 月）	134.66

（沈彩娣）

湟里镇

【概　况】 湟里镇位于武进区西南部，东濒滆湖，西接金坛区，南与宜兴市隔涨河港相望，北邻嘉泽镇，总面积 86.1 平方千米，辖行政村 16 个、社区 3 个，2016 年年末户籍人口 63771 人。湟里又名杨柳埠，俗称埠头，是全国闻名的水产养殖和花卉苗木生产基地，先后获“全国综合实力千强镇”“国家卫生镇”“国家级生态镇”称号。

产业发展　全镇农村土地承包经营权确权登记颁证完成率达 95%，14 个村通过区级验收。西墅、葛庄村宅基地制度改革试点工作取得成效。全镇初步建立“高进低退、扶优扶强”机制，有工业企业 500 多家，其中规模以上企业 65 家，完成规模以上工业产值 384.5 亿元，占工业经济总量的 95.3%。扩大有效投入，全年完成全社会固定资产投资 37.6 亿元，其中工业投资 29.6 亿元，分别增长 10%、11%。东方合金钢连铸机改造项目、常佳金峰柴油机飞轮制造项目等 7 个区级重点工业项目全部竣工投运，累计完成投资 20.6 亿元。新增高新技术企业 3 家，累计 10 家，全年完成高新技术产业产值 25.9 亿元，占全镇规模以上工业产值的 6.7%。发展服务业，新增私营企业 123 家、个体工商户 486 户，第三产业单位总数为 5020 家，从业人员总数为 13526 人。全年完成服务业投资 8.55 亿元，实现服务业增加值 61.7 亿元、重点服务业单位营业收入 31.8 亿元，分别增长 15.2%、18.4%、22.5%

城乡建设　抢抓市级中心镇发展机遇，坚持高品质滨湖小城的发展定位，完善区域布局功能，湟里镇发展战略规划、镇域总体规划和控制性详细规划通过市级评审，交通路网调整、公共服务设施布局同步落实到位，产业发展规划编制完成，园区空间、综合管线等专项规划编制加快。建设基础设施，提档升级中学路、丰产路、伍巷路等重点路段，抢修桃园路、南环路、人民路，硬化村组道路面积 8.3 万平方米；改造东鲁桥、北隍桥、猪行桥 3 座，抢修农桥 2 座；新建公交站台 13 个、交通安全防撞栏 1.3 千米，增设交通指示牌 83 块；加固圩堤 4 千米，新建泵站 6 座、涵闸 20 座、节

表 89

2016 年湟里镇主要经济社会指标完成情况

指 标	单 位	数 值	比 2015 年（±%）
地区生产总值	亿 元	141.3	10
公共财政预算收入	万 元	25282.57	26
农业总产值	亿 元	9.35	2.8
多种经营产值	亿 元	9.33	99.78
粮食总产量	万千克	32.4	-20.2
工业销售收入	亿 元	363.5	2.7
实际利用外资	万美元	2002.9	0.145
自营出口额	万美元	10692.87	-11.33
第三产业增加值	亿 元	61.7	18.4
农民人均可支配收入	元	27103	7.9

水渠 30 千米；清淤镇村河道 3 条、河塘 33 个。启动孟河延伸拓浚项目(湟里段)，在全区率先完成 238 户民房、89 家企业的拆迁签约腾空工作，拆迁总面积 17.7 万平方米。安置小区二期南侧续建项目、金水岸商铺等功能性项目开发建设，镇便民服务中心建成投用。保护生态环境，建立生态红线区域监察制度，推进环境综合整治“百日会战”专项行动，新建污水处理管网长度 7.5 千米，完成燃煤锅炉整治、污染小作坊取缔、有机废气治理任务，通过 ISO 14001 环境体系认证企业 2 家、清洁生产审核企业 7 家。

社会事业　教育事业协调发展，东安实验学校食堂改造项目实施，湟里高中公办本科达线连续三年超 50%，学生金鑫考取清华大学飞行班，全镇社区教育培训 1.3 万人次。创设“湟里大舞台”，举办“舞动快乐”广场舞蹈展演、“杨柳戏韵”大型演唱会、“歌声嘹亮”职工歌手大赛、“缤纷综艺”等文艺汇演，开展乒乓球比赛、全民健身月等活动，丰富群众文化生活。东安卫生院与武进中医医院建立医疗联合体，湟里卫生院院长刘玉春获“全国乡镇卫生院优秀院长”称号。深化“政社互动”“三社联动”，湟里镇获评省和谐社区建设示范镇。加强社会保障，实现低保标准与市区接轨。开展助医、助残、助学、助困等救助活动，发放慈善救助金 286 万元，惠及居民 437 户 591 人。

抗洪救灾　7 月上旬，由于连续降雨，导致境内及周边地区湟里河、北干河、中干河、孟津河、滆湖等主要河湖水位严重超过警戒水位，全镇受灾面积近 2000 公顷，受灾人数近 1.5 万人。面对百年一遇的洪灾，全镇广大党员干部、城管民兵、企业职工与武警战士一起坚守抗洪救灾第一线，出动抗洪抢险人员 3000 人次，投入救灾物资价值 1.2 亿元，并开设湟里高中、湟里小学安置点，与群众携手同心，迅速转移受灾群众 5855 人，妥善安置受灾群众 1605 人，未发生因灾伤亡事故。灾后，区、镇、村三级组织抗灾救灾，恢复正常生产生活。

湟里镇安置小区　供稿 / 湟里镇

【单缸柴油机飞轮制造等 7 个区级重点工业项目竣工投运】 2016 年，湟里镇有 7 个工业重点项目投产。

单缸柴油机飞轮制造项目　由江苏常佳金峰动力机械有限公司实施，总投资 8000 万元。该项目新建标准厂房面积 7000 平方米，购置精加工设备 50 台套，与企业原有设备配套，提升生产线装备水平。2016 年，公司完成产值 2.15 亿元。

有色超细旦海岛纤维项目　由常州富桐纤维新材料有限公司实施，总投资 6200 万元。该项目购置加弹机、捻捻机、干燥设备等主要设备，形成年产有色超细旦纤维 4 万吨。一期竣工投运，二期追加投资 5800 万元再上 2 条生产线。2016 年，公司完成产值 1.83 亿元。

创时五层瓦楞纸板技改项目　由常州创时包装有限公司实施，总投资 5200 万元。该项目利用原有厂房，购置五层（湿部、干部）生产线等主要设备 19 台（套），形成年产五层瓦楞纸板 4000 万平方米的生产能力。2016 年，公司完成产值 0.29 亿元。

新型高速电梯导轨项目　由马拉兹（江苏）电梯导轨有限公司实施，总投资 11.95 亿元。该项目用地面积 23.47 公顷，新建厂房、仓库、综合办公楼等面积 14.5 万平方米，购置生产和检测设备 419 台（套），形成年产高精度实心导轨等产品 50 万吨的生产能力。2016 年，公司完成产值 7.67 亿元。

东方特钢煤气综合利用发电工程等项目 3 个　由东方润安集团有限公司实施，煤气综合利用发电工程总投资 2.03 亿元，利用原有厂房，购置安装 40 兆瓦发电机组，综合利用煤气。精密钢管三期项目总投资 2.6 亿元，利用原有厂房，购置均整机、自动轧管机、定径机等生产设备，形成年产精密钢管 3 万

东方润安集团60万吨优特钢生产线　　摄影/高岷

吨的生产能力。合金钢连铸机改造项目总投资1.6亿元，利用原有厂房，改造合金钢连铸机。2016年，公司完成产值297.64亿元。

【湟里新增高新技术企业3家】 2016年，湟里镇3家企业被省科技厅、省财政厅、省国税局、省地税局联合认定为高新技术企业。

江苏骏宇汽配有限公司　2016年12月被认定为高新技术企业。该公司位于湟里镇湟东南路18号，主要从事各种类型汽车配件、汽车涂料的研发、生产和销售，通过ISO 9001质量管理体系认证。2016年，实现销售收入8300万元。

常州市莱赫润机械有限公司　2016年12月被认定为高新技术企业。该公司位于湟里镇西墅村，成立于2007年，占地面积1公顷，建筑面积6700平方米。主要从事冶金铸造轧辊、液压机械柱塞辊生产和销售，拥有专利15件、江苏省高新技术产品1个，通过ISO 9001:2008质量管理体系、安全生产标准化三级企业认证。2016年，实现销售收入1255万元。

常州市武进电力管件有限公司　2016年12月被认定为高新技术企业。该公司位于湟里镇洋淀，成立于1975年，占地面积6.8公顷，厂房面积4.55万平方米。主要从事各种类型压力管道元件生产和销售，通过ISO 14001环境管理体系认证和GB/T 28001职业健康安全管理体系认证。2016年，实现销售收入2500万元。

【湟里镇便民服务中心建成投用】 12月5日建成投用。该服务中心位于湟里镇金鼎路86号，占地面积2046平方米，建筑面积5079平方米，进驻人社科、建管所、城管中队、环保科等12个事业单位，大厅设有市场监管分局、卫计科、人社科等7个部门14个窗口。坚持“幸福新湟里，服务零距离”的宗旨，以“诚信、便民、高效、廉洁”为目标，为群众提供“一站式服务”。

【湟里镇获评省级荣誉2项】 2016年3月，湟里镇被省民政厅评为“江苏省和谐社区建设示范镇”。该镇成立创建工作领导小组，从2015年起对照和谐社区示范镇创建标准，制定实施方案、实施意见、考核标准、长效综合管理意见等文件，确保社区建设落到实处。至2016年，全镇累计投入资金200多万元，所有村均成立便民服务站，重点优化村（社区）办公、活动、服务空间，形成社区建设全方位、多层次、快速发展的良好势头。河南村、西鲁村获评区和谐社区，西墅村、葛庄村、湟里村、河南村获评省和谐社区。

2016年9月，湟里镇被省精神文明建设指导委员会评为“江苏省文明乡镇”。该镇2015年完成地区生产总值130.48亿元，与2013年相比，年均增长8.17%。加快推进城镇建设协调发展，

表90　**2016年湟里镇各村（社区）基本情况**

村（社区）	户　数（户）	户籍人口（人）	党组织书记	村委（社区）主任	村委收入（万元）
村前村	2219	5802	王金泉	薛亚平	156.39
岗角村	1834	4997	孙泽云	–	104.05
西墅村	1905	4907	季文斌	程小平	292.8
河南村	782	2789	蒋中君	周亚军	81.12
北隍村	993	3490	吴卫忠	薛志平	89.57
后坊村	972	2643	徐田明	徐田明（兼）	39.25
西鲁村	937	2455	薛云杰	薛云杰（兼）	46.44
葛庄村	782	2200	蒋红明	徐卫平	91.12
村西村	738	2288	鞠　峰	鞠　峰（兼）	54.22
湟里村	2784	7300	周　锋	史玉根	120.11
东安村	1870	5652	陈建良	王建军	110.66
武宜村	706	2177	曾志丰	梁建平	52.71
西安村	1110	3008	万华良	万华良（兼）	61.19
五巷村	1008	2854	张树华	郭维明	112.77
蒋堰村	1215	4226	许国军	张献良	178.54
香泉村	1160	3728	王永泉	孙丽明	134.98
湟里社区	–	–	储留保	储留保（兼）	–
东安社区	–	–	余玉明	许海东（兼）	–
村前社区	–	–	骆国庆	骆国庆（兼）	–

改善基础设施建设，着力提升居民素养，组织开展文化惠民活动，形成政通人和、文明和谐的良好局面。先后获“国家卫生镇”“国家级生态镇”等称号，通过全国文明城市创建验收。

【葛庄、河南两村创成省文明村】 2016年9月，葛庄村、河南村通过“2013—2015年度江苏省文明村”考核验收。

葛庄村　位于湟里镇东北部，总面积3.7平方千米，有自然村17个，村民696户、1971人。该村在加快经济发展的同时，完善基础设施和公用配套设施，先后投入1000多万元用于村庄河道整治和道路建设；建有中心广场、图书室、小公园、篮球场、文化活动中心等文体设施，文化活动场所总面积超过3000平方米。先后获评“江苏省卫生村”“江苏省民主法治村”等称号。

河南村　位于湟里镇东部，总面积3.78平方千米，有自然村15个，村民839户、2511人。该村经济发展效益良好，村集体经济收入、农民人均纯收入水平均高于所在地区平均水平；思想道德建设成效明显，有良好的道德风尚和健康文明的生活方式、行为习惯；村容村貌整洁优美。获评“江苏省卫生村”“江苏省生态村”等称号。

（刘梦娇　王　韬）

嘉　泽　镇
（武进现代农业产业园）

【概　况】 嘉泽镇位于武进区西南部，东临滆湖，西接金坛区尧塘镇，南接湟里镇，北靠钟楼区邹区镇，总面积101.49平方千米，辖行政村19个、社区5个，2016年年末户籍人口76164人、常住人口8.6万人。江苏省武进现代农业产业园区（简称武进现代农业产业园）是以嘉泽镇为核心区域的整个花木板块。239省道、金武路、长虹西路、延政西路、宁常高速贯穿境域，扁担河、夏溪河、成章河和孟津河等在境内形成天然良港，拥有滆湖岸线12千米。获得“全国花木之乡”“全国环境优美镇”“全国花卉生产示范基地”“全国科普示范基地”“全国农业旅游示范点”“中国花博镇”“绿色生命的摇篮”等称号。

西太湖畔嘉泽风貌　　摄影／姚建国

产业发展　扩大高效农业规模，花木种植面积4135.2公顷，占全镇耕地面积的90.3%，花木种植户2.73万户，花木经纪人8000多人，全年实现销售13亿元。有农业专业合作社82家，其中省级示范社2家；有三级以上资质园林绿化企业62家，其中国家一级资质企业25家、二级资质企业29家；夏溪花木控股有限公司市场销售额突破180亿元，江南花都产业园列入科技部公示第一批“星创天地”备案名单。2016中国（夏溪）花木节、国际家庭花卉园艺展览会暨第十六届中国花卉零售业交流会成功举行。有工业企业208家，其中规模以上企业24家，全年完成规模以上工业产值19.34亿元。常州东申泵业有限公司科研项目获大禹水利科学技术奖一等奖，江苏龙英管道新材料有限公司被认定为高新技术企业。发展服务业，有从业人员12145人，全年实现服务业增加值48.7亿元，增长14.6%。电子商务建设加快，夏溪花木市场完成电子商务交易额超过1亿元，被评为江苏省电子商务示范企业，花木汇、夏溪村分别被评为常州市电子商务示范企业、农村电子商务示范村。

镇村建设　按照“多规合一”要求，编制完成新一轮镇域总体规划和控制性详细规划。完善基础设施，完成大线道路提档升级改造、吕埠桥旧危桥改造和夏溪桥大修，实施生命防护工程；实施小农水工程、重点县水利工程，建成闸站3个、电灌站4座、明渠12.6千米、暗渠4.4千米以及节水工程、圩堤加固。建设公用设施，累计埋设自来水管长度920千米，改造自来水入户24216户；

2016年嘉泽镇主要经济社会指标完成情况

表91

指　标	单　位	数　值	比2015年（±%）
地区生产总值	亿　元	68.6	12.55
公共财政预算收入	万　元	20302	-34.36
农业总产值	亿　元	14.57	6.2
多种经营产值	亿　元	14.56	6.1
粮食总产量	万千克	17.3	183.6
工业销售收入	亿　元	24.3	6.3
实际利用外资	万美元	100	100
自营出口额	万美元	2010	2.7
第三产业增加值	亿　元	48.75	15.88
农民人均纯收入	元	27233	7.6

实施400伏高压电线改造52.2千米，改造用电户3448户；完成成章村、成章集镇及厚余部分集镇天然气入户改造900户。推进拆迁安置，完成新孟河延伸拓浚等项目涉及拆迁户435户、拆迁面积12.04万平方米，大名北苑、林溪家苑等安置小区基本完工。改善城镇面貌，完成厚余西街改造、嘉泽新苑换瓦工程及危房改造86户。保护生态环境，配合常州市创建国家森林城市，完成环湖健康绿道项目；推进三星村、南庄村、周庄村、跃进村、晨山村覆盖拉网式农村环境综合整治工程，完成沈叶浜、吴家浜、蒲沟河、城南二级河、城西二级河、成章河、成章街河、朝东章簖浜等河道清淤8.91千米和夏溪花木市场污水管网建设4.6千米；深入开展燃煤锅炉整治、畜禽养殖污染整治、电镀企业污染专项整治。加强环境长效管理，镇村环境卫生长效综合管理考评及河道管理考评在全区名列前茅。在全市城乡一体化建设评比中，南庄村、满墩村创成示范村，合欢路、花溪路创成示范街，花都广场创成示范商贸综合体，嘉新社区创成示范社区。嘉泽镇通过国家卫生镇复审。

社会事业　优先发展教育事业，实施成章幼儿园改扩建、成章小学食堂配套工程等项目，嘉泽小学创成省级绿色学校，嘉泽镇成人教育中心校创成江苏省标准化社区教育中心。建设文体阵地，镇全民健身中心建成运营，各村（社区）建成100平方米以上文化室。提升医疗服务能力，成章卫生院、嘉泽卫生院均与武进中医医院结成医联体，嘉泽卫生院异地新建工程启动。完善社会保障，全镇养老、医疗保险覆盖率均保持在98%以上，为20个村民小组、2106人办理被征地农生活保障。开展救助帮扶活动，全年发放慈善求助金1427.95万元，受益群众11321人次。

【2016中国（夏溪）花木节】 参见《农业》栏目P104同名条目。

【2016国际家庭花卉园艺展览会暨第十六届中国花卉零售业交流会】 参见《农业》栏目P103相关条目。

【平晖机械一期等2个区级重点工业项目竣工投产】 平晖机械一期项目　2016年6月竣工投产。该项目由常州市平晖机械制造有限公司实施，于2015年10月开工，用地面积1.6公顷，新建厂房面积1万平方米，购置数控加工中心，完成投资5500万元，形成年产数控机床及专用设备300套的生产能力。公司全年完成产值1.5亿元。

龙英管道一期项目　2016年9月通过竣工验收。该项目由苏夏产业园先期入园企业——江苏龙英管道新材料有限公司实施，总占地面积7.2公顷，一期项目建设反射层材料、管道支吊架、研发智能控制系统、阴极保护系统等以及办公大楼，投产后形成年产高效节能金属管托10万套和常输热网专用反射层3000万平方米的生产能力。公司全年完成产值2亿元。

【东申泵业科研项目获大禹水利科学技术奖一等奖】 10月，由常州东申泵业有限公司（简称东申泵业）承担的“大型灌溉排水泵站节能与稳定运行关键技术研究及应用”项目被大禹水利科学技术奖奖励委员会授予一等奖。东申泵业开展技术改造、人才引进、质量检验等工作，建立国家B级精度、500千瓦的水泵测试中心，积极争取全国多所科研单位和北京农业大学、江苏大学等的技术支持，致力于大型灌溉排水泵站节能与稳定运行关键技术研究与运用，在灌溉泵站水泵水力设计、制造、性能测试及性能优化方面做出重要贡献，研发的双吸离心泵等产品在一些大型灌溉泵站得到广泛应用。

【江苏龙英管道新材料有限公司被认定为高新技术企业】 11月30日，被省科技厅、省财政厅、省国税局、省地税局联合认定为高新技术企业。该公司位于嘉泽镇成金路88号，占地面积7.87公顷，拥有生产车间5个和研发工程技术中心1个，厂房面积4万多平方米。专业从事长输热网工程所需新型产品的选用和研发，生产长输热网方面各种专用产品，通过质量（QMS）、环境（EMS）、职业健康安全（OHSAS）“三标合一”管理体系认证，有研发项目立项4项、专利15件，全年完成产值2亿元。

【环湖健康绿道项目建成】 嘉泽镇环湖健康绿道项目是常州市创建国家森林城市重点工程之一，东临西太湖，西至嘉村公路，造林面积约160公顷，是花木产业与生态环境建设相结合的森林屏障工程，投资近1.5亿元。该项目分两个区域实施，西部以种植紫薇为主，东部以种植樱花、桂花为主，于3月初启动，6月建成，苗木长成后将营造一片湖岸森林。

【嘉泽镇全民健身中心建成运营】 6月26日，嘉泽镇全民健身月启动暨全民健身中心开放。该中心位于嘉泽镇综合服务中心南边，由嘉泽镇政府与体育产业公司合作把原农贸市场改造而成，占地面积近4000平方米，设有游泳、羽毛球、乒乓球、瑜伽、跑步、室外篮球等健身场地，可同时容纳千人健身锻炼。年内，该中心办理健身会员年卡280张，联合

江苏龙英管道新材料有限公司一期项目外景　　供稿/嘉泽镇

表 92　2016 年嘉泽镇各村（社区）基本情况

村（社区）	户　数（户）	户籍人口（人）	党组织书记	村委（社区）主任	集体经济收入（万元）
嘉泽村	2380	6830	索卫中	韦建春	279
观庄村	937	2710	闵伟昌	邓东妹	95
丰杨村	947	2903	吴建林	陈雪峰	105
士桥村	833	2338	李向阳	李向阳（兼）	118
夏庄村	1780	4958	蒋志江	蒋建忠	98
闵市村	1657	4960	田卫忠	王继业	201
成章村	2070	8575	庄旭东	虞　健	151
西城村	1649	5296	薛文伟	孙全方	107
晨山村	1952	5556	蒋松明	胡　彬	128
捕捞村	212	540	石小方	沈祥根	66
甘荡村	1005	3009	蒋益明	王　栋	93
夏溪村	2301	5605	高亚平	徐建兴	154
跃进村	795	1875	张建荣	张国庆	130
南庄村	1018	3208	高　华	倪明华	123
周庄村	733	2089	江建昌	刘金生	108
三星村	886	2465	王　华	陆建峰	92
厚余村	1308	4180	潘留根	强国平	114
朝东村	1890	5384	朱洪全	庄国胜	153
满墩村	1515	3890	庄　伟	庄　伟（兼）	151
嘉泽社区	–	–	索卫中	张　红	–
夏溪社区	–	–	高亚平	徐　标	–
厚余社区	–	–	潘留根	秦春霞	–
成章社区	–	–	庄旭东	庄旭东（兼）	–
嘉新社区	–	–	祁和根	祁和根（兼）	–

说明：嘉泽、夏溪、厚余、成章四个社区的户数、户籍人口数以及集体经济收入与相应村的村合算在一起，嘉新社区居民为各村拆迁安置居民，数据仍算在各村里面

镇政府举办全民健身运动会、趣味运动会等活动，承办 2016 年速度轮滑城市邀请赛暨武进区少儿速度轮滑交流赛、速度轮滑业余运动员等级考试 2 项轮滑项目。

【嘉泽镇青年企业家商会成立】 9 月 11 日成立，入会会员 48 名，常州市嘉泽园林绿化工程有限公司总经理屈剑文当选为会长。该商会注重对会员的教育培养，实施“接力工程”，聘请常州新奥燃气有限公司、江苏成章建设集团有限公司、夏溪花木市场控股有限公司等相关负责人为创业导师团导师，初步安排每位导师带两名学生，并着力打造“学习交流”“多维服务”和“互助共赢”三大平台，为嘉泽青年企业家成长营造良好的氛围。

（蒋　洁）

横　林　镇

【概　况】 横林镇位于武进区东部，东临无锡市，西接遥观镇，南靠洛阳镇，北依横山桥镇，总面积 46.67 平方千米，辖行政村 15 个、社区 6 个，2016 年年末户籍人口 51272 人、常住人口 97800 万人。获得“中国百强乡镇”“全国小城镇综合改革试点镇”“中国强化木地板名镇”“中国强化木地板之都”“中国强化木地板出口基地”“国家外贸转型升级专业型示范基地”“全国优质强化木地板生产示范区”“国家级出口地板质量安全示范区”“全国环境优美镇”等称号。

产业发展　发展现代都市农业，全镇农业保险参保率 100%，农业综合机械化水平达 90% 以上。工业结构更趋优化，形成家居、建材、电子电机、环保装备、新材料等产业体系，有工业企业 1172 家，产值 2000 万元以上规模企业 187 家，全年完成规模以上工业产值 252.8 亿元，占全镇工业总产值 77.7%，绿色能源、绿色建筑、智能电器等新兴产业产值超过 100 亿元。新增高新技术企业 4 家，累计 18 家，全年完成高新技术产业产值 84.9 亿元，占全镇规模以上工业产值的 33.6%。实施总投资千万元以上项目 36 个，其中 PVC 地板、耐火板装饰板、光伏组件、光学膜、生物质能源、电路板、智能推杆、机械配件等 11 个项目列入区重点项目。第十届（中国·横林）地板博览会在上海新国际博览中心成功举办。城镇商贸氛围浓厚、业态丰富，嘉凯城横林城市客厅项目按序推进，新增肯德基、天语雅阁等品牌门店入驻。电子商务发展迅速，横林镇获评首批“江苏省电子商务示范镇”，拥有省农村电子商务示范村 2 个、省电子商务示范企业 3 家、市电子商务示范村（企业）7 个（家），全年实现电商交易额 18 亿元。横林镇电子商务协会成立，成为全区首个乡镇电商协会。全年完成服务业投入 16 亿元，实现服务业增加值 65.1 亿元。

镇村建设　按照建设“绿色家居之都，东部活力新城”的目标，编制完成《横林镇总体规划（2016—2020）》《横林镇控制性详细规划》《横林、崔桥板块策略规划》。完善东西环通、南北顺畅的交通网络，重点推进横林大桥、横林东桥、横林西桥和横林大道新建、改建工程，完成迎宾路、花苑路、公园路等道路“白改黑”提档升级工程。建设水利设施，成功抵御汛期强降雨袭击。推进拆迁安置，完成青司塘、江南路、漕上路等地块拆迁面积 20 万平方米，瑞丰花苑二期安置房项目基本完工。保护生态环境，完成燃煤锅炉整治、畜禽养殖污染源整治，建成污水管网长度 6.5 千米，实施镇区公共厕所提升改造工程。建设现代化和谐新农村，全镇有 300 万元以

横林镇瑞丰花苑　　摄影/刘建中

上集体经济收入的行政村9个，农村集体经济组织股份制改革全面完成，农村土地承包经营权确权登记基本覆盖，村、社区“便民服务站”全部提升改造，双蓉村、卫星村被列为武进区宅基地制度改革试点村。

社会事业　横林高中、初中、实验小学等9所学校硬件设施和办学条件持续改善，横林中心幼儿园主体基本竣工，横林高中南大门新建工程、崔桥幼儿园扩建工程启动建设。送图书、送电影、送戏曲下乡的文化惠民活动深入开展，“社区天天乐”“文化惠民村村演”节目吸引观众上万人次。总投资1.5亿元的横林全民健身中心建成，全镇人均体育场地面积达4平方米，横林喜悦足球俱乐部到西班牙参加国际青少年赛事。加强民生保障，全镇社会保障率达99.8%；新增社会保险扩面2023人，累计12055人；住房公积金扩面760人。

【商都铅笔制造改扩建等7个区级重点工业项目建设】　商都铅笔制造改扩建项目　由常州商都制笔有限公司实施，总投资8000万元。该项目利用原有土地，改扩建厂房面积2万平方米，购置高档铅笔制造设备及配套设施108台套，于2015年1月开工，2016年10月完工，建成后可形成年产高档铅笔5亿支的生产能力。

玉兰保护膜光学膜项目　由江苏玉兰新材料科技有限公司实施，总投资2.5亿元。该项目用地面积2.03公顷，新建车间面积4万平方米，购置保护膜、光学膜生产流水线20条，2016年启动，全部建成后可形成年产保护膜、光学膜1.2亿平方米的规模。其中，项目一期新建车间面积2.8万平方米，购置生产流水线10条，可形成年产保护膜、光学膜6000万平方米的规模。

卫星装饰材料新型数码装饰纸、装饰板项目　由常州卫星装饰材料有限公司实施，总投资1亿元。该项目用地面积5680平方米，建筑面积1万平方米，购置新型数码装饰纸、装饰板生产线以及辅助配套设施，于2016年1月开工，6月完工，建成后可形成年产新型数码装饰纸3000吨、新型数码装饰板50万平方米的规模。

办公家具用智能推杆项目　由常州市凯迪电器有限公司实施，总投资1亿元。该项目规划用地面积0.9公顷，新建厂房面积2.8万平方米，购置办公家具用智能推杆生产设备以及辅助设施，计划2017年1月开工，建成后可形成年产办公家具用智能推杆150万套的规模。

三倍IEC标准高效能太阳能组件研究与产业化四期项目　由江苏赛拉弗光伏系统有限公司实施，总投资8000万元。该项目租用厂房面积1万平方米，购置层压机18台、自动焊接机、自动组件组装线3条、自动组件测试等主要生产设备，于2016年3月开工，6月完工，建成后可形成年产三倍IEC标准高效能太阳能组件600兆瓦的规模。

生物质颗粒供热、供电、供气、供冷分布式能源岛项目　由常州迪森德恒新能源科技有限公司实施，总投资2亿元。该项目用地面积1公顷，建筑面积1万平方米，购置安装再生生物质颗粒燃料锅炉2台以及配套设施，于2016年1月开工，计划2017年7月完工，建成后可形成年产蒸汽40万吨生产能力。

鑫德源恒新型阻燃装饰材料及制品项目　由德佳信为鑫德源恒中方投资者实施，总投资3.25亿元。该项目用地面积4.33公顷，建设三层标准厂房面积7万平方米，采用国内外先进的成套自动生产线8套，于2016年1月开工，计划2017年7月完工试产，建成后可形成年产新型阻燃耐火装饰板2000万张的生产能力。

【横林新增高新技术企业5家】　2016年，横林镇有5家企业被省科技厅、省财政厅、省国税局、省地税局联合认定为高新技术企业。

表93　2016年横林镇主要经济社会指标完成情况

指　标	单　位	数　值	比2015年(±%)
地区生产总值	亿　元	133.19	10.8
公共财政预算收入	万　元	36092	7.3
农业总产值	亿　元	1.17	13.4
多种经营产值	亿　元	1.0	15.7
粮食总产量	万千克	0.37	-4.3
工业销售收入	亿　元	318.17	6.9
外贸进出口总额	万美元	106724	0.8
第三产业增加值	亿　元	65.28	14.5
居民人均可支配收入	元	27113	7.6

常州市夏青化工有限公司　2016年8月被认定为高新技术企业。该公司位于横林镇横洛路3号，成立于1990年5月，占地面积3.5公顷。拥有国内先进检测仪器和一流实验基地，专业从事酯类产品生产，开发医药、农药、染料中间体产品20多种，产品远销欧美、东南亚地区。全年实现产值2101万元。

常州格瑞特粉末冶金有限公司　2016年9月被认定为高新技术企业。该公司位于横林镇孟墅工业园区（武进区长虹东路28号），成立于2006年12月，是一家专业制造粉末冶金制品的合资企业，占地面积3.5公顷，一期建筑面积1.5万平方米。拥有整套检测设备以及各类粉末冶金制造设备100余台，为汽车部件、家用电器、电动工具、办公设备、精密电机等制造业提供粉末冶金含油轴承、结构零件。全年实现产值4700万元。

常州天润木业有限公司　2016年9月被认定为高新技术企业。该公司位于横林镇卫星工业园，生产基地面积近1万平方米，是中国最具规模的高压装饰耐火板制造商之一，产品广泛应用于室内装饰、家具橱柜、卫浴隔断、实验台面、车船衬体及保龄球道等方面，具有耐火、耐热、耐磨、耐污、耐酸碱、耐压、耐撞击、防潮、防菌、防霉、抗静电、易清洁特点，产品畅销全国，并远销东南亚及欧美地区。全年实现产值17161万元。

常州力航电器科技有限公司　2016年10月被认定为高新技术企业。该公司位于横林镇莲蓉村，前身为常州市武进起重电气有限公司，专业从事特种设备安全监控管理系统开发与生产，2011年4月与大连理工大学及其下属单位常州益利亚重工机械科技有限公司建立战略合作伙伴关系，并于2012年3月进驻大连理工常州研究院，共建特种设备物联网安全监控系统联合研发中心。全年实现产值467万元。

常州汇丽活动地板有限公司　2016年10月被认定为高新技术企业。该公司位于横林镇卫星工业园，占地面积26.67公顷，厂房面积约20万平方米，是一家集设计、制造、销售、安装为一体和以出口为主的活动地板制造商。通过ISO 9001国际质量管理体系认证、ISO 14001环境管理体系认证、韩国KS认证，主要产品有智能化楼宇OA全钢活动地板、机房专用全钢防静电活动地板、净化室专用PVC活动地板、防静电通风活动地板、硫酸钙复合活动地板、高密度复合活动地板、铝合金地板，各类地板合计年生产能力超过300万平方米。全年实现产值30023万元。

【横林科创中心累计入驻企业20多家】 2016年，横林科创中心新增入驻企业安莱斯（江苏）轻金属科技有限公司、常州达利申精密电机有限公司、常州德荣光电科技有限公司等4家，累计入驻企业20多家。该中心位于武进区长虹东路88号，总规划面积11.33公顷，建设标准厂房面积23万平方米、办公综合楼，分三期建设。其中，一期6栋7万平方米投入运营，二期1.8万平方米、三期5.8万平方米标准厂房和综合楼在建。围绕打造电子、电机、电器特色产业园的目标，重点招引电子信息、机电一体化、环保节能等国内外科技型、创新型、研发型企业入驻，推动电子、电机、电器等科技型中小企业加速发展。

9月30日，横林镇电子商务协会成立　　供稿 / 横林镇

【横林镇获评首批省电子商务示范镇】 参见《商贸流通业》栏目P138相关条目。

【横林城镇功能性项目建设】 嘉凯城横林城市客厅项目　位于横林大道南侧、顺通路东侧，312国道北侧、横洛东路西侧，用地面积2.1公顷，建筑面积4万平方米，为商业综合体，总投资2.1亿元。

双蓉西横埝集聚点项目　位于朝阳路以东、沪宁高速以南、崔蓉路以北地块，规划面积约19公顷，总建筑面积6.37万平方米，总投资3亿元，用于8个自然村、280户农户集聚到西横埝。该项目坚持村民主体自建，由双蓉村委代为实施，于2016年11月开工，计划一期2017年10月竣工，整个工程于2020年年底竣工。

横林中心幼儿园项目　位于横林镇瑞丰花苑东侧，由横林镇政府实施，总用地面积2.5公顷，总建筑面积11446平方米，总投资6053万元，于2016年9月开工。

运河北片沿河景观文化提升工程　为京杭运河“四改三”后横林段沿线保护和整治工程，由横林镇政府自筹资金、上级拨款建设，总投资5000万元。该工程利用原有土地，主要实施文化广场建设、道路景观提升、干线整合、文化展示等，充分展现横林镇及运河两岸历史文化内涵。

【横林镇电子商务协会成立】 9月30日，由江苏中鑫德赛木业有限公司、常州市中淘家居用品有限公司、常州简尚家居有限公司等10余家企业自发成立，成为全区首个镇级电子商务协会。该协会与常州信息技术学院经贸管理学院建立战略合作关系。年内，该协会围绕电子商务发展需求，组织开展网商交流、物流仓储和“一带一路”苏港青年交流会，并组织电商协会会员参加美工培训

表 94　2016 年横林镇各村（社区）基本情况

村（社区）	户 数（户）	户籍人口（人）	党组织书记	村委（社区）主任	村集体经济收入（万元）
余巷村	477	1421	胡卫春	朱根元	155.1
狄坂村	500	1521	吴志建	吴寿波	232.5
顺庄村	533	1547	诸建伟	诸建伟（兼）	90.5
江村村	895	2795	周正虎	沈建伟	379.1
红联村	887	2354	张　宏	黄定金	309.2
新东方村	1323	3658	钱宇城	施建国	713.9
林南村	786	2354	秦荣伟	谈兴国	379.7
南方村	911	2578	朱锡荣	王　超	172.9
青司塘村	850	2432	张永其	陈卫东	368.8
镇西村	1087	2848	钱凤媛	钱孝明	408.1
崔桥村	730	2347	刘惠杰	陶卫刚	415
庆丰村	1147	3574	苏耀松	蔡东晓	265.9
卫星村	801	2554	顾志强	顾建丰	376.8
双蓉村	1222	3814	谢　杨	沈林兴	390.8
崔北村	1030	3458	张剑青	徐国华	834.5
横林社区	1178	2898	戚晓峰	强小萍	186.1
牛塘社区	1244	2949	朱洪亮	李建伟	225.9
崔桥社区	364	630	张亚敏	陶卫刚	–
昌盛社区	685	1804	谈耀兴	谈耀兴（兼）	–
下塘社区	1120	2820	谢忠明	谢忠明（兼）	–
瑞丰社区	329	1129	潘国良	潘国良（兼）	–

和“网络诚信消费无忧”座谈会等活动，促使网络经济与实体经济协同发展。

【第十届（中国·横林）国际地板博览会】 参见《工业》栏目 P127 同名条目。

（赵　艳）

遥　观　镇

【概　况】 遥观镇位于武进区东南部，东临横林镇，西接湖塘镇，南靠洛阳镇，北依戚墅堰街道，总面积 44.7 平方千米，辖行政村 15 个、社区 7 个，2016 年年末户籍人口 46717 人。获得“全国先进基层党组织”“国家新型工业化产业示范基地”“国家卫生镇”“国家级生态镇”“全国环境优美镇”“中国轨道交通产业集群名镇”等称号。

产业发展　全镇新增高效农业面积 23.3 公顷，累计 434.5 公顷。常州临津湖生态农业有限公司创成市级三星级休闲观光农业企业，高效设施项目——新湖农业产业园区建设完成，常州市蒋记食品有限公司创建电子商务平台项目 1 个、开展质量体系认证项目 2 个。有工业企业 1800 余家，其中规模以上工业企业 130 多家，超亿元企业近 50 家，完成规模以上工业产值 422 亿元，占全镇工业总产值的 87%。微电机扩能项目、药芯焊丝扩能项目等 21 个千万元项目竣工投产，OLED 新一代平板显示关键材料及新型复合材料等 8 个重点项目开工建设。新增高新技术企业 4 家，累计 28 家，全年完成高新技术产值 209.2 亿元，占全镇规模以上工业产值 49.6%；新增省级高新技术产品 27 个，13 家企业获省民营科技企业称号；申请专利 921 件，获授权 422 件。2 家企业制订国家（行业）标准获颁布。实施“商贸兴镇”战略，加速打造集镇北大门，明都湖港大酒店建成，全镇商住项目建设总量达 133 万平方米（其中商业建筑面积 5 万平方米）。全年完成服务业投入 15.5 亿元，实现服务业增加值 52.1 亿元，分别增长 14.8%、13.2%。

镇村建设　按照“乐享宋剑湖，智造新遥观”的城市定位，结合遥观镇总体定位，开展控制性详细规划编制，《遥观镇总体规划 2015—2030》及《遥观镇镇区控制性详细规划（修编）》通过常州市政府审批。打造工业强镇，《遥观镇绿色机电产业园规划》《遥观镇新材料产业园规划》等园区规划基本完成。完善基础设施，完成剑沟线、钱家线（广电东路至人民东路段）2 条道路总计里程 2202 米的提档升级；优化镇区华昌路、今创路、临津路和广电东路路名系统，新增路铭牌 35 组，更新指路标志 16 组。保护生态环境，实施农场河、省庄浜河道综合整治污水截流工程，建设污水管网长度 4.3 千米；实施前杨片河道综合整治工程截源控污、生态护坡、换水泵站、河岸绿化四大工程，建设污水管网长度 5.8 千米、提升泵站 4 座、换水泵站 1 座和生态护坡面积 1.02 万平方米；新建园东路（片）污水主管网工程、宋剑湖家园支线管网工程，污水管网长度分别为 12.9 千米、5.8 千米；完成 44 台燃煤锅炉、1 家石材堆场和 42 家钢管企业等工业污染点源整治，取缔无证无照经营作坊 6 家。加强绿化建设，新建公共绿地、道路绿地项目 3 个，新增绿化面积 40.37 公顷，留道、洪庄两村创成省级绿化示范村。

社会事业　全年募集光彩基金 210 余万元，其中中天钢铁集团有限公司捐赠 100 万元。举办“爱在得园·8 千米公益毅行”活动，募捐资助结对学校——云南省华坪县民族小学款物价值 3.3 万元。宋剑湖小学和遥观中心小学获区教育教学质量综合评估三等奖。开展文化惠民活动，组织“社区天天乐”演出 100 多场。改进全镇医疗卫生、公共卫生服务体系，举行健康教育咨询活动 7 次、健康教育讲座 78 次，组织妇女两癌筛查 1212 人次，镇卫生院创成省级示范乡镇卫生院。健全保障体系，实现新型农村养老保险、新型农村合作医疗保险、残疾人意外保险全覆盖。全年发放低保慰问金和困难群体保障、优抚、尊

表95 2016年遥观镇主要经济社会指标完成情况

指 标	单 位	数 值	比2015年（±%）
地区生产总值	亿 元	165	11
公共财政预算收入	万 元	67800	21.9
农业总产值	亿 元	0.73	-8.2
多种经营产值	亿 元	0.61	-3.5
粮食总产量	万千克	320.4	-8.1
工业销售收入	亿 元	469.82	9.4
实际利用外资	万美元	1340	162.3
自营出口额	万美元	56481	5.1
第三产业增加值	亿 元	52.1	13.2
农民人均纯收入	元	26777	7.33

老等救助资金累计300多万元。遥观镇关工委获省关工委工作先进单位称号。

【变电柜（箱）等8个区级重点工业项目开（竣）工】 年产OLED新一代平板显示关键材料20吨项目 由常州强力电子新材料股份有限公司（简称强力新材公司）与台湾昱镭光电股份有限公司合资设立的项目，计划总投资3000万美元，一期注册资本1000万美元，协议外资300万美元。收购租赁合资方母公司部分资产，购置光感系列生产研发设备，形成年产OLED发光关键材料20吨的生产能力，预计2017年12月投产。该项目产品是下一代大平板显示的关键原料，为强力新材公司再一次占领电子产品发展高地和前沿做好充分准备。

年产新型纤维复合材料5万吨项目 由强力新材公司实施，用地面积4.2公顷，新建厂房、研发大楼和仓储物流用房等4万平方米，新增OLED器械制作及评价设备、UVLED光源、激光切割机、三维缠绕机等设备，形成年产新型碳纤维复合材料5万吨的生产能力，该项目于12月8日开工建设。

玻纤复合材料及制品项目 6月开工建设。该项目由江苏长海复合材料股份有限公司实施，增发募资8亿元，拆除原3万吨拉丝池窑，新建一座5.5万吨节能环保型池窑，购置、引进玻纤制品设备196台（套），建设周期3年，其中引进德国玻纤制品生产线等玻纤制品设备59台（套）已安装投用。

变电柜（箱）项目 1月开工建设。该项目由常州明月塑料有限公司实施，用地面积2.53公顷，新建厂房面积2.3万平方米，购置冲床等设备80余台(套)，形成年产箱式变电柜1万台（套）的生产能力。

汽车操作系统、门铰链项目 5月开工建设。该项目由江苏新常附汽车零部件有限公司实施，用地面积2.33公顷，新建标准厂房面积2.5万平方米，购置数控加工中心、复合连续冲压冲床等设备，建成自动流水线3条，形成年产汽车零部件20万件的生产能力。该项目为企业进入中高端汽车部件市场奠定良好基础。

微电机扩能项目 9月建成投产。该项目由江苏雷利电机股份有限公司实施，利用原有土地，新建标准厂房面积1.8万平米，购置机器人等设备，建成自动流水生产线30条，形成新增年产各类微电机5000万个的生产能力。

药芯焊丝扩能项目 年底建成投产。该项目由常州运河新瑞焊材有限公司实施，利用原厂区土地，新建标准厂房面积0.85万平方米，购置药芯焊丝生产线35条，形成年产药芯焊丝6000吨的生产能力。

车用高档织物面料项目 12月竣工投产。该项目由中德合资企业江苏丽泰针织科技有限公司实施，用地面积2.67公顷，新建厂房面积2.5万平方米，购置针织大圆机、定型机等设备，形成年产5000吨车用高档织物面料的生产能力。该公司与德国大陆集团合资，产品填补国内空白。

【常州安必克阀门有限公司新厂区在遥观投用】 2016年10月20日在遥观投用。常州安必克阀门有限公司由瑞典LK集团于2006年投资3000万元，在东方高科工业园设立的一家独资企业。

遥观镇湖港名城小区　　摄影 / 高岷

2015年随着常州经开区建设大幕拉开，该公司结合自身发展需要，从东方高科工业园迁至遥观镇新誉物流园内，新厂区面积约5400平方米，于2016年年底推出新产品。该新厂区投产后，可年产无销中线蝶阀门2万个。

【遥观新增高新技术企业4家】 2016年，遥观镇有4家企业被省科技厅、省财政厅、省国税局、省地税局联合认定为高新技术企业。

江苏迪欧姆股份有限公司　2016年12月被认定为高新技术企业。该公司位于遥观镇勤新村工业集中区，成立于2007年，占地面积7.5公顷，建筑面积4.5万平方米。主要生产中高端精密焊管、冷拔精密焊接钢管等产品，应用于汽车、摩托车、高档家具、工程机械、健身器材、低中压流体用管等行业，年产高端精密焊管8万吨、冷拔精密焊接钢管5万吨、冷拔或冷轧精密无缝钢管1万吨。执行ISO 9001:2000质量管理体系，做好检测中心通过国家级实验室CNAS认证的申报工作。2016年，实现产值2.3亿元。

常州创伟电机电器有限公司　2016年12月被认定为高新技术企业。该公司位于常州中吴大道湖港桥堍，成立于2005年，占地面积9公顷，建筑面积5800平方米。专业从事步进电机及驱动控制的生产、开发，拥有发明、外观、实用新型等专利20多件，通过ISO 9001质量管理体系认证、RoHS认证、欧盟CE认证，产品主要用于机器人、工业电子自动化设备、医疗器械、广告器材、舞台灯光设备等行业。2016年，实现产值7000万元。

常州市运控电子股份有限公司　2016年12月被认定为高新技术企业。该公司位于遥观镇建农村，成立于1999年，于2015年5月7日在“新三板”挂牌上市，遥观厂房占地面积占地面积4927.46平方米，建筑面积5747.02平方米。专业从事混合式步进电机、直流无刷电机、伺服电机生产，通过ISO 9001质量管理体系认证、ISO 14001环境管理体系认证及欧盟CE认证，产品应用于医疗、安防、自动化设备、办公自动化、太阳能设备、3D打印机、金融、家电等领域，远销欧美地区。2016年，实现产值1.5亿元。

1月8日，常州国家广告产业园区灵通新基地开园　供稿/遥观镇

常州凯得利机械有限公司　2016年12月被认定为高新技术企业。该公司位于遥观镇华通路10号，成立于2010年，占地面积（租赁）3公顷，建筑面积7500平方米。专业从事农业机械及零部件生产，主要有反铲挖土机、轮式装载机、木材削片机、割草机及雪刀片、犁等产品，拥有发明、外观、实用新型等专利69件，通过欧盟CE认证，获评江苏省民营科技企业、常州市科技型中小型技术创新企业，产品远销德国、法国、意大利、荷兰。2016年，实现产值2500万元。

【遥观新增省高新技术产品27个】 2016年，遥观镇工业企业有27个产品被省科技厅认定为江苏省高新技术产品。分别是：江苏长海复合材料股份有限公司的新型无纺复合短切毡，江苏迪欧姆股份有限公司的机械用精密焊管，光大环保技术装备（常州）有限公司的生活垃圾焚烧烟气净化处理系统，江苏雷利电机股份有限公司的新型电动式排水阀，常州市武进华联电控设备有限公司的光伏直流机柜，江苏长海复合材料股份有限公司的玻纤绝缘补强车顶毡，江苏宏达数控科技股份有限公司的LD型数控转塔刀架和HAK31型数控转塔刀架，常州市建国电器有限公司的LED数码彩屏，常州华通新立地板有限公司的65球钢质防静电架空活动地板，江苏迪欧姆股份有限公司的汽车用冷拔精密焊接钢管，常州强力电子新材料股份有限公司的双咪唑类引发剂和三嗪类光致产酸剂，常州创伟电机电器有限公司的步进电机驱动器和步进闭环伺服电机，江苏雷利电机股份有限公司的低噪音步进电机，常州剑湖金城车辆设备有限公司的铁路车辆用集便装置、铁路车辆用污物箱、铁路车辆用净水箱，常州市运控电子股份有限公司的高精度低噪音微型混合式步进电机，哈焊所华通（常州）焊业股份有限公司的HTW-55 Ⅱ高韧性耐大气腐蚀钢焊丝，江苏盛伟过滤设备有限公司的天然气用过滤分离器，江苏安普特防爆科技有限公司的非金属阻隔防爆材料，常州东传链传动科技有限公司的高强度厚板输送链，今创集团有限公司的标准化动车组轻质高强内饰材料、标准化动车组塞拉门系统、地铁机车通用型逃生系统。

【遥观2家企业制订国家（行业）标准获颁布实施】 8月、9月，由灵通展览系统股份有限公司制订的《会展用拆装桌》（QB/T 4936-2016）、江苏迪欧姆股份有限公司领衔起草的《气弹簧用精密焊接钢管》（GB/T 33156-2016）先后获颁布实施。灵通展览系统股份有限公司致力于建设成为“中国展览器材行业的开发、研制、生产基地”和“创中国展具品牌”，采用国际技术标准，开发、研制和生产展览器材、展览家具、展览电器灯具、展具配件等近千个规格的系列产品，拥有自主知识产权135件（其中国际专利8件、发明专利18件），通过ISO 9001质量管理体系和ISO 14001环境管理体系认证，先后制订《会展业节能降耗工作规范》《展览器材术语型材展台》《展台分类及技术规范》等4项行业标准，积极倡导“绿色展览”的理念。江苏迪欧姆股份有限公司是遥观钢管集群的领军型企业，引进日本、韩国先进设备，消化吸收欧美制管工艺，产品成功替代进口，占领国内细分市场60%的份额，并出口到韩国、日本、墨西哥等国家。

【江苏宏达数控科技股份有限公司在“新三板”挂牌】 参见《开发园区》栏目P79相关条目内容。

【优士多应邀参加第三届世界互联网大会】 11月16—18日，常州优士多商贸有限公司（简称优士多）应邀参加在浙江乌镇举办的第三届世界互联网大会。该公司位于遥观镇长虹东路397号，其线上经营的店达商城是B_2B行业优秀代表、互联网快销品领域代表，通过搭建集约式仓储和公交化物流体系，实现千万家县镇小店的一站式采购，覆盖长江三角洲9个城市、4万多家小店。店达商城拥有员工500多人，月订货额（含平台入驻经销商销售额）5500多万元。

【明都湖港大酒店建成】 2016年年末，明都湖港大酒店建成。该酒店位于常州经开区商业中心中吴大道南侧，毗邻宋剑湖生态风景区、圩墩遗址公园，由常州市湖港房地产开发有限公司联合江苏华怡明都酒店管理有限公司按四星级标准建设，是集客房、餐饮、会议、休闲于一体的现代化豪华酒店，总投资1.2亿元，建筑面积1.3万平方米，配有富丽堂皇的接待大厅、可容纳800人就餐的多功能宴会厅1个、风格多样的餐厅19个和典雅舒适的客房116间（套），咖啡厅、会议室、商务中心、娱乐配套设施齐全。

【新观点众创空间晋升为省级众创空间】 参见《科学技术》栏目P237相关条目。

【遥观镇商会“会长讲坛”】 10月12日，由遥观镇商会开设的“会长讲坛”开讲，今创集团有限公司董事长俞金坤在首场讲座中作了题为《企业的传承与发展》的报告，与近百名企业家分享其创新创业的经验与感受。遥观镇商会有会员企业118家，针对一些企业在发展过程中碰到难题、想要学习却又缺少途径的现状，于2016年6月筹备开设“会长讲坛”，为会员企业架起一个互动交流的平台。

【“乐今”教育奖励基金设立】 12月3日，灵通展览系统股份有限公司董事长刘建平和家人出资100万元，在遥观中心小学设立“乐今”教育奖励基金。刘建平母校为遥观中心小学，其父刘乐今从事教育事业40年，此次出资成立百万教育奖励基金，一方面传承父亲刘乐今真诚、节俭、勤奋、敬业、爱心等优秀品质，另一方面奖励遥观中心小学优秀教师和品学兼优学生，调动教师教学改革的积极性，鼓励学生勤奋学习，促进学校提高质量、提升内涵。

【遥观大学生村官调解室成立】 9月，由遥观镇司法所在半岛小区设立，成为全区首个大学生村官调解室。该调解室有工作人员3名，都拥有八九年基层工作经历，其中法律专业毕业大学生2名。结合半岛小区是一个拥有上万人口的农民集居区，调解室每周一、三、五上午开放，3名大学生村官轮流值班，着重为居民解决物业管理、债务纠纷、邻里纠纷、劳资纠纷等矛盾，并提供相关法律咨询。年内，调解矛盾纠纷30余起，提供法律咨询200余人次。

【长海义务巡逻队成立】 10月14日，由江苏长海复合材料股份有限公司组建成立，有队员20名，配备警用电动车10辆。长海义务巡逻队接受常州经开区公安分局、遥观派出所指导，5人一组，每天定点定时执勤，在厂区内部检查的同时，还把塘桥村列为外延巡逻区域，有效打击和预防各类违法犯罪行为。

【留道、洪庄创成省级绿化示范村】 10月，留道社区、洪庄村通过省级绿化示范村考核验收。

留道社区　位于遥观镇镇区，总面积1.8平方千米，常住人口1700人。2016年，该社区对照省级森林生态示范村创建要求，围绕建设绿色村庄、提升生态环境的目标，投入130万元，因地制宜、因势利导，加强村庄环境整治，大幅度增加公共绿地、道路绿地、河道绿地、村庄绿地等，先后建成广场绿地5处，村庄绿化覆盖率达40%，道路、河道、房前屋后应绿尽绿，绿化景观合理配置，形成村容整洁、环境优美、景色宜人的绿色村庄，村民对全社区绿化工作满意度达98%。

洪庄村　位于遥观镇东侧，总面积

宋剑湖湿地公园风光——荷花盛开　　供稿 / 遥观镇

表 96　2016 年遥观镇各村（社区）基本情况

村（社区）	户数（户）	户籍人口（人）	党组织书记	村委（社区）主任	经济总收入（万元）
渔庄村	480	1514	周　斌	周利钢	45125
桥南村	713	2089	吴政国	白新南	71189
塘桥村	761	2366	黄建国	杨建新	392935
东方村	930	2919	黄建国（兼）	—	41920
洪庄村	531	1615	董国华	张彐峰	129089
建农村	633	1946	周永军（1—3 月） 周海良（4—12 月）	—	71816
东村村	714	2207	居震民	居国清	27608
遥观村	1293	3573	傅文俊（1—3 月） 刘华伟（4—12 月）	刘华伟（兼）	381918
薛墅巷村	630	1919	吴建洪	吴景伟	140413
通济村	591	1748	吴南武	顾斌洲	128677
剑湖村	1154	3233	邹　文	张志钢	37386
前杨村	831	2272	杨鸣豪（1—9 月） 杨　军（10—12 月）	杨　军（兼）	322358
新南村	1328	3987	王　赟	—	233908
勤新村	931	2772	张华兴	周建明	238561
郑村村	615	1822	张华兴（兼）	朱雨生	148466
印墅社区	631	1509	徐雪伟	戴　勤	47254
芳庄社区	529	1435	张中海	张中海（兼）	116086
留道社区	527	1763	濮耀明	戚建平	171974
钱家塘社区	599	1777	奚赛明	方产祥	95001

说明：遥观社区、剑湖社区、剑苑社区未列入表内统计

2 平方千米，总人口 1627 人。2016 年，该村在创成省级卫生村的基础上，加大绿化投入，强化绿化建设和美化提升。建有绿化广场 3 个和小游园多个，道路、河道、房前屋后应绿尽绿，村庄绿化覆盖率达 40.3%。绿化建设注重结合村庄历史文化和村容村貌，合理布局、科学搭配，把窑文化与古树保护相结合，绿地景观依水而建，古窑、绿地、村庄、草亭、小河构成一幅江南村庄的优美画卷，形成了富有地域特色的村庄绿化景观，村民对全村绿化工作满意度达 97%。

（沈澎澎）

横山桥镇

【概　况】 横山桥镇位于武进区东北部，东临无锡市，西接潞城街道，南靠横林镇，北依天宁区郑陆镇，总面积 58.23 平方千米，辖行政村 19 个、社区 4 个，2016 年年末户籍人口 60153 人。境内横山风景区形成大林寺、白龙观等景点 15 处。有“横山”百页、“横山”肉松、“横山”芹菜、“常润”栝楼籽、日本砂梨、“芙蓉”鲜螺、“芙蓉”珍珠等名特农产品。先后获“全国重点镇”“全国小城镇综合改革试点镇”“全国农业旅游示范点”“全国环境优美镇”等称号。

产业发展　建设现代农业，启动东柳塘、西柳塘、新安片区 5 千亩国家级高标准农田建设，筹备朝阳、蓉湖片区千亩市级高标准农田建设，东周村种植茭白、莲藕等特色水生产品达千余亩，新建（翻建）标准电灌站 9 座。全镇有工业企业 1452 家，年内新增规模以上企业 8 家，累计 155 家，完成规模以上工业产值 350 亿元，占全镇工业总产值的 93.1%。江苏江南实业集团有限公司成为全镇首家实现产品销售超百亿企业。实施超千万元工业投资项目 45 个，全年完成投资 28 亿元，占全镇工业投入的 95% 以上；江南家电壳体、网拓空气新香器等重点项目竣工投产。新增高新技术企业 7 家，累计 26 家，全年完成高新技术产业产值 85 亿元，占全镇规模以上工业产值的 24.3%；申请专利 500 件，获授权 230 件（含发明专利 24 件）；新增市级以上企业研发平台 3 家、民营科技企业 30 家。发展现代服务业，汽车城基础设施完善，横山农副产品批发市场禽类交易区扩建完成，顺丰速运扩能项目建成投运，恒耐电子商务园规划建设，江苏银行横山桥支行成功入驻，省庄村创成省级农村电子商务示范村。全年完成服务业投资 14.5 亿元、服务业增加值 67.4 亿元，分别增长 3.6%、8.7%；完成重点服务业营业收入 7 亿元，增长 14.8%；完成进出口总额 1.6 亿美元。

镇村建设　按照“拉开框架、完善功能、提升品位”的要求，深化横山桥镇总体规划（2016—2020）及各类控制性详细规划的研究和编制，推进横山风景旅游区、智能电力装备产业园、有轨电车终端枢纽片区、交通路网、水利河道等专项规划编制。实施“农网三年提升计划”，新增变压器 10 台，改造电杆 917 根，完成低压线路改造 44 千米、居民用电改造 2443 户。推进天然气扩面，芙蓉社区、常芙西路沿线、美士兴等区域民用天然气全面入户。优化镇村交通，花潭桥改造完成，横焦线提档升级基本完工，潞横路改扩建和有轨电车示范线新建工程前期准备基本到位。开展拆迁安置，完成潞横路和有轨电车示范线及横山卫生院、上高村等地块拆迁面积 12.3 万平方米，解决新沟河拓浚工程沿线民房、企业、管线迁移等遗留问题，山水花苑安置区于年初交付分房。保护生态环境，完成燃煤锅炉整治、挥发性有机物污染整治、钢管酸洗企业专项整治、畜禽养殖污染整治，以及梅思坝垃圾填埋场等上级环保挂牌督办案件整改；疏浚整治河道 2 条，清淤整治河塘 29 个，完成新安环山河、向阳河、郭家河 3 条河道清淤和生态护坡共 3.94 千米；总长 19 千米污水主管网基本完工，

2016年横山桥镇主要经济社会指标完成情况

表97

指　标	单　位	数　值	比2015年（±%）
地区生产总值	亿　元	149	10.6
公共财政预算收入	万　元	46000	9.5
农业总产值	亿　元	1.9	-6.2
多种经营产值	亿　元	1.8	-6.1
粮食总产量	万千克	498.4	-10.1
工业销售收入	亿　元	365	6.2
实际利用外资	万美元	50	-58.3
自营出口额	万美元	15527	-0.2
第三产业增加值	亿　元	71.6	15.5
农民人均纯收入	元	27160	7.5

污水支管网全面施工；新安、东风、东柳塘、西柳塘4个村环境综合整治基本完工，星辰、金丰两村通过江苏省生态村验收。

社会事业　芙蓉小学和善楼竣工验收，全镇学校校舍暑期全面整修，横山桥幼儿园分园新建工程选址完成。横山桥中心小学、芙蓉小学、横山桥初中均获全区教学质量评估一等奖，横山桥高中、芙蓉初中分别通过市、区素质教育督导评估，新市民子女积分入学495名。横山桥镇卫生院启动改扩建工程，与常州市第二人民医院建立医联体，高标准通过省妇幼健康优质服务示范工程评估；西柳塘村卫生室创成省示范卫生室。文体设施完善，芳茂村新建健身场所1500平方米，省庄村、新安村、横山社区、芙蓉社区4个单位成为区级综合文化服务中心示范点。全年举办“社区天天乐”30余场，开展篮球联赛、乒乓球赛、书画展、戏曲联谊等文体活动70余场次，播放电影260余场次。加强社会保障，新增就业岗位3520个，城镇失业人员再就业235人；新增社会保险参保人员2360人、住房公积金参保人员599人，分别累计17518人、6190人，参加城乡居民社会养老保险19216人；社保登记企业突破1500家，企业参保率达98%。全年发放重残补助、城乡低保、困难救助等467万元，发放尊老金、五保老人慰问金等131万元，发放义务兵家属慰问金、退伍军人安置费等343万元。

【网拓电子空气新香器等3个区级工业重点项目建成投产】　江南精密金属材料家电壳体项目　由江苏江南精密金属材料有限公司实施，利用企业原厂区，新建厂房面积2.5万平方米，购置机械传动、带钢表面清洗、辊涂、电气控制等生产设备，形成年产家电壳体1000万套的生产能力。该项目于2015年8月开工，2016年9月竣工，完成投资2.15亿元。

网拓电子空气新香器项目　由常州网拓电子有限公司实施，利用企业原有土地，改扩建生产厂房面积2.4万平方米，购置精密注塑机、机械手、有害物质测试仪等设备，形成年产空气新香器2000万个的生产能力。该项目于2015年8月开工，2016年9月建成投产，完成投资6200万元。

道铖轴承汽车轮毂轴承项目　由常州市道铖轴承有限公司实施，租用常州道铖传动科技有限公司生产厂房2000平方米，购置龙门加工中心、数控加工中心、数控外圆磨床、桥式三坐标测量仪等设备，竣工投产后形成年产汽车轮毂轴承15万根的生产能力。该项目于2016年6月开工，12月建成投产，完成投资6500万元。

【横山桥新增高新技术企业7家】　2016年，横山桥镇有7家企业被省科技厅、省财政厅、省国税局、省地税局联合认定为高新技术企业。

江苏昌力科技发展有限公司　位于横山桥镇芙蓉路111号，成立于1992年，占地面积8.3公顷，建筑面积3万平方米。该公司主要生产军民两用高精密冷拔无缝钢管、冷拔车用天然气瓶管、冷拔特种异型管、冷拔特种型材、液压冷拔机组、液压缓冲阻尼装置、液压缸系列产品等，获得武器装备质量管理体系证、武器装备科研生产许可证、武器装备科研生产保密资格证、装备承制单位资格证、军工安全生产标准化证，是江

横山桥镇区一瞥　　摄影／高岷

苏省首家取得“军工四证”的民口配套单位。2016年，完成产值4800万元。

常州树杰塑业有限公司　位于横山桥镇奚巷村工业园区，成立于2003年7月，占地面积1.8公顷，建筑面积8800平方米。该公司专业从事高压聚乙烯薄膜（PE）制造，拥有生产线9条，配备先进的生产设备及检测仪器，主要产品有特种膜、自黏膜、医用膜三大类，通过ISO 9001:2000质量管理体系认证，获评省高新技术企业、省民营科技企业。2016年，完成产值9000万元。

常州市武进晨光金属涂料有限公司　位于横山桥镇蓉湖路54号，成立于1992年，占地面积1.8公顷，建筑面积9700平方米。该公司专业从事汽车涂料和机车、摩托车、家用电器、UV固化、工业特种涂料的研制与应用研究，拥有先进的涂料与涂装生产线，建有省级工程技术研究中心，通过ISO 14001:2004环境管理体系、ISO 9001:2008质量管理体系认证，为中国第一汽车集团公司、中国重汽集团公司等提供OEM产品及服务，并获得良好声誉。2016年，完成产值1.34亿元。

常州世创玻璃机械有限公司　位于横山桥镇星辰工业园区，成立于2011年，占地面积8000平方米，建筑面积5000平方米。该公司专业从事玻璃深加工机械设备的研发、生产、销售和技术服务，主要产品有CNC全自动切割线（意大利进口切割及优化软件）、太阳能光伏玻璃高速上片机、全自动智能上片机等玻璃深加工系列设备，通过ISO 12100:2010质量管理体系认证、欧盟CE认证，获评省民营科技企业，获得2012年度中国十大新锐玻璃机械设备品牌、2014年度中国十大玻璃机械设备品牌，产品销往全国各地。2016年，完成产值1200万元。

创辉医疗器械江苏有限公司　位于横山桥镇芙蓉工业园区，成立于2009年，占地面积7000平方米，建筑面积3000平方米。该公司是一家集研发、制造、销售于一体的专业化骨科医疗器械生产企业，主要生产骨科内植入物以及矫形外科手术器械，于2014年4月通过国家GMP体系认证，同年6月获得国家三类医疗器械生产许可证，2015年11月通过ISO 13484医疗器械质量管理体系认证，七大类20多个产品获欧盟CE认证。2016年，完成产值1600万元。

江苏恒耐物流园鸟瞰　　摄影/高岷

江苏朝晖化工有限公司　位于横山桥镇东风村，成立于1994年，占地面积1.4公顷，建筑面积1万平方米。该公司专业生产高性能重防腐涂料和保温涂料，获得全国工业产品生产许可证、国家CCC产品认证、ISO 9001:2008质量管理体系证书、ISO 14001:2004环境管理体系证书、OHSAS 18001:2007职业健康安全管理体系证书及江苏省著名商标，产品广泛应用于国内外大型石油化工行业和铁路、机场等公共设施。2016年，完成产值2800万元。

常州市天安特种涂料有限公司　位于横山桥镇金丰村工业园区，成立于2000年，占地面积1.05公顷，建筑面积6000平方米。该公司主要生产军用及民用船舶防腐涂料、工业防腐涂料，涉及环氧类、氯化橡胶类、醇酸类、丙烯酸类、聚氨酯类等涂料系列，获得中国环境标志产品认证、知识产权管理体系认证和ISO 9001:2008质量管理体系证书，先后通过CCS、BV、DNV、GL、LR、RINA等国内及国际船级社的工厂认可，产品被海军部队及军工单位广泛采购。2016年，完成产值5034万元。

【省庄村创成省级农村电子商务示范村】　参见《商贸流通业》栏目P138相关条目。

【星辰、金丰两村通过省生态村验收】　2016年8月，星辰、金丰两村通过江苏省生态村验收。

星辰村　位于横山桥镇南首，距沪宁高速公路横山道口仅1千米，232省道穿境而过，南临京杭大运河，总面积2.2平方千米，有自然村10个，村民2155人，外来人员4000余人。该村自2014年起开展生态村建设，至2016年累计投入1000余万元。新建综合服务站1个，内设医疗保健室、图书室、健身房等；建设星辰广场，配备羽毛球场、健身长廊等设施；完成道路硬化面积6万平方米、绿化面积16.8万平方米，清淤河塘10个，生态驳岸里程累计1250多米，清除断墙残壁，立面出新刷白2.5万平方米，在村主干路沿线安装路灯115盏。全村道路硬化率、路灯亮化率、自来水普及率、清洁能源使用率、垃圾清运率、改厕率均达100%，绿化覆盖率达40%。村庄环境优美、秩序井然、文明祥和，人民安居乐业，居民对环境状况、村容村貌、垃圾处理、绿化管理等方面满意率达95%以上。

金丰村　位于横山桥镇西北部，S232线、武澄西路、戚月线、沪宁高速公路穿村而过，总面积4.32平方千米，有农户809户、人口2935人。该村自2008年起创建生态村，至2016年累计投入1000余万元。建有综合服务中心，有室外广场3个、篮球场2个和活动室2个，总占地面积1.3公顷，完成道路硬化面积7万多平方米、绿化面积16万平方米，清理河塘20余个，生态驳岸里程超3000米，清除断墙残壁。

表 98　2016 年横山桥镇各村（社区）基本情况

村（社区）	户　数（户）	户籍人口（人）	党组织书记	村委（社区）主任	集体经济收入（万元）
东洲村	785	2291	任华强	黄志刚	211
横山桥村	820	2218	杨剑波	何仁龙	218
芳茂村	812	2335	李网度	是国炳	889
西崦村（社区）	708	1905	殷金兴	殷克强	392
星辰村	675	2155	王银瑞	金晓勇	502
省庄村	850	2630	周志军	方晓军	806
金丰村	809	2790	金文华	高忠度	399
奚巷村	665	2180	章晓伟	张岳忠	837
五一村	1520	4670	梅鹤康	朱才兴	1487
新安村	1360	3869	汤志锋	范本东	1117
东城湾村	547	1675	刘秋平	徐志刚	120
东风村	865	2614	张协良	丁耀强	719
双庙村	901	3068	岳阳波	赵海平	115
东周村	1348	4172	许　杰	奚金洪	301
东柳塘村	615	1993	单立波	刘国忠	168
西柳塘村	760	2363	刘建群	刘兴春	165
梁家桥村	760	2348	梁晓东	刘永红	213
芙蓉村	938	2912	汤建斌	陆志强	542
蓉湖村	944	2881	钱小平	殷文杰	399
朝阳村	905	2856	高炳敏	张中华	465
横山社区	1725	3331	刘常羽	刘常羽（兼）	–
新安社区	572	1019	管建本	管建本（兼）	–
芙蓉社区	780	1420	张建刚	陆海峰	–

全村道路硬化率、路灯亮化率、自来水普及率、清洁能源使用率、垃圾清运率、改厕率均超过 98.5%，绿化覆盖率超过 40%。村庄环境优美、秩序井然、文明祥和，人民安居乐业、村民对环境状况、村容村貌、垃圾处理、绿化管理等方面满意率达 98.5% 以上。

（姚　遥）

潞城街道

【概　况】 潞城街道东临横山桥镇，西接天宁区青龙街道，南靠丁堰街道、戚墅堰街道，北依天宁区郑陆镇，总面积 16.77 平方千米，辖行政村 5 个、社区 1 个，2016 年年末户籍人口 22080 人、常住人口 4 万余人。

经济发展　有工业企业 671 家，其中规模以上企业 58 家，全年完成规模以上工业产值 194.03 亿元，占全街道工业总产值的 90.99%。推进重点项目建设，轨道交通产业园载体建设、博瑞智能电网研发及总装基地、南方药品及化妆品洁净包装、高铁航空新材料部件、神力高端电机新基地等项目全面开工。全年完成固定资产投资 65.07 亿元，其中工业投资 26.01 亿元，分别增长 13.63%、14.58%。加强企业培育，签约引进“龙城英才计划”人才团队 27 个，与高等院校、科研院所开展产学研对接活动 43 次，实施科技成果转化项目 4 个，建设公共服务平台 2 个，扶持企业成立工程技术研究中心 8 家，累计获得上级各类资金支持 3500 余万元。推进企业股改上市，有 10 余家企业启动股改上市。发展服务业，完成服务业投资 39 亿元，实现限额以上贸易销售额 16.8 亿元、规模以上服务企业营业收入 1.42 亿元，分别增长 13.01%、16.26%、4.41%。凯尔城市商业广场项目开工。

城市建设　完善基础设施，基本完成全长 7.5 千米有轨电车 T1 示范线项目沿线管线迁改、驳岸、交通等初步方案，基本形成以青洋路、大明路、东城路、常青路、五一路、兴东路以及龙锦路、潞横路、东方路、东方二路、漕上路为主的“六纵五横”道路框架；完成东方公寓及政新花苑天然气管道改造工程，实施丁塘港支流百步塘圩堤加固工程、北庄和沙河浜水系沟通工程、潞横河护岸坍塌段应急抢险工程，整改险工隐患 6 处。提升人居环境，完成潞城花苑、东方公寓环境提升工程，加强河道绿化、污水处理点运行管护。保护生态

凯尔城市商业广场效果图　　供稿 / 潞城街道

表 99　2016 年潞城街道各村（社区）基本情况

村（社区）	户　数（户）	户籍人口（人）	党组织书记	村委（社区）主任	集体经济收入（万元）
政新村	839	3300	王国飞	刘佳良	427
光明村	825	2800	潘国联	潘国联（兼）	–
曙光村	792	2480	陈维格	陈维格（兼）	–
东升村	1088	3340	彭晓忠	朱小刚	919.38
潞城村	1026	2860	赵伟刚	赵伟刚（兼）	–
公园壹号花园社区	3011	7527	高婉萍	陈　云	–

环境，开展大气污染防治、水污染防治、固废治理，设置网格化环境监管体系。推进拆迁安置，完成兴东路、龙锦路项目，潞横路民房项目以及陈家村、翟家塘、鸭船滨项目等拆迁面积累计 86.88 万平方米，签约拆迁企事业单位 51 家。加强城市长效管理，完成对相对薄弱自然村、住宅小区的有效整改。

社会事业　打造从幼儿园到高中的四重优质学区，推进刘国钧职校二期、省常中分校、常州外国语学校分校、局前街小学分校，以及潞城花苑、青洋花苑幼儿园等民生工程建设。开办潞城街道图书馆分馆，成为武进区第一家街道自助性图书馆。组织参加创业培训、技能培训，促进创业就业，同时全面落实创业小额担保贷款政策，创造良好的创业环境，提供各项创业扶持补贴，引导劳动者转变就业观念，鼓励失业人员自主创业。

【凯尔城市商业广场项目开工】　2016 年 12 月开工。凯尔城市商业广场项目位于常州经开区东方东路北侧、东城路东侧，总投资约 10 亿元，占地面积 7.3 公顷，总建筑面积约 20 万平方米，是集休闲购物、商务办公、酒店、住宅为一体的城市综合体。该项目采取整体建设模式，先期启动 1 幢商业楼和 7 幢住宅楼建设，2017 年 3 月售楼处主体完工，4 ~ 8 幢住宅楼在建，一期工程预计 2019 年 6 月交付。

【潞城街道图书馆分馆开馆】　12 月开馆，成为武进区第一家街道自助性图书馆。潞城街道图书馆分馆位于公园壹号花园社区，总建筑面积 200 平方米，开架书籍 1.3 万册。该自助图书馆采用先进 RFID 技术，设备一应俱全，图书排列整齐有序，环境布置温馨舒适，提供免费上网，实行 24 小时开放，满足社区居民多方位、全天候借阅图书需求。同时，重点打造儿童阅读区，专为 0 ~ 12 岁少年儿童提供专业、丰富的绘本阅读资源和亲子活动场所，定期开展亲子品牌栏目“悦读彩虹堂”活动，设“妈妈课堂”“儿童故事会”“巧手时间”“科普小讲堂”等活动，为家长搭建育儿经验交流平台，为父母和孩子创造融洽共处、共同学习共进步的良好条件。

（张　祎）

丁堰街道

【概　况】　丁堰街道位于常州经开区新老城区交接段，总面积 10.18 平方千米，下辖行政村 4 个、社区 1 个，2016 年年末户籍人口 13876 人、常住人口约 3 万人。

产业发展　有工业企业 300 余家，其中规模以上企业 45 家、列入区重点培育扶持企业 12 家、工业经济新增长点目标企业 5 家，全年完成规模以上工业产值 206 亿元，占全街道工业总产值的 89.6%。改造提升传统产业，完成技改投入 7.2 亿元，兴诚聚四氟乙烯超细纤维项目等市、区重点项目建成投产。常州神力电机股份有限公司在上海证券交易所上市，常州祥明电机有限公司、蓝豹集团股份有限公司完成股改，累计上市企业 4 家。有高新技术企业 10 家，全年完成高新技术产业产值 89.5 亿元，占规模以上工业产值的 43.4%；新增发明专利授权 44 件，累计 206 件；通过省高新技术产品认定 6 个，由常州合力电器有限公司、德国汉斯安海公司联合申报的锂电驱动无刷电机型多功能便携式直流松土机列入市国际科技合作专项计划，实施产学研合作项目 4 个。发展现代服务业，白金汉爵大酒店开工建设，大明创意园一期外墙改造基本竣工，蓝山湖、港龙新港城、亨达未来城房地产项目完成年度投资 5 亿元。全年完成服务业投入 13 亿元，实现服务业增加值 10 亿元，分别增长 6.38%、12%。

城市建设　完善基础设施，机厂河水利枢纽工程、苏南运河航道整治工程丁堰段、丁塘港整治工程（含丁堰排涝站拆建、丁庄排涝站拆建）、防洪除涝工程一期（小王排涝站拆建工程）四项重点水利工程全部竣工。在全市率先实行“民间河长制”，管护、监督辖区河道 20 多条。按照常州经开区老城区改造、新城区建设要求，推进拆迁安置，完成拆迁面积近 40 万平方米，运河南侧洼地整治项目 179 户拆迁户顺利选房。加

丁塘河湿地公园　　供稿 / 丁堰街道

表 100

2016 年丁堰街道各村（社区）基本情况

村（社区）	户　数（户）	户籍人口（人）	党组织书记	村委（社区）主任	经济总收入（万元）
常丰村	1724	4315	刘小芳	刘小芳（兼）	990349
丁堰村	1286	3403	徐建洪	陈　蓉	188851
梅港村	1179	3018	吴文进	毛伟平	334291
芳渚村	1230	3375	吴志亮	俞卫国	270175
丁堰居委会	286	625	何国祥	何国祥（兼）	-

强环境保护，查处违法违规企业 4 家，清理环保违法违规建设项目 93 个，全面完成环保攻坚各项任务。

社会事业　丁堰街道青商会、科协分别于 10 月 21 日、11 月 15 日成立。丁堰幼儿园异地新建项目、丁堰小学原址扩建项目全面启动。丰富群众文化生活，送电影下乡 48 场，参加武进区第四届市民艺术节系列文艺展演、武进水上舞台经开区专场演出，开展“社区天天乐”“全民健身月”等活动。丁堰卫生院与潞城卫生院合并为潞城街道社区卫生服务中心。推进就业工程，新增就业岗位 716 个，实现失业人员再就业 593 人。新增社保参保人数 1936 人，累计 8348 人；登记社保企业 485 家，覆盖率达 98%。开展社会救助，发放低保金 80 余万元、救助金 15.15 万元。发挥居家养老服务站功能，发放护理费 20.3 万元，结对互助老年人 49 对。

【丁堰 3 个区级重点工业项目基本完成】 2016 年年底，丁堰街道 3 个工业重点项目基本完成，共完成投资 2.3 亿元。

机车及柴油机智能制造提升项目　由中车戚墅堰机车有限公司实施，总投资 3.8 亿元。该项目利用厂区原有土地搭建三维设计仿真平台，提升柴油机智能制造水平；建设机车电器车间，完善零部件配套；建设轨交车辆高端紧密铸件生产基地。2016 年，完成投资 8000 万元。

兴诚聚四氟乙烯超细纤维项目　由常州兴诚高分子材料有限公司实施，总投资 2.5 亿元。该项目一期、二期总用地面积 3.33 公顷，购置铺网机、开松机、绕膜机、扫描电镜等生产设备 211 台套，建成后可形成年产聚四氟乙烯超细纤维 1000吨的能力。2016年，完成投资1亿元。

全集成智能控制节能电机研发与产业化项目　由常州祥明电机有限公司实施，总投资 5000 万元。该项目建设厂房面积 5000 平方米，新增生产线 2 条，形成年产 75 万台套智能节能电机产品的综合生产能力。2016 年，完成投资 5000 万元。

【常州神力电机股份有限公司在上交所上市】 参见《开发园区》栏目 P79 相关条目。

【丁堰两大服务业项目建设】 （1）白金汉爵大酒店项目。2016 年 10 月开工建设。该项目位于常州市经开区东方东路南侧、大明路东侧，一期总建筑面积 16 万平方米，总投资 10 亿元，计划 2018 年 5 月投运。（2）大明创意园一期外墙改造项目。大明创意园位于延陵东路 388 号常州天虹工厂内，总投资 1 亿元。本着“修旧如旧”延续传承民国文化的原则，打造一个以纱线、坯布面料、服装等为主题，产业多元化整合，集办公、研发、经贸、时尚、文化、艺术、创意、设计、发布展示功能为一体的创意产业平台。一期外墙改造项目于 2016 年 6 月 8 日实施，到年末基本竣工。

【丁堰街道青商会成立】 10 月 21 日成立，有会员 19 名，主要分布在电机电器、轨道交通、纺织服装等行业。年内，该青商会根据会员企业和青年企业家的需求，有针对性地组织论坛、专题讲座、培训班、法律维权以及信息咨询等活动，把青商会打造成会员学习成长的校园、合作共赢的家园、成就事业的舞台、展示风采的窗口。

【丁堰街道科协成立】 参见《科学技术》栏目 P240 相关条目。

（周　寅）

戚墅堰街道

【概　况】 戚墅堰街道位于常州经开区中部，东到中天钢铁有限公司（九号桥），西至青洋立交桥，南与遥观镇相邻，北与丁堰街道接壤，总面积 4.73 平方千米，下辖社区 7 个，2016 年年末有户籍人口 39567 人、常住人口 5.2 万人。境内有以马家浜文化遗存——圩墩遗址为依托的圩墩遗址公园，集聚中车戚墅堰机车有限公司、中车戚墅堰机车车辆工艺研究所有限公司、江苏华电戚墅堰发电有限公司等 4 家央企。10 月，戚墅堰街道、戚大街社区被省精神文明建设指导委员会分别授予“江苏省文明单位”“江苏

戚墅堰街道社会福利中心老年人上网“充电”　摄影 / 刘建中

省文明社区”称号。

产业发展　推进金贸大厦项目，打造楼宇经济，完善改造方案，形成招商初步方案。借助中国中车大学，发展培训服务业，围绕“实施领导力、精益管理、高技能人才”等40项内容，全年培训近5000人次。引进安信证券，完善金融服务功能。壮大水星家纺常州总经销规模，提升传统服务业。承办2016圩墩文化节暨桃花花会、金秋游园会暨向日葵花展，加大活动策划和招商力度，通过线上线下互联互动，扩大影响力，培育休闲旅游品牌。全年完成服务业列统企业营业收入4.43亿元，限额以上批零销售额3.81亿元，增幅分别为15%、18%。戚大街创成为常州市放心消费示范一条街。

城市建设　解决运河“四改三”征收项目遗留问题，完成457户民房拆除和4家企业签约、搬迁。做好漕上路征收项目，完成庆丰知青点70户的征收。完善老小区功能配套，实施4号、6号地块环境提升工程，维修中九区店面房，改造河苑路路面，改善汇龙湾小区基础设施和工房区大、小立交泵站等水利防汛设施，提升辖区形象。加强城市精细化管理，把文明城市建设和长效管理相结合，完成文明城市建设任务；基本完成五益综合市场周边环境整治工程，有效改善消费环境；集中整治城际北广场，划定功能区域，疏导流动摊贩109个；开展对30个无物管小区的楼道专项整治，实现长效管理预期效果。东方社区于上年9月获省城市管理示范社区称号。

社会事业　践行“暖心为民、贴心惠民”的服务理念，通过民情恳谈会、社区分享会和民意收集箱等形式畅通民意渠道。宣传社会保障政策，推进以多渠道开辟就业门路和保障困难职工基本生活为重点的就业再就业项目。做好社会救助和住房保障工作，发放最低生活保障金258.39万元，受理住房保障新申请100户。推进居家养老服务中心建设，提升居家养老动态服务能力，打造日间照料特色服务，为辖区高龄空巢老人提供高效便捷的养老服务。整合资源，为社区居民提供教育学习服务。1月，戚墅堰街道社区教育中心被评为省标准化社区教育中心。

“中秋佳节共团圆，家规家训齐分享”主题阅读分享活动　　供稿/戚墅堰街道

【圩墩文化品牌打造】　2016圩墩文化节暨桃花花会　3月26日至4月4日，在圩墩公园举行。这次活动由常州经开区管委会、常州市园林局共同举办，戚墅堰街道承办，主题为“寻找心中的桃花源”，推出最萌桃花宝贝评选、“花开遇见你”互联网相亲活动、家训文化征集、微摄影大赛四大线上活动，演出原创舞台剧《圩墩回响》3场，圩墩公园种植直枝型、山桃花、帚形桃、垂枝桃、寿星桃、曲枝桃六大品系观赏桃1000余株，并配种郁金香9个品种，为广大市民呈现了“一堤杨柳，绿雾初匀；夹岸桃花，红云半晓”的视觉盛宴。

金秋游园会暨向日葵花展　9月14—17日，在圩墩公园举行。这次活动由常州经开区管委会、常州市园林局共同举办，戚墅堰街道承办，主题为“花弄月影、中秋情浓”，由观花、放河灯、看演出、猜灯谜、向日葵写生邀请、家规家训阅读分享、寻找最美笑脸等9项活动组成，特别是“中秋佳节共团圆，家规家训齐分享”主题阅读分享活动，通过挖掘戚墅堰街道传统文化，营造了家风好、民风纯的良好氛围。

（王萌睿）

表101　2016年戚墅堰街道各社区基本情况

社　区	户　数（户）	户籍人口（人）	党组织书记	社区主任
花苑社区	2629	6388	朱　琴	朱　琴（兼）
花溪社区	1952	4931	朱丽英	朱丽英（兼）
站北社区	1569	3971	曹　玉	曹　玉（兼）
东方社区	3271	7942	陈卫华	陈卫华（兼）
戚大街社区	2456	5859	方　雷	方　雷（兼）
河苑社区	2191	5661	恽建美	恽建美（兼）
圩墩社区	1896	4765	戚静亚	戚静亚（兼）

南夏墅街道

【概　况】　南夏墅街道位于武进区湖塘镇南，管辖面积70平方千米，辖行政村14个、社区9个，2016年年末常住人口11.8万人。

城乡建设　按照“全力服务高新区，加力提升南夏墅”的工作定位，推进拆迁安置，保障车和家新能源汽车制造基地项目、永安河拓浚工程等重点项目建设，以及龙驰路、胜洲西路地块及街道环境提升工程实施，完成民房383户、企业49家拆迁面积共计32.51万平方米，启动塘洋水产村、滆湖东路地块、

常州大学城夜市大排档　　供稿/南夏墅街道

表 102　2016 年南夏墅街道各村（社区）基本情况

村（社区）	户　数（户）	户籍人口（人）	党组织书记	村委（社区）主任	集体经济收入（万元）
戴家村	560	2025	朱玉明	朱玉明（兼）	180
港桥村	467	1768	王如平	卢中兴	146
河东村	699	2520	朱玉峰	万志伟	151
华阳村	744	2725	庄青松	庄青松（兼）	202
九华村	1071	3973	周　新	周　新（兼）	460
庙桥村	1120	3550	莫炳卫	庄伟兴	237
南夏墅村	669	2118	胡德岳	胡德岳（兼）	113
三河村	1065	3420	岳建波	岳建波（兼）	445
胜西村	872	2723	卞小中	卞小中（兼）	115.7
石柱村	645	2308	李建伟	杨　凯	108
塘洋村	969	3375	蒋雪峰	邵华明	110
桐庄村	1021	3596	薛志寅	田秋兴	164
万塔村	728	2289	陈永俭	岳加峰	212
新联村	629	2158	杨同庆	潘小平	159
庙桥社区	191	300	庄浩杰	莫小国	–
南苑社区	1995	5510	时进锋	时进锋（兼）	–
南河社区	1868	4787	潘　林	潘　林（兼）	–
学府东苑社区	861	2374	周曙光	周曙光（兼）	–
南湖家苑社区	372	1097	岳效忠	赵建伟	–
大学新村三社区	1547	4459	曹　锋	钱国强	–
南夏墅社区	924	2556	柴惠平	朱效平	–
南淳社区	418	1161	褚小英	褚小英（兼）	–
学府家苑社区	1269	3552	李　健	李　健（兼）	–

综合体建设、莱克斯诺北地块、南洋木业地块拆迁，开展海盾船用机械设备、煜达坤机械制造厂、创辉医疗等地块清表，妥善解决轨道交通一号线涉及拆迁户 6 户的遗留问题；完成南淳家园（小高层、高层）和南隆小区（小高层、高层）二期安置房分房 1158 套、面积 12.1 万平方米，提前落实有特殊困难拆迁安置户安置房 181 套、面积 18596 平方米，为塘洋村受淹农户 34 户提前解决安置房 71 套、货币化安置 23 人。完善基础设施，提档升级改造新知路，重建朱明桥、东环桥，维修万塔桥等农桥 9 座，改造九新线沈家塘至朱家坝危险路段。优化功能布局，实施对夏墅集镇和庙桥集镇的功能提升，完成景观绿化、道板维修、路灯改造、活动场所等建设项目 35 个。保护生态环境，整治违法违规建设项目，完成凤阳河、南苑社区景观河、大三社区景观河水质污染整治，疏浚镇级河道 2 条、村庄河塘 24 个，维修灌排站 11 座、闸站 2 座。加强城市管理，开展专项整治 97 次，完成常州市督办项目大学城夜排档安置点建设，辖区环境明显改善。

平安建设　排查安全隐患，每月开展对规模以上、高危行业以及化工企业的专项检查，整改率达 98%。健全领导干部包案、下访接访制度，成功化解信访积案 2 个，实现非访量大幅度下降。建成集综治、司法、信访职能于一体的综合服务窗口，开展对拆迁项目的社会稳定风险评估，调处各类矛盾纠纷，调解成功率 100%。万塔村、九华村、桐庄村、戴家头村、石柱村、南淳社区、学府家苑社区和庙桥村 8 个村（社区）创成省级民主法治示范村（社区），学府家苑社区被确立为省级法治文化建设示范点。联合武进公安分局开展专项清查行动，在安置小区、重点区域和公共复杂场所增设监控设施，社会治安水平提升。

社会事业　发展村级经济，组织万塔、三河、南周、纪墅、塘田、大兴、孙家 7 个村（股份合作社）参与共建大学城夜市疏导点，设摊位 325 个，实现年收入 600 万元。统一公开竞价招租南隆家园和学府东苑商铺，实现年租金 462 万元，按比例分配至各村。华阳、万塔、三河、九华、新联、庙桥 6 个村

南夏墅街道迎新年文艺汇演　　供稿 / 南夏墅街道

完成土地确权，并签订农村土地承包经营权合同。街道农村产权交易站累计成交项目51宗，成交标段187笔，金额3815.99万元，被评为江苏省农村产权交易先进集体。改善学校硬件建设，辖区4所学校均通过省级优质学校评估验收。组织"文化改变我们的生活"系列文化活动，组建业余文化宣传队伍，开展文体育活动25次。新建新联村、塘洋村健身广场2个，建成庙桥村、南苑社区等图书馆分馆5个，实现行政村（社区）文体活动室全覆盖。武进人民医院高新区院区常年开展便民义诊活动，学府东苑医疗卫生服务站建成。培育社会组织，建成武进区首个街道社会组织培育发展中心和星馨残疾人励志创业中心。加强社会保障，办理新增社保业务6492人次、续保业务1701人次，净增住房公积金参保人员2771人。全年发放被征地农民生活补助费3919.52万元、贫困家庭救助基金223.75万元、低保金75万元、重残人员生活补助322.89万元。

【星馨残疾人励志创业中心建成投用】 3月建成投用。星馨残疾人励志创业中心由南夏墅街道投入200万元，改造原南夏墅卫生院门诊大楼而成，建筑面积1300平方米，配备残疾人休息室、娱乐室、康复室、培训室、学习室、手工制作室，以及全套无障碍设施，为辖区以及武进南片地区残疾人创造了良好的生活、创业、培训环境。年内，该中心以就近方便为原则，提供适合残疾人的劳动项目、培训项目、文化娱乐、体育健身等服务，培训残疾人250多人次。

【学府家苑社区创成省级法治文化建设示范点】 10月，通过省司法厅考核验收组验收。学府家苑社区注重法治文化建设，以居民自觉学法、知法、懂法、守法为法治文化建设目标，采取宣传党和政府政策方针和社区实际相结合、广告宣传与具体事件处理相结合、法治宣传与治安长效管理相结合等方法，投资建设法治文化南北广场各1个，配备露天显示屏2块、长廊80米和宣传栏10个、广告牌20块，丰富法治文化内涵。加强法制队伍建设，建立长效管理机制，联合社区警务室和保安、物业等单位，开展治安值班、巡逻、电子监控等治安保卫工作，保障社区安全。开展普法宣传，做到每月一次、每年放电影5场。坚持把法治文化建设与人民调解相结合，开展"人民调解为百姓，化解纠纷促稳定"宣传活动，切实调处解决居民反映的房屋工程质量、邻里装修等矛盾纠纷，调解成功率100%。加强对少数居民高空抛物、洒水、吐痰等不良习惯的宣传教育，提高市民意识和社会公德。

（徐松华）

西湖街道

【概　况】 西湖街道位于武进区西太湖畔，东临牛塘镇、武进高新区，西接花木之乡嘉泽镇，南靠西太湖，北依钟楼区邹区镇，总面积48.21平方千米，辖行政村4个、社区3个，2016年年末常住人口5.6万人。

助力产城融合　推进拆迁安置，制定实施《西湖街道集体土地上住宅拆迁安置方案（试行）》，做好常州减速机总厂、常州市康利饮料厂和河头北部地块等企业拆迁，与钟楼区邹区镇对接、谈判中波塔地块事宜，完成拆迁面积19.45万平方米，确保润源经编、郁家浜防洪工程、西太湖影视基地等园区重点项目顺利开工；塔下安置房分房如期完成。加强土地管理，在武进率先出台《西湖街道土地管理及考核办法（暂行）》，全年共签订土地发包协议365份，土地管控面积800余公顷，土地管控率达80%。完成土地卫片执法及畜禽养殖污染整治任务，整改率100%。加强城市管理，实行公安、城管联勤联动工作机制，查处偷倒垃圾行为，使辖区内偷倒垃圾事件由常态化转变为偶然化；落

表103　2016年西湖街道各村（社区）基本情况

村（社区）	户　数（户）	户籍人口（人）	党组织书记	村委（社区）主任	集体经济收入（万元）
聚新社区	2916	8783	曹志健	张洪大	476
蠡河社区	1843	5556	钱伟明	蒋志凯	247
湖滨社区	1057	2819	翁金良	邓　达	–
河头村	518	1987	徐才炳	蒋纪春	133
仕尚村	657	2338	展　毅	吴伟连	135
长汀村	593	2147	吴　辉	周玉龙	655
塔下村	675	2269	黄小平	王佳可	122

8月23日，礼河公交综合枢纽中心启用　　供稿／西湖街道

实长效管理考评制度，建设礼河片区大排档及小商品市场疏导点，有效解决礼河农贸市场周边乱设摊难题；加强“两违”预防处置，全年处理率100%。

改善民生福祉　实施民生工程，完成3个安置小区下水管道疏通工程和聚新社区屋面改造任务的60%，礼河片区大型车辆停车场投入运营，礼河实验学校一号楼主体施工、城管中队办公用房装修和北部片区自来水管网改造相继完成，鑫河中心公园开工建设。促进富民增收，实现土地年租金收缴金额336万元，完成聚新、鑫河、湖滨3个社区店面房到账租金收入665万元，鑫河农贸市场实现招租全覆盖，民营工业园完成到账租金收入1000余万元。开展文体活动，举办“社区天天乐”50余场、大型文娱晚会4场，以及棋王牌王争霸赛、“鑫河杯”篮球赛等，送电影下乡100余场。星韵学校入学优惠政策启动，礼河幼儿园通过省优质幼儿园复评，积分入学政策公平公正推进。完善民生保障，提供就业岗位1000余个，净增社保扩面人员1410人，被征地农民基本生活保障实现全覆盖。全面落实困难群体救助和弱势群体帮扶政策，发放各类补助金360余万元。

深化平安建设　建立信访及矛盾纠纷排查工作例会制度，全年化解重点信访积案11件、一般性矛盾纠纷249件。出台《关于推行政社互动工作的实施意见》，建立双向评估考核机制，推行基层群众自治、民主管理。推进治安防控体系建设，改善道路交通安全环境，开展以打击侵财型案件和电信诈骗案件为重点的专项行动，群众安全感稳步提升。建立常态化安全生产巡查机制，完善安全网络体系，实现辖区重大公共安全事故“零发生”。

【西湖街道防汛攻坚战显成效】　2016年，西湖街道实施防汛大包围工程，南北十字河北闸站建设于4月基本完工；加强堤防建设，加高加固孟津河东北堤防里程2.4千米；推进水系工程，完成场北河整治5.5千米、扁担河整治1.7千米。在防汛过程中，采取防汛工程整改到位、防汛物资准备到位、巡视排查精准到位、沟通协调顺畅到位、应急抢险快速到位的“五到位”的工作法，使辖区安全度汛，人民群众生命财产安全得到保障。

【2个村（社区）党群示范点建成】　2016年，西湖街道以推进“两学一做”学习教育为契机，根据党建“五个一”（健全一批制度，规范党内组织生活；建强一支队伍，打牢基层组织基础；完善一批活动场所，夯实党建活动阵地；树立一批典型，发挥带动引领作用；开展一系列主题活动，激发党建工作活力）发展要求，坚持重点培育、示范引领、创新推动、整体提升，建成聚新家园社区、长汀村2个富有特色的党群示范点，将其打造成党群服务工作的平台，职工群众活动的阵地，发展成果展示的载体，精神文化的园地，党群示范引领的样板和对外合作交流的窗口，接待市内外领导和兄弟单位参观交流15批次。长汀村党群示范点以“党建带工建，工建促党建”为核心理念，创建村级时光馆，以时光为脉络，记录长汀过去、现在与未来，同时展示长汀优秀企业发展成果。聚新社区党群示范点集“党群、政务、社区、文化”服务于一体，成为党群紧密联系的纽带、居民服务的一站式平台。

（王　薇）

武进高新区北区

【概　况】　武进高新技术产业开发区北区（简称武进高新区北区）位于武进中心城区东北部，总面积10平方千米，辖社区10个（含涉农社区7个），2016年年末总人口88259人（含暂住人口

表104　2016年武进高新区北区各社区基本情况

社　区	户　数（户）	户籍人口（人）	党组织书记	社区主任	集体经济收入（万元）
贺北社区	1542	4571	雷　成	贺文龙	1005
十里社区	657	1942	周小平	周建春	864
邱墅社区	1751	4518	华建坤	马　益	820
古方社区	2965	4223	周萍华	张未荣	612
龚家社区	744	2142	龚文忠	龚文忠（兼）	578
东庄社区	2216	5937	崔济安	华建钢	542
马杭社区	1206	2672	蒋元兴	蒋元兴（兼）	545
喜盈门社区	610	1572	孙春玲	吴寅峰	–
新城域社区	1413	3145	殷利平	杨　春	–
香溢澜桥社区	775	2326	贾　建	孙　燕	–

53170人)。

城市建设　建设基础设施，公朴路及公朴故居周边建设工程、白家浜清淤和岸坡整治、邱墅河浜清淤工程全面完成，马杭社区翠菊山庄道路及地下管网改造工程、香溢澜桥社区服务中心装修年末完工，配合完成武进高新区火炬路两侧道板改造；实施完成采菱港防洪墙防洪通道建设和驳岸加固工程、马杭老街防洪墙加固工程，以及灵角墩、白家浜、严墅湾泵站改造，配合做好沈家浜建设工程，大运河沿线及采菱港沿线防洪排涝能力有效提高。推进拆迁安置，完成火炬路地块4家企业拆迁、远东滚针轴承厂地块收储、兴勤电子地块拆迁签约，开展永安河拓浚北区段涉及马杭老街地块的调查公示、丈量核对等，累计拆迁面积10万平方米，完成大孤岛拆迁户商品房安置。加强城市管理，定期集中整治主次干道、商业密集区、农贸市场、学校周边等地区，开展对马杭兴隆街、阳湖菜场周边等重点区域的专项整治；定期巡查环境卫生情况，及时整改市、区两级考评发现的问题，配合完成全国文明城市复查工作。

社区建设　深化政社互动，武进高新区北区在新城域社区开展“三社”(社区、社会组织和社工)联动试点，出资购买社会组织服务项目2项，“同心向党——精准助残”项目为200多名残疾人提供义诊、健康讲座、法律咨询、心理咨询等服务，“幸福彩虹桥”项目开展家庭教育讲座24次、亲子活动16次。各涉农社区稳步发展集体经济，平均经济收入达710万元。实施民生实事项目，开展道路维修、雨污水管网疏通、小区公共设施维护、绿化建设等，提升居民生活环境。东庄社区、龚家社区分别创建常州市和谐(平安、文明)社区、江苏省和谐示范社区，十里社区创建成市级“三好三强”示范社区。

3月6日，高新区北区新城域社区举办“厨艺大比拼，共度三八节”活动　摄影/高岷

社会事业　加强社会治理，成立武进区司法局北区司法所，开展普法宣传、社区矫正、人民调解、安置帮教等工作，及时发现和化解矛盾纠纷及苗头性上访问题。完善社会保障，将符合条件人员纳入社会保险范围，扩大社会保障覆盖面；开展就业信息采集发布、技能培训、创业服务等，落实好各项扶持政策，全年救助失业困难人员622人共计175万元，落实最低生活保障、大病救助、困难救助等政策，发放低保金和救助金250余万元，向大病对象82人发放救助金41万元。

(冯墨紫)

武进高新区北区商住区　供稿/武进高新区北区

【武进区司法局北区司法所揭牌】　4月21日，在武进高新区北区揭牌，成为全市第一个由区司法局垂直管理的司法所。该司法所接受区司法局和高新区北区管理处的双重领导，承担人民调解、社区矫正、法治宣传、法律援助等基层司法行政工作，协助高新区北区综合治理、维护稳定等工作，由司法局派驻公务员与社工人员，与北区原有工作人员合署办公，解决社区矫正执法工作必须有合格的国家工作人员身份和合法的司法所机构问题。该所同步成立北区公共法律服务中心，完善各社区司法行政服务站建设，年内调处矛盾纠纷106起，处理信访85起。落实社区矫正“双严”整治工作，健全工作制度，制定《高新北区公民法治教育第七个五年规划》，创作法治歌曲《与法同行》获得武进区一等奖，创作法治微电影《一念之间》入围全国青少年微电影百强大赛。北区司法工作迈入规范化、法治化、创新化轨道。

【李公朴生平事迹展览馆开馆】　参见《文化·大众传媒》栏目P257同名条目。

(张向斌)

(栏目编辑　万向阳)

组织机构与负责人名录

(2016.4.1—2017.3.31)

中共常州市武进区第十二届委员会

书　　记　周　斌（—2016.6）
　　　　　史志军（2016.6 任）
副 书 记　戴士福　董彩凤※（—2016.6）
　　　　　顾伟国（2016.7 任）
　　　　　叶明华（2016.9 任）
常　　委（书记、副书记在常委中不重复列名）
　　　　　华　飞　孙金才　郑政平　杨国成
　　　　　徐　萍※　江建文（—2016.6）
　　　　　单骏初（—2016.6）
　　　　　陆秋明（2016.7 任）
　　　　　石旭涌（2016.7 任）
　　　　　荆浩良（2016.7 任）
　　　　　刘亦鸣（—2016.6）
　　　　　崔　娟※（—2016.5）
委　　员（按姓氏笔画为序）
　　　　　丁　一　石旭涌　叶明华　史志军
　　　　　吉晓阳※　任志清　华　飞　刘　团※
　　　　　刘志峰　江建文　孙金才　孙泽新
　　　　　杨国成　陆秋明　郑政平　荆浩良
　　　　　是　峰　施小平　秦汉明　贾　东
　　　　　顾伟国　徐　萍※　蒋　丽※　蒋志龙
　　　　　蒋国强　谢国正　臧建中　薛红霞※
　　　　　薛建忠　戴士福
　　　　　王明昌（—2016.7）
　　　　　吕　骏（—2016.7）
　　　　　庄亚洁※（—2016.7）
　　　　　刘亦鸣（—2016.7）
　　　　　刘宗凉（—2016.7）
　　　　　李文涛（—2016.7）
　　　　　杨华夏※（—2016.7）
　　　　　吴乐平（—2016.7）
　　　　　何　东（—2016.7）
　　　　　何　勇（—2016.7）
　　　　　张　勇（—2016.7）
　　　　　金　刚（—2016.7）
　　　　　周　斌（—2016.7）
　　　　　周煜明（—2016.7）
　　　　　郑全伟（—2016.7）
　　　　　赵文明（—2016.7）
　　　　　秦汉明（—2016.7）
　　　　　崔　娟※（—2016.7）
　　　　　董　梁（—2016.7）
　　　　　董彩凤※（—2016.7）
　　　　　谢国正（—2016.7）
　　　　　薛健峰（—2016.7）
　　　　　衡伟方（—2016.7）
候补委员（按姓氏笔画为序）
　　　　　张征宇　张卫星　徐　宁
　　　　　何　勇　秦春华　万如生
　　　　　冯旭江（—2016.7）
　　　　　孙泽新（—2016.7）
　　　　　杨云逸（—2016.7）
　　　　　沈建忠（—2016.7）
　　　　　岳翠军（—2016.7）
　　　　　夏建飞（—2016.7）
　　　　　梁文菊（—2016.7）
　　　　　董才平（—2016.7）

常州市武进区第十六届人民代表大会常务委员会

主　　任　臧建中
副 主 任　陈　虎　陆惠根（—2017.1）
　　　　　张　美※　郭志贤（—2017.1）
　　　　　朱建康（—2017.1）
　　　　　蒋国强（2017.1 任）
　　　　　蒋红英※（2017.1 任）
委　　员（按姓氏笔画为序）
　　　　　丁　坤　王元兵　王爱军※　石剑舫
　　　　　许岳兴　许勤丰　李　荣　吴晓东
　　　　　沙　芳※　张亚萍※　张伟贤　陆为农

陈方根　陈建荣　尚金萍※　季文斌
金　刚　周培根　周　萍※　赵晓青※
俞建东　贾国建　顾　群　徐成大
徐晓杰　谈　胜　黄盛英※　曹志健
符　伟　符毅梅※　蒋志刚　蒋政剑
蒋新明　强　雨※　潘志峰　薛亚清
万琴凤※（—2017.1）
王伟强（—2017.1）
王锡敏（—2017.1）
孔建华（—2017.1）
史伟刚（—2017.1）
包菊芬※（—2017.1）
曲东升（—2017.1）
朱银波（—2017.1）
朱鹏程（—2017.1）
杨华夏※（—2017.1）
寿复新（—2017.1）
李洪兴（—2017.1）
李　瑛※（—2017.1）
汪立平（—2017.1）
沈建忠（—2017.1）
张桂秀※（—2017.1）
陆志清（—2017.1）
陈琳瑛※（—2017.1）
周一平（—2017.1）
单虎林（—2017.1）
胡裕良（—2017.1）
郝建成（—2017.1）
查伟明（—2017.1）
赵晓青※（—2017.1）
袁　康（—2017.1）
顾　芳※（—2017.1）
徐　伟※（—2017.1）
徐贵宝（—2017.1）
徐银南（—2017.1）
萧剑波（—2017.1）
章茂春（—2017.1）
韩巧林（—2017.1）
彭晓忠（—2017.1）
蒋亚诚（—2017.1）
蒋旭东（—2017.1）
蒋剑英※（—2017.1）
程立力（—2017.1）
强黎明（—2017.1）
薛　康※（—2017.1）
衡伟方（—2017.1）

中共武进区人大常委会党组

书　　记　臧建中
副 书 记　陈　虎　陆惠根（—2017.1）

常州市武进区人民政府

区　　长　戴士福
副 区 长　顾伟国（—2016.7）
陆秋明（2016.7 任）
郑政平（—2016.7）
陆雅芬※（—2017.1）
谢国正（—2016.7）
石旭涌（—2016.7）
张　强（2017.1 任）
薛建忠　是　峰　刘志峰（2017.1 任）
薛红霞※（2017.1 任）
徐治国（2017.1 任）
张小虎（2017.1 任）
崔　娟※（—2016.5）
路宏伟（—2016.8）
周复宗（2016.5—2017.1）
王拥军（2016.9 任）
钱文华（2016.12 任）
许让磊　刘荫梅※（2016.9 任）

中共武进区人民政府党组

书　　记　戴士福
副 书 记　顾伟国（—2016.6）
陆秋明（2016.6 任）

政协常州市武进区第十四届委员会

主　　席　张建新（—2017.1）
江建文（2017.1 任）
副 主 席　单骏初（2017.1 任）　杜　强
陆雅芬※（2017.1 任）
万卫新　刘云英※
江君杰（—2017.1）
王友诚（—2017.1）
王明昌（—2016.7）
蒋红英※（—2017.1）
张志朝（—2016.7）
周耀南（—2017.1）
常　　委（按姓氏笔画为序）
万琴凤※　王云芬※　王中元　王唱东※
王　燕※　计小良　方沛琪　冯旭江
朱志伟　朱宏英※　杜国栋　杨康健
杨福宽　杨鑫才　李　婷※　吴文英※
狄旭东　汪立平　张　云　张兰平
张军亮　张克强　陆惠萍※　陈飞燕※
陈克明　陈　凌　陈　新　岳翠军
金宏平　周义红　周建清　茹正伟
赵丽君※　俞　瑜※　夏荣伟　钱　臣

徐世中　徐国忠　陶　可　桑　遥※
梅泽锋　萧剑波　黄小国　曹　毅
龚　黎※　戚国强　韩家兴　蒋建明
蒋南春　鲁　培※　路军方　慧　闻
薛红良　石明东（—2017.1）
夷建良（—2017.1）
吕　萍※（—2017.1）
朱晓承（—2017.1）
任争辉（—2017.1）
刘寅妹※（—2017.1）
祁　斌（—2017.1）
孙向群※（—2017.1）
杜爱祥（—2017.1）
李再生（—2017.1）
严少华（—2017.1）
时小玲※（—2017.1）
宋丹峰（—2017.1）
张小虎（—2017.1）
张林华（—2017.1）
张荷美※（—2017.1）
陆永德（—2017.1）
陆柏松（—2017.1）
陈月波※（—2017.1）
陈祖伟（—2017.1）
陈淑娟※（—2017.1）
周　萍※（—2017.1）
周煜明（—2017.1）
赵　明（—2017.1）
赵有福（—2017.1）
赵忠明（—2017.1）
徐全国（—2017.1）
高国华（—2017.1）
高桂芳※（—2017.1）
谈　胜（—2017.1）
陶春健（—2017.1）
黄芝伟（—2017.1）
黄承业（—2017.1）
曹雄伟（—2017.1）
蒋杏娟※（—2017.1）
焦富成（—2017.1）

秘书长　周建清（—2016.5）
　　　　刘宗凉（2017.1任）

中共武进区政协党组

书　记　张建新（—2016.6）
　　　　江建文（2016.6任）
副书记　张建新（2016.6—2017.1）
　　　　江君杰（—2017.1）
　　　　单骏初（2016.6任）

中共常州市武进区纪律检查委员会

书　记　徐　萍※
副书记　朱志伟　朱鹏程（—2016.7）
　　　　符毅梅※（2016.7任）
常　委　（书记、副书记在常委中不重复列名）
　　　　姜震宇　符毅梅※（—2016.7）
　　　　章春军（—2016.4）
　　　　杨云飞　莫建刚　周　栋
委　员　（按姓氏笔画为序）
　　　　王　强（2016.7—2017.1）
　　　　朱志伟　许　斌　杨云飞　张　勇
　　　　张居一　张继洪　周　栋　周仲华
　　　　周庆中　单虎林　姜震宇　莫建刚
　　　　徐　萍※　符毅梅※
　　　　卢中英（—2016.7）
　　　　叶明华（—2016.7）
　　　　朱庆中（—2016.7）
　　　　朱鹏程（—2016.7）
　　　　刘东辉（—2016.7）
　　　　张卫星（—2016.7）
　　　　陈　斌（—2016.7）
　　　　陈兴福（—2016.7）
　　　　金旭兵（—2016.7）
　　　　周庆中（—2016.7）
　　　　赵　盟（—2016.7）
　　　　赵晓青※（—2016.7）
　　　　赵福平（—2016.7）
　　　　胡新诚（—2016.7）
　　　　柏琴雪※（—2016.7）
　　　　顾　群（—2016.7）
　　　　唐家中（—2016.7）
　　　　黄　莹（—2016.7）
　　　　龚青大（—2016.7）
　　　　章春军（—2016.7）
　　　　谈小敏（—2016.7）
　　　　蒋政剑（—2016.7）
　　　　虞文华（—2016.7）

武进区委巡察机构

主　任　符毅梅※（兼）
专职副主任　蒋轶佶
巡察组组长　恽　伟　王明源　陆　浩
　　　　邵　彦※　陈　斌
巡察组副组长　陈建纲　刘　毅　郑小悟※
　　　　胥仲华　朱庆中

武进区人民法院

院长、党组书记　任志清
党组副书记　张居一

副院长 张居一 许中伟 徐光 邵建荣
纪检组长 杨文伟
政治处主任 纪建国（—2016.4）
金峰（2016.4 任）
执行局局长 刘志鹏
专职委员 金峰（—2016.4）
薛向阳（2016.4 任）

武进区人民检察院

检察长 蒋国强（—2017.1）
朱文俊（2017.1 任）
党组书记 蒋国强（—2016.12）
朱文俊（2016.12 任）
党组副书记 陈兴福
副检察长 陈兴福 杨康健 吴汉忠
王强（—2016.12）
纪检组组长 石金祥
专职委员 潘德方 陈志东
反贪污贿赂局局长 顾忠泽
政治处主任 唐黎刚

中共武进区委工作机构及直属单位

区委办公室

主任 贾东
副主任 左燕钢 殷宏远（—2016.12）
孔令君 周嫣倩※（2016.12 任）

区委研究室

主任 左燕钢

区委机要局

局长 袁涛（2017.1 任）
副局长 王卫洪

区委督查室

主任 陶春健
副主任 严超

区委组织部

部长 华飞
副部长 陈克明 单虎林 王元兵
部务委员 张军亮（—2016.12）
冯宇（2016.4 任）
钱涛（2016.4 任）

区委新经济社会组织工作委员会

书记 陈克明（兼）

区委党的建设工作领导小组办公室

主任 王元兵

区委宣传部

部长 江建文（—2016.6）
郑政平（2016.6）
常务副部长 陶可
副部长 陆浩（—2016.4） 薛亚清
戚清萍※（2016.4 任）

区精神文明建设指导委员会办公室

主任 陆浩（—2016.4）
戚清萍※（2016.4 任）
副主任 戚清萍※（—2016.4）

区委对外宣传办公室（区政府新闻办公室）

主任 薛亚清
副主任 程锦※ 何泽宇

区委统一战线工作部

部长 杨国成
常务副部长 龚黎※
副部长 陈建荣（—2016.4）
陈月波※ 蒋金标
李建国（—2016.4）
赵忠明（2016.4 任）

区民族宗教事务局

局长 蒋金标
副局长 薛怀德

区委政法委员会

书记 单骏初（—2016.6）
孙金才（2016.6 任）
副书记 谢国正（兼，—2016.12）
张强（兼，2016.12 任）
张永璧 刘岩
专职委员 徐晓东

区社会管理综合治理委员会办公室

主任 张永璧
副主任 朱智华

区依法治区领导小组办公室

副主任 潘宏光

区委农村工作办公室

主任 许勤丰（—2016.4）
袁建良（2016.4 任）
副主任 周建定 杭瑛※（—2016.4）
姚志平（2016.4 任） 周小宇

区机构编制委员会办公室（区事业单位管理局）

主任 顾中琪（—2017.3）
戴小方（2017.3 任）
副主任 奚向宁

区委区级机关工作委员会

书记 单虎林（兼）
副书记 王腊美※（—2016.4）
沈叶※（2016.4 任）

区委老干部局

局长 莫健新
副局长 钱颖旦※（—2016.4） 丁映宇

区档案局（馆）

局（馆）长、党组书记 恽伟（—2016.4）
高国华（2016.4 任）
副局（馆）长 陆飞跃※（—2016.4）
王国波 张晓燕※

区信访局

局　　长　江春明（—2016.4）
　　　　　李　荣（2016.4 任）
副 局 长　严　俊※（—2017.3）
　　　　　陈永康　王建华※　蒲启城

区委台湾工作办公室
（区政府台湾事务办公室）

主　　任　陈建荣（—2016.4）
　　　　　陈月波※（2016.4 任）
副 主 任　李　新

区委党史工作委员会
区地方志办公室

主　　任　恽永忠（—2016.4）
　　　　　陈　刚（2016.4 任）
副 主 任　范建军（—2017.3）　罗　燕

区委党校

党委书记、校长　陆为农（—2016.4）
　　　　　　　　查伟明（2016.4 任）
副　校　长　王文辉　张利萍※（—2016.4）
　　　　　　李素君※　陆茹英※（2016.4 任）

区行政学校

校　　长　陆为农（—2016.4）
　　　　　查伟明（2016.4 任）
副 校 长　丁志峰（兼，—2016.5）
　　　　　王文辉　张利萍※（—2016.4）
　　　　　李素君※　陆茹英※（2016.4 任）

武进日报社

社长、党委书记　孙泽新
武进日报总编辑、党委副书记　顾枫华
副社长　周　栋（—2016.6）
　　　　钱小松
纪委书记　吴旭东（2017.3 任）
武进日报副总编辑　葛长青　陆卫东
　　　　　　　　　王　燕※（2016.4 任）

区广播电视台

台长、党委副书记　顾　芳※
副　台　长　朱建刚　杨富春　陈伟强
纪 委 书 记　张乃佳※

武进区人大常委会办事机构

办公室

主　　任　李洪兴（—2016.4）
　　　　　符　伟（2016.4 任）
副 主 任　查伟明（—2016.4）
　　　　　万琴凤※（—2016.4）
　　　　　沙　芳※（2016.4 任）　强　雨※

研究室

主　　任　查伟明（—2016.4）
　　　　　沙　芳※（2016.4 任）

财政经济工作委员会

主　　任　史伟刚（—2016.4）
　　　　　陈建荣（2016.4 任）
副 主 任　黄盛英※（—2016.4）
　　　　　潘一沁※（2016.4 任）

农业和农村工作委员会

主　　任　胡裕良（—2016.4）
　　　　　许勤丰（2016.4 任）

法制和内务司法工作委员会

主　　任　王锡敏（—2016.4）
　　　　　许岳兴（2016.4 任）
副 主 任　冯之礼（—2016.4）

环境资源城乡建设工作委员会

主　　任　陈方根
副 主 任　隋宏彬（—2016.4）
　　　　　周亚明（2016.4 任）

教科文卫工作委员会

主　　任　郝建成（—2016.4）
　　　　　陆为农（2016.4 任）
副 主 任　徐晓燕※

人事代表工作委员会

主　　任　蒋剑英※（—2016.4）
　　　　　俞建东（2016.4 任）

民族宗教侨务工作委员会

主　　任　张亚萍※
副 主 任　王　恒（—2016.4）

武进区人民政府工作部门及直属单位

区政府办公室

主任、党组书记　刘宗凉（—2016.4）
　　　　　　　　蒋志龙（2016.4 任）
副　主　任　李　荣（—2016.4）
　　　　　　张文伟（—2016.4）
　　　　　　符　伟（—2016.4）
　　　　　　陈　刚（—2016.4）
　　　　　　荆　成（2016.5 任）
　　　　　　陈建东（2016.4 任）
　　　　　　钱勤东（2017.1 任）
　　　　　　陆建松　王亚杰
　　　　　　葛永丰（2016.12 任）
纪 检 组 长　管勇钢

区政府法制办公室

主　　任　李　荣（—2016.4）
副 主 任　严　征（2016.1 任）

区政府金融工作办公室

主　　任　黄学贤
副 主 任　王阿娣※　罗君贤　庄　巍

区应急管理办公室

副 主 任　张志平

区接待办公室

主　　任　刘宗凉（兼，—2016.4）
　　　　　蒋志龙（兼，2016.4 任）

区信息中心

主　　任　曾文军
副 主 任　沈惠芬※

区发展和改革局

党委书记　傅宁汉（—2016.12）
　　　　　吉晓阳※（2016.12 任）
局　　长　吉晓阳※
副 局 长　陆际鹏（—2016.4）
　　　　　黄铁梅※（—2016.4）
　　　　　潘一航　周振浩　张庆九
　　　　　杭小强（—2016.4）　宦庆辉
　　　　　祁　斌（—2016.4）
　　　　　汤　焱　李文俊　谢　健
纪委书记　秦恒才（—2016.4）
　　　　　万宣东（2016.4 任）

区价格检查局

局　　长　王　芳※

区经济和信息化局

局　　长　恽益明
党委书记　池　渭（—2016.4）
　　　　　恽　伟（2016.4—2017.3）
　　　　　恽益明（2017.3 任）
党委副书记　恽益明（—2017.3）
　　　　　赵忠明（—2016.4）
副 局 长　陈　敏　陈伟平
　　　　　秦明方（—2017.3）
　　　　　李晋浦　周法根　蒋文华
纪委书记　蒋文华

区中小企业局

局　　长　陈　敏

区委教育工委

工委书记　夏建飞（—2016.4）
　　　　　王腊美※（2016.4 任）
工委副书记　郑全伟
纪工委书记　钱建忠（—2016.4）
　　　　　何　良（2016.4 任）

区教育局

局　　长　郑全伟
副 局 长　张志朝（—2016.4）
　　　　　张世善（—2017.3）
　　　　　万琴凤※（2016.5 任）
　　　　　钱文玉　谢建伟　李昇学

区科学技术局

局　　长　李　婷※
党组书记　吴乐平（—2016.4）
　　　　　张志华（2016.4 任）
党组副书记　胡国忠
副 局 长　胡国忠　尤霄峰
　　　　　张志华（—2016.4）
　　　　　张利萍※（2016.5 任）
纪检组组长　于建伟

常州市公安局武进分局

局长、党委书记　谢国正（—2016.12）
　　　　　张　强（2016.12 任）
党委副书记、政治委员　张继洪
副 局 长　周建荣　彭尧平
　　　　　耿昌华　周立夫　王敏东
　　　　　张冬琴※
副政治委员　胡文光
纪委书记　杨晓东
督 察 长　谢国正（兼，—2016.12）
　　　　　张　强（兼，2016.12 任）
政治处主任　徐建方

区维护社会稳定工作领导小组办公室

主　　任　周建荣
副 主 任　刘建中

区监察局

局　　长　朱志伟
副 局 长　符毅梅※（—2016.6）
　　　　　陈飞燕※（—2016.5）
　　　　　杨云飞（2016.4 任）
　　　　　章春军（—2016.4）
　　　　　袁　涛（—2017.1）
　　　　　王唱东（2016.6 任）

区民政局

局长、党委副书记　邹建中（—2016.4）
　　　　　夏建飞（2016.4 任）
党委书记　李国庆（—2016.4）
　　　　　虞钟清（2016.4—2017.3）
　　　　　夏建飞（2017.3 任）
党委副书记　姚铭泽（—2016.4）
　　　　　夏建飞（2016.4—2017.3）
　　　　　虞钟清（2017.3 任）
副 局 长　姚铭泽（—2016.5）　姚绍洋
　　　　　许如新（2016.5 任）
　　　　　俞建东（—2016.4）
　　　　　陆俊阳　陈　鹰※
纪委书记　孙向东

区老龄工作委员会办公室

副 主 任　王秋华

区慈善总会办公室

主　　任　陈　鹰※

区司法局

局长、党组书记　韩毅伟
副 局 长　沈　隽　潘苏静※
　　　　　赵铁军

区财政局

局长、党组书记　周庆中
副 局 长　姚　祥　刘荣光（—2016.5）
　　　　　胡文伟　倪耀忠
　　　　　单志伟（2016.5 任）
纪检组组长　陆志武

区国有资产监督管理办公室

主　　任　姚　祥
副 主 任　沈　彬　王伟国

区人力资源和社会保障局

局　　长　丁志峰（—2016.4）
　　　　　周仲华（2016.4 任）
党委书记　戴小方（—2017.3）
　　　　　周仲华（2017.3 任）
党委副书记　丁志峰（—2017.3）
　　　　　顾中琪（2017.3 任）　朱丽莎※
副 局 长　陈志华　叶全荣（—2016.4）
　　　　　赵忠明　许如新（—2016.5）
　　　　　冷亚春　徐建龙（2016.5 任）
纪委书记　严建平（—2016.4）
　　　　　杭　琰（2016.4 任）

区住房和城乡建设局

局　　长　张征宇
党委书记　管向阳（—2017.3）
　　　　　张征宇（2017.3 任）
党委副书记　张征宇（—2017.3）
　　　　　管向阳（2017.3 任）
副 局 长　张建明　张晓宇　贺　军
　　　　　李　媛※
纪委书记　潘宏杰（—2016.4）
　　　　　秦黎亮（2016.4 任）

区城市管理局

局　　长　金旭兵
党委书记　陆　浩（2016.4—2017.3）
　　　　　金旭兵（2017.3 任）
党委副书记　金旭兵（—2017.3）
副 局 长　徐建峰　何国栋　周志华
　　　　　陈建纲　刘培良
纪委书记　刘培良

区交通运输局

局　　长　周　俊
党委书记　周仲华（—2016.4）
　　　　　朱鹏程（2016.4—2017.3）
　　　　　周　俊（2017.3 任）
党委副书记　周　俊（—2017.3）　凌光旭
　　　　　倪璟叶（2017.3 任）
副 局 长　凌光旭　顾　青
　　　　　严伟俊　张晓军
纪委书记　贾炎华

区水利局

局　　长　刘建荣※
党委书记　倪璟叶（—2017.3）
　　　　　刘建荣※（2017.3 任）
党委副书记　刘建荣※（—2017.3）　王卫东
副 局 长　徐　芳※　白士杰（—2016.5）
　　　　　朱献军　夏坚远（2016.5 任）
纪委书记　王忠逸（—2016.4）
　　　　　王卫东（2016.4 任）

区农业局

局　　长　张小虎（—2017.3）
党委书记　于志明（—2016.4）
　　　　　诸东海（2016.4 任）
党委副书记　顾海平
副 局 长　顾海平　诸东海（—2016.4）
　　　　　谈纪益（—2016.4）
　　　　　顾　文　奚宝良　蒋小刚
纪委书记　陆炳云

区商务局

局长、党组书记　冯旭江（—2016.9）
副　局　长　王保华　吴　嫔※　徐宏杰
　　　　　周志青
纪检组组长　张金龙

武进投资促进服务中心

常务副主任　冯旭江（—2016.9）
副 主 任　王　宏（—2016.12）

区文化广电新闻出版局

局　　长　范正洪
党组书记　韩家兴（—2016.4）
　　　　　范正洪（2016.4 任）
党组副书记　范正洪（—2016.4）
副 局 长　蒋仲仁（—2016.4）
　　　　　沈惠兰※（—2016.4）
　　　　　符大荣（—2016.4）　吴海涛
　　　　　周晓东（2016.5 任）
　　　　　叶馨远（2016.5 任）
纪检组长　龚留钢

区卫生和计划生育局

局　　长　何　东（—2016.4）
　　　　　王洪新（2016.4 任）
党委书记　岳翠军
　　　　　何　东（2016.4—2017.3）
党委副书记　何　东（—2016.4，2017.3 任）
　　　　　王洪新（2016.4 任）
副 局 长　杨亚萍※（—2016.4）
　　　　　顾东武　戴甫春　杨春玲※
　　　　　狄旭东　左朝辉　夏锡仪
纪委书记　刁　勇

区市场监督管理局

局　　长　朱小平
党委书记　朱正东（—2017.3）
党委副书记　朱小平（—2017.3）
　　　　　朱正东（2017.3 任）　朱文贤
副 局 长　王金熔　濮文伟　孙东彧
　　　　　张宝康　叶文华　罗士良
　　　　　陆　俊　束建刚
纪委书记　张淮颖

区审计局

局　　长　姚纪伟
党组书记　姚纪伟（—2017.3）
　　　　　朱鹏程（2017.3 任）

副　局　长　王泽南　陈国仁　毛　兴
纪检组组长　郑小悟※（—2017.3）

区环境保护局

局长、党组书记　张卫星
党组副书记　王明源（—2017.3）
石剑虹（—2016.4）
副　局　长　周建江　宫春晖　朱　军
纪检组组长　王明源（—2017.3）

区太湖水污染防治办公室

主　　任　张卫星

区安全生产监督管理局

局长、党组书记　曹雄伟
党组副书记　黄　莹
副　局　长　巢鸿泉　杨志海　欧毅华※
纪检组组长　胥仲华（—2017.3）

区体育局

局长、党组书记　毛建东（—2016.4）
李洪兴（2016.4 任）
副　局　长　王　健（—2016.10）
陈　新　陈海明　卞曙光

区统计局

局　　长　刘云英※
党组书记　夷建良（—2016.4）
王　勇（2016.4 任）
副　局　长　夷建良（—2016.4）
王　勇（2016.4 任）
陆亚健　谢伟洪
总统计师　石兰生

区旅游局

局长、党组书记　杨建伟（—2016.4）
顾树民（2016.4 任）
党组副书记　丁晓红※（—2017.3）
副　局　长　薛　鑫　陈亚娣※

区民防局

局长、党组书记　冯　民
党组副书记　吴元明
副　局　长　余志华　梁　强　王　伟
纪检组组长　吴元明

区政务服务管理办公室

主　　任　张　琪
党工委书记　杜江帆（—2017.3）
张　琪（2017.3 任）
党工委副书记　张　琪（—2017.3）
副　主　任　赵　英※　张志平　马建平
邹伟光　聂亚玉※
纪工委书记　龚建武

区公共资源交易中心

主　　任　张　琪
副　主　任　赵　英※　马建平　邹伟光

区级机关后勤管理服务中心

主　　任　刘　鸣（—2016.4）
顾琴仙（2016.4 任）
党委副书记　刘　鸣（—2016.4）
党委书记　顾琴仙※
副　主　任　王锁法　钱平南
纪委书记　盛建辉

区房屋征收与补偿办公室

主　　任　顾树民（—2016.5）
姚铭泽（2016.5 任）
副　主　任　雍　军　沈　轲※
陈建波（—2016.5）
胡　鹤（2016.5 任）

常州经济开发区

书　　记　顾伟国
主　　任　董彩凤※（—2016.6）
副　书　记　董彩凤※（—2016.6）　丁　一
李文涛（2016.6 任）
副　主　任　丁　一　张　勇（—2016.6）
孙金才（—2016.6）
李文涛　张云逸　赵天晟
张　强（—2016.12）
薛建忠（—2016.6）
储小平　马建立（2016.12 任）
何　勇（2016.6 任）
冯旭江（2016.6 任）
王旭锋（2016.6 任）
沈振华（2016.12 任）
纪工委书记　唐家中（—2016.6）
张　勇（2016.6 任）
纪工委副书记　陈　斌　钱莉芳
监察局局长　陈　斌

武进国家高新技术产业开发区

书　　记　史志军（2016.6 任）
主　　任　戴士福
副　书　记　戴士福
陆秋明（—2016.6）
石旭涌（2016.6 任）
副　主　任　陆秋明（—2016.6）
石旭涌（2016.6 任）
王伟华　罗文祥　谢群丰
杨鑫才　李　磊※　施小平
孙　洋
纪工委书记　龚青大
纪工委副书记　柏琴雪※
监察局局长　柏琴雪※

常州西太湖科技产业园（江苏武进经济开发区）

书　　记　刘志峰
主　　任　赵和伟
副　书　记　赵和伟　沈　涛　潘　琪
副　主　任　沈　涛　张惠良（—2016.5）
张　铭　许春英※　黄哲斌
张文伟（2016.5 任）
徐新波（2016.5 任）

熊伟涛（—2016.5）
纪工委书记　潘　琪（—2016.4）
刘荣光（2016.4任）
纪工委副书记　钱志新（—2016.4）
严建平（2016.4任）
监察局局长　钱志新（—2016.4）
严建平（2016.4任）

江苏省武进现代农业产业园区

书　记　施小平
主　任　薛健峰
副书记　薛健峰　蒋新明（—2016.4）
刘　毅（2016.4任）
副主任　陈建东（—2016.5）
李　俊（2016.5任）　吕　威
纪委书记　曹燕霞※（—2016.4）
张小英※（2016.4任）

武进太湖湾旅游度假区

书　记　闵伟明
主　任　许文涛
副书记　许文涛　胡新诚（—2016.5）
副主任　薛　锋　张亚良
陆　怡※（—2016.5）
李云辉（2016.5任）
纪工委书记　车勤峰

武进中国春秋淹城旅游区

书　记　王才中（—2016.4）
谈正刚（2016.4任）
主　任　谈正刚
副书记　谈正刚（—2016.4）
张志龙（—2017.3）
副主任　王岳群（—2017.3）
张志杰　刘　坚
周晓东（—2016.5）
纪委书记　张志龙（—2017.3）

武进绿色建筑产业集聚示范区

书　记　徐　宁
主　任　陈　江
副书记　陈　江　秦黎亮（—2016.4）
副主任　沈晓伟　叶　青
纪委书记　秦黎亮（—2016.4）

江苏武进经济发展集团公司

董事长、总经理、党委副书记　李建平
党委书记　刘祝全
党委副书记　何雪峰
副总经理　何雪峰　薛泽孟
羊晓清　冯剑玉※
纪委书记　赵寅洁※

江苏武进先行控股集团有限公司

董事长、总经理　谈　胜
党委书记　梅可佳
副总经理　诸小平　钱　岗　谢　健
王建松（2016.12任）
纪委书记　蒋黎国（2017.3任）

江苏武进国经控股集团有限公司

董事长、总经理　徐亚娟※
党委副书记　翟华萍※（2017.3任）
副总经理　路　锦　王中方
纪委书记　翟华萍※（2017.3任）

武进工贸资产经营管理有限公司（供销合作总社）

党委书记　秦明方（2017.3任）
董事长　刘祝全
党委副书记　黄文耀
纪委书记　黄文耀

供销合作总社

主　任　赵忠明（—2016.4）

开放大学、国家级重点职业高中、省重点高中、医院

武进开放大学

校　长　蒋卫山
党委书记　臧自安

江苏省前黄高级中学

校　长　孔建华
党委书记　秦春华

江苏省武进高级中学

校　长　张国良
党委书记　杨云逸

江苏省武进职业教育中心校

校　长　张伟贤
党委书记　邹　平

武进人民医院

院长、党委书记　周培根

武进中医医院

院　长　杨　波

中共武进区委协助管理的单位

常州市国土资源局武进分局

局长、党委书记　卢中英
副局长　庄　铿　曹　荣　卢翼波　贾建东
纪委书记　张碗忠

常州市规划局武进分局

局　长　李再生（—2017.1）
孙春生（2017.1任）
党支部书记　钱晓阳
副局长　汪志南　蔡　剑　司　歌

常州市住房公积金管理中心武进分中心

主　任　陈丽君※
副主任　董瑞峰

武进区国家税务局

局长、党组书记　曹　忠
副局长　袁建业（—2016.5）

刘惠芳※（—2016.5）
陈志斌　王贤方（2016.5 任）
陆玉学（2016.5 任）
纪检组长　张宝明

常州市武进地方税务局

局长、党组书记　季苏云（2016.6 任）
副局长　袁金才（—2016.5）
李克平（—2016.5）
金　红※　杜　俊　周伟成
纪检组组长　许震宇

常州市武进区邮政局

局长　周　蓉

武进电信局

局长　张建军
副局长　戎文杰　沈　俊　王建刚

武进烟草专卖局

局长　汤俊文
副局长　钱汉新　吕　平（—2016.12）
吴亚东（2016.12 任）

常州海关武进办事处

主任　蒋　勇
副主任　陈新华

常州出入境检验检疫局武进办事处

主任　毛福群
副主任　陶小伟

中国人民银行常州市武进支行

行长　翟晓佳
副行长　高立华　戴　晏
纪检组长　高立华

政协武进区委员会办事机构

办公室

主任　沈克强（—2016.12）
张军亮（2017.1 任）
副主任　张　磊　闻　洁※
沙　芳※（—2016.4）

研究室

主任　沈克强（—2016.12）
张军亮（2017.1 任）

提案委员会

主任　蒋杏娟※（—2016.4）
周建清（2016.5 任）

学习与文史委员会

主任　高国华（—2016.4）
王云芬※（2016.5 任）
副主任　徐金荣

经济科技委员会

主任　夏荣伟

社会事业和法制委员会

主任　徐全国（—2016.4）
岳翠军（2016.4 任）
副主任　鲜艳梅※

港澳台侨委员会

主任　吕　萍※（—2016.4）
韩家兴（2016.5 任）

委员工作委员会

主任　蒋建明（2016.5 任）
副主任　陈飞燕※（2016.5 任）

社　会　团　体

武进区总工会

主席、党组书记　金　刚
副主席　陆惠萍※　陆维剑※　张　勇

共青团武进区委员会

书记、党组书记　王伟强（—2016.4）
刘　团※（2016.4 任）
副书记　宋丹峰（—2016.12）　赵丽君※
徐　敏（2016.12 任）

武进区青年联合会

主席　王伟强（—2016.4）
刘　团※（2016.4 任）
副主席　宋丹峰（—2016.12）　赵丽君※
徐　敏（2016.12 任）
梅泽锋　徐治国

武进区妇女联合会

主席、党组书记　蒋　丽※
副主席　刘寅妹※　朱宏英※

武进区科学技术协会

主席　周　萍※
党组书记　胡延红※（—2017.3）
周　萍※（2017.3 任）
党组副书记　周　萍※（—2017.3）
副主席　金华兴　汤淑娟※　张建刚

武进区文学艺术界联合会

主席　夏征征※
副主席　王小伟　羌云庆

武进区工商业联合会

主席　王友诚（—2016.4）
桑　遥※（2016.4 任）
党组书记　李建国（—2016.4）
赵忠明（2016.4 任）
副主席　李建国（—2016.4）
桑　遥※（—2016.4）
赵忠明（2016.4 任）
朱国庆（2016.4 任）
万宣东（—2016.4）

武进区人民政府侨务办公室
武进区归侨侨眷联合会

主任　杨美英※
副主任　许晓东　张　影※
主席　杨美英※

武进区残疾人联合会

主席　是　峰（兼，—2017.3）
张小虎（兼，2017.3 任）

副 主 席　蒋建明（—2016.4）
　　胡延红（2017.3 任）
　　刘　鸣（2016.4—2017.3）
　　赵美娟※
党组书记　牟如芳※（—2017.3）
　　胡延红（2017.3 任）
党组副书记　蒋建明（—2016.4）
　　胡延红（2017.3 任）
　　刘　鸣（2016.4—2017.3）
理 事 长　蒋建明（—2016.4）
　　胡延红（2017.3 任）
　　刘　鸣（2016.4—2017.3）
副理事长　钱国金　赵美娟※

武进区红十字会

会　　长　陆雅芬※（兼，—2017.3）
　　张小虎（兼，2017.3 任）
常务副会长　王云芬※（—2016.4）
　　杨亚萍※（2016.4 任）
副 会 长　王伟国

镇、街道

雪堰镇

书　　记　张　龙
副 书 记　王宏强　武华忠
人大主席　蒋志刚
镇　　长　王宏强
副 镇 长　胥国荃（—2016.4）
　　庄春潮※（—2016.4）
　　周岳生（2016.4 任）
　　董才新（2016.4 任）
　　李治国　胡　伟（2016.4—2016.12）
　　梁云波（2016.12 任）
　　殷旭东（2016.12 任）
政协工委主任　武华忠
纪委书记　董才新（—2016.4）
　　杨文杰（2016.4 任）

礼嘉镇

书　　记　徐治国
副 书 记　王　勇（—2016.4）
　　丁亚英※（2016.4 任）
　　王爱军※（—2016.4）
　　吴小铭（2016.4 任）
人大主席　周亚明（—2016.4）
　　王爱军※（2016.4 任）
人大副主席　吴　婷※（—2016.4）
镇　　长　王　勇（—2016.4）
　　丁亚英※（2016.4 任）
副 镇 长　吴小铭（—2016.4）
　　时培红（—2016.4）
　　秦能达　何庆伟
　　冯冠华（2016.4 任）
　　曹法南（2016.4 任）
政协工委主任　王爱军※（—2016.4）
　　吴小铭（2016.4 任）
纪委书记　郑东明

前黄镇

书　　记　裴晓冬
副 书 记　居敏俊　姚国强（—2016.4）
　　钱颖旦※（2016.4 任）
人大主席　白建业（—2016.4）
　　姚国强（2016.4 任）
人大副主席　陈云良（—2016.4）
镇　　长　居敏俊
副 镇 长　周岳生（—2016.4）　陈忠平
　　李　俊（—2016.4）
　　王全华（2016.4 任）　孙　俊
　　蒋　轩（2016.4 任）
政协工委主任　姚国强（—2016.4）
　　钱颖旦※（2016.4 任）
纪委书记　李国栋

湖塘镇

书　　记　蒋金明
副 书 记　蒋志龙（—2016.4）
　　樊　烨（2016.4 任）
　　朱佳莉※（—2016.4）
　　庄　铠（2016.4 任）
　　贾国建（—2016.4）
　　孙震文（2016.4 任）
人大主席　徐　伟※（—2016.4）
　　贾国建（2016.4 任）
镇　　长　蒋志龙（—2016.4）
　　樊　烨（2016.4 任）
副 镇 长　陈立峰（—2016.4）
　　孙震文（—2016.4）
　　樊　烨（—2016.4）　苏建中（兼）
　　钱勤东（—2016.12）
　　庄　铠（—2016.4）
　　时培红（2016.4 任）
　　王　丹（2016.4 任）
　　王　芳※（2016.4 任）
　　张建军（2016.4 任）
政协工委主任　朱佳莉※（—2016.4）
　　庄　铠（2016.4 任）
纪委书记　朱佳莉※（—2016.4）
　　贾少波（2016.4 任）

牛塘镇

书　　记　戴志华
副 书 记　严晓国　任争辉
人大主席　柏馨芳（—2016.4）
　　潘志峰（2016.4 任）
镇　　长　严晓国
副 镇 长　潘志峰（—2016.4）　周　波
　　乔正宽（—2016.4）　冯云娟※

杨志明（2016.4 任）
马东方（2016.4 任）
政协工委主任 任争辉
纪委书记 吴奋明（—2016.4）
朱宇（2016.4 任）

洛阳镇

书记 朱红兴
副书记 龚新宇 张群※
潘宏杰（2016.4 任）
人大主席 姚祖生（—2016.4）
朱慧峰（2016.4 任）
镇长 龚新宇
副镇长 荆成（—2016.4）
沈霞※（—2016.4）
朱慧峰（—2016.4）
查亚新 王雷平
朱国清（2016.4 任）
王小虎（2016.4 任）
高军（2016.4 任）
政协工委主任 张群※
纪委书记 徐仁英※（—2016.4）
许芸（2016.4 任）

湟里镇

书记 武为锋
副书记 朱军华 乔强（—2016.4）
祁斌（2016.4 任）
丁涛（2016.4 任）
人大主席 王志坚
人大副主席 王唱东※（—2016.4）
镇长 朱军华
副镇长 沈可南（—2016.4）
马建忠（—2016.4）
薛晓波 路正峰
王乾（2016.4 任）
眭岳明（2016.4 任）
政协工委主任 乔强（—2016.4）
祁斌（2016.4 任）
纪委书记 蔡兰芬

嘉泽镇

书记 施小平
副书记 薛健峰 缪金方（—2016.4）
胡新诚（2016.4 任）
人大主席 金岳中（—2016.4）
蒋新明（2016.4 任）
人大副主席 刘剑锋（—2016.4）
镇长 薛健峰
副镇长 马建忠（2016.4 任） 蒋松明
夏坚远（—2016.4） 张颗※
刘毅（—2016.12）
宋丹峰（2016.12 任）
政协工委主任 缪金方（—2016.4）
胡新诚（2016.4 任）
纪委书记 杨志明（—2016.4）
吴奋明（2016.4 任）

横林镇

书记 薛红霞※（—2016.4）
江春明（2016.4 任）
副书记 徐海 顾向阳
人大主席 强黎明（—2016.4）
蒋政剑（2016.4 任）
人大副主席 是建（—2016.4）
镇长 徐海
副镇长 陆一（—2016.4）
朱国清（—2016.4）
姚鸿（2016.4 任） 张晓强
吴志建（2016.4 任）
潘俊（2016.4 任）
政协工委主任 顾向阳
纪委书记 蒋政剑（—2016.4）
荆涛（2016.4 任）

遥观镇

书记 薛建忠（—2016.4）
冯晖（2016.4 任）
副书记 冯晖（—2016.4）
刘团※（—2016.4）
王伟强（2016.4 任）
叶平（2016.4 任）
人大主席 丁坤
人大副主席 朱晓春（—2016.4）
镇长 冯晖（—2016.4）
王伟强（2016.4 任）
副镇长 陈颖唯※（—2016.4）
姚鸿（—2016.4）
叶平（—2016.4）
高明（2016.4 任） 诸立群
邹利红※（2016.4 任）
刘伟强（2016.4 任）
政协工委主任 刘团※（—2016.4）
叶平（2016.4 任）
纪委书记 邹利红※（—2016.4）
王明菊※（2016.4 任）

横山桥镇

书记 储小平（—2016.4）
秦汉明（2016.4 任）
副书记 费晔※（—2016.4）
徐新波（—2016.4）
乔强（2016.4 任）
孙亚明（2016.4 任）
章春军（2016.4 任）
人大主席 邵汉羽（—2016.4）
是建（2016.4 任）
人大副主席 刘度兴（—2016.4）
镇长 费晔※（—2016.4）
乔强（2016.4 任）
副镇长 顾建春（—2016.4）
孙亚明（—2016.4）

陆冬芳※（2016.4任） 董 庆
陈建波（2016.4任）
顾宏亮（2016.4任）
政协工委主任 徐新波（—2016.4）
孙亚明（2016.4任）
纪委书记 张友山（—2016.4）
刘 健（2016.4任）

潞城街道

书 记 赵文明
副书记 周 茹※ 薛 康※ 林 霄※
人大工委主任 薛 康※
主 任 周 茹※
副主任 陈国贤 宗子仰（—2016.4）
高 明（—2016.4）
魏 胜（2016.4任）
钱哲峰（2016.4任）
胡秋元（2016.4任）
政协工委主任 林 霄※
纪工委书记 薛 康※（—2016.4）
王永斌（2016.4任）

戚墅堰轨道交通产业园

党工委书记 赵文明
副书记 赖岩松
管委会主任 赖岩松
管委会副主任 宗子仰（2016.4—2016.12）
殷 清（2017.3任）
钱 瑜（2017.3任）
黄可人（2016.4任）
纪工委书记 王永斌（2016.4任）

丁堰街道

书 记 秦汉明（—2016.4）
费 晔※（2016.4任）
副书记 袁 康 符 涛
石剑虹（2016.4任）
人大工委主任 袁 康
办事处主任 符 涛（2016.4任）
办事处副主任 朱忠明 唐昊俊
陈益伟（2016.4任）
刘 敏※（2016.4任）
政协工委主任 符 涛（—2016.4）
石剑虹（2016.4任）
纪委书记 袁 康（—2016.4）
赵 飞（2016.4任）

戚墅堰街道

书 记 梁文菊※
副书记 李 江 黄建春（—2016.4）
顾 群 陈 尧（2016.4任）
人大工委主任 顾 群
办事处主任 李 江
办事处副主任 符锡宝
陈 尧（—2016.4）
杨永清（2016.4任）
刘晓莲※（2016.4任）
政协工委主任 黄建春（—2016.4）
陈 尧（2016.4任）
纪委书记 顾 群（—2016.4）
梁晓波（2016.4任）

南夏墅街道

书 记 朱剑波
副书记 张永波 蒋黎明
人大工委主任 吴晓东
人大工委副主任 武 佳
办事处主任 张永波
办事处副主任 唐晓明 臧伟良 杨振宇
朱 敏※ 张国华
政协工委主任 蒋黎明
纪委书记 朱 宇（—2016.4）
陆晓忠（2016.4任）

西湖街道

书 记 虞钟清（—2016.4）
潘 琪（2016.4任）
副书记 丁亚英※（—2016.4） 董云峰
黄铁梅※（2016.4任）
主 任 丁亚英※（—2016.5）
董云峰（2016.5任）
副主任 卜万青（兼）（—2016.5）
沈可南（2016.5任） 羊 震※
王槐倩（—2016.5） 贺鹏岳
高 波（2016.5任）
人大工委主任 蒋旭明（—2016.4）
高兴国（2016.4任）
人大工委副主任 金小庆
政协工委主任 董云峰（—2016.4）
黄铁梅※（2016.4任）
纪工委书记 高兴国（—2016.4）
万家东（2016.4任）

高新区北区

书 记 杨华夏※
副书记 周文彬 蒋旭东
主 任 周文彬
副主任 顾 清（—2016.5）
张 念 蒋海珍※
窦 敏（—2016.5）
庄春潮※（2016.5任）
周 军（2016.5任）
纪委书记 雷 成

说明：①中共××镇纪律检查委员会书记，简称纪委书记。
②局和镇党委下的基层和村级党委不收其领导名录。
③各银行、保险公司、电信、国税、地税、烟草、国土、规划等部门的领导，由其上级业务主管部门任免，区委协助有关部门管理。
②带※号者为女性。

（区委组织部提供）

（栏目编辑 万向阳）

人 物

新任区级领导

史志军

2016年6月，任中共常州市武进区委书记、武进国家高新技术产业开发区党工委书记。

常州溧阳人，1969年4月出生。中央党校函授学院法律专业本科毕业。1988年11月参加工作，任溧阳啤酒厂副厂长。1990年6月加入中国共产党。1991年11月任溧阳啤酒厂厂长、支部书记。1996年1月任溧阳市埭头乡副乡长，1998年4月任溧阳市埭头乡乡长、党委副书记，2000年1月任溧阳市埭头镇党委书记。2002年6月任溧阳市政府市长助理，2003年1月任溧阳市政府副市长，2004年9月任中共溧阳市委常委、溧阳市政府副市长，2007年12月任中共溧阳市委副书记。2008年6月任常州市天宁区政府代区长，2008年6月任中共常州市天宁区委副书记，2009年1月任常州市天宁区政府区长，2010年12月任中共常州市天宁区委书记，2012年3月任常州市天宁区人大常委会主任。2012年6月任常州市政府副市长兼中共常州市天宁区委书记、区人大常委会主任（兼任至2012年8月），2012年10月兼任常州市轨道交通建设指挥部总指挥。2016年7月兼任武进区人武部党委第一书记。

陆秋明

2016年6月，任中共常州市武进区委常委，武进区政府党组副书记（正处级），同年7月任武进区政府副区长。

武进雪堰人，1969年8月出生。中央党校函授学院经济管理本科学历。1989年8月参加工作，任武进纺织厂团委书记，1992年7月任武进县经济委员会工业系统团委书记。1994年5月加入中国共产党。1995年12月至1998年1月借调在武进市委组织部工作，1998年1月任武进市委组织部组织科科员，2000年11月任武进市湖塘镇党委组织委员，2003年8月任武进区湖塘镇副镇长，2006年3月任武进区湖塘镇镇长（至2007年12月）、党委副书记，2007年11月任武进区湖塘镇党委书记，2010年6月任武进经济开发区党工委书记，2013年3月任武进国家高新技术产业开发区党工委副书记、管委会副主任，2015年8月任武进区政府党组成员。

荆浩良

2016年6月，任中共常州市武进区委常委。

江苏丹阳人，1970年4月出生。南京陆军指挥学院合同战术专业本科毕业，研究生学历。1987年11月参加工作，为第一集团军某师警卫连战士。1989年8月加入中国共产党。1996年5月任第一集团军某师教导队一中队副连职司务长，1998年2月任第一集团军某师教导队正连职管理员。1999年3月任常州陆军预备役通信团一营接力连连长，2001年6月任江苏省武进市人民武装部军事科副营职参谋，2004年6月任常州陆军预备役通信团一营营长，2007年6月任常州市武进区人民武装部副部长，2014年2月任常州市武进区人民武装部部长。

张　强

2016年12月，任武进区政府副区长，常州市公安局武进分局局长、党委书记、督察长，兼任区委政法委副书记。

常州金坛人，1974年4月出生。江苏省委党校社会学研究生学历。1996年7月加入中国共产党。1996年8月参加工作，任金坛市人民检察院书记员，1998年1月任常州市公安局钟楼分局北大街派出所民警，1999年3月任常州市公安局治安支队民警，2000年7月任常州市公安局天宁分局站前派出所副所长，2000年12月任常州市公安局天宁分局兰陵派出所所长。2001年12月任常州市公安局钟楼分局副局长，2003年7月任常州市公安局治安警察支队副支队长，2006年4月任常州市公安局信息网络安全监察处处长，2006年12月任常州市公安局网络警察支队支队长，2011年1月任常州市公安局行动技术支队支队长。2013年10月任戚墅堰区政府副区长兼常州市公安局戚墅堰分局局长，2014年3月兼任戚墅堰区政府党组成员、区委政法委副书记、常州市公安局戚墅堰分局党委书记，2015年6月任常州经开区管委会副主任，2016年4月兼任常州市公安局经开区分局党委书记、局长。

（吴　城）

新闻人物

全国先进个人

山　峰

常州市武进区私营个体经济协会秘书长，中共党员。2016年，被国家工商总局、中国个体劳动者协会评为全国个私协会系统先进工作者。

武进湟里人，1964年1月出生。2001年10月到常州市武进工商行政管理局工作，先后任武进工商局湟里分局分局长，武进区消费者协会秘书长、武进工商局邹区分局分局长、武进区私营个体经济协会秘书长等职。任职期间工作勤恳，待人亲切，积极服务私营企业、个体工商户，为企业排忧解难。同时，与常州各高校加强联动，连续数年与高校携手组织常州高职院校毕业生公益供需洽谈会，积极推动民营经济关心下一代工作委员会工作，引导社会及企业加强对下一代的关注。

（杨浩鹏）

孔建华

江苏省前黄高级中学校长。中共党员。江苏省中学特级教师。2016年，被授予“全国五一劳动奖章”。

武进寨桥人，1962年4月出生。1984年毕业于南京师范大学物理系。先后担任4个国家级课题的组长，发表论文30多篇，主编教学参考书5本，培养奥赛金牌得主30多人。2007年担任校长以后，积极推动教师主动发展，学校新增省特级教师9人；教育、教学质量稳步提高，学科竞赛领跑全省；学校两度获江苏省基础教育教学成果一等奖，成功创建江苏省课程基地2个；学生学术素养提升，获全国高中生物理创新竞赛特等奖。学校先后获评全国百强特色学校、全国十佳先锋学校、全国依法治校示范学校、全国现代教育技术示范学校、江苏省文明单位标兵。孔建华是江苏省物理奥林匹克高级教练员，江苏省“333工程”培养对象，江苏省第十次党代会代表，江苏省物理学会理事，常州市中学物理专业委员会理事长，南京师范大学硕士研究生导师，常州市首批名教师工作室优秀领衔人，2011年获“江苏省先进工作者”称号。

（陆　琪）

石金良

江苏宝路建设工程有限公司横林养护分公司养护班班长。2015年，被国务院农民工工作领导小组评为全国优秀农民工。

湖北咸宁人，1970年出生。高中文化。2003年1月进入江苏宝路建设工程有限公司工作，虚心好学、吃苦耐劳，成为公司养护骨干。石金良创新工作思路，带领班组加强对所养路段的环保养护，路段连年好路率都达到100%，获得上级多次表彰、奖励。2009年9月，石金良参加江苏省公路养护操作技能竞赛，获坑槽修补竞赛项目第五名；11月参加首届全国交通运输行业“厦工杯”筑养路机械操作手技能竞赛，获补坑槽机械竞赛项目第一名。2009年9月获“江苏省交通行业技术能手”称号，2010年2月获常州市“公路养护之星”称号。2011年10月获全省公路系统

"模范养护工"称号，2013 年获"武进区优秀农民工"称号，2014 年被评为"常州市劳动模范"，2015 年获省五一劳动奖章，2016 年获"江苏省劳动模范"称号。

（陈　科）

兰慧敏

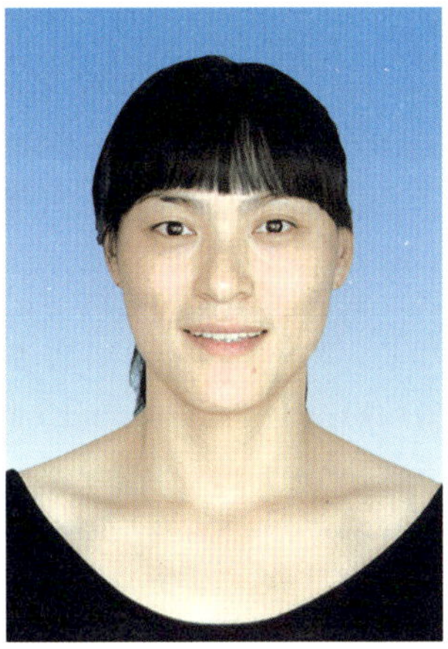

中国曲棍球国家队退役队员，武进区南夏墅中心小学教师。2016 年在全国青少年锦标赛中被国家体育总局小球管理中心授予"最佳教练员"称号。

吉林长春人，1983 年 2 月出生。2002—2013 年在曲棍球运动队做运动员期间，与队友一起在国际、国内大赛中取得世界冠军杯冠军、世界杯冠军、亚洲杯第三名、全运会冠军等优异成绩。2005 年 12 月被吉林省政府记个人三等功 1 次，并授予"三八红旗手"称号，2009 年 11 月被广东省政府记个人三等功 1 次。退役后于 2015 年 3 月来到武进南夏墅中心小学任教，在校方的大力支持下，组建学校男女曲棍球队。获得 2015 年武进区女子组曲棍球比赛第三名，2016 年 7 月常州市女子组曲棍球比赛甲组第四名、乙组第三名，2016 年全国青少年曲棍球比赛女子 U10 第三名、女子 U12 第二名、男子 U12 第九名。同年 11 月，南夏墅中心小学被国家体育总局棒曲垒小球管理中心授予"中国曲棍球后备人才推广学校"称号。

（陆　琪）

刘玉春

湟里镇卫生院院长、党支部书记，内科副主任医师，中共党员。2016 年 11 月，被中国农村卫生协会评为"第五次全国乡镇卫生院优秀院长"。

武进横山桥人，1963 年 2 月生。1984 年毕业于镇江医学院。刘玉春长期从事消化内科临床工作，苦练基本功，刻苦钻研理论。作为基层卫生院医务工作者，刘玉春面对每一个病人都能以"医者仁心"的情怀对待。作为基层卫生院管理者，刘玉春秉承"求真、务实、创新"理念，不断提升卫生院医疗服务质量、提高社会满意度。湟里镇卫生院 2012 年创成"省级示范乡镇卫生院"，2015 年获得全国"群众满意的乡镇卫生院"称号。

（郑冰研）

李波涛

武进地税局一分局副分局长，中共党员。2016 年，被国家税务总局授予"推进资源税全面改革工作成绩突出个人"称号。

山东博兴人，1983 年 7 月出生，2006 年毕业于烟台大学工商管理系，同年 7 月被录用为山东省滨州市工商行政管理局公务员。2012 年 8 月进入江苏省常州市地方税务局工作。2015 年获"常州地方税务局科调研先进个人"；2016 年 6 月 1 日至 11 月 30 日借调至国家税务总局财产行为税司，协助开展资源税改革和环境保护税立法相关工作。

（方青恬）

赵　帅

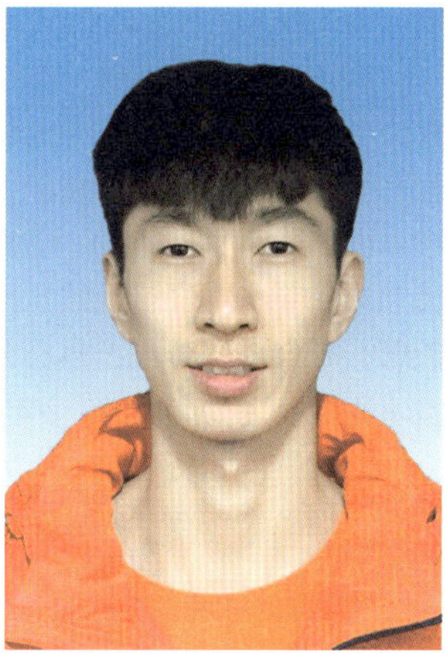

中国国家队跆拳道运动员。2016 年 8 月 18 日，获第三十一届夏季奥运会跆拳道男子 58 公斤级金牌，是首个获奥运会金牌的武进运动员，也是中国男子跆拳道奥运史上首金获得者。

辽宁朝阳人，1995 年 8 月出生。2006 年 11 月落户武进区湖塘镇，赵帅 9 岁开始参加跆拳道训练，2009 年进入江苏省跆拳道队，2010 年 12 月获全国跆拳道冠军赛男子 54 公斤级冠军，2011 年获全国跆拳道冠军赛男子 54 公斤级冠军，2013 年获全国第十二届运动会跆拳道男子 58 公斤级冠军，2015 年获世界跆拳道锦标赛男子 58 公斤级铜牌，2016 年获全国五一劳动奖章、中国十佳劳伦斯奖最佳新人奖，获新华社 2016 年中国体坛十佳运动员称号。

（徐霄燕）

蒋建明

武进区残联党组书记、理事长，中共党员。2016 年 9 月，被国务院残工委授予"全国残疾人工作先进个人"称号。

武进湖塘人，1962 年 8 月出生。2011 年 11 月任武进区残联党组书记、理事长。蒋建明在工作中求真务实，开拓创新，曾多次被评为区级机关优秀公务员、优秀共产党员、残疾人工作先进个人。蒋建明任职期间，武进区残疾人就业管理中心成为全省第一个规范化建设达标单位。每年争取 25 万元慈善基金为一户多残、依老养残家庭购买意外保险、家庭综合险。开

展“爱心一帮一”活动，发动区级机关各部门党员干部与贫困残疾人家庭结对帮扶。在全区扶持以“同心助残驿站”为龙头的公益助残组织78家，从助学、就业、心理咨询等方面全方位为残疾人提供公益服务。组建全省首家区级残疾人艺术团，开展公益巡回演出35场。武进区残联获评“全国精神病防治工作先进单位”“全省残疾人组织建设强基育人工程先进集体”“全省白内障无障碍区”“全省社区残疾人工作示范区”“全省残疾人就业保障金征收工作先进单位”。

（恽　苗）

储振民

遥观中学退休教师。2016年11月，被中央文明办发布的10月“中国好人榜”评为助人为乐好人。

武进礼嘉人，退休前在遥观中学任语文教师，父亲储绍熙和好友共同出资创办辅华中学（坂上初级中学前身），储振民和妻子章文秀（遥观镇退休教师）延续慈善传统，热心公益事业，爱心捐助持续20多年，全家两代三人捐资助学近百万元，储振民夫妇获“常州好人”“江苏好人”等称号。2016年9月29日，储振民把毕生积蓄60万元全部捐赠给坂上初级中学，成立文明奖励基金，用于奖励优秀师生，资助贫困学生。其事迹先后被江苏卫视《德行天下》栏目、《江苏教育报》报道。

（陆　琪）

薄树林

湖塘镇三勤社区保洁员。2016年8月，在“我推荐、我评议身边好人”活动中，入选“中国好人”榜，成为武进区第20位“中国好人”。

武进湖塘人，1958年9月出生。从小被辗转送到连云港养母徐锦英家里。1992年，养父去世后，薄树林带着家人以及68岁的养母回家认亲。2005年，养母徐锦英患上了老年痴呆症。因养母一次被蛇咬伤、一次家里无人摔倒在楼梯口的两次意外事件，让薄树林放心不下，他找到单位领导，请求带着养母一起上班。为此，薄树林离开原马杭环卫所运输站机械操作工岗位，当了一名清洁工，一边上班，一边看护和照料养母。整整11年，薄树林始终对养母不离不弃、悉心照料，使92岁高龄的徐锦英身体硬朗、有精气神。

（张　骅）

江苏省先进工作者

毛建东

武进区体育局党组书记、局长。2016年4月，被省委、省政府授予“江苏省先进工作者”称号。

武进洛阳人，1961年出生。1981年7月毕业于镇江师范专科学校。1981年7月至1998年7月，担任武进县（市）洛阳中学教师、校长等职，1998年7月至2003年3月任江苏省武进高级中学校长。2003年3月任武进区教育局副局长，2007年10月任武进区体育局党组书记、局长。毛建东坚持“服务中心、服务大局、服务基层”宗旨，从改善民生、促进和谐、提高人民群众幸福指数出发，不断完善公共体育服务体系。至2015年年末，武进区建成投用现代化全民健身中心10个，建成体质测定与运动健身指导站省级1个、市级9个，拥有各级青少年体育特色学校39所；村（社区）城乡一体“10分钟体育健身圈”建成率100%，学校体育场地向社会开放率97%。区体育局连续4年位列全省县级体育工作考核（督查）第一名。2015年，武进区被命名为省首批公共体育服务体系示范区，通过常州市体育基本现代化评估。

（徐霄燕）

戎亚雄

武进人民医院普外科主任、胃肠外科十一病区主任，主任医师。2016年4月，被省委、省政府授予“江苏省先进工作者”称号。

新北西夏墅人，1964年12月出生。从2005年起担任胃肠外科主任。戎亚雄积极学习和引进新理念、新技术、新方法，培养大批年轻骨干医生，并推动科室整体水平不断提高，使胃肠外科形成创新特色。

至2016年年末，戎亚雄累计完成胃肠肿瘤手术2000余例。其探索改良的程序化、模式化、规范胃癌根治淋巴结清扫手术操作方法达业内领先水平，主持完成胃癌相关基因的科研项目一项及参与其他科研项目多项，发表专业学术论文10余篇。先后获常州市五一劳动奖章和“操作能手”等称号。

（郑冰研）

陈 静

常州市公安局武进分局新城派出所一级警员、二级警督警衔。2016年4月，被省委、省政府授予“江苏省先进工作者”称号。

武进牛塘人，1966年8月出生。1987年8月毕业于江苏省人民警察学校，同月到武进县公安系统从警。2000年12月加入中国共产党。陈静在身患重病的情况下，于2007年毅然在全市首先挑起警民联调的重任，专门调处矛盾纠纷。成功调处各类矛盾纠纷万余起（其中非正常死亡纠纷超百起），调解成功率达99.8%以上；其探索建立的“警民联调机制”、“调解工作六法”及“调解程序六步法”在全区公安机关推广。2011年起，“陈静警民联调室”设立婚姻家庭矛盾纠纷调处对接点，年均接受调解婚姻家庭矛盾纠纷约60起，调解成功率在95 %以上。2015年9月，中共常州市武进区委专门印发《关于在全区党员干部中开展向陈静同志学习的决定》，号召全区党员干部向陈静学习。陈静先后立个人二等功1次、三等功2次；获得全国公安机关爱民模范、全国公安机关优秀人民警察、江苏省文明职工、全省公安机关公调对接先进个人、江苏省杰出女警提名奖、江苏省三八红旗手、江苏省先进工作者等荣誉称号。2015年初，陈静获评“中国好人”，登上中国文明网“好人365”专栏封面。

（周静娴）

顾志平

武进区湖塘实验中学校长、党总支书记，中学高级教师。常州市第十四、十五届人大代表，武进区第十三至十六届人大代表。2016年4月，被省委、省政府授予“江苏省先进工作者”称号。

武进东安人，1963年7月出生。1985年苏州大学政治系毕业。1999年8月至2008年7月任武进区湖塘桥初级中学校长，2001年8月任湖塘实验中学校长。顾志平创新学校管理，实行的“项目管理制度”“年级部管理负责制”“教师分级聘任制”均取得良好效果。强力推进“自主学习型课堂”改革，组织的“语文三分课时制”教改实践获首届江苏省基础教育教学成果一等奖、中华人民共和国国家级教学成果一等奖。先后获评江苏省全心全意依靠教职工办学的好校长、常州市劳动模范、常州市优秀教育工作者、常州市中学学科带头人、武进区有突出贡献科技人员、武进区首届名校长等称号。

（陆 琪）

江苏省特级教师

朱燕芬

武进区湖塘桥第二实验小学校长，硕士学位，中学高级教师，中共党员，中国教育学会会员。2016年9月，被省政府授予“江苏省小学语文学科特级教师”称号。

武进湖塘人，1974年2月出生。1998年，常州师范学校毕业。2011年8月任湖塘桥中心小学副校长，2015年9月起任武进湖塘桥第二实验小学副校长、校长。朱燕芬从教23年，一直工作在教育教学第一线，多次担任毕业班语文教学工作，积极探索新课程背景下语文教学方式。从2011年起，先后在《人民教育》《江苏教育》《小学教学研究》等期刊发表论文，论著《语文，是一种生长》由中国出版集团出版。她指导青年教师开展教育教学研究，取得优异成绩。先后被评为江苏省“333工程”培养对象、常州市减负增效优秀教师、武进区首届名教师。连续三年获省教海探航论文评比一等奖，被评为“杰出水手”。

庄新宇

鸣凰实验幼儿园园长，中学高级教师，中共党员，政协武进区第十四届委员。2016年9月，被省政府授予“江苏省学前教育学科特级教师”称号。

武进南夏墅人，1968年5月出生。1988年南京师范大学附属幼儿师范学校大专毕业后在湖塘桥实验幼儿园工作，1997年5月借调至武进市教育局基础教育科，1998年南京师范大学成人教育学院学前教育管理专业本科班毕业，2003年3月任鸣凰中心幼儿园园长。先后被聘为江苏省首批特聘幼儿教育研究员、江苏省评估院优质幼儿园评估组专家、常州市幼儿教育中心组成员、武进区政府幼儿园兼职督学等。在国内做专题讲座、学术报告 80 多次，在省级及以上刊物发表论文 30 多篇，撰写个人专著 3 本，曾被评为常州市教育领军人物、常州市优秀教育工作者、武进区首届名教师、第二届名校长工作室领衔人等。

杨永年

武进职教中心校副校长，机械工程硕士学位，高级讲师，中共党员。2016 年 9 月，被省政府授予“江苏省中职机电学科特级教师”称号。

扬州江都人，1973 年 1 月出生。1996 年，江苏理工学院毕业。2015 年任武进职教中心校副校长。从事机电类专业教学 20 年，为市机电专业中心组研究员、全国机械职业教育行指委机电设备技术类专业专指委委员、江苏省职业教育课程与信息化中心组成员、常州市高技能人才评审专家、江苏省教育学会心理教育专业委员会理事、江苏理工学院心理教育研究所兼职研究员。先后在《中国职业技术教育》等刊物上发表论文近 20 篇，在各级各类论文评选中获奖 30 多次；主编教材 3 部，参编教材与专著 2 部；参与国家级课题 3 项，主持省级课题 4 项。先后被授予区模范共产党员、市优秀教育工作者、省第三届职业教育领军人才、省自动化名师工作室领衔人、省特级教师、省“333 工程”高层次人才、全国优秀教师等称号。

施璐嘉

武进星河小学副校长，教育硕士，中学高级教师，中共党员。2016 年 9 月，被省政府授予“江苏省小学英语学科特级教师”称号。

常州钟楼邹区人，1979 年 6 月出生。1999 年，常州师范学校专科毕业，2012 年获得扬州大学教育管理硕士学位。2013 年 12 月任星河小学副校长，2015 年 3 月任武进区教育局教研室兼职教研员。施璐嘉是武进区小学英语校长学科基地领衔人，在全国小英界创新提出“有氧英语”的教学理念，并在行动中整体建构与实践探究，逐步形成了“博观约取、融情入境、简约大气”的英语教学风格。曾先后五次在全国、省级英语评优课中获一等奖，应邀到全国各地上示范课、作专题报告，义务送教到西藏、新疆、河南、宁夏等地，推动省内外小学英语教学的发展。主持或参与全国、省、市级课题研究多项，分别获省市教学科研成果一、二等奖。多篇文章在省级及以上刊物发表或获奖，出版个人专著《“有氧英语”的学与教》。施璐嘉设计系列培训活动方案，指导教师发展，成效显著，《教育》《江苏教育》《教育家》等多家杂志对此做专题报道。曾获评江苏省“333 工程”高层次培养人才、常州市五一劳动奖章、常州市优秀教育工作者、华东六省一市小学英语学科带头人、武进区首届“三好教师”等称号。

蒋惠琴

武进区星韵学校校长，中共党员，武进区第十四、十五届人大代表，武进区“515 高层次人才工程”培养成员。2016 年 9 月，被省政府授予“江苏省小学语文学科特级教师”称号。

常州新北奔牛人，1969 年 7 月出生。1988 年，武进师范学校普师专业毕业。1999 年 1 月任湖塘桥实验小学副校长，2007 年 8 月任武进区星韵学校校长。蒋惠琴致力于语文“本真课堂”的研究，倡导基于儿童立场的语文观，追求语文学科之美，特别关注学生语文听说读写整体能力的发展，多次主持省教育科研规划课题。所执教的《天游峰的扫路人》在省“杏坛杯”课堂教学展评活动中获一等奖，《装满昆虫的衣袋》在第五届小学语文实验教科书课堂教学大赛中获一等奖。多次受邀作专题讲座，到偏远山区作业务指导。在全国中文核心期刊发表论文 30 余篇。先后获全国科研型校长、常州市优秀教育工作者、武进区十佳女教师、武进区教科研先进个人等荣誉。

（陆　琪）

武进区有突出贡献科技人员

卞晓星

武进人民医院神经外科主任、主任医师，江苏大学兼职教授、硕士生导师。2016 年 8 月，被区委、区政府评为 2014—2015 年度武进区有突出贡献科技人员。

武进南夏墅人，1957 年 8 月出生。1981 年 2 月南京卫校医士专业毕业。1983 年 12 月进入武进县人民医院工作，历任医生、神经外科主任、党总支书记、副院长等职。其间，1985 年和 1993 年分别至常州一院、上海华山医院神经外科进修。筹备创建了武进医院神经外科，20 多年中，卞晓星带领科室团队不断创新，年出院专科病人 1700 余人次，专科手术

700余台次，开展三级医院的所有诊疗技术项目。科室为常州市重点专科、江苏大学硕士培养点，综合实力居常州市前三强。卞晓星被江苏大学聘为兼职临床教授、硕士生导师，带教培养硕士10余名。卞晓星作为课题负责人完成市、区政府及江苏大学科研课题6项，获省、市、区科技进步奖8项，省、市新技术引进2项。参与科研10余项，获各级奖10余项。以第一作者发表专业学术论文30多篇，指导研究生发表论文10余篇。卞晓星为常州市第十三、十四届人大代表，曾获省、市、区劳动模范、武进区优秀专业技术工作者等荣誉。

孙 钱

晶能光电（常州）有限公司总经理。2016年8月，被区委、区政府评为2014—2015年度武进区有突出贡献科技人员。

江苏南通人，1979年12月出生。2009年美国耶鲁大学工学院电子工程系博士毕业。曾任美国耶鲁大学工学院电子工程系副研究员、美国加州硅谷普瑞光电公司外延研发科学家、中国科学院苏州纳米技术与纳米仿生研究所研究员，2012年任晶能光电有限公司技术副总裁、晶能光电（常州）有限公司总经理。孙钱带领的技术团队成功研发出硅衬底GaN基垂直结构大功率LED的外延及芯片技术，并于2012年6月在全球率先量产。孙钱发表SCI论文60余篇，拥有美国、中国发明专利20余项，曾主持承担国家科技部“863”计划课题、国家自然科学基金重点项目、工息部电子信息产业发展基金项目、江苏省科技成果转化专项、江苏省科技支撑计划等项目。孙钱是国家优秀青年自然科学基金、国家技术发明一等奖获得者，科技部高新司“第三代半导体材料”项目总体专家组成员。2011年入选中组部首批国家“青年千人计划”，2012年入选江苏省“双创人才”计划，2015年被评为中国电子学会优秀科技工作者。

李宇光

武进区农业技术推广站站长，高级农艺师。2016年8月，被区委、区政府评为2014—2015年度武进区有突出贡献科技人员。

武进礼嘉人，1978年8月出生。2001年6月南京农业大学农学院毕业。2001年8月进入武进区农业技术推广站工作，从事全区粮食生产的统筹规划、技术培训和指导工作。围绕水稻高产、优质、高效、生态、安全目标创新工作思路，取得一定的成绩。为武进水稻育种项目曾获国家科技进步二等奖、江苏省科技进步一等奖、武进区科技进步一等奖做出贡献，国家粮食丰产科技工程江苏项目优秀工作者，全省稻麦高产创建突出贡献者，常州市青年科教兴农带头人，全省粮棉油高产增效创建工作先进个人等荣誉。

邱永宁

江苏恒立液压股份有限公司总经理。2016年8月，被区委、区政府评为2014—2015年度武进区有突出贡献科技人员。

江苏镇江人，1970年3月出生。1993年南京航空航天大学材料学专业毕业。1993—2010年担任正茂集团正茂特钢公司、华力电机（苏州）公司、凯迩必液压公司生产部长、副总经理，2010年担任江苏恒立液压股份有限公司总经理。在全球经济运行下行趋势明显、工程机械市场需求疲软、工程机械行业整体持续低迷、挖掘机终端市场需求同比下降45%的市场形势下，邱永宁做出加大产品的技术开发和加强技术创新、深化新老客户合作、拓展国内国际市场、进一步加强队伍建设等决策，使企业平稳、持续发展，2015年实现营业收入10.8亿元，同比增长0.8%；净利润8278万元，缴税6185万元。邱永宁主持的项目曾获江苏机械工业科技进步奖二等奖、常州市科学技术进步奖二等奖。

羌瓅国

常州市延陵电子设备有限公司董事长、总经理。2016年8月，被区委、区政府评为2014—2015年度武进区有突出贡献科技人员。

常州天宁郑陆人，1966年12月出生。1992年创立常州市延陵电子设备有限公司，2008年12月组建常州贺利氏微创医疗器械有限公司，2009年创立常州舣舟医疗器械有限公司，投资组建纳华生物科技（常州）有限公司，2011年投资组建常州瑞捷生物科技有限公司，2015年组建常州市电外科手术系统工程技术研究中心。常州市延陵电子设备有限公司2014年通过高新技术企业认定。1993年成功设计开发第一代918A型高频电刀，2008年、2009年承担“智能高频手术器”“射频血管束闭合系统”市级产学研合作项目，2014—2015年主持开发电外科产品双极射频组织切割闭合系统、电外科产品低温等离子系统、超声手术刀系统。羌璨国 2004 至 2014 年为国家医用电器标准化委员会（TC10）医用电子仪器标准化分委（SC4）委员，先后参与 GB9706.1、GB9706.4 等电外科手术仪器设备的国家、行业技术标准的审评和制订。2011 年任常州市医疗器械行业协会副会长，2015 年被常州医疗器械产业研究院聘为创业导师。

金　虎

常州二维碳素科技股份有限公司总经理，常州二维光电科技有限公司董事长兼总经理。2016 年 8 月，被区委、区政府评为 2014—2015 年度武进区有突出贡献科技人员。

内蒙古包头人，1974 年 10 月出生。2000 年 6 月中国科学院上海微系统所微电子学及固态电子学硕士毕业。2000 年加入国家 909 工程，从事华虹 -IMEC0.18/0.13 微米工艺开发合作项目；2006 年筹建 ICRD-12 英寸中试线，负责运行管理；2010 年为科技部两项“十二五”重大专项课题负责人；2011 年年底任常州二维碳素科技股份有限公司总经理。2012 年 1 月，带领团队研制出世界首款石墨烯电容式手机触摸屏，该成果为世界首创，突破石墨烯产品从实验室走向市场的瓶颈，在石墨烯薄膜材料的应用研发和产业化上具有里程碑式的意义。首次提出大面积石墨烯薄膜的生长工艺，开发石墨烯转片工艺，解决大面积石墨烯薄膜无损转片的难题。申请专利 80 余件，获授权 40 余件。2013 年 5 月，带领团队自主研发设计的国内首条年产 3 万平米石墨烯透明导电膜生产线投产；2014 年 4 月，投资成立全资控股子公司常州二维光电，产业链向后延伸，生产销售石墨烯电容式触控产品。2016 年产品涵盖可穿戴电子设备、车载触控产品、工业控制产品、家用触控产品等方向。金虎曾获江苏省创新创业大赛一等奖、中国克莱斯勒杯黑马大赛第四名、中国国际先进碳材料创新创业大赛二等奖。

（张建忠）

逝世人物

阮焕新

（1925.7—2016.9.18）

常州钟楼新闸人。1939 年 5 月至 1948 年 3 月，无锡市北门锦丰印刷局工作。1948 年 3 月至 1956 年 1 月，奔牛镇阮丰太南货号经商。1956 年 1 月至 1979 年 3 月，任公私合营南货店经理。1979 年 3 月至 1981 年 4 月，任奔牛镇供销社副主任、国营商店副经理。1981 年 4 月至 1997 年 3 月，历任武进县政协副主席、兼任武进县工商联主任委员、武进县（市）工商联会长。1997 年 4 月退职休养。

（顾爱芳）

倪文伟

（1925.1—2016.3.2）

常州武进人。1945 年 7 月参加工作，1948 年 10 月加入中国共产党。中华人民共和国成立后，先后任武进县圩塘镇镇长兼民兵大队长、武进县公安局副局长、县委候补委员、圩塘公社和南夏墅公社第一书记、县委农工部副部长、县委办公室主任等职务。1961 年至 1970 年，任武进县委委员。1963 年 4 月至 1964 年 4 月，任武进县直属机关党委书记。1964 年 5 月至 1967 年、1975 年 1 月至 1979 年 4 月，任武进县人民法院院长。1971 年 8 月至 1973 年 3 月，任厚余公社革委会主任。1979 年 4 月至 1981 年 4 月，任武进县革委会副主任、县委常委。1980 年 2 月至 1984 年 4 月，任武进县革委会副主任、人大常委会副主任、政法委员会书记；1981 年 4 月至 1987 年 5 月，任武进县委常委、县人大常委会副主任。1987 年 5 月离职休养。

（杨孙丹）

郭　成

（1925.6—2016.1.31）

广东潮阳人。1945 年 5 月加入中国共产党。1947 年 7 月参加中国人民解放军。1949 年 3 月至 1953 年 3 月，先后任闽鄂赣边二支队大队长、广东潮阳县大队长和广东军分区司令部军务科参谋。1953 年 4 月至 1957 年，任炮兵某团第三营副营长，并于 1957 年 2 月至 1958 年 7 月在沈阳高级炮兵学校进修学习。1958 年 8 月至 1978 年 10 月，先后担任炮兵某团司令部副参谋长、江苏省勘查团副团长、炮兵某师某团副团长。1978 年 11 月转业至武进县财贸办公室工作，1982 年 10 月任武进县财贸办副主任，1984 年 5 月至 1987 年 5 月任政协武进县第六届委员会常委。1989 年 10 月离休，享受地市级待遇。

阎道经

（1935.3—2016.7.21）

山东荣城人。1951 年 5 月参加工作，1955 年 5 月加入中国共产党。曾先后任武进县粮食局副股长和武进县横山区、焦溪区、郑陆区粮管所主任。1959 年起，先后担任郑陆公社副书记，郑陆乡乡长、主任，郑陆乡党委副书记、书记，郑陆乡、东安公社革委会副主任，东安公社党委书记，卜弋区工委书记，武进县革委会副主任，武进市委副书记，金坛县委副书记（其中 1984 年 6 月至 1984 年 10 月兼任金坛县纪委副书记，1984 年 10 月至 1988 年 2 月兼任常州市委农工部副部长），常州市委整风办副主任，戚墅堰区委书记，戚墅堰区政协主席，戚墅堰区人武部党委书记，武进市政协主席、党组书记等职务。1996 年 5 月退休。

（顾爱芳）

（栏目编辑　蒋　聆）

荣誉栏

先 进 集 体

武进区获得的综合荣誉（省级条线以上）

荣 誉 称 号	授 予 单 位
中国中小城市综合实力百强区（全国科学发展百强区）第三名	中小城市经济发展委员会
中国中小城市创新创业百强区第一名	中小城市经济发展委员会
中国最具投资潜力中小城市百强区第一名	中小城市经济发展委员会
中国中小城市新型城镇化质量百强区第三名	中小城市经济发展委员会
全国首批双创区域示范基地	国务院办公厅
国家级产城融合示范区	国家发展改革委
国土资源节约集约模范区	国土资源部
2016—2020 年全国科普示范县（市、区）	中科协
2011—2015 全国法制宣传教育先进县（市、区）	中宣部、司法部
国家畜禽产业综合标准化示范区	国家标准化管理委员会
全国百佳国税地税合作县级示范区	国家税务总局
全国社会工作服务示范区	民政部
江苏省法治建设示范县（市、区）	省委、省政府
2015 年度全省综治工作（平安建设）先进县（市、区）	省综治委
2015 年度平安县（市、区）	省综治委
2015 年度平安铁路县（市、区）	省综治委护路联防工作组
2013—2014 年度人才工作先进县（市、区）	省人才工作领导小组
“十二五”全省渔业科技入户工作先进集体	省海洋与渔业局
江苏省妇幼健康优质服务示范县（市、区）	省卫计委
血吸虫病消除达标县（市、区）	省政府血地防领导小组
江苏省中小学校责任督学挂牌督导创新县（市、区）	省政府教育督导委员会

全国（条线）先进集体

荣 誉 称 号	获 得 单 位	授 予 单 位
全国法院司法宣传工作突出成绩通报表扬	区法院	最高法院政治部
全国人民防空先进单位	区民防局	国家人民防空办公室
全国工商、市场监管部门企业登记工作成绩突出窗口单位	区市管局行政服务科	国家工商行政管理总局

荣誉称号	获得单位	授予单位
全国先进基层检察院	区检察院	最高人民检察院
全国检察宣传先进单位	区检察院	最高人民检察院、检察日报社
改善医疗服务示范医院	武进人民医院	国家卫计委医政医管局、健康报社
2015—2016 年度群众满意的乡镇卫生院	洛阳镇卫生院	国家卫计委
全国综合减灾示范社区	嘉泽镇嘉新社区	国家减灾委员会、民政部
国家卫生镇（2014—2016）	湟里镇	全国爱国卫生运动委员会
全国交通行业优秀质量管理小组	区航道管理处地连墙成槽 QC 小组	中国交通企业管理协会、交通行业优秀企业管理成果评审委员会

省级（条线）先进集体

荣誉称号	获得单位	授予单位
全省法院信息工作先进集体	区法院办公室	省高法
全省法院执行系统执行标兵单位	区法院执行局	省高法
2014—2015 年度全省优秀人民法庭	区法院嘉泽法庭	省高法
江苏省民防工作先进单位	区民防局	省民防局
江苏省关心下一代工作先进集体	遥观镇关工委	省关工委、省精神文明办
江苏省关心下一代工作先进集体	嘉泽镇关工委	省关工委、省精神文明办
江苏省关心下一代工作先进集体	雪堰镇新康村关工委	省关工委、省精神文明办
江苏省关心下一代工作先进集体	南夏墅街道南河社区关工委	省关工委、省精神文明办
2013—2016 年度江苏省森林防火工作先进单位	区林业工作站	省森林防火指挥部
2016 年植物检疫工作先进集体	区植保植检站	省植物保护植物检疫站
江苏省 2016 年度违规渔具清理整治工作先进单位	区渔政监督大队	省渔政监督总队
江苏省《全民科学素质行动计划纲要》“十二五”实施工作先进集体	区科协	省科协、省委组织部等 9 部委厅
2016 年全省“安全生产月”活动优秀单位	区安监局	省安监局
全省危险化学品安全监管先进集体	区安监局	省安监局
全省非煤矿山及冶金等工贸行业安全生产先进集体	区安监局	省安监局
消防部队十佳基层中队	常州市公安消防支队武进区大队府东路中队	武警江苏省消防总队
先进政府专职消防队	雪堰专职消防队	武警江苏省消防总队
江苏省“双五有”侨联组织	区侨联	省侨联
江苏省文明单位	区人社局	省精神文明建设指导委员会
江苏省文明单位	区财政局	省精神文明建设指导委员会
江苏省文明单位	区国税局	省精神文明建设指导委员会
江苏省文明单位	区市场监管局	省精神文明建设指导委员会
江苏省文明单位	区交通运输局	省精神文明建设指导委员会
江苏省文明单位	区公路管理处	省精神文明建设指导委员会
江苏省文明单位	区运输管理处	省精神文明建设指导委员会
江苏省文明单位	区教育局	省精神文明建设指导委员会
江苏省文明乡镇	湟里镇	省精神文明建设指导委员会
江苏省文明村	嘉泽镇甘荡村	省精神文明建设指导委员会
江苏省文明村	洛阳镇岑村村	省精神文明建设指导委员会
2013—2015 年度全省先进基层检察院	区检察院	省检察院
全省检察机关十佳反渎局	区检察院反渎职侵权局	省检察院
江苏省维护妇女儿童权益示范岗	区检察院侦查监督科	省检察院
“四个全覆盖”体系建设先进单位	区司法局	省司法厅

荣誉称号	获得单位	授予单位
江苏省法律援助工作先进集体	江苏正气浩然律师事务所	省司法厅
全省社区矫正“严格执法、严格管理”集中整治活动先进集体	区司法局	省司法厅
全省社区矫正“严格执法、严格管理”集中整治活动先进集体	区司法局湖塘镇司法所	省司法厅
全省社区矫正“严格执法、严格管理”集中整治活动先进集体	区司法局礼嘉镇司法所	省司法厅
全省司法行政系统安置帮教工作先进集体	区司法局	省司法厅
江苏省人民调解委员会规范化建设示范点	洛阳镇调委会	省司法厅
2010—2015 年度全省财政系统先进集体	区财政局	省人社厅、省财政厅
税收管理改革综合示范点	区国税局	省国税局
全省交通运输产业模范职工之家	区公路管理处	省交通运输厅
2014—2015 年度江苏省青年文明号集体	武进供水服务中心	共青团省委
江苏省民主法治示范村	嘉泽镇闵市村	省依法治省领导小组
江苏省民主法治示范村	嘉泽镇西城村	省依法治省领导小组
2016 年江苏省质量管理小组活动优秀企业	区航道管理处	省质量管理协会、省总工会、省妇联、省科协
2016 年江苏省优秀质量管理小组	区航道管理处机务管理 QC 小组	省质量管理协会、省总工会、省妇联、省科协
全省疾病预防控制工作先进集体	区疾控中心	省卫计委
2015 年度江苏省重点职业病监测与职业健康风险评估先进单位	区疾控中心	省疾控中心
江苏省免疫规划（预防接种）工作先进集体	湟里镇卫生院	省卫计委
第二十八届“国际科学与和平周”全国中小学生（江苏地区）“凤凰机器人杯”金钥匙科技竞赛青少年科技教育先进单位	区教育局	省教育厅、省科技厅
2015 年度江苏省十佳中职学校共青团组织	江苏省武进职业教育中心校	共青团省委、省教育厅
江苏省中小学心理健康教育特色学校	江苏省前黄高级中学	省教育厅
江苏省科普教育基地	江苏省前黄高级中学	省科协、省科技厅、省教育厅
江苏省青少年科技教育先进学校	江苏省前黄高级中学	省科协、省科技厅、省教育厅
江苏省文明校园	江苏省前黄高级中学	省精神文明建设指导委员会
江苏省文明校园	江苏省横林高级中学	省精神文明建设指导委员会
江苏省文明校园	常州市武进区卢家巷实验学校	省精神文明建设指导委员会
2015 年江苏省健康促进学校金奖	江苏省前黄高级中学国际分校	省教育厅、省卫计委
2015 年江苏省健康促进学校银奖	常州市武进区横山桥高级中学	省教育厅、省卫计委
江苏省教育工作先进集体	江苏省横林高级中学	省教育厅、省委教育工委
江苏省教育工作先进集体	湖塘桥实验小学	省教育厅、省委教育工委
江苏省教育工作先进集体	常州市武进区星辰实验学校	省教育厅、省委教育工委
江苏省教育工作先进集体	江苏省前黄高级中学	省教育厅、省委教育工委
江苏省科技教育先进学校	常州市武进区南夏墅中心小学	省教育厅
2015 年度按比例安排残疾人就业工作先进单位	区地税局	省政府残疾人工作委员会

市级先进集体

荣誉称号	获得单位	授予单位
2011—2015 年全市普法工作先进单位	区法院	市委、市政府
2011—2015 年全市普法工作先进单位	区教育局	市委、市政府

荣誉称号	获得单位	授予单位
2011—2015 年全市普法工作先进单位	区人社局	市委、市政府
双拥先进单位	区人社局	市委、市政府、常州军分区
双拥先进单位	区财政局	市委、市政府、常州军分区
双拥先进单位	区国税局	市委、市政府、常州军分区
五一劳动奖状	区住建局市政处	市政府
五一劳动奖状	江苏恒立液压股份有限公司	市政府
五一劳动奖状	常州合力电器有限公司	市政府
五一劳动奖状	常州市武进广宇花辊机械有限公司	市政府
五一劳动奖状	区市政公用事业管理处	市政府
五一劳动奖状	区特种垃圾管理站	市政府
江苏省前黄高级中学	常州市先进基层党组织	市委

先进个人

全国（条线）先进个人

姓名	单位职务	荣誉称号	授予单位
孔建华	江苏省前黄高级中学校长	全国五一劳动奖章	全国总工会
李波涛	区地税局一分局副分局长	2016 年度推荐资源税全面改革工作成绩突出个人	国家税务总局
山　峰	区私营个体经济协会秘书长	全国个私协会系统先进工作者	国家工商总局、中国个体劳动者协会
石金良	江苏宝路建设工程有限公司横林养护分公司养护班班长	2015 年度全国优秀农民工	国务院农民工工作领导小组
刘玉春	湟里镇卫生院院长	第五次全国乡镇卫生院优秀院长	中国农村卫生协会
蒋建明	区残联理事长	全国残疾人工作先进个人	国务院残疾人工作委员会
兰慧敏	南夏墅中心小学教师	最佳优秀教练员	国家体育总局小球中心

省级（条线）先进个人

姓名	单位职务	荣誉称号	授予单位
石金良	江苏宝路建设工程有限公司横林养护分公司养护班班长	江苏省劳动模范	省委、省政府
叶　青	洛阳镇友谊村党总支书记	江苏省劳动模范	省委、省政府
许新跃	江苏明都汽车集团有限公司总经理	江苏省劳动模范	省委、省政府
孙林乔	常州市汇丰船舶附件制造有限公司职工	江苏省劳动模范	省委、省政府
杨祖华	横山桥镇金丰村党总支书记	江苏省劳动模范	省委、省政府
张育明	常州市环球环卫服务有限公司班长	江苏省劳动模范	省委、省政府
陈志明	东方润安集团有限公司车间主任	江苏省劳动模范	省委、省政府
是蓉珠	江苏日盈电子股份有限公司董事长、总经理	江苏省劳动模范	省委、省政府
钟　成	常州新奥燃气工程有限公司工程技术部主任	江苏省劳动模范	省委、省政府
戎亚雄	武进人民医院普外科主任	江苏省先进工作者	省委、省政府
顾志平	湖塘实验中学校长	江苏省先进工作者	省委、省政府
毛建东	区体育局党组书记、局长	江苏省先进工作者	省委、省政府

姓名	单位职务	荣誉称号	授予单位
陈　静	常州市公安局武进分局新城派出所一级警员	江苏省先进工作者	省委、省政府
施璐嘉	星河小学副校长	江苏省小学英语学科特级教师	省政府
朱燕芬	湖塘桥第二实验小学校长	江苏省小学语文学科特级教师	省政府
杨永年	江苏省武进中等专业学校副校长	江苏省中职机电学科特级教师	省政府
蒋惠琴	星韵学校校长	江苏省小学语文学科特级教师	省政府
庄新宇	鸣凰实验幼儿园园长	江苏省学前教育学科特级教师	省政府
杜　俊	区地税局副局长	2015 年度按比例安排残疾人就业工作先进个人	省政府残疾人工作委员会
卜　佳	区地税局税政科科长	2016 年度参加省局大企业税收风险管理工作先进个人	省地税局
许敏华	区法院研究室副主任	全省法院信息工作先进个人	省高院
熊金明	区法院执行局实施科科长	全省法院执行系统执行标兵	省高院
汪丽英	区法院少年庭副庭长	全省法院推进司法改革试点工作先进个人	省高院
徐克兴	区关工委主任	江苏省关心下一代工作先进工作者	省关工委、省精神文明办
芮中青	嘉泽镇关工委常务副主任	江苏省关心下一代工作先进工作者	省关工委、省精神文明办
杨春凤	前黄镇前黄村关工委主任	江苏省关心下一代工作先进工作者	省关工委、省精神文明办
尹俊贤	礼嘉镇新辰村关工委常务副主任	江苏省关心下一代工作先进工作者	省关工委、省精神文明办
陆梅英	湖塘镇北街社区关工委常务副主任	江苏省关心下一代工作先进工作者	省关工委、省精神文明办
周惠芬	横林镇横林社区关工委常务副主任	江苏省关心下一代工作先进工作者	省关工委、省精神文明办
蒋晓初	洛阳镇岑村村关工委常务副主任	江苏省关心下一代工作先进工作者	省关工委、省精神文明办
陆仁兴	横山桥镇芙蓉村关工委常务副主任	江苏省关心下一代工作先进工作者	省关工委、省精神文明办
方　雷	戚墅堰街道戚大街社区常务副主任	江苏省关心下一代工作先进工作者	省关工委、省精神文明办
朱晓荣	区水产技术推广站副站长	“十二五”全省渔业科技入户工作优秀个人	省海洋与渔业局
褚秋芬	区水产技术推广站副站长	“十二五”全省渔业科技入户工作优秀个人	省海洋与渔业局
王红卫	区水产技术推广站科员	“十二五”全省渔业科技入户工作优秀个人	省海洋与渔业局
岳益超	区水产技术推广站科员	“十二五”全省渔业科技入户工作优秀技术指导员	省海洋与渔业局
曹　卢	区水产技术推广站科员	“十二五”全省渔业科技入户工作优秀技术指导员	省海洋与渔业局
杭建平	雪堰专职消防队中队长	全省优秀政府专职消防队员	武警江苏省消防总队
巢　鹰	区委政法委办公室主任	2011—2015 年全省普法工作先进个人	省委宣传部、省司法厅等
石金祥	区检察院党组成员、纪检组长	全省检察机关纪检监察业务标兵	省检察院
陈万州	区检察院办公室主任	全省检察专门人才	省检察院
冯　伟	区检察院公诉局副局长	全省检察专门人才	省检察院
何　涛	区检察院反贪污贿赂局副局长	全省检察专门人才	省检察院
雎锡平	区检察院民事行政检察科科长	全省检察专门人才	省检察院
张腊方	区检察院职务犯罪预防科科长	全省检察专门人才	省检察院
戚黎娜	区检察院技术科科长	全省检察专门人才	省检察院
肖桂宏	区检察院嘉泽检察室主任	全省检察专门人才	省检察院
周彩芳	遥观镇司法所所长	全省“最美司法所长”	省司法厅
陈超荣	区人民调解委员会主任	全省“最美人民调解员”提名奖	省司法厅
巢丽燕	南夏墅街道司法所所长	全省社区矫正“严格执法、严格管理”集中整治活动先进个人	省司法厅
柏　涛	前黄镇司法所社工	全省社区矫正“严格执法、严格管理”集中整治活动先进个人	省司法厅
袁　也	横林镇司法所干事	全省社区矫正“严格执法、严格管理”集中整治活动先进个人	省司法厅
蒋静伟	嘉泽镇司法所社工	全省司法行政系统安置帮教工作先进个人	省司法厅
刘晓虎	常武太湖医院院长、书记	全省疾病预防控制工作先进人个	省卫计委

姓　名	单　位　职　务	荣　誉　称　号	授　予　单　位
蒋晓霞	寨桥卫生院防保科科员	全省免疫规划（预防接种）工作先进个人	省卫计委
陆伟明	江苏省武进职业教育中心校教研组长	教学名师	省人社厅
钟桂芳	星河小学副校长	江苏省优秀教育工作者	省教育厅
黄惠涛	江苏省前黄高级中学国际分校校长	江苏省优秀教育工作者	省教育厅
宋海永	湟里高级中学校长	江苏省优秀教育工作者	省教育厅
钱爱芙	湖塘桥中心小学校长	江苏省优秀教育工作者	省教育厅
钱爱芙	湖塘桥中心小学校长	民进全省参政议政工作先进个人	民促会江苏省委
邵小武	洛阳中心小学校长	江苏省书香人物	省教育厅、省新闻出版广电局
戴福春	夏溪小学校长	江苏省优秀青少年科技教育校长	省教育厅、省科协
朱建琴	夏溪小学级部主任	江苏省青少年科技教育先进个人	省教育厅、省科协
徐小甫	南夏墅中心小学教师中心副主任	江苏省优秀科技辅导员	省教育厅
龚莉娜	湖塘桥实验小学副校长	江苏好青年	团省委、省文明办、省通信管理局

市级先进个人

姓　名	单　位　职　务	荣　誉　称　号	授　予　单　位
薛红良	武进中医医院肾内科主任	常州市五一劳动奖章	市政府
蔡维考	柳工常州机械有限公司职工	常州市五一劳动奖章	市政府
莫志红	江苏长海复合材料股份有限公司车间主任	常州市五一劳动奖章	市政府
黄　华	江苏洛凯机电股份有限公司工会主席	常州市五一劳动奖章	市政府
万小明	湟里镇武宜村党总支书记	常州市五一劳动奖章	市政府
赵兴国	常州湖滨商贸有限公司董事长	常州市五一劳动奖章	市政府
蒋学真	常州腾龙汽车零部件股份有限公司董事长	常州市五一劳动奖章	市政府
杨亚红	区福利彩票管理中心主任	常州市五一劳动奖章	市政府
陈伟平	区总工会保障部部长	常州市五一劳动奖章	市政府
何晓萍	区水利局建管科副科长	常州市五一劳动奖章	市政府
李菊妹	湖塘镇鸣南社区党总支书记	常州市五一劳动奖章	市政府
施璐嘉	星河小学副校长	常州市五一劳动奖章	市政府
顾　文	区农业局副局长	创建国家森林城市个人二等功	市政府
潘　林	区林业工作站站长	创建国家森林城市个人三等功	市政府
施小平	嘉泽镇党委书记	创建国家森林城市个人三等功	市政府
徐晓杰	江苏（武进）水稻研究所所长	常州市第十二届科学技术杰出贡献奖	市政府
闵伟昌	嘉泽镇观庄村书记	2011—2015 年全市普法工作先进个人	市委、市政府
史岳俊	嘉泽镇司法所所长	2011—2015 年全市普法工作先进个人	市委、市政府
陈　丹	区财政局科员	2011—2015 年全市普法工作先进个人	市委、市政府
孙红霞	横山桥中心小学教导处主任	常州市突出贡献人才奖	市政府

（栏目编辑　蒋　聆）

创新强区，实干富民，
打好高水平全面建成小康社会攻坚战

——在区委十二届二次全体（扩大）会议上的报告（摘要）

常州市副市长、武进区委书记　史志军

（2016 年 12 月 27 日）

区委十二届二次全体（扩大）会议主要任务是：深入学习贯彻党的十八届六中全会、中央经济工作会议、省第十三次党代会和市委全会精神，回顾总结今年的工作成绩，研究部署明年的工作任务，动员全区各级党组织和广大党员干部，进一步认清形势、坚定信心、创新实干、克难奋进，全力打好高水平全面建成小康社会攻坚战。

一、深入学习贯彻十八届六中全会精神

党的十八届六中全会是在全面建成小康社会决胜阶段召开的一次重要会议。全会以严格党内政治生活、强化党内监督为重点，专题研究部署全面从严治党。全区上下要深入学习贯彻十八届六中全会精神，将其作为做好今后各项工作的重要遵循。

1. 要深入学习、深刻领会十八届六中全会主要精神。各级各部门要持续掀起学习宣传贯彻十八届六中全会精神的热潮，推动党员、干部深刻认识全面从严治党对于协调推进“四个全面”战略布局的重大意义，深刻认识加强和规范党内政治生活、加强党内监督是全面从严治党的有效抓手，准确把握新形势下加强和规范党内政治生活、加强党内监督的方向目标和任务举措。要通过深入的学习和有力的贯彻，推动全会精神在我区落地生根，为武进的各项事业发展提供更为坚实的思想政治保证。

2. 要坚定维护以习近平同志为核心的党中央权威。坚决维护党中央权威、保证全党令行禁止，是党和国家前途命运所系，是全国各族人民根本利益所在。坚持党的领导，首先是坚持党中央的集中统一领导。一个国家、一个政党，领导核心至关重要。全党必须自觉在思想上政治上行动上同党中央保持高度一致。党的各级组织、全体党员特别是各级领导都要向党中央看齐，向党的路线和方针政策看齐，向党中央决策部署看齐，做到党中央提倡的坚决响应、党中央决定的坚决执行、党中央禁止的坚决不做。

3. 要不折不扣落实全面从严治党各项任务。各级党组织要把贯彻落实全会精神作为当前的重要政治任务，按照“抓思想从严、抓管党从严、抓执纪从严、抓治吏从严、抓作风从严、抓反腐从严”的要求，把全面从严治党不折不扣地落实到推动发展、保障民生、维护稳定等各个方面。要严格贯彻落实《关于新形势下党内政治生活的若干准则》和《中国共产党党内监督条例》，进一步严肃党内政治生活，落实党内监督责任。各级党组织要旗帜鲜明地为敢于担当的干部担当，为敢于负责的干部负责。各级党组织书记要把从严管党治党的主体责任牢牢扛在肩上，做到履责有力、尽责有为。

二、成功实现“十三五”发展精彩开篇

今年，面对严峻复杂的宏观形势，全区上下深入践行五大发展理念，扎实推进产业转型升级、产城融合发展、生态文明提速、改革创新攻坚“四大战役”，有效保持了经济社会稳中有进、进中向好的发展态势，成功实现了“十三五”发展的精彩开篇。

1. 干事创业氛围进一步浓厚。认真落实从严治党要求，扎实推进“两学一做”学习教育，系统开展了“主动看齐，固本强基”和“三立三正”主题活动，广大党员争做“四讲四有”合格党员的意识明显增强。区、镇、村三级党组织换届圆满完成，全区上下进一步理清了思路、明确了目标、凝聚了共识。“事事当争第一流，耻为天下第二手”的阳湖精神得到大力弘扬，支持和鼓励党员干部改革创新、干事创业的机制建立实施，鼓励创新、激励担当、允许试错、宽容失误的氛围进一步形成。常州经开区一年完成拆迁180万平方米，新孟河工程短短一个多月实现民房签约99%、拆除70%。面对历史性的洪涝灾害，基层党员干部与武警战士、公安干警、民兵、城管冲锋在前、日夜坚守，有力保障了人民群众的生命财产安全，用实际行动赢得了老百姓的支持和认可。总的来说，这一年，各级干部率先垂范谋发展、服务大局比贡献，人大代表、政协委员积极参政议政，各民主党派、工商联和无党派人士主动献计献策，各群团组织充分发挥作用，全区上下呈现出心齐、气顺、劲足的干事创业新气象。

2. 经济发展质效进一步提升。主要经济指标保持稳定增长，预计完成地区生产总值近2000亿元，按可比价增长8%；完成一般公共预算收入144.6亿元，增长3%；完成规模以上工业总产值4665亿元，增长7%；完成固定资产投资超1000亿元，增长6%；完成进出口总额640亿元，增长10%。产业结构进一步优化，省标战略性新兴产业产值、高新技术产业产值占规模以上工业总产值的比重分别达到31.3%和45.2%；服务业增加值占GDP的比重提高到43.2%，春秋淹城旅游区成功通过国家AAAAA级景区初评，太湖湾旅游度假区在全省省级旅游度假区中综合排名第一；国家现代农业示范区建设全面推进。企业发展更具活力，规模以上工业企业的利税、利润增幅分别高出产值增幅5个、7个百分点，戚研所捧回我国工业最高荣誉“中国工业大奖”。股改上市工作取得重大突破，3家企业分别在上交所主板和香港联交所上市，14家企业登陆新三板，21家企业完成股改。我区连续四年荣获中国中小城市综合实力百强区第三名，连续八届蝉联中国最具投资潜力中小城市百强区第一名。

3. 城乡建设格局进一步优化。全区“一中心、三片区、特色镇”的总体发展格局基本形成，中心城区一批公园绿地开工建设，城市功能形象进一步提升；常州经开区高起点完成各项规划编制，大开发大建设氛围基本形成，发展活力逐步释放；武进高新区智能装备制造、新能源汽车等产业蓬勃发展，电子信息产业园被认定为国家新型工业化示范基地，产业集聚度、辐射带动力进一步增强；西太湖科技产业园苏澳合作园区、海峡两岸（常州）健康产业合作区顺利落户，石墨烯产业集聚了80多家企业；各镇特色强镇建设的目标定位也更加清晰。武进区发展战略规划、环滆湖地区总体规划等完成编制，城镇建设、土地利用、湖塘老街等一系列规划加快编制，我区通过江苏省绿色建筑示范城市省级验收，并成为苏南首个国家级产城融合示范区。老小区整治、畜禽养殖污染整治等工作取得实效，“创森”任务圆满完成，城乡环境质量进一步改善。

4. 改革发展动能进一步增强。项目工作实现新的突破，全年实际利用外资8.5亿美元，总投资10亿美元的瑞声手机3D玻璃、60亿元的瑞声金属射频模组、50亿元的车和家智能电动汽车、5亿美元的台湾加贺芯片载带等重大项目成功引进，北汽新能源汽车整车下线投产。苏南国家自主创新示范区建设步伐加快，总规模100亿元的中以创新发展基金成功设立，全区新增国家级孵化器1家、省级众创空间7家，高新技术企业总数突破400家，R&D投入占GDP的比重达到2.77%，我区被国务院列为全省唯一、全国首批“双创”区域示范基地，并连续六次被评为全省人才工作先进区。供给侧、“放管服”等改革举措有效落实，五证合一、一照一码等商事制度改革深入推进，“营改增”全面实施，全年累计调整权力事项230项，为企业减轻经营负担约33亿元。第一轮国资改革初见成效，基本形成了建设项目建管分离的体制机制，融资成本进一步降低。全区新引进银行等金融机构8家，风创投资本累计达155亿元，金融对实体经济的支撑力进一步增强。国家农村改革试验区工作有序推进，我区被确定为全国统筹推进农村土地制度改革三项试点的15个地区之一，并被评为全国国土资源节约集约模范区。

5. 社会民生福祉进一步改善。十大类36件为民办实事项目全面完成。“大众创业，万众创新”有力推进，“以创业带就业、以就业促民富”的创富格局进一步形成，城乡居民人均可支配收入同比增长7.6%。社会保险扩面提标工作扎实推进，市、区城乡基本医疗保险差异进一步缩小。慈善基金、光彩基金总量均迈上新的台阶。教育、卫生、文化、体育等公共服务体系更加健全，义务教育阶段教师“区管校用”管理机制全面实施，区域病理诊断中心完成建设，区文化馆新馆改建投运，奥运金牌实现零的突破。深入开展平安法治创建活动，社会治安防控体系日益完善，“政社互动”、“三社联动”不断深化，我区被评为全国“六五”普法先进区、全省法治建设示范区和全省综治工作先进集体，并连续第12次获评全省平安区。第八批援疆工作圆满结束，获得了省委省政府和受援地干部群众的一致认可。

在肯定成绩的同时，我们也要清醒看到发展中存在的薄弱环节：一是经济的结构性矛盾仍然突出和部分民营企业发展活力仍显不足同时存在，推进产业升级、转变发展方式的步伐还需进一步加快；二是城镇建设、城乡管理的水平有待提升，统筹推进城乡一体化发展的力度还需进一步加大；三是资源环境的瓶颈制约仍然趋紧，集约发展、生态建设还需进一步深化；四是富民增收的长效机制还有待完善，公共事业的标准化、均等化水平还需进一步提升；五是严峻的经济形势带来的社会矛盾日益增多，维护社会和谐稳定还需进一步加力；六是干部队伍对照服务保障发展和全面从严治党的要求，在强化担当、主动作为、提升能力上还需进一步努力，等等。对此，我们必须高度重视，切实采取有效措施，认真加以研究解决。

三、打好高水平全面建成小康社会攻坚战

今后一个阶段，是奋战“十三五”、再创新辉煌的关键期，也是建设“强富美高”新武进、高水平全面建成小康社会的决战期。总体来看，我们拥有更加坚实的发展基础。我们的园区平台不论是数量还是质量，在全国县域板块中都位于前列，智能装备制造、轨道交通、电子信息等特色产业加速壮大，石墨烯、机器人、医疗器械等新兴产业迅猛发展。更难能可贵的是，我们拥有一支充满激情与活力的民营企业家队伍，和一支乐于奉献、敢于开拓的党员干部队伍，这是我们阔步向前的宝贵财富。我们赢得了更加宝贵的发展机遇。这些发展机遇，来自于苏南国家自主创新示范区、长三角城市群、长江经济带等国家战略的强有力支撑，来自于国家“双创”示范基地和产城融合示范区等重大创新探索的活力激发，来自于全国农村土地制度改革三项试点带来的潜在红利，来自于苏澳合作园区成功落户的资源集聚，来自于“两铁、两高、三河”等区域间重大基础设施项目加速实施的有力推动。把握好这些机遇，武进的发展必将迈上一个更高的台阶。*我们面临着更加严峻的发展挑战*。我们要清醒地看到，全球政治经济局势的不稳定因素增多，国内经济产能过剩和需求结构升级的矛盾仍然突出，我区的传统发展优势正在不断弱化，特别是资源和环境两大要素已经顶到“天花板”，对我们争先进位带来了巨大压力。武进的发展已经到了不得不加快“转型出关”的紧要时刻。*我们肩负着更加重大的发展责任*。省党代会明确，到2020年要高水平全面建成小康社会。这个小康不是一般意义上的小康，必须是贯彻五大发展理念、体现“强富美高”要求的小康，必须是经济发展更高质量、人民生活更加幸福、生态环境更加优美、文化发展更加繁荣、城乡区域更加协调、社会治理更加完善的高水平小康，必须是“一个不少、一户不落”的全面小康。我区作为苏南先发地区，必须把“强富美高”新武进建设与高水平全面建成小康社会高度统一起来，不仅要如期实现目标，更要作出应有示范。

使命在身，不容半点懈怠；责任在肩，惟有全力以赴。在攻坚高水平全面建成小康社会的关键时刻，*我们必须牢牢抓住“创新”这个引领发展的主动力*。能不能成功冲出转型的关口，在新一轮竞争中占据先机、赢得优势，根本上取决于发展动力转换的速度，取决于创新这个驱动发展的新引擎能不能成为主动力。我们必须把发展的基点放在创新上，紧紧牵住科技创新这个“牛鼻子”，加快驱动体制机制创新这个“车轮子”，着力推进全方位、多层次、宽领域的大创新，在新技术、新产业、新业态、新机制上率先突破，加快形成以创新为核心引领的经济体系和发展方式，使武进牢牢立于全国强区之林。*我们必须紧紧扣住“富民”这个小康建设的落脚点*。高水平全面建成小康社会，最直接、最根本的体现就是广大老百姓的富裕程度和生活质量。只有真正聚焦人民群众对美好生活的向往与需求，高水平全面建成小康社会才能得到人民群众的认可与支持。我们必须更加自觉地践行以人民为中心的发展思想，千方百计加快富民步伐，下大力气解决生态环境、教育卫生等事关群众切身利益的问题，切实帮扶困难群众和弱势群体，让全区每一个百姓都拥有更有温度的获得感。*我们必须切实发扬“实干”这个干事创业的传家宝*。实干兴区、实干强企、实干发家。武进的发展能有今天这样的成就，从来都是靠我们武进人一步一个脚印扎扎实实干出来的。打好小康建设攻坚战，我们不但要继承好“实干”这个优良传统，更要为“实干”注入新的时代内涵，让武进大地涌现出更多敢于担当、勇于创新、主动作为的“实干家”。要始终坚持问题导向、需求导向、效果导向，围绕区域发展的突出短板和人民群众的紧迫需求，集中火力、持续用力，多干实事、务求实效，实现政府有形之手、市场无形之手、群众勤劳之手同向发力，共同创造武进各项事业的新进步。

明年工作的指导思想是：**深入贯彻落实党的十八大和历次全会以及习近平总书记系列重要讲话精神，紧紧围绕“创新强区，实干富民”的发展主题，牢固树立创新、协调、绿色、开放、共享的发展理念，大力实施产业创新发展、城乡精细管理、生态保护引领、教育卫生事业均等化、特色强镇建设五个三年行动计划，立足质效提升，加快补长短板，全面深化改革，切实打好高水平全面建成小康社会攻坚战，推动“强富美高”新武进建设取得实实在在的成效。**

明年工作的主要目标是：**地区生产总值增长8%左右；一般公共预算收入增长5%左右；固定资产投资增长8%以上；实际利用外资和进出口总额有所增长；城乡居民收入与经济保持同步增长；节能减排完成市下达目标。**

围绕上述目标，重点要在六个方面奋力攻坚、务求实效：

（一）奋力攻坚，在促进产业创新发展上见实效。围绕提高资源配置效率和增强产业核心竞争力，以深入推进供给侧结构性改革为主线，加快产业结构调整和发展动力转换，努力实现更高质量和更有效益的发展。

1. 要强化科技创新。围绕集聚高端要素、发展高端产业，深入推进国家“双创”示范基地和苏南国家自主创新示范区建设，着力构建良好的创新生态系统。聚焦最有条件、最具优势的领域，整合创新要素，集聚创新资源，着力通过创新，在智能装备制造、轨道交通、电子信息等特色产业上形成更大的规模突破，在石墨烯、机器人、医疗器械等新兴产业上形成更多的技术优势，要筹备召开全球石墨烯产业大会，全力争创石墨烯产业国家级创新中心。鼓励引导传统产业不断加大技术革新、工艺更新力度，坚定地走高、精、特、优发展之路。高水平规划建设常州科技创新园这个重要的创新载体，加快打造具有国际竞争力的产业科技创新中心和先进制造业基地。全面实施新一轮“人才强区”战略，以更大资金支持、更优工作环境和更好保障待遇吸引高端人才落户我区，让人才活水源源不断地涌向武进。积极主动对接大院大所，大力推进产学研协同创新，确保更多原创性创新成果在武进落地转化。年内R&D投入占GDP的比重要达到2.79%，高新技术产业产值的比重要达到45.7%。

2. 要做优开发园区。按照“空间集约化拓展、环境绿色化提升、服务品质化升级、资源精效化配置”的思路，推动重点开发园区加快从纯粹的产业开发区向产城融合型开发区转变，从一般园区向专题园区、生态园区、科技园区转变，从依靠政策优惠向增创创新优势转变，从规模扩张为主向注重特色集约转变。常州经开区要咬定三年跻身国家级的目标，进一步聚焦产业转型、环境治理、城建提升、改革创新等重点工作，加快建设引领全区跨越发展的新增长极。武进高新区要全面开展“三次创业”，全力突破重大项目，切实加快探索新机制、培育新动能、塑造新形象的步伐，努力在全国高新区中争先进位。西太湖科技产业园要抓住苏澳合作园区建设的大好契机，进一步做大特色产业规模，扩大生态环境优势和开放合作优势，着力打造全常州乃至长三角最具吸引力的宜居宜业宝地。要以“四个平台”为目标，用国际化的理念谋划和推进好苏澳合作园区建设，加快打造共建园区的新典范。要以质效提升为导向，不断优化中以、中德、中俄等国际合作园区建设，有效提高经济贡献率和对外影响力。太湖湾旅游度假区要启动国家级创建工作。

3. 要做强优势企业。坚持把做强实体经济作为兴区之本，

实施新一轮民营经济转型升级行动，加大政策支持和服务力度，真心实意帮助企业把成本降下来，引导广大企业家坚守实业、回归主业、做精专业。加强对各种所有制组织和自然人财产权的保护。积极鼓励和支持企业开展技术创新、产品创新、管理创新，加强品牌建设，参与标准制订，推动企业不断向高端化、高新化方向攀升，持续提升核心竞争力，在全区形成更多引领型企业、战略性产品和隐形式冠军。全力推进企业股改上市和重组整合，年内新增上市企业 3 ～ 5 家、新三板挂牌企业 10 家。

4. 要主攻重大项目。落实全市“重大项目提升年”要求，突出围绕提升项目质量和产出水平，以智能制造为主攻方向，以大型央企、世界名企和高科技企业为主攻目标，充分发挥武进在外名人优势，积极开展“以商引商”、“以企引企”，全力在高端环节、终端产品、关键零部件等领域引进一批标杆型、航母型重大项目。把优质项目的落地作为评价各级领导干部工作能力的重要标准，推动板块党政主要领导亲自招商，鼓励板块、部门全员招商，创新市场化的招商机制，探索“差位淘汰”的管理制度和“绩效重奖”的激励办法，努力形成你追我赶、竞相突破的招商引资氛围。持续加大对重点产业、重大基础设施、生态环保、工业技改等领域的投资，以高频次、高强度的督查督办来压实责任链条，确保总投资超 2000 亿元的 324 个重点项目快开工、快建设、快见效。

5. 要精效配置资源。围绕“在全国产城融合示范区建设上出样板、出形象、出机制”的要求，着眼于充分发挥市场配置资源决定性作用和更好发挥政府作用，加快建立各类资源的统筹匹配机制，全面推进工业企业综合效益评价，切实加强城乡低效用地再开发和闲置土地整理盘活，综合运用财政、金融、价格杠杆等多种手段，通过技术、质量、环保、安全、用地、能耗等标准的倒逼，促进资源要素更充分地向创新型、高成长、低消耗、少排放的优质项目集聚，有效提高全要素生产率。

（二）奋力攻坚，在提升城乡管理水平上见实效。按照“高水平、标准化、精细化、法治化”的思路，大力推进大城管建设，全面实施精细化管理，力争通过三年时间，跻身全市长效管理第一方阵，打造一个整洁、有序、美观、便民的品质武进。

1. 要深入对标快补短。严格对照城乡管理的工作标准，深入分析失分原因，分类采取整改措施，大力整治住宅小区、道路容貌、村庄家园、建设工地、高架沿线等突出短板，加速改善交通秩序、菜场管理等群众较为关注的问题，有效清除管理盲点和责任空档，确保实现城乡面貌的明显改观。

2. 要多措并举促长效。要牢固树立精明增长理念，按照“先规划后建设、先环境后开发、先地下后地上”的思路，全面提高城镇规划、建设、管理一体化水平，推进好公园绿地、公共厕所、停车场等基础设施的高标准建设，配合好城市轨道交通、经开区城市骨干道路等重大工程实施，落实好征地、拆迁等项目前期工作，努力以更精明的规划、建设促进更精细、长效的管理。要持续深化全国文明城市建设，大力开展市容管理示范创建，切实以创建指标促进管理提升。

3. 要健全体系强落实。按照“部门牵头、属地管理、横向到边、纵向到底”的思路，进一步明确各责任单位的管理职责和范围，加快健全“大城管”责任体系。按照“周分析、月通报、季点评、年总评”的方式，切实加大分类、分级监督考评和通报、曝光力度，形成体制顺、责任明、合力强、效率高的城市长效管理新格局。

（三）奋力攻坚，在强化生态保护引领上见实效。生态环境是我区全面小康建设的突出短板，必须摆在重中之重的位置。要以全省深入开展“263”环保专项行动为契机，下大决心、花大力气加强生态保护和环境治理，力争实现生态环境质量的根本性好转。

1. 要从严从紧落实环保责任。严格落实主体功能区规划，严守生态空间保护红线。进一步提高环保准入门槛，坚决守住开发强度的警戒线。树立“全面从严”的环境监管执法理念，严厉打击环境违法行为，切实解决群众身边的突出环境问题。全面实行生态保护“党政同责、一岗双责”，对于落实责任不到位、推进工作不力的，坚决问责到人。

2. 要背水一战治理环境污染。坚持多方面齐抓共管、多领域协同并治，着力打好环境污染治理硬仗。按照“三河齐上、四水共抓”的思路，大力推进水环境治理和海绵城市建设，突出聚焦黑臭河道整治，对城镇建成区所有支流支浜和其他地区重要支流支浜全面实行河长制，到 2019 年基本实现全区河道“不黑不臭、管理到位、功能达标、岸线优美”的目标，明年要确保“汛期不淹”。以减少煤炭消耗总量为重点，大力推进能源结构调整，切实加大对堆场、黄标车、挥发性有机物的整治力度，确保到 2019 年，全区 PM2.5 年均浓度比 2015 年下降 20%。持续推进城乡环境综合整治，大力实施工业和生活污水收集接管，更大力度治理工业点源、农业面源和生活污染等各类环境污染，切实消除各种环境风险隐患。

3. 要持之以恒抓好生态修复。坚持以创建全省生态保护引领区为引领，严格落实生态优先，全面实施更加积极的环境经济政策和更大力度的绿色调整，大力推广节能环保的绿色建筑，加快建立具有地方特色的绿色产业体系。统筹实施山水林田湖生态保护和修复工程，继续深化“生态绿城”创建，有序推进公园绿地和生态廊道、绿道建设，2019 年年底前完成 3333.33 公顷生态湿地建设工作，全面提升武进生态大气的品牌内涵。

（四）奋力攻坚，在优化公共服务供给上见实效。坚持普惠性、保基本、均等化、可持续方向，扎实推进“两促三优三提升”为民办实事项目，进一步提高公共服务体系的共建能力和共享水平。

1. 要让公共服务更公平。大力推进基本公共服务标准化，明确基本公共服务清单和分类建设标准，着力加强公共资源合理规划和科学配置，让所有老百姓都能享受更加普惠的公共服务。突出抓好新一轮教育专项规划编制，有序推进学校建设，调整优化现有教育资源布局，让全区适龄孩子都有学上。突出加快区、镇、村三级医疗基础设施的改造提升，启动迁建武进第三人民医院，积极打造武进中医医院妇幼健康中心，切实保障全区百姓的基本医疗需求。突出城乡低收入人群，在摸清底数的基础上，灵活运用做强产业、转移就业、资产收益等多种方式实施精准扶贫，统筹做好慈善公益和社会救助工作，努力让全区每户、每个老百姓都能分享到发展实惠。

2. 要让公共服务更优质。重点要围绕教育现代化、均衡化目标，大胆创新办学模式和教师管理体制，培养造就更多名校长、名教师，有效提升教育教学质量，努力办好人民满意的教育。要按照“融入市区、上联下沉、激发动力、提升质量”的思路，切实强化医院特色专科建设和医卫人才能力培养，不断提高全区医疗技术水平，努力实现患者“病有良医”。要稳步提升社会保险、住房保障、文化、体育、养老等公共事业发展水平，把每一件民生实事都办到群众满意。

3. 要让公共服务更可及。突出以人为本，充分发挥教育医疗等公共服务引领人口集聚和经济发展的作用，结合轨道交通走向布局和专项规划实施要求，稳步推进城镇有机更新。科学确定公共设施服务半径和覆盖人群，切实加强社区公共服务圈建设。积极鼓励社会力量参与提供各类非基本公共服务，多渠道扩大公共服务覆盖面，努力让城乡居民都能尽可能便利地享受到公共服务。

（五）奋力攻坚，在推进特色强镇建设上见实效。按照“因地制宜、强化联动、补齐短板、放大特色”的思路，大力实施特色强镇行动，真正使乡镇成为高水平全面建成小康社会的重要环节和纽带。

1. 要聚焦“经济强”。把“经济强”作为特色强镇建设的基础环节、首要环节，做到精力更集中、工作更聚焦。要积极优化资源配置，精准支持现有优质规模企业、创新型企业做大做强，突出加快企业创新升级和股改上市步伐，着力培育一批实力强、特色明、创新水平高的重点企业，以重点企业的发展壮大推进本地产业的提档升级，2017 年每一个镇都要消除“零股改”“零上市”。要大力推动产镇融合发展，着力提升重点工业集中区的环境品质和保障能力，鼓励建设标准厂房，更加集约高效地利用土地资源，更高水平地开展招商引资，有效增强镇域经济的发展后劲。

2. 要体现“特色明”。坚持因地制宜、因势利导，充分发挥各镇自然环境、土地空间等禀赋优势，结合现实状况和工作基础，明确各镇的特色发展定位，集中精力主攻优势领域、关键环节，有效增强各镇可持续发展能力，形成差异化竞争的特色发展格局。要在积极培育特色优势企业的同时，着力补功能、优生态、促集约、塑风格，同步提升中心镇区和撤并集镇规划建设水平，有效打造现代精致、宜居宜业的特色空间形态，加快建设产镇融合示范镇。要大力挖掘乡镇人文底蕴，总结提炼乡镇文化特色，积极培育独具特色、植根于心的文化印记和文化品牌，让武进的每一个乡镇都留得住记忆、记得住乡愁、续得住文脉。

3. 要保障“活力足”。贯彻中央关于深入推进经济发达镇行政管理体制改革的要求，结合新一轮财政管理体制调整，合理匹配镇级财权、事权，三年投入 1.5 亿元专项支持特色强镇建设。研究建立乡镇投融资平台与开发区平台或区级平台挂靠机制，压降融资成本，控制债务规模，增强镇级平台运作实力。强化开发区与乡镇的挂钩联动，支持乡镇与开发区共建合作园区，真正形成开发区反哺乡镇、全区支持开发区的良性机制。强化区级各类资源的统筹匹配，支持乡镇结合农村土地制度改革三项试点，盘活整理存量土地资源，腾出更多土地空间和生态容量，实现更高质量、更可持续的发展。

（六）奋力攻坚，在全面深化改革创新上见实效。坚持紧扣发展实际，围绕“四个有利于”加快推进全面深化改革的重点任务，充分释放体制机制的创新活力，为经济社会发展注入强大动力。

1. 要全力推进土地制度改革。我区承担的全国农村土地制度改革三项试点是具有标志性、引领性、支柱性作用的重大改革试点，必须按照既定时间表、路线图，全力攻坚，确保见效。要坚守“四条底线”，着眼于解决历史问题、化解发展矛盾和理顺分配机制，充分发挥村集体的主体作用和村民的自治作用，加紧落实农村土地征收、集体经营性建设用地入市和宅基地制度改革各项试点任务，全力打造有特色有亮点、可复制可推广的武进模式。同时要有序启动新一轮省级农村改革试验项目，为全省农村改革提供更多样本示范。

2. 要稳步开展经济体制改革。精准把握好政府与市场的关系，更充分地发挥市场在资源配置中的决定性作用。全面落实供给侧结构性改革各项任务，着力提升供给体系质量。围绕打造服务最优、效率最高、成本最低的营商环境，继续深化“放管服”改革，探索“互联网 + 政务”服务模式，积极引入民间资本、社会力量参与重点工程建设，不断减少对微观事务的管理，清理规范中介服务项目，营造公平规范的市场竞争环境。围绕转变发展方式、激发内在活力、有效防范风险，继续深化国资改革，进一步提高政府性投资绩效，有效化解政府性债务负担，建立健全高效规范的国资管理体制。

3. 要加快行政管理改革步伐。坚持“增动力”和“加压力”两手齐抓，切实强化对党员干部的考核评价和结果运用，有效加强对重点工作的督促检查和问责追责，积极探索人事管理体制机制改革，大力支持常州经开区在人事体制机制方面的先行探索和试点推广，在全区有效构建岗位能上能下、人员能进能出、待遇能升能降的用人制度。全面推进纪检派驻机构改革，形成干部监督新模式。以创新社会治理体制机制为抓手，深入推进法治武进、平安武进建设，实施推广“平安卡”智能门禁系统，不断提高专项治理、系统治理、综合治理、依法治理和源头治理水平，全力保障社会和谐稳定。

四、全面从严加强党的建设

事业兴衰，关键在党。要坚持以党建聚合力、促发展，认真落实中央对党的建设的一系列决策部署，以改革创新精神深入推进全面从严治党，推动各级党组织和广大党员干部更好地承担起团结带领全区人民高水平全面建成小康社会的历史重任。

1. 要强化思想引领。随着攻坚战的全面展开，各种困难问题必将逐一显现，必须要有正确有力的思想舆论引导，来鼓足干事创业的精气神。要加强理想引航。把坚定理想信念作为开展党内政治生活的首要任务，深入推进学习型党组织建设，统筹发挥中心组学习、村（社区）书记工作讲坛等各类学习平台作用，切实增强各级党员干部道路、理论、制度和文化自信。要加强精神引领。要大力弘扬“阳湖精神”，开设阳湖精神干部讲坛，充分挖掘和宣传各行各业涌现出来的先进典型，更好地发挥榜样示范作用，引导全区党员干部在任务面前勇担当、在困难面前勇攻坚、在成绩面前勇超越、在竞争面前勇争先，以超常付出实现超常发展。要加强舆论引导。严格落实意识形态工作责任制，积极推动媒体融合发展，牢牢把握正确舆论导向，传递正能量，弘扬主旋律，切实增强全区上下向心力。要切实加大网络舆情导控力度，关注网上民情民意，走好网上群众路线，着力构建积极向上的网上舆论生态。

2. 要强化组织保障。打好攻坚战，各级党组织必须更加坚强有力，广大党员干部必须更加担当有为。要深化“两学一做”学习教育。按照上级部署，结合武进实践，继续深入开展“两学一做”学习教育，以强化支部建设、强化问题整改、强化典型引领为重点，着力构建党员教育管理长效化机制。要落实组织生活制度。认真执行《关于新形势下党内政治生活的若干准则》，大力推进党的组织生活常态化、制度化、规范化、民主化，突出用好批评和自我批评这个有力武器，让组织生活真正成为党员干部加强党性锻炼、提高党性修养的大熔炉。要提高干部能力素质。实施新一轮干部能力提升行动，突出“补短板”导向，提升党员干部组织经济工作、处理社会矛盾、依法行政的能力和水平；坚持“实战化”锻炼，锤炼一线干部的实干能力；培育“可持续”梯队，推动年轻干部快速成长。要优化干部评价体系。树立干部资源“供给侧”改革思维，落实好《武进区推进领导干部能上能下实施细则》，创新制订季度考评办法，以重实干、出实绩为导向，在加强对重点工作的督查和对发展实绩的考核中甄别干部、评价干部、使用干部。要建强党的基层堡垒。深化基层服务型党组织创建，推动力量、投入、资源和工作向基层下沉。推行村（社区）书记“5A”制晋档升级，常态化开展软弱涣散基层党组织整顿，从严加强党员队伍建设管理，保证各级党组织、党员更好地发挥战斗堡垒和先锋模范作用。

3. 要强化纪律约束。加强党风廉政建设是全面从严治党的内在要求，也是打好攻坚战的重要保证。要勇担勤廉之责。全面深化“两个责任”项目化管理，不断加强区委巡察工作，切实做到覆盖无死角、责任无空档。各级党组织“一把手”要履行好党风廉政建设第一责任人职责，促进“两个责任”刚性落实。要紧绷律己之弦。坚持把纪律挺在前面，突出抓早抓小、防微杜渐，用纪律管住大多数。更好地发挥容错免责机制的正向激励作用，创新开展清风问纪、服务问效、决策问廉、执纪问责、守正问道“五大行动”，突出领导干部这一关键，坚决消除“不作为、乱作为、慢作为”，用良好的党风政风促家风、带民风。要高举反腐之剑。坚持有腐必反、有贪必肃，用好监督执纪“四种形态”，始终保持反腐高压态势。加强反腐倡廉教育和廉洁文化建设，健全权力运行制约监督机制，加快形成不敢腐、不能腐、不想腐的体制机制。

4. 要强化服务效能。牢记“加快发展是第一要务、服务发展是第一责任”，积极争当新时代的“店小二”，努力以服务的“加法”为全区发展做好“乘法”。要主动服务。每一位党员干部都要切实增强主动服务的意识，多到条件艰苦、情况复杂、矛盾突出的地方解决问题，千方百计为企业、群众排忧解难。要高效服务。要聚焦重点工作，实行重点服务，把优质资源、优秀人才向关键部位输送，把主要精力、相关政策向重要环节倾斜，千方百计推进重点工作取得实质性突破。要积极创新服务方式，切实消除“慵懒散”、“中梗阻”，全方位提高服务效能。要规范服务。准确把握服务的界限，着力构建“亲、清”新型政商关系，严格依法依规办事，从源头上杜绝“吃拿卡要”等现象。强化群众监督意识，大力推行党务、政务公开，切实提高服务的透明度和规范性。

5. 要强化力量支撑。打好攻坚战，必须要更广泛地发扬团结和民主，把全社会的力量都凝聚到推进发展、服务发展和保障发展的具体实践中来。要充分发挥党委领导核心作用。完善党委全会、常委会、党组会议工作机制，有效实施党对各个领域的领导。支持同级人大、政府、政协和法院、检察院依法履行职能，更好地协调各方关系、凝聚多方力量。健全和落实党管武装制度，深化双拥共建，巩固和发展军政军民团结。要充分发挥统战凝心聚力作用。大力推进，积极把握推进“两个健康”主题，大力实施“三进三送”社会服务、“聚焦富民、精准扶贫”光彩普惠等行动，强化民族宗教事务管理、海外名人资源拓展等工作，牢牢把党外人士和非公经济人士团结凝聚在党的周围，全面构建大统战工作格局。要充分发挥群团桥梁纽带作用。更好地运用群团组织贴近基层、融入群众的突出优势，有效利用职工帮扶服务平台、青少年事务服务中心、妇女儿童活动中心等载体设施，面对面、心贴心、实打实地为广大群众排忧解难，最大限度地调动全社会共建小康的积极性主动性创造性，为武进的改革发展加油助力。

政府工作报告（摘要）

——在武进区第十六届人民代表大会第一次会议上

武进区区长　戴士福

（2017年1月4日）

2016年和本届政府工作回顾

2016年是“十三五”的开局之年，也是本届政府的收官之年。面对困难增多、挑战严峻的宏观经济环境，我们在中共武进区委的正确领导下，坚决贯彻中央决策部署和省、市工作要求，主动适应经济发展新常态，自觉践行五大发展理念，认真落实“四个全面”战略布局，统筹推进改革发展稳定各项工作，“十三五”发展实现良好开局。

1. 经济运行克难求进，质量效益同步提升。连续四年荣获中国中小城市综合实力百强区第三名。预计（下同）完成地区生产总值1968亿元，可比价增长8%；一般公共预算收入

144.6 亿元，增长 3%，税收占比 84.5%。国家现代农业示范区建设开局良好，农业装备、科技推广等五大体系不断完善，新增高标准农田 866.67 公顷、高效设施农业面积 186.67 公顷，农产品电商交易额超过 4 亿元。产业转型升级步伐加快，工业企业效益综合评价工作启动实施，“高进低退、扶优扶强”机制初步建立。实现规模以上工业增加值 1085 亿元，增长 7%；规模以上工业总产值 4665 亿元，增长 7%。省标战略性新兴产业产值、高新技术产业产值占规模以上工业总产值的比重分别达到 31.3% 和 45.2%，规模以上工业企业利税总额、利润总额增幅分别高出产值增幅 5 和 7 个百分点。十大产业链企业实现产值 1230 亿元，90 家转型升级重点工业企业完成产值 2840 亿元。新增工信部两化融合管理体系贯标试点企业 2 家，中车戚研所公司捧回“中国工业大奖”。快克股份、神力股份在上交所主板上市，南方通信在香港联交所上市，14 家企业登陆新三板，21 家企业完成股份制改造。民营经济加快发展，新增私营企业 5880 家、个体工商户 1.2 万户，新增注册资本 443 亿元；规模以上民营工业企业实现产值 3884 亿元，增长 6.8%。服务业发展扩容提质，服务业增加值占地区生产总值的比重达到 43.2%，提高 1 个百分点。实现社会消费品零售总额 528 亿元，增长 10%；亿元以上商品交易市场成交额 760 亿元，增长 5%，其中夏溪花木市场继续领跑全国同类市场。新增省农村电子商务示范镇 2 家、示范村 1 家。文化产业增加值占地区生产总值的比重达到 6.4%。旅游公共服务中心投入运营，全年旅游接待 1700 万人次，旅游总收入 205 亿元，分别增长 8.4% 和 9.6%。春秋淹城旅游区通过国家 AAAAA 级旅游景区初评，太湖湾旅游度假区在全省省级旅游度假区综合排名第一。

2．*空间布局持续优化，发展后劲不断增强。*“一中心、三片区、特色镇”建设统筹推进，组团融合发展格局初步构建，我区成功获批国家级产城融合示范区，蝉联中国最具投资潜力中小城市百强区第一名。常州经开区“加快发展三年行动计划”启动实施，各类规划编制基本完成，基础设施建设全面启动，12 项体制机制创新扎实推进，获批开展相对集中行政处罚权工作。武进高新区综合实力、承载能力不断提升，电子信息产业被认定为国家新型工业化示范基地，机器人产业被列为省级高端装备特色产业基地，新光源产业成为省级特色产业集群，获批省级智能用电示范园区。西太湖科技产业园“4+1”特色产业蓬勃发展，苏澳合作园区成功落户，海峡两岸健康产业合作积极推进，中以合作翻开新篇章。绿建区新引进中国工业设计研究院等 80 多家设计、科研和商贸机构，江苏省绿色建筑产业技术研究院顺利组建。重大项目推进年活动扎实开展，新引进瑞声 3D 曲面玻璃及射频模组、车和家智能电动汽车、台湾加贺芯片载带等重大项目，北汽新能源常州高端产业基地首辆纯电动汽车下线，西门子电机、西太湖影视基地等竣工投运，新增省首台（套）重大装备或关键部件产品 6 个。完成固定资产投资 1030 亿元，增长 6%；其中工业投资 608 亿元，增长 10%。开放型经济保持平稳，完成协议注册外资 14.9 亿美元，实际到账外资 8.5 亿美元。完成进出口总额 640 亿元，其中出口 467 亿元，均增长 10%。核准境外投资项目 44 个，中方协议投资额 4.4 亿美元。

3．*改革创新迈向深入，动能活力加快激发。*抢抓列入全国首批双创区域示范基地机遇，探索创新创业“新苏南模式”，我区荣获中国中小城市创新创业百强区第一名。苏南国家自主创新示范区建设加力推进，“创响中国”巡回接力活动有序组织，武进－在常高校产学研战略合作联盟成功组建，中俄科技产业园落户我区。新认定高新技术企业 92 家、国家级孵化器 1 家、省级众创空间 7 家、省科技小巨人企业 3 家。培养省双创人才 8 名，引进领军型创新创业团队 71 个，新增各类人才 1.2 万人，每万名劳动力中高技能人才达到 920 人，我区连续六次被评为全省人才工作先进区。研发经费支出占地区生产总值的比重达到 2.77%。万人发明专利拥有量达到 30.1 件。供给侧结构性改革取得阶段性成效，100 万吨钢铁、30 万吨水泥、1.7 万吨印染去产能任务全面完成；投放住房公积金政策性低息贷款 24.6 亿元，房地产去化周期处于合理范围；营改增工作全面完成，涉企收费清理有效组织，五证合一、一照一码等商事制度改革深入推进，企业经营负担切实减轻；109 个补短板项目加快推进，完成投资 70 亿元。农村宅基地制度改革试点工作成效显著，被中央深改组确定为统筹协调推进农村土地制度改革三项试点地区，同步推进农村土地征收、集体经营性建设用地入市改革试点。全国农村改革试验区三项国家级改革试点任务基本完成。农村土地承包经营权确权登记颁证承包合同完成率达到 93.4%。国有资产管理体制改革纵深推进，三大类区级公司组建完成，投融资管理体制、国有资产监管体制逐步理顺。科技金融集聚区建设初显成效，新增江阴农商银行常州分行等 8 家金融机构，组建总规模 100 亿元的中以创新发展基金，全区风创投资本达到 155 亿元。

4．*城乡建设统筹推进，生态环境稳步改善。*全区发展战略规划、环滆湖地区总体规划和各镇总规、控规编制完成。城市周边永久基本农田划定工作有序推进，盘活存量建设用地 520.13 公顷，清理批而未供土地 147.07 公顷，我区荣膺全国国土资源节约集约模范区。轨道交通武进段站点主体结构全面封顶，城区公共自行车出行系统高效运营，建成公交站棚 60 个。沿江城际铁路、苏锡常南部高速、常宜高速等重大交通基础设施前期工作进展顺利，新沟河、永安河、新孟河等重大水利工程稳步实施，运河“四改三”、机厂河水利枢纽等投入使用。长沟河公园一期、牛塘中心公园完成建设，新增公共区域免费 Wi-Fi 5 个。完成房屋征迁签约面积近 300 万平方米，改造老旧小区 11.1 万平方米，竣工人防工程面积 8.2 万平方米。高架沿线、物料堆场等专项整治高效开展，整治户外广告 6.2 万平方米，资源化处置建筑装潢垃圾 8.2 万吨，城区环卫机械化作业率达到 95%。一批志愿服务品牌脱颖而出，城市文明程度和市民文明素养进一步提升。建立生态红线监察制度，整治燃煤锅炉 358 台、餐饮油烟 287 家、黑臭河道 10 条，新建污水主管网 56 千米，关停畜禽养殖场 1360 户，大气和水环境质量持续好转。新增清洁生产审核企业 13 家，实施节能与循环经济项目 20 个，单位地区生产总值能耗下降 4%。国家森林城市创建任务全面完成，创成滆湖省级湿地公园，新增市级美丽乡村 2 个。装配式建筑项目加快推广，全区绿色建筑总量超过 380 万平方米。我区入围省海绵城市建设试点区。

5．*社会事业协调发展，民生福祉持续提升。*城乡居民人均可支配收入达到 3.86 万元，增长 7.6%。新增城镇就业 2.8 万人，登记失业率为2.1%。村级提速增效活动扎实开展，村均集体经济年收入达到320万元，其中超千万元村15个。精准扶贫工作有序推进，低收入农户、经济一般村建档立卡工作全面完成，投入3200万元实施155个光彩共建项目。各类社会保障水平稳步提高，低保标准实现与常州市区接轨，省社保卡制发率达到98%。发放慈善救助金3500万元，惠及1.2万人次。基本建成保障性安居工程5560套。“三老中心”异地建成投用，金东方颐养园与常州第二人民医院推进医养融合。十大类为民实事项目全面完成。义务教育阶段教师区管校用管理机制全面实施，采菱小学、省常中戚墅堰分校等项目加快建设，教育资源配置更趋均衡。区域病理诊断中心完成建设，乡村医生签约服务试点扎实推进，镇卫生院全部实行医联体运作模式，计生管理服务明显优化。第四届市民艺术节成功举办，区文化馆新馆改建投运。公共体育设施布局日趋合理，承办12项省级以上赛事活动，我区实现奥运金牌零的突破。“政社互动”、“三社联动”、“减负增效”不断深化，向社会组织转移政府职能39项，新增持证社工194人。推行群众依法逐级走访权益保障卡制度，制订法定途径分类处理信访投诉请求清单，一批难点积案得到化解。村（居）委会换届选举顺利完成。“七五”普法启动实施，矛盾纠纷调解成功率达到99.2%，我区被评为全国法治宣传教育先进区。大力推进立体化、信息化社会治安防控体系建设，推广平安社区建设“五动”模式，公众安全感逐步提高。安全生产基层基础进一步巩固，各领域安全生产大检查和专项整治行动有序开展，安全生产保持总体稳定可控态势。面对罕见连续暴雨、长江高水位、台风等因素叠加的严峻形势，民兵队伍连续奋战，全体干群携手同心，及时启动防汛一级应急响应，妥善转移安置受灾群众，众志成城战胜洪涝灾害。对口援疆工作特色鲜明、成效显著，各项工作走在全省前列。民族宗教、双拥、侨台、妇女儿童、红十字、残疾人、档案、地方志等工作取得长足进步。

6. *自身建设切实加强，工作作风得到改进。*深入开展“两学一做”学习教育，强化以明规矩、守纪律、强担当为主题的作风建设，政府部门办事效率、执行能力加速提升。区级机关事业单位编制核减10%。建设项目信息共享、网上审批平台投入使用。开展创业创新环境试评价工作，调整行政权力230项。不动产登记交易中心挂牌成立，受理各类不动产登记10.3万件。自觉接受区人大及其常委会的法律监督、工作监督和区政协的民主监督，定期向人大报告工作、向政协通报情况，办理区人大代表建议164件、政协委员提案247件。部门、区域综合行政执法改革试点工作稳步推进。政务公开机制逐步健全，主动公开政府信息3380条。机关公务用车和办公用房管理日益规范。镇、街道全面建成公共法律服务中心。加强重大政策措施落实、公共资金使用和领导干部经济责任审计，完成审计项目28个。强化政府性债务管理，有效防范和控制债务风险。企业经营风险得到有效化解。严厉惩治腐败行为，廉洁从政观念日渐深入人心。

2016年各项目标任务的顺利完成，为本届政府工作画上了圆满句号。五年来，全区上下凝心聚力，团结奋斗，经受住来自各个领域的严峻挑战和考验，战胜了各种困难和风险，办成了一系列大事要事，武进大地发生了新变化，经济社会发展迈上了新台阶。

*这五年，是区域经济大提质的五年。*我们充分发扬勇争一流的阳湖精神，把握科学发展主题，全力稳定经济增长，综合实力始终位居同类地区前列。地区生产总值、一般公共预算收入、规模以上工业增加值年均增长8.8%、6.5%和7.6%，人均地区生产总值达到13.6万元。新增世界500强企业项目7个，累计实际利用外资44.2亿美元。累计引进总投资超30亿元项目35个，新开工区级重点项目713个、竣工投产605个；完成固定资产投资4759亿元。全区市场主体总数达到12.4万户。

*这五年，是产业结构大优化的五年。*我们持之以恒加快转型升级不动摇，坚持调整存量和做优增量并举，推进产业结构向中高端迈进，特色鲜明的现代产业体系初步构建。成功举办第八届中国花博会，带动农业发展迈上新台阶。驰名商标数量稳居全省首位，省标战略性新兴产业产值、高新技术产业产值占规模以上工业总产值的比重分别提高9和4.2个百分点，新增高新技术企业149家，累计达到445家。新增上市公司7家，累计达到20家；新三板挂牌公司达到28家，资本市场的武进板块不断扩容。三次产业结构比调整到2.1∶54.7∶43.2；单位地区生产总值能耗下降21.3%。

*这五年，是各项改革大提速的五年。*我们持续打响改革创新战役，突出重点领域和关键环节，致力破解体制机制约束，改革红利得到持续释放。“放管服”改革全面推进，行政审批事项精简44%，平均审批时限压缩62.5%。供给侧结构性改革、农村土地制度改革三项试点、产城融合综合改革试点、国资管理体制改革等扎实推进。常州经开区组建运行，武进高新区升格为国家级高新区，出口加工区获批综合保税区，西太湖科技产业园筹备建设省级高新区，绿建区参照省级开发区管理，“品字形”的开发区格局基本形成，开发区对全区经济的贡献度达到56.5%。

*这五年，是城乡面貌大焕颜的五年。*我们牢牢把握统筹协调发展原则，优化生产生活生态空间，兼顾配套功能完善和品质能级提升，城市现代化、城乡一体化建设取得积极进展。常住人口城镇化率提高到67%。花园街北延、武南路、南环线等建成通车，“十纵十横”道路框架基本建成，完成征迁面积1590万平方米，城市建成区面积扩大到147平方千米，与常州主城区的联系更加紧密。持续增加环保资金投入，综合整治黑臭河道46条，新增造林面积8.6万亩，自然村全部完成环境整治，花园城市魅力进一步彰显。

*这五年，是公共服务大改善的五年。*我们持续加大对民生事业的投入力度，每年兴办一批为民实事，市第二人民医院阳湖院区、凤凰谷等投入使用，广大群众得到更多实惠。城镇居民、农村居民人均可支配收入年均增长8.3%和8.7%，城乡居民收入比优化至1.89∶1。新建、改扩建69所学校，医院床位数增加到4730张，文体活动深入开展，城乡居民医疗保险实现一体化。法治建设、平安建设走在全国前列，社会安定有序、充满活力。

过去五年，我们在应对挑战中取得了可喜成绩，也在发展实践中积累了宝贵经验。我们深刻体会到：必须持续强化率先发展、争当一流的共识，找准目标定位，抢抓发展机遇，增创核心优势，才能巩固提升在区域竞争中的领先地位；必须始终坚持实业兴区、加速转型的导向，转变发展方式，深化改革创新，振兴民营经济，才能释放经济发展的深层次动能；必须牢固树立以民为本、造福群众的理念，回应社会期盼，解决现实问题，维护和谐稳定，才能充分调动各个方面的积极性和创造力；必须大力弘扬克难奋进、苦干实干的作风，保持战略定力，敢于迎难而上，强化责任担当，才能破解前进道路上遇到的各种困难。

在肯定成绩的同时，我们也清醒地认识到面临的困难和存在的不足，主要是：高质量大项目数量不多，部分行业、企业经营困难，新的增长动力尚在孕育；环境容量较为有限，生态保护和城市长效管理任务艰巨；镇、开发区发展的差距有所拉大，城乡统筹还需加力加速；公共服务领域还有不少薄弱环节，居民增收难度加大；管控政府性债务风险压力巨大，行政效率和服务水平仍需提升。对此，我们将坚持问题导向，以高度负责的态度，努力在破除瓶颈、补齐短板上取得明显进展。

今后五年的奋斗目标和2017年工作安排

今后五年，是武进加快经济转型、社会转型、政府转型的攻坚阶段，我们既处于可以大有作为的重要战略机遇期，也面临诸多矛盾叠加、风险隐患增多的严峻挑战。经过多年的积累，我区民营经济十分活跃，产业根基愈加扎实，投资环境日趋优越，增添了我们应对挑战、创造优势的信心；各项改革纵深推进，苏南国家自主创新示范区、全国双创示范基地、全国产城融合示范区加快建设，苏澳合作园区顺利落户、启动在即，必将释放强劲的发展动力。立足新的起点，我们必须保持良好精神状态，充分把握有利条件，紧紧围绕“五位一体”总体布局和“四个全面”战略布局，深入践行五大发展理念，积极引领经济发展新常态，统筹推进供给侧结构性改革，聚力创新，聚焦富民，全力促进各项事业迈上新台阶，让居民收入、企业利润、财政收入“三个口袋”更加充实，高水平全面建成小康社会，展现“强富美高”新武进的现实模样。

未来五年全区经济社会发展的主要目标任务是：

*经济综合实力大幅提升。*经济保持中高速增长、迈向中高端水平，提前实现地区生产总值比2010年翻一番的目标，人均地区生产总值达到16.5万元；主导产业竞争力明显增强，服务业增加值占地区生产总值的48%，高新技术产业产值占规模以上工业总产值的50%，现代农业发展水平达到90%。

*科技创新能力明显增强。*大众创业、万众创新的体制机制更加健全，基本建成区域性的先进制造业基地和产业科技创新中心，上市挂牌企业达到150家，高新技术企业达到500家，研发经费支出占地区生产总值的2.8%，万人发明专利拥有量达到35件，开发区对经济转型升级的引领作用更加突出。

*生态环境面貌持续改善。*绿色发展成为鲜明特质，生产方式、生活方式的绿色低碳水平明显提升，建设用地逐步实现减量化，大气和水环境质量明显提高，生态产品供给持续增加，林木覆盖率达到27%，黑臭河道全面消除，生态保护引领区建设取得显著成效。

*人民群众生活更加美好。*提前完成城乡居民收入比2010年翻一番的目标，相对贫困低收入人口、经济薄弱村全面脱贫，社会保险实现全覆盖，就业质量显著提高，教育、医疗、文体、养老等事业全面繁荣，广大居民享受到标准化、均等化的优质公共服务。

*城乡区域发展日益均衡。*城市美誉度和知名度不断提升，新型城镇化和城乡发展一体化扎实推进，空间格局和生产力布局更加合理，现代基础设施体系较为完备，城市管理水平跻身全市前列，常住人口城镇化率达到70%；特色强镇建设取得丰硕成果，形成一批独具特色的样板。

*公共治理能力不断提高。*法治武进、平安武进、文明城市建设深入推进，法治政府基本建成，政务公开成为常态，社会公平正义有效保障，公共安全、文化服务体系更加健全，优秀传统文化得到传承和弘扬，公民文明素质和社会文明程度显著提高，形成较为完善的国际化、市场化、法治化营商环境。

2017年是新一届政府履职的起始之年，也是“十三五”的重要一年，做好各项工作意义重大。政府工作的总体要求是：认真贯彻落实党的十八大和十八届三中、四中、五中、六中全会精神，按照区委十二届二次全体（扩大）会议的部署，坚持稳中求进工作总基调，围绕“创新强区、实干富民”的主题，以建设“强富美高”新武进为目标，以实施产业创新发展、城乡精细管理、生态保护引领、教育卫生事业均等化、特色强镇建设五大三年行动为统领，立足质效提升，加快补齐短板，全面深化改革，协调推动各项事业迈上新台阶，争当全市“一城一中心一区”建设的先行表率，为全面建成更高水平的小康社会、继续走在全省全国前列奠定坚实基础。

全年经济社会发展主要预期目标为：地区生产总值增长8%左右，规模以上工业增加值增长7%以上，一般公共预算收入增长5%左右，固定资产投资增长8%以上，其中工业投资增长10%以上，进出口总额、实际到账外资保持稳定，城乡居民收入与经济增长同步，城镇登记失业率控制在2.5%以内，节能减排约束性指标完成上级下达任务。

为实现上述目标，我们将重点抓好以下七个方面工作：

（一）立足实业强区，推进转型升级，提高经济发展的质量效益

*确保经济稳健运行。*充分发挥投资的关键作用，开展“重大项目提升年”活动，集中精力推进总投资超2000亿元的324个重点项目建设，年内130个项目竣工投产。大力优化投资结构，推进PPP模式应用，增加新技术、新产品、新业态、新商业模式投资。充分发挥消费的基础作用，挖掘传统消费潜力，积极培育信息、文化、养老等新增长点，社会消费品零售总额增长10%左右。按照先造景、后推地原则，有序推出环境优美、配套完善的开发地块，保持房地产市场健康稳定发展。启动编制全域旅游规划，引入市场力量参与重点项目建设，大力发展生态游、乡村游、自驾游等新型旅游业态，打造长三角高品质休闲度假胜地。充分发挥出口的促进作用，拓展综合保税区平台功能，提高传统产品竞争力，扩大自主品牌、高附加值产品出口，推动外贸向优质优价、优进优出转变。

*促进产业创新转型。*实施产业创新发展行动，突出抓好以企业为主体的科技创新和以政府为主导的体制机制创新，通过调整存量、优化增量、提升质量，推动规模效益迈上新台阶。继续推进智能制造和“互联网+工业”行动，大力实

施机器换人，建设一批典型的智能车间，增强制造业的核心竞争力。积极参与“中国制造 2025”苏南城市群试点示范建设，精心筹办全球石墨烯大会，巩固智能装备及机器人、轨道交通等支撑型产业优势，壮大医疗健康、互联网等成长型产业规模，抢占新能源汽车、绿色建筑等未来型产业制高点，形成一批特色产业品牌。积极培育现代服务业集聚区，重点发展总部经济、电子商务、金融投资等生产性服务业，服务业增加值占地区生产总值的比重超过 44%。整合形成支持产业转型升级的“一揽子”政策体系，统一执行口径，优化资金投向，最大限度发挥资源的价值。

支持企业健康发展。充分发挥民营经济活力强劲的优势，开展“菜单式”精准服务，保护企业家精神，提振发展信心，降低经营成本，让广大民企扎根武进、发展壮大。深入推进工业企业效益综合评价工作，激发企业加速转型的积极性，提高全要素生产率。倾斜资源和政策，支持企业提升行业话语权，培育更多占据市场主导地位的行业“隐形冠军”，新增营业收入超 10 亿元工业企业 3 家。加快后备企业股改步伐，依法化解难点事项，不断完善现代企业制度，新增上市企业 3 ～ 5 家、“新三板”挂牌企业 10 家以上。积极推进企业并购重组，鼓励上市挂牌公司通过增发融资、资产重组做优做强。加强区内上下游企业的沟通联系，形成配套协作关系，增强抵御风险的能力。组建运行担保互助基金，增加担保业务总量，缓解中小企业融资难题。

（二）加速动力转换，挖掘内在潜能，厚植持续领先的竞争优势

大力度推进创新创业。聚焦双创示范基地建设，加快推进 50 个双创项目，打造创新创业的“新苏南模式”。充分放大常州科教城的辐射带动作用，启动建设常州科技创新园，转化科技成果，培育高端人才，完善配套服务，打造各类创新要素的集聚高地。积极主动对接大院大所，大力实施校地“双十百千”行动，用足用好科技镇长团资源优势，形成一批校地合作示范项目。放大各类产业技术创新联盟作用，壮大创新型企业集群，新认定高新技术企业 35 家。着力引进科技金融机构，引导社会资本加强对众创空间、企业孵化器、人才团队、创新平台的投入，构建完善的双创生态链条。实施人才强区、强镇、强企战略，充分发挥企业市场主体作用，鼓励企业引进优秀人才、特聘专家。

高水平提升开放型经济。加强优势产业链的分析研究，鼓励民营企业通过并购、合资、股权置换等形式吸引外资，创新运用“三名”招商、基金招商等形式，引进一批规模大、业态新、效益好的项目。加强标准厂房运作管理，增加连片成熟地块，增强对项目的吸引力。加强招商队伍建设，完善考核激励办法，健全能进能出、能上能下的体制机制，形成以实绩论英雄的价值导向。抢抓“一带一路”战略机遇，鼓励企业加快走出去，设立生产基地和研发机构，利用境外要素实现多元化、国际化经营。以中外合作园区为主阵地，建设一批国际化的教育、医疗、体育和文化服务机构，加快城市国际化进程。

全方位实施重点领域改革。继续深化供给侧结构性改革，深入推进“三去一降一补”五大任务和农业供给侧结构性改革，着力提升供给体系质量。统筹协调推进农村土地制度改革三项试点工作，创新解决发展矛盾，显化农民产权权益，加快释放一批制度红利。深化国资管理体制改革，推动国有资产证券化，实施国有公司分类监管，增强国有公司实体化运营能力；加大存量债务置换力度，有效防范政府性债务风险。有序启动新一轮省农村改革试验项目，完善农村土地承包经营权流转管理等后续事项，完成土地承包经营权确权登记颁证工作。持续深化“放管服”改革，加快推进“互联网＋政务”服务建设，编制完成政务服务一张网“三级四同”行政权力清单和办事指南，清理规范中介服务事项，鼓励引导民间资本参与建设基础设施、完善公共服务。全面实施双随机、一公开监管抽查，降低企业制度性交易成本。整合 12345 服务热线，加强政民互动沟通，提高办结率和满意率。

（三）培育新增长极，拓宽发展空间，构建层次分明的平台载体

大力提升开发区能级。常州经开区紧扣“3+3+3”产业体系，加快重点产业项目建设，提升轨道交通产业园、新材料产业园等载体内涵，实施综合执法、行政审批等重点领域改革，争取早日升格为国家级开发区。武进高新区立足于壮大高端装备、节能环保、电子信息、智能交通等四大主导产业，全速推进瑞声 3D 曲面玻璃及射频模组、北汽新能源汽车、今创轨道交通等项目建设，精心打造城南服务业集聚区，提升在国家级高新区中的综合竞争力。西太湖科技产业园坚持产业高端化、环境生态化、功能国际化的导向，有效运作互联网产业园、影视基地等平台，提升中以常州创新园企业集聚度，加强石墨烯项目的培育和引进，打造产城融合、开放包容的科技新城。绿建区抢抓国家推广装配式建筑的机遇，放大示范引领效应，构建研发设计、应用推广等全产业链条，争当行业领头羊。

全面启动苏澳园区建设。按照一年快速启动、三年初见成效、十年硕果累累的愿景，掀开滨湖地区跨越发展的崭新一页。聘请国际知名顾问公司，以专业视野完善园区规划，增强可操作性。开展前瞻性研究，推动各板块、各产业对接园区，发挥园区对各个层面的辐射作用。借鉴先进地区经验，研究确定园区运营管理模式和政策体系。借助各类沟通交流平台，组织开展招商推介活动，拓展与葡语系国家合作深度，争取有一批大项目落户。

精心建设特色强镇。坚持因地制宜、一镇一品，以特色优势企业、特色空间形态、特色民俗文化为重点，落实系列配套支持政策，加速形成一批产业特色鲜明、生态环境优美、人文气息浓厚、多种功能叠加、体制机制灵活的特色强镇。建立区级各类资源的统筹匹配机制，引导重大项目落户乡镇，支持支柱企业扎根乡镇，夯实乡镇的经济基础。结合新一轮财政管理体制调整，加大区财政对乡镇的支持力度，合理匹配财权、事权，提高镇级财政保障能力。推进开发区、乡镇优势互补、整合资源、联动发展，增强镇级发展动能。

（四）强化统筹协调，提升内涵品位，彰显精致现代的城市魅力

完善城市基础设施。开展全域城乡统筹研究，积极推动多规合一，明确空间结构和布局，实现生产、生活和生态要素的相互融合。积极构建大交通体系，推进实施沿江城际铁路、苏锡常南部高速、常宜高速等重大项目，完成 340 省道常州东段

改扩建一期工程，巩固提升区域综合交通枢纽地位。不断完善内部循环网络，促进牛塘与城区路网的无缝对接，加快推进大明路、潞横路、漕上路建设，完成青洋路一期、长虹西路快速化改造工程，启动青洋路二期、环湖东路南延项目。高标准打造内河航道，加速实施永安河、新孟河项目，完成新沟河工程建设。加固加高 11 条主要骨干河道，全面改造提升易淹易涝片区，完善防洪大包围体系，增强防洪保安能力。优化公交线路体系，充分挖掘公共停车场资源，缓解城区交通拥堵压力。

加强城镇精细管理。启动推进大城管建设、实施精细化管理专项行动，着力解决突出问题，综合测评名列全市前茅。科学选址建设城东垃圾转运站，规范菜市场管理秩序，改造提升 50 座公厕。发挥物业公司主体作用，严格监督考核，改善住宅小区容貌。加强城中村综合整治，启动 5190 户棚户区改造工程。全面完成高架沿线环境综合整治，清理违规广告，净化视界环境，塑造靓丽景观。以重点区域为突破口，全面完成违法违规物料堆场整治，优化国土空间环境。实施撤并集镇街区面貌提升工程，优化开发经营环境，完善商贸服务功能，全面消除脏乱差现象。落实属地管理责任，持续开展专项找差活动，推行跨部门、跨行业综合执法，努力提升城市长效综合管理水平。

建设美丽宜居乡村。加强农田水利设施和高标准农田建设，促进农旅、农商跨界融合，加快培育职业农民、农产品电商企业、农机合作社等新型主体，提高农业综合效益。按照“五态并举”要求，发挥资源禀赋优势，以点带面实施美丽村庄提升行动，逐步推进美丽乡村全域化建设。鼓励村级集体经济组织多元发展，做强资产经营公司、合作联社和混合所有制经济，村集体经济经营性收入增长 6% 以上，收入超千万元村达 18 个。有序推进农村公共服务运行维护标准化试点，积极做好农村集体资产清理登记工作，夯实农村管理基础。

（五）聚焦关键环节，加大攻坚力度，建设生态保护的引领区

铁腕整治环境污染。落实省“两减六治三提升”环保专项行动，以铁的决心、铁的措施，打好治气、治水、治土三大攻坚战，切实增强群众的获得感。加强大气污染防治管控，高频率开展堆场工地扬尘、重点行业 VOC 废气、餐饮油烟、黄标车等专项整治，努力让蓝天白云成为常态。按照不黑不臭、管理到位、功能达标、岸线优美的要求，按序整治黑臭河道，开展河道清淤疏浚，全区重要干流、中心城区和集镇建成区干流支浜全面实行河长制。推进滨湖污水处理厂、污泥焚烧和固废焚烧工程，新建污水主管网 60 千米，打通企业、小区接管最后一千米。强化农业面源污染控制，促进化肥、农药减量使用，提高畜禽养殖管理规范化、标准化水平。加强环境监管能力建设，深入开展环保检查行动，重拳打击环境违法行为。

力促集约绿色增长。科学划定永久基本农田，逐步压降土地开发强度，盘活整理闲置用地，推进低效用地再开发，提高节地水平和产出效益。严格项目准入门槛，积极引导企业采用新工艺、新材料，完成 40 家企业强制性清洁生产审核任务。有序退出一批低端低效产能，淘汰一批工艺落后、达标难度大的化工、印染、电镀等重污染企业，关闭、搬迁主城区和常州经开区中心区域重污染企业。积极推广绿色建筑，在部分行业率先使用新能源汽车。倡导市民合理消费和绿色生活，形成勤俭节约的社会风尚。

塑造生态文明名片。加强生态红线保护区域的监管，启动万亩生态湿地建设，形成高品质休闲观光走廊。巩固森林城市创建成效，促进森林扩面提质，让全民共享绿色福利。以增核、扩绿、联网、添景为主要内容，深化生态绿城建设，提升沿运河、长虹路绿道品质。丰富新天地公园内涵，推进长沟河公园二期建设，新增绿化面积 733.33 公顷。着力建设海绵城市，建成 4.3 平方千米省海绵城市示范区项目。加强对河湖、森林、水源地和生物多样性的保护，促进自然生态系统休养生息。

（六）践行民本理念，落实惠民举措，打造幸福和谐的美好家园

加强社会保障。坚持就业优先战略，搭建智慧就业云平台，千方百计拓宽就业渠道，加强职业技能培训，新增就业岗位 4.8 万个，充实百姓的“钱袋子”。深入推进全民参保登记计划，全面开通医保异地联网结算，实现法定人群应保尽保。密切关注人口老龄化趋势，深化公办养老机构改革，支持社会力量投资兴办养老机构，鼓励发展社区居家养老服务，推进医养融合发展。健全社会救助制度，积极开展助残、优抚、慈善和光彩公益活动，切实保障困难群体生产生活。灵活运用做强产业、转移就业、资产收益等方式，有序实施精准扶贫，脱贫转化 1000 户建档立卡低收入农户。

繁荣民生事业。开工建设第三实验小学、人民路初中，加快住宅小区幼儿园配建步伐，建成采菱小学、李公朴小学人民路校区，缓解中心城区教育供给不足矛盾。实施名师、名校、名校长培育工程，大力引进优质教育资源，不断提高教育教学质量。深入推行教师区管校用管理机制，组建教育管理集团，促进校际、城乡教育资源合理流动。坚持医疗、医保、医药三医联动，持续深化医药卫生体制改革，启动建设武进第三人民医院和嘉泽卫生院，加快推进横林人民医院、横山桥卫生院改扩建项目，提升医联体运行实效，优化家庭医生签约服务，形成基层首诊、双向转诊、急慢分治、上下联动的就医秩序。加强名人故居、优秀工艺、民俗文化等非物质文化遗产的挖掘和保护，创造更多文艺精品，推进村（社区）综合文化服务中心建设，在城区建成图书分馆 1 家、24 小时自助借阅点 2 个。巩固城乡一体 10 分钟体育健身圈建设成果，持续开展群众体育活动，打造“两湖一基地”体育赛事名片。常态化开展志愿服务活动，汇聚社会正能量。我们将始终把群众冷暖放在心上，着力办好以“两促三优三提升”为重点的民生实事，让全区人民享有更美环境、更好生活。扎实做好新一轮对口援建工作。推动人民武装、民防、机关事务、民族宗教、侨台、妇女儿童、红十字、残疾人、档案、地方志等事业不断取得新进展。

维护公共安全。推广政府购买公共服务方式，扎实推进“三社联动”，充分发挥社会组织、社工人才等多元主体作用，持续提升社区服务功能，实现固本强基。深入开展平安创建活动，加强社会治安防控体系智能化建设，依法惩治各类犯罪行为，提升公众安全感。增加应急管理资金投入，加强预案动态管理和实战演练，积极预防和妥善处置突发事件。强化基层食品药品监管机构建设，加大监督检查力度，保障群众饮食用药安全。开展企业主体责任深化年和安全生产执法年活动，加强道路交

通、建筑施工、消防、危险化学品等领域隐患排查整治，确保安全生产形势持续稳定好转。

（七）加强自身建设，改进作风效能，展现为民务实的政府形象

建设法治政府。积极运用法治思维和法治方式行使权力、履行职责，严格执行区人大及其常委会决议决定，自觉接受人大、政协和社会监督，广泛听取各民主党派、工商联、无党派人士和人民团体的意见建议，认真办理人大代表建议和政协委员提案。促进部门权力清单、责任清单“两单融合”，完善政府法律顾问运行机制，推进科学民主决策。深化行政执法体制改革和机制创新，组建试点区域综合执法局。及时回应公众关切，加强重大政策解读，升级改造公开平台，推进决策、执行、管理、服务、结果公开，提高政府行政透明度。依法规范信访秩序，引导群众合法合理表达利益诉求、化解行政争议。

狠抓工作落实。加强机关队伍建设，强化专业知识学习，引进培养一批金融、招商等领域的专业人才，不断提高理论和政策水平，打造一支高素质干部队伍。着力推进工作重心下移、服务前移，主动深入基层、深入企业、深入群众，帮助解决实际困难。大力弘扬实干精神，完善绩效考核评价体系，强化对重大部署、重要工作、重点工程实施情况的跟踪督查，持续治理“庸懒散慢”，坚决打通“中梗阻”，确保各项政策措施落地见效。建立健全合理的容错机制，营造大胆探索、勇于创新、敢于担当的干事创业环境。

加强廉政建设。巩固“两学一做”学习教育成果，切实做到知行合一，严防“四风”反弹回潮。准确把握亲、清二字，积极拓宽联系、服务企业渠道，加快构建新型政商关系。厉行勤俭节约，压缩非必要支出，严格财政预算执行，提高资金使用效益。严格用制度管权管事管人，发挥监审联动作用，强化对工程建设、政府采购、土地出让、产权交易等重点领域的行政监察和审计监督，以零容忍的态度严肃查处各种违法违纪行为，营造风清气正的政治生态。

缩略语注释：

1.“三立三正”：指党员干部立学规、正学风，领导干部立家规、正家风，各行各业立行规、正行风。

2.“四讲四有”：指讲政治、有信念，讲规矩、有纪律，讲道德、有品行，讲奉献、有作为。

3.“两铁、两高、三河”：指沿江城际铁路和泰锡常宜铁路，苏锡常南部通道和常宜高速，新沟河、新孟河、永安河。

4.“四个平台”：指澳门与内地全方位紧密合作的拓展区、国际化人才创新创业的集聚区、现代服务业提升发展的引领区、生态良好绿色发展的示范区。

5.“263”环保专项行动：指“两减六治三提升”专项行动，“2”指减少煤炭消费总量、减少落后化工产能，“6”指治理太湖水环境、治理生活垃圾、治理黑臭水体、治理禽畜养殖污染、治理挥发性有机物污染、治理环境隐患，“3”指提升生态保护水平、提升环境经济政策调控水平、提升环境执法监管水平。

6.“三河齐上、四水共抓”：指协同推进新沟河、新孟河、永安河工程，同步抓好安全水利、生态水利、景观水利、民生水利。

7.“两促三优三提升”：指促进创业就业、促进慈善关爱，优化交通网络、优化生活品质、优化城乡面貌，提升民生安全水平、提升公共服务能力、提升行政服务效能。

8.“四个有利于”：指多推有利于增添经济发展动力的改革，多推有利于促进社会公平正义的改革，多推有利于增强人民群众获得感的改革，多推有利于调动广大干部群众积极性的改革。

9.“四条底线”：指土地公有制性质不改变、耕地红线不突破、粮食生产能力不减弱、农民利益不受损。

10.“一中心、三片区、特色镇”：一中心即中心城区，三片区即以常州经开区为主体的东部片区、以武进国家高新区为龙头的中南片区、以西太湖科技产业园为引擎的西部片区，特色镇即以打造特色优势企业、特色空间形态、特色民俗文化为重点的特色强镇。

11.全国农村改革试验区三项国家级改革试点：即农村土地承包经营权流转管理、农村土地经营权入股发展农业产业化经营和农产品目标价格保险三项改革试点。

12.“三社联动”：即社区、社会组织和社会工作专业人才三个主体实行资源共享、有机融合、相互促进。

13.平安社区建设“五动”模式：以“党政推动、社区行动、公安主动、部门联动、群众齐动”为要求的平安社区建设模式。

14.“一城一中心一区”：全国一流的智能制造名城、长三角特色鲜明的产业技术创新中心和国内领先的产城融合示范区。

15.校地“双十百千”行动：紧密联系在常十所高校，重点建设武进十大产业；全力对接百名科研骨干教师，大力培育百家创新型企业；积极鼓励千名高校学生创新创业，努力推动千项科技项目。

16.“三级四同”：省、市、区三级政府部门相同权力事项的名称、类型、依据、编码相统一。

17.“五态并举”：围绕形态、生态、业态、质态和神态五个方面统筹谋划、有机协调。

18.省“两减六治三提升”环保专项行动：减煤炭消费总量、减落后化工产能，治太湖、治垃圾、治黑臭河道、治畜禽养殖污染、治挥发性有机化合物、治环境隐患，提升生态保护水平、提升执法监管水平、提升环境监测水平。

19.“12511”党外人才培养工程：“1”是指着力培养党外副处级后备干部培养对象10名左右；“2”是着力培养党外正科后备干部培养对象20名左右；“5”是着力培养党外副科后备干部培养对象50名左右；“1”是着力培养中层职位党外后备干部培养对象100名左右；“1”是着力培养党外代表人士达到1000人左右。

文件选录

关于创建武进区国家现代农业示范区的实施意见

武发〔2016〕67 号

为扎实推进国家现代农业示范区建设，加快转变农业发展方式，提升现代农业发展水平，根据常州市委、市政府《关于扎实推进国家现代农业示范区建设、率先实现农业现代化的实施意见》(常发〔2016〕1 号)精神，结合我区现代农业发展实际，现就“十三五”期间我区国家现代农业示范区建设制订如下实施意见：

一、指导思想

深入贯彻落实党的十八大和十八届三中、四中、五中全会精神，按照“四化同步”发展要求，围绕“率先实现农业现代化”的总目标，以转方式、调结构、促创新、提效益为主线，优化农业产业布局，深化供给侧结构性改革，着力提升农业综合生产能力、抗风险能力、市场竞争能力，构建完备的农业装备体系、科技推广体系、现代产业体系、生产经营体系和支持保障体系，保障农产品有效供给，促进农民持续增收，切实把武进打造成特色产业聚集的精品区、经营体制创新的实验区、“一二三产”融合发展的先导区，为常州市国家现代农业示范区建设打造亮点、探索路径、提供经验。

二、主要目标

（一）物质装备水平保持领先。每年新建高标准农田 866.67 公顷左右，新增高效设施农业 133.33 公顷、渔业 66.67 公顷。到 2020 年，高标准农田比重达到 75%，高效设施农业、渔业比重分别达到 20%、30%，农业综合机械化水平保持在 90% 以上。

（二）科技推广水平稳步提升。到 2020 年，引进高层次人才 60 名，大专学历以上农业技术推广服务人员占比达到 95%。培育新型职业农民 1.5 万名，持专业证书的农业劳动力占比达到 60%，新型职业农民培育程度达到 60%。百户农民拥有计算机 80 台。“12316”等农业信息服务热线实现全覆盖，农业信息化覆盖率达到 65%。农业科技进步贡献率达到 70%。所有镇（街道）具备农业综合信息服务能力。

（三）经营管理水平显著增强。到 2020 年，农业适度规模经营比重达到 80%；畜禽规模化养殖比重达到 80%，生猪大中型规模化（500 头以上）养殖比重达到 80%。新增省级（含）以上水产标准化健康养殖示范场(区)5 个，总面积 266.67 公顷。新增“三品”30 个，“三品”产量占比达到 55%，其中种植业“三品”产量 15 万吨，无公害水产品养殖面积 3333.33 公顷。培育星级示范合作社 35 个，农户参与农民合作社比重达到 80%，家庭农场经营比重达到 50%。新增省级以上龙头企业 3 ～ 5 家，农产品加工产值 350 亿元，农产品出口指数达到 3.5。

（四）支持保障水平有效改善。到 2020 年，农林水事务支出 7.7 亿元，占农林牧渔业增加值的 20%。农林牧渔业贷款余额达到 90 亿元，与农林牧渔业增加值的比值达到 1.1。主要种植业、高效设施农业保险覆盖面分别达到 90%、60%。

（五）产出效益水平持续增长。到 2020 年，单位农用地农林牧渔业增加值达到 3500 元，其中农林牧渔服务业增加值占比达到 6%。农产品质量安全抽检合格率确保在 97% 以上。农民人均纯收入达到 4 万元。

（六）可持续发展水平全面优化。耕地面积个增不减。到 2020 年，单位能耗创造的农林牧渔业增加值控制在 3 万元 / 吨标准煤。农田灌溉水有效利用系数达到 0.7。农田水利现代化水平达到 90%。新增造林面积 1333.33 公顷，林木覆盖率达 24%。高效低毒低残留农药使用面积占比达到 85%。全区农业废弃物综合利用率达到 97%。

三、重点工作

（一）农业固本强基工程

1. 加强农田水利建设。推进水源工程和农田设施配套，保障农业灌溉用水。加强土地整治及配套设施建设，提高耕地质量及地力水平。完善配套农田输配电设施，进一步降低农田灌溉排涝成本，到 2020 年，农田水利灌溉保证率达到 90%，农业灌溉水有效利用系数达到 0.7。通过工程改造、升级、联网等方式，提高农村自来水普及率、供水保证率和水质合格率，推动农村饮水安全提质增效。

2. 推进高标准农田建设。整合农业综合开发、农田水利、国土整理等项目资源，加快中低产田改造，建设旱涝保收、高产稳产的高标准农田。推进高标准农田建设与提升农业综合生产能力的有机结合，提升永久性耕地的保护和建设水平。到 2020 年，全区建成高标准农田 2.45 万公顷，占耕地面积比重达到 75%。

3. 加快高效设施农业建设。以高效蔬菜、高档花卉、优质果品等设施化生产为重点，加大钢架大棚、连栋大棚、智能温室等设施建设力度，提高农业综合生产能力。大力发展畜禽标准化规模养殖，推进 10 个市级渔业标准化示范基地建设，使高效设施农（渔）业成为特色和亮点。

4. 做强农业机械化水平。以巩固粮油生产机械化为立足点，推进谷物低温烘干机、高效精准植保机械、犁旋耕深翻机械和机播小麦复式作业机具等新机具、新技术运用。以提升高效设施农业机械化水平为主攻方向，大力推广发展高效、先进、适用设施农业装备，推动农业机械化全程、全面、高质、高效发展，努力提升农机在现代农业生产的应用水平。

（二）农业园区提升工程

1. 打造农业科技综合示范基地。以现代农业技术为核心，以智能设施为平台，以知识普及、观光休闲为延伸，加强农科教、产学研互动，打造区域代表性强、科技水平高、辐射范围广、运行机制畅的现代农业科技综合示范基地 5 个，努力建设成为现代农业发展的科技高地、前沿窗口和示范样板。

2. 培育园艺作物标准园。以提升园艺作物生产能力和质量效益为目标，遵循农业部园艺作物标准园创建规范，通过合理布局、指导服务、引导扶持，累计建成6个规模化种植、标准化生产、品牌化销售、产业化经营的蔬菜、果品标准园，增强园艺产业综合生产能力。

3. 提升现代农业产业园区层次。根据我区资源特色和产业基础，巩固提升4个以粮油作物、设施蔬菜、园艺花卉、规模畜禽等优势主导园区，全面打造多个具有区域优势、发展潜力的特色产业和以循环农业、生物农业、智能农业等新兴产业为基础的特色园区。到2020年，新建或提升市级以上科技领先、产品优良、装备先进、运营灵活的现代农业产业园区10个。

（三）经营体制优化工程

1. 发展新型经营主体。培育一批带动产业发展、促进农民增收的“五个一”示范龙头企业，支持农产品贮藏、销售、精深加工和贸易出口企业做大做强。到2020年，全区国家、省、市级农业产业化龙头企业分别达到4、20、10家以上。发展农村劳务、农机农技、农业旅游等新型农民合作社，提供产前、产中、产后全产业链服务，力争到2020年，培育星级示范合作社35家，农户参加农民专业合作社比重达到80%，逐步培育100个适应现代农业发展要求的家庭农场等新型经营主体。

2. 创新经营模式。积极发展以“企业＋基地＋农户”的“承包农业”模式、以“企业＋基地＋员工”的“企业农业”模式、以“合作社＋农户”的“协作农业”模式，把发展多种形式农业适度规模经营与延伸农业产业链有机结合，鼓励农民通过合作与联合的方式发展规模种养业、农产品加工业和农村服务业，开展农民以土地经营权入股农民合作社、农业产业化龙头企业试点，让农民分享产业链增值收益。

3. 融合“一二三产业”。积极探索农产品精深加工，促进特色农产品出口，提升农产品附加值。鼓励产加销、农工贸一体化经营，促进产销衔接、优质优价，提高产品市场竞争优势。发展连锁经营、物流配送、电子商务等多种现代流通业态，完善农产品基地的产品保鲜、储藏、加工、冷链等配套设施建设。大力发展休闲观光农业，以旅助农、以城带乡，打造一批精致观赏景点、精品自驾线路、精彩农家项目。

（四）科技创新推广工程

1. 打造科技研发平台。以江苏（武进）水稻研究所、武进水产养殖场等为科技创新平台，着力改善农业科研条件，在作物遗传育种、植物保护、资源环境、农业农村信息化等领域建设区级以上工程技术研究中心2个，建成江苏（武进）水稻研究所水稻种质资源基因库、江苏省水产资源保护和新品种培育中心。

2. 拓宽科技合作平台。推进农科教结合、产学研联姻，到2020年，力争建成院士工作站、博士后工作站、重点实验室等创新平台2个、校企联合研究机构5-6个，探索引进和培育现代农业科技创新团队2-3个。实施农业人才倍增计划，引进高层次人才60名。开展基层农技人员继续教育五年行动计划，鼓励农技骨干到农业院校、科研院所进行专业研修、继续深造，培养农技推广人才200名，大专学历以上农业技术服务人员占比达到95%。

3. 推广运用先进技术。出台《武进区新品种新技术引进推广指导意见》，每年引进推广科技含量高、附加值高、经济效益高的优良农作物、畜禽、特种水产、花卉苗木等新品种10个，促进产品更新换代，优势农产品良种覆盖率达到95%。在全区建成试验示范基地20个，引进推广轻型高效栽培、优质安全高效等新品种、新技术、新模式和开展技术培训，不断提高产业发展的科技含量。

（五）服务体系跃升工程

1. 优化农产品质量安全保障体系。推行镇村两级网格化监管，各级日常监管和专项整治工作常态化、规范化。抓好关键环节的监管，实现生产有记录、入市有检测、质量可追溯。开展农药统供补贴试点，用3-5年的时间实现涉农主要镇（街道）主要农产品农药统供基本覆盖。全面提升农产品质量安全检测水平和监管能力，确保农产品质量安全例行检测总体合格率保持在97%以上。

2. 健全农业信息服务体系。着力建设武进区农业综合服务、畜禽水产重大疫病监测预警和防控、农作物有害生物测报、土壤肥力监测等信息化服务平台，实现信息采集发布、监测预警、行业监管、业务协同、指挥调度等环节一体化。建立和完善覆盖区、镇、村的集农业电子政务、科技服务和农产品产销、质量安全等信息为一体的农业信息综合服务平台，推进信息服务网络向农业各领域延伸，实现信息资源互联共享。

3. 夯实基层农技推广体系。培养新一代有文化、懂技术、会经营的新型职业农民，到2020年，新型职业农民培育程度达到60%、培训覆盖率达到90%。深化农业技术进村入户内涵，做到技术普及全覆盖。实施涉农镇(街道)农技推广服务机构“新五有”提升建设，落实推广工作日志，建立服务承诺制、任务公开制、技术咨询制等工作制度，健全农技推广责任制度，到2020年，便捷高效的农业公共服务体系健全率达到96%。

（六）品牌战略推进工程

1. 建立农业标准化。引用和制定农业生产技术标准、产品标准、管理标准，扶持先进园区、企业率先开展标准化生产，实现生产设施、生产过程和产品标准化，健全农业标准化体系，到2020年，建成国家级农业标准化示范区2个、国家级水产健康养殖示范场10个、省级畜禽生态健康养殖示范场20个。

2. 提升农业品牌化。扩大品牌农产品营销推介，突出质量、信誉、自然、人文、地域等特色，着力打造一批有影响力、有文化内涵的农产品优质品牌。对“三品一标”获证主体及产品及时认证续报，优先构建农产品生产、收购、贮藏、运输等各个节点信息的互联互通，实现农产品从生产源头到产品上市前的全程质量追溯。到2020年，全区新增省级品牌农产品3个，市级名优农产品15个，种植业“三品”产量比重达到55%以上。

3. 推进农业网络化。鼓励企业建立、建好名优特色农产品网店，完善网上定单的服务支持，同时利用电子商务，实现有价值、有效应、有品牌农产品与消费直接对接，降低流通成本、拓宽销售渠道、提高生产效益。重点培育农产品电商示范村2个、农产品电商示范企业50家以上，以点带面帮助广大农民掌握营销新技能，力争到2020年农产品网络营销突破5亿元，促进现代农业新转变。

（七）绿色生态建设工程

1. 建设绿色美丽武进。围绕“创建森林城市，建设美好家园”的核心主题，开展森林生态屏障建设、城乡绿色家园建设、生态景观廊道建设、生物多样性保护建设、森林质量提升等重点工程建设，打造设计一批形象大气、内涵丰富的精品工程、优质景观，全民共享绿化成果。

2. 推进畜禽清洁养殖。按照“禁养区、限养区和适度发展区”分区管理原则，全面开展畜禽养殖污染整治，取缔关停和改造提升相结合，到2020年实现畜禽养殖污染治理全覆盖。推进畜禽养殖清洁生产，支持畜禽场粪污“雨污分流、干湿分离、还田利用”综合处理、防疫消毒、病死畜禽无害化处理等配套设施建设，不断提高畜禽养殖污染治理水平。加快农业废弃物综合利用模式创新，探索建设类似礼嘉畜禽粪污综合处理中心的多种模式，新建循环处理中心1个。到2020年，全区畜禽粪便无害化利用率超过97%。

3. 健全秸秆利用体系。建立健全秸秆收贮利用体系，合理布局堆放点，分区建设收贮点，形成“自然村有堆放点，行政村有收贮站、镇（街道）有收贮中心和利用企业”的三级秸秆收贮利用网格化体系。鼓励秸秆能源化、肥料化、饲料化、基料化和工业原料化等多种途径利用，培育扶持一批竞争力、影响力和带动力强的秸秆综合利用企业。通过政府引导扶持、企业农户共同参与、市场化运作，逐步形成较完善的产业发展格局。到2020年，秸秆综合利用实现全覆盖，秸秆综合利用率达到97%。

4. 倡导生态循环农业。以化肥农药减量化利用、畜禽粪污资源化利用、稻麦秸秆高值利用等为重点，扶持和引导以市场化运作为主的生态循环农业建设，扶持大型种植园区和合作社，形成一批“资源利用高效、生态系统稳定、产地环境良好、产品质量安全”的生态循环农业示范基地。加快推广科学施肥、安全用药、绿色防控、农田节水等清洁生产技术，改进种植和养殖技术模式，因地制宜创新综合利用技术模式，促进农牧结合、用养结合，实现资源利用节约化、生产过程清洁化、产业链条生态化、废物再生资源化。

（八）农业支持保障工程

1. 推动土地流转。坚持依法、自愿、有偿原则，尊重农民地位和权益，研究制定奖补政策，鼓励引导农户承包土地以转包、出租、互换、转让、股份合作、托管等形式向龙头企业、专业合作社、专业大户、家庭农场流转。建立土地流转交易市场，并提供法律政策咨询，指导合同签订。加快农村各类集体土地所有权和农户宅基地使用权、房屋所有权、承包土地经营权的确权、登记、发证工作，力争到2020年全面完成。

2. 创新支持方式。建立健全财政贴息、以奖代补、先建后补等政策激励手段，认真落实支持农村金融发展的优惠政策，鼓励商业金融机构增加农业信贷资金投放，引导外资、工商资本和其他社会资本投入现代农业，建设现代农业生产基地、示范园区、加工物流业，促进农业投资主体多元化，形成政府、企业、社会和农民共同参与现代农业建设的投资合力。

3. 提升抗风险能力。积极拓宽资金输入农业的渠道，提高农业生产抗风险水平。创新金融业务，鼓励农业担保、农业保险、农村小额贷款业务，探索政策性农业保险和农业再保险机制，提高农业抗风险能力。

四、保障措施

（一）加强组织领导。成立武进区国家现代农业示范区建设领导小组，由区委、区政府主要领导任组长，分管领导任副组长，相关部门负责人为成员，统筹协调示范区建设工作。组建由农工办、发展改革、科技、财政、水利、农业、统计、国土等部门分管领导和联络员为成员的具体工作班子，负责年度计划和配套政策制订，以及示范区工作的推进、评估和组织协调工作。各镇、街道也要成立相应的组织协调推进机构，确保各项工作的顺利推进。

（二）明确工作职责。各级各部门要牢固树立“一盘棋”思想，加强部门之间、区镇之间的联动协作。区农业局作为国家现代农业示范区建设的牵头部门，要负责细化实施方案和整体建设的推进；各成员单位要各司其职、加强配合；各镇、街道也要充分发挥示范区建设主战场作用，形成协调有力、齐抓共管的工作格局。要强化宣传引导，通过新闻报道、时事评论、人物专访等形式，宣传各地的亮点工作和示范工程，总结好的经验、培育好的典型，为示范区建设营造良好的舆论氛围。

（三）加大政策扶持。整合支农资金资源，加大对示范区建设的投入力度，研究制定武进区国家现代农业示范区建设扶持政策，重点支持农业基础设施和装备、生态循环农业、农产品质量安全、农业产业化等主要方向，努力构建科学规范、富有活力、持续发展的示范区支农政策。

（四）严格目标考核。建立示范区建设部门例会制度，加强部门间政策制定、项目实施的协调配合，加强向上争取的对接和落实，确保各项政策措施落到实处。强化目标化管理、工程化推进和绩效化评估，每季度一次督查例会，每半年一次推进点评，每年度一次评估考核，定期不定期安排现场督查。将国家现代农业示范区建设列入区委、区政府年度督查工作重点，纳入由区委组织部牵头的重点项目和工作督查范围，加强目标考核，增强部门联动，提高工作效能。

（2016.3.19）

关于推进供给侧结构性改革的实施意见

武发〔2016〕211号

为深入贯彻落实中央、省、市关于推进供给侧结构性改革的决策部署，积极破解制约经济社会发展的突出矛盾和问题，扎实推进全区供给侧结构性改革，不断提高经济发展质量和效益，推动全区经济社会持续健康发展，提出如下实施意见。

一、总体要求

（一）指导思想

深入贯彻党的十八大和十八届三中、四中、五中全会精神，认真落实习近平总书记系列重要讲话特别是视察江苏重要讲话精神，按照“五位一体”总体布局和“四个全面”战略布局，牢固树立创新、协调、绿色、开放、共享发展理念，主动适应和引领经济发展新常态，坚持稳中求进总基调，围绕推进供给侧结构性改革，统筹实施去产能、去库存、去杠杆、降成本、补短板等重点任务，着力提高供给体系质量和效益，提高全要素生产率和实体经济核心竞争力，加快推进供需平衡向高水平跃升，整体提升我区生产力水平，为“强富美高”新武进建设提供强力支撑。

（二）基本原则

坚持市场导向。充分发挥市场在资源配置中的决定性作用，运用市场机制，矫正供需结构错位和要素配置扭曲，促进供需新平衡。更好地发挥政府引导和调控作用，加强政策引导和市场监管，完善配套政策，营造活力迸发、规范透明、良性竞争的市场环境。

坚持供需结合。把破解供给与需求不匹配、不协调和不平衡问题作为出发点和落脚点，在适度扩大总需求的同时，从供给侧发力，以创新有效供给带动需求扩展，以释放有效需求倒逼供给升级。

坚持立足实际。既关注存量更注重增量，以增量带存量，以存量促增量，大力扶持先进制造业和战略性新兴产业，不断扩大有效供给，改善供给结构。

坚持积极稳妥。尊重经济发展规律，充分考虑经济和社会的承受能力，把握好改革时机、节奏和力度，做好各种预案，防范各类风险，防止经济增长出现过大波动。

（三）工作目标

坚持分类指导、分步实施、统筹推进，经过3年努力，供给侧结构性改革攻坚取得重要进展，去产能、去库存、去杠杆、降成本、补短板工作取得明显成效，创新能力稳步提高，新的发展动能持续壮大，要素资源配置效率明显提升，各类市场风险总体可控，企业生产经营环境显著改善，生产经营成本和盈利水平回归合理，公共产品和优质公共服务供给能力不断增强，与供给侧结构性改革相适应的政策体系逐步健全。再经过2年的努力，到“十三五”末，供给结构对需求变化的适应性和灵活性显著提高，形成多层次、高质量、高效率的供给体系，长效机制基本建立，在更高水平上实现新的供需平衡。

化解过剩产能。到2018年年底，完成市政府下达的钢铁、水泥等行业去产能阶段性目标任务，在印染、纺织、铸造等其他传统行业退出一批落后低端低效产能，“僵尸企业”分类处置基本完成，其中2016年化解钢铁产能50万吨、水泥产能30万吨，淘汰落后低端低效印染产能1.8万吨、铸造产能0.3万吨。到2020年年底，完成市政府下达的去产能目标任务，初步建立以高新技术产业为先导、先进制造业为支撑、服务经济为主体、现代农业为基础的现代产业体系。

压减房产库存。到2018年年底，全区商品住宅库存去化周期力争控制在11个月以内，其中到2016年年底，全区商品住宅库存去化周期控制在12个月以内。到2020年年底，全区实现房地产市场供求基本平衡、产品结构基本合理，商品房库存去化周期保持在合理区间，房地产市场风险防控体系基本建立、提增全区住有宜居水平。

防范金融风险。到2018年年底，非金融企业直接融资占社会融资规模比重提高至30%左右，各类法人金融机构和地方新型金融主体杠杆率均符合监管要求，银行业不良贷款率低于全市平均水平，符合置换条件的政府存量债务全部置换为政府债券，其中2016年非金融企业直接融资占社会融资规模比重达到28%左右，按期完成当年政府存量债务置换计划。力争到2020年年底，非金融企业直接融资占社会融资规模比重提高至35%以上，各类法人金融、类金融企业资本状况符合相关监管要求，政府债务水平保持在合理区间，各类杠杆风险有效管控。

降低企业成本。到2018年年底，企业成本有效降低，其中2016年全面实施“营改增”，取消网络计量检测费、粮油储存品质鉴定检验费等行政事业性收费，切实减轻企业税费负担。全区失业保险费率由现在的2%降至1.5%。到2020年年底，企业生产经营环境明显改善，发展活力和盈利水平进一步提升，与减轻企业成本负担相适应的政策体系及长效机制更加健全。

补齐发展短板。到2018年年底，基础设施服务能力明显提升，进一步提升防洪排涝和水资源保障能力，加快构建安全、便捷、高效、绿色的现代综合立体交通体系，改善出区通道通行能力；新增可再生能源并网装机10万千瓦，新增新能源汽车充电桩600根，农村光纤覆盖率、广电网络双向化改造率分别达到95%和65%；民生保障能力明显提升，改造各类棚户区（危旧房）1.1万户，教育、文化、医疗、体育、养老、劳动保障等资源布局更加完善合理；农业现代化水平明显提升，高标准农田比重达到70%左右，农业机械化水平在90%左右。到2020年年底，现代基础设施体系更加健全，民生保障能力明显增强，基层服务设施体系更加完善，覆盖全区、惠及全民的普惠性、均等化、可持续的公共服务体系加快构建，脱贫攻坚任务基本完成，农业现代化水平进一步提高。

二、重点任务

（一）推动化解过剩产能，着力调整产业结构

有效化解过剩产能。在钢铁、水泥等行业，引导和支持企业主动压减、兼并重组、转型转产、搬迁改造。在纺织、印染、铸造等行业，坚决淘汰落后产能，强化技术改造，加快品牌化、特色化发展。在化工等行业，提高环境保护、安全生产等标准，推动绿色化、高端化发展。全面排查装备水平低、环保设施差的小型工业企业，重点开展小型化工、塑料、印染、铸造、电镀等行业整治提升工作。

全面清理违法违规产能。坚决取缔违法产能，组织实施工业污染全面达标排放计划，对污染物超标排放企业依法采取限制生产、停产整治等措施。全面清理违规项目，对产能过剩行业未按土地、环保、投资管理等法律法规履行相关手续或手续不符合规定的违规项目，由各镇、开发区按照要求进行全面清理。

推进产业转移。发挥南北共建产业园区载体作用，促进南北产业转移与产能合作。加强与长江中上游地区及其它中西部地区产业合作。加强优势产能国际合作，重点推进过剩产能行业及传统产业“走出去”开展国际产能合作。

稳妥处置“僵尸企业”。充分利用区工业企业效益综合评价体系，开展全区“僵尸企业”调查工作，准确识别企业不同类型，以市场化手段为主推进分类处置，有效盘活发展资源。鼓励支持各类资本依法参与“僵尸企业”重组。建立“僵尸企业”破产处置绿色通道。妥善解决好兼并重组、关闭破产企业的职工安置问题。

（二）推动化解房产库存，着力引导健康发展

引导房地产市场健康发展。建立健全科学合理的土地出让机制，把控土地源头，合理控制土地供给增量，支持未开发用地转型利用，研究制定已出让但暂不具备开发条件的房地产用地回收方案。合理调控商品房市场供给，调整优化商品房预售

管理制度，优化商品住房供应结构。培育发展房屋租赁市场。加大房地产开发经营违规行为的查处力度，大力推进房地产市场诚信体系建设。

增强市场去化能力。着力推行货币化和商品房安置方式，鼓励通过货币化安置补偿等方式加快对被征收居民的安置，鼓励本区农民在武进区范围内上城（镇）购房、外来人口购房落户。在不改变用地性质和容积率，规划条件许可前提下，允许已建及在建商品房项目适当调整房屋用途和套型结构。引导和支持房地产企业将库存商业地产改造为孵化器和众创空间，将库存商品房改造用于发展养老、旅游等项目。

稳定住宅类商品房消费。严格执行国家出台的房地产交易税收等优惠政策和差别化住房信贷政策，支持居民自住和改善性住房需求。用好用足住房公积金，扩大制度覆盖面，降低居民合理住房消费税收负担。

（三）推动实施债务管控，着力防范化解风险

大力发展直接融资。支持企业利用多层次资本市场做大做强，积极推动符合条件的企业在境内外主板、新三板和区域股权交易市场上市、挂牌和融资，支持符合条件的企业发行可交换债及可转换债，鼓励上市公司再融资及开展并购重组。大力发展创业投资、股权融资、产业投资基金，推动科教城、高新区、西太湖科技产业园等省级创业投资集聚发展示范区建设。扩大企业债券融资规模，积极开展资产证券化业务，加快发展融资租赁，扩大境外融资合作，拓宽融资渠道。

加强政府债务管理。实行政府债务余额限额制度，加快置换政府存量债务，强化新增债务资金使用管理。加强政府或有债务监管，推动融资平台公司转型和市场化运作，大力吸引社会资本积极推进 PPP 模式，鼓励政府存量债务项目改造为 PPP 模式。

提升金融服务水平。落实差别化金融政策，改进信贷审批流程，引导银行业金融机构完善信贷准入标准，加大对科技型企业、传统优势产业改造提升等信贷支持，加大对企业兼并重组的金融支持，大力发展绿色金融。深化企业转贷方式创新，进一步完善政府应急转贷资金运行模式。有效防控各类债务风险。

（四）推动降低企业成本，着力减轻经营负担

合理降低企业用工、物流成本。降低失业、生育保险费率。合理调整最低工资标准。落实援企稳岗等补贴政策。规范各类经营服务性收费。

进一步降低用能、用地成本。优化能源结构，降低企业用气、用电成本。实行有保有控的产业用地政策，调整工业用地出让方式，盘活存量用地，提高土地利用效率。

有效降低企业融资成本。引导各金融机构适当降低利润目标，降低贷款利率与融资成本。充分发挥市场利率定价自律机制作用，对优质企业降低贷款执行利率。优化小微企业融资服务，清理不必要的资金“通道”和“过桥”环节，进一步规范企业融资过程中的中介机构收费行为。

切实减轻企业税费负担。对符合条件的小微企业按有关规定免征一批政府性基金。进一步清理和规范政府定价管理的经营服务性收费项目。落实好购置固定资产抵扣增值税、固定资产加速折旧、研发费用加计扣除、资源综合利用税收优惠、小微企业税收优惠等政策。认真落实国家、省、市扶持外贸发展相关出口退税政策。

着力降低制度性交易成本。深化行政管理体制改革，深入推进“放、管、服”改革，推进申报相对集中行政许可权改革试点。进一步规范中介服务收费行为。强化企业知识产权创造、运用、管理和保护，降低专利技术的市场化运作成本。

（五）推动补强发展短板，着力扩大有效供给

推进基础设施专项工程。构建安全、便捷、高效、绿色的现代综合立体交通体系，加快推进城际铁路等“铁公水空”领域重大项目建设。建立健全安全可靠的水利基础设施体系，推进新孟河、新沟河、永安河等重大水利工程和重点地区防控除涝工程建设。构建能源供应及输配体系，推进“互联网＋”智慧能源武进示范区等重大项目建设。构建新一代信息基础设施，加快建设“智慧武进”，推进光网改造等重大项目建设，构建智能化服务平台。加快市政公用设施建设，推进城市地下综合管廊等管网重大工程、海绵城市等重大市政工程建设。建设形成“一带一城一园三中心”的物流产业总体空间布局，打造长三角重要的供应链物流基地、商贸物流基地、物流转运基地。

推进民生保障专项工程。加快保障性住房建设，实施棚户区（危旧房）改造工程。加快实施基层医疗卫生综合服务能力提升等工程建设。强化托底民生保障，完善城乡低保制度，着力完善城乡社区居家养老服务中心功能，全面加强养老设施建设。推进人力资源社会保障公共服务标准化、信息化建设，实施省内异地就医一卡通等工程建设。大力推进生态文明建设，深入实施大气、水、土壤污染防治行动计划，实施生态绿城、低碳城市等重大工程建设。

推进公共服务专项工程。优化教育资源配置，积极推进教育现代化，实施职业教育能力提升等工程建设。建立覆盖城乡的终身技能培训制度，加强重点产业人才开发和新型技能人才培育，实施人才智力载体扩容等工程建设。加快推进基本公共文化服务标准化和均等化建设，合理布局城乡公共文化设施。全面提升公共体育服务体系，促进公共体育服务全覆盖和均等化。全面打响“旅游＋互联网”创新示范城市品牌，加快推进国家智慧旅游公共服务平台等重大项目建设。

推进脱贫攻坚工程。开展全区新一轮经济薄弱村扶持，持续加大村级基本运转保障财政转移支付力度，完善经济薄弱村农村生态保护补偿提标政策；大力实施全区建档立卡低收入人口精准扶贫计划，加大农村低收入群体的教育、医疗、就业、产业、生活帮扶，完善政策兜底。把农村低收入群体脱贫攻坚同扩大有效供给有机结合起来，加大资金、政策、工作等投入力度，提高脱贫质量，加快实施精准扶贫工程。

推进农业现代化工程。全力建设国家现代农业示范区，推进设施农业转型升级、高标准农田建设、农田水利设施提升、农业机械化推广等项目建设，打造一批特色农产品品牌，加快完善农机作业配套设施，扎实推进农业综合开发。积极促进农村一、二、三次产业融合发展。

三、保障措施

（一）加强组织领导。把推进供给侧结构性改革作为全面深化改革重中之重的任务，区委、区政府及时研究供给侧结

构性改革中的重大事项，推进各项改革举措落到实处。区各牵头部门要按照职责分工，统筹组织推进供给侧结构性改革各项工作。

（二）完善推进机制。各牵头部门要分别制定去产能、去库存、去杠杆、降成本、补短板实施方案并推进落实，有关参与单位要各司其职、主动配合，全力落实各项工作安排。各部门要及时研究工作推进中的重点难点问题，主动加强与国家、省、市有关部门的沟通衔接，全面落实产业、金融、财政、用地、用电等政策，并根据我区实际研究制定配套政策。要强化考核督查，定期与不定期进行检查考核，对工作落实不到位的，按有关规定严格问责。

（三）强化宣传引导。要充分利用报刊、电视、互联网等各种新闻媒体，广泛宣传供给侧结构性改革的重大意义、目标要求和政策措施，做好实施意见和实施方案的政策解读。要积极宣传推进供给侧结构性改革的工作典型、企业案例，总结推广好经验好做法，及时回应社会关切，正确引导社会预期，调动社会各界的主动性、积极性和创造性，共同营造推进供给侧结构性改革的良好舆论氛围。

（2016.7.28）

关于加快推进风创投发展的意见

武政发〔2016〕52 号

为完善科技金融创新体系，加快转型升级，现将加快推进风创投发展意见制定如下：

一、指导思想

以促进技术、资本、人才等创新要素向科技企业、新兴产业集聚为目标，坚持政府引导、企业主导、市场运作、政策扶持的原则，加大引进风创投资本，壮大风创投资本规模，健全风创投市场体系，增强风创投对产业转型升级的促进作用，为“四大战役”的深入实施提供有力支撑。

二、工作目标

到 2018 年年底，新增各类风创投企业达 50 家，风创投资本（基金）规模达 100 亿元；累计风创投企业达 125 家、风创投资本（基金）规模达 200 亿元。

三、工作重点

1. 设立创业投资基金。整合分散的各类创投基金资源，在新兴产业基金下设立创业投资母基金，重点引导支持投资于新能源、新材料、高端装备制造业、生物技术和新医药、节能环保、软件和服务外包、物联网等新兴产业和文化产业的创投企业，扶持创投企业的发展，引导社会资本进入创投领域，迅速壮大创投企业整体实力。

2. 加快集聚创投资本。推进西太湖江苏省创投集聚区建设，加快高新区、绿建区等产业园区创建江苏省创投集聚区步伐。利用江苏省创投集聚区的政策优势，加快集聚一批创业投资机构，引进一批创业投资人才，发展一批创投资本，促进创投资本和产业项目的深度融合，提升园区的整体生产力和产业发展层次。

3. 规范企业备案管理。鼓励更多创投企业进行登记备案，鼓励已备案企业用足用好现有各项扶持政策。严格落实备案创投企业年度检查和不定期检查工作。在年检和日常检查过程中，对不符合《创业投资企业管理暂行办法》的投资行为，及时进行检查，并督促相关创投企业限期整改，促进创投行业的健康发展。鼓励支持符合条件的创投企业的股东或有限合伙人发行企业债券，用于投资创业投资企业。

4. 推进“双创”示范基地建设。结合国家“双创“基地创建，坚持创新与创业相结合、孵化与投资相结合，利用苏南自主创新示范区等优势，搭建创新创业平台，改善创业融资环境，集聚要素资源，集聚人才资本，建成要素集聚、功能完善、开放共享、专业高效和国际合作的创新创业平台。

5. 培育优质创投项目。围绕重大项目攻坚、特色产业培育、创新能力突破、平台建设提升、金融支撑创新、互联网融合推广、智能制造示范、绿色生产加速等产业转型升级战役“八大行动”的推进，在智能装备制造、新材料、节能环保等产业领域，通过科技创新与创业投资联动，培育更多优秀创新型企业，为创业投资机构提供更多优质投资项目源。

四、扶持政策

1. 积极引进产业基金。吸引民间资本和外商资本在武进设立创投企业，投资发展战略性新兴产业和高新技术产业。对于设立符合国家产业政策，能促进新兴产业、特色产业发展的专项基金，区各级政府原则给予基金规模 10% ～ 20% 的引导资金进行匹配。获得引导资金匹配的产业基金，其 50% 的资金必须投向武进本地企业或项目，或投向引进武进的企业或项目。资金的投资使用和管理按区相关规定执行。

2. 创投税收扶持政策。备案创投企业，可按规定争取享受税收扶持政策：创投企业采取股权投资方式投资于未上市的中小高新技术企业 2 年以上的，可以按照其投资额的 70%，在股权持有满 2 年的当年抵扣该创投企业的应纳税所得额，当年不足抵扣的，可以在以后纳税年度结转抵扣。

3. 优先扶持高新技术企业。对创投企业参股投资的经国家认定的高新技术企业承担的科技项目，特别是高等院校、科研机构中的高层次科研人员以及海外留学归国人员进入市场创办领办企业的科技项目，区有关科技计划积极予以择优扶持。

五、保障措施

1. 加强领导。做好风创投发展工作对于加快产业转型升级、促进地方经济发展有着十分重要的意义。各镇、开发区和区各有关单位要引起高度重视，把做好风创投工作放到重要位置，切实加强领导，落实责任，确保风创投工作取得实效。

2. 积极对接。各镇、开发区和区各有关部门要充分发挥政府的组织协调优势，组织开展各类股权融资对接活动。要在组织开展一些大型活动的基础上，不定期组织专题性、多样性的交流活动，为创投企业和创业企业牵线搭桥，促进投融资双方进行深入对接。

3. 搞好服务。各镇、开发区和区各有关部门要根据各自职能，密切配合，优质服务，落实政策，协调解决风创投发展过程中遇到的重大问题，共同推动风创投加快发展。

（2016.3.17）

（栏目编辑　万向阳）

统计资料

表 105

2016 年武进区国民经济主要指标

指　　标	单位	2015 年	2016 年	指　　标	单位	2015 年	2016 年
年末总人口	万人	93.03	94.32	工业销售收入	亿元	5136.31	5144.76
常住人口	万人	143.62	144	工业利税总额	亿元	424.44	446.75
社会劳动者	万人	87.50	87.70	工业利润总额	亿元	261.09	305.57
第一产业	万人	7.00	6.73	年末工业固定资产原值	亿元	1896.69	2138.1
第二产业	万人	52.41	52.20	全社会固定资产投资完成额	亿元	971.53	1029.41
第三产业	万人	28.09	28.77	工　业	亿元	552.65	596.5
国内生产总值	亿元	1830	1968.99	社会消费品零售总额	亿元	479.86	530.51
第一产业	亿元	38.76	40.21	实际利用外资	万美元	73776	85037
第二产业	亿元	1018.98	1074.23	自营出口总额	万美元	680729	683574
工　业	亿元	972.23	1024.91	一般公共预算收入	亿元	140.38	147.52
第三产业	亿元	772.26	854.54	一般公共预算支出	亿元	141.72	145.44
人均国内生产总值	元	127464	136916	金融机构年末存款余额	亿元	2072.01	2351.3
粮食总产量	吨	101148	87309	个人存款	亿元	913.13	992.93
肉类产量	吨	39818	32614	金融机构年末贷款余额	亿元	1524.53	1829.14
水产品产量	吨	47207	44646	城镇居民人均可支配收入	元	44738	48203
年末耕地面积	万亩	48.13	47.83	农村居民人均纯收入	元	23531	25392
机械总动力	万千瓦	27.6	26.44	城乡居民年末人均个人存款	元	63580	68953
工业总产值	亿元	4978.62	5194.81				

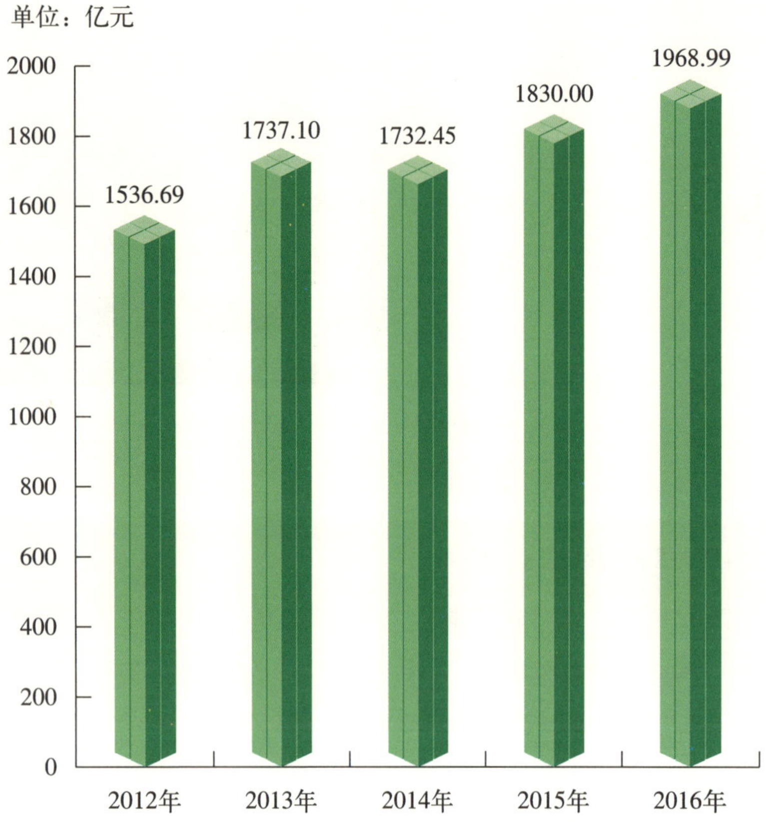

图 1　2012—2016 年全区生产总值

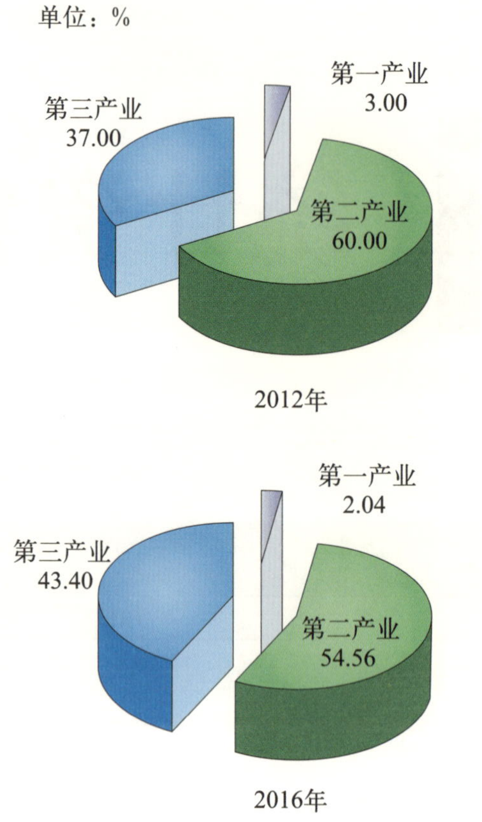

图 2　2012 年、2016 年全区三次产业构成

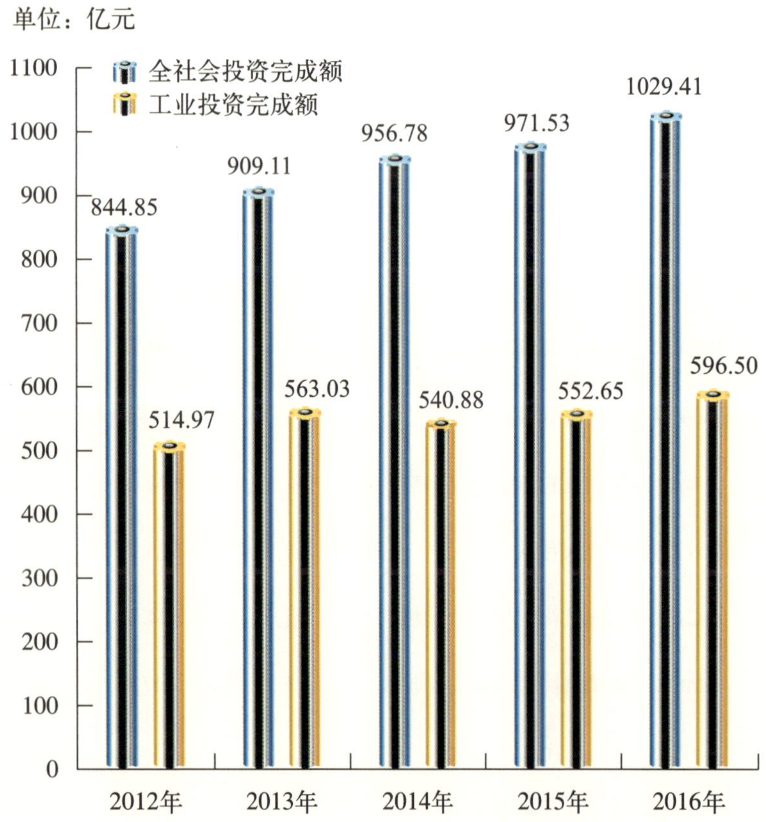

图 3　2012—2016 年全区全社会固定资产投资完成额

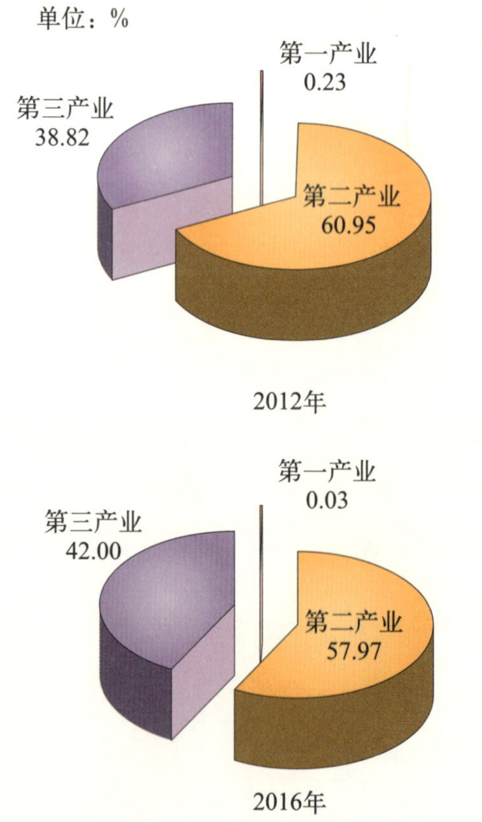

图 4　2012 年、2016 年全区固定资产投资构成

说明：2012 年、2013 年为区划调整前数据，2014 年数据已按照新行政区划作相应调整

表 106

2016 年全国沿海发达地区国民经济主要指标

区、县（市）	年末户籍人口（万人）	年末常住人口（万人）	区域面积（平方千米）	地区生产总值（亿元）	第一产业增加值（亿元）	第二产业增加值（亿元）	工业增加值（亿元）	第三产业增加值（亿元）
武进区（江苏）	94.32	144.00	1065.26	1968.99	40.21	1074.23	1024.91	854.54
常熟市（江苏）	106.87	151.26	1094.00	2112.39	42.76	1082.43	1026.16	987.20
张家港市（江苏）	92.66	125.55	986.73	2317.24	31.34	1214.70	1155.30	1071.20
昆山市（江苏）	82.35	165.70	931.51	3160.29	30.07	1708.82	1608.39	1421.40
吴江区（江苏）	82.45	129.98	1176.60	1628.33	42.81	834.85	783.74	750.67
太仓市（江苏）	48.30	71.20	809.93	1155.13	36.76	583.87	547.67	534.50
江阴市（江苏）	124.80	164.15	986.87	3083.26	44.34	1680.99	1612.25	1357.93
锡山区（江苏）	44.33	70.44	399.00	708.25	17.45	368.54	316.05	322.26
惠山区（江苏）	46.83	70.95	325.12	722.40	16.78	427.19	392.29	278.45
宜兴市（江苏）	108.34	125.44	1996.60	1377.74	48.74	709.51	608.05	619.49
江宁区（江苏）	102.53	121.57	1561.00	1680.52	60.88	892.56	765.18	727.08
通州区（江苏）	126.42	114.20	1525.74	1026.66	56.41	507.36	424.85	462.89
靖江市（江苏）	66.67	68.71	655.58	801.75	22.51	391.95	324.22	387.29
启东市（江苏）	111.95	95.20	1234.00	881.85	66.58	422.85	336.94	392.42
海门市（江苏）	100.10	90.50	1148.71	1005.06	53.28	504.53	420.99	447.25
嘉定区（上海）	61.20	159.00	463.20	1875.90	4.20	1235.50	1189.30	636.20
青浦区（上海）	47.80	121.49	668.52	939.70	8.30	449.30	427.80	482.10
柯桥区（浙江）	66.12	–	1066.00	1239.25	35.95	638.94	558.55	564.36
萧山区（浙江）	127.59	157.20	1420.00	1928.57	68.12	909.11	840.12	951.34
鄞州区（浙江）	88.41	140.50	1346.00	1380.97	41.58	700.52	639.25	638.86
余杭区（浙江）	98.46	135.90	1228.00	1411.62	50.04	477.86	437.92	883.72
诸暨市（浙江）	108.21	–	2311.00	1099.06	51.88	571.25	485.60	475.93
慈溪市（浙江）	104.94	150.10	1361.00	1209.42	52.67	691.55	641.13	465.20
顺德区（广东）	132.12	254.47	806.57	2793.22	43.77	1597.71	1542.81	1151.74
南海区（广东）	132.91	271.13	1073.82	2411.00	47.32	1401.64	–	962.04
高明区（广东）	30.60	43.05	937.81	757.32	19.17	592.23	578.73	145.91
三水区（广东）	41.25	64.09	827.69	1083.21	33.84	811.56	795.75	237.81
莱州市（山东）	85.03	–	1928.00	766.77	71.19	390.15	366.83	305.43
荣成市（山东）	66.70	71.31	1526.20	1078.02	87.46	480.98	454.67	509.58
滕州市（山东）	171.46	166.66	1495.00	1064.80	75.14	530.10	462.68	459.57
晋江市（福建）	113.23	209.20	649.32	1744.24	20.96	1087.47	1022.38	635.81
义乌市（浙江）	78.22	128.04	1105.00	1118.10	22.40	384.80	329.10	710.90
即墨市（山东）	–	121.45	1920.92	1180.48	58.02	635.37	583.69	487.09

续表 106

区、县（市）	人均地区生产总值（万元）	农业总产值（当年价）（亿元）	规模以上工业总产值（亿元）	规模以上工业主营业务收入（亿元）	规模以上工业利润（亿元）	全社会固定资产投资完成额（亿元）	工业投资完成额（亿元）	出口总额（亿美元）
武进区（江苏）	13.69	68.63	4672.37	4925.17	278.64	1029.41	596.50	68.36
常熟市（江苏）	13.98	79.80	3684.89	3633.14	235.76	544.91	243.73	133.56
张家港市（江苏）	18.47	61.14	4542.04	4529.15	172.38	724.77	385.67	142.02
昆山市（江苏）	19.11	54.51	8369.09	–	445.06	757.42	272.55	463.21
吴江区（江苏）	12.54	77.01	3116.81	3016.07	164.94	681.02	230.47	140.20
太仓市（江苏）	16.25	67.75	2040.22	1963.57	153.67	465.00	259.85	54.30
江阴市（江苏）	18.81	87.83	5874.66	5709.62	348.44	1133.03	493.72	119.75
锡山区（江苏）	10.07	32.33	1227.42	1154.41	–	713.88	362.22	33.55
惠山区（江苏）	10.20	30.19	1202.88	1179.05	88.70	656.53	236.93	23.41
宜兴市（江苏）	10.99	86.57	2792.15	2594.43	133.46	537.31	320.87	30.17
江宁区（江苏）	13.96	106.46	3002.72	2341.96	268.54	915.40	382.60	74.51
通州区（江苏）	8.99	97.64	2159.35	2128.72	151.34	681.49	369.59	33.69
靖江市（江苏）	11.67	39.81	1961.63	1875.83	144.00	500.00	271.26	19.36
启东市（江苏）	9.25	131.73	1829.18	1839.18	130.52	614.84	352.69	26.51
海门市（江苏）	11.11	94.12	2086.97	2057.10	219.72	613.19	367.53	35.79
嘉定区（上海）	11.88	–	5279.5	5532.2	632.70	430.30	82.70	*90.45*
青浦区（上海）	7.75	21.10	1556.90	1644.80	117.30	388.80	38.90	*61.38*
柯桥区（浙江）	–	52.58	3368.64	3219.31	180.87	746.67	340.13	95.17
萧山区（浙江）	12.31	111.95	3826.32	3721.48	232.64	1078.32	197.56	89.71
鄞州区（浙江）	9.88	60.80	2419.06	2344.03	140.54	769.88	176.04	120.47
余杭区（浙江）	10.78	–	1468.97	1449.78	95.28	1040.32	100.14	47.74
诸暨市（浙江）	–	80.59	2453.96	2301.86	137.18	741.05	325.31	*40.64*
慈溪市（浙江）	8.07	78.54	2336.82	2231.43	162.81	807.78	324.60	87.75
顺德区（广东）	11.00	–	7368.37	6097.22	477.07	764.85	239.39	*204.00*
南海区（广东）	8.90	–	6200.59	–	–	1078.29	335.91	118.40
高明区（广东）	17.59	40.01	2881.84	2775.35	277.40	401.52	323.56	*22.12*
三水区（广东）	16.93	73.10	3182.02	3074.80	208.96	667.37	484.60	18.40
莱州市（山东）	–	133.55	1629.54	1537.92	113.41	500.84	260.05	*9.05*
荣成市（山东）	15.14	161.43	3107.40	2995.30	167.00	828.28	546.97	*22.82*
滕州市（山东）	6.41	151.92	–	1296.84	62.65	655.92	307.27	*3.82*
晋江市（福建）	8.37	43.08	3924.79	3635.31	242.91	914.90	369.20	75.75
义乌市（浙江）	8.81	32.20	813.40	724.20	39.40	581.70	129.00	*331.45*
即墨市（山东）	9.77	114.83	2958.98	2805.68	148.26	1048.92	521.71	*36.88*

续表 106

区、县（市）	实际利用外资及港澳台资（亿美元）	社会消费品零售总额（亿元）	一般公共预算收入（亿元）	城乡居民人均可支配收入（元）	城镇居民人均可支配收入（元）	农民人均可支配收入（元）	金融机构存款余额（本外币）（亿元）	金融机构贷款余额（本外币）（亿元）
武进区（江苏）	8.50	530.73	147.52	38809	48203	25392	2453.34	1829.14
常熟市（江苏）	6.30	740.78	173.58	45061	54411	27956	3042.69	2368.56
张家港市（江苏）	6.00	534.96	190.00	44977	54602	27849	2632.06	2044.19
昆山市（江苏）	8.96	815.04	318.92	46339	54728	28178	4122.91	2789.70
吴江区（江苏）	6.16	467.66	165.25	44570	54321	27448	2209.76	2220.09
太仓市（江苏）	5.61	287.31	127.71	43867	54099	27766	1395.72	1245.68
江阴市（江苏）	10.55	776.05	229.91	46337	54631	28181	3624.54	2751.37
锡山区（江苏）	3.51	164.65	72.24	40271	46295	26331	955.66	802.47
惠山区（江苏）	3.03	176.32	81.41	41979	47190	26333	686.21	534.62
宜兴市（江苏）	1.58	556.37	108.65	37326	46092	23709	1925.33	1401.17
江宁区（江苏）	7.88	469.42	210.24	–	48526	21699	2290.63	1404.77
通州区（江苏）	2.44	341.12	74.68	29668	40741	19929	1420.34	748.88
靖江市（江苏）	0.23	177.24	58.93	–	39713	19605	1011.36	718.21
启东市（江苏）	2.84	324.57	71.03	28446	37390	19875	1248.54	712.78
海门市（江苏）	5.92	344.60	72.41	30093	40509	20608	1379.13	825.88
嘉定区（上海）	5.00	989.50	227.30	44876	–	–	2604.30	1227.30
青浦区（上海）	4.20	538.70	160.20	39614	44309	26187	1537.00	803.20
柯桥区（浙江）	1.83	260.91	106.02	47763	54410	31490	1743.64	1223.33
萧山区（浙江）	15.52	635.04	195.16	48028	55712	31849	3534.57	3013.19
鄞州区（浙江）	4.92	556.85	207.78	47304	54199	31568	2102.83	1835.34
余杭区（浙江）	10.40	433.16	244.29	–	53215	31608	2311.10	1549.06
诸暨市（浙江）	2.40	395.20	71.89	–	53547	30224	1249.89	1193.13
慈溪市（浙江）	2.41	518.88	132.10	44371	50828	29547	1812.76	1762.78
顺德区（广东）	4.41	975.45	201.90	45886	45948	29283	3943.96	2813.22
南海区（广东）	6.82	967.88	203.34	–	43649	28241	4724.90	2842.29
高明区（广东）	0.12	117.65	32.09	–	30015	18309	317.56	251.27
三水区（广东）	–	209.48	48.33	28990	31052	22632	653.88	442.16
莱州市（山东）	–	339.82	61.86	27307	38965	18135	657.70	267.00
荣成市（山东）	1.52	363.01	68.83	29095	38084	19231	692.28	465.19
滕州市（山东）	0.36	404.38	69.00	22967	30705	14005	635.63	397.85
晋江市（福建）	5.46	588.28	120.68	34080	42597	19882	1521.60	1291.83
义乌市（浙江）	–	586.40	81.80	53070	60773	30570	2665.80	2067.30
即墨市（山东）	8.19	424.09	105.05	29405	39543	18199	819.78	828.22

说明：斜体字数据为因相关单位不能提供美元数据、用人民币数据折算所得

（沈　勇）

（栏目编辑　蒋　聆）

附　录

重要文件索引

中共武进区委员会

1 号　关于支持常州经济开发区加快建设发展的意见
43 号　关于印发关于开展"重大项目推进年"活动的意见
49 号　关于进一步加强全区招商引资工作的意见
67 号　关于创建武进区国家现代农业示范区的实施意见
68 号　关于开展新一轮扶贫开发工作的实施意见
177 号　关于印发《武进区城乡发展一体化"十三五"规划》的通知
211 号　关于推进供给侧结构性改革的实施意见
215 号　关于支持和鼓励党员干部改革创新、干事创业的实施意见（试行）
220 号　关于表彰 2014—2015 年度全区"有突出贡献科技人员"和"优秀专业技术工作者"的决定
229 号　关于在全区公民中开展法治宣传教育的第七个五年规划（2016—2020 年）
250 号　关于加强党委巡察工作的实施办法（试行）
282 号　关于印发 2016 年武进区重点目标的通知

武进区人民政府

1 号　关于印发 2016 年政府工作要点的通知
4 号　关于进一步规范行政审批中介服务的实施意见
5 号　关于做好不动产统一登记工作的意见
11 号　关于授予超薄壁无渗漏航空铝合金铸件的开发与应用等 29 个项目为 2015 年度常州市武进区科技进步奖的决定
18 号　关于印发《政府工作报告》2016 年目标任务分解落实方案的通知
49 号　关于深入开展质量强区活动的意见
50 号　关于促进企业加快利用资本市场实现转型发展的意见
51 号　关于进一步加快融资性担保行业发展的意见
52 号　关于加快推进风创投发展的意见
54 号　关于创建国家现代农业示范区若干政策的意见
57 号　关于切实做好 2016 年国土资源管理工作的意见
61 号　关于进一步做好新形势下就业创业工作的实施意见
62 号　关于印发《武进区 2016 年城乡环境综合整治行动计划》的通知
113 号　关于印发《常州市武进区国民经济和社会发展第十三个五年规划纲要》的通知
115 号　关于开展综合行政执法体制改革试点工作的实施意见
129 号　关于授予董飞等 10 名同志常州市武进区见义勇为先进分子荣誉称号的决定
139 号　关于印发《武进区供给侧结构性改革去产能的实施方案》的通知
140 号　关于印发《武进区供给侧结构性改革去库存的实施方案》的通知
141 号　关于印发《武进区供给侧结构性改革去杠杆的实施方案》的通知
142 号　关于降低实体经济企业成本的意见
143 号　关于印发《关于供给侧结构性改革补短板的实施方案》的通知
168 号　关于印发关于加快推进全区建筑产业现代化发展的实施意见的通知
176 号　关于进一步加强全区应急管理工作的意见
199 号　关于印发《武进区各级人民政府和区有关部门及单位安全生产监督管理职责规定》的通知
206 号　关于深入推进城乡建设用地增减挂钩整治工作的实施意见
207 号　关于进一步规范土地储备工作的意见
208 号　关于调整武进区工业用地出让起始价的通知

中共武进区委员会办公室

3 号　关于明确区级机关部门和常州经开区工作机构管理体制的意见（试行）
4 号　关于开展 2016 年为民办实事活动的实施意见
5 号　关于建立农村公共服务运行维护管理机制的实施意见
7 号　关于印发《武进区 2016 年经济和社会事业重点项目建

设计划》的通知
10 号 关于实施党风廉政建设责任追究的办法（试行）
11 号 关于转发区纪委区委组织部《党员领导干部防止利益冲突暂行办法》的通知
12 号 关于重申严禁党政机关及其工作人员违规收送礼金、礼券、购物卡的规定
13 号 关于在全区开展“明规矩、守纪律、强担当”作风建设主题实践活动的实施意见
17 号 关于印发《2016 年武进区改革创新攻坚战役工作要点》的通知
18 号 关于印发《2016 年武进区产业转型升级战役工作要点》的通知
19 号 关于印发《2016 年武进区产城融合发展战役工作要点》的通知
20 号 关于印发《2016 年武进区生态文明提速战役工作要点》的通知
21 号 关于印发《武进区网格化环境监管体系实施方案》的通知
22 号 关于印发《2016 年武进区生态环境监察管理工作方案》的通知
23 号 关于印发《武进区生态文明督察方案（试行）》的通知
33 号 关于实行落实党风廉政建设“两个责任”项目化管理的实施方案》的通知
45 号 关于印发 2016 年全区农村宅基地制度改革试点工作要点的通知
58 号 关于实施 2016 年全区人才工作十大重点项目的意见
59 号 关于开展“信访积案化解攻坚年”活动的通知
62 号 关于在全区党员中开展“主动看齐、固本强基”主题活动的意见
72 号 关于印发《统一战线“谏言直通车”制度》的通知
96 号 关于切实加快生态环境重点问题整改的通知
99 号 关于调整 2016 年度重点项目建设计划的通知
107 号 2016 年关于认真做好村（社区）党组织换届工作的意见
129 号 关于加强城乡社区协商民主建设的意见的通知
130 号 关于印发武进区控编减编工作实施意见的通知
135 号 关于深入推进“两学一做”学习教育工作的意见
140 号 关于建立意识形态领域情况分析研判联席会议制度的通知
144 号 关于梳理编制三年行动计划的通知
150 号 关于开展武进区村（居）民委员会换届选举任期经济责任审计工作的通知
155 号 关于印发 2016 年武进区工业经济转型升级扶持政策的通知
156 号 关于印发 2016 年武进区加快现代服务业发展扶持政策的通知
157 号 关于印发 2016 年度武进区开放型经济鼓励政策的通知
158 号 关于印发 2016 年武进区鼓励和促进科技创新的若干政策的通知
167 号 关于印发常州市武进区统筹协调推进农村土地制度改革试点实施方案的通知
168 号 关于开展常州市“四级联动”公共服务平台应用的通知
175 号 关于印发《武进区推进领导干部能上能下实施细则（试行）》的通知

武进区人民政府办公室

4 号 关于推进政府购买公共服务改革的意见
5 号 关于建立重点项目联合推进工作联席会议制度的通知
18 号 关于印发武进区第二期学前教育五年行动计划（2016—2020 年）的通知
25 号 关于印发国家森林城市创建 2016 年武进区重点工程和国家森林城市创建 2016 年武进区重点工程任务分解表的通知
30 号 关于印发武进区农村公路提档升级工程（2016—2020 年）实施意见的通知
31 号 关于印发武进区农村公路安全生命防护工程实施意见的通知
32 号 关于印发武进区推进“四好农村路”建设实施意见的通知
33 号 关于政府向社会组织转移职能的实施意见
36 号 关于印发常州市武进区城乡医疗救助暂行办法的通知
43 号 关于印发 2016 年武进区国家现代农业示范区建设重点工程的通知
45 号 关于印发全区农村公共服务中心晋档升级活动的实施意见的通知
46 号 关于印发全区农村集体资产清理登记颁证工作实施方案的通知
47 号 关于印发武进区区级政府性投资项目建设管理办法（试行）的通知
49 号 关于印发武进区智能制造三年行动计划（2016—2018 年）的通知
50 号 关于印发武进区“互联网 + 工业”三年行动纲要（2016—2018 年）的通知
51 号 关于下达 2016 年度土地整治工作任务的通知
52 号 关于开展农村宅基地制度改革示范村创建工作的通知
53 号 关于印发规范政府购买公共资源交易中介服务实施办法的通知
55 号 关于印发武进区行政许可和行政处罚等信用信息公示工作实施方案的通知
56 号 关于印发《常州市武进区生产经营单位安全生产主体责任暂行规定》的通知
58 号 关于印发武进区“青年大学生创业”三年行动计划（2016—2018 年）的通知
60 号 关于印发武进区全面清理整治环境保护违法违规建设项目工作方案的通知
73 号 关于印发常州市武进区农民住房财产权抵押贷款风险共担机制试行办法的通知
74 号 关于印发常州市武进区农民住房财产权抵押贷款试点暂行办法的通知

75 号　关于在全区开展环境信访积案化解活动的通知
78 号　关于印发常州市武进区防汛应急预案的通知
82 号　关于印发科技创新“双十百千”三年行动计划（2016-2018）的通知
89 号　关于印发常州市武进区处置森林火灾应急预案的通知
90 号　关于印发武进区突发重大动物疫情应急预案的通知
91 号　关于印发武进区危险化学品安全专项整治实施方案的通知
105 号　关于切实做好突发事件应急预案修订工作的通知
130 号　关于印发武进区区长质量奖评定管理办法的通知
134 号　关于进一步做好公立医院管理体制改革试点工作的意见
162 号　关于明确区级政府性投资项目建设管理职责的通知
168 号　关于加快推进全区拆迁过渡户安置工作的通知
170 号　关于印发常州市武进区区级产业引导股权投资基金管理暂行办法的通知
178 号　关于印发武进区自然灾害救助应急预案的通知
180 号　关于印发武进区“黑网吧”专项整治工作实施方案的通知
184 号　关于印发武进区高架沿线环境综合整治工作实施方案的通知
190 号　关于印发常州市武进区食品安全工作评议考核办法和食品安全工作责任制与责任追究办法的通知
191 号　关于印发武进区整治公路货车违法超限超载行为专项行动实施方案的通知

服务机构名录

信息、人才、劳务、就学、就业、保险管理服务机构

表 107

单位名称	电话	邮编	地址
武进区政务服务中心	86318000	213161	武进区花园街 1 号
武进区信息中心	86310857	213159	武进区行政中心 1 号楼 12 楼
常州市武进区劳动监察大队	86319006	213159	武进区行政中心 4 号楼 3 楼
常州市武进区社会保障服务中心	86529767	213164	武进区高新区武南路 518 号
常州市武进区就业服务中心	86529781	213164	武进区高新区武南路 518 号
常州市武进区退休人员社会化管理服务中心	86529073	213164	武进区高新区武南路 518 号
常州市武进区引进外国智力服务中心	86318550	213159	武进区行政中心 4 号楼 3 楼
常州市武进区人力资源培训考试中心	86310911	213164	武进区委党校内
常州市武进区人力资源和社会保障档案管理中心	86529073	213164	武进区高新区武南路 518 号
常州市武进区人力资源和社会保障信息中心	86527821	213164	武进区高新区武南路 518 号
常州市武进区劳动人事仲裁院	86310606	213159	武进区行政中心 4 号楼 2 楼
常州市武进区人力资源市场	86529781	213164	武进区高新区武南路 518 号
武进区职工服务中心	86554770	213159	武进区湖塘镇延政中大道 65 号
武进区民政局低保办公室	86310352	213159	武进区行政中心 4 号楼
武进区烈士陵园	86550823	213161	武进区淹城路
武进区殡葬管理所	86310343	213159	武进区行政中心 4 号楼
武进区横林殡仪馆	88720536	213101	武进区横林镇横洛路 1 号
武进区武南殡仪馆	86514868	213172	武进区南夏墅街道胜西村委武宜路 50 号
武进区民政局婚姻登记处	89615860	213159	武进区湖塘镇府南路 2 号
武进区慈善总会办公室	86318778	213159	武进区行政中心 5 号楼
武进区福利彩票管理中心	81169105	213159	武进区丰乐公寓二期 62 幢

科技、文化、医疗卫生、体育管理服务机构

表 108

单位名称	电话	邮编	地址
常州市武进区科创服务中心	81168109	213164	常武南路 588 号天安数码城 C 幢 305
常州市武进区科技咨询信息服务中心	86312633	213159	武进区行政中心 5 号楼
武进国家高新技术产业开发区众创服务中心	86321791	213161	武进区人民东路 158 号
武进国家高新技术产业开发区项目服务中心	86220167	213164	武进区海湖路特 1 号

续表 108

单　位　名　称	电　话	邮　编	地　　址
武进国家高新技术产业开发区规费征收中心	86220079	213164	武进区海湖路特 1 号
常州市武进区绿色建筑和建筑产业现代化推广办公室	81988010	231000	武进区延政西大道 8 号维绿大厦
武进区档案馆	86310455	213159	武进区行政中心 1 号楼东侧
武进日报社	86598210	213161	武进区湖塘花园街 200 号传媒大厦
武进区广播电视台	86571020	213161	武进区湖塘花园街 200 号传媒大厦
武进书画院	86311237	213161	武进区延政中路凤凰谷
武进区文化馆	86311261	213161	武进区淹城服务区
武进区博物馆	86310992	213161	武进区武宜路淹城服务区
武进区图书馆	86311220	213161	武进区延政中路武进职工服务中心
武进区锡剧团	86311202	213161	武进区延政中路武进职工服务中心
晓园艺术馆	83756682	213161	武进区武宜路淹城服务区
武进区文化行政综合执法大队	86311229	213161	武进区行政中心 3 号楼 5 楼
武进区红十字会	86310364	213159	武进区行政中心 2 号楼
常州市武进区社会体育指导中心	86311150	213159	武进区环府路 26 号
常州市武进区体育彩票管理中心	89980011	213159	武进行政中心 5 号楼 3 楼
常州市武进区体育场馆管理中心	86339998	213159	武进区湖塘镇府南路 10 号
武进区妇幼保健计划生育服务中心	89856866	213159	武进区湖塘镇府南路 2 号
武进区卫生监督所	89856880	213159	武进区湖塘镇府南路 2 号
武进区疾病预防控制中心	89856905	213159	武进区湖塘镇府南路 2 号

表 109　经济开发、交通、旅游、建设管理服务机构

单　位　名　称	电　话	邮　编	地　　址
武进区公路管理处	86712350	213001	常州市中吴大道 1289 号
武进区运输管理处	86503530	213161	武进区夏城北路 115 号
武进区航道管理处	86503518	213159	武进区府东路 7 号
武进区公路超限检测站	86927587	213102	武进区长虹东路 389 号
武进区交通建设工程质量监督站	86599725	213159	武进区府东路 7 号
武进区建设工程管理中心	86319855	213159	武进区行政中心西侧建设苑
武进区建设工程造价管理处	86310412	213159	武进区武宜中路 1 号天豪大厦 3 号楼 7 楼
武进区建设工程施工图设计审查中心	86312527	213159	武进区武宜南路 588 号淹城长乐坊 79 号
武进区城乡建设档案馆	86310401	213159	武进区行政中心西侧建设苑
武进区房地产管理处	86310428	213159	武进区行政中心西侧建设苑
武进区房地产开发管理办公室	86313101	213159	武进区行政中心西侧建设苑
武进区市政公用事业管理处	86502268	213159	武进区广电西路 178 号
武进区城建监察大队	86312806	213159	武进区行政中心西侧建设苑
武进区燃气管理站	86310609	213159	武进区行政中心西侧建设苑
武进区房屋安全鉴定所	86311396	213159	武进区行政中心西侧建设苑
武进区住房保障中心	86313516	213159	武进区行政中心西侧建设苑
武进区白蚁防治所	86310590	213159	武进区行政中心西侧建设苑
武进区墙体材料和散装水泥管理中心	86312590	213159	武进区行政中心西侧建设苑

表 110

司法、国土资源、物价管理服务机构

单位名称	电话	邮编	地址
常州市武进公证处	88310931	213161	武进区常武北路 10 号
武进区社会矛盾纠纷调处中心	86313809	213159	武进区环府路 22 号
武进区价格认证中心	86312627	213159	武进区行政中心 3 号楼 5 楼
常州市武进征地服务中心	89606337	213161	武进区延政中大道 17 号金源大厦
常州市武进土地收购储备中心	86558008	213161	武进区延政中大道 17 号金源大厦
常州市武进国土资源基础地理信息勘测中心	89856929	213161	武进区延政中大道 17 号金源大厦
常州市国土资源监察支队武进监察大队	86574799	213161	武进区延政中大道 17 号金源大厦

表 111

农业、水利、市场监督、环境监测、城市管理服务机构

单位名称	电话	邮编	地址
武进区林业工作站	85302437	213159	武进区府西路 2 号农业服务中心 3 楼
武进区动物卫生监督所	86311189	213159	武进区行政中心 2 号楼 3 楼
武进区动物疫病预防控制中心	85335900	213159	武进区府西路 2 号农业服务中心 4 楼
武进区水产技术推广站	86313161	213159	武进区府西路 2 号农业服务中心 2 楼
武进区渔政监督大队	86313183	213159	武进区行政中心 2 号楼 3 楼
武进区农业技术推广站	86313526	213159	武进区府西路 2 号农业服务中心 2 楼
武进区植保植检站	85307972	213159	武进区府西路 2 号农业服务中心 3 楼
江苏（武进）水稻研究所	89623800	213175	武进区前黄镇运村集镇东
武进区农产品质量动态监测站	86310547	213159	武进区行政中心 2 号楼 4 楼
武进区农业科技培训教育站	86310200	213159	武进区行政中心 2 号楼 5 楼
武进区农机安全监理所	69696182	213161	常州市武进区武南东路 600 号
武进区农机推广站	69696182	213161	常州市武进区武南东路 600 号
武进区农业执法大队	86310149	213159	武进区行政中心 2 号楼 3 楼
武进区生态农业服务站	85388050	213159	武进区府西路 2 号农业服务中心 4 楼
武进区园艺工作站	85778863	213159	武进区府西路 2 号农业服务中心 2 楼
武进区动物检疫站	86057626	213161	常州市武进区武南东路 600 号
武进区农村财务辅导站	86310384	213159	武进区行政中心 2 号楼
武进区农村产权交易所	88068650	213159	武进区行政中心 2 号楼、武进区武宜中路 1 号天豪大厦 3 号楼 2 楼
武进区抗旱排涝总队	86596006	213161	武进区湖塘镇金鸡西路 166 号
武进区太湖堤闸工程管理处	86160987	213169	武进区雪堰镇阖闾城村新湖路 36 号
武进区水资源服务中心	67898808	213159	武进区延政中大道水务大厦 18-1 号
武进区水政监察大队	67898831	213159	武进区延政中大道水务大厦 18-1 号
武进区节水改水办公室	67898833	213159	武进区延政中大道水务大厦 18-1 号
武进区排水管理处	67898851	213159	武进区延政中大道水务大厦 18-1 号
武进区河道湖泊管理处	67898806	213159	武进区延政中大道水务大厦 18-1 号
武进区水利枢纽管理中心	86596006	213161	武进区湖塘镇金鸡西路 166 号
武进区水利工程建设处	67898998	213159	武进区延政中大道水务大厦 18-1 号

续表 111

单　位　名　称	电　话	邮　编	地　　址
武进区环境监察大队	86310716	213159	武进区环府路 18 号
武进区环境监测站	86311029	213159	武进区环府路 18 号
武进区环境保护研究所	86312675	213164	武进区亚太财富中心 6 楼
武进区固废与辐射环境管理中心	86310767	213159	武进区环府路 18 号
武进区太湖水污染防治办公室	86316065	213159	武进区环府路 18 号
常州市武进区市场监督管理稽查大队	86310733	213159	武进区延政中大道 20 号
常州市武进区质量标准化服务中心	86318669	213159	武进区延政中大道 20 号
常州市武进区市场监督管理信息中心	86312637	213159	武进区政府 5 号楼 224 室
常州市武进区市场监督管理投诉举报中心	86311315	213159	武进区延政中大道 20 号
武进区环境卫生管理处	69879255	213161	武进区常武中路 23 号
武进区城市管理行政执法大队	67898656	213161	武进区延政中大道 18 号
武进区特种垃圾管理站	69879281	213161	武进区常武中路 23 号

部分机关（事业）单位微信公众号

续表 112

单　位	名　称	微信号	单　位	名　称	微信号
区委政法委	平安法治在身边	pafzzsb	区广播电视台	微武进	wjdianshitai
武进公安分局	网警鲁侠	wjwa2015		生活连线	shlx86050111
区检察院	武进检察	wujinjiancha		乐活常州	wjttxqx
区法院	武进法院	czwjfy		跟我出发	wjgwcf
区司法局	法治绽放幸福花	wj-fzxc	区教育局	武进教育	–
区人社局	武进人社	cz_wj_hrss		武进教育督导	–
区环保局	生态武进	–		武进区青少年活动中心	wjqsnhdzx
区水利局	武进水利	wujinshuili		武进家长学堂	wjqwcnr
区卫计局	武进疾控	wjjk_cdc	武进日报社	今日武进	wjrb2013
区妇幼保健计划生育服务中心	武进妇幼健康	–		武进论坛	wj001-com
				武进日报小记者	wjrbxjz
武进中医医院	常州市武进中医医院	czwjzyyy		花园街驿站	zh-wj001
武进人民医院	常州市武进人民医院	–		武进日报微金融	wjrbjr2014
区科技局	武进科技在线	wujinstb	湖塘镇政府	今日湖塘	hutang-gov
区文广新局	武进文化	wjwgxj	西太湖科技产业园管委会	西太湖	xthkjcyy
区图书馆	武进图书馆	wujinlib	武进高新区管委会	武进高新区北区	–
区文化馆	武进区文化馆	wjwhg111825	区妇联	阳湖女声	wjfl86310047
区博物馆	常州市武进区博物馆	wjmuseum	南夏墅街道	魅力南夏墅	cznxsjd
区经信局	常州政企通	cz_zqt	嘉泽镇政府	美丽嘉泽	–
	武进经信局服务直通车	wjjxj86310336	湟里镇政府	幸福湟里	–
区体育局	武进体育	wujintiyu	前黄镇政府	新前黄	–
区广播电视台	886 生活广播	wjfm886	区直属机关工委	武进机关党建	wjjgdj

（栏目编辑　蒋　聆）

索引

说　　明

1. 本索引编有主题分析索引、人名索引、地名索引和书名索引。全部按汉语拼音顺序排列，同音字按声调排列，同音同调字按下一字的音序排列。

2. 标引词后的数字标示内容所在页码，字母 a、b、c 分别标示左栏、中栏、右栏。

3. 栏目、分目、子目标题款目用小五号黑体标示，正文款目用小五号书宋标示，表格、图表后分别注有“（表）”“（图表）”。

4. 本索引编有附见系统和参见系统，附见款目放在主款目下行缩 1 字编排；第二个页码开始为参见位置。

5. 索引标引词采用中心词简称，武进区区级党政机关、社会团体名称采用通行简称。

主　题　分　析　索　引

A

阿亮警官护雏工作室　61a　62a
阿亮警官微信　63c
爱迪儿童康复机构　284a
爱国卫生　273b
“爱莲杯”全球诗词联大赛　15a
爱心包裹　197c
“爱心宝贝”PARTY 公益活动　64a
“爱心储蓄罐，传承好家风”系列活动　64c
“爱心母婴室”建设　64a
“爱心助老”活动　285b
安川（中国）机器人有限公司　12c　85a
安川机器人二期项目　85a
“安康杯”劳动竞赛　58a
“安全生产”微信公众号　216b
安全生产管理　216a
安全生产行政许可　216b
安全生产责任体系　216c
安全生产整体宣传　218a
安全生产执法　216b
安全文化建设示范企业　191a
安全宣传教育培训　217c
安全员培训班　218a
安全总监试点　191a
安全总监制度　191a
澳大利亚常武同乡联谊会　27b
　跨境联谊会　47c

B

白蚁防治灭治　186c
“百企帮百村”精准扶贫活动　57c
“百日会战”行动　184b
百万光彩基金　57c
百兴集团有限公司　57c
佰盛果品专业合作社　100a
办公家具用智能推杆项目　309c
半刚性玻璃纤维网格基布　125c
宝林观音文化节　278c
保险费率　280c
保险业　168a
　保险业务情况（表）　168
保障待遇和基本养老金　280c
保障发展能力　160c
保障性安居工程　281c
报纸·新闻网　260a
　《武进日报》作品（版面）获省级奖项情况（表）　261
北京大学　227b
北京航天测控技术有限公司　227b
北京西门子汽车电驱动系统（常州）有限公司　14c　85c
贝内克长顺生态汽车内饰材料（常州）有限公司 13a 85b
贝赛尔中国产业基地项目　94a
倍科电器有限公司　141c
被征地农民第四年龄段人员保养金　280c
碧螺春茶　7c
“碧水”青虾　292a

变（配）电站智能环境控制系统 116c
变电柜（箱）项目 312b
标准化建设 213a
标准化试点项目 213a
滨湖污水处理厂一期工程 173c
殡葬管理 278a
并联审批 221c
玻纤复合材料及制品项目 312b
“博爱”系列活动 55a
“博爱天使”志愿服务品牌 25c 284c
博物馆 259a
博物馆文化体验联盟 259a
不动产登记交易改革 39c
不动产登记交易管理 187a
不动产登记交易中心武进分中心 186b
不动产统一登记 187a
部分机关（事业）单位微信公众号（表） 381

C

财政 198
财政收入情况（表） 199
财政分项支出情况（表） 200
财政管理改革 198b
财政监督管理 198c
财政奖补政策 199a
财政收入征管 198b
财政体制调整 198c
财政预算执行情况审计 203b
采菱小学新建工程 296c
餐饮业 134b
主要餐饮企业情况（表） 135
土菜馆评选情况（表） 135
残疾人工作 283b
残疾人就业 283b
残疾人康复救助 283c
残疾人生活保障 283c
残疾人文体活动 284c
岑村村农民体育健身工程 13b
茶叶 7a
茶园 102a
拆迁补偿资审计 203b
产城融合发展战役 2a
产城融合发展战役工作要点 12b 18c
产城融合示范区 16b
产废企业（单位） 175c
产学研合作 237c
省科技镇长团武进团第九批团员情况（表） 238
产学研活动 237c
产业创新 355b
产业发展财政扶持 199a
产业基金合作 224b
产业结构 360b
产业援疆 40c
产业转型升级战役 1a
产业转型升级战役工作要点 12b 18c
常奥千万光彩基金 57b
常洛果品教育服务“三农”示范基地 252c
常洛果品专业合作社 99a
“常润”栝楼籽 315b
常州·长三角智造峰会暨高工机器人产业洽谈会 15c 85a
常州阿木奇声学科技有限公司 226a
常州安必克阀门有限公司 86c
新厂区 312c
常州创伟电机电器有限公司 313a
常州大恒环保科技有限公司 296a
常州大学 233a
西太湖校区一期工程 88b
常州富烯科技股份有限公司 229b
常州格瑞特粉末冶金有限公司 310a
常州工学院 234b
常州固高智能控制技术有限公司 83c
常州国成新材料科技有限公司 86c
常州汉邦工程塑料有限公司 79c
常州华丽畜牧工程股份有限公司 81c
常州化学研究所 227a
常州汇丽活动地板有限公司 310b
常州机器人产业园投资说明会 12c 38c
常州集硕医疗器械有限公司 91a
常州家绿林果园艺有限公司 228a
常州经济开发区 78a
有效投入 78b
面貌改善 78b
环境优化 78c
科技创新 78c
体制机制创新 79a
产学研活动 80a
常州经开区产业基金 79c
企业信贷风险补偿专项基金 79c
创新型、成长型小微企业信贷风险补偿专项基金 80a
常州经开区实施加快发展三年行动计划 9a
常州经开区政法机关 65c
常州凯得利机械有限公司 313a
常州科教城 3b 223c 237a
东扩 4a
湖塘分园 14a 238a 294c
互联智造众创空间 237a
现代工业中心 237a
常州快克锡焊股份有限公司 1b 81b
常州坤茂机械有限公司 296b
常州蓝托金属制品有限公司 233a
常州朗奇威电器有限公司 296a
常州力航电器科技有限公司 310a
常州靓宇焊割有限公司 296a
常州洛克曼医疗器械有限公司 291b
常州迈腾机械有限公司 302b
常州铭赛机器人科技股份有限公司 81b
常州南海铜业有限公司 57c
常州欧瑞电气股份有限公司 88a
常州企业成长与创新资本合作洽谈会 80b
常州瑞丰特科技有限公司 88c
常州神力电机股份有限公司 1b 79b 320b
《常州石墨烯产业“双创”方案（2016—2020 年）》 224c
常州世创玻璃机械有限公司 317a
常州市“邻里守护优秀站点” 285b
常州市爱伦机械有限公司 288c
常州市第二批美丽乡村 183a
常州市第二人民医院金东方院区 277b
常州市第三届老年志愿者之星 285b
常州市枫华牧业有限公司 100a
常州市江南波纹管有限公司 291c
常州市江南花都花卉产业园有限公司 227c
常州市经开区人民法院 72a
常州市久虹医疗器械有限公司 227a
常州市莱赫润机械有限公司 305a
常州市龙道电子商务有限公司 138b
常州市绿色建筑产业技术创新战略联盟 94c
常州市生产力促进中心经开区分中心 14b 80a 224a
常州市首届清真美食节 278b
常州市汤墅农副产品专业合作社 195c
常州市天安特种涂料有限公司 317b
常州市威普电子科技有限公司 250c
常州市巍纳赛电子科技有限公司 293b
常州市武进晨光金属涂料有限公司 317a
常州市武进电力管件有限公司 305a
常州市武进广宇花辊机械有限公司 115b

《常州市武进区“大众创业万众创新”示范基地工作方案》 38a
《常州市武进区关于开展综合行政执法体制改革试点工作的实施意见》 37c
《常州市武进区农产品目标价格保险改革试验实施方案》 39b
《常州市武进区农村土地承包经营权流转管理改革试验实施方案》 39b
《常州市武进区区级产业引导股权投资基金管理暂行办法》 38a
《常州市武进区区属国有企业投资管理暂行办法》 38a
《常州市武进区区域综合行政执法试点工作实施方案》 37c
常州市夏青化工有限公司 310a
常州市鑫汇电子有限公司 302c
常州市羊氏模具有限公司 299b
常州市运控电子股份有限公司 313a
常州树杰塑业有限公司 317a
常州苏润机械有限公司 299a
常州腾龙汽车零部件股份有限公司 129a
常州天润木业有限公司 310a
常州同和纺织机械制造有限公司 15c
常州万科房地产有限公司 158c
常州西太湖科技产业园 87a
　项目建设 87a
　科技创新 87a
　金融创新 87b
　产城融合 87b
　机构改革 88a
常州希望粮食购销有限公司 99a 100a
常州翔宇资源再生科技有限公司 233c
常州星河 COCO City 15a 296c
常州星河协通房地产开发有限公司 158c
常州以色列文化俱乐部 90c
常州英孚传感科技有限公司 226b
常州永盛新材料装备股份有限公司 79c
常州优士多商贸有限公司 314a
常州友晟电子有限公司 121b
常州幼儿师范学校 251a
常州中超石墨烯电力科技有限公司 88c
常州中航泰克船舶装备有限公司 293c
常州卓源橡胶制品有限公司 293c
“厂中厂”安全生产专项治理 217b
超薄均匀非织造布高速热轧机 123c
超高强铝合金材料的增材制造关键技术研究与应用 233a
超高压共轨系统关键零部件控性精密成形技术研发及产业化 228b
超级稻“武运粳 27 号” 233b
超市肉菜流通追溯体系 131a
超限运输整治 191b
车和家新能源汽车制造基地项目 15a 85c
车用高档织物面料项目 126a 312c
成品油 207b
成品油及热力价格 218b
城管行政执法 185a
城际动车组齿轮箱 232c
城南大型转运站 184c
城区用户与电网供需友好互动系统 207a
城市公共自行车 185c
城市管理 184b
城市环境综合整治 185c
城市基础设施完善 362b
城市慢行系统 181c
城市危旧房排查治理 186c
城市长效管理资金审计 203c
城市照明工程 181c
城西蜜梨 287a
城乡发展一体化“十三五”规划 14a
城乡管理 356a
城乡规划 179a
城乡建设 354a 359b
城乡建设与管理 179
城乡居民合作医疗保险 280b
城乡居民人均生活消费支出 274c
城乡居民最低生活保障标准 276c
城乡五项保险扩面 280c
城乡一体十分钟健身圈达标村（社区） 264a
城乡住户一体化调查 220b
城镇管理一体化操作 185a
城镇规划管理融合 179b
城镇建设 10b
城镇精细管理 363a
城镇居民人均可支配收入 274c
城镇长效综合管理 185a
池塘工业化生态养殖系统建设 106a
充电桩建设 193a
出口机车 229b
出口泰国 SDA3 型交流传动内燃机车研制 234a
出口退税 201c
出入境管理 69a
出入境检验检疫 143b
出入境检验检疫服务 143b
出入境商品质量把控 143b
初级卫生保健 271c
初中语文课程标准名师经典课堂 249a
“雏鹰自护”暑期公益夏令营 64a
储宁玲名辅工作室 259b
畜牧业 104a
　畜牧业生产情况（表） 104
畜禽养殖污染整治 108b 175c
畜禽养殖信息系统 105a
创辉医疗器械江苏有限公司 317a
《创建国家现代农业示范区若干政策的意见》 37c
《创建武进区国家现代农业示范区的实施意见》 13a 37c
创客项目（企业）237a
创伤凝血功能障碍基础研究与临床救治 234c
创投资本 205c
“创响中国”巡回接力常州站活动 39a
创新创业典型项目 223a
创新创业推进 362a
创新开发园区管理体制 40a
创新实验课程基地建设 247b
创业带动就业奖励 279b
创业社保补贴 279b
创业担保贷款贴息 279c
创业咖啡 + 创客空间 236c
创业企业 236b
创业人才 236c
创业投资企业 205c
创业投资项目 205c
创业项目资助 279a
创意工坊 236c
春季赏樱公园 182b
春节假期消费品市场 131b
春秋淹城旅游区 6b 148a 151a
慈善救助 282a
慈善事业 282a
慈善信息平台 282a
慈善一日捐 282a
慈善总会换届 282b
《促进企业加快利用资本市场实现转型发展的意见》 37b
翠冠梨目标价格保险 39b
村（社区）党群示范点 324b
村级“四有一责”建设 29c
村卫生室提档升级工程 271c
村镇建设 182b
村庄环境整治 183a

D

打防管控“百日会战” 68a
打击网络诈骗犯罪“雷霆行动 68a
打假专项行动 213c
大爱调解微信 63c
大病保险 280c
大风车幼儿园 245b
大规模电动汽车智能高效充电系统关键技术研发及产业化 228c
大模数齿轮项目 291b
大气污染防治 174c
大事记 12
大学生创业园 279a
大学生村医工程 271c
大禹水利科学技术奖一等奖，东申泵业科研项目 307b
大众创业、万众创新示范基地 14a
代表建议意见督办 35b
代表履职保障 36a
代理金融服务网点 197c
担保体系 160a
单缸柴油机飞轮制造项目 304c
淡水鱼类 7a
档案管理 49a
档案资源建设 49b
党的建设 357b
党群统筹共建 33c
党外人才培养工程 26c
党校工作 31b
党员干部学习培训 33c
党员领导干部防止利益冲突的相关规定 20c
党政“一把手”专题培训班 31c
道铖轴承汽车轮毂轴承项目 316c
道德讲堂建设 25b
道路管道工程 184a
道路交通治安管理 69a
稻麦病虫害专业化统防统治 101a
稻麦联合收割机 229c
德国 ZOZ 集团常州研发中心 82a
德国高新绿项目投资峰会 13c 82a
低保户保障金 29b
低地板车辆项目 124b
低模量高强度亲水牙种植体系统研发 227a 227b
低排放柴油机 229a
低温等离子体辅助卷对卷石墨烯薄膜连续生产线 14b 88c
低效用地再开发 208c
地板制造业 127a
地方河长 176b
地方税务 202a
地方特产 7a
地理位置 5a
地名管理 277c
新命名地名（表） 277
地区生产总值（GDP）核算 220a
地税发票用户 202b
地铁工程武进区段 181a
地震群测群防观察点 187c
地质灾害防治 209a
地质灾害警示牌 209a
地质灾害隐患点 209a
第八届中国房地产科学发展论坛 14c 38c 95a
第二届慈善事业突出贡献奖 13c
第二届慈善事业最具爱心奉献奖 13c
第二批江苏省农村优秀中医临床人才培养工程 271b
第二批科技服务业区域试点承担单位 223c
第六届江苏—澳门·葡语国家工商峰会 39a
第七届环太湖国际公路自行车赛 16a 265c
第三次全国农业普查 219c
第三届慈善总会换届 282b
第三届花朝节暨嘉泽花木民俗文化庙会 278c
第三届优秀农民工颁奖 12a
第三届中国·常州（亚洲区）国际体育舞蹈公开赛总决赛 15b
第三届中美房地产高峰论坛 14c 38c 95a
第十届（中国·横林）国际地板博览会 13a 127c 311a
第十六届中国花卉零售业交流会 103c 307a
第十四届金陵内分泌与代谢病论坛 270b
第十一届中国常州先进制造技术成果展示洽谈会合作意向 238b
第四届江苏科技创业大赛先进制造行业赛 15a 82c
第四届市民艺术节 9c 15b 24c 254b 257b
第四届武进“汽车下乡” 131b
第四届中国国际骨科、生物材料产业及投资峰会 15c 91c
第五届 POCIB 大赛团体一等奖，武进开放大学 251b
第五届长三角地区（武进）人才交流会 13a 279b
第一次全国可移动文物普查 257b
电驱动自行式钢轨探伤小车的联合研发及产业化 238a
电商物流 134b
电视节目改版 263a
电信通信建设与服务 197a
电信营业厅 197a
电子传感器项目 121c
电子燃油喷射系统 229a
电子商务 137c
电子税务局 201b
电子网络公共服务平台 253a
电子信息（新型电子元器件）国家新型工业化产业示范基地，武进高新区 121a
电子信息产业 2b 84a
电子信息产业项目 84a
电子信息科技产业园 3b
电子元器件扩能项目 121c
电子阅览室建设 283a
电子政务 195c
平台保障与建设 195c
靛蓝针织牛仔用纱 125c
丁敏师生剪纸作品展 257b
丁堰街道 319b
各村（社区）基本情况（表） 320
科协 320c
青商会 320c
东北证券常州花园街证券营业部 169c
东方名园幼儿园 246a
东方润安集团有限公司 57c
东港物流园 294c
东海证券常州延政中路证券营业部 169b
东浩果品专业合作社 103b
东南大学 232b
动态巡查机制 208b
动态巡查系统 209a
豆制品加工扩能配套设施建设 107b
督查机制 176a
督学队伍 242a
独生子女父母光荣证 275b
锻造模具、机械零部件项目 288a
对外工程承包经营 142a
对外工程承包资质企业 142b
对外及港台贸易 139a
进出口金额 20 强企业情况（表） 139

出口及对香港地区贸易情况（表） 140
对外友好交流与合作 45b
多功能舒适建筑 13b

E

“儿童地球村”语言文化课程基地建设 247b
儿童福利院 278a
儿童主题专场公益活动 64b
二维码扫描租车 185c
二维码信息查医嘱 197a

F

发电机组节能减排提标改造项目 293a
发明专利授权 232b
发展短板补强 369b
发展计划管理 204a
“优秀项目奖”“创新工作奖”情况（表） 206
全社会用电量情况（表） 207
天然气使用量情况（表） 207
法官员额制改革 73a
法律服务 74c
法律监督 70b
法院 72
法治 65
法治大讲堂 220b
法治和平安建设 9b
法治建设 65c
法治示范点 66c
法治为民十大项目 66b
法治政府建设 66c 364a
反腐倡廉宣传教育 21b
防汛 170b
防汛保障经费 199c
防震管理 187c
防震抗灾 187c
房产测绘 187a
房产档案 187a
房产管理 186b
房产健康工程 157c
房产库存化解 368b
房地产和建筑企业选介 158c
房地产开发 8c 157a
中心城区商品住宅销售前十名情况（表） 158
房屋安全鉴定 186b
房屋白蚁预防合同 186c
房屋征迁业务管理 183c
房屋征迁中介 183c
房屋征收与补偿 183a
仿生自洁功能化汽车内饰织物 111a
纺织新材料项目 126a
纺织业 125a
“放心餐饮”示范单位 214a
放心消费（诚信经营）示范街区创建 216a
放心消费创建 215c
放心消费先进、示范单位创建 216a
非法行医打击 273a
非公经济“法治护航”行动 66c
非公有制经济代表人士理想信念教育 26c 56b
非物质文化遗产项目 257b
非许可审批 220c
非学历教育机构 251c
非遗项目 257b
展示展演 257b
废家电全组分高值化清洁利用关键技术与产业化示范 233c
废乳化液及废矿物油循环利用项目 291b
分布式光伏发电应用 207b
分级诊疗双向转诊平台 268c
粉尘涉爆企业安全专项整治 217c
风创投发展 370a
风电装备零部件项目 119a
风景名胜 6a
风险创业投资 162a 205c
凤凰谷大剧院 240c
凤凰谷青少年服务中心 16b
凤凰艺术团 24c
扶持生产和科技项目 204a
扶持政策 370b
扶贫开发 29b
“芙蓉”鲜螺 315b
“芙蓉”珍珠 315b
服务机构名录 378
服务体系跃升工程 366b
服务业 8b
服务业统计方法制度 220a
服务业重点项目 206c
辐射污染源监管 175c
福利彩票管理 278a
福利彩票公益金 278a
妇女创业就业 63a
妇女儿童关爱行动 63c
妇女儿童维权行动 63c
妇女素质提升行动 62c
妇幼保健 273a
妇幼卫生服务 273b
附录 373
副科职（级）新上岗领导干部培训班 32a

G

改革创新 10c 357a
改革创新攻坚战役 3a
改革创新攻坚战役工作要点 12b 18b
改革发展 354a
干部教育培训 31c
干部日常管理 22b
干事创业 353b
钢材市场 294c
钢管在线内外表面脱脂清洗成套设备 122c
港澳台及海外统战活动 27b
港口管理处 12c
港口货物 190b
港口码头 188a
高标准农田建设 365b
高档花卉 228a
高导精密铜杆项目 301c
高等教育 251a
高端电声类元器件 226a
高端智能纺纱成套装备项目新基地 79a
高端智能温室 146b
高端装备产业 83b
高端装备产业项目 83c
高端装备制造产业 121c
高级中学 249a
高技能人才培养 43c
高架沿线市容环境整治 186a
高浓度低噪声家用制氧机设计与制造关键技术研究 237c
高品质轴承钢、齿轮钢等特殊钢的研发及产业化 229a
高清电视用户 192b
高速列车塞拉门系统智能化 111a
高速铁路重载牵引系统及核心配套部件 233b
高速纸张压花辊 123b
高铁列车高可靠性齿轮传动系统研发及产业化 1b 16b 79a 122b
高校科研机构 24bc
高效全自动磁性元件智能车间 116a

高效设施农业 365b
高效涂覆技术 229b
高新技术产品 223c 226b 296b
高新技术产业 224c
高新技术企业情况（表） 225
高新技术企业 222a 223c 224c 288b 291a 296a 299a 302b 305a 307b 309c 313a 316c
高性能大型稻麦复式联合收割机研发 229c
高性能生态环保发泡表皮智能生产车间 116a
高压共轨喷射系统精锻件项目 124b
滆湖（西太湖）省级水利风景区 16c 93a
个人所得税管理 202b
跟踪审计 203b
耕地保护 208a
耕地保护生态补偿资格 208c
耕地保护责任状 208b
工程技术研究中心 236a
工程质量监督管理 154a
工伤案件处理 281b
工伤保险 280c
工商银行武进支行 163a
工业 7a 110
工业废气 175b
工业废气污染治理 174c
工业废水排放 175c
工业经济运行 110a
重点工业企业（集团）主要经济指标完成情况（表） 111
工业品牌培育示范企业 114b
工业生产服务 117a
工业信息基础设施建设 194a
工业信息基础设施框架体系 194a
工业用电量 184a
工业重点项目 110b
工业转型升级 113a
省级及以上特色、示范产业基地情况（表）113
省重点推广应用的新技术新产品情况（表） 116
工业总产值 8a
公安 68a
公安基层基础 68c
公安专项行动 69a
公办幼儿园 244c
公共安全 363b
公共场所房屋安全审定 186b
公共服务 356b 360b
公共卫生 272a
公共文化场馆 258b
公共文化服务体系建设 200a
公共治理 361b
公共资源交易 221b
诚信平台 221a
公共资源交易中心 220c
公共自行车停放站点 200a
公共自行车系统 200a
公共自行车站点 185c
公共租赁住房 281c
公交线路 190b 190c
公交站棚 190b
公路精细化管养 188a
公益创投活动 276c
公益性文化设施 10a
公用事业 183c
公证 74c
公转商补息贷款 187b
共青团工作改革 61a
共青团武进区第二十一次代表大会 60c
共青团武进区委员会 60c
供地审批 208a
供电 184a
供给侧改革补短板重大项目 205a
供给侧结构性改革 3a 205a 367b
去产能 110c
供给体系 205a
供气 183c
供水 184a
供水 · 排水 173b
供销合作 132b
古树名木普查 103a
骨科器械项目 119c
鼓励创业政策性文件 278c
固定电话用户 192b
固定资产投资 205b
固体废弃物与辐射管理 175c
关爱儿童幸福成长系列活动 64a
“关爱农民工”志愿活动 25c
关爱职工行动 58b
关心下一代 282b
馆藏图书 258c
光宝电脑（常州）有限公司 84b
光宝科技（常州）有限公司 86c
光宝科技（江苏）有限公司 141c
光彩老区行 57c
光彩事业 57b
光彩新疆行 57c
光大证券常州武宜北路证券营业部 169b
光电触摸屏项目 288b
光伏发电 207a
“光进铜退”工程 192a 197a
光纤带宽 197a
广播电视 261
广播电视作品（项目）获省级及以上奖项情况（表） 262
广播电视制编系统 261b
广播与电视及新媒体融合发展 263b
广电网络经营 263c
广发银行武进支行 166b
规划一体化管理 179b
规模以上高新技术产业 224c
轨道交通安全保障应用示范系统 227c
轨道交通产业 83b
轨道交通科技产业园 3b
轨道交通重点专项 227b
轨道交通装备业 122a
国标参与制订 127a
国防教育 76b
国际艾美奖半决赛中国区评选 15a 92c
国际家庭花卉园艺展览会 14c 103c 307a
国际龙舟联合会世界杯赛 16a 150a 265a
国际优质课程 249a
国家（行业）标准获颁布实施 313c
国家 AAAAA 级景区 151b
国家博士后工作站 222a
国家驰名商标 210a
国家畜禽产业综合标准化示范区 15b 104c 213a
国家二级保护动物，小鸦鹃 176c
国家级“巾帼文明岗” 63a
国家级产城融合示范区 2b 204a 359a
国家级妇女儿童“两纲”中期评估 273a
国家级科技企业孵化器 236b
国家级科技项目 227a
国家级科技项目情况（表）228
国家级课题，武进一社区教育课题 253b
国家级旅游度假区创建 149c
国家级绿色学校 241a
国家级曲棍球后备人才基地 243a 248b
国家级群众满意乡镇卫生院 268a
国家级文物保护单位 257b
国家级知识产权试点园区 239a

国家级重点课题　248a
国家曲棍球奥林匹克后备人才基地　248a
国家森林城市　2b　102a　176b
国家税务　200b
国家体育产业基地　11a
国家现代农业示范区建设　96c　365a
国家新型工业化示范基地　9a　80c
国家智慧旅游公共服务平台　193a
国家重点研发计划先进轨道交通重点专项　122b
国家重点研发计划项目　227a
国茂减速机集团有限公司　57c
国内外发明专利　269c
国土资源管理　207c
国有资产管理　198a
国有资产管理体制改革　198c
果品重点生产区域　102a
果园　101c
过剩产能化解　368b

H

“好声音”家长课堂　64a
“黑网吧”整治　260a
海关　142c
海绵城市规划建设　180c
海绵城市建设试点城市，武进区　181
海外华侨华人专业人士回国创业研习班　47b
海外人才创业论坛　48b
海峡两岸（常州）健康产业合作区　46c
海峡两岸（常州）健康产业交流对接会　91b
海洋工程装备产业　117c
韩国又石大学　251a
航海用探照灯，实用新型专利　118c
航天科普教育基地　146b
合成化民兵应急连　76b
合金钢连铸机改造项目　305a
合同格式条款规范监管　213b
合作办学　251a
合作意向项目　237c
何墅农业服务专业合作社　14c
和谐劳动关系　281a
河道管理　172b
河湖和水利工程管理范围划界确权　173a
核电站一回路主设备及管道用金属保温层　118b
黑马创业大赛全国硬件行业冠军　226a
恒耐物流园　134b
横拉式平板闸门　170b
横林城镇功能性项目　310c
横林科创中心　310a
横林镇　308b
　主要经济社会指标完成情况（表）　309
　各村（社区）基本情况（表）　311
　中国强化木地板名镇　308b
　中国强化木地板之都　308b
　中国强化木地板出口基地　308b
　国家外贸转型升级专业型示范基地　308b
　全国优质强化木地板生产示范区　308c
　国家级出口地板质量安全示范区　308c
横林镇电子商务协会　310c
横林镇全民健身中心　266c
横林中心幼儿园项目　310c
“横山”百页　315b
“横山”芹菜　315b
“横山”肉松　315b
横山风景旅游区　6c　315b
横山公益林旅游规划　176c
横山桥汽车城　137a
横山桥镇　315b
　主要经济社会指标完成情况（表）　316
　各村（社区）基本情况（表）　318
　全国小城镇综合改革试点镇　315b
　全国农业旅游示范点　315b
“红高”螃蟹　292a
红旗畜禽养殖专业合作社　105a
红十字爱心病房　284b
红十字博爱送万家活动　12a
红十字会工作　284a
红十字宣传　284c
红叶石楠扦插技术　253b
湖滨路改建工程　182a
湖泊管理　172b
湖塘创业坊　59a　294c
湖塘纺织城　294c
湖塘科技产业园　238a　294c
湖塘老街　180c
湖塘老街保护规划　180c
湖塘镇　294a
　主要经济社会指标完成情况（表）　295
　社区基本情况（表）　297
　中国织造名镇　294b
　中国纺织面料之都　294c
　中国针织面料基地　294c
　中国纺织品贸易基地　294c
　中国建制镇综合实力前1000强第24位　294c
湖塘镇社区教育中心　250a
湖塘镇职工服务中心　59a
“互联网+”商业模式　237a
“互联网+”双创头脑风暴活动　263c
互联网产业　91c
互联网产业项目　92a
互联网用户　192b
户外广告整治　184c
户外活动场所　182a
户外科普集市　240c
护理操作大赛　270c
“花都水城·浪漫武进”旅游节　14c　147c
花辊机械及零部件项目　124b
花木电子商务　103c
花木供求服务采购直通平台　227c
花木业　103b
花木源　103c　227c
花园街驿站　260a
华东业余羽毛球团体邀请赛　264a
华罗庚科技产业园　3b
华泰证券常州延政中大道证券营业部　169c
华夏银行武进支行　165a
化工企业“一企一档”　216c
化妆品领域的质量监管　215a
环湖地区总体规划　179a　180b
环保服饰设计大赛　177c
环保护民活动　66c
环湖健康绿道项目　307c
环境保护　174a
环境监管体系　176a
环境空气质量　11b
环境事件应急预案　174b
环境违法案件　176a
环境卫生管理　184c
环境污染整治　363a
环境信访问题处置　176a
环境信访专项督查　176a
环境整治“百日会战”行动　185b
环境质量　11a　174b
环境资源类办案机制　71c
环太湖艺术城　259b
环卫工人“爱心驿站”　186a
黄标车　175a
黄赌娼违法犯罪“百日行动”　69a
湟里镇　303c
　主要经济社会指标完成情况（表）　304

各村（社区）基本情况（表）　305
抗洪救灾　304b
湟里镇便民服务中心　305b
回民马灯抢救性恢复　258a
回民马灯项目　258a
会计队伍建设　198a
会长讲坛　314b
慧创空间　236c
婚姻登记　278a
活塞式智能液体灌装机　123b
货物周转　190b
货用内燃机车　234b

J

机构编制管理　42a
机关干部开放式讲座　32a
机关事业单位福利调整　44a
机关事业单位人事管理　43c
机器人　229c
机器人产业　2b　84c
机器人产业项目　85a
机械化生活垃圾收集　185a
机械往复式垃圾焚烧炉　120a
积分入学管理　246c
基本丧葬服务费免除　278a
基层档案室星级测评　49c
基层党建强基工程　22c
基层环境保护所　174a
基层民主建设　276a
基层商会规范化建设　57b
基层卫生岗位练兵和技能竞赛　270c
基层武装工作规范化建设　75b
基层医疗机构中医药服务　271a
基础信息采集会战　69a
基于 TD-LTEA 的宽带集群（B-TrunC）增强型关键技术研发及产业化　229c
基于物联网的饮用水全过程在线监测与管理系统集成关键技术及应用　233a
基站　197a
极客车间　61c　94a　237a
极细线路芯片载带项目　15c
“即困即帮”帮扶制度　58c
急救知识培训　270c
急性传染病防控　272c
疾病防控　272a
集成式 LNG 加气装置及其安全技术研究　234b
集中居住点规划　210a
计划生育　275a
计划生育优质服务　275b
纪检监察　19c
纪检监察队伍建设　21a
纪律审查　20b
“技行武进”系列职业技能大赛　280a
技能教学试点　250c
《加快推进风创投发展的意见》　37b
《加快推进我区建筑产业现代化发展的实施意见》　15c　38a
《加油少年天天向上》节目　263b
加油站（点）　207b
家庭建设行动　63b
家庭农场　28b　30a
嘉宝馨港　71a
嘉凯城横林城市客厅项目　310c
嘉泽姬山书院　62a
嘉泽人民法庭　72a
嘉泽镇　306a
主要经济社会指标完成情况（表）　306
各村（社区）基本情况（表）　308
全国花木之乡　306a
全国花卉生产示范基地　306a
全国农业旅游示范点　306a
中国花博镇　306a
绿色生命的摇篮　306a
嘉泽镇南庄村袁家组集中居住区　209c
嘉泽镇青年企业家商会　308a
嘉泽镇全民健身中心　307c
价格管理　218b
成品油价情况（表）　218
价格监测　218c
价格市场检查　219a
价格咨询投诉举报　219a
驾培行业管理　191c
驾驶员培训管理　191c
监测点　218c
监督执纪　20a
检察　70a
检察官员额制改革　71a
减免税　202a
简易托幼机构　244c
简政放权　67a
简政放权改革　220c
建东农业服务专业合作社　14c
建华大讲堂活动　27a
建设工程造价（招标）管理　154b
建设工程招标评标　221a
建设银行武进支行　164a
建设用地边界　209b
建设用地监管　208a
建信银行　167a
建置沿革　5c
建筑行业安全生产管理　153c
建筑市场秩序规范　153b
建筑业　153a
建筑业产值超亿元企业（表）　154
省级标准化文明示范工地项目（第一批）（表）　155
省级标准化文明示范工地项目（第二批）（表）　156
省级以上建筑工程质量奖情况（表）　156
健康产业　91a
健康产业项目　91a
健康产业展示馆　14a　91b
健康共建系列活动　56a
健康管理服务包　272a
健康讲座　285c
江南精密金属材料家电壳体项目　316c
江南山水名镇　182c
江南银行武进支行　165c
江苏（常州）西太湖影视产业基地　39a
江苏（武进）水稻研究所　227a　233b
江苏安普特防爆科技有限公司　234b
江苏澳门书画作品展　16a
江苏碧源泳池装备有限公司　288c
江苏昌力科技发展有限公司　316c
江苏常虹钢结构工程有限公司　159c
江苏常牵庞巴迪牵引系统有限公司　142b　233b
江苏超凡标牌股份有限公司　259b　259c
江苏朝晖化工有限公司　317b
江苏成章建设集团有限公司　159b
江苏创英医疗器械有限公司　227a　227b
江苏德尔福医疗器械有限公司　302b
江苏迪欧姆股份有限公司　115c　127a　313a
江苏广亚建设集团有限公司　142a
江苏海鸥冷却塔股份有限公司　114c
江苏好青年百人榜　62a
江苏恒立液压股份有限公司　122c　124a　129a
德国研发中心建设　238a
江苏恒诺园林建设有限公司　296b
江苏恒鑫正宏科技有限公司汽车零部件项目　85c
江苏宏达数控科技股份有限公司　79c　314a

江苏华大集成房屋有限公司　142c
江苏慧德科技发展有限公司　226b
江苏甲子网络科技有限公司　288c
江苏江南实业集团有限公司　57c
江苏骏宇汽配有限公司　305a
江苏科标医学检测有限公司　12a　91a
江苏科信燃气设备有限公司　296b
江苏酷点信息技术有限公司　92b
江苏旷达汽车织物集团股份有限公司　125b
江苏莱宝电力股份有限公司　296a
江苏理工学院　233a　233c　250c
江苏联合职业技术学院武进分院　250b
江苏龙城精锻有限公司　129c　228b
江苏龙英管道新材料有限公司　307b
江苏美淼环保科技有限公司　233a
江苏美食工匠　136c
江苏明都汽车集团　132b
江苏明及电气股份有限公司　81c　115b
江苏南方通信科技有限公司　129c
江苏南江减速机有限公司　293c
江苏乾翔新材料科技有限公司　232b
江苏强林生物能源材料有限公司　232b
江苏山由帝奥节能新材股份有限公司　88a
江苏省城乡基层适宜卫生技术推广项目　234c
江苏省大学生优秀创业项目　279a
江苏省第二批名老中医专家传承工作室建设项目　271b
江苏省第七届全民健身运动会　13c
江苏省电动汽车智能充电桩制造及运用工程中心　206b
江苏省妇幼健康优质服务示范区　273b
江苏省高端装备制造业特色和示范产业基地　80c
江苏省高功能性薄膜材料工程中心　206b
江苏省红十字会基层组织工作先进集体　284b
江苏省科技镇长团　238a
江苏省劳动模范获得者　58a
江苏省两化融合网络信息安全示范企业　195a
江苏省两化融合网络信息安全试点企业　195a
江苏省绿色建筑博览园　94c
江苏省绿色建筑产业技术研究院　15c　94b
江苏省绿色建筑会议展览中心　240b
江苏省绿色建筑示范区　16c
江苏省民族团结进步“主题教育馆”，城西村史馆　278b
江苏省模范职工之家获得者　58a
江苏省前黄高级中学　249a
　国际分校　249a
　启·创物理课程基地　249a
　社团　250a
江苏省社会保障卡　280b
江苏省特级教师
江苏省特色产业集群　80c
江苏省文化产业示范基地　259b
江苏省先进工作者　58a　342b
江苏省现代民政建设示范区　276b
江苏省血吸虫病消除达标县（市、区）　272b
江苏省优秀企业　13c
江苏省优秀企业家　13c
江苏省重症肾脏专题会　270a
江苏胜大石油设备制造有限公司（常州）　142c
江苏泰瑞斯特新材料科技股份有限公司　81b
江苏万帮德和新能源科技有限公司　125a　206b　228c
江苏伟驰建设发展有限公司　205c
江苏文化科技产业园　259b
江苏武进建工集团有限公司　159b
江苏武进星辰装饰有限公司　159c
江苏武南现代农业产业园有限公司　228a
江苏西太湖影视产业基地一期　92c
江苏小牛电动科技有限公司　226a
江苏新城地产股份有限公司　159a
江苏鑫软图无线技术股份有限公司　229c　234a
江苏易肌雪生物科技股份有限公司　81c
江苏银行武进支行　164c
江苏长海复合材料股份有限公司　129b
江苏振邦医用智能装备有限公司　299a
江苏中汽高科股份有限公司　81c
江苏中盈高科智能信息股份有限公司　81c
江苏众恒染整有限公司　125c
江阴农商银行常州分行　39a　167b
《降低实体经济企业成本的意见》　38a
降水　5b
交换信息系统　221c
交通　188
交通管理　191a
交通行业专项整治　191b
交通建设　188a
　农村公路文明样板路创建情况（表）　189
　农村公路提档升级工程情况（表）　190
交通企业国有资产管理体制改革　191c
交通银行武进支行　164b
交通运输　190b
交易管理　221a
教练车　191c
教师“区管校用”管理体制改革　242b
教师队伍管理　199c
教师发展中心　241b　242a
教师管理服务中心　241b
教学级护眼照明智能声光场景应用系统　16b
教育　10c　241
　全国新技术支持下的个性化学习课堂评比武进区获奖情况（表）　243
　中国中小学校园影视节武进区获奖情况（表）　244
教育督导网　242a
教育督导微信公众平台　242a
教育督导信息化体系　242a
教育富民工程　251b
教育工程项目　199c　241a
教育援疆　242c
教职工　241a
秸秆禁烧　175a
秸秆资源综合利用　108c
街道科协　240c
节能环保产业　84b　119c
节能环保产业项目　84c
节能环保科技产业园　3b
节日市场检查　219a
节水教育基地　173b
捷成华视网聚（常州）文化传媒有限公司　259b
解放军沿 312 国道车辆维修保障点　76a
“巾帼杯”养老护理员职业技能大赛　63a　280a
巾帼创业创新创意大赛　63a
“巾帼建功”活动　63a
巾帼救援服务队　63b
巾帼志愿服务活动　63b
巾帼志愿行动　62c　63b
今创集团股份有限公司　128b　211c
今日武进　260a
金东方护理院　277b
金东方颐养园　277a
　医养融合　277a

金球驿站　71a
金融　160
银行业金融机构网点情况（表）　161
金融风险防范　368a
金融服务　161b
金融机构　160a
金融生态环境　161b
金石机器人常州股份有限公司　81c
金属结构件及模组项目　15c　84b
金属制品业　126c
金税三期工程推广　201c
金信诺风市华东基地项目　84a
锦绣幼儿园　245c
《进一步加快融资性担保行业发展的意见》　37b
《进一步完善国有企业管理体制的意见》　37a
禁毒体制机制创新　66a
经济发展　354a
经济建设　7a
经济开发、交通、旅游、建设管理服务机构（表）　379
经济适用房　281c
经济体制改革　357b
经济协作与招商活动　38b
经济转型升级服务　57a
经济总量　7c
经理国库　162c
经营体制优化工程　366a
晶品光电（常州）有限公司　86c
精密钢管扩能项目　127a
精密钢管三期项目　304c
精密铝压铸件技改项目　302a
精神文明建设活动　24c
景区提升工程　152a
“璟云”平台　119b
净水设备项目　120a
竞技体育　265a
“敬老月”活动　285c
静心园果蔬种植专业合作社　100a
九年义务教育　246a
九三学社武进支社　54a
酒类流通管理　130c
旧城改造工程　182a
旧城改造项目　183b
就业帮扶　279b
就业创业　278c
就业服务　279b
居（村）民学校　251b
居民电子化健康档案　272b
居民生活　274a
城镇、农村居民家庭每百户年末耐用消费品拥有量（表）　274
居民食品零售价　218c
具有石墨膜和石墨烯复合结构的散热材料及其实现方法　239b
“聚焦武进”大型新闻采访　24b
卷烟营销　133c
军民融合发展　114a
军事斗争准备　76a
军转干部安置与解困　44a
君辰农业服务专业合作社　14c

K

卡尔迈耶（中国）有限公司　234a
开发区建设　9a
开发园区　355b
开放型经济　8c　139　362a
《开展“重大项目推进年”活动的意见》　13b
《开展新一轮扶贫开发工作的实施意见》　13a　37b
《开展综合行政执法体制改革试点工作的实施意见》　14b
凯尔城市商业广场项目　319a
康居乡村建设　183a
抗洪骨干　76a
抗洪抢险　170c
抗菌药物临床应用管理　269c
科创服务中心　236b
科丰葡萄专业合作社　291a
科技、文化、医疗卫生、体育管理服务机构（表）　378
科技部第二批科技服务业区域试点单位　80c
科技部星创天地认定备案项目　227c
科技成果展示洽谈会　222c
科技成果转移中心　240b
科技创新　355b　361a
科技创新“双十百千”行动　222b
科技创新创业服务　236a
科技创新高层次人才　223a
科技创新体系　222a
科技创新推广工程　366a
科技服务机构　224a
科技服务业区域试点单位　223c
科技奖励　232a
科技进步奖获奖产品（项目）情况（表）　235
科技金融中心　161b
科技进步奖　269c
科技企业孵化器　223c
科技人才项目　222a　223a
科技项目　226c
科技型企业　236b
科技资金审计　203c
科普工作优秀校长　240b
科普惠农服务站　240a
科普示范社区　240a
科普宣传周　240b
科协组织　240c
科学技术　222
“双十百千”行动创新创业典型项目情况（表）　222
“科学家教进万家”公益讲座　64b
科学健身大讲堂　264a
科学教育综合示范学校　240a
科学普及　239c
可降解输尿管支架的制备与应用　227a
可控闭塞模架　228b
可生物降解淀粉树脂关键技术研发及产业化项目　120c
课外阅读教学范式　247c
空气质量　174b
空天车地信息一体化轨道交通运营与安全综合保障技术研究与应用示范　227
控制性详细规划　180a
口岸管理　142c
跨国公司地区总部　141c
快递网点　197c
快递箱　197b
快递业务　197c
快克锡焊工业机器人项目　124b
旷达控股集团有限公司　128c

L

垃圾分类岗亭　185a
蓝藻应急防控　175b
劳动保障监察执法和权益维护　281b
劳动监察与仲裁　281a
劳动人事争议调解仲裁　281b
劳模创新工作室　59a
老干部工作　27c
老旧小区改造　2b　181a
老龄工作　285a
百岁老人情况（表）　286
老年大学　285c
老年人维权和优待　285b

老年人意外伤害保险工程 285b
老年人优待证 285b
老小区技防 66c
“乐今”教育奖励基金 314b
楞瓦楞辊、机械零部件加工项目 288a
离退休干部服务管理 27c
离线复合设备 123c
离休干部就医绿色通道 27c
蠡河中心公园 88b
礼嘉绿诚家庭农场 103b
礼嘉葡萄特色产业 290c
礼嘉镇 289b
　主要经济社会指标完成情况（表） 290
　各村（社区）基本情况（表） 292
礼嘉镇社区教育中心 250a 291c
礼新果品专业合作社 100a
礼新葡萄专业合作社 291a
李公朴故居 257c
　二期修缮保护工程 257b
李公朴生平事迹展览馆 14c 54b 257c 325c
里约奥运会跆拳道58公斤级金牌，赵帅 265b
理论学习教育 23c
历史名人 6c
历史文化 5c
历险封神榜项目 150c
“立家规、正家风”活动 63b
利用外资及港澳台资 140b
　“荣誉市民”情况（表） 141
　协议注册外资及港台资前10位国家和地区（表） 141
　到账外资及港台资前10位国家和地区（表） 141
联合光伏增资项目 84c
廉政建设 364b
廉政文化馆 291c
粮食购销 133c
粮食烘干机械化保障 109c
粮食物流园（中心库）一期项目 134a
粮油作物种植业 100c
　粮油作物生产情况（表） 100
“两癌”筛查 199c
两岸青年创业交流座谈会 27c
“两个责任”项目化管理 20b
两化融合 193a
　省级及以上两化融合建设先进单位(表) 193
　省级互联网与工业融合创新示范（试点）企业（表） 193
　省级两化融合网络信息安全示范（试点）企业（表） 193
　省级“企企通”建设示范(试点)园区、企业（表） 194
两化融合信息安全管理 194c
“两学一做”学习教育 21c 33b
林果蔬菜业 101b
　林木果茶主要指标完成情况（表） 101
　十佳“阳湖”果品基地（表） 102
林木种质资源调查 102c
林业科技发展中心 102c
临时救助 276c
零功耗绿色电源适配器智能生产车间 116a
零售药店专项整治 215a
领导干部培训锻炼 22b
领导干部研讨会 18a
领军人才 223c
领军型企业 236b
领军型人才团队 223a
刘海粟小学女足代表队 249a
流动人口计划生育服务管理 275b
流动人口子女积分入学 246c
流动图书服务 254b 259a
流量共享多路控制阀 124a
“六五”普法全国宣传教育先进区，武进区 73b
龙德置业破产清算 158a
龙凤谷滑雪场 266c
龙泉山郊野公园 149c
龙英管道一期项目 307b
楼宇经济 294c
卢西填埋场整治工程 185b
陆一平小学语文名师工作室 242b
路灯安装 181c
路灯亮灯率 181c
路劲地产集团常州公司 159a
路劲又一城商业综合体项目二期 131c
路域环境整治 191b
潞城街道 318a
　各村（社区）基本情况（表） 319
　社区卫生服务中心 267a
　图书馆分馆 319a
罗志军考察武进绿建区 12a
洛阳初中传媒特色班 247a
洛阳镇 300a
　主要经济社会指标完成情况（表） 300
　各村（社区）基本情况（表） 303
　绿色食品和无公害农产品（表） 301
　中国珍珠之乡 300a
　全国小城镇建设示范镇 300a
　国家园林城镇 300b
洛阳镇成人教育中心校 253a
洛阳镇卫生院 268a
旅客周转 190b
旅游 144
　主要旅游景区景点（表） 145
旅游产品推介 144c
旅游促销 147b
旅游服务 148a
　三星以上旅游饭店情况（表） 148
　旅行社情况（表） 148
　旅游基本线路（表） 152
旅游服务升级 145a
旅游公共服务中心 14c 149a
旅游经济 8c
旅游生态系统 193a
旅游项目建设 144b
绿道 177c
绿地 177c
绿谷创新园项目 93c
绿化养护 181a
绿色办税通道 201c
绿色建筑博览园 176c
绿色建筑产业集聚示范区 3b
绿色建筑项目 93c
绿色节能高速无线网卡智能生产 116a
绿色生态建设工程 366b
绿色武进建设 101b
绿色新型建材中国生产基地项目 94a
绿色智能制造海智对接大会 82c 240c
“绿天使”食用菌 292a

M

马杭幼儿园南田分园 245a
麦德龙武进商场 15a
满足欧Ⅴ排放尾气测控用宽域和片式氧传感器总成研发及产业化 228c
慢病管理服务包 272a
矛盾纠纷化解 66a
矛盾调处机制完善 68a
梅雨期 5b
煤气综合利用发电工程 126c 304c
“美德一元捐”活动 25c
“美丽人生”健康保险 63c
美丽乡村建设 29b 182c
美丽宜居村庄示范工程 182c
美丽宜居乡村建设 363a
梦里彩虹——常州古桥遗韵 253a

米轨货运内燃机车 234b
免费 Wi-Fi 上网工程 192c
苗木常用嫁接技术 253a
庙桥小学 248a
民办博物馆 258b
民办幼儿园 244c
民防演练 77b
民革武进区基层委员会 54a
民间厨师登记备案管理 214b
民间河长 176a
民建武进区基层委员会 54a
民进武进区基层委员会 54a
民盟武进区基层委员会 54a
民生保障财政投入 199b
民生服务报道 260c
民生工程 183b 188a
民生事业 363b
民生银行武进支行 165b
民事行政检察监督 70c
民事审判 72b
民营企业参与“一带一路”建设 142c
民政 275c
民主党派·无党派人士联谊会 54a
民主党派、无党派人士联谊会基本情况（表） 55
民主党派援疆医疗队 55a
民族·宗教 278a
名牌产品 210a
名师大课堂 249a
明都超市 132c
明都湖港大酒店 314b
鸣凰中学 248a
模范职工之家 59b
“墨香同心”武进区统一战线书法作品展 55c
目标管理 205b

N

纳博特斯克（中国）精密机器有限公司 14a 85a
纳恩博（常州）科技有限公司 229c
纳税服务 201b 202c
纳税信用等级 202c
南北挂钩 39a
南方通信控股有限公司 2a 302a
南京银行常州分行 165b
南田幼儿园 296c
南夏墅街道 321c
各村（社区）基本情况（表） 322b
南夏墅街道社区教育中心 252c
南夏墅中心小学 26a 248a
南运河节制闸工程 171c
能源物资管理 207a
尼勒克武进职工服务中心 59c
尼勒克县高中语文薛新洪名师工作室 243a
年产 OLED 新一代平板显示关键材料 20 吨项目 312a
年产新型纤维复合材料 5 万吨项目 312a
牛塘长虹幼儿园 299b
牛塘镇 298a
主要经济社会指标完成情况（表） 298
各村（社区）基本情况（表） 300
抗洪救灾 299a
牛塘镇社区教育中心 250a
牛塘中心小学 248a 265b
农产品质量安全 99c
网格化监管体系建设 100a
农村产权交易 29a
农村工作 28a
农村公共服务运行维护机制建设 30c
农村公路提档升级二期工程 190a
农村骨干教师培育站 242b
农村河道疏浚整治工程 172a
农村集体经济 29a
农村集体经济产权制度改革 30a
农村集体经营性建设用地入市 209c
农村集体资产清理登记颁证 30b
农村教育烛光行动 27a
农村金融服务 28b
农村精神文明建设示范点 25b
农村居民人均可支配收入 274c
农村科普示范基地 240a
农村生态保护补偿 29c
农村土地承包经营权确权登记颁证 28c
农村土地征收制度改革 209c
农村土地制度改革 209b
三项试点 3a 209b
农村医学人才免费定向培养政策 271c
农村宅基地管理体系 209c
农村宅基地制度 208a 209b
农改水工程 184a
农工民主党武进区委 54a
农机扶持政策 109b
农机服务 109b
农机合作社扶持 109c
农机社会化维修服务 109c
农家招牌菜和特色菜 7a
农林废弃物资源能源化多联产工程化关键技术 232b
农民工歌手大赛暨技能展示活动 58c
农民教育实训基地 99c
农民住房保障制度体系 209c
农民专业合作社 28b 210c
农田水利工程 171c
农田水利建设 365b
农药包装废弃物回收利用试验示范项目 108c
农业 8a 96
农业和农村经济主要指标（表） 96
重点农业项目情况（表） 97
绿色食品、无公害农产品情况（表） 98
农业、市场监督、环境监测、城市管理服务机构（表） 380
农业产业化 106c
省级及以上农业龙头企业情况（表） 107
农业产业化项目 107b
农业发展银行武进区支行 164c
农业固本强基工程 365b
农业机械化 109a
农业抗灾救灾 100b
农业科技项目 227a
农业科技综合示范基地 365b
农业龙头企业 8a
农业品种（技术）引进推广 97b
农业普查机构 219c
农业普查综合试点 220a
农业物联网建设 99a
农业项目 96b 199b
农业休闲观光园 146a 290c
农业银行武进支行 163a
农业园区提升工程 365b
农业支持保障工程 367a
农业综合开发项目 97b
农用拖拉机整车智能制造车间 116a
农资监管 137a
农资市场整治 213b
暖冬行动 62b
诺森轻钢结构集成房屋及建筑材料研发项目 93c
女经营者联谊会完 62c

P

培训机构 191c
配电网故障自愈项目 207a

品牌旅游产品　152c
品牌农产品　97c
品牌战略推进工程　366b
平安产险武进支公司　168c
平安建设　65a
“平安卡”工程　66a
　智能门禁系统　66a
平晖机械一期项目　307a
平价商店　218b
平流层飞艇系统　227b
葡萄　7a
浦发银行武进支行　166c
普通高中教育　249b

Q

戚墅堰街道　320c
　各社区基本情况（表）　321
奇点3D打印众创空间　237a
企情调研　56c
企业“一套表”平台　220c
企业安全生产主体责任清单制度　66c
企业备案标准　210a
企业参与“一带一路”建设　142c
企业成本降低　369a
企业诚信体系建设　137b　211a
企业工程技术研究中心　223c
企业挂牌上市　88a
企业年度报告公示制度　211a
企业融资　210b
企业上市　79b　81b　160c　162a
企业院士工作站　223c
企业债券　206a
企业直报　218c
企业直接债务融资　162a
企业质量信用等级评价　211b
企业主体责任宣贯　218a
气弹簧智能生产车间　116a
气候　5a
汽车操作系统、门铰链项目　312c
汽车传感器　226b
汽车发动机缸体智能制造车间　116a
汽车供油系统用关键铝合零部件技改项目　301b
汽车精密冲压件项目　291b
汽车市场整治　137a
汽车涡轮增压器配件项目　291a
汽车用金属冲压件扩能技改项目　302a
牵引与控制系统供应商　142c
前黄安置小区建设　294a
前黄雅韵艺术团　24c
前黄镇　292a
　主要经济社会指标完成情况（表）　293
　各村（社区）基本情况（表）　294
前黄镇杨桥村传统村落保护项目　182c
欠税公告清单　201a
强制性清洁生产　175a
侨界青年联谊会活动　48b
侨商联合会活动　48c
侨务　47a
侵财类案件防范会战　69a
亲子乐园　182b
青年创业者　251b
青年大学生创业三年行动计划　13b　279a
青年文明号　61a
青年物理学家社团　250a
青少年帮扶助学　283a
青少年活动中心　243b
青少年科技竞赛工作站　240b
青少年思想引领工程　61c
青武·创客空间　61c　236b
青武创客部落　61c
青武家园　61c
“青字品牌”工程　61b
轻简高产高效栽培技术　233c
轻微刑事案件快速审理　72b
清风问纪站　21c
清洁能源　175a
清理欠税　202c
清理人力资源市场秩序专项行动　66c
清莲园　299b
清扫保洁招投标　185a
区第十五届人民代表大会第五次会议　34a
区工商联第十次会员代表大会　56b
区划·人口　7b
　行政区划和人口情况（表）　7
区机关幼儿园高新区分园　245b
区机关幼儿园教育集团　245c
区机关幼儿园星河国际分园　245b
区级机关党建　33a
区级机关中层正职干部培训班　31c
区级科技项目　226c
区级民办非企业体育俱乐部　264a
区级社会发展项目　227a
区禁毒办实体化运作　66b
区领导骨干专题强化培训班　32a
区女大学生联谊会　62c
区十五届人大常委会会议　34a
区十五届人大常委会主任会议　35b
区司法局北区司法所　325c
区委决策部署　18b
区委理论学习中心组“两学一做”专题教育　19b
区委十二届二次全体（扩大）会议　16c　18b
区委重要会议　17a
区委重要活动　19a
区协同工作平台　195c
区域经济　360b
区域卫生信息化建设　268b
区域卫生信息化平台　268c
区域整治五大行动　185b
区镇村三级领导班子集中换届　23a
区镇人大换届选举　36c
区政府常务会议　37a
区直管公房资产　186b
全程电子化登记系统　210c
全程免费旅游专线车　149c
全国（条线）先进个人　350
全国（条线）先进集体　347
全国“旅游安全保障最佳景区”　148a
全国“企业登记工作成绩突出窗口单位”　221a
全国百佳国税地税合作县级示范区　16c　202a
全国残疾人工作先进个人　283c
全国产业与金融创新大会　15a
全国春秋文化旅游知名品牌创建示范区　151c
全国大学生外贸从业能力大赛　251b
全国大众创业万众创新活动周江苏分会场暨常州主题日活动　89b
全国第三届中小学生楹联大赛总决赛　15a
全国第四批美丽宜居小镇　182c
全国第一批“星创天地”　290c
全国法治创建工作先进单位　65a
全国法治宣传教育先进县（市、区）　14b
全国法治宣传教育先进县（市、区）　15c
全国妇女儿童“两纲”中期评估督导　14b　64c
全国公安机关执法示范单位　65c
全国寄生虫病防治技术竞赛　269c
全国建筑垃圾资源化利用工艺技术及装备研讨会　95b
全国教育科研优秀成果　246b　247c
全国教育科研优秀成果二等奖　247c

全国科技服务业区域试点单位，武进高新区 82a
全国科普日宣传 240c
全国科普示范区，武进区 12b 240a
全国民政宣传工作先进单位 276b
全国民族团结进步创建活动示范单位 278b
全国农村改革试验区 3b 28b 39b
全国农村土地制度改革修法集中调研会 209b
全国女子曲棍球锦标赛 265c
全国青少年曲棍球锦标赛 248c
全国青少年曲锦赛女子U10、U12组双冠军 265b
全国群众满意的乡镇卫生院，洛阳镇卫生院 302c
全国人民防空先进单位，区民防局 77a
全国社会工作服务示范地区，武进区 276b
全国社会组织新闻宣传工作先进单位 276b
全国社区教育示范镇，洛阳镇 251c
横山桥镇 251c
全国社区教育优秀微课程大赛奖 253a
全国社区侨务工作示范单位，永定社区 47c
全国示范性“青年之家”综合服务平台 16b
全国首批“大众创业、万众创新”示范基地，武进区 204a 205a
全国首批“双创”区域示范基地 3c 223b 359b
全国首批制造业单项冠军示范（培育）单位 16b 114c
全国数学、语文教学观摩 249a
全国数学特级教师 249a
全国私个协会系统先进工作者 210b
全国童模大赛常州站比赛 64a
全国推广项目 234c
全国文明家庭，余美芳家庭 25a 297a
全国五一劳动奖章获得者 58a
全国先进个人 340a
全国先进基层检察院 65c 70c
全国县级先进集体，区环境监察大队 174b
全国消协组织消费维权先进集体 210b
全国校本课程设计大赛特等奖，手之妙 247b
全国校园足球特色学校 243a
全国新技术支持下的个性化学习高峰研讨和应用成果展示 243c
全国信息课堂大赛 248a
全国学校体育工作示范校 243a 248a
全国沿海发达地区国民经济主要指标（图表） 373
全国一村一品示范村，洛阳镇阳湖村 96c 99a
全国语文特级教师 249a
全国职业院校技能大赛 250b 250c
全国著名特级教师数学课堂教学观摩 249a
全过程考核管理 183c
全媒体中央厨房 262b
全面“二孩政策”实施 275b
“全民健身日”系列活动 264c
全民健身中心 14b
全民终身学习活动周 253c
全球领先节能低排放出口内燃机车的系列化研发及产业化 229a
全区固定资产投资构成（图表） 372
《全区绿色通道建设土地流转费到期续订的意见》 37a
全区农村宅基地制度改革试点工作要点 13a
全区全社会固定资产投资完成额（图表） 372
全区三次产业构成（图表） 372
全区生产总值（图表） 372
《全区政府性项目投资计划》 37a
全社会天然气消费量 207b
全社会用电量 207a
全省残疾人就业保障工作先进单位 202a
全省法院党建工作先进集体 66a
全省法院执行标兵单位 65c
全省法治建设示范区 65a
全省疾病预防控制工作先进集体，区疾控中心 272b
全省免疫规划（预防接种）工作先进集体，湟里卫生院 272b
全省农村水利长效管护绩效考评二等奖，武进区 170a
全省农民工工作先进集体，洛阳镇成人教育中心校 253a
全省平安区 65a
全省首家3D打印创客体验中心 237a
全省首批义务教育优质均衡发展县（市、区） 13a
全省物品编码工作先进个人，蒋亚婷 210b
全省优秀著作奖 31a
全省综治工作先进集体 65a
全市水利系统考核第一，武进区 170a
全自动洗衣机生产水平技改项目 301c
全自动装甑机器人 123a
群众体育 264a
群众文化 254a
“百千万”工程优秀群文团队 24c

R

“燃烧吧·少年”项目 63a
让“心”沐浴阳光·用“心”陪护夕阳项目 63a
人 物 339
人保财险武进支公司 168a
人才·人事 42c
人才扶持政策落实 43b
人才工作 22c
人才培训 270b
人才援疆 41a
人才资源 222a
人才资源总量 43a
人大重要会议 34a
人大主要工作 35b
优秀代表建议（表） 35
人道专项救助 284b
人防工程建设管理 77a
人防指挥通信能力 77b
人口 7b
人民代表大会制度建设 9b
人民防空 76c
人民生活 11a
人民武警 76b
人民武装 75a
《人民英烈——李公朴》大型图片展 257c
日本信浓株式会社自动化项目 85a
日照 5c
荣誉栏 347
容错纠错机制 20c
融合创新政策支持 194c
瑞丰特科技有限公司 14b
瑞声（中国）投资有限公司 13c 111c
瑞声精密制造科技（常州）有限公司 234b
瑞声精密组件（常州）有限公司 15c 84b

瑞声科技控股有限公司　128c
　手机 3D 玻璃项目　86c
　微型精密元器件项目　84a
弱势群体法律援助“绿色通道”　66c

S

三倍 IEC 标准高效能太阳能组件研究与产业化四期项目　119a　309c
三级乙等综合性医院，武进人民医院　267c
“三进三送”社会服务行动　27c
“三老”中心改造　285c
“三名”商标梯队培育　212b
“三农”财政投入　199a
三社联动　275c
三网融合　192b
“三助一免”康复救助工程　283c
“桑榆”工作品牌　28a
色织布智能织造车间　116a
森林防火智能监测指挥系统　102c
森林消防专业队　12a　101c　102b
商标品牌建设　212b
商都铅笔制造改扩建项目　309b
商贸流通业　8b　130
商品交易市场　136b
商品入境验证“双随机、一公开”制度　143c
商事登记制度改革　210c
商事审判　72c
上海交大（常州）科技园　237b　236c
上海交大科技园慧创空间　88b
上海交通大学金属基复合材料国家重点实验室成果转化基地　237b
上交所上市企业　320b
少儿女子曲棍球队　249a
少儿足球校本课程的开发与实施研究　249a
少数民族扶持发展　278b
少先队“五彩靓武进”四大行动　62b
社保经办网厅一体　281a
社会保障　280b　363b
社会发展科技项目　227a
社会工作协会　276b
社会工作职业资格培训和考试　276b
社会建设　10b
社会救助　276c
社会民生　354b
社会生活　274
社会实践活动　177c
社会事业　359b
社会事业财政投入　199c
社会主义核心价值观培育和践行　25a
社会综合治税体系　201b
社会组织孵化基地　276c
社会组织管理　276c
社区（村）换届选举　276a
社区矫正人员监管　74b
社区教育　251b
社区教育课题　253b
社区教育学校　253a
社区教育志愿者　251b
社区戒毒（康复）示范点　66b
社区培训学院　251b
社区治理现代化建设推进　276a
涉农补贴资金　199b
涉企收费专项检查　219a
涉税议事平台　201b
涉外服务管理　45c
身边好人评选　25c
《深入推进城乡建设用地增减挂钩整治工作的实施意见》　16c
审计　203a
审计监督　203a
生产安全事故应急预案编制　218a
生活垃圾分类、规范处置　185a
生活垃圾分类收集　185a
生态保护　356b
生态保护引领区建设　363a
生态环境　359b　361a
生态环境保护　174
生态环境建设　200a
生态建设　176b
　生态系列创建情况（表）　177
　“生态绿城”建设实施情况（表）　177
生态建设财政投入　200
生态空间保护工程　176c
生态绿城建设工程　177c
生态绿道建设　181c
生态农业　108a
生态文明建设　11a
生态文明建设规划　179a
生态文明提速战役　2b　11b
生态文明提速战役工作要点　12b　19a
生态文明宣传　177c
生态系列创建　176b
生物技术及新医药产业　119b
生物质颗粒供热、供电、供气、供冷分布式能源岛项目　309c
生育保险　280c
省“平安家庭”创建　63c
省“平安家庭”创建活动示范村，丫河村　299c
省“平安家庭”示范户　63c
省“书香机关”建设示范点　33b
省“双创”博士　223a
省“双创计划”人才　223a
省保健示范园　245c
省标战略性新兴产业　1b　8b　117b
省标准化社区教育中心　252a　291c　250a
省第四届教育科研成果　247c
省电子商务示范镇　2b　138a
省二星级乡村旅游区，雅浦村　146b
省服务型制造示范企业　117a
省妇幼健康优质服务示范区，武进区　15c　273b
省高新技术产品　313b
省公共文化服务体系示范区创建　10a
省关工委阳光少年网　283a
省关心下一代工作先进工作者　282c
省关心下一代工作先进集体　282c
省国际合作（中以专项）立项　238a
省国际科技合作项目　238a
省海绵城市建设试点城市　2b　176b　181a
省和谐社区建设示范镇　305c
省互联网提升项目资金扶持　194c
省华侨文化交流基地，宝林寺　48a
省级（条线）先进个人　350
省级（条线）先进集体　348
省级畜牧生态健康养殖示范场　105a
省级创新创业孵化器　59a
省级电子商务示范镇　288b
省级法治文化建设示范点，学府家苑社区　323b
省级高新技术产品　222a　224c
省级工程技术研究中心　222a
省级工程中心　125a　206a
省级海绵城市建设专项资金　181b
省级红十字博爱家园，湖塘镇何留社区　284b
省级红十字冠名医院　284b
省级巾帼创业创新孵化基地　63a
省级巾帼示范基地项目　63a
省级科技项目　228a
　省级科技项目情况（表）　230
省级科普教育基地　240a
省级课题结题　247c
省级绿化示范村　102b

留道社区 314c
洪庄村 315a
省级绿色建筑示范区，武进区 154c
省级绿色学校 241a
省级美丽乡村“特色样板示范村”项目 182c
省级民主法治示范村，厚恕村 299c
省级农村电子商务示范村，省庄村 317c
省级农业科技项目 229c
省级普通高中课程基地 249a
省级企业技术中心 115c
省级三星乡村旅游示范点 289a
省级生态红线区 176c
省级湿地公园 2b 101b 176b
省级示范村卫生室 271c
省级示范路 184c
省级示范社区 184c
省级示范乡镇卫生院，遥观镇卫生院 272a
省级示范智能车间 116a
省级四星乡村旅游示范点 289a
省级特色产业集群 2b
省级文保单位 257b
省级现代服务业（文化）发展专项资金项目 259c
省级现代服务业（新闻出版广播影视）发展专项资金项目 259b
省级现代服务业发展专项资金 259b
省级新产品 122c 125c
省级新技术 118b 120c
省级优质幼儿园 245b
省级战略性新兴产业专项资金项目 117c
省级智能用电示范区 80c
省级中医重点专科，武进中医医院儿科 271b
省级众创空间 59a 88b 236b 236c 314b
省级重点交通项目建设 188a
省级重点研发机构提升项目 236a
省技术改造示范项目 122c
省健康促进医院，武进中医医院 273c
省教育名镇 292b
省科技成果转化专项资金 228b
省科技副总 223a
省科技小巨人企业 115b
省科普教育基地 94c
省科学技术奖 232c 233a
省老龄宣传工作先进单位 285b
省两化融合示范区 125c
省绿色学校 246c
省民防工作先进单位，区民防局 77a 77c
省民营科技企业 224c
省民营文化企业 30 强 259c
省农产品“创牌立信”示范单位 99a
省农产品质量安全追溯管理示范单位 100a
省农村产权交易先进集体 28b
省农村电子商务示范村 2a 138b
省农村信息化应用示范基地，洛阳镇汤墅村 195b
省前黄高级中学国际分校 249c
省青少年足球精英联赛冠军 249a
省区域名牌，洛阳镇电机电器产业 302c
省人才工作先进县（市、区） 222a 223b
省三星级高中 249a
省三星级乡村旅游区 146c
省森林防火工作先进单位 101c
省社会教育服务指导中心 253b
省社区矫正先进集体，礼嘉镇司法所 291c
省社区教育实践创新工作项目案例一等奖，西太湖讲堂 253b
省生态村，星辰村、金丰村 317c
省首届工业设计奖 111a
省首批服务型制造示范单位 117a
省首台（套）重大装备或关键部件 122b
省四星级高中 249a 249c
省四星级乡村旅游区，城西民族风情园 147a
省特级教师 241b 251a
省特色产业集群 84c 118a
省调委会规范化建设示范点，洛阳镇调委会 302
省外向型农业生产基地 292a
省违规渔具清理整治工作先进单位，区渔政监督大队 105c
省维护妇女儿童权益维权示范岗 63c
省文明村 25a 303a 306a
省文明单位 25a
省文明校园 246c
省文明镇 25a
省现代民政建设示范区，武进区 276b
省信息化试点工程 193a
省信息化与工业化融合示范区 195a
省信息基础设施建设示范项目 192b
省休闲观光农业示范村 107a
省优秀案例奖 246b
省优秀企业 111c
省优秀企业家，董才平、俞金坤、汪立平 111c
省幼儿园课程游戏化建设项目园 245b
省渔业科技入户工作先进集体，区水产技术推广站 105c
省知识产权工作先进集体 222a
省职业院校技能大赛先进单位 250b
省植物检疫工作先进集体 101c
省质量奖 211c
省中等职业教育现代化专业群 250b
省中小企业专精特新产品 116b
省中小学课程建设项目 247b
省中小学校责任督学挂牌督导创新县(市、区)，武进区 13c 241c
省中小学心理健康教育特色学校 249b
省重点互联网平台企业 206c
省重点推广新技术新产品 116c
省重点研发计划（社会发展）项目 227a
省重点研发专项资金 228b
省重症肾脏专题会 270a
省著名商标 210a
省专利行政执法工作先进集体 222a
省自驾游基地，清都紫薇园 147a
失地农民保障金 29b
失业保险 280c
十大产业链企业 1b
十大产业链统计改革 220a
十里幼儿园 245c
石墨烯产业 88b 120b
石墨烯产业生态园 12a
石墨烯超级电容 236c
石墨烯传感器 116b
石墨烯创新创业指南 89b
石墨烯导热膜 239b
石墨烯复合半导电屏蔽材料项目首条生产线 88c
石墨烯领域人才 224c
石墨烯项目 88c
“石墨烯走进常州市民”体验日活动 89b
食品安全监督量化分级管理 214a
食品餐饮安全监管 214a
食品抽样检测 214b
食品从业人员培训 214a
史志工作 30c
示范基地建设 222a
世界地球日宣传活动 177c
仕泰隆机床商城 295c
市、区重点交通工程 189a
市“联农惠农”十佳龙头企业 107a

市场管理　137a
市场监督管理　210a
国家级“守合同重信用”企业名单情况（表）　211
江苏名牌产品情况（表）　212
江苏省著名商标情况（表）　213
企业参与制修订国际、国家和行业标准情况（表）　214
放心消费创建情况（表）　215
市场监督管理权限　210c
市场监督体制机制改革　210b
市场监督执法　213a
市场建设　136b
成交额超 5 亿元市场情况（表）　136
市创新型领军企业　224c
市服务业优势企业　206c
市级“一村一品”十佳示范点　107a
市级残疾人扶贫基地　283c
市级电子商务孵化基地　138b
市级互联网平台经济集聚区　206c
市级绿色学校　241a
市级美丽乡村　2b
市级农业科技项目　227a
市级森林公园　101b
市级社会发展项目　227a
市级湿地公园　101b
市级文保单位　257b
市级先进个人　352
市级先进集体　349
市级信息化专项资金扶持　194c
市科技进步奖　233b　233c　234c
市科技型上市培育企业　224c
市民营科技企业　224c
市农耕文化营地教育基地　107a
市容市貌管理　184b
市长质量奖　211c
市政道路工程　181b
市知名商标　210a
市制造业服务化重点企业　206c
市重点物流企业　206c
是军画廊　284a
适用三代核电站的抗震照明设备　118b
室内无线分布系统　197a
逝世人物　346a
阮焕新　346a　　倪文伟　346a
郭　成　346b　　阎道经　346b
收费管理　218c
收费监督管理　218c
收养登记　278a
“守合同重信用”企业　211c
首个军民融合专题产业园　299a
首个在小学实施双语课程实验学校　247a
首个装配式高层建筑项目　155b
首家镇级众创空间　237a
首届“武进十佳土菜馆”评选　134a
首届白龙国学文化节　278b
首届常州太湖湾稻草艺术节　150a
首届幻影灯光节　150b
首届水产品药物残留快速检测技能大赛　106b
首届武进工艺美术精品大展　254b　255b
首届武进手机摄影大赛　255b
首批江苏省教师发展研究基地　246b
首批全国示范性基层电大　251a
首批全国学校体育工作示范学校　246b　248a
首批省电子商务示范镇，横林镇　310b
首批省级“四好农村路”示范区，武进区　189a
首台 EPS 无刷电机　79b
首席质量官制度　212a
书法美术精品展　255a
“书香家庭”创建　63b
输变电工程　207a
蔬菜播种　102a
“暑期儿童意外伤害防范”课堂　64b
暑期驾培绿色通道　191c
数控电化学复合抛光技术及产业化　234b
数控高速分切机　123c
数字电视用户　192b
数字化伺服旋盖机　123a
“双百双千”援疆　41c
双层卷焊钢管国标编制　127a
“双创”工程　58a
双创人才　223c
双导师制　250c
“双青互动”精准服务　62a
双蓉西横塊集聚点项目　310c
“双十百千”行动推进大会　222c
双十佳三好教师　241b
双拥工作　277b
双拥共建　76b
双语实验课程　247a
水产良种引进推广　105c
水产品药残快检与病防服务　106b
水产养殖　105c
水产养殖和花卉苗木生产基地　303c
水弹性城市　181b
水环境质量　11a
水环境治理　175b
水利　170
水利工程管理　172a
水利工程与河湖管理　172a
水利建设　171a
水利专项资金审计　203c
水蜜桃　7a
水务　170
水政 · 水资源管理　173a
水资源专项执法检查　173b
税收分析拳头产品　201b
税收风险管理　200c
税收共治　201b
税收管理改革综合示范点　200c
税收管理系统　201c　202a
税收惠民　201c
税收征管　202a
税收征管改革　200c
税收执法　201a
司法、国土资源、物价管理服务机构（表）　380
司法行政　73c
司法为民　73a
丝艾标识系统（常州）有限公司　86a
思想政治建设　75a
“四季四送”活动　47b
“四美一特”美丽乡村　182c
苏澳合作园区　4b　16a　87c　180b
苏澳合作园区联合筹建组　13c
苏澳园区建设　362b
苏科贷　224b
苏南国家自主创新示范区　3a　4a　4b
各子园区空间布局规划情况（表）　3b
苏南首个国家级产城融合示范区，武进区　204a
《苏南现代化建设示范区规划》重点项目　259b
苏州银行常州分行　165c
诉讼服务热线　66b
诉讼服务中心　65c
诉讼服务综合平台　66b
诉调和公调对接　74a

T

台风影响防御　171a
台属联谊会换届　47a

台湾事务　45c
台资企业联谊会换届　46c
太滆村创业创客中心　29b
太滆开湖节　15b
太湖“三白”　7a
太湖水环境治理　176a
太湖湾旅游度假区　6a　149a
太湖湾农渔生态美食节　15b
太湖湾赏秋季　150b
太平洋财险武进支公司　168b
太平洋寿险武进中心支公司　168c
太阳能电池背膜　116b
炭化生产设备　229b
碳化硅功率器件　228c
碳纤维材料应用　236c
碳元科技股份有限公司　239b
“汤尤迪·蚂蚁力量”华东业余羽毛球团体邀请赛　264a
淘宝·特色中国常州馆　14b　99c　138c
淘宝司法拍卖　73c
特步欢乐跑·中国10公里锦标赛常州站比赛　264b
特级教师后备人才　241b
特色产业发展　205c
特色强镇建设　357a　362b
特殊钢产品　229a
特载　1
苏南国家自主创新示范区各子园区空间布局规划情况（表）　3b
苏南国家自主创新示范区目标任务完成情况（表）　4b
特种设备　215c
特种设备安全监管　215a
特种设备制造单位　215a
提花经编机　122c
体验式生命教育　284c
体育　11a　264
体育产业发展　200a
体育设施及体育产业　266a
体制改革　39
替代化石燃料　232b
天安数码城　236b
天铂电力（常州）有限公司　83c
天然气　207b
天然气额外气源　184a
天然气价格　218b
天然气通气用户　184a
天然气用户　183c
调查名录　220a
调研考察活动　35c
调整土地利用　208c
听政议政　52c
通关流程改革　142c
通信传输网改造　197b
通信与邮政　197a
同心共建光彩事业　27b
“同心护蕾”行动　55c
同心驿站活动　56a
“同心助残，与爱同行”义拍　283b
童一片天空　62a
统计　219b
统计法律法规知识竞赛　220c
统计法制建设　220b
统计基层基础建设　220b
统计教育培训　220b
统计调查体系　220a
“统计新干线”综合管理平台　220c
统计资料　371
统一战线　26a
投诉举报专用平台建设　210b
投资统计改革　220b
“透明市场”保障群众饮食用药安全　66c
突出贡献科技人员　223a
突出贡献企业　13c
突出贡献企业家　13c
突发事件应急演练　218a
图书馆　259a
图书盘点车　111a
土地节约集约利用　209a
土地利用动态巡查　209a
土地清理　208a
土地增值税清算　202b
土地制度改革　357b
《推进供给侧结构性改革的实施意见》　15a　38a
退税　201c
脱硫脱硝除尘整治　175a

W

挖掘机专用高压油缸生产线技术改造项目　122c
外汇管理　162c
外经合作　142a
境外及香港地区投资情况（表）　142
“外来务工人员子女社会融入计划”项目　62a
外贸服务　140a
外贸进出口总额　9a
外贸企业参展活动　140b
外事　45a
完全中学　249a
“玩美武进”城市定向挑战赛　64a　147c
万科·柏悦湾花园　158c
万元GDP能耗　110b
王诤故居修缮保护　257b
网格化环境监管　82c　175c
“网警鲁侠”微信公众号　66c
网络安全宣传　196c
网上报建　179c
网拓电子空气新香器项目　316c
旺庄农业服务专业合作社　14c
危旧房棚户区改造　281c
危险废物产生量　175c
危险废物处置企业　175c
危险化学品安全专项整治　217b
威雅公学实验学校　246c
微电机扩能项目　312c
微电机智能生产车间　116a
微课程　253a
“微武进”腾讯微博　261b
“微武进”微信　25b
微信视频庭审　73a
微循环交通专线　83a
为民办实事工程　192c　205b
圩墩文化品牌打造　321b
圩塘汽渡　190b
违法用地查处　208b
委托代征　202b
卫生　10c
卫生拔尖人才　269c
卫生保健复评　273a
卫生骨干人才遴选　269c
卫生计生人才培养　270b
卫生监督　272c
卫生经费　267a
卫生领军人才　269c
卫星装饰材料新型数码装饰纸、装饰板项目　309c
未成年人零犯罪村和社区创建　282c
未成年人思想道德建设　25c
未来伙伴机器人项目　85a
魏可葡萄　103b
文化产业管理　259b
文化馆新馆　258c
文化惠民工程　24b
文化建设　9c
文化交流文艺演出　24c

文化旅游产业 92b
文化遗产保护 257b
　省级及以上文化遗产情况（表） 258
文化阵地建设 258b
文教共建 55c
文明诚信市场 137b
文物收藏单位名录 257c
文献 353
文学艺术 254c
　文艺创作成果选录（表） 255
文雅苑（园）三期 294a
文艺采风创作 255b
文艺实践活动 255a
污水处理厂 175b
污水主管网 175b
无党派人士联谊会 54a
无公害蔬菜生产基地 292a
无胶蜂窝板一期项目 293a
无能耗家用资源型厕所一期项目 293b
无线接入设备 234a
无线武进 192a
五层瓦楞纸板技改项目 304c
五洋纺机有限公司 114b 115a
五一村老年活动中心 13c
五一劳动奖状（奖章）评选 60a
五轴联动数控电解机械复合加工机床 234b
武进城投债 205c
武进地名由来 6a
武进纺织工业园 125c 195a
武进概览 5
武进高新技术产业开发区 80b
　招商引资 80c
　项目建设 81a
　创新发展 81a
　产城融合 81a
　产学研活动 82b
武进高新区北区 324c
　各社区基本情况（表） 324
武进高新区阜宁工业园 39a
武进高新区科技项目合作对接会 82c
武进高新区—南京航空航天大学科技人才对接交流会 82c
武进高新区消防中队 70a 83b
武进高新区新光源产业集群 118a
武进高新区众创服务中心 15c 83a 237c
武进工业设计园 236c
武进国家高新技术产业开发区绿色建筑产业园管理办公室 93c
武进国家高新区专利备案系统 V2.0 版本 239c
武进经发区射阳工业园 39b
武进开放大学 251a
武进论坛 260a
武进绿谷创新园 14a
武进绿色建筑产业集聚示范区 93a
武进苗木花卉星创天地 103c 227c
武进民企资本研修班 57a
武进汽车城 136c
武进汽车客运站 190c
《武进青年“创业合伙人”（2014—2016）三年行动计划》 61b
“武进青年”公众微信号 62a
《武进区“互联网＋工业”三年行动纲要（2016—2018 年）》 114a
武进区爱益阳光助学协会 62c
《武进区城乡发展一体化“十三五”规划》 37b
武进区妇女联合会 62c
武进区工商业联合会 56b
《武进区工业经济转型升级扶持政策》 38a
武进区公立医院管理委员会 268c
《武进区供给侧结构性改革补短板的实施方案》 38a
《武进区供给侧结构性改革去产能的实施方案》 38a
《武进区供给侧结构性改革去杠杆的实施方案》 38a
《武进区供给侧结构性改革去库存的实施方案》 38a
《武进区鼓励和促进科技创新的若干政策》 38a
武进区国民经济主要指标（表） 371
《武进区环境监管网格划分方案》 37a
武进区获得的综合荣誉 347
《武进区加快现代服务业发展优惠政策》 38a
武进区就业创业先进表彰 12a
《武进区开放型经济鼓励政策》 38a
《武进区科级非领导职务配备办法》 22a
武进区科技成果转移中心 240b
《武进区控编减编工作实施意见》 38a
武进区老干部教育管理中心 27c
武进区领导人名录 11b
《武进区领军人才资金拨付管理办法》 23a
武进区女性社会组织公益联盟 62c
《武进区区级政府性投资项目建设管理办法》 37b
武进区人大常委会 11b
武进区人民代表大会 34
武进区人民政府 11c 37
《武进区推进干部能上能下实施细则》 22a
武进区有突出贡献科技人员 344b
武进区职工创新创业基地 59a
《武进区智能制造三年行动计划（2016—2018 年）》 113b
《武进区中心城区交通管理和组织工作提升实施方案》 38a
武进区总工会 58a
武进人力资源网 279c
武进人民医院 227a
武进日报微金融 260a
武进日报小记者 260a
武进—上海经贸合作活动月 12c
武进十大产业 222c
武进顺达精密钢管有限公司 127a
武进台湾经贸科技交流合作 45c
武进台湾青年创业交流 46b
武进现代农业产业园 306a
武进现代农业星创天地 227c 228a
《武进项目招引工作考核办法》 37c
武进移动客户 197b
“武进英才”计划 223a
武进邮政管理局 197c
武进职教中心校 250b 250c
　电气工程专业部 250c
　中高职衔接分段连贯培养项目 250c
武进智慧就业 279c
武进智慧农业研究院 99b
武进中等专业学校 250b
武进中医医院鸣凰分院 296c
武进综合保税区 86b
“武廉网＋”党风廉政品牌建设 21a
武南现代农业产业园 290c
武术培训中心 14b
武运粳 101a
物联网安防小区 197b
物联网智能移动自平衡机器人研发及产业化 229b
物联网智能移动自平衡机器人研发及产业化 229b
物流业 134a
物业管理委员会 186c
物业管理优秀项目创建 186c
物业属地管理 186c

物业维修基金 186c
悟镜 AR 增强现实技术 236c

X

西湖街道 323c
各村（社区）基本情况（表） 323
防汛攻坚 324b
西太湖国际半程马拉松 16b 266a
西太湖互联网创新创业孵化园 92a
西太湖互联网平台经济集聚区 206c
西太湖讲堂 253b
西太湖科技产业园 2b 3b 4b
西太湖跨境电商产业园 14b
西太湖美术馆 16a
西太湖塔下安置区 205c
西太湖影视产业基地 15a
西游降魔项目 150c
“希尔顿杯”中式烹饪师与餐厅服务员大赛 280a
嬉乐湾农业生态示范园 107a 107b 146a
嬉戏谷景区 150c
夏黑葡萄 103b
夏秋两季粮食收购 133c
夏溪花木市场 16a
夏庄果品专业合作社 103b
夏庄鲁燕菊葡萄园 103b
夏庄葡萄 287a
先进个人 350
先进集体 347
闲置土地调查 209a
现代服务业转型升级 206b
现代农业产业园区 366a
现代学徒制试点 250c
宪法宣誓活动 34b
乡村建设 182c
乡村旅游 182c 287a
乡村旅游规划 145a
乡村医生签约服务 271c
乡镇卫生院医联体 269a
乡镇小农水工程 172a
乡镇巡回仲裁庭 281b
香港联交所上市企业 302a
箱式变压器迁改 181c
项目编码 221c
项目并联审批分平台建设 221c
项目批后监管 179c
项目信息共享 221c
项目预审 220c
巷优质葡萄产业园 291a
消防管理 69c
小城镇建设 182c
小贷公司和再担保公司 161c
“小书虫的幸福剧场”亲子绘本剧大赛 64a
小型水利工程管理体制改革 172b
小型一体化 LTE 宏蜂窝架构基站 234a
校本课程设计作品“手之妙” 247c
校企产学研对接 223a
校外教育基地 243b
校长学科基地 242b
协商民主制度建设 9b
斜盘式轴向柱塞变量泵 124a
谢家水蜜桃 287a
芯片载带项目 79b
新材料产业 120a
新城·帝景小区 158b
新城控股集团有限公司 57c
新沟河延伸拓浚工程（武进段） 171b
新观点众创空间 314b
新华（常州）全球石墨烯指数报告 14c
新华石墨烯发展研究院 12a 38b 88b
新记录物种——田野水苏 176c
新技术企业 293b
新疆尼勒克县干部人才培训班 32a
新教师培训基地 242b
新纶科技（常州）有限公司 206b
新媒体智慧矩阵平台 262a
新孟河延伸拓浚工程 171b
新能源产品 118b
新能源产业 117c
新能源汽车 200b
新能源汽车产业 124c
新能源汽车充电设施信息消费运营监控平台 124c
新能源汽车充电设施运营监控平台 193a
新能源汽车项目 125a
新任区级领导 339a
“新三板”挂牌 295c 314a
“新十类”工程 182c
新市民妇女健康援助中心 63c
新闻人物 340a
新闻宣传 262c
新闻舆论宣传 24a
新型创业服务机构 228a
新型复合城市功能 180c
新型高速电梯导轨项目 304c
新型公务用车制度 198c
新型环保金属面硬质聚氨酯夹芯板技改项目 301c
新型健身项目 264a
新型农机具展示中心 109b
新型农业经营主体培育 30a
新型女农民培养工程 63a
新型职业农民培育 99c
新兴产业投资引进 141c
新一代信息技术和软件产业 120c
新誉集团有限公司 13c 111c 122b 227b 233b 234b
新园文学社 250a
新质民兵组织建设 76a
鑫德源恒新型阻燃装饰材料及制品项目 309c
信访 44b
信访法治建设 44c
信访积案化解 44c
信访信息化建设 44c
信特超市 132c
信息、人才、劳务、就学、就业、民政管理服务机构（表） 378
信息化建设 192
信息化与工业化深度融合 194b
信息基础设施建设 192a
星辰实验学校 248a 249a
星创天地认定备案项目 227a
星河国际风情广场 132a
星馨残疾人康乐家园 283c
星馨残疾人励志创业中心 323a
星星充电手机软件 193a
星韵学校一年级双语实验课程 247a
刑事审判 72a
刑事执法监督机制 70b
刑事执行监督 70b
“幸福花都·女子学堂”品牌建设 64b
徐氏“三刻”艺术精品展 254c
宣传 23b
宣传价格政策 219b
“学、训、整”集训 76a
“学党史、学国史、听党话、跟党走”主题教育 282c
学前教育 244c
学校少年宫 243b
雪堰水蜜桃专业合作社 99a
雪堰镇 287a
主要经济社会指标完成情况（表） 288
各村（社区）基本情况（表） 289
中国银鱼之乡 287a
雪堰镇乐山农庄 255a

雪堰镇潘家卫生院　268b
雪堰镇中心卫生院　267a
薰衣草庄园　146a
行政复议和应诉　67c
行政管理改革　357b
行政机关负责人出庭应诉制度　68a
行政区划　7b
行政审判　72c
行政审批制度改革　39c　42a　67a
行政事业单位管理改革与创新　42b
行政许可事项　220c
行政执法监督　67b
行政执法体制改革　39c　42b　67b

Y

牙种植体产品　227b
亚邦投资控股集团有限公司　57c
烟草市场监管　133b
烟草专卖　133b
烟花爆竹领域专项整治　217c
淹城博物馆　6b
淹城春秋乐园　6b
淹城野生动物园　6b
沿湖生态休闲旅游带　180b
研究生工作站　236a
研砼治筑装配式建筑生产基地项目　94a
扬尘控制　175b
阳光玫瑰葡萄　103b
阳光体育运动大课间活动　243a
阳光体育运动校本化　243a
阳光政务平台　196a
“阳湖”果品　102a　103a
阳湖大讲堂　254b
阳湖果品十佳基地　287a
阳湖书房　16c　259a　296c
阳湖网　261b
阳湖先锋　25c
阳湖新月绿茶　7c
养老保险　280c
养老服务　277a
养老机构　277a
氧传感器陶瓷芯片　229a
氧化石墨烯涂覆制备高导热/强电磁屏蔽膜研发及产业化　229b
遥观大学生村官调解室　314c
遥观镇　311a
　主要经济社会指标完成情况（表）　312
　各村（社区）基本情况（表）　315
　国家新型工业化产业示范基地　311a
　中国轨道交通产业集群名镇　311a
遥观镇社区教育中心　250b
药品安全监管　214c
药品生产企业监督　215a
药芯焊丝扩能项目　127a　312c
冶金业　126b
夜间上门庭审　73a
液压泵阀智能生产车间　116a
液压动力站智能生产车间　116a
一般公共预算收入　198a
一般公共预算支出　198b
一次性使用息肉切除器产品的应用示范　227a
一达通外贸综合服务平台　92a
“一户一宅”宅基地分配　209c
医疗保险　280c
医疗床位　267a
医疗服务　267a
医疗救助　276c
医疗器械安全监管　215a
医疗器械项目　119c
医疗卫生　267
医疗卫生保障　273a
医疗卫生机构　267a
医疗卫生基础设施　267c
医疗卫生技术人员　267a
医疗卫生援疆　268b
医疗影像云项目　197a
医疗援疆活动　27a
医学科研与教育　269c
医学新技术引进奖　269c
医药卫生体制改革　268c
　基层医疗机构医联体建设情况（表）　269
医用新型材料项目　119c
依法治税　202c
移动护士站项目　197a
移动通信基站　192a
移动通信建设与服务　197b
以色列 Natali 公司　269c
以色列生命科学技术（常州）推介会　90b
蚁害报案　186c
艺术教育特色学校　246b
易花木　227c
疫苗使用环节质量监管　214c
翼龙高速轮胎再制造项目　84c
茵莱（常州）液压有限公司　86c
银行　162a
　银行业务情况（表）　166
银基烯碳新材料新能源项目　88c
印制电路板表面贴装智能生产车间　116a
英孚（上海）汽车传感器有限公司　226b
“营改增”扩围　201a
应急动态监测　218c
应急管理　48c
应急救护培训　284c
应急演练　48c
应用基础研究计划项目　227a
永安河拓浚整治工程　171b
用地跟踪管理　209a
用地更新调查　208a
用地项目预审　207c
优抚保障　277c
优势传统产业　125a
优特钢产品　126b
优秀物业服务项目　186c
优秀专业技术工作者　15b　223a
优质社区教育课程　253c
邮储银行武进区支行　165a
邮政分局　197c
邮政服务　197c
油灯博物馆　16b　93a
友好合作谅解备忘录　249c
有害生物截获　143c
有色超细旦海岛纤维项目　120c　304c
有突出贡献科技人员　15b
有效注册商标　210a
幼儿安全出行示范基地　64a
渔船检验　106c
渔业　105a
　渔业发展情况（表）　105
渔业信息智能化管控平台　106a
渔政监督　106b
羽毛球比赛　264b
雨具项目　291a　291b
玉兰保护膜光学膜项目　309b
玉门东镇导热油槽式 5 万千瓦光热发电项目　118c
预付卡管理　130c
预算管理　198b
园艺旅游风情小镇　182c
园艺作物标准园　365b
圆梦百万光彩基金　64b
圆梦行动　62b　282a
“圆梦微心愿”行动　64b
援疆　40a
援疆资金　40b

院士工作站 222a
阅读推广主题活动 259a
运村安置房 294a
运动神经元病基础研究与新疗法治疗 227a
运河北片沿河景观文化提升工程 310c

Z

再就业援助月 279b
再生资源回收经营者备案登记及换证 131a
在线审批监管 221c
在校生 241a
造林绿化 101b
渣土管理 184b
债券发行与管理 205c
债务管控 369a
寨桥老鹅 292a
寨桥实验幼儿园 245c
占补平衡制度 207c
“长城—2016”演习 77c
长沟河公园 182b
长海义务巡逻队 314c
长航时无人机系统 227c
长虹幼儿园 245a
长三角石墨烯产业联席会议机制 88c
长效管理机制 191b
招才引智 43a
招商银行武进支行 165a
招商引资政府组团活动 45a
《这是最后的斗争”恽代英 1930—1931》 15b 257a
针织牛仔毛圈布 125c
侦查审判监督 70b
镇·街道 287
镇产业集聚区 95c
镇村全民健身中心建设 200a
镇村长效管理考评机制 185a
镇级科协组织 240c
镇级社区教育中心 251b
《镇目标考核奖励的意见》 37c
镇总规及控规报批 179c
镇总体规划 180a
征兵工作“五率”量化考评 75c
征管体制改革 202a
征迁业务 183b 183c
征信建设 162c
整经机 234a
证券业 169a
政策性农业保险 30b 199b
政法队伍建设 65c
政府采购项目 221c
政府法律顾问委员会 67a
政府公权力公开透明运行 67b
政府集中采购 221b
政府门户网站 196a
政府投资与债务管理 198a
政府投资重点项目审计 203b
政府网站管理和建设 196b
《政府向社会组织转移职能的实施意见》 13a
政府性债务管理 205c
政府职能“放管服”改革 39c 42b
政府职能向社会转移 39c
政府质量奖申报 211c
政府重要会议与活动 37a
政社互动 275c
政务服务管理 220c
政务平台建设 196b
政协民主监督 52c
政协社情民意办理 52c
政协提案督办 51a
政协委员工作 51a
政协武进区常委会议 50a
政协武进区第十三届委员会第五次会议 50a
政协武进区委员会 11c 50
政协优秀提案 53a
政协重要会议 50a
政协主要工作 51a
优秀提案（表） 53
政协专题考察 52b
政协专题调研 51a
政治建设 9b
知识产权服务机构 239c
知识产权管理 238c
知识产权审判 72c
执法检查 36b
“执行难题”破解 73b
执勤安全 76c
直升平面闸门 170b
职工创新创业基地 14a 59a 296c
职工心理服务中心 59c
职务犯罪和预防 71b
职业病危害专项整治 217c
职业技能大赛 280a
职业技能培训和鉴定 280a
职业技术教育 250a
职业卫生基础建设 217c
植树活动 177c
止水平面闸门 170b
志愿服务 25b 284c
制作大型环保画 177c
质量强区创建 211c
治安管控 68b
致公党武进区基层委员会 54a
智电汽车产业 85b
智电汽车投资者大会 39a 86a
智慧城市公共免费 Wi-Fi 建设项目 192c
智慧档案工程 49c
智慧江苏信息化试点工程 124c 193a
“智慧能源”工程 207a
智慧能源示范区 184a
智慧农业研究院 13b
智慧园区能源管控平台 207a
智力援疆 41a
智能电动车 226b
“智能电网”工程 207a
智能电网产业 117c
智能电网研发及总装基地（一期）项目 79a
智能化成套装备项目 83c
智能交通控制系统 121c
智能温室大棚建设项目 293a
“智能用电”工程 207a
智能制造工业服务平台 295c
智能装备科技产业园 3b
中车戚墅堰机车车辆工艺研究所有限公司 1b 79a 232b
中车戚墅堰机车有限公司 195a 229a 234a
中德（常州）高新绿项目技术研讨会 38c 82a
中德产业创新与合作中心 223c
中德高新绿项目合作 82a
中俄科技产业园 14b 224a 224b 299a
中俄科技对接洽谈会 38c 224b
中高职衔接分段连贯培养项目 250c
中共武进区第十二次代表大会 14c 17b
中共武进区第十二届委员会举行第一次全体会议 18a
中共武进区第十一届委员会第十三次全体会议 14c
中共武进区委员会 11b 17
中国（常州）轨道交通产业国际技术交流会 14a 80a
中国（常州）西太湖跨境电商高峰论坛 92b 206c

中国（常州）知识产权维权援助中心武进高新区分中心　239c
中国（嬉乐湾）航天育种示范基地　14b　146b
中国（嬉乐湾）青少年航天科普教育基地　14b
中国（夏溪）花木节　16a　104a　307a
中国产学研合作创新示范基地　80c
中国成人教育协会　253c
中国工业大奖　16b　122b
　高铁传动系统项目　79a
　提名奖　125b
中国广播剧研究会广播剧专家奖连续剧金奖　257a
中国国际纺织面料及辅料（秋冬）博览会参展　125b
中国航天科工信息技术研究院　227b
中国好人　25a　244c　292a　297a
中国花卉博览园　6c
中国教育创新示范单位，湖塘桥中心小学　247c
中国科技产业化促进会项目　90a
中国科学院金属研究所　227b
中国科学院上海技术物理所常州中心建设　237c
中国冷库产业大会　16a
中国林科院林产化学工业研究所　232b
中国魅力花木之乡　182c
中国民营企业500强武进企业　57c
中国民主同盟传统教育基地　54b
中国—欧盟石墨烯高峰论坛　14a　89a
中国企业社会责任奖　121b
中国侨界贡献（创新企业）奖　48b
中国曲棍球后备人才传统校　248a
中国曲棍球后备人才推广校　248a
中国曲棍球青少年运动普及和发展先进个人　248c
中国曲棍球协会青少年运动普及和发展先进集体　248c
中国人寿武进支公司　168a
中国石墨烯科技产业展示馆　14c
中国首批光热发电示范项目　118c
中国水利水电科学研究院水资源所　233a
中国挖掘机械行业第二十届年会　83c
“中国寻根之旅”夏令营常州营活动　27c
中国以色列常州创新园　3b　223c　239c
中国以色列先进制造业（常州）技术对接会　16c　90c
中国银行武进支行　163c
中国织造名镇，湖塘镇　16c　125b　295c
中国中小城市创新创业百强区第一名　359b
中国中小城市综合实力百强区第三名　16a
中国专利优秀奖　239b
中国最具投资潜力中小城市百强区第一名　16a　359a
中韩智能制造技术对接交流会　14a　82c
中厚型特种功能性聚酯薄膜项目　120c
中基华夏医药服务产业园　91b
中科零壹自动化设备（常州）有限公司　238b
中欧城镇化伙伴关系示范区　223c
中欧人工湿地技术研发中心　16a　83a
中汽中心汽车工程研究院华东院项目　86a
中瑞运动神经元病国际合作研究中心　270a
“中天杯”叉车工大赛　280a
中天钢铁集团有限公司　57c　126b　127c　229a
中小学科普基地　240c
中小学专任教师　241a
中心城区建设　181a
中心城区商贸流通体系　131c
中心镇扩权强镇　40a
中信建投证券常州广电西路营业部　169c
中信证券常州环府路营业部　169a
中学生作文大赛（高中组）特等奖　249c
中央财政小型农田水利重点县项目　171c
中央环保督察组　176a
中医馆项目建设　271a
中医门诊部　270c
中医药健康管理服务　271a
中医药领军人才　271b
中医药适宜技术培训和师承培养　271b
中医药文化惠民　271a
中医诊所　270c
中医中药　270c
中以常州创新园　13b　89c
中以常州创新园共建计划　89c
中以常州创新园知识产权服务中心　13c　90a　239c
中以创新发展基金　14a　90a　237c
中以高技术合作重点领域年度工作经验交流会　38c　90b
中以合作项目　90a
中以合作远程医疗心电监测项目　269c
中以远程医疗心电监测常州试点项目　90b
中银国际证券常州花园街证券营业部　169a
中专升本科项目合作　251a
众创空间　222a
重大传染病防控　272b
重大复杂矛盾纠纷直报制度　68a
重大体育赛事　93a
重大主题报道　260b
重大主题宣传　23c
重点工程阶段性审计　203b
重点行业安全监管　216c
重点建设用地保障　208c
重点领域改革　362a
重点领域统计方法制度改革　220a
重点领域专项整治　217b
重点企业选介　127c
重点青少年群体成长护航工程　62a
重点人员管控会战　69a
重点税源企业服务　143a　202b
重点外贸企业　139c
重点外资及港澳台资建设项目　140c
重点项目　205b
重点项目房屋征迁　183b
《重点园区目标考核奖励的意见》　37c
重要领域和重大项目档案管理　49b
重要文件索引　376a
周家巷小学　247c
主题理论宣讲　32b
住房保障　281c
住房保障货币化补贴　281c
住房保障提标扩面　281c
住房公积金贷款和提取　187b
住房公积金管理　187b
住房公积金缴存　187b
住房和城乡建设部科技示范工程项目　93c
驻点巡查　203a
铸造线智能化改造项目　126c
专利授权　226a
专题报道　177c
专题科普报告会　240c
专题协商议政　53c
专网通信系统　229c
专项规划　180c

专项资金审计 203c
转杯纺纱项目 126a
转型升级 361b
转型升级专项引导资金 194a
准工业 3D 打印机 237a
准入退出机制 221b
资本对接 205c
“自强最美、阳光相随”服务品牌 283c
自然地理 5a
自然湿地保护 108b
自然灾害救助 276c
自然资源 5a
自主创新体系 206a
自助办税 201c
宗教慈善周 278c
宗教活动场所 278b
宗教界公益慈善 278c
宗教文化活动 278b
综合管理 204
综合污染指数 174c
综合性体育赛事 264a
“走进航天二院”系列活动 82c
组织 21c
组织机构与负责人名录 326
最低工资标准 281a
最美常州人 25c
“最美家风家训随手拍” 63b
最美家庭建设行动 62c
最美武进人 25c
尊老金 199c 285b
“尊龙”酱鸭 292a
作风建设 20c
作风效能改进 364a

人 名 索 引

阿 甲 7a
白明宪 225a
薄树林 24a 297a 342a
卞晓星 223a 344b
蔡冠深 15b
曹秋霞 251a
曾光安 83c
曾孔庚 85b
柴科月 250a
陈 静 58a 343a
陈 凯 54c
陈方根 34a
陈嘉仪 250a
陈其华 84a
陈全世 86a
陈文斌 27b
陈啸峰 253b
陈志明 58a
程 翔 249a
储宁玲 259b
储振民 24a 244b 292a 342a
褚粉霞 24c
崔世安 13b 39a 87c
戴建生 240c
戴士福 12a 14c 34a 39a 45a 222c
狄旭东 54c
丁 敏 257b
丁丽萍 264c 266a
冬日娜 266a
董 健 91c
董才平 13c 111c
董亦湘 7a
杜爱祥 54b
方国强 12b 39a
费高云 39a
费晓明 263c
费叶青 58a
冯 铉 7a
冯仲云 7a
伏卫忠 84a
高 峰 268b
高 平 263c
高晓声 7a
戈志强 248c
龚翔宇 266a
顾 青 63c
顾伟国 14c
顾潇轲 263c
顾志平 58a 343a
郭 成 346b
郭银生 176a
韩方良 220b
何炳均 249a
何昌林 56b
洪 深 7a
洪亮吉 7a
胡迪非 250a
胡赵云 249a
华绍青 264b
黄才良 25c
黄厚江 249a
黄文华 91c
黄小平 56c
黄智平 247b
黄仲则 7a
惠若琪 266a
吉红梅 270c
季 札 5c 6c
贾梦玮 257a
蒋惠琴 344b
蒋建明 341b
蒋金辉 266a
蒋学真 56c
蒋亚婷 210b
蒋银峰 223a
矫 勇 13a
金 磊 244b
金 虎 223a 346a
荆浩良 339b
荆和平 257a
孔建华 58a 340b
赖岩松 240c
兰慧敏 341a
李 凤 249a
李 楠 263c
李 强 14c
李宝嘉 7a
李波涛 341b
李大清 15a
李公朴 7a 257b
李宏宝 84a
李宇光 223a 345a
李兹培 45c
梁晓波 240c
林若尘 86b
刘 团 61a
刘道志 91c
刘海粟 7a
刘建平 314b
刘建影 89a
刘金石 85b
刘延东 13b
刘玉春 341a
刘志峰 95a
刘中兴 46c
陆秋明 223b 339a
陆秀秀 244b
陆雅芬 54c
王中元 54c
陆一平 242b
罗志军 13b
马 凯 15c
马 腾 45c
马宇尘 239b
马铮瑜 251b
毛建东 58a 342b
梅泽锋 13c
莫砺锋 253b
内塔尼亚胡 13b
倪 萍 54b
倪文伟 346b
聂洪鑫 91c
潘中来 25c
彭 燕 268b
彭宇航 251b
钱玉文 220b
钱云祥 249a
羌瓅国 223a 345b
羌晓丹 54b
秦仁昌 7a
邱玲敏 253b
邱永宁 223a 345b
瞿秋白 7a
曲道奎 85b
戎亚雄 58a 342b
阮焕新 346a
桑 遥 54b
桑遥当 56b
山 峰 210b 340a
上官立琴 268b
沈 岗 85b
沈 涛 85b
沈 洋 248c
沈栋梁 263c
沈惠兰 24c
盛小娥 251b
施俊杰 285a
施璐嘉 344a
石 鎏 249b
石剑虹 240c
石金良 58a 340b
石泰峰 12c 13b 16b 39a 87c
史 良 7a
史志军 14c 16b 45a 45c 339a
是蓉珠 58a
宋 欣 263c
孙 钱 223a 345a
孙林乔 58a
孙明平 253b
谈 胜 54b
谈惠明 285a
谭建荣 85b
屠一丹 248c
万琴凤 54b
万银洁 247c
汪立平 13c 84a 111c
王 君 249a
王 旭 25c
王端祥 248a
王佳璐 250a
王建国 95a
王丽娟 63c
王耀峰 271b
王业峰 84a
王一鸣 95a
王允华 269c
王 诤 257b
魏恒建 242b

温兴隆 264b
吴阶平 7a
吴开兴 91c
吴青霞 7a
吴文英 54c
吴晓英 63c
吴紫涵 250a
吴祖光 7a
萧 统 6c
萧 衍 6c
萧道成 6c
萧剑波 254c
谢启美 7a
谢稚柳 7a
徐 枫 254c
徐 红 54b
徐 敏 61a
徐 鹏 268b
徐秉方 254c
徐秉言 254c
徐大全 86b
徐素白 254c
许 健 55c
许卫华 85b
许新跃 58a
许学彦 7a
薛天怡 250a
严 辰 7a
阎道经 346b
杨 岳 16a
杨福宽 54c
杨鹏威 56c
杨启儒 13b
杨锡良 176a 251a 343b
杨永年 344a
杨裕生 86a
杨祖华 58a
叶 青 58a
于淑珍 248c
余美芳 24a
俞 瑜 54c
俞金坤 13a 13c 111c
袁 珺 244b
岳茂兴 270a
恽代英 7a 257a
恽南田 7a
恽新苗 24c
臧建中 12a 34a
张 斌 266a
张 雷 14b 16c 39a
张 敏 56c
张 蓉 253b
张 欣 266a
张 盈 253b
张 强 340a
张常宁 266a
张惠言 7a
张建新 50a
张敬华 15c
张敬敬 263c
张全旺 84a
张太雷 7a
张小飞 85b
张小虎 54c
张栩诚 251b
张育明 58a
张钰山 34a
章汉夫 7a
赵 明 47a
赵 帅 15b 341b
赵 翼 7a
赵继臣 95b
赵丽君 61a
赵楠楠 251a
赵赠熊 55b
赵忠明 56b
郑 霞 244b
郑伟君 249a
钟 成 58a
周 斌 14a 34a
周 兵 251a
周彩芳 25c 73c
朱 军 86b
朱燕芬 343b
庄存与 6c
庄惠芬 242b 247c
庄新宇 343b

地 名 索 引

丁堰街道 319b
横林镇 308b 138a
双蓉村 210a
横山桥镇 251c 315b
省庄村 138b 317c
星辰村 317c
金丰村 317c
朝阳村 219c
湖塘镇 125b 294a
湖塘北街 182a
永定社区 47c
湟里镇 180a 303c
蒋堰村 107a
葛庄村 306a
河南村 306a
嘉泽镇 306a
南庄村 210a
礼嘉镇 180a 289b
秦巷村 107a 291a
潞城街道 318a
洛阳镇 180a 251c 300a
岑村村 303a
阳湖村 96c
汤墅村 195b
南夏墅街道 321c
学府家苑社区 323b
牛塘镇 182a 298a
厚恕村 299c
丫河村 299c
戚墅堰街道 320c
前黄镇 180a 292a
杨桥村 182c 179a
武进高新区北区 324c
西湖街道 323c
雪 堰 镇 138a 180b 287a
城西回民村 147a 258a
雅浦村 146b
太滆村 107a 146c
遥观镇 237a 311a
留道社区 314c
洪庄村 315a

书 名 索 引

《别让青春拐弯》 74a
《诚信读本》 74a
《诚信文化》 249c
《创客之路——优秀毕业生创业案例集》 251c
《共青团武进志（1926—2014）》 62b
《古迹纵览》 53c
《花都叠翠》 53c
《铿锵小玫瑰》 244a
《滥竽充数》 244a
《梨花梦》 24c
《卢家巷村志》 299c
《民间故事》 53c
《名人春秋》 53c
《清风浩荡——武进历代廉吏故事》 21b
《去往北极的约定》 244a
《诗国雅韵》 53c
《通衢》 191b
《武进辞典》 16a 257a
《武进历史文化丛书》 14c 53c
《武进年鉴（2016）》 31b
《武进史话》 53c
《武进文艺》 255a
《武进作家丛书》 257a
《先贤文选》 53c
《一张通往火星的单程票》 249b
《艺苑撷珠》 53c
《院士风采》 53c
《站起来的儿童数学》 242b 247c
《珍馐美馔》 53c
《中国共产党武进历史（1921—2002）》 31a
《走向世界》 249c

（栏目编辑 万向阳 王国新 周小红）